I0257396

LES DIX LIVRES

D'ARCHITECTURE

DE

VITRUVE,

CORRIGEZ ET TRADVITS nouvellement en François, avec des Notes & des Figures.

A PARIS,

Chez JEAN BAPTISTE COIGNARD, ruë Saint Jacques, à la Bible d'or.

M. DC. LXXIII.

AVEC PRIVILEGE DU ROY.

AU ROY.

IRE,

Voicy la seconde fois que l'Architecture de Vitruve a l'honneur d'estre dediée au plus grand Prince de la Terre. Son illustre Auteur la presenta autrefois à l'Empereur Auguste, & elle se trouva alors dans un tel degré d'élevation, qu'il sembloit qu'elle ne pouvoit plus aspirer à rien de semblable. Son Interprete l'offre aujourd'huy à Vostre Majesté, & ne doute point que la gloire que cette belle Science reçoit en ce jour, n'égale celle dont elle se vit autrefois comblée, & que la grandeur de V. M. ne supplée suffisamment à ce qui peut manquer de la part de celuy qui la presente. En effet, SIRE, pour remettre cette maitresse des beaux Arts dans le lustre où elle estoit au siecle d'Auguste, il estoit necessaire qu'elle rencontrast un Prince, qui par des conquestes & par des Vertus extraordinaires meritast ses plus beaux & ses plus superbes monumens. Car on peut dire avec beaucoup de raison que les Marbres & les Bronzes, & tout ce que la Nature peut fournir de riche à l'Art le plus ingenieux, ne sont pas ce qui fait valoir davantage les ouvrages de l'Architecture: Ils n'ont point l'eclat & la Majesté dont ils sont capables, s'ils n'ont pour objet des exploits si grands & si heroïques, que l'on regarde avec moins d'etonnement & la puissance & l'industrie qui les ont faits, que les merveilles des actions à la memoire desquelles ils sont consacrez. Ceux qui sont passionnez pour cette noble Science, & qui souhaittent ardemment de la voir remonter au haut point où la grandeur d'Auguste l'avoit élevée, ne sont pas en peine à present de trouver de ces sortes de Sujets; Et s'il y avoit quelque lieu de craindre que le progrez des Arts ne répondist pas aux esperances que l'on en conçoit en ce Regne florissant, ce n'est que par le soupçon où l'on pourroit estre que ces belles connoissances qui languissent dans les esprits, si elles ne sont animées par les faveurs qu'elles reçoivent de l'affection des Grands, ne pussent avoir part à celle de V. M. comme estant trop occupée de ses grands projets, pour pouvoir penser à de moindres choses. C'est par cette raison que Vitruve presentant son Livre à Auguste, croioit avoir sujet de se défier que ses meditations d'Architecture fussent bien receües, & trouvassent quelque place dans un esprit remply des soins deüs au gouvernement d'un grand Empire. Mais il n'y a rien à craindre aujourd'huy de semblable, & c'est en cela, SIRE, que j'ay beaucoup plus de bonheur que luy. Ie presente cet ouvrage au Prince du Monde le plus occupé par de grandes affaires, sans craindre de venir mal-à-propos attirer sur moy des yeux qui doivent incessamment veiller sur tout l'V-

nivers, comme s'ils ne pouvoient s'arrester sur les petites choses sans se détourner de celles qui sont plus importantes. Ie suis dans cette confiance, SIRE, par la connoissance que j'ay avec toute la Terre, du Genie de V. M. qui fait voir qu'il y a des esprits si vastes, & qui traittent les choses d'une maniere si noble, qu'ils peuvent quelque sublimes qu'ils soient, descendre jusqu'aux plus petites sans s'abaisser, de mesme qu'ils peuvent sans effort atteindre aux plus élevées, & embrasser les plus grandes: Et je croy qu'il n'y a personne qui ne soit persuadé que V. M. doit avoir une estime particuliere pour l'Architecture, si l'on considere que cette Science estant celle qui fournit à la Guerre ses plus puissans secours, & de qui la Paix tient ses ornemens les plus somptueux, elle ne sçauroit manquer d'estre aimée par un Prince qui se plaist également à cueillir les fruits de la Paix & à les cultiver par les travaux de la Guerre. On peut s'asseurer aussi que cette Science n'aura point à regretter les grandeurs d'Auguste, puisqu'elle trouvera dans celles de V. M. tout ce qui peut donner du lustre à ses ouvrages: & que tous ceux qui ont quelque genie se sentiront capables des entreprises les plus hardies, & des plus nobles desseins, lorsqu'ils seront animez par l'honneur qu'il y a de travailler à la gloire d'un Roy qui est l'étonnement de nostre siecle, & qui sera l'admiration de l'avenir. Pour moy, SIRE, quelque petite que soit la part que je puis pretendre à cet honneur où tout le monde aspire, je m'estimeray toujours infiniment heureux de l'obtenir s'il m'est possible, puisque l'on ne peut estre avec plus de zele & de respect que je le suis,

SIRE,

De Vostre Majesté,

Le tres-humble, tres-obeïssant, & tres-fidele Serviteur & Sujet
CLAUDE PERRAULT,
De l'Academie Royale des Sciences, & Medecin de la Faculté de Paris.

SUR LA VERSION FRANCOISE
DES LIVRES D'ARCHITECTURE
DE VITRUVE
DEDIÉE AU ROY.
SONNET.

AINSI quand la Fortune autrefois trop volage
Eut affermy par tout l'Empire des Cesars,
Vn Romain amoureux du plus noble des Arts
En peignit la beauté dans ce Fameux Ouvrage.

Aujourd'huy que LOVIS pressé de son courage
Entraisne la Victoire apres ses Estendars,
Ce mesme Auteur sauvé de cent mortels hazards
Par les soins d'un François apprend nostre langage.

Acheve heureux LOVIS de dompter l'Vnivers,
De l'Art qui l'embellit les secrets sont ouverts,
Vien Grand Roy ranimer la docte Architecture;

Ce Livre te seconde en un dessein si beau,
Et fait voir que le Ciel devoit à la Nature
Sous un nouvel Auguste un Vitruve nouveau.

CHARPENTIER,
de l'Academie Françoise.

PREFACE.

ON peut dire que le destin de l'Architecture, a esté pareil en France, à celuy qu'elle a eu autrefois parmy les Romains. Car de mesme que cette nation belliqueuse, qui dans ses commencemens sembloit n'avoir d'inclination que pour les Armes & pour le grand Art de gouverner les Peuples, devint enfin sensible aux charmes de tous les autres Arts : ainsi la France qui durant tant de siecles n'a esté possedée que de son humeur guerriere, a fait connoistre en nos jours que les nobles inclinations de la guerre ne sont pas incompatibles avec les belles dispositions qui font réüssir dans les sciences.

Pendant que les François se sont persuadez que les vertus militaires estoient les seuls talens qu'ils pouvoient faire valoir, & que les autres peuples avoient les sciences en partage ; il ne faut pas s'étonner si leurs esprits, quoy que capables des plus excellentes productions, sont demeurez infertiles : ces peuples accoûtumez à vaincre ont eu de la peine à s'apliquer à des choses dans lesquelles on leur a fait croire que les étrangers les devoient toujours surpasser.

Cette opinion s'est d'autant plus aisement insinuée dans leurs esprits, qu'ils sont naturellement enclins à presumer tout à l'avantage des étrangers, par ce principe d'humanité, d'hospitalité & de courtoisie qui les a fait autrefois apeller Xenomanes, c'est à dire admirateurs passionnez du merite & des ouvrages des autres Nations. Mais cette défiance de pouvoir réüssir dans les beaux Arts, n'a pas esté la seule raison qui nous a jusqu'apresent empêché de nous y adonner : le peu d'estime que l'on en a toujours fait en France, en a détourné presque tout le monde, & les courages mesmes les moins relevez n'ont pû se resoudre, à embrasser une profession si peu considerée ; & ceux que la naissance ou une puissante inclination y avoit engagez, ont passé leur vie hors du commerce des honnestes gens, dans l'obscurité où la honte de la bassesse de leur condition les a retenus.

Or ce n'est point seulement l'honneur qui nourrit les Arts ; la conversation avec les honnestes gens est aussi une chose dont ils ne peuvent se passer : le sens exquis dont on a besoin, pour regler les belles connoissances, se forme rarement parmy le menu peuple, & il y a mille choses que l'on n'apprend point dans la condition d'un simple Artisan ny mesme dans les Echoles, & qui sont neanmoins absolument necessaires pour parvenir au dernier degré d'excellence, où les beaux Arts peuvent atteindre.

Cette fierté que la nature a mise dans les esprits qui se sentent capables de quelque chose d'excellent, & qui leur fait dédaigner les emplois qui ne sont pas les plus estimez, passa autrefois à un tel excez parmy les Romains, que plusieurs d'entr'eux aimerent mieux se faire mourir que de travailler à des Bastimens dont la structure n'avoit rien d'assez beau pour rendre leur nom recommandable : au lieu que quand la belle Architecture commença à estre honorée parmy eux, ils s'y employerent avec tant d'ardeur, qu'en moins de quarante ans elle parvint à sa plus haute perfection.

Pour cela il ne falut point aller chercher des Maistres en Grece ; il s'en trouva plusieurs à Rome capables des plus grands desseins & des executions les plus hardies : un grand nombre de sçavans personnages comme Fusitius, Varron, Septimius, & Celsus écrivirent plusieurs excellens volumes d'Architecture. Les Grecs mesmes se servirent en ce temps-là d'Architectes Romains ; & lorsque le Roy Antiochus fit achever le Temple de Jupiter Olimpien dans la Ville d'Athe-

ã

nes, ce fut sur les desseins & sous la conduite de Cossutius Citoyen Romain.

Enfin l'amour de l'Architecture & la magnificence des Bastimens, alla jusqu'à un tel excés que la maison d'un particulier fut trouvée revenir à prés de cinquante millions, & qu'un Edile fit bastir en moins d'un an un Theatre orné de trois cents soixante Colonnes, dont celles d'embas, qui estoient de marbre, avoient quarante-deux pieds de haut, celles du milieu estoient de bronze, & celles du troisiéme ordre estoient de cristal. On dit que ce Theatre qui pouvoit contenir quatre-vingt mille personnes assizes, estoit encore embelly par trois mille Statuës de Bronze; & l'on ajoûte que ce Bastiment si magnifique ne devoit servir que six semaines.

Les Historiens rapportent encore qu'un autre Edile fit bastir une Fontaine, sur l'Aqueduc de laquelle il y avoit cent trente regards ou châteaux; que cette Fontaine estoit ornée de quatre cents Colonnes de marbre, & de trois cents Figures de bronze; que l'eau qui jallisoit par sept cents jets estoit reçeuë dans plus de cent bassins. Aussi remarque-t-on que parmy toutes les Loix Romaines qui ont beaucoup de severité pour reprimer le luxe & la profusion, il n'y en a jamais eu qui ait prescrit & reglé la dépense des Bastimens : tant cette nation genereuse avoit de veneration pour tout ce qui sert à honorer la vertu, & qui en peut laisser des marques à la Posterité.

La France n'a pas moins fait connoistre, que l'esprit & le courage peuvent estre ensemble dans les grandes ames, & qu'elles n'attendent que des occasions favorables pour se determiner à faire paroistre les differentes merveilles qu'elles peuvent produire.

Avant le regne de François premier, la pluspart des Princes avoient si peu de goust pour les beaux Arts, que tout ce qui n'avoit point de rapport à la guerre ne les pouvoit toucher; & il sembloit que la Chasse, les Tournois, & le jeu des Echets qui sont des images de la Guerre, étoient les seuls plaisirs dont ils fussent capables : le Bal mesme ne se faisoit qu'au son du Fifre & du Tambour, & l'Architecture ne donnoit point d'autre forme à leurs Palais, que celle d'une forteresse. De sorte que les plus nobles Artisans dont le genie pouvoit produire quelque chose de plus achevé & de plus poly, estoient d'excellens instrumens qui demeuroient inutiles. Mais aussi-tost que ce Prince qui a merité le nom de premier pere des Arts & des Sciences, temoigna l'amour qu'il avoit pour les belles choses, on vit paroitre comme en un instant dans toutes les professions d'excellens hommes que son Royaume luy fournit, & qui n'eurent pas long-temps besoin du secours & des enseignemens qu'ils receurent des Estrangers.

Cesar dans ses Commentaires témoigne qu'il fut surpris de voir les grandes Tours de bois & les autres machines de guerre que les Gaulois avoient fait construire à l'imitation de celles qui estoient dans son Armée; il admiroit que des peuples qui n'avoient jamais employé dans la guerre qu'une valeur singuliere, fussent devenus si habiles en si peu de temps dans les autres Arts.

Lorsque Sebastien Serlio l'un des plus grands Architectes de son temps, vint d'Italie en France où il composa les excellens Livres d'Architecture que nous avons de luy; nos Architectes profiterent si bien de ses instructions, que le Roy ayant commandé de travailler au dessein du Louvre, qu'il entreprit de faire bâtir avec toute la beauté & la magnificence possible, le dessein d'un François fut preferé à celuy que Serlio avoit fait. Ce dessein fut ensuite executé par les Architectes du Roy; & la perfection se trouva en un si haut point dans ce premier essay de nos Architectes François, que les Estrangers mesme avoüent que ce qui

L'Abbé de Clagny Parisien. Jean Goujon Parisien & M. Ponce.

a esté basty dés ce temps-là au Louvre, est encore apresent le modele le plus accombly que l'on puisse choisir pour la belle Architecture.

Cette preference si honorable à nos Architectes releva tellement le courage de tous ceux de la Nation qui se trouverent avoir quelque disposition pour l'Architecture, & les porta à s'apliquer avec tant de soin à la recherche des secrets de cet Art, qu'ils acquirent assez de suffisance pour aller se faire admirer jusques dans Rome, où ils firent des ouvrages que les Italiens mesmes reconnoissent estre des chefs-d'œuvres dignes de servir de Regle aux plus sçavans.

Vasari dans sa Preface.

Ce fut cette suffisance qui fit que le Roy d'Espagne Philippe II se servit d'un Architecte François pour son grand Bastiment de l'Escurial; & qui fit que la Reine Catherine de Medicis n'employa que des François pour l'ordonnance & pour l'execution du superbe Edifice de son Palais des Thuilleries: car la connoissance profonde que cette Princesse Italienne avoit des beaux Arts, & principalement de l'Architecture luy fit voir tant de capacité dans les deux Architectes qu'elle choisit; qu'elle crut n'en pouvoir pas trouver de plus habiles dans toute l'Italie.

Louis de Foix Parisien.

Phil. de Lorme. Jean Bullant.

A son exemple la Reine Marie de Medicis prit en France le grand Architecte qui ordonna son incomparable Palais de Luxembourg; qui passe pour l'Edifice le plus accomply de l'Europe.

Jacques de Brosse.

Mais l'excellence de ces sortes d'ouvrages, qui eut d'abord quelque estime, n'ayant pas continué à recevoir en France les témoignages avantageux qu'elle a dans les autres Païs, où les personnes de la plus haute qualité se font un honneur de la connoissance de ces belles choses, où l'on ne traite point d'Artisans & de gens méchaniques ceux qui en font profession, mais où on leur donne la qualité de Chevalier & de Comte Palatin, & enfin où l'on parle d'eux avec éloge, les mettant parmy les hommes Illustres; il ne faut pas s'étonner si l'Architecture, que la premiere faveur des Rois du siecle passé avoit commencé à élever en France, est retombée dans son premier abaissement.

Le Titien. Paul Jove.

Quand ceux qui pouvoient faire quelque chose de rare ont vû que le nom des grands hommes qui ont travaillé avec un si heureux succés, n'estoit connu de personne, pendant que celuy du moindre Architecte d'Italie étoit consacré à l'éternité par les plus excellens écrivains de leur temps; quand ils ont consideré qu'on les avoit cent fois importunez à Rome pour leur faire admirer des choses qui ne valloient pas celles que personne ne daignoit regarder en France, & que les plus grands Seigneurs dont la plus part ne connoissent point d'autre magnificence que celle de leur dépence ordinaire & journaliere, qui surpasse toujours leurs revenus, étoient bien éloignez d'entreprendre celle d'un Edifice somptueux; enfin quand ils ont fait reflexion que les plus grands Architectes avec toute la noblesse de leur Art, avoient bien de la peine à s'élever au dessus des moindres Artisans; ils ont mieux aimé prendre tout autre party, que d'embrasser une profession si peu capable de satisfaire la passion qu'ils avoient pour la gloire.

On ne peut pas ce me semble faire reflexion sur toutes ces choses sans avoüer que si la France, à cause du peu de beaux Edifices qu'elle a eu jusques à present, donne sujet aux Estrangers de dire qu'elle n'est pas le Theatre de l'Architecture; cela ne doit pas estre imputé à l'incapacité des Architectes, mais au peu de soin que l'on a eu de reconnoistre leur merite. Aussi y a-t-il lieu d'esperer que ceux de nostre Nation qui s'apliquent maintenant à l'Architecture, animez par le soin que le Roy

Henry Wotton liv. 1. Element. Architect.

prend de faire fleurir les Arts, ne manqueront pas de montrer qu'en cela mesme ils ne cedent point aux autres peuples, & de faire connoistre par leurs beaux Ouvrages que le genie des François, les peut faire reüssir dans tout ce qu'ils entreprennent, quand ils sont excitez par la gloire qu'il y a de travailler pour celle d'un si grand Monarque.

Et certainement S. M. ne pouvoit témoigner davantage combien elle a d'estime pour toutes les belles choses qu'en jettant les yeux sur cet Art qui comprend en soy la connoissance, aussi bien que la direction de tous les autres, & en honorant l'Architecture jusqu'au point de ne la juger pas indigne d'avoir une place entre les differans soins ausquels un grand Roy s'employe pour rendre son regne merveilleux, non-seulement par les grandes choses qu'il entreprend pour le bien & pour la gloire de son Estat, mais aussi par les ornemens qui peuvent relever l'éclat des heureux succez qui suivent ses hautes entreprises.

Or pour rendre à l'Architecture son ancienne splendeur, il a falu oster les obstacles qui peuvent s'opposer à son avancement, dont les principaux sont, que ceux qui jusqu'à present ont embrassé cette profession ne pouvoient estre instruits des preceptes de leur Art, faute de les pouvoir puiser dans leur veritable source, à cause de l'obscurité de Vitruve, qui est le seul des anciens Ecrivains que nous ayons sur cette matiere ; & aussi parcequ'ils n'avoient pas les moyens & la commodité de s'exercer sur les exemples & sur les modeles que l'on trouve dans les restes des ouvrages les plus renommez, qui ont donné le fondement & l'authorité aux preceptes mesmes ; la plus-part de ces exemples & de ces modeles ne se voyant que dans les païs Estrangers : & qu'enfin les Ouvriers ne trouvoient rien qui leur peust donner le courage d'entreprendre cette étude si difficile, vû le peu de goust & d'estime qu'ils voyoient dans l'esprit des Grands pour la magnificence des Bastimens.

Ces considerations ont fait que S. M. a mis ordre à ce que ceux qui sont curieux de l'Architecture ne manquassent point des secours necessaires à leurs études en établissant des Academies non seulement à Paris, où la plus grande partie des sçavans du Royaume se viennent rendre, mais encore dans Rome où les Edifices anciens conservent les characteres les plus significatifs & les plus capables d'enseigner les preceptes de cet Art. Outre cela en attendant que les somptueux Edifices qu'elle fait construire en France, soient en état de servir eux mesmes de modele à la posterité, Elle a envoyé dans l'Italie, dans l'Egypte, dans la Grece, dans la Syrie, dans la Perse & enfin par tous les lieux où il reste des marques de la capacité & de la hardiesse des anciens Architectes, plusieurs personnes sçavantes & bien instruites des remarques que l'on y peut faire ; & Elle a proposé des recompenses à tous ceux qui peuvent produire quelque chose d'excellent & de rare ; enfin pour animer le courage de ceux à qui il ne manquoit que cette seule disposition pour s'élever au plus haut degré où les Arts puissent atteindre, Elle a voulu donner des marques éclatantes de l'estime qu'elle fait des beaux Arts en honorant les personnes qu'un genie extraordinaire, joint à une heureuse application, a rendu illustres.

Mais entre les differens soins que l'on a employez en faveur de l'Architecture, la traduction de Vitruve n'a pas semblé peu importante : On a estimé que les preceptes de cet excellent Auteur, que les Critiques mettent au premier rang des grands esprits de l'antiquité, estoient absolument necessaires pour conduire ceux qui desirent de se perfectionner dans cet Art, en établissant par la grande autorité que ses écrits ont toujours euë, les veritables regles du beau & du parfait dans les Edifices : car la Beauté n'ayant guere d'autre fondement que la fantaisie, qui fait que les choses plaisent selon qu'elles sont conformes à l'idée que chacun a de leur perfection, on a besoin de regles qui forment & qui rectifient cette Idée : & il est certain que ces regles sont tellement necessaires en toutes choses, que si la Nature les refuse à quelques-unes, ainsi qu'elle a fait au langage, aux charactares de l'écriture, aux habits & à tout ce qui dépend du hazard, de la volonté, & de l'accoutumance ; il faut que l'institution des hommes en fournisse, & que pour cela on convienne d'une certaine autorité qui tienne lieu de raison positive.

Or la grande autorité de Vitruve n'est pas seulement fondée sur la veneration que l'on a pour l'Antiquité, ny sur toutes les autres raisons qui portent à estimer les choses par prevention. Il est vray que la qualité d'Architecte de Jules Cæsar & d'Auguste, & la reputation du siecle auquel il a vécu, où l'on croit que tout s'est trouvé dans la derniere perfection, doivent beaucoup faire presumer du merite de son ouvrage : mais il faut avoüer que la grande suffisance avec laquelle cet excellent homme traitte une infinité de differentes choses, & le soin judicieux qu'il a employé à les choisir & à les recueillir d'un grand nombre d'Auteurs dont les écrits sont perdus, font avec beaucoup de raison regarder ce livre par les doctes comme une piece singuliere, & comme un tresor inestimable.

Mais par malheur ce tresor a toujours esté caché sous une si grande obscurité de langage, & la difficulté des matieres que ce livre traite l'a rendu si impenetrable, que plusieurs l'ont jugé tout-à-fait inutile aux Architectes. En effet la pluspart des choses qu'il contient estant aussi peu entenduës qu'elles le sont, avoient besoin d'une explication plus claire & plus exacte que n'est le texte qui nous reste : car l'Auteur ne s'est pas tant efforcé de le rendre clair que succinct, dans la confiance où il estoit que les figures qu'il y avoit ajoûtées expliqueroient assez les choses, & suppléroient suffisamment à ce qui paroist manquer au langage.

Or ces figures ont esté perduës par la negligence des premiers Copistes qui ne sçavoient pas dessiner, & qui d'ailleurs ne les ont pas vray-semblablement jugées tout-à-fait necessaires ; parceque la veuë de ces figures les ayant instruits des choses mesmes dont il est parlé dans le texte, il leur a semblé assez intelligible ; de mesme qu'il arrive toujours que l'on entend bien ce qui est dit, quoy qu'obscurement, quand les choses sont claires d'elles-mesmes. Ainsi il a esté presque impossible que ceux qui en suitte ont copié les exemplaires où il n'y avoit point de figures, n'ayent fait beaucoup de fautes, écrivant des choses où ils ne comprenoient rien ; & l'on ne doit pas aussi s'étoner que maintenant les plus éclairez à qui non seulement les figures manquent, mais s'il faut dire ainsi, le texte mesme, ayent tant de peine à trouver un bon sens en quantité d'endroits, dans lesquels le changement ou la transposition d'un mot, ou seulement d'un point ou d'une virgule a esté capable de corrompre entierement le discours, qui s'est trouvé d'autant plus sujet à une corruption irreparable, que sa matiere y est plus disposée qu'aucune autre : car dans des Traitez de Morale ou dans des

Histoires, qui sont dans un genre de choses connuës de tout le monde, & qui ont esté traittées par un nombre infiny d'autres Auteurs, il est difficile que les Copistes se méprennent, & si cela arrive par quelque raison extraordinaire, les fautes sont plus aisées à corriger.

C'est ce qui m'a fait souvent étonner du jugement que plusieurs font touchant l'obscurité des écrits de Vitruve, & touchant la difficulté qu'il y a de les traduire. Les uns, comme Leon Baptiste Alberti & Serlio, croyent que cet Auteur a affecté l'obscurité à dessein & malicieusement, de peur que les Architectes de son temps pour qui il avoit de la jalousie ne profitassent de ses écrits; ce qui auroit esté une grande bassesse à un homme qui fait profession de generosité, & qui la demande principalement dans l'Architecte. Mais ce luy auroit encore esté une plus grande simplicité de s'imaginer qu'il pourroit estre obscur pour ceux qu'il haïssoit, sans l'estre pour ceux qu'il avoit intention d'instruire: Outre que l'amour que l'on a pour ses propres ouvrages ne porte jamais à une jalousie qui empesche de souhaitter que leur bonté ne soit connuë, aimée & possedée de tout le monde. Ce qui fait que je ne puis estre du sentiment de ceux qui tiennent qu'Hraclite, Epicure & Aristote ont esté de cette humeur, & qu'ils n'ont pas voulu qu'on entendist leur Physique. Car si les Egyptiens & les Chimistes metalliques ont toujours caché leur Philosophie, ç'a plûtost esté la honte que la jalousie qui les y a obligez.

D'autres Ecrivains, comme Gualterus Rivius qui a traduit & commenté Vitruve en Allemand, & Henry Vvotton qui a écrit de l'Architecture en Anglois, ne se plaignent point de l'obscurité de Vitruve, mais seulement de la peine qu'ils ont à trouver dans leur langue des termes qui puissent exprimer ceux que Vitruve a employez; & d'autres avec plus de raison mettent toute la difficulté dans l'intelligence des mots barbares & des manieres de parler qui sont particulieres à cet Auteur. Mais personne n'accuse le peu de connoissance que l'on a des choses dont il est parlé, sans laquelle il me semble que l'intelligence des termes, n'aide pas beaucoup; par exemple dans la description des portes des Temples quand on sçauroit ce que signifie *Replum*, on n'entendroit guere mieux quelle est la structure de ces Portes, tant que la chose sera en elle-mesme aussi obscure & aussi peu entenduë qu'elle l'est. Et je ne puis croire que ce qui a arresté tous les Sçavans qui ont tasché de comprendre la Catapulte, soit l'incertitude où l'on est de la signification du mot *Camillum*, & de quelques autres termes peu usitez qui se trouvent dans sa description.

Il me semble donc que la difficulté qui se rencontre dans la traduction de Vitruve vient de ce qu'il n'est pas aisé de trouver en une mesme personne les differentes connoissances qui sont necessaires pour y reüssir: car l'intelligence parfaite de ce qu'on apelle les belles Lettres, & l'application assiduë à la Critique & à la recherche de la signification des termes, qu'il faut recueillir avec beaucoup de jugement dans un grand nombre d'Auteurs de l'Antiquité, se trouvent rarement jointes avec ce genie qui dans l'Architecture, de mesme que dans tous les beaux Arts, est quelque chose de pareil à cet instinct different que la Nature seule donne à chaque animal, & qui les fait reüssir dans certaines choses avec une facilité qui est déniée à ceux qui ne sont pas nez pour cela. Car enfin les esprits qui sont naturellement éclairez de cette belle lumiere qui fait découvrir

découvrir les qualitez & les proprietez des choses, se soucient peu d'aller chercher avec un grand travail les noms que les temps & les peuples differens leur ont donnez; estant plus curieux d'apprendre les choses que les doctes ont sceuës, que les termes avec lesquels ils les ont expliquées.

Mais l'experience ayant fait connoistre que c'est vainement que l'on espere & que l'on attend depuis si long-temps cet homme pourvû de toute la suffisance qui est requise pour expliquer cet Auteur ; le besoin que nos Architectes François ont de sçavoir les preceptes qui sont contenus dans cet excellent livre, en a fait entreprendre la traduction telle qu'on l'a pû faire avec le secours des plus celebres Interpretes qui y ont travaillé depuis cent soixante ans, dont les principaux sont J. Jocundus, Cæsar Cisaranus, J. Baptista Caporali, Guillel. Philander, Daniel Barbaro, & Bernardinus Baldus.

Il y a six vingt ans que deux hommes sçavans, l'un dans les belles Lettres, l'autre en Architecture, sçavoir J. Martin Secretaire du Cardinal de Lenoncour, & J. Goujon Architecte des Rois François I & Henry II, entreprirent ce mesme Ouvrage auquel ils s'appliquerent conjointement & avec beaucoup de soin : Mais le peu de succés que leur travail a eu, fait bien connoistre que pour venir à bout de cette entreprise, il faut que la connoissance des Lettres, & celle de l'Architecture soient jointes en une mesme personne, & en un degré qui soit au dessus du commun. En effet Cæsar Cisaranus qui avoit quelque teinture des belles Lettres, comme il paroist par ses Commentaires, & qui s'estoit aussi adonné à l'étude de l'Architecture, estant l'un des disciples de Bramante, le premier Architecte des Modernes, n'a point reüssi dans son ouvrage sur Vitruve, parcequ'il n'estoit que mediocrement pourvû de ces deux qualitez, & Baldus dit qu'il n'est estimable, que parcequ'il estoit laborieux.

Les versions de ces Auteurs ne sont point leuës par les Architectes à cause de leur obscurité, que l'on ne doit pas tant imputer au langage qui est fort different de celuy qui est presentement en usage, qu'à l'impossibilité qu'il y a de faire entendre ce que l'on ne comprend pas bien soy-mesme.

Quoy que pour les mesmes raisons on ait sujet de croire que cette nouvelle traduction ne produira un guere meilleur effet, & que le peu d'éclaircissement qu'elle peut avoir ajoûté à celuy que tant de grands personnages se sont déja inutilement efforcez de donner à cet Auteur, soit peu considerable, en comparaison du grand nombre de difficultez qui restent à surmonter; on ne desespere pas neanmoins qu'il ne puisse estre de quelque utilité, mesmes à ceux qui sçavent la langue Latine, & que plusieurs personnes qui pourroient entendre tout ce qui est icy expliqué s'ils s'y estoient appliquez comme on a fait, ne soient bien aises de n'estre point obligez de s'en donner la peine.

A l'égard de ceux qui n'ont pas l'intelligence du Latin, & des termes Grecs dont cet ouvrage est remply, & qui sont proprement les personnes pour lesquelles cette traduction est faite, ils trouveront dans la lecture de ce livre une facilité qui n'est point dans les autres traductions, où la pluspart des Interpretes ne se sont point donné la peine d'expliquer les frases ny les mots difficiles; mais les ont travestis & seulement, comme l'on dit, écorchez, expliquant par exemple, *angulos jugumentare*, *jugumentare li anguli* ; *trabes everganea*, *le trabi everganei* ; *scapi cardinales*, *scapi cardinali* : d'autres ont mis dans le texte mesme l'interpretation ensuite des mots ; ce qui est incommode, parceque l'on ne sçait si ces sortes d'interpretations sont du texte, comme en effet il y en a quelquefois qui en sont, ou si c'est le Traducteur qui les a ajoûtées : comme quand on trouve ces mots *Doron Græci apellant palmum*, traduits en cette maniere ; *ce que les Grecs disent Doron c'est proprement ce que nous apellons un Dour.* Car on a sujet de douter si c'est Vitruve qui dit que ce que les Grecs apellent *Doron* est dit *Dour* par les Latins, ou si c'est le Traducteur qui ajoûte que *Doron* est ainsi apellé en François. C'est pourquoy on a mis ces sortes d'explications à la marge, dans laquelle on trouve aussi les mots Grecs & Latins qui ont pû estre rendus par d'autres mots François dans le texte.

Mais on a esté contraint de laisser quelquefois les mots Latins & les Grecs dans le texte, lorsqu'ils n'auroient pû estre rendus en François que par de longues circonlocutions, qui sont importunes quand on a besoin d'un seul mot : Par exemple on a laissé *Abies* au lieu de mettre *une espece de Sapin qui a les pointes de ses pommes tournées vers le Ciel* ; *Odeum*, au lieu d'*un petit Theatre qui estoit fait pour entendre les Musiciens lorsqu'ils disputoient un prix* ; *Pnigeus*, au lieu de *cette partie de la machine Hydraulique qui estoit faite comme une hotte de cheminée.* On a encore esté obligé de laisser des mots dans le texte sans les traduire, lorsqu'il s'agit d'Etymologie, par exemple quand Vitruve dit que le mot *Columna* vient de *Columen* : on n'auroit pas pu dire que *Colonne* est un mot qui vient de *Poinçon*, qui est le mot François qui signifie *Columen.*

Tout ce qui est à la marge, tant Grec que Latin ou François, est d'un charactere Italique, de mesme que les mots du texte, qui ont rapport avec ceux de la marge, soit qu'ils soient Grecs, soit qu'ils soient Latins ou François ; comme aussi que les mots du texte que l'on a esté obligé de laisser en Grec ou en Latin ou qui ont rapport avec ceux de la marge, soit qu'ils soient Grecs, ou Latins, ou François ; afin d'avertir & de faire entendre ou qu'ils ne sont pas François, ou qu'ils ont rapport ensemble, & qu'ils s'expliquent les uns les autres : par exemple quand il ya, l'Ordonnance qui est apellée *Taxis* par les Grecs ; la Disposition qui est ce qu'ils nomment *Diathesis* ; l'*Eurythmie* ou *Proportion* ; la *Bienseance* ; & la Distribution, qui en Grec est apellée *Oeconomia*, &c. Les mots Grecs *Taxis*, *Diathesis* & *Oeconomia* qui ont dû estre laissez en Grec dans le texte, ont esté écrits en Italique, pour faire connoistre qu'ils ne sont pas François ; *Eurythmie*, *Proportion* & *Bienseance* sont aussi en Italique, parcequ'ils ont rapport aux mots qui sont à la marge, sçavoir à *Proportion* qui est l'explication d'*Eurythmie*, à *Symmetria* & à *Decor* dont *Proportion* & *Bienseance* sont *l'explication.* Mais si quelques mots écrits en Italique, comme *Taxis* & *Diathesis*, n'ont point d'explication à la marge, c'est parceque l'explication en est dans le texte.

Il faut encore remarquer que les mots Grecs ou Latins qui sont expliquez dans le texte sont mis avec leur terminaison naturelle, parcequ'il n'auroit pas esté à propos de dire, l'Ordonnance que les Grecs apellent *Taxe*, la Disposition qui est ce qu'ils apellent *Diathese* : mais quand on a dû laisser le mot Grec ou Latin dans le texte, seulement par la raison que nostre langue n'en a point d'autre, on a mis l'explication à la marge, & on luy a donné une terminaison Françoise, à l'imitation de ce que l'usage a déja étably en plusieurs autres mots Grecs, comme en *Physique*, *Rhetorique*, *Physionomie.* Mais on a estimé qu'on n'en devoit user ainsi qu'aux mots à qui l'usage commun a fait cette grace, tels que sont par exemple, *Stylobata*, *Echinus*, *Astragalus*, *Thorus*, *Tympanum*, *Acroterium*, *Denticulus*, *Mutulus*, &c. que les Architectes expriment ordinairement par *Stylobate*, *Echine*, *Astragale*, *Thore*, *Tympan*, *Acrotere*, *Denticule*, *Mutule*, &c. Les autres qui n'ont point encore ce privilege ont esté laissez avec leur terminaison Grecque & Latine, comme *Gnomon*, *Amussium*, *Manucla*, *Pnigeus*, *Camillum*,

Replum,

Replum, *Buccula*, &c. & l'on a crû que cela embarasseroit moins le discours, que si l'on avoit mis *Gnome*, *Camille*, *Buccule*: parceque la terminaison estrangere faisant connoistre d'abord que les mots ne sont point François, l'esprit ne se met point inutilement en peine de les entendre; comme il arrive quand une terminaison familiere, faisant soupçonner qu'ils sont François, augmente le chagrin que l'on a de ne les pas entendre. Mais sans chercher de meilleure raison pour autoriser l'usage qui s'en passe bien, je m'en suis tenu à ce qu'il en a estably, sans me vouloir hazarder d'introduire aucune nouveauté, & j'ay suivy l'exemple de tous ceux qui jusqu'à present n'ont point écrit *Cyre* pour *Cyrus*, ny *Tane* pour *Tanaïs*, ny *Lesbe* pour *Lesbos*, ny *Larynge* pour *Larynx*, ny *Phyllirée* pour *Phyllirea*, quoyqu'on dise *Dedale* au lieu de *Dedalus*, *Ebre* au lieu d'*Ebrus*, *Erymanthe* au lieu d'*Erymanthus*, *Æsophage* au lieu d'*Æsophagus*, *Cichorée* au lieu de *Chicorea*.

Or ces mots étrangers, tant ceux qui ont esté laissez avec leur terminaison naturelle, que ceux à qui l'on en a donné une Françoise, sont expliquez à la marge par une circonlocution, ou mesme par un seul mot, l'orsqu'il s'en est trouvé de propres pour cela; par exemple l'on a rendu *Triglyphe* par *gravé par trois endroits*; *Stylobate*, par *Portecolonne*; *Eurythmie*, par *Proportion*; *Decor*, par *Bienseance*.

Pour ce qui regarde l'orthographe des mots Grecs, comme l'on n'a point voulu les écrire avec les characteres qui leur sont particuliers, on a suivy l'exemple des Latins, & celuy mesme des Grecs, lorsqu'ils ont inseré dans leur discours des mots d'une langue étrangere: Car de mesme qu'ils se sont servis de ceux de leurs characteres qui expriment le son & la prononciation des mots qu'ils ont empruntez, & que les Grecs ont écrit, par exemple le *Quintius* des Latins κόιντος, parcequ'ils n'ont point de *q*; & que les Latins ont écrit l'εἴδωλον & l'εἰρωνεία des Grecs, *idolon* & *ironia*; parcequ'ils n'ont point d'ει: ainsi quand il a fallu écrire par exemple τέλειον avec des characteres François, on a écrit *telion*, parcequ'il n'y a point de diphtongue *ei* en François, & que l'*i* y a le mesme son que l'ει Grec. Tout de mesme quand on a mis ἀντίβασις, ἀμφίρευσις, ἔντασις, on a écrit *antibacis*, *amphireucis*, *entacis*, & non pas *antibasis*, *amphireusis*, & *entasis*; parceque l'*s* en François entre deux voyelles ne sonne que comme un *z*, & que le *c* y sonne comme le σ des Grecs. J'en ay usé de la mesme maniere dans les mots extraordinaires, & dont l'usage n'a pas encore reglé l'orthographe: dans les autres j'ay esté obligé de suivre la bizarrerie de l'usage, qui donne par exemple au χ tantost la prononciation du *ch*, tantost celle du *qu*; faisant écrire *Orchestre* par un *ch* de mesme qu'*Architrave*, quoy que la prononciation de ces deux mots soit fort differente & que celle d'*Orchestre* demandast qu'on écrivist *Orquestre*.

Outre toutes ces precautions que l'on a cherchées contre l'obscurité du texte, on a encore mis des Notes à la fin de chaque page, dans lesquelles on trouve l'explication qui a esté jugée necessaire pour l'intelligence du texte, que la signification literale des mots qui sont à la marge ne donnoit pas suffisamment.

On a esté religieux à ne rien changer au texte, non pas mesme en des choses qui en rendent la lecture peu agreable, & qui ne sont d'aucune utilité pour l'intelligence des matieres qui y sont traittées, telle qu'est par exemple l'affectation importune que l'Auteur a d'apporter les mots Grecs, dont il avertit que les mots Latins qu'il a mis, ont la signification; comme quand il dit *Architectura constat ex ordinatione qua Gracè Taxis dicitur*. On en a ainsi usé, parceque si l'on avoit voulu retrancher du texte tout ce qui n'est point necessaire, on auroit esté obligé d'oster beaucoup d'autres choses, & peut-estre qu'on se seroit trompé dans le choix que l'on auroit fait de ce qu'il y a à retrancher.

Je ne fais point d'excuse de la liberté que j'ay prise de changer les phrases, parceque je croirois avoir beaucoup failly si j'en avois usé autrement, puisque les manieres de parler du Latin sont encore plus differentes de celles du François que les mots ne le sont; & j'ay fait consister toute la fidelité que je dois à mon Auteur, non pas à mesurer exactement mes pas sur les siens, mais à le suivre soigneusement où il va. J'en ay toujours usé de cette sorte, si ce n'est quand l'obscurité de la chose m'a obligé de rendre mot pour mot: car alors je l'ay fait afin que s'il se rencontre quelque esprit éclairé dans ces matieres à qui il ne manque que l'intelligence de la langue Latine, il puisse découvrir le sens ou le suppléer en changeant quelque chose.

Il est vray que ces changemens sont tres-dangereux, & qu'il est à craindre que l'on n'augmente le mal en voulant y remedier, ainsi qu'il y a apparence que les Copistes ont souvent fait lorsqu'ils ont corrompu le texte en pensant corriger des endroits qu'ils croyoient corrompus parcequ'ils ne les entendoient pas. Il y a un exemple de cela à la fin du 8 chapitre du 2 livre, où le Copiste qui a écrit un manuscript dont je me suis servy, ayant lû dans l'original qu'il copioit, *ex veteribus tegulis tecti structi*, a crû qu'il y avoit un solœcisme, s'imaginant que *tecti* estoit un plurier, & qu'il falloit mettre *ex veteribus tegulis tecta structa*, c'est à dire *des toits faits avec de vieilles tuiles*: car au lieu de corriger une faute il a effectivement gasté le sens du discours, qui demande qu'il y ait *ex veteribus tegulis tecti, structi parietes*, ainsi qu'il y a dans les livres imprimez, qui ont en cela suivy un bon manuscript. J'ay cru neanmoins que cela ne devoit pas m'empescher de proposer mes conjectures sur les endroits de Vitruve qui sont manifestement corrompus: Car si les remedes sont quelquefois dangereux quand on en fait user à ceux qui se portent bien, il est certain que quelques douteux qu'ils puissent estre ils ne sçauroient nuire, quand on ne fait que les proposer. C'est pourquoy je ne mets jamais dans la traduction les corrections que des conjectures m'ont fait faire, sans en avertir dans les Notes; & ainsi je ne contrains point le Lecteur de suivre mon opinion, mais je tasche à la luy persuader.

Il se trouve dans les Notes un grand nombre de ces corrections dont il y a quelques-unes qui sont assez importantes; tous les autres Interpretes ensemble n'en avoient point tant fait. Il seroit à souhaitter qu'il y en eust encore davantage. Car bien loin d'approuver la modestie de ceux qui n'ont osé toucher au texte de Vitruve, par le respect qu'ils ont eu pour ses Copistes au prejudice de la verité; la grande veneration que j'ay pour l'Auteur mesme, m'a porté à declarer mes sentimens sur ses pensées; en quoy je n'ay pas crû faire tort à l'opinion que l'on doit avoir de la suffisance d'un si grand personnage, puisque sans rien decider je propose seulement les doutes que j'ay qu'il ne se soit trompé en quelque chose; car je ne crois pas que quand on entreprend d'expliquer un Auteur, on s'engage à faire son panegyrique, ny à soûtenir tout ce qu'il a écrit.

Bien que les Notes soient principalement pour rendre raison de la traduction & des corrections nouvelles du texte, comme aussi de celles qui ont esté prises dans les autres Interpretes; on n'a pas laissé de faire des remarques en passant, pour servir d'explication aux termes obscurs, & aux choses mesmes où il se rencontre un grand nombre de difficultez.

Quelques-uns pourront trouver que ces Notes sont en trop petit nombre, & qu'elles ne sont pas les plus necessaires & les plus importantes. A la verité il auroit esté facile de les faire plus amples, en traduisant tout ce que Cisaranus,

Philander, Barbaro, Baldus, Budée, Turnebe, Lipse, Saumaise, & plusieurs autres Auteurs celebres ont recherché & rapporté fort au long dans leurs Commentaires, & mesme d'y ajoûter beaucoup d'autres choses; parceque le sujet, de la maniere que Vitruve le traitte, est si vaste, qu'il est facile d'y trouver place pour tout ce que l'on sçait, quand on n'a pas d'autre dessein que de faire connoistre au Lecteur que l'on sçait beaucoup de choses. Mais on a consideré qu'il y a long-temps que l'usage a retranché les grands Commentaires, & qu'ils ne sont soufferts que par les doctes qui sont accoûtumez à lire dans les anciens ces amas de recherches curieuses, qui sont fort à propos, mais le plus souvent peu necessaires ou peu utiles à l'éclaircissement de la pensée de l'Auteur.

On a encore consideré que la plus grande partie des matieres que Vitruve traite, & sur lesquelles on peut faire des recherches curieuses, n'appartiennent point à l'Architecture d'aujourd'huy, comme sont toutes les choses qu'il rapporte de la Musique des Anciens pour les vases d'airain qui servoient à l'Echo des Theatres, des machines pour la guerre, des appartemens des maisons des Grecs & des Romains, de leurs Palestres & de leurs Bains; ou si elles sont renfermées sous un genre de science qui puisse servir à nostre Architecture, aussi-bien qu'à celle des Anciens, la connoissance & l'exacte discussion des particularitez qu'il rapporte n'est d'aucune utilité; telle qu'est la longue histoire des stratagémes de la Reine Atemise, & l'histoire de la Fontaine de Salmacis, pour montrer que les grands Palais n'estoient autrefois bastis que de Brique; l'enumeration des proprietez de toutes les eaux du monde, pour faire entendre quelle doit estre la structure des Aqueducs & des Tuyaux des Fontaines; les raisons du cours des Planetes, & la description de toutes les Etoilles fixes, pour servir à faire des Cadrans au Soleil. Car ce grand amas de diverses choses dont Vitruve a voulu orner son livre, a plus d'ostentation & d'éclat pour amuser, que de lumiere pour conduire l'esprit d'un Architecte, supposé mesme qu'il soit capable de toutes ces belles connoissances, & elles éblouïssent ceux qui n'en sont pas capables, & font qu'ils se defient de pouvoir comprendre les choses utiles & essentielles qu'ils pourroient entendre, parcequ'ils les trouvent mélées parmy cent autres où ils ne connoissent rien.

L'importance des remarques qui peuvent estre faites sur Vitruve & mises dans des Notes, semble consister en deux choses : car ou elles appartiennent à l'explication des endroits celebres & remarquables seulement par leur obscurité & par la peine que les Sçavans se sont donnée pour les expliquer, tels que sont les Piedestaux des Colonnes apellez *Scamilli impares*, la Musique des Anciens, les Clepsydres, la machine Hydraulique, la Catapulte, & les Beliers; les autres regardent d'autres choses obscures aussi & difficiles, mais qui contiennent des preceptes necessaires & utiles pour l'Architecture, comme sont le renflement des Colonnes, la disposition des points ou centres qui se prennent dans l'œil de la Volute Ionique pour la tracer, la maniere de bastir au fond de la mer pour les Jettées & pour les Moles des Ports, & quelques autres remarques de cette espece. Or on les a toutes traittées le plus succinctement & le plus clairement qu'il a esté possible.

Que si l'on s'est arresté en passant à quelques autres choses moins celebres, telle qu'est l'explication de la structure des Cabannes qui se font au pays de Cholcos; ou peu necessaires à sçavoir, quoy qu'elles appartiennent à toute sorte d'Architecture, telle qu'est la raison de l'endurcissement de la chaux dans la composition du mortier & de quelques autres choses semblables; ce n'est pas qu'elles ayent esté choisies par aucune raison particuliere, entre cent autres de pareille nature; mais le peu de temps que l'on a eu pour achever cet ouvrage, n'a pas permis d'en faire davantage, ainsi que l'on s'estoit proposé.

Pour ce qui est des Auteurs qui sont alleguez dans les Notes, on s'est contenté de les nommer, sans marquer l'endroit de leurs ouvrages, d'où sont pris les témoignages que l'on leur fait rendre : parceque l'on n'a pas tant affecté l'apparence d'erudition que la netteté & l'éclaircissement des choses que l'on a expliquées: Car ce discours auroit paru plus confus & plus embarrassé, s'il eust esté interrompu par des citations & par des renvois importuns.

Les Figures sont de trois especes, il y en a qui n'ont que le premier trait pour expliquer les mesures & les proportions qui sont prescrites dans le texte; les autres sont ombrées pour faire voir l'effet que ces proportions peuvent faire estant mises en œuvre, & pour cette mesme raison quelques-unes de ces figures ombrées ont esté faites en Perspective, lorsque l'on n'a pas eu intention de faire connoistre ces proportions au compas, mais seulement au jugement de la vûë. On a fait aussi tailler quelques-unes de ces figures en bois, sçavoir celles qui ne demandoient pas une si grande delicatesse ny un si grand volume. On en a fait de cette espece le plus que l'on a pû, à cause de la commodité qu'elles donnent, pouvant estre inserées dans le discours, & n'obligeant point le Lecteur à aller chercher la figure dans une autre page que celle qu'il lit. Pour suppléer en quelque façon à ces inconveniens qui se rencontrent necessairement dans les grandes Figures, on a mis auprés de chacune une Explication, qui repete ce qui est à propos de cela dans le texte & dans les Notes, dont le discours ne se pouvoit pas rencontrer au droit des Figures. Aux endroits où l'intelligence d'un texte ambigu & extraordinairement obscur dépendoit de l'explication que la Figure y peut donner, on a mis le texte Latin & sa traduction à costé au droit de la Figure, avec des renvois aux parties dont la Figure est composée, afin de donner plus de facilité au Lecteur de juger de la traduction, & luy laisser la liberté & le moyen d'en faire une autre si la nostre ne luy agrée pas, aprés avoir esté amplement informé de ce dont il s'agit.

Il reste un avertissement que j'ay reservé pour le dernier, parceque ceux qui liront ce Livre, y ont peu d'interest, & qu'il ne regarde que le dessein de ceux qui m'ont fait entreprendre cet ouvrage: C'est qu'on ne pretend point luy avoir donné toute la perfection dont il est capable; parceque cette traduction n'est pas tant faite pour les doctes curieux, que pour les Architectes François, que l'on n'a pas voulu faire attendre aussi long-temps qu'il auroit esté necessaire pour chercher les diverses leçons dans les Manuscripts de toutes les Bibliotheques du monde, pour amasser les observations qui se peuvent faire sur les monumens d'Architecture ancienne qui se trouvent épars dans tous les pays étrangers, pour traiter à fond toutes les questions de Physique, d'Histoire & de Mathematique qui se rencontrent dans ce livre, pour décrire exactement toutes les machines tant anciennes que modernes, & enfin pour rencontrer une personne qui eust assez de genie, d'erudition & de patience pour venir à bout d'un ouvrage si difficile. Mais il faut ajoûter à cela, que la hardiesse que j'ay euë de l'entreprendre m'a esté principalement inspirée par le desir de satisfaire au commandement qui m'en a esté fait; & que pour avoir la gloire d'estre obeïssant (car il y en a à l'estre dans les choses difficiles) j'ay bien voulu me mettre au hazard de faire connoistre ma foiblesse, s'il est vray neanmoins que l'on en puisse juger par le peu de succés d'un travail où personne n'a encore reüssi.

LES DIX LIVRES D'ARCHITECTURE DE VITRUVE.

LIVRE PREMIER.

PREFACE.

A LORSQUE je considere, [1] Seigneur, que par la force de vostre divin genie vous vous estes rendu maistre de l'Univers, que vostre valeur invincible en terrassant vos ennemis, & couvrant de gloire ceux qui sont sous vostre Empire, vous fait recevoir les hommages de toutes les nations de la terre, & que le peuple Romain & le Senat fondent l'assurance de la tranquillité dont ils joüissent sur la seule sagesse de vostre gouvernement, je doute si je dois vous presenter cet ouvrage d'Architecture. Car bien que je l'aye achevé avec un tres-grand travail en m'efforçant par de longues meditations de
B rendre cette matiere intelligible, je crains qu'avec un tel present je ne laisse pas de vous estre importun, en vous interrompant mal-à-propos dans vos grandes occupations.

Toutefois lorsque je fais reflexion sur la grande étenduë de vostre esprit, dont les soins ne se bornent pas à ce qui regarde les affaires les plus importantes de l'Estat, mais qui descend jusqu'aux moindres utilitez que le public peut recevoir de la bonne maniere de bastir, & quand je remarque que non content de rendre la ville de Rome maitresse de tant de Provinces que vous luy soumettez, vous la rendez encore admirable par l'excellente structure de ses grands Bastimens, & que vous voulez que leur magnificence égale la majesté de vostre Empire ; je crois que je ne dois pas differer plus long-temps à vous faire voir ce que j'ay écrit sur ce sujet, esperant que cette profession qui m'a mis autrefois en quelque consideration aprés de l'Empereur vostre pere, m'obtiendra de vous une pareille faveur, de
C mesme que je sens que l'extreme passion que j'eus pour son service, se renouvelle en moy pour vostre auguste personne, depuis que vous luy avez succedé à l'Empire, & qu'il a esté receu parmy les Immortels : Mais sur tout lorsque je vois qu'à la recommandation de la

1. SEIGNEUR, Il y a *Imperator Cæsar* dans le texte: Quelques-uns doutent quel est l'Empereur à qui Vitruve dedie son Livre, parce qu'il n'y a point d'adresse dans les anciens exemplaires qui nomme Auguste, Philander estant le premier qui a intitulé cet ouvrage *M. Vitruvii Pollionis de Architectura lib. X. ad Cæsarem Augustum.* Ce n'est pas neanmoins sans fondement que l'on croit qu'Auguste est l'Empereur à qui cette Preface est addressée de mesme que celles de tous les autres livres; Car il y a pour cela des conjectures que l'on peut tirer de plusieurs particularitez qui sont dans cet ouvrage ; comme entre autres lors qu'au 3. chap. du 9. liv. Vitruve parle des plus celebres auteurs Romains, & faisant le denombrement des grands Poëtes, il fait mention seulement d'Ennius, de Pacuvius & de Lucrece. Mais il y a un endroit qui marque plus precisement le temps auquel Vitruve a vécu, c'est au 4. chap. du 8. liv. où il parle d'une conversation qu'il eut avec C. Julius fils de Masinissa: car on sçait que Masinissa a vécu si long-temps avant Auguste, qu'il faut que Vitruve fust déja bien âgé quand il a écrit ce livre, pour avoir veu le fils de Masinissa, quand mesme ce fils auroit esté celuy qui nasquit son pere ayant 92. ans au rapport de Florus.

CHAP. I. Princesse vostre sœur, vous avez la bonté de me faire avoir les mesmes gratifications que je A
recevois pendant que j'ay exercé avec M. Aurelius & Pub. Minidius & Cn. Cornelius, la
commission qui m'avoit esté donnée pour la construction & entretenement des Balistes,
Scorpions & autres machines de guerre; je me sens obligé par tant de bienfaits qui m'ont
mis hors d'estat de craindre la necessité pour le reste de mes jours, de les employer à écrire
de cette science avec d'autant plus de raison que je vois que vous vous estes toujours plû à
faire bastir, & que vous continuez avec dessein d'achever plusieurs Edifices tant publics,
que particuliers, pour laisser à la posterité d'illustres monumens de vos belles actions.

Ce Livre contient les desseins de plusieurs Edifices & tous les preceptes necessaires pour
atteindre à la perfection de l'Architecture afin que vous puissiez juger vous-mesme de la
beauté des Edifices que vous avez faits & que vous ferez à l'avenir.

B

CHAPITRE I.

Ce que c'est que l'Architecture: & quelles parties sont requises en un Architecte:

[1] L'ARCHITECTURE est une science qui doit estre accompagnée d'une grande diver- *
sité d'estudes & de connoissances par le moyen desquelles elle juge de tous les ouvra-
Fabrica. ges des autres arts [2] qui luy appartiennent. [3] Cette science s'acquiert par la *Pratique* & par la * *
Ratiocinatio. *Theorie*: La Pratique consiste dans une application continuelle à l'execution des desseins
que l'on s'est proposé, suivant lesquels la forme convenable est donnée à la matiere dont
toutes sortes d'ouvrages se font. La Theorie explique & demontre la convenance des pro- C
portions que doivent avoir les choses que l'on veut fabriquer: cela fait que les Architectes
qui ont essayé de parvenir à la perfection de leur art par le seul exercice de la main, ne s'y
sont guere avancez, quelque grand qu'ait esté leur travail, non plus que ceux qui ont cru
que la seule connoissance des lettres & le seul raisonnement les y pouvoit conduire; car ils
n'en ont jamais vu que l'ombre: mais ceux qui ont joint la Pratique à la Theorie ont esté
les seuls qui ont reussi dans leur entreprise, comme s'estant munis de tout ce qui est necessaire pour en venir à bout.

Dans l'Architecture comme en toute autre science [4] on remarque deux choses; celle qui est *
signifiée & celle qui signifie: La chose signifiée est celle dont l'on traite, & celle qui signifie
est la demonstration que l'on en donne par le raisonnement soutenu de la science. C'est pourquoy il est necessaire que l'Architecte connoisse l'une & l'autre parfaitement. Ainsi il faut D
qu'il soit ingenieux & laborieux tout ensemble; car l'esprit sans le travail, ny le travail sans
l'esprit, ne rendirent jamais aucun ouvrier parfait. [5] Il doit donc sçavoir écrire & dessiner, *
estre instruit dans la Geometrie, & n'estre pas ignorant de l'Optique, avoir appris l'Arithmetique, & sçavoir beaucoup de l'Histoire, avoir bien étudié la Philosophie, avoir connoissance de la Musique, & quelque teinture de la Medecine, de la Jurisprudence & de l'Astrologie.

1. L'ARCHITECTURE EST UNE SCIENCE. Cette definition ne semble pas assez precise parce qu'elle n'explique que le nom d'Architecture selon le Grec, & elle luy attribue mesme une signification plus vague que n'est celle du mot Grec en luy donnant la direction de toute sorte d'Ouvriers, dont il peut y avoir un grand nombre qui ne sont point compris dans le mot *Tekton*, qui ne signifie que les ouvriers qui sont employez aux bastimens. Mais l'intention de Vitruve a esté d'exagerer le merite & la dignité de cette science, ainsi qu'il l'explique dans le reste du chapitre, où il veut faire entendre que toutes les sciences sont necessaires à un Architecte; & en effet l'Architecture est celle de toutes les sciences à qui les Grecs ayent donné un nom qui signifie une superiorité & une intendance sur les autres: & quand Ciceron donne des exemples d'une science qui a une vaste étendüe, il allegue l'Architecture, la Medecine & la Morale. Platon a esté dans le mesme sentiment quand il a dit que la Grece toute sçavante qu'elle estoit de son temps, auroit eu de la peine à fournir un Architecte.

2. QUI LUY APPARTIENNENT. Ces mots ne sont point expressément dans le texte, mais ils doivent y estre parce qu'il n'est point vray que l'Architecture juge de tous les autres Arts, mais seulement de ceux qui luy appartiennent, & il n'est point croyable que Vitruve ait voulu pousser si avant la loüange de l'Architecture.

3. CETTE SCIENCE S'ACQUIERT PAR LA PRATIQUE ET PAR LA THEORIE. Les mots de *Fabrica* & de *Ratiocinatio* de la maniere que Vitruve les explique, ne pouvoient estre autrement traduits que par *Pratique* & *Theorie*, parceque *raisonnement* est un mot trop general, & que *Fabrique* n'est pas François.

4. ON REMARQUE DEUX CHOSES. Je croy que Vitruve entend par la chose signifiée celle qui est considerée absolument E
& simplement telle qu'elle paroist estre, & par la chose qui signifie, celle qui fait que l'on connoist la nature interne d'une chose par ses propres causes. Ainsi dans l'Architecture un Edifice qui paroist bien basty est la chose signifiée; & les raisons qui font que cet Edifice est bien basti sont la chose qui signifie, c'est à dire qui fait connoistre quel est le merite de l'ouvrage.

5. IL DOIT SÇAVOIR ECRIRE. Je n'ay pas cru devoir traduire à la lettre le mot de *Literatus*, qui signifie proprement celuy qui est pourveu d'une erudition non commune & qui sçait du moins la Grammaire en perfection: Vitruve s'explique assez là dessus quand il reduit toute cette literature de l'Architecte à estre capable de faire ses devis & ses memoires, & quand il explique dans la suite *literatus* par *scire literas* qui signifie sçavoir écrire; & c'est en ce sens que Neron dit une fois, lorsqu'au commencement de son empire on luy fit signer une sentence de mort, *vellem nescire literas*.

A La raison est que pour ne rien oublier de ce qu'il a à faire, il en doit dresser de bons memoires, & pour cet effet sçavoir bien écrire. Il doit sçavoir dessiner à fin qu'il puisse avec plus de facilité, sur les desseins qu'il aura tracez, executer tous les ouvrages qu'il projette. La Geometrie luy est aussi d'un grand secours, particulierement pour luy apprendre à se bien servir de la Regle & du Compas, & pour prendre les alignemens & dresser toutes choses à l'Equerre & au Niveau. L'Optique luy sert à sçavoir prendre les jours & faire les ouvertures à propos selon la disposition du Ciel. L'Arithmetique est pour le calcul de * la dépense des ouvrages qu'il entreprend, & pour regler les mesures & les proportions [1] qui se trouvent quelquefois mieux par le calcul, que par la Geometrie. L'Histoire luy fournit la matiere de la pluspart des ornemens d'Architecture dont il doit sçavoir rendre raison. * * Par exemple si sous [2] les Corbeaux & les [3] Corniches au lieu de Colonnes il met [4] des Statues B de marbre en forme de femmes honnestement vestuës que l'on appelle Cariatides; il pourra

CHAP. I.

1. Qui se trouvent quelquefois mieux par le calcul. La division qui se fait par le calcul & qui s'explique par les chifres, est bien meilleure & plus seure que celle qui se fait par le compas, tant pour les distributions de toutes les parties d'un bastiment, lorsqu'on en veut faire le dessein, que pour la donner à executer aux ouvriers.

2. Les Corbeaux. J'ay interpreté, *Mutulos*, par le mot françois de *Corbeaux* & non de *Modillons* qui est Italien & qui signifie la mesme chose; quoy qu'on les distingue, & que les Mutules soient pour l'ordre Dorique seulement, de mesme que les Triglyphes, ainsi qu'il est enseigné au 2. chap. du 4. livre, & que ces Modillons soient un mot mis en usage par les modernes pour les *Mutules* des autres ordres. Les *Corbeaux* ou *Mutules* marquez C AA, & les *Modillons* marquez HH, sont en general des pieces saillantes qui soustiennent la Corniche, & que l'on dit representer le bout des Chevrons coupez & mutilez, ainsi qu'il sera expliqué cy-aprés au 4. livre.

D

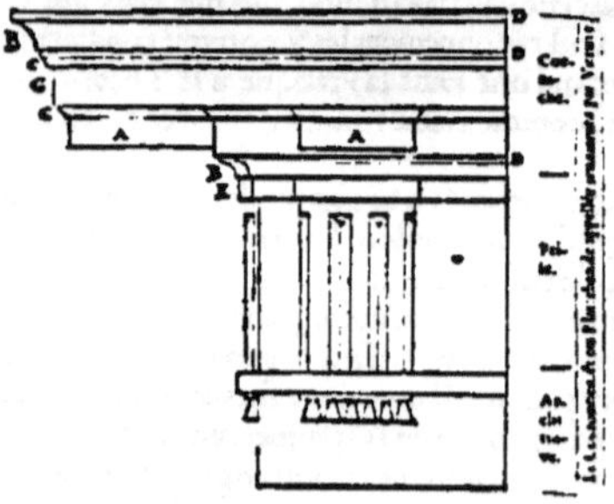

E

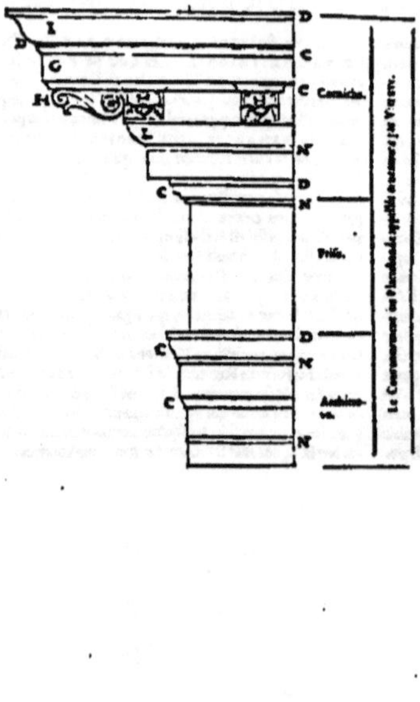

AA. Les *Corbeaux*, *Mutules* ou *Modillons* de l'ordre Dorique.

B. Ce membre de moulure en la partie superieure de la Corniche de l'ordre Dorique, de mesme que le membre I, en la partie superieure du Corinthien, est generalement appellé *Simaise* & *Sima* par Vitruve. Il est particulierement apellé *Gueule* par les Ouvriers, & *Cymaise Dorique* par Vitruve.

CC. Ce membre tout seul est apellé *Talon*, estant joint avec le *filet* D. il est apellé *Cymaise*, & *Cymatium* par Vitruve.

DD. *Filet*, *Orlet*, ou *Petit quarré*, apellé *Supercilium* par Vitruve.

E. *Platte-bande* en general, elle est en cet endroit dans la Frise dorique, apellée par Vitruve le *Chapiteau du Triglyphe*.

G. *Mouchette* ou *Larmier*, apellé quelquefois *Corona* par Vitruve, quoy que le plus souvent *Corona* signifie toute la *Corniche*.

HH. Les *Modillons* de l'Ordre Corinthien, qui sont apellez *Mutuli* par Vitruve, qui ne les distingue point des *Mutules* de l'Ordre Dorique.

I. *Doucine*, ou *grande Simaise*.

L. *Quart de rond*, *Echine*, ou *Ovale*, apellé *Echinus* par Vitruve.

N. *Astragale chapelet* ou *baguette*.

ND. Ce membre qui est entre ces deux lettres est apellé *Denticule*, parce que dans l'ordre Ionique on a accoustumé de le tailler de maniere qu'il represente les dents de devant.

Toutes ces choses sont expliquées plus au long dans la suite de l'Ouvrage.

3. Les Corniches. Pour traduire icy precisément le mot de *Corona*, il auroit fallu mettre *Larmier* qui n'est qu'une partie de la Corniche & non pas la Corniche entiere, parce que toute la Corniche n'est pas au dessus des Mutules, mais seulement la partie G. qui est apellée *Mentum* ch. 3. du 4. liv. & en François *Larmier*, parce que c'est de là d'où degoutte la pluye qu'elle empesche de couler le long de la Frise. Elle est aussi apellée *Mouchette* pour cette mesme raison. Mais parceque *Corona* signifie indifferemment & le Larmier & toute la Corniche, j'ay eu égard à l'intention de l'Auteur qui a voulu faire entendre par le mot de *Corona* non seulement toute la Corniche, mais mesme la Frise, & l'Architrave, qui sont des parties que les Cariatides soutiennent toutes ensemble, & qui s'apellent vulgairement *Couronnement*, *Platte-bande*, ou *Travée*; & ces trois parties jointes ensemble sont proprement ce que Vitruve appelle ailleurs *Ornamenta*.

4. Des Statues de marbre en forme de Femmes. On void encore à Rome quelques restes de ces sortes de statues antiques. Montiosius qui s'est beaucoup mis en peine de chercher quelques marques des Cariatides que Pline dit avoir esté mises par Diogene Architecte Athenien pour servir de Colonnes dans le Pantheon, rapporte qu'il en a vû quatre en l'an 1580. qui estoient enterrées jusqu'aux épaules au costé droit du Portique en demy relief, & qui soustenoient sur leurs testes une maniere d'Architrave de la mesme pierre. Et il y a lieu de croire qu'elles estoient au dessus des Colonnes qui sont apresent au dedans du Temple & à la place des Pilastres de l'Attique qui est sur ces colonnes. La commune opinion estant que cet Attique est un ouvrage qui a esté adjousté depuis peu & qui est plus moderne que le reste. On voit encore à Bordeaux dans un bastiment fort ancien & tres magnifique qu'on apelle les Tuteles, de ces especes de Cariatides qui sont des statues presqu'en demy relief, de neuf pieds de haut posées sur 17. colonnes de 45. pieds de haut qui sont restées des 24. qu'il y avoit autrefois. Ces Cariatides sont au nombre de 34. y en ayant dedans & dehors l'Edifice.

EXPLICATION DE LA PLANCHE I.

La Figure des quatre Cariatides qui est mise icy, est prise de la Salle des Gardes Suisses dans le Louvre. Ce sont des Statuës de douze piez de haut qui soutiennent une Tribune enrichie d'ornemens taillez fort proprement. Cet ouvrage est de J. Goujon Architecte & Sculpteur de Henry II.

apprendre

A apprendre à ceux qui ignorent pourquoy cela se fait ainsi, que les habitans de Carie qui CHAP. I.
est une ville de Peloponese, se joignirent autrefois avec les Perses qui faisoient la guerre
aux autres peuples de la Grece, & que les Grecs ayant par leurs victoires glorieusement
mis fin à cette guerre, la declarerent en suite aux Cariates; Que leur ville ayant esté prise
& ruinée, & tous les hommes mis au fil de l'espée, les femmes furent emmenées captives,
& que pour les traiter avec plus d'ignominie, on ne permit pas aux Dames de qualité de quit-
ter leurs robes accoûtumées, ny aucun de leurs ornemens, afin que non seulement elles fussent une fois menées en triomphe, mais qu'elles eussent la honte de s'y voir en quelque façon mener toute leur vie paroissant toujours au mesme état qu'elles estoient le jour du
triomphe, & qu'ainsi elles portassent la peine que leur ville avoit meritée. Or pour laisser un
exemple eternel de la punition que l'on avoit fait souffrir aux Cariates & pour apprendre à
B la posterité quel avoit esté leur chatiment, les Architectes de ce temps-là mirent au lieu de
Colonnes ces sortes de Statuës aux Edifices publics.

Les Lacedemoniens firent la mesme chose lorsque sous la conduite de Pausanias fils de
Cleombrote ils eurent défait avec peu de gens une puissante armée de Perses à la bataille
de Platée : car aprés avoir mené avec pompe leurs captifs en triomphe, ils bâtirent du
butin & des dépoüilles des ennemis, une Gallerie qu'ils apellerent Persique, dans laquelle
des Statuës en forme de Perses captifs avec leurs vestemens ordinaires soûtenoient la voûte, afin de punir cette nation par un opprobre que son orgueil avoit merité; & laisser à la
posterité un monument de la vertu & des victoires des Lacedemoniens, rendant ainsi leur valeur redoutable à leurs ennemis, & excitant le peuple à la défense de la liberté par l'exemple
de leurs concitoyens. Depuis à l'imitation des Lacedemoniens plusieurs Architectes firent
* * soustenir [1] les Architraves [2] & autres ornemens sur des Statuës Persiques, & ainsi enrichi-
C rent leurs ouvrages de pareilles inventions. Il y a encore plusieurs autres histoires de cette nature dont il est necessaire que l'Architecte ait connoissance.

L'estude de la Philosophie sert aussi à rendre parfait l'Architecte, qui doit avoir l'ame grande & hardie, sans arrogance, equitable & fidele, & ce qui est le plus important, tout-à-fait
exempt d'avarice : car il est impossible que sans fidelité & sans honneur on puisse jamais
rien faire de bien. Il ne doit donc point estre interessé, & doit moins songer à s'enrichir,
qu'à acquerir de l'honneur & de la reputation par l'Architecture, ne faisant jamais rien
d'indigne d'une profession si honorable : car c'est ce que prescrit la Philosophie. D'ailleurs
cette partie de la Philosophie qui traite des choses naturelles, & qui en Grec est apellée
Physiologie, le rendra capable de resoudre quantité de questions; ce qui luy est necessaire
D en plusieurs rencontres, comme dans la conduite des eaux, pour laquelle il doit sçavoir
que tant en celles qui sont conduites par des détours en montant & en descendant, qu'en
* celles qui sont menées de niveau, si elles sont resserrées dans les tuyaux, [3] il s'enferme
naturellement des vents, tantost d'une maniere, tantost d'une autre; ce qui fait que ceux
qui ignorent les principes & les causes des choses naturelles, ont bien de la peine à reme-

1. LES ARCHITRAVES. J'ay mis le mot d'Architrave au lieu du Grec Epistyle, qui signifie posé sur la colonne, parceque Architrave quoyqu'il ne soit pas François, est plus connu qu'Epistyle. Architrave est un mot barbare moitié Grec & moitié Latin, quoyque Bernardinus Baldus veuille qu'il soit tout Latin & composé des mots, *Arcus* & *Trabs*, comme estant une piece de bois qui est mise sur les colonnes au lieu d'Arcades : Mais la verité est que l'on a toujours
E écrit Archiτrave & non Arcutrave, & qu'*Archi* dans la composition des mots Grecs signifie ce qui est le premier & le principal. Ce qui convient fort bien à la piece de bois qui se met sur les colonnes qui est la premiere & la principale, & qui soutient les autres à sçavoir les poutres & les solives, & qui d'ailleurs fait un effet bien different de celuy des Arcades, qui ne lient point les colonnes les unes aux autres; ce qui est le principal usage de l'Architrave, qui est proprement ce que nous apellons en François *Poitrail* ou *Sabliere*.

2. ET AUTRES ORNEMENS. Le mot d'*ornamenta* dans Vitruve signifie particulierement les trois parties qui sont posées sur la Colonne, à sçavoir l'Architrave, la Frise & la Corniche, qui est une signification bien differente de la signification ordinaire, qui comprend toutes les choses qui ne sont point des parties essentielles, mais qui sont adjoutées seulement pour rendre l'ouvrage plus riche & plus beau, telles que sont les sculptures de fueillages de fleurs, & de compartimens que l'on taille dans les moulures, dans les frises, dans les platfonds, & dans les autres endroits qu'on veut orner.

3. IL S'ENFERME NATURELLEMENT. Il y a apparence que Vitruve parlant icy des vents qui se rencontrent souvent meslez avec l'eau dans les Tuyaux des fontaines, entend qu'ils y sont engendrez, parce que le mot de *fiunt* dans un discours où il s'agit de Physique, semble signifier le changement de l'eau en un corps de nature aërienne, & c'est ce qui est exprimé au chap. 7. du 8. liv. par le mot de *nascuntur*. Mais parceque la verité est que cette production de corps aërien est une chose qui ne sçauroit arriver dans les tuyaux des fontaines, parcequ'il est besoin pour cela d'une cause extraordinaire qui produise une soudaine rarefaction, qui ne se rencontre point dans les fontaines, j'ay cru que je pouvois traduire avec plus de verité, *spiritus fiunt* il s'enferme des vents, que si j'avois mis il s'engendre des vents : parce que c'est la mesme chose, & que l'air qui est seulement enfermé, aussi bien que celuy qui seroit engendré dans les tuyaux, fait du vent en effet, lorsque la violence du mouvement & de la compression le fait couler, le vent n'estant autre chose que le cours & le flux impetueux de l'air. Vitruve s'explique assez bien sur cela au lieu qui vient d'estre allegué, & fait entendre que ces vents ne sont autre chose que l'air qui s'enferme avec l'eau lorsqu'elle entre trop impetueusement dans les tuyaux.

CHAP. I. dier aux desordres qui en arrivent. De plus l'Architecte ne pourra jamais comprendre sans A
la connoissance de la Philosophie, ce qui est écrit dans les livres de Ctesibius, d'Archimede & d'autres auteurs semblables.

Pour ce qui est de la Musique, il y doit estre consommé afin qu'il sçache la [1] Proportion *
Canonique & Mathematique pour bander comme il faut les machines de guerre comme
Foramina homotonorum. Ballistes, Catapultes & Scorpions, dont la structure est telle, qu'ayant passé dans [2] *deux trous* *
par lesquels on tend également les bras de la Catapulte, & dont l'un est à droit & l'autre à gauche
aux chapiteaux de ces machines, des cables faits de cordes à boyau que l'on bande avec [3] des *
vindas ou moulinets & des leviers; l'on ne doit point arrester ces cables pour mettre la machine en estat de decocher, que le maistre ne les entende rendre un mesme ton quand on les
touche, parce que les bras que l'on arreste aprés les avoir bandez, doivent frapper d'une B
égale force, ce qu'ils ne feront point s'ils ne sont tendus également, [4] & il sera impossible *
qu'ils poussent bien droit [5] ce qu'ils doivent jetter. *

La connoissance de la Musique est encore necessaire pour sçavoir disposer les vases d'airain que l'on met dans les chambres sous les degrez des Theatres, lesquels vases doivent
estre placez par proportion mathematique, & selon la difference des sons qu'ils ont en leurs
retentissements, [6] appellez *Echeia* en Grec; & qui doivent aussi estre faits suivant les symphonies ou accords de Musique, & pour cela avoir de differentes grandeurs tellement compassées & proportionnées les unes aux autres, qu'ils soient à la quarte, à la quinte, ou à
l'octave, afin que la voix des Comediens frappe les oreilles des spectateurs avec plus de force, de distinction & de douceur. Enfin [7] les machines Hydrauliques & la structure d'autres *
semblables instrumens ne peut estre entenduë sans la science de la Musique. Il faut aussi
qu'il ait connoissance de la Medecine pour sçavoir quelles sont les differentes situations des C
lieux de la terre, lesquelles sont appellées *Climata* par les Grecs, afin de connoistre la qualité de l'Air, s'il est sain ou dangereux, & quelles sont les diverses proprietez des Eaux; car
sans la consideration de toutes ces choses, il n'est pas possible de construire une habitation
qui soit saine.

L'Architecte doit aussi sçavoir la Jurisprudence & les Coustumes des lieux pour la con-

1. LA PROPORTION CANONIQUE ET MATHEMATIQUE. Ces deux proportions sont la mesme chose qui sont opposées à la proportion Musicale ou Harmonique, comme Vitruve entend au chapitre 1. du 5. liv. où il dit que les Architectes ont reglé les proportions des Theatres pour faire que la voix y fust conservée & fortifiée, sur les proportions tant Canoniques & Mathematiques, que Musicales. *Quæ fecerunt*, dit-il, *per canonicam Mathematicorum, & Musicam rationem*. Ces deux proportions sont telles que la Musicale & Harmonique est seulement fondée sur l'ouïe, qui juge par exemple que la double octave en contient deux simples, & la Canonique ou Mathematique est fondée sur la mesure Geometrique qui fait voir qu'une corde partagée par la moitié, sonne l'octave de la corde entiere. Boëthius Severinus dit que la Proportion Mathematique est apellée Canonique c'est à dire reguliere, parce qu'elle est plus certaine & qu'elle demonstre plus clairement la proportion de l'etenduë des tons que ne fait l'oreille qui s'y peut quelquefois tromper. L'opinion d'Aulugelle qui oppose la proportion Canonique à la proportion Optique attribuant l'une à la Geometrie, & l'autre à la Musique, sembleroit fonder le doute qu'on pourroit avoir que Vitruve eust eu intention d'opposer la proportion Mathematique à la Canonique.

2. DEUX TROUS PAR LESQUELS ON TEND EGALEMENT. Les exemplaires sont differents: les uns ont *foramina homotonorum*, les autres *homotonorum*. Je lis *homotonorum* contre l'avis de Turnebe qui se fonde sur Heron, qui dit que quelques-uns des anciens apeloient la corde que l'on passoit dans ces trous *tonos*, quelques-uns *entonos* & d'autres *hemitonia*: mais il peut y avoir faute dans le texte de Heron aussi-bien que dans les exemplaires de Vitruve qui ont *homotoniorum*; parcequ'il est évident que Heron donne ces trois noms pour synonymes; or cela ne peut estre si on ne lit *homotonon* au lieu de *hemitonion*, un ton & un semiton n'estant point synonymes. Pour ce qui est du texte de Vitruve le sens demande qu'il y ait *homotonorum*, puisqu'il ne s'agit que de cette *homotonie* ou *egalité de tension*, qui peut estre attribuée ou aux bras egalement bandez, ou aux cordes également tenduës.

3. DES VINDAS OU MOULINETS. Le Moulinet apellé des Latins *sucula*, est une partie du Vindas ou Singe qu'ils apelloient *Ergata*. *Sucula*, qui signifie une petite Truye, est aussi apellée en Latin *Asellus*, *Bucula* & *Onisjon* en Grec, à cause des leviers qui sont passez dans le trueil du Moulinet que l'on pretend representer les oreilles d'un Asne, ou d'une Truye, ou les cornes d'un Bœuf. *Ergata* qui est nostre Vindas est une machine composée d'un Moulinet qui est passé & posé tout droit, & acollé par des amarres dont l'une est en haut & l'autre en bas, & qui sort avec un grand empatement pour tenir ferme contre le bandage. On s'en sert dans les grands batteaux pour les monter aux endroits D
où les chevaux ne les peuvent tirer, & aux navires pour lever les mats.

4. ET IL SERA IMPOSSIBLE. On fera voir dans l'explication qui est faite plus au long de cette machine au 10. livre, que ce qui rend l'égalité de la tension des deux bras necessaire, n'est pas tant cette direction du javelot dont Vitruve parle icy, que le besoin qu'il a d'une grande force pour estre poussé: car il est évident que si la tension des bras est inégale, leur mouvement le sera aussi lorsque la detente se fera, & ainsi celuy des deux bras qui sera le plus tendu ayant un mouvement plus viste, poussera tout seul le javelot, qui n'attendra pas que le bras qui est moins tendu & qui va plus lentement, le touche; & par consequent sa force demeurera inutile.

5. CE QU'ILS DOIVENT JETTER. Je traduis ainsi le mot *tela* qui est un mot general pour tout ce qui peut offencer; nous n'en avons point en François qui soit propre pour cela, cependant E
il auroit esté necessaire d'en trouver, parce qu'il s'agit icy de ballistes & de catapultes, qui estoient des Machines qui jettoient les unes des pierres, les autres des javelots.

6. APELLEZ ECHEIA. Philander croit que Vitruve veut faire entendre que *Vocum discrimina* sont apellez *Echeia* par les Grecs, mais Baldus estime que c'est *ærea vasa* que Vitruve apelle *Echeia*. Laët soupçonne le texte d'estre corrompu & qu'il faudroit lire *vocum discrimine*.

7. LES MACHINES HYDRAULIQUES. Il n'entend pas icy toutes sortes de machines Hydrauliques, c'est à dire qui appartiennent à l'eau & aux flustes d'orgues ou tuyaux de fontaines, mais seulement les machines que nous apellons à present les orgues telles qu'elles estoient chez les Anciens, & dont il est traité plus amplement au chap. 13. du 10. livre.

A struction des Murs mitoyens, des Egouts, des Toicts, & des Cloaques, pour les Veües des bastimens, & pour l'Ecoulement des Eaux & autres choses de cette qualité, afin qu'il preveoye avant que de commencer un Edifice, à tous les procez qui pourroient estre faits sur ce sujet aux proprietaires l'ouvrage estant acheve : comme aussi afin qu'il soit capable de donner conseil pour bien dresser les baux à l'utilité reciproque des preneurs & des bailleurs, car y mettant toutes les clauses sans ambiguité, il sera facile d'empescher qu'ils ne se trompent l'un l'autre.

* [1] L'Astrologie luy servira aussi pour la confection des Cadrans solaires par la connoissance qu'elle luy donne de l'Orient, de l'Occident, du Midy & du Septentrion, des Equinoxes, des Solstices & de tout le cours des Astres.

Donc puisque l'Architecture est enrichie de la connoissance de tant de diverses choses, il B n'y a pas d'apparence de croire qu'un homme puisse devenir bien-tost Architecte, & il ne doit pas pretendre à cette qualité à moins qu'il n'ait commencé dés son enfance à monter par tous les degrez des sciences & des arts qui peuvent élever jusqu'à la derniere perfection de l'Architecture.

Il se pourra faire que les ignorans auront de la peine à comprendre que l'entendement & la memoire d'un seul homme soit capable de tant de connoissances; Mais quand ils auront remarqué que toutes les sciences ont une communication & une liaison entr'elles, ils * seront persuadez que cela est possible. Car [2] l'Encyclopedie est composée de toutes ces sciences, comme un corps l'est de ses membres, & ceux qui ont etudié dés leur jeune âge, le reconnoissent aisément par les convenances qu'ils remarquent entre certaines choses qui sont communes à toutes les sciences, dont l'une sert à apprendre l'autre plus facile- C ment.

C'est pourquoy Pythius cet ancien Architecte qui s'est rendu illustre par la construction du Temple de Minerve dans la ville de Priene, dit dans son livre que l'Architecte doit estre capable de mieux reussir à l'aide de toutes les sciences dont il a la connoissance, que tous ceux qui ont excellé par une industrie singuliere dans chacune de ces sciences. Ce qui pourtant ne se trouve point veritable, car il n'est ny possible, ny mesme necessaire qu'un * Architecte soit aussi bon Grammairien qu'Aristarque, [3] aussi grand Musicien qu'Aristoxene, aussi excellent Peintre qu'Apelle, aussi bon Sculpteur que Miron ou Polyclete, ny aussi grand Medecin qu'Hippocrate. C'est assez qu'il ne soit pas ignorant de la Grammaire, de la Musique, de la Sculpture & de la Medecine, l'esprit d'un seul homme n'estant pas capable d'atteindre à la perfection de tant d'excellentes & diverses connoissances.

D Or cette perfection n'est pas seulement déniée à l'Architecte, mais mesme à ceux qui s'addonnans particulierement à chacun des Arts, s'efforcent de s'y rendre profonds & consommez par l'exacte connoissance de ce qu'il y a de plus particulier & de plus fin dans chacun de ces Arts. De sorte que s'il est mesme difficile de trouver une personne dans chaque siecle qui excelle en une seule profession, comment peut-on concevoir qu'un Architecte puisse seul posseder toutes les choses que l'on a bien de la peine à acquerir separément, en sorte qu'il ne luy en manque aucune, mais que dans toutes il surpasse ceux qui ne se sont addonnez qu'à une seule avec tout le soin & toute l'industrie dont un homme est capable. C'est pourquoy il me semble que Pythius s'est trompé en cela, & qu'il n'a pas pris garde qu'en toutes sortes d'arts il y a deux choses, la Pratique & la Theorie, que de ces deux choses il y en a une, à sçavoir la Pratique, qui appartient particulierement à ceux qui en font pro- E fession, & que l'autre, à sçavoir la Theorie, est commune à tous les Doctes; De sorte qu'un * Medecin & un Musicien peuvent bien parler par exemple de [4] la proportion des mouve-

1. L'Astrologie. Le mot d'*Astrologia* qui est dans le Texte est general & commun à l'Astronomie qui est la connoissance du cours des Astres, & à l'Astrologie, qui est particulierement la science que l'on pretend avoir de leurs vertus pour predire l'avenir; qui n'est point celle dont Vitruve entend parler, parceque cette connoissance ne sert point à faire des cadrans au Soleil. Platon est le premier qui a fait la distinction d'Astrologie & d'Astronomie.

2. L'Encyclopedie. Ce mot est tellement commun dans la langue Françoise que j'ay cru le pouvoir mettre pour expliquer l'*Encyclios disciplina* de Vitruve, qui de mesme que l'Encyclopedie signifie le cercle des sciences; c'est à dire l'enchaisnement qu'elles ont naturellement les unes avec les autres, qui est fondé sur la facilité que la connoissance d'une chose donne pour en connoistre une autre.

3. Aussi grand Musicien qu'Aristoxene. Aristoxene n'estoit point Musicien de profession, mais c'estoit un Philosophe disciple d'Aristote, & qui avoit pretendu estre son successeur dans son Ecole. Ce qui l'a fait apeller Musicien par Vitruve, est qu'il n'est resté de tous ses écrits que les trois livres des elemens de la Musique Harmonique. Il en est parlé amplement au chap. 4. du 5. liv.

4. La proportion du mouvement des artères. C'est ainsi que j'interprete *Venarum Rhythmum*. Vitruve

 mens de l'Artere dont le Poux est composé, & de ceux des pieds qui font les pas de la Danse; Mais s'il est question de guerir une playe, ou quelque autre maladie, on ne s'en fiera pas au Musicien, mais on y appellera le Medecin, de mesme que s'il s'agit de recréer les oreilles par le son de quelque instrument, on ne le mettra pas entre les mains du Medecin, mais on le presentera au Musicien. A

Tout de mesme bien que les Astrologues aussi bien que les Musiciens puissent raisonner sur les sympathies des Etoilles & sur celles des consonances, parcequ'elles se font ou par aspects quadrats & trines en l'Astrologie, ou par quartes & quintes en la Musique, & que les uns & les autres puissent conferer & disputer avec les Geometres des choses qui appartiennent à la veuë; ce qui s'appelle en Grec *logos opticos*, & de plusieurs autres choses qui sont communes à toutes ces sciences; neanmoins s'il est necessaire de venir à la pratique exacte de ces choses-là, il faudra que chacun traite de celle où il s'est particulierement exercé. B

De sorte que l'Architecte doit estre reputé en sçavoir assez s'il est mediocrement instruit dans les Arts qui appartiennent à l'Architecture, afin que s'il est necessaire d'en juger & de les examiner, il n'ait pas la honte de demeurer court. Que s'il se rencontre des personnes qui ayent assez d'esprit & de memoire pour posseder parfaitement la Geometrie, l'Astrologie, la Musique & toutes les autres sciences, leur capacité doit estre considerée, comme quelque chose au delà de ce qui est requis à l'Architecture, & en ce cas ils sont des Mathematiciens qui peuvent traiter à fond de toutes ces differentes sciences, mais ces genies sont fort rares, & il s'en trouve peu de tels qu'ont esté Aristarchus à Samos, Philolaus & Architas à Tarente, Apollonius à Perga, Eratosthenes à Cyrene, Archimede & Scopinas à Syracuse, lesquels ont inventé de fort belles choses dans la Mechanique & dans la [1] Gnomonique par la connoissance qu'ils avoient des nombres & des choses naturelles. C

Mais puisque la nature n'a donné cette capacité qu'à fort peu d'esprits, & qu'il est cependant necessaire que l'Architecte se mesle de toutes ces differentes choses, & qu'il est raisonnable de croire qu'une mediocre connoissance de chacune luy suffit, je vous supplie, Cesar, & tous ceux qui liront mon livre d'excuser les fautes qui s'y trouverront [2] contre les regles de la Grammaire, & de considerer que ce n'est ny un grand Philosophe, ny un Rethoricien eloquent, ny un Grammairien achevé, mais que c'est un Architecte qui l'a écrit. Car pour ce qui appartient au fond de l'Architecture, & à tout ce qui se peut rechercher sur cette science, je puis dire avec quelque asseurance, que non seulement les ouvriers trouveront dans mes écrits les instructions dont ils peuvent avoir besoin, mais mesme que tout esprit raisonnable y rencontrera la satisfaction que l'on peut desirer dans la connoissance de cette science. D

s'est servi du mot general de veine pour signifier artere, de mesme que de celuy d'*Astrologie* pour *Astronomie*. Les anciens & Hippocrate mesme confondoient ces deux sortes de vaisseaux & les expliquoient par le mot de veine.

Pour ce qui est de *Rhythmus*, c'est un mot qui signifie generalement la proportion que les parties d'un mouvement ont les unes avec les autres; je l'ay traduit *La proportion du mouvement des arteres*, parce que les Medecins apellent ainsi la proportion qu'il y a entre les deux mouvemens & les deux repos qui s'observent dans le Poulx, dont les mouvemens sont le Systole ou retressissement du coeur & des arteres, & le Diastole qui en est l'elargissement; les repos sont celuy qui est entre la fin du Systole & le commencement du Diastole, & la fin du Diastole & le commencement du Systole. Ces proportions ne peuvent estre bien exactement observées que dans les Poulx extraordinairement vehements, comme remarque Galien. Les Medecins ont emprunté ce terme des Musiciens, qui s'en servent pour expliquer les proportions & les mesures du chant. Il est aussi commun à la proportion du mouvement & de la figure des pas de la danse.

1. LA GNOMONIQUE. Cette science enseigne la maniere de faire toute sorte de Cadrans au Soleil par le moyen du Gnomon, qui est un style ou éguille posée perpendiculairement sur un plan, & que l'on fait de telle longueur que l'extremité de son ombre puisse marquer les heures ou les signes sur des lignes qui sont tracées sur le plan. Gnomon signifie aussi un Equerre.

2. CONTRE LES REGLES DE LA GRAMMAIRE. L'obscurité de cet ouvrage vient en partie de la matiere qui de soy est peu connuë, mais la verité est qu'elle doit aussi estre attribuée à la maniere dont il est écrit, & il faut presumer qu'il y a beaucoup de fautes qui viennent non seulement de la part des copistes, mais mesme de celle de l'Auteur, comme il l'avouë luy-mesme; car son style n'est pas fort correct en ce qui regarde la Grammaire, & mesme il n'a pas toute la netteté que l'on pourroit desirer au tour qu'il donne à son discours. E

CHAP.

A

CHAPITRE II.

En quoy consiste l'Architecture.

[1] L'ARCHITECTURE consiste en cinq choses : sçavoir, l'Ordonnance, qui est appellée *Taxis* par les Grecs ; la Disposition, qui est ce qu'ils nomment *Diathesis* ; l'*Eurythmie*, ou *Proportion* ; la *Bienseance* ; & la Distribution, qui en Grec est appellée *Oeconomia*. *Proportion.* *Symmetrie. Decor. [illegible]*

[2] L'Ordonnance est ce qui donne à toutes les parties d'un Bastiment leur juste grandeur, par rapport à leur usage ; soit qu'on les considere separément, soit qu'on ait égard à la proportion ou symmetrie de tout l'ouvrage. Cette Ordonnance dépend de la Quantité appel-B lée en Grec *Posotes*, qui dépend du Module qui a esté pris pour regler l'œuvre entier & chacune de ses parties separement.

La Disposition est l'arangement convenable de toutes les parties, en sorte qu'elles soient placées selon la qualité de chacune. [3] Les Representations, ou, pour parler comme les Grecs, *les Idées* de la Disposition se font en trois manieres : sçavoir, par l'*Ichnographie*, par l'*Orthographie* & par la *Schenographie*. [4] L'Ichnographie est lorsqu'avec la Regle & le Compas dans une espace mediocre on trace le Plan d'un Edifice, comme si c'estoit sur le Terrain. [5] L'Orthographie represente aussi dans un espace mediocre l'élevation d'une des faces avec les mesmes proportions que doit avoir l'ouvrage qu'on veut *Les Figures.* *Le Plan. L'Elevation geometrale. L'Elevation perspective.*

1. L'ARCHITECTURE CONSISTE. Cette division des choses qui apartiennent à l'Architecture est fort obscure, tant à cause C de la subtilité, qu'à cause des fautes qui sont selon toutes les apparences dans le texte. Henric Votton dans ses Elemens d'Architecture semble estre de cette opinion, quand il dit que cet endroit de Vitruve est disloqué. Il a paru si embroüillé à Philander, qu'il n'y a point voulu toucher du tout dans ses commentaires. Daniel Barbaro & Scamozzi s'estendent fort au long pour l'expliquer, mais avec peu de succes ; car les differences essentielles qu'il y a entre l'Ordonnance, la Disposition & la Distribution des parties d'un Bastiment, est une chose dont on ne s'aperçoit pas d'abord, & il est assez difficile de comprendre que la Proportion sans laquelle il n'y a point d'ordonnance de Disposition, ny de Distribution dans un Edifice, soit une espece separée de toutes ces choses.

2. L'ORDONNANCE EST. Il faut deviner le sens de cette definition de l'Ordonnance, ou supposer qu'il y a faute au texte D & y corriger quelque chose. Mon opinion est qu'au lieu de *operis commodicas, universæque proportionis ad symmetriam comparatio*, il faut lire *Universæque proportionis ad symmetriam comparata*. Cela estant le sens sera que l'Ordonnance d'un Bastiment consiste dans la division de la place qu'on y veut employer : cette division se faisant de telle sorte que chaque partie ait sa juste grandeur convenable à son usage & proportionnée à la grandeur de tout l'Edifice. Par exemple l'ordonnance d'un Bastiment, si on la compare à sa disposition, est quand la cour, la salle & les chambres ne sont ny trop grandes, ny trop petites pour servir aux usages ausquels elles sont destinées, sçavoir la Cour pour donner le jour aux appartemens & pour contenir ce qui y doit entrer ; la Salle pour recevoir les grandes compagnies, & les Chambres pour y coucher ; ou bien quand ces parties ne sont ny trop grandes, ny trop petites, estant comparées à la grandeur de E toute la place ; c'est à sçavoir quand on n'a pas fait une grande Cour dans une petite place, ou de petites Chambres dans une grande place : au lieu que la Disposition est quand toutes les parties sont mises en leur lieu suivant leur qualité, c'est à dire dans l'ordre qu'elles doivent avoir selon leur nature & leur usage, & que le Vestibule par exemple est suivy de la Salle, ensuite de laquelle sont les Antichambres, les Chambres, les Cabinets & les Galleries.

L'Ordonnance suivant la definition que Vitruve en donne ici, peut convenir à la Disposition des colonnes, qui sont le Pycnostyle, l'Eustyle, l'Areostyle, &c. dont il est traité au 2. chap. du 3. liv. Car cette Disposition qui en ce lieu est apellée *Compositio & Dispositio*, n'est rien autre chose que la maniere de determiner la grandeur du Diametre des colonnes à l'égard de celle de leurs Entrecolonnemens, en donnant par exemple 6. piez aux entrecolonnemens du Pycnostyle, si les colonnes ont quatre piez de diametre ; & dix-huit piez aux entrecolonnemens de l'Eustyle, si les colonnes ont huit piez de diametre.

Or parceque pour bien faire tant cette Ordonnance de grandeurs, que cette Disposition, ou situation de tout le bastiment, ou de ses parties selon leurs qualitez, il faut se regler par la Proportion qui fait que toutes les parties s'accordent bien ensemble à cause qu'on a eu égard à la Bienseance & à l'Oeconomie ; Vitruve a ajoûté la Proportion, la Bienseance & l'Oeconomie à l'Ordonnance & à la Distribution, non comme des parties de l'Architecture, mais comme ce qui les perfectionne, & il a voulu dire sans doute que l'Architecture a deux parties, sçavoir l'Ordonnance & la Disposition qui donnent à tous les membres de l'Edifice leur perfection, lorsque la Proportion est telle, que la Bienseance & l'Oeconomie le requierent : car il est difficile de faire entendre que ces cinq choses soient cinq especes comprises sous un mesme genre.

3. LES REPRESENTATIONS. Il y a dans le Latin, *Species Dispositionis quæ Græce dicuntur Ideæ, hæ sunt Ichnographia, Orthographia*, &c. Les Interpretes entendent que cela signifie qu'il y a trois especes de Distribution qui sont l'Ichnographie, l'Orthographie, &c. sans prendre garde que le mot Latin, *Species*, de mesme que le Grec *Idea*, ne signifie pas seulement *Espece*, mais encore *Figure*, *Apparence*, & *Representation* qu'on apelle vulgairement *Dessein*, aussi-bien qu'*Espece* ; & que le sens du texte ne sçauroit souffrir que le Plan, l'Elevation & la veuë Perspective d'un Bastiment, soient les Especes de la Disposition, mais bien ses Representations. Car la verité est que ces trois manieres de dessiner appartiennent autant à l'Ordonnance, qu'à la Disposition, parcequ'un Plan & une Elevation ne servent pas moins à marquer les grandeurs des parties, qu'à en faire voir l'ordre & la situation. Desorte que quand Vitruve attribue la Representation & le Dessein à la Disposition, il faut entendre qu'il comprend aussi l'Ordonnance qui en effet n'est proprement qu'une espece de Disposition de tout l'œuvre, laquelle appartient ou à la grandeur de tout l'œuvre & de ses parties qu'on apelle Ordonnance, ou à la situation du tout & des parties qu'on apelle specialement Disposition.

4. L'ICHNOGRAPHIE. Ce mot signifie la representation ou le dessein du Vestige d'un Edifice : C'est ce que nous apelons le Plan. *Ichnos* en Grec signifie le Vestige ou l'impression qu'une chose laisse sur la terre quand elle y est posée.

5. L'ORTHOGRAPHIE. Ce mot signifie la representation d'un Edifice faite par des lignes droites, c'est-à-dire Horizontales. Nous l'apellons l'Elevation Geometrale ; elle est ainsi apellée, parce que *Orthos* en Grec signifie droit, & c'est cette rectitude des lignes paralleles à la ligne de l'Horizon, qui distingue l'Orthographie de la Scenographie ou Elevation Perspective, dans laquelle les lignes qui sont paralleles à la ligne de l'Horison dans l'Edifice aux endroits qui s'enfoncent au dedans ou qui fuïent par les costez, sont obliques dans la Perspective.

CHAP. II. bastir. Et [1] la Scenographie fait voir l'élevation non seulement d'une des faces, mais aussi le *
retour des costez par le concours de toutes les lignes qui aboutissent à un centre. Ces cho- A
ses se font par le moyen de la Meditation & de l'Invention ; la Meditation est l'effort
que l'esprit fait, invité par le plaisir qu'il a de reüssir dans la recherche de quelque chose;
l'Invention est l'effet de cet effort d'esprit qui donne une explication nouvelle aux choses les
plus obscures. Par le moyen de ces trois manieres on fait une representation parfaite & achevée de la Disposition d'un Bastiment. [2] L'Eurythmie est la beauté de l'assemblage de toutes *
les parties de l'œuvre qui en rend l'aspect agreable, lorsque la hauteur répond à la largeur, &
la largeur à la longueur, le tout ayant sa juste mesure. [3] La Proportion aussi est le rapport que *
tout l'œuvre a avec ses parties, & celuy qu'elles ont separément à l'idée du tout, suivant
la mesure d'une certaine partie. Car de mesme que dans le corps humain, il y a un rapport
entre le coude, le pied, la paume de la main, le doigt & les autres parties : Ainsi dans
les ouvrages qui ont atteint leur perfection, un membre en particulier fait juger de la gran- B
deur de tout l'œuvre. Par exemple le diametre d'une colonne, ou le module d'un [4] *Trigly-* *
phe fait juger de la grandeur d'un Temple. Dans une Balliste le trou que les Grecs appellent

Gravé en trois endroits.

1. LA SCENOGRAPHIE. Barbaro a mis Sciographie au lieu de Scenographie que Hermolaus Barbarus en ses gloses sur Pline a restitué avec beaucoup de raison, puisque la definition que Vitruve apporte du mot dont il s'agit, & qui est proprement celle de la Perspective, convient tout-à-fait au mot de la Scenographie qui signifie la representation d'une tente, c'est-à-dire la representation entiere d'un Edifice, laquelle est mieux faite par la Perspective que par l'Ichnographie qui ne trace que le plan, ni que par l'Orthographie qui ne donne que l'élevation d'une des faces ; la Scenographie, ou Perspective en faisant voir plusieurs costez à la fois : Les modeles en relief, qui peuvent estre aussi compris sous la Scenographie, le font encore mieux. Mais la Sciographie qui, selon Barbaro, n'est autre chose que l'élevation en-tant qu'elle est ombrée avec le lavis, ne peut faire une troisiéme espece de dessein, parce que ces ombres ou ce lavis n'adjoustent rien d'essentiel à l'Orthographie ; & le reproche que Barbaro apporte contre la Scenographie, à sçavoir que la Perspective corrompt les mesures, n'est point considerable ; parceque les Plans Geometriques & les élevations Orthographiques suffisent pour faire voir distinctement toutes les proportions, & la Scenographie sert à representer l'effet de l'execution parfaite de tout l'Edifice.

Il y a neanmoins une sorte de Sciographie qui pourroit avec beaucoup de raison estre ajoustée aux trois especes de dessein que Vitruve a décrites qui est l'élevation des dedans que l'on apelle Profil : Et on pourroit dire qu'elle est ainsi apellée à cause qu'elle represente des lieux plus ombragez que ne sont les dehors ; ce que le mot de Sciographie semble signifier.

2. L'EURYTHMIE. Ce mot ainsi qu'il a esté déja remarqué est pris de la Musique & de la Danse, & il signifie la Proportion des mesures du Chant & des pas de la Danse. Il n'y a point de mot François, que je sçache, pour l'exprimer que Proportion : car celuy de Rime est trop particulierement affecté à la terminaison des mots pour le pouvoir appliquer à autre chose. Tous les Interpretes ont crû que l'Eurythmie & la Proportion que Vitruve apelle *Symmetria*, sont icy deux choses differentes, parcequ'il semble qu'il en donne deux definitions ; mais ces definitions à les bien prendre, ne disent que la mesme chose, l'une & l'autre ne parlant, par un discours également embroüillé, que de la Convenance, de la Correspondance & de la Proportion que les parties ont au tout.

3. LA PROPORTION. Bien que le mot Symmetrie soit devenu François, je n'ay pu m'en servir icy parceque Symmetrie en François ne signifie point ce que *Symmetria* signifie en Grec & en Latin, ny ce que Vitruve entend icy par *Symmetria*, qui est le rapport que la grandeur d'un tout a avec ses parties, lorsque ce rapport est pareil dans un autre tout, à l'égard aussi de ses parties, où la grandeur est differente : Par exemple, on dit que deux Statuës dont l'une a huit pieds de haut, & l'autre huit poulces, sont de mesme proportion, lorsque celle de huit pieds a la teste haute d'un pied, & celle de huit poulces, l'a d'un poulce : mais on entend autre chose par le mot de Symmetrie en François, car il signifie, le rapport que les parties droites ont avec les gauches, C & celuy que les hautes ont avec les basses, & celles de devant avec celles de derriere, en grandeur, en figure, en hauteur, en couleur, en nombre, en situation ; & generalement en tout ce qui les peut rendre semblables les unes aux autres : & il est assez étrange que Vitruve n'ait point parlé de cette sorte de Symmetrie qui fait une grande partie de la beauté des Edifices, ou plustost qui ne sçauroit y manquer sans les rendre tout-à-fait difformes ; si ce n'est que ce soit cette mesme raison qui a fait qu'il n'en a point parlé, comme si cette espece de Symmetrie estoit une chose si facile à observer, qu'il n'a pas jugé qu'elle meritast d'estre mise au rang des autres pour lesquelles il faut plus de finesse. Je crois neanmoins qu'on doit établir deux especes de Symmetrie, dont l'une est le rapport de raison des parties proportionnées, qui est la Symmetrie des anciens, & l'autre est le rapport d'égalité qui est nostre Symmetrie, dont il y a encore deux especes. Car si ce rapport est pareil, & que D les parties gauches & les droites, par exemple, soient de mesme grandeur & de situation pareille, il s'apelle simplement Symmetrie ; mais s'il est contraire & opposé, il est apellé Contraste, & alors il appartient à la Peinture & à la Sculpture, & non à l'Architecture. Il y a neanmoins un endroit où Vitruve parle de la Symmetrie suivant la signification que nous luy donnons en François, c'est à la fin du troisiéme livre où il dit que la Symmetrie des Architraves doit répondre à celle des Piedestaux, en sorte que si ces piedestaux sont coupez en maniere d'escabeaux, les Architraves le soient aussi : car cette Symmetrie ne signifie point une proportion de raison, mais seulement une parité de forme & de figure.

4. TRIGLYPHE. Vitruve explique au 2. chapitre du 4. livre ce que c'est que *Triglyphe* & quel estoit son usage dans l'ordre Dorique. C'est un mot Grec qui signifie gravé en trois endroits, ce qui n'exprime pas bien sa figure, puisque le Trigly- E phe n'est gravé proprement qu'en deux endroits, sçavoir en A. & en B. si on prend les deux canaux qu'il a pour deux graveures, comme en effet ils representent assez bien la trace

EXPLICATION DE LA PLANCHE II.

Cette Planche est pour servir d'exemple aux deux premieres manieres de representer la Disposition d'un Bastiment, sçavoir l'Ichnographie & l'Orthographie. La premiere Figure est l'Ichnographie ou Plan, de l'Observatoire, qui est un Edifice que le Roy a fait bastir à la sortie du Faux-bourg S. Jacques en un lieu eminent, pour servir aux Observations Astronomiques & à plusieurs experiences pour la Physique. La seconde figure est l'Orthographie ou Elevation geometrale de la face de l'Observatoire qui regarde le Midy.

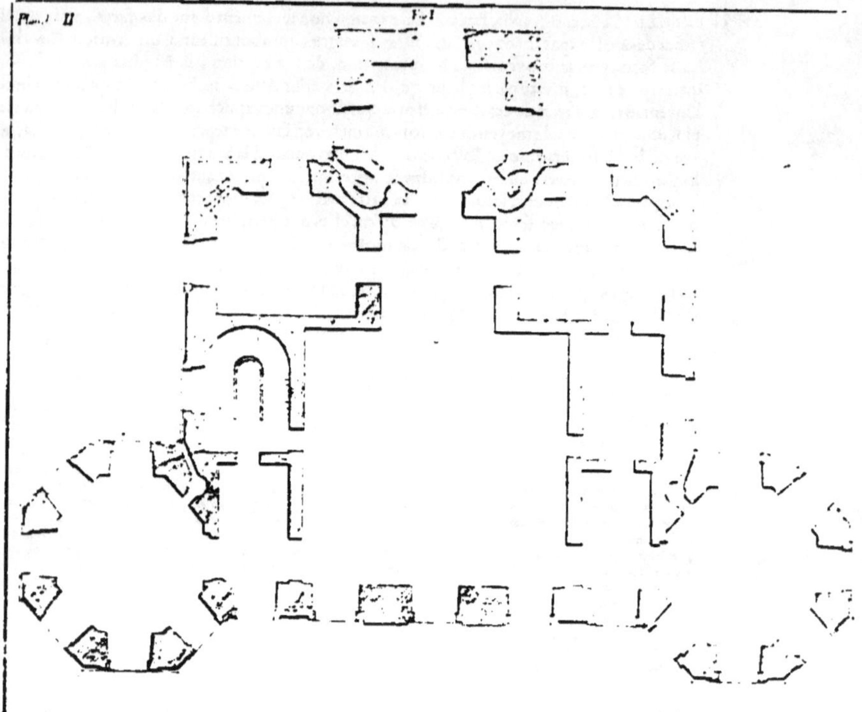

F. II

CHAP. II. *Peritreton*, fait connoistre combien elle est grande, de mesme que [1] l'*espace qui est d'une rame à l'autre*, qui se nomme [2] *Dipechaicé*, fait voir quelle est la largeur d'une Galere. Il en est ainsi de tous les autres ouvrages.

La Bienseance est ce qui fait que l'aspect de l'Edifice est tellement correct, qu'il n'y a rien A qui ne soit approuvé & [3] fondé sur quelque autorité. Pour cela il faut avoir egard à l'Estat des choses, qui est apellé en Grec *Thematismos*, à l'Accoustumance & à la Nature. Par exemple si on a égard à l'Estat de chaque chose, on ne fera point de toict au Temple de Jupiter foudroyant, ny à celuy du Ciel, non plus qu'à celuy du Soleil, ou de la Lune ; mais ils seront découverts, parce que ces divinitez se font connoistre en plain jour & par toute l'étenduë de l'Univers. Par une semblable raison les Temples de Minerve, de Mars & d'Hercule seront d'ordre Dorique, parceque la vertu de ces Divinitez a une gravité qui repugne à la delicatesse des autres ordres : au lieu que Venus, Flore, Proserpine & les Nymphes B des fontaines en doivent avoir d'ordre Corinthien, d'autant que la gentillesse des Fleurs, des Fueillages & des Volutes dont cet ordre est embelly, paroit fort convenable à la delicatesse de ces Deesses. Ce qui semble contribuer beaucoup à la Bienseance, comme de faire les Temples de Junon, de Diane, de Bacchus, & des autres Dieux de cette espece, d'ordre Ionique, parce que la mediocrité que cet ordre tient entre la severité du Dorique, & la delicatesse du Corinthien, represente assez bien la nature particuliere de ces Divinitez.

L'autre observation que la Bienseance demande est qu'il faut avoir égard à l'Acoustumance qui veut que si les dedans des Bastimens sont enrichis d'ornemens magnifiques, les Vestibules soient de mesme : car si les dedans ont de la beauté, & de l'elegance, & que les Entrées & Vestibules soient pauvres & chetifs, il n'y aura ny agréement, ny Bienseance. Tout C

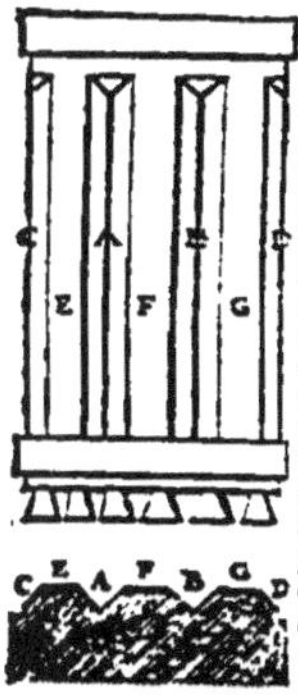

que fait un baton, ou bien il est gravé en quatre endroits, sçavoir en C A B D, si les deux demy canaux C D qui sont en ses coins passent pour des graveures comme il semble qu'ils le doivent : Car je ne sçaurois approuver ce que Bernardinus Baldus dit pour fonder cette triple graveure, que les demy graveures ne doivent passer que pour une ; puisque ce qu'il apelle une demy graveure est effectivement une graveure, quoy que petite ; de mesme que deux ruisseaux quoyque petits ne sont point deux demy ruisseaux, & qu'on ne pourroit pas dire qu'un pré fust arrosé de trois ruisseaux, parcequ'il en auroit deux grands & deux petits. C'est pourquoy l'Interprete d'Euripide qui n'estoit point Architecte, a eu quelque raison, lorsqu'en qualité de Grammairien, il a traduit *Doricas Triglyphas, Doricas Trabes dedolatas in Triangulum*, parceque le nom de *Triglyphe* ne convient point à l'ornement de la Frise Dorique, si ce n'est qu'on l'apelle Triglyphe à cause qu'il a trois parties formées par la graveure marquées E F G, qui sont nommées ses jambes ou cuisses.

J'ay suivy dans ma Traduction la correction de Philander qui lit *Triglypho aut etiam Embate*, au lieu de *Embaterre* qui se trouve dans tous les autres Exemplaires. Il se fonde sur ce que Vitruve au chap. 3. du 4. liv. dit que le modale s'apelle en Grec *Embates*.

1. L'ESPACE QUI EST D'UNE RAME A L'AUTRE. *Scalmus* est la Cheville où on attache chaque Rame ; de sorte que *Interscalmium* est l'espace qui est depuis une cheville jusqu'à l'autre. Ce qui est la mesme chose que l'espace d'une Rame à l'autre.

2. DIPECHAICE'. Ce mot Grec est fait de *Dis* qui signifie deux fois, & de *Pechys* qui signifie une coudée.

3. FONDE' SUR QUELQUE AUTORITE'. Toute l'Architecture est fondée sur deux principes, dont l'un est positif & l'autre arbitraire. Le fondement positif est l'usage & la fin utile & necessaire pour laquelle un Edifice est fait, telle qu'est la Solidité, la Salubrité & la Commodité. Le fondement que j'apelle arbitraire, est la Beauté qui dépend de l'Autorité & de l'Accoustumance : Car bienque la beauté soit aussi en quelque façon établie sur un fondement positif qui est la convenance raisonnable & l'aptitude que chaque partie a pour l'usage auquel elle est destinée ; neanmoins parcequ'il est vray que chacun ne se croit pas capable de découvrir & d'appercevoir tout ce qui appartient à cette raisonnable convenance, on s'en rapporte d'abord au D jugement & à l'approbation de ceux qu'on estime estre éclairez & intelligens en cette matiere. Ce qui imprime dans nostre imagination une Idée qui n'est formée que de la prevention & de l'accoustumance dans laquelle l'opinion nous engage sans que nous nous en apercevions, & qui fait ensuite que nous ne sçaurions approuver les choses qui ne sont pas conformes à ce que nous avons accoustumé de trouver beau, quoy qu'elles ayent autant ou plus de convenance & de raison positive. Car on ne sçauroit dire, par exemple, ce qui fait que ceux qui ont ce qu'on apelle le goust de l'Architecture, auroient de la peine à souffrir des denticules placez au dessus des modillons ; ou dans un fronton des modillons qui ne seroient pas perpendiculaires à l'horison, mais qui le seroient à la corniche qu'ils soûtiennent, quoyque ces manieres fussent plus conformes à la raison, que celles qui sont en usage ; sinon que l'on est accoustumé de voir E ces choses ainsi executées dans des ouvrages qui ont d'ailleurs tant de beautez fondées sur la veritable raison, qu'elles font excuser & mesme aimer par compagnie, ce qu'on juge en eux n'estre pas tout-à-fait raisonnable.

EXPLICATION DE LA PLANCHE III.

Cette Planche contient la troisiéme & la quatriéme maniere de representer La Disposition d'un Bastiment, sçavoir, La Sciographie & la Scenographie. La premiere Figure est la Sciographie ou le Profil de l'Observatoire qui represente tous les dedans & tous les étages, ce Bastiment estant comme coupé de haut en bas suivant la ligne qui va du Midy au Septentrion. La seconde Figure est la Scenographie ou l'Elevation Perspective qui represente la face qui regarde le Septentrion, quelque peu declinée au Levant.

Planche III.
Fig I
D
Le Clerc sculp.

CHAP. II. de mesme si sur des Architraves Doriques on met [1] des Corniches dentelées ; ou si au dessus * des Architraves Joniques soustenus de colonnes à chapiteaux Oreillez, on taille des Trigly- A phes, & qu'ainsi les choses qui sont propres à un ordre, soient attribuées & transferées à un autre, les yeux en seront choquez, parcequ'ils sont accoustumez de voir ces choses dispo-sées d'une autre maniere.

La Bienseance que requiert la Nature des lieux, consiste à choisir les endroits où l'air & les eaux sont les plus sains pour y placer les Temples, principalement ceux qu'on bâtit au Dieu Esculape, à la Deesse Santé, & aux autres Divinitez par qui l'on croit que les maladies sont gueries. Car les malades par le changement d'un air mal sain en un salutaire, & par l'usage de meilleures eaux, pourront plus aisément se guerir : ce qui augmentera beaucoup la devotion du peuple qui attribuera à ces Divinitez la guerison qu'il doit à la nature salu-taire du lieu. [2] Il y a encore une autre Bienseance que la nature du lieu demande, qui est de * prendre garde que les Chambres où on doit coucher, & les Bibliotheques soient tournées au B levant ; que les Bains & appartemens d'hyver soient au couchant d'hyver, & que les Cabinets de Tableaux & autres curiositez qui demandent un jour toujours egal, soient vers le septentrion ; d'autant que ce qui est tourné vers ce costé du Ciel, n'est point sujet à estre tantost eclairé du soleil, & tantost obscurci, mais demeure tout le long du jour presqu'en un mesme estat.

[3] La Distribution demande qu'on ne s'engage à rien que selon les facultez de celuy qui * fait bastir, & suivant la commodité du lieu, en menageant avec prudence l'un & l'autre. Ce qui se fera si l'Architecte n'entreprend point les choses qui ne peuvent s'executer qu'avec des dépenses excessives : Car il y a des lieux où l'on ne trouve ny de bon sable, ny de bonnes pierres, ny de [4] l'*Abies*, ny du Sapin, ny du marbre, & où il seroit besoin pour recouvrer toutes C ces choses de les faire venir de loin avec bien de la peine & de la depense. Il se faut donc servir de sable de riviere, ou de sable de la mer lavé en eau douce, si on n'a point de [5] sable de * cave, & employer le bois de Cyprés, de Peuplier, de Pin, ou d'Orme, si on ne peut avoir ny de l'Abiés, ny du Sapin.

L'autre maniere de Distribution consiste à avoir egard à l'usage auquel on destine le Bastiment, à l'argent qu'on y veut employer, & à la beauté que l'on veut qu'il ait ; parce que suivant ces diverses considerations, la distribution doit estre differente. Car il faut d'autres desseins pour une maison dans la ville, que pour une maison à la campagne qui ne doit servir que de Ferme & de Menagerie ; & la maison qu'on bastit pour des Bureaux de gens d'affaires, doit estre autrement disposée que celle qu'on fait pour des gens curieux & D magnifiques, ou pour des personnes dont la haute qualité & l'employ dans les affaires publiques demande des usages particuliers. Enfin il faut ordonner diversement les Edifices selon les differantes conditions de ceux pour lesquels on bastit.

1. DES CORNICHES DENTELEES. Les Corniches avec les Denticules qui sont propres & particuliers à l'ordre Jonique, ont esté mises dans l'Ordre Dorique du Theatre de Marcellus ; Ce qui est une des raisons qu'on a de croire que cet edifice n'a pas esté conduit par Vitruve, quoyqu'Auguste l'ait fait bastir en faveur de sa sœur Octavie, dont Vitruve estoit la creature.

2. IL Y A ENCORE. Tout ce qui est dit de l'exposition des appartemens destinez à servir en differentes saisons & pour les Bibliotheques & les Cabinets de Tableaux, est repeté au 7. chap. du 6. livre.

3. LA DISTRIBUTION. Vitruve qui donne au commencement de ce chapitre la Distribution & l'Oeconomie pour une mesme chose, semble aprés neanmoins en faire deux. Car il entend ici par la Distribution l'égard que l'Architecte a aux materiaux qu'il peut aisément recouvrer, & à l'argent que celuy qui fait bastir veut employer, qui sont des choses qui appartiennent à l'Oeconomie : Il estend aussi l'égard qu'il faut avoir à l'usage & à la condition de ceux qui y doivent loger ; ce qui semble n'avoir aucun rapport à l'Oeconomie, mais plustost à la Bienseance ; si ce n'est qu'il est vray qu'il faut un plus grand fond pour entreprendre un Palais, que pour bastir un Bureau pour des gens d'affaires. C'est en partie pour cette raison que j'ay toujours employé le mot d'Oeconomie dans les notes où il a esté necessaire de comparer les parties d'Architecture les unes avec les autres ; en partie aussi pour éviter la confusion qui auroit pû estre causée par le peu de distinction que les Idées d'Ordonnance, de Disposition & de Distribution ont ordinairement dans nostre esprit.

4. DE L'ABIES. Belon fait deux especes de Sapin, l'un masle qui est le vray *Abies* des Latins, dont les pommes tendent en haut. L'autre femelle qui est le *Sapinus* dont les pommes sont E tournées en bas. Quelquefois *Sapinus* ne signifie pas une espece, mais une partie d'arbre, sçavoir le bas du tronc du Sapin, ainsi qu'il est rapporté au chap. 11. du 2. livre.

5. DU SABLE DE CAVE. J. Martin dans sa traduction Françoise de Vitruve apelle le sable qui se tire dans terre du sable *de fossé*. Philbert de Lorme du sable *terrain*. Je ne me suis point voulu servir de ce nom, de peur qu'on ne prit *terrain* pour *terreux*, qui est la plus mauvaise qualité qu'un sable puisse avoir, dont le sable qu'on fouille dans la terre est tout-à-fait exempt, ce qui le rend le meilleur de tous. Nos entrepreneurs l'apellent du Sable de Cave qui est la *Rena di Cava* des Italiens.

CHAPITRE III.

Des parties de l'Architecture qui sont, la Distribution des Edifices publics & particuliers, la Gnomonique & la Mecanique.

A [1] L'ARCHITECTURE a trois parties; sçavoir, la Construction des Bastimens, la Gnomonique & la Mecanique. La Construction des Bastimens ordonne deux sortes d'Edifices, qui sont les Remparts avec les autres Ouvrages publics, & les Maisons des particuliers : Les Ouvrages publics sont de trois sortes : car ils se rapportent ou à la Seureté, ou à la Pieté, ou à la Commodité du peuple. Les Bastimens qui sont faits pour la Seureté
B sont les Remparts, les Tours les Portes des Villes & tout ce qui a esté inventé pour servir de défense perpetuelle contre les entreprises des ennemis. La Pieté du peuple fait élever en divers lieux des Temples aux Dieux immortels; & la Commodité fait entreprendre la construction de tous les Edifices qui sont pour [2] les usages publics, comme des Ports, des Places publiques, des Portiques, des Bains, des Theatres & des Promenoirs. En toutes sortes d'Edifices il faut prendre garde que la Solidité, l'Utilité & la Beauté s'y rencontrent. [3] Pour la Solidité, on doit avoir principalement égard aux fondemens qui doivent estre creusez jusqu'au solide, & estre bastis des meilleurs materiaux qui se pourront choisir sans rien épargner. L'Utilité veut que l'on dispose l'Edifice si à propos que rien n'empesche son Usage; en sorte que chaque chose soit mise en son lieu, & qu'elle ait tout ce qui luy est propre & necessaire. Et enfin la Beauté pour estre accomplie dans un Ba-
C stiment, demande que sa forme soit agreable & elegante par la juste proportion de toutes ses parties.

1. L'ARCHITECTURE A TROIS PARTIES. Ce chapitre est un sommaire de tout l'ouvrage qui est divisé en trois parties. La premiere regarde la Construction des Bastimens dont il est traitté dans les huit premiers livres. La seconde est pour la Gnomonique qui traitte du cours des Astres & de la confection des Cadrans & des Horloges; ce qui est traitté dans le 9. livre; Et la troisiéme est pour les Machines qui servent à l'Architecture & à la Guerre; ce qui est traitté dans le dernier livre. La partie qui traite des Bastimens est double, car les Bastimens sont, ou publics,
D ou particuliers. Il est parlé des particuliers au 6. livre. Pour ce qui est des Bastimens publics, la partie qui en traite est encore divisée en trois, qui sont, celle qui appartient à la Seureté qui consiste dans les Fortifications des villes dont il est traité au 5. chap. de ce livre; celle qui appartient à la Religion, c'est-à-dire aux Temples dont il est traité dans le 3. & le 4. livre, & celle qui appartient à la Commodité publique dont il est traité au 5. & au 8. livre. Il y a encore trois choses qui appartiennent generalement à tous les Bastimens qui sont la Solidité, l'Utilité & la Beauté dont il est traité, sçavoir de la solidité dans l'onziéme chap. du 6. livre, de l'Utilité au 7. chap. du 6. livre, & de la Beauté dans tout le 7. livre, au moins pour ce qui regarde les ornemens de peinture & sculpture: Car pour ce qui regarde la proportion qui est un des principaux fondemens de la Beauté, cette partie se trouve traittée dans tous les endroits de l'ouvrage.

2. POUR LES USAGES PUBLICS. J'ay restitué cet endroit suivant un ancien Manuscrit où il y a *communicatus locorum*, au lieu de *oportunitatis locorum* qui se lit dans les exemplaires imprimez.

3. POUR LA SOLIDITÉ. La seconde division que Vitruve fait icy de l'Architecture en trois parties, n'adjouste rien à la premiere division qu'il a desja faite dans l'autre Chapitre, que la Solidité : car la Beauté & la Commodité sont comprises dans l'Ordonnance & dans la Disposition faite avec Proportion & Bien-seance. Ce n'est pas que l'Ordonnance, la Disposition & la Proportion ne comprennent aussi en quelque sorte la Solidité, mais il y a beaucoup de choses qui appartiennent à la Solidité, que l'Ordonnance, la Disposition & la Proportion n'enferment point; telle qu'est la condition des materiaux & le meslange qui s'en fait.

CHAPITRE IV.

Comment on peut connoistre si un lieu est sain, [1] & ce qui l'empesche de l'estre.

E QUAND on veut bastir les murs d'une Ville, la premiere chose qu'il faut faire est de choisir un lieu sain. Pour cela il doit estre élevé, afin qu'il soit moins sujet aux broüillards & aux broüines, & qu'il ait une bonne temperature d'air, n'estant exposé ny au grand chaud, ny au grand froid. Deplus il doit estre éloigné des marécages : Car il y auroit à craindre qu'un lieu dans lequel au matin le vent pousseroit sur ses habitans les vapeurs que le Soleil en se levant auroit attirées de l'haleine infecte

1. ET CE QUI L'EMPESCHE DE L'ESTRE. Tous les Exemplaires dans le titre de ce Chapitre aprés, *& quæ obsint salubritati*, ont ces mots, *& unde lumina capiantur*. Barbaro qui les avoit obmis dans sa Traduction Italienne, les a mis dans sa seconde edition Latine. J'ay suivy son premier dessein dans ma traduction, parceque ce chapitre ne parle qu'en passant, & comme par exemple des Jours que l'on doit donner aux celliers & aux greniers; & d'ailleurs je n'ay pas crû devoir faire conscience de toucher aux titres, estant constant qu'ils ne sont point de l'Auteur, qui n'a divisé son ouvrage que par livres, selon la coustume de son temps qui n'estoit point de partager les livres en chapitres, sections, articles & paragraphes; ny d'y mettre des titres & des sommaires, comme nous faisons.

CHAP. IV. & venimeuse des animaux qui s'engendrent dans les marécages, ne fust mal-sain & dangereux. De mesme une Ville bastie sur le bord de la Mer, & exposée au Midy, ou au Couchant, ne peut estre saine, parceque durant l'Esté dans les lieux exposez au Midy le Soleil est fort chaud dés son lever, & brulant à Midy; & dans ceux qui sont exposez au Couchant l'air ne commence qu'à s'échauffer quand le Soleil se leve, il est déja chaud à Midy, & il est tres-bruslant au coucher du Soleil: Desorte que par ces changemens soudains du chaud au froid, la santé est beaucoup alterée. On a mesme remarqué que cela est d'importance pour les choses inanimées, car personne n'a jamais fait les fenestres des Celliers du costé du Midy, mais bien vers le Septentrion; parce que ce costé là du Ciel n'est point sujet au changement: c'est pourquoy les Greniers dans lesquels le Soleil donne tout le long du jour, ne conservent presque rien dans sa bonté naturelle, & la viande & les fruits ne se gardent pas long-temps, si on les serre en d'autres lieux qu'en ceux qui ne reçoivent point les rayons du Soleil: [1] car la chaleur qui altere incessamment toutes choses, leur oste leur force par les vapeurs chaudes qui viennent à dissoudre & épuiser leurs vertus naturelles. Le Fer mesme, tout dur qu'il est, s'amollit tellement dans les fourneaux par la chaleur du feu, qu'il est aisé de luy donner telle forme que l'on veut, & il ne retourne en son premier état que quand il se refroidit, ou lorsqu'estant trempé on luy redonne sa dureté naturelle. Cela est si vray que l'on éprouve que pendant l'Esté la chaleur affoiblit les corps, non seulement dans les lieux mal-sains, mais mesme dans ceux où l'air est le meilleur; & qu'au contraire en Hyver l'air le plus dangereux ne nous peut nuire, parceque le froid nous affermit & nous fortifie. L'on void aussi que ceux qui passent des regions froides en des païs chauds, ont de la peine à y demeurer sans devenir malades, & que ceux qui vont habiter le Septentrion, bien loin de ressentir aucun mal de ce changement, s'en trouvent beaucoup mieux. C'est pourquoy il faut bien prendre garde quand on choisit un lieu pour bastir une Ville de fuir celuy où les vents chauds ont accoustumé de souffler.

Elemens. Car tous les corps estant composez de principes apellez *Stoicheia* par les Grecs, qui sont le Chaud, l'Humide, le Terrestre & l'Aërien, du mélange desquels il resulte un temperament naturel qui fait le Caractere de chaque animal; s'il arrive qu'en quelque temps l'un de ces principes, par exemple [2] le Chaud, soit augmenté, il corrompt tout le temperament en dissipant ses forces. Ce qui arrive lorsque le Soleil agissant sur les corps, y fait entrer [3] par les veines qui sont ouvertes aux pores de la peau, plus de Chaleur qu'il n'en faut pour la temperature naturelle de l'animal; ou bien lorsque l'Humidité trop abondante s'insinuant aussi dans les conduits des corps, change la proportion qu'elle doit y avoir avec la Seicheresse; parce que cela fait perdre la force à toutes les autres qualitez, qui consiste dans la proportion qu'elles doivent avoir les unes à l'égard des autres. Tout de mesme l'Air rend les corps malades par la froideur & par l'humidité des vents: & la Terre détruit aussi la proportion des autres qualitez en augmentant ou diminuant les corps contre leur naturel, soit que cela leur arrive lorsqu'ils s'emplissent de trop de nourriture solide, ou qu'ils respirent un air trop grossier.

Pour mieux connoistre la nature differente des temperamens, il faut considerer celle des animaux, & comparer les animaux de terre avec les poissons & les oyseaux; car leur compo-

1. CAR LA CHALEUR QUI ALTERE INCESSAMMENT. Vitruve fait voir en cet endroit qu'un parfait Architecte comme luy, sçait autre chose que la maçonnerie. Ce raisonnement sur les veritables causes de la corruption interne & non violente des choses, dont la principale est la dissipation de leur chaleur propre, quand elle est attirée au dehors par la chaleur estrangere, est la pure doctrine d'Aristote & de Galien, qui sont les Philosophes qui ont le mieux raisonné sur ce sujet. Les Exemplaires sont differens en cet endroit, les uns ont *atribus*, les autres *a vaboribus*. J'ay choisy le dernier, parceque *vaporibus* qui est ensuite, feroit une repetition vicieuse.

2. LE CHAUD SOIT AUGMENTÉ. J'ay ainsi interpreté, *exsuperat*, quoyque, *excedit*, eust esté plus selon la lettre. Mais j'ay crû que Vitruve l'a dû entendre de cette maniere, parceque le degré d'une qualité, quel qu'il puisse estre, n'est jamais contraire à une chose, que parce qu'il est different de celuy qu'elle doit avoir naturellement; de sorte qu'une chaleur excessive qui corrompt un sujet à qui elle n'est pas convenable, en conserve & perfectionne un autre à qui elle est propre. C'est pourquoy il faut croire que quand Vitruve a dit, *Cum è principiis calor exsuperat*, il a entendu dire, *gradum qui unicuique corpori convenienti est & naturalis*.

3. LES VEINES QUI SONT OUVERTES AUX PORES DE LA PEAU. Ruffus Ephesius dit que les anciens Grecs appeloient les arteres des vaisseaux pneumatiques; c'est à dire des soupiraux par le moyen desquels le cœur envoyoit la chaleur aux parties, & attiroit la fraischeur de dehors par les pores de la peau. Les nouvelles experiences de la circulation du sang, ont fait voir que les arteres ne font que la moitié de cet ouvrage, & que comme il n'y a qu'elles qui portent la chaleur & la nourriture que le cœur envoye aux parties, il n'y a aussi que les veines qui luy puissent porter le rafraischissement, ou les autres qualitez que l'air de dehors luy peut communiquer.

Il y a grande apparence que c'est par hazard que Vitruve a si bien rencontré icy, quand il n'a pas accordé aux arteres cet office d'introduire les qualitez de ce qui touche le corps par dehors, mais aux veines, puisque cy-devant il leur a attribué le pouls auquel elles n'ont aucune part, comme il a esté remarqué.

sition

A sition est tout-à-fait differente, les oyseaux ayant peu de terrestre & encore moins d'humide, mais beaucoup d'air avec une chaleur temperée ; [1] ce qui fait qu'ils s'élevent aisément en l'air, n'estant composez que d'Elemens fort legers. [2] Les Poissons ont une chaleur temperée avec beaucoup d'air & de terrestre, & tres-peu d'humidité, d'où vient qu'ils vivent aisément dans l'eau, & qu'ils meurent quand ils en sortent. Au contraire les Animaux terrestres, parce qu'ils ont mediocrement d'air & de chaleur, peu de terrestre & beaucoup d'humidité, ne peuvent long-temps vivre dans l'eau. Que si cela est ainsi & que les corps des animaux soient composez, comme nous voyons, de ces principes & de ces qualitez, dont l'excés & le defaut causent les maladies, il est de tres-grande importance, afin que le Villes que l'on doit bastir, n'y soient point sujettes, de choisir les lieux que l'on reconnoist les plus temperez.

B C'est pourquoy j'approuve fort la maniere dont usoient les Anciens, qui estoit de considerer le Foye des animaux qui paissoient dans les lieux où ils vouloient bastir, ou camper ; car s'ils le voyoient livide & corrompu, & qu'ils jugeassent aprés en avoir consideré plusieurs, que cela n'arrivoit que par la maladie particuliere de quelqu'un de ceux qu'ils avoient ouverts, & non par la mauvaise nourriture qui se prend dans le lieu, puisque les autres avoient le Foye sain & entier par l'usage des bonnes eaux & des bons pasturages ; ils y bastissoient leurs Villes : Que s'ils trouvoient generalement les Foyes des animaux gastez, ils concluoient que ceux des hommes estoient de mesme, & que les eaux & la nourriture ne pouvoient estre bonnes en ce païs-là ; de sorte qu'ils l'abandonnoient incontinant, n'ayant rien en si grande recommendation en toutes choses que ce qui peut entretenir la santé.

Mais pour faire voir qu'on peut connoistre si les lieux sont sains par la qualité des herC bes qui y croissent, il ne faut que faire comparaison des deux païs qui sont sur les bords du Pothérée qui passe entre Gnossus & Cortyne en Candie. Car il y a des animaux qui paissent à droit & à gauche de cette riviere, mais ceux qui paissent prés de Gnossus ont une Ratte, & ceux qui paissent de l'autre costé prés de Cortyne n'en ont point qui paroisse. [3] Les Medecins qui ont cherché la cause de cela, ont trouvé qu'en ce lieu il croist une herbe qui a la vertu de diminuer la Ratte, & dont ils se sont servis depuis pour guerir les Ratteleux, c'est pourquoy les Candiots apellent cette herbe *Asplenon*. Ces exemples font voir qu'il y a des lieux que la mauvaise qualité des Fruits & des Eaux rendent tout-à-fait mal sains. *Qui consomme la Ratte.*

Mais les Villes qui sont basties dans des marécages pourront n'estre pas tout-à-fait mal placées, si les marécages sont le long de la Mer, [4] & s'ils sont au Septentrion à l'égard de D la Ville, ou entre le Septentrion & le Levant, principalement si les marais sont plus élevez que le rivage de la Mer : car on pourra faire des fossez & des trenchées par où l'eau des marais s'écoulera dans la mer & par lesquels la mer y sera poussée, lorsqu'elle s'enflera par les tempestes, en sorte que la saleure fera mourir & mesme empeschera de naistre tous les animaux des marais. L'Experience a fait voir cela dans les marécages qui sont autour d'Altine, de Ravenne & d'Aquilée, & dans plusieurs autres lieux de la Gaule Cisalpine, où les marais n'empeschent point que l'air ne soit merveilleusement sain.

Au contraire quand les marais ont des eaux dormantes & qui ne coulent point à l'aide d'aucune riviere ny d'aucuns fossez, comme ceux de Pontine ; ces eaux faute d'agitation se corrompent & infectent l'air. C'est pourquoy les habitans de Salapie ancienne Ville de la Poüille bastie en un lieu de cette nature par Diomede à son retour de la guerre de Troye ;

E

1. CE QUI FAIT QU'ILS S'ELEVENT AISEMENT EN L'AIR. La facilité que les oyseaux ont à s'élever en l'air, ne vient pas de la legereté de leurs corps, mais de la grandeur & de la force de leurs ailes. Cela est si vray qu'un Poulet-d'Inde qui a de la peine à s'élever de terre, n'est pas plus pesant qu'un Aigle qui vole si haut & si aisément qu'il peut mesme enlever d'autres animaux avec soy ; & d'ailleurs la chair & les os ne sont pas plus legers aux Oyseaux qu'aux Animaux terrestres.

2. LES POISSONS ONT UNE CHALEUR. Cette opinion que Vitruve a prise d'Empedocle est refutée par Aristote au livre de la Respiration, où il monstre que chaque chose est conservée & entretenuë par ce qui est conforme à sa nature, & que la facilité que les Poissons ont de vivre dans l'humidité, est une marque asseurée qu'ils sont naturellement fort humides : car on ne peut pas dire qu'ils s'aiment dans l'eau, parce que ses qualitez qui sont contraires à leur temperament, le reduisent à une loüable mediocrité, puisque lors que le Temperament est conforme à la nature de quelque chose, il ne doit pas estre reputé excessif : & si les Poissons meurent hors de l'eau par l'excés de quelque qualité de l'air qui les offence, c'est celuy de sa chaleur & de sa secheresse qui détruit la froideur & l'humidité qui leur est naturelle.

3. UNE HERBE QUI A LA VERTU DE DIMINUER LA RATTE. Cette herbe que l'on apelle communement du nom Arabe *Ceterach*, est la veritable Scolopendre qui est ainsi nommée à cause qu'elle ressemble à un ver de ce nom

4. ET S'ILS SONT AU SEPTENTRION. Les marais estant ainsi scituez, leurs vapeurs ne pourront estre apportées dans la Ville, que par des vents qui sont capables de les dissiper & d'en corriger les mauvaises qualitez.

Chap. IV. ou, comme quelques-uns croyent, par Elphias Rhodien, se voians tous les ans affligés de maladies, vinrent demander à M. Hostilius qu'il leur fust permis de transporter leur ville en un lieu plus commode tel qu'il leur voudroit choisir : ce qu'il leur accorda sans difficulté, ayant esté persuadé par de bonnes raisons ; & pour cela il acheta des terres proche de la mer en un lieu fort sain, ou avec la permission du Senat & du peuple Romain, il bastit une nouvelle Ville, faisant payer à chacun des habitans seulement [4] un *Sesterce* pour la place de chaque maison. Ensuite il fit une ouverture à un grand lac qui estoit prés de la Ville pour y laisser entrer la Mer & le changer en Port : de maniere que les Salapiens sont à present en un lieu fort sain distant de quatre milles de leur ancienne Ville. A

Nummus Sestertius.

4. Un Sesterce. C'estoit un peu moins qu'un de nos Sous : car le *Sestertius*, ou le *nummus Sestertius*, qui estoit la mesme chose, valoit deux *As* & demy, ce qui s'entend de l'*As* qu'Horace apelle *vass*, & qui ne valoit qu'un peu plus que quatre de nos deniers. Il est apelle *Sestertius* quasi *Semistertius*, comme qui diroit composé de trois nombres, dont le troisiéme est un demy. C'est pourquoy il estoit representé par deux points II & une S qui signifie *Semis* jointe ensemble en cette forme IIS. *Sestertium* ou *Sestertius* au neutre, valoit mille *Sestertius*, au masculin. B

Chap. V.

CHAPITRE V.

Des Fondemens des Murs & des Tours.

Lorsque l'on sera asseuré de la commodité du lieu où l'on doit fonder une Ville par la connoissance que l'on aura de la bonté de son Air, de l'abondance des Fruicts qui croissent dans le païs d'alentour, & de la facilité que les Chemins, les Rivieres & les Ports de mer peuvent apporter pour y faire venir toutes choses necessaires, il faudra travailler [1] aux Fondemens des Tours & des Rempars en cette maniere. C

Il faut creuser s'il se peut jusqu'au solide & dans le solide mesme, autant qu'il est necessaire pour soustenir la pesanteur des Murailles, & bastir le Fondement avec la pierre la plus solide qui se pourra trouver ; [2] mais avec plus de largeur que les Murailles n'en doivent avoir au dessus du Rez de chaussée.

Les Tours doivent s'avancer hors le Mur à fin que lorsque les ennemis s'en approchent, celles qui sont à droit & à gauche leur donnent dans le flanc, & il faut prendre garde de

1. Aux Fondemens. Ceux du mestier disent ordinairement *Fondation*, au lieu de *Fondement*, qui est le mot propre dont Phil. de Lorme, M^r. de Chambray & la plupart de ceux qui ont écrit de l'Architecture en François se servent ; j'ay crû qu'il m'estoit permis aussi-bien qu'à eux de me dispenser de parler comme les Maçons quand je le pourrois faire avec raison. Les termes particuliers sont necessaires dans les Arts quand ils expriment les choses avec plus de distinction ; mais celuy-cy fait tout le contraire ; car le mot de *Fondation* est ambigu & sa propre signification est metaphorique lorsqu'elle designe les biens & les revenus qui sont establis pour entretenir une Eglise & pour y faire dire le service, au-lieu que le *Fondement* est proprement la maçonnerie solide qui est establie pour entretenir & faire subsister le bastiment de l'Eglise. Par la mesme raison j'ay toujours écrit *le Plinthe* d'une Base, & non *la Plinthe* ainsi que les Ouvriers disent, non plus que *le Pourtour*, *la Tournique* & *l'Arquitrave*, bien que ces mots ne soient pas equivoques comme celuy de *Plinthe* & de *Fondation* : mais j'ay crû que je pourrois parler comme le reste du monde qui dit *le Tour*, *la Theorie* & *l'Architrave* parce que ces termes sont entendus & par les Maçons & par le reste du monde.

2. Mais avec plus de largeur. Scamozzi reduit cette largeur des Fondemens à la huitiéme partie de l'espaisseur du Mur de chaque costé pour le plus, & à la douziéme pour le moins ; c'est-à-dire que si un Mur a quatre pieds d'epaisseur, son Fondement aura par en bas cinq pieds pour le plus, ou quatre pieds deux tiers pour le moins. D'autres Architectes, comme de Lorme donnent beaucoup plus d'Empatement aux Fondemens, à sçavoir une moitié de largeur davantage que le Mur, c'est-à-dire que si le mur est de deux pieds, l'empatement sera de trois ; ce qui semble estre fondé sur Vitruve au 3. liv. ch. 3. où il dit que les murs qui sont au dessous des Colonnes doivent estre plus larges qu'elles de la moitié ; Mais Palladio donne encore davantage de largeur aux Fondemens, car il veut qu'ils ayent le double du Mur, & Scamozzi dans les Fondemens des grosses Tours donne à l'empatement trois fois la largeur du Mur, & fait déborder le haut de chaque costé de la moitié de la largeur du Mur. Or supposé que la largeur de l'Empatement des Fondemens contribuë à leur Solidité, ainsi qu'il y a beaucoup d'apparence, il y a lieu de s'étonner que generalement les Architectes ne proportionnent cette largeur d'Empatement qu'à la largeur des Murailles, & qu'ils n'ayent pas plustost égard à leur hauteur & à la pesanteur de ce D E

EXPLICATION DE LA PLANCHE IV.

Cette Planche represente le Plan & l'Elevation perspective des Fortifications des Anciens. On n'a mis qu'une partie tant du Plan que de l'Elevation, afin que l'un & l'autre fust en plus grand volume. On y voit deux choses particulieres & remarquables. La premiere est que les Courtines estoient coupées & interrompuës au droit des Tours, n'estant jointes que par des Ponts de bois qu'il estoit facile d'abatre pour empescher les assiegeans de passer outre, lorsqu'ils s'estoient rendus maistres d'une partie du Rempart. L'autre chose qu'il y a à remarquer est qu'aux endroits qui estoient commandez par quelque eminence voisine du Rempart, ils l'élargissoient en faisant un Contremur BB opposé au Mur AA, & encore d'autres Murs CC, qui joignoient le Contremur au Mur, afin de les fortifier l'un & l'autre & d'affoiblir la poussée de la terre qui estoit entredeux.

Planche IV.

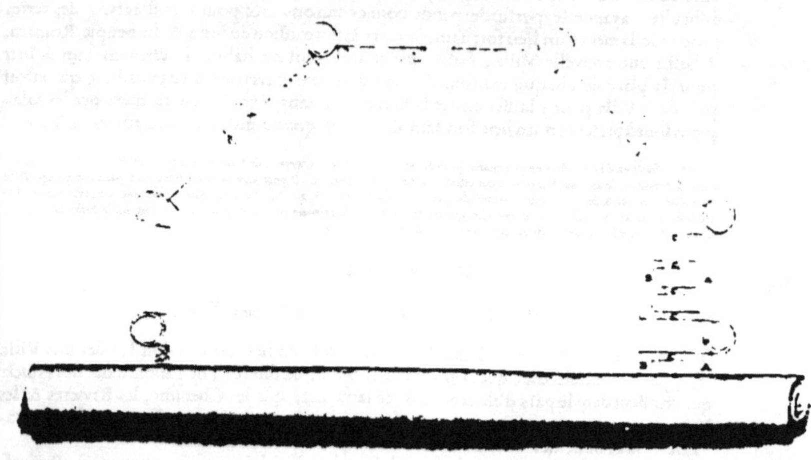

CHAP. V. rendre l'approche des Murs difficile, les environnant de precipices, & de faire en sorte que A les Chemins qui vont aux Portes, ne soient pas droits, mais qu'ils tournent à la gauche de la porte : car par ce moyen les assiegeans presenteront à ceux qui sont sur la Muraille le costé droit qui n'est point couvert du bouclier.

La figure d'une Place ne doit estre ny quarrée, ny composée d'Angles trop avancez, mais [1] elle doit faire simplement une enceinte, afin que l'ennemy puisse estre vû de plusieurs endroits, car les Angles avancez sont mal propres pour la défense, & sont plus favorables aux assiegeans, qu'aux assiegez.

J'estime que l'épaisseur de la Muraille doit estre assez grande pour faire que deux hommes armez qui viennent à la rencontre l'un de l'autre, puissent passer aisément & sans s'incommoder. A travers cette épaisseur il doit y avoir [2] de grands pieux de bois d'Olivier un peu brûlez & placez fort drû afin que les deux paremens de la muraille ainsi joints ensemble B comme par des clefs & tirans, ayent une fermeté de longue durée : car ce bois ainsi preparé n'est sujet ny à se vermouler ny à se corrompre en quelque maniere que ce soit par le temps, pouvant demeurer eternellement & dans la terre & dans l'eau sans se gaster. Cela se doit pratiquer non seulement dans la construction du Mur, mais mesme de ses Fondemens : & quand en d'autres Edifices que des Rempars, on aura besoin de Murailles fort épaisses, il en faudra ainsi user : car par le moyen de cette liaison, ils dureront fort long-temps.

Les Espaces d'entre les Tours doivent estre tellement compassez qu'ils ne soient pas plus longs que la portée des traits & des fleches ; afin que les assiegeans soient repoussez estant battus à droit & à gauche tant par les Scorpions, que par les autres machines que l'on a pour lancer des fleches.

Il faut de plus qu'au droit des Tours le Mur soit coupé en dedans de la largeur de la Tour C & que les chemins ainsi interrompus ne soient joints & continuez que par des solives posées sur les deux extremitez sans estre attachées avec du fer, afin que si l'ennemy s'est rendu maistre de quelque partie du Mur, les assiegez puissent oster ce pont de bois : car s'ils le font promptement, l'ennemy ne pourra passer du Mur qu'il a occupé, aux autres, ny dans les Tours, qu'en se precipitant du haut en bas.

Les Tours doivent estre rondes ou à plusieurs pans, parceque celles qui sont quarrées sont bien-tost ruinées par les machines de guerre, & les Beliers en rompent aisement les Angles : au lieu qu'en la figure ronde les pierres estant taillées comme des coins, elles resistent mieux aux coups qui ne les peuvent pousser que vers le centre. Mais il n'y a rien qui rende ces Rempars si fermes que quand les Murs tant des Courtines que des Tours sont soûtenus par de la Terre ; car alors ny les Beliers, ny les Mines, ny toutes les autres machines ne les D peuvent ébranler : toutefois les Terrasses ne sont necessaires que lorsque les assiegeans ont une eminence fort proche des Murs sur lesquels ils peuvent entrer de plain pied.

[3] Pour bien faire ces Terrasses il faut premierement creuser des Fossez fort profonds & fort larges, au fond desquels on doit encore creuser le Fondement du Mur & l'élever avec une épaisseur suffisante pour soûtenir la terre. Il faut faire encore un autre Mur en dedans avec assez de distance pour faire une terrasse capable de contenir au dessus ceux qui y

qu'elles doivent soûtenir ; car une Muraille de trois pieds d'épaisseur qui doit porter des voûtes de pierre, plusieurs grands Planchers & des Toicts chargez de Tuile ou de Plomb, aura besoin d'une plus grande solidité en son Fondement, que ne feroit un mur de six pieds d'épaisseur qui n'auroit pas un grand faix à soûtenir : car quoy qu'un Mur fort large ait plus de pesanteur que celuy qui est étroit, il a aussi davantage de terre qui le soustient, & un Mur de six pieds a la force de deux Murs de trois, de mesme qu'il en a la pesanteur, & mesme il en a davantage à cause de la liaison des pierres qui se soûtiennent & s'entretiennent : Desorte que je croy qu'il faudroit regler la largeur de l'empatement par la hauteur & par la charge des Murs, plustost que par leur largeur. Il faut voir ce qui est écrit sur ce sujet à la fin du dernier chap. du 6. livre.

1. Elle doit faire simplement une enceinte. Vegece n'est pas de l'avis de Vitruve, car il croit que les Anciens vouloient que les Murs de leurs Villes eussent des sinuositez, *Urbes claudebant sinuosis anfractibus veteres*. La raison de Vitruve est à mon avis que les Rempars estant tournez en rond font que les assiegeans sont toujours exposez aux traits de prés de la moitié de ceux qui défendent les Murailles, au lieu qu'en une Place quarrée l'assiegeant estant au droit d'une des Faces est à couvert des trois autres. Tacite parlant des Murs de Jerusalem dit *Urbem claudebant Muri per artem obliqui & introrsus sinuati, ut latera oppugnantium ad ictus patescerent* : cela semble faire entendre que ce n'estoit pas la coûtume de les faire de cette maniere. E

2. De grands Pieux. Ce que Vitruve apelle icy *taleas perpetuas*, Cesar dans la description des Murs dont les Gaulois fermoient leurs Villes, l'apelle *trabes perpetuas*. Il dit que ces Poutres estoient posées d'un parement du Mur à l'autre alternativement avec des rangées de pierre qui alloient aussi d'un parement à l'autre, & qui faisoient à chaque parement comme un Echiquier, chaque Poutre estant enfermée entre quatre rangées de Pierres, & chaque rangée de Pierre estant enfermée entre quatre Poutres.

3. Pour bien faire ces Terrasses. La figure explique assez clairement cette structure des Terrasses, car le Mur de dehors A, & celuy de dedans B, sont joints ensemble par les Murs CC, qui traversent de l'un à l'autre, qui est ce que Vitruve apelle en maniere de scie ou de peigne.

doivent

A doivent estre placez pour la défense, & rangez comme en bataille. De plus entre ces deux Murs il est necessaire d'en bastir plusieurs autres qui traversent du Mur de dehors à celuy de dedans, & qui soient disposez à la maniere des dents d'une scie ou d'un peigne : car par ce moyen la terre separée en plusieurs parties par ces petits Murs, n'aura pas tant de force, ny tant de poids pour pousser les Murailles. CHAP. V.

Je ne détermine point quelle doit estre la matiere des Murailles, parce que l'on ne trouve pas en tous lieux ce qu'on pourroit souhaitter ; mais il faudra employer ce qui se trouvera, soit quartiers de pierres, ou gros Cailloux, [1] ou *Moilons*, [2] ou Brique cuite, ou non cuite : car on ne peut pas par tout comme à Babylone où il y a grande abondance de bitume, se servir de bitume au lieu de mortier pour bastir des murs de brique ; & tous les lieux ne fournissent pas dequoy construire des Bastimens qui durent eternellement. *Cæm.*

B

1. OU MOILONS. J'interprete *Cæmenta Moilons*, non seulement parceque nostre Ciment n'est pas le *cæmentum* des Anciens, mais aussi parce que Vitruve opposant le *cæmentum* aux gros quartiers de pierre & aux gros cailloux qui font avec le Moilon les trois especes de *cæmentum* pris generalement, il donne à entendre que le *cæmentum* en cet endroit est le Moilon. Or le *cæmentum* en general signifie toute sorte de pierre qui est employée entiere & telle qu'elle a esté produite dans la terre, ou si on luy a donné quelque coup de marteau afin d'oster ce qui empesche qu'elle ne soit grossierement quarrée, cela ne change point son espece & ne la sçauroit faire apeller Pierre de taille; car la Pierre de taille est ce que les Latins apellent *politum lapis* qui est different de celuy qui est nommé *cæsus*, en ce que *cæsus* est seulement rompu par quelque grand coup, & que *politus* est exactement dressé par une infinité de C petits coups. Nos Maçons font trois especes de ces pierres non taillées, qui ont quelque rapport avec les trois especes du *cæmentum* des Anciens ; mais elles ne different que par la grosseur. Les plus grosses sont les gros quartiers qu'ils apellent de deux & de trois à la voye, les moyennes sont apellées Libages, & les petites sont les Moilons. Vitruve au 6. chap. du 7. liv. apelle les éclats de Marbre que l'on pile pour faire le Stuc *cæmenta marmorea*. Saumaise neanmoins entend par *cæmentum* une Pierre taillée & polie, & parce qu'il sembleroit que *cæmentum* seroit la mesme chose que *quadratum saxum* il dit que *cæmentum* est different de *quadratum saxum* en ce qu'il n'est pas quarré. Mais il est assez difficile d'entendre ce qu'il veut dire : car il n'y a pas d'apparence que *cæmentum* soit une pierre taillée en forme triangulaire, pentagone ou hexagone, ce qui devroit estre si la figure faisoit la difference qu'il y a entre *cæmentum* & *quadratum saxum*.

2. BRIQUE CUITE OU NON CUITE. Les Anciens se servoient de Briques cruës qu'ils laissoient secher par un long espace de temps jusqu'à quatre & à cinq ans, comme il est dit au chap. 3. du 2. livre ; & il falloit qu'ils eussent une grande opinion de la bonté de ces materiaux puisqu'ils les employoient à des Murs faits pour soustenir des terres, sans craindre que l'humidité ne les detrempast.

CHAPITRE VI. CHAP. VI.

De la distribution des Bastimens qui se font dans l'enceinte des Murailles des Villes, & comme ils doivent estre tournez, pour estre à couvert du mauvais Vent.

L'ENCEINTE des Murs estant faite il faut tracer les places des Maisons & prendre les D alignemens des grandes ruës & des ruelles selon l'aspect du Ciel le plus avantageux. La meilleure disposition sera si les Vents n'enfilent point les ruës, parcequ'ils sont toujours nuisibles, ou par leur froid qui blesse, ou par leur chaleur & leur humidité qui corrompt. C'est pourquoy il faut bien prendre garde à ces inconveniens afin de n'y tomber pas, comme il est arrivé à plusieurs Villes, specialement à Metelin en l'Isle de Lesbos, où les Bastimens sont beaux & magnifiques, mais disposez avec peu de prudence ; car en cette Ville le *Vent du Midy* engendre des fievres, *celuy qui souffle entre le Couchant & le Septentrion* fait tousser, & [1] celuy du Septentrion qui guerit ces maladies, est si froid qu'il est impossible de demeurer dans les ruës quand il souffle. *Auster. Corus.*

Or le Vent n'est autre chose que le flux de l'air agité d'un mouvement inégalement violent qui se fait lorsque la chaleur agissant sur l'humidité, elle en produit par son action impetueuse une grande quantité d'air nouveau qui pousse l'autre avec violence. Ce qui se E connoist estre vray dans les *Æolipyles* d'airain qui font admirablement bien voir que par les effets manifestes des choses artificielles on peut découvrir les causes cachées de ce que la nature fait dans l'air qui est au dessus de nous. Les Æolipyles sont des des boules d'airain qui sont creuses & qui n'ont qu'un trou tres-petit, par lequel on les emplit d'eau. Ces boules ne poussent aucun air avant que d'estre échauffées mais estant mises devant le feu, aussi-tost qu'elles *Ouvertures pour le vent.*

1. CELUY DU SEPTENTRION GUERIT CES MALADIES. Il faut qu'il y ait quelque disposition particuliere du lieu qui fasse que le vent du Nord guerisse la toux dans la Ville de Metelin : parceque ce vent consideré dans sa nature en general ne sçauroit faire cet effet : car estant froid & sec, il est plus capable de causer la toux que le Corus qui estant plus humide n'est capable de soy que de produire l'enroüement & le catarrhe, qui sont des maladies ausquelles la toux est accidentelle ; au lieu que le vent du Nord qui est froid & sec, blessant le poulmon & son artere immediatement par ses qualitez qui sont contraires à ces parties, doit estre reputé la cause immediate de la toux ; mais il peut arriver que le vent du Septentrion soit humide en un lieu quand il y a de fort grands lacs vers ce costé-là, & que celuy du Couchant soit sec quand il y a beaucoup de terres sans eau interposées. Par cette raison le vent du Couchant est bien moins humide en Allemagne qu'en France, qui a tout l'Ocean du costé du Couchant.

F

CHAP. VI. sentent la chaleur, elles envoyent un vent impetueux vers le feu, & ainsi enseignent par A cette petite experience, des veritez importantes sur la nature de l'air & des Vents.

Si donc on est à l'abri des Vents, cela pourra non seulement rendre un lieu capable de maintenir en santé les corps qui se portent bien, mais mesme de guerir promptement les maladies qui dans d'autres lieux ont besoin de l'application des remedes au mal; & cela à cause de la bonne temperature que cet abry leur donne. Les maladies qui sont de difficile guerison, & qui sont communes dans les lieux intemperez dont il a esté parlé cy-dessus, sont [1] les *Rhumes*, la Goutte, la Toux, la Pleuresie, le Crachement de sang & telles autres indispositions [2] que l'on ne peut guerir en evacuant les corps, mais bien en les remplissant. La raison pourquoy ces maladies sont difficiles à guerir, est qu'elles sont causées par le froid, & que les forces estant diminuées par la longueur de la maladie, les vents dissipent & épuisent les corps de leur suc, & les extenuent davantage; au lieu qu'un air plus doux & plus grossier & qui n'est point agité, les nourrit en les emplissant & rétablissant leurs B forces.

Gravedines.

[3] Les Vents selon l'opinion de quelques-uns ne sont qu'au nombre de quatre, sçavoir *Solanus* qui souffle du costé du Levant Equinoctial, *Auster* du costé du Midy, *Favonius* du costé du Couchant Equinoctial, & *Septentrio* du costé Septentrional. Mais ceux qui ont plus curieusement recherché les differences des Vents, en ont fait huit, & particulierement Andronic Cyrrhestes qui pour cet effet bâtit à Athenes une Tour de marbre de figure octogone qui avoit à chaque face l'image de l'un des Vents, à l'opposite du lieu dont ils ont accoûtumé de souffler, & sur la Tour qui aboutissoit en pyramide il posa un Triton d'airain qui tenoit en sa main une baguette, [4] & la machine estoit ajustée de sorte que le Triton tournant & se tenant toujours opposé au Vent qui souffloit, l'indiquoit avec sa C baguette.

Est. Sud. Ouest. Nord.

Les quatre autres Vents sont *Eurus*, qui est entre Solanus & Auster au Levant d'Hyver, *Africus* entre Auster & Favonius au Couchant d'Hyver, *Caurus* que plusieurs apellent *Corus* entre Favonius & Septentrio, & *Aquilo* entre Septentrio & Solanus. Ces noms ont esté inventez pour designer le nombre des Vents & des endroits d'où ils soufflent.

Sud-est. Sud-ouest. Nord-ouest. Nord-est.

Cela estant ainsi étably, il faut pour trouver les points des Regions d'où partent les

1. LES RHUMES. Le mot de *gravitudo* que Vitruve a mis au lieu de *gravedo* par lequel Celse explique le *Coryza* d'Hippocrate, signifie particulierement ce que l'on apelle en François enchiffrenement, mais il se prend en general pour toutes sortes de rhumes.

2. QUE L'ON NE PEUT GUERIR EN EVACUANT. Quand il seroit vray que les Vents ne produiroient les maladies que parce qu'ils épuisent les corps, il ne seroit pas vray de dire qu'elles ne puissent estre gueries par les evacuations. L'enchaisnement qui se rencontre dans les causes des maladies, fait que celle qui a esté engendrée par une premiere cause, est entretenuë par une autre qui luy succede & qui demande un remede qui luy soit contraire & non pas à la premiere. Ainsi une evacuation excessive peut causer une maladie à laquelle une autre evacuation sera necessaire; par la raison que cette excessive evacuation ayant debilité la faculté qui prepare la nourriture, il arrive que par la depravation de cette fonction, il s'amasse beaucoup de superfluitez, dont il est necessaire que le corps soit déchargé par une evacuation; outre que l'évacuation que les Vents peuvent faire, estant principalement une evacuation des sucs les plus utiles, leur diminution augmente la necessité de vuider les mauvais que le mélange des bons corrigeoit avant que le vent les eust consumez.

3. LES VENTS SELON L'OPINION DE QUELQUES-UNS NE SONT QU'AU NOMBRE DE QUATRE. La distribution des Vents, leur nombre & leurs noms parmi les Anciens Auteurs est une chose fort embrouillée; & Aristote, Seneque, Pline, Ætius, Strabon, Aulugelle, Isidore &c. en ont parlé fort diversement entr'eux, & pas un n'est d'accord avec Vitruve. Ce que j'ay crû devoir faire en cette traduction est d'attribuer les noms modernes aux Vents que Vitruve nomme, & cela selon le lieu où il les a placez. La difficulté est que Vitruve n'en ayant mis que vingt quatre, & mesme la pluspart des Anciens que douze, au lieu des trente deux que nous avons, il n'y a que les quatre Cardinaux *Nord, Ouest, Sud & Est*, avec les quatre Collateraux, *Nord-ouest, Sud-ouest, Sud-est & Nord-est*, qui se puissent rencontrer justes avec ceux de Vitruve: les seize autres qui se trouvent placez au milieu n'ont pû estre interpretez que par la Proportion de la distance qu'ils ont des Cardinaux, ou des Collateraux auprès desquels ils sont. D

Par exemple entre *Auster* ou *Sud* & son Collateral *Eurus* ou *Sud-est*, où les Modernes mettent trois Vents sçavoir *Sud quart de Sud-est*, *Sud Sud-est* & *Sud-est quart de Sud* les Anciens n'en mettoient que deux, sçavoir *Euronotus & Vulturnus* que j'ay designez par l'espace qu'ils occupent, & par le voisinage du Vent auprès du quel ils sont qui est ou Cardinal ou Collateral: C'est pourquoy par exemple *Euronotus* qui occupe le tiers de l'espace qui est entre *Auster* ou *Sud* & *Eurus* ou *Sud-est*, & qui est proche du Collateral *Eurus* ou *Sud-est*, a esté nommé *Sud tiers de Sud-est*; & *Vulturnus* qui occupe le tiers de l'espace qui est entre *Eurus* ou *Sud-est* & *Auster* ou *Sud*, & qui est proche du Collateral *Eurus* ou *Sud-est* a esté nommé *Sud-est tiers de Sud* & ainsi des autres. On a crû en pouvoir user ainsi par la mesme raison qui a fait que parmi les Modernes le Vent qui occupe le quart de l'espace qui est entre *Sud* & *Sud-est* & qui est voisin de *Sud*, a esté nommé *Sud quart de Sud-est*, & celuy qui occupe l'autre quart du mesme E espace a esté nommé *Sud-est quart de Sud* par ce qu'il est voisin de *Sud-est*.

4. ET LA MACHINE ESTOIT AJUSTÉE DE SORTE. A l'imitation de cette machine d'Athenes, on en a fait une depuis peu à Paris au jardin de la Bibliotheque du Roy, où il y a un Cadran haut de 90. pieds & large de 40. qui marque les heures Equinoctiales & les degrés des Signes. Au dessus de ce Cadran qui est quarré, il y en a un autre rond de 15. pieds de Diametre qui a une éguille mobile comme les Cadrans des Horloges ordinaires; & cette éguile monstre les Vents qui soufflent & qui sont marquez par des Caracteres autour du Cadran, au haut duquel il y a une Girouëtte qui fait tourner l'éguile. Cette Machine est plus commode que celle d'Andronic, en ce que d'un seul aspect, on voit toujours quel est le Vent qui souffle, au lieu qu'à la machine d'Andronic il falloit aller chercher en tournant au tour de la tour, le Vent que le Triton marquoit.

CHAP. VI.

* Vents, proceder en cette maniere. On mettra de niveau au milieu de la Ville [1] *une Table de*
A *Marbre* ou quelque autre chose fort polie & bien dressée à la regle & au niveau, & au milieu
on placera *un Style* d'airain pour faire voir l'ombre du Soleil. Ce Style est apellé en Grec
* *Sciateras*, & il faut observer l'ombre qu'il fera avant midy, [2] environ la cinquiéme heure
du jour, & en marquer l'extremité avec un point, par lequel il faut tracer avec le Compas
une ligne circulaire dont le Style d'airain soit le centre; ensuite on observera l'ombre d'a-
prés Midy, & lorsqu'en croissant elle aura atteint la ligne circulaire & qu'elle aura par consequent fait une ligne pareille à celle d'avant-midy, il faut marquer son extremité par un
second point, & de ces deux points tracer avec le Compas deux lignes circulaires qui s'entrecoupent, & du point auquel elles se seront coupées, tirer par le centre où est le Style, une
ligne qui designera le Midy & le Septentrion.

B Aprés cela on prendra la seiziéme partie de toute la circonference de la ligne circulaire qui est au-tour du centre du Style, & l'on marquera cette distance à droit & à gauche du point où la ligne du Midy coupe la ligne circulaire, & on en fera autant au point où la mesme ligne coupe le cercle vers le Septentrion, & de ces quatre points on tirera des lignes qui s'entre-coupant au centre iront d'une des extremitez de la circonference à l'autre, & cela marquera pour le Midy & pour le Septentrion deux huitiémes parties: Ce qui restera aux deux costez de la circonference, sera partagé chacun en trois parties égales, afin d'avoir les huit divisions pour les Vents.

Il faudra donc tirer des lignes entre deux Regions pour alligner les ruës; car par ce
moyen on empeschera que la violence des Vents n'incommode: autrement si les ruës
estoient directement opposées aux Vents, il n'y a point de doute que leur impetuosité qui
C est si grande dans l'air libre & ouvert, seroit beaucoup augmentée estant renfermée dans
les ruës étroites. C'est pourquoy on tournera les ruës en telle sorte, que les Vents donnant
dans les Angles des isles qu'elles forment, se rompent & se dissipent.

On pourra s'étonner que nous ne mettions que huit Vents, veu que l'on sçait qu'il y a
un bien plus grand nombre de noms dont on les apelle: Mais si on considere qu'Erastothe-
ne Cyrenéen à l'aide du *Gnomon* & des ombres Equinoctiales observant en des lieux où
l'inclination du Pole est differente, a trouvé par les regles de la Geometrie que le tour de la
Terre est de deux cent cinquante deux mille stades, qui font trois cent & un million cinq
cens mille pas, & que la huitiéme partie de cette circonference de la Terre qui est la Region d'un Vent est de trois millions neuf cent trente-sept mille cinq cent pas; il ne se faut
pas étonner si un Vent dans un si grand espace peut en s'avançant ou reculant, paroistre
D estre plusieurs Vents.

Style.

C'est pourquoy le Vent *Auster* a à droit & à gauche les Vents *Euronotus* & *Altanus*; aux costez d'*Africus* sont *Libonotus* & *Subvesperus*; aux costez de *Favonius* sont *Argestes* & *les Etesiens* qui soufflent en certains temps de l'année; au-tour de *Caurus* sont *Circius* & *Corus*; aux costez de *Septentrio* sont *Thrascias* & *Gallicus*; A droit & à gauche d'*Aquilon* sont *Supernas* & *Boreas*; auprés de *Solanus* sont *Carbas* & en certain temps les *Ornithies*; Et enfin aux costez d'*Eurus* sont *Cecias* & *Vulturnus*.

Il y a encore beaucoup d'autres noms de Vents qui sont pris des terres & des fleuves
& des montagnes d'où ils viennent, ausquels on peut encore adjoûter ceux qui soufflent au
matin excitez par les rayons dont le Soleil en se levant frappe l'humidité que la nuit a laissée
E dans l'air. Ils viennent ordinairement du costé du Vent *Eurus* qu'il semble que les Grecs
* ont apellé [3] *Euros* à cause qu'il est engendré *des vapeurs du matin*: ils apellent aussi le lendemain *Aurion* à cause de ces Vents.

1. UNE TABLE DE MARBRE. Cet endroit est obscur, car *locus ad regulam & libellam expolitus*, n'est rien autre chose que l'*Amussium* mesme selon les Interpretes: Cependant il est dit qu'on n'a qu'à dresser un lieu bien à niveau & bien poly & qu'on n'aura que faire d'*Amussium*. Ce qui n'a point de sens, si ce n'est qu'*Amussium* ne signifie pas seulement un lieu bien à niveau mais encore une table de marbre qui porte avec soy le plomb ou l'eau qui fait voir si elle est de Niveau. Cælius Rhodiginus s'est trompé quand il a crû qu'*Amussium* estoit, *Ventis reperiendis excogitatum organum*. Car *Amussium* n'est point de soy propre à trouver les Vents, mais on les y écrit seulement aprés que la ligne meridienne & l'octogone y ont esté tracez comme il est dit ensuite.

2. ENVIRON LA CINQUIE'ME HEURE DU JOUR. C'est à dire environ les onze heures selon nostre maniere: car les Anciens comptoient une heure aprés le lever du Soleil, & six à Midy, autrement l'ombre que le Soleil fait à cinq heures selon nostre maniere de compter seroit trop longue & par consequent ne seroit pas assez bien terminée pour pouvoir exactement faire connoistre où elle finit, & il y a neuf mois de l'année où le soleil n'est pas encore levé à cinq heures du matin à Rome suivant nostre maniere de compter les heures.

3. QUE LES GRECS APELLENT EUROS. Il y a plus d'apparence que le Vent de *Sud-est* est appellé *Euros* par les Grecs à cause qu'il souffle doucement, ce que la particule *eu* signifie, qu'à

CHAP. VI. [1] Or il y en a qui nient qu'Eratosthene ait pû trouver la veritable mesure du tour de la Terre; mais soit que sa supputation soit vraye ou non, [2] cela n'empesche pas que nostre division des Regions des Vents ne soit bonne, & c'est assez de sçavoir qu'encore que cette A
mesure soit incertaine, on est assuré neanmoins qu'il y a des Vents qui sont plus impetueux les uns que les autres.

Mais parceque ces choses sont expliquées en trop peu de paroles pour pouvoir estre clairement entenduës, j'ay crû qu'il estoit à-propos de mettre à la fin de ce livre une figure qui est ce que les Grecs apellent *Schema*, & cela à deux intentions: la premiere est de marquer precisement les Regions d'où les Vents partent; la seconde est de faire entendre quelle doit estre la maniere de situer les ruës, en sorte que les Vents ne les puissent incommoder.

On marquera sur une table bien unie le centre A, & l'ombre que le Gnomon fait devant Midy sera aussi marquée au-droit de B, & posant au centre A une branche du Com- B
pas, on étendra l'autre jusqu'à B, d'où on décrira un cercle; & ayant remis le Style dans le centre où il estoit, on attendra que l'ombre décroisse, & qu'ensuite recommençant à croistre, elle devienne pareille à celle de devant Midy; Ce qui sera lorsqu'elle touchera la ligne circulaire au point C, & alors il faudra du point B & du point C décrire avec le Compas deux lignes qui s'entrecoupent à D, duquel point D on tirera par le centre une ligne marquée E F qui montrera la Region Meridionale & la Septentrionale; aprés quoy on prendra avec le Com- C
pas la seiziéme partie du cercle, & mettant une branche au point E, qui est celuy par lequel la ligne Meridienne touche le cercle, on marquera avec l'autre branche à droit & à gauche les points G & H; & tout de mesme en la partie Septentrionale mettant une branche du Compas sur le point F, on marquera avec l'autre les points I & K, & on tirera des lignes de G à K & de H à I, qui passeront par le centre; de sorte que l'espace qui est de G à H sera pour le Vent de Midy & pour toute la Region Meridionale, & celuy de I à K sera pour la Septentrionale; les autres parties qui sont trois à droit & autant à gauche, seront divisées également, sçavoir celles qui sont à l'Orient marquées L & M & celles qui

sont

cause que le mot Grec *aura* signifie le souffle, car le souffle simplement luy est commun avec tous les autres Vents.

1. OR IL Y EN A QUI NIENT. Depuis qu'Eratosthene a fait son observation pour la mesure du tour de la terre par laquelle il a trouvé qu'elle estoit de 250000. stades, plusieurs autres y ont travaillé comme Possidonius qui n'en a trouvé que 30000, & Ptolomée qui en a encore trouvé moins, sçavoir seulement 22500. Mais ces observations non plus que celles d'Eratosthene ne nous apprenent rien de certain à cause qu'on ignore quelle estoit precisement la grandeur de leurs stades, qui estoient mesme differens entr'eux; les stades d'Alexandrie où Ptolomée a fait ses observations estant autres que les stades de la Grece où Possidonius a fait les siennes, ainsi qu'il paroist par la grande difference qu'il y a de 30000, à 22500. Les Arabes ont fait depuis des observations sous Almamon Calife de Babylone, & ont trouvé cinquante six milles deux tiers pour degré; mais ces observations ne nous instruisent guеres mieux à cause que nous ignorons aussi quel estoit leur mille au juste. Les modernes se sont remis depuis 150 ans à faire ces observations. Le premier qui y a travaillé a esté Jean Fernel premier Medecin du Roy Henry second, que la Science des Mathematiques n'a rendu gueres moins celebre, que celle de la Medecine qui l'a fait appeller le Prince des Medecins modernes. Il a trouvé 68096 pas Geometriques de cinq pieds de Roy, pour chaque degré, qui valent 56746 toises quatre pieds, de la mesure de Paris. Aprés luy Snellius Holandois a trouvé 28500 perches du Rhein, qui font 55021 toises de Paris. Le Pere Riccioli Jesuite a trouvé ensuite 64363 pas de Boulogne qui font 62900 toises. Mais les Mathematiciens de l'Academie Royalle des Sciences ont trouvé 57060 toises pour chaque degré, c'est à dire 28 lieuës & demy 60 toises, qui multipliées par 360 qui est le nombre des degrez fait 10270 lieuës 1600 toises; mettant pour la lieuë 2000 toises D
qui font 2400 pas de cinq pieds. La methode que l'on a suivie a esté de mesurer un espace en un lieu plat & droit de 5663 toises pour servir de premiere base à plusieurs triangles par lesquels on a conclu la longueur d'une ligne meridienne de la valeur d'un degré. Ce qu'il y a de particulier pour la certitude de cette observation est en premier lieu que personne n'avoit mesuré une base si grande, la plus grande des observations precedentes n'estant que de mille toises; en second lieu que l'on a employé pour prendre les Angles de Position des instrumens fort justes, & avec lesquels on pointe avec une precision fort exacte par le moyen des Lunettes d'approche qui y sont accommodées d'une maniere toute particuliere. Mr Picart l'un des Mathematiciens qui ont esté commis par l'Academie pour travailler aux Observations & au calcul de cette mesure, en a fait un traité, où la methode que l'on a suivie est deduite tout au long, & où les instru- E
mens dont on s'est servi sont representez.

2. CELA N'EMPESCHE PAS QUE NOSTRE DIVISION DES REGIONS DES VENTS NE SOIT BONNE. Cette observation des Regions des Vents prise en general ainsi que Vitruve l'entend ne peut estre que de fort peu d'usage. L'observation particuliere des Vents qui regnent dans chaque païs & dont la violence dépend de la disposition des lieux d'alentour est bien plus considerable, y ayant des lieux où certains Vents sont impetueux, qui ne soufflent presque point en d'autres, & les Regions [illegible] ainsi qu'elles sont marquées, tant par les Anciens, [illegible] modernes, n'estant point tellement fixes, qu'il ne puisse [illegible] trouver d'autres entre deux; ainsi que Vitruve mesme p[illegible] par les Observations d'Eratosthene, qui a fait voir que la [illegible] de chacun des vingt-quatre Vents est de trois millions ne[illegible] cent trente sept mil cinq cent pas.

A sont à l'Occident marquées N & O ; & de M à O, & de L à N, on tirera des lignes qui se croiseront ; & ainsi l'on aura en toute la circonference huit espaces égaux pour les Vents. CHAP. VI.

Cette Figure estant ainsi faite on trouvera dans chaque Angle de l'Octogone une lettre, sçavoir entre Eurus & Auster la lettre G, entre Auster & Africus H, entre Africus & Favonius N, entre Favonius & Caurus O, entre Caurus & Septentrio K, entre Septentrio & Aquilo I, entre Aquilo & Solanus L, entre Solanus & Eurus M. Toutes ces choses estant ainsi faites, il faudra mettre l'Equerre [1] aux Angles de l'Octogone, pour marquer l'alignement & la division des ruës & des ruelles [2] qui sont au nombre de huit.

FIGURE I.

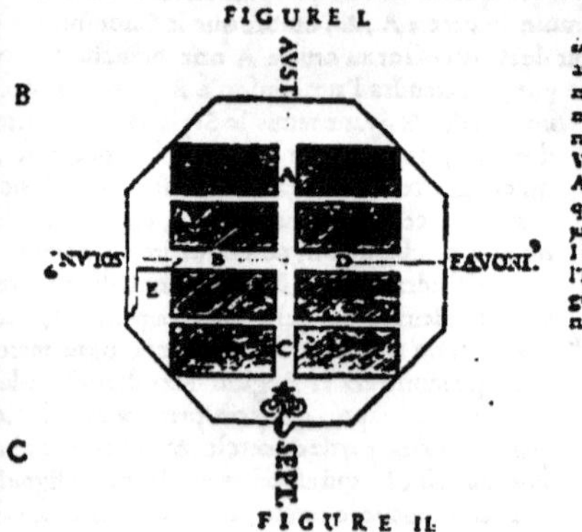

1. AUX ANGLES DE L'OCTOGONE. Il y a dans le texte *inter Angulos*, je lis *in Angulos*, afin qu'il y ait quelque sens au discours, car autrement si l'Equerre qui doit regler l'alignement des ruës estoit posé entre les Angles de l'Octogone comme est l'Equerre E de la premiere Figure, les quatre grandes ruës A B C D seroient enfilées par quatre Vents, parceque les Vents *Auster*, *Favonius*, *Septentrio* & *Solanus* sont entre les Angles de l'Octogone. Mais il faut remarquer que mettre l'Equerre aux Angles ne se doit pas entendre de pousser l'Equerre jusqu'à l'Angle de l'Octogone, comme est l'Equerre F dans la II Figure, mais de le mettre au milieu de l'Angle comme est l'Equerre G dans la seconde Figure : car ces ruës estant alignées par cet Equerre comme elle sont en la II Figure, les ruës ne seront enfilées par aucun des Vents.

FIGURE II.

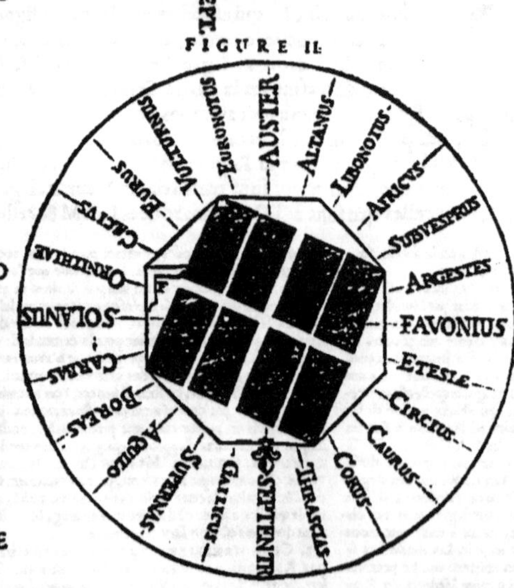

2. QUI SONT AU NOMBRE DE HUIT. La plusparts des Interpretes de Vitruve ont mis douze ruës, quoy qu'il soit evident par le texte & par la Figure qu'il n'y en peut avoir que huit ils se sont trompez faute d'avoir pris garde que le chiffre IIX qu'ils ont pris pour douze, n'est que de huit, de mesme que IX est neuf & IV quatre, & non pas onze ou six.

CHAPITRE VII. CHA. VII.

Du choix des lieux propres pour les Edifices publics.

APRES avoir ordonné la division des ruës, il faudra songer à choisir la place des edifices qui sont communs à toute la Ville, comme sont les Temples & *la Place publique* : car si la Ville est sur la Mer, il faudra que l'endroit où on doit bastir la Place publique soit proche du port ; si elle est éloignée de la Mer, cet endroit doit estre au milieu de la Ville. Les Temples des Dieux tutelaires de mesme que ceux de Jupiter, de *Forum.*

CHA. VII. Junon & de Minerve feront fituez au lieu le plus eminent, afin que delà on de- A
couvre la plus grande partie des Murailles de la Ville ; ceux de Mercure, d'Ifis & de Se-
rapis feront dans le marché ; ceux d'Apollon & de Bacchus, proche le theatre ; celuy
d'Hercule, dans le Cirque, s'il n'y a point de lieu particulierement deftiné pour les exercices, ny d'Amphitheatre ; celuy de Mars dans un champ hors la Ville, de mefme que
celuy de Venus qui doit eftre proche les portes. [1] La raifon de cela fe voit dans les écrits
des Arufpices Tofcans qui veulent que les Temples de Venus, de Vulcain & de Mars
foient mis hors la Ville, afin d'ofter aux jeunes gens & aux Meres de famille par l'eloignement du Temple de Venus, plufieurs occafions de debauches, & pour delivrer les
Maifons du peril des incendies, attirant hors de la Ville par des facrifices à Vulcain
tous [2] les mauvais effets de ce Dieu qui prefide au feu ; & auffi en mettant le Temple de
Mars hors les murailles, empefcher les meurtres & les querelles parmy les citoyens & les B
affeurer contre les entreprifes des ennemis. Le Temple de Ceres doit encore eftre bafti
hors la Ville en un lieu reculé & où l'on ne foit point obligé d'aller que pour y facri-
fier, parceque ce lieu doit eftre traitté avec beaucoup de refpect & avec une grande
fainteté de mœurs. Les Temples des autres Dieux doivent auffi avoir des lieux commodes à leurs facrifices.

Je traitteray dans le Troifiéme & dans le Quatriéme livre de la maniere de baftir les
Temples & [3] de leurs Proportions, parceque j'ay refolu d'ecrire dans le fecond des
Materiaux, de leurs qualitez & de leurs ufages ; & de donner dans les autres livres toutes
les Mefures, tous [4] les Ordres, & toutes les Proportions des Edifices.

1. LA RAISON DE CELA SE VOIT. Il ne fe trouve point que ce precepte des Arufpices Tofcans ait efté obfervé à Rome, car le Temple de Mars vengeur eftoit dans la place d'Augufte, & celuy de Venus eftoit dans la place de Jules Cefar ; plufieurs Temples, mefme de Divinitez mal-faifantes, eftoient dans la Ville, comme celuy de la Fiévre, de Vulcain, de la mauvaife fortune & de la Pareffe.

2. LES MAUVAIS EFFETS. Je traduis cet endroit fuivant les corrections d'un Exemplaire que j'ay, qui ont été faites fur un manufcript où il y a *Vulcanoque vus* au lieu de *Vulcanoque vi* qui eft dans les Exemplaires imprimez.

3. DE LEURS PROPORTIONS. Il y a dans tous les exemplaires imprimez *de arearum fymmetriis* : mon manufcript *ad eorum*.

4. LES ORDRES. Ce que Vitruve apelle icy *ordines* il le nomme *genera* au commencement du 4. livre ; ces Genres font au nombres de trois fçavoir le Dorique, l'Ionique & le Corinthien. En cet endroit l'ordre Corinthien eft apellé *Corinthia inftituta*. Les Modernes ont retenu le mot d'Ordre.

Monfieur de Chambray dans fon excellent livre du parallele de l'Architecture antique avec la moderne fait un jugement C
de la definition que Scamozzi donne de l'Ordre d'Architecture en general, que j'approuve fort, je veux dire que cette definition ne me plaift pas non plus qu'à luy : car cet Architecte definit l'Ordre *Un certain genre d'excellence qui accroift beaucoup la bonne grace & la beauté des Edifices facrez ou profanes.* Mais je ne puis eftre du fentiment de Monfieur de Chambray quand il dit que Vitruve a entendu definir l'Ordre d'Architecture quand il a definy ce qui eft apellé *Ordinatio* au 2. chap. de ce livre : car en ce lieu Vitruve entend par *Ordonnance* ce qui determine la grandeur des pieces dont les Appartemens font compofez, & il l'oppofe à la *Diftribution* qui determine la Scituation, la Suitte & la Liaifon de ces pieces, ce qui fait voir combien *Ordre* & *Ordonnance* font des chofes differentes dans Vitruve.

La Definition de l'Ordre & tout ce qui eft de la nature & de l'effence des Ordres, fe trouvera cy-aprés dans les notes de la D
Preface du 4. liv.

A LE SECOND LIVRE
DE VITRUVE.

PREFACE.

L'Architecte Dinocrates se fiant sur son esprit, & sur ses grandes Idées, partit de Macedoine pour se rendre en l'armée d'Alexandre afin de se faire connoistre de ce grand Prince [1] qui alors s'estoit rendu maistre de tout le monde. Il
B prit des lettres de recommendation de ses parens & de ses amis pour les premiers & les plus qualifiez de la Cour, afin d'avoir un accés plus facile auprés du Roy. Il fut fort bien receu de ceux à qui il s'addressa, & les aiant priez de le presenter le plustost qu'ils pouroient à Alexandre, ils luy firent de belles promesses, mais comme ils differerent à les executer, sous pretexte d'attendre une occasion favorable, Dinocrates prit leurs remises pour une défaite & resolut de se produire luy-mesme. Il estoit d'une taille avantageuse, il avoit le visage agreable, & l'abord d'une personne de naissance & de qualité. Ainsi se fiant sur ce qu'il estoit bien-fait, il se depoüilla de ses habits ordinaires, s'huila tout le corps, se couronna d'une branche de Peuplier, & couvrant son épaule gauche d'une peau de Lyon, prit une massuë en sa main, & en cet equipage s'approcha du Throsne sur lequel le Roy estoit assis & rendoit la justice. La nouveauté
C de ce spectacle ayant fait ecarter la foule; il fut apperceu d'Alexandre qui en fut surpris, & qui ayant commandé qu'on le laissast approcher, luy demanda qui il estoit; il luy repondit, je suis l'Architecte Dinocrates Macedonien qui apporte à Alexandre des pensées & des desseins dignes de sa grandeur. J'ay fait le mont Athos en forme d'un homme qui tient en sa main gauche une grande Ville & en sa droite une coupe qui recoit les eaux de tous les fleuves qui decoulent de cette montagne, pour les verser dans la mer. Alexandre ayant pris plaisir à cette invention luy demanda s'il y avoit des campagnes aux environs de cette Ville qui pussent fournir des bleds pour la faire subsister, & ayant reconnu qu'il en auroit fallu faire venir par mer, il luy dit, Dinocrates j'avouë que vostre dessein est beau, & il me plaist fort, mais je crois que l'on accuseroit de peu de prevoyance celuy qui établiroit une colonie dans une Ville située au lieu que vous pro-
D posez; parceque de mesme qu'un enfant ne se peut nourrir, ny prendre croissance sans une nourrice qui ait du lait; ainsi une Ville ne peut ny faire subsister son peuple, ny encore moins s'augmenter & s'accroistre sans avoir abondance de vivres. De sorte que ce que je vous puis dire est que je loüe la beauté de vostre dessein, & que je desapprouve le choix que vous avez fait du lieu où vous pretendez l'executer. Mais je desire que vous demeuriez auprés de moy, parce que je veux me servir de vous. Depuis ce temps-là Dinocrates ne quitta point le Roy, & le suivit en Egypte. Là Alexandre ayant découvert un Port qui avoit un fort bon abry, un abord facile, environné d'une campagne fertile, & qui avoit la proximité & toutes les commoditez du grand fleuve du Nil, il commanda à Dinocrates [2] d'y bastir une Ville qui fut de son nom apellée Alexandrie. C'est ainsi que Dinocrates ayant commencé à se faire connoistre par ce qu'il y avoit de recommendable
E dans sa bonne mine, parvint à une grande fortune & à une élevation tres-considerable. Pour moy à qui la Nature n'a point donné une taille avantageuse, à qui l'âge a gasté le visage, & à qui les maladies ont osté les forces, j'espere suppléer par ce que je puis avoir de connoissance & de science, à ce qui me manque des dons & des avantages de la Nature.

J'ay écrit dans le premier livre de cet ouvrage tout ce qui appartient à l'Architecture en general & à toutes ses parties: Ensuite j'ay traité des murailles des Villes, & des divisions &

1. Qui alors s'estoit rendu maistre de tout le monde. Alexandre n'a pû estre apellé maistre de tout le monde de la maniere que Vitruve l'entend qu'aprés la mort de Darius, qui ne pouvoit pas encore estre arrivée lorsque Dinocrates fut trouver Alexandre; parceque la guerre contre Darius ne fut commencée qu'apres la fondation de la Ville d'Alexandrie, qui selon Vitruve mesme ne fut bastie que long-temps aprés que Dinocrates fut retenu par Alexandre pour estre son Architecte.

2. D'y bastir une Ville. Pline & Solin nomment Dinocrates l'Architecte qui bastit la Ville d'Alexandrie, de mesme que Vitruve; d'autres auteurs luy donnent d'autres noms, & Philander dit qu'il se trouve mesme encore dans la Ville une ancienne inscription grecque qui le nomme Dinochares.

CHAP. I. partages des places de toutes leurs maisons. Maintenant quoy que dans l'ordre naturel de A l'Architecture je dusse écrire de la construction des Temples & des Edifices publics & particuliers, comme aussi des proportions qui doivent y estre gardées ; je n'ay pourtant pas estimé le devoir faire que je n'eusse premierement traité des Materiaux, de leurs principes & de leurs qualitez, & mesme avant que d'expliquer ces premiers principes concernant les materiaux, j'ay trouvé à-propos de parler des diverses manieres de bastir, de leur origine & de leur accroissement, & de rechercher dans l'Antiquité ceux qui les premiers ont reduit en preceptes & laissé à la Posterité les principes de cet Art, qui est ce que je tascheray d'expliquer suivant ce que j'en ay appris des anciens Auteurs.

CHAPITRE I.

De la maniere de vivre des premiers hommes; & quels ont esté les commencemens B *& le progres de leur Societé & de leurs Bastimens.*

ANCIENNEMENT les hommes naissoient dans les bois & dans les cavernes comme les bestes, & n'avoient comme elles qu'une nourriture sauvage : Mais estant arrivé par hazard qu'un vent impetueux vint à pousser avec violence des arbres qui estoient serrez les uns contre les autres, ils se choquerent si rudement, que le feu s'y prit. La flamme étonna d'abord & fit fuir ceux qui estoient là auprés ; mais s'estant rassurez, & ayant éprouvé en s'approchant que la chaleur temperée du feu estoit une chose commode, ils entretinrent ce feu avec d'autre bois, y amenerent d'autres hommes, & par signes leur firent entendre combien le feu estoit utile. Les hommes estant ainsi assemblez, C comme ils poussoient de differens sons de leurs bouches, ils formerent par hazard des paroles, & ensuite employant souvent ces mesmes sons à signifier certaines choses, ils commencerent à parler ensemble. Ainsi le feu donna occasion aux hommes de s'assembler, de faire societé les uns avec les autres & d'habiter en un mesme lieu ; ayant pour cela des dispositions particulieres que la Nature n'a point donné aux autres animaux, comme de marcher droits & levez, d'estre capables de connoistre ce qu'il y a de beau & de magnifique dans l'Univers, & de pouvoir faire à l'aide de leurs mains & de leurs doigts toutes choses avec une grande facilité. Ils commencerent donc les uns à se faire des hutes avec des fueilles, les autres à creuser des loges dans les montagnes, d'autres imitant l'industrie des Hirondelles faisoient avec de petites branches d'arbres & de la terre grasse des lieux où ils se pussent mettre à couvert : Et chacun considerant l'ouvrage de son voisin, & perfection- D nant ses propres inventions par les remarques qu'il faisoit sur celles d'autruy, il se faisoit de jour en jour un grand progrés dans la bonne maniere de bastir des cabannes : car les hommes dont le naturel est docile & porté à l'imitation, se glorifiant de leurs inventions, se communiquoient tous les jours ce qu'ils avoient trouvé pour bien réüssir dans les Bastimens, & ainsi exerçant leur esprit, ils formoient leur jugement dans la recherche de tout ce qui peut contribuer à ce dessein.

L'Ordre qu'ils suivirent au commencement fut de planter des fourches y entrelaçant des branches d'arbres & les remplissant & enduisant de terre grasse pour faire les murailles ; ils en bastirent aussi avec des morceaux de terre grasse desseichée, sur lesquels posant des pieces de bois en travers, ils couvrirent le tout de cannes & de fueilles d'arbres pour se défendre du Soleil & de la pluye : Mais parceque ces couvertures ne suffisoient pas con- E tre le mauvais temps de l'Hyver, ils éleverent des combles en penchant, les enduisant de terre grasse pour faire couler les eaux.

Or que les premiers Bastimens ayent esté faits en cette maniere, il est aisé de le juger par ceux que nous voyons encore aujourd'huy parmy les étrangers, qui sont bastis de ces mesmes materiaux, comme en la Gaule, en Espagne, en Portugal, & en Aquitaine, où les maisons sont couvertes de chaume ou de Bardeau fait de chesne fendu en maniere de tuiles : Au [1] Royaume de Pont en la Colchide où il se trouve grande quantité de bois, on bastit

1. AU ROYAUME DE PONT. La description de cette construction de Cabanes est assez difficile à entendre, tant à cause de l'obscurité des termes, qu'à cause des fautes qui sont dans le texte. Pour ce qui est des termes, les auteurs interpretent diversement les mots d'*Arboribus perpetuis*, de *planis*, de *in terra positis*, de *ingumentatas*. Les uns entendent par *perpetuis*,

en cette

CHAP. I.

* en cette maniere. Aprés avoir couché des arbres [1] tout de leur long sur terre à droit & à
A gauche, laissant autant d'espace entre deux, que les arbres sont longs, ils posent sur leurs
extremitez d'autres arbres en travers, de maniere qu'ils enferment tout l'espace destiné pour
l'habitation. Et ensuite pour faire les murailles ils mettent d'autres arbres à plomb sur ceux
qui sont couchez, & ainsi ils élevent comme des tours, en remplissant les intervalles des ar-
* bres selon leur épaisseur avec des échalas & de la terre grasse. Aprés cela [2] ils lient ensemble les quatre coins d'enhaut avec des pieces de bois qui se croisent: Et pour former le toict
* qui est coupé de l'extremité d'un coin à l'autre, ils mettent des pannes en travers [3] qui diminuant par degrez jusqu'au milieu, forment comme une Pyramide à quatre faces couverte
* de fueilles & de terre grasse; ce qui fait [4] un toict en croupe d'une maniere rustique & à
leur mode.

B Les Phrygiens qui habitent en des campagnes où il n'y a point de forests qui leur fournissent du bois pour bastir, creusent de petits tertres naturellement élevez où ils font des chemins creux pour entrer dans l'espace qu'ils ont vuidé, & qu'ils font aussi grand que le lieu le permet; sur les bords de ce creux ils mettent plusieurs perches liées par le haut en pointe qu'ils couvrent avec des cannes & du chaume; & sur cela ils amassent de la terre en monceaux, rendant leurs habitations chaudes en Hyver, & fraiches en Esté.

En d'autres païs on couvre les cabanes avec des herbes prises dans les Estangs, &

dolabratis, les autres *entiers* & non équarris, les autres *rangez*. Les uns par *planis* entendent *couchez*, les autres *applanis*; *in terra positis* signifie selon les uns *jettez*, selon les autres *couchez en terre*; & *jugumentare*, qui est faire qu'une chose pose en tra-
C vers sur deux autres, de mesme qu'un joug est sur deux Boeufs, n'est pas entendu par tous les interpretes d'une mesme maniere.

La faute que je soupçonne dans le texte, consiste en la transposition du poinct que tous les exemplaires ont aprés *collocantur*, qui estant mis devant, rendra ce qui manque à la construction du discours. Et pour faire aussi que la construction des Cabanes soit plus nettement expliquée, j'ay crû qu'il falloit transposer une ligne, mettant aprés *medium spatium habitationis* ces mots *& ita parietes* &c. & aprés *luto obstruunt* ces mots, *tunc insuper alternis trabibus* &c. & aprés *jugumentantes*, ces mots *item tecta recidentes*. Ce qui oste la confusion qui est dans le texte ordinaire, où la description des murailles est interrompuë pour dire quelque chose qui appartienne au toict, & est reprise pour achever de parler des murailles, & retourne enfin à dire ce qui reste du toit, ainsi qu'il se voit dans l'explication de la figure.

D 1. TOUT DE LEUR LONG. Le mot de *perpetuus* signifie une chose qui a une étenduë continuée ou lieu ou longtemps d'une mesme maniere, en sorte qu'icy des arbres *perpetuis*, sont des arbres qui continuent par un long espace à lier plusieurs autres ensemble d'une mesme façon. Vitruve appelle ainsi *perpetuam Basilicam* au premier chapitre du 5. liv. l'endroit de la Basilique qui est tout droit & étendu en longueur; & au 8. chap. de ce livre, il appelle *perpetuos lapides crassitudinem* les pierres qui vont d'un parement du Mur à l'autre avec une mesme grosseur. Cesar dit aussi *trabes perpetuas*, dans la description qu'il fait des Murs des Villes des Gaulois, pour signifier des Poutres qui vont d'un parement à l'autre.

2. ILS LIENT ENSEMBLE LES QUATRE COINS. J'entens
E que *jugumentare angulos* n'est pas de mettre la poutre qui traverse le haut, en sorte qu'elle aille d'un coin à l'autre, par exemple du
* coin T, au coin V; Mais du coin T, au coin O, & du coin R, au coin V, parceque la poutre qui vient du coin T, au coin V, lie ou subjugue, pour exprimer le mot latin par un françois, tous les arbres qui sont entre les deux Angles T & V. Et il n'y a que celle qui va de T à O, & celle qui va d'R à V, qui subjugue les Angles seulement, comme le Texte le dit.

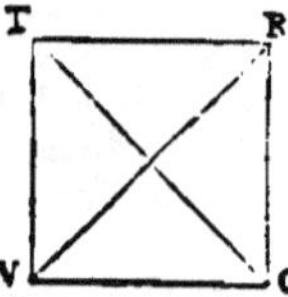

Depuis cette maniere de joindre les encognûres par des tirans ainsi diametralement disposez, exprime assez bien le *Alternis trabibus*, pour n'estre point obligé de croire que cette structure de Cholcos soit celle qui se pratique en Pologne & en Moscovie, & dont Rusconi a fait une figure dans laquelle tous les arbres sont couchez en sorte qu'ils ne posent que sur les bouts les uns des autres, de la maniere que l'on arrange le bois pour faire un bucher; car le mot de *jugumentare Angulos* repugne tout-à-fait à cette explication, ainsi qu'il a esté dit. Il se trouve encore qu'au 9. chapitre de ce livre, où il est parlé d'une tour de bois qui fut assiegée par Cesar, Vitruve dit que les pieces de bois dont elle estoit faite, estoient rangées les unes sur les autres comme sont celles dont on fait un bucher *ut pyra*. Il y a grande apparence qu'il se seroit servi icy de la mesme expression s'il avoit entendu que les Cabanes de Colchos & cette Tour eussent esté basties d'une mesme maniere.

3. QUI DIMINUANT PAR DEGREZ. La maniere d'arranger des pieces de bois comme pour faire un bucher, pourroit bien convenir aux toicts, les posant alternativement les unes sur les autres, & les tirant en dedans à mesure que l'on les accourcit pour leur faire avoir la forme de degrez, mais cette maniere ne sçauroit estre propre pour les Murs, parcequ'on n'y sçauroit faire de portes ni de fenestres, à cause de la situation des pieces de bois qui sont en travers.

4. UN TOICT EN CROUPE. Il y a deux sortes de toicts, l'un est appellé *Displuviatum*, lorsque le Faistage allant d'un pignon à l'autre, l'eau est jettée à droit & à gauche. L'autre est *Testudinatum*, par le moyen duquel l'eau tombe des quatre costez. Sextus Pompeius apelle *tecta testudinata* ceux qui sont *in quatuor partes devexa* qu'il oppose à ceux qu'il appelle *pectinata*, qui sont les *displuviata* de Vitruve. Ils sont apellez *pectinata* peut-estre, parceque les chevrons qui descendent du faistage sur l'entablement, ont la forme d'un peigne. Ce qui pourroit faire croire que nostre mot de *pignon* viendroit du *pectinatum tectum* des Latins parce qu'il soutient ces especes de *peignes*. Le *Displuviatum* est marqué ABCDE. ABC est le Pignon. ACDE sont les chevrons qui representent ce Peigne. FGH est le *Testudinatum* que nous apellons toict en croupe.

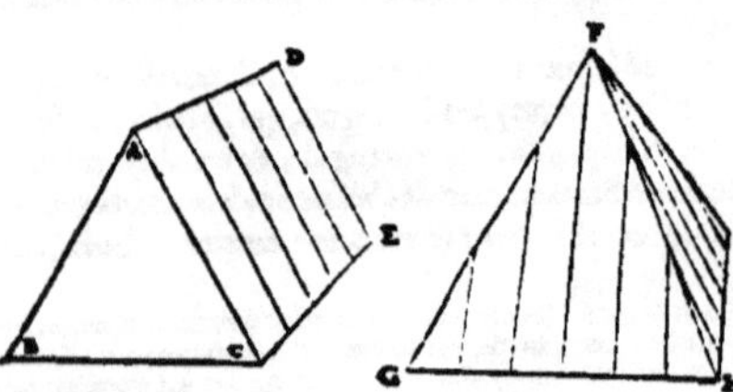

CHAP. I. ainsi en differens lieux on bastit diversement. A Marseille au lieu de tuile les maisons sont couvertes de terre grasse paistrie avec de la paille : A Athenes on monstre encore comme une chose curieuse pour son antiquité les toicts de l'Areopage faits de terre grasse, & dans le Temple du Capitole, la cabane de Romulus couverte de chaume, fait voir cette ancienne maniere de bastir. Toutes ces observations font assez juger quels estoient les bastimens des Anciens : Mais comme de jour en jour à force de travailler aux Bastimens les mains se sont renduës plus habiles, & les esprits sont devenus aussi plus eclairez par l'exercice, ceux qui se sont addonnez à ces choses, en ont fait une profession par-

EXPLICATION DE LA PLANCHE V.

Cette Planche contient la maniere simple & grossiere dont les Anciens se servoient pour bastir leurs maisons avant que l'Architecture eust trouvé les moyens d'orner les Edifices & de les rendre commodes. La premiere Figure est pour les Cabanes de Colchos ; son explication est prise du texte mesme avec la traduction à costé & des renvois à la Figure, pour faire voir la necessité qu'il y a eu de restituer le texte & de remettre en sa place ce qui estoit transposé.

Arboribus perpetuis planis dextra AD, et sinistra BD, in terra positis, spatio inter eas relicto, quanta arborum CC, DD, longitudines patiuntur, collocantur in extremis partibus earum supra alia transversa CC, DD, quae circumcludunt medium spatium habitationis E : & tum parietes ex arboribus I, I, I, I, Statuentes ad perpendiculum imarum AD, BD, CC, DD, Edu-

Aprés avoir couché des arbres tout de leur long sur terre à droit AD, & à gauche BD, laissant autant d'espace entre deux que les arbres CC, DD, sont longs, ils posent sur leurs extremitez d'autres arbres CC, DD, en travers ; de maniere qu'ils enferment tout l'espace destiné pour l'habitation ; & ensuite pour faire les murailles ils mettent d'autres arbres I.I.I.I. à plomb

ticuliere, & de là comme les hommes n'excellent pas seulement dans la subtilité des sens CHAP. I.
qui leur sont communs avec les autres animaux, mais principalement dans celle de l'esprit qui les rend maistres de tout, il est arrivé que l'industrie qu'ils se sont acquise par la necessité de bastir, a servy comme de degré pour parvenir à la connoissance des autres arts, & passer d'une vie sauvage à la politesse & à la civilité dont la nature humaine est capable. C'est ce qui a fait que relevant leur courage & portant plus avant les belles pensées que la varieté des sciences leur peut fournir, ils ont conceu quelque chose au dessus de ces petites cabanes dont ils s'estoient premierement servis, & qu'ils ont commencé à elever sur des fonde-

EXPLICATION DE LA PLANCHE V.

L'explication de la seconde Figure à moins de difficulté. AA sont les petits tertres naturellemement élevez, que les Phrygiens choisissoient pour les vuider, y creusant aussi des chemins B pour entrer dans l'espace vuide. CC sont les perches qu'ils mettoient sur les bords du creux & qu'ils lioient par le haut en pointe, sur lesquelles ils étendoient des cannes DD & du chaume EE & des gazons FF par dessus.

sur ceux qui sont couchez AD, BD, CC, DD; & ainsi ils élevent comme des Tours en remplissant les intervalles des arbres selon leur epaisseur, avec des echalas & de la terre grasse. Aprés cela ils lient ensemble les quatre coins d'en haut R, T, V, O, par des pieces de bois NO, RS, qui se croisent; & pour former le Toit qui est coupé de l'extremité d'un coin N, ou S, à l'autre R ou O, ils mettent des Panes en travers.

caunt ad altitudinem Turres, intervallaque que relinquuntur propter crassitudinem materiæ, scidiis & luto obstruunt: tunc insuper alternis trabibus N O, R S, ex quatuor partibus angulos R, T, V, O, coagmentantes, item tecta recidentes ad extremos angulos N. aut S. & R. aut O. transversa trabes [illegible].

CHAP. I. mens solides, des murailles de pierre & de brique ; & les couvrant de bois & de tuile, ils ont A executé quelque chose de plus accomply, que ce qu'ils avoient fait jusqu'alors. Ensuite leurs jugemens n'estant pas encore bien determinez, ils sont parvenus par les observations qu'ils ont faites, à la connoissance des regles certaines de la Proportion. Mais aprés avoir remarqué que la nature leur fournissoit toutes sortes de materiaux pour les Edifices, ils ont tellement cultivé par la pratique cet art de bastir, qu'ils l'ont porté à une haute perfection, avec le secours des autres arts, ajoûtant à la necessité les ornemens & la politesse pour les delices de la vie.

J'expliqueray ces choses le mieux qu'il me sera possible, rapportant tout ce qui se peut dire des proprietez, commoditez & usages des Edifices.

Si quelqu'un cependant n'approuve pas le rang que j'ay donné à ce livre, estimant qu'il devoit estre le premier, je répons qu'ayant formé le dessein d'écrire de toute l'Architecture, B j'ay crû devoir parler premierement des differentes connoissances qui sont necessaires à cet art; quelles sont les parties dont il est composé; & quelle est son origine : c'est ce que j'ay fait en exposant quelles doivent estre les qualitez d'un Architecte. De là vient qu'aprés avoir parlé de ce qui dépend de l'art, en ce second livre je traite de la matiere que la nature fournit pour les Edifices, & je n'y discours plus de l'origine de l'art de bastir, mais de celle des bastimens & quels ont esté les progrés par lesquels ils sont parvenus à la perfection en laquelle nous les voyons à present.

Pour revenir donc aux choses qui sont necessaires à l'accomplissement d'un Edifice, je vais raisonner sur sa matiere, expliquant sans obscurité par quelle mixtion de principes elle est produite par la nature, car il n'y a point de materiaux, ni de corps quels qu'ils soient, qui n'ayent plusieurs principes, & ces principes ne peuvent estre clairement ex- C pliquez en Physique, si on ne demontre avec de bonnes raisons quelles sont les causes de chaque chose.

CHAP. II.

CHAPITRE II.

Des principes de toutes choses selon l'opinion des Philosophes.

THALES est le premier qui a crû que l'eau estoit le principe de toutes choses. Heraclite Ephesien, qui à cause de l'obscurité de ses écrits fut surnommé *Scotinos*, disoit (Tenebreux.) que c'estoit le feu. Democrite & son sectateur Epicure vouloient que ce fussent les Ato- D mes, que nous apellons des corps qui ne peuvent estre coupez ny divisez. La doctrine des Pythagoriciens outre l'eau & le feu, admettoit encore pour principes l'air & la terre. Que si Democrite n'a pas donné ces mesmes noms aux principes qu'il établit, mais les a seulement proposez en qualité de corps indivisibles, il semble pourtant qu'il ait pretendu signifier la mesme chose, car quand il les a établis comme [1] incapables d'alteration & de corru- * ption, leur donnant une nature eternelle, infinie & solide; c'est parce qu'il les consideroit comme n'estant point encore joints les uns aux autres. De sorte que puisqu'il paroist que toutes choses sont composées & naissent de ces principes, & que ces Atomes sont differents en une infinité de choses differentes, je crois qu'il est à-propos de parler de leurs divers usages, & comment leurs differentes qualitez doivent estre considerées dans les Edifices, afin que [2] ceux qui veulent bastir en ayant connoissance, ne soient pas sujets à se tromper, * mais qu'ils puissent faire un bon choix de tout ce qui leur peut estre necessaire. E

1. INCAPABLES D'ALTERATION. Il me semble qu'il n'est pas difficile de voir qu'il faut lire *individua corpora dissoluta non laduntur* au lieu de *non leguntur*, comme il y a dans tous les exemplaires ; & que le sens est que les corps ne sont capables de corruption ni d'alteration que parcequ'ils sont composez.

2. AFIN QUE CEUX QUI VEULENT BASTIR. Ceux qui veulent faire passer Vitruve pour un bon homme, demy sçavant, qui dit, à propos ou non, tout ce qu'il sçait, ou qu'il ne sçait pas, allegueront ce chapitre dans lequel il promet beaucoup plus de Philosophie qu'il n'en sçait & qu'il n'en est besoin pour connoistre & pour choisir les materiaux qu'on employe en Architecture : Mais la verité est que c'estoit la coûtume de son temps à Rome où l'estude de la Philosophie étoit une chose rare & nouvelle, d'en faire parade avec une ostentation qui ne rendoit pas un autheur aussi ridicule qu'elle feroit à present. Varron & Columelle en une pareille occasion en usent de mesme que Vitruve ; car le premier au commencement de son livre de l'Agriculture qu'il dedie à sa femme, s'excuse sur son peu de loisir de n'avoir pas traité la matiere de son ouvrage, comme il auroit esté necessaire; & il luy conseille pour suppléer à ce defaut de lire les livres des Philosophes, dont il luy en nomme jusqu'à cinquante, & entr'autres Democrite, Xenophon, Aristote, Theophraste, Architas & Magon, qui ont tous écrit ou en grec, ou en langue Punique. L'autre, sçavoir Columelle, dit qu'il faut qu'un Jardinier & un Laboureur ne soient gueres moins sçavans en Philosophie, que Democrite & que Pythagore.

CHAP.

A

CHAPITRE III.

Des Briques ; de quelle terre, en quel temps & de quelle forme elles doivent estre faites.

IL faut premierement sçavoir de quelle terre les Briques doivent estre faites : car celle qui est pleine de gravier, de cailloux, ou de sable, ne vaut rien, parcequ'elle rend les Briques trop pesantes & fait qu'elles se détrempent & se fendent [1] si elles sont moüillées de la pluye.

D'ailleurs cette terre qui est rude n'est pas assez liante pour faire corps avec les pailles B qu'on y mesle ; il les faut donc faire avec de la terre blanchâtre semblable à de la craye, ou avec de la terre rouge, ou avec [2] du sablon masle : parceque ces matieres à cause de leur [3] douceur sont plus compactes, ne pesent point dans l'ouvrage & [4] se corroyent aisement.

Le temps propre pour mouler les Briques est le Printemps & l'Automne, parceque durant l'une & l'autre de ces saisons elles se peuvent secher également par tout, au lieu qu'en Esté le Soleil consumant d'abord l'humidité du dehors, fait croire qu'elles sont entierement seches, & n'acheve neanmoins de les secher tout-à-fait qu'en les ressserrant, ce qui fend & rompt leur superficie aride, & gaste tout.

C'est pourquoy le meilleur seroit de les garder deux ans entiers ; car lorsqu'elles sont employées nouvellement faites & avant qu'elles soient entierement seches, l'enduit que l'on met dessus estant seché promptement & tenant ferme, il arrive qu'elles s'affaissent, & C en se resserrant, s'en separent ; Ce qui fait que l'enduit n'estant plus attaché à la muraille, n'est pas capable de se soûtenir de luy-mesme à cause de son peu d'épaisseur, mais il se rompt, & ensuite la muraille s'affaissant çà & là inégalement, se gaste & se ruine aisement. A cause de cela à Utique le Magistrat ne permet point qu'on employe de Brique qu'il ne l'ait visitée, & qu'il n'ait connu qu'il y a cinq ans qu'elle est moulée.

Il se fait de trois sortes de Briques. La premiere est celle dont nous nous servons qui est apellée en Grec *Didoron* : [5] elle est longue d'un pied & large de demy-pied. Les deux autres qui sont le *Pentadoron* & le *Tetradoron* sont employées par les Grecs. Le palme est apellé *Doron* par les Grecs, parceque *Doron* qui signifie un present se porte ordinairement dans la paulme

De deux palmes. De cinq palmes. De quatre palmes.

1. SI ELLES SONT MOUILLÉES DE LA PLUYE. Les D Briques dont Vitruve parle icy ne sont point cuites, mais seulement sechées par un long temps, comme de quatre & cinq années ; C'est pourquoy on y mesloit de la paille, ou du foin, de mesme qu'on fait en plusieurs endroits en France où les cloisonnages & les planchers sont faits d'une composition de terre grasse pêtrie avec du foin, apellée *torchis*, parceque cette composition est entortillée au tour de plusieurs bastons en forme de torches.

Quoyqu'on ne trouve plus dans les vieux bastimens de ces Briques non cuites, on ne peut pas douter que les anciens ne s'en servissent ; ce qui est dit que l'on y mesloit de la paille & qu'elles étoient sujettes à se détremper à la pluye, est tout à-fait convainquant ; mais la raison que Scamozzi aporte de ce qu'[illegible]e trouve plus de Briques crües à Rome, sçavoir que le f[illegible] dont Neron embrasa la Ville, les à cuites, E est moins probable, que celle du peu de fermeté que cette structure doit avoir pour resister à l'humidité qui la détrempe, lorsque les enduits & les incrustations qui la couvroient ont commencé à tomber ; car cela a fait ruiner toutes ces sortes de batimens, pendant que ceux qui étoient de briques cuites sont demeurez.

2. DU SABLON MASLE. Les Interpretes sont bien en peine de sçavoir ce que c'est que ce sablon masle dont parle Vitruve, & que Pline dit aussi pouvoir estre employé à faire des briques. Philander tient que c'est une terre sabloneuse & solide. Daniel Barbaro croit que c'est un sable de riviere qui est gras & que l'on trouve par pelottes comme l'encens masle. Baldus dit qu'il est apellé masle à cause qu'il n'a pas une aridité sterile comme l'autre sable.

3. A CAUSE DE LEUR DOUCEUR. On apelle une terre douce qui n'est point pierreuse ny aspre, telle qu'est l'Argille, car *levitas*, ne signifie point icy *legereté* comme J. Martin a interpreté, mais ce mot est mis au lieu de *levitas* ou *levor*. Ce que Pline a expliqué quand il parle de la pierre Paretonienne qu'il apelle *lapidem pinguissimum & tectoriis tenacissimum propter levorem*.

4. QUI SE CORROYE AISEMENT. Ce qu'on dit pêtrir en la paste s'apelle corroyer dans la terre grasse, & il me semble qu'*aggerare*, ne peut signifier autre chose icy : car *aggerare* est proprement faire une masse avec de la terre en la foulant & en la battant, & les cuirs se preparent & se corroyent de la mesme façon en les foullant & maniant aprés les avoir moüillez ; en sorte que Vitruve entend que la terre douce & grasse se manie, se lie & se reduit aisement en paste & en masse à cause de l'égalité & de la tenacité de ses parties.

5. ELLE EST LONGUE D'UN PIED ET LARGE DE DEMY PIED. Pline ne donne pas cette mesure au *Didoron*, mais il le fait large d'un pied & long d'un pied & demy, cequi ne convient point au nom de *Didoron* qui signifie deux palmes, si ce n'est que Pline entende parler du grand palme qui en valoit trois petits, ayant douze doigts, qui avec les quatre du petit faisoient le pied entier de 16. doigts : ensorte que deux grands palmes qui faisoient 24. doigts, valoient le pied & demy, & ainsi suivant cette maniere, Pline auroit entendu que le *Didoron*, ou double palme signifie la longueur de la Brique, au lieu que Vitruve l'entend de la largeur, parceque le demy pied qui estoit de huict doigts avoit deux petits palmes qui n'estoient chacun que de quatre doigts. Mais cette proportion que Pline donne aux Briques, est bien moins commode pour la structure, que n'est celle de Vitruve, qui est suivie & observée dans tous les Bastimens tant anciens que modernes qui se voyent dans l'Europe, ainsi que Scamozzi a remarqué. C'est pourquoy Barbaro estime qu'il faut corriger le texte de Pline sur celuy de Vitruve ; ce qui n'est pas le sentiment de Philander.

CHAP. III. de la main : Et ainsi [1] la Brique qui a cinq palmes en quarré est apellée Pentadoron, & celle *
qui en a quatre Tetradoron. Les ouvrages publics se font du Pentadoron & les particuliers A
du Tetradoron.

En faisant toutes sortes de Briques on fait aussi des Demibriques : par ce moyen, lorsque l'on bastit une muraille, [2] il y a d'un costé un rang de Briques & de l'autre un rang de Demi- * briques, ensorte qu'estant mises à la ligne en chaque parement, celles d'une [3] assise s'en- * trelacent avec celles d'une autre. [4] Et de plus le milieu de chaque Brique se rencontrant sur * un joint montant, cela rend encore la structure plus ferme & [5] plus belle à voir. *

Celles qu'on fait à Calente ville d'Espagne & à Marseille ville de la Gaule, comme aussi à
Pitane ville d'Asie nagent sur l'eau lorsqu'elles sont seches : Ce qui arrive à cause que la terre dont elles sont faites est spongieuse, & qu'outre qu'elle est legere, ses pores externes sont
tellement fermez que l'eau ne les peut penetrer, mais est forcée par les loix de la nature de B
les soûtenir, comme si c'estoient des pierres-ponces.

[6] Ces qualitez dans les Briques sont d'une grande utilité pour la maçonnerie, qui est de ne * point trop charger les murailles, & de n'estre point sujettes à se détremper par la violence des grands orages.

1. LA BRIQUE QUI A CINQ PALMES EN QUARRÉ. Ces Briques quarrées des Grecs sont cause que J. Martin a interpreté *quarreaux* les Briques dont Vitruve parle en general ; Mais il me semble qu'il n'a pas eu raison de traduire *Lateres* qui est un mot Latin par un mot François qui designe une autre Figure que celle qu'avoient les *Lateres* des Latins qui estoient plus larges que longs, & le mot de quarreau ne peut estre bon que pour expliquer le mot *Plinthion* qui signifie en Grec leur Brique qui estoit quarrée, & dont il y avoit de deux sortes, les grandes qui avoient vingt doigts en quarré, ce qui revenoit à peu pres à treize poulces & demy, & les petites qui estoient de douze doigts qui revenoient environ à huit poulces.

2. IL Y AIT D'UN COSTÉ UN RANG DE BRIQUES. Ce que Vitruve veut dire est si clair, qu'on ne sçauroit douter qu'il n'y ait faute au texte, & qu'il ne faille lire *una parte Laterum ordines, altera semilaterum ponuntur*, au lieu de *una parte Lateribus ordines, altera semilateres ponuntur*, parceque cela n'a aucun sens.

3. CELLES D'UNE ASSISE. J'interprete, des *assises*, *Coria* qui signifient des couches quand il s'agit d'enduits de stuc. Les assises, lits ou rangées de Briques ou de pierres, ou les couches de mortier sont apellées *Coria*, à cause qu'elles font dans la muraille des rangs qui sont les uns sur les autres comme si c'estoient des cuirs. Saumaise écrit *choria* ou *chorus*, pour signifier que les Briques, ou les Pierres qui sont ainsi toutes d'un rang, semblent s'entretenir par la main & danser un branle.

4. ET DE PLUS LE MILIEU DE CHAQUE BRIQUE. J'ajoûte *de plus* pour faire entendre que Vitruve veut qu'il y ait deux sortes de liaison dans les Murs de Brique, dont l'une est d'assise à assise telle qu'est la liaison de l'assise C avec l'assise A

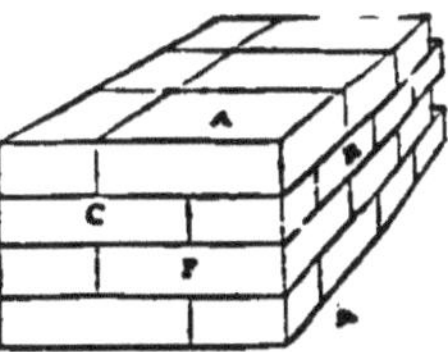

& l'assise F : l'autre liaison est de Brique à Brique, telle qu'est celle de la Brique B avec les Briques A & F. La premiere sorte ne se voit point, parce que c'est en dedans du Mur qu'elle se fait ; l'autre qui est en dehors C est visible : c'est pourquoy Vitruve dit qu'elle rend la structure plus belle.

5. ET PLUS BELLE A VOIR. Cela montre que les Anciens ne couvroient pas toujours leurs Murs de Brique crüe avec un enduit, ou par des incrustations de marbre, puisqu'on avoit égard à la figure que les joints faisoient comme estant une chose belle à voir.

6. CES QUALITEZ DANS LES BRIQUES. Il est assez étrange que Vitruve ne parle point du tout de la cuisson des Briques qui estoit une chose de tout temps en usage, ainsi qu'il paroist par ce qui est dit dans la Genese des Briques dont la tour de Babel fut bâtie ; & il y a lieu de croire qu'on s'avisa depuis de les em- D ployer toutes crües telles qu'il y a apparence qu'estoient celles dont il est parlé dans l'Exode qu'on faisoit avec de la paille, ainsi que sont celles dont il est icy parlé, & que l'on cessa de les cuire à cause des bonnes qualitez que Vitruve leur attribuë, sçavoir d'estre moins pesantes que celles qui sont cuites, & de resister assez à l'humidité par le resserrement de leurs pores qu'un long dessechement a produit.

CHAP. IV.

CHAPITRE IV.

Du Sable & de ses especes.

Aux Bastimens qui se font de moilon il faut principalement prendre garde quel E
sable on employe pour bien lier cette Maçonnerie, sur-tout il ne doit point
estre terreux. Les especes [1] de Sable de cave sont le noir, le gris, le rouge & [2] le Carboncle. * *
Le meilleur sable en general est celuy qui estant frotté entre les mains fait du bruit, ce

1. DU SABLE DE CAVE. Ce Sable *de cave* est ainsi apellé parce qu'il se tire de dessous terre ; il est different de celuy de riviere & de celuy de la mer. Il en est parlé sur le chap. 2. du 1. liv.

2. LE CARBONCLE. Vitruve definit ce que c'est que *Carbunculus* au 6. chap. de ce livre où il dit que c'est un Sable brûlé par les vapeurs chaudes qui sortent de dessous terre dans la Toscane ; de mesme qu'auprés de Naples la terre & le Tuf ainsi brûlez font la Puzzolane. Il ajoûte aussi que ce Sable est une matiere plus solide que la terre & moins que le Tuf, & Columelle dit que quand il a esté quelque temps à découvert & à la pluye, il se change en terre. Baldus confesse qu'il ne sçait ce que c'est proprement que ce *Carbunculus*, ny comme il s'appelle en Italie. Cosimo Bartoli qui a traduit en Italien les livres d'Architecture de Leon Baptiste Alberti, nomme le *Carbunculus Rena incarbunchiata*, c'est-à-dire Sable noircy & comme charbonné, ou ressemblant à un Escarboucle ; qui sont des choses aussi differentes, qu'un charbon éteint, l'est de celuy qui est allumé. J. Martin qui a suivy la seconde signification, interpretant *Carbunculus*, *Sable en couleur d'Escarboucle*, a declaré son ignorance avec moins d'ingenuité que Baldus.

que le terreux ne fait point [1] parce qu'il n'est point aspre. Une autre marque de bon A Sable est lorsqu'estant mis sur une etoffe blanche, il n'y laisse point de marque aprés qu'il a esté secoüé. Que si on n'a point de lieu d'où l'on puisse tirer de bon Sable de cave, il faudra prendre ce qui [2] s'en trouvera de bon parmy [3] le gravier. On pourra mesme en tirer [4] du bord de la mer; ce Sable neanmoins a ce defaut que le mortier qui en est fait, est long-temps à secher, & les Murailles qui en sont basties, ne peuvent pas porter une grande charge, si on ne prend-garde de les maçonner à plusieurs reprises: mais en quelque maniere que ce soit, il ne peut servir à des enduits de plat-fonds. Il a encore cela de mauvais que les murailles qui en sont crespies suintent à-cause du sel qui se dissout & qui fait tout fondre.

Mais le mortier de Sable de cave se seiche promptement, & les enduits des murailles & B des plat-fonds qui en sont faits durent long-temps, principalement si on l'employe aussi-tost qu'il a esté fouillé; car si on le garde long-temps, le Soleil & la Lune l'alterent en sorte que la pluye le dissout, & le change presque tout en terre; cequi fait qu'il ne vaut plus rien pour bien lier les pierres & faire des murailles qui soient fermes & capables de soustenir un grand faix. Toutefois ce sable si nouvellement tiré de terre, n'est pas si bon pour les enduits que pour la maçonnerie, parcequ'il est si gras, & seche avec tant de violence, qu'estant meslé avec la Chaux & la Paille, il fait un mortier qu'on ne sçauroit empescher de se gerser. Cequi fait que le sable de riviere qui est moins gras est meilleur pour les Enduits, pourveu que, de mesme que le [5] ciment, il soit bien corroyé & repoussé aprés avoir esté employé.

C 1. Parcequ'il n'est pas aspre. Il y a au texte, *& non habebat asperitatem*. Mais cela n'a aucun sens, & je croy qu'il faut lire *ea* au lieu de *&*.

2. Ce qui s'en trouvera de bon. Alberti & Scamozzi font cette remarque sur le Sable de riviere & sur le Gravier, qu'ils ne valent rien ny l'un ny l'autre, si on ne separe la partie utile d'avec l'inutile: car ils disent que le Sable de riviere ne vaut rien si on ne racle le dessus, afin d'oster ce qu'il a de terreux qui s'amasse & qui fait une croutte sur la superficie; & que le Gravier au contraire n'a rien de bon que le dessus, parceque le dessous est trop gros. Cette remarque fait voir que ce n'est pas sans raison que Vitruve s'est servy du mot d'*excernenda*, qui sans cela sembleroit estre mis au lieu de celuy de *fumenda*, ainsi qu'il a semblé à J. Martin qui a interpreté *excernenda*, qui doit estre tiré simplement, au lieu d'ajoûter *avec choix des parties utiles*.

3. Le Gravier. J. Martin s'est encore trompé quand il a D creû que *Glarea* estoit ce qu'on apelle en François *terre glaise*, qui est une substance grasse & composée de particules fort deliées & fort subtiles, & par consequent une chose tout-à-fait differente de *Glarea*, qui est proprement ce que l'on apelle *Sable de ravine* & *Gravier*, qui differe principalement en cela du Sable, que le Sable est menu & composé de petits grains, & le Gravier est plus gros & composé de petits cailloux meslez avec des fragmens de pierres. Alberti & Scamozzi tiennent que tout Sable & mesme celuy qui est sous terre, n'est autre chose que de petits fragmens de grosses pierres qui se sont arondis en emoussant leurs carnes à force de s'estre long-temps frottez les uns contre les autres; Mais le Sable paroist d'une substance particuliere qui est fort dissemblable de celle des pierres, estant beaucoup plus dur & plus solide que ne sont les grandes pierres: joint qu'il semble qu'il n'y a guere d'aparence, que des fragmens si menus se puissent frotter assez rudement pour se polir, comme ils sont la plupart, estant trop legers à-cause de leur petitesse pour soutenir l'effort qu'il seroit necessaire qu'ils souffrissent pour cela, ce qui n'est pas aux Galets ou gros cailloux qui sont sur le bord de la mer, qui se polissent & s'arondissent par le frottement, d'autant qu'ils sont si pesants qu'ils ne peuvent se frotter l'un l'autre que rudement.

4. En tirer du bord de la mer. Alberti dit qu'au Païs de Salerne le Sable du rivage de la mer est aussi bon pour bastir que celuy de cave, pourvû qu'il ne soit point pris sur les rivages qui sont exposez au Midy, où le Sable ne vaut rien du tout.

5. Ainsi que le ciment. J'ay interpreté *Signinum, du ciment*, parceque Pline dit que le *Signinum* estoit fait avec des tuiles pilées & de la chaux. Ce mortier estoit ainsi apellé à-cause du Païs des *Signins* où se prenoient les meilleurs tuilaux pour faire le ciment. Vitruve neanmoins entend quelquefois par *Signinum* toute sorte de mortier ainsi qu'il se voit au dernier chap. du 8. liv. où en parlant d'un mortier fait de Chaux, de Sable & de gros cailloux meslez ensemble dont on faisoit les Cisternes, il apelle cette mixtion *Signinum*.

CHAPITRE V.

De la Chaux, & quelle est la meilleure pierre dont elle se fait.

E

APRES avoir dit de quel Sable on se doit fournir, il faut rechercher avec soin ce qui appartient à la Chaux, & prendre-garde qu'elle soit faite avec des Pierres blanches, ou des Cailloux. Il faut aussi sçavoir que celle qui sera faite avec des Pierres ou des Cailloux les plus plains & les plus durs, sera la meilleure pour la Maçonnerie, & que celle qui sera de Pierres un peu spongieuses sera plus propre pour les Enduits.

Quand la Chaux sera éteinte, il la faudra mesler avec le Sable en telle proportion qu'il y ait trois parties de Sable de Cave, ou deux parties de Sable de riviere, ou de mer contre une de Chaux: car c'est la plus juste proportion de leur mélange, qui sera encore beaucoup meilleur, si on adjoute au Sable de mer & de riviere une troisiéme partie de Tuileaux pilez & bien sassez.

CHAP. V. [1] Or pour sçavoir par quelle raison ce mélange de Chaux, de Sable & d'Eau fait un corps si dur & si solide, il faut considerer que les Pierres de-mesme que toutes les autres A choses, sont composées des Elemens, & que ce qui a plus d'air, est plus tendre, ce qui a plus d'eau, est plus tenace, ce qui a plus de terre, est plus dur, & ce qui a plus de feu est plus fragile. Il faut encore remarquer que si on piloit ces Pierres dont on fait la Chaux sans estre cuites, & qu'on meslast cette poudre avec du Sable, on n'en pourroit jamais rien faire de propre à lier de la Maçonnerie : Mais que si l'on cuit tellement les Pierres que par la force du feu elles perdent leur premiere solidité ; elles deviennent poreuses & percées de plusieures ouvertures, ensorteque leur humidité naturelle estant épuisée,

1. OR POUR SÇAVOIR LA RAISON. Tout ce que Vitruve dit icy de la Chaux, est tres-vray ; mais il n'en tire point de conclusion qui fasse entendre la raison des effets étranges que sa cuisson produit, & comment une pierre aprés avoir perdu sa dureté dans le feu, la reprend par le moyen de l'eau, estant meslée avec du Sable. Car cette rareté spongieuse qu'il dit estre dans les pierres que le feu a ouvertes & épuisées de leur humidité naturelle, les disposant à se pouvoir dissoudre dans l'eau, les rend à la verité capables de s'appliquer & de se joindre fort exactement au Sable, mais ce n'est que parcequ'elle leur a osté la dureté : De sorte que la difficulté est de sçavoir d'où & comment la chaux reprend cette dureté. Car on ne peut pas dire que c'est le principe d'une exiccation violente que le feu y a introduit qui fait cette ferme coagulation ; parceque la Chaux seule & sans le Sable ne devient point fort solide, & qu'au contraire estant meslée avec le Sable, elle fait une masse qui se durcit mesme avant que d'estre seiche ; puisque cela luy arrive au fond de l'eau, où le mortier ne laisse pas de durcir, & qu'aussi quoy que parfaitement seché, il n'a pas encore toute la dureté dont il est capable, mais que cette dureté va toujours s'augmentant avec le temps, qui luy donne sans doute autre chose que la secheresse, puisque les autres causes, comme le feu, le Soleil & le vent qui desseichent aussi-bien que le temps, ne rendent point le mortier plus solide à proportion qu'ils agissent plus puissamment, ainsi que le temps fait quand il agit plus longuement : au contraire l'extreme secheresse le gaste & l'affoiblit ainsi que Vitruve remarque au 8. chap. où il dit que les murailles qui sont bâties de petites pierres, sont meilleures, parceque les grandes pierres consument trop promptement l'humidité de la Chaux.

Il faut donc necessairement que la dureté que la Chaux acquiert dans le mortier luy vienne des Pierres & du Sable qui luy communiquent quelque chose qui est capable de produire cette ferme coagulation. Phil. de Lorme est d'une opinion contraire, car il croit, suivant comme il semble, la pensée de Vitruve, que les Pierres & le Sable attirent & boivent la force de la Chaux à raison de leur aridité naturelle : Mais quand cela seroit, on ne voit point comment cette attraction de la force de la Chaux peut donner au mortier la dureté dont il s'agit. On pourroit seulement induire de là que les Pierres & les Cailloux en deviennent plus durs, mais ce n'est pas ce que l'on cherche, la difficulté est de trouver comment ils communiquent une partie de leur dureté à la Chaux. Les Chymistes qui croyent avoir trouvé les principes de la dissolution & de la coagulation des corps, ne sont pas fort en peine de sçavoir comment cela se fait ; car ils tiennent que la concretion & la solidité de tous les corps provenant de leur Sel, il faut necessairement que lorsque la Pierre perd sa solidité par la violence du feu, il se fasse une evacuation de la plus grande partie des Sels volatils & sulphurez, qui estoient le vray lien des parties terrestres de la Pierre, & que comme la perte que tous les corps, mesme les inanimez, en souffrent continuellement par la transpiration insensible, est la cause de la dissolution que le temps fait à la fin des choses les plus solides ; l'introduction aussi & le passage de ces Sels d'un corps dans un autre, fait la coagulation des choses qui s'endurcissent par un autre moyen que par l'exiccation : Et ainsi que la pierre à Chaux, qui pour avoir perdu dans le feu beaucoup de ces Sels, estoit devenuë rare par la separation de ses parties, est devenuë capable par sa dissolution dans l'eau de faire approcher ces parties éloignées & de les rejoindre par la force du principe de coagulation qui est dans le Sel fixe qui leur est resté, qui quoy qu'insuffisant pour une parfaite concretion, ne laisse pas de la faire par un mouvement assez soudain & assez violent pour exciter la chaleur qui s'allume dans la Chaux lors qu'on l'esteint, & qui y demeure long-temps aprés, quoyqu'on ne la sente pas ; car c'est cette chaleur cachée qui la rend, comme on dit communement, capable de brûler les autres corps qu'elle touche, quoy qu'elle n'ait plus de chaleur actuelle. B

Or on peut dire que cette chaleur en agissant sur les Cailloux & sur le Sable en fait sortir des Sels volatils & sulphurez, de mesme que le feu les avoit fait sortir des pierres à Chaux, & que ce sont ces sels qui se meslant dans la chaux & reprennant la place de ceux que le feu en avoit fait sortir ; luy rendent la solidité qu'elle avoit perduë. Et d'autant que ce mouvement excité dans les Sels fixes, ne cesse pas, lorsque la chaleur evidente qui arrive à la Chaux quand on l'esteint, est passée, mais continuë jusqu'à ce que toutes les parties se soient rejointes ; il arrive que le mortier long-temps aprés qu'il paroist seiché, ne laisse pas d'acquerir de jour en jour une plus grande solidité, à mesure que les Sels volatils sortent du Sable & des Pierres pour se communiquer à la Chaux : Ce qui est confirmé par l'experience, qui fait voir que plus le mortier a esté broyé & rabotté, plus il devient dur ensuite ; parceque le froissement fait sortir du Sable & entrer dans la C Chaux une plus grande quantité de ces Sels volatils ; & qu'enfin la Chaux ne brûle les autres choses que parcequ'elle les dissout, en faisant sortir ces sortes de Sels qui estoient le lien qui tenoit leurs parties unies & assemblées. Il semble que Phil. de Lorme a eu quelque Idée de cette Philosophie, lorsqu'il conseille de faire la Chaux des mesmes pierres dont le Bâtiment est construit ; comme si son dessein estoit de faire que les Sels volatils qui ont esté ostez à la Chaux, luy soient plus aisément rendus par des pierres qui en contiennent de semblables.

Enfin ces principes & ces causes & la maniere d'expliquer leurs effets semblent avoir quelque rapport avec les principes & les pensées de Vitruve, qui dit *que le feu fait perdre aux pierres à Chaux leur solidité, & qu'il les rend plus rares en leur ostant leur humidité naturelle & aerienne*, qui n'est rien autre chose que ce sel volatil & sulphuré que les Chymistes considerent comme le lien qui unit les parties des choses qui sont solides ; Qu'aprés cette perte D que les Pierres font de leurs parties sulphurées, *il leur demeure une chaleur cachée*, c'est-à-dire une disposition à s'échauffer par le mouvement des Sels fixes, qui se detachant promptement par le moyen de l'eau qui les dissout, produit une effervescence qui est l'effet d'un mouvement precipité, par lequel le parties sont rarefiées, à cause de la division soudaine qu'elles souffrent en s'entrechoquant ; Que cette effervescence arrive à la Chaux vive *lorsqu'elle est plongée dans l'eau avant que cette chaleur cachée soit dissipée* : c'est-à-dire avant qu'elle ait perdu tout son Sel, estant ou eventée ou calcinée ; Qu'enfin *les ouvertures que la Chaux a en toutes ses parties, sont cause que le Sable s'y attache*, c'est-à-dire que la Chaux & le Sable ne font que comme un corps par le mélange de leurs parties, lorsqu'une portion de la substance du Sable & des Pierres penetre dans les vuides qui sont dans la Chaux : mais ces vuides ne doivent pas estre entendus comme E si c'estoient des cavitez dans lesquelles des eminences du Sable & des Pierres puissent entrer comme des chevilles & des tenons entrent dans des trous & dans des mortaises : ces vuides signifient seulement l'effet de l'evacuation des Sels volatils & sulphurez dans la Chaux, qui la rend capable de recevoir ceux qui sortent du Sable & des Pierres : car il arrive que le Sable s'amolissant en quelque sorte par l'evacuation qu'il souffre, & la Chaux s'endurcissant par la reception de ce qui s'écoule du Sable, ces deux choses reçoivent des dispositions mutuelles à se lier fermement les unes aux autres. Cela se voit lorsque par succession de temps les pierres quittent le mortier ensorte que le mortier emporte la superficie de la pierre à laquelle il est attaché : car si cette superficie n'avoit point esté amollie par la Chaux la pierre se romproit aussi-bien par un autre endroit que par celuy qui est proche du mortier, ce qui n'arrive jamais.

& l'air

A & l'air qu'elles contenoient se retirant pour n'y laisser qu'une chaleur cachée ; il est aise de conçevoir que lorsqu'elles viennent à estre plongées dans l'eau avant que cette chaleur soit dissipée, elles doivent acquerir une nouvelle force & s'échauffer par le moyen de l'humidité qui penetre leurs cavitez, & qui en les refroidissant pousse dehors la chaleur qu'elles enfermoient : c'est cequi fait que les Pierres à Chaux ne sont pas de mesme poids quand on les tire du fourneau, qu'elles estoient quand on les y a mises, & que si on les pese aprés qu'elles sont cuites, on les trouverra diminuées de la troisiéme partie de leur poids, quoy-qu'elles ayent conservé leur premiere grandeur. Ainsi les ouvertures qu'elles ont en toutes leurs parties, sont cause qu'elles s'attachent avec le sable quand on les meslc ensemble, & qu'en se sechant, elles joignent & lient fermement les pierres pour faire une masse fort solide.

B

CHAPITRE VI.

De la Pozzolane, & comme il s'en faut servir.

IL y a une espece de poudre à laquelle la nature a donné une vertu admirable : elle se trouve au païs de Bayes & dans les terres qui sont au tour du mont Vesuve. Cette poudre meslée avec la Chaux [1] joint si fermement les Pierres, que non seulement dans les Edifices ordinaires, mais mesme au fond de la mer, elle fait corps & s'endurcit merveilleusement. Ceux qui ont cherché la raison pourquoy cela se fait ainsi, ont remarqué que sous ces montagnes & [2] dans tout le territoire il y a quantité de fontaines bouillantes : cequ'ils ont conjecturé ne pouvoir provenir que [3] d'un grand feu allumé de souffre, d'alun & de bitume ; & que la vapeur de ce feu passant par les veines de la terre, la rend plus legere & C donne au tuf une aridité qui luy fait attirer à soy l'humidité. C'estpourquoy [4] lorsque ces trois choses qui sont engendrées par le feu, sont meslées & jointes ensemble par le moyen de l'eau, elles s'endurcissent promptement, & font une masse tellement solide, que les flots de la mer ne la peuvent rompre, ny dissoudre.

Pour juger qu'il y a du feu sous les montagnes d'auprés de Cumes & de Bayes, il ne faut que considerer les grottes qui y sont creusées pour servir d'Etuves par le moyen d'une vapeur chaude qui vient de la force du feu lequel aprés avoir penetré la terre, s'amasse dans ces

1. JOINT SI FERMEMENT LES PIERRES. J. Martin s'est trompé quand il a crû que *cementum* signifioit icy du D ciment, qui est proprement une poudre de Tuileaux battus, ou generalement toute sorte de mortier, ainsi que l'a entendu l'Auteur de la traduction latine de la Bible qu'on apelle la Vulgate, qui dit que ceux qui bâtirent la ville de Babylone, se servirent de Bitume *pro cemento*. La verité est neanmoins que s'il y avoit quelque exemple qui fist voir que du temps de Vitruve, on eust ainsi apellé les Tuileaux pilez, il sembleroit qu'il y auroit quelque raison de croire que Vitruve en a voulu icy parler, quand il fait un mélange de Pozzolane, de Chaux & de *Cementum*. Car il a dit au chap. precedent que le mortier de Chaux & de Sable est meilleur, si on y mesle quelque peu de Tuileaux battus.

2. DANS TOUT LE TERRITOIRE. J'ay suivy la correction de quelques Exemplaires, où il y a, *quod sub his montibus & terris*, au lieu de *& terra*, ainsi qu'il se lit dans tous les autres.

3. D'UN GRAND FEU ALLUMÉ. Il n'y a rien de plus E commun que les Fontaines boüillantes, & rien dont on ignore davantage la cause : car de croire avec Vitruve qu'il y ait des feux souterrains entretenus par l'embrasement du Souffre, de l'Alun & du Bitume qui fassent boüillir ces Fontaines, il n'y a point d'apparence, parceque les feux souterrains tels que sont ceux du Mont Vesuve & des autres lieux, ne sçauroient s'embraser s'ils n'ont de l'air, ce qui fait qu'ils ne peuvent échauffer la terre que proche du lieu où l'embrasement paroist & éclatte au dehors, & l'eau qui auroit esté échauffée par ce feu, ne sçauroit conserver sa chaleur dans un espace aussi long, qu'est celuy qui est entre les Fontaines boüillantes & les Feux qui sortent de dessous la terre, c'est-à-dire de trois à quatre cent lieuës : car l'espace dans lequel est renfermée l'activité & la chaleur de ces Feux, est si petit, qu'on voit au pied du Mont Etna quantité de Fontaines froides.

Strabon rapporte l'opinion de Pindare, qui veut que tous les embrasemens qui paroissent en differens endroits du monde ne soient qu'un seul Feu qui se communique par des canaux souterrains ; si cela est il n'est pas difficile de s'imaginer que ces canaux de Feu passant immediatement sous des fontaines les puissent faire bouillir : mais il n'est pas aisé de concevoir que du feu puisse estre entretenu dans un canal de deux ou trois cent lieuës sans prendre d'air, à moins que de supposer avec Pindare, que ce Feu est miraculeusement conservé en ces endroits pour la punition des Geants.

De dire aussi que l'eau passe par des veines de terre qui s'échauffe estant arrosée, de mesme que la Chaux s'enflame quand on la moüille ; il est impossible de comprendre comment cette chaleur ne s'éteint pas à la fin, ainsi qu'elle fait dans la Chaux, ny par quelle raison le passage continuel de l'eau, ne lave & n'emporte pas les Sels qui causent cette chaleur. De sorte qu'il y a plus d'apparence de croire que cette chaleur des Eaux minerales vient des vapeurs chaudes, qui peuvent bien échauffer l'eau, si elles ont le pouvoir de brûler la terre, ainsi que Vitruve dit à la fin de ce chapitre ; & il n'est point necessaire que ces vapeurs soient excitées par un feu actuel, brûlant & allumé sous la terre, puisque le fumier & le foin & plusieurs autres choses conçoivent une forte chaleur par une maniere de fermentation qui agite les parties du corps fermenté avec une violence capable d'exciter une puissance de brûler dans la vapeur que cette fermentation exhale. Or cette fermentation est une chose qui se peut bien plus aisément concevoir dans la terre, que non pas un embrasement ; car à l'égard de la quantité suffisante de la matiere qui est necessaire pour cette fermentation continuelle, il n'est pas si difficile de la trouver, parce qu'elle peut estre prise dans la profondeur immense de toute la terre, que l'on peut aisément concevoir permeable à ces vapeurs, qui peuvent couler & venir d'aussi loin que l'on se le veut imaginer.

4. LORS QUE CES TROIS CHOSES. Il entend la Pozzolane, la Chaux & le Tuf ou Moilon du païs qui est en quelque façon brûlé de mesme que la Pozzolane.

CHAP. VI. lieux, & produit les admirables vertus qu'éprouvent ceux qui y vont pour suer: joint à ce A qu'on raconte que ces feux qui s'allument sous le mont Vesuve, ont autrefois eclaté avec grande force, & jetté beaucoup de flammes dans tous les lieux d'alentour. De cet embrasement sont provenuës les pierres que l'on appelle spongieuses ou ponces Pompeïanes, qui sont une espece de pieres à qui le feu a donné en les cuisant une qualité particuliere & qui ne se rencontre point en d'autres pierres spongieuses, qu'en celles qui sont au tour du mont Etna & aux collines de Mysie qui sont appellées *Catakekaumeni* par les Grecs. Desorte qu'il est aisé de conclure tant par les bains d'eaux chaudes & les Etuves qui sont en ces montagnes, que par les flames qui ont autrefois ravagé ces contrées, qu'on ne peut douter que ce ne soit la vehemence du feu qui a dessechè & epuisé toute l'humidité de la terre & du tuf, comme il fait celle de la Chaux qu'il cuit dans les fourneaux. Car il faut sçavoir que des matieres quoyque differentes [1] *lors* qu'elles sont bruslées, [2] acquierent une mesme nature ; sçavoir une aridité chaude qui leur faisant boire promptement l'eau dont elles sont mouil- B lées confond & mesle les parties qui sont semblables par l'effort d'une chaleur occulte qui les fait prendre promptement & durcir extraordinairement.

Tout ce qui peut faire trouver à redire à ce raisonnement est qu'il se voit en la Toscane quantité de bains d'eaux chaudes, & qu'il ne s'y trouve point de poudre qui ait cette qualité merveilleuse d'endurcir le mortier au fond de l'eau. Mais avant que de blasmer nostre raisonnement, il faut estre averti que tous les païs n'ont pas des terres de mesme nature, ny les mesmes pierres ; qu'il y a des lieux où la terre a beaucoup de fonds, qu'en d'autres il n'y a que du Sablon, & du Gravier, ou du Sable ; & ainsi que selon les differentes regions, il se trouve une infinité de diverses qualitez dans la terre. Par exemple dans la Toscane & aux autres païs d'Italie que le Mont Apennin renferme, il n'y a presque point C de lieu où on ne trouve du Sable de cave: au contraire au-delà de cette montagne vers la mer Adriatique, il n'y en a point non plus qu'en Achaïe, ny en Asie au-delà de la mer, où l'on n'en a mesme jamais ouy parler. Desorte que ce n'est pas merveille si dans tous les lieux où il se voit quantité de fontaines bouillantes, il ne se rencontre pas toujours les dispositions qui sont requises pour faire cette poudre, cela arrivant tantost d'une façon, tantost d'une autre, selon ce que la nature en a ordonné. Car aux lieux où les montagnes ne sont pas terreuses, mais pleines de rochers, le feu penetrant leurs veines, consume

1. LORSQU'ELLES SONT BRUSLÉES. Je suppose qu'il faut lire *[illegible]*, ou *igne correpta*, au lieu de *correpta* simplement ainsi qu'il y a dans le texte qui sans cela n'a point de sens.

2. ACQUIERENT UNE MESME NATURE. Si ce que Vitruve dit icy est vray, il est difficile que les raisons qui ont esté cy-devant apportées dans les notes de la concretion du mortier de Chaux & de Sable, ne soient point fausses, parceque'elles supposent que la Chaux & le Sable sont dissemblables, & que la Chaux ayant perdu par la violence du Feu les parties qui faisoient le lien qui la rendoit solide, elle les emprunte du Sable qui a beaucoup de parties de cette nature. De sorte qu'il est necessaire d'examiner s'il est vray que la Pozzolane & la Chaux soient d'une mesme nature, & si cette conformité peut estre estimée la cause de la concretion du mortier qui se fait de leur mélange. Or à l'égard du premier il est constant que la matiere de la Chaux & celle de la Pozzolane sont fort differentes, celle-cy estant une terre ou un Tuf qui n'ont rien d'approchant de la dureté de la pierre à Chaux; & ce que Vitruve dit de la vertu du Feu, sçavoir qu'il peut faire que des matieres differentes deviennent d'une mesme nature, est contraire à ce qu'il ajoute ensuite de la terre de Toscane, & à ce qu'il a avancé un peu devant au chap. 5. où il dit que les pierres spongieuses & celles qui sont solides font une Chaux differente. Joint que la diversité des matieres dans la Chaux & dans la Pozzolane est encore moindre que celle du Feu qui les cuit; celuy qui cuit la Chaux estant ardent, & celuy qui fait la Pozzolane estant doux & vaporeux. Mais enfin quand il seroit vray que la Chaux & la Pozzolane seroient d'une nature plus semblable, il ne s'ensuit point qu'elles doivent faire par cette raison une concretion plus dure & plus ferme quand elles sont meslées ensemble; au contraire il faut attribuer cette dureté à ce que ces choses ont de dissemblable, parce que cette dureté provient de la mixtion, qui ne produit rien de nouveau si elle n'est de choses differentes : par exemple quand le Cuivre & l'Etain fondus ensemble, font une composition beaucoup plus dure que ces metaux ne sont separement, cela n'arrive point par l'union de ce qu'ils ont de semblable, mais par le mélange de leurs parties D differentes. De sorte qu'il faut entendre que ce qui opere la dureté du mortier de Chaux & de Pozzolane, ne vient pas plûtost des parties qui sont brûlées, que de celles qui ne le sont pas dans la Pozzolane, lorsqu'elle est meslée avec de la Chaux qui est entierement brûlée, parceque les parties qui sont brûlées tout-à-fait dans la Pozzolane sont Chaux, & celles qui ne sont pas encore brûlées, ont conservé ce Sel volatil, qui est necessaire pour redonner à la Chaux celuy qu'elle a perdu dans le Feu; y ayant grande apparence que si la Pozzolane estoit aussi parfaitement brûlée que la Chaux, elle ne donneroit point de dureté au mortier qui se fait de leur mélange, non plus que les Tuileaux s'ils estoient entierement calcinez, ne feroient point de bon ciment; car il me semble qu'il n'y a rien qui puisse mieux exprimer la nature de la Pozzolane que la poudre de Tuileaux que nous apellons ciment, supposé que la Pozzolane soit engendrée par le Feu, comme Vitruve dit; parceque la dureté qui n'estoit point dans la E terre dont les Tuileaux sont faits, avant qu'ils fussent cuits, donne assez lieu de croire qu'elle arrive à ceux qui sont cuits par le moyen d'un mélange que le feu fait de plusieurs & divers Sels qui estoient dans les differentes parties dont la terre à Potier est composée. Car outre les parties terreuses qui sont déliées & impalpables dans cette terre, elle a quantité de petits grains de Sable; & de ces differentes parties, les unes se calcinent au fourneau, & les autres demeurent non calcinées: Ce qui fait que les unes & les autres sont pourvuës de Sels differents dont la mixtion produit une dureté dans la terre cuite, qu'elle n'avoit pas avant que le feu eust détaché les Sels de quelques particules de la terre, pour les faire passer dans d'autres. Or il y a lieu de douter que la Pozzolane soit faite par le feu, si on en croit Pline, qui dit qu'elle n'est point differente du Sable du Nil, qui selon toutes les apparences n'est point engendré par le feu.

A ce qu'il y a de plus tendre, & n'y laisse que l'aspreté. Desorte qu'il faut se figurer que de mesme qu'aux lieux d'autour de Naples la terre étant bruslée se change en cette poudre, celle de Toscane fait le Sable apellé *Carbunculus* : & l'une & l'autre de ces matieres est admirable pour la solidité de la maçonnerie, mais l'une est plus propre pour les Edifices qui se batissent sur terre, l'autre pour ceux qui se font dans la mer. Or cette matiere dont le Sable nommé *Carbunculus* est fait par la force des vapeurs chaudes qui le cuisent, est plus molle que le Tuf, & plus solide que la terre ordinaire. CHAP. VI.

CHAPITRE VII. CHA. VII.

Des Carrieres d'où l'on tire les Pierres ; & de leurs qualitez.

B AFIN de suivre un bon ordre, aprés avoir traité de la Chaux & du Sable & des qualitez & des usages de ces matieres, il faut parler des Carrieres d'où on tire les gros quartiers & le moilon pour bastir. Toutes les pierres ne sont pas d'une sorte, car il y en a de tendres comme sont [1] les Rouges d'autour de Rome, & celles qu'on apelle Pallienses, Fidenates & Albanes : d'autres sont mediocrement dures comme celles de Tivoli, celles d'Amiterne & les Soractines : d'autres sont dures comme du caillou. Il y en a encore de plusieurs autres especes, comme sont le Tuf rouge & le noir dans la Terre de Labour, & le blanc dans l'Umbrie, dans le Picentin & proche de Venise, qui se coupe avec la scie comme le bois. Les Pierres qui ne sont pas dures ont cela de commode qu'elles se taillent aisement, & rendent assés bon service quand elles sont employées en des lieux couverts : mais si elles sont dehors, la gelée & les pluyes les font aller en poussiere ; & si elles sont en des bastiC mens proche de la mer, la salure les ronge, & le grand chaud mesme les gaste. Celles de Tivoli resistent bien à la charge & aux injures de l'air, mais non pas au feu qui pour peu qu'il les touche les fait eclater [2] à cause qu'il y a peu d'humidité & de terrestre avec beaucoup d'air & de feu dans leur composition naturelle. Car le peu d'humeur & de terrestre qu'elles ont ne peut empescher que la force du feu & de la vapeur ne penetre dans leurs porositez, où ne trouvant rien qui luy soit contraire, il s'allume fort facilement.

Il y a d'autres Carrieres dans le territoire des Tarquiniens qu'on appelle Anitiennes où on prend des pierres qui sont de mesme couleur que celles d'Albe, dont il se fait un grand amas auprés du Lac de Balsene & dans le gouvernement Statonique : elles ont plusieurs bonnes qualitez, comme de resister à la gelée & au feu, à cause de leur composition qui est de peu d'air & de feu, de beaucoup de terrestre & d'humidité mediocre, qui les affermit & D empesche que le temps ne leur puisse nuire ; ainsi qu'il se voit aux ouvrages qui en ont esté faits autrefois & qui restent encore auprés de la Ville de Ferente : car on voit là de grandes statuës fort belles & [3] de petits bas reliefs & plusieurs ornemens delicats de roses & de feuilles d'Acanthe, qui non-obstant leur vieillesse, semblent ne venir que d'estre faits. Ces pierres ont encore un excellent usage pour les fondeurs en cuivre qui les trouvent fort propres à faire leurs moules : ensorte que si ces Carrieres estoient plus proches de Rome, on n'employeroit point d'autres pierres pour tous les ouvrages. Mais parceque les Carrieres de pierres rougeastres & celles de Palliene sont fort proches de la Ville, & qu'il est fort aise

1. LES ROUGES D'AUTOUR DE ROME. J'entens que *Lapidicinæ circa Vrbem rubræ*, signifie, *les carrieres qui sont autour de Rome dont on tire des pierres rouges*, parceque dans le chapitre E suivant il est dit, qu'il faut garnir le dedans des grands Murs *ex rubro saxo quadrato*. J. Martin a traduit, *circa Vrbem rubra*, *auprés de la ville de Rubra*. Les Traducteurs Italiens mettent, *intorno a Roma le Rosse* & tous *Rosse* avec une grande R, qui semble signifier plûtost le nom du lieu d'où la pierre est tirée que sa couleur, principalement, parceque les autres pierres dont il est parlé ensuite sont dénommées des lieux où sont leurs carrieres, sçavoir les Pallienses, les Fidenates & les Albanes. Dans cette incertitude je me suis servy du mot de *Rouges*, parce qu'il est indifferent, & peut signifier & la couleur des pierres, & le lieu d'où on les tire.

2. A CAUSE QU'IL Y A PEU D'HUMIDITÉ. Aprés avoir fait entendre que ces pierres sont assez solides, comme en effet celles qui s'eclattent au feu le sont ordinairement, il n'y a guere de raison de dire qu'elles ont peu d'aqueux & de terrestre dans leur composition, & encore moins de conclure que cette composition qui est de matiere aërienne & ignée les rend faciles à s'éclater : car cela ne les pourroit rendre capables que de br[illegible], qui est une chose bien differente d'éclatter, & qui n'arrive d'ordinaire qu'aux pierres qui sont par écailles, à cause que les differents lits qui font ces écailles sont separés par une matiere moins seche que le reste ; ce qui fait que lorsque cette matiere vient à estre rarefiée par le feu, elle pousse ces écailles dures & solides qui l'enferment, & acheve de separer des parties qui le sont déja en quelque sorte de leur nature.

3. DE PETITS BAS-RELIEFS. J'ay crû que *minora sigilla* devoit signifier icy *de petits bas-reliefs* & non pas *de petites figures* : parceque outre qu'il estoit inutile d'ajouter à *sigilla* qui signifie de petites figures, le mot de *minora* qui signifie *petites*, on peut dire avec raison qu'un cachet, dont l'empreinte n'est autre chose que ce qu'on apelle *Bas-relief* est apellé *sigillum* non seulement par ce que les figures que l'on y grave sont ordinairement petites ; mais aussi par ce que les figures des cachets, de mesme que celles de tous les Bas-reliefs sont plattes & peu relevées, ce que ce diminutif de *sigillum* semble signifier.

CHA. VII. d'avoir de leurs pierres, on est contraint de s'en servir en apportant certaines precautions A afin qu'elles soient moins sujettes à se gaster. Ces precautions sont de les tirer de la Carriere en Esté & non pas en Hyver, & de les exposer à l'air en un lieu découvert deux ans avant que de les employer, afin que celles que le mauvais temps aura endommagées soient jettées dans les fondemens, & que les autres qui aprés avoir esté eprouvées par la nature mesme, se trouveront estre bonnes, soient employées à la Maçonnerie qui sera faite hors de terre. Cette methode doit estre observée tant à l'egard du moilon, que des pierres de taille.

CH. VIII.

CHAPITRE VIII.

Des especes de Maçonnerie, de leurs proprietez, & de la differente maniere qu'elles doivent estre faites selon les lieux. B

Reticulatum. [1] Il y a deux sortes de Maçonnerie, l'une est la *Maillée* qui est à-present par tout en usage; *
Incertum. l'autre est l'ancienne qui est [2] celle qui est faite en *liaison*. La Maillée est la plus agreable *
à la veüe, mais l'ouvrage est sujet à se fendre, parceque les lits & les joints se rompent & s'ecartent aisement de tous costés: au-lieu que la Maçonnerie qui est faite en liaison & en
Imbricata. laquelle les pierres sont posées les unes sur les autres *en maniere de tuiles* est bien meilleure

1. IL Y A DEUX SORTES DE MAÇONNERIE. Vitruve rapporte en ce Chapitre plusieurs especes de Maçonnerie, dont on peut mettre les differences avec plus de methode qu'il n'a fait: car ces deux premieres qu'il établit au commencement comme les deux genres qui doivent avoir sous eux plusieurs especes, ne sont que deux especes des trois qui sont comprises sous le premier genre, ce qu'il est fort aisé de comprendre quand on a lu tout le chapitre, dans lequel il est parlé de sept especes de Maçonnerie qui se rapportent à trois genres, dont l'un est la Maçonnerie qui est de pierres taillées & polies, l'autre celle qui est de pierres brutes, & la troisiéme, celle qui est composée des deux especes de pierre. La Maçonnerie de pierres taillées est de deux especes, sçavoir la *maillée* apellée en latin *Reticulatum*, & celle qui est en liaison apellée *Insertum*. La Maillée qui est ainsi apellée à cause que ses joints representent un reseau, est faite de pierres dont les paremens sont parfaitement quarrez, & qui sont posées en sorte que les joints vont obliquement en diagonale. Dans celle qui est en liaison les pierres sont mutuellement engagées les unes entre les autres; ce qui fait que les joints sont de deux especes, sçavoir ceux des lits qui sont continus, ainsi que ceux de la maillée; & les montans qui sont interrompus, parceque ceux qui sont entre deux pierres se rapportent au milieu de deux autres pierres, dont l'une est dessus & l'autre dessous. Cette espece se subdivise en deux autres, dont l'une est celle qui est appelée simplement *insertum*, en laquelle toutes les pierres sont égales par leurs paremens: l'autre est *la structure des Grecs*, dans laquelle les pierres sont liées comme dans l'autre, mais elles sont inegales par leurs paremens: parce qu'entre deux pierres qui sont couchées de front il y en a une en boutisse qui fait parement des deux costés, dont les testes qui sont les paremens n'ont de largeur que la moitié des autres.

L'autre genre de structure qui est de pierres brutes & non taillées est de deux especes, dont l'une est appelée *la structure des Grecs* de mesme que la derniere des especes du premier genre, mais qui en est differente, non seulement parce que les pierres ne sont pas taillées à cause de leur dureté, mais aussi parce qu'elles n'ont point de grandeur reglée, & qu'elles manquent des liaisons regulieres, que font les pierres à deux testes que l'on apelle en boutisse. Cette espece est encore subdivisée en deux: l'une est appelée *Isodomum*, parceque les assises sont d'égale hauteur; l'autre *Pseudisodomum*, à cause que les assises sont inegales. L'autre espece de Maçonnerie faite de pierres non taillées, est appelée *Emplecton*, dans laquelle les assises ne sont point determinées par l'epaisseur des pierres, mais C l'epaisseur de chaque assise est faite d'une, ou de plusieurs pierres s'il y echet, & l'espace d'un parement à l'autre est remply de pierres jettées à l'aventure, sur lesquelles on verse du mortier qu'on enduit uniment; & quand cette assise est achevée, on en recommence une autre pardessus. Cette maniere me semble estre celle dont nos Limousins se servent quand ils bastissent de pierres de moliere ou de cailloux, & ils apellent ces assises des Arases; qui est ce me semble ce que Vitruve apelle *erecta coria*, ainsi qu'il sera expliqué cy-aprés.

Le troisieme genre de Maçonnerie auquel Vitruve n'a point donné de nom, mais que j'ay cru que l'on pouvoit apeller *Revinctum*, c'est à dire *cramponé*, est composé des deux premiers genres; car dans cette structure les deux paremens sont bastis en liaison, avec des pierres taillées & equarries, que des crampons de fer lient en passant d'un parement à l'autre, pour empescher qu'ils ne se separent par la poussée du garny du milieu, qui est fait de pierres D brutes & de caillous jettez à l'avanture dans du mortier.

2. CELLE QUI EST FAITE EN LIAISON. Tous les Exemplaires ont *incertum* avec un *c*, mais mal selon mon avis, parceque cette structure *incertaine*, ainsi qu'ils l'entendent, c'est à dire en laquelle les pierres ne sont point arangées suivant un certain ordre, mais mises seulement à l'aventure comme elles viennent, n'est point de la premiere maniere de bâtir dont il s'agit, mais de la derniere appelée *Emplecton*, où les pierres sont mises *uti sunt nata*: c'est pourquoy je lis *insertum* avec un *s*, qui est à dire liée & entrelacée: car c'est ce que la definition que Vitruve donne du mot, explique clairement, puisqu'il est dit que les pierres sont placées les unes sur les autres en maniere de tuiles, dont on sçait que la disposition est telle, que le joint montant de deux tuiles respond au milieu d'une autre. Car il est vray que dans la E

EXPLICATION DE LA PLANCHE VI.

Cette Planche contient les sept especes de Maçonnerie. ***A A A**, est la structure* Maillée, *apellée* Reticulatum. ***B B B**, est la premiere espece de structure* en liaison, *apellée simplement* Insertum. **C C**, *est l'autre espece de structure en liaison, que Vitruve apelle la* structure des Grecs. ***D D D**, est la structure apellée* Isodomum. ***E E E**, est la structure apellée* Pseudisodomum. ***F G H I**, est la structure apellée* Emplecton. ***F F**, representent les assises qui sont apellées* erecta coria, *c'est-à-dire, des assises dont la hauteur contient plusieurs pierres.* ***G G**, sont les couches de mortier qui separent les assises.* ***H**, est l'Enduit.* ***I I**, est le Garny.* ***K L M**, est la structure apellée* Revinctum *ou* Cramponnée. ***K K**, sont les pierres* Cramponnées. ***M M**, sont les crampons.* ***L L**, est le Garny.*

quoy-

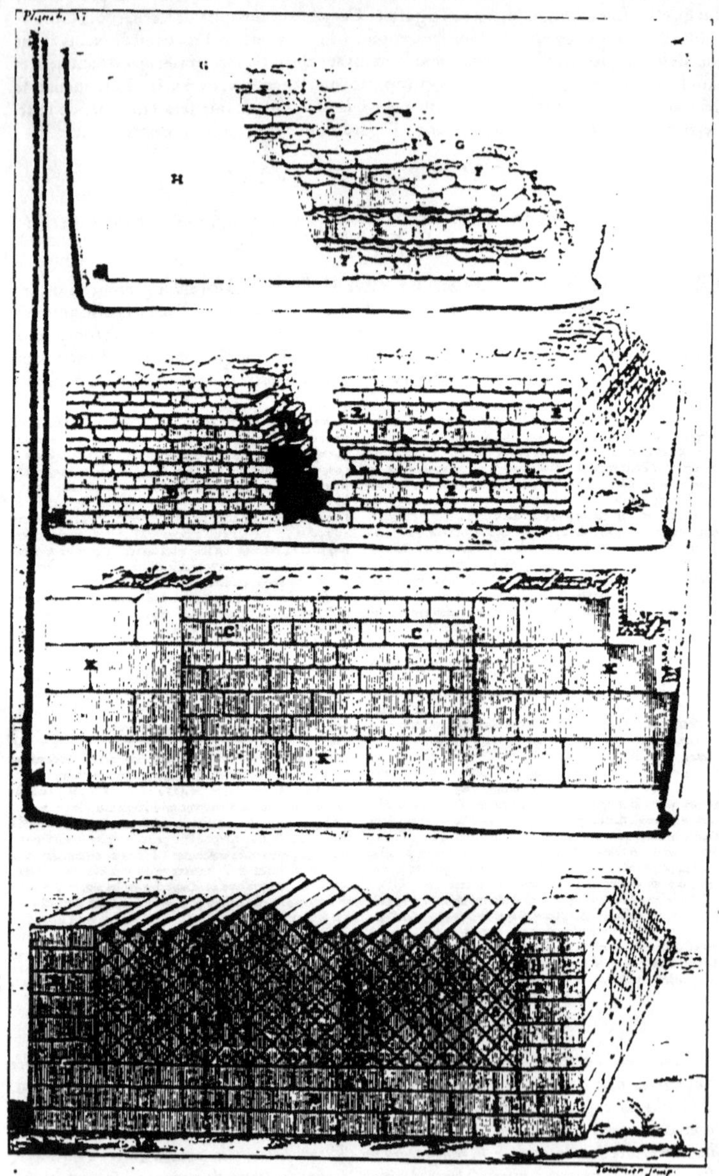
Planche VI
G
G
G
H
C
C
X
X
X
Fournier sculp.

CHAP. VIII. quoyqu'elle ne fasse pas un si beau parement. [1] En l'une & en l'autre maniere il faut que les •
Murailles soient basties de petites pieces, afin que le mortier de Chaux & de Sable pene- A
trant les pierres en plus d'endroits les retienne mieux: car les pierres estant d'une substance
rare & molle, boivent & consument l'humidité du mortier. Il est donc à souhaiter qu'il y ait
beaucoup de Chaux & de Sable afin que l'humidité estant plus abondante, la force de
la Muraille en soit moins aisement dissipée; car si les pierres tirent toute l'humidité
par leurs pores, elles ne pourront plus estre attachées ensemble par le moyen du mortier, [2] parceque la Chaux quittera le Sable, & les Murailles seront aussi bientost ruinées. •
Cela est arrivé au tour de Rome à plusieurs anciens bastimens dont les Murailles sont faites
de marbre & d'autres grandes pierres quarrées garnies & fourrées de remplages par dedans,
qui tombent en ruine par la dissolution de leurs joincts; à cause que la force du mortier
dont elles sont faites, s'est dissipée & evanouie au travers des pores que le temps a elargis B
dans ces pierres en les sechant. Pour obvier à ces inconveniens il faut laisser un vuide entre
les [3] paremens; emplir le dedans ou de pierres rouges quarrées, ou de tuileaux, ou de cail- •

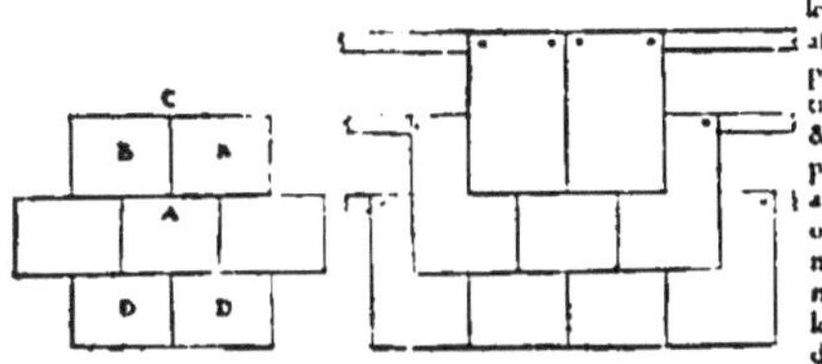

maniere de bâtir qui est en liaison de mesme qu'aux tuiles, le joint montant A C des deux Moilons B B, repond au milieu du Moilon A; & ainsi chaque Moilon ou *Cementum* comme celuy qui est marqué A, est *insertum*, c'est-à-dire engagé & comme fiché entre les Moilons B B & D D; & de plus cette structure ne peut estre appellée *incertaine*, c'est-à-dire inegale & fortuite, parce qu'elle n'est pas moins reglée & moins égale que la maillée, puisque tous les joints se raportent par un ordre egal de deux en deux assises les uns aux autres. Il est seulement vray, ainsi que Vitruve remarque qu'elle est moins belle à voir que la maillée, à cause de l'inegalité des deux especes de joints, dont l'un, sçavoir le Montant est interrompu: au lieu que ceux de la maillée montent tous obliquement & d'une mesme façon.

1. EN L'UNE ET EN L'AUTRE MANIERE IL FAUT QUE LES MURAILLES SOIENT BASTIES DE PETITES PIECES. Cecy est repeté au 4. chap. du 4. liv. & la maxime est vraye quand la solidité & la fermeté de la structure doit dependre de la liaison que les pierres ont avec le mortier, & non pas quand elle consiste dans la figure & dans la coupe des pierres qui sont taillées si juste que leur situation seule & leur poids est suffisant pour donner à l'ouvrage toute la fermeté possible: car en ce cas le mortier sert plustost pour empescher en prêtant & obeïssant que la dureté & la fierté des grandes pierres ne fasse rompre les carnes des joints que pour les coller les unes aux autres, ce que la maniere de joindre les pierres par le moyen des lames de plomb qu'on met entre deux, fait voir assez clairement. Il y a mesme des structures fort anciennes dans lesquelles de tres grandes pierres ont esté posées immediatement les unes sur les autres sans mortier, ni sans plomb dont les joints n'ont point eclaté, mais sont demeurez presqu'invisibles par la jonction des pierres qui ont esté taillées si juste, qu'elles se touchent en un assez grand nombre de parties pour avoir empéché que rien n'eclatast, ainsi qu'il arrive lors que les pierres sont demaigries, c'est-à-dire plus creuses au milieu que vers

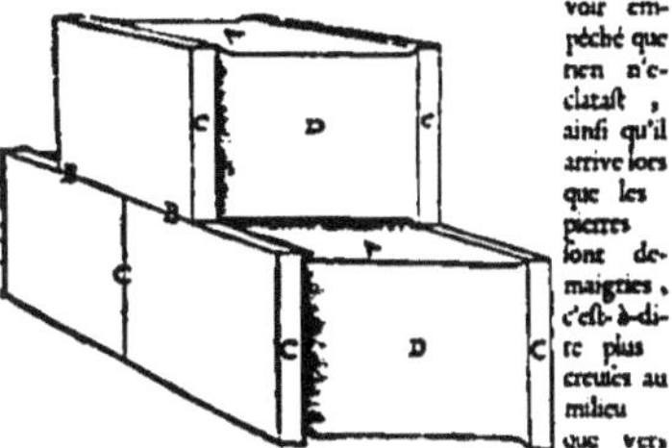

les extremitez ainsi que l'on a de coûtume de le pratiquer, afin de pouvoir rendre les joints fort serrés; parce que les pierres venant à s'approcher & se joindre lorsque le mortier qui est dans le demaigrissement commence à se secher, & ne portant que sur l'extremité du joint; ce joint n'est pas assez fort pour soutenir le faix, & ne manque jamais à s'eclater. Les Entrepreneurs qui travaillent au Louvre ont trouvé depuis peu un expedient, pour empescher ce mauvais effet, qui est de poser à l'abord les pierres immediatement les unes sur les autres, & aprés avoir empli les demaigrissemens avec du mortier que l'on coule par des abreuvoirs taillez dans les joints montans; on elar- C
git les joints des lits aux paremens avec une scie qui fait une separation entre les pierres, & on a soin de temps en temps de passer la scie dans cette separation, pour empescher que l'ouvrage en s'affaissant ne fasse éclatter les joints, que l'on emplit de mortier fin & delié, lorsque l'Edifice a pris son faix. Mais la verité est que la structure est meilleure lors que les joints des pierres sont égaux, parce que ces démaigrissemens affoiblissent beaucoup un mur en le privant de la partie la plus considerable qu'il ait pour estre affermy, sçavoir celle qui est la plus proche du parement, & qui demeure inutile, parce que le mortier fin que l'on met dans le joint ne doit estre conté pour rien; & on peut dire que le mur est moins épais de deux poulces de chaque costé, & que ces deux pouces que la pierre a, au lieu de porter le mur luy sont à charge. A A, sont les démaigrissemens. B B, les joints des lits. C C, les joints montans. D D, les abreuvoirs.

2. PARCEQUE LA CHAUX QUITTE LE SABLE. Les D
parties du mortier ne sauroient estre attachées ensemble, ny le mortier faire liaison avec les pierres, s'il ne demeure long-temps humide: Car lorsqu'il se seche trop tost, la Chaux quitte le Sable, ainsi qu'il est dit, c'est-à-dire que ces deux substances estant separées l'une de l'autre par l'interposition de l'air que la secheresse introduit, les parties volatiles qui sortant du Sable devroient passer dans la Chaux pour luy rendre sa dureté, ne la penetrent point, mais se perdent dans l'air. Or cela n'arrive point lorsque le mortier est humide; car par le moyen de l'humidité, la Chaux & le Sable sont immediatement joints l'un à l'autre, & les parties volatiles du Sable estant long-temps retenuës par l'humidité, ont le loisir de penetrer la Chaux. C'est ce qui fait que l'on met moins de Chaux dans le mortier dont on maçonne les fondemens & les murs qui sont sous terre, que dans ceux qui sont à
l'air; parce que dans les derniers il faut rendre la Chaux assez E
forte par sa quantité, pour tirer promptement & suffisamment la substance volatile du Sable pendant le peu de temps que le mortier demeure humide; & qu'il n'est pas besoin d'une si grande force de Chaux au mortier qui est long-temps à secher: parce que cette force, quoy que moindre, agissant pendant un long-temps, fait le mesme effet qu'une plus grande qui n'agit que pendant peu de temps.

3. LES PAREMENS. Je traduis *paremens*, le mot *orthostata* qui signifie à la lettre *les choses qui sont dressées* & élevées à plomb: car quoyque proprement ce mot signifie des *Etayes*, *Poteaux*, *Chaisnes*, *Piedroits*, *Pillastres*, *Eperons & Jambes de force*; il y a neanmoins lieu de croire que Vitruve s'en est servy pour signifier le parement de la muraille, parce qu'il est toujours fait de pierres qui s'élevent également droit les unes sur les autres, & que nous apellons *dressées* à la regle, ce qui ne se rencontre pas

A loux communs ; donner aux Murailles deux pieds d'epaisseur, & joindre les paremens avec CHA. VIII. du fer & du plomb : car ainsi pourveu que l'ouvrage ne soit pas fait tout-à-la-fois, mais par reprises, il durera eternellement : parceque les lits des pierres & les joints se rapportant egalement & estant liez, empescheront que le Mur ne s'affaisse ; & les paremens aussi qui seront bien liez l'un à l'autre ne pourront estre ebranlez.

Il y a encore une espece de Maçonnerie qui ne doit pas estre meprisée, & dont les Grecs se servent lorsqu'ils n'employent point ¹ de pierres de taille curieusement polies, & que voulant se passer de ² pierres equarries, ils mettent seulement ³ des ranges de cailloux ou de pierres dures, ensorte que les pierres sont posées alternativement les unes sur les autres comme des Briques ; car cela donne une force aux murailles pour durer à jamais. Ils font cela en deux manieres, l'une est apellée *Isodomum* quand ⁴ les assises sont d'egale epaisseur, B l'autre *Pseudisodomum* quand elles sont inegales. *Ordinaria.* *[illegible]*

La grande solidité qui est en ces deux manieres vient de ce que les pierres estant compactes & solides elles ne peuvent pas boire & consumer toute l'humidité du mortier qui la conserve ainsi à jamais ; & les lits des pierres estant égaux & à niveau empeschent que les materiaux ne s'affaissent & ne fassent crever & entr'ouvrir la muraille, ce qui l'entretient fort long-temps.

La troisiéme maniere est apellée ⁵ *Emplecton* ; nos villageois s'en servent ; elle se fait en rendant les paremens assez unis, & emplissant le milieu de mortier avec des pierres comme elles viennent, mettant par cy par là des liaisons. Les Maçons qui veulent avoir bientost fait ⁶ font les assises un peu hautes, n'ayant égard qu'aux paremens, & garnissent le milieu d'éclats de pierre meslez avec le mortier : & ainsi ils couchent le mortier en trois façons dont C deux sont pour l'enduy des paremens, la troisiéme se met pardessus le garny du milieu. *[illegible]*

Les Grecs font autrement, car les pierres qu'ils posent sont couchées & leurs assises sont

aux pierres qui font la garniture du dedans de la muraille, lesquelles ne feroient pas une structure fort droite, si on avoit osté les pierres qui font les paremens. Tous les Traducteurs qui ont interpreté *Orthostata* par les mots de *Lambe de force* ou d'*Eperons*, n'ont pas, ce me semble, si bien expliqué cet endroit qui est fort obscur. Tout ce qu'on peut objecter à l'explication que je donne de cette structure, est qu'il semble qu'elle a un grand rapport avec celle qui est apellée *Emplecton*. Mais elle en est en effet differente en ce que l'*Emplecton* est tout fait de pierres brutes, & la structure dont il s'agit, est en partie de pierres taillées, équarries & jointes ensemble avec du fer & du plomb, & en partie de pierres D brutes & jettées à l'aventure. J'en ay fait un genre particulier de maçonnerie que j'apelle *Revinctum*, à cause qu'il est dit qu'en cette sorte de structure, *cum ansis ferreis & plumbo frontes vincta sunt* : On la pourroit neanmoins ranger sous le genre d'*Insertum*, à cause de la liaison qu'elle a par le moyen des crampons de fer, de mesme que les autres liaisons se font par le moyen des pierres engagées & entrelacées les unes avec les autres.

1. DE PIERRES DE TAILLE. Je n'ay pû estre de l'avis des Traducteurs Italiens qui interpretent *molle cæmentum* du moilon tendre *molle e tenero* : Car quoyqu'il s'agisse de cailloux & de pierres dures dans cette structure des Grecs, il est évident que cette dureté n'est pas ce qui fait l'essence & la difference de cette structure, c'est seulement que les pierres ne soient pas quarrées & polies, comme dans le *Reticulatum* & dans l'*Insertum*, qui pour avoir la figure qui leur est necessaire, doivent estre faits avec le *cæmentum molle*, c'est-à-dire avec une pierre qui ne soit pas inca- E pable de la taille & du poly, comme sont les cailloux ; mais qui ne doit pas aussi estre molle & tendre, parceque de ces sortes de structures, principalement de celle qui est apellée *Insertum*, tous les meilleurs & les plus solides bâtimens sont faits.

2. DE PIERRES EQUARRIES. Il paroist que cette espece de structure des Grecs consistoit en deux choses ; l'une est qu'elle estoit faite de pierres non taillées, l'autre que les pierres estoient seulement d'une mesme épaisseur tout le long d'une assise : car *quadratus lapis* dont il est dit que ces murailles n'estoient point faites, est celuy qu'on employoit dans le *Reticulatum* & dans l'*Insertum*. & par consequent les pierres de la structure des Grecs pouvoient estre longues plus ou moins en quarré.

3. DES RANGÉES. J'interprete ainsi la structure qui est apellée *Ordinaria*, parce qu'elle consiste seulement à mettre les pierres qui sont d'une mesme épaisseur selon des *ordres* ou *rangées* qu'on apelle *assises ou lits*. Cette structure, selon Philander, est moyenne entre celle qui se fait de pierres taillées & de celles qui sont mises sans ordre.

4. LES ASSISES. Ce que Vitruve apelle icy *Coria*, n'est autre chose que les *Ordres*, les *Rangées* & les *Assises*. Autre-part *Coria* signifie les *Couches* de mortier qu'on met ou entre les assises, ou les unes sur les autres aux planchers, ou aux enduits.

5. EMPLECTON. On ne peut pas douter de ce que Vitruve entend par ce mot, parce qu'il décrit la chose, & Pline l'explique encore plus clairement, quand il dit que l'*Emplecton* est lorsque les paremens sont faits avec des pierres arangées, & que dans le milieu elles sont jettées au hazard ; mais l'Etymologie est incertaine. Baldus croit qu'*Emplecton* qui signifie *entrelacé*, est mis au lieu d'*Emplecon* qui signifie *remply*. Saumaise sur Solin remarque que ce mot, qui proprement signifie *lie*, est particulierement affecté à la politure que les femmes donnent à leurs cheveux au sommet de la teste, lorsqu'en passant le peigne legerement dessus, elles en égalent seulement la superficie. Et il y a apparence que c'est pour cette raison qu'une Coiffeuse est apellée *Emplectria* par Suidas. On peut dire que cela a quelque rapport avec une muraille, en laquelle les pierres des seuls paremens sont arangées. Il reste neanmoins une difficulté, qui est que l'*Insertum* que nous avons expliqué *en liaison*, semble n'estre point different de l'*Emplecton*, que nous traduisons *Entrelacé*, & qui est entrelacé en effet à cause des couches de mortier qui sont entre les assises, & à cause des pierres longues & mises en travers pour attacher un parement à l'autre. Mais la verité est que ces deux structures sont differentes, l'*Insertum* estant du genre de structure où les pierres sont taillées, & où les assises n'ont la hauteur que d'une pierre, & l'*Emplecton* estant du genre où les pierres sont brutes, & où les assises sont composées de plusieurs pierres qui en font la hauteur. Il y a une pareille difficulté à l'égard de l'espece de structure que nous avons apellée *Revinctum*. Il en a esté parlé cy-devant.

6. FONT LES ASSISES UN PEU HAUTES. Je suppose que Vitruve a entendu qu'il y avoit deux especes d'Assises, dont l'une estoit particuliere à la structure apellée *Emplecton*, & que l'autre estoit commune à toutes les autres especes de structure : Que la commune & plus ordinaire estoit celle où les Assises n'avoient qu'une pierre qui en faisoit la hauteur, & que les Assises qui estoient particulieres à l'*Emplecton* estoient composées de plusieurs pierres mises les unes sur les autres, en sorte que deux, trois, ou quatre pierres de differente épaisseur fissent la hauteur de l'Assise. Il me semble que *erecta coria* que j'ay interpreté *des Assises un peu hautes*, ne sauroit signifier autre chose.

CHA. VIII. composées tout le long de la muraille, de pierres, qui de deux en deux vont d'un parement à A l'autre ; & sans qu'il y ait de garny au dedans, ils entretiennent la muraille dans une égale épaisseur par le moyen de ces pierres à deux paremens qu'ils apellent *Diatonous*, qui lient & qui affermissent grandement les murailles.

Ceux donc qui voudront observer les preceptes que j'ay mis dans ce livre y pourront trouver la maniere de faire des bâtimens qui soient de durée. Car la maçonnerie qui paroist belle à la veuë à cause qu'elle est faite de pierres qui ont esté aisées à tailler, n'est pas la meilleure & qui dure le plus. Pour cette raison les Experts qui sont nommez pour apprecier les murs metoyens, ne les estiment pas ce qu'ils ont cousté à faire: Mais aprés avoir appris par les baux à loyer le temps qu'il y a que les murs sont faits, ils deduisent du prix qu'ils ont cousté, autant de quatrevingtiémes parties qu'il y a d'années que le mur est achevé, & n'en font payer que ce qui reste de toute la somme, leur avis estant qu'ils ne peuvent pas durer plus de quatrevingts ans : Ce qui ne se fait point en l'estimation des murailles de B Brique, du prix desquelles on ne deduit rien, pourvû qu'elles soient trouvées estre encore bien à plomb, mais qu'on estime toujours ce qu'elles ont coûté. C'est pourquoy il y a beaucoup de villes où les Edifices tant publics que particuliers, & mesme les Maisons Royales ne sont que de brique: Tels sont à Athenes le Mur qui regarde le Mont Hymette & [1] le Pentelense, les Murailles du Temple de Jupiter & les Chapelles de celuy d'Hercule * qui sont de Brique, quoyque par dehors les Architraves & les Colonnes soient de pierre. En Italie en la ville d'Arrezzo, on voit un ancien mur de Brique fort bien bâty, de mesme qu'est à Tralli la maison des Rois Attaliques, en laquelle on loge toujours celuy qui est élû souverain Prestre de la ville. A Sparte on a osté des peintures de dessus un mur de Brique pour les enchasser dans du bois, lesquelles ont esté apportées en cette ville pour orner C le lieu de l'assemblée pendant la Magistrature des Ediles Varron & Murena. La maison de Crœsus est aussi de Brique que les Sardiens ont destinée à ceux de la Ville, qui par leur grand âge ont aquis le Privilege de vivre en repos dans un College de Vieillars qu'ils apellent Gerousie. En la ville d'Halicarnasse le Palais du puissant Roy Mausole a des murailles de Brique, quoy qu'il soit par tout orné de marbre de Proconese; & l'on voit encore aujourd'huy ces murailles fort belles & fort entieres, couvertes d'un enduit si poly, qu'il ressemble à du verre. Cependant on ne peut pas dire que ce Roy n'ait pas eu le moyen de faire des murailles d'une matiere plus riche, luy qui estoit si puissant & qui commandoit à toute la Carie. On ne peut pas dire aussi que ce soit faute de connoissance de la belle Architecture, si on considere les bâtimens qu'il a faits. Car ce Roy quoyqu'il fût né à Mylasse, se resolut d'aller demeurer à Halicarnasse, voyant que c'estoit une place d'une assiette D fort avantageuse & tres-commode pour le commerce, ayant un fort bon port. Ce lieu estoit courbé en forme de Theatre, il en destina le bas qui approchoit du Port pour faire la place publique ; au milieu de la pente de cette colline il fit une grande & large ruë, où fut basty cet excellent ouvrage qu'on apelle Mausolée & qui est l'une des sept merveilles du monde. Au haut du Château qui estoit au milieu de la ville il edifia le Temple de Mars où estoit une statuë Colossale nommée *Acrolithos*, qui fut faite par l'excellent ouvrier Telochares, ou comme quelques-uns estiment, par Thimothée. En la pointe droite de la colline il bâtit le Temple de Venus & de Mercure auprés de la fontaine de Salmacis, qu'on dit rendre malades d'amour ceux qui boivent de son eau: ce qui est une chose si peu vraye qu'elle merite bien d'estre expliquée ; afin qu'on sache pourquoy cette fausse opinion s'est répanduë dans le monde. E

Il est certain que ce qu'on dit de la force que cette fontaine a pour rendre effeminez ceux qui en boivent, n'est fondé que sur ce que son eau est fort claire & fort agreable à boire: Car lorsque Melas & Arenavias menerent une partie des habitans de la ville d'Argos & de Træsene pour habiter en ce lieu, ils en chasserent les Barbares Cariens & Lelegues, qui s'estant retirez dans les montagnes, se mirent à faire des courses sur le Grecs, & à ravager tout le païs par leurs brigandages: En ce temps-là un des habitans ayant reconnu la bonté

1. LE PENTELENSE. Il n'est pas aisé de deviner ce que Vitruve entend par *Murum qui spectat ad Hymettum montem & Pentelensem*: car on ne sçauroit dire si c'est *mons Pentelensis* ou *murus Pentelensis* qu'il faut entendre. Il y a des exemplaires où on lit *Themelensem*: Caporali croit qu'il doit y avoir *Patarensem*, par ce que dans la ville de Patare il y avoit, à ce qu'il dit, un mur de Brique bâty par Semiramis d'une structure fort admirable.

de

A de cette fontaine, y bâtir une Loge dont il fit un Cabaret garny de tout ce qui estoit neces- CHA. VIII.
saire, esperant y faire quelque gain; & en effet il reüssit si bien en son exercice, que les Bar
bares y vinrent comme les autres, & s'accoûtumerent en vivant avec les Grecs, à la dou
ceur de leurs mœurs, & changerent ainsi leur naturel farouche volontairement & sans con
trainte. De sorte que ce qu'on dit de la vertu de cette eau, ne se doit point entendre d'une
mollesse dont elle corrompe les ames, mais de la douceur qui a esté inspirée dans celles des
Barbares à son occasion.

Pour retourner à l'explication des Bâtimens de Mausole, je dis que de mesme qu'au costé
droit il y a le Temple de Venus & la Fontaine dont nous avons parlé, il y a aussi à l'autre
coin qui est à gauche, le Palais que ce Roy avoit disposé comme il avoit jugé à propos. Ce
Palais est situé en sorte qu'il a veuë vers la droite sur la place publique & sur le port, & ge
B neralement sur tous les remparts de la Ville: à la gauche il regarde sur un autre port qui est
caché de la montagne, en sorte qu'on ne voit point ce qui s'y fait. Le Roy seul de son Pa
lais peut donner les ordres aux Soldats & aux Matelots sans que personne en sache rien.

Aprés la mort de Mausole, la Reine Artemise sa femme ayant pris le gouvernement du
royaume, & les Rhodiens ne pouvant souffrir qu'une femme regnast sur toute la Carie,
armerent une flote pour se rendre maistres du royaume: mais Artemise en estant avertie
donna ordre qu'il y eust une armée navale cachée dans ce port avec les forçats & les gens
de guerre qui ont accoutumé de combatre sur mer, & que le reste parût sur les remparts.
Alors les Rhodiens ayant fait approcher leur armée navale fort bien equipée, comme elle
estoit preste d'entrer dans le grand port, la Reine fit donner un signal de dessus les mu
railles comme pour faire entendre que la Ville vouloit se rendre. Les Rhodiens estant sortis
C de leurs vaisseaux pour entrer dans la Ville, Artemise fit incontinant ouvrir le petit port
d'où sortit son armée navale qui entra dans le grand port où estoient les vaisseaux des Rho
diens vuides, qu'elle emmena en pleine mer aprés les avoir garnis de Matelots & de Soldats;
& en mesme temps les Rhodiens n'ayant aucun moyen de se retirer, furent tous tuez dans
la place publique dans laquelle ils se trouverent enfermez. Cependant la Reine avec les
navires des Rhodiens sur lesquels elle avoit mis de ses soldats & de ses matelots, alla droit
à l'Isle de Rhodes. Les habitans voyant venir leurs vaisseaux couronnez de laurier, re
ceurent leurs ennemis, croyans que c'estoient leurs gens qui revenoient victorieux. Alors
Artemise aprés avoir pris Rhodes & tué tous les principaux de cette Isle, eleva un trophée
dans la Ville avec deux statuës de bronze dont l'une representoit la Ville de Rhodes,
l'autre estoit son image qui imprimoit sur le front de celle qui representoit la Ville, les
D stigmates qui marquent la servitude. Long-temps aprés les Rhodiens faisant scrupule d'a
battre ces statuës parcequ'il n'est pas permis d'oster les trophées qui ont estés dediez en quel
que lieu, s'aviserent pour en oster la vuë de bastir tout autour un Edifice fort elevé à la
mode des Grecs, qu'ils appellerent *Abaton*. *Où on ne va point.*

Puisqu'il est vray que des Rois si puissans n'ont point méprisé les batimens de Brique,
eux qui de l'argent qu'ils levoient dans leurs estats & des dépouilles des ennemis pouvoient
faire les depenses necessaires pour bastir avec du moilon, des pierres de taille & mesme du
marbre, je ne pense pas qu'on doive rejetter la Maçonnerie de Brique pourveu qu'on
prenne soin de la faire comme il faut. Il est bien vray qu'elle n'est pas permise dans la
Ville de Rome, mais en voicy la raison. Les loix defendent de donner aux Murs metoyens
plus d'un pied & demy d'epaisseur, & pour gagner la place on ne veut pas que les autres
E Murs soient plus epais. Cependant comme les Murs de Brique qui ne valent rien à moins
que d'avoir deux ou trois rangs, si on ne les faisoit que d'un pied & demy de large, ils ne
pourroient soutenir qu'un étage, ce qui seroit fort mal dans une Ville qui a necessairement
besoin pour loger le nombre infiny de ses habitans, que la hauteur des edifices recompense
le defaut de la place; & ainsi il faut qu'il y ait des chaisnes de pierre qui fortifient les Murs
bastis avec des tuileaux, ou du Moilon, & qui les rendent capables estant liez par les Solives
des planchers de s'elever assez haut pour la commodité du logement & pour l'egayement de
la veuë. De plus la multiplication des étages & des Balcons qu'on y peut faire, rend les
habitations de Rome fort belles sans occuper beaucoup de place. Voila pourquoy la Ma
çonnerie de Brique n'est point en usage dans Rome à cause du manque de place, mais si on
en veut hors la Ville qui dure long-temps, il la faudra faire en cette maniere.

CH. VIII.

Sur le haut des Murailles au dessous du toit il faut faire un massif bâti avec des tuiles de A la hauteur d'environ un pied & demy qui deborde en maniere de Corniche, car par ce moyen on pourvoira à ce qui peut gaster ces Murailles, qui est que quand une tuile de l'entablement est cassée, ou emportée par le vent, la pluie ne manque point à couler par là sur la muraille, mais ce massif de tuyles empeschera que les Briques ne soient endommagées, parceque la saillie de la Corniche rejettera l'eau & la faisant distiller par delà le nu du mur, ne souffrira pas qu'elle gaste la Maçonnerie.

A l'egard des tuiles il est difficile de juger si elles sont bonnes ou mauvaises qu'aprés avoir éprouvé si elles resistent & demeurent fermes nonobstant la chaleur de l'esté & toutes les injures du temps. Car si elles n'ont pas esté faites de bonne terre & qu'elles soient mal cuites, la gelée & les pluyes feront bientost connoistre qu'elles ne valent rien : & les tuiles qui ne peuvent servir long-temps sur les toits sans se gaster, ne sont pas propres à faire de la Maçonnerie. C'est pourquoy il faut choisir les tuiles [1] qui ont long-temps servi sur les toits pour faire de la Maçonnerie qui puisse durer long-temps. B

Pour ce qui est des Murailles qui sont faites de bois entrelacé il seroit à souhaitter qu'on n'y eût jamais pensé : car si elles ont quelque commodité à raison du peu de temps & du peu de place qu'il faut pour les bastir, elles sont si dangereuses à cause du feu, pour lequel il semble qu'elles sont des fagots tout preparez, qu'il vaut beaucoup mieux faire la depense des murailles de tuiles maçonnées, que de s'exposer au danger qu'il y a à celles de bois entrelacé pour la seule facilité de leur construction. De plus celles mesmes qui sont couvertes d'enduit, se fendent necessairement le long des montans & des travers; car lorsqu'on les couvre de mortier, le bois s'enfle d'abord par l'humidité, & en suite se sechant, il se retressit, ce qui fait casser l'enduit. C

Neantmoins si l'on veut de ces murailles pour avoir plustost fait & pour l'épargne, ou parceque [2] la place est embarassée ; voicy comme on les peut faire. Il faut les asseoir sur un empatement un peu elevé de terre, afin qu'ils ne touchent point aux pierrailles ny au pavé: car s'ils y sont engagez ils se pourrissent & en s'affaissant ils rompent & gastent toute la beauté des enduits du mur.

Voila ce que j'avois à dire de la construction des murailles, de leurs materiaux en general de leurs bonnes & de leurs mauvaises qualitez : j'ay traitté cette matiere le mieux qu'il m'a esté possible. Il me reste à parler des planchers, de quels materiaux ils doivent estre faits, & comme il les faut choisir, afin qu'ils fassent un ouvrage qui soit durable, autant qu'on en peut juger par la connoissance qu'on a de leur nature. D

1. QUI ONT LONG-TEMPS SERVY SUR LES TOICTS. Il y a dans le texte *ex veteribus tegulis tectis structi parietes*. Le Copiste qui a ecrit un ancien manuscrit que j'ay, a crû qu'il y avoit un solecisme, prenant *tectis* pour un pluriel, & il a mis *ex veteribus tegulis tecta structa*, ce qui donne des sens tout-à-fait differents au texte.

2. LA PLACE EST EMBARASSÉE. Le texte a *impeditis loci deceptio cogit*. Je lis *impediti loci interceptio* : parce que la mesme chose a desja esté exprimée un peu devant en autres termes; car il est dit que les murs de cloisonnage dont il s'agit, sont commodes, parce qu'ils sont bien-tost faits, & qu'ils tiennent si peu de place qu'ils n'embarassent point. *Celeritati & loci laxamento prosunt.*

CHAP. IX.

CHAPITRE IX.

De ce qu'il faut observer en coupant le bois pour bastir & des particularités de quelques arbres.

Le vent du Couchant.

LE temps propre à couper le bois pour bastir est depuis le commencement de l'Automne, jusqu'au Printemps, avant que le Vent *Favonius* commence à souffler : car au Printemps la tige de tous les arbres est comme enceinte des fueilles & des fruits qui sont E

1. LE TEMPS PROPRE. Les precautions que les anciens ont prises pour ne point couper le bois à bastir qu'en bonne saison, tendent toutes à ce qu'il soit le plus exempt qu'il est possible, d'une humidité cruë & superfluë à laquelle tous les vices des bois doivent estre attribuez : car il est vray que le bois se dejette & se tourmente lorsque cette humidité s'évapore inegalement, & qu'il s'emplit de vers, qu'il s'échauffe & se pourrit lors qu'elle se corrompt : La raison de cela est que cette humidité est de deux sortes, l'une est aqueuse qui s'évapore assez-tost, l'autre est plus huileuse, qui est plus sujette à se corrompre; l'une & l'autre est la matiere de la nourriture & de l'accroissement des arbres, & de la production de leurs fruits & de leurs semences. Ces humeurs que les arbres reçoivent journellement de la Terre & du Ciel sont differentes de celles qu'ils ont dés leur naissance, qui est la principale & la plus noble partie de leur substance laquelle n'est point sujette à se corrompre, & ne s'évapore que difficilement : De sorte qu'en general toute sorte de bois est d'autant meilleur qu'il a moins de cette humidité cruë & superfluë. Ce qui arrive aux arbres en certains temps de l'année, dans lesquels cette humidité est comme épuisée, sçavoir lorsque ce qu'ils en avoient amassé au Printemps, en recevant dans leurs racines les vapeurs qui s'élevent en ce temps-là de la terre avec abondance, & qui s'y introduisent

A engendrez tous les ans : en quoy les arbres employent toute la vertu de leur substance : CHAP. IX.
* [1] & l'humidité dont la disposition du temps les emplit necessairement, [2] les rend en les rarefiant, beaucoup plus foibles, ainsi que les femmes qui pendant leur grossesse ne sont
pas reputées estre en une entiere & parfaite santé ; [3] ce qui fait qu'on ne garentit point les
Esclaves estre saines quand on les vend estant grosses. La raison est que ce qui a esté conceu,
venant à croistre attire à soy une bonne partie de la meilleure nourriture, en sorte que
plus le fruit se fortifie en meurissant, & plus il diminue la force & la fermeté de ce qui l'a
produit. Mais aprés l'accouchement toute cette nourriture qui estoit consumée par un
nouvel accroissement, n'estant plus necessairement employée à [4] la production d'une chose
étrangere, se retire dans les veines qui estoient vuidées, & le corps de la mere se fortifie,
& revient en son premier état. Ainsi lorsqu'en Automne les fruits sont meurs, & que les
B fueilles commencent à se flestrir, les arbres retiennent en eux tout le suc que leurs racines
tirent de la terre, ils reprennent leurs anciennes forces, & sur cela le froid de l'hyver sur-
venant, il les resserre & les affermit. C'est pourquoy c'est là le temps le plus propre pour
couper les arbres ainsi qu'il a esté dit.

La maniere de les couper est qu'il les faut cerner par le [5] pied jusqu'à la moitié du cœur
de l'arbre & les laisser ainsi quelque temps, afin que l'humidité inutile en sorte, & que coulant par cette entaille au travers de [6] l'Aubour, elle ne vienne point à se corrompre dans le

avec force, a esté consumé & employé en fueilles, en fruits & en
semences ; lorsque la terre desseichée par les chaleurs de l'Esté, est
moins capable de fournir cette humidité ; & lorsque les fibres des
arbres resserrées par le froid sont moins disposées à la recevoir.
C C'est pourquoy le premier temps propre à couper le bois à bastir,
est lorsque les fueilles en tombant des arbres font voir que l'humidité qui les nourrissoit commence à manquer, & ce temps commode dure jusqu'au Printemps.

Mais outre cette observation generale de la saison de l'année,
il y en a une autre du temps de la Lune, qu'on tient aussi estre de
grande importance, & qui est fondée sur la croyance qu'on a
qu'en toutes choses l'humidité augmente, ou diminuë selon que
la Lune croist ou decroist : De sorte qu'on estime qu'il est meilleur
de couper les arbres en decours, à cause qu'ils ont moins d'humidité : & Columelle avertit que ce doit estre pendant les dix
derniers jours de la Lune. Vegece au contraire estime que le meilleur temps est un peu aprés la pleine lune. A ces observations generales on en ajoûte de plus particulieres qui sont prises du naturel de differents arbres. M. Cato veut qu'on coupe les chesnes en
Esté ; que les arbres qui ne portent point de fruit peuvent estre
D coupez en tout temps, & ceux qui en portent, seulement lors
que leurs fruits sont meurs ; que les Ormes ne doivent point estre
abbatus que quand leurs fueilles sont tombées. Theophraste veut
qu'on coupe le Sapin, le Pin & le Picea lors qu'ils ont poussé leurs
premiers jettons ; & le Tilleu, l'Erable, l'Orme & le Fresne aprés
les vendanges.

1. L'HUMIDITÉ DONT LA DISPOSITION DU TEMPS LES EMPLIT NECESSAIREMENT. J'interprete ainsi, *Cum humida temporum necessitate fuerint.* C'est-à-dire que la disposition du temps estant telle au Printemps que les vapeurs de l'humidité qui a esté retenuë & digerée dans la terre pendant l'Hyver, estant contraintes par la chaleur qui les fait gonfler, de chercher quelques issuës, elles entrent necessairement dans les pores des racines que la mesme chaleur dilate, d'où vient que toutes les plantes poussent au Printemps ainsi qu'il a esté expliqué.

E 2. LES REND EN LES RAREFIANT BEAUCOUP PLUS
FOIBLES. Vitruve montre la verité de cette proposition dans
le chap. suivant, par la comparaison qu'il y fait des arbres qui
croissent au deçà du Mont Apennin, avec ceux qui sont au delà ;
parceque ceux-cy, qui estant exposez au Midy sont nourris d'un
suc plus cuit & moins abondant, ont leurs fibres plus serrées ; &
les autres qui ont reçu beaucoup d'humidité entre leurs fibres, demeurent rarefiez lorsque cette humidité s'est evaporée ; & c'est
cette rareté par laquelle les fibres sont écartées, qui fait que ces
bois sont plus foibles que les autres.

3. CE QUI FAIT QU'ON NE GARENTIT POINT LES ESCLAVES. Si Vitruve ne s'est point trompé, la Jurisprudence a changé depuis son temps : car Ulpian dit le contraire. *Si mulier venierit pregnans, inter omnes convenit sanam esse eam : maximum enim & præcipuum munus fœminarum, concipere ac tueri conceptum.*

4. LA PRODUCTION D'UNE CHOSE ETRANGERE. J'interprete ainsi, *disparationem procreationis*, parce qu'il est manifeste que Vitruve veut dire qu'autant que la nature employe de sang à la production de l'enfant, elle diminuë autant des forces de la mere, qui est privée de sa nourriture, dont la meilleure partie est employée à une chose étrangere ; supposant que la production & la nourriture sont deux generations, mais qui sont differentes. Et cette *disparatio procreationis*, n'est rien autre chose que ce qu'il apelle devant *aliud genus incrementi*. Cela estant, comme il me semble, fort clair, je n'ay point fait difficulté de corriger cet endroit en lisant *à disparatione procreationis est liberatum*, au lieu de *ad disparationem procreationis est liberatum*. Pour ce qui est de cette comparaison des femmes grosses, il semble que l'on a de la peine à en faire l'application aux arbres, sans abandonner les principes que Vitruve a établis, qui sont que l'abondance de l'humidité affoiblit le bois, car c'est la consumption de l'humidité qui affoiblit les femmes grosses.

5. JUSQU'A LA MOITIÉ DU COEUR DE L'ARBRE. Le cœur qui est la partie que l'Aubour couvre, est ce que Vitruve apelle *medulla*. Pline dit seulement *ad medullam*, & Palladius, *usque ad medullam*. Mais Vitruve dit *usque ad mediam medullam*, pour faire entendre qu'il est plus seur de couper un peu avant dans le cœur, afin que l'humidité qui est passée de l'Aubour dans les parties du cœur qui luy sont voisines, s'épuise entierement.

6. L'AUBOUR. Le mot latin *Torulus* que j'ay expliqué *Aubour*, est un mot particulier à Vitruve pour cela : Dans Plaute il signifie un petit chapeau ; on peut aussi dire qu'il signifie un petit matelas ; peut-estre à cause de sa mollesse, qui pourroit convenir aussi au feutre d'un chapeau. Nostre nom françois Aubour est pris du mot Latin dont Pline s'est servy, qui apelle cette partie des arbres *Alburnum propter albedinem* : Parcequ'en effet l'Aubour est plus blanc que le reste du bois. Pline dit que c'est la graisse du bois qui est immediatement sous l'écorce, ainsi que la graisse est sous la peau, & de mesme qu'elle est une partie moins ferme que la chair, & qui se consume la premiere, aussi l'Aubour est la partie du bois qui se carie & qui se pourrit plus aisement. Mais s'il est permis à l'exemple de Pline de rapporter les parties des plantes à celles des animaux, j'aimerois mieux dire que dans quelques plantes l'Aubour tient lieu de Veines, & que l'office des Arteres est fait par l'écorce qui reçoit la nourriture de la racine, comme les Arteres reçoivent le sang du cœur & qu'elles le portent à toutes les parties de l'arbre ; que ce que l'Ecorce contient est un peu plus parfait, mieux cuit & destiné à la nourriture, & que le reste de cette nourriture est renvoyé à la racine par l'Aubour, afin d'estre de nouveau cuit & perfectionné pour remonter par l'Ecorce : & ainsi par une circulation continuelle imiter celle qui se fait dans le corps des animaux. L'écoulement de cette humeur aqueuse qui arrive quand on a cerné l'arbre jusqu'au cœur du bois, fait concevoir de quelle maniere se fait ce different mouvement de diverses liqueurs, qui est, que la disposition des Pores & des Fibres

CHAP. IX. bois & à le gaster aussi en suite. Quand l'arbre sera bien sec & qu'il ne degouttera plus A rien, il faudra l'abattre, & alors il sera fort bon à mettre en œuvre.

Il est aisé de juger combien cette methode est utile par ce qui se pratique aux arbrisseaux pour les faire durer long-temps, qui est qu'on leur oste ce qu'ils ont d'humidité superfluë & vitieuse en les perçant par le bas en certain temps, & qu'on voit [1] qu'ils demeurent foibles & languissans, quand on ne leur tire point cette humidité qui s'amasse & se pourrit au dedans. Les arbres donc qu'on fera ainsi secher sur le pied avant qu'ils soient morts, ou épuisez par la vieillesse, deviendront par ce moyen tres-propres pour servir & durer long-temps estant employez.

Les arbres dont on se sert pour les Edifices comme le Chesne, l'Orme, le Peuplier, le Cyprés & le Sapin n'y sont pas aussi propres les uns que les autres, & l'on ne peut pas faire du Chesne ce que l'on fait du Sapin, ny du Cyprés ce que l'on fait de l'Orme, chacun B ayant des proprietez differentes, à cause des principes dont ils sont composez, qui ne produisent pas les mesmes effets. Car le Sapin qui a beaucoup d'air & de feu, & peu d'eau & de terre, selon la qualité des choses qui le composent, a aussi fort peu de pesanteur, & sa nature est d'estre ferme & tendu, de ne plier pas sous le faix, & de tenir les planchers fort droits: mais sa trop grande chaleur fait qu'il est sujet à engendrer des vers qui le gastent, & à s'allumer aisément à raison de sa nature aërée qui le rend susceptible du feu.

Le Sapin avant que d'estre coupé est en sa partie inferieure uny & sans nœuds à cause de l'humidité que ses racines prennent de la terre voisine: mais la partie d'enhaut qui jette beaucoup de branches à raison de la chaleur dont elle abonde est fort noüeuse, & lorsqu'elle est coupée de la longueur de vingt pieds & équarrie, elle est apellée [2] *Fusterna*, à cause de la dureté de ses nœuds: pour ce qui est de la partie inferieure de l'arbre, si elle est si grosse que les Fibres differentes fassent [3] quatre separations; on la décharge de son Aubour, & ce qui reste est fort bon pour la Menuiserie, & est apellé *Sapinea*. C

Quercus. [4] Au contraire *le grand Chesne* dont les principes sont tout-à-fait terrestres, ayant peu d'eau, d'air & de feu, dure eternellement dans la terre, parce que sa solidité fait qu'il ne reçoit point dans ses pores l'humidité, qu'il fuit tellement & [5] dont il est si peu remply, qu'il se tourmente, se gerse & se fend étant mis en œuvre hors de terre. Mais [6] le petit Chesne *Esculus.*

de l'Aubour est telle, qu'elles laissent aisément couler l'humeur embus, & que les Fibres & les Pores de l'écorce ont une disposition contraire, qui fait que quoy que ce cerne coupe l'écorce aussibien que l'Aubour, il ne tombe neanmoins que l'humeur aqueuse & crüe, de mesme qu'en l'amputation d'un membre d'un animal il ne coule qu'une espece de sang, sçavoir l'Arteriel, l'autre espece estant retenüe & suspendüe par les valvules qui sont dans les veines.

1. ILS DEMEURENT FOIBLES ET LANGUISSANS. Il semble que Philander ait eu quelque opinion de la circulation de la nourriture dans les plantes, quand il dit sur cet endroit de Vitruve que l'evacuation de l'humidité aqueuse tient lieu de saignée aux arbrisseaux, parce qu'en effet cette humidité aqueuse qui descend par l'Aubour, si on la compare à l'autre qui monte par l'écorce, est comme le sang veneux de l'arbre, de mesme que l'huyleuse est comme le sang arteriel. Mais ce qui rend ce rapport encore plus juste, est l'effet de cette evacuation qui se trouve estre salutaire à la plante, de mesme que la saignée l'est aux animaux: Car il est souvent tres-utile d'oster cette humidité quand elle est trop abondante, parcequ'il est impossible qu'en cet estat elle ne se corrompe, lorsque descendant dans la racine pour y estre cuite & perfectionnée, elle ne trouve pas des forces qui soient proportionnées à sa quantité, & capables de travailler à un aussi grand ouvrage qu'est celuy de la coction de toute cette humeur: de mesme que c'est un grand soulagement au cœur & à toutes les parties qui travaillent à faire le sang & à le rectifier, d'en oster une notable partie: car sans cela ce sang qui retourne au cœur destitué de sa meilleure & plus utile portion, qui est demeurée aux parties qu'il a nourries, le charge & l'accable au lieu de le fortifier, & il trouve beaucoup plus de facilité à changer en pur sang la bonne nourriture qu'on donne aux malades, qu'à rectifier celuy que les veines luy rapportent, qui est alteré & corrompu par la maladie.

2. FUSTERNA. Ce mot est primitif selon la plus commune opinion, neanmoins Baldus & Saumaise croyent qu'il est derivé de *fustis* qui signifie un baston noüeux.

3. QUATRE SEPARATIONS. Les Troncs des gros Sapins estant coupez de travers ont deux cercles de differentes Fibres, lesquelles, lorsque l'arbre est fendu par le milieu & selon le fil, font quatre separations de differentes ondes: Ce qui fait apeller ces Troncs ainsi coupez *quadrifluviatus* par Pline. D

4. LE GRAND CHESNE. Les Auteurs ne s'accordent pas bien sur les differences des arbres qui sont compris sous le nom de *Quercus*, car il y a l'*Ilex*, le *Robur*, l'*Hemeris*, le *Platyphyllos*, le *Phegos*, l'*Esculus* &c. qui sont pris souvent les uns pour les autres. Mais comme Vitruve ne parle icy que de deux, & qu'il oppose le *Quercus* à l'*Esculus* qui est le petit chesne, comme il sera monstré cy-aprés, j'ay crû pouvoir apeller *Quercus* le grand Chesne, veu que l'Auteur de l'Histoire des Plantes de Lyon, qui a esté faite sur les Memoires de Dalechamp, est de cet avis, quand il dit, *Quercus in specie, est arborum omnium maxime procera*, qui est à dire, que le Chesne simplement & pris pour une espece est un tres-grand arbre.

5. DONT IL EST SI PEU REMPLY QU'IL SE TOURMENTE. La raison pour laquelle le Chesne est sujet à se tourmenter & à se dejetter, n'est pas parce qu'il est remply de peu d'humidité: E Car il y a des bois plus secs qui ne se tourmentent point, mais c'est par ce qu'il est composé de parties inegales, y en ayant de seches, dures & fibreuses qui demeurent fermes, pendant que les autres qui estoient plus humides, se retirent lorsque leur humidité s'evapore aprés que le bois est mis en œuvre.

6. MAIS LE PETIT CHESNE. L'espece de Chesne apellé *Esculus* est decrit bien differemment par les auteurs. Virgile le represente comme un tres grand arbre dont les racines qui sont aussi longues que les branches descendent jusqu'aux enfers. Ruel & Belon croyent aussi qu'*Esculus* est le *Platyphyllos* de Theophraste qui est un chesne qui non seulement a ..s fueilles larges comme le nom le porte, mais dont les branches sont aussi fort grandes. Dalechamp au contraire le fait un petit arbre tortu dont les feuilles sont estroites suivant Pline qui dit aussi qu'il n'est pas fort haut. Cette opinion est la plus receüe par les Botaniques qui croyent que l'*Esculus* est le *Phegus* de Theophraste, à qui les

qui

A qui est temperé en ses principes, est de fort bon usage dans les Edifices : toutefois il ne resiste pas à l'humidité, il la reçoit aisément par ses pores, & elle fait sortir ce qu'il a d'air & de feu, ce qui est cause qu'il se corrompt en peu de temps. CHAP. IX.

* [1] Le *Cerrus*, le Liege & le Hestre qui ont beaucoup d'air avec peu d'humide, de terrestre & de feu, sont d'une substance si peu solide qu'ils se gastent pour peu qu'ils reçoivent d'humidité. Le Peuplier tant le blanc que le noir, le Saule, le Tilleu & [2] l'*Agnus castus* semblent estre fort propres aux choses où la legereté est requise, à cause de l'abondance du feu & de l'air, de la mediocre quantité d'eau, & du peu de terre qui entre en leur composition : ainsi leur bois n'estant point dur parce qu'il tient peu du terrestre, & ayant beaucoup de blancheur [3] à cause qu'il est poreux, est propre pour la sculpture. L'Aune qui croist au bord des rivieres, & dont le bois n'est pas fort estimé, ne laisse pas d'estre bon à quelque B chose ; comme l'air & le feu font le principal de sa composition, qu'il a peu de terrestre & encore moins d'humide, il est admirable pour soûtenir les fondemens des Edifices qu'on bâtit dans les marécages : car les Pilotis qu'on fait de ces arbres mis fort prés à prés ont cet avantage qu'ils peuvent boire beaucoup d'humidité sans qu'elle leur nuise, [4] parce qu'ils en ont peu naturellement : Et ainsi sans se gaster ils soûtiennent la charge des bâtimens les plus massifs : & le bois qui se corrompt le plustost sur la terre, est celuy qui dure le plus long-temps dans l'eau. Cela se voit à Ravenne qui est une ville dont toutes les maisons, tant publiques que particulieres, sont fondées sur ces Pilotis.

L'Orme & le Fresne qui ont beaucoup d'humidité, peu d'air & de feu, & mediocrement de terre, ont cette proprieté qu'ils ne s'éclattent pas aisément quand on les employe, & qu'ils n'ont point de roideur qui les empesche de plier, si ce n'est qu'ils soient tout-à-fait C desseichez par le temps, ou par cette maniere d'oster aux arbres l'humidité, qui se pratique [5] en les cernant pendant qu'ils sont encore sur sur le pié. Or cette fermeté qui les empésche d'éclater, fait qu'ils sont fort propres pour des assemblages par tenons & par mortaises.

Le Charme à cause qu'il a peu de feu & de terre, & mediocrement d'eau & d'air, ne se rompt pas aisément, mais est fort ployable, & pour cela il est apellé *Zygia* par les Grecs, qui en font le joug de leurs bestes, parce qu'ils apellent ces jougs *Zyga*.

C'est une chose assez remarquable que le bois de Cyprés & de Pin par la raison qu'ils ont * beaucoup d'eau & qu'ils sont temperez par la mixtion des autres principes, se courbent ordinairement estant mis en œuvre [6] à cause de leur excessive humidité ; & cependant ils demeurent tres-long-temps sans se gaster, à cause que cette mesme humidité par son extré-

D

tins ont donné le nom d'*Esculus* à cause que son gland est bon à manger, ce que le nom grec *Phegus* signifie aussi ; & le *Phegus* est decrit par Theophraste comme un petit chesne qui ne s'éleve pas fort haut, mais qui s'étend seulement en rond.

1. LE CERRUS. Cet arbre est une espece de Chesne apellé *ægilops* par les Grecs. Dalechamp dit qu'il n'a point de nom françois parce qu'il ne croist point en France, & Pline asseure qu'il n'est pas mesme connu en la plus grande partie de l'Italie. Ruel croit que c'est le Hestre à cause de la ressemblance qu'il trouve aux noms : mais le *Cerrus* & le Hestre sont des arbres qui n'ont aucun rapport. Le *Cerrus* est different des autres Chesnes en deux choses principales, l'une est que ses glands sont petits, ronds, & presque recouverts par leur calyce qui est assez aspre & en quelque façon comme la premiere écorce d'une chataigne : l'autre est qu'il E pend d'ordinaire de ses branches une mousse longue comme le bras. Son bois est cassant & se corrompt aisément comme dit Vitruve.

2. L'AGNUS CASTUS. Parceque nous n'avons point d'autre nom françois pour exprimer le *Vitex* des Latins, il a fallu necessairement se servir de celuy que les Apotiquaires ignorans ont mis en usage qui est composé de deux mots l'un grec & l'autre latin qui signifient la mesme chose, sçavoir *chaste*. On tient que ce nom a esté donné à cet arbrisseau à cause de la vertu que l'on dit qu'il a de conserver la chasteté, d'où vient que les femmes grecques se couchoient sur ses feuilles quand elles devoient assister aux festes de Ceres qu'il falloit celebrer avec une grande pureté. Mais ce que Vitruve dit de la fermeté de son bois n'a aucune vraysemblance, & je croy qu'au lieu de *rigiditatem* il doit y avoir *levitatem*, par ce que ce bois est fort leger & propre aux ouvrages qui ne demandent pas tant de fermeté, que de legereté : ce qui est encore confirmé parce qu'il est dit qu'il a *tractabilitatem* qui est l'opposé de *rigiditatem*.

3. A CAUSE QU'IL EST POREUX. La quantité des pores n'est point une cause evidente de la blancheur, & il y a plus d'apparence qu'elle doive produire la noirceur par le defaut de la reflexion de la lumiere qui se perd dans les pores.

4. PARCE QU'ILS EN ONT PEU NATURELLEMENT. Cecy est dit conformement aux principes qui ont esté établis au 4. chap. du 1. liv. où suivant l'opinion d'Empedocle, Vitruve estime que les poissons aiment l'eau à cause de l'excés de la chaleur de leur temperament ; mais il n'y a pas d'apparence à l'un ny à l'autre, & l'Aune resiste à l'eau parcequ'il en est naturellement plein : Et quand il est exposé à l'air & au chaud qui consume son humidité naturelle, il se pourrit aisément : de sorte que par les mesmes principes que Vitruve a établis dans ce chapitre, la facilité qu'il a à se corrompre estant hors de l'eau, est une marque qu'il a naturellement beaucoup d'humidité.

5. EN LES CERNANT. Je lis avec Jocundus *cum fuerint in agro persecta*, au lieu de *perfecta* qui est dans la plus grande partie des exemplaires, & que J. Martin interprete, *en les purgeant*.

6. A CAUSE DE LEUR EXCESSIVE HUMIDITÉ. L'amertume qui est dans ces sortes de bois est une marque plus assurée de la secheresse de leur temperament, que leur facilité à plier ne l'est de leur humidité : Car il est aisé de trouver des raisons de cette foiblesse dans la rareté de leurs fibres, qui estant dispersées & non ramassées, ne sont pas capables de resister à la pesanteur qui les fait plier. Mais il est fort difficile de faire comprendre que l'amertume, l'odeur forte & agreable, la resistance à toute sorte de corruption, & l'inflammabilité soient des marques d'une grande humidité.

CHAP. IX. me amertume empesche la vermoulure, & tuë les petites bestes qui le rongent ; d'où vient A
que les ouvrages qu'on en fait durent à jamais. Le Cedre & le Genievre ont une pareille vertu, & de mesme que le Pin & le Cyprés ont une resine, le Cedre a une huyle qui s'apelle *Cedrium*, par laquelle toutes choses sont conservées, en sorte que les livres qui en sont frottez ne sont point sujets aux vers ny à la moisissure. [1] Les fueilles du Cedre sont semblables à celles du Cyprés & les fibres de son bois sont fort droites. Dans le temple d'Ephese la statuë de Diane & les lambris des planchers sont de cedre, de mesme que dans tous les autres grands Temples. Ces arbres naissent en Candie [2] principalement, comme aussi en Afrique & en quelques endroits de la Syrie.

[3] Le Larix qui est un arbre qui ne se voit guere que sur les bords du Po & prés des rivages de la mer Adriatique, a aussi une amertume qui empesche que la vermoulure & les vers ne luy nuisent : Mais de plus il a cela de particulier qu'il ne s'enflame point, & il faut pour B
le brûler qu'on le mette dans un feu d'autre bois, de mesme que les pierres qu'on cuit dans un fourneau pour faire de la Chaux, & encore ne peut-il jetter aucune flamme, ny faire de charbon ; mais il faut un long-temps pour le consumer ; car il entre peu de feu & d'air dans sa composition, dans laquelle l'eau & la terre dominent, ce qui rend son bois si solide & si serré, que n'ayant point de pores qui puissent estre penetrez par le feu, il luy resiste & n'en est endommagé qu'à la longueur du temps : il est d'ailleurs si pesant qu'il ne flotte point sur l'eau ; pour le faire venir, il le faut porter dans des batteaux, ou sur des radeaux faits avec du Sapin. Cette proprieté particuliere a esté découverte par une rencontre qu'il est à propos de faire sçavoir.

Jules Cesar ayant campé proche des Alpes, & fait commander dans tous les lieux circonvoisins de fournir les choses necessaires pour la subsistance de son armée, il se trouva C
dans un fort château apellé Larignum des gens assez hardis pour refuser de luy obeir, sur l'opinion qu'ils avoient que les avantages du lieu rendoient leur place imprenable. Cesar ayant fait approcher ses troupes trouva devant la porte du Château une tour faite de ce bois mis en travers l'un sur l'autre en forme d'un buscher d'une telle hauteur, que ceux qui estoient dedans pouvoient aisément avec des leviers & des pierres en empescher l'approche. Comme on vit que ceux qui défendoient la tour, n'avoient point d'autres armes que des leviers, qui ne pouvoient pas estre lancez bien loin à cause de leur pesanteur, on ordonna à ceux qui estoient commandez pour faire les approches, de jetter au pied de la tour quantité de fagots, & d'y mettre le feu ; ce qui fut incontinent executé, & la flamme qui l'environna & qui s'éleva fort haut, fit croire que toute la tour estoit consumée ; Mais le feu s'estant éteint de luy mesme, Cesar fut bien étonné de voir D
la tour entiere : Cela le fit resoudre à faire une tranchée tout au tour hors la portée des armes des assiegez, qui craignans d'estre pris de force, se rendirent : & estant enquis quel estoit ce bois qui ne pouvoit estre brûlé, ils firent voir ces sortes d'arbres qui sont fort communs dans le païs, & qui avoient fait apeller ce Château Larignum, parceque le nom de ce bois est Larix, qu'on fait venir sur le Po à Ravenne, à Fano, à Pezaro, à Ancone & aux autres villes d'alentour. Il seroit fort à souhaitter qu'on en pût aisément apporter à Rome, où cette matiere seroit d'une grande utilité pour tous les bastimens, ou du moins pour les planchers qui sont sous les tuiles aux entablemens des maisons situées sur les extremitez des Isles qu'elles font ; car cela empescheroit que le feu, dans les embrasemens, ne

1. LES FEUILLES DU CEDRE. Il faut que le texte de Vitruve soit corrompu, de mesme que celuy de Dioscoride en ce qui regarde la description du Cedre : car Dioscoride luy donne du fruit semblable à celuy du Cyprés, & Vitruve dit qu'il a les feuilles comme le Cyprés, cependant ny l'un ny l'autre ne se trouve veritable. Il n'y a que l'*Oxycedrus Lycia* qui ait des feuilles en quelque façon semblables à celles du Cyprés : mais il y a grande apparence que le Cedre dont Vitruve parle icy, est le grand Cedre apellé *Cedrelate* ou Cedre Phoenicien qui est celuy qui sert à bastir, dont les feuilles n'ont aucun rapport avec celles du Cyprés, estant beaucoup plus semblables à celles du Genievre.

2. PRINCIPALEMENT. Je lis *nascuntur arbores hæ maximè in Creta & Syria regionibus* suivant mon manuscript, au lieu de *nascuntur maxime &c.* Philander a corrigé une faute de cette mesme nature à la fin de ce chap. où les exemplaires ont *certa tabula* au lieu de *cerrî tabula &c.*

3. LE LARIX. Le doute qu'on peut avoir raisonnablement si le Larix de Vitruve, de Pline & de Palladius est le nostre qui s'apelle en françois *Melese*, m'a empesché de changer son nom latin qui est devenu assez françois. Car la principale qualité du Larix de ces trois auteurs qui est de ne pouvoir brûler, manque à nostre Meleze qui brûle fort bien & fait de bon charbon, & dont on se sert pour fondre les mines de fer aux montagnes de Trente & E
d'Ananie : & mesme on ne brûle point d'autre bois dans tout le païs d'alentour à ce que dit Mathiole. Ceux qui croyent que le Larix des anciens est nostre Melese, s'arrestent davantage à la description que Vitruve fait de l'arbre & de ses proprietez pour la guerison des maladies, qu'à celle d'estre incombustible, qui doit passer pour fabuleuse non seulement dans le Larix, mais en toute autre sorte de bois qui est resineux & odorant, de mesme que Vitruve dit qu'est son Larix.

A passant d'une Isle à l'autre, ce bois n'estant point capable d'estre endommagé des flames Chap. IX. ny des charbons qui tombent, ny de faire mesme du charbon.

Ces arbres ont les feuilles semblables à celles du Pin : Le bois a le fil long, & est aussi bon pour la menuiserie que le Sapin. Il a une resine liquide semblable au miel Attique, qui est propre à guerir les phtisies.

Je pense avoir traité assez amplement des especes & des proprietez naturelles des arbres & de leurs principes. Il reste à expliquer pour quelle raison le Sapin qu'on apelle à Rome *Supernas*, est pire que celuy qu'ils nomment *Infernas*, qui est tres-bon pour les Edifices à cause de sa durée ; ce que je vais faire voir, expliquant par les principes qui me sembleront les plus evidens, pourquoy les differens lieux sont cause de la bonté, ou des vices qui se remarquent dans les arbres.

B Chap. X.

CHAPITRE X.

Du Sapin qu'on apelle Supernas & de celuy qui est nommé Infernas, avec la description de l'Apennin.

*[1] L'Apennin commence à la mer Tyrrhene & va le long de la Toscane jusqu'aux Alpes : les croupes de cette montagne, qui sont comme un demy cercle, s'avancent & touchent presque du milieu de leur courbure la mer Adriatique. Les païs de Toscane & de Naples qu'elles enferment, sont découverts & fort exposez à la chaleur du Soleil : Ceux qui sont au delà vers la mer d'enhaut & qui regardent le Septentrion sont par tout couverts & fort ombragez. C'est pourquoy les arbres y sont nourris de beaucoup d'humidité, qui les fait croistre extremement, & qui remplit & gonfle leurs fibres de telle sorte, que quand C ils sont coupez & équarris, & qu'ayant perdu leur faculté vegetative ils se desseichent, leurs * fibres[2] demeurent en leur premier état sans se serrer les unes contre les autres,[3] & leur bois devient si lâche, qu'il est incapable de durer long-temps dans les Edifices où il est employé. Au contraire les arbres qui sont nez dans les lieux découverts & qui ne laissent point tant de vuide entre leurs fibres, s'affermissent en sechant, parce que le Soleil qui en attirant l'humidité de la terre, consume aussi celle des arbres, fait que ceux qui sont en des lieux découverts, ont les fibres plus serrées, & non separées par une trop grande humidité : ce qui les rend bien plus propres pour faire une charpenterie qui soit de longue durée. Et c'est en un mot la raison pour laquelle les Sapins qu'on apelle *Infernates*, qui sont pris en des lieux découverts, sont meilleurs que ceux qui sont apellez *Supernates* qui viennent des païs couverts.

D Voila ce que j'ay recherché avec le plus grand soin qu'il m'a esté possible sur toutes les choses qui sont necessaires aux Edifices, expliquant les principes dont elles sont naturellement composées, & quelles sont leurs bonnes & leurs mauvaises qualitez. Ceux qui pourront suivre ces preceptes, en feront leur profit ; & se rendront capables de bien choisir ce qui est le plus utile pour leurs ouvrages.

1. L'APENNIN COMMENCE A LA MER TYRRHENE. L'Italie est entre la mer Adriatique & la mer Tyrrhene qui autrement est apellée la mer de Toscane, & les montagnes de l'Apennin vont le long de l'Italie ayant de mesme qu'elle à droit & à gauche ces deux mers : de sorte qu'il n'est point vray que l'Apennin commence à la mer Tyrrhene. Il y auroit plus d'aparence de dire qu'il commence à la mer de Sicile qui est au bout de l'Italie où est le commencement de l'Apennin.

E 2. DEMEURENT EN LEUR PREMIER ETAT. Le texte a *venarum rigorem permanentes* ; je trouve dans mon manuscript *venarum rigore permanente* ; & je suis ce texte qui signifie que les fibres des arbres dont les intervalles sont remplis de beaucoup d'humidité, estant eloignées les unes des autres lorsque le bois est vert, le rendent spongieux & lasche quand il vient à se secher, à cause du grand vuide que cette humidité y laisse aprés qu'elle est consumée : ce qui n'arriveroit pas si en sechant, les fibres se rapprochoient & se joignoient les unes aux autres.

3. ET LEUR BOIS DEVIENT SI LACHE. Cet exemple confirme ce qui a esté dit au chap. precedent sçavoir que la trop grande abondance d'humidité rend le bois plus foible, & de moins de durée. Ce qui est contraire neanmoins à la philosophie de quelques-uns de nos illustres jardiniers qui pretendent que l'abondance d'humidité qui fait produire beaucoup de bois & de feuilles aux arbres, est un effet de leur force ; & qu'ils ne produisent des fleurs & des fruits que parce qu'ils n'ont pas la force de faire du bois, d'autant, disent-ils, que la premiere intention de la nature est de se conserver & de s'accroistre, & non pas de produire son semblable : ensorte que suivant ce raisonnement on concluroit que les arbres qui croissent lentement & qui ne deviennent jamais extremement grands, seroient les plus foibles : mais on ne trouve point dans les ouvrages de la nature que la promtitude de leur accomplissement, ny la grandeur de leur masse, soit une marque de leur force, qui ne se doit mesurer que par la qualité noble & importante des effets qui ne peuvent estre produits que par une vigueur & une puissance extraordinaire. Par la mesme raison il n'est pas vray que la production des fruits procede d'une moindre force que la production des branches, parcequ'il n'est pas necessaire que la puissance qu'un estre employe pour se conserver, soit plus grande que celle dont il a besoin pour en produire un autre : au contraire il y a apparence que les actions dont l'usage est le plus ordinaire & le plus necessaire, sont celles qui doivent estre les plus faciles, & que celles qui sont moins necessaires ne sont faites que de l'abondance de la force, qui aprés avoir satisfait à ce qui est de premier & de plus necessaire, se trouve encore suffisante pour autre chose.

CHAP. X. Ayant donc parlé de tous les preparatifs qui sont necessaires, je vais dans les livres suivans A donner les regles qu'il faut observer dans la structure de tous les Edifices, & je commence, comme il est raisonnable, par les Temples des Dieux, traittant de leurs symmetries & proportions.

LE TROISIE'ME LIVRE DE VITRUVE.

PREFACE.

SOCRATE qui fut declaré le plus sage de tous les hommes par les Oracles qu'Apollon B rendoit en la ville de Delphes, disoit avec beaucoup de raison, qu'il eust esté à souhaiter que nous eussions eu une ouverture à la poitrine, afin que nos pensées & nos desseins ne fussent point demeurez si cachez. Car si la Nature, suivant le sentiment de ce grand personnage, nous avoit donné le moyen de découvrir les conceptions les uns des autres, outre l'avantage qu'on auroit de voir le fort & le foible de tous les esprits, la science & la capacité de chacun se connoissant à l'œil, elle ne seroit point sujette au jugement qu'on en fait bien souvent par des conjectures fort incertaines, & les doctes enseigneroient avec bien plus d'autorité. Mais puisque la Nature en a autrement disposé, il ne nous est pas possible de penetrer dans l'esprit des hommes, où les sciences sont renfermées & cachées, pour sçavoir certainement quelles elles sont. Et quoyque les meilleurs ouvriers promettent d'employer toute sorte d'industrie pour faire reüssir ce qu'ils entreprennent, toute- C fois s'ils n'ont acquis du bien & de la reputation par le longtemps qu'il y a qu'ils travaillent, & que mesme ils n'ayent pas de l'adresse pour se faire valoir, & une facilité de s'expliquer qui soit proportionée à leur science, ils n'auront jamais le credit de faire croire qu'ils sçavent bien les arts dont ils font profession.

Cette verité se justifie par les exemples des anciens Sculpteurs & Peintres, entre lesquels nous ne voyons point que d'autres que ceux qui ont eu quelque recommendation & quelque marque d'honneur, ayent fait connoistre leurs noms à la posterité : Car Miron, Polyclete, [1] Phidias, Lysippus & tous les autres qui ont esté annoblis par leur art, ne se sont rendus celebres, que parce qu'ils ont fait des ouvrages pour des Rois, pour de grandes villes, ou pour des particuliers puissans & élevez en dignité : & il s'en est trouvé plusieurs autres, qui n'ayant pas moins d'esprit, d'adresse & de capacité, ont fait pour des personnes D de peu de consideration des ouvrages qui n'en estoient pas moins excellens, & qui neanmoins n'ont point laissé de reputation aprés eux : ce qui n'a pas esté faute d'industrie & de suffisance, mais faute de bonheur, comme il est arrivé à Hellas Athenien, à Chion Corinthien, à Myagrus Phocéen, à Pharax Ephesien, à Bedas Byzantin, & à plusieurs autres. Il en est de mesme des Peintres ; car Aristomenes Rhodien, Polycles Atramitain, Nicomachus & plusieurs autres, n'ont manqué ny d'etude, ny d'adresse, ny d'application à leur art: Mais le peu de bien qu'ils avoient, ou la foiblesse de leur destinée, ou le malheur d'avoir eu du desavantage dans quelque contestation avec leurs adversaires, ont esté des obstacles à leur avancement & à leur elevation.

Mais s'il ne faut pas s'étonner que les habiles gens dont on ignore la capacité, manquent de reputation ; il n'est pas supportable de voir que tres-souvent la bonne chere & les festins E corrompent la verité, & fassent violence aux jugemens pour donner l'approbation à des choses qui n'en meritent point. Si donc suivant le souhait de Socrate les sentimens des hommes, leur art & leur science avoient esté visibles, la faveur & la brigue ne prevaudroient pas comme elles font, & on donneroit les ouvrages à faire à ceux qui par leur travail seroient parvenus à la perfection de leur art. Mais comme ces choses ne sont point dé-

1. PHIDIAS. Cet illustre Sculpteur est remarquable entre les autres par la faveur de Pericles : car Plutarque rapporte que ce grand personnage qui a orné la Ville d'Athenes par plusieurs excellens edifices, estoit prevenu d'une si grande affection pour Phidias qui n'estoit que Sculpteur, que bienque la Republique eust des Architectes tres capables, il vouloit que les desseins de Phidias fussent suivis ; c'est à dire que les ouvrages fussent en danger d'avoir les defauts dont de sçavants Architectes auroient pû les rendre exempts.

couvertes

• couvertes ny apparentes comme il auroit esté à souhaitter qu'elles fussent, & que [1] je connois A par experience que les ignorans l'emportent bien souvent par faveur sur les plus habiles, je suis resolu de ne me commettre point avec ces sortes de gens pour tascher de l'emporter contre leurs brigues, mais d'etablir par de bons & solides preceptes la science dont je fais profession. CHAP. I.

C'est pourquoy, Seigneur, j'ay traitté dans mon premier livre de l'Architecture en general, des qualitez qui sont necessaires à un parfait Architecte, dont j'ay rendu les raisons, & de plus j'ay donné les divisions & les definitions de cet art. Ensuite j'ay raisonné sur le choix du lieu où l'on doit bâtir une Ville afin que l'habitation en soit saine, ce qui n'est pas de peu d'importance: j'ay fait voir encore par des figures quels sont les Vents & de quelle region chacun d'eux souffle: enfin j'ay enseigné de quelle maniere il faut disposer les pla- B ces publiques & les rues.

Aprés avoir parlé de toutes ces choses dans le premier livre, j'ay parlé dans le second des materiaux, de leurs qualitez naturelles, & de leur importance pour la bonté des ouvrages. Maintenant je me propose de traiter dans le troisiéme livre de la construction des Temples, & de quelle maniere ils doivent estre dessinez & ordonnez.

1. JE CONNOIS PAR EXPERIENCE. Il paroist par cet endroit que Vitruve n'a pas eu grande vogue de son vivant, & qu'il avoit plus de doctrine que de genie, ou du moins que sa capacité qui consistoit principalement dans la connoissance de l'antiquité, le rendoit trop exact à la vouloir imiter, & l'empeschoit d'inventer quelque chose qui plaist au vulgaire qui aime la nouveauté. On peut encore juger combien on faisoit peu d'estime de luy de ce que le theatre de Marcellus estant un des plus considerables edifices qu'Auguste ait fait bastir, il n'a point esté conduit par Vitruve; car il est aisé à juger, parce qu'en parlant de l'ordre Dorique, il desapprouve d'y mettre des Denticules, ce qui se voit avoir esté pratiqué en cet edifice, qu'Auguste fit bâtir pour son neveu à la priere de sa Sœur qui estoit la protectrice de Vitruve, mais qu'elle n'estimoit pas assez pour luy commettre la direction de cet ouvrage.

C

CHAPITRE I.

De l'Ordonnance du bastiment des Temples, & de leurs proportions, avec la mesure du corps humain.

1 * [2] POur bien ordonner un edifice il faut avoir égard à [2] la *Proportion* qui est une chose que les Architectes doivent sur tout observer exactement. Or la Proportion depend *Symmetria.*
3 * du [3] *Rapport* que les Grecs appellent *Analogie*. Ce Rapport est la [4] *convenance de mesure* qui se *Proportio. Comparatio. Commodulatio.*

1. POUR BIEN ORDONNER UN EDIFICE. Je croy que *ordinem Compositio* n'est point autre chose en ce chapitre que ce qui a D esté apellé cy-devant *Ordinatio*: car & la definition qui est donnée de l'*Ordonnance* en cet endroit-là, & la suite que Vitruve observe icy, semblent le devoir faire croire; bien qu'il soit assez estrange qu'il ait oublié que ce qu'il apelle icy *Compositio* a esté apellé *Ordinatio* un peu auparavant, & qu'il luy redonne encore le mesme nom un peu aprés, lorsque vers la fin de ce chapitre il est parlé de ceux *qui Devorum ædes constituentes, ita membra operum ordinaverunt, ut &c.*

L'Ordonnance est definie au 2. chap. du 1. livre. *Ce qui donne à toutes les parties d'un Bastiment leur juste grandeur, soit qu'on les considere separement, soit qu'on ait égard à la proportion de tout l'ouvrage.* Icy ce que Vitruve apelle *Compositio*, & que je ne puis apeller *Composition* avec J. Martin, est defini *Le rapport & la convenance de mesure qui se trouve entre une certaine partie des membres & le reste de tout le corps de l'ouvrage, par laquelle toutes les pro-* E *portions sont reglees.*

La suite que Vitruve observe fait encore voir que ces deux noms differens ne signifient qu'une mesme chose: car aprés avoir fait l'enumeration de ce qui appartient à l'Architecture, & aprés avoir mis l'*Ordonnance* la premiere, l'Auteur ne fait que suivre l'ordre qu'il a estably, lorsque commençant à traiter en détail de ce dont il n'avoit parlé qu'en general, il commence ce traité par l'*Ordonnance*. Dans le chap. suivant l'Ordonnance du diastyle est apellée *Diastyli Compositio*.

2. LA PROPORTION. Pline dit que de son temps la langue latine n'avoit point de terme propre à exprimer le mot grec *Symmetria*, quoyque Ciceron se soit servy du verbe *commetiri*, d'où vient le *commensus* dont Vitruve use dans ce chapitre, & qui contient toute la signification du mot grec: car *commensus* de mesme que *symmetria* signifie l'amas & le concours ou rapport de plusieurs mesures qui dans diverses parties ont une proportion entr'elles qui est convenable à la parfaite composition du tout.

Il a esté remarqué cy-devant sur le second chap. du 1. livre que nous entendons presentement par *symmetrie* autre chose que ce que les anciens signifioient par *symmetria*. Car nostre symmetrie est proprement l'egalité & la parité qui se rencontre entre les parties opposées, qui fait que si, par exemple, un costé est plus haut ou plus gros que l'autre, si les colonnes sont plus serrées à droit qu'à gauche, & si le nombre ou la grandeur n'en est pas pareille, on dit que c'est un défaut de symmetrie à nostre mode: au lieu que si un chapiteau est plus grand, ou qu'une corniche ait plus de saillie que les regles de l'ordre dont est la colonne, ne demandent, c'est un défaut de symmetrie suivant les anciens.

3. RAPPORT. Quoyque le mot latin *proportio* puisse estre bien rendu en François par *proportion*, je n'ay pas pû m'en servir parce que Vitruve employant les mots de *symmetria* & de *proportio* qui signifient la mesme chose en latin, il a fallu trouver dans le françois deux mots qui signifiassent aussi la mesme chose, ce que *symmetrie* & *proportion* ne peuvent pas faire, parce qu'ils signifient des choses differentes, ainsi qu'il a esté remarqué. C'est pourquoy j'ay crû que je pouvois rendre *symmetria* par *proportion*, & *proportio* par *rapport*. Je sçay qu'il est fascheux de ne pas rendre *proportio* par *proportion*: mais *audiendum est aliquid quoniam hæc primum a nobis novantur*, ainsi que disoit Ciceron estant en une pareille peine, pour traduire des mots grecs en sa langue.

4. LA CONVENANCE DE MESURE. Le mot de *Commodulatio* exprime encore celuy de *Symmetria*, & il n'est guéres moins latin que celuy de *Commensus* dont use Ciceron. Suetone dit que Neron estant resolu de se tuer fit faire en sa presence une fosse de sa grandeur *ad corporis modulum*. Le mot de *convenance* dont je me sers est un peu rude, mais je ne crois pas qu'il y en ait d'autre pour dire en cet endroit *ce qui est propre & juste*; car *justesse* n'auroit pas esté si bon à mon avis.

O

CHAP. I. trouve entre une certaine partie des membres & le reste de tout le corps de l'ouvrage, par laquelle toutes les proportions sont reglées. A Car jamais un Bastiment ne pourra estre bien Composé s'il n'a cette Proportion & ce Raport, & si toutes ses parties ne sont à l'égard les unes des autres ce que celles du corps d'un homme bien formé sont, estant comparées ensemble.

Le corps humain a naturellement & ordinairement cette proportion que le visage qui comprend l'espace qu'il y a du menton jusqu'au haut du front où est la racine des cheveux, en est la dixiéme partie : la mesme longueur est depuis le ply du poignet jusqu'à l'extremité du doigt qui est au milieu de la main : Toute la teste, qui comprend ce qui est depuis le menton jusqu'au sommet, est la huictiéme partie de tout le corps : la mesme mesure est depuis l'extremité inferieure du col par derriere : Il y a depuis [1] le haut de la poitrine jusqu'à la racine des cheveux une sixiéme partie [2] & jusqu'au sommet une quatriéme : La troisiéme partie du visage est depuis le bas du menton jusqu'au dessous du nez ; il y en a autant B depuis le dessous du nez jusqu'aux sourcils, & autant encore delà jusqu'à la racine des cheveux qui termine le front : [3] Le pied a la sixiéme partie de la hauteur de tout le corps ; [4] le coude la quatriéme, de mesme que [5] la poitrine. Les autres parties ont chacune leurs mesures & proportions sur lesquelles les excellens Peintres & Sculpteurs de l'antiquité, qu'on estime tant, se sont toujours reglez ; Et il faut aussi que les parties qui composent un temple ayent chacune une correspondance convenable avec le tout.

Le centre du corps est naturellement au nombril : Car si à un homme couché & qui a les mains & les pieds étendus, on met le centre d'un compas au nombril, & que l'on décrive un cercle, il touchera [6] l'extremité des doigts, des mains & des pieds : Et comme le corps ainsi étendu, a rapport avec un cerle, on trouvera qu'il est de mesme à un quarré : Car si on prend la distance qu'il y a de l'extremité des pieds à celle de la teste, & qu'on la rapporte C à celle des mains étendues, on trouvera que la largeur & la longueur sont pareilles, comme elles sont en un quarré fait à l'Equerre.

Si donc la nature a tellement composé le corps de l'homme que chaque membre a une proportion avec le tout ; ce n'est pas sans raison que les anciens ont voulu que dans leurs ouvrages ce mesme rapport des parties avec le tout, se rencontrast exactement observé. Mais entre tous les ouvrages dont ils ont reglé les mesures, ils ont principalement eu soin des Temples des Dieux, dans lesquels ce qu'il y a de bien ou de mal-fait, est exposé au jugement de toute l'Eternité.

1. LE HAUT DE LA POITRINE. Je pense qu'il entend les clavicules par le haut de la poitrine. Mais il y a plus que la sixiéme partie dans cet espace, & il va jusqu'à six & demy.

2. ET JUSQU'AU SOMMET UNE QUATRIE'ME. C'est avec raison que Philander soupçonne qu'il y a faute au texte, & qu'il faut lire au lieu d'une quatriéme, quelque peu de chose plus qu'une cinquiéme : autrement il s'ensuivroit que l'espace qui est depuis la racine des cheveux, jusqu'au sommet, seroit presque aussi grand que tout le visage. Je trouve selon la proportion d'Albert Durer qui a recherché cette matiere avec beaucoup de curiosité, qu'en un corps dont toute la teste est la huitiéme partie du tout, l'espace qui est depuis le haut de la poitrine jusqu'au sommet de la teste, est la cinquiéme & demie de tout le corps.

3. LE PIE' A LA SIXIE'ME PARTIE. Cette proportion du pié est encore mal établie, & il ne se trouve point qu'un corps bien fait dont la teste est la huitiéme de tout le corps, ait le pié plus grand que de la septiéme. La mesme chose est repetée au commencement du 4. livre. Leon Baptiste Alberti dans son traité de peinture est dans un excés opposé, car il fait le pié si petit, qu'il ne luy donne qu'autant qu'il y a depuis le menton jusqu'au sommet de la teste.

4. LE COUDE LA QUATRIE'ME DE MESME QUE LA POITRINE. On entend par le coude l'espace qui est depuis le ply du bras jusqu'à l'extremité des doigts : cette proportion est encore veritable suivant Albert, mais celle de la poitrine ne se trouve point en aucun sujet, il faut croire qu'il y a faute au texte, ou que Vitruve par la poitrine entend l'espace qui est de l'extremité D d'une épaule à l'autre.

5. LA POITRINE. Il n'est pas aisé de juger ce que Vitruve entend par la poitrine, vû la grandeur qu'il luy donne : car si la poitrine est prise depuis les clavicules jusqu'au cartilage xiphoïde, apelé vulgairement le creux de l'estomac, elle n'a tout au plus qu'une septiéme partie, & si on la prend d'une extremité des costes à l'autre, elle n'en a qu'une cinquiéme. Je ne sçay si au lieu de *pectus item quarta*, il ne faudroit point lire *ad medium pectus quarta* ; parce qu'il est vray que l'espace qu'il y a de l'extremité des doigts au ply du coude est égal à celuy qu'il y a du ply du coude au milieu de la poitrine, l'un & l'autre estant le quatriéme de la hauteur de tout le corps.

6. L'EXTREMITE' DES DOIGTS, DES MAINS ET DES PIEZ. Cela ne se trouve point encore estre vray dans les corps bien proportionnez, où l'extremité des doigts des piez passe d'une vingt-quatriéme partie au delà du cercle, dont le centre est au E nombril, & la circonference passe par l'extremité des doigts. De sorte qu'il y a apparence que Vitruve a entendu par l'extremité des doigts des piez simplement l'extremité des piez ou des jambes qui peut estre entenduë des talons.

EXPLICATION DE LA PLANCHE VII.

Cette Planche fait voir les proportions du corps humain, dont chaque partie est ou la quatriéme, ou la cinquiéme, ou la sixiéme, ou la septiéme, ou la huitiéme, ou la dixiéme portion de toute la hauteur ; ainsi qu'il est aisé de le verifier en prenant avec le compas la grandeur de chaque partie, & la rapportant sur les divisions qui sont à costé. Elle fait voir aussi la grandeur du pié Romain antique, & du pié Grec, comparez au pié de Roy divisé en 1440. parties.

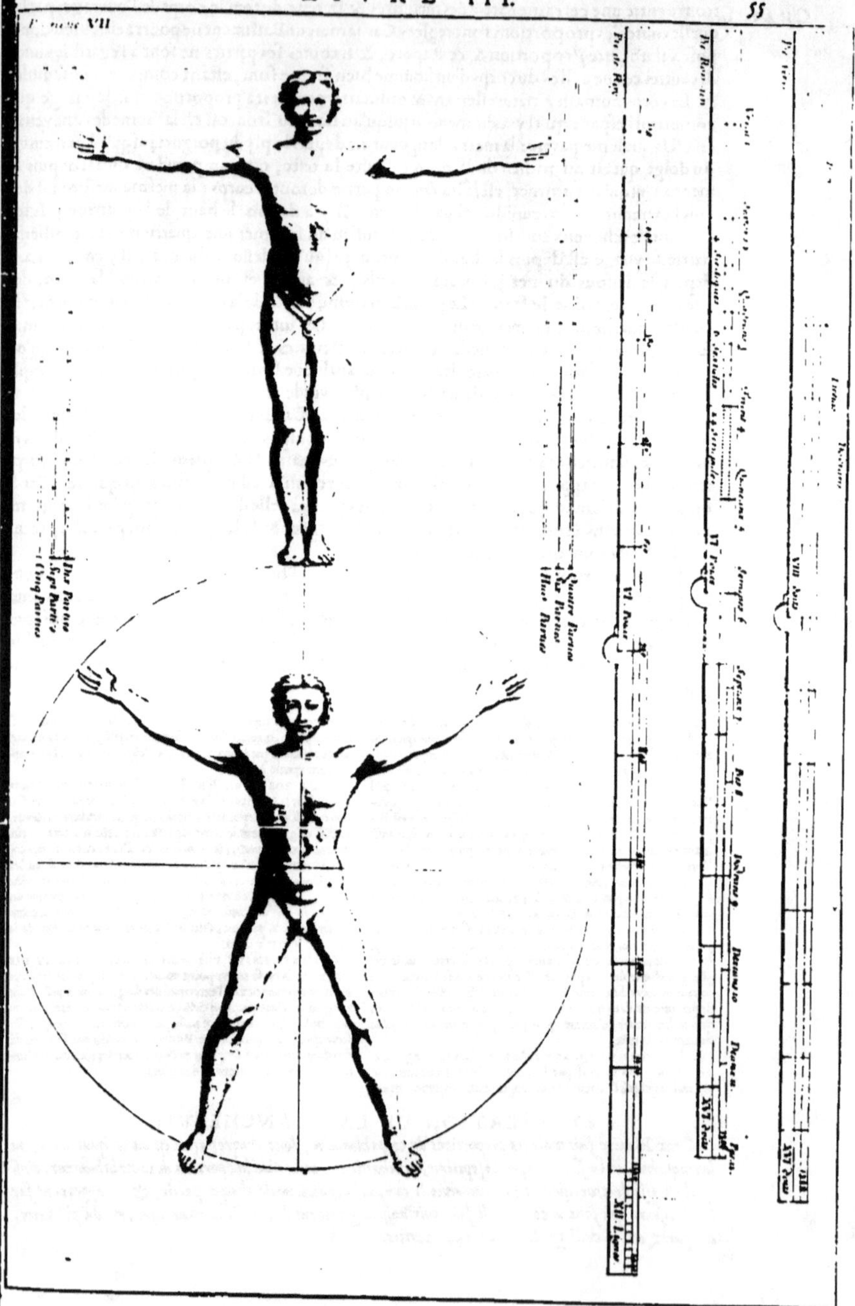

CHAP. I. La division mesme des mesures de tous les ouvrages a esté prise sur les parties du corps A
humain ; comme sont le doigt, le palme, le pié, la coudée : & ces divisions ont esté reduites à un nombre parfait que les Grecs appellent *Telion*. Or ce nombre parfait estably par les anciens est Dix, à cause du nombre des dix doigts qui composent la main ; de mesme que la mesure du palme a esté prise des doigts, & celle du pié des palmes. Car, comme la nature a mis dix doigts aux deux mains, Platon a crû que ce nombre estoit parfait, d'autant que les unitez qui sont apellées *monades* par les Grecs, accomplissent la dizaine, en sorte que si l'on passe jusqu'à onze ou douze on ne trouve point de nombre parfait jusqu'à ce que l'on soit parvenu à l'autre dizaine, à cause que les unitez sont les parties de ce nombre.

Les Mathematiciens qui ont voulu contredire Platon ont dit que le nombre le plus B
parfait estoit celuy de six, [1] à cause que toutes ses parties aliquotes sont égales au nombre de six, chacune selon sa proportion : [2] car le *Sextans* a une de ces parties, le *Triens* en a deux, le *Semisse* trois, le *Bes* qu'ils apellent *Dimoeron* quatre, le *Quintarium* qu'ils apellent *Pentamoeron* cinq & le nombre parfait six. [3] Que si passant au delà de six, on y ajoûte quelque chose en recommençant un second Asse, ils apellent ce nombre *Ephecton* ; si on va jusqu'à huict, en ajoûtant la troisiéme partie de six, on a le Tertiaire dit *Epitritos* ; & ajoûtant à six la moitié qui fait neuf, on trouve le Sesquialtere qu'ils appellent *Hemiolios* ; & encore ajoûtant deux tiers de six pour faire la dizaine, on fait le *Besalterum* appellé *Epidimoeron* ; si on fait onze en ajoûtant cinq, on a le *Quintarium alterum* apellé *Epipentamoeron* ; & on fait enfin la douzaine qu'ils apellent *Diplaciona*, en joignant ensemble les deux six simples.

Deplus pour faire voir la perfection du nombre de six, ils ont observé que la longueur du pié de l'homme est la sixiéme partie de toute sa hauteur, [4] & que suivant le nombre des piez que cette hauteur contient, on a estimé que la proportion la plus parfaite, estoit C
celle où la hauteur contenoit six fois la grandeur du pié ; que le coude a six palmes & vingt-quatre doigts de long ; que les Villes de Grece ont partagé la dracme en six, de mesme que la coudée est divisée en six palmes, [5] & qu'elles ont composé la dracme de six pieces d'airain marquées de mesme que les Asses que l'on appelle oboles, & que les quarts de ces oboles que quelques uns appellent [6] *Dichalca* & d'autres *Trichalca*, y ont esté mis pour les vingt-quatre doigts.

1. A CAUSE QUE TOUTES SES PARTIES ALIQUOTES. Cet endroit est fort obscur ; je croy qu'au lieu de *partitiones earum rationibus* il faut lire *earum ratiocinibus* que j'ay traduit *chacune selon sa proportion*. Pour comprendre le sens de ce passage, il faut considerer que la perfection du nombre de six suivant la definition qu'Euclide donne du nombre parfait, consiste dans ce qu'il est egal à toutes ses parties aliquotes assemblées, c'est-à-dire à 3, 2, & 1, qui sont ½, ⅓ & ⅙ de six. Le nombre 28, est encore parfait par la mesme raison parce qu'il est égal à 14, 7, 4, 2, 1, qui sont ½, ¼, ⅐, 1/14 & 1/28 de 28. Il y a encore plusieurs nombres de cette nature.

2. CAR LE SEXTANS. Les Romains divisoient l'Asse qui étoit la livre d'airain, en douze onces : l'once estoit dite *uncia* du mot *unum* : les deux onces *sextans* qui estoient la sixieme partie des douze onces qui composoient l'Asse ou livre : les trois, *quadrans*, parceque trois est quatrefois en douze : les quatre *triens* parceque quatre y est trois fois ; les cinq *quincunx* qui signifie cinq onces : les six *semis* par ce que c'est la moitié de douze : les sept *septunx* : les huict *bes* pour *bis* qui est deux *triens* qui valent chacun quatre : les neuf *dodrans* qui est trois moins que tout l'Asse : les dix *dextans* qui est deux moins que tout l'Asse : les onze *deunx* qui est une once moins que tout l'Asse ; les douze l'*Asse* mesme.

Vitruve qui ne divise l'Asse qu'en six, fait que l'once est le *sextans* qui est le plus petit nombre compris dans son Asse : les Deux sont *triens*, qui font la troisiéme partie de six ; les Trois font le *semis* qui est la moitié du tout ; Quatre font *bes* qui contient deux tiers de six ; Cinq font le *quintarium*, Six l'Asse entier ; Sept est appellé *ephecton* qui est un au dessus de six ; Huict *tertiarium* qui est la troisieme partie de six, c'est-à-dire deux ajoûtez au dessus de six ; Neuf *sesquialtera* qui est un demy ajoûté au tout composé de deux parties dont la premiere est un entier & la seconde un demy ; Dix *bes alterum* qui est le *bes* valant quatre ajoûté à six ; Onze *quintarium alterum* qui est les cinq ajoûtés à six : & Douze *diplacion* qui est le double de six.

3. QUE SI PASSANT AU DELA DE SIX. J'ay suivi l'explication que Barbaro donne à ce passage plustost que celle de Philander qui croit qu'au lieu d'*adiecto asse*, il faut lire *adiecto sextante* par ce qu'à ce qu'il dit l'*as* adjouté à six, feroit douze & non pas sept. Mais selon Barbaro *supra sex adiecto asse*, signifie que lorsque l'on passe au delà de six, qui selon Vitruve est un *as*, si on D
veut ajoûter un second *as*, c'est-à-dire une seconde dizaine, le premier nombre que l'on ajoûtera produira l'*Ephecton* qui est sept. Meibomius a voulu éclaircir ce passage en y ajoûtant & changeant beaucoup de choses qui ne m'ont point semblé necessaires.

4. ET QUE SUIVANT LE NOMBRE DES PIEZ. Je suis la correction de Philander & de Barbaro, qui mettent *ex eo quod perficitur pedum numero*, au lieu de *quod*, qui dans tous les autres Exemplaires oste le sens au texte.

5. ET QU'ILS ONT COMPOSÉ LA DRACME. La Dracme estoit composée de trois Scrupules, & chaque Scrupule de deux Oboles ; les Oboles estoient de six Æreoles ou Chalques, & chaque Æreole de sept Minutes, que les Grecs apelloient *Lepta*. L'Obole se divisoit encore autrement, sçavoir en trois Siliques, & chaque Silique en quatre Grains, & chaque Grain avoit une Lentille & demie. De sorte que la Dracme avoit six Oboles, dix-huit Siliques, soixante & douze Grains, & cent huit Lentilles. E
Pour ce qui est de la proportion que la Dracme des Grecs avoit avec l'Once des Romains, Q. Remnius dans son Poëme des poids & des mesures, fait que la Dracme est la huitiéme partie de l'Once, qui est ce que nous apellons le Gros dans nostre Marc, & qui n'est guere different de l'Eau des Arabes qui estoit quelque peu plus pesant que la Dracme.

6. DICHALCA OU TRICHALCA. Il est impossible que si deux sont la quatriéme partie de l'Obole dans les Dichalques, trois le puissent estre aussi dans les Trichalques, si ce n'est que les plus petites pieces de cuivre dont estoient composées celles qu'on apelloit *Dichalca* ou *Trichalca* fussent de differends poids, en sorte qu'il y en eust de plus legeres dont il falloit trois pour faire le quart de l'Obole, & d'autres moins legeres dont il falloit seulement deux.

Mais

CHAP. I.

A Mais nos Ancestres ont premierement reçeu la dizaine comme un nombre tres ancien & ont fait le denier de dix asses d'airain; & c'est pour cela que [1] la monnoye qui en est composée a toujours esté apellée jusqu'à present *denarius*, & la quatrieme partie *sesterce* qui valloit deux asses & demy: ensuite ayant consideré que les deux nombres parfaits sont six & dix, ils en composerent un des deux, & en firent un tres parfait qui est *le* [2] *decussis sexis* ou seize. Ce qui leur a fait faire cela, c'est le pié qui provient de ce que [3] deux palmes estant ostez de la coudée, les quatre palmes qui restent font le pié, [4] & le palme ayant quatre doits [5] le pied en doit avoir seize, [6] qui est autant que le denier a d'asses d'airain.

De sorte que puisqu'il est constant que le nombre des doigts de l'homme est l'origine de tous les autres nombres & qu'il y a rapport de mesure entre les parties de son corps & le tout; [7] nous devons avoir de l'estime pour ceux qui disposent si bien les desseins des temples des B Dieux, que l'ordonnance de tous les membres de l'ouvrage soit telle que la symmetrie & la proportion se rencontrent tant dans les parties separées, que dans le tout [8] selon une distribution convenable.

Les differences des temples lesquelles dependent de la Figure [9] & de l'Aspect qu'ils ont,

1. LA MONNOIE QUI EN EST COMPOSÉE. C'est-à-dire la monnoye qui est composée de dix Asses. Car le *Nummus* des Romains signifioit en general toute sorte de monnoye, qui estoit specifiée en y ajoûtant un adjectif, & on disoit *nummus Denarius* & *nummus Sestertius* pour signifier le nombre des Asses dont il estoit composé qui estoit dix dans le *Denarius* & deux & demy dans le *Sestertius*, dont le *Denarius* contenoit quatre. Villalpande C corrige ce passage qui a, *in denario denos aereos asses constituerunt, & eâ re compositio nummi ad hodiernum diem Denarii nomen retinet*: il oste *compositio nummi* qu'il pretend avoir esté pris dans la marge pour le mettre dans le texte.

2. DECUSSISEXIS. Villalpande aime mieux lire *Decussisex*, pour exprimer le *decaex* du Grec.

3. DEUX PALMES ESTANT OSTEZ DE LA COUDÉE. Philander remarque qu'il y avoit trois sortes de coudées, sçavoir la grande qui estoit de neuf piez, qui faisoient environ huit pieds & deux poulces de Roy; la moyenne qui estoit de deux piez, qui revenoient environ à un pié dix poulces de Roy; & la petite qui estoit d'un pié & demy, & qui faisoit environ un poulce & demy moins que nostre pié & demy de Roy; de sorte qu'il faut que la petite coudée soit celle dont Vitruve entend parler.

4. ET LE PALME AYANT QUATRE DOITS. Il y avoit aussi deux sortes de palmes, sçavoir un grand & un petit qui D partageoient le pié en deux parties inegales, le grand estoit de douze doits, & le petit de quatre.

5. LE PIÉ EN DOIT AVOIR SEIZE. Le pié des Anciens estoit divisé en palmes, onces ou poulces, & doits; ayant quatre palmes, douze poulces & seize doits. Celuy dont Vitruve parle, est le pié Romain que nous apellons l'antique Romain; qui estoit plus petit que nostre pié de Roy de treize lignes, & demy suivant la mesure du pié qui est à Rome au Capitole, dit de Luc. Petus, qui a 1306 parties des 1440 qui divisent nostre pié de Roy en partageant en dix chaque ligne dont il a 144: Car il y a d'autres piez antiques qui sont plus grands, tels que sont celuy qui est gravé sur le tombeau d'un Architecte à Belveder qui a 1311 de ces parties, & celuy qui est gravé en la Vigne de Mathei qui en a jusqu'à 1315. On trouve aussi de la diversité dans les mesures des Anciens, & le pié des Grecs n'a pas aussi toujours esté E pareil. Mais il paroist que le pié plus commun parmy les Grecs estoit plus grand d'une vingt-quatriéme partie que celuy qui estoit aussi le plus commun parmy les Romains; & cela se prouve par Herodote, Suidas & tous les autres Auteurs Grecs, qui disent que leur stade avoit 600 piez, auquel les Ecrivains latins, comme Pline & Columelle, en donnent 625. Ce qui fait voir que le pié Grec estoit plus grand que le Romain d'une 24. partie qui est environ cinq lignes de nostre pié de Roy, & qu'il estoit plus petit que nostre pié de Roy environ de huit lignes. Et cela se rapporte assez bien avec la mesure d'un pié grec qui se trouve dans le Capitole, qui a mille trois cent cinquante-huit des parties dont le nostre a mille quatre cent quarante.

Joignant la figure qui represente la proportion du corps humain j'ay fait graver trois piez, sçavoir le Grec, le Romain, & nostre pié de Roy, avec les divisions qui sont particulieres à chacun. Tout ce que j'ay pû faire a esté de leur donner une proportion juste à l'égard l'un de l'autre; car pour ce qui est de leur grandeur positivement & au vray je n'ay pas esperé de la pouvoir faire voir sur le papier, à cause des changemens qui luy arrivent necessairement & differemment, selon qu'il est plus ou moins ou épais, ou fort, ou mouillé. J'ay seulement donné plus de grandeur à la graveure qu'il ne faut, selon que j'ay reconnu par des épreuves sur plusieurs sortes de papiers, qu'il le falloit faire à peu prés.

6. QUI EST AUTANT QUE LE DENIER A D'ASSES D'AIRAIN. J'ay corrigé suivant Philander en lisant *aereos* au lieu d'*aereus denarius*, & rapportant *aereos* à *asses* & non pas à *denarius*: parceque le *denarius* n'a jamais esté que d'or ou d'argent. Mais il y a une autre difficulté dans ce passage à cause de la contradiction qui s'y rencontre avec ce qui a esté dit auparavant, sçavoir que le denier estoit composé de dix Asses d'airain; Et il est dit icy qu'il en a seize. Pour expliquer cette difficulté, il faut sçavoir qu'anciennement à Rome les Asses dont les dix faisoient un Denier, pesoient chacun douze onces, & qu'ensuite au temps de la premiere guerre Punique, la Republique estant endettée on trouva à propos de rabaisser les monnoyes en reduisant les Asses à deux onces; & ensuite pendant les guerre d'Hannibal, jusqu'à une once: Mais en mesme temps on reforma aussi la valeur du denier en le faisant de seize Asses, au lieu de dix que l'ancien valloit. Pline & Festus sont les Auteurs de qui nous aprenons cette particularité de l'Histoire.

7. NOUS DEVONS AVOIR DE L'ESTIME POUR CEUX. Il y a dans tous les Exemplaires *relinquitur ut suspiciamus eos qui ... ut inspeximus*.

8. SELON LA DISTRIBUTION CONVENABLE. Cecy est une conclusion de tout ce qui a esté dit cy-devant, sçavoir, que de mesme que les proportions des parties du corps humain ont un rapport à une mesure mediocre laquelle se trouve estre multipliée differemment en diverses parties; par exemple que la teste est huit fois dans tout le corps, trois fois dans le bras, quatre dans la cuisse jointe à la jambe, deux dans l'espace qui est de l'extremité d'une épaule à l'autre, & dans celuy qui est du sommet aux mammelles; de mesme aussi que le doit est quatre fois dans le palme, 16 dans le pié, & 24 dans la coudée: & qu'encore la lentille est 108 fois dans la dracme, 18 dans l'obole, 6 dans le silique, & une & demie dans le grain: tout de mesme dans un Temple, le Diametre des Colonnes, par exemple, doit estre dix fois dans les Colonnes, si l'Ordre est Corinthien, deux & un quart dans les entrecolonnemens si la Distribution est Eustyle, & dix-huit fois dans toute la largeur de la face si c'est un Hexastyle, & ainsi du reste.

9. ET DE L'ASPECT QU'ILS ONT. Il faut entendre icy par l'Aspect la figure exterieure du Temple qui se voit de tous costez & par le dehors, qui estoit la partie des Temples la plus considerable dans toutes les especes de Temples qui sont icy decrites, à la reserve de l'Hypæthre qui estoit orné de Colonnes en dedans de mesme qu'en dehors. Vitruve ne parle icy que de sept especes de Temples; il y en a pourtant une huitiéme qui est le Pseudoperiptere dont il est parlé à la fin du septiéme chap. du quatriéme livre.

CHAP. I. *Temple à Antes.* *En parastati.*

sont premierement celle qui se prend [1] des Antes, & cette espece est apellée *naos en parastasi*, les autres sont le Prostyle, l'Amphiprostyle, le Periptere, le Pseudodiptere, le Diptere, & l'Hypæthre. A
Ce qui se peut expliquer ainsi. La maniere d'edifice *à Antes*, est lorsqu'à la face de devant il y a entre [2] les Antes des murailles [3] qui enferment le dedans du temple, deux colomnes seulement [4] au milieu, qui soustiennent un fronton de telle proportion & mesure qu'elle sera prescrite cy-aprés. L'exemple de cette sorte de temple se voit aux trois temples de la For-

1. DES ANTES. Les mots latins *Anta* & *Antes* signifient la mesme chose parmy la plupart des Grammairiens, & ils viennent tous deux du mot *Ante* qui signifie devant : Quelques-uns y mettent cette difference que *Antes* sont les premiers seps qui bordent les pieces de vigne, & *Anta* les colonnes quarrées qui font les coins des Edifices, ou mesme les Pillastres qui sont aux costez des portes.

2. LES ANTES DES MURAILLES. Ces Antes, ainsi qu'il a esté dit, sont differentes de celles qui sont aux costez de la porte & qui sont marquées D, qui devroient estre apellées les Antes de la muraille simplement ; parcequ'elles n'appartiennent qu'à une muraille : au lieu que les autres qui sont marquées C, & que Vitruve apelle cy-aprés Antes Angulaires sont comme les extremitez de deux murailles. Ces Antes qui ne sont point aux encognures estoient fort rares parmy les Anciens. C'est pourquoy Barbaro qui en avoit mis en sa premiere Edition Italienne aux costez de la porte de sa figure du Temple à Antes, les a ostées dans son Edition Latine. Ces sortes d'Antes qui sortoient d'un seul mur, & que nous apellons Pilastres, sortent quelquefois hors du mur des deux tiers de leurs fronts, lorsque du mesme mur il sort aussi des Colonnes suivant cette mesme proportion ; autrement on n'a guere accoustumé de leur donner de saillie plus que la huitiéme partie de leur front, & quand il n'y a point d'ornemens sur ce mur qui ayent davantage de saillie : car autrement il est necessaire que la saillie du Pilastre égale cette saillie des Ornemens, soit que ce soit des Festons ou des Trophées suspendus, ou des Frontons, ou des Appuis de fenestres.

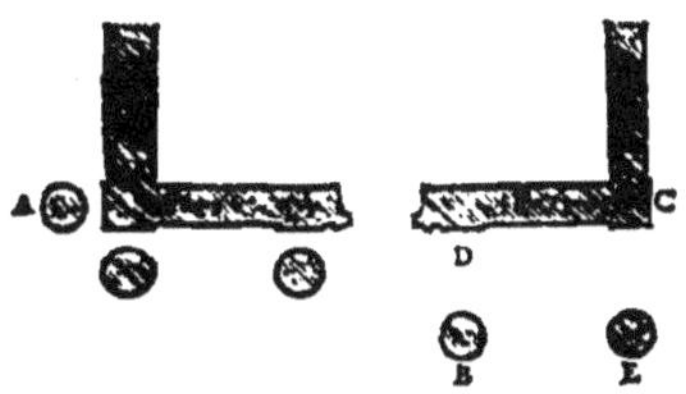

3. QUI ENFERMENT LE DEDANS DU TEMPLE. J'explique *Cellam* le dedans du Temple, parceque c'estoit la partie qui estoit au milieu. Les Temples d'ordinaire avoient quatre parties, sçavoir les Ailes AA en forme de Gallerie ou Portique ; le *Pronaos* ou Porche B, apellé aussi *Prodomos* & *Propylæa*, & mesme *Vestibulum* à la Preface du 7 livre ; le *Posticum* ou *Opisthodomos* C, qui estoit opposé au *Pronaos* ; & *Cella* ou *Secos* D qui estoit au milieu des trois autres parties. Quelquefois le Temple n'avoit que le *Pronaos*, le *Posticum* & la partie apellée *Cella*, sans Ailes, & il estoit apellé Pseudoperiptere, ainsi qu'il sera dit cy-aprés au 7. chap. du 4. livre : Quelquefois le Temple avoit des Ailes sans *Pronaos* ny *Posticum*, quelquefois il n'avoit que les Ailes sans *Cella* & sans murailles, & il estoit apellé à cause de cela Monoptere. Il sera parlé des proportions des deux parties, a- B
pellées *Pronaos* & *Cella* cy-aprés au quatriéme chapitre du quatriéme livre.

Pour ce qui est de la proportion du Temple à Antes, qui n'a ny *Pronaos* ny *Posticum*, Barbaro l'a faite differente dans les Figures de ses deux Editions : Car à la premiere Edition il luy donne quatre parties de largeur sur dix de longueur, en la seconde Edition il l'a fait de trois sur cinq : Mais ny l'une ny l'autre n'est conforme aux proportions que Vitruve C
donne generalement à tous les autres Temples, qui est d'avoir en longueur le double de leur largeur, à la reserve du Diametre d'une Colonne qui manque à la longueur, & qui empesche qu'elle n'ait le double de la largeur ; comme il sera dit cy-aprés. C'est pourquoy bien que le Temple à Antes n'ait point de Colonnes à ses ailes qui determinent & qui definissent cette proportion, j'ay crû que je luy devois donner celles qu'il auroit s'il estoit *Tetrastyle* : parce que les deux Antes avec les deux colonnes du milieu font une espece de *Tetrastyle* à sa face de devant.

4. AU MILIEU. La Description que Vitruve fait icy du Temple à Antes est assez ambiguë pour avoir fait croire à Cisaranus & à d'autres que les deux Colonnes sont sur la mesme ligne que les Antes, en sorte que le Fronton couvre & les Antes & les Colonnes, & pour cela ils mettent les Antes aux bouts des murs du Temple qui s'avan- D
cent comme deux ailes pour former un Porche. Jocundus, Barbaro & le reste des Interpretes suivent l'opinion que j'ay exprimée dans ma Figure, qui est, que les Antes & les Colonnes sont dans un Plan different, & que le Fronton n'est que sur les Colonnes. Les raisons qui m'ont determiné sont premierement que cette maniere de Temple où les Antes & les Colonnes sont en un mesme Plan, est décrite fort clairement au quatriéme chapitre du quatriéme livre, où ce Temple n'est point apellé à Antes. Secondement il est dit icy que les Antes dont il s'agit sont celles des murailles qui enferment la partie apellée *Cella* qui sont nommées Angulaires un peu plus bas lorsqu'il est parlé du Prostyle, qui est dit estre en cela semblable au Temple à Antes. Or les Antes qui sont dans le mesme Plan que les Co-

EXPLICATION DE LA PLANCHE VIII. E

Cette Figure represente le premier genre de Temple apellé A ANTES *ou* A PARASTATES, *parce qu'il n'a point de Colonnes au droit des encognures, mais seulement des Pillastres quarrez que les Anciens apelloient Antes ou Parastates. Vitruve en donne un exemple qui est un Temple de Fortune dont on ne sçait point les particularitez. C'est pourquoy dans cette Figure on s'est donné la liberté de luy attribuër un Ordre que l'on a jugé convenable au plus simple de tous les Temples. On l'a fait aussi de la maniere apellée Aræostyle, c'est-à-dire, à Colonnes rares, parce qu'elle convient à l'Ordre Toscan. On a esté obligé d'y faire un double Fronton, à cause de la double couverture qu'il a, sçavoir celle du Temple & celle de la saillie qui couvre la Porte & qui est soûtenuë par ces deux Colonnes. La proportion des Frontons dont la hauteur est considerable est expliquée au chap. 7. du 4. livre.*

CHAP. I. tune & principalement [1] en celuy qui est proche la porte Colline.

Le *Prostyle* n'est different de la maniere à Antes qu'en ce qu'il a des colonnes opposées aux A
Antes angulaires lesquelles soustiennent des Architraves [2] qui retournent de chaque costé:
l'exemple de cette maniere est au temple de Jupiter & de Faune en l'Isle du Tibre.

lonnes ne sçauroient estre angulaires, ny estre les Antes des murailles qui enferment la partie apellée *Cella*, mais elles sont proprement les Antes des murailles en forme d'ailes qui font le Porche, ainsi qu'il se voit en la Figure qui est en la Planche XXVIII.

1. EN CELUY. Cet endroit est corrompu dans tous les Exemplaires. Dans mon Manuscript au lieu de *ex tribus quod est proxime portam Collinam*, je trouve *ex quibus &c.* Ce qui a un sens raisonnable.

2. QUI RETOURNENT DE CHAQUE COSTÉ. Jocundus, J. Martin & presque tous les Interpretes n'ont explique cet endroit que par leurs figures: Il n'y a que Barbaro qui dans sa traduction Italienne a expliqué le texte conformement à ses figures, dans lesquelles il a mis des colonnes non seulement au droit des Antes angulaires en devant, mais mesme dans les retours, ce que le texte ne dit point; si ce n'est qu'on mist *singulas* au lieu de *singula*, & qu'on lût *habet columnas contra antas angulares duas &c. & dextra ac sinistra in versuras singulas*, au lieu que le texte porte *habet Epistylia dextra ac sinistra in versuras singula.* Cette correction qui ne consiste qu'à adjouster une s, auroit esté recevable s'il y avoit eu quelque vray semblance en la chose: mais il n'y a point d'apparence que les anciens qui ne mettoient B point de colonnes qui n'eussent quelque usage, & qui evitoient les recouppures & les retraites des Corniches qui sont sans necessité, eussent pratiqué ce retour de colonnes qui ne sont pas comme celles de devant qui portent une saillie qui couvre l'entrée du Temple, mais qui ne soutiennent que des avances & des saillies étroites comme en A, en forme d'orillons qui sont de si mauvaise grace que les interpretes qui les ont mises dans leurs figures, ont esté contraints de les approcher jusque contre les antes afin de n'estre pas obligez d'allonger cet orillon comme il est en C, s'ils avoient fait un portique au devant du Temple en eloignant les colonnes, ainsi qu'elles sont en B E. Rusconi qui a eu egard à cet inconvenient & qui a suivi le texte, n'a point mis ces colonnes de retour dans sa figure.

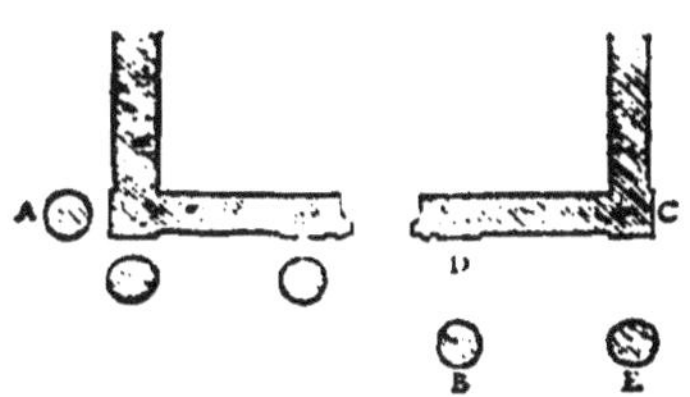

C

EXPLICATION DE LA PLANCHE IX.

Cette Figure represente le second genre de Temple apellé PROSTYLE, *à cause qu'il n'a des Colonnes qu'à la face de devant: Il est aussi Tetrastyle c'est-à-dire, ayant quatre Colonnes de front. On a pris pour exemple celuy que Vitruve apporte dans la Preface du 7. livre, où il parle du Temple de Ceres Eleusine qui estoit d'ordre Dorique & qui fut commencé par Ictinus, & achevé par Philon, qui le fit Prostyle ayant ajoûté des Colonnes à la face de devant. L'Histoire qui est en bas relief dans le Tympan du Fronton est rapportée par Pausanias, qui dit, qu'auprés d'un Temple de Cerés Eleusine il y avoit deux grosses pierres posées l'une sur l'autre, entre lesquelles les Prestres alloient prendre tous les ans un écriteau qui contenoit les ceremonies qui devoient estre faites dans les sacrifices pendant l'Année. Et parce que les Anciens avoient de coûtume de representer dans le Fronton de leurs Temples la maniere parti-* D *culiere dont on y faisoit les Sacrifices, & que l'on n'a pas pû representer celle des Sacrifices de ce Temple à cause qu'elles changeoient tous les ans, on a jugé à-propos d'y mettre cette Histoire, qui fait voir une des principales particularitez de ces Ceremonies, qui estoit de prendre entre ces pierres l'écriteau qui prescrivoit l'ordre que l'on devoit tenir dans les Sacrifices pendant l'année.*

Planche IX.

CHAP. I. *Qui a des colonnes aux deux faces.*

1 L'*Amphiprostyle* a les mesmes parties que le Prostyle, & de plus il a à la face de derriere * comme à celle de devant [2] des colonnes & un fronton. *

A

1. L'AMPHIPROSTYLE. Ce mot signifie un double Prostyle qui a deux faces pareilles, c'est-à-dire qui a un portail derriere pareil à celuy qui n'est que devant au Prostyle. Saumaise remarque que cette espece de Temple a esté particuliere aux Payens & que jamais les Chrestiens n'ont fait de porte au derriere de leurs Eglises ny de porche semblable à celuy de devant : c'est pourquoy nous n'avons point de mot pour exprimer le *Posticum* des Latins comme nous avons celuy de *Porche* pour signifier leur *Pronaos*.

2. DES COLONNES ET UN FRONTON. C'est-à-dire un fronton sur des colonnes ; car avoir un fronton à la face de derriere n'est point une chose qui distingue l'Amphiprostyle du Prostyle, puisque le Prostyle y en a necessairement un : mais ce fronton est different de celuy de l'Amphiprostyle en ce qu'il n'est pas soustenu par des colonnes & qu'il n'est que le pignon du toit qui, du fronton de devant que des colonnes soutiennent, va jusqu'au fronton de derriere qui est posé sur la Corniche dont le mur est couronné.

EXPLICATION DE LA PLANCHE X.

Cette Figure represente le troisiéme Genre de Temple apellé AMPHIPROSTYLE, *c'est-à-dire qui est doublement Prostyle, y ayant des Colonnes au derriere du Temple de mesme qu'au devant : Il est Tetrastyle, ainsi que le Prostyle. Vitruve n'en ayant point donné d'exemple, on a fait cettuy-cy d'un Ordre composite pour diversifier, & on a choisi celuy qui se voit à Rome aux restes du Temple apellé de la Concorde. On le nomme Composite, parce que le Chapiteau des Colonnes est composé de l'Ordre Ionique & du Corinthien, ayant les Volutes & les Oues de l'Ionique, & le Tailloir du Corinthien.* B

Planche X.

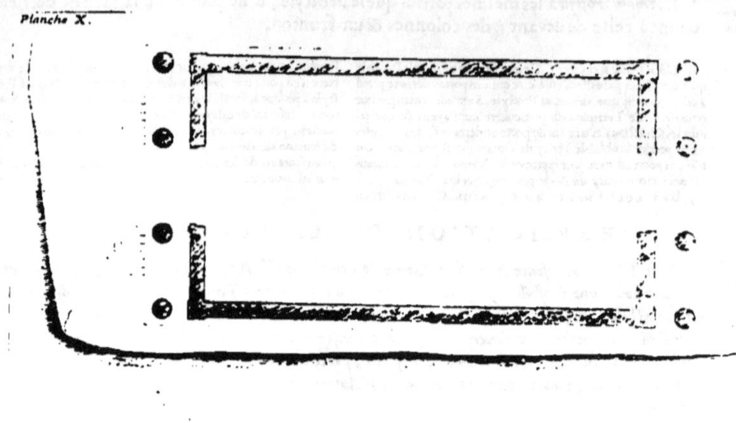

CHAP. I.

Q[illegible] de Colonnes tout autour.

[1] Le *Periptere* a à la face de devant & à celle de derriere six colonnes, & onze de chaque costé en comptant celles des coins. Ces colonnes sont placées de sorte que l'espace qui est A entre les murailles & le rang des colonnes qui les environnent, est égal à l'entrecolonnement, laissant un passage pour se promener autour du temple comme il se voit au Portique que Metellus a fait bastir par [2] Hermodorus autour du temple de Jupiter Stator, & à celuy que Mutius a aussi ajouté au temple de l'Honneur & de la Vertu bastis par Marius qui n'ont point d'issuë par derriere.

1. LE PERIPTERE. Les noms de Periptere, Diptere & Pseudodiptere viennent du mot grec *ptera* qui signifie une Aile. Cette Aile en general dans les Temples se prend pour tout ce qui entoure les costez, soit que cela se face par des colonnes, ou par la muraille mesme, & soit que l'on mette ces colonnes au dehors, ou que l'on les mette au dedans du Temple. Au dedans des Basiliques, les Ailes sont apellées Portiques au 1. chap. du 5. livre. Icy la signification d'Aile s'estend encore plus loin; car elle comprend generalement tout le Portique & toutes les colonnes qui sont autour d'un Temple, c'est-à-dire celles des faces aussi bien que celles des costez. Car Periptere signifie qui a des Ailes tout-au-tour, & par consequent les colonnes des faces de devant & de derriere sont des Ailes.

Il faut de plus remarquer que Periptere qui est le nom d'un genre qui comprend toutes les especes de Temples qui ont des Portiques de colonnes tout autour, est mis icy pour la premiere espece qui est celle où il y a seulement un rang de colonnes tout-autour distantes du mur de la largeur d'un entrecolonnement. Car le Diptere, le Pseudodiptere & l'Hypæthre sont des especes de Periptere parceque ces Temples ont aussi des colonnes tout-au-tour; mais elles sont differentes du simple Periptere en ce que le Diptere a huit colonnes de front, au lieu qu'il n'y en a que six au simple Periptere, & de plus il y a deux rangs de colonnes tout autour. Le Pseudodiptere a ses colonnes éloignées du mur de l'espace de deux Entrecolonnemens & d'une colonne, & l'Hypæthre a dix colonnes de front & deux rangs comme le Diptere, & de plus a encore en dedans du Temple un rang de colonnes tout autour.

Il faut remarquer que la pluspart de nos figures des Temples B ont esté faites sans *Pronaus* ou Porche, à cause qu'il est impossible de donner les Proportions que le *Pronaus* & la *Cella ou dedans du Temple*, doivent avoir, que lorsque les Temples sont sans Ailes, c'est-à-dire lorsqu'ils ne sont point environnez de colonnes, ainsi qu'il sera dit cy-apres au chap. 4. du 4. livre.

2. HERMODORUS. Je lis *Hermodorus* au lieu de *Hermodus*, suivant la correction de Turnebe, qui croit que cet Architecte du Temple de Jupiter Stator, estoit le mesme qui ordonna le Temple de Mars dans le Cirque de Flaminius, ainsi que Priscian rapporte de Nepos; & qui est assez connu par la contestation qu'il eut avec un autre Architecte pour l'entreprise d'un grand Arsenal, cette contestation estant remarquable, à cause du jugement qui intervint en faveur du competiteur d'Hermodorus, parce qu'il estoit le plus eloquent: Car Ciceron se sert de l'exemple de l'Architecte Hermodorus, pour faire voir qu'un excellent Orateur peut mieux parler des choses qu'il n'entend que mediocrement, que ne sçauroit faire celuy qui les possedant parfaitement n'est que mediocrement Orateur. C

EXPLICATION DE LA PLANCHE XI.

Cette Figure represente le quatriéme Genre de Temple apellé PERIPTERE, *parce qu'il a des Colonnes tout autour. Il est Hexastyle, c'est-à-dire ayant six colonnes de front. L'exemple que Vitruve en donne est du Temple bâty à la Vertu & à l'Honneur par Mutius Architecte. S. Augustin parle de ce Temple, & fait entendre que la premiere partie estoit dediée à la Vertu, & la seconde à l'Honneur, pour fonder une belle moralité, à laquelle Vitruve donne encore matiere par une particularité qu'il en rapporte, & dont S. Augustin n'a point parlé, qui est que ce Temple n'avoit point de* Posticum *ou porte de derriere, comme la plusspart des autres: Car cela veut dire que non seulement il faut* D *passer par la Vertu pour parvenir à l'Honneur, mais que l'Honneur oblige encore de repasser par la Vertu, c'est-à-dire d'y perseverer & d'en aquerir de nouvelles. On a fait dans le Plan une porte de derriere, conformement à ce qui est dans le Texte de Vitruve touchant les parties qui sont essentielles à ce genre de Temple. L'Elevation est d'Ordre Ionique afin que tous les Ordres soient icy representez avec tous les Genres de Temples.*

La forme

Planche XI.

R

Chap. II.

La forme du *Pseudodiptere* est telle qu'il doit avoir huit colonnes à la face de devant & A autant à celle de derriere, & quinze à chaque costé en comptant celles des coins ; de plus les murailles de la face de devant & de celle de derriere ne doivent correspondre qu'aux quatre colonnes du milieu, de sorte qu'il reste depuis les murailles jusqu'aux rangs des colonnes l'espace de deux entrecolonnemens & [1] la grosseur du bas d'une colonne. Il ne se voit point à Rome d'exemple de cette maniere, mais il s'en trouve en la Ville de Magnesie au temple de Diane basti par Hermogene Alabandin, & à celuy d'Apollon [2] basti par Mnestes.

1. Et la grosseur du bas d'une Colonne. Je ne sçay pas par quelle raison J. Martin ne met que la largeur de deux Entrecolonnemens depuis le mur jusqu'aux Colonnes, sans parler de l'espace qu'occupe dans le Diptere la Colonne qu'Hermogene en a ostée.

2. Basty par Mnestes. La plus grande partie des Exemplaires ont *Apolinis Ammeia facta*, au lieu d'*Apollinis a Mnesthe facta*, qui se lit dans la premiere edition de Jocundus.

B

EXPLICATION DE LA PLANCHE XII.

Cette Figure represente le cinquiéme genre de Temple apellé PSEUDODIPTERE, *c'est-à-dire faux Diptere ou Diptere imparfait, à cause qu'il n'a pas les deux rangs de Colonnes qui sont au Diptere. Il est Octostyle, c'est-à-dire ayant huit Colonnes de front, & Systyle, c'est-à-dire ayant les Colonnes serrees, de sorte que l'Entrecolonnement n'a que deux Diametres de la Colonne. L'exemple que Vitruve en apporte est le Temple de Diane basty en la ville de Magnesie par Hermogene Alabandin, le premier & le plus celebre des Architectes de l'Antiquité, qui a esté inventeur de ce genre de Temple.*

Le Diptere

CHAP. I. Ou les Colonnes sont doublées tout les aisles & il a huit Colonnes.

[1] Le *Diptere* est *octostyle* tant au devant qu'au derriere du temple ; il a tout autour deux rangs de colonnes, de mesme qu'est le temple de Quirinus d'ordre Dorique, & celuy [2] de Diane d'Ephese ordonné par Ctesiphon.

1. LE DIPTERE. Barbarus interprete mal *Dipteron quasi duas alas habentem* ; il falloit mettre *duplices*, au lieu de *duas*. Car le Temple Diptere n'est pas celuy qui a deux Ailes, mais celuy qui les a doubles de chaque costé : c'est le Periptere & le Pseudodiptere qui en ont deux, une de chaque costé. Le Diptere a cela de commun avec l'Hypæthre qu'ils ont tous deux les Ailes doubles de chaque costé : mais ils sont differens en ce que le Diptere est Octostyle, c'est à dire qu'il a huit colonnes aux faces de devant & de derriere ; au lieu que l'Hypæthre est Decastyle, ayant dix colonnes en chacune des principales faces ; & en ce que l'Hypæthre est découvert & qu'il a un Peristyle en dedans, ce qui n'est point au Diptere.

2. CELUY DE DIANE D'EPHESE. Pline dit, comme Vitruve, que le Temple de Diane d'Ephese estoit Diptere, mais ils ne sont pas d'accord sur le nom de l'Architecte. Vitruve aussi dans la Preface du 7. livre, & au 46. chap. du 10. livre nomme deux Architectes du Temple de Diane d'Ephese, sçavoir Ctesiphon & Metagenes.

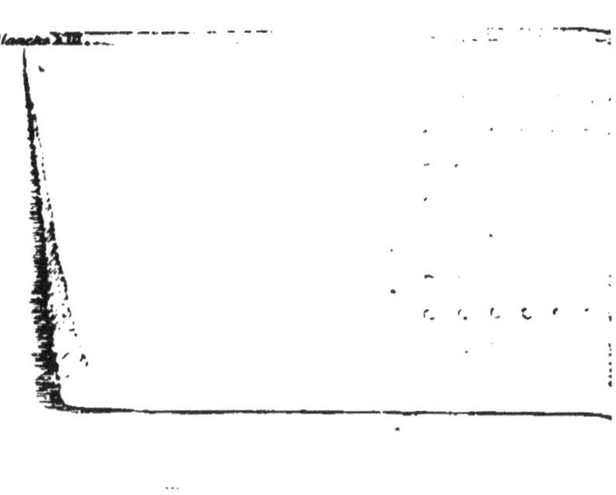

EXPLICATION DE LA PLANCHE XIII

Cette Figure represente le sixiesme genre de Temple apellé DIPTERE, *par ce qu'il a deux rangs de Colonnes tout autour. Il est Octostyle, c'est à dire qu'il a huit colonnes de front. On l'a fait d'Ordre Ionique, suivant l'exemple que Vitruve en donne, qui est le Temple de Diane d'Ephese basti par Ctesiphon : car Pline dit qu'il a esté rebasti jusqu'à sept fois. On l'a fait Eustyle, c'est-à dire avec des Entrecolonnemens de deux diametres de colonne & d'un quart pour le rendre en quelque façon conforme aux proportions que Pline en donne : & c'est aussi pour cette raison que l'on a tenu l'entrecolonnement du milieu un peu plus large qu'à l'ordinaire. Car Pline dit que la grandeur de l'Architrave du milieu estoit si extraordinaire, que l'on feignit que la Deesse l'avoit posé elle-mesme, l'Architecte desesperant de pouvoir manier une si grande pierre. On y a aussi representé des Escaliers dans le Plan, à cause que Pline dit que l'on montoit au dessus du Temple par un Escalier de bois de Vigne qui estoit tout d'une piece, & fait d'un seul sep.*

CHAP. I.

Le Decastyle. Quadratis Columnis [illegible]. Columnis tout autour. A tout Columnes.

L'*Hypæthre* est *decastyle* devant & derriere : du reste il est comme le Diptere : mais il a cela A de particulier qu'en dedans il a tout-autour deux ordres de colonnes posées les unes sur les autres & separées de la muraille pour faire des portiques comme aux [1] *Peristyles*. Le milieu est découvert, & il a des portes à la face de devant & à celle de derriere. Nous n'avons point non plus d'exemple de cette maniere à Rome, mais il y en a un à Athenes au Temple de Jupiter Olympien qui n'est qu'*Octostyle*.

1. AUX PERISTYLES. Peristyle en Grec signifie un lieu qui a des Colonnes tout autour, comme aux Palestres dont il est parlé au 11. chap. du 5. livre, ou de trois costez tels que sont les Peristyles des maisons des Grecs dont il est parlé au chap. 10. du 6. livre. Pollux dit que ce lieu s'apelloit aussi *Peristoon*, parce que stoa de mesme que *stylos* signifie une Colonne. La verité est neanmoins que tout ce qui est entouré de colonnes n'est pas un Peristyle. Car les Temples apellez Monopteres dont il est parlé au chap. 7. du 4. livre, & les Periperes tant les quarrez, dont il est parlé dans ce chap. que les ronds dont Vitruve traitte avec les Monopteres, ne sont point des Peristyles, bien qu'ils ayent des colonnes tout autour. Mais ce qui fait l'essence des Peristyles, est que ces Portiques qui les composent, ayent les colonnes en dedans & les murs en dehors, & non pas les colonnes en dehors, & les murs en dedans, comme aux Temples & aux Portiques de derriere les Theatres, dont il est parlé au chap. 9. du 5. livre. Cette disposition des Colonnes & du Mur, empesche les Periperes & les Monopteres d'estre Peristyles. Parce que les Monopteres n'ont point de Mur, & que celuy des Periperes est en dedans. B

EXPLICATION DE LA PLANCHE XIV.

Cette Figure represente le septiéme genre de Temple apellé HYPÆTRE, *c'est-à-dire découvert & exposé aux injures du Ciel. Il est Decastyle ayant dix colonnes de front, & Pycnostyle, c'est-à-dire à colonnes serrées. L'exemple que Vitruve en donne est le Temple de Jupiter Olympien, qu'il dit en la Preface du septiéme livre avoir esté bâty à Athenes par Cossutius Architecte Romain. Pausanias dit qu'il avoit des colonnes en dedans qui formoient un Peristyle ; ce qui est essentiel au genre de Temple* C *dont il s'agit : mais ce Peristyle n'a pû estre representé en cette figure que dans le Plan. Pausanias fait aussi mention de la ceremonie que l'on a representée dans le Fronton, qui est que tous les ans le 19. de Fevrier les Prestres barboüilloient l'Autel de Jupiter Olympien avec une mixtion faite de la cendre apportée du Prytaneum & de l'eau du Fleuve Alphée. Il dit encore que cet Autel estoit élevé sur plusieurs degrez.*

CHA-

CHAPITRE II.

Des cinq especes de Bastimens.

Colonnes serrées. Colonnes jointes. Col. distantes. Colonnes rares. Colonnes bien placées.

[1] IL y a cinq especes de bastimens qui sont le *Pycnostyle*, lorsque les colonnes sont fort près-à-prés, le *Systyle* quand elles sont un peu moins pressées, le *Diastyle* quand elles sont encore un peu élargies, l'*Aræostyle* quand elles le sont un peu trop, & l'*Eustyle* quand elles sont situées par intervalles raisonnables.

La proportion du Pycnostyle est quand l'entrecolonnement a la largeur du diametre d'une colonne & demie, comme il est pratiqué au Temple de Jules César & à celuy de Venus qui est dans la Place publique qu'il a fait bastir, & en plusieurs autres Edifices qui sont ordonnez de cette maniere. B

Le Systyle est quand l'entrecolonnement a l'espace de deux colonnes [2] & que les Plinthes [3] de leurs *Bases* [4] sont égaux à l'espace qui est entre les Plinthes, comme il se voit au Temple de Fortune equestre auprés [5] du Theatre de pierre & en plusieurs autres. *Spira.*

Ces deux manieres ont ce defaut que lorsque les Dames montent au Temple pour aller faire leurs prieres, elles ne peuvent passer par les entrecolonnemens se tenant par la main si elles ne vont à la file. De plus les colonnes ainsi pressées, bouchent presque les portes, & empeschent de voir les images des Dieux, & de se promener autour du Temple.

[6] L'ordonnance du Diastyle doit estre telle que les entrecolonnemens ayent les diametres

1. IL Y A CINQ ESPECES DE BATIMENS. Bien que le mot d'*Aedes* en latin au pluriel, ne signifie point un Temple, si on n'y joint *Sacra*, ou quelque autre adjectif; il y a neanmoins grande apparence que Vitruve entend parler des Temples en ce chapitre: Mais parce que ces differentes manieres d'espacer les Colonnes, dont seulement il s'agit icy, sont communes à toute sorte de Bâtimens, j'ay crû qu'il n'y avoit rien qui obligeât d'interpreter *Aedes* des Temples, comme Palladio a fait, plûtost que des maisons, & d'attribuer à une espece de bâtimens des differences qui conviennent à tout le genre, les differences des Temples estant prises de ce qui les fait Prostyles, Amphiprostyles, Periptères, &c. Pour exprimer la chose avec plus de netteté je croy qu'il faudroit dire que les especes dont il s'agit icy ne sont point des especes ny de Temples, ny de Bâtimens, mais seulement des especes de *Disposition de Colonnes*.

2. ET QUE LES PLINTHES. Le bas des Bases des Colonnes est fort semblable aux Briques des Anciens, qui estoient quarrées comme les Quarreaux dont on pave les Atres des Cheminées: Ces Briques ou Quarreaux estoient apellez *Plinthia* par les Grecs, dont est venu le mot de Plinthe. La partie superieure du Chapiteau Toscan, qui est son Tailloir, est aussi apellée Plinthe au 3. chap. du 4. liv. parce qu'elle est de la forme d'un Quarreau, n'ayant point la Cymaise qui est au Chapiteau Dorique & à l'Ionique.

3. DE LEURS BASES. Les Tores ou Anneaux des Bases à cause de la ressemblance, sont apellez *Spira* qui signifient les replis d'un serpent quand il est couché en rond, ou ceux d'un cable de navire qui est plié: à cause de ces parties les Bases entieres sont apellees *Spira*. C

4. SONT EGAUX A L'ESPACE. Il s'ensuit de là que l'empatement des Bases deborde toujours de la moitié du Diametre de la Colonne, c'est-à-dire d'un quart de chaque costé; Ce qui ne se trouve point avoir esté pratiqué dans les restes que nous voyons de l'antiquité, où le debordement de l'empatement des Bases Ioniques & Corinthiennes, ne va que jusqu'à la troisiéme partie du Diametre: Et Vitruve mesme ne donne au Debordement de la Base Ionique, au 3. chap de ce livre, que la quatriéme partie & une huitiéme de la quatriéme du Diametre: Cecy est encore éclaircy dans les notes sur le chapitre qui suit.

5. DU THEATRE DE PIERRE. Les Theatres anciennement ne se bâtissoient que de bois, & ne servoient qu'une fois, de mesme que les échaffauts que nous faisons pour nos ceremonies. Pompée fut le premier qui fit bâtir un Theatre de Pierre; & Tacite remarque qu'il en fut blâmé par le Senat. Il y a apparence que Vitruve entend parler de ce Theatre. D

6. L'ORDONNANCE DU DIASTYLE. Je traduis *Ordonnance* le mot de *Compositio* suivant la definition que Vitruve a donnée de l'*Ordonnance* au 2. chap. du 1. livre, où il dit que l'Ordonnance est ce qui determine les grandeurs des parties par proportion au tout. La maniere de disposer les Colonnes dont il s'agit icy, n'est

EXPLICATION DE LA PLANCHE XV.

Cette Figure contient les quatre premieres especes de la Disposition des colonnes dans les Bâtimens, sçavoir le Pycnostyle, le Systyle, le Diastyle & l'Aræostyle; la cinquiéme espece estant dans la Planche suivante. On a joint à ces differentes Dispositions les differens Ordres, selon que la force des colonnes qui est differente dans les ordres, convient mieux à chaque Disposition. Ainsi l'Ordre Corinthien où les colonnes sont moins fortes à cause qu'elles sont plus gresles, est donné au Pycnostyle, où les colonnes ont plus de force à cause qu'elles sont serrées; l'Ionique où elles sont un peu plus fortes a esté donné au Systyle, à l'Eustyle & au Diastyle, où les entrecolonnemens sont un peu plus élargis; & le Dorique où les colonnes sont les plus fortes a esté donné à l'Aræostyle, où les colonnes sont les plus éloignées les unes des autres. Il faut encore estre averty que l'on ne s'est servy que d'une sorte de Module pour les trois Ordres, bien qu'ils en ayent de differens, le Dorique n'ayant pour Module que le demi diametre du bas de la colonne, & le Module des autres Ordres estant de tout le Diametre. On en a usé ainsi afin de rendre plus claire l'explication de la chose dont il s'agit, qui est la proportion qui doit estre entre le diametre des colonnes & la largeur des entrecolonnemens. Elle auroit esté embroüillée si on s'estoit servy de deux sortes de mesures. E

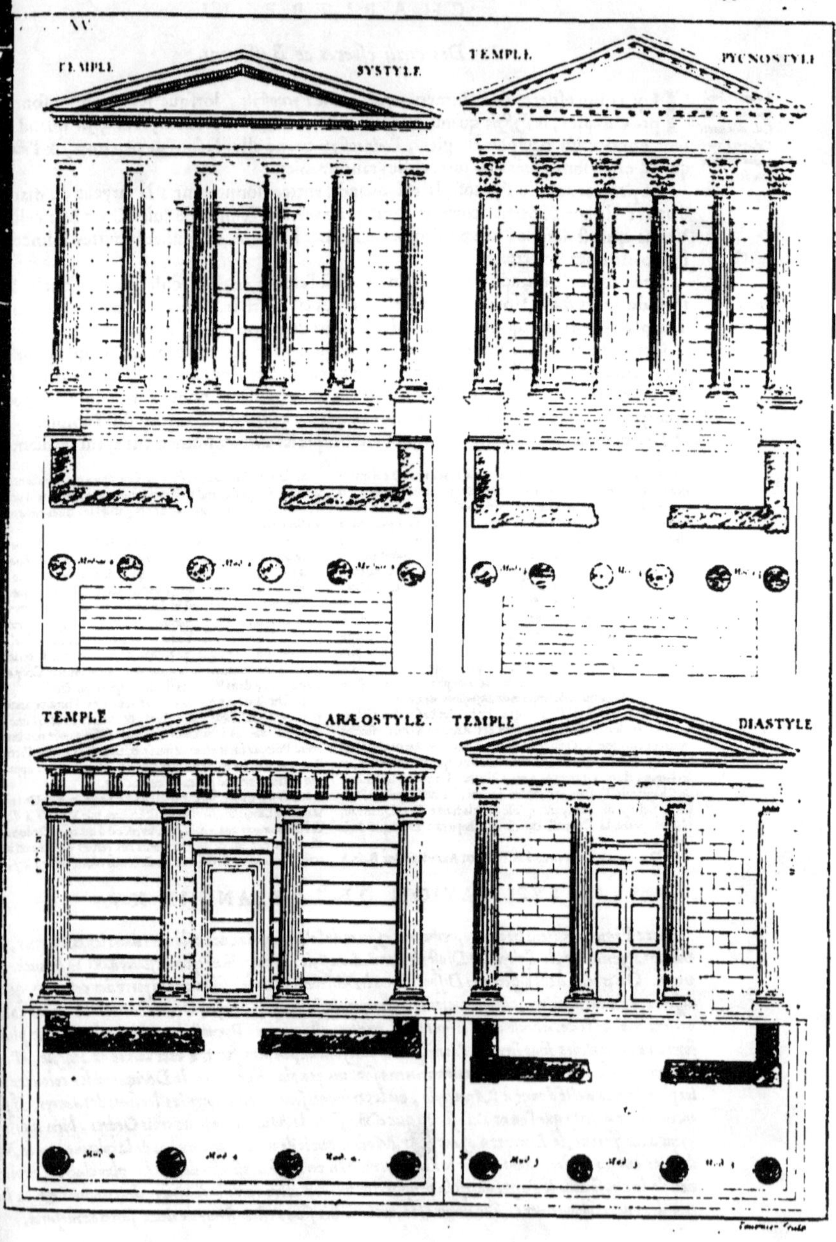
TEMPLE
SYSTYLE
TEMPLE
PYCNOSTYLE
TEMPLE
ARÆOSTYLE.
TEMPLE
DIASTYLE

CHAP. II. de trois colonnes, comme il y a au Temple d'Apollon & de Diane: l'inconvenient de A cette disposition est que les Architraves sont en danger de se rompre à cause de la grandeur des intervalles: mais aux Aræostyles on ne peut pas mettre des Architraves de pierre ny de marbre comme on en met autre part, & on est contraint de coucher des poutres tout du long: cette maniere rend encore les faces des Edifices [1] *écartées, pesantes*, basses & larges. On *

Barica, Barycephala.

a accoûtumé d'orner [2] leurs frontons de Statuës de poterie ou de cuivre doré à la mode Toscane, comme il se voit aux Temples de Ceres & d'Hercule qui sont proche le grand Cirque, & au Capitole [3] qui est en la Ville de Pompei. *

Quant à l'Eustyle qui est la maniere la plus approuvée & qui surpasse sans difficulté toutes les autres en commodité, beauté & fermeté, il se fait en donnant à l'entrecolonnement la largeur de deux colonnes avec la quatriéme partie d'une colonne; en sorte toutefois que l'entrecolonnement du milieu tant au devant, qu'au derriere du Temple ait la largeur de B trois colonnes: car cette disposition rend [4] l'aspect plus beau, & l'entrée plus degagée, & * elle donne plus de liberté de se promener tout-au-tour du Temple. Pour le bien ordonner il faut diviser la face, sans compter la saillie de l'empatement des Bases des Colonnes en onze parties & demie, si on veut faire un *Tetrastyle*; ou en dix-huit s'il doit y avoir six Colonnes ou en vingt-quatre & demy si ce doit estre un *Octostyle*. Or soit que l'on face un Tetrastyle, un *Hexastyle* ou un Octostyle une de ces parties, [5] sera le module, qui n'est * autre chose que la grosseur d'une Colomne; de sorte que chaque entrecolonnement, excepté celuy du milieu, aura deux modules & un quart, & les entrecolonnemens du milieu

A quatre Colon.
A huit Colon.
A six Colonnes.

rien autre chose ce me semble, que de déterminer les grandeurs des Entrecolonnemens en reglant la Proportion qu'ils doivent avoir à l'égard du Diametre des Colonnes. Vitruve se sert encore du mot de *Dispositio* pour signifier la mesme chose que *Compositio*.

1. ECARTE'ES, PESANTES. Les mots de *Barica* & de *Barycephala* donnent bien de la peine aux Grammairiens. J'ay suivy l'interpretation, & la correction de Turnebe à l'égard du mot de *Baryca*, qui lit *Varica*, comme qui diroit *divaricata*, c'est-à-dire *écartées*. Pour ce qui est du mot *Barycephala* que Turnebe voudroit oster du texte, je l'interprete comme venant des mots grecs *Barys* & *Cephale* qui signifient *pesanteur* & *teste*. Galien explique par *Barus Cephales* le *Carybaria* d'Hippocrate, qui signifie pesanteur de teste. Je n'ay pû aprouver la pensée de Turnebe, qui croit que ce mot a esté ajoûté au texte; parce qu'il me semble que Vitruve a voulu faire allusion du mot latin *Varica* avec le mot grec *Barycephala*, qui quoy que semblables signifient des choses fort differentes, mais qui conviennent l'une & l'autre assez bien à celle dont il s'agit: car il veut dire que les Temples Aræostyles semblent avoir les jambes écartées, & la teste grosse, large & pesante, à cause de la grandeur des Frontons qui semblent estre la teste d'un Edifice, de mesme que les Colonnes en sont les jambes.

2. LEURS FRONTONS. J'interprete ainsi *fastigia* parceque les statuës ne se mettoient que sur les Acroteres qui estoient sur les Frontons, & non pas le long des Faistes des Temples: Et ainsi j'ay suivy l'opinion de Baldus, qui dit que *Fastigium* dans les Auteurs d'Architecture signifie *partem quæ in acutem desinens tympano, coronâ & acroteriis constat*, ce qui est la propre definition du Fronton: Autrement *fastigium* ne signifie qu'un toit élevé par le milieu qui estoit propre & particulier aux Temples parmy les Romains, les maisons des particuliers estant couvertes en platteforme; en sorte que Cesar fut le premier à qui on permit d'élever le toit de sa maison en pointe à la maniere des Temples. Pline dit mesme que la partie des Edifices apellée *Falh, num*, a esté C premierement faite pour élever les Statuës, & qu'elle fut nommée *Plasta*, à cause qu'on avoit accoûtumé de l'enrichir de sculpture: Ce qui fait voir que *Fastigia* peut signifier indifferemment, ou les Frontons, ou tout le toit qu'ils soûtiennent.

3. QUI EST EN LA VILLE DE POMPEI. Pompei estoit une ville d'Italie proche de Naples. J'ay traduit cet endroit suivant le sentiment de Turnebe, qui croit qu'il faut interpreter *Pompeiani item Capitolii*, comme si il y avoit *Capitolii item quod est Pompeiis*; parce qu'il est constant qu'en plusieurs villes d'Italie la maison où les Magistrats s'assembloient a esté apellée *Capitolium*.

4. L'ASPECT EN EST PLUS BEAU. Cette beauté d'aspect que l'élargissement de l'Entrecolonnement du milieu peut apporter, consiste en deux choses: La premiere est que l'entrée du milieu n'est pas serrée comme aux autres especes, où cet Entrecolonnement est toujours beaucoup plus étroit que l'ouverture de la D porte: La seconde beauté d'aspect consiste dans la Proportion de tout le Temple, que cet agrandissement d'entrecolonnement rend plus large à proportion de sa longueur, ainsi qu'il est expliqué dans le chapitre qui suit.

5. SERA LE MODULE. Module est definy au 3. chap. du 4. liv. une grandeur que l'on établit pour regler toutes les mesures de la distribution de l'Edifice. En cet endroit là où il s'agit des mesures de l'Ordre Dorique, Vitruve établit pour Module la moitié du diametre de la Colonne: au premier livre chapitre second, Module est la largeur du Triglyphe qui est la mesme chose, & Module icy est le diametre entier du bas du fust de la Colonne.

EXPLICATION DE LA PLANCHE XVI. E

La premiere Figure de cette Planche est la cinquiéme espece de Disposition, qui est apellée Eustyle, parce que la proportion des entrecolonnemens est la meilleure des cinq, estant moyenne entre les excés du Pycnostyle & de l'Aræostyle.

La seconde figure fait voir la differente diminution que l'on doit donner au haut des colonnes à proportion de leur hauteur: Car la colonne I G, qui n'a que quinze piez est diminuée de la sixiéme partie de son diametre, & la colonne A B D E qui est de cinquante piez, n'est diminuée que d'une huitiéme partie, & les autres à proportion. Cette Figure sert encore à expliquer la raison pour laquelle on pretend que cette diminution doit estre differente en des colonnes qui sont de hauteur differente, en faisant voir que les lignes qui viennent d'une grandeur scituée en un lieu haut comme la grandeur A B, font un Angle plus petit dans l'œil qui est à C, que celles qui viennent de la mesme grandeur D E, scituée plus bas.

tant

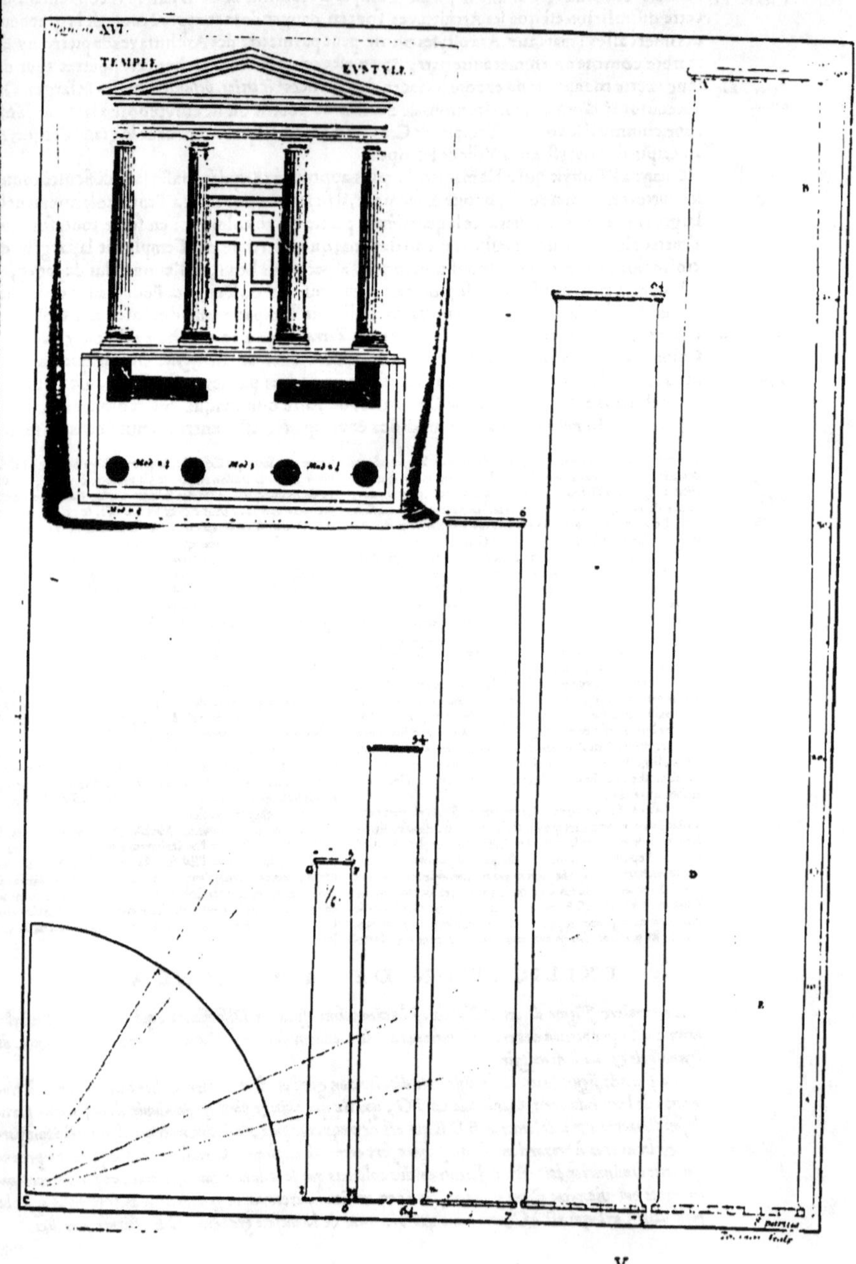
TEMPLE
EUSTYLE
A
B
D
E

CHAP. II. tant au devant qu'au derriere, auront chacun trois modules. La hauteur de chaque Colon- A ne sera de huict modules & demy : & ainsi par cette division, les entrecolonnemens auront un juste rapport avec la hauteur des Colonnes. Nous n'avons point d'exemple de l'Eustyle à Rome, mais il s'en voit un qui est Octostyle au Temple de Bacchus qui est à Teo Ville d'Asie.

Hermogene est celuy qui a trouvé toutes ces proportions & qui le premier a inventé l'Octostyle & la maniere du Pseudodiptere, lorsqu'il a trouvé à propos d'oster du Diptere [1] le rang des Colonnes du milieu [2] qui sont au nombre de trente-quatre, afin qu'il y eut moins d'ouvrage & de dépense. Ce qu'il y a de beau en cette invention, est qu'il a trouvé le moyen d'augmenter l'espace qui est fait pour se promener autour du Temple, sans diminuer le nombre des Colonnes qui font l'aspect de dehors, en ordonnant si bien tout son ouvrage qu'il n'a rien osté au Diptere de ce qu'il a de recommendable, & à quoy on B puisse avoir regret, mais seulement ce qui y estoit de superflu. Car on a inventé ces Ailes de colonnes ainsi arrangées autour des Temples, pour leur donner plus de majesté [3] par l'aspreté des entrecolonnemens. Cet élargissement a encore cette utilité, qu'il peut mettre à couvert de la pluye un grand nombre de personnes. Cette disposition & cette ordonnance des Pseudodipteres font connoistre avec quelle subtilité d'esprit Hermogene conduisoit ses ouvrages, qui meritent d'estre considerez comme la source où la posterité a puisé les meilleurs preceptes de l'Architecture.

1. LE RANG DES COLONNES DU MILIEU. J'ay mis au singulier ce que le texte dit au pluriel, *Sublatis interioribus ordinibus*. Je l'ay fait pour éviter l'equivoque qui a trompé Montiosius, ainsi qu'il sera dit cy-aprés : Car on sçait ce que c'est que le Pseudodiptere, & personne ne disconvient qu'il ne soit fait du Diptere, duquel on a osté *le rang* interieur des Colonnes que Vitruve a apellé *les rangs* au pluriel, parce qu'y ayant quatre costez au dehors d'un Temple entouré de deux rangs de Colonnes, qui est ce que l'on apelle Diptere, il est vray de dire que lorsque l'on oste le rang interieur, on l'oste en quatre endroits qui font quatre rangs : mais c'est parler improprement.

2. QUI SONT TRENTE-QUATRE COLONNES. Il y a dans tous les exemplaires trente-huit, mais Philander lit trente-quatre ; ce qui est fort raisonnable comme il est aisé de juger par la Figure de la Planche XII. Et il n'est pas difficile de voir que cett' erreur peut estre venuë de ce que le Copiste ayant trouvé dans l'Original le premier I des quatre qui sont aprés trente, un peu tortu en cette maniere XXX /III, a crû que cet I estoit une des branches de l'V, dont l'autre branche estoit effacée, & qu'il falloit écrire XXX VIII au lieu de XXXIIII.

Montiosius corrige ce nombre autrement, & veut qu'il y ait quarante-huit, ce qui est fondé sur une opinion qui luy est fort particuliere, en ce qu'il entend que l'Octostyle estoit ainsi apellé à cause qu'il avoit huit rangs, chacun de douze Colonnes ; de sorte qu'en ostant quatre rangs de ces Colonnes, elles faisoient ce nombre de quarante-huit : Mais tout cela n'a point d'autre fondement qu'un Plan qu'il dit avoir vû dans une medaille : Et la figure qu'il en rapporte dans son livre, est le Plan d'une Basilique & non pas d'un Temple, parce que les murs y sont en dehors, & les Colonnes en dedans, contre l'ordinaire des Temples, dans pas un desquels, hors l'Hypætre, Vitruve ne met de Colonnes.

3. PAR L'ASPRETÉ DES ENTRECOLONNEMENS. Cette façon de parler est assez significative pour representer l'inégalité de superficie qu'un grand nombre de Colonnes donne aux costez d'un Temple lorsqu'on le regarde par les Angles. L'effet de cet aspect est de faire paroistre les Colonnes serrées l'une contre l'autre, & cette maniere plaisoit grandement aux Anciens, parmy lesquels on trouve beaucoup moins de Diastyles & d'Eustyles que de Pycnostyles & de Systyles ; n'y ayant que la seule commodité qui leur fist rechercher les manieres degagées. Le goust de nostre siecle, ou du moins de nostre nation, est different de celuy des Anciens, & peut-estre qu'en cela il tient un peu du Gothique : car nous aimons l'air le jour & les dégagemens. Cela nous a fait inventer une sixiéme maniere de disposer ces Colonnes, qui est de les joindre deux à deux, & de mettre aussi l'espace de deux entrecolonnemens en un ; par exemple la Colonne C B du Systyle A B C D, estant jointe à la Colonne A, on augmente l'Entrecolonnement B C, pour faire l'Entrecolonnement E F.

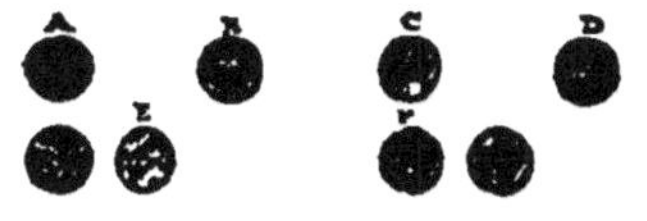

Cela a esté fait à l'imitation d'Hermogene, qui dans l'Eustyle élargit l'Entrecolonnement du milieu, qui rendoit l'entrée des Temples trop étroite ; & pour dégager aussi le Diptere qui estoit étouffé par la confusion de deux rangs de Colonnes fort serrées, fit le Pseudodiptere, mettant en une, les deux Ailes que ces deux rangs de Colonnes formoient avec le mur tout autour des Temples. Mais ce qu'il fit en ostant un rang de Colonnes dans chaque Aile, nous le faisons dans chaque rang en ostant une Colonne du milieu de deux autres Colonnes où elle estoit, pour la ranger contre une de ses voisines. Cette maniere pourroit estre apellée *Pseudosystyle*, par analogie au *Pseudodiptere* d'Hermogene, ou *Aræosystyle* à cause que de ses Colonnes les unes sont élargies com- D me en l'Aræostyle, les autres sont serrées comme dans le Systyle. Plusieurs desapprouvent cette maniere, comme n'estant point autorisée par les Anciens. Mais s'il est permis d'ajouter quelque chose aux inventions des Anciens à l'exemple des Anciens mesmes, qui comme Hermogene, n'ont point esté blamez pour avoir changé quelque chose en l'Architecture, & pour n'avoir pas exactement observé tous les preceptes de ceux qui les avoient precedez ; on peut dire que cette nouvelle maniere n'est point à rejetter puisqu'elle a seule tous les avantages que les autres n'ont que separément : car outre la beauté de l'aspreté & du serrement de Colonnes que les Anciens aimoient tant, elle a le degagement que les Modernes recherchent, sans que la solidité y manque : Car les Architraves que les Anciens ne faisoient que d'une pierre qui portoit d'une Colonne à l'autre, n'estoient pas si bien affermis, ne posant que sur la moitié de la Colonne, que lorsqu'elles E portent sur toute la Colonne ; & les Poutres estant doublées de mesme que les Colonnes, elles ont beaucoup de force pour soutenir les Planchers.

Cette maniere a esté pratiquée avec beaucoup de magnificence aux deux grands Portiques qui sont à la face du Louvre, où les Colonnes qui ont trois piez & demy de diametre sont jointes deux à deux, & ont leurs Entrecolonnemens de douze piez, estant distantes d'autant de leurs Pilastres qui sont au mur. Cela a esté fait ainsi pour garder la symmetrie en donnant un espace égal à tous les Entrecolonnemens dans le reste de l'Edifice, qui n'a que des Pilastres un à un, mais qui n'ont pû estre plus proches que de douze piez, à cause de la largeur des Croisées, qui sont ornées de Chambranles, de Consoles & de Frontons qui demandoient cette distance entre les Pilastres ; & ces grandes distances dans les Portiques n'auroient pas

[1] Les colonnes de l'Aræostyle doivent avoir leur grosseur de la huictiéme partie de leur hauteur. Pour le Diastyle, il faut diviser la hauteur de la colonne en huit parties & demie, & en donner une partie à la grosseur de la colonne. A l'égard du Systyle, la hauteur de sa colonne doit estre divisée en neuf & demy, pour en donner une à sa grosseur. Tout de mesme au Pycnostyle il faut diviser la hauteur en dix parties & faire que la grosseur de la colonne en soit une partie. Les colonnes en l'Eustyle doivent estre divisées en huit parties & demie comme au Diastyle afin que sa tige ait par le bas la grosseur d'une partie faisant l'entrecolonnement large à proportion de cette partie. CHAP. II.

[2] Car à proportion qu'on fait les entrecolonnemens larges, [3] il faut aussi grossir les colonnes, d'autant que si en un Aræostyle le diametre des colonnes n'estoit que la neuviéme ou dixiéme partie de leur hauteur, [4] elles paroistroient trop menues & trop deliées; [5] parceque l'air qui est dans le large espace des entrecolonnemens diminuë & derobe à la veuë une partie de la grosseur de la tige de la colonne. Au contraire si dans le Pycnostyle on faisoit la colonne grosse de la huitiéme partie de sa hauteur, les entrecolonnemens étroits feroient paroistre les colonnes qui sont prés à prés, si enflées, que cela auroit mauvaise grace. Par cette raison il faut avoir beaucoup d'égard à la proportion qui est propre à chaque maniere: Car il est encore besoin de grossir les colonnes des coins d'une cinquantiéme partie de leur diametre, par ce qu'il semble que l'air & le grand jour auquel elles sont plus exposées que celles du milieu, les mange & les rend plus petites, du moins elles paroissent telles aux yeux, & il faut que l'art remedie aussi à l'erreur de la veuë.

Vers le haut des colonnes qui est comme [6] leur *col*, il faut faire aussi [7] une diminution, *Hyperachelium*

esté supportables si les Colonnes n'avoient esté doublées.

1. Les Colonnes de l'Aræostyle. Dans la Planche XV. & dans la XVI. qui suit, je donne les exemples des cinq manieres de Bâtimens dont Vitruve parle dans ce chapitre. Dans ces Figures j'ay observé une chose qui n'est point expressément dans le texte, & qui ne se trouve point aussi avoir esté executée dans les Temples dont on voit des restes en Italie, quoy qu'il soit fort probable que cela doit estre ainsi, qui est de faire à la face du devant & du derriere de tous les Temples les Entrecolonnemens égaux de mesme qu'aux costez, à la reserve de l'Eustyle auquel seul Vitruve ordonne de les élargir. Car il dit que l'Eustyle a esté inventé pour oster les inconveniens qui se trouvent dans les quatre autres especes dont les unes ont les Entrecolonnemens trop larges comme le Diastyle & l'Aræostyle, & les autres les ont trop étroits comme le Pycnostyle & le Systyle; & que comme la proportion de l'Entrecolonnement de l'Eustyle a esté établie telle qu'elle est, principalement pour rendre l'entrée des Temples plus facile, on ne s'est pas contenté d'ajoûter à tous les Entrecolonnemens un quart de Module aux deux Modules, qui sont aux Entrecolonnemens du Systyle, mais dans l'Entrecolonnement du milieu, on y a ajoûté les trois quarts d'un Module; ce qui fait trois Modules. Et en effet dans les Pycnostyles & dans les Systyles qui se voyent à Rome, quoy que les Entrecolonnemens du milieu soient plus larges que les autres, c'est de fort peu de chose à proportion de celuy que Vitruve donne à l'Eustyle.

Dans tous les restes des Temples qui se voyent encore dans la Grece, qui ne sont point Eustyles, il se trouve que les Entrecolonnemens des faces où sont les Frontons, sont tous égaux.

2. Car a proportion. Les differentes Proportions des grosseurs des Colonnes à leur hauteur dans les quatre ordres des anciens, s'accordent assez bien avec cette regle, comme il se voit dans la Planche XV. où la Colonne Corinthienne dont la grosseur est la dixiéme partie de la hauteur, est propre pour le Pycnostyle, la Colonne Ionique qui ajoûte quelque chose davantage à la grosseur de la Colonne, convient au Systyle; Mais la Colonne Dorique dont la grosseur croist encore de mesme, & qui par consequent seroit propre à la disposition du Diastyle, n'y sçauroit estre employée à cause des Metopes & des Triglyphes, dont les espaces ne souffrent point d'autre disposition que celle du Pycnostyle, en mettant seulement un Tryglyphe entre chaque Colonne, ou celle de l'Aræostyle en y en mettant trois.

3. Il faut aussi grossir. Au lieu de grossir les Colonnes dans les Figures des cinq especes de Temples, je les ay tenuës plus courtes, suivant les Proportions que Vitruve demande, parce que c'est la mesme chose d'accourcir des Colonnes en conservant leur grosseur, que de les grossir en leur laissant leur hauteur, & j'ay crû qu'il estoit plus à propos de leur laisser à toutes une mesme grosseur, afin de mieux faire voir les differentes Proportions de la largeur des Entrecolonnemens avec la grosseur des Colonnes, que celles des hauteurs avec les grosseurs; parce qu'il s'agit principalement de cette Proportion des Entrecolonnemens, qui est la seule chose qui fait qu'un Edifice est Pycnostyle, Systyle, Diastyle, Aræostyle, ou Eustyle, & non pas la Proportion de la hauteur de la Colonne avec leur grosseur, parcequ'il y a quelques-unes des especes de ces Temples, qui ne sont point differentes en cette Proportion de la grosseur avec la hauteur, comme l'Eustyle & le Diastyle, où la hauteur de la Colonne est égale, sçavoir de huit Modules & demy.

4. Elles paroistroient trop menues. Pline est de cette opinion quand il dit que les Colonnes paroissent plus grosses, plus elles sont serrées les unes contre les autres, mais il n'apporte point de raison de cela.

5. Parceque l'air. Si l'air signifie icy la lumiere, comme il y a grande apparence, il semble que les Colonnes serrées les unes contre les autres, doivent faire un effet contraire à ce qui est dit icy, c'est-à-dire que plus elles sont pressées, plus elles doivent paroistre menuës, parce qu'une Colonne à qui ses voisines derobent le jour qui illumineroit ses costez, si elles estoient plus éloignées; est obscurcie à droit & à gauche de deux ombrages qui se confondent avec celuy qui est derriere & qui regne le long du Portique, ce qui diminuë l'apparence de sa grosseur, qui paroistroit tout autrement, si ses costez estant illuminez coupoient plus distinctement cette ombre qui est derriere; comme il se voit dans la I. Figure de la Planche XVII. où les Colonnes AB. qui sont serrées l'une contre l'autre paroissent plus menuës que les Colonnes CD, quoy qu'elles soient toutes d'une mesme grosseur. On peut donc dire que la veritable raison de cette apparence de la diminution de la grosseur des Colonnes quand elles sont éloignées, est qu'il semble qu'elles ne sont pas suffisantes pour porter un long entablement; & qu'aussi la necessité de grossir les Colonnes à mesure qu'on les éloigne l'une de l'autre, est fondée sur ce que la plus grande charge qui est soûtenuë, demande quelque chose de plus fort qui la soûtienne.

Par la mesme raison les Colonnes des coins sont grossies, parcequ'elles ont besoin de plus de force, à cause qu'elles sont aux extremitez. Et cette regle se doit toujours observer, que les encogrures soient plus larges que les trumeaux qui sont entre les fenestres.

6. Leur col. *Trachelos* signifie le col & *Hyperachelium*, ce qui est immediatement au dessus du col: cette partie de la Colonne est aussi apellée en françois Gorgerin.

7. Une diminution. Je traduis *Diminution* ce qui est apellé *Contractura* par Vitruve; quoy que *Retressissement* eust

CHAP. II. en telle sorte que si les colonnes sont longues de quinze pieds, on divisera le diametre A d'embas en six parties, afin d'en donner cinq au haut ; de mesme qu'en celle qui sera de quinze à vingt piez, le bas de la tige sera divisé en six & demy, afin d'en donner cinq & demy au haut ; & aussi celle qui aura de vingt à trente piez, le bas de la tige sera divisé en sept afin que le haut soit diminué jusqu'à six. Mais en celle qui sera haute depuis trente jusqu'à quarante piez, le bas sera divisé en sept & demy, pour en donner six & demy au haut. Celles qui auront de quarante à cinquante piez, seront de mesme divisées en huit parties ; & le haut de la tige à l'endroit qui en fait comme le col, sera diminué jusqu'à sept ; & enfin s'il s'en trouve encore de plus hautes, il faudra les diminuer à proportion.

On diminue ainsi diversement les colonnes, par ce que [1] la grande hauteur trompe facilement l'œil quand il regarde de bas en haut. Car comme l'œil aime ce qui est beau, si on * ne le flatte par le plaisir qu'il recoit des proportions convenables qui viennent de l'augmentation des modules, & si l'on ne remedie par cet accroissement à la tromperie que l'éloignement fait, un ouvrage paroistra toujours mal-fait & desagreable. B

Pour ce qui est de [2] l'accroissement qu'on ajoûte [2] au milieu des colonnes qui est apellé **

mieux signifie la chose dont il est question ; parce que *Diminutio* est equivoque, puisqu'il appartient egalement & à la diminution de la largeur & à la diminution de la hauteur, dont il ne s'agit point icy. Mais je n'ay pas crû me pouvoir dispenser de parler comme les Ouvriers en une chose dont il n'y a guere que les Ouvriers qui parlent.

1. LA GRANDE HAUTEUR TROMPE. Ce raisonnement de Vitruve sur les fausses apparences que l'éloignement donne aux objets, est examiné cy-apres sur le 2. chap. du 6. livre, où de mesme qu'icy je dis librement ma pensée sur l'abus que je pretens que les Architectes font ordinairement du changement des Proportions suivant les differens aspects ; mon opinion estant que l'on ne le doit pratiquer que rarement, parce que je ne demeure pas d'accord des raisons que l'on croit avoir de le faire : Car ce que Vitruve apelle icy une tromperie, est plûtost un remede que la Nature nous a donné contre la tromperie dont les objets pourroient user envers la veüe, en luy cachant leur éloignement, & ostant à l'œil un des moyens qu'il a de connoistre leur distance : On sçait qu'en general il y a deux choses qui font juger de la distance des objets, sçavoir la grandeur & la couleur, qui sont des accidens qui se diminuent & s'affoiblissent à mesure que les objets s'éloignent. La diminution de la couleur se fait par l'augmentation de la quantité de l'air interposé, parce que l'air est un corps, qui bien que transparant, ne laisse pas d'avoir quelque couleur qui se charge & se fortifie par la multiplication de plusieurs couches, qui dans l'éloignement se trouvent entre l'œil & l'objet, qui est ce que Vitruve apelle *Crebritatem aeris* dans le chapitre suivant. La grandeur aussi est diminuée par l'étressissement des Angles que font les lignes qui viennent des extremitez de chaque corps, comme il se voit dans la Planche XVI. Fig. II. où les lignes A C & B C font un angle plus aigu que les lignes D C & E C, qui viennent d'un corps moins éloigné. Mais bien que les images des choses éloignées, soient effectivement plus petites, dans l'œil, on ne peut point dire qu'il soit trompé pour cela, par ce qu'il ne laisse pas de juger de la grandeur des corps par la connoissance qu'il a de leur éloignement ; & on pourroit dire que l'éloignement trompe en faisant paraistre les objets enfumez & bluâtres, avec le mesme abus que l'on dit qu'il les fait paroistre petits ; cependant la verité est que c'est ce changement de couleurs qui empesche l'œil de se tromper dans le jugement qu'il fait de la distance des objets, & qu'il ne connoistroit pas si bien la difference des distances, si les objets & prés & loin paroissoient d'une mesme couleur, non plus que s'ils paroissoient d'une mesme grandeur : de sorte que cette augmentation que Vitruve donne à la grosseur du haut des grandes colonnes, dans le dessein qu'il a d'empescher que l'éloignement que la hauteur apporte, ne les fasse pas paroistre si étressies par en haut, est proprement une tromperie : car si cela fait l'effet qu'il se propose, la largeur A B, du haut de la Colonne, qui a cinquante piez, paroistra avoir une proportion à l'égard de la largeur qu'elle a embas, pareille à celle que la largeur F G du haut de la Colonne de quinze piez a à l'égard de la largeur qu'elle a aussi par embas en H I, quoy que ces proportions soient effectivement differentes, ce qui est une pure tromperie. C

2. L'ACCROISSEMENT QU'ON AJOUTE. Cet accroissement qui est apellé *Entasis* en Grec & *Renflement* en françois, est fait pour imiter à ce qu'on dit, la figure du corps d'un homme qui est plus large au droit du ventre, que vers la teste & vers les piez. La pluspart des Auteurs desapprouvent ce renflement à l'égard du retressissement par embas, & ils opposent à la comparaison du corps de l'homme, celle du tronc des arbres qui ont esté le premier & le plus naturel modele de la tige des Colonnes, comme Vitruve enseigne au premier chapitre du cinquiéme livre. Et ce qui est plus considerable que ces comparaisons, la raison veut que les Colonnes qui sont faites pour soutenir, ayent une figure qui les rende plus fermes, telle qu'est celle qui d'un Empatement plus large, va toujours en se retressissant. Philander, Palladio, Serlio, de Lorme, Scamozzi, VVotton & la pluspart des Architectes n'ont point enseigné, ny pratiqué ce renflement, il n'y a D presque qu'Alberti qui l'a fait avec un tel excés, que cela est une des raisons sur lesquelles Scamozzi s'est fondé, quand il a dit que cet Auteur est un des premiers qui a gasté l'Architecture des Anciens, quoy qu'on ne puisse douter qu'ils n'ayent pratiqué ce renflement, ainsi que Vitruve témoigne en cet endroit, & encore à la fin du chapitre suivant, où il enseigne que la mesure de l'entre-deux des cannelures doit estre prise sur celle du renflement de la Colonne.

Villalpande pretend que Vitruve n'a point donné ce precepte du Renflement des Colonnes, comme l'ayant trouvé dans les livres ou dans les ouvrages des anciens Architectes, mais comme l'ayant appris par la lecture de la Sainte Ecriture ; & il aime tellement ce renflement qu'il ne sçauroit souffrir ceux qui ne l'approuvent pas, il va mesme jusqu'à assurer que les arbres sont plus gros par le milieu que par le bas, n'ayant rien autre chose à répondre au puissant argument qui se tire de la proportion des arbres. E

EXPLICATION DE LA PLANCHE XVII.

La premiere Figure est pour faire voir comment le jour & l'ombre peuvent faire paroître les colonnes plus grosses ou plus menuës selon qu'elles sont plus ou moins serrées ; les colonnes A & B paroissant plus menuës que les colonnes C & D, quoy qu'elles soient d'une égale grosseur.

La seconde Figure est pour la diminution du haut des colonnes ; on l'a mise pour suppléer au defaut de celle que Vitruve promet, & qui a esté perduë de mesme que toutes ses autres Figures.

La troisiéme est l'instrument que Nicomede inventa pour tracer la ligne que l'on apelle le premier Conchoïde, & dont on se peut servir pour tracer la ligne de toutes les sortes de diminutions des colonnes.

par

Planche XXII.

X

CHAP. II. par les Grecs *Entasis* j'en mets une figure à la fin de ce livre, afin de donner à entendre A
la methode qu'il y a de le rendre comme il faut doux & imperceptible.

Or les regles que Vitruve promet de donner pour faire ce renflement, & qui sont perduës, ont esté diversement supplées par les Architectes. La plus ordinaire est de diviser en trois la tige de la Colonne, qui dans la Planche XVII. est marquée AI, & ayant partagé les deux tiers d'enhaut A G en autant de parties egales que l'on veut, partager aussi en autant de parties le retressissement HF: mais ces parties doivent estre inegales, & leur mesure se prend en cette maniere. On trace un cercle dont le centre est G, & la mesure de son diametre est prise sur celuy de la Colonne à l'endroit où elle est plus enflée, sçavoir de F à C. On divise la portion de ce cercle qui est depuis F jusqu'à l'endroit où il est coupé par la ligne du retressissement E H en autant de parties egales qu'il y en a dans les deux tiers d'enhaut, & ayant tiré des lignes paralleles suivant ces divisions, on marque à leurs intersections des points par lesquels on conduit une regle mince faite d'un bois égal & sans nœuds, qui se courbant uniformement donne le trait du profil de la colonne. Le mesme se fait pour le retressissement du tiers d'embas.

Vignole a inventé une autre maniere de diminuer la colonne qui est fort ingenieuse, mais qui ne va qu'à marquer les points de la diminution en quelques endroits seulement, suivant lesquels il courbe une regle flexible pour former le contour de la ligne de diminution. Mais Monsieur Blondel un des Professeurs Royaux en Mathematique est le premier qui a enseigné le moyen de tracer cette ligne tout d'un trait, & ce moyen est à mon avis si parfait que l'on peut dire qu'il repare assez heureusement la perte que nous avons faite de la figure que Vitruve avoit promise pour ne la point tant regretter comme fait Villalpande, qui juge cette perte tout-à-fait irreparable. Car il est vray que les autres figures qui nous manquent auroient esté d'une utilité sans comparaison plus importante pour l'intelligence du texte.

Or cette nouvelle maniere est de se servir de l'instrument que Nicomede a inventé pour tracer cette ligne qu'on apelle la premiere Conchoïde, dont la proprieté est qu'elle peut estre prolongée à l'infiny, sans qu'elle rencontre jamais sa pareille, quoyqu'elles soient courbes & inclinées l'une vers l'autre. Cet instrument est composé de deux regles, dont l'une M N, dans la Planche XVII, est jointe à l'autre O P à l'équerre. La regle O P a un pole Q. C'est ainsi que Nicomede apelle cette partie qui peut couler le long de la regle, & qui peut estre arrestée avec une vis R; Et de plus ce pole a un pivot qui peut tourner, & qui est percé pour laisser passer une tringle T V, qui passe & coule aussi au travers d'une autre espece de pole qui glisse dans une rainure qui est le long de la regle M N, & dans laquelle il est engagé par un tenon fait à queuë d'aronde. Cette tringle peut aussi estre arrestée par une vis, & elle a à son extremité T une pointe recourbée pour tracer la ligne qu'elle décrira lorsque l'on fera couler le Pole S dans la rainure.

La maniere de se servir de cet instrument pour tracer la ligne du renflement de la colonne, est de poser la regle M N sur le long de la colonne, ensorte que la rainure qui est le long de la regle re- B
ponde à la ligne X B, & que la petite regle O P reponde aussi à la ligne F H G C, qui separe le tiers d'embas des deux d'enhaut: Ensuite faire couler la tringle T V dans les deux poles, jusqu'à ce que la pointe soit sur le point C, qui est l'endroit où la colonne est renflée, & l'arrester là avec la vis, puis faire couler vers le haut le pole S, & remuer aussi le Pôle E, & le placer où il faudra pour faire en sorte que la pointe qui avoit esté addressée sur C se trouve sur Y, puis arrester la tringle dans le pole par la vis R. Cela estant en cet estat, on fera couler le pole S de haut en bas le long de la rainure de la regle M N, & la pointe décrira les deux retressissemens tant du tiers d'embas que des deux tiers d'enhaut.

4. AU MILIEU DES COLONNES. Le milieu ne doit pas estre entendu comme estant egalement distant des extremitez, mais seulement comme leur estant simplement opposé, & en ce sens, ce qui n'est point extremité, peut estre apellé le milieu: car aprés avoir parlé de la diminution qui se fait vers les extremitez, C
la suite du discours fait entendre lorsqu'il est parlé du renflement qui se fait au milieu, que le milieu comprend tout l'espace qui est entre les extremitez. La pratique ordinaire fondée sur les observations des ouvrages antiques, est de faire ce renflement au droit du tiers de la colonne vers le bas; Leon Baptiste Alberti le met plus [illegible]: car ayant divisé la colonne en sept, il met le renflement à la [illegible]isiéme partie, laissant les quatre qui restent au dessus: en sorte que le renflement est fort proche du milieu, suivant le texte de Vitruve pris à la lettre.

CHAP. III.

CHAPITRE III.

Des Fondemens qui se font en des terres fermes, ou en des terres rapportées, des Colonnes, [1] des Architraves & des autres Ornemens. D

IL faut que les Fondemens soient creusez dans le solide, ou jusqu'au solide autant que la grandeur de l'Edifice le requiert. Ils doivent estre bastis sur le fond de la trenchée qui a esté faite avec la solidité possible. Lorsqu'ils seront elevez hors de terre, on construira la muraille qui doit porter les Colonnes, avec une largeur qui surpasse de la moitié celle des Colonnes qui doivent estre posées dessus, afin que cette partie basse qui s'apelle [2] *Ste-*

1. DES ARCHITRAVES ET DES AUTRES ORNEMENS. J'ay crû ne devoir pas faire difficulté de corriger une transposition qui est dans le titre de ce chapitre, laquelle luy oste le sens qu'il doit avoir. Ce qui pourroit faire quelque difficulté seroit de sçavoir si j'ay dû traduire *ornatus columnarum* comme s'il y avoit *ornamenta*; la raison qui me l'a fait faire est que Vitruve, ny les autres Architectes qui ont écrit en Latin, n'ont jamais parlé *de ornatu columnarum*, & que *ornamenta* est par tout en usage pour signifier l'Architrave, la Frise & la Corniche qui sont sur les colonnes. Joint aussi que quand mesme *ornatus* pourroit signifier *ce qui rend les colonnes plus riches & plus ornées*, Vitruve ne l'auroit pas dû mettre au titre de ce chapitre, mais au titre de celuy dans lequel il est parlé du chapiteau Corinthien, qui est celuy qui a tout ce qui peut rendre les colonnes plus riches & plus ornées.

2. STEREOBATE. Ce mot grec signifie toute sorte de structure solide qui est faite pour soûtenir une autre partie de l'Edifice E

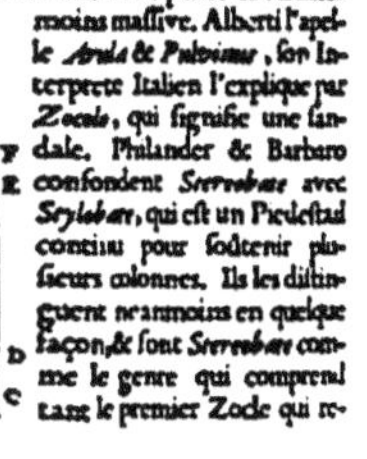

moins massive. Alberti l'apelle *Arula & Pulvinus*, son Interprete Italien l'explique par *Zocolo*, qui signifie une sandale. Philander & Barbaro confondent *Stereobate* avec *Stylobate*, qui est un Piedestal continu pour soûtenir plusieurs colonnes. Ils les distinguent neanmoins en quelque façon, & font *Stereobate* comme le genre qui comprend tant le premier Zocle qui re-

CHAP. III.

A *rrobate* à cause qu'elle porte le faix, soit plus forte que le haut, & que la saillie des bases
* n'excede point le solide de ce mur; & tout de mesme [1] l'epaisseur des murailles qui sont au
dessus, doit estre diminuée par la mesme proportion. Mais il faut que les intervalles soient
* affermis par des arcs de voute, la terre ayant esté rendue plus solide en la battant avec [2] *les machines dont on enfonce les pilotis*. Que si on ne peut aller jusqu'à la terre ferme, & que le lieu ne soit que de terres rapportées ou marécageuses, il le faudra creuser autant que l'on *Fistucationes.*
* pourra, & y ficher des *pilotis* de bois d'aune, d'olivier ou de chesne un peu bruslez & [3] *les* enfoncer avec les machines fort prés à prés: ensuite emplir de charbon les entre-deux *Pali. Sublicæ.* des pilotis & bastir dans toute la tranchée qui aura esté creusée, une maçonnerie tres-solide.

Les Fondemens estant achevez il faut dresser les *Stylobates* à niveau selon les proportions *Pteromata.*
B d'intervalles qui ont esté cy devant declarées, soit que l'on fasse le Pycnostyle ou le Systyle, ou le Diastyle, ou l'Eustyle: car pour l'Aræostyle il n'a point de regle.

* [4] Mais aux *Peripteres* les Colonnes doivent estre disposées de sorte, qu'il y ait deux fois autant d'entrecolonnemens dans les costez qu'il y en a au front, & qu'ainsi le bâtiment soit une fois aussi long qu'il est large. Car ceux qui au lieu de doubler le nombre des entrecolonnemens, ont doublé celuy des Colonnes, semblent avoir manqué en ce qu'il se trouve dans les costés un entrecolonnement de plus qu'il ne faut pour cette proportion de la longueur à la largeur. *Qui ont des colonnes tout autour.*

Les degrez doivent en la face de devant estre ordonnez en sorte qu'ils soient toujours en nombre impair, afin qu'ayant mis le pié droit en montant sur le premier degré, il ar-

C gne tout le long d'un Bâtiment, que le *Stylobate* qui est la partie plus élevée, qui estant sur ce premier Zocle soûtient immediatement un rang de colonnes. Mais il y a apparence qu'en cet endroit *Stereobate* signifie le mur qui s'élevoit au dessus du Rez de chaussée pour soûtenir les colonnes, lorsqu'il n'y avoit point de *Stylobate*, & que les colonnes posoient immediatement sur une aire élevée au dessus du rez de chaussée, & sur laquelle on montoit par des degrez. Ce mur qui est fait pour soûtenir les colonnes sans Stylobate est marqué A A A, le Stylobate est B B.

1. L'EPAISSEUR DES MURAILLES QUI SONT AU DESSUS. C'est-à-dire que si au lieu de colonnes on veut bâtir un mur, il faudra luy faire une retraite avec la mesme proportion.

2. LES MACHINES DONT ON ENFONCE LES PILOTIS. On peut enfoncer les Pilotis avec deux sortes de machines, comme remarquent Philander & Baldus, l'une est de plus grand
D appareil apellée *Mouton* qui s'éleve avec des cordes, & qu'on laisse retomber; l'autre est plus legere apellée *Demoiselle* à cause qu'elle a deux anses qui representent deux bras. On s'en sert d'ordinaire pour enfoncer le pavé fait de grosses pierres. Je n'ay pû specifier ny l'une ny l'autre de ces machines, parce qu'il est incertain de laquelle Vitruve entend parler quand il veut qu'on affermisse la terre *fistucationibus*, *fistuca* estant un nom commun à l'une & à l'autre de ces machines.

3. LES ENFONCER. J'ay seulement mis *les* pour traduire *sublicas* afin de ne repeter point le mot de Pilotis, qui avoit déja esté mis pour *Pali* qui est icy la mesme chose que *Sublicæ*.

4. MAIS AUX PERIPTERES. Periptere est le nom d'un genre qui comprend toutes les especes de Temples qui ont des Portique de colonnes qui tournent tout autour, mais il est mis icy pour la premiere espece, sçavoir celle où il y a seulement un rang de colonnes
E tout autour, distantes du mur seulement de la largeur d'un entrecolonnement. Car le Diptere, le Pseudodiptere, & l'Hypæthre sont des especes de Peripteres; parceque ces Temples ont aussi des colonnes tout autour; mais ces especes sont differentes du simple Periptere, en ce que le Diptere a huit colonnes de front, au lieu qu'il n'y en a que six au simple Periptere, & de plus il y a deux rangs de colonnes tout autour. Le Pseudodiptere a ses colonnes eloignées du mur de l'espace de deux entrecolonnemens, & d'une colonne, & l'Hypæthre a dix colonnes de front & deux rangs comme le Diptere, & de plus il a encore en dedans du Temple un rang de colonnes tout autour.

Mais il faut remarquer qu'il y a beaucoup de Temples anciens dont on voit les restes dans la Grece, où la regle que Vitruve donne icy n'est point observée. Le Temple de Pallas dans l'Acropolis à Athenes qui est Octostyle, & qui, selon la regle de Vitruve, ne devroit avoir que quinze colonnes dans chaque costé, en a dix-sept. Et le Temple de Thesée bâty aussi à Athenes, qui est Hexastyle, a treize colonnes dans les costez où il devroit n'y en avoir que onze. Ces particularitez m'ont esté communiquées par Monsieur de Monceaux, qui a fait des remarques fort curieuses sur les antiquitez de la Grece & de l'Egypte.

Il faut encore remarquer qu'il n'est pas vray qu'en donnant aux costez le double des entrecolonnemens qui sont en la face, le Temple soit deux fois aussi long qu'il est large: Car pour cela il manque le diametre d'une colonne ainsi qu'il se voit dans le Temple Systyle marqué B B, & la mesme chose arrive au Pycnostyle, au Diastyle & à l'Aræostyle. Dans l'Eustyle il manque jusqu'à deux diametres & demy, comme il se voit au Temple marqué C C. Mais le mesme inconvenient de n'avoir pas cette proportion double arriveroit aussi en doublant dans les costez le nombre des colonnes de la face, ainsi qu'il se voit dans le Temple Systyle marqué DD, qui est plus long que large de deux diametres, & dans l'Eustyle A A, qui est trop long d'un diametre. En sorte que je crois que la veritable raison pour laquelle les Anciens ont choisi le doublement des seuls entrecolonnemens est pour éviter la trop grande longueur que leurs Temples auroient eüe à proportion de leur largeur si ils avoient aussi doublé les colonnes; Et l'on peut mesme dire qu'une des perfections de l'Eustyle consiste en ce qu'il est moins long que les autres à proportion de sa lar-

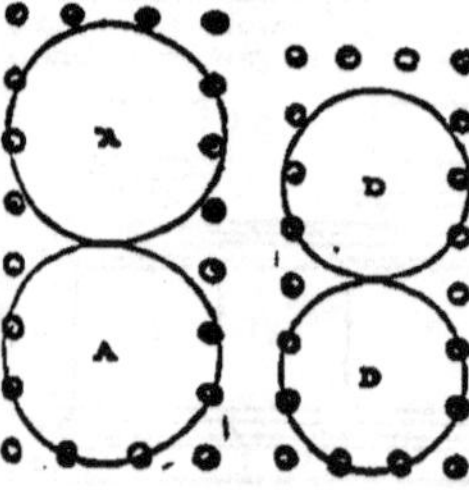

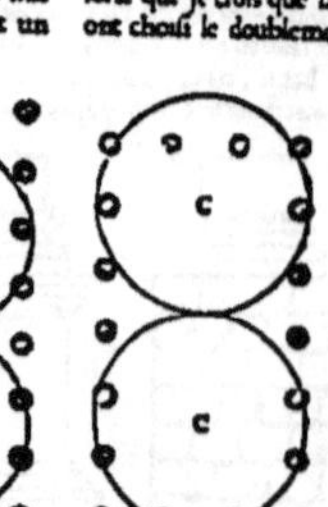

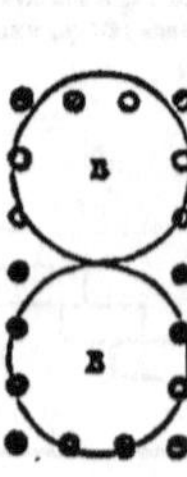

CHAP. III. tive qu'on le mette aussi le premier sur le haut des degrez pour entrer dans le temple. ¹ L'espaisseur des degrez à mon avis ne doit point estre de plus de dix pouces, ny moindre que de A neuf, car cette hauteur rendra la montee facile. ² Les *palliers de repos* ne doivent estre ny plus étroits que d'un pié & demy, ny plus larges que de deux, & si on fait des degrez tout au-tour du Temple ³ ils doivent avoir par tout la mesme largeur.

Retractiones gradationum.

Que si on veut faire des trois costez du temple ⁴ un *Acoudoir*, il faut qu'il soit ordonné de telle sorte que le ⁵ *Zocle* la *Base*, le *Dé*, la *Corniche*, & la ⁶ *Cymaise* de l'Acoudoir se-

Podium. Quadra. Spira. Truncus. Corona. Lysis.

geur, à cause de l'elargissement de son entrecolonnement du milieu.

1. L'ESPAISSEUR DES DEGREZ. Le *dextans* & le *dodrans* que Vitruve donne à la hauteur des degrez signifient les dix & les neuf pouces du pié Romain antique, cette hauteur est bien differente de celle que l'on donne à present aux marches des escaliers, car les dix pouces du pié Romain antique faisoient neuf pouces & demy de nostre pié de Roy, & leur neuf pouces un peu plus que nos huit. Il s'ensuit aussi de là que les plus grands de leurs degrez n'avoient de giron guere plus qu'un de nos piez, & que les petits n'avoient pas onze de nos pouces, suivant la proportion que les Anciens donnoient ordinairement à leurs degrez; car ils leur donnoient de hauteur les trois quarts de leur largeur, ainsi que Vitruve l'enseigne au 2. chap. du 9. livre. De sorte que ceux qui sont accoustumez à monter nos escaliers, auroient de la peine à accorder à Vitruve ce qu'il dit icy, sçavoir qu'en donnant neuf pouces de hauteur à des degrez, on rend un escalier facile à monter.

2. LES PALLIERS DE REPOS. J'ay traduit ainsi, *retractiones gradationum*, quoy qu'il semble que ces mots devroient signifier la largeur de la marche qu'on apelle Giron, dont il auroit esté fort naturel de parler aprés avoir defini son espaisseur. Mais la grande largeur qui est icy donnee à ces retraites, qui est de vingt-deux pouces, ne sçauroit convenir à la largeur de la marche qu'on sçait estre ordinairement bien plus étroite à proportion de la hauteur, aux bâtimens des Anciens, que nous ne la faisons aux nostres, ainsi qu'il sera dit cy-aprés au 2. chap. du 9. livre. De sorte qu'il faut entendre necessairement que cette grandeur de la retraite des degrez appartient aux palliers de repos que les Anciens faisoient lorsqu'il y avoit beaucoup de marches: Car alors de sept en sept, ou de neuf en neuf, ils faisoient des palliers de repos: Ce qu'ils observoient aussi aux degrez des Theatres, où ils apelloient ces palliers *praecinctiones*, ainsi qu'il sera dit cy-aprés au cap. 3. du 5. Livre.

3. ILS DOIVENT AVOIR PAR TOUT LA MESME LARGEUR. Il y avoit deux manieres de degrez pour monter aux Temples, les uns estoient seulement en la face de devant en maniere de Perron, & quelquefois les Stylobates qui élevoient les colonnes des trois autres costez, s'allongeoient en devant & faisoient comme des ailes qui embrassoient les marches. L'autre maniere de degrez estoit également tout autour du Temple, & ce sont ces degrez qui doivent avoir tout autour une mesme largeur, c'est-à-dire qui ne doivent point estre separez & distinguez par des palliers comme aux perrons, où on faisoit de cinq en cinq & de sept en sept des palliers de repos.

4. UN ACOUDOIR. La maniere la plus ordinaire parmy les Anciens estoit de placer les colonnes immediatement sur la derniere marche. Quelquefois quand leurs colonnes estoient trop courtes, ils les allongeoient en leur mettant des Piedestaux qu'ils joignoient l'un à l'autre par une ballustrade ou par un parapet qu'ils apelloient *Podium*. Palladio dit n'avoir jamais vû de Temple ancien où les Colonnes eussent de *Podium* que le Temple de Sisi. Ce Temple n'a des colonnes qu'au porche, & par consequent il n'en a que de trois costez, sçavoir à droit, à gauche & au devant du porche. Il n'est pas aisé de determiner si c'est de cette maniere-là que Vitruve entend *Podium ex tribus lateribus*, c'est-à-dire, *un acoudoir aux trois costez du Temple*. B

5. LE ZOCLE, LA BASE, LE DÉ. Le *Zocle* est apellé *quadra* parceque c'est un membre quarré marqué C, qui sert comme de Plinthe à la base du Piedestail, les autres membres qui sont audroit de D, & posez immediatement sur le Zocle, sont apellez *Spira* du mesme nom que la base de la colonne; la partie B qui suit, s'apelle le Dé, à cause qu'elle est quarrée, & *truncus*, parce qu'elle est posée sur une base, comme le Tronc ou fust de la colonne l'est sur la sienne. Ce *Truncus* est apellé *Paries* au 7. chapitre du quatriéme livre, où il est parlé des Piedestaux des Temples ronds. La Corniche F E s'apelle aussi *corona* & son Talon F, *Lysis*. Le mot de Zocle est Italien qui vient du latin *Soccus*, qui signifie une sandale: Et en effet cette partie en Architecture sert à élever le pié des bâtimens. C

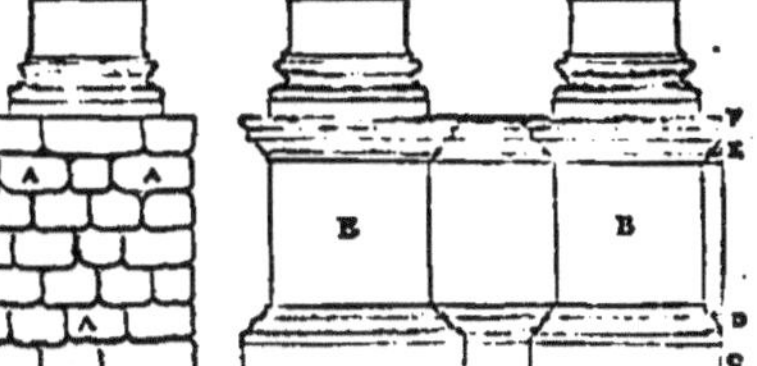

6. LA CYMAISE. Le mot *Lysis*, que j'interprete Cymaise est un de ceux que les Grammairiens n'entendent point dans Vitruve, & de la signification duquel ils ne conviennent point. D C'est un mot grec qui ailleurs signifie *solution*, *rupture* ou *Separation*. Vitruve s'en sert au 6. livre chapitre 11. mais en cet endroit-là, ainsi que Philander remarque, il ne signifie point un membre d'Architecture, mais simplement à la lettre la separation qui se fait en une muraille qui se fend: Les Grammairiens estiment que *Lysis* en cet endroit signifie l'ouverture & le vuide des portes & des fenestres. Mais icy on ne peut douter que *Lysis* ne soit le dernier membre d'une Corniche, & on peut croire qu'il est ainsi apellé à cause qu'il fait la separation d'une partie d'Architecture d'avec une autre; par exemple, du Piedestail d'avec la colonne, de la tige de la colonne d'avec le Chapiteau, E du Chapiteau d'avec l'Architrave, de l'Architrave d'avec la Frise, & de la

EXPLICATION DE LA PLANCHE XVIII.

Cette Planche represente les deux manieres de Stylobates ou Piedestaux.

La premiere Figure est pour le Piedestail continu, qui selon Vitruve represente un canal, la partie B estant enfoncée comme entre deux bords élevez, qui sont la base M M, & la Corniche L L.

La seconde Figure represente l'autre espece de Piedestail, qui est interrompu par des retraites qu'il fait au droit des entrecolonnemens, ce qui est apellé par Vitruve Scamilli impares.

raportent

Planche XVIII

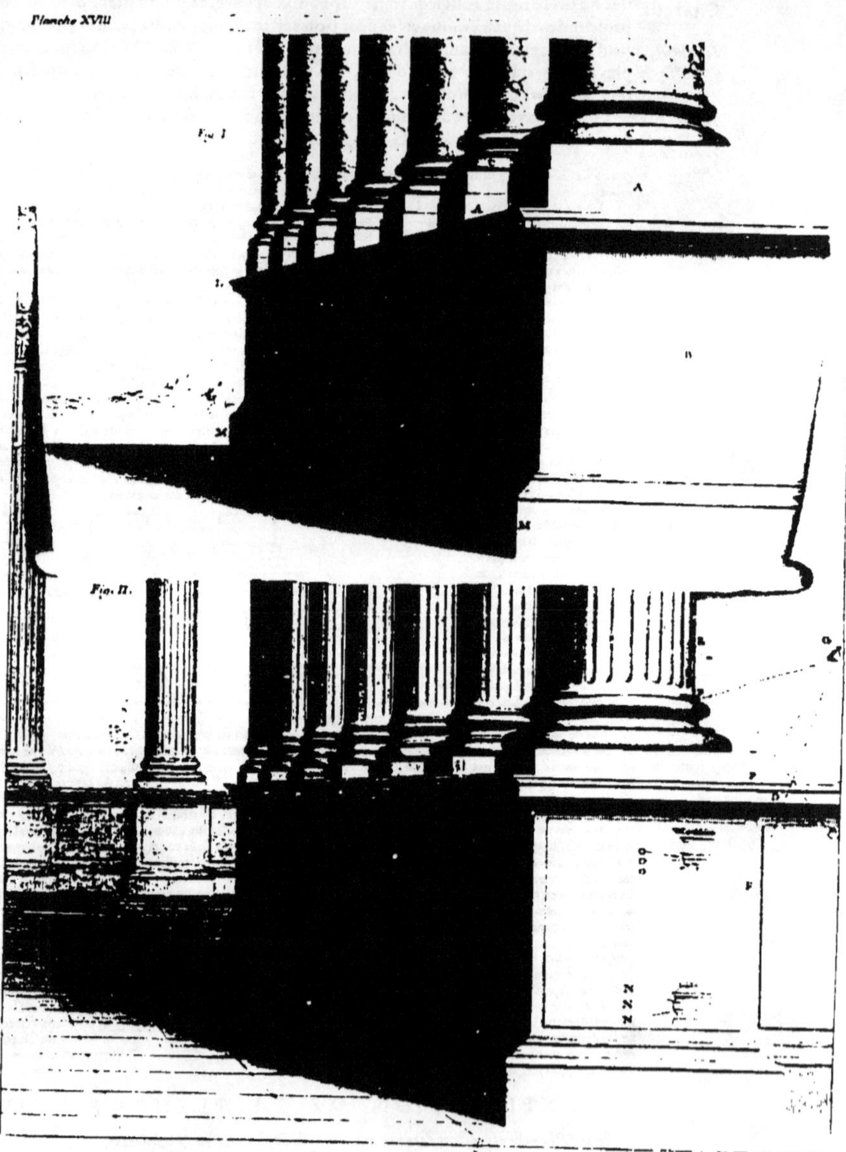

CHAP. III. raportent avec les mesmes parties du Stylobate qui est sous les bases des Colonnes. Pour A ce qui est du Stylobate il doit estre egal, en telle sorte neanmoins qu'au droit de chaque Colonne il y ait des saillies ¹ en maniere *d'Escabeaux qui fassent une inegalité*: Autrement si un Stylobate estoit ² *tout d'une venüe*, ³ *il ressembleroit à un Canal*. Mais on trouverra à la fin du livre une figure qui fera voir comment ces Stylobates en maniere d'escabeaux doivent estre faits.

Scamilli impares. Ad libellam. Alveolum.

Ces choses estant ainsi ordonnées il faudra placer les bases en leur lieu & ne leur donner

grande Corniche d'avec ce qu'elle soûtient. On l'apelle generalement Cymaise en françois parcequelle est à la cyme & au haut de chaque partie: les Grecs l'apelloient *Cymation* à raison de sa figure, parce que *Cyma* en grec signifie une onde, & qu'il se trouve que la plusspart des especes de Cymaise sont comme ondoyées. La Doucine I & le Talon D, ayant une double courbure en onde; & le Cavet C de mesme que l'Echine ou quart de rond L, & l'Astragale N, estant aussi courbez. Au chap. 7. du 5. livre Vitruve traduit le mot Grec en Latin, lorsqu'au lieu de *Cymation*, il met *Unda*.

1. EN MANIERE D'ESCABEAUX QUI FASSENT UNE INEGALITE'. Il n'y a rien qui ressemble mieux à des Escabeaux que les Piedestaux particuliers marquez H I K dans la Planche XVIII. de mesme que le Piedestal general & continu represente un long banc sur lequel plusieurs colonnes sont assises, ainsi qu'il est representé par le Piedestal B. Ces Escabeaux sont dits *impares*, c'est-à-dire faisant une inégalité; parce que les Stylobates ou Piedestaux continus ont une egalité pareille, & que la partie qui est sous la colonne est égale à celle qui est dans l'entrecolonnement; au lieu que dans les Piedestaux interrompus, ces parties ne sont point pareilles, les unes estant avancées, les autres reculées.

2. TOUT D'UNE VENUE. J'ay ainsi expliqué *ad libellam*, parceque quoy que *libella* soit proprement un niveau, ce mot est neanmoins quelquefois mis simplement pour une regle, comme quand on dit qu'une chose est à niveau selon sa pente, par une liberté pareille à celle que les Geometres se donnent quand ils apellent une ligne perpendiculaire, quoy qu'elle ne pende point, mais seulement parcequ'en arrivant sur une autre, elle fait avec elle des Angles droits, de mesme que fait celle que le plomb fait pendre & descendre sur une ligne horizontale.

3. IL RESSEMBLEROIT A UN CANAL. Il est assez évident que dans le Piedestal de la Planche XVIII. la saillie de la Corniche L L & celle de la Base M M qui enferment son tronc B B enfoncé au milieu d'eux, fait la forme d'un canal lorsque le Stylobate est fort long, ce qui n'est pas aux Piedestaux recoupez, quoy que les mesmes saillies du tronc & la mesme enfonceure de base & de corniche s'y trouve; parceque l'interruption empesche que cette cavité puisse ressembler à un canal.

Cette explication de *Scamilli impares* est estimée une des choses des plus difficiles & des plus obscures qui soit dans Vitruve. Plusieurs sçavans hommes & fort ingenieux y ont travaillé. J'ay suivy principalement l'explication que Philander en donne sur le 9. chap. du 3. livre. Car il avoüe dans le Commentaire qu'il a fait sur cet endroit-cy, où il est parlé de *Scamilli impares*, qu'il n'entend pas bien ce que c'est. Bernardinus Baldus qui en a fait un livre exprés intitulé *Scamilli impares*, & Baptista Bertanus ont cherché d'autres explications, mais elles ne me semblent pas si justes que celles de Philander.

Bertanus se fondant sur ce que Vitruve dit qu'il faut égaler les Piedestaux, veut que ce soit aux faces de l'Architrave qu'ils soient égalez, c'est-à-dire qu'il y ait sur le tronc des Piedestaux, les faces N N N, qui ayent des saillies les unes sur les autres, & qui soient inégales, comme il y en a d'inégales aux faces de l'Architrave O O O. Mais cette explication ne me satisfait point; car l'égalité du Stylobate dont parle Vitruve peut estre entendüe, comme il a esté dit, de celle qu'il a, quand il est tout du long avec une mesme saillie, laquelle égalité est opposée à l'inégalité qui est en toute la face, quand tantost il s'avance, tantost il se recule pour faire ce qui est apellé *Scamilli impares*. Et les saillies que Bertanus veut donner à ses faces qu'il B met sur le tronc des Piedestaux ne sçauroient répondre & estre égalées à celles de l'Architrave, parce que le tronc du Piedestail sur lequel il éleve ces faces, est beaucoup plus avancé que les faces de l'Architrave, sçavoir de toute la saillie de la base de la colonne & de la diminution qu'elle a par enhaut, ainsi que fait voir la ligne ponctuée qui monte du nud du tronc du Stylobate. De plus il y a la moitié de tous les Architraves, sçavoir les Toscans & les Doriques, qui n'ont point de faces à differentes saillies, & il n'y a point de raison pourquoy Vitruve vueille qu'on évite l'apparence de canal dans les Stylobates Ioniques & Corinthiens, plûtost que dans les autres.

L'opinion de Baldus est que Vitruve entend par *Scamillos impares* les Zocles A A, qui sont mis sur le piedestail continu B B, pour hausser les bases C C, ou ceux que l'on ajoûte sur les hautes corniches pour élever ce qu'elles soûtiennent; parce, dit-il, que sans cela la saillie de la Corniche D, par exemple, empêchant de C voir une partie de ce qui est dessus, sçavoir la partie E P, elle fait paroistre cette partie comme plongée dans un canal. Mais quand cela seroit ainsi à l'égard de ce qui est sur des corniches fort élevées, cela n'est point vray à l'égard des bases des colonnes qui sont sur des piedestaux qui ne sont point plus haut que la vuë: & comme cette saillie D cache une partie du piedestail, il n'y a que la partie F qui puisse paroistre comme plongée dans un canal. Enfin le Zocle A qu'il veut ajoûter, ne remedieroit point à cette apparence de canal qui est au piedestail; car on ne sçauroit dire que la saillie D puisse empescher que l'oeil G ne voye toute la base P P.

Mais Baldus trouve deux choses à redire à l'opinion de Philander. La premiere est que ce qui, selon Philander, fait paroistre les murs ou troncs des Stylobates creusez comme un canal, devroit aussi faire paroistre tous les autres murs creusez, lorsqu'aux costez d'un long espace enfoncé également, il y a deux eminences qui le D bordent, & c'est ce qui est tres-vray, comme il vient d'estre expliqué, mais je ne vois pas l'absurdité qui s'ensuit de là.

L'autre chose qu'il reprend est que l'addition que Philander entend n'est point tant faite aux piedestaux, qu'à un mur continu qui soûtient toutes les colonnes: mais c'est le Zocle qu'il veut ajoûter qu'on peut dire avec raison n'appartenir point aux Piedestaux, mais à la base de la colonne, dont ce Zocle est comme un autre Plinthe. De plus il ne prend pas garde que ce mur continu est proprement le piedestail, & que quand Vitruve parle de l'addition qui se fait aux piedestaux, il entend les piedestaux generaux & continus qui font les faces des Temples, & non pas les piedestaux particuliers & interrompus que les additions donnent à chaque colonne. Et il y auroit plus de raison de dire qu'à proprement parler suivant l'opinion de Philander, Vitruve devoit avoir dit que ces Escabeaux sont faits par la diminution des E piedestaux au droit des entrecolonnemens, plûtost que par l'addition au droit des colonnes. Mais parceque la saillie d'une partie suppose necessairement la retraite d'une autre, de mesme que

EXPLICATION DE LA PLANCHE XIX.

Cette Planche represente ce que Vitruve a prescrit de l'Ordre Ionique. On y a ajoûté la Base A B C B, qui est apellée Atticurge, dont on se peut servir à tous les Ordres, excepté au Toscan qui a toujours sa Base qui luy est particuliere. On a donné à la Frise la plus grande largeur qu'elle puisse avoir, parce qu'elle est taillée de sculpture; celle qui est sans sculpture d[illegible] petite de plus du tiers. Les proportions des membres sont determinées à la maniere de Vitruve, q[illegible] differente de celle des modernes, ainsi qu'il est remarqué dans les Nottes.

Planche XIX.
B
C
B
A

CHAP. III. d'epaisseur, comprenant leur plinthe, que la moitié du diametre de la Colonne, & faire A que la [1] saillie, qui est dite par les Grecs *Ecphora*, soit [2] d'un quart de chaque costé, en sorte que la largeur de la base soit du diametre & demy de la Colonne.

Travaillé à la maniere Attique.

[3] Si on veut faire une base *Atticurge*, il la faut ainsi diviser. [4] On prendra la troisiéme partie du diametre de la Colonne qui sera pour le haut de la base, [5] le reste demeurant pour le plinthe. Ce haut de la base sera divisé en quatre, dont la partie superieure sera pour [6] le Tore superieur, les trois qui restent [7] seront divisées en deux, la moitié inferieure, sera pour le Tore d'embas, l'autre pour [8] la Scotie apellée des Grecs *Trochylos* y comprenant les deux petits quarrez.

Poulie.

Les propotions de la base Ionique doivent estre telles que sa largeur soit le diametre de la Colonne, [9] y ajoûtant la quatriéme & la huitiéme partie, & que la hauteur soit pareille à celle de l'Atticurge : le plinthe doit estre aussi de mesme qu'en l'Atticurge, mais B le reste au dessus du plinthe, qui est la troisiéme partie du diametre de la Colonne, doit estre divisé en sept parties, il en faut donner trois au Tore d'enhaut, puis diviser en deux parties egales les quatre qui restent, & faire de la moitié d'en haut la scotie superieure avec [10] son Astragale & [11] ses filets ; laissant l'autre moitié pour la scotie inferieure qui pa-

la retraitte suppose une saillie, il est evident qu'on peut exprimer l'enfoncement par la saillie, aussi bien que la saillie par l'enfoncement, & que c'est la mesme chose de dire que les piedestaux doivent estre inegaux par des saillies, que de dire qu'ils le doivent estre par des enfoncemens.

Scamozzi dit que ces Escabeaux sont apellez *impares*, parcequ'ils sont en nombre impair aux costez des Temples : Mais ils sont aussi toujours au nombre pair aux deux principales faces, & il ne s'agit point icy du nombre, mais de la forme des Stylobates.

1. LA SAILLIE QUI EST DITE PAR LES GRECS ECPHORA. Il a déja esté remarqué sur le chapitre precedent que cette proportion de la saillie des bases est excessive, & que mesme Vitruve en donne une autre dans ce chapitre, qui est la huitiéme & la seiziéme partie du diametre de la colonne pour la saillie de chaque costé, c'est-à-dire, onze huitiémes pour la saillie de toute la base.

2. D'UN QUART. Je trouve das mon manuscrit *Sextantem* au lieu de *Quadrantem* qui est dans tous les exemplaires, conformement à ce qui a esté dit dans le chapitre precedent. Cette correction qui donne la veritable proportion de la saillie des bases suivant l'antique, seroit fort bonne si elle ne repugnoit point à ce qui est dans la suite, où il est dit que la largeur de la base doit estre d'un diametre & demy. Cela fait voir jusqu'où s'étend la licence que les Copistes ont prise pour corrompre le texte de Vitruve.

3. SI ON VEUT FAIRE UNE BASE ATTICURGE. La base Atticurge qui est icy décrite est celle dont on se sert quand on en met dans l'Ordre Dorique. Atticurge au commencement du chapitre sixiéme du quatriéme livre signifie l'ordre Corinthien: mais ordinairement on apelle Atticurges, les colonnes quarrées. Le mot grec signifie ouvrage Athenien. Cette base & ses proportions sont dans la Planche XIX. qui est pour l'ordre Ionique, & on l'a mise au dessous de la base qui est particuliere à l'ordre Ionique. Elle est marquée A B C B.

4. ON PRENDRA LA TROISIÉME PARTIE. Il faut supposer que la hauteur de toute la base, ainsi qu'il a esté dit, est de la moitié du diametre de la colonne, & par consequent que cette troisiéme partie du diametre de la colonne comprend les deux tiers de la hauteur de toute la base.

5. LE RESTE DEMEURANT. Il faut entendre que ce reste qui demeure pour le Plinthe, n'est pas le reste du diametre de la colonne, mais le reste de la hauteur de la base, qui n'est que le demy diametre de la colonne.

6. LE TORE, en latin *Torus*, signifie un lit, ou Matelas, ou Bourrelet. Les gros Anneaux des bases sont ainsi apellez, à cause de la ressemblance qu'ils ont avec le bord d'un Matelas ou Bourrelet. Les petits anneaux sont apellez astragales dans la base Ionique. Les Tores sont marquez B B.

7. SERONT DIVISÉES EN DEUX. La maniere de prescrire les grandeurs des membres d'Architecture dont Vitruve se sert, est ce me semble plus certaine & plus facile que celle dont les modernes ont accoûtumé d'user : car ils partagent le Module en un certain nombre de petites parties qu'ils apellent minutes, dont ils prennent ce qu'il faut pour chaque membre : mais cela est incommode en ce qu'il arrive souvent qu'il faut subdiviser ces minutes en beaucoup d'autres particules : Par exemple ayant divisé la hauteur de la base Atticurge, qui est un module, en trente minutes, on en donne dix à la hauteur du Plinthe, qui doit avoir le tiers de toute la base ; cinq au Tore superieur, qui est le quart des vingt qui restent ; sept & demy au Tore d'embas, qui est la moitié des quinze qui restent : mais pour donner aux filets de la Scotie la septiéme partie qu'ils doivent avoir des sept & demy qui restent ; il faut partager la demie minute en sept pour donner C à chaque filet une minute, & une quatorziéme partie de minute, ou quinze quatorziémes ; & ainsi il s'ensuit que pour ne point faire de fractions il faudroit partager le module en quatre cent vingt minutes pour en donner cent quarante au Plinthe, cent cinq au Tore d'embas, septante au Tore d'enhaut, septante & cinq à la Scotie, & quinze à chaque filet.

8. LA SCOTIE. Le mot grec *Scotos* signifie *obscurité*. La partie qui est enfoncée dans la base est apellée Scotie par ce qu'elle est la plus ombragée ; on luy donne aussi le nom de *Trochylos* qui signifie une poulie parceque cette partie en a la figure. On la nomme Nacelle en françois à cause de sa cavité : elle est marquée C. Turnebe doute si au lieu de *Trochylos* il ne faudroit point lire *Trachelos* qui signifie le col ou la gorge par ce que c'est l'endroit le plus étroit de la base.

9. Y AJOUTANT LA QUATRIÉME ET LA HUITIÉME PARTIE. C'est à dire qu'on donne à la largeur de la base onze D parties des huit que contient le diametre du bas de la Colonne.

10. AVEC SON ASTRAGALE. En grec *Astragale* signifie *le Talon*. On apelle ainsi en Architecture les petits membres ronds à cause de la rondeur du Talon qu'ils imitent. On leur a aussi donné le nom de *Chapellet*, parce qu'on les taille ordinairement en forme de petites boules enfilées ; mais le membre de moulure qu'on apelle vulgairement *Talon* en françois, est toute autre chose que ce qu'on apelle *Astragale* : Car Talon est la partie marquée A B, qui est composée d'un filet A, & d'une Cymaise droite B ; & l'Astragale est la partie marquée C.

11. ET SES FILETS. La Scotie est une goutiere ronde qui est terminée par deux petits filets ou quarrez. Je suppose que *Supercilium* signifie icy ce petit quarré ou filet, parce qu'il s'avance sur la cavité de la Scotie, de mesme que le sourcil a une saillie sur le creux E de l'orbite de l'œil ; mais je croy qu'il faut lire *cum suo astragalo & superciliis*, au lieu de *cum suis Astragalis & supercilio*, parceque *la moitié d'enhaut*, dont il est parlé icy à deux filets, & n'a qu'un Astragale ; la moitié d'embas estant composée des mesmes parties

Il faut remarquer que cette base Ionique que Vitruve décrit icy ne se trouve point avoir esté executée par les anciens, les modernes qui l'ont voulu mettre en usage, n'en ont pas esté loüez à cause de la disproportion des parties qui la composent & leur situation peu raisonnable, parceque l'enormité du Tore qui est sur des Scoties & des Astragales fort petits les fait paroître trop foibles pour le soûtenir. Au Palais des Tuilleries bâty à Paris il y a plus de cent ans par la Reyne Catherine de Medicis, Philbert de Lorme Architecte François a executé l'Ordre Ionique avec tant de justesse, & luy a donné une beauté si charmante, que ses co-

roistra

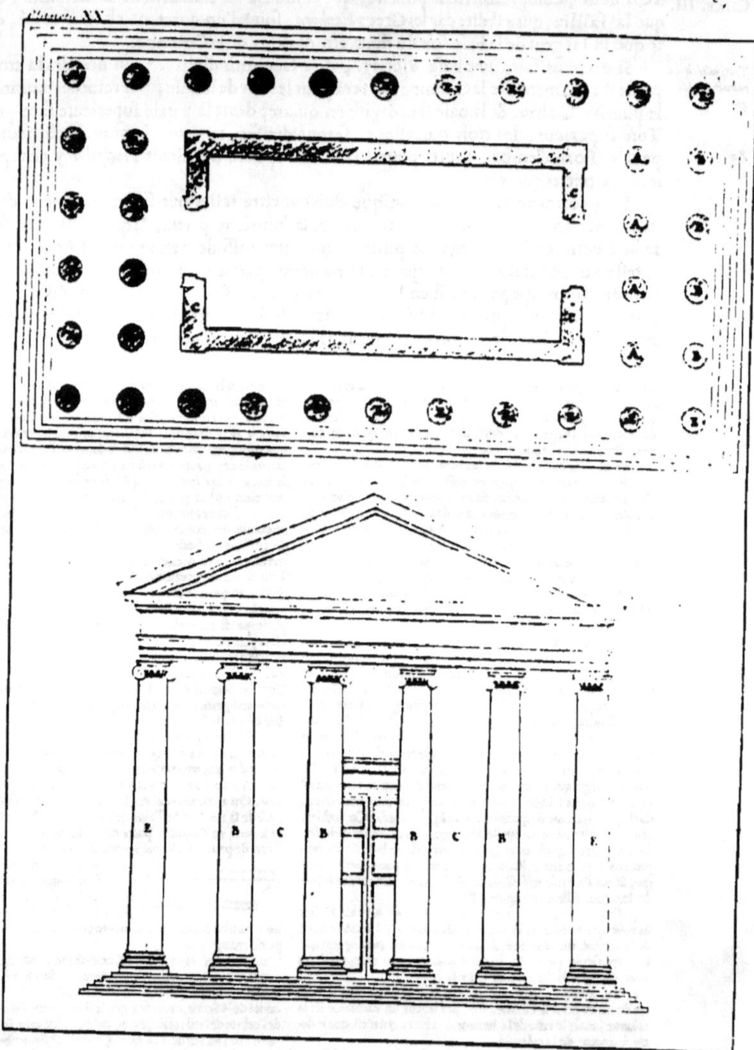

EXPLICATION DE LA PLANCHE XX.

Cette Planche fait voir la maniere particuliere que Vitruve enseigne de mettre les colonnes autour des Temples ; les unes, qu'il apelle les colonnes du milieu marquées A A, ont le centre du haut de ' colonne à plomb du centre du bas ; les autres marquées E E, qui font des rangs à droit & à gauche aux costez du Temple, sont hors de leur plomb. Cela se fait en mettant toute la diminution de la colonne en dehors ; ainsi que la ligne punctuée qui est à plomb fait voir dans les colonnes E E, à l'Elevation.

CHAP. III. roistra plus grande à cause qu'elle s'étend jusqu'au bord du Plinthe. [1] Les Astragales auront la huictiéme partie de la Scotie; [2] la saillie de la base sera de la huictiéme & de la seiziéme partie du diametre de la Colonne. A

Les bases estant achevées & assises [3] il faudra que les colonnes du *milieu* tant au devant qu'au derriere du temple, soient posées directement à plomb sur leurs centres: mais il faut faire en sorte que les Colonnes des coins & celles qui les doivent suivre dans les rangs qui sont à droit & à gauche aux costez du temple ayent le costé du dedans qui regarde les murs du temple, absolument à plomb, donnant aux parties de dehors la diminution dont il a esté parlé: car cette diminution rendra la figure & l'aspect de l'edifice fort agreable.

Apres que [4] le *Fust* de chaque colonne aura esté posé, la proportion du chapiteau [5] s'il est en forme d'oreiller sera ainsi ordonnée. [6] Le *Tailloir* aura en quarré le diametre du bas de la Colonne y ajoûtant une dix-huictiéme partie, & la moitié du Tailloir sera la hauteur B du chapiteau, comprenant la rondeur de [7] la volute. Mais [8] il se faut retirer de l'extremité du Tailloir en dedans sur chacune des faces où sont les volutes, & cela d'une dix-huictiéme

lonnes font l'admiration de tous ceux qui ont du goust pour ces sortes de beautez: mais personne n'a jamais pû louer les bases qui sont en cet ouvrage, suivant la maniere que Vitruve a prescrite.

1. LES ASTRAGALES AURONT LA HUITIÉME PARTIE DE LA SCOTIE. Il faut entendre par la Scotie toute cette moitié de ce qui reste aprés que le grand Thore a esté pris.

2. LA SAILLIE DE LA BASE. Cette Saillie est pour chaque costé, qui est une confirmation de ce qui a desja esté dit, sçavoir que toute la Base est plus large que la colonne d'un quart, & d'une huitiéme partie de la colonne. Cela estant il faut entendre *proiectura erit spira*, comme s'il y avoit *proiectura spira erit*.

3. IL FAUDRA QUE LES COLONNES DU MILIEU. Cet endroit est fort corrompu, & les exemplaires tant manuscrits, qu'imprimez sont presque tous differens. La correction de Philander que j'ay suivie donne un sens raisonnable au discours: mais la chose est estrange en ce qu'estant de l'importance qu'elle est, il ne se trouve point qu'elle ait esté pratiquée: n'y ayant point d'apparence que Vitruve vueille que tout le retrecissement des colonnes soit en dehors, & que leur costé qui regarde le dedans du portique soit à plomb, & cela seulement aux aisles & non aux faces de devant & de derriere, si ce n'est que les colonnes apellées *Mediana*, *du milieu*, & qui sont dites devoir estre absolument à plomb, soient les colonnes A A. qui sont aux Porches, parcequ'elles sont entre le mur CC, & les colonnes B B: Car en ce cas les colonnes BB, qui sont aux faces auroient aussi tout leur retrecissement en dehors, de mesme que les colonnes des aisles E E; Et cette structure dont nous avons un exemple au Temple de Tivoli, seroit fort bonne pour soutenir la poussée des travées lors qu'elles sont de pierre, à cause de la difficulté qui se rencontre à faire des cintres droits qui soient bien fermes, estant de plusieurs pierres, ce que les anciens ne faisoient pas, parceque leurs architraves estoient d'une seule pierre qui posoit sur deux colonnes, ou sur des formerets qui estoient sur les colonnes, comme il se voit à l'Edifice des Tutelles à Bordeaux; ou bien ils les faisoient de bois quand les travées estoient fort larges, comme aux Pseudodipteres, où le rang des colonnes du milieu est osté.

4. LE FUST DE CHAQUE COLONNE. On apelle *fust* le corps de la colonne, qui est appuyé sur la base comme sur ses piez, & qui soutient le chapiteau qui luy tient lieu de teste. Vitruve l'apelle *Scapus* par une autre metaphore, & Baldus dit que c'est *translatitium vocabulum a fustibus seu caulibus herbarum ad ipsas columnas*, c'est-à-dire, que c'est comme la tige ou le tronc de la colonne; De sorte qu'il y a apparence que *fust* vient du latin *fustis*, qui signifie un baston.

5. S'IL EST EN FORME D'OREILLER. C'est-à-dire, si ce sont des chapiteaux Ioniques, dans lesquels la partie qui fait la volute est apellée *pulvinus*, *oreiller*, à cause de sa forme qui represente un oreiller posé sur le haut de la colonne.

6. LE TAILLOIR. Autrefois en France le menu peuple ne se servoit que d'assiettes de bois qui estoient quarrées qu'on apelloit des Tailloirs à cause qu'elles servoient principalement à tailler & à couper la viande. Les Architectes ont donné ce nom à la partie des chapiteaux qui est apellée *Abacus* par les Anciens, & qui est marquée DD dans la Planche XIX. *Abacus* estoit proprement ce que nous apellons un buffet, sçavoir une petite table quarrée sur laquelle on posoit les pots & les verres. *Abacus* signifie aussi un petit aix quarré & fort poly, sur lequel on traçoit des figures geometriques, ou des caracteres arithmetiques. En Architecture, c'est la partie superieure des chapiteaux, qui sert comme de couvercle au vase ou tambour, qui est la principale partie du chapiteau. Ce couvercle est parfaitement quarré au chapiteau Toscan, ou Dorique, & à l'Ionique antique: mais au Corinthien, au Composite, & à l'Ionique moderne, mis en œuvre par Michel Ange & par Scamozzi, qui l'ont pris du Temple de la Concorde & d'autres Temples anciens, il est creusé & recoupé en dedans, ce qui fait qu'il n'est apellé *Abaque* que parcequ'il est à la place où les autres ordres ont un veritable Abaque. Le Tailloir C ou Abaque dans l'Ordre Toscan est apellé Plinthe au chap. 7. du 4. livre; parceque n'ayant point de cymaise comme les autres, il est quarré comme le plinthe des bases.

7. LA VOLUTE. Le Chapiteau Ionique, le Composite & le Corinthien ont des volutes qui representent, à ce qu'on pretend, des écorces d'arbres dessechées & tortillées. Elles sont differentes dans ces trois ordres. Car celles de l'Ionique, que Vitruve dit au premier chap. du 4. livre representer les boucles des cheveux qui pendent des deux costez du visage aux femmes, representent aussi les deux coins de l'oreiller dont il a esté parlé. Les volutes dans les chapiteaux Corinthiens, sont d'une autre sorte & bien plus petites que dans les chapiteaux Ioniques, mais elles sont aussi en plus grand nombre, car il y en a seize à chaque chapiteau au lieu qu'en l'Ionique il n'y en a que quatre, & huit au Composite.

8. IL SE FAUT RETIRER D'UNE DIXHUITIÉME PARTIE ET DEMIE. Les Auteurs ne s'accordent point sur l'explication de cet endroit. La pluspart, comme Alberti, Palladio, de Lorme, Bullant, Vignole & Goldmannus entendent cette dixhuitiéme partie du Diametre du bas de la colonne, & ne font la retraite que de cette dix-huitiéme partie, sans parler de la demie. Serlio entend aussi cette dix-huitiéme partie du diametre du bas de la colonne, mais il ajoûte la demie, ce qui fait une si grande retraite que la saillie de la cymaise du Tailloir est enorme. Scamozzi qui trouve aussi que les Auteurs qui ont supprimé la demie, font une retraite trop petite, sans se mettre en peine d'expliquer le texte, fait sa retraite de la dix-huitiéme partie & du quart de la dix-huitiéme. Barbaro qui, comme Scamozzi, n'approuve point la trop grande retraite de Serlio, ny la trop petite des autres Architectes, la fait mediocre & un peu plus petite que celle de Scamozzi; & pour trouver cette proportion dans le E texte de Vitruve, il l'explique d'une maniere assez étrange: Car il interprete *parte duodevigesima*, qui sont les termes par lesquels Vitruve exprime cette dix-huitiéme partie, comme si le mot de *duodevigesima*, estoit trois mots separez, ou plustost comme s'il y avoit *partibus duabus de viginti*. Car dans sa derniere edition, qui est la Latine, lorsque pour expliquer le texte il le paraphrase, il dit *recedamus ab extremo abaco, duas partes & dimidiam ex illis viginti*. En sorte qu'il partage toute la largeur du Tailloir en vingt parties, dont il prend deux & demie pour en faire un tout, dont il donne la moitié à chaque retraite; & cette proportion est à la verité fort raisonnable, estant conforme aux ouvrages les plus approuvez, mais elle ne se trouve pas dans le texte de la maniere qu'il l'explique.

C'est pourquoy pour le mieux faire quadrer à cette proportion, qui est en effet la meilleure, & que Palladio qui a beaucoup contribué au travail des Commentaires de Barbaro, a suivie; j'ay

partie & demie, & le long du Tailloir [1] dans les quatre endroits où l'on doit tracer les volutes, tirer [2] depuis le listeau qui est au haut du Tailloir jusqu'embas, [3] des lignes que l'on
A apelle *Cathetes*, & ensuite diviser toute l'epaisseur du chapiteau en neuf parties & demie, & en laisser une & demie pour l'epaisseur du Tailloir, afin de faire les volutes des huict qui restent. [4] Alors à costé de la ligne que l'on a fait descendre proche de l'extremité du Tailloir, on en tracera une autre en dedans éloignée de la premiere de la longueur d'une [5] demy-partie. En suite aprés avoir laissé sous le Tailloir l'espace de quatre parties & demie, on coupera ces deux lignes; & en ce lieu qui divise la volute, en sorte qu'il laisse en haut quatre parties & demie, & en bas trois & demie, il faudra marquer le centre de l'œil; de ce centre on decrira un cercle, qui aura de diametre une des huict parties; & cela sera la grandeur de l'œil: enfin dans la perpendiculaire on tracera une diametrale qui la traversera. Alors commençant sous le Tailloir au haut de la volute, il faudra en la traçant aller [6] par le centre de chacun de ses quatre quartiers [7] en les diminuant

B

cru qu'il falloit supposer que le texte est corrompu en cet endroit comme en beaucoup d'autres, & qu'il y a grande apparence qu'un Copiste a écrit *duodevigesima* pour *duodecima*: car il n'est pas croyable que Vitruve ait mis *duodevigesima* au lieu de *decimaoctava*, qu'il a mis deux lignes devant, sa maniere n'estant point de chercher à varier les phrases. Mais comme Vitruve ne dit point de quoy cette dixhuitieme, ou douzieme partie est prise, j'ay cru que je pouvois me donner la liberté de la prendre dans la hauteur de tout le chapiteau; parce que la suite du discours semble le devoir faire entendre ainsi, d'autant qu'il est parlé de cette douziéme partie immediatement aprés avoir parlé de la hauteur
C de tout le chapiteau: & il n'y a point de raison d'aller prendre cette partie dont il s'agit, comme font tous les Interpretes, dans le diametre du bas de la colonne dont il ne s'agit plus. Mais ce qui rend encore cela plus vray-semblable, c'est que cette douzieme partie & demie de la hauteur de tout le chapiteau, fournit une retraite qui est pareille à celle que Barbaro a prise, & qui est conforme à la pluspart des ouvrages de l'antique: parceque l'une & l'autre est la huitiéme partie d'une mesme grandeur, puisqu'une partie & demie est la huitiéme partie de douze, de mesme que deux & demy sont la huitieme partie de vingt: Et la verité estant aussi que la hauteur de tout le chapiteau que je divise en douze, est la moitié de la largeur du Tailloir que Barbaro divise en vingt, & que les deux parties & demie qu'il prend dans cette largeur du Tailloir pour les deux retraites font le mesme effet que la douziéme partie & demie que je prens dans la hauteur du chapiteau
D pour une retraite.

1. DANS LES QUATRE ENDROITS OÙ L'ON DOIT TRACER LES VOLUTES. Pour expliquer ce texte à la lettre, il faudroit dire dans les quatre parties des volutes: mais il y a grande apparence qu'aprés avoir parlé des deux faces du chapiteau, dans chacune desquelles on doit tracer deux volutes, il faut que ces quatre parties des volutes signifient les quatre endroits où doivent estre les quatre volutes du chapiteau.

2. DEPUIS LE LISTEAU QUI EST AU HAUT DU TAILLOIR. Le mot *Quadra* signifie proprement tout le Tailloir, mais il est assez souvent pris, comme icy, pour le filet, listeau, ou petit quarré d'une mouluré, ou d'une base ainsi qu'en ce mesme chapitre, lorsqu'il est parlé de la base Atticurge. J'ay interpreté *extremus Abaci quadrans*, *le listeau qui est au haut du Tailloir*, parceque Vitruve ne fait pas servir cette ligne seulement pour estre le milieu de l'œil de la volute quand il la retire *ab extremo*
E *Abaco*, c'est-à-dire du coin du Tailloir; mais aussi pour estre partagée en 9 parties d'où se prennent les proportions de la volute.

3. DES LIGNES QUI SONT APELLÉES CATHETES. C'est-à-dire *pendantes* ou *perpendiculaires*. Pour plus de clarté il auroit fallu dire seulement une ligne, parceque ces lignes sont pour quatre volutes qui sont à chaque chapiteau, & que Vitruve n'enseigne à tracer qu'une volute. Le peu d'exactitude que nostre Auteur a pour ces choses, le rend obscur en beaucoup d'endroits; car icy, par exemple, s'il avoit toujours suivy cette methode d'exprimer les choses qui sont doubles par le pluriel, il n'auroit pas parlé de l'œil de la volute au singulier, puisqu'il y en a deux à chaque face du chapiteau Ionique.

4. ALORS A COSTÉ DE LA LIGNE. Cette seconde ligne que Vitruve fait tracer à costé de la Cathete est manifestement inutile, car elle ne peut servir qu'à regler la largeur de l'œil, qui est d'ailleurs assez bien definie, quand il est dit qu'il doit avoir de diametre une des neuf parties qui font la division de tout le chapiteau, à prendre à l'extremité du filet ou listeau qui est au haut du Tailloir.

5. D'UNE DEMIE PARTIE. Il y a dans le texte *unius & dimidiatæ partis*. J'ay suivy la correction de Goldmannus qui oste la particule *&*.

6. PAR LE CENTRE. Je lis, *in singulis tetrantorum anconibus*, non pas *in singulis tetrantorum actionibus*, ainsi qu'il y a dans le texte, qui n'a aucun sens; au lieu que *anconibus* en a un fort bon, en expliquant *ancon tetrantorum*, *le centre de chaque quartier*; parceque *ancon* qui est l'angle d'un quartier peut estre apellé son centre. Or cette façon d'exprimer la maniere de tracer les volutes, quoy qu'obscure de soy, peut paroistre assez claire à

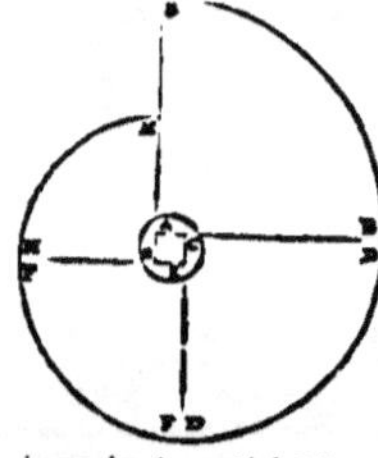

ceux qui sçavent la chose; parcequ'il est evident que le quartier ABB fait un angle en A; que le quartier CDD en fait un autre en C; que le quartier EFF en fait un autre en E; que GHH en fait encore un autre en G, que de mesme tous les autres quartiers dont la volute est composée, ont un centre different; & qu'enfin tous ces differents centres vont toujours en *diminuant dans la moitié de l'espace de l'œil*, qui est le quarré ACEG, & que dans cette moitié les points des huit centres des huit autres quartiers sont marquez. Aprés cela je ne croy pas qu'il y ait plus rien à desirer au texte de Vitruve, pour l'entiere explication de tout ce qui appartient à la volute Ionique.

7. EN LES DIMINUANT. Cet endroit qui est fort obscur, de mesme que tout le reste de la description du Chapiteau Ionique, a donné bien de la peine aux Interpretes & aux Architectes: Il n'y a que Philander qui n'y trouve point de difficulté: mais l'explication qu'il donne, est encore moins intelligible que le texte, quand il veut qu'on trace les quatre quartiers de la volute, en laissant toujours le pié du compas immobile au centre de l'œil. Car cela n'est pas aller en diminuant dans l'espace de la moitié de l'œil, comme Vitruve l'ordonne.

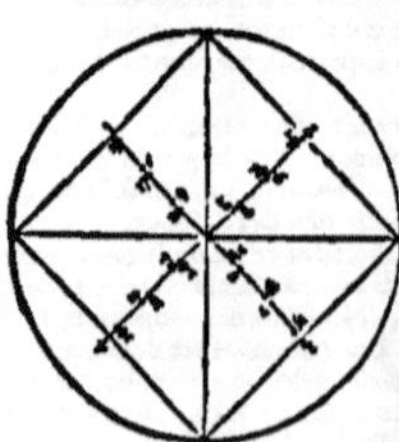

Philbert de Lorme pretend estre le premier qui a trouvé la maniere de placer dans l'œil de la volute, les centres differens qui servent à la tracer: Il dit qu'il a estably la regle de cette diminution de l'œil sur un ancien chapiteau Ionique qui est dans l'Eglise de Nostre-Dame de delà le Tybre; que ce chapiteau a encore une face qui n'est point achevée, & où la volute est seulement tracée, en sorte qu'on peut voir dans l'œil les centres mar-

CHAP. III. dans la moitié de l'espace de l'œil, jusqu'à ce que l'on soit venu au droit du quartier qui est sous le tailloir.

Il faut au reste que l'epaisseur de tout le chapiteau soit partagée en sorte que de neuf par- A

qui ont formé les differens contours de la volute.

Neanmoins Palladio & Barbaro avoient déja trouvé cette methode avec luy, qui est de tracer dans le cercle de l'œil de la volute un quarré qui estant partagé en quatre, & chaque ligne qui va du milieu d'un des costez du quarré à l'autre, sçavoir depuis 1 jusqu'à 3, & depuis 2 jusqu'à 4, estant partagée en six, donne les douze centres qui sont necessaires pour tracer les quatre quartiers de la volute.

1. DANS LA MOITIÉ DE L'ESPACE DE L'ŒIL. Les anciens Grammairiens ont fait un grand mystere de la difference qu'il y a entre *dimidium* & *dimidiatum*. M. Varro & Aul. Gelle ont dit beaucoup de choses sur ce sujet, qui sont assez obscures, & qu'il y a apparence que Vitruve n'a jamais sceues, luy qui fait profession de n'estre pas Grammairien; De sorte que je crois que *dimidiatum spatium*, qui suivant ces Grammairiens signifie un espace dont on a osté la moitié, n'est point icy autre chose que *dimidium spatii*, c'est-à-dire la moitié de l'espace, ainsi que j'ay traduit. Goldmannus entend *dimidiatum spatium*, en sorte qu'il croit qu'on doit tracer un quarré qui soit de la grandeur du demy diametre de l'œil, & le placer à costé de la Cathete, pour prendre dans ce quarré les vingtquatre centres, comme il se voit dans la figure: mais outre qu'il y a quelques centres, sçavoir le 2 & le 3, qui sont hors cette moitié de l'espace de l'œil, dans lequel generalement tous les Auteurs ont estimé qu'ils doivent estre placez, il y a encore cela à redire, que le contour de sa volute ne va pas en diminuant avec une proportion si egale qu'en la volute de de Lorme.

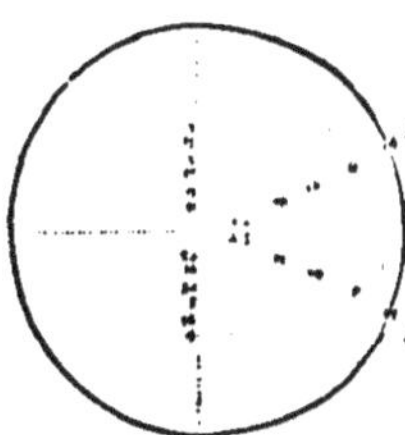

Mais pour faire mieux quadrer cette maniere de de Lorme au texte, qui veut que la diminution soit faite dans la moitié de l'espace de l'œil, il faut au lieu du quarré, qui dans l'œil de la volute de de Lorme va jusqu'à la circonference du cercle de l'œil, en faire un qui n'ait que la moitié du diametre de l'œil, de mesme que celuy de Goldmannus, mais qui soit placé au milieu de l'œil. Car ce quarré estant placé dans *dimidiatum spatium*, aussi bien que celuy de Goldmannus qui est à costé, mais la volute en sera mieux tournée, & ira plus egalement en diminuant ainsi qu'il a B esté dit.

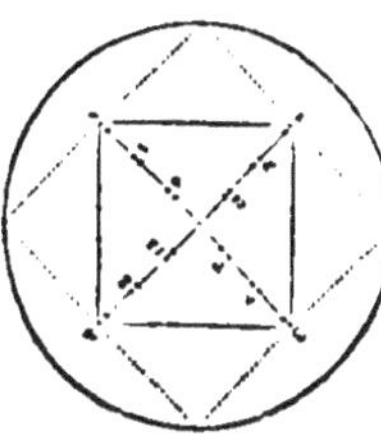

Alberti & Serlio ont une autre maniere de placer les centres dans l'œil de la volute, qui est bien plus aisée que la nostre: Mais leur volute n'est pas si bien arondie, estant un peu comprimée entre Q & R, comme on voit dans la Planche XXI. Ils partagent la cathete de l'œil en six, & mettant le pié immobile du compas sur le premier C point, & l'autre sous l'abaque, ils tracent un demy-cercle qui fait les deux premiers quartiers, & le mettant en suite sur le point 2, ils tracent l'autre demy cercle qui fait le 3 & le 4 quartier, & puis le mettant sur le point 3, ils tracent le 5 & le 6, & ainsi le reste. Jean Bullant enseigne aussi cette methode d'Alberti & de Serlio, quoy que ses figures soient selon la methode de de Lorme, de Barbaro & de Palladio, qui à mon avis est celle de Vitruve.

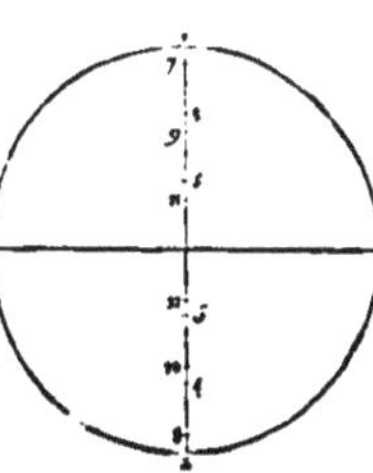

EXPLICATION DE LA PLANCHE XXI.

D

Cette Figure fait voir toutes les proportions de la volute Ionique, & la maniere que Vitruve enseigne de la tracer : Mais parceque le texte est fort obscur, on a jugé à propos de le rapporter tout au long tant en latin qu'en François en l'accommodant par des renvois à la Figure. Ce qui est enfermé entre les parenthéses ( ) n'est point du texte, mais il y a esté ajousté pour l'éclaircir.

Il se faut retirer depuis l'extremité (A) du Tailloir en dedans sur chacune des faces où sont les volutes, & cela d'une douzième partie & demie (sçavoir celle qui est depuis H jusqu'à I) & le long du Tailloir dans les quatre endroits où l'on doit tracer les volutes, depuis le listeau qui est au haut du Tailloir, tirer embas des lignes (B D) qui sont apellées cathetes. Et ensuite diviser toute l'épaisseur (du chapiteau B D) en neuf parties & demie, & en laisser une & demie (B 8) pour l'épaisseur du Tailloir, afin de faire les volutes des huit (8 D) qui restent. Alors à costé de la ligne (B D) qu'on a fait descendre proche de l'extremité du Tailloir, on tracera une autre (C E) en dedans, éloignée de la premiere de la largeur d'une demie partie (des huit.) Ensuite après avoir laissé sous ce Tailloir l'espace de quatre parties & demie (depuis 8 jusqu'au centre O) on coupera ces deux lignes (par le moyen de la ligne F G) & en ce lieu qui divise la volute en sorte qu'il laisse en haut quatre parties & demie, & en bas trois & demie, il faudra marquer le centre de l'œil; De ce centre on decrira un cercle qui aura de diametre une des huit parties; & cela sera la grandeur de l'œil. Enfin dans la perpendiculaire (B D) on tracera une diametrale (F G) qui la traversera. Alors commençant sous l'Abaque au haut de la volute, il faudra en la traçant aller par le centre de chacun de ses quatre quartiers (1, 2, 3, 4, &c.) en les diminuant dans la moitié de l'espace de l'œil; jusqu'à ce que l'on soit venu au droit du quartier qui est sous le Tailloir.

Recedendum est ab extremo Abaco (A) in interiorem partem frontibus volutarum, parte duodecima & ejus dimidia (scilicet quæ est ab H ad I) & secundum Abacum in quatuor partibus volutarum secundum extremum Abaci quadram lineæ (B D) demittendæ quæ Catheti dicuntur. Tunc crassitudo (capituli B D) dividenda est in partes novem & dimidiam, una pars & dimidia (B 8) Abaci crassitudini relinquatur, & ex reliquis octo (8 D) volutæ constituantur. Tunc ab lineâ (B D) quæ secundum abaci E *extremam partem demissa erit, in interiorem partem alia (C E) recedat, unius dimidiatæ partis (ex octo partibus) latitudine. Deinde eæ lineæ dividantur (ope lineæ F G) ita ut quatuor partes & dimidia (ab 8 ad centrum volutæ O) sub abaco relinquantur. Tunc in eo loco, qui locus dividit quatuor & dimidiam partem, centrum oculi (O) signetur, ducaturque ex eo centro rotunda circinatio tam magna in diametro quam una pars ex octo partibus est; Et erit oculi magnitudo: & in eâ catheto (B D) respondens diametros (F G) agatur. Tunc ab summo sub abaco incipiens in singulis tetrantorum actionibus (1, 2, 3, 4, &c.) dimidiatum oculi spatium minuatur, donicum in eundem tetrantem qui est sub abaco veniat.*

ties

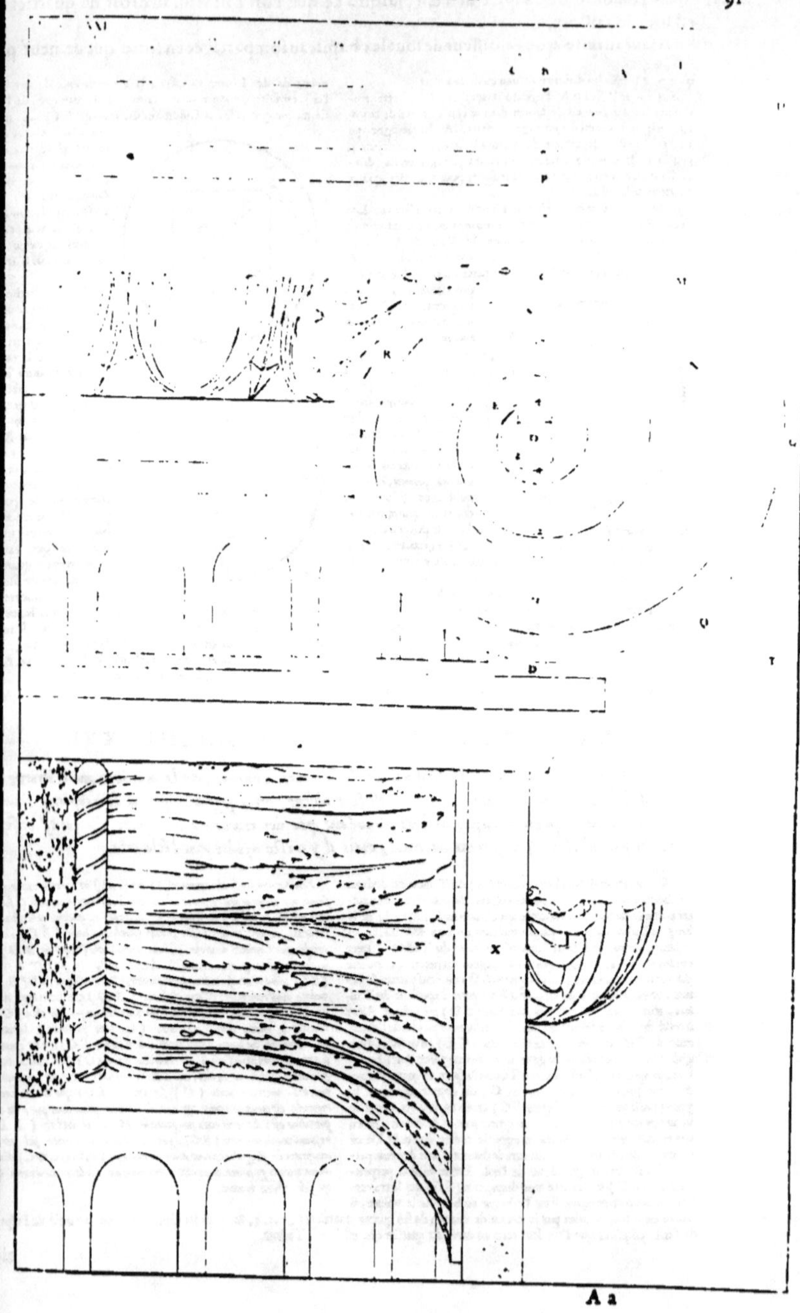

CHAP. III. ties & demie qu'elle contient, la volute pende de la largeur de trois [1] au dessous de [2] l'Astragale du haut de la Colonne, tout le reste estant employé à [3] l'Ove, au Tailloir qui est mis dessus, & [4] au Canal. [5] La saillie de l'Ove hors le quarré du Tailloir sera de la grandeur de l'Oeil de la Volute, & la *Ceinture* de [6] la partie laterale du Chapiteau qui est en forme d'Oreiller, avancera aussi hors du Tailloir en telle sorte que mettant un pié du compas sur [7] l'endroit où le Chapiteau est partagé en quatre, l'autre sera conduit jusqu'à l'extremité de l'Ove [8] & par le moyen de cette mesure on decrira la circonference de la Ceinture. La grosseur de A [9] l'Axe des Volutes ne doit point exceder la grandeur de leur Oeil: & il faut que les Volutes soient taillées de sorte [10] qu'elles ne soient point creusées plus profondement que de la douziéme partie de leur largeur.

Balteus.

Voila quelle doit estre la proportion des Chapiteaux [11] lorsque les Colonnes seront de B

1. Au dessous de l'Astragale. Il s'ensuit de là que l'Astragale doit répondre directement à l'œil de la volute, ce que Vignole, [illegible], Barbaro & l'Auteur du chapiteau du Temple de Fortune virile n'ont pas observé, ayant mis l'œil plus haut que l'Astragale.

2. L'Astragale du haut de la colonne. J'interprete ainsi *[illegible] summi scapi*. Cet endroit me semble remarquable parce qu'il peut servir à [illegible] l'opinion de ceux qui estiment que l'Astragale du haut de la colonne Ionique appartient au Chapiteau, & non pas au Fust de la colonne. Ils se fondent peut-estre sur ce qu'il est dit cy-aprés au 2. chapitre du 4. livre que le chapiteau Ionique est de la troisiéme partie du diametre de la colonne, ce qui ne peut estre si on n'y comprend l'Astragale. On peut encore appuyer cette opinion sur ce que cet Astragale est ordinairement taillé en chapelet, & que la taille appartient au chapiteau. Mais la verité est qu'il y a dans l'antique des chapiteaux Ioniques, comme au Theatre de Marcellus, où l'Astragale n'est point taillé; & il est à remarquer que plusieurs des Modernes, comme Barbaro, Vignole, de Lorme & Scamozzi ne l'ont point taillé: quoy qu'il en soit ce texte qui attribue icy l'Astragale au fust de la colonne, est plus exprés que celuy qui ne le donne au chapiteau que par une consequence.

3. L'Ove. Ce membre d'Architecture est autrement apellé *quart de Rond*, à cause de sa figure, & quelquefois *Echine*, du mot grec *Echinus*, qui signifie un herisson, parceque ce membre lorsqu'il est taillé de sculpture, a quelque chose qui aproche de la forme d'une chataigne à demy enfermée dans son écorce piquante qui ressemble à un herisson; Les Italiens qui ont trouvé que ces ovales que l'on taille dans le quart de rond, & qui, selon les anciens, representoient les chataignes dans leurs coques entrouvertes, ressembloient mieux à des œufs, ont apellé ce membre *Uovolo*. Or bien que dans le texte il y ait *Cymation*, j'ay traduit Ove pour eviter la confusion: car l'Ove qui est asseurement le membre de moulure dont Vitruve veut parler, auroit esté mal exprimé par celuy de Cymaise qui est trop general, & qui a beaucoup d'especes, du nombre desquelles l'Echine ou quart de rond, est, ainsi qu'il a esté dit. Cependant il y a sujet de s'étonner de ce que Vitruve apelle toujours ce membre d'Architecture *Echinus* dans les chapiteaux Dorique & Toscan où ils sont rarement taillez, & par consequent peu ressemblans à des chataignes ou herissons: & qu'il ne l'apelle que *Cymation* dans le chapiteau Ionique où il est toujours taillé.

4. Au canal. Il faut que *Canalis* soit l'enfonceure qui est un peu creusée dans la volute suivant la proportion dont il sera parlé cy-aprés.

5. La saillie de l'Ove. L'intervalle qui est entre l'extremité du Tailloir A, & la ligne L M, dans la Planche XXI. qui est de la largeur de l'œil de la volute doit regler la saillie de l'ove; ce que Goldmannus & l'Auteur de la colonne Ionique qui est au Temple de Fortune virile, n'ont point observé.

6. La partie laterale du chapiteau. J'ay ajouté le mot laterale qui n'est point dans le texte, mais qui semble estre compris & enfermé dans le mot de *Pulvinus* qui signifie un oreiller, parcequ'il est constant que ce qui ressemble à un oreiller dans le chapiteau Ionique, est la partie laterale, qui est ordinairement apellée le Ballustre. La moitié de ce ballustre est marquée V X dans la Planche XXI.

7. L'endroit où le chapiteau est partagé en quatre. *Tetrans* ne signifie pas seulement la quatriéme partie d'une chose, mais aussi l'endroit où les lignes qui la partagent en quatre, se croisent & s'entrecoupent. Il faut donc mettre un pié du compas sur l'endroit où la volute est partagée en quatre, qui est au centre O de l'œil de la volute, & l'allonger jusqu'au haut de l'Ove, mais il ne faut pas laisser là le compas pour tracer la ceinture. Car ayant mis une pointe du compas ainsi ouvert, sous le Tailloir à l'endroit marqué 8, & l'autre dans la Cathete où elle la rencontrera, qui sera au point S, il faut la tenir immobile en ce point, & faire tourner l'autre qui viendra rendre sous l'Astragale a a, & tracer la ligne 8, N, 3.

8. Et par le moyen de cette mesure. Cet endroit est difficile parcequ'il manque quelque chose au texte: Mais ce que le texte veut dire est si clair, que j'ay crû qu'il me seroit permis de suppléer ce qui y manque. Ce qu'il y a de clair & de certain est, que le diametre de cette ceinture, dont il s'agit, se prend avec un compas, depuis le centre de l'œil jusqu'à l'extremité de l'Ove; car le texte dit *ut circini centrum unum cum sit positum in capituli Tetrante, & alterum diducatur ad extremum Cymatium*. Il est encore certain que pour decrire cette ceinture, il ne faut pas laisser le pié immobile du compas au centre de l'œil; car il faut que la ceinture commence sous le Tailloir, & aille finir au dessous de l'Astragale: Il faut donc entendre que le compas ne sert pas à decrire la ceinture, mais seulement à trouver la saillie qu'elle doit avoir hors de l'extremité du Tailloir; car elle n'est point contournée en demy cercle parfait. Le peu de mots que j'ay ajoûtez, n'est pas suffisant pour expliquer tout cela bien nettement; mais il sert seulement pour donner quelque sens au texte; car ces mots que j'ajoûte qui sont, *& par le moyen de cette mesure*, font entendre qu'on ne met un pié du compas au centre de l'œil & l'autre à l'extremité de l'Ove, que pour luy donner l'ouverture qui doit definir la grandeur de la ceinture. C

9. L'Axe des volutes. Les Interpretes expliquent bien diversement ce que c'est que l'Axe des Volutes. Barbaro croit que c'est l'œil mesme, mais Vitruve dit que l'axe doit estre grand comme l'œil; Ce qui fait voir que l'axe n'est pas l'œil. Goldmannus prend l'axe pour le rebord que la volute a en sa face marqué E F R dans la Planche XXI. Mais ce rebord n'a de grosseur que la moitié de l'œil. C'est pourquoy il y a apparence qu'à la verité l'axe est ce rebord de la volute; mais parcequ'il a deux largeurs, l'une qui est en la face de la volute, & l'autre qui est à son costé; je croy que la largeur dont parle Vitruve, ne se doit point entendre de la partie qui est en la face, parceque comme il a esté dit, elle n'est que de la moitié de l'œil, qu'elle va toujours en diminuant à mesure que la volute approche de l'œil, & ainsi qu'elle n'a point de largeur certaine; mais qu'elle se doit entendre de la partie qui est à costé, laquelle en effet est fort approchante de la largeur de l'œil dans les ouvrages antiques, & qui ne s'étressit point, mais conserve une mesme largeur marquée X, dans la Planche XXI. D E

Il faut remarquer que Vitruve a mis le mot d'*Axis* qui signifie un *Essieu* pour *curvatura recta*, qui signifie *la Lisiere*. Il y a apparence que Palladio n'a pas non plus que les autres entendu l'axe comme nous. Car dans la volute Ionique qu'il a figurée en grand, il fait ce que nous apellons l'Axe plus grand que l'œil d'une septiéme partie.

10. Qu'elles ne soient point creusées. J'entens que la largeur de chaque écorce ou canal qui compose la volute soit divisée en douze parties, sçavoir depuis 6 jusqu'à 8, & que ce canal ne soit point plus creux que cette douziéme partie; ensorte qu'à mesure que le canal s'étressit, il soit aussi moins creux, estant toujours de la douziéme.

11. Lorsque les colonnes. Tous les exemplaires ont *quae columnae futurae sunt*, je lis, *quum columnae*: le sens semble

* quinze piez. Celles qui en auront davantage [1] demandent des proportions de la mesme * maniere : de sorte que le Taillior sera [2] quelquefois de la grandeur du diametre du bas de la CHAP. III.
A Colonne y ajoutant une neuviéme partie : afin qu'une Colonne qui doit estre d'autant moins diminuée par en haut qu'elle est plus haute, n'ait pas un chapiteau dont la faillie soit moindre que ne requiert la proportion de sa hauteur.

Pour ce qui est de la maniere de tracer les volutes & de les bien tourner comme il faut avec le compas, cela se trouvera dans la figure & dans son explication qui sont à la fin du livre.

* Les Chapiteaux estans faits & posez sur l'extremité du haut des Colonnes, [3] non pas * * tout d'une venue, mais selon * une maniere egale, afin que [5] la symmetrie des Architraves fasse repondre les membres superieurs aux faillies que l'on a données aux piedestaux, la mesure des Architraves doit estre telle, que si la Colonne est du moins de douze à quinze B piez, on donne à l'Architrave la hauteur du demy diametre du bas de la Colonne; si elle est de quinze à vingt, on divise la hauteur de la Colonne en treize parties, afin d'en donner une à l'Architrave : de mesme si elle est de vingt à vingt-cinq, cette hauteur soit divisée en douze parties & demie, afin que l'Architrave en ait une ; & si elle est de vingt-cinq à trente elle soit divisée en douze afin d'en donner une à l'Architrave ; ainsi à proportion de * la hauteur des Colonnes on prendra celle des Architraves ; par ce que [6] plus la veue s'etend en haut & plus elle a de peine à penetrer l'epaisseur de l'air, de sorte que se dissipant dans un grand espace, elle n'a pas assez de force pour rapporter avec fidelité quelle est precisément

demander cela, & il a esté facile de changer *quum* en *que*.

C 1. DEMANDENT DES PROPORTIONS DE LA MESME MANIERE. Cet endroit est obscur, & l'on ne sçauroit qu'à peine trouver ce que Vitruve veut dire. Le texte est tel : *Haec erant symmetriae capitulorum, quae columnae futurae sunt ab minimo ad pedes 15. Quae supra erunt reliqua habebunt ad eundem modum symmetrias*: Cela signifie à la lettre que les autres parties qui sont posées sur les chapiteaux, sçavoir les architraves, les frises, & les corniches, doivent avoir leurs proportions de mesme que les chapiteaux ont les leurs ; Mais cela ne dit rien : De sorte qu'il y a apparence qu'au lieu de *reliqua* il faut lire *reliquae, scilicet columnae* : cela neanmoins peut encore signifier deux choses ; La premiere est que les proportions qui ont esté données, sont pour le chapiteau des colonnes de quinze piez, & que celles qui seront au dessus de quinze piez, auront les mesmes proportions : Mais cette D interpretation ne sçauroit s'accorder avec ce qui suit ; parcequ'il est dit immediatement aprés, que les chapiteaux des grandes colonnes doivent estre plus grands que ceux des petites. La seconde interpretation que j'estime meilleure, est que les colonnes qui auront plus de quinze piez demandent des proportions de la mesme maniere, c'est-à-dire des proportions qui soient convenables à des colonnes, par exemple de vingt, trente, quarante, ou cinquante piez, de mesme que les proportions qui ont esté données, sont convenables à des colonnes de 15. piez. Car quand il est dit que le tailloir doit quelquefois avoir jusqu'à une neuviéme partie de large plus que le diametre du bas de la colonne, sçavoir lorsque le colonnes sont beaucoup au dessus de quinze piez, il s'ensuit de là qu'on doit quelquefois changer les proportions du chapiteau, & que de mesme que le tailloir qui dans une colonne de quinze piez n'a qu'une dixhuitiéme partie d'ajoûtée au diametre du bas de la colonne, en doit avoir quelquefois une neu-E viéme, quand la colonne est plus grande, & qu'elle est moins diminuée par le haut ; il faut aussi en ce cas augmenter les largeurs des autres parties.

Or ma pensée est que la regle de cet élargissement du chapiteau Ionique doit estre prise sur la largeur du haut de la colonne, c'est-à-dire que le chapiteau doit estre plus large aux grandes colonnes, à proportion qu'elles sont plus larges par enhaut, lorsque leur grandeur demande qu'elles ayent moins de diminution.

A la verité un precepte de cette importance auroit merité que Vitruve l'eust expliqué un peu plus clairement : mais cet ouvrage ne fournit que trop d'exemples de la negligence que son Auteur a eüe en de pareilles rencontres.

2. QUELQUEFOIS DE LA GRANDEUR DU DIAMETRE. J'ay ajoûté *quelquefois*, bien qu'il ne soit point dans le texte, où il y a simplement *Abacus autem erit longus & latus quam crassa columna est una, adjecta parte nona*. Je l'ay fait pour une plus grande clarté, & parce qu'il est vray que cette neuviéme partie ne doit pas toujours estre ajoûtée ; puisqu'il a esté dit cy-devant que dans les colonnes de quinze piez il ne faut ajoûter qu'une dixhuitiéme partie du diametre du bas de la colonne.

3. NON PAS TOUT D'UNE VENUË. Cet endroit est manifestement corrompu : car la suite du discours fait aisément comprendre que ce qui est dit des chapiteaux, sçavoir qu'ils ne doivent pas estre tout d'une venuë, se doit entendre des architraves, & qu'aprés *Scapos* il faut ajoûter ces mots, *cum Epistylis*, & poursuivre *non ad libellam &c.* ce qui donne un sens raisonnable, qui est, que Vitruve veut que les architraves soient interrompus & recoupez quand les piedestaux le sont en maniere d'Escabeaux comme il a esté dit. Il se voit pourtant peu d'exemples de ce recouppement des architraves, mesme quand les piedestaux sont interrompus, si ce n'est quand les colonnes sont engagées moitié dans le mur, ou seulement d'un tiers. Mais de quelque façon que ce soit, cela semble estre contre la nature des architraves, qui sont des poitrails ou des poutres qui doivent estre droites : tout ce qu'on peut dire en faveur de cette maniere, c'est qu'elle represente les bouts des poutres qui traversent le mur & qui posent sur les colonnes. Il faut croire que Vitruve l'a entendu ainsi, & que cette regle n'est point generale mais particuliere aux architraves qui sont sur des colonnes engagées dans le mur, & qui sont posées sur des piedestaux recoupez. Au Bâtiment des Tuteles à Bordeaux, ces sortes de faillies sont encore plus étranges que celles que Vitruve prescrit icy, car les architraves sont recoupez au droit de chaque colonne, quoy que le piedestal qui les soûtient soit continu.

4. UNE MANIERE EGALE. J'interprete ainsi *ad aequalem modulum*, parceque le mot de *modulo* n'auroit rien signifié de convenable à la chose dont il s'agit ; & il pourroit bien estre qu'il y auroit faute & qu'il faudroit lire *ad aequalem modum*.

5. LA SYMMETRIE DES ARCHITRAVES. Le mot de *Symmetria* signifie icy ce que symmetrie signifie en françois, sçavoir un rapport de parité, & non pas un rapport de proportion, ou de raison : car le sens est que les architraves auront des faillies de mesme que les piedestaux, afin que la symmetrie soit observée.

6. PLUS LA VEÜE S'ETEND EN HAUT. Vitruve attribuë à l'épaisseur de l'air la diminution des choses élevées, qui ne dépend que de l'angle des rayons visuels qui est plus petit, plus les objets sont éloignez : car l'épaisseur de l'air ne diminuë & ne change que le coloris & non pas la figure des choses. Les lunettes d'approche font voir cette verité bien clairement, car lorsqu'elles agrandissent de beaucoup les choses qui sont fort éloignées, elles ne changent point la couleur bleuë & semblable à un nuage, qui paroist aux choses éloignées.

CHAP. III. la grandeur des modules. [6] C'eſt pourquoy il faut toujours ſuppleer avec raiſon à chacun des membres ce qui leur manqueroit pour avoir la juſte proportion, afin que les ouvrages A qui ſeront poſez en des lieux fort hauts, quand meſme ils ſeroient [7] enormes, ne laiſſent pas de paroiſtre avoir une grandeur raiſonnable.

L'Architrave doit avoir par le bas qui poſe ſur le Chapiteau la meſme largeur que le haut de la Colonne à ſous le Chapiteau, & le [1] haut de l'Architrave doit eſtre auſſi large que le bas de la Colonne. La Cymaiſe de l'Architrave doit avoir la ſeptiéme partie de la hauteur de l'Architrave & ſa ſaillie doit eſtre égale à ſa hauteur : le reſte doit eſtre diviſé en douze parties, dont il en faut donner trois à la premiere bande, quatre à la ſeconde, & cinq à celle d'en haut.

Zophorus. [2] La *Friſe* qui eſt ſur l'Architrave doit eſtre plus petite que l'Architrave d'une quatriéme partie, ſi ce n'eſt qu'on y vueille tailler quelque choſe : car alors afin que la ſculpture ait B quelque grace, l'Architrave devra eſtre plus grand d'une quatriéme partie.

Sur la Friſe il faudra faire une Cymaiſe haute de la ſeptiéme partie de la Friſe avec une pareille ſaillie : le denticule ſera de la hauteur de [3] la *Face* du milieu de l'Architrave avec Faſcia. pareille ſaillie. La Coupure des Denticules qui s'apelle par les Grecs *Metoché* doit eſtre faite en telle ſorte que la largeur de chaque Denticule ſoit la moitié de ſa hauteur, & que la cavité de la coupure qui eſt entre les Denticules, ait deux parties des trois qui ſont la largeur du Denticule : la Cymaiſe aura [4] la ſixiéme partie de ſa hauteur. Il faut que [5] la couronne

6. C'EST POURQUOY IL FAUT TOUJOURS SUPPLEER. Il faut voir les notes ſur le chap. 2. du 6. livre ainſi qu'il a deja eſté remarqué ſur ce meſme ſujet.

7. ENORMES. J'ay interpreté *opera coloſſicotera*, *des ouvrages enormes*, & non pas *des ouvrages coloſſaux*, parceque coloſſal en françois ne ſe dit que des ſtatuës & non pas des architraves, corniches & autres parties d'Architecture. J'ay auſſi conſideré que le mot de Coloſſe en grec & en latin n'eſt point un mot primitif pour ſignifier une grande ſtatuë, ainſi que quelques-uns eſtiment; mais qu'il eſt derivé du mot *κίω*, qui ſelon Euſtatius ſignifie quelquefois grand, ou de *κῶλον* qui ſignifie un membre, de meſme que *membroſus* en latin, & *membru* en françois, ſignifie grand & puiſſant. C'eſt pourquoy j'ay crû devoir interpreter ce mot ſelon ſa propre & premiere etymologie.

1. LE HAUT DE L'ARCHITRAVE. Cette ſaillie du haut de l'architrave eſt bien petite, & il ne s'en voit point d'exemple dans les ouvrages approuvez. De ſorte qu'il ſembleroit que le haut de l'architrave ſe devroit entendre de la face ſuperieure ſans comprendre ſa cymaiſe; parceque les Anciens ont donné à cette face ſuperieure une ſaillie qui eſt à peu prés toujours égale au nû du bas de la colonne, outre qu'il eſt parlé en ſuite de la ſaillie de la cymaiſe de l'Architrave à part. J'ay neanmoins ſuivy le texte à la lettre dans ma figure de la Planche XIX, où la ſaillie de la cymaiſe de l'architrave n'excede point le nû du bas de la colonne.

2. LA FRISE. La partie qui eſt entre l'Architrave & la Corniche eſt apellée par les Grecs *Zophoros*, c'eſt-à-dire, *qui porte des figures d'Animaux*, à cauſe que cette partie eſt ordinairement ornée de ſculpture. Philander croit que noſtre mot de *Friſe* ſignifie la meſme choſe, par la raiſon de l'etymologie, ſon opinion eſtant que le mot françois *Friſe* vient du latin *Phrygio* qui ſignifie *un Brodeur*, parceque les brodeurs repreſentent à l'éguille C des animaux, des plantes & toutes les autres choſes dont on orne les Friſes.

3. LA FACE. On apelle communément *Face* cette partie de l'Architrave que Vitruve apelle icy *faſcia* qui ſignifie en latin une bandelette : ce mot exprime aſſez bien la choſe, parceque les trois faces des Architraves qui ſont de differentes largeurs, reſſemblent en quelque façon à des bandes, ou rubans qui ſont étendus : Cela fait qu'on l'apelle quelquefois *bande*.

4. LA SIXIÉME PARTIE. Cette Cymaiſe eſt ſi petite, qu'il eſt impoſſible de ne pas ſoupçonner cet endroit d'eſtre corrompu; & il eſt aiſé de juger que le nombre eſtant écrit en chiffre, un copiſte a pris facilement le nombre de trois marqué III. pour VI. Cela ſe voit fort ſouvent dans les medailles anciennes, où le nombre de cinq eſt ainſi marqué par deux I qui s'approchent un peu, mais qui ne ſont pas tout-à-fait joints par le bas. D La meſme faute ſe rencontre encore au 6. chapitre du 4. livre, où il eſt parlé de la Cymaiſe du Chambranle de la porte Dorique.

5. LA COURONNE. J'ay interpreté juſqu'à preſent le mot de *Corona* par celuy de *Corniche* pour plus grande clarté, parceque *Corona* ſignifie en general une Corniche, quoy que ce n'en ſoit qu'une partie, ſçavoir celle que l'on apelle le *Larmier* ou la *mouchette*. Mais parcequ'il ne s'agit icy que de cette partie de la Corniche, il ne falloit pas la confondre avec les autres dans un mot qui leur appartient également à toutes.

EXPLICATION DE LA PLANCHE XXII.

E

Cette Figure fait voir quelles ſont les proportions que Vitruve donne aux Architraves ſuivant les differentes grandeurs des colonnes : Car les Architraves des colonnes de douze à quinze piez ont de hauteur la moitié du diametre du bas de la colonne; en celles de quinze à vingt piez ils ſont hauts de la treziéme partie de la colonne; celles de vingt à vingt-cinq ſont diviſées en douze parties & demy, & la hauteur de l'Architrave eſt d'une partie; & enfin celles de vingt-cinq à trente piez ont leur Architrave d'une douziéme partie. On a fait dans la Figure toutes les colonnes d'une meſme hauteur à l'égard les unes des autres, & on a ſeulement obſervé les differentes proportions qui ſont entre la colonne & l'Architrave, ainſi qu'elle eſt dans le texte, parceque l'on a eſtimé que par cette maniere on feroit mieux juger à l'œil les differentes proportions par la comparaiſon qu'il ſeroit plus aiſé de faire d'un Architrave à l'autre, que d'un Architrave à ſa colonne.

avec

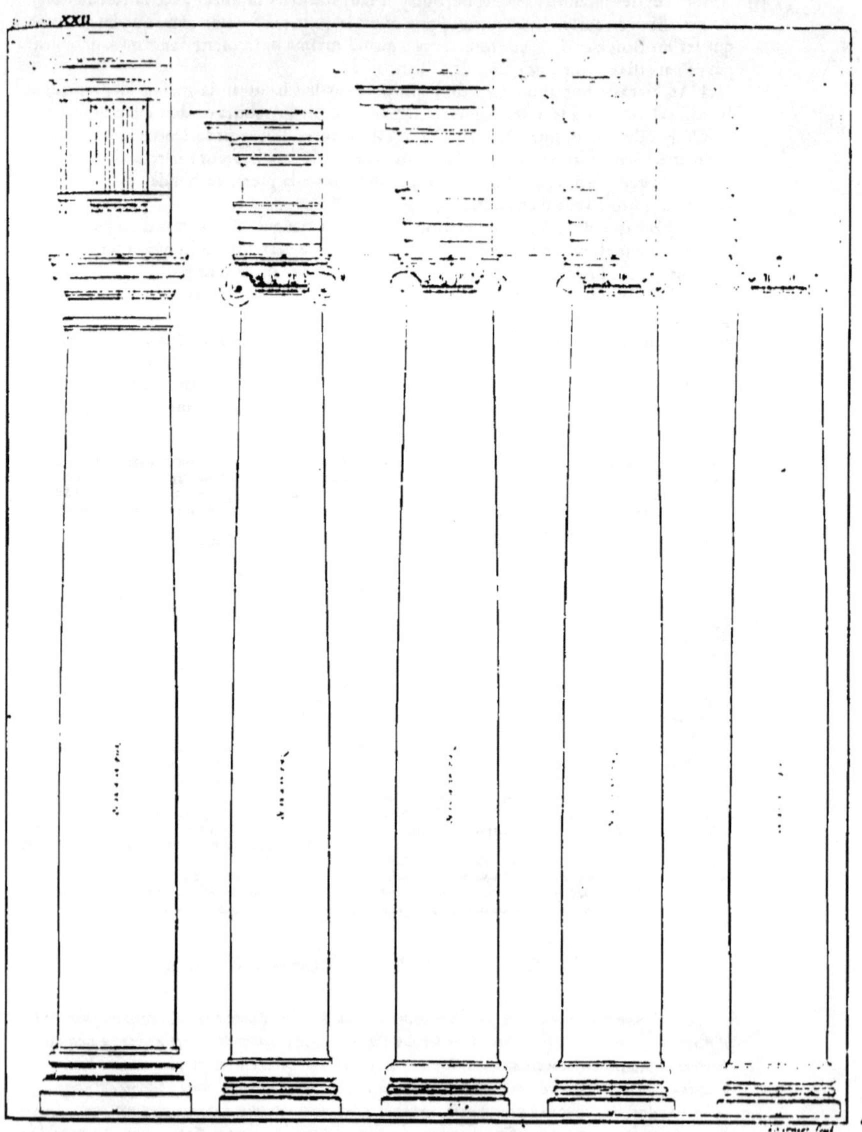

CHAP. III. avec [1] sa petite Cymaise, sans [2] la grande *Simaise*, soit de la mesme hauteur que la face du milieu de l'Architrave. La Saillie de la Corniche, y compris le Denticule, doit estre egale A à l'espace qu'il y a depuis la Frise jusqu'au dessus de [3] la Cymaise qui est sur la couronne : [4] & en general toutes les Saillies auront bien meilleure grace quand elles seront egales à la hauteur des membres saillans.

La hauteur du [5] Tympan qui est au fronton doit estre prise en cette sorte. Il faut diviser toute la largeur de la couronne d'une extremité de la Cymaise à l'autre, en neuf parties, [6] dont l'une soit la hauteur de la pointe du Tympan qui doit estre à plomb de l'Architrave & de la *gorge* de la Colonne. Les Corniches qui se font sur le Tympan, doivent estre pareilles à celles de dessous, qui pourtant n'ont point de derniere Simaise : mais il faut mettre sur les Corniches du Tympan [7] ces sortes de Simaises qui sont apellées des Grecs *Epitithides*. Elles doivent avoir de hauteur une huitiéme partie plus que la B Couronne.

1. SA PETITE CYMAISE. J'ay ajoûté *petite*, qui n'est point dans le texte, pour distinguer les deux Cymaises qui sont l'une sur l'autre au haut des grandes Corniches, dont la derniere, qui est ordinairement la plus grande est la Doucine I, & la petite qu'elle a dessous soy est le Talon D; mais je n'ay pû leur donner ces noms particuliers, parceque les grandes Corniches ne sont pas toujours de cette sorte, & que quelquefois au lieu du Talon D, on met l'Astragale N, quelquefois il n'y a qu'un filet, qui avec son congé tient lieu de la petite Cymaise.

2. LA GRANDE SIMAISE. Il a fallu encore ajoûter le mot de *grande* pour l'opposer à la petite. Vitruve l'apelle cy-aprés *la derniere Simaise* pour cette mesme raison. Or la signification du mot *Sima*, qui est grec & latin, est assez ambigu dans l'une & dans l'autre langue aussi bien que celuy de *Camus* qui est le mot françois. Car de mesme que *Camus*, qui est une figure qui s'attribuë proprement au nez, signifie indifferemment le racourcissement, l'aplatissement & l'enfonceure de cette partie; *Simus* aussi signifie quelquefois retroussé, comme au nez des chevres & des moutons, quelquefois aplaty comme au nez des hommes dans lesquels *Simitas* est toujours entenduë applatissement par les Grammairiens, qui la definissent *narium depressionem*; quelquefois elle signifie l'enfonceure dans les autres choses, dans lesquelles souvent *Simum* est opposé à *Gibbum*. Ainsi dans Galien la partie cave du foye est apellée *Sima hepatos*.

Le peu de certitude qu'il y a dans toutes ces significations fait qu'il seroit malaisé de dire ce que Vitruve entend par *Simam*, si la chose n'estoit claire d'elle-mesme : car il est difficile de trouver dans toutes les manieres dont le *Simum* se peut entendre, quelque chose qui ressemble à la saillie considerable que l'on donne à l'espece de cymaise dont il s'agit icy, qui est celle qui termine les grandes corniches & qu'on apelle communement doucine ou cymaise renversée. Pour distinguer cette cymaise des autres, je l'ay écrite *Simaise* avec une S & sans Y suivant l'etymologie de l'une & de l'autre.

3. LA SIMAISE. Ce que Vitruve apelle icy *summum coronæ cymatium*, n'est rien autre chose que ce qu'il a un peu auparavant apellé du nom de *Sima*, dont il se sert encore en suite plusieurs fois, selon la distinction qui a déja esté remarquée, & suivant la difference qu'il y a entre *Cymaise* & *Simaise* qu'il n'a pas neanmoins suivie en cet endroit, où il l'apelle *summum coronæ cymatium*.

4. ET EN GENERAL TOUTES LES SAILLIES. Cela ne se trouve point avoir esté observé dans l'antique, où les saillies sont le plus souvent un peu moindres que la hauteur des membres saillans. Il y a des Architectes qui pretendent que les saillies des Corniches doivent surpasser leurs hauteurs dans les grandes & enormes masses d'ouvrages; Ce qui ne me semble point avoir de fondement dans l'Optique : parceque les œuvres colossales ayant une plus grande elevation au dessus de l'œil, elles augmentent davan-

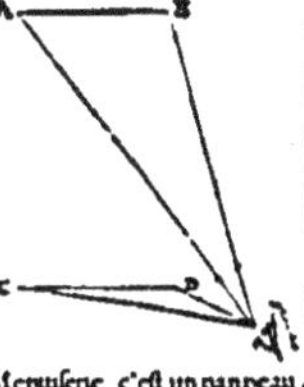

tage l'apparence des saillies en élargissant les angles qu'elles font dans l'œil. Car la saillie A B d'une chose elevée fait un plus grand angle que la saillie C D d'une chose moins elevée, bien que l'une & l'autre soit égale.

5. TYMPAN. *Tympanum* signifie icy le dedans du fronton; il a d'autres significations ailleurs dans Vitruve : car en matiere de Menuiserie c'est un panneau, en Horlogerie c'est une roüe dentelée, en Hydraulique c'est une roüe creuse. Il signifie en C françois un Tambour, & il y a apparence qu'il est ainsi apellé dans les frontons, parcequ'il semble que cette partie soit tenduë par les Corniches qui composent le fronton, de mesme que la peau l'est sur les bords de la quaisse d'un Tambour.

6. DONT L'UNE SOIT LA HAUTEUR. Il y a peu d'exemples de frontons si abbaissez : car si l'on en croit Scamozzi, celuy que décrit Vitruve, l'est trop de la moitié : de sorte qu'au lieu de l'une des neuf parties, il voudroit en mettre deux : mais il faut considerer que Scamozzi entend que Vitruve parle de la hauteur du fronton, & la verité est qu'il ne parle que de celle du Tympan, auquel il faut ajoûter toute la corniche pour parfaire le fronton : ce qui fait que je croy qu'il ne faut rien corriger au texte, & qu'un Tympan qui aura la neuviéme partie de la largeur de tout le fronton, en prenant d'une extremité de la Simaise à l'autre, rendra le fronton assez haut lorsqu'on aura D ajoûté la corniche au dessus du Tympan, principalement si le fronton est grand. La verité est qu'on voit peu de frontons aussi bas que cela dans nos restes de l'antique, où le Tympan a ordinairement une partie & demie des neuf de toute la largeur du fronton; mais il y a apparence que du temps de Vitruve ils estoient plus communement de la proportion qu'il a icy prescrite, parcequ'on les trouve encore en la pluspart des ruines de la Grece avec cette mesme proportion.

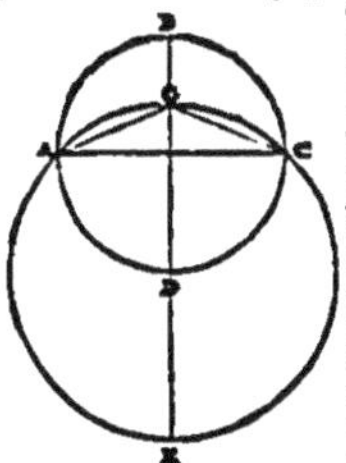

Serlio a inventé une methode pour prendre la hauteur des frontons, qui est de tracer un cercle A B C D, dont le diametre A C, soit la largeur du fronton; & ensuite de l'endroit D, où ce cercle coupe la ligne B E, qui descend E par le milieu du fronton, décrire comme d'un centre, un autre cercle A C E, par les mesmes extremitez du fronton; car l'endroit G, où ce second cercle coupe la mesme perpendiculaire, est la hauteur du fronton. Cette proportion est moyenne entre celle de Vitruve & celle de Scamozzi.

7. CES SORTES DE SIMAISES. Vitruve apelle *Sima* les simaises qui sont au haut de la grande corniche : il dit que les Grecs les apelloient *Epitithedas*, c'est-à-dire mises au dessus & au plus haut; parceque les cymaises qu'il apelle *Cymatia*, n'estoient point au dessus d'autres cymaises, mais seulement au haut de la corniche du piedestail, au haut de l'Architrave, & dans la grande corniche au dessous de la grande Simaise.

Chap. III.

* [1] Les *Acrotéres* des Coins doivent estre aussi hauts que le milieu du Tympan, mais l'A-
A crotére du milieu doit estre plus haut que les autres, de la huitiéme partie.

* [2] Tous les membres qui seront mis au dessus des Chapiteaux des Colonnes, c'est-à-dire les Architraves, Frises, Corniches, Tympans, Faistes, Acrotéres, doivent estre inclinez * en devant, chacun de la douziéme partie de leur hauteur, [3] parceque si lorsque l'on regarde la face d'un Edifice on conçoit que deux lignes partent de l'œil, dont l'une touche le bas, & l'autre le haut de ce que l'on regarde, il est certain que celle qui touche le haut, se*ra plus longue: [4] & plus une ligne s'etend vers le haut, & plus elle fait paroistre que ce haut se renverse en arriere. De sorte que si l'on panche un peu en devant, comme il a esté dit, les membres qui sont en la face d'en haut, le tout paroistra estre à plomb & fort droit.

* * Il faut faire aux Colonnes vingt-quatre [5] *Cannelures* creusées de telle sorte que [6] posant *Striges.*
* une Equerre dans la cavité & le faisant tourner, il touche tellement de [7] ses deux *branches* les *Ancones.*
* angles de [8] *l'entredeux* des Cannelures, que sa pointe parcoure toute la *concavité* de la Canne- *Stria. Rotundatio.*
* lure. [9] La largeur de cet entredeux des Cannelures doit estre pareille au renflement que
B l'on doit faire au milieu de la Colonne, & dont on trouvera cy aprés la description.

Dans les Simaises qui sont sur la Corniche aux costez des Temples, il faudra tailler des testes de Lion qui soient tellement disposées, qu'il y en ait premierement une au droit de chaque Colonne, & que les autres soient distribuées par espaces egaux, en sorte que cha*cune réponde au milieu de [10] chacune des pierres qui font la couverture. Celles qui sont au

1. Les Acroteres. Acrotére generalement chez les Anciens signifie en grec toute extremité du corps, comme sont dans les animaux, le nez, les oreilles, & les doits; & dans les Bâti-
C mens les amortissemens des toits, de mesme que dans les navires les éperons qu'ils apelloient Rostres. Dans les Edifices les Acrotéres sont particulierement des Piedestaux qui estoient mis au milieu & aux costez des Frontons pour soûtenir des statuës, ainsi qu'il se voit aux figures des Planches IX. X. XI. XII. XIII. & XIV.

2. Tous les membres. Cela est fait suivant les raisons qui sont deduites au second chap. du 6. livre. Scamozzi dit que tout cela n'est qu'une chicane de perspective.

3. Parceque si lorsque l'on regarde. La veritable raison de ce racourcissement des choses élevées, a esté expliquée cy-devant dans la Planche XVI. où il s'agit de la differente diminution du haut des colonnes suivant leur differente hauteur, qui est le retressissement de l'angle. Celle que Vitruve raporte icy, qui est la longueur des lignes, n'est point vraye, parceque quelques longues que soient les lignes visuelles, tant qu'el-
D les feront un mesme angle, (supposé que les autres circonstances qui peuvent faire juger de l'éloignement soient pareilles, telles que sont la force ou la foiblesse du coloris & le voisinage des choses dont on connoist la grandeur) elles representeront toujours à l'œil une mesme
E grandeur. Car les lignes AC & BC, qui sont plus longues que les lignes DC & EC, ne font point paroître le corps AB plus petit que le corps DE, mais elles le font paroître égal, parcequ'elles font un mesme angle. Et au contraire les lignes HK & IK, qui sont égales en longueur aux lignes FK & GK, font paroître le corps HI & le corps FG, de grosseur differente, parce qu'elles font des angles differens. Et la raison pour laquelle l'inclinaison fait paroître les faces plus longues, est qu'elle élargit les angles, parceque la face LO, qui est à plomb, fait l'angle des lignes LN & ON plus petit que l'angle que ces lignes font lorsqu'elle est panchée comme LM, dont les lignes visuelles LN & MN font un plus grand angle que ne font les lignes LN & ON, lorsqu'elle n'est point panchée comme LO.

4. Et plus une ligne s'etend vers le haut. Cela n'est point encore vray; car il est certain que si on regarde par exemple en haut, estant au milieu de deux tours, plus elles seront hautes & plus elles paroîtront s'aprocher par enhaut l'une de l'autre, & par consequent s'incliner en devant.

5. Cannelures. Ces cannelures sont des demy-canaux qui sont creusez de haut en bas, le long & tout autour des colonnes au nombre de vingt-quatre, & quelquefois davantage. Turnebe & Baldus veulent qu'au lieu du mot grec *Striges*, qui signifie *de petits canaux*, il y ait *Strigiles*, qui en latin signifie *des Etrilles*: parceque les Etrilles avec lesquelles les Anciens se racloient la peau dans les bains, estoient faites comme de petits canaux. Mais il y a raison de croire que les cannelures peuvent estre apellées *Striges*, sans aller chercher le mot de *Strigiles* qui vient de *Striges*.

6. Posant un equerre. C'est-à-dire qu'il faut que les cannelures soient profondes de la moitié de leur largeur, & que cette profondeur aille en diminuant vers le haut de la colonne, de mesme que les cannelures vont aussi en s'étressissant.

7. Ses deux branches. Je traduis ainsi *Ancones*, à cause que la chose est claire; autrement le mot est ambigu: Car *Ancon* est proprement le ply du coude; & generalement il signifie tout ce qui fait un ply ou angle par la rencontre de deux lignes: De sorte que dans *Ancon* on peut considerer deux choses, sçavoir les lignes, ou branches qui se rencontrent, & le point de l'angle. Vitruve apelle quelquefois *Ancones*, ce point seul, ainsi qu'il a esté remarqué cy-devant quand il est parlé *de ancombus tetrantorum*: quelquefois ce sont les deux branches comme en cet endroit.

8. L'entredeux des cannelures. Les cannelures sont composées de deux parties, sçavoir de *Strix* & de *Stria*. *Strix* est la cavité du demy canal; *Stria* est l'eminence quarrée qui est à chaque costé de la cavité. *Stria* est ainsi apellée du mot *stringere*, qui signifie *resserrer*, parcequ'il semble qu'elle soit comme un ply qui fait élever une etoffe à l'endroit où elle est serrée; & en effet on dit que la premiere origine de cette invention a esté prise sur les plis des vestemens des femmes, comme il sera dit au 1. chap. du 4. livre.

9. La largeur de cet entredeux des cannelures. Cet endroit est bien remarquable pour prouver que le renflement des colonnes estoit dans un usage bien étably du temps de Vitruve.

10. Chacune des pierres qui font la couverture. Je n'interprete point *Tegulas* des tuyles; parceque ce que

CHAP. III. droit des Colonnes seront percées dans la goutiere où l'eau qui découle du toit est reçuë. Les A autres d'entre-deux ne seront point percées afin que l'eau qui coule en abondance sur le toit, ne trouve point là d'ouverture qui la jette entre les Colonnes sur ceux qui y passent : c'est assés que celles qui sont au droit des Colonnes vomissent toute l'eau de leur gueule avec impetuosité.

J'ay traité dans ce livre le plus exactement qu'il m'a esté possible de l'ordonnance des Temples Ioniques, je vais dans celuy qui suit, expliquer quelles sont les proportions des Doriques & des Corinthiens.

nous apellons tuyle en françois signifie seulement les carreaux ou canaux de terre cuite dont on couvre les maisons, & non pas generalement, ainsi que *Tegula*, tout ce qui peut estre employé à cela, comme Ardoise, pierres plates, lames de plomb ou de cuivre, &c. Or le sens demande icy que *Tegula* signifie autre chose que tuyle, parce qu'il s'agit de faire que les parties du toit, le long desquelles l'eau coule en plus grande quantité, tiennent au droit des testes de lion, ce que les grandes pierres ou les lames de plomb dont on couvre les grands Edifices font fort bien estant des *Tegulæ* disposées par rangs de haut en bas, lesquelles font des rebords à droit & à gauche qui amassent l'eau dans leur milieu ; ce que des tuyles ordinaires ne font point, parce qu'elles composent une couverture uniforme, qui fait couler l'eau également par tout. Palladio n'a pas observé ce precepte de Vitruve dans les Temples anciens qu'il couvre de grandes pierres plates ; car les milieux répondent entre les colonnes, & non au droit des testes de lion, B par lesquelles l'eau doit s'écouler : et bien qu'il n'y ait que les testes de lion que l'on met au droit du milieu des colonnes, qui soient percées pour jetter l'eau, la Symmetrie demande que toutes les pierres qui font la couverture, se rapportent par tout d'une mesme façon aux testes de lion.

LE QUATRIE'ME LIVRE DE VITRUVE.

PREFACE. C

LA pluspart de ceux qui ont écrit de l'Architecture, n'ont fait que des amas confus & sans ordre de quelques preceptes dont ils ont composé leurs ouvrages. Pour moy j'ay crû que l'on pouvoit faire quelque chose de meilleur & de plus utile, en reduisant comme en un corps parfait & accomply toute cette science, & rangeant dans chaque livre chaque genre des choses qui luy appartiennent. C'est pourquoy j'ay expliqué dans le premier quel est le devoir de l'Architecte, & quelles sont les choses qu'il doit sçavoir. Dans le second j'ay examiné les materiaux dont on construit les Edifices. Au troisiéme j'ay enseigné quelle doit estre la disposition des Temples, la diversité [1] des Ordres d'Architecture, leur nombre & leurs especes, quelles doivent estre les distributions des parties dans chaque Or- * dre, & principalement dans ceux qui sont plus delicats, à cause de la proportion de leurs D modules. Mais je me suis particulierement étendu sur les proprietez de l'ordre Ionique. Presentement je vais expliquer en ce livre les regles de l'ordre Dorique & du Corinthien avec toutes leurs particularitez & differences.

1. DES ORDRES D'ARCHITECTURE. Vitruve parle dans le troisiéme livre des genres des Temples en deux manieres. Dans le premier chap. il a traité des genres qui appartiennent particulierement aux Temples dont il a fait sept especes, qui sont celuy à Antes, le Prostyle, l'Amphiprostyle, le Periptere, le Pseudodiptere, le Diptere & l'Hypæthre ; établissant leurs differences sur les diverses dispositions de leurs parties, qui sont le dedans du Temple, le *Pronaos*, le *Posticum*, & les colonnes, sans avoir égard aux proportions des colonnes, ny à leurs ornemens. Dans le second & dans le troisiéme chapitre il a parlé des genres qui sont communs aux Temples & aux autres Edifices, qu'il a encore divisez en deux especes, dont les differences sont prises de la disposition, ou de la proportion des colonnes. Suivant les differentes dispositions des colonnes, il a fait cinq especes d'Edifices établies sur les differences des entrecolonnemens qui sont le Pycnostyle, le Systyle, le Diastyle, l'Aræostyle, & l'Eustyle : Des differences de la proportion des parties des colonnes & de leurs ornemens, il a fait trois autres especes que les Architectes ont apelées Ordres, qui sont le Dorique, l'Ionique & le Corinthien.

L'ordre d'Architecture suivant cette division de genre d'Architecture, peut estre definy, une regle pour la proportion des colonnes, & pour la figure de certaines parties qui leur conviennent selon les proportions differentes qu'elles ont. La proportion des colonnes prend ses differences de leur grossiereté, ou de leur delicatesse ; & la figure des membres particuliers qui leur conviennent suivant leur proportion, prend ses differences de la simplicité ou de la richesse des ornemens de leurs chapiteaux, de leurs bases, de leurs cannelures & de leurs modillons, ou mutules : Ainsi dans les trois ordres le Dorique qui est le plus massif a dans toutes ses parties une grossiereté & une simplicité qui le distingue des autres : Car son chapiteau n'a ny volutes, ny fueillages, ny caulicoles ; sa base, quand on luy en donne une, est composée de tores fort gros, sans astragales & avec une seule scotie : ses cannelures sont plates, & en moindre nombre qu'aux autres ordres, & ses mutules ne sont que comme un simple tailloir sans console & sans fueillage. E Au contraire le Corinthien a dans son chapiteau plusieurs ornemens delicats, que la sculpture luy donne en y taillant deux rangs de belles fueilles au nombre de seize, d'où sortent autant de petites branches ou caulicoles recouvertes par autant de volutes. Sa base, du moins celle que les Modernes ont inventée depuis Vitruve, est enrichie de deux Astragales & d'une double scotie, qui sont des parties qui manquent à la base Attique, & qu'on donne ordinairement à l'ordre Dorique ; & ses modillons sont delicatement taillez en consoles qui sont ornées de fueillages pareils à ceux du chapiteau. Les ornemens de l'ordre Ionique sont moyens entre les extremitez des deux autres ordres, sa base estant par le bas sans tore, son chapiteau n'ayant point de fueilles, & sa corniche n'ayant que des denticules au lieu des modillons.

CHAP.

A

CHAPITRE I.

Des trois ordres de colonnes, de leur origine, & de leur invention.

LES colonnes Corinthiennes ont toutes leurs proportions pareilles a celles des Ioniques, à la reserve du chapiteau, dont la hauteur fait qu'elles sont à proportion plus hautes & plus gresles; car la hauteur du chapiteau Ionique n'est que[1] la troisiéme partie du diametre de la colonne, au lieu que [2] le chapiteau Corinthien est aussi haut que tout le diametre, & ces deux parties du diametre qui accroissent le chapiteau Corinthien, [3] donnent à la colonne une hauteur qui la fait paroître plus deliée. Les autres membres qui sont
B posez sur les colonnes, sont empruntez des proportions de l'ordre Dorique ou de l'Ionique. Car l'ordre Corinthien n'a point d'ordonnance propre & particuliere pour sa corniche, ny pour ses autres ornemens, mais [4] il prend ses mutules des Triglyphes de l'Ordre Dorique, de mesme que les [5] gouttes qu'il a en ses architraves; & il tient de l'ordre Ionique la sculpture qu'il a dans ses frises, comme aussi ses [6] denticules & ses corniches. De sorte que de

1. LA TROISIE'ME PARTIE DU DIAMETRE. Il faut entendre que cette hauteur du chapiteau ne comprend pas ce qui pend des volutes au dessous de l'astragale, mais seulement ce qui est au dessus, parcequ'il s'agit icy de comparer la hauteur du chapiteau avec la hauteur du fust de la colonne, ce qui ne se pourroit pas faire si on consideroit la hauteur du chapiteau entier, dont une partie anticipe sur le fust. Il faut encore remarquer que la proportion que Vitruve donne, ne doit pas estre prise au juste, mais seulement à peu prés: car le chapiteau sans ses volutes a quelque
C chose de moins que le tiers du diametre du bas de la colonne.

2. LE CHAPITEAU CORINTHIEN EST AUSSI HAUT. Pline dit la mesme chose de la hauteur du chapiteau Corinthien. Dans ce qui nous reste de l'antiquité on ne trouve presque point de chapiteaux Corinthiens qui ne soient plus hauts que la largeur du bas de la colonne: cela est assez étrange, si ce n'est que Pline de mesme que Vitruve entende par le chapiteau, le pannier ou tambour, sans comprendre le tailloir; parceque la proportion la plus ordinaire, est que le tambour sans le Tailloir ait de hauteur le diametre de la colonne. Toutefois Vitruve declare un peu plus bas dans ce mesme chap. que le Tailloir est compris dans cette grandeur du diametre; ce qui ne se trouve point dans Pline, lorsque parlant du chapiteau Corinthien, il dit seulement que sa hauteur est égale à la grosseur du bas de la colonne, sans parler du Tailloir

Cela pourroit faire croire que cet endroit de Vitruve auroit esté corrompu, & qu'il y avoit dans l'original *sine abaco*,
D mais qu'un Copiste qui n'entendoit pas le latin, & à qui on dictoit le texte, a écrit *sine cine* avec un *c*. Ce qui a donné occasion à une seconde erreur d'un autre Copiste, qui ne presumant pas qu'on eust écrit *sine* avec un *c*, a lû *cum*, supposant que la derniere jambe de la lettre *m* estoit effacée, & prenant la lettre *i* & la premiere jambe de la lettre *n* pour un *u*. On peut dire contre cette conjecture, que le Copiste qui a esté assez ignorant pour écrire *sine* avec un *c*, devoit avoir fait beaucoup de pareilles fautes dans le livre, dans lequel neanmoins il ne s'en trouve point d'autres de cette nature, si ce n'est au huitiéme chapitre du 2. livre, où le mot *inserta* est écrit dans tous les exemplaires *incerta*, le Copiste ayant mis un *c* au lieu d'une *s*. Mais il n'est pas fort difficile de croire que le texte de Vitruve que nous avons, ayant esté pris d'un exemplaire plus correct que celuy où *sine* avoit esté écrit avec un *c*, & que cet exemplaire ayant en quelques endroits des mots & des lignes effacées, on les a restituées
E comme on a pû sur d'autres exemplaires, dans lesquels ces mots & ces lignes se sont trouvées plus lisibles; & que l'on a pris dans l'exemplaire, où il y avoit *cine abaco* écrit avec un *c*, ce *cine abaco* que l'on a mis au lieu du *sine abaco* qui estoit effacé dans l'exemplaire correct. Serlio témoigne estre dans cette opinion en son troisiéme livre, lorsqu'il décrit le chapiteau de l'arc d'Ancone, auquel lieu il dit qu'en tous les chapiteaux qu'il a mesurez, le tambour sans le tailloir est plus grand que le diametre de la colonne, & que cela luy fait croire que ce texte de Vitruve est corrompu.

J'ay fait dans la figure deux chapiteaux Corinthiens, dont l'un est suivant les mesures du texte de Vitruve, supposé qu'il y ait *cum abaco*; l'autre est suivant l'usage ordinaire, dont le modele est pris sur l'ordre Corinthien du Portique de la Rotonde, qui est l'ouvrage le plus approuvé de tous ceux que nous ayons des anciens, & qu'on tient avoir esté fait peu de temps aprés Vitruve. Villalpande dit que les chapiteaux du Temple de Salomon n'estoient point de la proportion que Vitruve donne au chapiteau Corinthien, quoy qu'il pretende que les Grecs n'en ont point esté les inventeurs, mais qu'ils les ont copiez sur ceux du Temple de Salomon: & il montre que ces chapiteaux avoient plus de hauteur que la colonne n'a de largeur par le bas, à cause qu'il est dit au troisiéme des Rois que *capitella juxtà mensuram columnæ erant facta*, que dans l'Hebreu il y a *juxta mensuram ventris columnæ*, & que par consequent le chapiteau avoit de haut plus que le diametre du bas, au moins la valeur du renflement.

3. DONNENT A LA COLONNE UNE HAUTEUR. Toute cette hauteur ne va qu'à neuf diametres, & une sixiéme partie de diametre, parceque la colonne Corinthienne selon Vitruve n'estoit plus haute que l'Ionique, que de ce que le chapiteau Corinthien estoit plus haut que l'Ionique: or la colonne Ionique avoit en tout huit diametres & demy, & son chapiteau n'avoit que le tiers du diametre de la colonne; de sorte que le chapiteau Corinthien qui avoit de hauteur le diametre tout entier, ne pouvoit donner à la colonne Corinthienne de plus qu'à l'Ionique que deux tiers de diametre, qui joints à huit & demi font neuf & un sixiéme.

Les colonnes des Temples Monopteres dont il est parlé cy-aprés au chapitre 7, en avoient dix; il n'est point dit de quel ordre elles estoient, mais il y a apparence qu'elles devoient estre Corinthiennes, puisque Vitruve dit que la colonne Corinthienne est la plus deliée de toutes. Il se trouve que la plûpart des colonnes de cet ordre, tant anciennes que modernes, ont cette hauteur, sçavoir de dix fois leur diametre. Il y a neanmoins quelques-uns des Architectes modernes, comme Palladio, qui n'ont suivy ny la proportion que Vitruve donne en ce chapitre à la colonne Corinthienne, ny celle des Temples Monopteres, mais qui ont choisi une proportion moyenne en luy donnant neuf diametres & demy. J. Bullant luy donne quelque chose de moins que les neuf diametres & la sixiéme partie.

4. IL PREND SES MUTULES DES TRIGLYPHES DE L'ORDRE DORIQUE. C'est-à-dire que les modillons de l'ordre Corinthien, sont pris des modillons ou mutules qui sont au dessus des Triglyphes de l'ordre Dorique: car c'est ainsi q[illegible] croy qu'il faut expliquer ces mots *Trygliphorum rationes*, qui signifient les choses qui appartiennent aux Triglyphes, sur lesquels on sçait qu'il y avoit des mutules qui soûtenoient la corniche de mesme que dans l'ordre Corinthien les modillons la soûtiennent. Or il a déja esté dit quelle est la difference des mutules qui sont propres à l'ordre Dorique, & des modillons qui appartiennent au Corinthien, sçavoir au chapitre 1. du 1. livre, où les mutules sont apellez Corbeaux, de leur nom françois.

5. LES GOUTTES QU'IL A DANS SES ARCHITRAVES. Nous n'avons point d'exemple de ces gouttes dans les Architraves Corinthiens.

6. DES DENTICULES. De mesme que le membre de moulure apellé Echine à cause de la forme de chataigne qu'il a quand il est taillé, ainsi qu'il a esté dit cy-devant, ne laisse pas d'estre ainsi apellé dans le chapiteau Dorique, quoy qu'il ne soit point taillé; Il y a aussi apparence que le membre quarré, qui d'ordinaire est recoupé en l'ordre Ionique, peut estre apellé Denticule, bien qu'il

CHAP. I. deux ordres on en a composé un troisiéme qui n'a rien de propre que le chapiteau. La forme differente de ces colonnes a produit trois ordres qui sont apellez Dorique, Ionique & Corinthien : la Dorique qui est la premiere & la plus ancienne de ces colonnes a esté inventée de cette sorte.

Dorus fils d'Hellenes & de la Nymphe Optique, Roy d'Achaïe & de tout le Peloponnése, ayant autrefois fait bâtir un Temple à Junon dans l'ancienne ville d'Argos, ce Temple se trouva par hazard estre de cette maniere que nous apellons Dorique : Ensuite dans toutes les autres villes de l'Achaïe on en fit de ce mesme ordre, n'y ayant encore aucune regle [1] établie pour les proportions de l'Architecture. En ce temps-là les Atheniens aprés avoir consulté l'Oracle d'Apollon à Delphes, par un commun accord de toute la Grece, envoyerent en Asie treize Colonies, chacune ayant son Capitaine, sous la conduite [2] generale d'Ion fils de Xuthus & de Creüse, qu'Apollon par son Oracle rendu à Delphes avoit avoüé pour son fils. Ion estant entré en Asie conquit toute la Carie, & y fonda treize grandes villes, sçavoir Ephese, Milete, Myunte, qui fut abismée dans la mer & dont on transfera tous les droits aux Milesiens, Priene, Samos, Lebede & Melite : cette derniere fut ruinée par toutes les autres villes, qui se liguerent contr'elle & luy declarerent la guerre à cause de l'arrogance de ses habitans : quelque temps aprés la ville de Smyrne fut reçeüe en sa place entre les Ioniennes, par une grace particuliere du Roy Attalus & de la Reine Arsinoë. Ces treize villes ayant chassé les Cariens & les Lelegues, apellerent le païs Ionie à cause d'Ion leur Conducteur, & y bâtirent des Temples, dont le premier, qu'ils dedierent à Apollon Panionius, fut fait à la maniere de ceux qu'ils avoient veus en Achaïe, & ils l'apellerent Dorique, parcequ'il y en avoit eu de pareils bâtis dans les villes des Doriens. Mais comme ils ne sçavoient pas bien quelle proportion il falloit donner aux colonnes qu'ils vouloient mettre à ce Temple, ils chercherent le moyen de les faire assez fortes pour soûtenir le faix de l'Edifice, & de les rendre agreables à la veuë. Pour cela ils prirent la mesure du pié d'un homme [3] qui est la sixiéme partie de sa hauteur, sur laquelle mesure ils formerent leur colonne, en sorte qu'à proportion de cette mesure qu'ils donnerent à la grosseur de la tige de la colonne, ils la firent six fois aussi haute en comprenant le chapiteau : & ainsi la colonne Dorique fut premierement mise dans les Edifices, ayant la proportion, la force & la beauté du corps de l'homme.

ne soit pas recoupé, & on peut croire que Vitruve a entendu qu'il ne soit point taillé dans la corniche Corinthienne quand elle a des modillons, puisqu'il declare au chapitre qui suit, qu'on n'a jamais veu dans les ouvrages des Grecs des Denticules au dessous des modillons, c'est-à-dire des denticules taillez. C'est pourquoy quand il est dit que la corniche Corinthienne n'a rien de particulier, cela se doit entendre de celle qui est sans modillons dans laquelle le membre quarré du Denticule est coupé & taillé en metoche, ce qui a esté pratiqué excellemment au premier ordre du dedans de la Cour du Louvre.

1. ETABLIE. Il y a au texte *cum non esset symmetriarum ratio nata*. Cette expression de Vitruve semble favoriser l'opinion de la plus grande partie des Architectes, qui croyent que les proportions des membres de l'Architecture sont quelque chose de naturel, telles que sont les proportions des grandeurs, par exemple, des Astres, à l'égard les uns des autres, ou des parties du corps humain. Pour moy j'ay traduit suivant la pensée que j'ay que ces proportions ont esté établies par un consentement des Architectes, qui, ainsi que Vitruve témoigne luy-mesme, ont imité les ouvrages les uns des autres, & qui ont suivy les proportions que les premiers avoient choisies, non point comme ayant une beauté positive, necessaire & convaincante, & qui surpassast la beauté des autres proportions, comme la beauté d'un diamant surpasse celle d'un caillou ; mais seulement parceque ces proportions se trouvoient en des ouvrages, qui ayant d'ailleurs d'autres beautez positives & convaincantes, telles que sont celles de la matiere & de la justesse de l'execution, ont fait aprouver & aimer la beauté de ces proportions, bien qu'elle n'eust rien de positif. Cette raison d'aimer les choses par compagnie & par accoûtumance se rencontre presque dans toutes les choses qui plaisent, bien qu'on ne le croye pas, faute d'y avoir fait reflexion.

2. GENERALE. J'ay traduit selon mon manuscrit qui a *summam imperii perfectam*, au lieu de *summam imperii partem* qui se lit dans tous les imprimez.

3. QUI EST LA SIXIÉME PARTIE. Il a déja esté remarqué qu'il ne se trouve point que dans les hommes de nostre siecle le pié soit la sixiéme partie de sa hauteur, car il est tout au moins la septiéme.

EXPLICATION DE LA PLANCHE XXIII.

Cette Planche represente dans sa premiere figure deux manieres de chapiteaux Corinthiens, dont le premier est suivant le texte de Vitruve : Car tout le chapiteau n'a de hauteur que le diametre du bas de la colonne, les fueilles sont d'Acanthe, & la rose n'excede point la largeur du Tailloir. L'autre chapiteau est à la maniere qui a esté introduite depuis Vitruve, telle qu'est celle du portique du Pantheon. Il a sans comprendre le Tailloir, tout le diametre de la colonne : les fueilles sont d'olivier, & la Rose descend jusques sur la volute.

La seconde Figure represente une plante d'Acanthe au naturel & en l'estat qu'elle fut vuë par le Sculpteur Callimachus lorsqu'elle luy servit de modele pour faire le chapiteau Corinthien dont il est l'inventeur.

Planche XXIII.
Fig. I.
Fig. II.

CHAP. I. Quelque temps aprés ils bâtirent un Temple à Diane, & cherchant quelque nouvelle A maniere qui fût belle, par la mesme methode ils luy donnerent la delicatesse du corps d'une femme. Et premierement ils firent le diametre de la colonne de la huitiéme partie de sa hauteur, afin qu'elle s'élevât plus agreablement : Ensuite ils s'aviserent d'y mettre des bases faites en maniere de cordes entortillées pour estre comme la chaussure, & taillerent des volutes au chapiteau, pour representer cette partie des cheveux qui pend par boucles à droit & à gauche ; de mesme que les cymaises [1] & les *gousses* qu'ils mirent sur le front des colonnes, sembloient estre le reste des cheveux qui sont ramassez & liez au derriere de la teste des femmes. Avec cela ils firent des *cannelures* tout le long du tronc, comme si c'eust esté les plis de leurs robes. Ainsi ils inventerent ces deux genres de colonnes, imitant dans les unes la simplicité nuë & negligée du corps d'un homme, & dans les autres la delicatesse & les ornemens de celuy des femmes. Les Architectes qui succederent à ces premiers, B & qui se rendirent de plus en plus subtils & habiles, approuvant grandement la delicatesse des petits modules, donnerent à la hauteur de la colonne Dorique [2] sept de ses diametres, & huit & demy à l'Ionique, à laquelle ils imposerent ce nom à cause que les Ioniens en avoient esté les premiers inventeurs.

Encarpi. Stria.

Le troisiéme genre de colonnes est apellé Corinthien qui represente la delicatesse d'une jeune fille à qui l'âge rend la taille plus dégagée & plus capable des ornemens qui peuvent augmenter la beauté naturelle. L'invention de son chapiteau est fondée sur cette rencontre.

Une jeune fille de Corinthe preste à marier estant morte, sa nourrice posa sur son tombeau dans un panier quelques petits vases que cette fille avoit aimez pendant sa vie, & afin que le temps ne les gâtast pas si tost estant à découvert, elle mit une tuile sur le panier, C qui ayant esté posé par hazard sur la racine [3] d'une plante d'Acanthe, il arriva lorsqu'au Printemps les fueilles & les tiges commencerent à sortir, que le pannier qui estoit sur le milieu de la racine, fit élever le long de ses costez les tiges de la plante, qui rencontrant les coins de la tuile furent contraintes de se recourber en leur extremité, & faire le contournement des volutes.

Industrieux. Le Sculpteur Callimachus que les Atheniens apellerent [4] *Catatechnos* à cause de la delicatesse

1. DES GOUSSES. J'ay ainsi interpreté le mot *Encarpi*, qui signifie en grec cet amas de fruits que les Sculpteurs & les Peintres feignent estre pendus & attachez par des rubans, & que l'on apelle vulgairement *Festons*. Tous les interpretes disent bien ce que c'est que *Encarpe* en general, mais ils n'expliquent point ce que c'est dans la volute Ionique. Je ne sçay si Michel Ange qui a mis des festons dans le chapiteau Ionique qu'il a inventé, s'est fondé sur cet endroit de Vitruve, mais il est certain qu'il n'y en avoit point dans le chapiteau antique ; & je ne croy pas que ces fruits que Vitruve designe par le mot *Encarpi*, puissent estre autre chose que les petites gousses qui sont dans les faces des chapiteaux Ioniques, trois dans le coin de chaque volute, & couchées sur les Oves qui sont taillez dans le quart de rond ou Echine.

2. SEPT DE SES DIAMETRES. Il paroist encore par là que les proportions des membres d'Architecture n'ont point une beauté qui ait un fondement tellement positif, qu'il soit de la condition des choses naturelles, & pareil à celuy de la beauté des accords de la musique, qui plaisent à cause d'une proportion certaine & immuable, qui ne dépend point de la fantaisie. Car la proportion qui fut premierement donnée à la colonne Dorique & à l'Ionique, a esté changée en suitte, & pourroit encore l'estre sans choquer ny le bon sens ny la raison : Il n'y a que le goust des intelligens qui auroit de la peine à souffrir ce changement, parceque ceux qui sont accoûtumez aux anciennes proportions, se sont formé une idée du beau dans ce genre de choses qui tient lieu d'une regle positive & d'une loy que l'usage & la coûtume sont capables d'establir avec un pouvoir égal à celuy qu'ils ont d'attribuer à quelques-unes des loix politiques une autorité aussi inviolable que peut estre celle que le droit & l'équité donnent à toutes les autres.

3. D'UNE PLANTE D'ACANTHE. Cette plante qui est apellée *branca ursina* en latin à cause qu'on dit que ses fueilles ressemblent aux piez d'un ours, est apellée *Acanthos* en grec, parcequ'une de ses especes est épineuse & ressemble à un chardon : Car il y a deux especes d'Acanthe, sçavoir la sauvage qui est l'épineuse, & la cultivée qui est sans épines, & qui est peut-estre pour cela apellée *mollis* par Virgile. C'est de cette derniere que les Sculpteurs Grecs ont pris les ornemens de leurs ouvrages, de mesme que les Gothiques ont imité l'autre, qui est épineuse non seulement dans leurs chapiteaux, mais aussi dans leurs autres ornemens.

Mais il est à remarquer que les Architectes Romains n'ont D pas imité les ouvrages de Callimachus dans leur chapiteau Corinthien ; car ils y ont mis le plus souvent des fueilles qui sont fort differentes de celles d'Acanthe qu'ils ont reservées pour l'ordre composite, ainsi qu'il se voit en l'Arc de Titus. Ces fueilles sont bien plus profondement refenduës, & on les apelle fueilles d'olivier ou de laurier, quand elles sont fort grandes : Ce que l'on peut dire estre fait tout au contraire de ce qui devroit estre, parceque les volutes Corinthiennes, qui, comme il a esté dit, sont formées des tiges d'une herbe, ne sçauroient estre faites par des branches d'un arbre tel qu'est le laurier ou l'olivier : Et le chapiteau composite dont les volutes ne naissent point des fueillages, mais qui sortent du vase, pouvoit avec plus de raison souffrir & admettre ces fueilles de laurier. Cette pratique des Architectes anciens, qui n'est point selon Vitruve, a fait écrire à Villalpandus que l'histoire de Callimachus est fabuleuse, & que E les Grecs n'ont point inventé le chapiteau Corinthien, mais qu'ils en ont pris le modele sur le Temple de Salomon, où les chapiteaux estoient ornez, à ce qu'il dit, de fueilles de palmes, ausquelles les fueilles qu'on apelle d'olivier ressemblent mieux qu'à celles d'Acanthe, qu'il pretend n'avoir jamais esté mises dans les chapiteaux Corinthiens par les Anciens ; neanmoins le contraire se remarque dans plusieurs chapiteaux qui se voyent encore dans la Grece, & mesme aux colonnes des Tutelles à Bordeaux, où les chapiteaux Corinthiens ont des fueilles d'Acanthe. J'ay une pensée particuliere sur ce changement de fueilles d'Acanthe en fueilles d'Olivier, que j'ay mise à la fin de ce chapitre.

4. CATATECHNOS. Pline dit qu'il fut apellé *Cacizotechnos*, c'est-à-dire qui ne se flatte point dans l'amour qu'il a pour son ouvrage, mais qui ne le trouve jamais assez bien fait à sa fantaisie ; c'est l'explication que Pline donne à ce mot : on pourroit neanmoins

A catesse & de la subtilité avec laquelle il tailloit le marbre, passant auprés de ce tombeau, vit le panier, & de quelle sorte ces fueilles naissantes l'avoient environné : cette forme nouvelle luy plut infiniment, & il en imita la maniere dans les colonnes qu'il fit depuis à Corinthe, établissant & reglant sur ce modele les proportions & les mesures de l'ordre Corinthien. CHAP. I

Les proportions du chapiteau Corinthien doivent estre ainsi prises. Il faut que le chapiteau avec le Tailloir ait autant de hauteur, que le bas de la colonne a d'epaisseur : que la * largeur du tailloir soit telle que [1] la Diagonale qui est depuis un de ses Angles jusqu'à * l'autre, ait deux fois la hauteur du Chapiteau ; car de là on prendra [2] la juste mesure des costez du tailloir : la courbure de ces costez en dedans, sera de la neuviéme partie du costé à prendre de l'extremité d'un des angles à l'autre. Le bas du chapiteau sera de mesme lar- * geur que le haut de la colonne sans le [3] *congé* & l'astragale. L'epaisseur du tailloir sera de Ἀστράγαλος. B la septiéme partie de tout le chapiteau : aprés que cette épaisseur qui est pour le chapiteau sera ostée, le reste doit estre divisé en trois parties dont on en donnera une à la * fueille d'embas, une autre à la seconde fueille, & le mesme espace restera pour [4] les *caulicoles*, d'où sortent d'autres fueilles qui s'étendent pour aller soûtenir le tailloir. Entre les volutes qui sortent de ces feuilles naissantes des tiges, pour s'étendre jusqu'à l'extremité * du tailloir, il faut faire [5] d'autres *volutes* plus petites au dessous des *Roses* qui sont au milieu * de la face du tailloir. Ces Roses qu'on met aux quatre costez [6] seront aussi grandes que le tailloir est épais. Le chapiteau Corinthien doit avoir ces proportions pour estre bien fait.

Petites tiges. Helices. Fleurs.

* [7] On met sur ces mesmes colonnes des chapiteaux qui ont d'autres noms : mais ces noms C ne doivent point faire changer celuy des colonnes, puisqu'elles ont les mesmes propor-

moins croire qu'il signifieroit aussi ce que nous apellons *un vetilleux*, c'est-à-dire un ouvrier qui gaste son ouvrage à force de le vouloir polir & achever trop curieusement : c'est Pline luy-mesme qui me donne cette pensée, quand il parle des statuës que ce Sculpteur fit de deux Danseuses, ausquelles il dit que la trop grande recherche avoit osté toute la grace qu'il avoit voulu leur donner.

1. La diagonale qui est depuis un de ses angles. Cela est obscur, parceque le tailloir du chapiteau Corinthien a huit angles, à cause qu'il est coupé par les quatre coins, qui ont quatre petites faces, au milieu desquelles les diagonales vont aboutir ; en sorte qu'elles ne vont pas d'un angle à l'autre, D mais seulement d'une des petites faces à l'autre. Ainsi il n'est pas aisé de sçavoir ce que Vitruve entend par les angles du tailloir. Les Architectes qui depuis Vitruve ont augmenté la hauteur du chapiteau Corinthien, ont entendu par les angles du tailloir, le milieu des petites faces, par lesquelles les diagonales passent ; & ils ont reglé par là la largeur du tailloir, parcequ'il avoit besoin d'estre plus large pour estre proportionné à la hauteur du chapiteau. Mais le chapiteau de Vitruve estant bas comme il est, les coins de son tailloir, selon mon sens, se doivent entendre des coins du quarré que le tailloir feroit si ces coins n'estoient point coupez : car le prenant ainsi, il arrive que la largeur du tailloir a la mesme proportion à l'égard de la hauteur dans le chapiteau de Vitruve, qu'elle a dans les autres chapiteaux, qui est la proportion de trois à quatre. On voit encore quelques chapiteaux antiques dont les angles sont aigus sans avoir la coupure qui forme les petites faces dont il s'agit. On pourroit douter si ces chapiteaux dont Vitruve parle, ne seroient point de cette sorte.

E

2. La juste mesure. Il n'est pas difficile de juger qu'il faut lire *spatia enim ita justa habebunt frontes*, au lieu de *justas habebunt frontes* ; & qu'ensuite il faut aussi lire *Latitudines frontium* au lieu de *Latitudinis frontes*.

3. Le congé. La pluspart de nos ouvriers apellent ainsi *la retraite* qui se fait en dedans par un trait concave A depuis un filet, ou petit quarré B, pour aller gagner le nû C. Quelques-uns l'apellent chanfrein. *Apothesis* en grec signifie l'action par laquelle on retire quelque chose à part pour la serrer. Le mot grec *apophygis* dont Vitruve se sert ensuite au septiéme chapitre de ce livre, pour exprimer la mesme chose, & qui signifie *fuite*, est encore plus significatif. Et c'est par cette raison que les Peintres apellent fuitte ce qui paroist rentrer au dedans du Tableau. Alberti apelle *nextrum* le quarré ou filet dont la fuitte ou retraitte se fait vers le nû de la colonne, & il dit que ce mot signifie une bandelette dont on lie les cheveux.

4. Les caulicoles. *Cauliculi* signifie *de petites tiges*. Elles sont ordinairement cannelées, & quelquefois torses. A l'endroit où elles commencent à jetter les fueilles qui produisent & soûtiennent les volutes, elles ont un lien en forme d'une double couronne.

5. D'autres plus petites volutes. Elles sont apellées *Helices*, c'est-à-dire entortillées, parcequ'elles sont moins depliées & étenduës que les grandes volutes des coins. Il y auroit quelque lieu de croire que ces *Helices* sont de petites tiges qui sortent de dessous la grande fueille du milieu, & passant entre les petites volutes, vont soûtenir la rose ; si ces tiges n'estoient point trop droites pour estre apellées *Helices*.

6. Seront aussi grandes que le tailloir est epais. Cela n'est point observé dans l'antique, où la rose est toujours plus large que le tailloir n'est épais, parcequ'elle descend jusqu'au dessous du rebord du pannier ou tambour.

7. On met des chapiteaux sur ces mesmes colonnes. Cecy s'entend à mon avis du chapiteau de l'ordre Composite qui est fait de l'assemblage des parties des autres chapiteaux, comme de celle de l'Ionique dont il emprunte l'Echine & les volutes, & de celles du Corinthien dont il a les fueillages. Ceux qui pretendent avec Philander que Vitruve n'a point parlé de l'ordre composite, se fondent sur ce qu'il a dit que la diversité des ornemens du chapiteau, ne change point l'espece de la colonne, comme si la difference specifique des colonnes consistoit dans la proportion de leur hauteur, à comparaison de leur grosseur : mais cette raison ne doit point empescher qu'il ne soit vray de dire que Vitruve a traité de l'ordre composite aussi-bien que du Corinthien, puisque selon Vitruve l'ordre Corinthien n'est different de l'Ionique que par le chapiteau, & qu'il est vray que le seul changement des ornemens du chapiteau peut faire un ordre different, bien que la proportion de toute la colonne ne soit en rien changée ; car les ordres Composites qui nous restent des Anciens, tels que sont ceux de l'Arc de Titus & de celuy de Veronne, n'ont rien dans leurs colonnes qui soit different de l'ordre Corinthien que les ornemens du chapiteau. Cependant Philander dit que l'ordre composite n'a esté introduit que longtemps aprés Vitruve ; bien que l'on tienne que le Baptistere de Constantin qui est d'ordre composite, a esté bâty des ruines d'Edifices tres-anciens, & que le Temple de la Concorde dont on voit encore des restes à Rome, a esté fait par Camillus qui vi-

CHAP. I. tions ; car on ne leur a donné ces noms qu'à cause de quelques parties qui ont esté prises A
des chapiteaux Corinthiens, & de ceux qui sont en maniere d'oreiller, & des Doriques aussi, dont on a assemblé les differentes proportions pour composer une nouvelle maniere de tailler les chapiteaux [1] avec plus de delicatesse. *

voit long temps avant Vitruve. Or les colonnes de ce Temple tiennent de l'Ionique & du Dorique, ce qui les peut faire passer pour composites, si ce n'est que Philander entende par ordre composite un certain ordre reglé, qui est celuy qu'on apelle autrement Italique, & non pas tout ce qui participe de plusieurs autres ordres ; ce qui fait que quelques-uns nomment ces ordres *composez*, qui peuvent estre infinis, & les distinguent du *composite*, qui est un ordre fixé, & qui a une figure & des proportions certaines & établies dans un grand nombre de fameux Edifices.

Pline dit que les chapiteaux du Pantheon estoient Syracusains. La suite du texte semble faire entendre que cela veut dire qu'ils estoient de bronze apellée Syracusaine : mais parceque les chapiteaux du Pantheon ne sont point de bronze, & que ceux qui y sont à present sont les mesmes qui y estoient du temps de Pline ; on pourroit avoir quelque sujet de croire que Pline a entendu que ces chapiteaux estoient d'un ordre different du Corinthien, qui pourroit estre mis au rang des ordres Composez, & que ces chapiteaux estoient apellez Syracusains du nom de leur inventeur qui estoit Syracusain, & qui avoit changé les proportions & la figure de l'ordre Corinthien en plusieurs choses qui rendent l'ordre du Pantheon, qui est celuy que nous apellons presentement Corinthien, beaucoup different de l'ancien. Ces differences sont que toute la colonne a la hauteur de dix de ses diametres ; Que le chapiteau est plus haut qu'en l'ordre Corinthien ; Que la roze est plus large que le tailloir ; Qu'il y a des fueilles d'Olivier au lieu de celles d'Acanthe ; Que le tailloir a les angles recoupez ; Que la corniche est enrichie d'un quart de rond & de modillons fort differens des mutules que l'ordre Corinthien, selon Vitruve, empruntoit du Dorique ; Que l'Architrave est aussi orné par deux Astragales, & par un talon, qui sont ajoûtez au dessus de chaque face de l'Architrave Ionique ; Qu'il n'a point les gouttes que Vitruve luy attribuë ; & enfin, Que la colonne a une base particuliere, que l'on peut dire composée de la base Atticurge & de l'Ionique, à cause des deux Astragales & des deux scoties qu'elle emprunte de la base Ionique, & qu'elle joint aux deux tores de la base Atticurge. B

1. AVEC PLUS DE DELICATESSE. Cette delicatesse ne doit estre entenduë qu'à comparaison des chapiteaux Ioniques ou Doriques ; parcequ'il n'y a point de chapiteaux Composites qui soient plus delicats que les Corinthiens.

CHAP. II.

CHAPITRE II.

Des Ornemens des colonnes.

C

APRES avoir écrit des genres des colonnes & de leur origine, il ne sera pas hors de propos de parler [1] de leurs ornemens, & de faire voir quelle a esté leur origine. *
[2] En tous edifices les parties de dessus sont faites de charpenterie à laquelle on donne divers *
noms selon les differents usages qu'elle a. Car le *Poitrail* est ce que l'on met sur les colonnes, sur les [3] *Piedroits* & sur les *Pilastres* : les *Solives* & les *Ais* sont pour les Planchers. Aux *
toicts [4] si l'espace est fort grand on met sous le faistage, [5] le *Columen* d'où les colonnes * *

Trabs. Parastata. Antæ. Tigna. Asseres. Pauçon.

1. ORNEMENS. Vitruve entend icy comme en plusieurs autres endroits par *ornemens des colonnes* l'Architrave, la Frise & la Corniche, qui est ce qu'en François on apelle l'entablement ou le couronnement.

2. EN TOUS EDIFICES. Cela s'entend des Edifices communs, & non pas des grands & magnifiques, où l'Architrave, la Frise & la Corniche sont de pierre, mais dont toutes les parties sont faites à l'imitation de ceux qui sont composez de plusieurs pieces de bois. Il est pourtant vray qu'en plusieurs Temples les Architraves qui servoient de travées en dedans des Peristyles, estoient de bois : & au superbe Temple qu'Herode fit bâtir en Hierusalem, les Architraves estoient de bois de cedre, au rapport de Josephe.

3. LES PIEDROITS. Les Antes que nous avons deja apellées Pilastres, & les *Parastatæ* que nous apellons icy Piedroits, ne sont le plus souvent qu'une mesme chose : on y peut pourtant mettre cette difference, que le mot de *Antæ* convient mieux aux Pilastres plats qui ne montrent que la partie de devant, parcequ'*Ante* signifie devant, & celuy de *Parastata* aux Piedroits qui sont des pilliers quarrez, ou qui sortent du mur de la moitié ou des deux tiers du quarré, ainsi qu'il a esté expliqué sur le premier chap. du 3. livre page 58.

4. SI L'ESPACE EST FORT GRAND. Les Charpentiers font de deux sortes de combles, conformement à la doctrine de Vitruve, les uns sont *avec exhaussement sur l'entablement*, que Vitruve apelle *tecta ubi maiora spatia sunt*, qui sont representez par la I. figure. Les autres sont *sans exhaussement*, apellez *tecta commoda*, & qui sont representez par la II. figure. Dans les premiers le *Poinçon* apellé *columen* marqué A G, est sous *le faistage* apellé *culmen*, dont les tenons s'assemblent dans les mortaises AA. Il a *des entraits* apellez *transtra*, marquez B B, & des *contre-fiches* apellées *capreoli*, marquées CC.

Dans l'autre comble qui est sans exhaussement le poinçon A G descend avec les *forces* apellées *canterii*, & marquées DD, jusqu'au droit de l'entablement. Sur les Forces il y a les *Pannes* apellées *Templa*, dont on ne voit icy que les bouts marquez E E. Les Pannes soûtiennent les *chevrons* apellez *asseres* & marquez F F.

L'Assemblage qui est composé des Forces, des Entraits & du Poinçon s'apelle *une Ferme*.

5. LE COLUMEN. Tous les Interpretes par *columen* ont entendu *le faistage*, parcequ'ils n'ont pas consideré que Vitruve distingue *columen* de *culmen*, qui sont des mots que les Grammairiens à la verité prennent indifferemment l'un pour l'autre ; mais qui signifient icy des choses differentes ; car *culmen* ou *faistage* est une longue piece de bois, qui se pose à niveau au haut du toit ; D

FIGURE I.

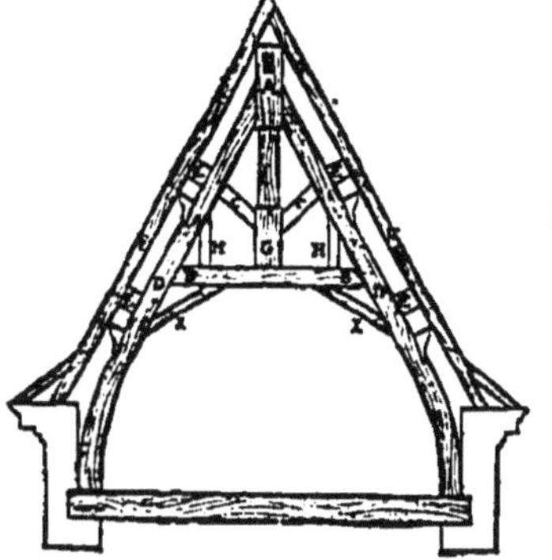

E

* ont pris leur nom ; on y met aussi [1] des *Entraits* & des [2] *Contrefiches*. Mais si l'espace n'est que CHAP. II
* mediocre, le Poinçon descend avec [3] les *Forces* jusqu'au droit de l'*Entablement* : sur les forces
* on met les *Pannes*, & enfin les [4] *Chevrons* qui sont sous les tuyles & qui avancent aussi loin
A qu'il faut pour couvrir les murailles.

C'est ainsi que chaque chose dans les edifices doit estre mise par ordre en sa place selon son espece : & c'est à l'imitation de cet assemblage de plusieurs pieces de bois dont les charpentiers font les maisons ordinaires, que les Architectes ont inventé la disposition de toutes les parties qui composent les grands bâtimens de Pierre & de Marbre.

La maniere que les Ouvriers ont suivie de tout temps, est qu'ayant posé sur les murs * leurs poutres de telle sorte que du dedans du mur elles passoient jusqu'au dehors ; [5] ils remplissoient de maçonnerie les *espaces qui sont entre chaque poutre* pour soûtenir la corniche & le Intertignia
B toict qu'ils embellissoient de ce qu'il y a de plus delicat dans leur art : aprés cela le bout des poutres qui sortoit hors le mur, estoit coupé à plomb ; & parceque cela leur sembloit avoir mauvaise grace, ils cloüoient sur ces bouts de poutres coupez, de petits aiz taillez * en la maniere que nous voyons les [6] Triglyphes qu'ils couvroient de cire bleüe, pour cacher ces coupures qui offensoient la veuë : & c'est de cette couverture des bouts de poutres qu'est venuë la disposition des Triglyphes, des Opes, & des intervalles qui sont entre * les poutres dans les ouvrages Doriques. [7] Quelques-uns ensuite en d'autres edifices ont laissé sortir au dessus des triglyphes les bouts des Forces & les ont repliez. De sorte que * comme la disposition des poutres a donné l'invention de celle des Triglyphes, [8] les saillies des forces ont aussi donné lieu à la disposition des Mutules qui soûtiennent les

FIGURE II.

C

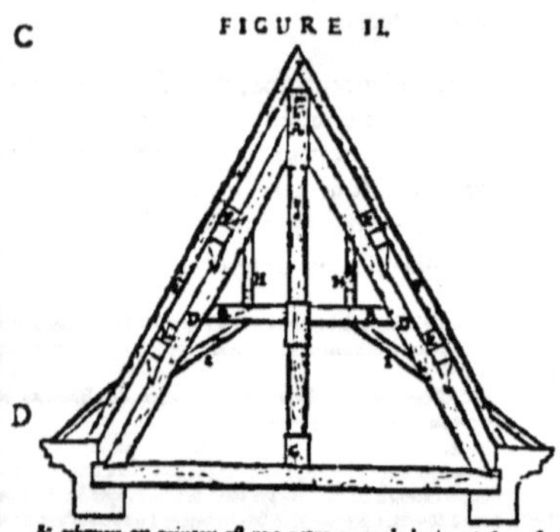

D

& *columen* ou *poinçon* est une autre piece de bois qui se pose à plomb, & qui soûtient le *culmen* : c'est pourquoy Vitruve dit que le mot de *columna* vient de *columen* ; & on peut dire que *columen* vient de *culmen* qu'il soûtient, de mesme que *culmen* est ainsi apellé, à cause qu'il a dessus soy le *culmus*, qui vient de *calamus*, c'est-à-dire le chaume ou le tuyau qui porte l'épi du blé.

Or il y a deux choses qui font voir que bien que Vitruve prenne quelquefois *columen* pour ce faistage, comme au chap. 7. de ce livre, il est pourtant certain qu'il le prend en cet endroit pour le poinçon & non pas pour le faistage : la premiere est que le faistage ne fait point l'office d'une colonne comme le poinçon ; la seconde, que le texte dit que *columen & cantherii sunt aliquando prominentes ad extremam subgrundationem*, c'est-à-dire que le *columen* & les forces vont quelquefois jusqu'au droit de l'entablement, ce que le faistage ne sçauroit jamais faire.

E

1. Les entraits. J'interprete ainsi *transtra* qui signifie en general toutes les pieces de bois qui traversent & lient deux parties opposées, mais que nos Charpentiers apellent particulierement *entraits* dans les couvertures.

2. Les contrefiches. Quelques Interpretes croyent que le mot *Capreoli* soit derivé de celuy qui signifie les entortillemens par lesquels les sermens des vignes s'accrochent ; mais il doit estre reputé venir de la ressemblance des cornes des chevres qui s'écartant à droit & à gauche, sont representées par ce qui s'apelle contrefiches qui sont deux pieces de bois CC, qui sortant deçà & delà du poinçon G, s'en vont soûtenir les forces DD, apellées cy-aprés *canterii*. Le mot françois de *chevrons* a beaucoup de rapport avec *capreoli*, mais il signifie autre chose.

3. Des Forces. Les Forces sont des pieces de bois qui sont apellées *canterii* en latin, parceque *canterius* signifie un cheval de somme, & que ces pieces de bois, comme des chevaux, portent toute la couverture. Il y a apparence que le mot françois *chantier* vient de *canterius*. Or quand il est dit que les forces sont *prominentes ad extremam subgrundationem*, il ne faut pas entendre comme J. Martin, qu'elles sortent hors l'entablement, mais qu'elles viennent de mesme que le poinçon au droit de l'entablement, c'est-à-dire jusque sur la poutre qui est au droit de l'entablement.

4. Les Chevrons. *Asseres* sont à ce que dit Budée, ce qu'on apelle en françois des membrures qui sont des pieces de bois refenduës de la largeur du moins de quatre pouces, qui est proprement le bois qui sert à faire les chevrons.

5. Les espaces qui sont entre chaque poutre. ces espaces qui sont apellez *intertignia*, sont apellez *metopes* un peu aprés.

6. Triglyphes. On a dit sur le 2. chap. du 1. livre ce que c'est que triglyphe, & pourquoy il est ainsi apellé.

7. Quelques-uns ensuite. Vitruve entend parler icy des mutules, & je ne sçay pas pourquoy dans le chap. suivant où il donne la description & les proportions de l'ordre Dorique, il ne parle point de ces mutules.

8. Les saillies des forces. Il y a dans le texte *canteriorum projecturis*, c'est-à-dire *les saillies des forces*. Mais il est difficile de comprendre de quelle maniere les Forces peuvent avoir des saillies en dehors, parceque leur principal usage estant de porter toute la couverture, il est impossible qu'elles ayent la force qui leur est necessaire pour cela, si elles ne sont fermement appuyées sur les poutres ou sur les plattesformes, ce qui ne sçauroit estre si elles ont des saillies en dehors. Rusconi a ajusté cela dans sa figure d'une façon fort étrange : car pour faire sortir le bout des forces, il fait qu'il n'y a rien de si foible que ces forces, n'estant appuyées que sur de petits billots. De sorte qu'il est evident que les chevrons sont les seules pieces qui puissent avoir cette saillie, parcequ'il n'y a que ces sortes de pieces qui se puissent passer d'estre appuyées par embas, les chevrons estant assemblez par tenons & mortaises au dessus du faistage, & chevillez sur les pannes. De sorte qu'il y auroit ce me semble plus de raison de dire que ce sont les bouts des chevrons qui representent les modillons ; joint que leur nombre & leur grandeur a bien plus de rapport avec les chevrons qu'avec les forces, qui sont des pieces de bois dont la grosseur n'a point de proportion avec les modillons, & qui sont espacées bien plus loin à loin sans comparaison que les modillons, y ayant toujours pour le moins dix chevrons entre deux forces.

CHAP. II. corniches; & assez souvent dans des ouvrages de pierre & de marbre ces Mutules [1] sont taillez en penchant pour representer la pente des Forces qui doivent estre ainsi necessairement pour faire égoûter les eaux.

De sorte qu'il est constant que l'invention des triglyphes & des mutules dans l'ordre Dorique est venue de ces imitations, & non point, comme quelques-uns ont crû mal-à-propos, de ce que les triglyphes representent des fenestres: car on met des triglyphes dans les encogneures & [2] sur le milieu des colonnes, qui est un lieu où il ne peut y avoir de fenestres; par ce que s'il y avoit des ouvertures aux angles ils ne pourroient point avoir de liaison; & si les endroits où sont les triglyphes estoient le lieu des fenestres, on pourroit dire par la mesme raison que les denticules dans l'ordre Ionique sont les ouvertures des fenestres, car les espaces qui sont entre les denticules, aussi bien que ceux qui sont entre les triglyphes, sont appellez [3] *metopes*, par ce que les Grecs appellent *opes* ces espaces où les poutres sont logées, qui est ce que nous appellons [4] *columbaria*; & pour cela l'espace qui est entre les deux opes, a esté appellé Metope: & de mesme qu'en l'ordre Dorique les triglyphes & les mutules ont esté inventez, pour imiter ce qui se pratique [5] dans les bâtimens de charpenterie, les mutules representant les bouts des forces: ainsi dans l'ordre Ionique on a mis des denticules pour representer la saillie [6] du bout des chevrons.

Entre les opes. Cavernes. Trous de boulins de colombier.

C'est pourquoy [7] dans les edifices des Grecs jamais on n'a mis des denticules au dessous des modillons, par ce que les chevrons ne peuvent pas estre sous les forces: & c'est une grande faute que ce qui dans la verité de la construction doit estre posé sur des forces & sur des pannes, soit mis dessous en la representation. [8] Par cette mesme raison les anciens n'ont point approuvé de mettre aux frontons des modillons, ny des denticules: ils n'y ont voulu que des corniches simples; par ce que ny les forces ny les chevrons ne sont pas du sens que sont les frontons, du long desquels ces pieces de bois ne peuvent pas sortir, mais seulement au droit de l'égout vers lequel ils se panchent. Enfin [9] ils n'ont point crû pouvoir

1. SONT TAILLEZ EN PENCHANT. Il ne nous reste point d'exemples de cette maniere de mutules penchans & inclinez. Philander assure qu'il ne s'en trouve point. Les gouttes qui sont sous le larmier de la corniche de l'ordre Dorique du theatre de Marcellus, sont inclinées de cette maniere; mais ces gouttes ne passent pas pour des mutules dans cette corniche.

2. SUR LE MILIEU DES COLONNES. *Tetras* en grec, & *terrans* en latin signifient non le quart d'une chose, mais la chose divisée en quatre par le moyen d'une croix.

3. METOPES. Le mot grec, *metopon* signifie la partie basse du front qui est entre les sourcis, lorsque ce mot est écrit avec un ω; mais *metope* écrit avec un ο, signifie ce qui est entre deux cavernes, parceque *opes* avec ω, signifie les yeux, & *ope* avec un ο, un trou, ou une caverne.

4. COLUMBARIA. Il faut cinq mots françois pour expliquer ce mot latin, parceque *columba* signifie un pigeon qui fait ordinairement son nid dans les trous qu'on a laissés aux murailles quand on en a osté les boulins ou solives qui avoient servy à faire les échaffauts quand on les a maçonnées.

5. DANS LES BATIMENS DE CHARPENTERIE. J'ay ajoûté le mot de charpenterie, bien qu'il ne soit pas dans le texte, parcequ'il est aisé de voir que ce mot doit estre sous-entendu, si on a attention à ce que l'Auteur veut dire.

6. LA SAILLIE DU BOUT DES CHEVRONS. J. Martin a interpreté *canteris*, *les chevrons*, & *asseres*, *des bouts d'aix crenelez*. Jocundus aussi fait entendre par sa figure & par l'explication qu'il a mise à la marge, qu'il prend *asseres* pour des aix qui sont mis en travers sur les chevrons. Mais la crenelure n'estant point dans le texte, cette interpretation ne peut estre reçuë. D'ailleurs les pieces que Vitruve apelle *asseres* ne peuvent estre posées en travers, parcequ'il est dit à la fin du chapitre que leurs extremitez ne sçauroient sortir aux frontons pour y representer des denticules, mais seulement aux entablemens: & il est dit au commencement du chapitre, que *canterii* qui sont les forces, soûtiennent ce qui en cet endroit-là est apellé *Templa*, qui sont les pannes sur lesquelles on pose les chevrons, dont les bouts representent les denticules, de mesme que les bouts des forces representent les modillons; & ce qui rend cela vray-semblable, est la proportion des jambes de force aux chevrons, & leur disposition qui a beaucoup de rapport à la proportion & à la disposition des modillons & des Denticules.

7. DANS LES EDIFICES DES GRECS JAMAIS ON N'A MIS. Les Romains n'ont pas suivy cette regle, & à Rome on voit des denticules sous les modillons aux anciens bâtimens, horsmis au Pantheon où cette regle est religieusement observée par tout, tant au portique, qu'au dedans. Vitruve ne dit point comment les Grecs s'abstenoient de mettre des denticules sous les modillons, sçavoir si c'estoit en ne taillant point de denticules dans un membre capable de ces entailles, comme on a fait au Pantheon, ou en les mettant au dessus des modillons suivant la raison qu'il apporte. Il y a apparence que quand ils mettoient des denticules, ils ne mettoient point de modillons. Mais je croy que l'on ne tailloit point les denticules dans les corniches, où il y avoit des modillons; parceque les modillons estant taillez de feuillages & de volutes, on estoit obligé de tailler aussi le quart de rond & les autres membres de moulure, entre lesquels est le membre quarré du denticule, qui avoit meilleure grace n'estant point taillé, pour eviter la confusion que tant d'ornemens de suitte pouvoient causer. Cela est ainsi au Pantheon.

8. AUSSI LES ANCIENS N'ONT POINT APROUVÉ. Cette regle a encore esté negligée par les Romains & par les modernes, qui ont presque toujours fait les corniches des frontons avec des modillons comme celles de dessous. Il y a un exemple de cette maniere des Grecs en la ville de Schisi que Palladio rapporte, où la corniche penchante du fronton est sans modillons, bien que les autres qui sont à niveau en ayent, & la corniche de dessous est sans denticule. A la place des modillons au fronton il y a une grande cymaise en doucine recouverte de feuillages.

9. ENFIN ILS N'ONT POINT CRÛ POUVOIR FAIRE AVEC RAISON. Il y a encore une chose qui se pratique contre cette raison d'imitation, qui est de faire dans les frontons des modillons taillez perpendiculairement à l'horison, & non pas à la corniche qu'ils soûtiennent; ainsi qu'il est representé dans la figure du fronton, où il y a une moitié, qui, selon Vitruve, a ses modillons perpendiculaires au Tympan, & où le membre quarré du Denticule n'est point taillé. Dans ce mesme fronton on voit une autre moitié, qui selon les Modernes, a ses modillons perpendiculaires à l'horison & ses denticules taillez. Or cela est contraire à ce que ces choses representent: car les modillons du fronton representant les bouts des pannes, qui sont les seules pieces de bois qui puissent sortir de la couverture en cet endroit,

avec

A avec raison faire dans la representation ce qui ne se fait point dans la verité; par ce qu'ils ont fondé toutes les particularitez de leurs ouvrages sur la nature des choses, & n'ont approuvé que ce qu'ils pouvoient soûtenir & expliquer par des raisons certaines & veritables. Ainsi ils nous ont laissé les proportions de chaque ordre qu'ils ont établies sur ces fondemens, ainsi que je l'ay expliqué, & que je continueray d'expliquer en peu de paroles dans l'ordre Dorique, de mesme que j'ay déja fait dans l'ordre Ionique & dans le Corinthien.

B doivent suivre la position de ces pieces de bois qui sont sur le tympan qui est en pente, & par consequent ne peuvent estre posez droits & perpendiculaires à l'horison. Quelques-uns de nos Architectes modernes ont executé ces modillons perpendiculaires au tympan avec succés & approbation. L'Eglise des Religieuses de sainte Marie dans la rue saint Antoine à Paris bâtie par Mansard un des illustres Architectes du siecle, a des modillons de cette maniere au fronton de son Portail.

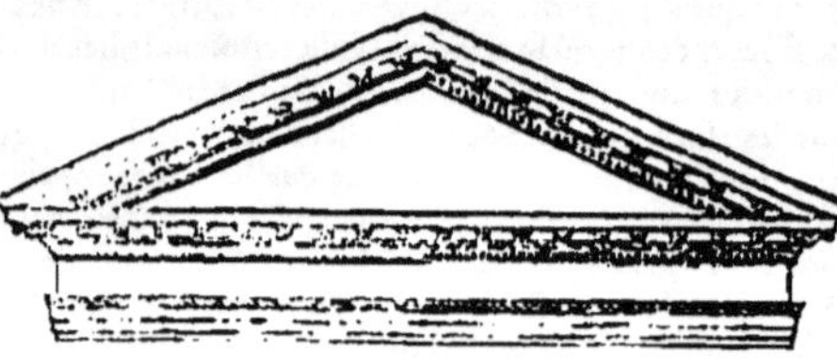

CHAPITRE III.

[1] *De l'ordre Dorique.*

C IL y a eu quelques anciens Architectes qui n'ont pas crû que l'ordre Dorique fust propre aux Temples, d'autant qu'il y a quelque chose dans ses proportions qui est incommode & embarassant. Tarchesius & Pytheus ont esté de ce sentiment; l'on dit aussi qu'Hermogene ayant beaucoup de marbre pour bâtir un Temple d'ordre Dorique à Baccus; il changea de dessein & le fit Ionique: ce n'est pas que le Dorique ne soit beau & majestueux, mais la distribution des triglyphes & des [2] *Platfonds* gesne trop, parce qu'il faut necessairement que les triglyphes se raportent sur le milieu des colonnes & que les metopes qui se font entre les triglyphes, soient aussi longues que larges, cependant les triglyphes qui se mettent à l'extremité des encogneures, ne peuvent se raporter au milieu des colonnes, & la metope qui est auprés du triglyphe de l'encognure ne peut estre quarrée, mais elle doit estre plus longue [3] de la moitié de la largeur du triglyphe, & si l'on veut D que les metopes soient égales, il faut que le dernier entrecolonnement soit plus étroit que les autres de la moitié [4] de la largeur d'un triglyphe. Or soit qu'on élargisse la metope, soit

Lacunaria.

1. DE L'ORDRE DORIQUE. L'ordre Dorique dont Vitruve traite icy, n'est que pour les Temples; il est grossier & massif, & il y en a un autre pour les Portiques des Theatres plus leger & plus delicat qui est décrit au chap. 9. du 5. livre.

2. DES PLATFONDS. *Lacunaria* signifie proprement les entredeux des solives du plancher, où tous les autres enfoncemens qui sont dans les platfonds; ils sont ainsi apellez à cause qu'ils sont creusez comme des lacs. On entend icy par *Lacunaria* le dessous du larmier de la corniche: Et ordinairement tout ce qui est ainsi suspendu, & que les Italiens apellent *soffito*, est le *Lacunar* des Latins. On verra par ce qui est dit vers la fin du chapitre où il est E parlé de la distribution des parties qui composent les platfonds de la corniche Dorique, quel est l'embarras que cette distribution peut causer.

3. DE LA MOITIE' DE LA LARGEUR D'UN TRIGLYPHE. C'est-à-dire environ de la moitié de la largeur d'un Triglyphe: parcequ'il y a quelque chose à dire que cette metope soit si grande, n'y ayant guere plus du tiers d'un triglyphe, ainsi que l'on peut voir dans la figure, si on compare la metope D, à la metope E: mais cette mesure certaine est mise pour une incertaine; parcequ'il n'est pas aisé de definir cette grandeur dont la derniere metope doit surpasser les autres, à cause que cela dépend de la diminution du haut de la colonne, à laquelle le nû de la frise doit répondre, & cette diminution n'est pas toujours pareille ainsi qu'il est dit au 2. chapitre du 3. livre. Elle est marquée dans la figure par la ligne ponctuée.

Je corrige le texte & je lis *Metopa fiunt longiores triglyphi dimidiâ latitudine*, au lieu de *longiores triglyphis dimidiâ altitudine*, ainsi qu'il se lit dans tous les exemplaires. L'un & l'autre texte ont du sens, mais celuy des exemplaires ne sçauroit estre le veritable: car le sens de Vitruve est que quand on met un triglyphe dans l'encognure, la metope qui est proche de l'encognure est plus large que les autres de la largeur d'un demy-triglyphe; parceque le triglyphe A, qui est dans l'encognure, & qui n'est pas sur le milieu de la colonne comme les autres, s'éloigne du triglyphe B de la moitié d'un triglyphe plus que le triglyphe B n'est éloigné du triglyphe C. Mais l'autre sens est que la metope est plus large que les triglyphes de la largeur d'un demy-triglyphe, ce qui ne se peut dire de la metope D dont il s'agit; mais bien des autres metopes, qui comme la metope E, n'ont que la largeur d'un triglyphe & demy.

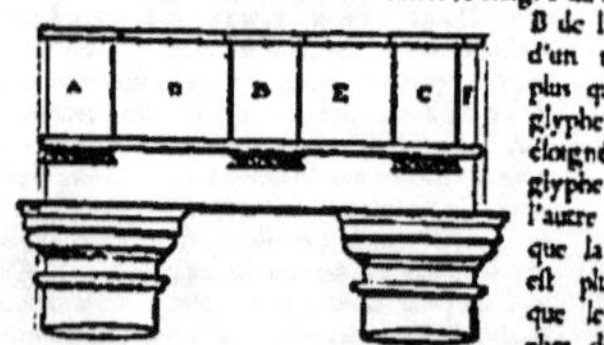

4. DE LA LARGEUR D'UN TRIGLYPHE. Il a encore falu corriger cet endroit où il y a *dimodiâ altitudine*, pour *dimidiâ Latitudine*. Il n'a pas esté difficile de s'appercevoir de la faute, parcequ'il est évident que cette grandeur de la moitié de la largeur d'un triglyphe ou environ que la metope auroit de trop, est la mesme grandeur qu'il faudroit oster au dernier entrecolonnement pour rendre la metope égale, & que la moitié de la hauteur seroit une fois plus qu'il ne faut.

CHAP. III. qu'on étrecisse l'entrecolonnement, il y a toujours du defaut. Et on peut croire que c'est A
pour cette raison que les anciens ne se sont point servis des proportions de l'ordre Dorique dans les bâtimens des Temples : mais nous ne laissons pas de les mettre icy en leur rang telles que nous les avons apprises de nos maîtres, afin que si quelqu'un s'en veut servir, il puisse faire des Temples d'ordre Dorique, dans les justes proportions avec toute la perfection dont cet ordre est capable.

Dans un Temple d'ordre Dorique [1] la face en laquelle les colonnes sont placées, doit estre divisée en vingt-sept parties si on veut qu'elle soit *Tetrastyle*, & en quarante-deux si on veut qu'elle soit *Hexastyle* : l'une de ces parties sera le module qui est appellé des Grecs [2] *Embates*, & ce module estant étably, il doit regler toutes les mesures de la distribution de l'Edifice.

A quatre colon. — A six colonnes. — Entrans.

Le diametre des colonnes doit estre de deux modules ; la hauteur, compris le chapiteau B
de quatorze ; la hauteur du chapiteau, d'un module ; la largeur, de deux modules & de la [3] moitié d'un module. Le chapiteau doit estre divisé selon sa hauteur en trois parties, dont l'une est pour le plinthe avec sa Cymaise, l'autre pour [4] le quart de rond avec les annelets, la troisiéme pour *la gorge* du chapiteau. La diminution de la colonne doit estre pareille à celle de la colonne Ionique, comme il a esté dit au troisiéme livre. La hauteur

[illegible]

1. LA FACE EN LAQUELLE. Philander corrige cet endroit, & sa correction est suivant mon manuscrit, où je trouve XXVII pour le tetrastyle, au lieu de XXVIII ; & XLII pour l'hexastyle, au lieu de XLIIII, qui est dans tous les exemplaires imprimez devant Philander, qui dit que la mesme faute est aussi dans les manuscrits qu'il a vûs. La faute est si visible qu'il est impossible d'en douter : Car la disposition des triglyphes, leur nombre & la largeur des metopes, qui sont des mesures qui sont icy prescrites, font voir clairement que la chose ne sçauroit estre autrement, ainsi qu'il se voit dans la Planche XXIV.

2. EMBATES. Ce mot Grec que les Grammairiens reconnoissent estre fort ambigu, est particulier à l'Architecture : mais personne ne sçait pourquoy. Il signifie à la lettre une chose qui *entre* ou qui *marche*, ce qui n'a point de rapport avec le module que Vitruve dit qu'il signifie, si ce n'est que suivant la façon de parler, par laquelle on dit que telles parties entrent en la composition d'un tout, on dise aussi qu'un tel nombre de modules entre en une colonne : car bien que nous ne trouvions point d'exemple d'une pareille metaphore dans les Auteurs Grecs, il n'est pas inconvenient que quelqu'un ne s'en soit autrefois servy ; les Grecs n'estant pas scrupuleux comme nous à ne point user de metaphores, qu'elles ne soient établies par un usage universel. Mais on peut encore dire que *embates* signifie le module, parceque le module est la mesure des membres de l'Architecture, de mesme que le pié l'est de toutes les autres choses ; ou bien parceque l'on mesure les distances en marchant.

3. DE LA MOITIE' D'UN MODULE. Il y a dans tous les exemplaires *moduli sexta partis*, la sixiéme partie d'un module : mais la faute est si manifeste que je n'ay pû m'empescher de corriger le texte suivant l'avis de Barbaro, qui dit seulement qu'il trouve cette proportion insupportable. Car il n'y a point d'apparence que le chapiteau Dorique ait si peu de largeur que le texte de Vitruve luy en donne. Les chapiteaux qu'Alberti & Cataneo ont faits suivant ces mesures, sont si étranges, que personne ne les peut souffrir : Et je croy que l'occasion de cette faute est que dans l'exemplaire sur lequel on a copié celuy dont on s'est servy pour faire la premiere impression, sur laquelle toutes celles que nous avons ont esté faites, au lieu de *Capituli crassitudo unius moduli, Latitudo duorum & moduli sexta partis* il y avoit & *moduli S.* c'est-à-dire *semissis* en abregé, que le Copiste a crû signifier *sexta partes*.

4. LE QUART DE ROND. Le texte a *Echinus*, qui est un mot qui a esté expliqué cy-devant sur le 3. chapitre du 3. livre page 92. où il a esté remarqué que *Echinus* ne signifie pas toujours un membre de moulure taillé en forme de chataigne entr'ouverte, mais que bien souvent il se prend pour ce membre, quoyqu'il ne soit point taillé, & on l'apelle vulgairement quart de rond. Les anciens l'apelloient aussi Astragale Lesbien quand il estoit fort petit. Mais celuy-cy qui est fort grand s'employe aux grandes corniches Corinthiennes & Composites, où on le met entre les modillons & les denticules, on le met aussi aux chapiteaux Doriques, Ioniques & Composites ; & on le place immediatement sous le tailloir au Dorique & au Composite, & sous l'écorce ou canal à l'Ionique. Pour ce qui est de la grandeur que Vitruve donne à ce quart de rond dans le chapiteau Dorique, qui va jusqu'à égaler avec ses annelets la hauteur du plinthe du tailloir avec sa cymaise, elle est desapprouvée par quelques-uns, comme estant excessive, par la seule raison que ce quart de rond est beaucoup plus petit dans l'ordre Dorique du Theatre de Marcellus. Mais quand l'autorité de Vitruve ne devroit estre contée pour rien estant comparée à celle de l'Architecte du Theatre de Marcellus, l'opinion de nostre illustre Auteur sur cette proportion a du moins cet avantage, qu'elle est fondée sur une raison evidente, & que l'on n'en allegue point pour établir l'autre opinion. La raison qui établit la proportion de Vitruve est que le plinthe du chapiteau Dorique joint à sa cymaise, est à l'égard de son quart de rond, ce que le tailloir de l'Ionique joint à ce qui fait la volute, est à l'égard de son quart de rond. Or il est constant que la proportion que Vitruve donne au quart de rond du chapiteau Dorique, a beaucoup plus de rapport avec celle que le quart de rond a ordinairement dans le chapiteau Ionique, que le quart de rond du chapiteau Dorique du Theatre de Marcellus n'en a avec le quart de rond du chapiteau Ionique qui est dans le mesme Theatre.

C D E

EXPLICATION DE LA PLANCHE XXIV.

La premiere Figure fait voir que la face d'un Temple d'ordre Dorique Tetrastyle doit estre divisée en vingt-sept modules, parce qu'il y a onze triglyphes d'un module chacun, & dix metopes qui ont chacune un module & demy, ce qui fait vingt-six modules, qui avec les deux demy-modules qui sont par delà les triglyphes des angles, font le nombre de vingt-sept.

La seconde Figure fait voir de mesme, que le Temple Hexastyle doit avoir quarante-deux modules en sa face, parce qu'il a dix-sept triglyphes & seize metopes qui font quarante & un modules, & avec les deux demy-modules des extremitez, quarante-deux.

Planche XXIV.

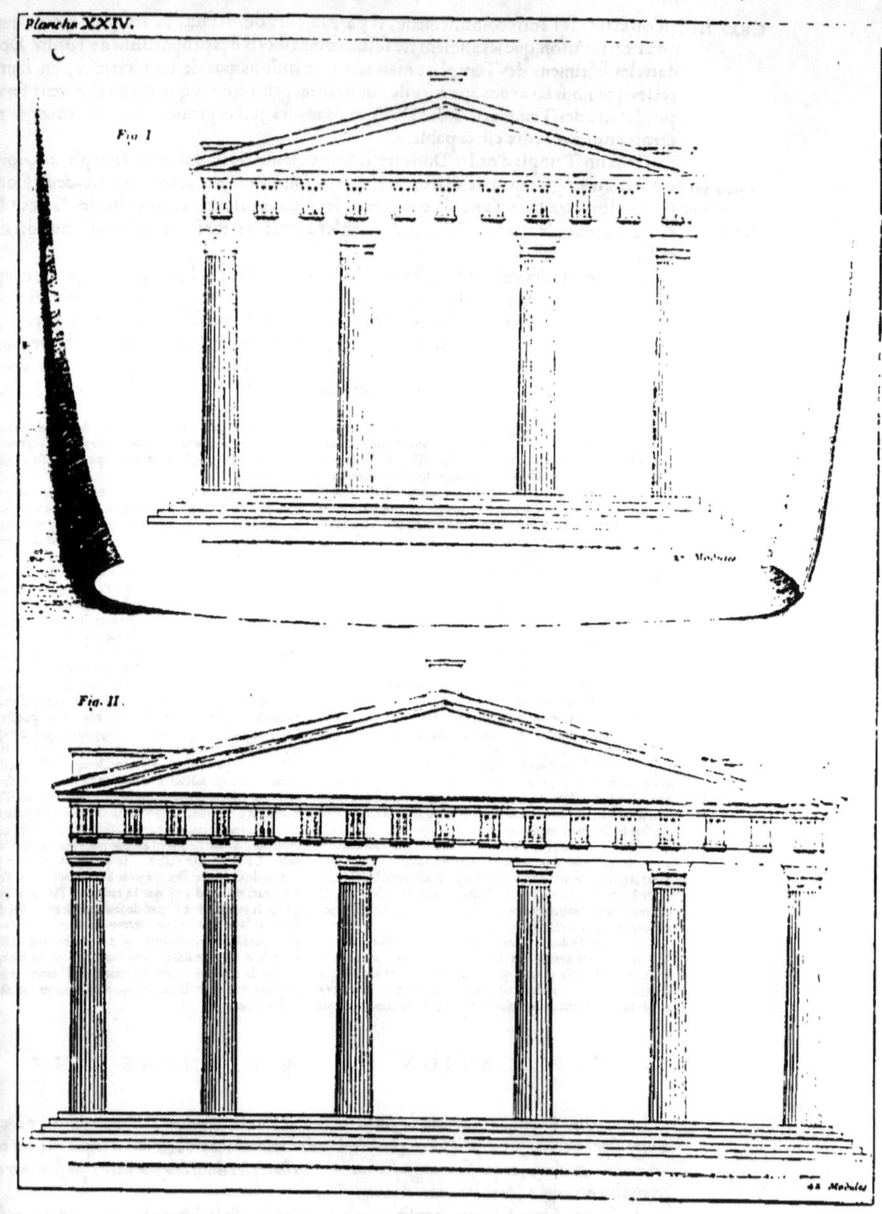

CHAP. III. de l'Architrave avec sa [5] *plattebande* [6] & les goutes, doit estre d'un module, la plattebande de A la septiéme partie d'un module ; les goutes sous la plattebande au droit des triglyphes avec *la tringle* doivent pendre de la sixiéme partie d'un module. La largeur du dessous de l'Architrave aura celle de la gorge du haut de la colonne. Sur l'Architrave seront placez les triglyphes avec leurs metopes : ils auront un module & demy de haut, & un module de large.

Taenia.

Regula.

Les triglyphes doivent estre placez en un tel ordre qu'il y en ait sur le milieu des colonnes angulaires, & qu'il y en ait aussi qui répondent au droit des colonnes du milieu ; dans les entrecolonnemens il doit y en avoir deux, & aux entrecolonnemens du milieu, tant à l'entrée qu'à la sortie, trois, afin que ces intervalles soient assez larges pour faire que l'on puisse entrer aisément dans les Temples. La largeur des triglyphes se doit diviser en six parties, dont les cinq sont pour le milieu, laissant deux demi-parties l'une à droit & l'autre B à gauche : en la partie du milieu on tracera une regle que nous appellons [1] *femur* & les Grecs * *meros* : au costé de cette regle on creusera à droit & à gauche deux canaux enfoncez selon la carne de l'Equerre ; de chaque costé des canaux, il y aura encore un *femur*, & à leur costé il y aura des demy-canaux tournez en dehors.

Cunei.

Les triglyphes estant placez il faut faire les metopes entre les triglyphes, aussi hautes que larges ; & aux angles il doit y avoir des [2] demy-metopes [3] desquelles il faut retrancher * • la moitié de la diminution de la colonne. Par ce moyen on remediera à tous les defauts des metopes, des entrecolonnemens & des platfonds, dont les divisions seront égales. • Le chapiteau du triglyphe aura [4] la sixiéme partie d'un module, & la corniche qui * •

5. LA PLATTEBANDE. *Tenia* en grec & en latin est un ruban ou bandelette. Elle est à l'Architrave Dorique ce que la cymaise est aux autres. Quelques Architectes donnent ce mesme nom à la partie qui est au dessus des triglyphes, & que Vitruve apelle leur chapiteau.

6. ET LES GOUTTES. Sous la Plattebande au droit de chaque triglyphe il y a six petits corps que les Architectes apellent des gouttes à cause de leur figure, qu'on dit representer les goutte de l'eau, qui ayant coulé dans les graveures des triglyphes, pendent encore à la plattebande. Cela peut estre fondé sur ce qu'il a esté dit cy-devant que les triglyphes au temps de leur premiere invention estoient couverts de cire ; car supposé que l'humidité d'un leger brouillard se fust attachée à tout un Entablement composé d'Architrave, Frise & Corniche ; toutes ces parties qui estoient de bois, devoient boire cette humidité à la reserve seulement des triglyphes, qui estant couverts de cire, estoient capables de la resoudre en eau, de sorte qu'il peut estre arrivé que l'Architecte qui s'est avisé le premier de faire tailler des gouttes dans un Architrave de pierre, en a pris le modele sur celles qu'il vit pendre regulierement au dessous de chaque triglyphe, de mesme que Callimachus inventa depuis le chapiteau Corinthien sur le modele du panier revestu des fueilles d'une plante d'Acanthe qu'il vit par hazard sur le tombeau d'une jeune fille, ainsi qu'il a esté dit.

Alberti croit que ce que l'on apelle des gouttes represente des clous ; mais cette pensée luy est particuliere. On met encore de ces gouttes sous le platfond du larmier de la corniche au droit des triglyphes au nombre de dixhuit. Philander dit qu'elles sont differentes de celles des Architraves, en ce que celles de la corniche sont couppées quarrément par dessous, & que celles des Architraves sont rondes comme la teste d'une toupie : mais cela ne se trouve point estre vray les unes & les autres estant couppées quarrément par dessous. On pourroit les distinguer par une autre difference, qui est que celles des Architraves sont quelquefois quarrées en Pyramide, & que celles des corniches sont toujours coniques.

Quand Vitruve dit que l'Architrave doit avoir un module avec sa plattebande & les gouttes, il ne faut pas entendre que les gouttes ajoûtent quelque chose à la hauteur de l'architrave joint à sa plattebande, parceque les gouttes sont comprises dans la grandeur de l'architrave ; mais il a dit *la plattebande & les gouttes*, seulement pour *la plattebande sous laquelle sont les gouttes*, pour C la distinguer de la plattebande qui fait le chapiteau du triglyphe.

1. FEMUR. Ce mot latin & le grec *meros* signifient une cuisse. Il y a trois parties dans les triglyphes, qui sont ainsi apellées, parcequ'elles sont droites comme trois piez, jambes ou cuisses.

2. DES DEMY-METOPES. Ce sont plûtost des portions de metopes que des demy-metopes : car elles n'ont environ que le quart d'une metope.

3. DESQUELLES IL FAUT RETRANCHER. Le texte est fort corrompu en cet endroit, il y a *in extremis angulis semimetopia sint impressa, dimidiâ moduli latitudine*, c'est-à-dire, qu'il faut faire aux encogneures des demy-metopes, qui ayent la largeur d'un demy-module : mais il n'est point vray que les portions de metopes qui sont aux encogneures ayent la largeur d'un demy-module ; car il en faut retrancher ce que la colonne a de diminution du costé de l'encogneure, c'est-à-dire la moitié de toute la diminution. D C'est pourquoy j'ay crû qu'il falloit corriger le texte, & lire *in extremis angulis semimetopia sint, suppressâ dimidiâ contracturæ latitudine* : car outre que le mot *impressa* n'a point icy de sens, celuy de *suppressâ* en donne un qui établit la proportion de la metope, dont il s'agit, avec une entiere exactitude, ainsi que l'on peut voir par la figure, où la portion de metope F, est plus petite que le demy-module qui s'étend E jusqu'à la ligne ponctuée.

4. LE CHAPITEAU DU TRIGLYPHE. Le membre qui est immediatement sur le triglyphe que quelques-uns apellent *tænia* ou plattebande, est pris pour son chapiteau, & non pas pour un membre de la corniche, parcequ'il a une saillie sur chaque triglyphe, ce que les membres de la corniche n'ont point.

5. LA SIXIE'ME PARTIE D'UN MODULE. Cette mesure ne se trouve pas avoir esté suivie dans les ouvrages antiques,

EXPLICATION DE LA PLANCHE XXV.

Cette Figure contient les proportions des principaux membres de l'ordre Dorique selon Vitruve. Il est remarquable par la petitesse de sa corniche qui n'a qu'un module. Les particularitez de cette corniche sont expliquées plus distinctement dans la Planche vingt-six.

est

Planche XXV.

CHAP. III. est si ce chapiteau [1] aura de saillie un demy-module & une sixiéme partie de module : sa hauteur sera d'un demy-module, comprenant [2] la Cymaise Dorique qu'elle a au dessous, & l'autre Cymaise qui est au dessus. A

Aux platfonds de la corniche il faut creuser *comme des chemins droits* au dessus des triglyphes & [3] au droit du milieu des metopes ; les goutes seront disposées en telle sorte qu'il y en ait six selon la longueur & trois selon la largeur au droit des metopes ; & parceque cet espace est plus grand que celuy qui est au droit des triglyphes, [4] il n'y aura rien de taillé si ce n'est des foudres. De plus il faudra [5] vers *le bord* de la corniche graver une scotie.

Tous les autres membres comme tympans [6] simaises & corniches seront pareils à ceux qui ont esté décrits pour l'ordre Ionique.

Toutes ces mesures sont pour les ouvrages *diastyles* : au contraire [7] si on fait un *systyle* & *monotriglyphe*, la [8] face du Temple doit estre divisée en vingt-deux parties si elle est *tetrastyle* ; ou en trente-deux si elle est *hexastyle*, dont une partie sera le module sur lequel tout l'ou- B

ronpl... que dans les modernes, car dans les uns ce chapiteau du triglyphe a jusqu'à la cinquiéme partie d'un module, dans les autres il n'en a pas la dixiéme.

1. AURA DE SAILLIE UN DEMY-MODULE ET UNE SIXIÉME PARTIE. Il est aisé d'entendre que cette saillie de la corniche Dorique se doit prendre au droit du triglyphe, & non pas au droit du reste de la frise où le membre qui fait le chapiteau du triglyphe se retire : car en cet endroit la saillie de la corniche selon Vitruve, doit estre plus grande qu'un demy module, & une sixiéme partie de module, sçavoir de l'épaisseur d'un triglyphe : mais parceque Vitruve n'a point determiné cette épaisseur du triglyphe, on l'a prise pour faire la figure, sur ce qui reste de l'ordre Dorique du Theatre de Marcellus. Au reste Serlio, Bullant & de Lorme, qui ont suivy cette mesure de la saillie de la corniche Dorique, n'ont point ajouté cette épaisseur du triglyphe, & cela a rendu la saillie de leur corniche trop petite. La hauteur qui luy est icy donnée, est aussi bien mediocre, & elle n'a esté observée que par Barbaro & par Cataneo. L'Antique, qui met des Denticules, ne l'a pas non plus suivie.

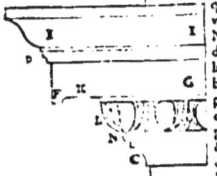

2. LA CYMAISE DORIQUE. Les Auteurs ne sont pas bien d'accord sur la signification generale de la cymaise non plus que sur celle de l'astragale, dont ils mettent plusieurs especes : mais il n'y a proprement que de deux sortes de cymaises si l'on s'arreste à l'etymologie, de ce nom qui est pris de la ressemblance que ces moulures ont avec l'onde : car il n'y a que la doucine ou gueule droite I, & le talon D, qu'on apelle gueulle renversée, qui soient ondées. Neanmoins Philander dit sur le chapitre 6. de ce livre, que la cymaise Lesbienne est le talon ou gueule renversée D, qui est taillé de quelque compartiment ou fueillage, & que la cymaise Dorique est de deux sortes, l'une est faite de la moitié d'une scotie apellée cavet & marquée C, que Barbaro sur le 6. chapitre de ce livre en son edition latine, apelle astragale Lesbien ; l'autre est faite d'un quart de rond qui est l'Astragale Lesbien, selon Baldus ; il est marqué L dans la figure. Vitruve le confond avec l'Echine qu'il apelle aussi quelquefois simplement cymaise, comme au chapitre 3. du 4. livre.

3. VIS A VIS DU MILIEU DES METOPES. Cette disposition des chemins & des espaces du platfond de la corniche Dorique de Vitruve est fort differente de ce qui se voit en l'ordre Dorique du Theatre de Marcellus. Cette difference vient du peu de saillie que Vitruve donne à sa corniche ; car la grandeur de la saillie de celle de Marcellus fait que les espaces qui sont au droit des metopes sont plus petits entre les chemins, que ceux qui sont au droit des triglyphes. Tout au contraire dans la corniche de Vitruve, les espaces qui sont au droit des metopes sont plus grands que ceux qui sont au droit des triglyphes. La raison de cela est qu'au Theatre de Marcellus les trois gouttes estant fort grandes à cause de l'espace que la grande saillie leur donne, il s'ensuit que les six gouttes occupent aussi un fort grand espace. Par la méme raison les trois gouttes de l'ordre de Vitruve estant petites & serrées à cause du peu d'espace que la petitesse de la saillie de la corniche leur donne, il arrive que les six gouttes sont serrées à proportion, & cela fait que l'espace qui est au droit des metopes est si grand, qu'il l'a fallu partager en deux par le moyen du chemin qui est au droit du milieu des metopes : Ce qui rend cette disposition des chemins & des espaces du platfond de la corniche Dorique de Vitruve assez probable de la maniere que je l'interprete, qui est que chacun des deux espaces qui sont au droit de la metope, & qui sont separez par le chemin droit, est égal à l'espace qui est depuis le dernier triglyphe jusqu'à l'encognure : & il y a apparence que ç'a esté la dessus que les premiers inventeurs de cette corniche en ont reglé sa saillie, parceque c'est de cette saillie que dépend toute la disposition des parties du platfond, ainsi qu'il a esté expliqué, & que la figure de la Planche XXVI. represente assez clairement. C

4. IL N'Y AURA RIEN DE TAILLÉ SI CE N'EST DES FOUDRES. Dans les membres d'Architecture il y en a où la Sculpture est essentielle, tels que sont les chapiteaux Corinthiens & les Ioniques, les modillons, les triglyphes &c. Il y en a d'autres où elle n'est point absolument necessaire, comme au quart de rond des grandes corniches, où on n'est point obligé de tailler des oves, au denticule de la corniche Corinthienne, où on peut s'abstenir de faire des decoupûres ; aux frises Corinthiennes & Ioniques qu'il est libre de laisser pures, ou de les enrichir de figures ; aux metopes de l'ordre Dorique, où on ne taille ny testes de bœuf, ny trophées si on ne veut. Vitruve fait entendre icy que les espaces qui sont au droit des metopes sont du second genre, & que dans le platfond de la corniche Dorique il n'y a point de sculpture essentiellement necessaire que celle des gouttes. D

5. VERS LE BORD DE LA CORNICHE. On apelle mouchette le petit rebord qui pend au larmier des corniches qui est icy apellé *mentum*, & marqué F. Il est fait afin que l'eau ne puisse couler plus bas : car pour cela il faudroit qu'elle montast vers K pour descendre vers L.

6. SIMAISES. Il ne se trouve guere de monumens anciens où la simaise qui est au haut de la corniche de l'ordre Dorique ne soit differente de l'Ionique, l'Ionique estant toujours la doucine I, & la Dorique estant formée comme le cavet C. Entre les Architectes modernes Vignole & Viola ont mis le cavet au lieu de la Doucine à leur ordre Dorique, conformement à l'ordre Dorique du Theatre de Marcellus.

7. SI ON FAIT UN SYSTYLE ET MONOTRIGLYPHE. Vitruve a mis le Systyle au lieu du Pycnostyle, car l'entrecolonnement du Systyle qui dans l'ordre Dorique seroit de quatre modules, ne pourroit pas s'accorder avec les triglyphes qui ne demandent que trois modules dans l'entrecolonnement pour y avoir un triglyphe. L'excuse que Philander apporte ne me semble point recevable, qui est qu'en l'ordre Dorique les proportions se peuvent prendre de l'entre-deux des triglyphes, au lieu que dans les autres ordres ils se prennent de l'entre-deux des colonnes ; de sorte qu'au lieu de *intercolumnium* il voudroit qu'on dist *mesotriglyphum* : mais cela estant il faudroit des noms particuliers aux genres des Temples Doriques, & les apeller *Pycnotriglyphes*, *Systriglyphes*, *Diatriglyphes*, *Araeotriglyphes* & *Eutriglyphes*, au lieu de *Pycnostyles*, *Systyles*, &c. E

8. LA FACE DU TEMPLE DOIT ESTRE DIVISÉE EN VINGT-DEUX PARTIES. Cet article doit estre corrigé de méme que le precedent nombre 1 de la page 108. parceque la proportion que les triglyphes, les colonnes & les entrecolonnemens demandent, ne se rencontre pas, si on ne met, ainsi que j'ay fait,

EXPLICATION DE LA PLANCHE XXVI.

Cette Planche fait voir le platfond de la corniche Dorique. Elle contient deux Figures ; la premiere est le platfond de la corniche de l'ordre Dorique du theatre de Marcellus. La seconde est le platfond de la corniche que Vitruve a décrite. La grande saillie de la corniche de la premiere Figure fait que les gouttes qui sont au droit des triglyphes A B B, sont si grandes, qu'elles occupent toute la largeur du triglyphe, & que les chemins droits c c, *qui sont au delà du triglyphe, occupent une partie de l'espace de la metope C, & des demi-metopes D D : ce qui fait que la place qui y reste ne suffit que pour le quarré G, & ne permet point d'y faire* les chemins vis-à-vis du milieu des metopes *que Vitruve y demande, & que les quarrez H H, qui sont au droit des demi-metopes sont fort étroits.*

La corniche de la seconde Figure n'a de saillie qu'autant qu'il en faut pour faire que les dix-huit gouttes laissent assez d'espace au droit du triglyphe A, pour y placer les chemins c c, *& pour laisser tout l'espace de la metope C, aux quarrez KK, & au chemin* i i *qui est vis-à-vis du milieu des metopes.*

CHAP. II. vrage doit estre mesuré comme il a esté dit. ¹ Au dessus de chaque entrecolonnement il y aura seulement deux metopes & un triglyphe; aux espaces depuis le dernier triglyphe jusqu'à l'angle, ²la grandeur d'un demy triglyphe; & sous le milieu ³du *fronton*, l'espace de trois triglyphes & de quatre metopes, afin que cet entrecolonnement du milieu rende l'entrée plus large & n'empesche pas la veuë des images des Dieux. A

Fastigium.

Sur les chapiteaux des triglyphes il faudra mettre la corniche qui aura comme il a esté dit une cymaise Dorique au dessous, & ⁴une autre cymaise au dessus, & cette corniche, comprenant les cymaises, sera haute d'un demy module. On tracera aussi au dessous de la corniche au droit des triglyphes & des metopes, des chemins droits auec des rangées de gouttes & toutes les autres choses qui ont esté prescrites pour le *diastyle*.

Ou les colonnes sont serrées.

Il faudra faire ⁵ vingt cannelures aux colonnes. Si on les veut seulement à pans, il y aura vingt angles : mais si l'on y veut des cannelures, il les faudra faire en cette sorte. On tracera un quarré dont le costé sera aussi grand que toute la cannelure, & ayant mis le centre du compas au milieu du quarré, on tracera d'un angle de la cannelure à l'autre une ligne courbe qui sera la forme de la cavité de la cannelure; & ainsi la colonne Dorique aura la cannelure qui luy est particuliere. B

Le renflement qui se fait au milieu de la colonne, comme il a esté dit au troisiéme livre qu'il y en doit avoir en l'Ionique, sera pareillement fait en celle-cy.

Aprés avoir decrit quelle doit estre la proportion des colonnes Corinthiennes, Doriques & Ioniques qui comprend tout ce qui appartient à l'exterieur des Temples, il reste à monstrer de quelle façon les parties du dedans & celles du porche doivent estre ordonnées & distribuées.

au lieu de vingt-trois parties, vingt-deux pour le monotriglyphe tetrastyle, & trente-deux au lieu de trente-cinq pour l'Hexastyle. Car il n'est pas difficile de juger que l'occasion de cette faute du texte vient de ce qu'un Copiste a pû ajoûter facilement un point au chiffre de XXII, & qu'il a pris aussi le chiffre XXXII. pour XXXV, suivant ce qui a esté dit touchant l'ancienne maniere d'écrire, qui ne joignoit point par embas les deux parties qui font le caractere V, qui vaut cinq. Mais Philander en a usé autrement, car il met dix-neuf & demy pour le Tetrastyle, & vingt-neuf & demy pour l'Hexastyle, supposant qu'il ne doit y avoir que deux Triglyphes à l'entrecolonnement du milieu; ce qui n'a aucun fondement, le contraire estant distinctement dans le texte de Vitruve, que Philander ne corrige point, & où il y a trois triglyphes & quatre metopes à l'entrecolonnement qui est sous le fronton, outre que la correction que Philander fait, en changeant le nombre de XXIII en XIXS, & celuy de XXXV en XXIX S, n'est point si vraysemblable que le changement de XXIII en XXII, & celuy de XXXV en XXXII. Rusconi a esté de cette opinion, & il a mis trois triglyphes dans l'une & dans l'autre figure de ses monotriglyphes à l'entrecolonnement du milieu. La verité est neanmoins que la grande disproportion de ces entrecolonnemens rend l'opinion de Philander plus probable, & qu'elle est mesme confirmée par ce qui se voit au Temple de la Pieté qui est Monotriglyphe, & qui n'a que deux triglyphes à l'entrecolonnement du milieu. Mais je n'ay pas osé suivre cette opinion à cause de la trop grande violence qu'il auroit fallu faire au texte de Vitruve.

1. AU DESSUS DE CHAQUE ENTRECOLONNEMENT. Il y a *supra singula Epistylia*, je lis *intercolumnia*; parceque la chose est ce me semble assez evidente pour obliger à faire cette correction; Ce mot de *singula* ne pouvant souffrir qu'il y ait *Epistylia*, parcequ'il n'y a qu'un Architrave à chaque face d'un temple, sçavoir un poitrail qui est posé sur toutes les colonnes qui sont en une face: Car on ne peut pas appliquer *singula* à *Epistylia*, en disant que chaque entrecolonnement estoit couvert d'une pierre, & ainsi qu'il y avoit autant d'Architraves que d'entrecolonnemens, puisque si cela estoit entendu ainsi, il ne seroit pas vray que chaque Architrave n'eust au dessus de soy que deux metopes & un triglyphe, ainsi qu'il est dit dans le texte, parcequ'il y auroit encore eu à chaque costé la moitié du triglyphe qui est au droit du milieu de la colonne qui soûtient les deux bouts des pierres qui font l'Architrave. C

2. LA GRANDEUR D'UN DEMY-TRIGLYPHE. Cette proportion, ainsi qu'il a déja esté insinué dans la 2, & dans la 3 remarque de la page 110, ne pourroit estre precise, parcequ'il faudroit que la colonne ne fust point diminuée; de sorte qu'il faut deduire ce que la colonne a de diminution de chaque costé par en haut pour avoir au juste la grandeur de ce qu'on apelle, quoy qu'improprement, la demy-metope.

3. DU FRONTON. J'interprete *fastigium* le fronton. Autrefois du temps que J. Martin a fait la traduction de Vitruve, on nommoit frontispice ce que nous apellons fronton; mais à present on ne se sert plus du mot de frontispice que metaphoriquement pour signifier l'entrée, le devant & le commencement de quelque ouvrage que ce soit. D

4. UNE AUTRE CYMAISE. Je repete le mot de cymaise quoy qu'il n'y ait dans le texte simplement qu'*alteram*. Je le fais pour eviter l'equivoque: car si on disoit *une cymaise Dorique au dessous & une autre au dessus*, on pourroit croire que la cymaise qui est sur le larmier devroit estre Dorique, de mesme que celle qui est au dessous; ce qui ne doit point estre, parcequ'on remarque dans l'antique, que les Architectes se sont toujours étudiez à varier les moulures.

5. VINGT CANNELURES. Cela ne s'observe point, & on fait indifferemment à tous les ordres vingt-quatre cannelures, quoy qu'il semble que ce soit avec beaucoup de raison que Vitruve met moins de cannelures à un ordre qui est plus grossier qu'aux autres qui sont plus delicats. E

EXPLICATION DE LA PLANCHE XXVII.

Cette Planche fait voir dans la I. Figure que la face du Temple Dorique Systyle Monotriglyphe Tetrastyle doit estre divisée en vingt & deux modules, supposé que l'entrecolonnement du milieu ait trois triglyphes, ainsi que Vitruve l'ordonne; parcequ'il y a neuf triglyphes & huit metopes qui font vingt & un modules, qui avec les deux demy-modules des extremitez font les vingt & deux.

La seconde Figure fait voir aussi que le Systyle, Hexastyle, Monotriglyphe qui a trois triglyphes à l'entrecolonnement du milieu, doit avoir trente-deux modules, puisqu'il a treze triglyphes & dix-huit metopes qui font trente-un modules qui avec les deux demy modules des extremitez font les trente-deux.

CHAP.

A

CHAPITRE IV.

De la distribution du dedans des Temples.

LA proportion d'un Temple doit estre telle [1] que sa largeur soit la moitié de sa longueur, & que le *dedans du Temple* [2] comprenant la muraille où est la porte, soit plus long d'une quatriéme partie qu'il n'est large. Les trois parties qui appartiennent au porche [3] doivent aller jusqu'aux antes qui terminent les murailles, & ces antes doivent estre de la grosseur des colonnes. Si le Temple a plus de vingt piez de large, il faut entre les deux antes mettre deux colonnes [4] afin qu'elles ferment l'espace qui est entre les deux ailes, c'est à dire le porche : & dans les trois entrecolonnemens qui sont entre ces deux antes, & B les deux colonnes, il faut faire [5] des *cloisons* de marbre, ou de menuiserie avec des portes par

Cella. *Plutei.*

1. Que sa largeur soit la moitié de sa longueur. Il est manifeste que Vitruve entend icy par le Temple seulement les murailles qui composent la *Cella* ou dedans du Temple, & le *Pronaos* ou porche : parceque lorsque les colonnes y sont comprises, la longueur du Temple ne peut avoir au juste le double de sa largeur, à cause qu'il manque à la longueur l'espace du diametre d'une colonne, par la raison qu'il n'y a dans la longueur que le double des entrecolonnemens, & non le double des colonnes. Par exemple un Hexastyle qui a six colonnes & cinq entrecolonnemens en sa largeur, a dix entrecolonnemens en sa longueur ; mais il n'a qu'onze colonnes.

On peut remarquer que les Temples des Anciens estoient de deux genres, les uns estoient Ronds & les autres Quarrez. Les ronds estoient de deux especes, sçavoir les Peripteres ronds, & les Monopteres, dont il est parlé au 7. chapitre de ce livre. Les quarrez estoient de deux especes ; les uns n'avoient point de colonnes, ou s'ils en avoient, elles estoient enfermées entre les murailles du Porche, & c'est de ces Temples dont il s'agit dans ce chapitre : les autres avoient des colonnes en dehors, & ils estoient de deux especes ; car il y en avoit qui devoient estre deux fois aussi longs que larges, qui estoient encore de sept especes, sçavoir celuy à Antes, le Prostyle, l'Amphiprostyle, le Periptere, le Pseudodiptere, le Diptere & l'Hypæthre, dont il est parlé au 1. chapitre du 3. livre ; les autres estoient presque quarrez, qui estoient ceux que Vitruve apelle les Temples à la maniere Toscane, dont il traitte au 7. chapitre de ce livre.

2. Comprenant la muraille. Pour trouver icy quelque sens, il faut interpreter *quam est latitudo*, comme si ces mots estoient enfermez entre deux parentheses, afin que les mots de *longior sit* soient joints avec ceux de *cum pariete*, & il faut entendre comme s'il y avoit *Cella cum pariete longior sit quam est latitudo*, au lieu qu'il y a *Cella longior sit quam est latitudo cum pariete* : Parceque l'addition de la muraille NN où est la porte, dans la Planche XXVIII, n'augmente pas la largeur, mais seulement la longueur du dedans du Temple.

3. Doivent aller jusqu'aux Antes. Il faut entendre que les Antes sont comprises dans l'espace de ces trois parties, autrement le Temple auroit de long plus que deux fois sa largeur, sçavoir l'épaisseur de l'Ante marquée O dans la mesme Planche.

4. Afin qu'elles ferment l'espace qui est entre les deux ailes. Cet endroit est fort obscur : car il semble que *Columnæ quæ disjungunt Pteromatos & Pronai spatium*, signifient des colonnes qui separent l'espace qui est entre les deux ailes d'avec l'espace du Porche ; ce qui n'a point de sens, parceque ces deux espaces ne sont que la mesme chose : car l'espace EE qui est l'espace du Porche, & l'espace qui est entre les deux ailes NO, NO, est une mesme chose. C'est pourquoy ce que Vitruve veut dire estant manifeste & assez intelligible de soy, j'ay crû que je pouvois expliquer *Columnæ quæ disjungunt*, *les colonnes qui ferment* : parcequ'il est vray que ce qui separe un espace d'avec un autre, peut estre dit le fermer, & qu'un mur ferme la cour d'une maison quand il la separe d'avec la ruë. La raison pour laquelle C j'ay choisi le mot de fermer, plûtost que celuy de separer, est que fermer est un mot absolu, & que separer demande qu'on dise dequoy on separe : or il est evident que les colonnes DD separent l'espace qui est entre les ailes, c'est-à-dire le Porche d'avec le dehors du Temple, mais ces mots de dehors du Temple ne sont point dans le texte.

5. Des cloisons de marbre. J'ay interpreté *Plutei*, des cloisons, bien que le mot d'*appuy* soit plus propre pour rendre en françois le mot Latin *pluteus*. Car ce mot signifioit parmy les Anciens le dossier d'un lit ou d'une chaise : mais c'estoit aussi le lambris qu'ils mettoient aux murs, le long desquels la plûpart de leurs lits estoient rangez sans qu'il y eust de ruelle : Et à ces lits il y avoit *prior thorus* qui estoit ce que nous apellons le devant, & *interior thorus* qui estoit la place qui estoit pres du mur ; or ce *pluteus* ressembloit mieux à une cloison, qu'à un appuy ; parcequ'il devoit estre beaucoup plus haut qu'un appuy. La raison qui a fait D que j'ay évité le mot d'appuy, est que j'ay crû qu'il auroit esté mal propre à faire entendre la pensée de Vitruve, qui selon mon avis, n'a point eu intention de mettre *pluteus* au lieu de *podium*, comme il auroit semblé, si j'avois mis le mot d'appuy, qui est propre pour signifier celuy de *podium*. Et quoy qu'il y ait quelque difficulté à sçavoir precisément ce qu'on doit croire que Vitruve a entendu, j'ay crû qu'il y avoit plus d'apparence au party que j'ay pris, qu'à l'autre. Barbaro & Cisaranus, qui sont les seuls des Interpretes qui se sont expliquez là dessus, ne l'ont point fait bien nettement. Cisaranus n'en parle point dans ses Commentaires, mais il fait voir dans sa figure qu'il a crû que Vitruve entendoit par ce *pluteus*, un appuy tel qu'est celuy qui doit estre au *podium* ainsi qu'il a esté dit cy-devant, car il a representé ce *pluteus* par un petit mur qui joint un piedestail à l'autre, ayant les

E

EXPLICATION DE LA PLANCHE XXVIII.

Cette Planche fait voir quelles sont les proportions & quelle est la forme des Temples qui sont sans colonnes, ou qui les ont enfermées dans le porche. AA est un temple qui a moins de vingt pieds de large & qui est sans colonnes. BB, sont les antes qui terminent les murailles. CC, est un temple qui a plus de vingt pieds de large. DD, sont les deux colonnes qui sont entre les deux antes OO, & qui ferment le porche EE. NO, NO, sont les deux ailes. FF, sont les antes du temple qui a plus de quarante pieds de large. GG, est le cella *du temple qui a plus de quarante piez de large : HH, sont les colonnes du dedans du porche qui sont plus gresles mais aussi hautes que celles du devant marquées II. KK, sont les cloisons de marbre.*

XXVIII.

CHAP. IV. lesquelles on puisse entrer dans le porche. Que si le Temple a plus de quarante pieds de lar- A ge, [1] il faudra mettre des colonnes en dedans au droit de celles qui sont entre les antes [2] & leur donner autant de hauteur qu'à celles du devant ; mais leur grosseur doit estre diminuée, de sorte qu'elles ne soient grosses que de la neuviéme partie de leur hauteur, si celles de devant le sont de la huitiéme; ou si elles estoient de la neuviéme ou dixiéme, il faudroit diminuer les autres à proportion ; car on ne s'appercevra pas de ce retressissement, à cause qu'elles sont en un lieu plus obscur : si neantmoins cela paroissoit, il leur faudroit faire vingt-huict ou trente-deux cannelures, supposé que les colonnes de dehors n'en aient que

mesmes membres de la base & de la corniche que les pedestaux. Barbaro au contraire dans son Commentaire de la premiere Edition, qui est Italien, s'est expliqué en sorte qu'il fait entendre qu'il n'a point crû que le *plateus* fust le *podium*, parcequ'il dit que les Architectes faisoient ces *plateus* de la mesme hauteur que seroit un *podium* s'il y en avoit un. *Tra questi intercolunnii si porrà uno alcun sgabello di marmo o di legno non piu alto di quello, che sarebbe il poggio s'egli vi andasse.* Et en effet Vitruve dit que ce *plateus* va d'une ante à une colonne, & il devoit avoir dit qu'il va du pedestail qui soutient l'ante, à celuy qui soutient la colonne, s'il avoit entendu qu'il y eust des pedestaux. La verité est que cette maniere de poser des colonnes est une chose fort etrange, & qui n'a point d'exemple dans l'antiquité, ny d'approbation dans le bon goust, & qu'on peut dire estre de ces choses que les premiers Architectes ont pratiquées, mais qui n'ont point esté suivies.

Il reste une difficulté sur la maniere dont les Architraves & les autres ornemens doivent estre posez sur les colonnes & sur les antes, lorsque les unes & les autres se rencontrent sur une mesme ligne, comme dans les Temples dont il s'agit ; parceque les Antes n'ayant point la diminution par enhaut qu'ont les colonnes, il arrive necessairement que l'on tombe dans l'un des trois inconveniens ; car ou l'Architrave est posé au droit du nû des Antes, & il porte à faux sur les colonnes, ainsi qu'il est representé dans la moitié L M du Temple qui est dans la Planche XXVIII ; ou il est posé au droit du nû du haut des colonnes, ce qui fait qu'il porte en dedans du nû des Antes ; ou il est posé au droit du nû de l'un & de l'autre par le moyen d'un resault qui fait retirer l'Architrave en dedans, lorsqu'il passe sur les colonnes, ainsi qu'il est representé en l'autre moitié L N du mesme Temple. Il s'agit de choisir le moindre de ces inconveniens ; j'estime que celuy où l'Architrave porte à faux sur les colonnes, est le plus supportable. Il a esté pratiqué par les Anciens, comme il se voit au Temple de Trevi, & au Porche du Baptistere de Constantin. La raison de cette pratique est que si on faisoit un resault pour retirer l'Architrave qui va de l'une à l'autre des Antes F F, au droit du nû des colonnes I I, il en faudroit faire autant à l'Architrave qui va de l'Ante Q à l'Ante F, & il arriveroit que l'Architrave seroit retiré jusqu'au nû du mur qui va de l'Ante Q à l'Ante F ; ce qui ne se doit point faire, parcequ'il faut que le bas de l'Architrave, de mesme que le nû de la Frise ait une saillie sur le nû du mur: par la mesme raison la retraitte sur l'Ante sans resault, seroit vitieuse.

1. IL FAUDRA METTRE EN DEDANS. Ce que Barbaro dit obscurement dans son Commentaire, est encore plus mal expliqué dans sa figure dans laquelle il n'y a point de colonnes qui soient en dedans, & au droit de celles qui sont entre les antes, ce qui est contre le sentiment de Vitruve qui dit qu'il faut mettre des colonnes *contra regiones columnarum quæ inter antas sunt* : car sa figure est un Periptere qui n'a des colonnes que tout autour, & point en dedans ; & le texte est trop clair & trop exprés pour laisser croire que Vitruve parle icy des Temples Peripteres ; les Temples dont il est question, n'ayant au plus que quatre colonnes, dont il y en a deux marquées I I dans la Planche XXVIII, qui estant entre les Antes FF, font la face du porche en dehors, & deux autres marquées HH, qui sont en dedans du mesme Porche, & au droit des colonnes qui sont entre les Antes. Il reste neanmoins deux difficultez : la premiere est qu'il est dit que les Antes sont de la largeur des colonnes ; cependant selon nostre explication, qui est claire dans nos figures, il y a une des especes des Temples dont il est icy parlé, sçavoir la premiere A A, B B, qui n'a point de colonnes. La seconde difficulté est que Vitruve a cy-devant fait l'enumeration de toutes les especes de Temples, & qu'il n'y en a pas une des sept qu'il decrit, qui soit sans colonnes. Il est aisé de répondre à la premiere objection : car les Antes sont dites devoir estre de la largeur des colonnes, c'est à-dire qu'elles doivent estre faites de mesme que si elles avoient des colonnes devant elles, & qu'elles doivent servir de colonnes qui ne sont pas necessaires en un Temple aussi petit qu'est celuy qui a moins de vingt piez an- B tiques, qui ne faisoient gueres plus de dixhuit des nostres. La seconde objection a aussi sa réponse, qui est que les sept especes cy-devant decrites sont les especes du genre des Temples qui ont des colonnes, & que celuy dont il est icy parlé, est d'un genre plus simple : car il est manifestement impossible de faire un Temple qui ait des colonnes tout autour, ou mesme seulement au devant, & qui ait les conditions que Vitruve requiert à ceux dont il parle icy, dont la principale est qu'ils ayent de long deux fois leur largeur ; cela ne pouvant estre ny en un Periptere, ny en un Diptere, ny en un Pseudodiptere, ny en un Hypæthre, parcequ'ainsi que Vitruve a declaré, en toutes ces especes il ne doit y avoir aux costez ou ailes que le double des entrecolonnemens, & non pas le double des colonnes ; de sorte qu'il y manque necessairement la grandeur du diametre d'une colonne, ainsi qu'il se voit au Temple B B. Et de plus lorsqu'il y a un entrecolonnement au milieu des faces de de- C vant, & de derriere, qui est plus large que les autres, sçavoir lorsque la proportion est Eustyle, il y a encore la largeur de deux colonnes & demie à dire que la longueur du Temple, n'ait le double de sa largeur, parceque l'entrecolonnement du milieu est plus large que les autres des trois quarts du diametre d'une colonne, ce qui estant doublé fait une colonne & demie, & D estant joint au diametre d'une colonne qui manque déja aux autres, fait deux colonnes & demie ainsi qu'il se voit au Temple C C.

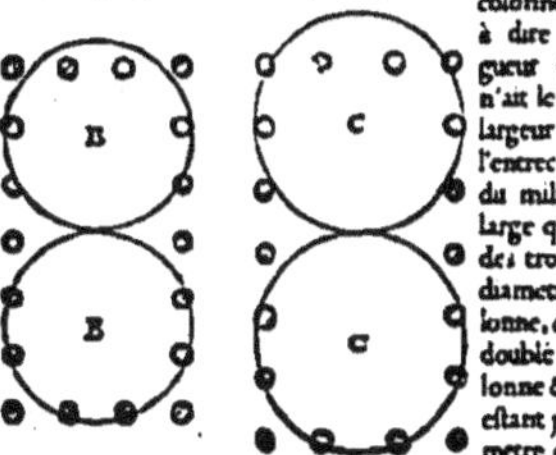

Les especes apellées Prostyle & Amphiprostyle ne sçauroient non plus se pratiquer avec ces mesmes conditions, car Vitruve dit expressement icy que les huit parties que le Temple a en sa longueur, ne vont que jusqu'aux Antes, & par consequent les colonnes qui seroient au delà des Antes pour faire le Prostyle ou l'Amphiprostyle, rendroient la longueur du Temple plus grande que deux fois sa largeur, de la grandeur du diametre d'une colonne, ou d'un entrecolonnement ; & c'est une faute qui se voit dans la premiere figure de Barbaro, qui est un Prostyle ; car pour donner à son Temple cette proportion du double de la largeur à la longueur, il n'a point donné au Porche la longueur que Vitruve requiert, qui est les trois parties des huit, dont le E dedans du Temple en a cinq : car il ne luy en a donné que deux, la troisiéme estant pour la colonne, & pour l'entrecolonnement.

2. ET LEUR DONNER AUTANT DE HAUTEUR QU'A CELLES DU DEVANT. Cela n'est pas bien clair, car il semble que Vitruve suppose que les colonnes du dedans & celles du dehors ne soient pas ordinairement d'une mesme hauteur ; cela neanmoins n'a que fort peu d'exemples. M. de Monceaux a remarqué qu'au Temple de Thesée qui se voit à Athenes il y a ainsi des colonnes de differentes hauteurs. Vitruve en donne aussi un exemple au 5. livre chapitre 9. où il parle des Portiques qui estoient derriere les Theatres, dans lesquels il y avoit des colonnes, non seulement de differentes hauteurs, mais mesme de differents ordres.

vingt-

-quatre, afin de recompenser par l'augmentation du nombre des cannelures, ce qui a CHAP. IV
esté diminué de la tige des colonnes [1] qui seront jugées plus grosses qu'elles ne sont en effet, & paroistront de mesme grosseur que les autres : parceque [2] l'œil juge les choses plus grandes lorsqu'elles ont plusieurs & differentes marques qui font comme promener la veuë sur plusieurs objets. D'ailleurs si on conduit un fil sur deux colonnes d'une mesme grosseur, dont l'une soit cannelée, & l'autre sans cannelure ; il est certain que la ligne qui aura esté conduite dans toutes les cavitez & sur les angles des cannelures, sera la plus grande. C'est pourquoy on peut mettre en des lieux étroits des colonnes plus gresles sans qu'elles paroissent l'estre, à cause du remede que l'augmentation des cannelures y apporte.

L'epaisseur des murs des Temples doit estre proportionnée à leur grandeur [3] en faisant leurs antes de la grosseur des colonnes. Si on les veut bâtir de moilon [4] il faudra y em-
B ployer le plus petit : si on les veut de pierre de taille ou de marbre, il faut que les quartiers soient mediocres & égaux ; par ce que [5] des pierres mediocres avec des jointures mediocres feront une liaison plus ferme & plus durable. Deplus [6] si autour des joints montans & des joints des assises les pierres sont un peu élevées, cela aura beaucoup meilleure grace.

1. Qui seront jugées plus grosses. Il y a dans le texte *ratione, quo minus videbitur* ; je lis *ratione, quâ maius videbitur* : c'est-à-dire, *ratione, quâ*, pour *cuius ope maius videbitur corpus scapi*.

2. L'œil juge les choses plus grandes. Cette raison est belle & subtile estant prise de la nature de l'extention de la quantité ; car de mesme qu'elle consiste à avoir les parties les unes hors des autres, sa connoissance aussi dépend de discer-
C ner que ces parties sont les unes hors des autres. Ainsi ce qui fait paroistre une chose grande, est le nombre des differentes marques qu'elle a qui font qu'une partie est distinguée d'une autre : parceque comme la grandeur du temps depend du nombre du mouvement, celle des corps dépend aussi du nombre des differentes parties que l'on peut compter. Or une colonne qui est toute unie, & qui n'a rien qui distingue les differens espaces qui composent toute sa circonference, ne fait pas si aisément connoistre quelle est cette largeur, que celle qui ayant plusieurs cannelures presente distinctement à l'œil le nombre des espaces que l'on ne manque point d'appercevoir, quoy que l'esprit n'y fasse point de reflexion expresse.

3. En faisant leurs antes de la grosseur des colonnes. C'est-à-dire, quoy qu'on fasse toujours les
D antes de la grosseur des colonnes : & cela est mis à mon avis pour aller au devant de ce qu'on pourroit dire que les antes qui sont aux encoignures, sembleroient devoir determiner l'épaisseur du mur : mais parcequ'il peut souvent arriver que les murs doivent estre plus épais que les colonnes ne sont larges (car un grand & un petit Temple, tels que sont un Tetrastyle & un Decastyle peuvent avoir des colonnes de pareille grosseur) Vitruve veut dire que bien que les antes soient faites de mesme largeur en des Temples differemment grands, on ne laisse pas de faire aussi les murs differemment grands, quoyque les antes demeurent d'une pareille largeur. J. Martin s'est fort embarassé dans la traduction de cet endroit, parceque dans ces mots *dum antæ earum crassitudinibus columnarum sint æquales*, il a crû que *earum* devoit estre joint à *crassitudinibus*, au lieu que je [illegible] *antæ earum*, & je joins *crassitudinibus* à *columnarum*, qui est un mot dont J. Martin ne sçait que faire, & qu'il est contraint d'interpreter comme s'il y avoit & *columnæ*, c'est-à-dire, *dum antæ & columnæ earum (scilicet murorum) crassitudinibus sint æquales*. L'interpretation qu'il donne au reste du chapitre n'est ny suivant les paroles, ny suivant le sens du texte.

4. Il faudra y employer le plus petit. Cela a déja esté dit au chap. 8. du 2. livre.

5. Des pierres mediocres. Il n'est pas difficile de juger que Vitruve a mis *media coagmenta* & *medios lapides* pour *mediocria* & *mediocres* pour *medicos*; & que *lapides continentes media coagmenta* est au lieu de *media coagmenta continentia medios lapides*, parceque c'est presque la mesme chose, la verité estant que les pierres mediocres entretiennent le mortier dans sa bonté, de mesme que les joints mediocres, c'est-à-dire, où il y a du mortier suffisamment, entretiennent la liaison des pierres, suivant la doctrine que Vitruve a establie au commencement du chapitre 8 du second livre.

6. Si autour des joints montans. L'expression de Vitruve est obscure, parcequ'il semble qu'il dise le contraire de ce qu'il veut dire. Le texte porte *circum coagmenta & cubilia eminentes expressiones*. Il semble que cela dise qu'à l'endroit où les pierres se joignent, elles sont plus élevées qu'autre-part ; ce qui se pratiquoit aux joints des pierres, dont les degrez des Theatres estoient faits pour empescher que l'eau n'entrast dans les joints. Mais Vitruve veut dire le contraire, sçavoir qu'autour des joints les pierres estoient élevées, & par consequent qu'à l'endroit où elles se joignent elles estoient creusées pour faire des bossages, dont l'usage est de cacher les joints en les faisant rencontrer dans un angle rentrant. Ma pensée est que Vitruve a écrit *circum cubilia & coagmenta depressa, eminentia*, au lieu de *circum cubilia & coagmenta eminentes expressiones*.

CHAPITRE V. CHAP. V.

E
De quel costé les Temples doivent estre tournez.

LES Temples des Dieux doivent estre tournez de telle sorte que, pourveu qu'il n'y ait rien qui l'empesche, l'image qui est dans le Temple regarde vers le couchant, afin que ceux qui iront sacrifier, soient tournez vers l'Orient & vers l'image, & qu'ainsi en faisant leurs prieres, ils voyent tout ensemble & le Temple & la partie du Ciel qui est au Levant, & que les statuës [1] semblent se lever avec le soleil pour regarder ceux qui les prient dans les sacrifices : car enfin il faut toujours que les autels soient tournez au Levant.

1. Semblent se lever avec le soleil. J'ay expliqué *simulacra exorientia* suivant Philander en ajoûtant ces mots *avec le soleil*, quoyqu'ils ne soient point dans le texte où il y a seulement que les statuës semblent se lever : mais le mot *exoriri* ne signifie point se lever, mais commencer à paroistre soudainement.

CHAP. V. Si neantmoins cela ne se peut pas faire commodement, le Temple doit estre tourné de A telle sorte que du lieu où il sera, l'on puisse voir une grande partie de la Ville. ou s'il est proche d'un fleuve, comme en Egypte où l'on bâtit les Temples sur le bord du Nil, il regardera vers la rive du fleuve. La mesme chose sera aussi observée [1] si l'on bâtit le Temple proche d'une grande rue, car il le faudra tourner en sorte que tout le monde puisse le voir & le saluer en passant.

1. Si l'on bâtit le Temple proche d'une grande rue. Non seulement les Anciens, mais aussi les Canons de l'Eglise, ordonnent que les Temples & les Eglises ayent la face tournée vers le couchant. La restriction que Vitruve apporte icy pour se dispenser de cette loy quand la situation des lieux y repugne beaucoup, commence aussi à estre suivie en nostre temps, où l'on s'accommode aux lieux autrement qu'on ne faisoit autrefois. L'Eglise de S. Benoist à Paris qui est appellée Saint Benoist le bien tourné, donne un exemple de la grande affectation de cette exposition au couchant.

CHAP. VI.

CHAPITRE VI. B

De la proportion des Portes des Temples & de leurs Chambranles.

Antepagmenta. La maniere de faire les portes & leurs [1] *Chambranles* est telle qu'il faut premierement convenir de quel genre on les veut : car il y a trois sortes de portes, sçavoir la Dorique, l'Ionique, & [2] l'Atticurge.

Antepagmentum superius. Afin que la Porte Dorique ait sa proportion, il faut que le haut [3] de la couronne qui est sur la partie du *Chambranle qui traverse le haut de la Porte*, soit à l'allignement du haut des chapiteaux des colonnes qui sont au porche. Pour avoir [4] la hauteur de l'ouverture de la Porte, il faut partager tout l'espace qu'il y a [5] depuis le pavé d'embas, jusqu'au fond du plancher d'enhaut, en trois parties & demie, dont il en faut donner deux à la hauteur de l'ouverture de la Porte. C Cette hauteur estant divisée en douze parties, il en faudra cinq & demie

1. Chambranles. J'ay crû devoir ainsi traduire *Antepagmentum* que tous les Interpretes prennent pour un piedroit ou un jambage qui ne sont pas à mon avis des termes assez generaux pour expliquer *Antepagmentum* qui ne signifie pas seulement les deux costez de la porte, mais mesme le dessus, comme il se voit quand Vitruve parle d'*Antepagmentum superius* ; car cela fait voir qu'*Antepagmentum* doit s'entendre du Chambranle qui comprend les trois parties de la porte. *Antepagmentum* semble estre dit, *quasi ante fixum*, qui fait que Saumaise croit qu'*Antepagmenta* & *Antæ* differoient en ce que les Antes estoient de pierre, & *Antepagmenta* estoient de bois, sçavoir un assemblage qui s'attachoit sur la pierre, comme on fait en plusieurs de nos cheminées & aux portes des chambres, lorsque leurs chambranles sont en placard.

2. L'Atticurge. Tous les Interpretes entendent icy par Atticurge l'ordre Corinthien, fondez sur ce qu'il leur semble qu'à la fin de ce chapitre Vitruve fait comme une recapitulation de ce qu'il y a traité, en disant, *aprés avoir exposé les manieres de bâtir les Temples selon l'ordre Dorique, Ionique & Corinthien, je vais traitter du Toscan.* Mais il est evident que cette recapitulation se rapporte à tout ce qui a esté traitté non seulement dans le chapitre, mais mesme dans le reste du livre & dans la plus grande partie du livre precedent ; & que les manieres de bâtir ne se rapportent pas aux portes dont il est parlé dans ce chapitre, mais à tout le Temple. De plus la description qui est faite icy de la porte Atticurge ne sçauroit convenir à l'ordre Corinthien, parceque cette porte a quelque chose de moins orné que celle de l'Ionique, qui est un ordre encore plus simple que le Corinthien. De sorte qu'il y a grande apparence que la porte Corinthienne n'estoit point differente de l'Ionique, la seule difference de l'ordre Ionique & du Corinthien estant au chapiteau.

3. La Couronne. Je n'ay pas interpreté le mot de *Corona* Corniche, comme aux autres endroits où ce mot a esté cy-devant employé ; parcequ'icy *Corona* ne peut passer que pour le membre d'une Corniche. Je ne l'ay pas aussi nommé *Larmier*, qui est le vray nom du membre de Corniche à la place duquel cette *Corona* ou Couronne est placée, parceque sa proportion est tout-à-fait éloignée de celle du larmier d'une corniche, occupant tout l'espace qui est depuis l'Hyperthyron ou frise, qui est sur le D Chambranle, jusques sous l'Architrave. C'est pourquoy elle est apellée un peu aprés *Corona lata*.

4. La hauteur de l'ouverture de la porte. Je traduis ainsi *lumen hypothyri*, parceque ces deux mots signifient la mesme chose ; *lumen* estant parmy les Architectes l'ouverture qui donne le jour, laquelle comprend les portes & les fenestres, & *Hypothyron* ne signifiant rien autre chose que le dessous de la porte.

5. Depuis le pavé d'embas jusqu'au fond du plancher d'enhaut. Le mot de *Lacunar* a déja esté expliqué, & il a esté dit qu'il signifie ou l'enfoncement des solives d'un plancher, ou celuy qui est dans les platfons qui sont entre les travées des Portiques ou des Peristyles, à l'endroit marqué

E

EXPLICATION DE LA PLANCHE XXIX.

Cette Figure est pour les proportions de la Porte Dorique, & elle explique non seulement celles qui appartiennent à la maçonnerie, mais aussi celles qui sont pour la menuiserie. A, est l'Hyperthyron. B, la Couronne ou Corona lata. *C D D, le Chambranle ou* Antepagmentum. *C, le linteau apellé* Antepagmentum superius, *ou* supercilium. *E E, les montans où sont les gonds, apellés* Scapi cardinales. *F G H, les traversans appellés* impages. *G, le traversant du milieu apellé au plurier* medii impages. *I I, le chassis des panneaux apellé* replum. *K K, les panneaux apellés* tympana. *L L, les montans qui font le second assemblage. L I K I L le second assemblage, differant du premier assemblage marqué F E E H.*

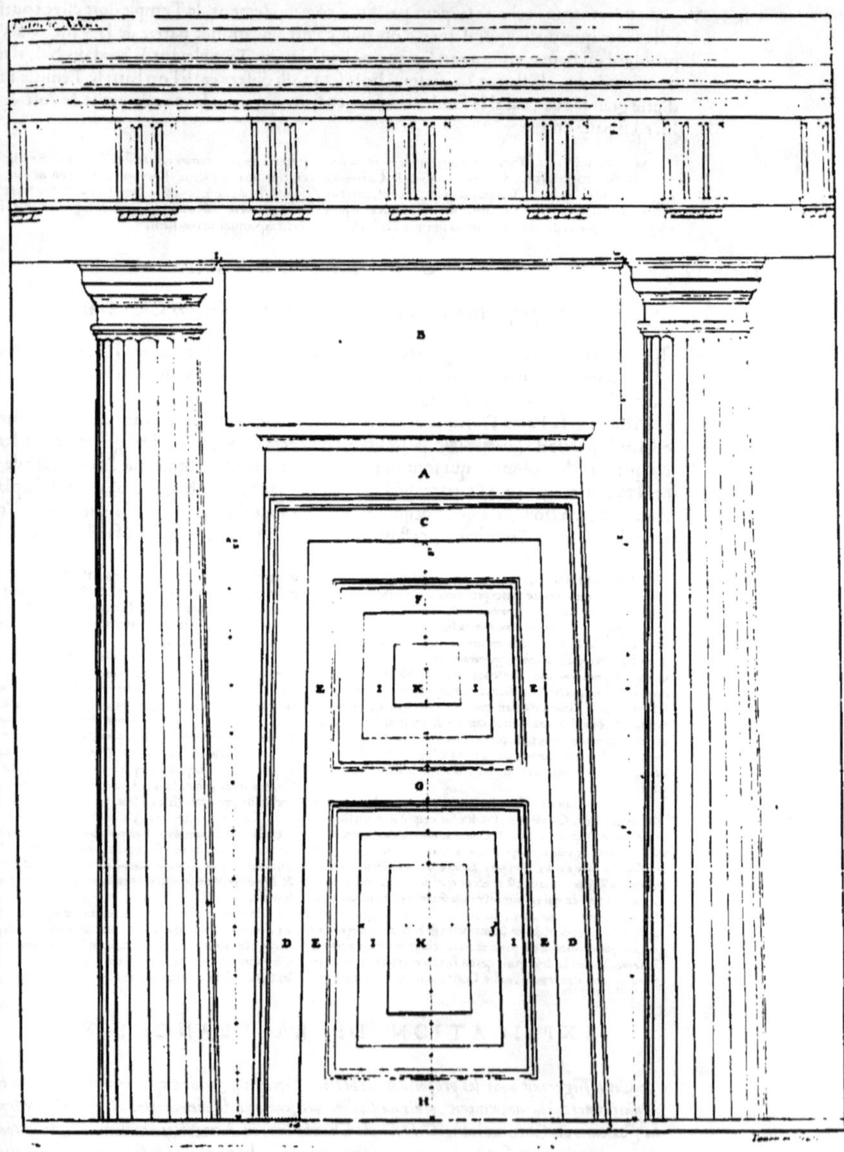
B
A
C
F
E I K I E
G
D E I K I E D
H

CHAP. VI. pour la largeur du bas, [1] car le haut doit estre plus étroit sçavoir de la troisiéme partie du Chambranle, si l'ouverture depuis le bas jusqu'au haut est de seize piez, ou de la quatriéme si elle est de seize à vingt-cinq, ou de la huitiéme si elle est de vingt-cinq à trente: & ainsi [2] plus elle sera grande plus les jambages doivent approcher de la ligne à plomb. La largeur du Chambranle sera la douziéme partie de la hauteur de l'ouverture de la Porte, & ce Chambranle doit estre étressi par le haut de la quatorziéme partie de sa largeur. Le *Chambranle qui traverse*, sera de la mesme largeur que le haut des parties qui font les jambages. [3] Il faut faire la cymaise de la sixiéme partie du Chambranle & sa saillie doit estre égale à sa hauteur. [4] Cette cymaise doit estre Lesbienne [5] avec un astragale: sur la cymaise qui est à la partie du Chambranle qui traverse, il faut placer [6] l'*hyperthyron* qui doit estre A

Supercilium.

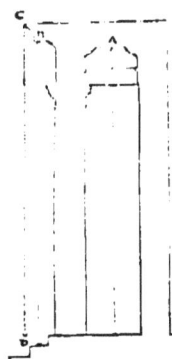

Qui est sur la porte.

A; ou le dessous de la saillie des Larmiers des grandes corniches marqué B, principalement quand il y a de la sculpture qui y fait des enfoncemens comme dans l'ordre Dorique lorsque l'on y taille des gouttes & des foudres ainsi qu'il a esté dit; ou dans le Corinthien, quand il y a entre les modillons des quarrez enfoncez pour recevoir des roses. Barbaro fait difference entre *Lacus* & *Lacunar* ou *Laquear*, & il pretend que l'enfoncement des planchers est *Lacus*, & que les solives ou les architraves qui font les rebors des enfoncemens sont proprement *Lacunaria*. Philander soûtient que Vitruve n'a point fait cette distinction, parcequ'au 4. chapitre du 6. livre il compose le *Lacunar* de deux parties, sçavoir de l'Architrave, & de ce qui est au dessus de l'Architrave qu'il apelle *reliquum Lacunariorum*. L'opinion de Philander me semble la meilleure, & je croy que supposé que l'Architrave & l'enfoncement qui est au de-là de l'Architrave composent le *Lacunar*, & qu'il s'agisse de l'une ou de l'autre de ces parties, l'intention de Vitruve a esté de ne donner le nom de *Lacunar* qu'à celle qui n'a point d'autre nom, & qu'ainsi il n'a point apellé l'Architrave *Lacunar*. Mais la difficulté est de determiner quel est l'enfoncement que Vitruve a entendu. Barbaro n'a point suivy dans sa figure ce qu'il a dit dans son Commentaire, où il veut que *Lacunar* soit le dessous de l'Architrave; car il veut que l'espace dont il s'agit qui doit estre partagé en trois & demy, soit pris depuis le pavé d'embas jusqu'à l'extremité du haut de la corniche, c'est-à-dire depuis D, jusqu'à C. Bullant fait aussi la mesme chose; je ne sçay pas pour quelle raison, car il n'y a point de platfond au dessus de la grande corniche.

C'est pourquoy je me suis determiné au platfond du dedans du Portique marqué A: parceque l'autre platfond qui est celuy du larmier marqué B, ne répond pas au plancher d'embas, mais à la premiere marche du degré du Temple qui est plus basse que ce plancher.

1. CAR LE HAUT DOIT ESTRE PLUS ETROIT. Il se trouve peu d'exemples de cet étressissement des portes par enhaut. Le Temple de Tivoly qui est d'ordre Corinthien a non seulement sa porte, mais mesme ses fenestres ainsi retressies par enhaut. Les Interpretes ne donnent point de bonnes raisons de cette bizarre structure, il semble que la principale raison est que la porte se ferme d'elle-méme, lorsque la feuillure du costé des gonds est hors de son plomb de mesme que le jambage. Mais la porte a fort mauvaise grace estant ouverte, parceque le coin qui est opposé aux gonds par embas est beaucoup plus élevé que l'autre, celuy d'enhaut fait la mesme chose, ce qui oblige de faire l'embrasure fort élevée par enhaut.

2. PLUS ELLE SERA GRANDE. Cecy se faisoit par le principe suivant lequel la diminution des grandes colonnes par le haut devoit estre moindre que celle des petites, ainsi qu'il est enseigné au chapitre 2 du 3 livre. Ce principe est que la distance des choses qui sont fort élevées les fait paroitre plus petites, & ainsi on croyoit que les grandes portes auroient paru trop étroites par le haut, si on les avoit retressies suivant la proportion des petites. B

3. IL FAUT FAIRE LA CYMAISE DE LA SIXIE'ME PARTIE DU CHAMBRANLE. Cette Cymaise est si petite que je ne me puis empescher de croire qu'il y a icy une faute pareille à celle qui a déja esté remarquée au 3 chap. du 3 livre, lorsqu'il est parlé de la Cymaise de la Corniche Ionique qu'on fait aussi d'une sixiéme partie, & où je soupçonne que le copiste a mal lû le nombre qui estoit en chiffre, & qu'il a pris VII pour VI. Barbaro & J. Bullant dans leurs figures des portes Doriques ont fait cette Cymaise de la troisiéme partie du Chambranle, & non pas de la sixiéme: neanmoins Barbaro n'en dit rien dans son Commentaire, ce qui confirme l'opinion qu'on a qu'il n'a pas pris un grand soin de ses figures, & qu'il s'en rapportoit entierement à André Palladio, qui ayant une plus grande connoissance de l'Architecture par la veüe de l'Antiquité, que par le texte de Vitruve, y pouvoit souvent mettre beaucoup du sien. Et en effet dans cette mesme figure de la porte Dorique, il y a beaucoup d'autres choses qui ne sont pas suivant le texte, comme les proportions de la hauteur de la porte, & celles de l'*Hyperthyron* ou Frise. C

4. CETTE CYMAISE DOIT ESTRE LESBIENNE. Il a déja esté dit cy-devant que les Interpretes ne s'accordent point sur ce que c'est que la Cymaise Lesbienne, & comment elle differe de la Dorique: on pourroit croire qu'elles ne sont point differentes, parcequ'elles sont toutes deux employées dans l'ordre Dorique: car Vitruve parle au chapitre 3 de ce livre de la Cymaise Dorique qui est la moulure qu'il met immediatement sous le Larmier de la grande Corniche Dorique, & qu'il oppose à une autre Cymaise qui vray semblablement est la Lesbienne. Or quoy qu'il se trouve qu'en la pluspart des Corniches Doriques Antiques, la Cymaise qui est immediatement sous le larmier & celle qui est au dessus soient semblables, estant ce que nous apellons un Talon D; il est pourtant vray qu'il y a quelques Corniches, où la Cymaise de dessous le Larmier est le quart de rond L, ou le cavet C, & rarement on en trouve d'autre au dessus que la Cymaise D. Ce qui me fait conclure que la Cymaise D, que nous apellons talon, est la Cymaise Lesbienne. D

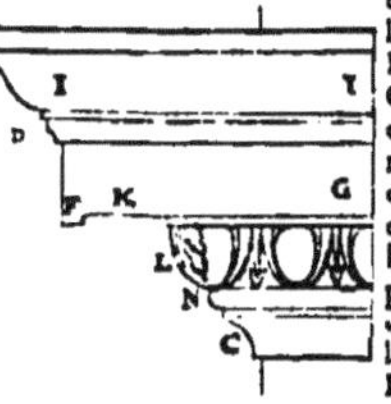

5. AVEC UN ASTRAGALE. Philander a crû que Vitruve entendoit que cet Astragale fust Lesbien de mesme que la Cymaise, & il donne la figure de l'Astragale Lesbien qui est proprement l'Echine ou quart de rond L: mais je ne crois point que Vitruve ait entendu parler d'autre Astragale que de celuy qui est decrit pour la Base Ionique qu'on apelle vulgairement baguette ou chapelet, & cet Astragale joint avec la Cymaise apellée talon D, se trouve dans l'Antique au haut des Architraves, ainsi qu'il est icy marqué A. E

6. L'HYPERTHYRON. Ce mot Grec signifie ce qui est au dessus de la porte, & il pourroit convenir, ainsi que Philander a crû, au Chambranle qui traverse, apellé *supercilium*: mais il est evident que ce doit estre autre chose, sçavoir cette partie qui est comme une frise posée sur le Chambranle traversant, qui luy tient lieu d'Architrave, & qui est marquée A dans la Planche XXIX.

de la

de la mesme largeur que le Chambranle qui traverse ; & à cet *hyperthyron* il faut faire [1] une CHAP. VI.
cymaise Dorique avec un astragale Lesbien, [2] qui ayent l'un & l'autre peu de saillie. Enfin il
faut poser [3] la couronne platte avec sa cymaise [4] qui aura autant de saillie que le Cham-
A branle d'enhaut a de largeur. Les saillies doivent estre telles que les extremitez des cymaises
debordant à droit & à gauche, [5] elles se joignent exactement.

Si l'on veut faire des portes d'ordre Ionique, il faut observer la mesme proportion qu'aux Doriques pour la hauteur de l'ouverture : mais pour trouver la largeur, il faut diviser la hauteur en deux parties & demie, & en donner une & demie à la largeur d'embas ; le retressissement du haut se doit faire comme aux Portes Doriques : la largeur du Chambranle sera de la quatorziéme partie de la hauteur de l'ouverture de la Porte, la cymaise du Chambranle sera de la sixiéme partie de sa largeur, le reste de cette largeur estant divisé en douze parties,
on en donnera trois [6] à la premiere *face* y comprenant son astragale, quatre à la seconde, & *Corsa.*
B cinq à la troisiéme : ces faces avec leur astragale regneront aux trois costez du Chambranle. L'*hyperthyron* sera de la mesme proportion que celuy de la Porte Dorique. [7] Les *Qui est sur la porte.*

1. UNE CYMAISE DORIQUE AVEC UN ASTRAGALE LESBIEN. La Cymaise Dorique, ainsi qu'il a esté dit, est le membre C, l'Astragale Lesbien est celuy qui est marqué L, lorsqu'il est petit. Mais il a fallu deviner quelles doivent estre les proportions de ces moulures. Barbaro dans sa figure, & Bullant qui l'a copiée, ont donné à ces deux membres ensemble le quart de la hauteur du Chambranle & de l'*Hyperthyron* ou Frise joints ensemble,

C

mais ils n'ont point donné à l'*Hyperthyron* la hauteur que Vitruve prescrit, qui est celle de tout le Chambranle. Pour suivre en quelque façon le goust de ces Auteurs, en observant ce qui est ordonné par le texte, j'ay fait l'*Hyperthyron* de la hauteur de tout le Chambranle, & j'ay donné aux deux moulures ensemble le tiers de l'*Hyperthyron*, & par ce moyen elles ont à l'égard de la grandeur de toute la porte la mesme proportion que ces deux Architectes luy ont donnée.

2. QUI AYENT L'UN ET L'AUTRE PEU DE SAILLIE. Philander entend *sima scalptura* une sculpture peu relevée, & il croit que l'essence de l'Astragale Lesbien consistoit en ce que la sculpture
D qu'on y faisoit avoit peu de relief : mais il n'y a point d'apparence que la sculpture fist la difference d'un membre de moulure : j'ay suivy l'interpretation de Barbaro, qui entend que *scalptura* ne signifie point icy la sculpture, mais la maniere de tailler les moulures qui, selon Vitruve, doivent avoir autant de saillie que de hauteur ; de sorte qu'en cet endroit une moulure *sima scalptura* signifie une moulure qui a beaucoup moins de saillie que de hauteur.

3. LA COURONNE PLATTE. On ne voit point dans les restes de l'Antiquité aucun exemple de cette maniere de Corniche, où la Couronne ou Larmier ait de hauteur cinq fois plus qu'il n'a de saillie. C'est pourquoy elle est apellée platte avec beaucoup de raison.

4. QUI AURA AUTANT DE SAILLIE QUE LE CHAMBRANLE D'ENHAUT A DE LARGEUR. Il faut necessaire-
E ment comprendre dans cette saillie non seulement celle de la Couronne, & de sa derniere Cymaise, mais mesme la saillie de la Cymaise Dorique & de l'Astragale Lesbien, autrement on ne trouveroit pas assez d'espace entre les Tailloirs des chapiteaux, contre lesquels la derniere Cymaise de la Couronne plate touche quand il n'y a point de Portique, & que la colonne est attachée au mur : car quand mesme il y auroit un Portique, & que la colonne seroit assez éloignée du mur pour laisser la liberté à cette Cymaise de la Couronne plate de passer l'alignement de la Cymaise du Tailloir du chapiteau, il ne seroit pas raisonnable de luy donner tant de saillie, parcequ'il ne faut pas que les proportions soient differentes, soit que ces colonnes fassent un Portique ou qu'elles n'en fassent pas.

5. ELLES SE JOIGNENT EXACTEMENT. Cet endroit est fort obscur, ayant deux difficultez ; la premiere est de sçavoir ce que Vitruve entend par *in ungue convergi*. Barbaro & Durantino ont traduit *se congnent ensemble, si congiungono insieme*. Cisaranus & Caporali n'ont point traduit ce mot, & ils ont laissé le latin : mais dans leurs Commentaires ils donnent à entendre que cela signifie une jointure subtile de deux extremitez qui sont minces comme des ongles, ce qui ne me semble point bien expliquer la chose ; parceque cette jointure subtile est particuliere à la menuiserie d'assemblage, où les retours & les angles sont formez de deux pieces, ce qui n'est point aux ouvrages de pierre. Nos ouvriers font deux especes de retour des moulures, l'un est apellé simplement *à angle*, qui est commun à toutes les moulures des corniches, qui dans leur retour conservent le mesme niveau, l'autre est apellé *à onglet*, qui est le retour des moulures des Chambranles ou des Quadres ; & on auroit pû dire que ce mot d'*onglet* des ouvriers vient de l'*in ungue* de Vitruve, s'il s'agissoit icy du retour des moulures des Chambranles. C'est pourquoy je n'ay point traduit *in ungue, à onglet*, comme J. Martin, mais *exactement*, supposant que Vitruve a mis *in ungue* pour *ad unguem*. La seconde difficulté est de sçavoir quelles sont les Cymaises qui doivent estre jointes exactement. Mais si la figure qui est icy, & celles que Barbaro & J. Bullant ont faites de la porte Dorique sont veritables, je croy que Vitruve entend parler de la Cymaise qui est sur la Couronne platte & de celle du Tailloir du chapiteau, soit des colonnes, soit des pillastres qui sont aux costez de la porte : car les extremitez de ces deux Cymaises se touchent & se joignent de si prés & d'une maniere si particuliere, sçavoir au droit d'L, que ce n'est pas sans raison qu'il est dit *qu'elles se joignent exactement* ; car si cette jointure s'entendoit des angles & des retours d'une moulure il auroit esté inutile de dire qu'elle doit estre juste, parceque cela est commun à tous les angles que font les moulures ; mais il est tout-à-fait particulier aux deux extremitez de ces Cymaises de se toucher comme elles font.

6. LA PREMIERE FACE. Personne ne doute que *Corsa* ne soit cette face ou platte-bande qui tourne au tour du Chambranle dans la Planche XXX, mais on ne sçait point certainement d'où vient ce nom. Baldus croit qu'il est pris du mot grec *Corsa*, qui signifie la temple. Il y auroit neanmoins plus d'apparence qu'il viendroit du grec *Corses* qui signifie rasé, parceque cet endroit dans les Chambranles & dans les Architraves n'a que fort rarement des ornemens, & est toujours poly & dénué de tout ce qui peut rendre la pierre comme veluë & herissée.

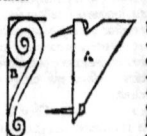

7. LES CONSOLES APELLÉES PROTHYRIDES. Il y a apparence que les consoles ont esté apellées *ancones*, à cause de la ressemblance que *ancon*, qui est un Equerre marqué A, a avec la console B ; ou plutost à cause de la ressemblance qu'il y a entre l'usage d'une Equerre A, qui soûtient une tablette, & une console B, qui soûtient la Corniche qui couvre le dessus d'une porte ou d'une fenestre. Les consoles sont apellées *Prothyrides* du mot *Thyra*, qui signifie une porte, à cause qu'elles estoient aux costez des portes.

Chap. VI. consoles appellées *Prothyrides* seront taillées à droit & à gauche, & descendront jusqu'au bas A
de la partie du Chambranle qui traverse, sans comprendre le fueillage qu'elles ont au bas. Leur largeur par le haut doit estre de la troisiéme partie de celle du Chambranle & par le bas il faut qu'elles soient plus étroites d'une quatriéme partie que par le haut.

¹ La menuiserie des *Portes* doit estre faite de telle sorte ² que *les montans où sont les gonds*, soient larges de la dix-huitiéme partie de la hauteur de l'ouverture de la Porte ; ³ que les *panneaux* qui sont entre les montans ayent trois parties de douze ; que ⁴ les *traversans* soient tellement espacez que les hauteurs, ayant esté divisées en cinq, on en marque deux pour la partie d'en haut, & trois pour celle d'embas ; que ⁵ le traversant du milieu soit placé un peu plus haut que le milieu, & que les autres ⁶ soient joints l'un en haut & l'autre en bas ; que la largeur du traversant soit de la troisiéme partie du panneau, & la cymaise de la sixiéme partie du traversant ; que les épaisseurs des montans soient de la moitié du tra- B
versant : que ⁷ le *chassis* des panneaux soit large de cette moitié & de la sixiéme partie : enfin que les montans qui font le ⁸ second assemblage ayent la moitié du traversant. Si les Portes sont à deux batans, il ne faudra rien changer aux hauteurs de toutes ces parties, mais seulement augmenter leur largeur : neantmoins ⁹ si la porte est coupée en quatre, il sera necessaire d'ajoûter quelque chose a la hauteur.

1. La menuiserie des portes. J'ay interpreté par une circonlocution le mot de *fores*, à cause qu'il n'y en a point en françois pour l'exprimer. Quelques-uns croyent neanmoins que le mot d'huys signifie la menuiserie qui ferme la porte : mais la plus commune opinion est qu'il signifie seulement une petite porte, & non pas ce qui la ferme.

2. Que les montans ou sont les gonds soient de la dixhuitiéme partie. La description de cette menuiserie me semble bien embarassée. Les Interpretes neanmoins ne se sont gueres mis en peine de l'expliquer, & ils se sont contentez de designer les differentes parties qui la composent sans faire quadrer leurs proportions au texte : & à la verité cela est impossible à cause des contradictions qui s'y rencontrent. J'ay neanmoins trouvé qu'en changeant seulement un mot dont la corruption est fort probable, j'y pouvois trouver mon compte : car supposant qu'il y a *parte duodevigesima* au lieu de *duodecima* ; c'est-à-dire en donnant à la largeur des montans la dix-huitiéme partie de leur hauteur au lieu de la douziéme, presque toutes les autres mesures se rencontrent veritables. Quelques Interpretes entendent que cette douziéme partie soit donnée aux montans pardessus la grandeur de la porte pour en faire les gonds : mais le texte ne dit point cela, si ce n'est que l'on oste *ex*, & que l'on ajoûte *longiores*, en lisant, *sint altitudine luminis totius duodecima parte longiores* : cependant il y a seulement *sint ex altitudine luminis totius duodecima*, ou *duodevigesima parte*. C'est-à-dire qu'ils soient de la douziéme ou dixhuitiéme partie, car le mot de large que j'ajoûte se doit necessairement entendre, parceque cette mesure ne pouvant se rapporter à leur longueur, qui doit estre du moins de toutes les douze parties, elle ne peut appartenir qu'à la largeur.

3. Que les panneaux qui sont entre les montans. Il est tout-à-fait impossible de trouver du sens en cet endroit, car cette mesure ne sçauroit estre pour la largeur des panneaux qui sont entre les montans, parcequ'ils n'en ont point de certaine, allant toujours en étressissant depuis le bas jusqu'au haut, de mesme que l'ouverture de la porte. Cette mesure n'est point aussi pour leur longueur, car il n'est parlé que d'une mesure, & il y a deux panneaux dont la grandeur est differente, parceque celuy du bas de la porte est beaucoup plus grand que celuy du haut, leur proportion estant telle que celuy d'embas est plus grand d'un tiers que celuy d'enhaut.

4. Les traversans. Ce mot *impages*, signifie en general les pieces qui composent le chassis qui enferme un panneau. L'etymologie, selon Sextus, vient de *pangere* qui signifie ficher & cloüer, en sorte que *compages fit ex impagibus*. Mais parceque ces pieces de bois qui font un chassis, sont de deux sortes, sçavoir celles qui vont en montant, & celles qui traversent, j'ay crû qu'ayant interpreté *scapus*, *les montans*, je devois traduire *impages*, *les traversans*.

5. Le traversant du milieu. Bien que Vitruve ait mis *impages* au plurier suivant sa coûtume, qui est de n'estre pas exact en ces choses, je mets *le traversant* au singulier, parcequ'il n'y en a qu'un au milieu. Barbaro explique *medii impages*, *duodenae regulae*, *des Demy-traversans*, c'est-à-dire qui sont plus étroits de la moitié que les autres, ce qui auroit mauvaise grace en Menuiserie. J'ay mieux aimé interpreter *medii impages*, *les traversans du milieu*, c'est-à dire qui sont entre les deux autres traversans qui sont aux extremitez, mais qui ne sont pas également distans de l'un & de l'autre de ces traversans des extremitez ; ce que signifient les mots *supra medium*, que j'ay crû devoir traduire, *plus hauts que le milieu*. C

6. Soient joints l'un en haut et l'autre en bas. Il est aisé d'entendre qu'il faut qu'ils soient joints avec les montans.

7. Le chassis des panneaux. Turnebus confesse qu'il ne sçait ce que c'est que *Replum* : Saumaise croit qu'il est dit *quasi replicatum*. Philander veut que ce soit une corniche qui soit au dessus du traversant ; & il se fonde sur ce que Vitruve rapporte au chapitre 17 du 10 livre, où il semble expliquer ce que c'est que *replum*, quand il dit *replum quod est operimentum*. Berjanus en son livre *de obscuris locis in opere Ionico*, prend *replum* pour le poteau du milieu qui est commun aux deux battans, & qui en couvre la jointure. Baldus croit que c'est la partie qui est tout au tour du panneau ou tympan, & qui l'enferme comme un chassis. Cette opinion que j'ay suivie me semble la plus probable. D

8. Le second assemblage. *Secundum pagmentum* est celuy qui est fait des membrures LL, qui enferment les autres membrures II, apellées *repla*, & les panneaux KK. Ce second assemblage est different du premier assemblage, qui est composé des montans EE, & des traversans FGH. Barbaro croit qu'il estoit appliqué par derriere, mais il n'explique point autrement comme il l'entend. Je croy qu'il faut corriger quelque chose à cet endroit & lire *scapi qui faciunt secundum pagmentum* au lieu de *scapi qui sunt ante secundum pagmentum* ; n'y ayant rien de si facile que de faire *sunt ante* de *faciunt*. E

9. Si la porte est couppée en quatre. Le mot

EXPLICATION DE LA PLANCHE XXX.

*Cette Figure donne les proportions de la Porte Ionique, tant pour ce qui appartient à la Maçonnerie, que pour ce qui regarde la Menuiserie. A A, sont deux parties du Chambranle, la troisiéme estant cachée par la colonne. B, est l'*Hyperthyron. *C, est une des Consoles apellées* Prothyrides. *L'ordre Corinthien n'a point de Porte particuliere comme le Dorique & l'Ionique.*

CHAP. VI. Les Portes Atticurges se font de la mesme maniere que les Doriques ; la seule difference A est qu'aux Chambranles on fait des *plattebandes* sous les cymaises, dont la mesure est que ce qui reste du Chambranle hors la cymaise estant divisé en sept, [2] on leur en donne deux : de plus ces Portes [2] ne sont point ornées [3] de *marqueterie* ; elles ne sont point aussi *à deux battans*, [4] n'en ayant qu'un [5] qui s'ouvre en dehors.

Cera. Cerostrota. Lunia.

Aprés avoir expliqué les manieres de bâtir les temples selon l'ordre Dorique Ionique & Corinthien suivant les regles que j'ay trouvé les plus certaines, je vais traiter de ce qui appartient au Toscan & comme il le faut ordonner.

quadrifores que je traduis *couppé en quatre* est ambigu ; car il signifie indifferemment & les portes à deux battans dont chacun est brisé de haut en bas, que les Latins apelloient *conduplicabiles* ; & celles dont chaque battant estoit couppé en travers, que les Grecs apelloient *diclides*, c'est-à-dire à deux clefs, parceque les deux battans ou volets d'enhaut estoient fermez par une serrure, & les deux battans d'embas par une autre.

2. On luy en donne deux. Cette plattebande qui est mise sous la cymaise est bien petite, & laisse un grand espace de reste qui rend ce chambranle nû & bien plus simple qu'en l'ordre Ionique où il y a trois plattebandes. Ce qui fait croire raisonnablement que cette porte, que Vitruve apelle Atticurge, n'est point pour l'ordre Corinthien, mais que cet Atticurge estoit un ordre particulier, ainsi que Pline le témoigne, qui outre les ordres Toscan, Dorique, Ionique & Corinthien, en met un cinquiéme qu'il apelle Attique, & dont il dit que les colonnes estoient quarrées. Et il y a apparence que cet ordre Attique estoit moyen entre le Dorique & l'Ionique, car sa base qui a esté cy-devant décrite est plus simple que l'Ionique, n'ayant que quatre membres, sçavoir un Plinthe, deux Tores & une Scotie, au lieu que l'Ionique en a six, sçavoir un Plinthe, deux Scoties, deux Astragales & un Tore. Il se voit encore dans les ruines d'Argos quelques restes de cet ordre Attique. Les chapiteaux qui sont aux colonnes de la figure de la porte Attique, ont esté dessinez sur le lieu, & m'ont esté communiquez par M. de Monceaux.

2. Ne sont point ornées. Dans mon manuscrit au lieu de *ipsaque forium ornamenta non sunt cerostrota neque bifora, sed valvata*, je trouve *ipsaque fores non sunt cerostrota neque bifores sed valvata* : ce texte me semble plus raisonnable que celuy des exemplaires imprimez, parceque le mot d'*ornamenta* est inutile à l'égard de *cerostrota*, & il ne sçauroit s'accommoder avec *bifora* ny avec *valvata*.

3. De marqueterie. J'ay crû que le mot de *marqueterie* comprenoit les diverses significations que les Auteurs donnent au mot *cerostrota*, qui se trouve aussi dans Pline, parmy les B differentes especes de Peinture. Saumaise estime qu'il faut lire *cestrota*, comme venant du mot grec *cestron*, qui signifie une broche de fer ; parcequ'on brûloit avec une broche de fer le bois par compartimens, ce qui se fait encore dans nostre marqueterie, lorsqu'on donne par le moyen du feu aux petites pieces de bois dont elle est composée, une noirceur pour representer les ombrages. Cet Auteur croit neanmoins qu'on peut retenir le mot de *cerostrota*, parceque pour mieux brûler le bois on le frottoit de cire ; mais il avoüe qu'il faudroit écrire *cerostrota*, pour signifier que la cire servoit à cet ouvrage. De sorte que je trouve que l'opinion de Philander qui fait venir *cerostrota* de *cornu* qui signifie de la corne dont on se servoit pour faire de la marqueterie, l'ayant teinte de plusieurs couleurs, a assez de probabilité pour me determiner à preferer un mot à une circonlocution dont il auroit fallu se servir en suivant l'opinion de Saumaise.

4. N'en ayant qu'un. J'ay crû que *fores valvatae* devoit signifier une porte simple & qui n'a qu'un battant, puisqu'elle est opposée à celle qui en a deux, que les Romains apelloient *bifores* : car bien que *valvae* signifie ordinairement les deux battans d'une porte, il est vray que ce mot n'a cette signification qu'à cause qu'il est au pluriel, & encore n'a-t-il pas semblé à Ovide que le pluriel fust suffisant pour cela, quand il a dit *argenti* C *bifores radiabant lumine valvae* ; car il a jugé que *valvae* sans *bifores* n'auroit pas signifié une porte à deux battans.

5. Qui s'ouvre en dehors. Cela repugne à l'etymologie que les Grammairiens donnent au mot *Valva* : Car ils disent que ces sortes de portes sont ainsi appellées *quod intus volvantur*.

EXPLICATION DE LA PLANCHE XXXI. D

Cette Figure fait voir les proportions tant de la Maçonnerie que de la Menuiserie des portes Atticurges. On a donné à l'Architrave les proportions qui sont prescrites pour le Chambranle, qui d'ordinaire a les mesmes membres que l'Architrave, parceque l'on n'a rien d'ailleurs d'où l'on puisse tirer quelque lumiere pour cet ordre. La Porte n'a qu'un battant, & ses charnieres font voir qu'elle s'ouvre en dehors.

Planche XXXI

CHA. VII. A

CHAPITRE VII.

Des Temples à la maniere Toscane.

LA longueur de la place où on veut bâtir un Temple à la maniere Toscane, estant divisée en six parties, il en faut prendre cinq pour la largeur. Aprés avoir partagé la longueur en deux parties, celle de derriere sera pour les chapelles, & celle de devant pour les colonnes. La largeur se doit diviser en dix parties, dont il faut laisser trois à droit & trois à gauche, qui seront pour les petites chapelles ou pour les ailes s'il y en a; les quatre autres seront pour le milieu. L'espace qui fait le porche au devant du Temple, sera tellement partagé pour placer les colonnes, que celles des coins soient au droit des antes qui B sont au bout des murs, & que devant les murs qui sont entre les antes & le milieu du Temple il y ait deux autres colonnes, disposées de telle sorte qu'elles soient entre les antes; & qu'entre ces colonnes de devant, [1] il y en ait d'autres disposées de la mesme maniere. *

La grosseur des colonnes par embas doit estre [2] la septiéme partie de leur hauteur, & cet- * te hauteur doit estre la troisiéme partie de la largeur du Temple. La colonne doit s'etressir par le haut de la quatriéme partie de la grosseur qu'elle a par le bas. Il faut donner aux bases la moitié de la grosseur du bas des colonnes. Le Plinthe des bases qu'il faut faire rond, [illegible] doit estre épais de la moitié de la base, & le Tore avec le [3] *Congé* doivent ensemble avoir au- * tant de hauteur que le Plinthe. La hauteur du chapiteau sera de la moitié de la grosseur de la colonne, & on fera la largeur du Tailloir égale à toute cette grosseur. La hauteur du chapiteau estant divisée en trois, il en faut donner une au Plinthe qui luy sert de Tailloir, C l'autre à l'Echine [4] & la troisiéme à la Gorge avec l'Astragale & le Congé. *

1. IL Y EN AIT D'AUTRES DISPOSÉES DE LA MESME MANIERE. Jocundus & Barbaro sont d'avis differens sur la disposition des colonnes du Temple Toscan de la maniere qu'elle est icy décrite. Jocundus met trois colonnes au devant de chaque ante, & deux autres rangs de trois, ce qui fait en tout douze colonnes, quatre de front & trois dans le retour. Barbaro ne met qu'une colonne devant chaque ante, ainsi qu'il se voit dans sa figure que j'ay suivie, parceque je trouve qu'elle explique mieux le texte, ainsi qu'il se peut voir en le rapportant à la figure de la Planche XXXII.

2. LA SEPTIÉME PARTIE DE LEUR HAUTEUR. C'est avec raison que Philander s'étonne de cette proportion de la colonne Toscane, sçavoir qu'estant plus grossiere dans ses ornemens que toutes les autres, elle ne soit pas plus courte que la Dorique, qui n'a aussi de hauteur que sept diametres. Mais la colonne Trajane qui est d'ordre Toscan est encore plus disproportionnée, car elle a plus de huit de ses diametres de hauteur. Il est vray que les colonnes Doriques du derriere des Theatres dont il est parlé au 9 chapitre du 5 livre, avoient huit diametres & demy.

3. LE CONGÉ. Ce que Vitruve apelle icy *Apophygis* qui signifie fuite, est apellé cy-devant au premier chapitre de ce livre *Apotheſis*. C'est ce que nos Ouvriers apellent *congé* ou *naissance*.

4. ET LA TROISIÉME A LA GORGE. Il y a dans tous les exemplaires *Capituli crassitudo dividatur in partes tres, è quibus una Plintho, quae est pro abaco detur, altera Echino: tertia Hypotrachelio & apophygi.* Philander lit, *tertia Hypotrachelio cum astragalo & apophygi.* J'ay lû comme luy, & je suppose qu'il se fonde sur quelque exemplaire authentique, mais je l'entens autrement que luy. Il pretend que l'Astragale & le Congé dont Vitruve parle, sont l'Astragale, & le Congé du fust de la colonne; car il dit qu'il ne doit point y avoir d'Astragale dans le chapiteau. Mais je crois que l'Astragale & le Congé dont Vitruve parle, doit estre donné au chapiteau outre l'Astragale & le Congé qui appartiennent au fust de la colonne. Premierement parceque le texte suivant la restitution de Philander, le dit expressément, puisqu'il met ce Congé & cet Astragale dans la D troisiéme partie du chapiteau, & qu'il est constant que l'Astragale & le congé qui sont au haut du fust des colonnes, leur appartient, & que ces membres ne sont point une partie du chapiteau. En second lieu parmy le peu d'exemples que nous avons de l'ordre Toscan des Anciens, la colonne Trajane qui est un des plus illustres, a cet Astragale & ce Congé sous l'Echine ou quart de rond du chapiteau; en sorte qu'il n'y a que le Congé qui appartienne au fust de la colonne, l'Astragale estant manifestement du chapiteau, ainsi qu'il paroist de ce qu'il est taillé de sculpture

EXPLICATION DE LA PLANCHE XXXII.

Cette Figure fait voir la disposition & les proportions du Temple à la Toscane. Le texte est si obscur que les Interpretes l'ont entendu diversement. Je le mets au long avec des renvois à la Figure. E

Spatium quod erit ante cellas in Pronao, ita columnis designetur, ut angulares (AA) contra antas (BB) parietum extremorum (CB) è regione collocentur. Duae mediae (DD) è regione parietum (EE) qui inter antas (BB) & mediam aedem (F) fuerint, ita distribuantur, ut (illae) inter antas (BB) & (inter) columnas priores (AA) per medium, iisdem regionibus, altera (scilicet GG) disponantur.

L'espace qui fait le Porche au devant du Temple sera tellement partagé pour placer les colonnes, que les Angulaires (AA) soient au droit des Antes (BB) qui sont au bout des murs (CB) & que devant les murailles (EE) qui sont entre les Antes (BB) & le milieu du Temple (F) il y en ait deux autres (DD,) disposées en telle sorte qu'elles soient entre les Antes (BB,) & qu'entre les colonnes de devant (AA) il y en ait d'autres (GG) disposées de la mesme maniere.

Cette Explication est pour le Plan. L'Elevation est faite suivant la forme & les proportions qui sont prescrites en suite pour l'ordre Toscan.

Planche XXXII.

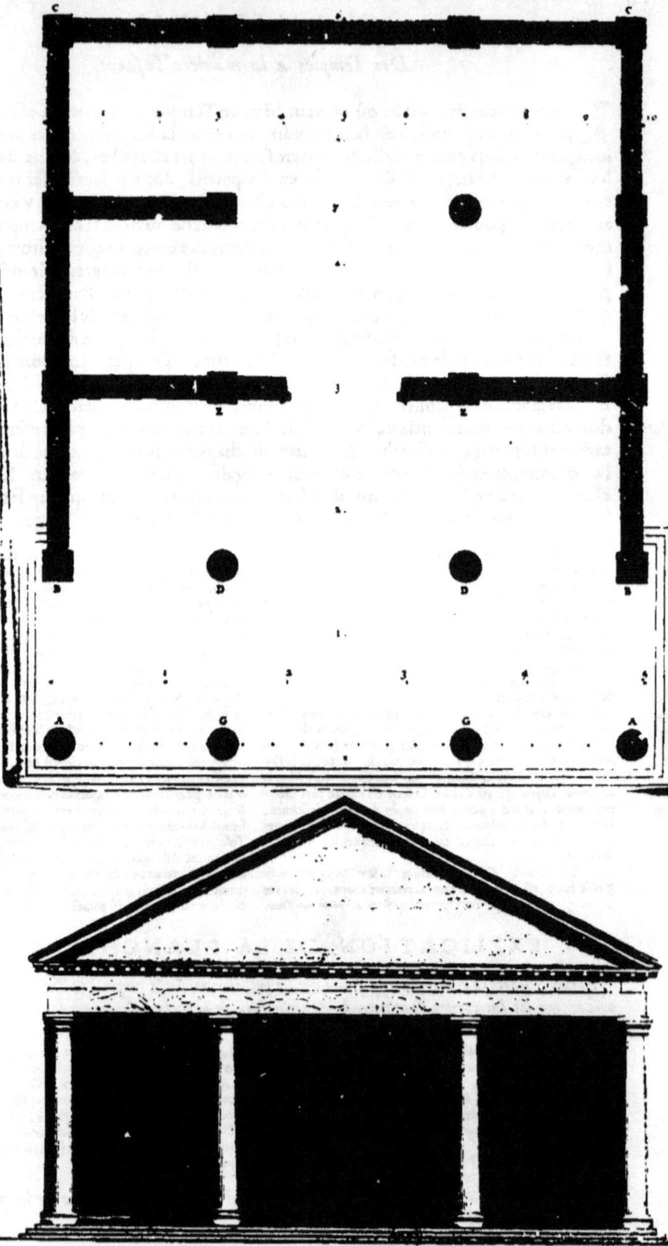

Tournier sculp.

CHA. VII.

Trabes compactiles.

Subſcudes. Securiclæ.

On mettra ſur les colonnes des pieces de bois jointes enſemble, afin qu'elles faſſent un *aſſemblage* qui ſoit de la hauteur que demande le module de l'ouvrage, & qu'eſtant ainſi jointes, [1] elles égalent la largeur du haut des colonnes. Cet aſſemblage fait par le moyen de pluſieurs [2] *tenons en queuë d'aronde*, doit laiſſer entre chaque piece de bois un vuide de la largeur de deux doigts: car ſi elles ſe touchoient, elles s'échaufferoient faute d'avoir de l'air & ſe pourriroient bien-toſt. A

Tympanum.

Columen, Cantherii, Templa.

Tertiarium.

[3] Ces pieces de bois avec les murs qui ſont deſſus, & les mutules qui font ſaillie, auront tous enſemble la quatriéme partie de la hauteur de la colonne. Il faudra ſur les bouts des poutres qui ſont aux faces, cloüer [4] des aix, & ſur cela elever le *fronton* de maçonnerie ou de charpenterie qui ſoûtienne [5] *le faiſtage*, *les forces* & *les pannes*; le tout de telle ſorte que la pente du toit ſoit pareille à celle [6] du *fronton* qui doit eſtre fort élevé.

de meſme que le quart de rond; ce qui ne ſe fait point au fuſt d'une colonne. Scamozzi qui a recherché avec beaucoup de ſoin dans les reſtes de l'Antiquité ce qui appartient à l'ordre Toſcan, & qui de toutes les remarques en a composé & formé un à ſa fantaiſie, met cet Aſtragale & ce Congé ſous le quart de rond, outre l'Aſtragale & le Congé du fuſt de la colonne; mais il n'a point obſervé d'ailleurs les proportions que Vitruve donne. Les autres Architectes n'ont point ſuivy non plus le texte de Vitruve: car quelques-uns, comme Serlio & Vignolle, ont fait entrer le petit quarré dans la ſeconde partie du chapiteau que Vitruve donne toute entiere au quart de rond: les autres, comme Palladio, ont mis le petit quarré ſans Aſtragale dans la troiſiéme partie au deſſous du quart de rond.

1. ELLES EGALENT LA LARGEUR DU HAUT DES COLONNES. Le texte eſt obſcur pour eſtre trop concis: car il ſeroit neceſſaire qu'il euſt expliqué de quel ſens les pieces de bois ſont jointes, & ſi cette grandeur qu'elles doivent avoir eſtant jointes enſemble, ne doit eſtre entenduë que de leur largeur, qui eſt l'endroit par lequel elles poſent ſur la colonne, ou ſi elle ſe doit auſſi entendre de leur hauteur. Palladio ſemble avoir expliqué cet endroit ſuivant la premiere maniere, parceque l'Architrave qu'il a mis dans ſa figure, ne paroiſt que d'une piece de bois, ou ſi il y en a deux, elles ſont deux fois auſſi larges qu'épaiſſes, & il faut entendre qu'elles ſont poſées ſur le champ, & jointes par les queuës d'aronde, eſtant coſte à coſte & non pas l'une ſur l'autre. Je les ay faites ainſi dans la figure de la Planche XXXIII, où EE eſt le deſſous des deux poutres qui compoſent l'Architrave.

2. TENONS EN QUEUE D'ARONDE. Ces tenons que les Latins apelloient *ſubſcudes* eſtoient de deux ſortes, les uns ſimples, & que nos menuiſiers apellent clefs, leſquels eſtant enfermez dans deux mortaiſes, ſont arreſtez avec deux chevilles comme en AA; les autres eſtoient mis en dehors & taillez en queuë d'aronde, & parcequ'ils reſſemblent à de petites cognées comme repreſente la figure B, on les apelloit *ſecuriclæ*: c'eſt auſſi à cauſe de leur figure que nous les apellons queuë d'aronde ou d'irondelle, parceque la queuë de cet oyſeau va en s'élargiſſant de meſme que ces tenons.

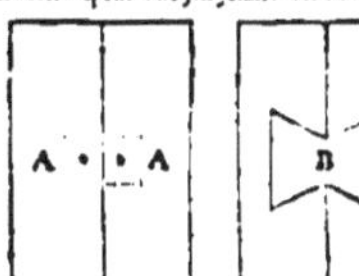

3. CES PIECES DE BOIS AVEC LES MURS QUI SONT DESSUS. C'eſt-à-dire que ſur les pieces de bois ou poitrails qui ſervoient d'architrave en l'ordre Toſcan, on poſoit les poutres au droit des colonnes, qu'entre les poutres on maçonnoit un petit mur qui ſervoit de friſe, ſur laquelle les bouts des chevrons venoient poſer, que ces chevrons debordoient pour ſoutenir l'entablement, ou plutoſt le larmier & la corniche; & que tout cela enſemble faiſoit la quatrieme partie de la hauteur de la Colonne. C'eſt là ce qu'il ſemble que le texte Latin veut dire. Car je ne croy pas qu'il y ait apparence que la ſaillie des bouts des chevrons qui ſont appellez mutules, ſoit de la quatriéme partie de la Colonne, ainſi qu'il ſemble que le texte veüille faire entendre. La verité eſt neantmoins que cet endroit eſt fort obſcur, & je ne pretens pas que l'explication que je donne, puiſſe paſſer pour autre choſe que pour celle d'un enigme. B

4. DES AIX. J'ay ſuivy l'interpretation de Philander qui ne croit point que *antepagmenta*, que j'interprete *des aix*, doivent ſignifier *des chambranles*; car il ne s'agit point de porte ny de feneſtres, mais de l'entablement composé d'Architrave, Friſe & Corniche; & il y a apparence que Vitruve s'eſt ſervy icy du mot *antepagmentum*, pour ſignifier, ſuivant ſon etymologie, une choſe qui eſt cloüée ſur une autre. C

5. LE FAISTAGE. Il a eſté dit ſur le 2. chapitre de ce livre qu'ordinairement les mots de *columen* & de *culmen* ſignifient indifferemment le faiſtage, & qu'en cet endroit-là Vitruve les diſtingue, prenant *culmen* pour le faiſtage, & *columen* pour le poinçon. Cela me ſemble ſi bien étably par le texte du 2 chapitre, que je ne fais point de difficulté de mettre icy *culmen* au lieu de *columen*, parcequ'il eſt evident que Vitruve n'entend point parler icy du poinçon, mais de quelque choſe qui eſt plus haut que le poinçon.

6. DU FRONTON QUI DOIT ESTRE FORT ELEVÉ. Laët dans ſon augmentation du Dictionaire de Baldus donne une explication fort probable au mot de *Tertiarium* dont Vitruve ſe ſert en cet endroit, quand il dit qu'il ſignifie le fronton: mais il me ſemble que Laët n'en a pas aſſez dit, & que *Tertiarium* ſignifie autre choſe qu'un fronton generalement pris. Car il ſeroit inutile de dire que le toit doit repondre au fronton puiſque cela eſt commun a tous les ordres où le toit répond toujours au fronton, du moins dans tous les ouvrages antiques: il eſt vray que les Architectes modernes en uſent autrement & fort mal, lorſque dans un Portail ils font le fronton à l'antique, c'eſt-à-dire avec un angle obtus, & le toit à la moderne, avec un angle aigu; mais il n'y a point d'apparence que Vitruve ait D

EXPLICATION DE LA PLANCHE XXXIII.

Cette Planche fait voir les proportions de l'ordre Toſcan, & principalement de quelle maniere les Architectes ont expliqué diverſement ce que le texte de Vitruve a d'ambigu touchant le chapiteau. A, eſt le chapiteau ſelon Philander, qui veut que l'Aſtragale du haut de la colonne ſoit compris dans la troiſiéme partie du chapiteau. B, eſt celuy de Serlio & de Vignole, qui ne mettent ſous le quart de rond qu'un filet, & qui donnent à la gorge du chapiteau toute la troiſiéme partie. C, eſt celuy de Palladio, qui ne met auſſi qu'un filet ſous le quart de rond, mais qui le prend dans la troiſiéme partie, laiſſant toute la ſeconde au quart de rond ſelon le texte de Vitruve. La quatriéme maniere eſt ſelon le texte de Vitruve, ayant ſous le quart de rond un Aſtragale & un filet pris dans la troiſiéme partie. D, eſt le haut de la colonne qui regle la largeur de l'Architrave. EE, ſont les deux poutres qui compoſent l'Architrave, & qui ſont jointes par la clef à queuë d'aronde marquée F. Elles ſont veuës par deſſous. E

On fait

Planche XXXIII.

Tournier sculp.

CHA. VII. On fait des Temples ronds, dont ceux qui n'ont que des colonnes sans murailles au A dedans, s'apellent [1] *Monopteres*, les autres sont apellez *Peripteres*. [2] Ceux qui n'ont point * *

Qui n'ont que l'aile.

Qui ont une aile tout autour.

peu qu'à quinze ou seize siecles aprés luy, on tomberoit dans cette erreur, dans laquelle on n'estoit point de son temps. Il semble donc que Vitruve vueille faire entendre que le fronton de l'ordre Toscan a une proportion particuliere. C'est pourquoy je crois qu'il a voulu dire que l'ordre Toscan estant plus ferme & plus durable que les autres par les proportions de ses colonnes, il demandoit à avoir aussi dans son toit une disposition avantageuse à la solidité par cette elevation du faistage qui diminuë la poussée des Forces, dont tout le toit est soutenu, & qui donne une plus grande facilité à l'écoulement des eaux. Turnebe qui a entendu comme nous par *Tertiarium* une chose dont une partie est le tiers du tout, applique ce mot à la saillie du toit qu'il dit devoir estre la troisiéme partie de tout le toit: ce qui est sans raison, ce me semble, parceque la grandeur des saillies n'a que faire d'estre proportionnée au toit, mais bien à la hauteur du mur qui demande à estre couvert par une plus grande saillie, plus il est haut; ce qui n'est point necessaire à un grand toit qui jette son eau plus loin plus il est grand, à cause que la quantité qu'il en amasse, & la longueur de son cours, la fait tomber avec assez d'impetuosité pour n'avoir pas besoin d'une grande saillie pour cela.

1. MONOPTERES. Les Temples qui n'avoient que l'aile, c'est-à-dire dont le toit n'estoit posé que sur des colonnes sans avoir de murailles, estoient apellez Monopteres. Tous les Interpretes ont entendu par Monoptere un Temple qui n'a qu'une aile, comme si Monoptere estoit opposé à Diptere, c'est-à-dire qui a deux ailes, & que ce mot fût composé de l'adjectif *monos* qui signifie *seul*, & non pas de l'adverbe *monon* qui signifie *seulement*, ainsi qu'il fait dans le mot *Monogramme*, qui signifie une peinture qui n'a que le simple trait, & non pas une peinture qui n'a qu'un seul trait: Car la peinture Monogramme a plusieurs traits, mais ces traits n'estant point accompagnez des ombres que l'on a accoûtumé d'ajoûter au simple trait, ils sont dits estre *seuls* & non pas *uniques*. Le mot *Monochrome*, qui signifie une autre espece de peinture, donne un autre exemple de la difference que *monos* & *monon* ont dans la composition: car la peinture *Monochrome*, qui est celle que nous apellons Camahieu, signifioit, selon Pline, une Peinture qui estoit tracée & ombrée d'une seule B couleur, & non pas une representation qui n'estoit faite que par la seule couleur sans relief.

D'ailleurs si les Temples Monopteres estoient ainsi apellez à cause que leur aile est unique, ils ne seroient point differens des Peripteres ronds, dont l'aile est unique de mesme qu'aux Monopteres, mais qui outre l'aile ont un mur rond en dedans qui n'est point aux Monopteres.

2. CEUX QUI N'ONT POINT DE MURAILLES. Parceque le milieu du Temple qui estoit composé de murailles, s'apelloit *cella*, je n'ay pas fait de difficulté de traduire *quæ sine cella sunt*, *ceux qui n'ont point de muraille*; joint qu'il n'y a point de mot françois pour exprimer *cella*.

EXPLICATION DE LA PLANCHE XXXIV. C

Cette Planche contient les Plans des Temples ronds, qui sont le Monoptere ABCDE, & le Periptere FGHI. Dans le Monoptere, AB, sont les degrez qui font comme un Tribunal, & qui ont la troisiéme partie du diametre BC, qui est celuy de tout le Temple Monoptere. DE, est le diametre du dedans du Temple, qui est égal à la hauteur des colonnes.

Dans le Plan du Periptere, FG, est l'espace qui est entre les colonnes & le mur du Temple Periptere. HI, est le diametre du dedans qui est égal à la hauteur des colonnes.

demu-

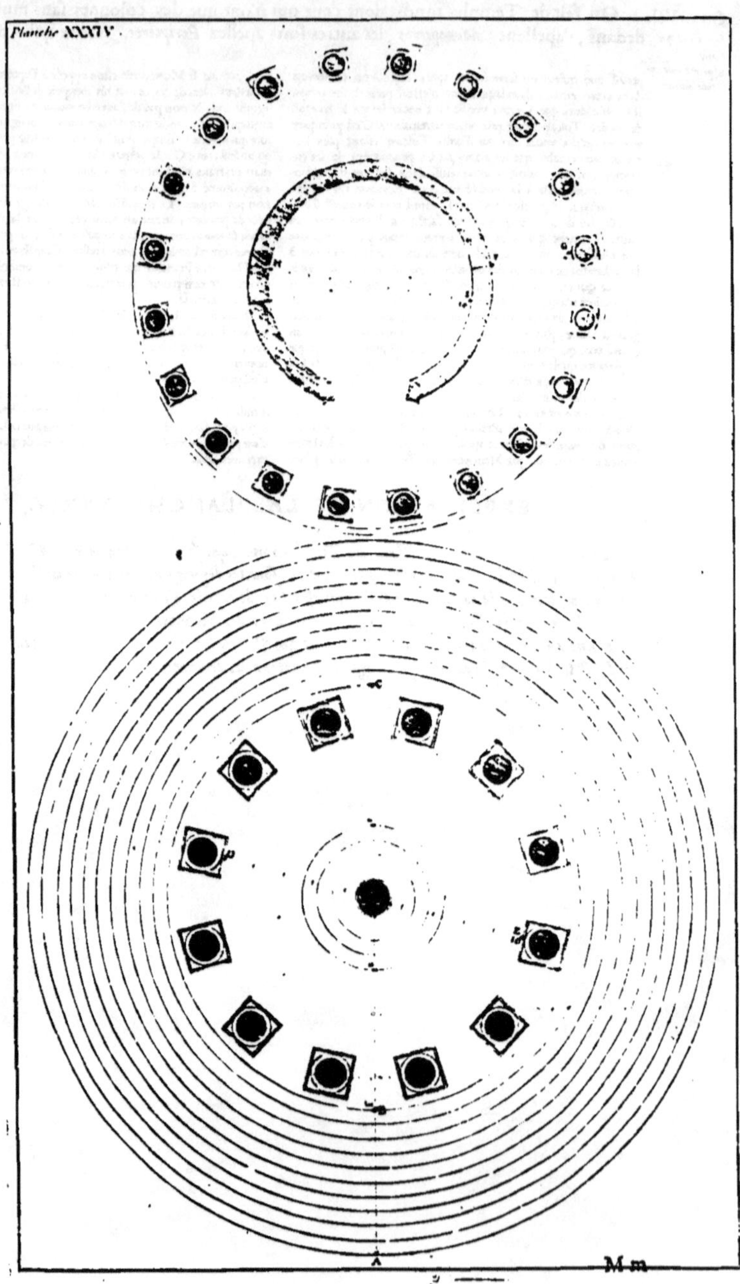
Planche XXXIV.

CHAP. VII. de murailles [1] sont comme un Tribunal où l'on monte, & ils doivent avoir la troisième partie du diametre du Temple. [2] Les colonnes posées sur les piedestaux, sont aussi hautes [3] qu'est le diametre pris d'une extremité de [4] la

Planche XXXV.

1. COMME UN TRIBUNAL. Philander explique cet endroit autrement dans son Commentaire que dans ses figures, car il dit que ce Tribunal doit estre entendu des degrez qui sont autour du Temple, & qui l'élevent comme un Tribunal, contre l'opinion de Baldus, qui croit que ce Tribunal n'est autre chose que les degrez qui sont au dedans du Temple autour de l'Autel. Mais Barbaro dans ses figures ne donne point la proportion que Vitruve prescrit pour les degrez de ce Tribunal, qui doivent estre de la troisiéme partie du diametre du Temple. Car dans la figure de son edition Italienne, il donne aux degrez de dehors deux tiers du diametre du Temple, & dans la figure de son edition Latine, il ne luy en donne que le quart. J'ay fait la figure en sorte qu'elle n'a rien qui ne convienne au texte; car si le Tribunal s'entend des degrez qui sont autour du Temple, ils ont le tiers de son diametre: s'il signifie ceux qui sont au dedans, ils ont aussi le mesme tiers, car la largeur de tous les degrez A B, pris ensemble est le tiers du diametre BC, & la largeur qui comprend les degrez de l'Autel est aussi le mesme tiers de BC.

2. LES COLONNES POSÉES SUR LES PIEDESTAUX. Cette mesure de la hauteur des colonnes du Temple Monoptere semble bien incertaine, si l'on prend la colonne & le piedestail ensemble, parceque la hauteur du piedestail n'estant point determinée, on ne peut pas aussi dire precisément quelle hauteur restera pour la colonne: si ce n'est qu'on fasse le piedestail à hauteur d'appuy. Ainsi il n'y aura qu'à oster trois piez ou environ qu'il faut pour le piedestail, & le reste sera pour la colonne.

3. QU'EST LE DIAMETRE. Il faut entendre, qu'il est le diametre du dedans du Temple depuis un piedestail jusqu'à l'autre.

4. LA MURAILLE QUI FAIT LE PIEDESTAIL. La description que Vitruve fait des Temples ronds est fort obscure, parcequ'il ne nous reste rien de cette espece d'Edifice qui nous puisse instruire suffisamment des particularitez qui sont icy décrites. Le Temple rond qui est à Tivoli ressemble en beaucoup de choses au Periptere rond de Vitruve, mais il n'a point de piedestaux qui rapportent à ceux dont Vitruve parle; il n'a qu'un piedestail continu, qui forme un massif sur lequel les colonnes sont posées, en sorte que le pié des colonnes est au

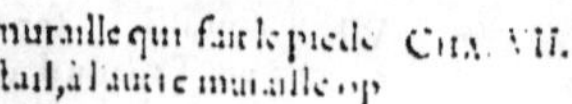

muraille qui fait le piedestal, à l'autre muraille op-

[illegible] c'est à dire, [illegible] piedestaux qui sont [illegible] appuy ou balustrade. Mais [illegible] l'on de Vitruve fait comprendre que les colonnes des Temples ronds estoient posées [illegible] sur un piedestal particulier comme aux Temples qui ont un *podium*, & que [illegible] ces piedestaux n'avoient [illegible] la corniche qui estoit aux piedestaux qui formoient un *podium* [illegible] sont decrits au chap. [illegible] il est [illegible] de piedestaux au pluriel. *[illegible]*, il n'est fait aucune mention ny des bases, ny des corniches de ces piedestaux, & ils sont apellez simplement *[illegible]* dans les Monopteres, et enfin dans le Periptere qui avoit un mur en dedans, il est parlé *de [illegible]*, ce qui fait voir que dans ces sortes de Temples les colonnes estoient posées sur des piedestaux tout à fait differens du piedestal unique & continu qui soûtenoit les colonnes & mesme tout le Temple de Tivoli. J'ay représenté ces piedestaux en forme de Zocles cubiques, supposant qu'ils devoient estre ainsi, afin de ne pas embarasser par des bases & par des corniches le passage qui devoit estre entre deux, par la mesme raison que Palladio dit que les colonnes du Temple de Tivoli ont esté faites sans plinthes, & mesme ce degagement semble moins necessaire dans le Temple de Tivoli que dans les Temples ronds de Vitruve qui ont des degrez tout autour, afin qu'on puisse entrer par tous les costez dans le milieu du Monoptere, ou dans le portique rond du Periptere; au lieu que cette entrée n'est dans le Temple de Tivoli qu'au droit de la porte.

EXPLICATION DE LA PLANCHE XXXV.

Cette Figure est l'élevation Orthographique de l'espece de Temple rond, apellée Monoptere, à cause que son toit est seulement soûtenu sur des colonnes qui ne font qu'une aile sans murailles. Les colonnes sont sur des Piedestaux, ausquels il n'y a ny base ny corniche qui puisse embarasser l'entrée: ces piedestaux sont posez sur onze degrez qui tournent tout autour du Temple & font comme un Tribunal. L'Autel qui est au milieu est aussi sur des degrez faisant une espece de Tribunal.

CHA. VII. pitre. Leur grosseur est [1] la dixieme partie de toute la colonne, y comprenant la base & le chapiteau, la hauteur de l'Architrave est de la moitié du Diametre de la colonne, la Frise & le reste qui est au dessus, ont les proportions qui ont esté prescrites au troisieme livre. Si le Temple est *Periptere*, les piedestaux seront posez sur deux degrez, & la muraille sera eloignée des piedestaux environ de la cinquieme partie de tout le Temple, laissant au milieu un espace pour la porte. Le diametre du dedans de ce Temple doit estre egal à la hauteur de la colonne sans le piedestail. Les colonnes qui sont autour du Temple ont les mesmes proportions que celles du Monoptere. A

Sur le milieu du Temple la couverture doit estre faite avec telle proportion que [2] la *coupe*, sans comprendre le *fleuron*, ait de hauteur la moitié du Temple. La grandeur du fleuron [3] qui est au delà de la pyramide, sera pareille à celle d'un des chapiteaux des colonnes. Le reste doit estre fait selon les proportions qui ont esté prescrites. B

Il y a encore d'autres manieres de Temples, qui bien qu'ils ayent les mesmes proportions que celles que nous avons enseignées, sont neanmoins differens à cause de la disposition, comme on voit au Temple de Castor dans le Cirque de [illegible], & en celuy de [4] Vejovis qui est entre deux bocages, ou [5] en celuy de Diane dans la forest Aricine, qui a des colonnes ajoûtées à droit & à gauche [6] aux costez du porche. Or la maniere dont est basty le Temple de Castor qui est au Cirque, a esté premierement pratiquée à Athenes pour Minerve dans sa forteresse, & sur la montagne de Sunium dans l'Attique pour Pallas: leurs proportions sont toutes pareilles, car ils sont en dedans deux fois aussi longs que larges, & l'on a ajoûté aux costez tout ce que les autres n'ont qu'à la face de devant. Il y en a aussi quelques-uns à qui l'on a donné la disposition des colonnes Toscanes, quoyqu'ils soient d'ordre Corinthien ou Ionique. Car aux Temples où les murs s'avancent des deux costez jusqu'à des antes pour faire un Porche, [7] ils ont placé deux colonnes au droit des

1. LA DIXIESME PARTIE. La proportion de ces colonnes fait juger qu'elles doivent estre Corinthiennes, mais elles sont encore plus gresles que celles dont il est parlé cy-devant au premier chapitre de ce livre: car il paroist par ce qui est dit en cet endroit que la colonne Corinthienne n'avoit de hauteur que neuf diametres & une sixieme partie de diametre. De sorte qu'il est bien étrange que les colonnes des Monopteres fussent moins massives que celles des autres Temples, qui ayant des murailles au milieu qui aidoient aux colonnes à soûtenir le tout, pouvoient raisonnablement estre plus gresles qu'aux Monopteres, où elles portoient toutes seules la coupe qui servoit de couverture au Temple.

Cette reflexion pourroit donner lieu à douter qu'il y eust faute au texte, & qu'au lieu de *crassa altitudinis suæ decimæ partis*, il fallust lire *altitudinis suæ IX partis*; car il est assez probable que l'I qui estoit devant l'X pour faire neuf, estant effacé, le Copiste a mis le nombre tout au long, & a écrit *decimæ* au lieu de *nonæ*.

2. LA COUPPE. Philander & Barbaro croyent que *Tholus* est ce que nous apellons *La Lanterne* d'un Dome. Baldus veut que la Lanterne soit ce que Vitruve apelle *Flos*, & que *Tholus* soit *La coupe*. Varinus dit que *Tholia*, qui en grec signifie un chapeau, a donné le nom à *Tholus*, mais il ne dit point comment il est asseuré que *Tholia* n'est point derivé de *Tholus*.

3. QUI EST AU DELA DE LA PYRAMIDE. Il est bien difficile de deviner ce que Vitruve entend par cette Pyramide. Barbaro dit que c'estoit le haut des Temples ronds qui s'elevoit en pointe, & qu'il en a vû un avec cette Pyramide dans des medailles de Neron. Montiosius entend cette Pyramide de la figure que les bandeaux de la coupe d'un Dome font en s'aprochant vers le milieu, soit que ces bandeaux soient dans la concavité, ou dans la convexité de la coupe. J'ay suivy cette explication faute d'une meilleure, & j'interprete le mot *præter Pyramidem*, au delà de la Pyramide, & non pas *sans la Pyramide*: parceque le fleuron estant au milieu du tout, il est vray de dire qu'il est au delà de la pointe de chaque Pyramide qui s'éleve en haut, ayant chacune sa base au droit de deux colonnes: Et il faut entendre icy cette Pyramide ou plustost ces Pyramides, tant de celles qui sont dessus la convexité du toit, que de celles qui sont en dedans dans la concavité de la Coupe; parceque le fleuron doit estre en dehors, & non pas en dedans, comme Barbaro l'a figuré; car quand il est parlé de la hauteur de la coupe, il est dit qu'elle doit avoir une telle hauteur sans comprendre le fleuron; ce qui n'auroit point de sens si le fleuron estoit en dedans, parcequ'estant ainsi, il ne s'eleveroit point au dessus de la hauteur dont il s'agit; au lieu qu'estant au dessus de tout le toit, il est vray de dire que la coupe sans comprendre le fleuron a une telle hauteur. Le texte est si broüillé & si corrompu en cet endroit, que je croy qu'il est permis de le mettre mieux en ordre s'il est possible: je trouve que cela se peut faire, si au lieu de *flos autem tantam habeat magnitudinem, quantam habuerit in summa columna capitulum præter Pyramidem*, on lit, *flos autem præter (id est ultra) Pyramidem, tantam habeat magnitudinem, &c.* D

4. VEJOVIS. C'estoit un Dieu à qui les Romains bâtissoient des Temples & faisoient des sacrifices, afin qu'il ne leur fist point de mal. Il estoit representé tenant un arc & une fléche preste à décocher.

5. EN CELUY DE DIANE. J'ay suivy la correction de Budée & de Turnebe qui lisent *Aricino nemori Dianæ* au lieu de *Argutinis nemori Dianæ*.

6. AUX COSTEZ DU PORCHE. J'ay traduit ainsi *humeros Pronai*, parceque j'ay crû que ce que Vitruve apelle *alas & pteromata* en d'autres endroits, il l'apelle icy *humeros*, & que *les ailes*, *les espaules* & *les costez*, sont des mots qui peuvent estre pris les uns pour les autres. E

7. ILS ONT PLACÉ DEUX COLONNES. La figure de cette espece de Temple se voit à la Planche XXVIII. où les colonnes D D, sont au droit des murs qui separent le porche d'avec le dedans du Temple.

EXPLICATION DE LA PLANCHE XXXVI.

Cette Planche represente l'elevation du Temple rond apellé Periptere, à cause qu'il a des colonnes tout au tour. A B, est la moitié du diametre du Temple, qui regle la hauteur de la couppe C D. E D, est la Pyramide. D F, le fleuron.

murs

CHA. VII. murs qui separent le porche d'avec le dedans du Temple, & fait un mélange de l'ordre Tos- A
can & de ceux des Grecs. D'autres en poussant les murs jusqu'à estre joints aux colonnes des ailes, ont élargy le dedans du Temple [1] de l'épaisseur des murs qu'ils ont ostez; & sans rien changer des proportions des autres parties du Temple, ils luy ont donné une autre figure & un nom nouveau en composant [2] le *Pseudoperiptere*. Ils ont introduit ces changemens pour la commodité des Sacrifices; car on ne peut pas faire à tous les Dieux des Temples d'une mesme sorte, à cause de la diversité des ceremonies qui sont particulieres à chacun d'eux.

Faux Periptere.

J'ay décrit toutes les manieres des Temples comme je les ay apprises, & j'ay distingué leurs ordres selon les proportions qui leur conviennent; j'ay aussi tâché d'expliquer exactement en quoy leurs figures sont differentes les unes des autres : il reste à enseigner de quelle façon les autels des Dieux doivent estre construits pour la commodité des sa- B
crifices.

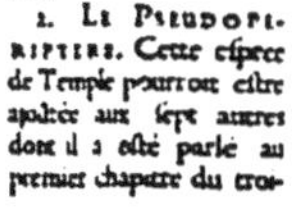

1. DE L'EPAISSEUR DES MURS QU'ILS ONT OSTEZ. C'est-à-dire *à peu prés*, car la verité est, que le dedans du Temple est élargi de deux fois plus que les murs ne sont épais, puisqu'ils le sont de tout l'entrecolonnement, & du tiers des colonnes qui est engagé dans le mur.

2. LE PSEUDOPERIPTERE. Cette espece de Temple pourroit estre ajoûtée aux sept autres dont il a esté parlé au premier chapitre du troisiéme livre. La figure explique assez clairement la difference qu'il y a entre le Periptere & le Pseudoperiptere : car le Periptere ABCD, a les ailes AA libres par l'éloignement des colonnes, qui sont distantes du mur, de la largeur d'un entrecolonnement : mais le faux Periptere EF n'a C
point d'ailes, toutes les colonnes à la reserve des dix qui font le porche F, estant engagées dans les murs de la partie du Temple E apelée *cella*.

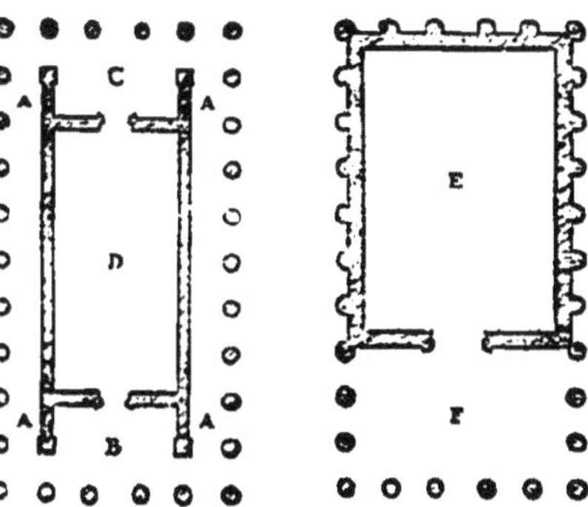

CH. VIII.

CHAPITRE VIII.

Comment les Autels des Dieux doivent estre bâtis.

D

LES Autels doivent estre tournez vers l'Orient, & ils seront moins hauts que les Images des Dieux, afin que [1] selon la differente dignité de chaque Dieu elles soient élevées au dessus de ceux qui leur font des prieres & des sacrifices : la difference de leur hauteur doit estre telle que les Autels de Jupiter & des autres Dieux du Ciel soient fort hauts, & que ceux de Vesta & des Dieux de la Terre & [2] de la Mer soient plus bas : & ainsi les Autels seront placez dans les Temples selon les loix de la Religion.

Aprés avoir traitté de l'ordonnance des Temples dans ce livre, je veux parler de la distribution des autres Edifices publics dans celuy qui suit.

1. SELON LA DIFFERENTE DIGNITE' DE CHAQUE DIEU. Pausanias dit que l'Autel de Jupiter Olympien estoit élevé sur des degrez, qui avoient par le bas cent vingt cinq piez de tour; & que la moitié de ces degrez, sçavoir celle d'embas, estoit de pierre, & l'autre de cendre.

2. DE LA MER. Mon manuscript a *Vesta, marique Terra humiles collocentur*, au lieu de *Vesta, Terra Marique, &c.* qui se E
trouve dans tous les autres exemplaires.

A

LE CINQUIE'ME LIVRE DE VITRUVE.

PREFACE.

BIEN QU'IL soit vray que ceux qui ont composé de grands ouvrages remplis de belles pensées & d'excellens preceptes, ont toujours acquis beaucoup d'estime, & que je peusse bien aussi pretendre que mes estudes soient capables de me fournir assez de quoy amplifier mes écrits, & étendre ma reputation ; il y a neanmoins des raisons qui font que B cela ne me seroit pas si aisé qu'on le pourroit croire. Car traiter de l'Architecture, écrire * une Histoire, & composer un Poëme, sont des choses bien differentes. [1] L'Histoire de soy attache & divertit le Lecteur, l'entretenant toujours par l'attente de quelque nouvelle avanture : Dans un Poëme la mesure & la cadence des vers & les ornemens du langage qui est particulier à la Poësie, avec les entretiens des differentes personnes que l'on y introduit, remplissent l'esprit & les sens d'une douceur dont on ne se dégouste point quelque long que soit l'ouvrage. Il n'en est pas ainsi des traitez d'Architecture, où les termes, dont on est obligé de se servir, sont la pluspart si étranges & si éloignez de l'usage ordinaire, qu'il est impossible que le langage n'ait beaucoup d'obscurité : de sorte que qui voudroit expliquer des preceptes qui sont fort vagues par de longs discours composez de termes que l'on n'entend point, ne produiroit qu'une confusion dans l'esprit des Lecteurs, qui demandent C dans ces sortes de matieres peu de paroles & beaucoup de clarté.

Estant donc contraint de me servir de termes peu connus pour expliquer les mesures des Edifices, je suis resolu d'abreger mon discours autant qu'il me sera possible, afin de ne charger pas la memoire de ceux qui s'apliquent à cette science. Outre que je considere que les affaires publiques & particulieres occupent tellement tout le monde dans cette ville, qu'il y a peu de personnes qui puissent avoir le loisir de lire mon livre, s'il n'est bien court.

C'est pour cette raison que Pythagore & ceux de sa secte se servoient des nombres cubi- * ques pour enseigner leurs preceptes, & qu'ils reduisirent leurs vers [2] au nombre de 216, mais en sorte qu'ils n'en mettoient pas plus de trois à chaque sentence. Or on sçait que le Cube est un corps composé de six faces, lesquelles par leur égale largeur font un quarré, & quand le cube est jetté, si on n'y touche plus il demeure immobile sur D le costé sur lequel il s'est arresté, comme il arrive aux dez quand les joüeurs les ont jettez. Et cette maniere d'expliquer leurs preceptes leur a plû, à cause du rapport que la stabilité du Cube a naturellement, avec la durée de l'impression que ce petit nombre de vers fait dans la memoire.

Aussi les Poëtes Comiques Grecs, afin de donner lieu aux Acteurs de se reposer aprés de longs recits, partageoient leurs fables en plusieurs parties par le moyen des * Chœurs [3] qui faisoient le mesme effet que la figure Cubique.

C'est pourquoy voyant que les Anciens ont observé toutes ces choses pour s'accommoder à l'infirmité de la nature, & considerant que ce que j'ay à écrire est obscur & inconnu

1. L'HISTOIRE DE SOY. Pline dans une de ses lettres à Tacite qui l'exhortoit à écrire l'Histoire, est de mesme senti- E ment que Vitruve en ce qui regarde l'Histoire, sçavoir que sa matiere la rend toujours divertissante, quelque forme qu'on luy puisse donner ; mais il ne demeure pas d'accord qu'il en soit de mesme de la Poësie, & il pretend qu'elle ne sçauroit plaire à moins que d'estre autant excellente qu'elle le peut estre. *Orationi & carmini est parva gratia nisi eloquentia sit summa.*

2. AU NOMBRE DE DEUX CENT SEIZE. Les Pythagoriciens estimoient ce nombre, parcequ'il vient de 6, qui est le premier des nombres parfaits, ainsi qu'il a esté monstré au premier chapitre du troisiéme livre ; car 6 multiplié par luy-mesme fait le nombre quarré 36, qui multiplié par son costé 6, fait le nombre cubique 216.

3. QUI FAISOIENT LE MESME EFFET QUE LA FIGURE CUBIQUE. C'est-à-dire que de mesme que la figure cubique est cause que les corps demeurent en repos, au contraire de la spherique qui les dispose au mouvement ; les Chœurs aussi dans les Comedies des Anciens donnoient occasion aux acteurs de se reposer aprés le travail d'un long recit. Barbaro a cherché inutilement dans les nombres cubiques une autre explication à ce texte, qui porte que les Anciens *diviserunt spatia fabularum in partes cubica ratione.* Car les Comedies anciennes, de mesme que les nostres estoient divisées en cinq actes, & les scenes des actes n'avoient point de nombre determiné, & il auroit fallu que les actes ou les scenes eussent esté au nombre de huit, pour faire que la proportion cubique se rencontrast dans la division des parties qui composoient la Comedie. On peut dire neanmoins que la pensée de Vitruve a quelque fondement sur le nombre des personnages des pieces Dramatiques qui estoit certain dans les Chœurs, ayant esté reduit par une loy qui fut faite pour cela au nombre de 24 pour les Comedies, & à celuy de 15 pour les Tragedies ; à cause de la licence qu'Æschyle se donna d'introduire jusqu'à cinquante Comediens dans un Chœur de ses Eumenides.

Chap. VI. à la plus grande partie du monde, j'ay jugé que pour estre intelligible je devois abreger A mes livres, & qu'il estoit à propos de separer les matieres, & amasser tout ce qui est d'un mesme genre dans chaque volume, afin que l'on n'ayt pas la peine de l'aller chercher en plusieurs endroits. Ayant donc traité des Temples dans le troisiéme & quatriéme livre, j'explique dans celuy-cy quelle doit estre la disposition des Edifices publics, & en premier lieu de quelle maniere la Place publique doit estre faite, afin que les Magistrats y puissent traiter commodement des affaires publiques & des particulieres.

ce qui causa un grand scandale aux spectateurs, au rapport de Pollux. Or ces personnages des Chœurs estoient arangez comme en bataille, ayant des rangs qu'ils apelloient *Stichous*, & des files qu'ils apelloient *Zygous*: Ces files dans les Comedies estoient de six personnes, & de cinq dans les Tragedies: les rangs dans les Comedies estoient de quatre, & de trois dans les Tragedies: mais la difficulté est que ny le nombre de 24, ny celuy de 15 ne sont point cubiques.

CHAPITRE I. B

De la Place publique, & quelle doit estre sa disposition.

LES *Places publiques* chez les Grecs sont quarrées, & ont tout autour de doubles & amples Portiques dont les colonnes sont serrées les unes contre les autres, & soûtiennent des Architraves de pierre ou de marbre avec des Galleries par haut. Mais cela ne se doit pas pratiquer ainsi dans les villes d'Italie; parceque l'ancienne coûtume estant de faire voir au peuple les combats des Gladiateurs dans ces places, il faut pour de tels spectacles qu'elles ayent tout autour des entrecolonnemens plus larges, & que sous les Portiques les Boutiques des Changeurs, & [1] *les Galleries* au dessus, ayent l'espace qui est necessaire pour faire le trafic, & pour la recete des deniers publics. C

La grandeur des places publiques doit estre proportionnée au nombre du peuple, de peur qu'elle ne soit trop petite si beaucoup de personnes y ont affaire, ou qu'elle ne paroisse trop vaste, si la ville n'est pas fort remplie de peuple. La largeur doit estre telle, qu'ayant divisé la longueur en trois parties, on luy en donne deux: car par ce moyen la forme en estant longue, cette disposition donnera plus de commodité pour les Spectacles.

[2] Les colonnes du second étage doivent estre moins grandes d'une quatriéme partie que celles du premier, parce que le bas estant plus chargé doit estre plus ferme; joint qu'il faut imiter la maniere de toutes les choses qui sortent de terre: car de mesme que les arbres qui sont droits & alignez comme le Sapin, le Cyprés, & le Pin ne manquent jamais d'estre plus gros par le bas, & à mesure qu'ils croissent & qu'ils s'élevent s'étrecissant naturellement avec égalité jusqu'à la cime, les Architectes ont eu raison d'établir pour regle, que les D membres qui sont en haut [3] doivent estre moindres en grosseur & en longueur que ceux qui sont en bas.

1. LES GALLERIES. *Meniana* sont proprement des Balcons, qui furent ainsi apellez du nom de *Menius* Citoyen Romain, lequel ayant vendu sa maison qui regardoit sur la place des Spectacles, se reserva seulement une colonne qui estoit devant, sur laquelle il bâtit une terrasse ou Balcon. Icy ces Galleries sont ce que les Italiens apellent *Loggie*, qui sont de seconds Portiques posez sur les premiers, pour servir de dégagement aux appartemens, & de Balcons couverts d'où l'on regarde sur la place.

2. LES COLONNES DU SECOND ETAGE. Cette mesme proportion est donnée au second ordre de la scene au chapitre 7 de ce livre.

3. DOIVENT ESTRE MOINDRES EN GROSSEUR ET EN LONGUEUR. Cette regle est contraire à celle qui demande que l'on augmente les grandeurs des membres d'Architecture, à proportion qu'ils sont situez plus haut, ainsi qu'il est enseigné au 2 chapitre du 6 livre. L'Architecte de l'Amphitheatre de Vespasien a observé la derniere de ces regles avec une affectation bien remarquable: car les étages dont cet Edifice est composé au lieu d'estre plus grands en bas qu'en haut, vont toujours en croissant à mesure qu'ils sont plus hauts, en sorte que le quatriéme, qui est le dernier, est plus grand que le premier presque d'une quatriéme partie. E

EXPLICATION DE LA PLANCHE XXXIV.

Cette Planche est le plan de la Basilique. Il est fait pour les deux étages qu'elle avoit, & il faut entendre que la partie qui est depuis la ligne B C jusqu'en bas est la moitié du plan du rez de chaussée, & qu'il faut supposer que l'autre moitié est pareille; & tout de mesme que la moitié qui est depuis la mesme ligne jusqu'en haut est la moitié du second étage, où les colonnes sont plus petites, & où la piece A, est la salle apellée Chalcidique, qui est soûtenuë sur les colonnes D, & que de mesme que sur les colonnes D il y a une Chalcidique, il y a aussi des colonnes sous la Chalcidique A.

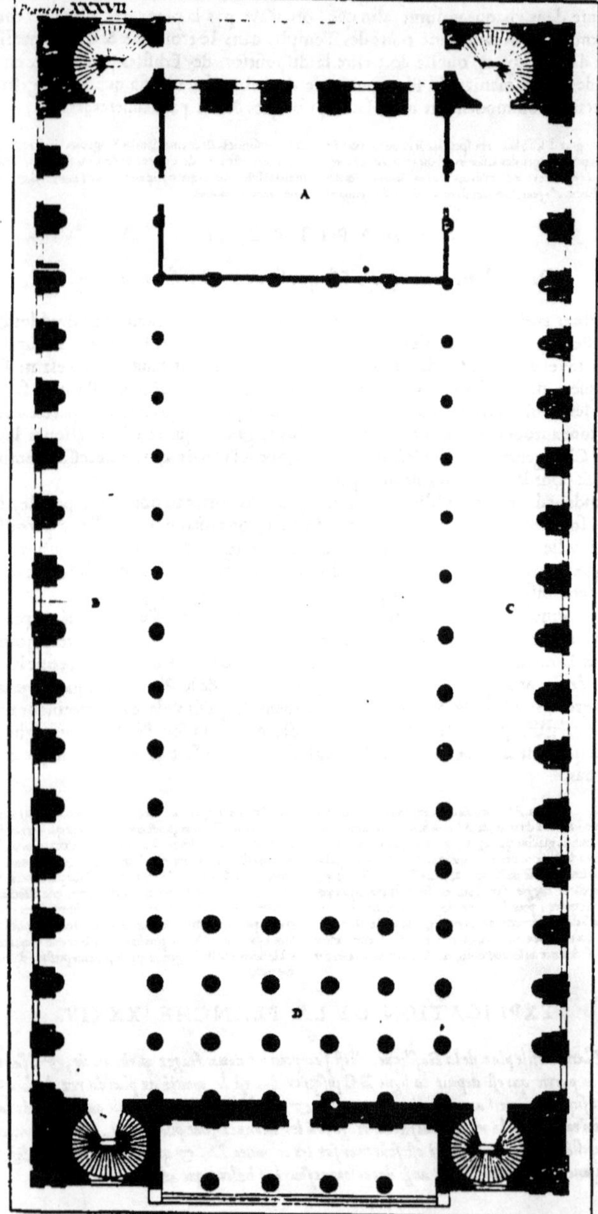

CHAP. I.

[1] Les Basiliques qui sont dans les places publiques, doivent estre situées au lieu le plus chaud, afin que ceux qui y ont à faire pendant l'hyver pour le trafic, n'y ressentent pas tant l'incommodité de cette saison. Leur largeur doit estre au moins de la troisième partie de leur longueur, ou de la moitié tout au plus, si ce n'est que le lieu ne permette pas d'observer cette proportion. Car s'il y a beaucoup d'espace en longueur, on fera des [2] Chalcidiques aux deux bouts comme on voit en la Basilique Julienne d'Aquilius.

1. LES BASILIQUES. Les grandes & spacieuses salles que l'on apelle Basiliques, ont esté ainsi premierement apellées, parcequ'elles estoient faites pour assembler le peuple, lorsque les Rois rendoient eux-mesmes la justice. En suite quand elles furent abandonnées aux Juges, les Marchands s'y établirent aussi, & enfin on les a prises pour servir d'Eglises aux Chrestiens: depuis il est arrivé qu'on a bâty la plupart des Eglises sur le modele des Basiliques, qui different des Temples des anciens en ce que les colonnes sont au dedans, au lieu qu'aux Temples elles estoient au dehors, faisant comme une enceinte autour de la muraille du dedans du Temple apellé *Cella*, qui estoit un lieu obscur, où le jour n'entroit d'ordinaire que par la porte.

2. DES CHALCIDIQUES. On est bien en peine de sçavoir ce que c'est que *Chalcidica*. Philander croit que ce mot Grec signifie le lieu où l'on tenoit la justice pour les monnoyes, ou la boutique où on les battoit, supposant que ce mot est composé de *chalcos* qui signifie airain, & de *dicé* qui signifie justice. Quelques-uns veulent qu'au lieu de *chalcidica* on lise *chalciæcum*, qui signifie une salle d'airain. L. B. Alberti

CHAP. I. La hauteur des colonnes des Basiliques sera egale à la largeur

[illegible] Chalcis. [illegible] Palladio [illegible] Barbaro dans sa figure [illegible] le modele du Tribunal [illegible] Vitruve fait le Temple d'Auguste qui est joint à la Basilique de Fano. Mais Ausone interpretant un vers d'Homere où il est parlé d'une vieille qui monte dans la chambre haute, se sert du mot *chalcidicum* pour exprimer *Hyperoon*, qui signifie en grec un lieu élevé. Cisaranus & Caporali [illegible] aussi que *chalcidica* est adjectif, & disent que *in longitudine chalcidica* veut dire que la Basilique qui est bâtie dans un lieu spacieux, doit avoir la proportion des Basiliques de la ville de Chalcis; mais la construction du texte ne peut souffrir cette interpretation.

Comme je ne trouve aucune de toutes ces interpretations differentes qui me satisface, j'en forme une nouvelle, que je fonde sur les autoritez des plus anciens Interpretes de ce mot: & estant asseuré par le témoignage d'Ausone, que *chalcidica* estoit un lieu élevé que nous apellons un premier étage, & par le témoignage d'Arnobe, que *chalcidica* estoit un lieu ample & magnifique, j'estime que ces Chalcidiques estoient de grandes & magnifiques salles où on rendoit la justice, situées aux bouts des Basiliques de plain pié avec les galleries par lesquelles on alloit d'une salle à l'autre, & où les Plaideurs se promenoient: car ces Galeries hautes sans ces Salles semblent estre inutiles. Suivant cette interpretation, lorsque Vitruve dit que s'il y a assez de place pour faire une Basilique fort longue, on fera des Chalcidiques aux deux bouts, il faut entendre que si elle est courte, on ne fera qu'une Salle à un des bouts, ou que si l'on en fait à chaque bout, elles seront trop petites pour pouvoir estre apellees Chalcidiques, dont le nom signifie une grandeur & une magnificence

de Portiques, & [illegible] la troisieme partie de l'espace du milieu. Les colonnes d'en haut doivent estre plus petites que celles d'en bas, comme il a esté dit. La cloison qui est entre le

[illegible] extraordinaires. [illegible] principale [illegible] de la Basilique [illegible] donne [illegible] [illegible] & par cette raison [illegible] de la Basilique, il [illegible] te plus [illegible] pour [illegible] que les Basiliques qui estoient [illegible] Chalcidiques n'avoient pas la proportion que Vitruve leur donne en general.

1. Des Portiques. Il faut entendre par Portiques les aisles qui sont aux costez de la grande voute du milieu, ainsi que l'on appelle les costez dans les Eglises.

2. La cloison. Vitruve met icy *Pluteum* pour *Parietem*, ainsi qu'il fait en plusieurs autres endroits. Philander & Barbaro ont pris *Pluteum* ou *Plinium* pour l'espace qui est entre les colonnes d'en bas & celles d'en haut, & [illegible] que Vitruve ayant dit *Spatium quod est inter superiores columnas* [illegible] il falloit [illegible] mais il n'est parlé dans le texte que de la [illegible]

EXPLICATION DE LA PLANCHE XXXVIII.

Cette Planche contient l'élevation perspective de la Basilique. Il faut entendre que de mesme que l'on a fait servir un seul Plan pour les deux étages de la Basilique, on n'a aussi mis icy qu'une partie de son élevation, supposant que l'on comprendra aisément que ce qui est icy ne represente qu'un quart de tout l'Edifice.

CHAP. I. colonnes d'enhaut ne doit avoir de hauteur que les trois quarts de ces mesmes colonnes, A
afin que ceux qui se promenent sur cette Gallerie, ne soient pas veus des gens qui trafiquent embas. Les Architraves, les Frises & les Corniches auront les proportions telles que nous les avons expliquées au troisiéme livre.

Les Basiliques sont capables de toute la majesté & de toute la beauté de l'Architecture. [1] J'en ay fait bâtir une en la colonie Juliene de Fano, où j'ay observé les proportions qui suivent. [2] La voute du milieu est longue de six vingt piez, & large de soixante.

son qui est entre les colonnes d'enhaut, ce qui peut avoir un fort bon sens, pourveu qu'on entende que Vitruve a conçû que cette cloison qui estoit comme un piedestail continu sous toutes les colonnes d'enhaut, ne devoit passer pour cloison qu'à l'endroit qui répondoit entre les colonnes: parceque l'endroit de ce piedestail continu qui estoit immediatement sous les colonnes, devoit estre pris pour leur piedestail. Il est plus amplement prouvé sur le 7 chapitre de ce livre, que *Pluteus* ne sçauroit signifier icy que Cloison, Balustrade ou Appuy.

1. J'EN AY FAIT BASTIR UNE. L'ordonnance de cette Basilique de Vitruve, que Palladio trouve admirablement belle, ne plaist pas à Jocundus, qui ne dit point ce qu'il y trouve à reprendre. On trouvera quelque chose à propos de cela dans la derniere note sur ce chapitre. B

2. LA VOUTE DU MILIEU. La grande nef du milieu de la Basilique de Vitruve n'est couverte selon Barbaro que d'un plancher

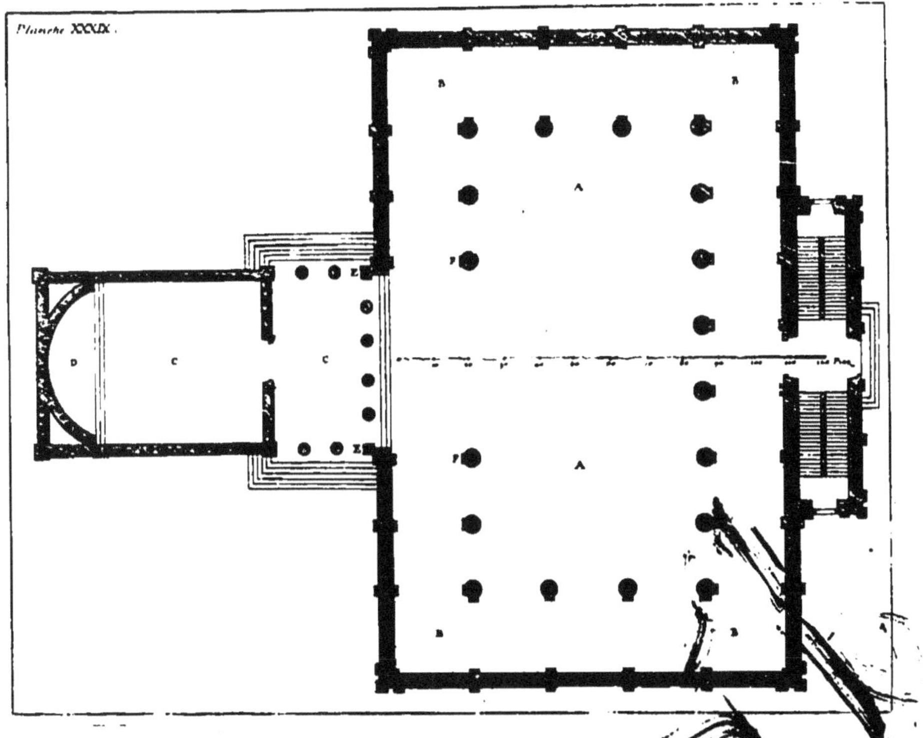

EXPLICATION DE LA PLANCHE XXXIX.

Cette Planche est le plan de la Basilique que Vitruve bâtit à Fano. AA, est la grande nef du milieu. BB, sont les ailes qui sont aux costez & aux deux bouts. CC, est le Temple d'Auguste. D, est le Tribunal en Hemicycle, c'est-à-dire en demy rond. EE, sont les Antes qui sont au droit des murs qui vont jusqu'à l'Hemicycle, vers lesquelles il est dit que vont les poutres, dont l'Architrave est composé. FF, sont les troisiémes colonnes du dedans de la Basilique.

Les

CHAP. I.

A Les Portiques qui sont au costé de la grande voute entre les murs & les colonnes, ont vingt piez de largeur : les colonnes avec les chapiteaux ont toutes cinquante piez de hauteur & cinq de diametre, [1] elles ont derriere elles *des pilastres* de vingt piez de haut, larges de deux piez & demy & épais d'un pié & demy, pour soûtenir les poutres qui portent les planchers des Portiques. Sur ces pillastres il y en a d'autres hauts de dix-huit piez, larges de deux, & épais d'un, qui soûtiennent les poutres qui portent encore les *forces* & tout le toit [2] des seconds portiques, lequel est un peu plus bas que la grande voute; les espaces qui sont entre les poutres qui posent sur les pilastres & celles qui sont sur les colonnes, sont laissez pour donner du jour par les entrecolonnemens.

Les colonnes qui sont à droit & à gauche dans la largeur de la grande voute sont au nombre de quatre, comprenant celles des coins : à la longue face qui est sur la place pu-
B blique il y en a huit aussi, comprenant celles des coins : mais l'autre longue face qui est à l'opposite, n'en a que six ; parceque les deux du milieu sont ostées, afin qu'elles n'empeschent point la veuë du Temple d'Auguste qui est placé au milieu de cette face, qui regarde le milieu de la place publique, & le Temple de Jupiter. Il y a aussi dans le Temple d'Auguste [3] un Tribunal en demy-cercle, qui n'est pourtant pas entier, parceque le demy-cercle qui a de front quarante-six piez, n'en a de profondeur que quinze, afin que les gens qui sont dans la Basilique pour trafiquer, n'incommodent point les plaideurs qui sont devant les Juges.

Sur les colonnes il y a de la charpenterie [4] composée de trois poutres de deux piez d'épaisseur qui sont jointes ensemble : ces poutres se détournent au droit de la troisiéme colonne du dedans de la Basilique, pour aller jusqu'aux antes qui sont à l'extremité du Porche [5] au droit des murs qui vont à droit & à gauche jusqu'au demy-cercle. Sur cette char-
C penterie au droit des chapiteaux des colonnes, il y a des piles hautes de trois piez & larges de quatre [6] en quarré, pour soûtenir d'autre charpenterie faite de poutres de deux piez d'é-

plat ayant égard, ainsi qu'il y a apparence, à la grande poussée d'une voute si large, plûtost qu'au texte, où il y a distinctement une voute : car *testudo* ne sçauroit signifier un plancher plat. Il est vray que Vitruve a pris une espece pour une autre, mettant *testudo* au lieu de *fornix* : car ainsi que Saumaise remarque sur Solin, il y a trois especes de voute, sçavoir *fornix* qui est *en berceau*, *testudo* qui est *en cul de four*, & *concha* qui est *en trompe*. Quant à la difficulté que l'on pourroit trouver à la grande largeur de la voute, elle seroit raisonnable si cette voute estoit de pierre, mais n'estant que de bois, ainsi qu'il y a grande apparen-
D ce qu'elle estoit, des colonnes de cinq piez de diametre & appuyées par des ailes fort larges, la pouvoient aisement soûtenir. La grande salle de l'Observatoire dont il est parlé au 2 chapitre du premier livre n'est guere moins large que la Basilique de Vitruve, & elle est toute voutée de pierre : cette voute est massive, les reins estant remplis de maçonnerie, pour former une platteforme en terrasse qui sert de couverture.

1. Elles ont derriere elles des pilastres. Cette structure est bien differente de celle des Temples anciens, où les colonnes estoient presque toujours d'une seule piece : car il y a grande apparence que ces colonnes contre lesquelles des pilastres sont appuyez par derriere, sont composées de plusieurs assises de pierre, ou tambours, comme on les fait à present dans nos Eglises.

2. Des seconds portiques. J'ajoûte le mot de *seconds* qui n'est point dans le latin, mais qui est necessaire à l'intelli-
E gence du texte, le sens estant qu'il y a deux portiques ou galleries l'une sur l'autre.

3. Un tribunal. Le Tribunal qui estoit dans le Temple d'Auguste joint à la Basilique, fait voir qu'en general les Basiliques estoient pour les negocians & pour les plaideurs, comme sont maintenant les salles des Palais où l'on rend la justice ; & que le Temple d'Auguste & le Tribunal estoit pour les plaidoyeries. Il est aussi constant que ces pieces estoient embas & de plain pié ; mais cela ne repugne point à l'explication que nous avons donnée à la description des Basiliques ordinaires, qui estoient differentes de celle de Vitruve à laquelle estoit joint le Temple, qui faisoit une partie de la Basilique ; outre que ce Temple dans lequel estoit le Tribunal n'avoit qu'un étage & point de Galleries hautes ; car les Basiliques ordinaires n'ayant point ce Temple ny le Tribunal, il a fallu supposer que le lieu pour rendre la justice, estoit les Chalcidiques ; ce que j'ay crû pouvoir faire avec autant de raison que Palladio, qui a mis au bout de la Basilique ordinaire le Tribunal que Vitruve met seulement dans le Temple d'Auguste qui estoit joint à la sienne.

4. Composée de trois poutres. Cisaranus & Durantinus croyent que cet assemblage de trois poutres faisoit les colonnes, & pour cela ils expliquent *supra columnas ex tribus tignis bipedalibus compactis*, comme s'il y avoit *compactas* au lieu de *compactis*, & ils disent, *sopra le colonne da tre legni bipedali compacte*. Ce qui n'est point vray-semblable : & il y a plus d'apparence que ces trois poutres faisoient un Architrave ; la difficulté est que ces trois poutres, qui ont chacune deux piez en quarré estant jointes ensemble & mises de suite les unes sur les autres, feroient une trop grande largeur ou une trop grande hauteur pour un Architrave qui est sur des colonnes de cinq piez de diametre : De sorte qu'il faut necessairement supposer qu'il y a faute au texte, & qu'il faut lire *ex quatuor tignis*, au lieu de *ex tribus* : car ces quatre poutres estant mises deux-à-deux & les unes sur les autres, comme il est dans la Figure de la Planche XL., elles font un Architrave qui a la proportion qu'il doit avoir : il est assez croyable que le copiste s'est mepris n'estant pas difficile qu'un des quatre points du chiffre ait esté effacé dans l'exemplaire qu'il a copié, ou qu'il ait pris IV, qui est IV, pour III.

5. Au droit des murs. Il y a dans le texte *trabes à tertiis columnis quæ sunt in interiori parte revertuntur ad antas quæ à Pronao procurrunt, dextraque & sinistra hemicyclium tangunt* : ce qui ne peut avoir de sens veritable : car pour faire que l'Architrave qui est sur les colonnes de la Basilique allast jusqu'à l'hemicycle, il faudroit que les colonnes du porche du Temple fussent de la mesme grandeur que celles de la Basilique ; ce qui ne peut estre à cause de leur enormité ; aussi Barbaro les a fait plus petites du tiers. Cela est cause que j'ay traduit comme si le copiste avoit oublié trois ou quatre mots, & je lis *revertuntur ad antas quæ à Pronao procurrunt (è regione murorum qui) dextra & sinistra hemicyclium tangunt*.

6. En quarré. Il y a *quoquo versus* ce qui signifie à la lettre en tout sens & de tous les costez : mais en *quarré*, que j'ay mis explique la chose avec moins d'ambiguité, *parceque en tout sens* comprend la hauteur que le *quoquo versus* ne doit pas icy comprendre parcequ'il est dit que ces piles n'ont que trois piez de haut, & il

Planche XL.

EXPLICATION DE LA PLANCHE XL.

Cette Planche eſt l'elevation de la Baſilique de Vitruve. AAAA, ſont les quatre poutres qui compoſent l'Architrave. BB, ſont les piles qui ont quatre piez en quarré, & trois piez de haut. CC, ſont les troiſiémes colonnes du dedans de la Baſilique. K, & D, ſont les Architraves qui vont des troiſiémes colonnes aux Antes du Temple d'Auguſte. EE, ſont les Forces. F, eſt l'Entrait. GG, ſont les contrefiches HK, à cet endroit eſt la ferme poſée au droit de la Friſe qui eſt ſur les Antes des murs du Porche. I, eſt la Friſe qui eſt ſur les murs du Porche. L, eſt le toit du Temple d'Auguſte.

A paisseur *bien jointes*, sur lesquelles sont les *entraits* & les *contrefiches* au droit de la frise qui est sur les antes des murs du porche, pour soutenir [1] le faiste qui va tout le long de la Basilique & celuy qui traverse du milieu de la Basilique au Porche. CHAP. I.

Le Toit a quelque chose d'agreable à cause de la double disposition qu'il a, sçavoir celle de dehors, qui est en pente, & celle de dedans qui est en voute. De plus on epargne beaucoup de peine & de depense en suivant cette maniere, qui est de supprimer [2] les ornemens qui sont au dessus des Architraves, & les Ballustrades & le second rang des colonnes. Cependant ces hautes colonnes [3] qui ne soutiennent que l'*Architrave sur lequel la voute est posée*, [4] font paroitre beaucoup de majesté & de magnificence en cet ouvrage.

[illegible] qu'elles en eussent quatre pour faire que l'on pust dire qu'elles ont quatre piez en tout lens.

B 1. LE FAISTE QUI VA. Il n'est pas possible que les forces, les entraits, & les contrefiches qui composent la ferme qui est posée au droit de la frise du Porche, soutiennent le faiste qui va tout le long de la Basilique, parceque cette ferme ne soutient que le faiste qui va du pignon qui est au droit du porche, pour rencontrer le faiste qui va tout le long de la Basilique : mais Vitruve veut dire que tout le faiste, tant celuy qui va tout le long de la Basilique, que celuy qui le va rencontrer, ayant commencé au droit du Porche, sont soutenus sur des fermes pareilles à celle qu'il decrit, & qu'il dit estre au droit de la frise du porche.

2. LES ORNEMENS QUI SONT AU DESSUS DES ARCHITRAVES. C'est-à-dire la frise & la corniche.

3. QUI NE SOUTIENNENT QUE L'ARCHITRAVE SUR LEQUEL LA VOUTE EST POSÉE. J'interprete ainsi *trabem testudinis* qui est marquée AA, & qui est ainsi apellée, parceque la voute pose immediatement dessus, sans qu'il y ait de frise ny de corniche, ces ornemens ayant esté ostez & supprimez, à cause de l'enorme grandeur qu'il leur auroit falu donner. Ces mesmes ornemens sont aussi supprimez au premier ordre de la sale Egyptienne, ainsi qu'il sera dit au chap. 5. du 6. livre.

4. FONT PAROISTRE BEAUCOUP DE MAJESTÉ. Cette maniere de faire de grandes colonnes qui soutiennent plusieurs étages est bien licentieuse, & les Architectes modernes en abusent souvent faute de distinguer ce qui la peut sauver & la rendre supportable : car icy la grande largeur de la voute semble demander de grandes colonnes, quoy que dans les Basiliques ordinaires qui ont esté decrites cy-devant, les Architectes anciens n'ayent point trouvé mauvais qu'une grande voute posast sur de petites colonnes, telles que sont celles qui estoient au second rang. Mais il n'y a point de raison de mettre de grands pilastres ou de grandes colonnes au dehors des murs d'un bastiment ordinaire, qui n'ont point comme icy, outre les differens etages, une grande voute à soutenir. Voyez l'explication de la Planche LI, au chapitre 3 du 6 livre.

C

CHAPITRE II. CHAP. II.

De la disposition du Tresor public, des Prisons, & de l'Hostel de Ville.

LE Tresor public, la Prison, & [1] *l'Hostel de Ville* doivent estre sur [2] *la Place*, en telle sorte que leur grandeur soit proportionnée à celle de la Place : sur tout il faut avoir égard à l'Hostel de Ville, & faire qu'il soit proportionné à la dignité de la Ville. [3] Sa proportion doit estre telle que s'il est quarré, il soit plus haut de la moitié qu'il n'est large, que s'il est plus long que large, il faut assembler la longueur & la largeur, & prendre la moitié du tout pour la hauteur au dessous du plancher. De plus il faut que les murs en dedans ayent tout autour à la moitié de la hauteur une corniche de [4] *menuiserie* ou de [5] *stuc*. Car autrement la *Curia. Forum. Intestinum opus, Albarium.*

D 1. L'HOSTEL DE VILLE. J'ay interpreté le mot de *Curia*, selon la definition que Festus en donne, car il dit que c'estoit le lieu où s'assembloient ceux qui avoient soin des affaires publiques. Mais *Curia*, parmy les Romains, signifioit plûtost les personnes qui composoient le Conseil, que le lieu où l'assemblée se faisoit; parceque ce lieu n'estoit point certain, le Senat se tenant tantost dans un Temple, tantost dans un autre. Il y avoit neanmoins de certains lieux apellez *Curia*, comme *Curia Hostilia*, *Curia Pompeii*, *Curia Augusti* : mais on ne sçait point bien distinctement quels Edifices c'estoient.

2. LA PLACE. J'ay choisi un mot general pour traduire *Forum*, parcequ'il signifioit plusieurs choses, sçavoir les Places publiques où se tenoit le Marché, & celles où le peuple s'assembloit pour les affaires, & où l'on plaidoit : car entre les Places publiques qui estoient à Rome en grand nombre, il n'y en avoit que trois où l'on plaidast. *Forum* signifioit aussi une ville où il se tenoit des Foires, comme *Forum Julii*, *Forum Appii*, *&c.*

E

3. SA PROPORTION DOIT ESTRE TELLE. La proportion qui est icy donnée à l'Edifice apellé *Curia*, que j'interprete l'Hostel de Ville, fait voir que cet Hostel de Ville n'estoit pas une maison composée de plusieurs appartemens comme les Hostels de Ville sont à present parmy nous, mais que ce n'estoit qu'une salle.

4. MENUISERIE. Le mot grec *Lepturgia*, qui signifie la delicatesse de l'ouvrage, a grand rapport avec le mot françois de Menuiserie. L'*Intestinum opus* du latin signifie aussi en quelque façon un ouvrage incapable de resister aux injures du temps, & qui demande à estre à couvert dans les maisons.

5. STUC. Philander, Baldus & Saumaise tiennent qu'*Albarium opus* n'est fait qu'avec de la chaux seule, & le distinguent par là du *Tectorium* qui admet du sable, du ciment, ou de la poudre de marbre. Ils se fondent sur Pline, qui parle de la composition qu'il apelle *Marmoratum*, qui est proprement le Stuc, comme estant une chose differente de ce qu'il apelle *Albarium opus*. Mais cet endroit-cy fait voir qu'il y a lieu de croire que la chose n'est pas ainsi; parcequ'il n'est pas possible de faire des Corniches avec de la chaux seule. C'est pourquoy j'ay crû qu'il faloit interpreter *Albarium opus* du Stuc. Dans le second, le troisiéme & le quatriéme chapitre du septiéme livre, où il est amplement traité *de albario opere*, il ne se trouve point que les Anciens se servissent de chaux pure, si ce n'est lorsqu'ils vouloient faire tenir un enduit sur des carreaux de terre cuite qu'ils abbreuvoient premierement avec du lait de chaux, pour y appliquer ensuite un enduit de mortier de sable de stuc ou de ciment. Or si *Albarium opus*, selon Vitruve, n'estoit rien que de la chaux fonduë dans de l'eau; au lieu de dire qu'il est necessaire que ces quarreaux soient blanchis avec de l'eau de chaux, *calce ex aquâ liquidâ dealbentur*, il auroit dit qu'il faut qu'ils soient couverts de l'enduit apellé *albarium opus*. Mais il est constant que cet abbreuvement de lait de chaux estoit seulement une precaution dont on se servoit dans l'application de l'*Albarium* ou du *Tectorium opus* sur les carreaux de terre cuite; Et Pline n'en doit pas ce me semble estre crû dans cette rencontre comme Vitruve qui parle d'une chose de sa profession, & qui ne peut pas avoir assez ignoré ce que c'estoit que *albarium opus*, pour croire que l'on en pût faire des corniches, si *albarium opus* n'estoit rien autre chose que de la chaux détrempée dans de l'eau.

CHAP. III. voix de ceux qui parlent avec action dans ces lieux, s'éleveroit si haut qu'elle se perdroit, A ce que la corniche empesche ; car elle ne permet pas à la voix de s'élever & de se dissiper en l'air, mais elle la renvoye aux oreilles.

CHAPITRE III.

Comment il faut bâtir le Theatre pour faire qu'il soit sain.

APRES avoir determiné le lieu où doit estre la Place publique, il faut choisir celuy où l'on veut bâtir un Theatre pour les Spectacles qui se donnent aux festes des Dieux. Or il est tres-important que ce lieu soit sain, & il le faut examiner par la methode qui a esté enseignée au premier livre au sujet des murailles des villes : car les spectateurs qui sont assis fort long temps en un mesme endroit avec leurs femmes & leurs enfans, seroient B beaucoup incommodez en leur santé, si l'air voisin estoit corrompu par les vapeurs des marécages, ou des autres lieux mal sains : d'autant que les conduits du corps estant dilatez par le plaisir, reçoivent aisement toutes les impressions de l'air. Mais ce n'est pas assez d'eviter les maux que la corruption de l'air peut apporter ; il faut encore prendre garde que le Theatre ne soit pas exposé au midy : car les rayons du Soleil enfermez dans la rondeur du Theatre, échauffent grandement l'air qui y est arresté, & cet air ne pouvant estre agité, devient si ardent & si enflammé, qu'il brûle, cuit & diminuë les humeurs du corps. Enfin on ne sçauroit estre trop exact dans le choix des lieux les plus sains quand il s'agit de la construction d'un Theatre.

Si l'on le bâtit sur une montagne, il ne sera pas difficile de le bien fonder : mais si l'on est obligé de le faire en un lieu plat ou marécageux, on n'en pourra pas rendre les fondemens fermes & solides, à moins que de suivre les preceptes qui ont esté donnez pour cela C dans le troisiéme livre, lorsqu'il est parlé des fondemens des Temples.

Præcinctiones. Sur les fondemens on élevera les degrez qui seront bâtis de marbre ou de pierre. [1] *Les Palliers en forme de ceinture*, doivent estre faits selon la proportion que l'on donne à tous les Theatres, afin qu'ils ayent une hauteur convenable à leur largeur : parceque s'ils estoient trop relevez ils rejetteroient la voix en haut, & empescheroient qu'elle ne pût frapper les oreilles, & se faire entendre distinctement de ceux qui sont assis au dessus des palliers : & ainsi il faut que les degrez soient tellement disposez, qu'une ligne estant conduite depuis le bas jusqu'au haut, elle touche les angles de tous les degrez, afin que la voix ne soit point empeschée.

Les entrées & sorties doivent estre en grand nombre & spacieuses, & il ne faut pas que D celles d'enhaut se rencontrent avec celles d'embas : elles doivent aussi estre droites & sans détours, faisant des passages separez & qui ne s'empeschent point l'un l'autre ; afin que le peuple ne soit point trop pressé en sortant des spectacles. Il est encore necessaire de prendre garde que le lieu ne soit pas sourd, & que le son de la voix s'y puisse répandre sans qu'elle soit étouffée, & pour cela on choisira un lieu qui n'ait rien qui empesche le retentissement.

Car la voix n'est autre chose que l'haleine [2] qui estant poussée fait impression sur l'organe

1. LES PALLIERS EN FORME DE CEINTURE. J'appelle ainsi *præcinctiones* qui estoient des palliers courbez selon la rondeur du Theatre. J. Martin a mal entendu cet endroit quand il a interpreté *Præcinctiones ad altitudines theatrorum pro rata parte faciunda*, comme si Vitruve avoit voulu dire que la hauteur des Palliers doit estre proportionnée à la grandeur du Theatre ; car Vitruve & la raison veulent que les Palliers soient d'une mesme hauteur dans tous les Theatres ; parceque la hauteur des Palliers dépend de celle des degrez, qui doivent estre d'une mesme hauteur dans les grands & dans les petits Theatres : Et en effet Vitruve n'a point dit *ad altitudinem Theatri*, mais *ad altitudines Theatrorum* ; c'est-à-dire suivant la proportion ordinaire des Theatres, où les degrez n'ayant de hauteur que la moitié de leur largeur, ainsi qu'il est dit à la fin du sixiéme chapitre de ce livre, les Palliers ne doivent aussi avoir de hauteur que la moitié de leur largeur ; ce qui s'ensuit manifestement de la regle que Vitruve prescrit qui est de tirer une ligne qui touche à toutes les carnes des degrez : car cela oblige de donner une mesme proportion aux Palliers qu'aux degrez. De sorte qu'il faut qu'il y ait faute dans le texte de tous les exemplaires, où il est dit que les Palliers ne doivent point estre plus hauts que larges, *neque altiores quàm quanta præcinctionis itineris sit Latitudo*, qui est autre E chose que ce que Vitruve veut dire : & il y a apparence qu'au lieu de *sit Latitudo*, il y avoit *fert Latitudo*, pour dire que les Palliers ne doivent point avoir plus de hauteur que celle que leur largeur demande. Il faut remarquer que Vitruve entend par la hauteur des Palliers celle du premier degré qui est ensuite & au dessus du Pallier.

2. QUI ESTANT POUSSÉE. Vitruve dit icy deux choses pour expliquer la nature de la voix ; la premiere est que le son vient de l'agitation de l'air ; la seconde, que cette agitation fait des cercles dans l'air, de mesme que l'on voit que l'eau d'un étang forme des cercles lorsqu'on y jette une pierre. La premiere partie de cette description est vraye, sçavoir que le son vient de l'agitation de l'air, il luy manque seulement d'expliquer un peu plus distinctement de quelle maniere cette agitation peut émouvoir l'organe de

de l'ouïe

A de l'ouïe, par le moyen de l'air qu'elle a frappé, dont l'agitation forme une infinité de cercles. Mais comme lorsqu'on jette une pierre dans un Etang on voit qu'il s'y fait quantité de cercles qui vont toujours en croissant depuis le centre, & qui s'etendent fort loin, s'ils n'en sont empeschez par la petitesse du lieu, ou par d'autres obstacles; & que s'ils rencontrent quelque chose, les premiers cercles qui sont arrestez, arrestent & troublent l'ordre de ceux qui les suivent: [1] ainsi la voix s'étend en rond, & fait plusieurs cercles: il y a pourtant cette difference que dans un Etang les cercles ne se font que sur la surface de l'eau; au lieu que les cercles qui sont faits par la voix vont toujours en s'etendant non seulement en largeur, mais mesme en profondeur, montant comme par degrez; en sorte que si rien n'arreste le cours du premier cercle, le second, ny ceux qui suivent ne sont point troublez, de maniere que la voix arrive distinctement & sans confusion aux oreilles de ceux qui sont B aussi en haut, aussi bien que de ceux qui sont en bas.

C'est pourquoy les anciens Architectes ayant examiné la nature de la voix, & conside-

l'ouïe. Car il est certain que toute agitation de l'air n'est pas capable de faire du bruit, & qu'il n'y a que celle qui est causée par une impulsion tres-soudaine qui en puisse faire: Parceque quand l'air n'est poussé que mediocrement viste, sa grande fluidité est cause qu'il cede au coup, & qu'il esquive en se retirant si promptement à costé & derriere le corps qui le pousse, que cette agitation ne passe guere au-delà de l'espace dans lequel le corps qui pousse est meu. De sorte que pour produire un son, il est necessaire que le mouvement de la puissance qui pousse, soit assez viste pour estre achevé avant que l'air ait eu le temps de se retirer à costé; car par la vitesse de cette impulsion soudaine, la premiere partie de l'air qui est assez promptement agitée pour n'avoir pû C esquiver, en agite une autre avec une pareille promptitude, & ainsi toutes les parties de l'air se poussent l'une l'autre jusqu'à l'oreille.

Cela estant il ne reste qu'à trouver quelle est la puissance qui produit un mouvement si soudain: car on ne peut pas dire que ce soit celle qui fait rencontrer les corps qui font du bruit en se frappant, puisqu'assez souvent des corps en se touchant ne laissent pas de faire du bruit, quoyque pour se toucher ils ne se remuënt que fort lentement. Il est donc necessaire que de ce frappement, quel qu'il soit, il s'ensuive toujours un autre mouvement dans quelques-unes des parties du corps qui se frappent, qui ait cette vitesse extrême dont il s'agit; car il faut supposer qu'il y a une égale vitesse dans tous les mouvemens qui causent du bruit; parceque quelque petit que puisse estre le bruit, il suppose toujours un mouvement extremement viste, ainsi qu'il a esté dit, & le mouvement qui fait un grand bruit est seulement le mouvement D d'un plus grand nombre de parties, qui se remuent avec une extrême vitesse, de mesme que le mouvement qui fait un petit bruit est le mouvement d'un petit nombre de parties, mais qui a aussi une vitesse extrême.

Pour connoistre quelle peut estre la cause de ce mouvement si soudain, il faut considerer qu'il se rencontre deux sortes de mouvemens dans tous les corps qui se touchent assez fortement pour faire du bruit; le premier est le mouvement qui arrive aux corps par le froissement mutuel qu'ils souffrent en se choquant, qui n'est rien autre chose que le pliement des parties qui sont poussées en dedans ou à costé; l'autre mouvement qui suit le premier & qui en provient, est celuy par lequel les parties retournent à leur premier estat, par la vertu d'un ressort qui est naturellement dans tous les corps. Or le premier de ces mouvemens est proportionné à l'impulsion de la puissance externe qui fait choquer les corps; mais le second est toujours pareil, c'est-à-dire extremement viste, E de mesme que le ressort d'un fusil a toujours une mesme vitesse dans sa detente, soit que le mouvement de la puissance qui l'a bandé ait esté viste, ou qu'il ait esté lent. Ainsi quelque lent que soit le mouvement des corps qui se touchent, si cet attouchement fait du bruit, ce n'est que par l'agitation soudaine que l'air souffre, estant frappé par le mouvement precipité que les parties capables de ressort, ont en retournant à leur estat naturel. De sorte que l'on peut dire que ce n'est point tant le coup des corps qui se touchent, que leur contrecoup qui fait l'agitation de l'air quand il frappe l'organe de l'ouïe.

La seconde chose que Vitruve dit touchant la nature de la voix n'est pas sans difficulté; il veut que l'air agité par la voix fasse des cercles de mesme que l'on voit qu'une pierre en fait dans l'eau. A la verité cette comparaison prise d'une chose qui nous est sensible, semble en expliquer assez bien une autre qui ne l'est pas; mais il n'y a point d'apparence qu'il se puisse faire de ces cercles dans l'air de mesme que dans l'eau, car ces cercles se font dans l'eau à cause de la pesanteur qu'elle a, parceque la partie de l'eau qui a esté poussée & élevée par la pierre en entrant dans l'eau, retombe & frappe une autre partie qui s'éleve aussi par ce coup, & qui retombant en frappe encore une autre, ce qui fait les cercles dont Vitruve parle. Mais rien de tout cela ne peut arriver dans l'air, dans lequel nous sommes comme plongez avec tous les autres corps qui sont plus solides que l'air; parceque l'air serre & comprime tout de telle sorte qu'il ne sçauroit donner lieu à ces ondoyemens: mais cette application si serrée que l'air a à tous les corps qu'il environne, fait que son agitation est continuë & sans interruption, si ce n'est que le mouvement des corps qui causent cette agitation soit interrompu aussi par leur tremblement ou fremissement, qui est tout-à-fait different des ondoyemens de l'eau: car un seul coup sur l'eau peut produire cinquante ondoyemens ou cercles, qui sont autant de coups qui vont frapper le bord de l'étang qui est opposé à celuy où l'eau a esté frappée par la chute de la pierre; ce qui n'arrive point à l'air agité par le son: car son agitation répond toujours au mouvement du corps resonnant; en sorte que l'air frappe l'oreille de mesme qu'il a esté frappé; c'est-à-dire d'un seul coup si le corps ne l'a frappé que d'un seul coup: & s'il arrive qu'un seul coup comme celuy du marteau d'un horloge produise un son qui dure long-temps, c'est parceque le timbre tremble & fremit long-temps après le coup; ce qui forme une agitation qui a, ce me semble, beaucoup plus de rapport avec les ondoyemens de l'eau d'un étang, que l'agitation qui est excitée dans l'air par la voix n'en a, quoy que Vitruve puisse dire.

1. Ainsi les cercles que fait la voix. Il n'est pas vray que l'agitation que produit le son, soit troublée & empeschée d'aller faire son impression sur l'organe de l'ouïe, lorsqu'il se rencontre quelque corps interposé, de mesme que ce qui vient trancher le cours des ondes qui forment des cercles dans l'eau, les confond & les empesche de se continuer plus loin: car tout ce qui empesche le cours direct des ondes, les empesche & les efface absolument: mais l'agitation qui produit le son, ne se communique & ne se continuë guere autrement par les chemins droits que par ceux qui sont obliques; & il n'est pas plus difficile à l'air de transmettre à l'oreille sans confusion mille agitations differentes à la fois qu'une seule: car non seulement celles qui se font par un mouvement moins prompt, telles que sont celles que le vent peut exciter, n'empeschent point l'effet des agitations precipitées qui produisent le son, ainsi qu'il a esté dit; mais mesme une agitation precipitée ne s'oppose point à une autre, & ne cause point de confusion. Or la principale raison de cela est que le son ne se communique point par des ondes comme l'agitation de l'eau; parceque pour faire des ondes il faut du vuide (on peut apeller ainsi l'air qui est sur la surface de l'eau:) mais le son ne se fait qu'à cause que l'air remplit tout, estant serré contre tous les corps, & tellement entassé, qu'il est impossible que les impulsions qu'il souffre, soient vaines & sans effet, si ce n'est en les eludant lorsque le mouvement qui fait l'impulsion n'est pas assez viste, ainsi qu'il a esté expliqué.

Il y auroit encore bien des choses à dire sur la compressibilité dont l'air est capable, laquelle ne se rencontre point dans l'eau, & qui sert beaucoup à expliquer les raisons de tous les Phenomenes du son & de la voix: mais ces remarques sur la nature du son ne sont que trop longues, quoy qu'à la verité elles auroient peut-estre esté moins obscures si elles n'estoient point si courtes.

CHAP. III. tant comme elle s'éleve en l'air par degrez, ont reglé au juste l'élevation que les degrez du A
Theatre doivent avoir ; & suivant [1] la proportion Canonique des Mathematiciens, & la proportion Musicale, ils ont tasché de faire que tout ce qui seroit prononcé dans la Scene fust entendu clairement & aisément de tous les Spectateurs. Car comme les Anciens ont mesuré les instrumens de Musique, & ont marqué sur des lames de cuivre ou de corne, les intervalles des Dieses, afin que les sons que rendroient les cordes, fussent justes ; ainsi par le moyen de la science Harmonique, ils ont étably certaines proportions pour aider à faire entendre la voix dans les Theatres.

1. LA PROPORTION CANONIQUE. Il a desja esté parlé de cette canonique sur le premier chapitre du premier livre, où il a esté dit que c'est la proportion de la mesure de tous les tons qui se prend avec le compas, & qui est opposée à celle qui se juge par l'oreille. Mais ce que Vitruve dit icy des lames de cuivre ou de corne sur lesquelles on marquoit les intervalles des Dieses, sembleroit faire entendre que ces lames estoient pour mettre sur le manche des instrumens, & pour y placer les touches, en sorte que cela pourroit faire croire que les Anciens touchoient les cordes avec les doits de la main gauche, comme nous faisons aux luts & aux violes. Mais on ne voit point d'ailleurs que les Anciens en usassent de cette sorte, parceque les cordes de leurs instrumens ne sonnoient ordinairement qu'à vuide, & n'avoient qu'un son particulier comme celles de nos harpes & de nos clavessins : ou si on peut croire qu'ils en touchoient quelques-unes, ce n'estoit que pour passer du Tetracorde Synemmenon au Diezeugmenon ainsi qu'il est expliqué sur le chapitre suivant ; ou pour varier les genres, & non pas les modulations dans chaque genre, ainsi que nous faisons lorsqu'ayant accordé les cordes d'un instrument à la Quinte, ou à la Quarte, ou la Tierce, on touche la plus basse en un, en deux, ou en trois endroits pour luy donner les tons qui sont au milieu, & entre les extremitez de la Quinte, de la Quarte, ou de la tierce. De sorte que si les Anciens avoient des touches sur le manche de leurs instrumens, ce ne pouvoit estre que pour faire que l'instrument B estant accordé selon un genre, on pust en touchant les deux cordes qui sont au milieu de chaque Tetracorde, leur donner les tensions qui sont requises pour les autres genres. Car supposé que les quatre cordes A, B, C, D, soient accordées Enarmoniquement ; lorsqu'on touchera les cordes du milieu B & C aux endroits E & G, le Tetracorde sera Chromatique : & si on les touche aux endroits E & H, il sera Diatonique. Quelques-uns estiment que ces lames de cuivre ou de corne estoient pour l'instrument apellé Monocorde sur lequel on fait les divisions, d'où se prennent les proportions des tons & autres intervalles. Ce qui me semble plus vray-semblable.

A B C D
E G H

C

CHAP. IV.

CHAPITRE IV.

De la Musique Harmonique selon la doctrine d'Aristoxene.

[1] LA Musique Harmonique est une science obscure & difficile principalement à ceux qui ne sçavent pas la langue grecque. Cependant nous ne pouvons pas icy expliquer ce qu'il est necessaire d'en sçavoir, sans nous servir de quantité de mots grecs, parcequ'il y a beaucoup de choses pour lesquelles nostre langue n'a point de termes significatifs. Je feray neanmoins ce que je pourray pour expliquer le plus intelligiblement qu'il est possible [2] ce qu'en a écrit Aristoxene, & mesme je rapporteray sa Table, & marqueray au juste la place de tous les sons, afin que ceux qui y voudront apporter un peu d'attention, D n'ayent point de peine à comprendre ce que j'en diray.

[3] La voix a deux sortes de mouvemens l'un se fait quand elle est continuë & toujours

1. DE LA MUSIQUE HARMONIQUE. Je suis la correction de Meibomius, qui met *harmonice* au lieu de *harmonia* dans le titre, parceque Vitruve traite icy de la Musique Harmonique seulement, qui est differente de la Rhythmique, de la Metrique, de l'Organique de la Poëtique & de l'Hypocritique, qui contiennent les preceptes de la Danse de la Recitation, du Jeu des instrumens, des Vers, & des Gestes des Pantomimes, de mesme que l'Harmonique contient les preceptes du Chant ; ces six choses estant le sujet des six especes de Musique, selon la division de Porphyre sur l'Harmonie de Ptolomée.

2. CE QU'EN A ESCRIT ARISTOXENE. Aristoxene fut un Philosophe disciple d'Aristote, qui dans ses écrits s'est emporté avec beaucoup d'aigreur contre son Maistre, parce qu'il luy avoit preferé Theophraste dans l'election qu'il fit d'un successeur. Il ne nous est resté de quatre cent cinquante-trois volumes que Suidas dit qu'il a écrits, que les trois livres des elemens de la Musique Harmonique. Ces livres l'ont fait chef d'une Secte en Musique qu'on apelloit des Aristoxeniens, opposée à celle des Pythagoriciens ; ils estoient differens, en ce que ceux-cy pour juger des tons n'avoient égard qu'aux raisons des proportions, & ceux-là croyoient qu'il y falloit joindre le jugement de l'oreille, à laquelle il appartient principalement de regler ce qui concerne la Musique.

3. LA VOIX A DEUX SORTES DE MOUVEMENS. Ce commencement est obscur & embroüillé ; il y a apparence que c'est par la faute des Copistes, car ce qui est aprés *vox*, sçavoir *vox cum mutationibus flectitur*, doit estre tout-à-fait osté, parceque cela est repeté & mis plus bas en sa vraye place, aprés ces mots, *per distantiam autem è contrario*, où il y a *namque cum flectitur in mutatione vox* : Et de plus en cet endroit, aprés, *in mutatione vox*, il faut mettre ces mots, *alias fit acuta, alias gravis*, & les oster de ce commencement : parceque l'intention d'Aristoxene estant de parler des deux differens mouvemens de la voix, qui sont le sujet de toute la Musique en general, il parle premierement du mouvement continu & égal que la voix a quand on parle simplement sans chanter, qu'il apelle *logique* ou *rationel*, & où l'oreille ne discerne point assez le haut & le bas que la voix peut avoir dans ses inflexions, pour juger de quelle nature sont E les termes de ce mouvement, sçavoir si ce sont des tons, des demitons, ou des dieses ; qui est ce que signifie *efficit terminationes non apparentes*. En suite il parle des mouvemens & des terminaisons que la voix fait quand on chante, dont les differences sont faciles à connoistre, lorsque *flectitur in mutatione vox & inconstans apparet*. C'est pourquoy je lis ainsi. *Vox duobus modis movetur, è quibus unus habet effectus continuatos, alter distantes. Continua vox neque in finitionibus consistit, neque in loco ullo, efficitque terminationes non apparentes, intervalla autem media patentia ; uti sermone cum dicimus sol, lux, flos, vox : Nec enim unde incipit nec ubi desinit intelligitur, sed neque ex acuta facta gravis* (j'oste) *nec ex gravi acuta apparet auribus. Per distantiam autem è contrario : namque cum flectitur in mutatione vox, alias fit acuta, alias gravis ; statuit se in alicujus sonitus finitionem, deinde in alterius, & id ultro citroque frequenter faciendo inconstans apparet, &c.*

A égale l'autre quand elle procede par des intervalles separez : le mouvement que fait la voix continuë, n'est borné par aucuns termes ny en aucun lieu, & ses extremitez ne paroissent point à l'ouïe [1] n'y ayant que les intervalles du milieu qui s'entendent ; comme il arrive [2] quand on prononce *sol*, *lux*, *flos*, *nox* : car alors on ne discerne point ny d'où elle part, ny où elle se termine, & l'oreille ne s'apperçoit point qu'elle aille de haut en bas, ou de bas en haut ; que de haute elle soit devenuë basse, ou de basse haute. Mais le contraire arrive dans le mouvement qu'elle fait par des intervalles separez : car quand la voix fait des inflexions differentes, alors elle devient tantost haute & tantost basse ; elle s'arreste à un certain son déterminé, puis elle passe à un autre ; & ainsi parcourant souvent differens intervalles, elle paroist inégale à l'oreille, comme il arrive lorsqu'on chante, & que la voix se flechit diversement par la modulation. En effet quand elle parcourt differens intervalles, ses B sons sont tellement marquez & determinez que l'on connoist aisément d'où elle vient, par où elle commence, & où elle finit, pendant que les sons du milieu qui s'étendent en de grands intervalles sont obscurcis. CHAP. IV.

Or [3] il y a trois genres de chant que les Grecs apellent [4] Enarmonique, Chromatique & Diatonique. [5] L'*Enarmonique* est une maniere de flechir la voix, en laquelle l'art dispose tellement les intervalles, que le chant a beaucoup de force pour toucher & pour émouvoir. [6] Le *Chromatique*, en serrant les intervalles [7] par un subtil artifice, produit plus de douceur & de delicatesse ; & le [8] *Diatonique* comme plus naturel, ne fait que des intervalles aisez ; *Temperé* *Coloré.* *Tendu.*

1. N'y ayant que les intervalles du milieu qui s'entendent. Aristoxene fait voir des proprietez opposées dans la voix lorsqu'elle recite simplement, & lorsqu'elle C chante ; car lorsqu'elle recite *efficit terminationes non apparentes, intervalla autem media patentia*, & lorsqu'elle chante *apparet in sonorum patentibus finitionibus, mediana autem obscurantur*, c'est-à-dire que dans le recit la voix a un ton moyen qui est intelligible, & que si quelquefois dans les inflexions elle s'éleve ou se baisse quelque peu, on ne peut pas connoistre distinctement de quelle grandeur est l'intervalle par lequel elle s'éloigne de ce ton moyen : Mais au contraire lorsque l'on chante il n'y a que les tons des intervalles qui ne s'entendent point. Par exemple lorsque la voix chante *ut mi* ou *ut ré*, on n'entend point le *ré* qui est entre l'*ut* & le *mi*, ny mesme les sons qui sont entre l'*ut* & le *ré*.

2. Quand on prononce sol, lux. Il me semble que Vitruve auroit mieux expliqué ce qu'il veut signifier par l'exemple qu'il apporte des monosyllabes, s'il avoit dit que dans la simple recitation d'une longue suitte de paroles il n'y a point de terminaisons differentes en tons, non plus que dans les monosyllabes D quand on les chante, parce qu'en chantant, chaque monosyllabe n'a qu'un ton.

3. Il y a trois genres de chant. Aristoxene divise la science de la Musique en sept parties, qui sont les Genres, les Intervalles, les Sons, les Systemes, les Tons ou Modes, les Transpositions, & la Melopée. Or les Genres consistent dans la differente maniere de chanter, selon la diverse disposition des Intervalles des Sons dans le Tetracorde, qui n'est autre chose que la suite de quatre Sons differens & distans les uns des autres par trois Intervalles. Le Tetracorde comprend toute la Modulation, parcequ'elle n'est composée que de plusieurs Tetracordes qui se suivent : Car le Tetracorde *Hypaton* qui est le premier & le plus bas & qui comprend les quatre cordes *mi, fa, sol, la*, est suivy du *Meson*, qui comprend les quatre cordes *la, si, ut, ré* ; lesquelles sont la mesme chose que *mi, fa, sol, la*, & ces Intervalles sont de mesme dans le *Synemmenon* & dans les autres. Le Tetracorde qui est la suitte E de quatre Sons, est ainsi apellé, parceque les Anciens ne touchoient point les cordes sur le manche de l'instrument comme nous faisons, mais chaque son avoit sa corde, comme elle l'a encore aujourd'huy dans la Harpe, dans l'Epinette, & dans les basses des Luts.

4. Enarmonique, Chromatique et Diatonique. La difference des trois genres consiste dans la differente tension, ou relâchement qui est dans les deux cordes du milieu des Tetracordes. Le genre où elles sont plus tenduës, s'apelle à cause de cela Diatonique, ou à cause qu'il a deux cordes dont les Intervalles sont d'un ton. Le Genre où les deux cordes du milieu sont plus relâchées & moins tenduës, s'apelle Harmonique, ou Enarmonique, c'est-à-dire temperé ; & le Genre où elles sont plus tenduës qu'en l'Enarmonique & moins que dans le Diatonique s'apelle Chromatique, c'est-à-dire coloré, parceque, comme dit Martianus Capella, le Chromatique est moyen entre les deux excés de tension & de relâchement qui sont aux cordes du milieu en l'Enarmonique & au Diatonique, de mesme que la couleur est quelque chose de moyen entre les deux extrémitez, qui sont dans le noir & dans le blanc que l'on ne met pas au nombre des couleurs, quand on les compare au rouge, au vert, &c. Suetone dit que Neron avoit la voix brune, *fuscam*. Dion & Aristide mesme ont usé de la mesme metaphore, en apellant *melanan*, la voix qui n'estoit pas claire & éclatante.

5. L'Enarmonique est une maniere de flechir la voix. Cette definition ne se trouve point dans Aristoxene, il dit seulement que les Anciens estoient si fort charmez du Genre Enarmonique, & qu'ils negligeoient tellement les autres, qu'ils leur estoient presque inconnus. Proclus neanmoins sur le Timée dit que Platon avoit composé le Diagramme Diatonique ; & Aristoxene mesme avoüe que le Diatonique est le premier & le plus ancien, & que l'Enarmonique est si difficile que l'oreille a bien de la peine à s'y accoûtumer.

6. Le Chromatique en serrant les intervalles. J'ay crû que Vitruve par *crebritatem modulorum*, entendoit ce que les anciens Musiciens Grecs apelloient *Pycnon*, c'est-à-dire *serré*, qui estoit proprement ce qui fait la difference des Genres, dont les uns ont les intervalles plus serrez que les autres : car Aristoxene dit que le *Pycnon* est la composition de deux intervalles dans le Tetracorde, qui estant joints ensemble sont moindres que le troisiéme intervalle. Ainsi dans l'Enarmonique les deux premiers intervalles ne sont ensemble qu'un demy-ton, & le troisiéme fait deux tons ; dans le Chromatique les deux premiers intervalles sont ensemble un ton & le troisiéme un ton & demy. Mais le Diatonique n'a point de *Pycnon*, parceque ses deux plus petits intervalles joints ensemble sont plus grands que le troisiéme ; car ils sont un ton & demy, & le troisiéme ne fait qu'un ton. Par cette raison le Diatonique estoit plus aisé à chanter que les autres Genres, qui ne pouvoient estre entonnez que par les excellens Musiciens. Faute d'avoir fait cette reflexion, Turnebe n'a pû expliquer en quoy consiste le fin d'un mot que Suetone rapporte de Neron, qui disnant dans l'Orchestre en presence du peuple, dit en grec que s'il beuvoit bien en ce lieu-là, il en chanteroit mieux estant sur le Theatre : car l'expression grecque contient une allusion entre le mot *Hypopinein* qui signifie boire un peu plus que de coustume, & *Hypopycnon adein*, c'est-à-dire chanter le Genre Chromatique, ou l'Enarmonique, dans lesquels le *Pycnon* est employé, c'est-à-dire chanter en maistre.

7. Par un subtil artifice. Il est aisé d'entendre que Vitruve veut dire que la maniere de serrer les Intervalles a quelque chose de plus doux dans le Chromatique que dans l'Enarmonique, & non pas que les Intervalles soient plus serrez dans le Chromatique, que dans l'Enarmonique, parcequ'en effet ils sont plus serrez dans l'Enarmonique que dans le Chromatique.

8. Le Diatonique comme plus naturel. Le Dia-

CHAP. IV. ce qui le rend plus facile que les autres. La difference de ces trois genres consiste dans la di- A
verse disposition [1] du *Tetracorde* : d'autant que le [2] Tetracorde de l'Enarmonique a un *Dito-*
num & deux Dieses. Or [3] la *Diese* est la quatriéme partie d'un Ton, & ainsi dans le Demy-ton
il y a deux Dieses. Dans le Chromatique il y a [4] deux Demy-tons de suite, & le troisiéme intervalle est [5] de trois Demy-tons. Dans le Diatonique il y a deux Tons de suite, ausquels on ajoûte un Demy-ton qui remplit l'étenduë du Tetracorde : de sorte qu'en chacun de ces trois Genres les Tetracordes sont composez de deux Tons & d'un Demy-ton.
Ces intervalles sont differens dans chaque Genre pris separément, car c'est la nature qui
a determiné les intervalles des Tons & des Demy-tons des Tetracordes, & qui en a étably
& determiné les proprietez & les proportions, selon lesquelles les ouvriers qui font les instrumens de Musique se reglent pour leur donner leurs justes mesures.

Dans chacun de ces genres [6] il y a dix-huit Sons apellez *Phtongoi* par les Grecs : de ces

B

tonique qui ne procede que par des Tons & des Semitons est plus naturel & moins contraint que les autres Genres : car les deux Demitons qui sont de suite dans le Chromatique sont contre l'ordre naturel de chanter, & la grande disproportion des intervalles de l'Enarmonique le rend fort contraint : cette disproportion estant telle que la Diese qui est le plus petit de ses intervalles, n'est que la huitiéme partie du *Ditonum*, ou Tierce majeure, qui est le plus grand.

1. DU TETRACORDE. J'ay mis Tetracorde, au singulier quoy qu'il soit au pluriel dans le texte, je l'ay fait pour éviter l'equivoque : car si j'avois mis que les differences des Genres consistent dans la diverse disposition de leurs Tetracordes on auroit pû croire que cela veut dire que plusieurs Tetracordes sont differemment disposez dans chaque Genre, au lieu que le vray sens est que chaque Tetracorde de chaque Genre est disposé de differente maniere.

2. LE TETRACORDE DE L'ENARMONIQUE. Il faut que les Copistes ayent corrompu cet endroit, car il n'y a point d'apparence que Vitruve ait mis quatre intervalles dans un Tetracorde, sçavoir deux Tons & deux Dieses. Je croy qu'il faut au lieu de *& Tonos* mettre *Ditonum*, & changer *harmonia Tetrachordorum* en *harmoniq. Tetrachordum*, & lire *quod harmonia Tetrachordum*, c'est à dire *harmonici generis Tetrachordum, Ditonum & Dieses habet binas*. Afin que le sens soit que le Tetracorde de l'Enarmonique a les intervalles d'un *Ditonum* ou Tierce majeure & deux Dieses.

3. LA DIESE EST LA QUATRIEME PARTIE DU TON. Diese vient du mot grec *Diesis* qui signifie passer & couler au travers de quelque chose, je l'ay interpreté à la marge *dissolution*, d'autant que comme les choses qui ont esté filtrées sont exactement dissoutes & divisées en plusieurs parties, de mesme les Dieses parmy les Musiciens sont les parties du Ton les plus petites, & par consequent celles esquelles se fait la dissolution du Ton qui en est composé. C'est pour cela qu'Aristox. dit que les Dieses sont les elemens de la voix, c'est-à dire des Tons ; neanmoins les Pythagoriciens qu'on tient estre les inventeurs du nom de Diese, ne la faisoient pas si petite ; ils partageoient le Ton en deux parties inégales ; la plus petite que nous apellons *Semiton mineur* estoit apellée *Diesis*, & la plus grande qui est nostre *Semiton maieur* estoit apellée *Apotomé*. Les Tons ayant depuis esté divisez en des parties plus petites sçavoir en trois & mesme en quatre, ces parties furent apellées Dieses ; celle qui est la troisiéme partie du Ton fut apellée *Triemoria & Diesis Chromatica minima* ; celle qui n'estoit que la quatriéme partie fut apellée *Tetartemoria & Diesis Enarmonia minima*.

4. DEUX DEMY-TONS DE SUITE. Meibomius corrige cet endroit, & lit *incomposita* au lieu de *composita*. L'Intervalle incomposite dit *Asyntheton* par les Musiciens Grecs est celuy qui dans un genre se trouve entier & n'a point besoin de s'étendre & d'emprunter des autres intervalles ce qui luy manque ; au contraire le Composite dit *Syntheton* n'est point entier s'il ne s'étend dans un autre intervalle prochain. Par exemple dans le Diatonique le *Triemitonium* ou Tierce mineure est Composite, parce qu'il faut pour le faire que le Ton, qui est le plus grand intervalle qu'il ait, prenne dans le Ton voisin le Demiton qui luy manque. Mais dans le Chromatique le *Triemitonium* est Incomposite, parce qu'il s'y rencontre naturellement de mesme que le *Ditonum* ou Tierce majeure est naturellement dans l'Enarmonique. Cette Critique de Meibomius est à la verité bien fondée, parce qu'il est vray que dans le Chromatique il y a deux Demitons Incomposites, outre le *Triemitonium* ; mais il y a grande apparence que Vitruve n'a point eu intention de qualifier ainsi les Demitons du Chromatique, puisqu'il n'a point qualifié les intervalles des autres Genres, qui sont tous ou Composites ou Incomposites. Et en effet ce ne sont que des noms qui ne signifient aucune distinction utile dans la Musique selon la connoissance que nous avons de celle des Anciens. Mais si ces mysteres d'intervalles Composites & Incomposites, & de toutes les autres speculations de cette nature, sont les choses dans lesquelles consistoit autrefois le fin de la Musique, il y a apparence que nous sommes dans une aussi grande ignorance de la Musique des Anciens, qu'ils l'estoient de la nostre ; car de mesme que nous ne voyons point à quoy aboutissoient toutes ces speculations, ils ignoroient aussi les secrets de nostre Musique ; n'ayant aucune con- C noissance des proprietez des Consonances & des Dissonances, qui consistent dans leurs differentes relations, dans leurs suittes, dans leurs rencontres, & dans leurs variations pour la Composition à plusieurs parties, qui sont des choses ausquelles ils n'ont jamais pensé, ainsi qu'il se voit par les écrits qui nous restent en assez grande quantité sur cette matiere ; car Aristoxene declare qu'avant luy personne n'avoit parlé des Consonances ny des Dissonances ; & dans ce qu'il en dit luy-mesme, il n'y a rien qui puisse faire croire qu'il eust la moindre connoissance de l'usage des Consonances pour la Musique à plusieurs parties ; & les autres Auteurs Grecs qui ont écrit en suitte ne disent rien davantage.

5. DE TROIS DEMY-TONS. Le texte seroit plus correct, si au lieu de *trium Hemitoniorum*, il y avoit *Triemitonii*, pour signifier que le troisiéme intervalle du Chromatique est d'un *Triemitonium*, que nous apellons *Tierce mineure* : car trois Demitons D sont trois intervalles, & il ne s'agit que d'un.

6. IL Y A DIX-HUIT SONS. Ce nombre & cette disposition des Phtonges ou Sons ne se trouve point dans Aristoxene : il faut que Vitruve ait pris cela dans l'Introduction Harmonique d'Euclide, où les dix-huit Sons se trouvent mis de suite comme ils sont icy. Mais il faut entendre qu'ils ne se chantent point dans cet ordre, & que dans la suitte des sons immobiles, la *Nété Synemmenon* ne doit point estre entre la *Nété* & la *Paranété*, n'y ayant entre ces deux Sons que l'intervalle d'un Ton, ainsi que Ptolomée & Nicomachus l'enseignent. De sorte que le vray Systeme n'a proprement que quinze, ou au plus, que seize Sons pour faire la double Octave, qui est la plus grande étenduë de la voix : car les cinq Tetracordes sont tellement disposez, que les trois premiers, sçavoir l'*Hypaton*, le *Meson*, & le *Synemmenon* sont tout de suite ; & les deux derniers, sçavoir le *Diezeugmenon*, & l'*Hyperbolaeon* aussi de suite, mais en sorte que le *Diezeugmenon* E commence, non pas aprés le *Synemmenon* achevé, mais à sa seconde corde en montant, ou plûtost à la seiziéme qu'il faut ajoûter, qui est la *Trité Synemmenon*. Cela se trouve assez exprés dans les écrits des Anciens ; car Nicomachus & Ptolomée, ainsi qu'il a esté dit, mettent la *Paramesé* en suite de la *Mesé*, & les font distantes seulement de l'intervalle d'un ton, au lieu qu'elles le seroient dans l'autre Systeme, de trois tons & demy. Ils mettent aussi en mesme Ton la *Neté Synemmenon*, & la *Paranété Diezeugmenon*, qui seroient éloignées de l'intervalle de deux Tons & demy dans l'autre Systeme. Aristides Quintilianus dit la mesme chose, sçavoir que la *Mesé* & la *Paramesé* sont distantes du mesme intervalle que la *Proslambanomenos* l'est de l'*Hypaté Hypaton*, sçavoir d'un ton. Cet Auteur fait encore entendre assez clairement que tout le Systeme ne comprend que les deux Octaves,

Sons

Sons il y en a huit [1] qui ne varient point, & qui sont Immobiles dans les trois Genres : les dix autres sont Mobiles [2] dans les modulations ordinaires. Les Immobiles sont ceux A qui estant placez entre les Mobiles joignent les Tetracordes les uns aux autres, & qui ont toujours les mesmes limites en tous les trois Genres. On les apelle [3] *Proslambanomenos*, [4] *Hypaté Hypaton*, *Hypaté Meson*, *Mese*, [5] *Neté Synemmenon*, *Paramese*, *Nete Diezeugmenon*, *Neté Hyperbolaeon*. Les Mobiles sont ceux qui estant placez dans le Tetracorde entre les Immobiles changent de place selon les lieux & les Genres differens, & s'apellent *Parypaté hypaton*, [6] *Lichanos hypaton*, *Parypaté meson*, *Lichanos meson*, *Trité Synemmenon*, *Paraneté Synemmenon*, *Trité Diezeugmenon*, *Paraneté Diezeugmenon*, *Trite Hyperbolaeon*, *Paraneté Hyperbolaeon*.

Quand ces Sons mobiles changent de place, ils changent aussi de nature, parceque leurs B intervalles peuvent estre differens : ainsi la Parypate qui dans l'Enarmonique est distante de l'Hypaté d'une Diese, se change dans le Chromatique & a l'intervalle d'un Demiton, [7] &

lorsqu'il dit qu'une corde estant partagée en deux, sonne la *Mesé*, & en quatre, la *Nete Hyperbolaeon*. La mesme chose est encore confirmée par ce qui est dit des Vases d'airain des Theatres, ainsi qu'il est remarqué cy-apres.

Il reste neanmoins une difficulté assez considerable, qui est que la *Paramese* & la *Trite Synemmenon* se rencontrant en une mesme corde, il faut supposer que cette corde a deux tons differens, parcequ'en qualité de *Trité Synemmenon*, elle n'est distante de la *Mese* que d'un Demy-ton, & si on la prend pour la *Paramesé*, elle en est distante de l'intervalle d'un Ton, suivant Aristides : Ce qui est impossible, parceque les cordes des Anciens n'avoient chacune qu'un Son, & les termes de Corde & de Son signifient C parmy eux la mesme chose, parcequ'ils ne touchoient pas les cordes pour leur donner des differens Sons comme nous faisons. Boëthius met souvent *Nervorum vocabula* pour *Sonorum nomina*. Neanmoins ceux qui ont traitte de la Musique des Anciens, & qui ne mettent pas les dix huit Sons de suitte, en mettent seize, & font deux cordes de la *Trité Synemmenon* & de la *Paramesé*.

Dans la machine hydraulique dont il est parlé cy-apres au 13 chapitre du dixieme livre, que j'ay fait executer suivant l'explication que je luy ay donnée, & qui est dans le cabinet des Modeles de toutes sortes de machines en la Bibliotheque du Roy ; j'ay fait faire un Clavier composé de seize marches, dont il y en a quinze qui sont pour les Sons qui composent les deux Octaves dans lesquelles tout le Systeme est compris ; mais j'y ay adjousté une marche hors le rang des quinze, de mesme que nous mettons les Feintes en nos Claviers ; elle est pour la *Paramesé*, qui commence le quatriéme Tetracorde, & qui est distante d'un De- D miton de la *Trité Synemmenon*, qui dans le Systeme qui n'a que quinze sons, n'est qu'une mesme corde avec la *Paramesé*. Et il y a apparence que les Anciens touchoient cette corde avec la main gauche sur le marche de l'instrument pour la faire hausser du Demiton qu'il luy falloit ajouster quand on vouloit qu'elle sonnast la *Paramesé*.

J'ay fait mettre icy la figure de ce Clavier, comparé à nostre Clavier ordinaire, parcequ'elle explique le Systeme des Anciens d'une maniere assez intelligible : ce Clavier represente par ces quinze marches la suitte des quinze Sons qui font les deux Octaves ; & il fait voir la necessité qu'il y a d'ajouster une seiziéme marche outre la *Paramesé* & la *Mesé*, sçavoir la *Trité Synemmenon* : Il fait voir

E

Proslambanomenos.
Hypaté Hypaton.
Parypaté Hypaton.
Lichanos Hypaton.
Hypaté Meson.
Parypaté Meson.
Lichanos Meson.
Mesé.
Trité Synemmenon.
Paramesé.
Paraneté Synem.
Trité Diezeugmenon.
Neté Synemmenon.
Paraneté Diezeugmenon.
Neté Diezeugmenon.
Trité Hyperbolaeon.
Paraneté Hyperbolaeon.
Neté Hyperbolaeon.

encore que le reste des sons du Tetracorde *Synemmenon*, sçavoir la *Paraneté Synemmenon* & la *Neté Synemmenon* ne sont que des sons inutiles, & que ces cordes ne sont point differentes de la *Trité Diezeugmenon* & de la *Paraneté Diezeugmenon* : Il fait voir enfin combien nostre Systeme est plus parfait que celuy des Anciens qui dans les deux Octaves n'a que seize sons, au lieu que le nostre en a vingt-cinq, c'est-à-dire neuf que les Anciens n'avoient point ; sçavoir un entre la *Proslambanomenos* & l'*Hypaté Hypaton*, un autre entre la *Parypaté Hypaton* & la *Lichanos Meson*, & ainsi un Demy ton entre toutes les Pitorges, qui selon les Anciens estoient distantes de l'intervalle d'un Ton.

1. QUI NE VARIENT POINT ET QUI SONT IMMOBILES. Cette difference de Sons divisez en Mobiles & Immobiles, est ce qui fait la difference des Genres. Les Sons Immobiles sont ceux qui commencent & qui finissent les Tetracordes & qui sont blancs dans la figure XLI, les Mobiles qui sont noirs, sont les deux qui se rencontrent toujours au milieu de chaque Tetracorde, & qui selon qu'ils sont plus serrez vers l'*Hypaté* comme dans l'Enarmonique, ou qu'ils en sont plus éloignez comme dans le Diatonique, establissent la difference des Genres.

2. DANS LES MODULATIONS ORDINAIRES. Le texte est icy fort obscur, parcequ'il dit le contraire de ce qu'il doit dire. Car pour conserver le sens, il devroit y avoir *particulariter*, au lieu de *communiter* ; parceque c'est le propre des Sons Immobiles d'estre *communs* dans les Tetracordes aux trois Genres, & au contraire les Mobiles sont differens & particuliers à chaque Genre. De sorte qu'il auroit fallu traduire *lorsqu'ils sont employez en des Genres differens*, mais le peu de connoissance que je voy que nous avons de tous ces mysteres, m'a empesché d'user icy de la liberté que je prens quand il s'agit de choses qui sont evidemment fausses.

3. PROSLAMBANOMENOS. Ce mot grec signifie une chose qui est prise pour estre ajoustée aux autres : & en effet cette corde n'entre point dans la composition d'aucun Tetracorde, n'estant mise que pour faire l'Octave avec la *Mesé*, & la double Octave avec la *Neté Hyperbolaeon*.

4. HYPATE'. J'interprete *Hypaté*, *la Superieure*. Je dis la raison que j'ay euë de traduire ainsi ce mot, dans la note sur le premier Tetracorde.

5. NETE'. Ce mot vient de *Neatos*, qui signifie *novissimus* en latin, & *le dernier* en françois : cette corde est ainsi apellée, parcequ'elle est la derniere du dernier Tetracorde. Le mot grec *Neté* signifie aussi ce qui est le plus bas. Il est dit en la note sur le premier Tetracorde, en quel sens cette corde peut estre prise pour la plus basse.

6. LICHANOS. J'ay traduit *éloigné*, parcequ'en grec *lican chanein*, dont ce mot est fait, signifie estre beaucoup écarté & élargy. Aristides Quintilianus dit que cette corde est ainsi nommée à cause qu'elle doit estre pincée par le premier doit qui est prés du pouce que l'on nomme *Lichanos*. Mais il y a plus d'apparence que le doit & la corde sont apellez tous deux *Lichanos* pour une mesme raison ; qui est, que ce doit peut s'éloigner davantage du pouce que les autres doits ne font l'un de l'autre, de mesme que le ton de la corde *Lychanos* est plus éloigné de l'*Hypaté* selon que les differens Genres le demandent. Car dans l'Enarmonique il n'est distant que d'un Demiton, dans le Chromatique il l'est d'un Ton, & dans le Diatonique d'un *Triemitonium*, ou Tierce mineure.

7. ET DANS LE DIATONIQUE AUSSI D'UN DEMITON. Il y a dans tous les Exemplaires *in Diatono verò tonum*. J'ay suivy la correction de Meibomius qui lit *in Diatono quoque Semitonium*

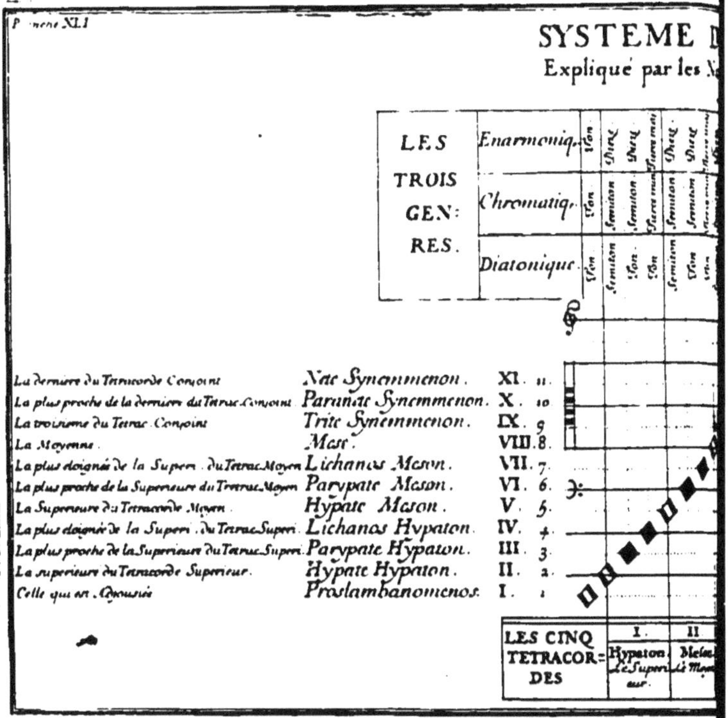

Planche XLI

SYSTEME

Expliqué par les

LES TROIS GENRES.							
Enarmoniq.	Ton	Diese	Diese	Tierce maj.	Diese	Diese	
Chromatiq.	Ton	Semiton	Semiton	Tierce min.	Semiton	Semiton	
Diatonique.	Ton	Semiton	Ton	Ton	Semiton	Ton	

La derniere du Tetracorde Conjoint	Nete Synemmenon.	XI.	11.
La plus proche de la derniere du Tetrac. Conjoint	Paranete Synemmenon.	X.	10
La troisieme du Tetrac. Conjoint	Trite Synemmenon.	IX.	9
La Moyenne.	Mese.	VIII.	8.
La plus éloignée de la Superi. du Tetrac. Moyen	Lichanos Meson.	VII.	7.
La plus proche de la Superieure du Tetrac. Moyen	Parypate Meson.	VI.	6.
La Superieure du Tetracorde Moyen.	Hypate Meson.	V.	5.
La plus éloignée de la Superi. du Tetrac. Superi.	Lichanos Hypaton.	IV.	4.
La plus proche de la Superieure du Tetrac. Superi.	Parypate Hypaton.	III.	3.
La superieure du Tetracorde Superieur.	Hypate Hypaton.	II.	2.
Celle qui est Adjoustée	Proslambanomenos.	I.	1

LES CINQ TETRACORDES	I.	II
	Hypaton. Le Superieur.	Meson. Le Moyen

EXPLICATION DE LA PLANCHE XLI.

Cette Planche fait voir à l'œil la plus grande partie de ce qui est expliqué dans le texte & dans les notes touchant la musique des Anciens. Dans le haut de la Planche on voit ce qui appartient aux trois Genres. Il est partagé en trois faces qui sont divisées chacune en cinq par des lignes montantes qui font les separations des cinq Tetracordes. L'espace de chaque Tetracorde est encore divisé en trois par des lignes ponctuées qui ont rapport à chacun des Sons ou Phtonges dont le Systeme est composé. Entre ces lignes ponctuées on a écrit les noms des intervalles que chaque Son a dans le Tetracorde de chaque Genre, sçavoir deux Dieses & une Tierce majeure dans l'Enarmonique; deux Demitons & une Tierce mineure dans le Chromatique; & un Demiton & deux Tons dans le Diatonique.

Dans le milieu sont les quinze Phtonges ou Sons, representés par les notes de Musique dont les modernes se servent. Les notes blanches sont les Sons apellés Immobiles, par ce qu'ils ne changent point & qu'ils sont toujours les mesmes dans tous les genres. Les noires sont les Sons apellez Mobiles, parceque'ils deviennent differens selon les Genres : Car le premier des Mobiles qui dans le Diatonique & dans le Chromatique est distant de l'Immobile d'embas d'un Demiton, s'en approche dans l'Enarmonique jusqu'à n'en estre distant que d'une Diese ou d'un quart de Ton; & le second Mobile qui dans le Diatonique n'est distant de l'Immobile d'enhaut que d'un Ton, s'en éloigne dans l'Enarmonique jusqu'à deux Tons, qui est l'intervalle d'une Tierce majeure; & dans le Chromatique jusqu'à un Ton & demy, qui est l'intervalle d'une Tierce mineure.

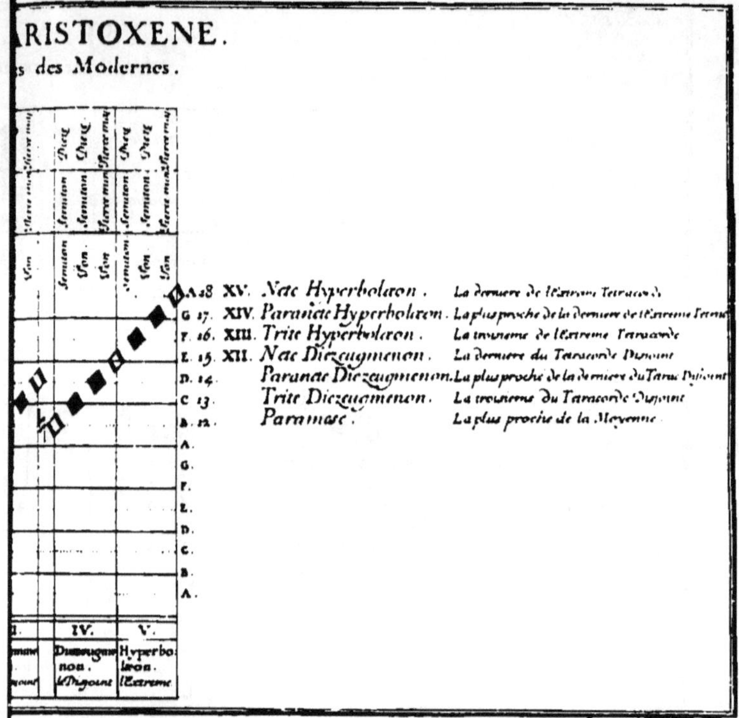

EXPLICATION DE LA PLANCHE XLI.

A costé des Phtonges ou Sons on a écrit leurs noms grecs avec leur explication en François, & ils sont distingués par des nombres de deux especes. Les chiffres Arabesques designent les dix-huit Phtonges selon l'ordre qu'Euclide & Aristoxene leur ont donné: Les nombres Romains montrent les quinze Phtonges suivant la disposition qu'ils doivent avoir dans le chant qui ne s'étend qu'à deux Octaves.

Au bas de la Planche on a marqué les cinq Tetracordes pour faire voir que chaque Tetracorde a quatre Phtonges dont la premiere & la derniere sont les Immobiles, & les deux du milieu sont les Mobiles; Que les Immobiles sont communs, en sorte que le dernier du Tetracorde Hypaton *est le premier du Tetracorde* Meson *; & il en est ainsi des autres, à la reserve du* Synemmenon *& du* Diezeugmenon*: Car l'Immobile superieur du* Synemmenon*, qui le termine, ne commence point le* Diezeugmenon *qui le suit; & tout de mesme l'Immobile inferieur qui commence le* Diezeugmenon*, n'est point celuy qui a fini le* Synemmenon *; & c'est pour cette raison que ce Tetracorde est appellé* Diezeugmenon *c'est-à-dire disjoint ou separé.*

On ne pretend pas que cette Figure ny son Explication suffisent pour débrouiller tout l'embarras de la Musique des anciens dont ce Systeme comprend presque tous les mysteres. Quelques-uns croient que ce qui nous rend ces mysteres impenetrables, n'est que la trop grande opinion que nous avons des merveilles que l'on dit qu'ils renferment; par ce que cette opinion fait que nous y cherchons ce qui peut-estre n'y est point.

dans le Diatonique aussi d'un Demiton. Celle qu'on apelle *Lichanos* est distante de l'Hypaté d'un Demiton dans l'Enarmonique ; dans le Chromatique elle avance jusqu'à deux Demitons ; & dans le Diatonique jusqu'à trois. Tellement que ces dix sons estant transposez & placez differemment dans les Genres, font trois manieres differentes de chants.

Or il y a cinq especes de Tetracordes, dont [1] le premier qui est le plus Grave, est apellé en grec *Hypaton* : [2] le second qui est au milieu, est apellé *Meson* : le troisiéme est apellé *Synemmenon*, c'est-à-dire joint aux autres : [3] le quatriéme est nommé *Diezeugmenon*, c'est-à-dire Disjoint [4] le cinquiéme, qui est l'Aigu, est apellé *Hyperbolæon*.

Superieure. Moyenne. Extreme.

Pour ce qui est des consonances que la voix de l'homme peut faire, lesquelles sont apellées Symphonies par les Grecs, elles sont au nombre de six, sçavoir *Diatessaron*, *Diapente*, [5] *Diapason*, *Diapason cum Diatessaron*, *Diapason cum Diapente* & *Disdiapason*. Ces noms leur ont esté donnez à cause des nombres des Sons où la voix s'arreste en passant de l'un à l'autre, comme lorsqu'elle va de son premier Ton au quatriéme lieu, on l'apelle *Diatessaron*, quand elle va au cinquiéme, on l'apelle *Diapente*, au huitiéme *Diapazon*, [6] à l'onziéme *Diapazon cum Diatessaron*, au douziéme *Diapason cum Diapente*, au quinziéme *Disdiapason*. [7] Car

La Quarte, la Quinte, l'Octave, l'Octave & Quarte, l'Octave & la Quinte, la double Octave.

1. LE PREMIER QUI EST LE PLUS GRAVE. Il faudroit interpreter *gravissimus*, *le plus bas*, selon le commun usage : mais parceque le mot grec *Hypaton* signifie *haut* & relevé, comme venant de *Hypertaton* par contraction, j'ay crû qu'il ne le falloit pas expliquer par le mot de *bas*, mais par un autre qui ne fust point opposé à haut, & qui ne laissât pas de convenir à ce que *Hypaton* signifie : c'est pourquoy je luy ay donné le nom de *superieur* qui est à peu prés suivant la pensée de Martianus Capella qui interprete *Hypaton*, *principalis*. Mais le mot de *Principal*, à mon avis, n'expliqueroit pas si bien la chose que celuy de *Superieur*, qui convient bien mieux aux cordes du premier Tetracorde ; car il n'y a point de raison d'apeller ces cordes *principales*, mais on les peut apeller *superieures* ; parceque bien qu'ordinairement elles soient apellées *basses* ou *graves*, peut-estre à cause que les choses graves & pesantes tombent en bas, ou que les Tons graves des cordes qu'on apelle Basses, sont faits par la pesanteur ou lenteur du mouvement des vibrations que les cordes ont, il se trouve qu'elles sont en effet situées au dessus des autres, de mesme que la derniere corde qui est apellée *Neté* est située au bas lorsqu'on jouë d'un instrument à cordes, soit que ce soit un lut ou un violon : car alors les cordes qui sonnent bas sont en haut, & celles qui sonnent haut sont en bas ; & il y a apparence que les Anciens ont eu égard à cette circonstance quand ils ont donné ce nom aux grosses cordes. Turnebe dit qu'Horace a exprimé *Hypaté* par *summa chorda* & *Neté* par *chorda ima* dans ces vers,

modo summa

Voce, modo hac resonat quæ chordis quatuor ima.

On auroit pû traduire *Hypaton*, *le premier Tetracorde*, & *Hypaté Hypaton*, *la premiere corde du premier Tetracorde*, parceque *principal*, *superieur*, & *premier*, signifie la mesme chose, & *premier* auroit encore esté mieux que *superieur*, à cause que par ce moyen *Hypaté Hypaton* auroit esté davantage opposé à *Neté Hyperbolæon* que l'on a interpreté *la derniere corde de l'extreme Tetracorde*.

2. LE SECOND QUI EST AU MILIEU. Le second Tetracorde est proprement au milieu, & également distant du Tetracorde *Hypaton*, & du conjoint, dit *Synemmenon*, qui sont d'une mesme espece, estant tous trois joints ensemble. On peut dire encore que ce Tetracorde est apellé celuy du milieu, parceque le *Synemmenon* & le *Diezeugmenon* estant joints ensemble dans le Systeme Diatonique qui estoit le plus ordinaire, il est vray de dire que la fin du second Tetracorde est le milieu de tout le Systeme ; & en effet cette derniere corde est apellée *Mesé*.

3. LE QUATRIÉME EST NOMMÉ. Bien que le troisiéme & le quatriéme Tetracorde soient également disjoints & separez l'un de l'autre, neanmoins ce nom convient mieux au quatriéme, parceque la separation ne se fait qu'à la fin du troisiéme.

4. LE CINQUIÉME QUI EST L'AIGU, APELLÉ HYPERBOLÆON. Parceque le mot *Hyperbolæon*, de mesme que celuy d'*Hypaton*, signifient l'excés, sçavoir de gravité en l'un, & de hauteur de Ton en l'autre, il a fallu trouver des termes, qui dans la signification du Grec pussent exprimer quelque excés tels que sont *superieur* & *extréme*. Le mot d'*excellent* pour celuy d'*excellentium* dont Martianus Capella s'est servy pour expliquer l'*Hyperbolæon*, ne m'a pas semblé si bon que celuy d'*extreme* ou d'*excessif*, parcequ'*excellent* en françois signifie seulement l'excés & le souverain degré d'une qualité qui rend un sujet bon, beau, ou autrement recommendable, & l'excellence dont il s'agit icy n'exprime que le souverain degré de tension, qui n'est point ce en quoy consiste la perfection d'une corde, & à proprement parler on ne dit pas qu'une corde est excellemment tenduë, mais qu'elle l'est extremement, & mesme Aristote dit qu'il y a quelque chose de plus genereux dans l'*Hypaton* & dans les autres cordes basses, que dans celles qui sont plus hautes & plus aiguës.

5. DIAPASON. Ce mot grec signifie une consonance qui comprend tous les Sons. Nous l'apellons Octave, parceque tous ces Sons sont au nombre de huit. Aristote dit que les Grecs ne luy ont pas donné le nom de *Diocto*, c'est-à-dire d'Octave, parceque la lyre des Anciens qui comprenoit tous les Sons, n'avoit que sept cordes : cet Auteur dit que la corde qu'ils retranchoient estoit l'*Hypaté* ou la *Trité*, & jamais la *Neté*.

6 A L'ONZIÉME. Il y a dans le texte, *Cum vox pervenerit in octavam & dimidiam finitionem appellatur diapason & diatessaron, cum in nonam & dimidiam diapason & diapente*. Mais j'ay crû qu'il le faloit corriger & au lieu de *octavam & dimidiam finitionem*, mettre *undecimam finitionem*, & par la mesme raison *duodecimam* au lieu de *nonam & dimidiam* : Par ce que j'ay trouvé qu'il estoit plus aisé de croire qu'il pouvoit y avoir faute dans le texte, que de comprendre ce que c'est que *dimidia finitio*. Toute finition ou terme estant une chose indivisible.

7. CAR IL NE SE PEUT FAIRE DE CONSONANCE DU PREMIER TON AU SECOND, NY AU TROISIÉME, NY AU SIXIÉME. Aristoxene livre premier, & Euclide en son introduction Harmonique, disent la mesme chose, sçavoir que les intervalles qui sont moindres que la quarte, sont tous discordans, & que la quarte est la plus petite des consonances. Cela estant ainsi, l'oreille des Musiciens d'à present est differente de celle des anciens ; car nous trouvons que la consonance de la Tierce est beaucoup plus agreable & plus parfaite que celle de la Quarte, qui a ce defaut de n'estre bonne que quand elle est soutenuë par d'autres consonances : au lieu que la Tierce est bonne dans le *duo*, & qu'elle a cet avantage sur toutes les consonances, qu'elle n'ennuye point comme les autres qui blessent l'oreille quand elles se rencontrent deux de suite ; parceque l'oreille qui demande la varieté, ne se peut plaire dans la repetition d'une mesme consonance, si ce n'est de la Tierce, à cause qu'elle est naturellement de deux especes, sçavoir la majeure & la mineure, que l'on fait ordinairement suivre l'une l'autre.

Mais les Anciens qui ont tant rafiné sur la Musique, ne sont jamais venus si avant que de raisonner sur les variations des consonances & sur leurs relations, qui leur estoient des choses inconnues : tout le fin de la Musique, à ce qui nous paroist par leurs écrits, estoit renfermé dans la modulation du chant d'une seule partie, & ils ne se servoient des consonances que comme nous faisons dans une vielle ou dans une cornemuse où il y a des bourdons accordez à la Quinte & à l'Octave ; & mesme Aristote dit qu'il n'y a que l'Octave qui se chante, ce qui fait entendre que toute leur symphonie, ne consistoit qu'au chant de deux voix, ou de deux instrumens accordez à l'Octave l'un de l'autre ; parceque ce Philosophe dit en suite que la Quarte ny la Quinte ne se chantent point, la suite de plusieurs Quintes & de plusieurs Quartes estant desagreable.

A il ne se peut faire de consonance du premier ton au second, ny au troisiéme, ny au sixiéme, ny au septiéme; soit qu'on se serve de la voix, ou des cordes d'un instrument. Mais comme il a esté dit, il faut s'arrester ou au *Diatessaron*, ou au *Diapenté*, ou à leurs doubles jusqu'au *Disdiapason*, qui est toute l'étendue que la voix peut avoir [1] sans se trop efforcer, & les accords sont faits [2] du melange de ces Sons differens, qui sont apellez *Phtongoi* par les Grecs. CHAP. IV.

Au reste il semble qu'aujourd'huy on commence à rentrer dans le goust des Anciens; car il se trouve peu de personnes qui aiment cette sorte de Musique dans laquelle plusieurs parties, dont chacune chante un chant different, se rencontrent & sont des accords d'autant plus agreables, qu'ils ont plus parfaitement cette diversité, qui fait la veritable beauté de la Musique: car cette raison qui fonde le B mépris de ceux qui sont sensibles à ce qu'il y a de plus fin dans l'Harmonie, est le sujet du degoust de tout le reste du monde, qui ne trouve que de la confusion & de l'embarras dans cette pluralité de parties qui leur oste tout le plaisir dont ils sont capables, parceque ce plaisir n'est que dans la douceur & dans la netteté de la voix, dans l'agreement de ses ports, & dans la beauté du chant. De sorte qu'à present la Musique qui plaist consiste au seul que fait une belle voix jointe à la symphonie des instrumens, & mesme sans cette voix on trouve la symphonie fort ennuyeuse, à cause qu'elle est composée de plusieurs parties; si ce n'est que le sujet dans cette symphonie soit assez éclatant pour couvrir toutes les autres parties, & qu'il ne soit pas nouveau aux auditeurs, ou qu'il ait un mouvement gay & marqué bien distinctement. Or les Anciens estoient si peu disposez à prendre plaisir à la Musique qui se chante à plusieurs parties, que mesme ils aimoient mieux entendre une voix, une lyre, ou une fluste toute seule, que de les entendre ensemble, quoy qu'elles joüassent la mesme chose. La raison qu'Aristote C en apporte, est que l'on aime la distinction, & que plusieurs Sons joints ensemble s'empeschent l'un l'autre d'estre entendus distinctement.

Mais il se trouve qu'en ce temps-là où on estoit si charmé d'une seule modulation, elle n'estoit pas encore dans la perfection où nous l'avons mise; car comme les Anciens avoüent eux-mesmes, les deux premiers genres, sçavoir l'Enarmonique & le Chromatique, estoient tres-difficiles à chanter à cause de la petitesse de quelques-uns des intervalles que l'oreille a de la peine à appercevoir, & que la voix ne forme qu'avec difficulté; & de plus la grandeur excessive des autres intervalles ostoit toute la beauté au chant, parceque n'y ayant alors que quatre Phtonges ou Sons à chaque Tetracorde, au lieu des six que nous y mettons, il se trouvoit beaucoup de tons naturels qui ne se chantoient point. La comparaison qui est faite dans la figure suivante des trois genres des Anciens D avec le moderne, explique cela assez clairement. Car elle fait voir que dans le Systeme moderne on procede par des Demitons, qui fournissent tout ce qui est necessaire à la douceur & à la diversité du chant. Et il y a apparence que le Systeme des Harmoniciens, contre lesquels Aristoxene dispute dans son premier livre, estoit approchant du Systeme de nostre Clavier; car cet Auteur dit qu'ils mettoient dans chaque Octave 28 Dieses, que Meibomius reduit avec raison à 24, pretendant qu'un Copiste a mis le nombre grec κη qui signifie 28, pour κδ qui signifie 24: car l'intervalle de six Tons qui se trouve dans l'Octave, estant partagé en 24, c'est quatre parties pour chaque Ton, qui sont les quatre Dieses dont il est composé.

1. SANS SE TROP EFFORCER. La quinziéme ou double Octave, est l'étenduë ordinaire de la voix; qui peut neanmoins quelquefois s'élever plusieurs Tons au dessus: mais c'est avec un effort qui fait que la voix a un son qui n'est pas naturel, & que E l'on apelle fausset. Il me semble que Vitruve a voulu exprimer par *vocem congruentem* celle qui n'est point forcée & qui est opposée au fausset.

2. DE LA CONJONCTION DE CES SONS. Cecy semble estre pris de l'Introduction Harmonique d'Euclide, & du traité qu'il a fait de la division du Monocorde, où cet Auteur fait consister les consonances & les dissonances dans la repugnance que les Sons ont à se mesler. Car les differens Tons estant produits, comme il dit, par les differentes percussions que les corps resonnans peuvent faire, lesquelles sont lentes dans les Sons graves, & vistes dans ceux qui sont aigus, & par consequent les Tons estant differens par le nombre des percussions qui les composent, il s'ensuit necessairement que les Sons ont rapport les uns aux autres suivant les mesmes proportions que les nombres ont ensemble, & que les consonances se font lorsque le nombre des percussions d'un Son est tellement proportionné au nombre des percussions d'un autre, qu'il se rencontre que leurs percussions se font presque toujours ensemble, ce qui fait une union ou *conjonction* qui est agreable à l'oreille; & qu'au contraire les dissonances se font lorsque les nombres des percussions des deux Sons, sont tellement disproportionnez, que cette union ne se rencontre que fort rarement.

Ceux qui accordent les Orgues confirment cette theorie par leur pratique, qui est que pour accorder deux tuyaux, ils prennent garde à un battement qui frappe l'oreille lorsque les tuyaux approchent de la consonance, & ces battemens qui sont frequents du commencement, deviennent plus lents à mesure que les tuyaux sont plus prests d'estre accordez; en sorte qu'ils cessent lorsqu'ils sont d'accord. Car ces battemens qui ne se font entendre que parceque les percussions du son des deux tuyaux se joignent tantost avec proportion, tantost sans proportion; il arrive qu'ils cessent lorsque les percussions se joignent toujours avec proportion, sçavoir lorsque les tuyaux sont parfaitement d'accord, ou lorsqu'elles ne se rencontrent presque jamais, sçavoir lorsque les tuyaux sont beaucoup discordans; & par la mesme raison il arrive aussi que lorsqu'ils sont prests d'estre d'accord, leurs percussions se joignant rarement avec disposition, & presque toujours avec proportion, les battemens ne s'entendent aussi que rarement.

 A

CHAPITRE V.

Des Vases du Theatre.

Suivant cette doctrine & par des proportions Geometriques on fait des vases d'airain selon la grandeur du Theatre & on leur donne une telle proportion, que quand on les frappe ils sonnent à la Quarte ou à la Quinte l'un de l'autre, & font ainsi toutes les autres consonances jusqu'à la double octave.

[1] Ces vases doivent estre placez par une proportion musicale [2] entre les sieges du Theatre * *
dans de petites chambres, ensorte qu'ils ne touchent point aux murailles, mais qu'ils ayent
tout au tour & par dessus un espace vuide. Il faut qu'ils soient renversez & que du costé qui B
regarde la Scene ils soient élevez de la hauteur de demy-pié par des coins: Les petites chambres doivent avoir [3] au droit des degrez d'embas, des ouvertures longues de deux piez & lar- *
ges de demi-pié.

Ces petites chambres seront disposées en cette sorte. Si le Theatre n'est pas fort grand, il
faut tracer au milieu de toute sa hauteur une region à niveau pour treize petites chambres
qui laissent entr'elles douze espaces égaux, ensorte que les deux petites chambres qui sont
aux extremitez, soient pour [4] les vases qui sonnent la *Neté Hyperboleon* comme il a été dit. Les *
seconds qui suivent & qui sont proches de ces deux extremitez, seront pour les vases qui
sont accordez à la quarte avec les premiers & qui sonnent la *Neté Diezeugmenon.* [5] Les troisié- *
mes seront pour ceux qui sont accordez [6] à la quarte & qui sonnent la *Paramesé*. Les quatrié- *
mes seront pour ceux qui sont [7] accordez à la quinte & qui sonnent la *Neté Synemmenon*. Les *
cinquiémes seront pour ceux qui sont à la quarte & qui sonnent la *Mesé*. Les sixiémes se- C
ront pour ceux qui sont à la quarte & qui sonnent l'*Hypaté Meson*; & enfin il y en aura une
au milieu dans laquelle sera le vase qui est accordé à la quarte & qui sonne l'*Hypaté Hypaton*.

Cette disposition des vases d'airain fera que la voix qui viendra de la Scene comme d'un centre s'étendant en rond frappera dans les cavitez des vases & en sera rendue plus forte & plus claire selon la consonance & le rapport que son ton aura avec quelqu'un des vases. Mais

1. Ces vases doivent estre placez. On ne trouve point d'Auteur qui ait bien clairement expliqué quel étoit l'endroit où ces vases étoient placez. L. B. Albertı dit que ces petites chambres qu'il apele *Scaphas*, & le Traducteur Italien *Zone* qui est ce que nous apellons des niches, étoient dans le passage du dessous du Theatre, *in infimis ituambus*, & que ces niches avoient des conduits à plomb qui répondoient au mur qui bordoit le haut du Theatre & les derniers degrez, ce qu'il represente autrement dans sa figure, où il met ces niches au haut des degrez dans un Zocle fort élevé qui soûtient les colonnes du Portique qui est au haut du Theatre. Mais je n'ay suivy ny l'une ny l'autre de ces manieres, parce que le texte y repugne qui veut que ces cellules soient au milieu du Theatre quand il est mediocre, où s'il est fort grand, qu'il y ait trois rangs de cellules, sçavoir au haut, au bas & au milieu des degrez. J'ay fait la figure d'un Theatre mediocre où je n'ay mis qu'un rang de cellules qui est au tour de la ceinture où pallier du milieu; & il me semble que l'elevation que doit avoir le premier degré qui borde cette ceinture, fournit une place assez commode pour cela, ainsi qu'il se voit dans la Planche XLIII.

2. Entre les sieges du Theatre. La place où doivent estre les petites chambres n'est pas designée bien distinctement en disant qu'elles doivent estre entre les sieges du Theatre: Car les chemins qui font la separation des amas des degrez sont entre les sieges du Theatre, & il n'y a point d'apparence que ces petites chambres fussent en cet endroit: il est plus croyable qu'elles étoient dans le mur qui bordoit le pallier & qui est apellé un peu aprés *transversa regio*, c'est à dire une region ou espace à niveau, parce qu'il est vray qu'il est entre les sieges du Theatre & qu'il separe un rang d'amas de degrez de l'autre rang, & ce lieu est fort commode à faire les ouvertures des petites chambres à cause de la largeur des palliers & de la hauteur des murs qui les bordent. Voyez la Planche. XLIII.

3. Au droit des degrez d'embas. Il n'est pas aisé d'entendre pourquoy il est dit que les ouvertures des petites chambres doivent estre au droit des sieges d'embas, si ce n'est que cela signifie qu'elles doivent estre plus proches des sieges d'embas que de ceux d'enhaut, à cause qu'il y a quelques-unes de ces ouvertures qui se rencontrent au droit des escaliers qui montent entre les amas de sieges d'enhaut, ce qui oblige de mettre ces ouvertures plus prés des sieges d'embas que des sieges d'enhaut, ainsi, qu'il se voit dans la Planche XLIII. D

4. Les vases qui sont accordez. J'interprete *Echeia les vases d'airain* contre l'opinion de Philander qui croit que *Echeia* signifie *les differences des sons ou Phtonges* dont Vitruve a parlé au chapitre precedent, se fondant sur ce qu'il est dit au premier chap. du premier livre, *Vasa area qua sub gradibus Mathematica ratione collocantur & sonituum discrimina qua graci Echeia vocantur*. Comme si *Echeia* ne se rapportoit pas plûtost à *Vasa area* qu'à *Sonituum discrimina*. Mais la raison qui m'a fait choisir l'interpretation que j'ay donnée, a fait prendre la mesme opinion à Baldus & à Laët, ainsi qu'il a déja été remarqué sur le premier chapitre du 1 livre.

5. Ces troisiemes y doivent aussi estre accordez. Il y a une grande quantité de fautes dans tous les exemplaires en ce qui regarde les accords de ces vases des Theatres, la faute est icy fort visible où il y a *ad Neten Paramesen*, au lieu de *ad Paramesen*; n'y ayant point de Phtonge qui soit apellée *Neté Paramesen*: Joint que la *Paramesé* est à la quarte de la *Neté Diezeugmenon* ainsi que le texte le demande. E

6. A la quarte. Il faut entendre que c'est avec les seconds que ces troisiémes vases sont accordez à la quarte.

7. Accordez a la quinte. Il y a encore faute icy parceque la *Neté Synemmenon* & la *Paramesé* ne sont point à la quarte, mais à la tierce. C'est pourquoy je corrige aprés Meibomius & lis *quarta Diapente*, au lieu de *quarta Diatessaron*. La mesme faute est encore au troisiéme vase du second rang, & au troisiéme vase du troisiéme rang; car il y a dans les exemplaires *in tertiis Diatessaron*, au lieu de *in tertiis Diapente*. Mais il faut entendre qu'icy les quatriémes vases qui sonnent la *Neté Synemmenon*, sont accordez à la quinte avec les premiers qui sonnent, la *Neté Hyperboleon*.

A si le Theatre est grand & ample, il faudra partager sa hauteur en quatre, afin d'y faire trois rangs de petites chambres dont l'un sera pour le genre Enarmonique, l'autre pour le Chromatique, & l'autre pour le Diatonique. Le rang d'embas sera disposé pour l'Enarmonique de la mesme maniere que nous venons de decrire pour le petit Theatre. La disposition du rang du milieu sera telle : l'on mettra dans les chambres qui sont aux coins, les vases qui sonnent [1] l'*Hyperbolæon* du Chromatique; dans celles qui sont proches, ceux qui sont accordez à la quarte & qui sonnent [2] le *Diezeugmenon* du Chromatique; dans les troisiémes ceux qui sont accordez [3] à la quinte & qui sonnent le *Synemmenon* du Chromatique; dans les quatriémes ceux qui sont accordez à la quarte & qui sonnent [4] le *Meson* du Chromatique; dans les cinquiémes ceux qui sont à la quarte & qui sonnent l'*Hypaton* du Chromatique; dans les sixiémes ceux qui sonnent la *Paramesé*, & qui sont accordez de telle sorte que par une consonance commune, ils sont à la quinte avec l'*Hyperbolæon* du Chromatique, & [5] à la quarte avec
B le *Meson* du Chromatique. En la petite chambre du milieu il ne faudra rien mettre, parceque dans le Chromatique il ne se trouve point d'autres tons, que ceux qui ont été dits, dont on puisse faire de consonance.

CHAP. V.

Au rang des petites chambres d'enhaut on placera dans celles qui sont aux extremitez les vases qui sonnent l'*Hyperbolæon* du Diatonique; dans les secondes ceux qui sont à la quarte & qui sonnent le *Diezeugmenon* du Diatonique; dans les troisiémes ceux qui sont

1. L'Hyperbolæon du Chromatique. Il est dit que les grands Theatres avoient trois rangs de cellules dans lesquelles les vases d'airain estoient placez, & que ces trois rangs estoient pour
C les trois Genres de chant. On peut conjecturer que ces vases, qui estoient au nombre de vingt-huit, estoient accordez suivant tous les sons qui se rencontrent dans l'intervalle des deux octaves que la voix peut chanter; afin qu'il n'y eust aucun des sons qui partoient de la voix des Acteurs, qui ne rencontrast son semblable dans quelqu'un de ces vases, qui luy répondant par son retentissement, fust capable de l'augmenter & de le fortifier; Que les vases dont les sons sont les plus aigus estoient placez vers les extremitez des cornes du Theatre, & ceux dont les sons sont plus graves, au milieu; par la raison que le retentissement se faisant avec plus de force dans le milieu où la voix est ramassée, il estoit à propos que les vases qui estoient pour les tons graves qui ne se portent pas loin avec tant de force que les aigus, eussent la situation qui est la plus avantageuse au retentissement.

D On conjecture encore que les vases du petit Theatre qui sont les mesmes que ceux qui doivent estre mis au premier rang des cellules du grand Theatre, & qui sont pour le Genre Enarmonique, estoient pour les tons communs à tous les Genres & qui sont apellez Immobiles sçavoir la *Neté Hyperbolæon*, la *Neté Diezeugmenon*, la *Paramesé*, &c.

Les deux sons Mobiles de chaque Tetracorde qui estoient pour les vases du second & du troisiéme rang des grands Theatres, ne sont point tous specifiez par Vitruve, qui dit simplement l'*Hyperbolæon* du Chromatique, le *Diezeugmenon* du Chromatique, &c. Mais il n'est pas difficile de sçavoir quels ils sont, parce que le texte en specifie quelques-uns, & on trouve les autres par les intervalles de quarte, de quinte & d'octave dont le texte dit qu'ils sont distans de ceux qui sont specifiez. Car il est dit que dans le second rang le vase de la sixiéme cellule sonnoit la *Paramesé*, & que celuy de la premiere y estoit accordé à la quinte, d'où il s'ensuit que c'estoit la *Trité Hyperbolæon*; Que le vase de la
E seconde cellule estoit à la quarte de celuy de la premiere, & par consequent qu'il sonnoit la *Trité Diezeugmenon*; Que le vase de la quatriéme cellule estoit à la quarte de celuy de la troisiéme, & par consequent il sonnoit la *Parypaté meson*; Que le vase de la cinquiéme cellule estoit encore à la quarte de celuy de la quatriéme, & par consequent il sonnoit la *Parypaté Hypaton*.

Par les mesmes conjectures on trouve quels estoient les vases du troisiéme rang : car il est dit que celuy de la sixiéme cellule estoit le *Proslambanomenos*, & que celuy de la cinquiéme estoit à la quarte du *Proslambanomenos*, c'est à dire qu'il sonnoit la *Lichanos Hypaton*; Que celuy de la quatriéme cellule estoit encore à la quarte de celuy de la troisiéme, c'est à dire qu'il sonnoit la *Lichanos Meson*; & ainsi il est aisé de determiner les tons des autres vases par les intervalles dont il est dit qu'ils sont distans les uns des autres.

La Figure explique tout cela assez clairement. Les sept separations qui enferment chacune trois notes de Musique, representent les regions des cellules : Il faut supposer qu'il y en a six autres qui avec les sept qui sont icy, font les treize regions qu'il y avoit; chaque region ayant trois cellules l'une sur l'autre, & que ces six regions sont pareilles à celles qui sont representées dans la figure. La premiere separation enferme les tons des vases des trois premieres cellules qui estoient à la region du coin : La seconde separation enferme les tons des vases des trois cellules, qui estoient à la seconde region; & les autres separations representent toutes les autres regions. Les notes de Musique quarrées & blanches representent les sons du premier rang affecté à l'Enarmonique, les notes noires quarrées sont pour les sons du rang d'enhaut affecté au Diatonique, & les notes à queüe sont pour les sons du Chromatique affecté au rang du milieu. Les caracteres E C D, signifient les Genres; sçavoir E, Enarmonique; C, Chromatique, & D, Diatonique. Les nombres I, II, &c. designent les regions des chambres ou cellules dans lesquelles les vases sont placés.

2. Le Diezeugmenon. Le *Diezeugmenon*, le *Synemmenon*, &c. signifient le Tetracorde *Diezeugmenon* & le Tetracorde *Synemmenon*, de mesme que la *Neté* ou la *Paramesé* signifient la corde apellée *Neté* ou *Paramesé*.

3. A la quinte. C'est à dire à la quinte du vase qui est dans la premiere cellule *du Chromatique*, qui sonne la *Trité Hyperbolæon*. Ainsi qu'il se voit dans la Figure.

4. Le Meson du Chromatique. Je lis *ad Chromaticen Meson*, selon la correction de Jocundus au lieu de *ad Chromaticen Synemmenon* qui est dans les editions de Philander & de Barbaro.

5. A la quarte avec la Meson du Chromatique. Cecy sert encore à faire voir que le Systeme d'Aristoxene doit estre comme nous l'avons fait, car la *Paramesé* ne sçauroit estre à la quarte avec la *Meson* du Chromatique qui est la *Parypaté Meson*; mais elle devroit faire la septiéme si le Systeme estoit comme Philander & Barbaro l'ont pris dans l'Introduction Harmonique d'Euclide.

CHAP. V. à la quinte & qui sonnent le *Synemmenon* du Diatonique, dans les quatriémes ceux qui sont à la quinte & qui sonnent le *Meson* du Diatonique, dans les cinquiémes ceux qui sont à la A quarte & qui sonnent l'*Hypaton* du Diatonique, dans les sixiémes ceux qui sont à la quarte & qui sonnent le *Proslambanomenos*, le vase de la chambre du milieu sonnera la *Mese*, parce qu'elle est accordée à l'octave du *Proslambanomenos*, & à la quinte de l'*Hypaton* du Diatonique.

Pour executer toutes ces choses avec justesse il faut voir à la fin du livre la Figure qu'Aristoxene a faite selon les regles de la Musique, & dans laquelle il a divisé toutes les modulations en general avec un travail & une industrie singuliere : & on pourra encore rendre la structure des Theatres plus parfaite si on a égard à la nature de la voix & à tout ce qui la peut rendre agreable aux oreilles des auditeurs, suivant les raisons que nous avons apportées.

Quelqu'un pourra dire qu'en tant de Theatres qui se font tous les ans à Rome, on ne voit B point qu'on observe ces choses : mais pour ne se pas tromper en cela, il faut remarquer que tous nos Theatres publics sont de bois avec plusieurs planchers qui resonnent aisément, comme les Musiciens sont bien connoistre lorsque voulant entonner les plus hauts tons, ils se tournent vers les portes de la Scene afin que leur voix soit aidée par leur retentissement. De sorte que la maniere que nous avons enseignée est necessaire aux Theatres qui sont faits de matiere solide comme de pierre ou de marbre qui ne retentissent point. Que si on demande quels sont les Theatres où ces choses ont été pratiquées, il est certain que nous n'en avons point à Rome, mais on en voit en quelques autres villes d'Italie & en plusieurs endroits de la Grece, ainsi que L. Mummius fit voir lors qu'il apporta à Rome les vases d'airain d'un Theatre qu'il avoit fait abbattre à Corinthe & qu'il a dediez avec d'autres dé-pouilles dans le Temple de la Lune. Aussi plusieurs bons Architectes qui ont bâty des C Theatres dans de petites Villes qui n'avoient pas le moyen de faire de grandes depenses, se sont servis de vases de poterie qu'ils ont choisis propres pour resonner comme il est de besoin & qui ont fort bien reussi.

1 A LA QUINTE. Il faut encore entendre que ce vase est accordé à la quinte du vase de la premiere cellule du rang d'en-haut qui est la *Paranete Hyperbolaeon* ainsi qu'il se voit dans la Figure.

CHAP. VI.

CHAPITRE VI.

De la construction du Theatre.

POUR dessiner le plan du Theatre il faut, apres avoir placé son centre au milieu, D décrire un cercle dont la circonference soit la grandeur du bas du Theatre. Dans cette circonference il faut faire quatre triangles equilateraux & disposez par intervalles egaux, en sorte que de leurs extremitez ils touchent la ligne circulaire de la maniere que les Astrologues les font pour marquer les douze signes, selon la convenance qui est entre les Astres & la Musique. Le triangle dont le costé regarde la Scene en marquera la face, à l'endroit où il fait une section dans ce cercle ; & on décrira une autre ligne paralelle à cette cy, qui passant par le centre fera [1] la separation du Pupitre

1. LA SEPARATION DU PUPITRE. Il y a trois mots François qui signifient le *Pulpitum* des Latins, sçavoir *Pupitre*, *Theatre* & *Eschaffaut*. Le dernier est particulierement affecté aux supplices des criminels & au service de la Maçonnerie. Le second est ambigu & trop general, parce qu'il comprend tout ce qui appartient aux spectacles, & le premier signifie generalement un lieu relevé où l'on monte pour chanter, ou pour reciter. Bien que ce nom soit consacré à ce lieu élevé, qui est ordinairement en nos Eglises apellé autrement *Iubé*, j'ay crû que je pouvois m'en servir icy, & que je le devois choisir comme plus propre que les autres qui forment, ce me semble, une image qui convient moins à la chose dont il s'agit : mais ce qui m'a determiné, est la ressemblance du mot qui est fort ancien dans nostre langue, & apparemment derivé du Latin. Or ce Pupitre estoit le lieu relevé sur lequel les Acteurs venoient reciter, & où la Fable se joüoit, qui est la partie que nous apellons en François le Theatre, dans lequel nous ne comprenons point le Parterre, ny les Galleries, qui sont proprement ce que les Anciens apelloient le Theatre.

Or cette ligne qui passe par le centre du cercle qui est décrit pour la distribution de tout le Theatre, ne fait point la separation E de l'Orchestre d'avec le Pupitre, si ce n'est qu'on entende que Vitruve parle des Theatres en general, car cela est vray dans le Theatre des Grecs, qu'il fait voir dans la Planche XLV, où la partie apellée *Thymele* marquée D, qui peut passer pour une espece de Pupitre, dont il sera parlé cy-aprés au huitiéme chapitre, s'étend jusqu'à la ligne qui passe par le centre du cercle. Car au Theatre Latin dans la Planche XLII, il n'est pas possible que la face du Pupitre ou *Proscenium* qui rase les extremitez des cornes du Theatre, aille jusqu'à ce centre, par la raison que la ligne qui traverse ce centre, va rendre au milieu des deux entrées qui sont aux cornes du Theatre, comme il sera dit cy-aprés, & ces entrées ne sont point du *Proscenium* ou *Pulpitum*, mais elles sont entre l'Orchestre & le *Proscenium*, auquel elles appartiennent moins qu'à l'Orchestre, dont on peut dire qu'elles sont une partie.

du

* du [1] *Proscenium* d'avec [2] l'Orcheſtre; & ainſi le Pupitre ſera plus large que celuy des Grecs :
* cela eſt neceſſaire, parceque [3] tous ceux qui joüent demeurent dans noſtre Scene, & l'Or-
A cheſtre eſt reſervée pour les ſieges des Senateurs. La hauteur du Pupitre ne doit pas eſtre de plus de cinq piez, afin que ceux qui ſont aſſis dans l'Orcheſtre puiſſent voir tout ce que font les Acteurs.

* [4] Les Amas de degrez où ſont placez les ſpectateurs dans le theatre doivent eſtre diſpoſez en telle ſorte que les angles des Triangles qui ſont dans la circonference, reglent l'allignement des Eſcaliers qui font les ſeparations de ces Amas juſqu'au premier pallier, au deſſus duquel les Amas d'enhaut doivent eſtre ſeparez par des chemins qui partent du mi-
* lieu des Amas d'embas. [5] Ces angles qui donnent l'allignement aux eſcaliers qui ſont entre les Amas d'embas, doivent eſtre au nombre de ſept: Les autres cinq angles ſerviront à
B regler la diſpoſition des parties dont la Scene eſt compoſée : Car au droit de l'angle du milieu on fera la porte royale, & les deux angles qui ſont à droit & à gauche, marqueront
* les endroits où ſont [6] les entrées des étrangers; & les deux derniers ſeront au droit des chemins qui retournent.

* Les degrez [7] ſur leſquels on place les ſieges des ſpectateurs ne doivent pas avoir de hau-

Cela fait à la verité que l'Orcheſtre a quelque choſe de plus que la moitié d'un cercle, mais ce n'eſt pas un inconvenient, ſi on en croit L. B. Alberti, qui dit que tous les Theatres des Anciens paſſoient & étendoient leurs cornes au delà du demy cercle, les uns ayant ces avances paralleles, les autres continuant la meſme courbure qu'ils ont au reſte de l'Orcheſtre : ce qui ne doit eſtre entendu que des Theatres des Latins, car dans ceux des Grecs l'Or-
C cheſtre s'étendoit bien plus avant & hors de la courbure des degrez du Theatre, leur *Logeion* ou Pupitre eſtant, de meſme que la Scene, retiré beaucoup en arriere.

1. PROSCENIUM. La Scene dans les Theatres des Anciens comprenoit en general tout ce qui appartenoit aux Acteurs. Elle avoit quatre parties, ſçavoir *Proſcenium*, *Scena*, *Poſtſcenium* ou *Paraſcenium*, & *Hypoſcenium*. Le *Proſcenium* eſtoit le lieu élevé ſur lequel les Acteurs joüoient, qui eſtoit ce que nous apellons Theatre, Echaffaut, ou Pupitre; & ce *Proſcenium* avoit deux parties aux Theatres des Grecs; l'une eſtoit le *Proſcenium*, ſimplement dit, où les Acteurs joüoient; l'autre eſtoit le *Logeion* ou *Thymele* ou *Bomos*, où les Chœurs venoient reciter, & les Pantomimes faiſoient leurs repreſentations : il eſtoit apellé *Bomos* & *Ara* à cauſe de ſa forme qui eſtoit quarrée comme un Autel. *Scena* eſtoit une face de baſtiment par laquelle le *Proſcenium* eſtoit ſeparé du *Poſtſcenium* ou *Paraſcenium*, qui eſtoit ce que nous apellons le
D derriere du Theatre, où les Acteurs ſe retiroient & s'habilloient. L'*Hypoſcenium* ſelon Pollux eſtoit le devant du *Proſcenium* qui contenoit depuis le rez de chauſſée de l'Orcheſtre, juſqu'à l'eſplanade du *Proſcenium*. Cet Auteur dit qu'il eſtoit orné de colonnes & de ſtatuës; ce qui monſtre que cet *Hypoſcenium* ne pouvoit eſtre que dans les Theatres des Grecs, où le *Proſcenium* eſtoit élevé juſqu'à douze piez, car celuy des Latins eſtoit trop bas pour avoir des colonnes. De ſorte que quand il eſt parlé icy du Pupitre du *Proſcenium*, il faut entendre cela du Theatre des Grecs, dans lequel il y avoit, outre la grande eſplanade du *Proſcenium*, un autre échaffaut plus petit apellé *Logeion*, qui eſtoit placé au milieu de l'Orcheſtre, & au centre du Theatre : autrement *Pulpitum* & *Proſcenium* eſtoit la meſme choſe dans le Theatre des Latins.

2. L'ORCHESTRE. Le lieu le plus bas du Theatre, qui eſtoit un demy cercle, enfermé au milieu des degrez, eſtoit apel-
E lé *Orcheſtre* à cauſe qu'aux Theatres des Grecs c'eſtoit en ce lieu que ſe danſoient les Ballets. *Orcheomai* en Grec ſignifie ſauter.

3. TOUS CEUX QUI JOÜENT DEMEURENT DANS NOSTRE SCENE. Le mot de Scene eſt icy pris en general ainſi qu'il a eſté dit, pour tout ce qui appartient aux Acteurs, tant à ceux qui recitent, qu'à ceux qui danſent, ou qui repreſentent ſeulement par le geſte apellez Pantomimes : Et en ce ſens-là, l'Orcheſtre parmy les Grecs avoit eſté une partie de la Scene. Mais aux Theatres des Romains aucuns des Acteurs ne deſcendoit dans l'Orcheſtre, qui eſtoit occupée par les ſieges des Senateurs : Ce que nous imitons dans nos Comedies, dans leſquelles les gens de grande qualité ſe placent quelquefois ſur le Theatre, & occupent une partie de la place qui eſt deſtinée aux Acteurs.

4. LES AMAS DE DEGREZ. Les degrez des Theatres eſtoient ſeparez par les palliers qui tournoient en rond, & par les eſcaliers droits qui eſtoient pratiquez dans les degrez des ſieges, en ſorte qu'il y avoit deux marches de ces eſcaliers pour chaque degré de ſiege. Ces eſcaliers, qui tendoient droit au centre du Theatre, donnoient une forme de coin à tout cet amas de degrez qui eſtoient compris entre les Palliers & les Eſcaliers, à cauſe que d'une baſe large ils alloient en étreſſiſſant. Mais je n'ay pas crû pouvoir me ſervir du mot de *coins de degrez* qu'il auroit fallu mettre pour traduire à la lettre *cunei ſpectaculorum*, à cauſe de l'equivoque, & j'ay crû que le mot d'*amas* expliquoit aſſez bien la choſe, la figure ſphenoïde ou cuneiforme eſtant ordinairement exprimée par les termes de *ramaſſé*, *accumulé*, & *entaſſé*.

5. CES ANGLES. Le texte porte *ſuperiores cunei medii dirigantur : hi autem qui ſunt in imo, & dirigunt ſcalaria erunt numero ſeptem, reliqui quinque ſcenæ deſignabunt compoſitionem.* Je croy qu'il faut neceſſairement ajoûter *anguli*, & lire *hi autem anguli qui ſunt in imo, &c.* parceque ſans cela *hi* ſe rapporteroit à *cunei*, & par conſequent ces mots *reliqui quinque* qui ſont en ſuite, ſe devroit auſſi rapporter à *cunei*, ce qui ne peut eſtre, parce qu'il n'y avoit point d'amas de degrez dans l'eſpace des cinq angles qui ſont pour la Scene.

6. LES ENTRÉES DES ÉTRANGERS. Les portes apellées *hoſpitalia* eſtoient celles par leſquelles on faiſoit entrer les Acteurs étrangers, c'eſt-à-dire ceux qu'il falloit ſe repreſenter eſtre dans une autre Scene que la commune, dans laquelle on entroit par la porte du milieu : ou bien c'eſtoit l'entrée de ceux qui venoient dans la Scene commune d'un autre lieu que de celuy où logeoient les principaux perſonnages de la Fable. Pollux dit que l'une de ces portes, ſçavoir la gauche, eſtoit la porte d'une priſon.

7. SUR LESQUELS ON PLACE LES SIEGES. Dion Caſſius n'avoit pas remarqué cet endroit, quand il a écrit qu'avant Caligula on n'eſtoit aſſis dans les Theatres que ſur la pierre ou ſur le bois dont les degrez eſtoient faits. Car il paroiſt par le texte de Vitruve que dés le temps d'Auguſte on mettoit quelque choſe ſur les degrez, ſoit que ce fuſſent des oreillers, ou d'autres ſortes de ſieges. Lipſe neanmoins a bien de la peine à demeurer d'accord qu'on fuſt aſſis ſur autre choſe que ſur les degrez du Theatre, & expliquant les vers de Calpurnius qui parlent des chaiſes où les femmes eſtoient aſſiſes,

Venimus ad ſedes ubi pullâ ſordida veſte
Inter fœmineas ſpectabat turba cathedras,

il croit qu'ils ne doivent point eſtre entenduës de chaiſes qui fuſſent ſur les degrez du Theatre, mais de celles qu'on plaçoit au deſſus des degrez au haut du Theatre entre les colonnes du Portique qui couronnoit le Theatre; ce qu'il prouve par Suetone qui dit qu'Auguſte avoit fait un Edit qui défendoit aux femmes d'eſtre aſſiſes ſur les degrez du Theatre, & qui ne leur permettoit de ſe placer qu'au haut parmy le menu peuple, qui eſt ce qu'on apelle le Paradis dans nos Theatres. Properce fait auſſi entendre la meſme choſe, quand il dit pour exprimer la défenſe que ſa maiſtreſſe luy faiſoit de tourner la veuë vers elle lorſqu'elle eſtoit à la Comedie :

Colla cave inflectas ad ſummum obliqua Theatrum.

Mais nonobſtant tout cela, je ne ſçay pas comment on peut expliquer noſtre texte qui dit *gradus ſpectaculorum ubi ſubſellia com-*

CHAP. VII. teur moins [1] d'un pié & un palme, ny plus que d'un pié & six doits, & leur largeur ne doit point estre de plus de deux piez & demy, ny de moins que de deux.

pimentum, sans entendre qu'on estoit assis sur autre chose que sur les degrez de pierre ou de bois dont le Theatre est composé.

1. D'UN PIÉ ET D'UN PALME. Un pié & un palme des anciens Romains faisoit un peu moins que quatorze de nos pouces de Roy, & un pié six doits un peu plus que quinze, suivant la mesure du pié qui est gravé au Capitole.

CHAPITRE VII.

De la couverture du Portique du Theatre.

LA couverture du Portique qu'il faut élever au haut des degrez doit estre de la hauteur de la Scene, parceque la voix qui passe sur l'extremité des degrez & qui va jusqu'au haut de ce toit, se perdroit aussitost qu'elle seroit parvenuë à l'endroit où il manqueroit si il estoit plus bas.

[1] Il faut prendre la sixiéme partie du diametre de l'Orchestre, c'est a dire de l'espace qui *

1. IL FAUT PRENDRE LA SIXIEME PARTIE DU DIAMETRE DE L'ORCHESTRE. Barbaro entend que cette sixiéme partie du diametre de l'Orchestre soit pour la hauteur du premier degré, qui à la verité ne doit pas commencer au bas de l'Orchestre avec la hauteur ordinaire de 14 ou de 15 pouces, mais qui doit estre beaucoup plus haut, afin que ceux qui sont dans l'Orchestre n'empeschent pas que ceux qui sont assis sur ce premier degré ne voyent sur le lieu où les Acteurs jouënt : mais cette sixiéme partie de l'Orchestre auroit élevé ce premier degré dans les grands Theatres jusqu'à deux ou trois toises, c'est à dire trois ou quatre fois plus qu'il n'est necessaire; puisque le lieu où les Acteurs joüoient, n'estoit pas élevé comme il a esté dit de plus de quatre piez & demy : car de la façon que Barbaro éleve ce premier degré, on n'auroit pû voir de dessus les autres degrez qu'une partie de l'Orchestre, où les Ballets se dansoient aux Theatres des Grecs, & il y en auroit toujours eu plus de la moitié de cachée; outre que cela auroit fait que les derniers degrez auroient esté trop élevez au dessus du lieu où les Acteurs joüoient, & cela sans necessité, parce que pour voir les Acteurs c'est assez d'estre assis à la hauteur du lieu où ils joüent.

C'est pourquoy j'ay crû qu'il falloit entendre que cette sixiéme partie du diametre de l'Orchestre devoit estre prise pour la mesure du retranchement qui estoit fait dans les degrez d'embas pour les sept portes apellées *Aditus*, par où l'on entroit de dessous le Theatre dans l'Orchestre : parceque ces portes devoient estre proportionnées à la grandeur du Theatre, & non pas toujours d'une mesme hauteur, comme le premier degré le doit estre toujours, puisque, comme il a esté dit, le *Proscenium*, le Pupitre & la Scene en toute sorte de Theatre sont toujours d'une mesme hauteur.

J'entens donc *qu'il faut prendre* (dans la planche XLII, II Figure) *la sixiéme partie* (S 6) *du diametre* (6 D) *de l'Orchestre, &c. suivant la ligne* (B Q de la I Figure) *qui sera élevée sur cette mesure, couper les degrez au droit des entrées du Theatre* (AB, & BM,) *& des entrées* (BB, de la II Figure) *& faire à l'endroit de chaque retranchement les linteaux* (Q Q dans la I Figure) *qui couvrent les entrées, car il se trouvera assez d'eschapée par dessous* : Parceque quand l'Orchestre ainsi que je l'entens, n'auroit que six toises de diametre, ce retranchement qui seroit fait de la sixiéme partie, c'est-à-dire d'une toise dans les degrez, donneroit trois piez de hauteur, parceque les degrez sont hauts de la moitié de leur largeur, ce qui suffiroit étant joint avec les quatre piez & demy du premier degré, pour la hauteur des entrées, qui seroit sept piez & demy. Mais dans les grands Theatres où l'Orchestre avoit jusqu'à trente toises de diametre, comme il est aisé de juger par ce qui reste du Theatre de Marcellus, & suivant la supputation que Baldessar en a faite, la hauteur de ce premier degré selon Barbaro auroit eté de cinq toises, qui est six fois plus qu'il n'est necessaire pour voir sur la Scene, & la hauteur de deux toises ou environ, que ce retranchement auroit donné selon mon explication, n'auroit mesme esté que trop raisonnable pour les portes & les entrées d'un grand Theatre.

La difficulté qui reste, est que je suppose que Vitruve a entendu par le diametre de l'Orchestre, laquelle est un demi-cercle, la ligne qui divise le demicercle en deux parties égales; car le mot de diametre signifie une ligne qui doit diviser par le milieu la Figure dont elle est le diametre, comme Aristote remarque dans les Problemes; & Macrobe dans ses Commentaires sur le songe de Scipion donnant la definition du diametre en general, qu'Euclide n'a point defini, dit que le Diametre est une ligne droite qui coupe une figure par le milieu à l'endroit où cette ligne peut estre la plus longue *linea recta figuram qua longissima est mediam secans.* De plus les proportions que Vitruve prend ensuite du diametre de l'Orchestre pour la face de la Scene & pour la hauteur de toutes

EXPLICATION DE LA PLANCHE XLII.

Cette Planche represente le Theatre des Romains; elle contient deux Figures. La premiere, est l'élevation du Theatre vû de dessus le Pupitre qui est ce que nous apellons le Theatre. L'autre est le Plan de tout le Theatre. Pour en connoistre le détail il faut sçavoir que A A, est le Portique qui est autour du Theatre par embas en dehors. BB, sont les passages pour entrer dans l'Orchestre S C D. C, est le milieu de l'Orchestre. DD, est la ligne qui separe l'Orchestre du Proscenium. *EEE, est le* Proscenium *ou* Pulpitum. *DH, est la largeur du Pupitre. FF, est la face de la Scene. GG, est le* Postscenium. *H, est la grande Porte Royale. II, sont les portes des Etrangers apellées* Hospitalia. *KK, sont les portes des Retours. LM, sont les chemins montans qui sont entre les Amas de degrez d'enhaut. MB, sont les chemins montans qui sont entre les Amas de degrez d'embas. NN, est le Portique d'enhaut. OO, sont les machines tournantes qui font les changemens des Scenes. PP, est le Portique ou passage qui tourne sous les degrez du Theatre. QB, est la ligne qui regle l'espace qui doit estre pris pour la coupure des degrez. BR, est la sixiéme partie de l'Orchestre qui regle cette ligne dans l'élevation. S6, est cette mesme sixiéme partie dans le Plan. TT, sont les escaliers qui sont sous les degrez du Theatre pour monter au Portique d'enhaut.*

est

Planche XLII

Fig. I

Fig. II

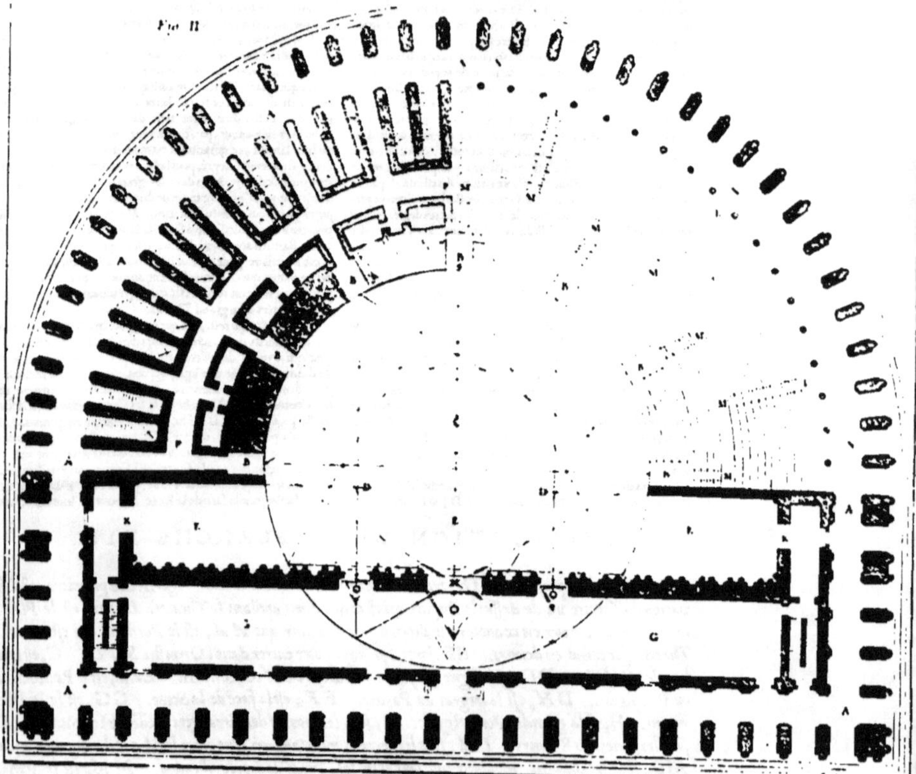

CHAP. VII. est enfermé par les degrez d'embas, & suivant la ligne qui sera elevée à plomb sur cette mesure, couper les degrez au droit des coins du Theatre & des entrées, & faire à l'endroit de

[illegible]

Planche XLIII.

EXPLICATION DE LA PLANCHE XLIII.

Cette Planche est une partie du Theatre des Romains, vû comme estant coupé suivant une ligne qui va du milieu de la Scene par le milieu de l'Orchestre au milieu du demy cercle que les degrez composent. AA, *est le Portique qui est autour du Theatre par embas & en dehors.* BB, *les Passages pour entrer dans l'Orchestre.* CD, *l'Orchestre.* E, *le Proscenium, qui est le Theatre sur lequel les Acteurs viennent.* FFH, *la face de la Scene.* G, *le Postscenium, qui est le derriere du Theatre.* H, *la grande porte Royale.* K, *une des portes des retours.* LM, *un des chemins montans qui sont entre les*

chaque retranchement les linteaux qui couvrent ces entrées : car il se trouvera assez d'eschappée par dessous. CHAP. VII

[illegible]

EXPLICATION DE LA PLANCHE XLIII.

amas de degrez d'enhaut. VB, YB, les chemins montans qui sont entre les amas de degrez d'embas. NN, le Portique d'enhaut. P, le Portique ou passage qui tourne sous les degrez du Theatre. QB, la ligne qui regle l'espace qui doit estre pris pour la coupure des degrez. BR, la sixiéme partie du diametre de l'Orchestre qui regle cette ligne. TT, les Escaliers qui sont sous les degrez du Theatre & qui servent à monter au Portique d'enhaut. VYM, les Fenestres des petites chambres où sont les vases d'airain. X, un des vases d'airain appuyé sur le coin dans sa petite chambre.

CHAP. VII. [1] Il faut que la Scene soit deux fois aussi longue que le diametre de l'Orchestre. [2] *Le Pie-*
Podium. *destail* qu'il faut poser au niveau du Pupitre doit avoir de hauteur, comprenant sa corniche & A
[3] sa Cymaise, la douziéme partie du diametre de l'Orchestre. Sur ce Piedestail il faudra poser les colonnes qui avec leurs chapiteaux & leurs bases auront la quatriéme partie de ce diametre. [4] Les Architraves & les autres ornemens auront ensemble la cinquiéme partie des co-
Pluteum. lonnes. Là-dessus il y aura un autre *Piedestail*, qui avec sa corniche & sa Cymaise, n'aura que la moitié du Piedestail d'embas. [5] Les colonnes que l'on posera sur ce Piedestail seront moins hautes du quart que celles d'embas. Les Architraves & les autres ornemens de ces colonnes seront de la cinquiéme partie de la colonne : & si l'on met [6] un troisiéme ordre de colonnes sur la Scene, il faudra que le Piedestail d'enhaut soit de la moitié du Piedestail du milieu. Ces colonnes du dernier ordre doivent estre plus courtes de la quatriéme partie

nem habebunt earum conformationes, ainsi qu'il se trouve dans tous les autres exemplaires.

1. Il faut que la Scene soit deux fois aussi longue que le diametre de l'Orchestre. Si l'on ne corrige ce texte il est difficile de l'accorder avec la grandeur que nous avons donnée au diametre de l'Orchestre, car il semble que si l'Orchestre, qui est un demicercle, a pour diametre la moitié du diametre de tout le cercle, comme nous pretendons, Vitruve auroit dû dire que la Scene doit estre aussi large que la face de l'Orchestre, puisque deux fois le diametre de l'Orchestre selon nous, est la mesme chose que toute la face de l'Orchestre. De plus il ne se trouve point dans les Theatres des anciens qui nous restent, que la face de la Scene soit égale à celle de l'Orchestre : car la Scene est toujours plus grande. Mais la verité est aussi que ce mesme texte ne s'accorde pas mieux avec l'explication de Barbaro, qui veut que le diametre de l'Orchestre & sa face soit la mesme chose : car si cela étoit, la face de la Scene devroit estre deux fois aussi large que la face de l'Orchestre, ce qui n'est point dans les Theatres anciens, dans lesquels il ne se trouve ny que la face de la Scene soit égale à celle de l'Orchestre, comme il s'ensuivroit selon nostre opinion, ny qu'elle soit deux fois aussi large que la face de l'Orchestre, comme elle devroit estre selon l'explication de Barbaro : mais elle a une proportion moyenne entre les deux, ayant la grandeur & demie de la face de l'Orchestre, qui est trois diametres selon nostre explication. De sorte que nous croyons qu'il y a faute au texte, & qu'au lieu de *Scenæ longitudo ad Orchestræ diametrum duplex fieri debet*, il faut lire *triplex fieri debet* : c'est à dire que la Scene doit estre trois fois aussi longue que le diametre de l'Orchestre ; ce diametre estant, ainsi qu'il a été dit, de la moitié de la face de l'Orchestre.

2. Le Piedestail qu'il faut poser au niveau du Pupitre. En cet endroit *Podium* & *Pluteum* ou *Pluteus*, qui ailleurs sont proprement un appuy ou Balustrade, m'ont semblé devoir estre interpretez *Piedestail* : parceque les appuis ou Balustrades étant ordinairement de la hauteur des Piedestaux, & ayant les mesmes Zocles, Bases & Corniches, il semble que les Piedestaux & les appuis soient une mesme chose : De sorte que par cette raison il est croyable que Vitruve a exprimé les Piedestaux dont il entend parler, par des mots qui signifient Ballustrades. Cette pensée est encore confirmée par ce qui se lit au 5 chapitre du 6 livre, où il est parlé des colonnes qui se mettent dans les Salles Corinthiennes : car il est dit que *habent columnas, aut in Podio aut in imo positas* ; c'est-à-dire des colonnes qui sont avec un Piedestail ou sans Piedestail. Lipse neanmoins dans son livre de *Amphitheatro* croit qu'en cet endroit Vitruve entend par *Podium* la Ballustrade qui servoit d'appuy à la place qui étoit en maniere de Coridor au devant du premier degré d'embas. Mais il est evident que cela ne peut estre, tant parceque Vitruve fait la hauteur de ce *Podium*, proportionnée à la grandeur de tout le Theatre, ce qui ne peut convenir à un appuy ou Ballustrade, qui selon Vitruve mesme doit toujours estre d'une mesme hauteur dans les grands & dans les petits Theatres ; que parceque Vitruve pose des colonnes sur ce *Podium*, & qu'il est constant que l'on n'en mettoit point sur la Ballustrade qui étoit sur le dernier degré d'embas aux Amphitheatres seulement, & non aux Theatres. De sorte qu'il n'y a aucun lieu de douter que ce *Podium* ne fust le Piedestail des premieres colonnes de la Scene marqué A A dans la Planche XLIV, de mesme que le *Pluteus* étoit celuy du second rang des colonnes qui étoient sur ces premieres, marqué BB. B

3. Sa Cymaise. Je traduis ainsi le mot *Lysis* qui a esté deja employé avec cette signification au troisiéme chapitre du 3 livre : *Lysis*, signifie en Grec *Solution* & separation. Il y a apparence que la derniere Cymaise est ainsi apellée parce qu'en Architecture elle fait la separation des membres differens, sçavoir du Piedestail d'avec la colonne, de l'Architrave d'avec la Frise, &c. Il semble neanmoins qu'en cet endroit, où il ne s'agit point C
du detail des parties du Piedestail, le mot de *Lysis* est inutile pour signifier une Cymaise, & que le mot de *Corona* qui comprend toute la corniche auroit été suffisant : & mesme j'aurois crû qu'au lieu de *Lysis* il faudroit lire *Basis*, n'estoit qu'en suitte, lorsqu'il est parlé du Piedestail du second Ordre, outre *Corona*, il y a encore *Unda*, qui est mis au lieu de *Lysis* : Or il a été remarqué cy-devant que *Unda* & *Cymation* est la mesme chose : Et cela me fait croire que ces Piedestaux n'avoient point de base, ainsi qu'il s'en voit en plusieurs Edifices anciens, & particulierement au Theatre de Marcellus, où le Piedestail du second Ordre n'a point de base ; ces bases estant des membres que la plus ancienne Architecture n'a point employez, non pas mesme aux colonnes.

4. Les Architraves et les autres ornemens auront ensemble la cinquiéme partie des colonnes. Les Architraves & les autres ornemens sont l'Archi- D
trave, la Frise, & la Corniche, qui tous trois ensemble font ce qu'on apelle vulgairement l'Entablement ou le Couronnement : cette proportion que Vitruve luy donne dans tous les ordres de la Scene, semble devoir estre la regle qu'on doit suivre ordinairement pour les Edifices les plus beaux & les plus nobles ; parce que cette face de la Scene representoit le devant d'un Palais magnifique. Neanmoins il ne se trouve point dans les anciens Edifices que cette regle ait été suivie : car on a fait cet Entablement quelquefois si grand, qu'il va jusqu'à la quatriéme partie de la colonne ; ce qui est contre le goust des Anciens qui ont precedé Vitruve : comme il paroist par ce qui est dit au 3 livre, des Proportions de la colonne Ionique, sçavoir que son entablement n'estoit que la sixiéme partie de la colonne.

5. Les colonnes posées sur ce Piedestail. Il s'ensuit de là que le diametre des colonnes du second ordre sera moindre du quart que le diametre de celles du premier. Cette pro- E
portion a déja esté donnée aux colonnes du second ordre du Portique de la place publique, au 1 chapitre de ce livre.

6. Un troisiéme ordre. J'ay crû que les Scenes estant composées de trois rangs de colonnes les unes sur les autres, on

que

A que celles du second, & il faut que leurs Architraves & autres ornemens ensemble soient CHAP. VII.
* 1 de la cinquiéme partie comme les autres.

* 2 Mais il ne faut pas croire que les mesmes proportions puissent servir à toutes sortes de Theatres, & l'Architecte doit avoir égard à la nature & à la grandeur du lieu pour prendre les mesures qui leur sont convenables. Car il y a beaucoup de choses que l'usage auquel elles sont destinées, oblige de faire d'une mesme grandeur dans les petits Theatres comme * * dans les grands, sçavoir les degrez, les *Palliers*, 3 les *Ballustrades*, les chemins, 4 les Escaliers, Diazomata. Itinera. les Pupitres, les Tribunaux, & toutes les autres choses qui ne peuvent estre selon la proportion de tout l'Ouvrage, à cause de l'usage auquel elles servent. On peut aussi, quand on n'a pas les pieces de Marbre, ou de Charpenterie, ou les autres materiaux de la grandeur requise, retrancher quelque chose dans l'ouvrage, pourveu que cela ne soit point trop eloigné de la B raison; ce qui demande une grande experience dans l'Architecte, & un esprit inventif pour trouver de nouveaux expediens quand il en est besoin.

La Scene doit estre degagée & disposée de sorte qu'au milieu il y ait une porte ornée comme celle d'un Palais Royal, & à droit & à gauche deux autres portes pour les Etran-

pouvoit dire qu'elles avoient trois ordres : mais le troisiéme de ces ordres ne peut à mon avis estre apellé *tertia Episcenos*, comme il l'est dans tous les exemplaires, & je croy qu'au lieu de *tertia* il faut mettre *altera*; car le premier ordre estoit proprement *Scena*, & ce qui estoit sur ce premier ordre s'apelloit *Episcenium*; de sorte que le second ordre estoit *prima Episcenos*, & le troisiéme par consequent *altera Episcenos*.

1. DE LA CINQUIEME PARTIE COMME LES AUTRES. Ce troisiéme ordre estant fort haut & fort eloigné de la vüe, C sembleroit demander d'autres proportions que les premiers ordres qui en estoient plus proches. Il faut croire que les anciens Architectes n'entendoient pas tant de finesse dans l'Optique, que ceux de ce temps, qui font consister le principal de leur Art à sçavoir changer les proportions à propos, & selon que les differents aspects le requierent. Il est parlé plus au long de ce changement de proportions au 2 chapitre du 6 livre.

2. MAIS IL NE FAUT PAS CROIRE QUE LES MESMES PROPORTIONS PUISSENT SERVIR. Ce que Vitruve dit icy n'est point contraire à la reflexion qui a été faite dans la note precedente: car l'avis qu'il donne sur le changement des proportions, n'est point une exception qui soit apportée à propos de ce qui a été dit immediatement devant, touchant les grandeurs des parties qui composent des étages élevez & eloignez de la vüe; mais elle se rapporte seulement aux proportions des degrez, des D appuis, & des autres pieces lesquelles à cause de leur usage doivent estre toujours d'une mesme grandeur, soit que les Theatres soient petits, soit qu'ils soient grands. De sorte que quand il est dit *qu'il ne faut pas croire que les mesmes proportions puissent servir à toutes sortes de Theatres*, cela signifie que si par exemple un appuy est haut de la quarantiéme partie d'un petit Theatre, il ne luy faudra pas donner le double dans un Theatre qui sera une fois aussi grand: mais cela ne dit pas qu'il ne faille garder les mesmes proportions dans tous les Theatres en ce qui regarde les hauteurs du premier ordre à l'égard du second, du second à l'égard du troisiéme, & de toutes les autres choses dans lesquelles l'usage ne determine & ne demande point une certaine grandeur.

3. LES BALLUSTRADES. *Pluteum* ou *Pluteus* est proprement un mantelet ou parapet qui se faisoit dans les machines de guerre pour mettre à couvert les soldats. Il estoit ordinairement fait d'osier recouvert de peaux nouvellement écorchées. Il signifie icy la Ballustrade ou appuy. Philander croit, ainsi qu'il a deja eté dit, que *Pluteus* comprend tout l'espace qui est entre les colonnes superieures & les inferieures, c'est-à-dire l'Architrave, la Frise, la Corniche & les Piedestaux de l'ordre qui etoit sur la Corniche: Mais cela ne peut estre, parce qu'il est dit que le *Pluteum* est sur l'Architrave & sur les autres ornemens qui sont la Frise & la Corniche de l'ordre de dessous. De plus il est dit icy que *Pluteus* est du genre des choses, que l'usage auquel elles sont destinées, oblige toujours à faire d'une mesme grandeur, comme sont les degrez, & qui ne doivent pas estre plus grandes dans les grands Theatres que dans les petits; ce qui n'est pas vray de l'espace qui comprend l'Architrave, la Frise, & la Corniche, qui est plus grand à proportion que les ordres des plus grands Theatres sont plus grands: mais cela est vray des Ballustrades, des degrez, & des Palliers qui doivent toujours estre d'une mesme grandeur.

Barbaro entend autrement cet endroit: car il croit que Vitruve veut dire que les degrez, les Palliers, & les Ballustrades sont des parties qui doivent estre dans tous les Theatres: mais que les autres choses qui ne sont pas tant pour l'usage, que pour l'ornement, peuvent estre omises. Cependant il n'y a rien, ce me semble, de plus clair que ce que Vitruve dit, sçavoir que les Ballustrades, les degrez & les Palliers doivent estre d'une mesme grandeur dans tous les Theatres, soit qu'ils soient grands, soit qu'ils soient petits. *Sunt enim res quas in pusillo & in magno Theatro necesse est eâdem magnitudine fieri propter usum, uti gradus, Diazomata, Pluteos, Itinera, &c.*

4. LES ESCALIERS. Il y a *ascensus*. Il faut entendre cela de la hauteur des degrez des escaliers, & non pas de la grandeur de tout l'escalier, qui doit estre plus grand dans un grand Theatre que dans un petit.

CH. VII. gers. Derriere ces ouvertures on placera [1] les decorations que les Grecs apellent *Periactous* [2] à cause des machines faites en triangle qui se tournent. Dans chaque machine il doit y avoir des ornemens de trois especes, qui serviront aux changemens qui se font en tournant leurs differentes faces : Car cela est necessaire dans la representation des Fables ; comme

[illegible]

1. LES DECORATIONS QUE LES GRECS APELLENT PERIACTOUS. Nostre mot François de decorations de Theatre [illegible] celuy de Vitruve qui est *ornatus*. Ces decorations [illegible] Servius sur les Georgiques de Virgile. [illegible] machines faites en triangle que les Grecs apelloient *Periactous* c'est à dire tournantes, & qui tournoient [illegible] differens changemens, chacune de leurs faces ayant des peintures differentes, les Anciens en avoient d'autres [illegible] encore en usage dans nos Theatres, dont l'artifice consiste à faire paroistre des faces differentes, lorsqu'on les tire [illegible] en sorte que lorsqu'on en tiroit [illegible] en découvroit une autre, qui estoit cachée derriere elle. Celle-cy estoit apellée *ductilis* & l'autre *versatilis*. Il est neantmoins difficile de croire que ces changemens fussent aussi prompts que ceux de nos Theatres, qui se font presque en un moment & sans qu'on s'en apperçoive : car nous lisons que lors que les Anciens vouloient changer les ornemens de leur Scene, ils tiroient un rideau qu'ils apelloient *Siparium*, derriere lequel ils faisoient à loisir ce qui estoit necessaire au changement.

2. LES RETOURS QUI AVANCENT. C'est à dire les retours des murailles qui vont de la Scene vers le Theatre & qui font un angle droit avec la grande face de la Scene. Philander en-

Planche XLIV.

EXPLICATION DE LA PLANCHE XLIV.

Cette Planche represente l'élevation de la Scene du Theatre des Romains. AA, est le Piedestail du premier ordre apellé Podium. *BB, est le Piedestail du second ordre apellé* Pluteum. *CC, est*

quand il faut faire paroistre des Dieux avec des tonnerres surprenans. Au delà de cette face CH. VII.
de la Scene on doit faire [1] les retours qui s'avancent, ayant deux autres entrées, l'une par laquelle on vient de la Place publique, & l'autre par laquelle on arrive de la campagne dans la Scene.

1. Le mot de *versura* que je traduis *retour*, comme si Vitruve l'avoit ... pour expliquer les machines qu'il dit estre apelées *Periacti* par les Grecs. Mais il est evident que ce n'est point la pensée de Vitruve, qui a déja employé ce mot de *versura* dans la description du Theatre avec la signification que je luy donne, quand il a dit à la fin du 6. chapitre, que les angles du Triangle dont la base touche à la face de la Scene, & qui sont à droit & à gauche de la grande Porte Royale, doivent estre au droit des chemins qui retournent, *spectaculi itinera versurarum*. Hermolaus sur Pline dit que *versura* signifie le retour qu'une muraille fait à l'egard d'une autre, en formant un angle saillant, *Flexus angulorum in parietibus exterior*. Et Baldus dit que *versura* peut aussi signifier le retour d'un angle rentrant, ainsi que Vitruve veut dire par *versuras procurrentes* [illegible] les bouts de la Scene, & qui font un angle rentrant avec la grande face de la Scene. Ils sont marquez K K I dans la Planche XLIII. & K K dans la Planche XLII & XLIV.

Or dans ces retours il y avoit deux Portes, une à chaque bout: & il y a apparence que ce sont celles par lesquelles Pollux dit que les chariots entroient. Cælius Rhodiginus croit que ces retours estoient ce que Pollux apelle *Parascenium*

EXPLICATION DE LA PLANCHE XLIV.

le troisiéme ordre apellé Episcenos. *DE, est la partie apellée* Hyposcenium *au Theatre des Grecs. H, est la grande Porte Royalle. II, sont les Portes des Etrangers. KK, sont les portes des retours.*

CHAPITRE VIII.

Des trois sortes de Scenes.

[1] IL y a trois sortes de Scenes, sçavoir, la Tragique, la Comique, & la Satyrique. Leurs Decorations sont differantes en ce que la [2] Scene Tragique a des colonnes, des frontons élevez, des Statues & de tels autres ornemens qui conviennent à un Palais Royal. La Decoration de la Scene Comique represente des maisons particulieres, avec leurs Balcons & leurs croisées disposées à la maniere des Bastimens communs & ordinaires. La Satyrique est ornée de boccages, de cavernes, de montagnes, & de tout ce qu'on voit representé dans les païsages des [3] Tapisseries.

Les Theatres des Grecs se font d'une autre maniere. Au lieu des quatre triangles qui font la distribution du Theatre des Latins, & que l'on décrit dans un cercle qui a esté tracé sur terre; ils mettent trois quarrez, dont les angles touchent la circonference du cercle; & le costé du quarré qui est le plus proche de la Scene & qui fait une section dans le cercle, termine le devant du *Proscenium*, & l'on trace encore une autre ligne parallele à celle-cy & qui touche l'extremité du cercle pour terminer le front de la Scene. Ensuite on tire une autre ligne qui est aussi parallele aux deux autres, & qui passant par le centre de l'Orchestre [4] vis-à-vis du *Proscenium*, va couper le cercle à droit & à gauche: dans ces sections aux cornes du demi-cercle on marque deux centres, desquels avec le compas posé au centre du costé droit on trace une ligne courbe depuis l'intervalle gauche jusqu'au costé droit du *Proscenium*, & tout de mesme posant une pointe du compas au centre gauche, on trace de l'intervalle droit une ligne courbe vers le costé gauche du *Proscenium*. [5] Ainsi par le moyen de ces trois centres, & suivant ce dessein, les Grecs ont leur Orchestre bien plus large, & leur Scene plus éloignée, comme aussi leur Pupitre qu'ils apellent *Logeion* plus étroit. De sorte que les Acteurs des Tragedies & des Comedies jouënt en la Scene, [6] les autres entrent dans l'Orchestre: Et c'est de là qu'en Grec les uns sont apellez *Scenici*, [7] les autres *Thymelici*. Le [8] *Logeion*

Le Parloir.

1. IL Y A TROIS SORTES DE SCENES. Il y a apparence que ces trois sortes de Scenes ne s'entendent que de celles qui étoient en peinture sur les machines tournantes qui servoient de Decorations, & non pas de l'Architecture de la Scene qui ne changeoit point, mais qui faisoit une partie de la Structure & de la Maçonnerie du Theatre. Aristote dans sa Politique explique ces trois sortes de Scene par le mot de Scenographie c'est-à-dire Peinture de Scene; qui est un mot dont la signification est bien differente de celle qu'il a, quand il est mis pour l'une des trois manieres de dessiner dont il a été parlé au 2 chapitre du 1 livre. Aristote dit que Sophocle fut le premier inventeur de ces sortes de decorations de Theatre.

2. LA SCENE TRAGIQUE A DES COLONNES. Il est aisé de conclure de la comparaison qui est icy faite de la Scene Tragique avec la Comique, qu'il doit y avoir autre chose que la grandeur de l'exaussement qui fasse la difference d'un Palais Royal d'avec une Maison particuliere qui a des fenestres sur la principale entrée, au lieu qu'un Palais ne doit avoir que des colonnes, des Statuës & des Balustrades.

3. LES PAÏSAGES DES TAPISSERIES. Les Auteurs sont peu d'accord sur la signification de *Topiarium opus*. La plus grande partie estime que c'est la representation qui se fait avec du buis, du cypres, de l'if, & d'autres tels arbrisseaux verds, taillez de plusieurs sortes de figures pour l'ornement des Jardins. D'autres croyent avec plus de raison que ce sont des païsages representez ou en peinture, ou dans des Tapisseries. Car soit qu'on fasse venir ce mot du Grec *Topion*, qui signifie une ficelle, ou de *Topos* qui signifie un lieu ou un païs, il exprime toujours fort-bien ou un païsage qui est la representation des lieux, comme des eaux, des bois, des montagnes; ou une Tapisserie qui est faite par l'entrelacement de la soye, de la laine & de l'or dans de petites ficelles qui font la chaisne de l'ouvrage de Tapisserie. Vitruve parle encore de cette sorte de peinture au chapitre 5 du 7 livre.

4. VIS-A-VIS DU PROSCENIUM. J'ay traduit comme s'il y avoit *Proscenii è regione*: car il y a apparence qu'un Copiste, ou Vitruve mesme a omis la particule *è* sans laquelle *regione* ne peut avoir de sens, parceque le *Proscenium* est trop éloigné de cette ligne pour que l'on puisse dire qu'elle est dans sa region.

5. AINSI PAR LE MOYEN DE CES TROIS CENTRES. Le mystere de ces trois centres est une chose bien obscure, ou bien inutile, s'ils ne servent à autre chose qu'à tracer la ligne qui touche l'extremité du cercle pour la rendre parallele à celle qui traverse le cercle par le milieu: Car c'étoit assez de dire que cette ligne doit estre parallele aux autres.

6. LES AUTRES DANS L'ORCHESTRE. Il y a au texte *reliqui artifices*. C'est-à-dire les autres, qui avec les Acteurs contribuoient quelque chose aux jeux & aux Spectacles, tels qu'estoient les Musiciens, les Pantomimes & les Danseurs qui tous sont ensuite apellez *Thymelici*.

7. LES AUTRES THYMELICI. Suidas dit que *Thyein* qui en Grec signifie sacrifier, a fait apeller un Autel *Thymele*, & de là *Thymelici* ceux qui dansoient ou qui chantoient dans l'Orchestre. Pollux qui est un Auteur plus ancien que Suidas, & qui a écrit du temps que les Theatres étoient encore entiers, témoigne qu'il ne sçait pas bien precisément ce que c'estoit que cette partie du Theatre apellée *Thymele*; estant en doute si c'estoit un Autel effectivement, ou seulement une espece de Tribune. Il semble que Barbaro ait pris cette Tribune pour le *Pulpitum*, lorsqu'il l'a distingué du *Proscenium*, suivant ce qui a été dit au sixiéme chapitre, sçavoir que la ligne qui passe par le centre du cercle qui fait la description & la distribution des parties du Theatre, separe l'Orchestre d'avec le Pupitre du *Proscenium*: Car cette Tribune, qui est l'Autel ou Thymele dont parle Pollux, est une espece de Pupitre distingué & separé du Pupitre apellé autrement *logeion* & *Proscenium*. Mais Vitruve auroit parlé plus proprement & plus intelligiblement, si la chose estoit ainsi, en disant au lieu du Pupitre du *Proscenium*, le Pupitre qui est au milieu de l'Orchestre & separé du *Proscenium*, comme Pollux le met.

8. LE LOGEION. Ce *Logeion* des Grecs, qui n'est point autre chose que le *Pulpitum* ou *Proscenium* des Latins que nous apellons le Theatre, est une fois plus étroit que le *Pulpitum* des Latins, par la raison qu'aux Theatres des Grecs il n'y avoit point de spectateurs dans l'Orchestre, mais ils étoient tous sur les degrez où ils ne pouvoient estre empeschez de voir sur le *Proscenium* ou

ne

Planche XLV.

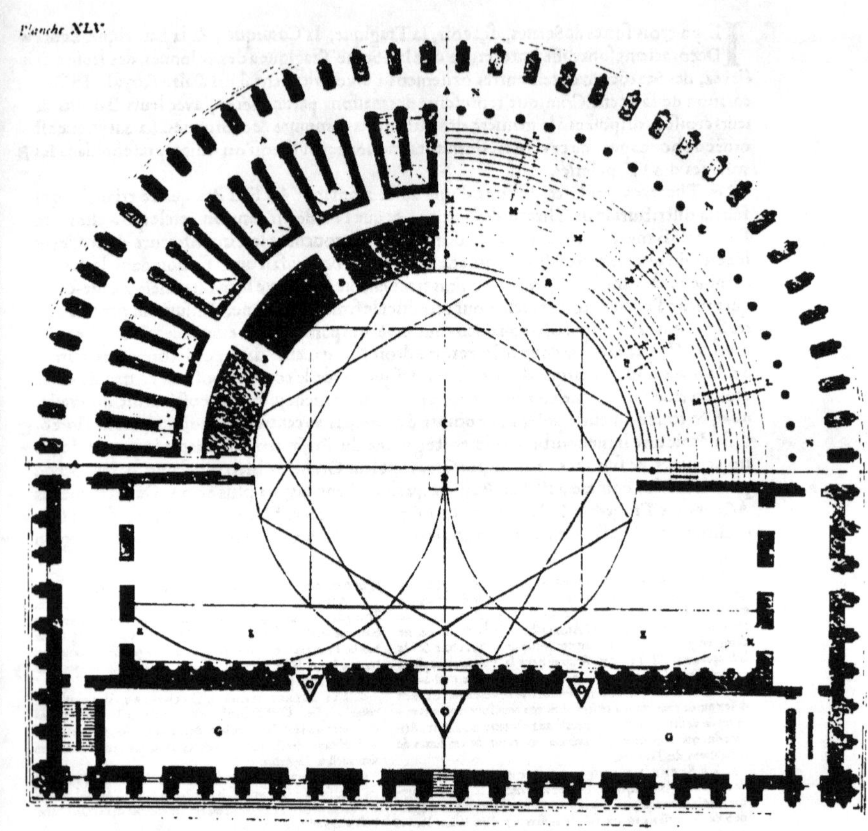

EXPLICATION DE LA PLANCHE XLV.

Cette Planche est le Plan du Theatre des Grecs. A A, est le Portique qui est autour du Theatre par embas en dehors. BB, sont les Passages pour entrer dans l'Orchestre CD. D, est la Tribune où les Chœurs venoient reciter. EE, est le Proscenium ou Pulpitum, sur lequel les Acteurs entroient pour joüer. FF, est la face de la Scene. GG, est le Postscenium, que nous apellons le derriere du Theatre. H, est la grande porte Royalle. KK, sont les portes des retours. II, sont les portes des Estrangers. LM, sont les chemins montans qui sont entre les Amas de degrez d'enhaut. NN, est le Portique d'enhaut. OO, sont les Machines tournantes qui font le changement des Scenes. PP, est le Portique ou passage qui tourne sous les degrez du Theatre. TT, sont les escaliers qui sont sous les degrez du Theatre, & qui servent à monter au Portique d'enhaut.

CH. VIII. ne doit pas avoir moins de dix piez de hauteur ny plus de douze. Les Escaliers doivent A separer les Amas de degrez & estre allignez [1] au milieu des angles des quarrez jusqu'au premier pallier, duquel d'autres escaliers doivent monter d'entre les premiers jusqu'au dernier pallier, [2] ensorte qu'à mesure qu'on multipliera les palliers, il faudra toujours élargir les Amas de degrez.

Toutes ces choses estant exactement expliquées, il faut bien prendre garde à choisir un lieu où la voix s'arreste doucement, & où elle ne soit pas repoussée en sorte qu'elle raporte les paroles confusément aux oreilles : car il y a des lieux qui empeschent le mouvement naturel de la voix tels que sont [3] les lieux sourds, que les Grecs apellent *Catechondes*, les Circonsonans qu'ils apellent *Periechondes*, les Résonnans qu'ils apellent *Antechondes*, & les Consonans qu'ils apellent *Synechondes*. Les lieux sourds sont ceux dans lesquels la premiere partie de la voix ayant monté jusqu'au haut, est repoussée par la solidité du lieu, ensorte qu'en retournant embas, elle étouffe l'autre partie qui la suit. Les Circonsonans sont ceux dans B lesquels la voix estant renfermée se perd en tournoyant, & ne paroist pas bien articulée. Les Resonans sont ceux où il se fait une reflexion qui forme une image de la voix, ensorte que les dernieres syllabes sont repetées. Mais les Consonans sont ceux qui aident à la voix & augmentant sa force à mesure qu'elle monte, la conduisent nette & distincte jusqu'aux oreilles. Ainsi par le bon choix des lieux propres, la voix sera bien menagée dans les Theatres & aura tout un autre effet qu'elle n'auroit, si on n'y employoit tout le soin & tout l'artifice qui y est necessaire.

Pour bien tracer le plan de ces Theatres il faudra se servir des differentes manieres qui leur sont particulieres ; Car ceux qui seront dessinez par le moyen des quarrez seront propres pour les Grecs, & ceux qui le seront par des triangles equilateraux seront pour les Latins.

C

Lagrm par sa hauteur, comme une partie des Spectateurs Romains l'auroit esté, sçavoir ceux qui étoient assis en bas dans l'Orchestre qui n'auroient pas pû voir si le *Pulpitum* s'il avoit esté beaucoup elevé.

1. AU MILIEU DES ANGLES DES QUARREZ. Il y a dans le texte *contra quadratorum angulos* qui est manifestement une faute, parceque la disposition de tout le Theatre demande qu'il y ait *medios contra quadratorum angulos*, ainsi que la Figure fait voir : car c'est le propre du Theatre des Latins d'avoir ces chemins *contra triangulorum angulos*.

2. ENSORTE QU'A MESURE QU'ON MULTIPLIERA. Il n'est pas malaisé de donner un sens raisonnable à cet endroit qui en l'état qu'il est, est fort obscur ; car il n'y a qu'à changer le mot *altero* en *altius* & lire *quoties praecinguntur altius, tanto semper amplificantur*, au lieu de *quoties praecinguntur altero tanto semper amplificantur*. Car la verité est que les Anciens faisoient plusieurs Palliers, & que dans les Theatres qui étoient fort grands il y en avoit jusqu'à quatre en comptant celuy sur lequel les colonnes du Portique d'en haut étoient posées : ainsi que Vitruve enseigne dans le cinquième chapitre de ce livre où il est parlé des vases du Theatre. Or ce que Vitruve dit est clair, sçavoir que les Amas de degrez qui vont en s'élargissant comme un coin à fendre, s'élargissent davantage vers le haut du Theatre que vers le bas.

3. LES LIEUX SOURDS. Je traduis ainsi *dissonantes*, c'est-à-dire *malè sonantes*, parceque la particule *dis* dans la composition a la faculté de diminuer aussi bien que d'augmenter, comme il se voit dans les mots *difficiles* & *discernere*. C'est pourquoy je croy avec Laët, qu'il faut lire *catechondes*, c'est-à-dire *impedientes*, de *catechein* par un *i*, & non pas *catechordes* de *catechein* par un *e*, qui signifie *resonantes*, qui est le contraire de ce que Vitruve veut dire : autrement *catechondes* & *synechondes* seroient la mesme chose. D

CHAP. IX.

CHAPITRE IX.

Des Portiques & des Promenoirs qui sont derriere la Scene.

IL doit y avoir des Portiques derriere la Scene, afin que quand il surviendra inopinément des pluyes au milieu des jeux, le peuple s'y puisse retirer estant sorty du Theatre : Il faut aussi que les lieux où se doivent retirer ceux qui dansent les Ballets, soient assez spacieux pour les y repeter, commme on voit aux Portiques de Pompée & à ceux d'Eumenes à Athenes, & au Temple de Bacchus. Il faut aussi qu'au costé gauche du Theatre E en sortant il y ait [1] un *Odeum*, pareil à celuy que Pericles fit construire à Athenes avec des colonnes de pierre, [2] & qu'il couvrit de mas & d'Antennes de Navires pris sur les

Lieu pour chanter.

1. UN ODEUM. J'ay esté contraint de retenir le mot Grec, parce qu'il n'auroit pû estre rendu en françois que par une longue circonlocution ; ce qui seroit mesme assez difficile, parce que les Interpretes ny les Grammairiens ne s'accordent point sur l'usage de cet Edifice. Suidas qui tient que ce lieu estoit destiné à la repetition de la Musique qui devoit estre chantée dans le grand Theatre, fonde son opinion sur l'etymologie, qui est prise d'*Odé*, qui en grec signifie une chanson. Le Scholiaste d'Aristophane est d'un autre avis, & il pense que l'*Odeum* servoit à la repetition des vers. Plutarque dans la vie de Pericles, dit qu'il estoit fait pour placer ceux qui entendoient les Musiciens lorsqu'ils disputoient du prix : mais la description qu'il en donne fait entendre que l'*Odeum* avoit la forme d'un Theatre, parce qu'il dit qu'il y avoit des sieges & des colonnes tout autour ; & il falloit que ce Theatre fust petit, parce qu'il dit qu'il estoit couvert en pointe.

2. ET QU'IL COUVRIT DE MATS ET D'ANTENNES. Plutarque fait concevoir quelle estoit la figure de cette couverture par deux comparaisons. La premiere est prise d'une teste roya-

A Perses, & qui ayant esté bruslé pendant la guerre Mithridatique, fut ensuitte rebasty par le Roy Ariobarzanes; ou bien on pourra faire l'*Odeum* pareil au *Strategeum* de Smyrne, ou au Portique qui est aux [1] deux costez d'une Scene sur le stade à Tralles; ou aux Portiques des autres Villes qui ont eu des Architectes exacts & curieux. CHAP. IX.

[2] Les Portiques & les promenoirs qui se font joignant les Theatres, doivent à mon avis estre faits de telle sorte qu'ils soient doubles, & que les colonnes de dehors soient Doriques avec leurs Architraves & autres ornemens mesurez [3] selon les regles de cet ordre.

La largeur des Portiques doit estre telle qu'il y ait [4] depuis la partie exterieure des colonnes de dehors jusqu'à celles du milieu, & de celles du milieu jusqu'au mur qui enferme les Promenoirs qui sont dans l'enclos de ces Portiques, autant d'espace que les colonnes de dehors ont de hauteur. [5] Les colonnes du milieu qu'il faut faire d'ordre Ionique ou Corinthien, [6] doivent estre plus hautes d'une cinquiéme partie que les exterieures.

B Ces colonnes doivent estre faites avec d'autres proportions que celles que nous avons données pour les Temples: car celles-cy doivent avoir plus de gravité, & celles des Portiques plus de delicatesse. C'est pourquoy si l'on veut faire les colonnes d'ordre Dorique, il faut partager toute leur hauteur comprenant le chapiteau, en quinze parties, dont l'une sera le module de tout l'ordre: on donnera deux modules à l'epaisseur de la colonne, cinq & demy à l'entrecolonnement, & quatorze à la colonne sans le chapiteau. La hauteur du chapiteau sera d'un module & la largeur de deux & [7] un sixiéme. Le reste des mesures sera pareil

le, pour signifier que c'estoit un toit haut & pointu contre l'ordinaire des toits des Anciens qui estoient peu elevez, ainsi qu'il se voit en leurs frontons ou pignons qui donnoient la forme & l'elevation aux toits. L'autre comparaison est prise de la forme de C la teste de Pericles qui fit bastir l'*Odeum* d'Athenes : car la teste de ce grand personnage estoit si pointuë que les Poëtes de son temps voulant se moquer de luy dans leurs Comedies le designoient sous le nom de *Iupiter scinos cephalos*, c'est-à-dire qui a la teste pointuë comme un oignon, que les Anciens faisoient du bois d'un arbrisseau apellé *scinos*, qui est le Lentisque : c'est pourquoy le Poëte Comique Cratinus disoit pour plaisanter, que Pericles avoit reglé la forme de l'*Odeum* d'Athenes à sa teste.

1. AUX DEUX COSTEZ D'UNE SCENE. Cet endroit est tellement corrompu que j'ay eu bien de la peine à y trouver du sens. Il y a *ex utraque parte ut Scena supra stadium*. J'ay osté *ut*.

2. LES PORTIQUES ET LES PROMENOIRS. Je crois que ces Portiques qui doivent estre mis joignant le Theatre, ne sont point autres que ceux dont il vient d'estre parlé, & qui doivent estre derriere ou à costé de la Scene : la raison est que Vitruve parle du Portique de Pompée, & l'apporte comme un exemD ple des Portiques qui se faisoient derriere la Scene. Or il est constant que le Portique de Pompée n'estoit point une partie de son Theatre, mais qu'il y étoit attaché de mesme que celuy de Balbus l'étoit à son Theatre, & celuy d'Octavia au Theatre de Marcellus : car tous les Theatres n'avoient pas de ces Portiques attachez, & le Portique qui tournoit autour du demy rond du Theatre, continuoit aussi à sa face qui estoit droite & derriere la Scene comme il se voit dans la figure : Mais ce Portique quoyque derriere la Scene n'étoit pas celuy dont Vitruve parle dans ce chapitre. C'estoit un double rang de colonnes lequel avec un mur qui étoit en dedans, enfermoit une grande place plantée d'arbres à la ligne. Il paroist par ce qui reste à Rome d'un Edifice que l'on croit avoir esté le Portique de Pompée, que tous les Portiques qui estoient joints aux Theatres n'avoient pas des promenoirs d'arbres; car ce Portique n'enferme dans son milieu qu'un massif long & étroit dans lequel il y avoit des escaliers pour monter à un seE cond Portique qui estoit sur celuy d'embas.

3. SELON LES REGLES DE CET ORDRE. Cela se doit entendre seulement pour ce qui regarde les proportions de l'architrave, de la frise & de la corniche ; car pour ce qui est des autres proportions, qui apartiennent à la colonne, elles sont differentes de celles qui ont esté prescrites cy-devant pour les colonnes Doriques des Temples.

4. DEPUIS LA PARTIE EXTERIEURE DES COLONNES DE DEHORS. Il y a contradiction dans le texte Latin en l'estat qu'il est. *Latitudines Porticuum ita oportere fieri videntur, uti quanta altitudine columnae fuerint exteriores, tantam latitudinem habeant ab inferiore parte columnarum extremarum ad medias, & à mediis ad parietes*. C'est-à-dire *que la largeur des Portiques doit estre telle, qu'il y ait depuis le bas des colonnes de dehors jusqu'à celles du milieu, & de celles du milieu jusqu'au mur, autant d'espace que les colonnes de dehors ont de hauteur*. Or les colonnes de dehors ont 15 modules de hauteur, & il ne sçauroit y en avoir que 13 depuis le bas des colonnes de dehors jusqu'aux colonnes du milieu, non plus que depuis les colonnes du milieu jusqu'au mur; parceque cet espace doit contenir celuy de deux entrecolonnemens & d'une colonne, comme il se pratique aux Pseudodipteres, ce qui ne fait que 13 modules, parce qu'il est dit que les entrecolonnemens sont de cinq modules & demy, ce qui estant doublé fait onze modules, & ces onze joints avec les deux de la colonne ne font que treze. De sorte que je ne doute point qu'il ne faille corriger le texte, & lire *ab exteriore parte columnarum extremarum ad medias*, au lieu de *ab inferiore parte* : parceque par ce moyen on comprendra dans cette grandeur les deux modules du diametre de la colonne qui sont necessaires pour faire les quinze modules. Car quoy qu'il eust esté plus court & plus net de dire que la largeur des Portiques à prendre depuis le dehors des colonnes de dehors jusqu'au mur, doit estre égale à la hauteur des colonnes, Vitruve n'est pas si regulier dans ses expressions qu'il ne se trouve plusieurs exemples d'une pareille negligence dans ses Ouvrages.

5. LES COLONNES DU MILIEU QU'IL FAUT FAIRE D'ORDRE IONIQUE OU CORINTHIEN. De la façon que ces Portiques sont decrits ils composoient un Edifice bien étrange par l'assemblage de ces colonnes de differans ordres & dans un mesme Portique, qui en avoit de Doriques à droit, & d'Ioniques ou Corinthiennes à gauche, dont les unes estoient plus hautes, les autres plus basses : car cela est sans exemple, & à mon avis sans raison, puisque celle que Barbaro allegue, ne me semble point recevable, sçavoir que les colonnes du milieu ne soutenoient point d'Architraves ; car l'Architrave n'est pas moins necessaire aux colonnes du milieu qu'à celles de dehors pour lier & entretenir les Platsfonds. Et on ne voit point que dans les autres Portiques Pseudodipteres on ait osté cet Architrave du milieu. Il semble neanmoins que Vitruve vueille faire entendre que les colonnes estoient ainsi quelquefois de differentes hauteurs aux Temples, lorsqu'au 4 chapitre du 4 livre, il dit que quand les Temples ont plus de quarante piez de large, il faut que les colonnes qui sont au front soient de mesme hauteur que celles qui sont derriere au second rang.

6. DOIVENT ESTRE PLUS GRANDES D'UNE CINQUIEME PARTIE. Cette cinquiéme partie est une grandeur bien excessive, car ces colonnes ne doivent exceder les autres que de la hauteur de l'Architrave, qui dans une colonne Dorique de 15 modules telle qu'est celle-cy, n'est que la quinziéme partie de la colonne, parce qu'il n'est haut que d'un module. De sorte qu'il y a apparence qu'il faut au lieu d'une cinquiéme, lire une quinziéme, & croire que du nombre quinze le caractere X. estoit effacé dans la copie & qu'il n'étoit resté que le V.

7. ET UN SIXIEME. Il faudroit corriger le texte qui a

CHAP. IX. à celles qui ont esté données au quatriéme livre pour les Temples. Que si on veut les colonnes d'ordre Ionique, il faudra diviser la tige de la colonne sans le chapiteau & sans la base en huit parties & demie, pour en donner une à la grosseur de la colonne, & une demie à la base avec son Plinthe, les mesures du chapiteau seront telles qu'elles ont esté données au troisiéme livre. La colonne Corinthienne aura la tige & la base comme l'Ionique : le chapiteau sera tel qu'il a esté décrit au quatriéme livre. [1] Les Piedestaux auront aussi des saillies inegales en maniere d'escabeaux, ainsi qu'il a esté expliqué dans le troisiéme livre. A

Les Architraves, les Corniches & tous les autres membres seront mesurez sur les regles qui en ont esté données dans les livres precedens.

Les espaces découverts qui sont dans l'enclos des Portiques, seront ornez de Pallissades de verdure, parce que les promenades qui se font à découvert dans ces lieux contribuent beaucoup à la santé : car en premier lieu elles aiguisent [2] les especes qui vont aux yeux, la verdure rendant l'air plus subtil, & l'agitation ouvrant les conduits du corps ; ce qui donne lieu à la dissipation des humeurs grossieres qui sont autour des yeux. B Secondement la chaleur douce qui est excitée par l'exercice, consume & attire en dehors les humeurs & generalement tout ce qui se trouve estre superflu & à charge à la nature. Il sera aisé de juger que cela est vray si l'on considere que des eaux qui sont à couvert & enfermées sous terre, [3] il ne s'éleve aucune vapeur, mais seulement de celles qui sont exposées à l'air, desquelles le Soleil attire une humidité dont il forme les nuages. De sorte que si l'on peut dire que dans les lieux découverts les mauvaises humeurs sont attirées comme les vapeurs le sont de la terre, il n'y a point de doute que les promenades dans les lieux découverts sont d'une grande utilité & d'un grand ornement aux Villes.

Or afin que les allées soient toujours exemptes d'humidité, il faut creuser & vuider la terre C bien profondement, & bastir à droit & à gauche des égouts dans lesquels il y ait des canaux qui descendent des deux costez des allées, & apres avoir empli ces canaux de charbon, y mettre du sable pardessus & dresser l'allée, qui à cause de la rareté naturelle du charbon sera exempte d'humidité : parce que les conduits l'épuiseront en la déchargeant dans les égouts.

L'intention de nos ancestres a encore esté que ces promenoirs fussent comme des magasins dans lesquels les villes trouvassent dequoy subvenir à de grandes necessitez. On sçait que pendant un siege il n'y a rien dont on manque si-tost que de bois : car il n'est pas difficile d'avoir des provisions de sel pour long-temps ; on peut fournir les greniers publics

sixiéme pour troisiéme. J'ay dit les raisons de cette correction sur le chapitre 3 du 4 livre, où il se rencontre une semblable faute.

1. LES PIEDESTAUX AURONT AUSSI DES SAILLIES INEGALES. La maniere des Piedestaux dont Vitruve parle, a esté expliquée assez au long au chapitre 3 du 3 livre.

2. LES ESPECES QUI VONT AUX YEUX. Philander croit que Vitruve a dit *perlimat speciem* pour *perlimat aciem* : mais je n'ay pû estre de son opinion, parce qu'il est évident que Vitruve veut apporter deux raisons de l'utilité que ces promenoirs apportent à la vûe, dont l'une est prise de la bonne disposition qu'ils introduisent dans l'organe par l'exercice de la promenade, & l'autre de la bonne disposition qu'ils donnent par le moyen de la verdure, aux especes qui frappent l'organe. Or ces deux raisons seroient reduites à une, si on lisoit *perlimat aciem*, au lieu de *perlimat speciem* ; & Vitruve fait voir, ce me semble assez clairement par la conclusion de son raisonnement, qu'il a eu intention de distinguer ces deux raisons : car il dit, *aciem tenuem, & acutam speciem relinquit* ; c'est-à-dire que la promenade rend *aciem tenuem*, & le promenoir *acutam speciem*. D

3. IL NE S'ELEVE AUCUNE VAPEUR. Cette hypothese est contraire à celle que presque tous les Philosophes admettent comme estant absolument necessaire pour trouver la raison des sources des fontaines. Et l'experience fait voir que lorsque les vents secs regnent, les eaux qui ne sont touchées ny du Soleil ny du vent, ne laissent pas de s'evaporer. Vitruve mesme suppose cette evaporation en d'autres endroits de cét Ouvrage, comme au premier chapitre du huictiéme livre, où il dit que pour connoistre s'il y a de l'eau sous terre il faut enfermer dans une fosse bien couverte quelque vase renversé, afin que la vapeur de l'eau qui s'éleve du fond de la terre s'y attache.

EXPLICATION DE LA PLANCHE XLVI. E

Cette Planche est le plan des Portiques & des Promenoirs qui estoient derriere la Scene des Theatres. Cet edifice pourroit estre apellé Pseudodiptere double, parce qu'il est composé de deux Portiques qui sont élargis chacun par la suppression du rang des colonnes qui estant depuis B jusqu'à B, & depuis C, jusqu'à C, feroient un Diptere. AAAA, sont les Promenoirs. BB, le Portique de dehors. CC, le Portique de dedans. DD, le mur qui enfermoit les Promenoirs. EE, les Perrons par lesquels on montoit dans les Portiques qui estoient élevez sur un Stereobate ou massif rehaussé sur le rez de chaussée. FF, les Portes.

&

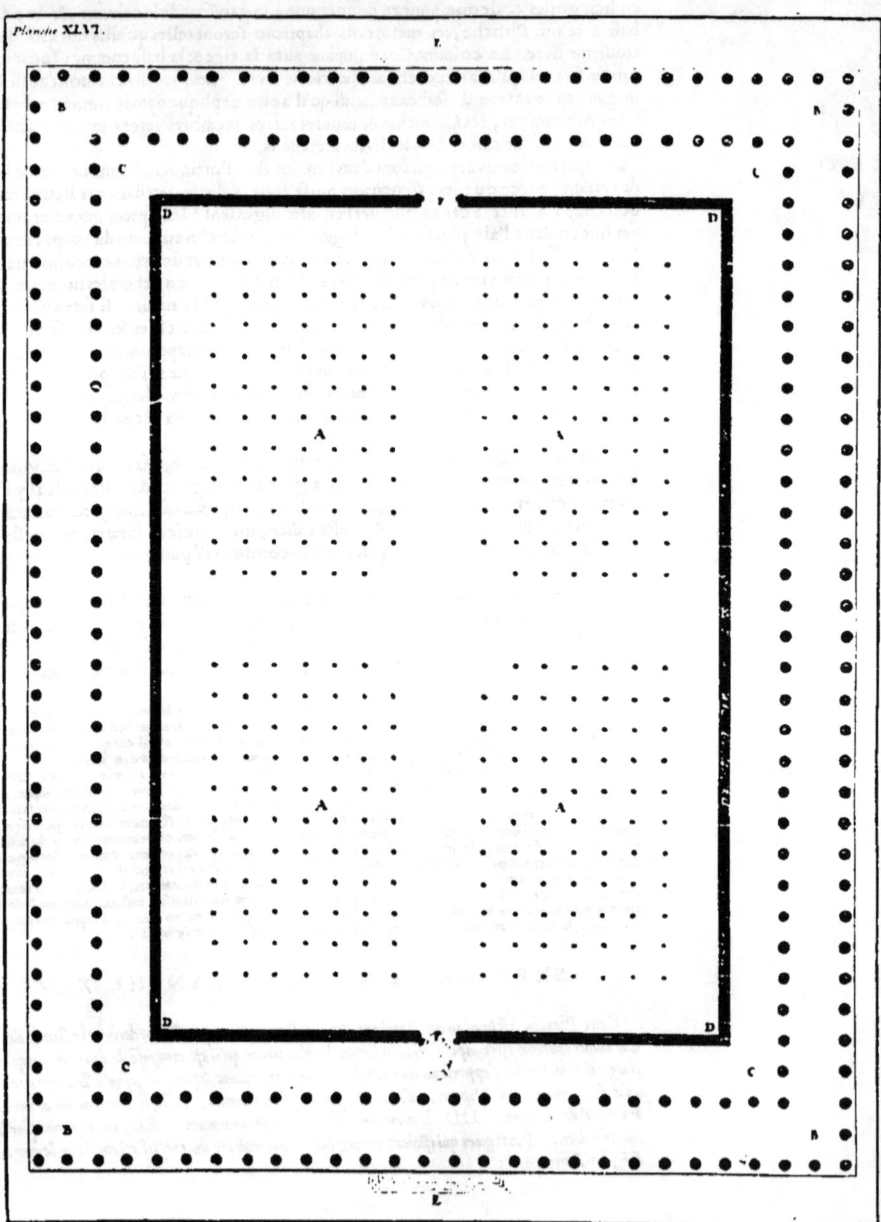
Planche XLVI.
E
B
B
C
C
D
D
A
A
A
A
D
D
C
C
B
B
E

EXPLICATION DE LA PLANCHE XLVII.

Cette Planche est l'élevation perspective des Portiques & des Promenoirs qui se faisoient proche des Theatres pour mettre le peuple à couvert quand il survenoit inopinément des pluyes pendant les jeux, & pour servir de promenades en tout temps. La structure de ces Portiques est remarquable, à cause qu'ils sont composez de colonnes de differens ordres qui sont mises non pas les unes sur les autres, mais sur un mesme Plan. Il est encore à remarquer qu'elles sont de hauteur differente, celles de

Loc. Gugnon sculp

EXPLICATION DE LA PLANCHE XLVII.

dedans, qui sont Corinthiennes, estant plus hautes que celles de debors qui sont Doriques. Elles ont aussi un piedestail de la forme particuliere dont il a esté parlé au troisiéme livre, & qui est apellée per scamillos impares, *à cause qu'au droit de chaque colonne le piedestail a une saillie qui le fait ressembler à une escabelle. On n'a representé qu'une partie du Portique, sçavoir un des bouts qui sont marquez BC, BC, dans le Plan: parceque cela suffit pour faire comprendre toute la structure de cet Edifice.*

CHAP. X. & ceux des particuliers d'une quantité suffisante de bled ; & les herbages, les legumes & les A
chairs peuvent suppléer à son defaut : De mesme si les eaux viennent à manquer on peut faire des puits ou amasser les eaux de la pluye. Mais les provisions de bois dont on a toujours besoin pour la cuisine, sont difficiles à faire, parce qu'il s'en consume tant, qu'il faut beaucoup de temps pour en amasser suffisamment. Or dans ces besoins pressans on peut couper les arbres de ces Promenoirs & en distribuer à chacun sa part. De sorte que ces Promenoirs font deux grands biens, conservant la santé pendant la paix, & suppleant au défaut de bois en temps de guerre, & l'on peut dire qu'il seroit à propos qu'il y en eust dans toutes les Villes, non seulement au derriere des Scenes des Theatres, mais mesme joignant tous les Temples.

Mais parceque ces choses ont esté suffisamment expliquées, nous allons passer à la description des Bains. B

CHAPITRE X.

De quelle maniere les Bains doivent estre disposez, & quelles sont leurs parties.

IL faut premierement choisir un lieu fort chaud & qui ne soit point exposé au Septentrion. Les Etuves chaudes & les tiedes doivent avoir leurs fenestres au couchant d'Hyver, ou si le lieu n'y est pas disposé, il les faut tourner au Midy : parceque le temps de se baigner suivant la coutume est depuis le midy jusqu'au soir. Il faut aussi faire en sorte que [1] le Bain chaud qui est pour les hommes, & celuy des femmes, soient proches l'un *
de l'autre ; parce qu'on pourra échauffer [2] les lieux où sont les vases de l'un & de l'autre Bain *
avec un mesme [3] fourneau. On mettra sur ce fourneau trois grands vases d'airain, dont *
l'un sera pour l'eau chaude, l'autre pour la tiede, & le troisiéme pour la froide : [4] les vases *
C

1. LES BAINS CHAUDS. *Caldarium & Laconicum*, signifient quelquefois la mesme chose, sçavoir ce qu'on apelle Etuves en françois. C'estoit un lieu où l'on échauffoit seulement l'air pour faire suer. Ciceron & Celse l'apellent *Assum*, pour le distinguer des Bains chauds qu'ils nommoient *Calidam lavationem*, & qui estoit ce que Vitruve apelle icy *Caldarium*.

2. LES LIEUX OÙ SONT LES VASES. *Vasaria* estoit une des chambres des Bains où l'on serroit les differans vaisseaux qui servoient à puiser l'eau, & à la jetter sur ceux qui se baignoient. Ces vaisseaux estoient *Cacabi*, des Chaudrons; *Trulla*, des Poëslons; *Urceoli*, des Eguieres. Il y avoit encore dans cette chambre ces grands vases d'airain dont il est parlé en suitte, & qui contenoient l'eau chaude, la tiede, & la froide qui estoit conduite dans les Bains par de differens tuyaux.

3. FOURNEAU. *Hypocaustum* signifie ordinairement un Poësle fait pour échauffer l'air d'une chambre laquelle étoit apellée *Laconicum* dans les Bains : mais icy c'est un fourneau qui échauffe l'eau pour les Bains.

4. CES VASES SERONT TELLEMENT PLACEZ. La disposition & la forme de ces trois vases qui est décrite assez obscurement par Vitruve, n'est expliquée par les Interpretes qu'avec des figures qu'ils en ont fait tailler. Celle que Barbaro a mise dans son edition latine fait assez bien entendre comme l'eau estoit beaucoup échauffée dans l'un, & seulement renduë tiede dans l'autre, & conservée froide dans le troisiéme, par la situation qu'ils avoient plus proche ou plus éloignée du feu : mais la maniere par laquelle Vitruve entend que le vase de l'eau tiede en recevoit autant de froide qu'il en donnoit de sa tiede au vase d'eau chaude, n'est point expliquée par cette figure : Celles de Cisaranus & de Rivius sont faites pour expliquer cette communication des eaux de differente temperature. Elles representent les trois vases posez les uns sur les autres, sçavoir le vase A, qui contient la froide; le vase B, où est la tiede; & le vase C, qui est celuy de la chaude; en sorte que ces vases envoyent chacun leur D
eau dans les Bains par les conduits F F F, n'ayant de communication que par un petit conduit, sçavoir le vase A, avec le vase B, par le conduit D; & le vase B, avec le vase C, par le conduit E. Mais l'inconvenient est qu'il est impossible que la chaleur qui monte fort promptement ne se communique bien-tost, & ne passe du vaisseau inferieur qui est immediatement échauffé par le feu, dans le vase du milieu, & dans celuy d'en-haut, & qu'elle n'y devienne mesme plus chaude qu'en celuy d'embas. De sorte que Vitruve ne s'étant point expliqué là-dessus; j'ay crû que je pouvois ajoûter aux interpretations de Barbaro & de Rivius, une troisiéme qui me semble en quelque façon probable, qui est de placer les trois vases G, H, & I, à costé l'un de l'autre ; sçavoir G, pour la chaude, H, pour la tiede, I, pour la froide ; & les disposer de maniere qu'ils reçoivent les impres- E

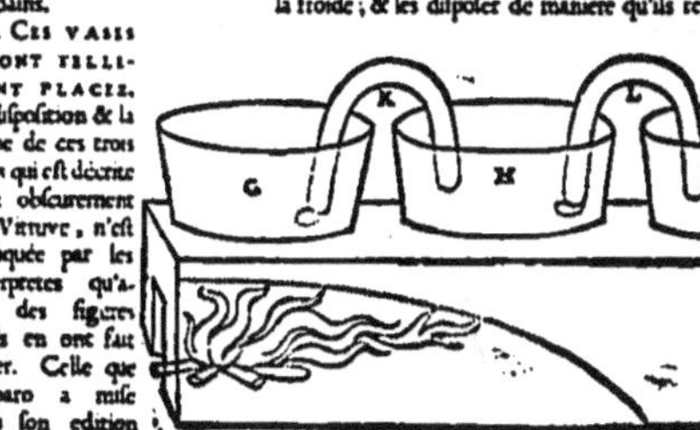

seront

A seront tellement placez & disposez que de celuy qui contient l'eau tiede, il ira dans celuy qui contient la chaude autant qu'il en aura esté tiré de chaude, & qu'il en entrera par la mesme proportion de celuy qui contient la froide dans celuy qui contient la tiede. [1] Le dessous des Bains sera echauffé par un seul fourneau.

Le plancher des Etuves qui doit estre creux & suspendu, sera ainsi fait. Il faut premierement faire un pavé avec des quarreaux d'un pié & demy qui aille en penchant vers le fourneau, en sorte que [2] si l'on y jette une balle, elle n'y puisse demeurer, mais qu'elle retourne vers l'entrée du fourneau : car par ce moyen la flamme ira plus facilement sous tout le plancher suspendu. Sur ce pavé on bastira des piles avec des Briques de huit poulces, disposées & espacées en sorte qu'elles puissent soûtenir des quarreaux de deux piez en quarré. Ces Piles seront hautes de deux piez & maçonnées avec de la terre grasse meslée avec de B la bourre ; & elles porteront, ainsi qu'il a esté dit, les quarreaux de deux piez en quarre, sur lesquels sera le Pavé.

Pour ce qui est de la voute des Bains, le meilleur est qu'elle soit de pierre : mais si elle n'est que de charpenterie il la faudra garnir & lambrisser de poterie en cette maniere. On fera des verges ou des arcs de fer qu'on attachera à la charpenterie avec des crampons de fer assez prés-à-prés pour faire que des carreaux de poterie qui doivent estre sans rebord posent chacun sur deux arcs ou verges de fer, afin que tout le lambris de la voute soit soûtenu sur du fer : Le dessus de ce lambris sera enduit de terre grasse meslée avec de la bourre, & le dessous qui regarde le pavé, avec de la chaux & du ciment que l'on recouvrira de *Stuc*, [3] ou de quelque autre enduit plus delié. Il sera bon que cette voute soit double afin que la vapeur qui sera receuë entre-deux, s'y dissipe & ne pourrisse pas si-tost la charpenterie.

Opus albarium

La grandeur des Bains doit estre proportionnée au nombre du peuple : mais leur proportion doit estre telle C qu'il leur faut de largeur un tiers moins que de longueur, sans comprendre le [4] Reposoir qui est autour du Bain, & le [5] Coridor. Ce Bain doit estre éclairé par

sions differantes du feu, qui sont necessaires pour donner à l'eau de l'un la chaleur, à celle de l'autre la tiedeur, & pour n'alterer point la froideur de celle du troisiéme ; & de faire la transfusion de l'eau d'un vaisseau dans un autre, ainsi que Vitruve la demande, par le moyen de deux Siphons courbez K & L, dont l'un, sçavoir L, portera l'eau froide du vase I, dans le vase H, qui contient la tiede, & l'autre, sçavoir K, portera la tiede dans le vase de la chaude qui est G, les trois vases estant à niveau : car il est facile d'entendre que dés-lors que l'on tirera de l'eau chaude D du vase G, cette eau baissant dans son vase en fera tomber par le Siphon K, une pareille quantité de la tiede, que le Siphon attirera du vase H, & que par la mesme raison l'eau tiede baissant dans le vase H, donnera occasion à la froide du vase I, de descendre par l'autre Siphon L. Toute la difficulté est que l'usage de ces trois vases étant de fournir de l'eau non seulement l'un à l'autre, mais principalement aux Bains par le moyen des tuyaux F, F, F, qui sont au fond de chaque vase & qui vont décharger dans le bain ces differantes eaux quand on en ouvre les robinets, il arrivera lorsqu'on tirera de l'eau tiede du vase H, que cette eau venant à baisser dans son vase qui est au milieu des deux autres, l'un & l'autre de ces vaisseaux dont l'eau sera alors plus haute, ne manquera pas de la laisser couler dans le vase du milieu, ce qui est contre le texte, qui dit que l'eau froide seulement doit entrer dans le vase de l'eau tiede. De sorte que pour obvier à cet inconvenient, il faut concevoir que le Siphon K, qui fait aller l'eau tiede E dans le vase de la chaude à une soupape au bout qui est dans le vase de l'eau chaude & que cette soupape empesche que la chaude ne puisse passer dans le vase de l'eau tiede ; car cela estant ainsi, lorsque l'eau tiede baissera dans son vase, il ne pourra recevoir que l'eau du vase qui contient la froide : Il faut aussi supposer que le Siphon L, qui porte l'eau froide dans le vase de la tiede, a une soupape au bout qui est dans le vase de l'eau tiede pour empécher que lors que l'on tire de l'eau froide, la tiede ne puisse passer du vase H dans le vase I.

1. LE DESSOUS DES BAINS. *Alveus* signifie proprement dans les Bains la cuve où l'on se baigne, mais on peut douter s'il ne se doit point entendre icy des vaisseaux d'airain où les eaux chaude, tiede & froide étoient contenuës ; Et si cela estoit ainsi, la figure de Barbaro seroit meilleure que celle de Cisaranus, parce que le texte dit que la voute qui est dessous ces vaisseaux pour les échauffer, leur est commune, ce qui ne seroit pas aux vases de Cisaranus dont il n'y a que celuy de l'eau chaude qui soit sur le feu. Mercurial dans sa Gymnastique croit que ce fourneau souterrain estoit commun & donnoit de la chaleur tant aux vases d'airain qu'à l'Etuve & aux bains chauds, ce qui se voit aussi dans le chapitre suivant, par la situation des differentes parties dont les bains étoient composez.

2. SI L'ON Y JETTE UNE BALLE. Mercurial aporte une autre raison de cette pente que le pavé du fourneau devoit avoir, & un autre usage de ces balles, qui étoit que ceux qui avoient soin d'entretenir le feu dans ce fourneau, le faisoient en jettant une balle frottée de poix, & faisant rouler cette balle sur le plancher qui devoit ainsi estre en pente, afin que la balle pût revenir. Neanmoins Palladius dit que cette pente de l'atre du fourneau des bains étoit faite pour aider la chaleur à monter afin d'échauffer plus puissamment.

3. OU DE QUELQU'AUTRE ENDUIT. Il paroist par cet endroit qu'*Albarium opus* n'est point un simple blanchissement de lait de chaux, comme tous les Interpretes le croyent, mais que c'est une espece d'enduit, *opere albario sive tectorio* : J'interprete *Albarium opus*, le *stuc*, parce que de tous les enduits il est le plus blanc à cause du marbre dont il est fait. Je traduis aussi, *sive tectorio*, c'est-à-dire *sive alio quovis tectorio, de quelqu'autre enduit* plus delié que le ciment ; parce qu'apres avoir dit qu'il faut mettre le stuc, qui est un enduit delié, sur le degrossissement du ciment, il faut entendre que si au lieu de stuc on y met une autre espece d'enduit, ce doit estre un enduit fin & delié.

4. LE REPOSOIR. J'ay ainsi interpreté le mot grec *Schola*, qui signifie un lieu où l'on demeure sans agir & sans travailler du corps. C'estoit un endroit dans les bains où ceux qui vouloient se baigner attendoient qu'il y eust place dans l'eau. Quelques-uns estiment que c'estoit un Portique : Barbaro croit que Vitruve a ainsi apellé le rebord du bassin dans lequel l'eau estoit contenuë.

5. LE CORIDOR. Philander & Barbaro veulent qu'*Alveus* que j'interprete *Coridor*, & *Labrum* qui est le bassin où l'on se baigne, soient icy la mesme chose ; ce que je ne puis croire, à cause de la petitesse de ce bain, qui selon la supputation de Barbaro n'auroit que quatre piez ; car cette grandeur ne peut estre suffisante pour un bain public tel qu'est celuy dont il s'agit, qui devoit estre fort spacieux ; puisqu'il est dit qu'il devoit estre proportionné au nombre du peuple, ce qui ne peut estre entendu d'une baignoire de

CHAP. X. en haut afin qu'il ne soit pas obscurcy par ceux qui sont à l'entour. Il faut que ces Repo- A
sois qui sont autour du Bain soient assez grands pour contenir ceux qui attendent que les premiers venus qui sont dans le Bain, en sortent. Le Corridor qui est entre le mur & la Ballustrade ne doit pas avoir moins de six piez de large: parceque le degré qui est au dessous, & l'appuy de dessus en emportent deux.

1 Le *Laconicum* ou Etuve à faire suer, doit estre jointe avec l'Etuve qui est tiede, & il faut que l'une & l'autre ayent autant de largeur qu'elles ont de hauteur jusqu'au commencement de la voute qui est en demi rond: au milieu de cette voute on doit laisser une ouverture pour donner du jour, & y suspendre avec des chaisnes un bouclier d'airain, par le moyen duquel, lorsque l'on le haussera ou baissera, on pourra augmenter, ou diminuer la chaleur qui fait suer. Ce lieu doit aussi estre arondy au compas afin qu'il reçoive en son milieu egalement la force de la vapeur chaude qui tourne & s'epand dans toute sa cavité. B

quatre piez de long, qui n'est que pour une seule personne, & d'ailleurs on sçait qu'il y avoit des bains si grands qu'on y pouvoit nager, & qui pour cette raison estoient apellez *Columbethrae*. Mais ce qui est dit d'*alveus*, savoir, qu'il est entre le mur & la Ballustrade, *inter parietem & pluteum*, fait entendre assez clairement qu'*alveus* ne peut estre le bain. Toute la difficulté est sur l'equivoque d'*alveus*, qui à la verité est synonyme avec *labrum*, & ne peut signifier un Corridor que metaphoriquement; mais cette signification est familiere à Vitruve, ainsi qu'il a esté expliqué à l'endroit où il apelle *alveolatum stylobatam*, un Piedestal continu dont la corniche & la base sont des saillies qui laissent une partie enfoncée dans le milieu & semblable à un canal. J'ay crû que dans l'obscurité & dans la confusion de cet endroit je pouvois donner cette interpretation au texte de Vitruve, principalement la chose estant aussi claire qu'elle l'est, comme il se peut voir par la figure de la Planche XLVIII, qui est conforme en cela à celle que Pyrrho Ligorio a dessinée sur un bas relief antique, & qu'il a communiquée à Mercurial; car il paroist par cette figure que le bain estoit un bassin de pierre dans lequel un grand nombre de personnes se pouvoient baigner ensemble, & qu'au tour de ce bassin il y avoit aux deux costez marquez CC, dans la Planche LXVIII un espace assez large, & que le long des deux autres costez il y avoit une Ballustrade qui faisoit un Corridor DD, de chaque costé.

1. LE LACONICUM. Les Anciens apelloient ainsi les Etuves seches, parceque les Lacedemoniens en ont esté les inventeurs, & qu'ils s'en servoient ordinairement. Mercurial reprend ceux qui confondoient le *Laconicum*, qui estoit le lieu où l'on suoit, avec l'*Hypocausthum*, qui estoit celuy où estoit le fourneau qui C
échauffoit le *Laconicum*.

EXPLICATION DE LA PLANCHE XLVIII.

Cette Planche contient le Plan, & l'élevation des Bains des Anciens. Dans le Plan, A est le Bain des Hommes. B, est celuy des Femmes. CC, sont les Reposoirs. DD, sont les Corridors. E, est la chambre des vases. F, est le vase d'eau chaude. G, est le vase d'eau tiede. H, est le vase d'eau froide. II, est l'accoudoir. KK, est le degré inferieur.

L'Elevation represente le Bain des Hommes qui n'est en rien different de celuy des Femmes. Cette Figure fait voir que ce lieu qui est un Bain public dans lequel plusieurs personnes se baignent ensemble, ne reçoit du jour que par enhaut. On y voit un des Corridors *avec la Ballustrade ou* accoudoir D
qui est sur le degré inferieur. *Il faut supposer qu'il doit y en avoir autant à l'opposite.*

Planche XLVIII.

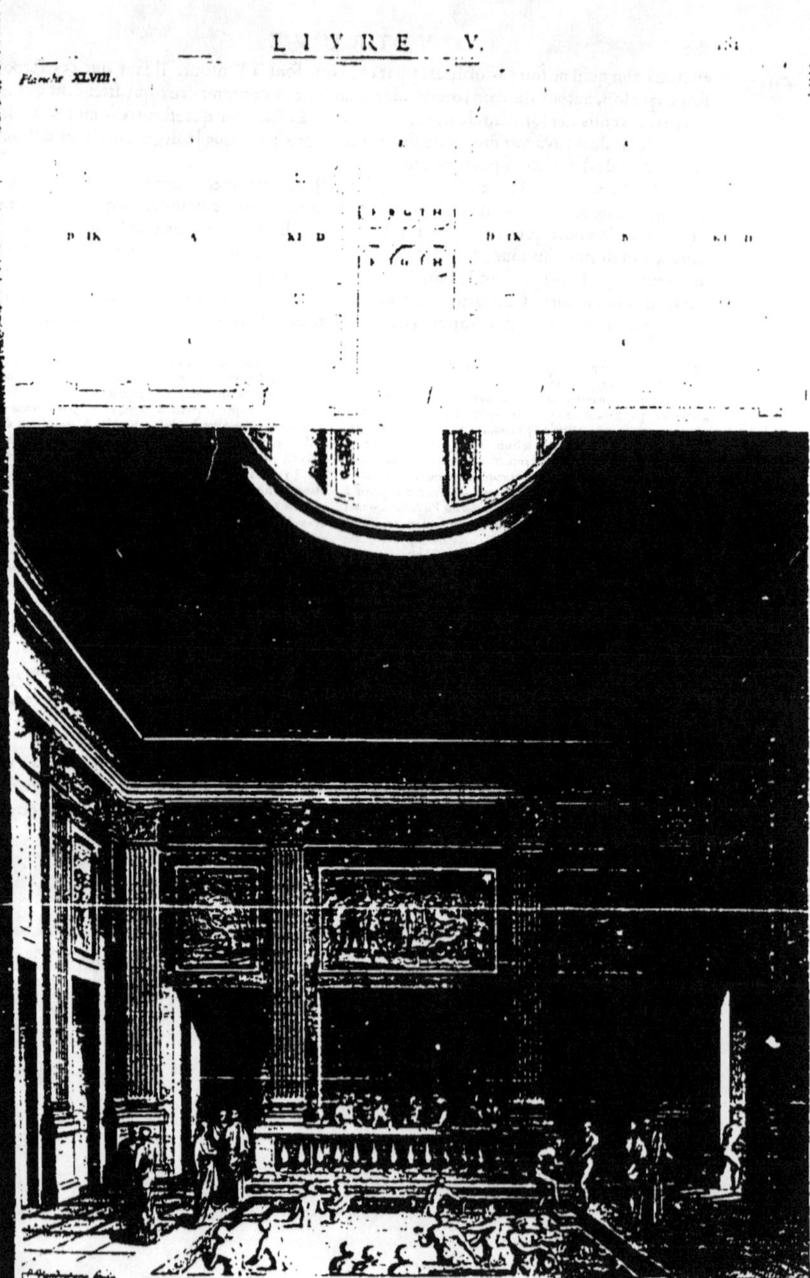

CHAP. XI. A

CHAPITRE XI.

Comme il faut bastir les Palestres & les Xystes.

BIENQUE [1] les Palestres ne soient pas en usage en Italie, je ne laisseray pas de décrire icy comme elles doivent estre basties, & de quelle maniere les Grecs ont accoûtumé de les faire.

Dans les Palestres [2] il faut faire des Peristyles quarrez ou longs, qui ayent deux stades de tour, qui est ce que les Grecs apellent [3] *Diaulon*. Trois des Portiques de ce Peristyle doivent estre simples, & le quatriéme qui regarde le midy, doit estre double [4] afin que le vent ne puisse pousser la pluye jusqu'au fond. Le long des trois autres Portiques, on bastit [5] de grandes *salles* où sont plusieurs bancs sur lesquels les Philosophes, les Rhetoriciens & les autres gens de lettres sont assis pour faire leurs disputes. B

Long comme une flute.

Exedra.

Le long du double Portique il doit y avoir les pieces suivantes : au milieu est [6] l'*Ephebeum*, qui est un lieu spacieux remply de sieges, plus long de la troisiéme partie qu'il n'est large; à sa droite est [7] le *Jeu de Paume* & [8] le *Conisterium*, apres ; ensuite du Conisterium dans le re...

Lieu pour les jeunes garçons.

Coryceum.

Le magasin de la poussiere.

1. LES PALESTRES. La Palestre parmy les Grecs estoit un Edifice public pour toutes sortes d'exercices tant de l'esprit que du corps, comme estant composé d'un College, & d'une Academie, dans la signification que ces noms ont en françois. Neanmoins la pluspart des Auteurs, ne prennent la Palestre que comme une Academie pour les exercices du corps, suivant l'etymologie du nom que l'on fait venir de *pale*, qui en grec signifie la lutte.

2. IL FAUT FAIRE DES PERISTYLES. J'ay corrigé cet endroit suivant l'avis de Mercurial. Il y a deux lignes qui sont transposées dans tous les Exemplaires Latins, où aprés *monstrare*, il y a, *constituantur autem*, qui ne doit estre qu'apres *pervenire* : car cette transposition ostoit tout le sens en faisant que Vitruve parloit de trois Portiques avant que d'avoir dit qu'il y en a quatre, dont ces trois sont une partie. Il faut donc lire, *Nunc mihi videtur (tametsi non sint Italicæ consuetudinis) Palæstrarum ædificationes tradere explicatè, & quemadmodum apud Græcos constituantur monstrare. In Palæstris Peristylia quadrata sive oblonga ita sunt facienda, uti duorum stadiorum habeant ambulationis circuitionem, quod Græci vocant δίαυλον ; ex quibus tres porticus simplices disponantur, quartaque, quæ ad meridianas regiones est conversa, duplex ; uti cum tempestates ventosæ sint, non possit aspergo in interiorem partem pervenire. Constituantur autem in tribus porticibus exedræ spatiosæ, habentes sedes, in quibus Philosophi, Rhetores, reliquique qui studiis delectantur, sedentes, disputare possint. In duplici autem porticu, &c.*

3. DIAULON. *Diaulon* estoit une espece de course qui se faisoit de la longueur d'un stade, au bout duquel on retournoit le long du mesme stade. La course qui se faisoit des deux stades toute droite & sans retourner estoit apellée *Dolichum*. *Aulos* en grec signifie une fluste, qui represente la figure de cette sorte de course qui estoit longue & étroite.

4. AFIN QUE LE VENT. Palladio ajoute une autre raison de la profondeur de ce double Portique, qui est l'utilité qu'elle aporte en Esté : car de mesme que cette profondeur defend de la pluye en Hyver, elle empeschoit aussi que le Soleil n'y donnast l'Esté.

5. DE GRANDES SALLES. Le mot *Exedra* qui est grec, est differemment interpreté par les auteurs : Alexander ab Alex. croit que c'étoit une Gallerie ouverte en maniere de loges. Accurse le prend pour une fenestre. Il signifie neanmoins à la lettre un lieu où plusieurs personnes sont assises : mais je crois qu'il est de l'essence que les sieges soient arrestez & attachez au lieu, de mesme qu'ils sont au Chœur de nos Eglises, au contraire des sieges qu'on aporte pour s'asseoir à l'endroit où l'on entend le Sermon; autrement tout lieu spacieux deviendroit *Exedra*, quand on y auroit aporté des sieges. Philander semble avoir esté de cette opinion quand il a dit que l'*Exedra* des Grecs etoit un lieu pareil à celuy qu'on apelle le Chapitre dans les cloistres des Religieux. Vitruve neanmoins parle des *Exedres* au chapitre 9 du 7 livre, comme de lieux fort ouverts & exposez aux rayons du Soleil & de la Lune, ce qui sembleroit apuyer l'opinion d'Alexander ab Alexandro. C

6. L'EPHEBEUM. *Hebe* signifie en grec la puberté qui arrive à quatorze ans qui estoit le temps où les garçons commençoient les exercices du corps : tous les Interpretes disent que l'*Ephebeum* estoit pour ces exercices. Palladio croit que c'estoit les petites Ecoles des garçons, & que le *Coriceum* estoit celles des petites filles : il y a apparence que cela devoit estre ainsi à l'egard de l'*Ephebeum*, parceque Vitruve dit que ce lieu estoit remply de sieges, qui l'auroient rendu mal propre aux exercices de la lutte & de la course ; outre qu'il est parlé en suite d'autres lieux affectez à ces exercices. D

7. LE JEU DE PAUME. Les Grammairiens ne s'accordent point sur la signification du mot de *Coriceum* en cet endroit. La pluspart des Interpretes croyent qu'il vient du mot Grec *Cori*, qui signifie une jeune fille, & que le *Coriceum* estoit un lieu où les filles s'exerçoient à la lutte & à la course, de mesme que les Garçons s'exerçoient dans l'*Ephebeum*. Palladio estime, ainsi qu'il a esté dit, que c'estoient les petites Ecoles des filles, de mesme que

EXPLICATION DE LA PLANCHE XLIX.

E

Cette Planche est le Plan de la Palestre. AAA, sont les trois Portiques simples du Peristyle. BB, est le Portique double qui regarde le Midy. CC, sont les salles pour faire les conferances des Philosophes, apellées Exedræ. *D, est l'Echole des jeunes garçons, apellée* Ephebeum. *E, est le Jeu de Paume, apellé* Coryceum. *F, est le lieu où l'on garde la poussiere, apellé* Conisterium. *G, est le Bain d'eau froide, apellé* Loutron. *H, est le magasin des huiles, apellé* Elæothesium. *I, est le lieu frais, apellé* Apodyterium. *K, est le passage qui va au* Propnigeum. *L, est le lieu où l'on allume le feu, apellé* Propnigeum. *M, est l'Etuve, apellée* Laconicum. *N, est l'Etuve voutée. O, est le Bain d'eau chaude. QQ, est le Portique double qui regarde le Septentrion. RR, sont les chemins bas pour s'exercer. SS, sont les bois de Platanes. TT, sont les sieges de Ciment. VV, sont les allées découvertes, apellées* Peridromides. *XY, est le Stade.*

tour

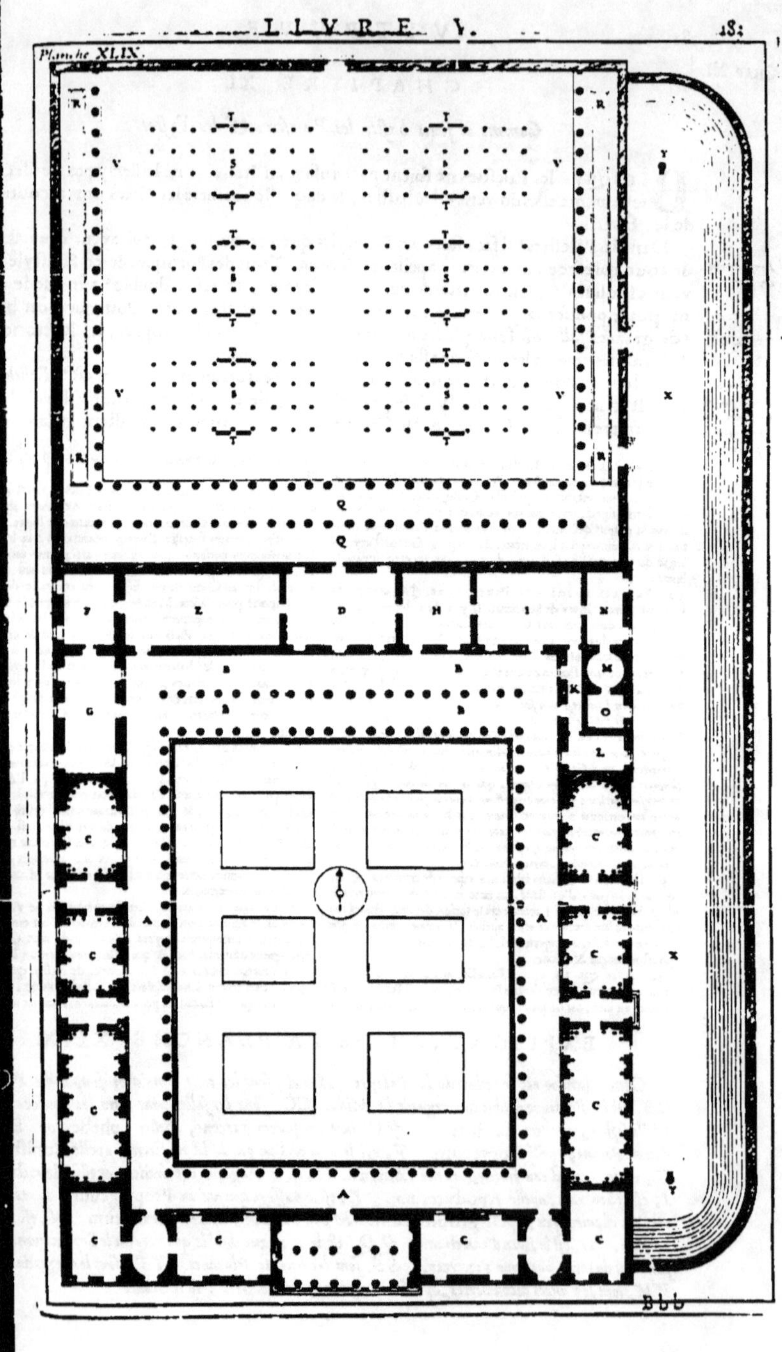
Planche XLIX.
Q
Q
F
E
D
H
I
N
M
K
O
L
G
B
B
C
C
C
C
C
C
C
C
C
C
A
A
A
X
X
Y
Y
V
V
V
V
R
R
R
R
S
S
S
S
S
S
T
T

tour du Portique, est le bain d'eau froide, que les Grecs apellent *Loutron*. Au costé gauche A de l'Ephebeum est ¹ l'*Elæothesium*, proche duquel est le lieu frais, d'où l'on va par un passage au ² *Propnigeum* qui est dans le retour de l'autre Portique; & tout proche en dedans au droit du lieu frais est l'Etuve voutée pour faire suer, qui doit estre deux fois plus longue que large. Elle a à costé dans le retour le Laconique basty de la mesme maniere qu'il a desja esté dit. A l'opposite du Laconique est le bain d'eau chaude. Et c'est ainsi que les Peristyles de la Palestre doivent estre disposez.

Il y a de plus en dehors trois autres Portiques, dans l'un desquels on entre en sortant du Peristyle. Les deux autres sont à droit & à gauche dans lesquels on peut s'exercer comme dans ³ le Stade. Celuy qui regarde le Septentrion doit estre double & fort large: ⁴ l'autre estant simple sera fait de telle sorte que le long du mur & le long des colonnes il y aura comme des chemins élevez, larges de dix piez, qui laisseront au milieu un autre chemin bas B dans lequel on descendra par deux degrez, qui occuperont un pié & demy depuis le chemin haut jusqu'au chemin bas, qui n'aura pas moins de douze piez. Par ce moyen ceux qui se promeneront avec leurs vestemens sur ces chemins hauts, ne seront point incommodez par ceux qui s'exerceront dans le bas. Cette sorte de Portique est apellée ⁵ Xystos par les Grecs d'autant qu'elle est faite afin que les Athletes se puissent exercer en Hyver dans des lieux couverts. Pour bien faire ces Xystes il faut qu'entre les deux Portiques il y ait un bois de Platanes avec des allées, d'espace en espace des sieges d'ouvrage fait avec du ciment. Le long du Xyste couvert & du double Portique il faudra tracer des allées découvertes que les Grecs apellent *Peridromidas*, qui sont nos Xystes decouverts, dans lesquels les Athletes s'exercent en Hyver quand il fait beau temps. Au de-là de ce Xyste il faut bastir un Stade assez ample pour placer beaucoup de monde qui puisse voir à l'aise les exercices des Athletes.

Voilà ce que j'avois à dire touchant la disposition des Edifices qui se font dans l'enclos des murs d'une Ville. C

l'*Ephebeum* estoit celles des Garçons. D'autres prennent son etymologie du mot Grec *Coura*, qui signifie les cheveux, comme si ce lieu estoit destiné pour faire le poil. Mercurial sans se mettre en peine d'Etymologie, veut que ce soit le lieu où l'on serroit les habits de ceux qui s'exerçoient ou qui se baignoient, & n'aporte point d'autre raison sinon que ce lieu estoit absolument necessaire dans les Palestres. Mais j'ay mieux aimé suivre l'opinion de Baldus qui derive *Coryceum*, du mot Grec *Corycos*, qui signifie une balle, un Eteuf, ou un Balon : Et cette explication me semble d'autant plus raisonnable, que la disposition du lieu se rencontre telle qu'il est necessaire pour cette piece, parce qu'elle demande un endroit spacieux, principalement en long : & celuy qui est depuis l'*Ephebeum* jusqu'au coin du Peristyle qui est plus grand que l'*Ephebeum*, n'auroit esté proportionné ny à l'espace qui est necessaire pour une Ecole de filles, ny à celuy qu'un lieu à faire le poil, ou à serrer des habits, peuvent requerir. C'est pourquoy j'ay interpreté *Coryceum un jeu de paume*, qui est une piece dans une Palestre aussi necessaire & aussi essentielle qu'une garde-robbe: joint que le lieu apellé *Frigidarium* estoit destiné à cela : C'est pourquoy il étoit apellé *Apodyterium*, c'est-à-dire lieu où l'on se deshabille, qui est une chose dont Mercurial demeure d'accord.

8. LE CONISTERIUM. *Conis* en Grec signifie de la poussiere: on en gardoit en ce lieu pour les lutteurs qui s'en poudroient l'un l'autre, pour avoir plus de prise sur leurs corps qui étoient huilez & glissans.

1. L'ELÆOTHESIUM. C'estoit un lieu où l'on serroit une mixtion d'huile & de cire pour oindre ceux qui s'exerçoient. Cette mixtion étoit aussi apellée *Ceroma*, & elle ne servoit pas seulement à rendre les membres glissans & moins capables de donner prise, mais elle les rendoit plus souples & plus propres aux exercices.

2. PROPNIGIUM. Mercurial interprete le mot Grec *Propnigeum*, *Præfurnium*, comme estant derivé de *Pnigeus*, qui signifie un four, ou une cheminée. Philander qui le derive de *Pnix*, qui signifie étouffement & suffocation, croit que c'estoit un lieu plein d'une vapeur chaude propre à faire suer. Mais le *Laconicum* & le lieu apellé *concamerata sudatio*, étoient faits pour cela. De sorte qu'il y a plus d'apparence que le *Propnigeum* estoit une Salle où estoient les cheminées par lesquelles on mettoit le feu qui passoit sous les lieux apellez *Calida Lavatio*, *Laconicum*, & *concamerata sudatio*; & que c'estoit aussi dans ce lieu que le bois estoit serré.

3. LE STADE. Le Stade estoit un espace de 125 pas qui faisoient environ 90 de nos toises. Ce mot est derivé du Verbe *Sta*, qui signifie s'arrester, parce que l'on dit qu'Hercule couroit tout d'une haleine cet espace au bout duquel il s'arrestoit. En cet endroit le Stade signifie un lieu courbe en demi rond par les deux bouts, & entouré de degrez pour placer ceux qui regardoient faire les exercices de la course, ainsi qu'il se voit dans la Planche D XLIX.

4. L'AUTRE ESTANT SIMPLE. Il faudroit dire les deux autres, car cela se doit raporter aux deux Portiques exterieurs, qui sont à droit & à gauche de celuy du milieu qui est double. Ces Portiques simples sont marquez R R, & le double QQ. dans la Planche XLIX. La mesme chose doit aussi estre entenduë lorsqu'en suite il est dit qu'il faut faire des Promenoirs découverts le long du Xyste couvert & du double Portique : car le Xyste couvert au singulier est mis pour les Xystes couverts qui sont les Portiques R R, placez à droit & à gauche du Portique double QQ. Il y a cent exemples dans toutes les langues de ces singuliers mis au lieu du plurier, comme quand on dit qu'un homme à l'œil trouble, ou le pié seur, on n'entend point que cela soit dit d'un seul E œil, ou d'un seul pié. Vitruve est obscur en beaucoup d'endroits où il use de cette figure assez mal-à-propos.

5. XYSTOS. Ce mot Grec vient de *Xyein*, qui signifie polir & racler ou estriller, à cause que ceux qui s'exerçoient en ce lieu-là, se rendoient le corps poli & glissant en le raclant avec des estrilles & le frottant avec de l'huyle.

CHAPITRE XII.

Des Ports & de la Maçonnerie qui se fait dans l'eau.

LA commodité des Ports est une chose assez importante pour nous obliger à expliquer icy par quel art on les peut rendre capables de mettre les vaisseaux à couvert des tempestes. Il n'y a rien de si aisé quand la nature du lieu ¹ s'y rencontre favorable, & qu'il se trouve des hauteurs & des promontoires qui s'avancent & laissent au milieu un lieu naturellement courbé : Car il n'y a qu'à faire autour du Port des Portiques, des Arsenaux, ou des Passages pour aller du Port dans les marchez, avec des tours aux deux coins qui soient jointes par une chaisne que des machines soustiennent. Mais si ce lieu n'est pas propre de soy pour couvrir les vaisseaux & les defendre contre la tempeste, ² pourveu qu'il n'y ayt point de riviere qui incommode ³ & que la profondeur soit suffisante d'un costé, il faut bastir ⁴ dans l'autre costé un Mole qui s'avance dans la Mer & qui enferme le Port.

La maniere de bâtir le Mole dans l'eau est telle : Il faut faire aporter ⁵ de cette poudre qui se trouve dans les lieux qui sont depuis Cumes jusqu'au Promontoire de Minerve, & la mesler en telle proportion qu'il y ayt ⁶ deux parties de poudre sur une de chaux. Pour employer ce mortier il faut dans la place où l'on veut bâtir le Mole, planter dans la Mer & bien affermir ⁷ des poteaux ruinez & liez fermement ensemble par de fortes pieces de bois : ensui-

1. S'Y RENCONTRE FAVORABLE. Mon manuscrit a *naturaliter si fit bene posita*, les exemplaires imprimez n'ont point *bene*, qui est necessaire pour le sens.

2. POURVEU QU'IL N'Y AIT POINT DE RIVIERE QUI INCOMMODE. Le sens est à mon avis, que les rivieres empeschent que le Port n'ait ce qui est necessaire à ce qu'on apelle *statio*, qui est le lieu commode à tenir les vaisseaux ; parceque le rivieres charient ordinairement du sable & des immondices qui emplissent les ports, & l'eau douce rend par son melange celle de la mer beaucoup plus legere, en sorte qu'elle ne soûtient pas les vaisseaux qui sont chargez. Joint aussi que ce mélange gaste le bois des navires, & Alberti dit mesme qu'il rend l'air dangereux & pestilent ; mais la verité est que les rivieres n'incommodent pas tant les ports de la mer Oceane, que ceux de la Mediterranée, dont Vitruve entend seulement parler : car l'agitation du flux & du reflux de la mer empesche que la vase & les immondices des rivieres ne comblent les ports de l'Ocean, & le reflus qui fait monter la mer bien haut dans les ports, donne lieu à l'art de se servir avantageusement de ce secours de la nature en retenant l'eau qui est montée pendant le reflux dans les écluses & dans les barres, que l'on ouvre quand la mer est descenduë, & qui par sa chute impetueuse acheve de pousser hors du Port ce que le reflux a commencé à ebranler.

3. ET QUE LA PROFONDEUR SOIT SUFFISANTE. J'explique par cette circonlocution le mot de *statio* qui signifie en general tout ce qui rend un lieu commode pour y retirer & faire demeurer les vaisseaux, ce qui consiste en deux choses principalement ; l'une est qu'il y ait assez de fond pour porter les vaisseaux : l'autre que ce lieu soit à couvert des vents. Or il est évident qu'il ne s'agit icy que du premier, parce que le mole qui doit estre basty, mettra les vaisseaux à couvert des vents, & ainsi j'ay crû pouvoir mettre l'espece dont il est question, pour le Genre que ce mot *statio* signifie qui auroit été trop indefiny.

4. DANS L'AUTRE COSTE'. C'est-à-dire dans celuy qui est moins profond ; parce qu'il est propre pour bastir, & qu'il n'est pas propre pour contenir les vaisseaux.

5. DEUX PARTIES DE POUDRE SUR UNE DE CHAUX. Le texte dit seulement en proportion de deux à un. Mais parce qu'il est constant que la quantité de deux s'entend de la poudre, & que celle d'un s'entend de la chaux, j'ay crû que je pouvois inserer cette explication dans le texte.

6. DE CETTE POUDRE. Cette poudre est la Pozzolane dont il a esté parlé au 6 chapitre du second livre.

7. DES POTEAUX RUINEZ. On apelle une piece de bois ruinée ou rainée, quand elle est creusée par une raye ou canal propre à recevoir le tenon d'une autre piece de bois, comme nos Menuisiers font quand ils assemblent les ais des cloisons & des planchers. J'ay crû que Vitruve a entendu un poteau ainsi ruiné par *arcam*. Philander & Barbaro sont de la mesme opinion ; car l'un dit que *arcæ* en cet endroit *sunt ligna excavata & falcata a summo ad imum* : l'autre dit que ce ne sont rien autre chose que *Trabes ab uno capite ad aliud excavatæ sulcis aut canaliculis tam latis ut in eis tabularum capita immitti possint*. & la verité est que Vitruve a accoustumé d'estendre si loin la signification du mot *arca*, qu'il apelle au 3 ch. de ce liv. *arcas* les entredeux des solives à cause de la cavité qui y est, & qui ne ressemble pas mal à celles d'une rainure.

J. Martin a explique *arcas* des coffres, & il les emplit de mortier de Pozzolane pour les jetter dans la Mer : cette maniere se pratique en quelques endroits, où de grandes caisses faites de poutres & d'ais, sont emplies de maçonnerie, qui par sa pesanteur fait enfoncer les caisses, & descendre insensiblement dans l'eau, à mesure que la maçonnerie les charge, jusqu'à ce qu'elles soient au fond. Mais le texte de Vitruve ne s'accorde point avec cette structure ; & il y a apparence qu'*arca* ne signifie point icy un coffre ny une caisse ; parce qu'il est dit qu'apres que les choses qui sont apelées *arcæ* ont été plantées dans la Mer, on garnit d'ais les entre-deux & qu'ensuite tout l'espace qui est destiné pour la maçonnerie est emply de mortier & de pierres, c'est-à-dire que cet assemblage de poteaux ruinez, & d'ais que l'on a fait couler dans les rainures, forme des cloisons qui sont les trois costez d'un quarré, dont le bord de la Mer fait le quatriéme, & que l'on jette dans l'eau enfermée dans ce quarré, le mortier avec les pierres, qui par leur pesanteur font sortir toute l'eau, & par la vertu particuliere que la Pozzolane a de secher & de s'endurcir dans l'eau, font comme une masse fusile & jettée en moule.

C'est pourquoy je ne puis aprouver la seule chose en laquelle les Interpretes de Vitruve s'accordent tous, sçavoir que ces coffres ou cloisons estant faites, on vuidoit l'eau pour y bastir le mole à sec ; car Vitruve ne dit point cela, cette maniere estant une autre structure qu'il décrit ensuite pour s'en servir quand on manque de Pozzolane ; & icy il semble que l'on doive entendre qu'ayant fait les cloisons à la maniere que Philander les décrit, sçavoir suivant la forme que le mole devoit avoir ; on emplissoit l'espace que ces cloisons enfermoient, avec du mortier de Pozzolane & des pierres que l'on jettoit dans l'eau ; car il n'est point dit que de ce mortier & de ces pierres arrangées il se fasse de la maçonnerie, mais seulement que ces matieres doivent estre entassées jusqu'à ce que tout l'espace soit remply. Il n'est point dit aussi qu'il faille se mettre en peine d'épuiser l'eau, parce que le mortier & les pierres ayant plus de pesanteur que l'eau, la faisoit sortir, & la proprieté de ce mortier qui est de s'endurcir dans l'eau, rendoit la chose facile. Car il auroit esté inutile d'aller querir cette poudre si loin, si l'on ne vouloit pas faire valoir sa vertu particuliere : & l'on n'auroit eu qu'à laisser secher la maçonnerie pendant deux mois, comme il est dit ensuite qu'il faut faire quand il est parlé de cette maçonnerie commune.

CHA. XII. te remplit les entre-deux avec des ais [1] apres avoir égalé le fond & osté ce qui pourroit nuire. Cela estant fait, la proprieté de la poudre dont il a esté parlé cy-devant est telle, qu'il n'y aura qu'à jetter & entasser le mortier qui en sera fait, & des pierres autant qu'il en faudra pour emplir tout l'espace qui aura esté laissé pour le Mole. A

Pulvinus. Mais si l'agitation de la mer est si grande que l'on ne puisse suffisamment arrester ces poteaux il faudra bastir [2] dans la terre mesme au bord de la mer [3] *un massif* qui s'esleve jusqu'au niveau de la terre, en sorte neanmoins qu'il n'y en ait pas la moitié à niveau; parceque l'autre partie [4] qui est la plus proche de la mer doit estre en talus. En suite on bastira tant du costé de l'eau que des deux costez du massif, des rebords d'environ un pié & demy jusqu'à la hauteur de la partie du massif qui est à niveau, ainsi qu'il a esté dit, & on emplira de sable le creux du talus jusqu'au haut des rebords. Cette esplanade estant faite, on bastira dessus une masse de maçonnerie de la grandeur que l'on jugera suffisante, & l'ayant laissé secher B du moins pendant deux mois, on abattra les rebords qui soûtiennent le sable qui estant emporté par les vagues [5] laissera tomber & glisser la masse dans la mer, & par ce moyen on pourra peu à peu s'avancer dans la mer autant qu'il sera necessaire.

Aux lieux où l'on ne peut avoir de Pozzolane, on fera en cette maniere. On mettra deux

1. APRES AVOIR EGALE' LE FOND. J'interprete ainsi *exaequare*, parce qu'il falloit egaler la terre, afin que le premier ais que l'on enfonçoit entre les ruinures, la touchast par tout egalement. J'interprete aussi *purgare*, *oster ce qui pourroit nuire* & empescher que ce premier ais ne coule pas jusques sur la terre: car il ne faudroit qu'une pierre pour l'arrester, & cela auroit fait une ouverture par le fond, par où le mortier se seroit écoulé. On fait autrement pour egaler le fond de la Mer, lorsque l'on a simplement intention d'y poser les caisses remplies de maçonnerie, ainsi qu'il a esté dit; car on y jette quantité de pierres & de sable jusqu'à laisser à l'eau seulement la hauteur de dix ou douze piez, & on fait plonger des hommes qui dressent & mettent à niveau ces amas de pierre & de sable.

Au reste cette pensée qui m'est particuliere, sçavoir que suivant Vitruve on ne vuidoit point l'eau, & que c'estoit le mortier & les pierres qui la faisoient sortir, est confirmée par ce qui est dit ensuite dans la description des Bastardeaux, qui se faisoient de la mesme maniere, que nous les faisons à present, qui est de jetter de la terre grasse entre deux cloisons d'ais soustenus par des pieux, sans vuider l'eau que la terre grasse fait sortir assez aisement: car le mortier & les pierres qui sont jettées dans l'enclos des cloisons font le mesme effet que la terre que l'on jette pour faire les bastardeaux.

2. DANS LA TERRE MESME. Je lis *in ipsa terra*, au lieu de *ab ipsa terra*, pour rendre le sens un peu meilleur.

3. UN MASSIF. *Pulvinus*, qui proprement signifie un oreiller, se prend metaphoriquement quelquefois pour une platte-forme, ou assemblage de charpenterie, sur lequel on traisne les lourds fardeaux, & que nous apellons Poulain en françois peut estre du mot de *Pulvinus*: Icy *Pulvinus* signifie un massif de maçonnerie qui se bastissoit dans terre au bord de la mer jusqu'au niveau de la terre, & qui avoit le mesme talus que le bord de la mer: & au bas du talus on bastissoit un petit mur que l'on élevoit à la hauteur du reste du massif avec deux autres petits murs, un de chaque costé, pour soustenir le sable dont on emplissoit le creux du talus, en sorte que la partie du massif qui estoit à niveau de la terre & le sable dont la cavité du talus estoit remplie, faisoient une esplanade sur laquelle on bastissoit le Mole; cela estoit ainsi afin que lorsque le Mole estoit seiché il pust tomber tout entier dans la mer, C lorsque les petits murs estant abattus, la mer viendroit emporter le sable qui soustenoit la plus grande partie du Mole.

4. QUI EST LA PLUS PROCHE DE LA MER. Le texte porte *quod est proxime litus*. Je prens icy *proxime* pour une preposition, & je traduis *quod est proxime littus*, *qui est le plus proche de la mer*, parceque je suppose que la mer & le rivage sont si pres l'un de l'autre, que ce qui est proche de l'un, peut estre dit proche de l'autre, & je trouve que le sens est bien plus clair en disant *la partie qui est la plus proche de la mer*, que *la partie qui est la plus proche du rivage*: car la verité est que les deux parties du massif dont il s'agit sont toutes deux proches du rivage, mais il y en a une qui est plus proche de la mer, sçavoir celle qui est en talus.

5. LAISSERA TOMBER. Cette maniere de faire un mole en bastissant sur le bord une masse de Maçonnerie soustenuë sur du sable & qui tombe ensuite dans la mer lorsqu'elle vient à emporter le sable, est décrite dans Virgile au 9 de l'Eneide par ces vers D

Qualis in Euboico Baiarum littore quondam
Saxea pila cadit, magnis quam molibus ante
Constructam iaciunt Ponto, sic illa ruinam
Prona trahit, penitusque vadis illisa recumbit.

EXPLICATION DE LA PLANCHE L.

Cette Planche contient trois Figures qui representent les trois manieres que Vitruve enseigne de faire les jettées qui servent aux Ports de mer. La premiere Figure represente la premiere maniere qui se fait sans vuider l'eau qui a esté enfermée entre les cloisons de poteaux & d'ais, & en jettant seulement dans cette enceinte le mortier de Pozzolane avec les pierres, afin que ces materiaux occupant la place de l'eau, & la chassant par leur pesanteur, emplissent l'espace qui est enfermé entre les cloisons, comme d'une maçonnerie fusile, qui puisse durcir dans l'eau, telle qu'est celle qui est faite avec de la Pozzolane. A A, BB, sont les poteaux ruinez des deux costez. BB, sont les ais qui sont coulez dans les ruinures.

La seconde Figure represente la seconde maniere, qui est de vuider l'eau enfermée dans l'enceinte faite à l'ordinaire avec des Batardeaux: & de bastir le Mole à sec au fond de la mer.

La troisiéme Figure represente la troisiéme maniere qui est de bastir une masse moitié sur le rivage, moitié sur un amas de sable, soustenu d'un petit mur que l'on abat lorsque la maçonnerie est seche, afin que la mer ayant emporté le sable, la masse qui a esté bastie tombe dans l'eau. F F, est l'amas de sable. GGG est le petit mur qui le soûtient. HH, est la masse de maçonnerie qui seche. IK, est le talus du bord de la mer.

rangs

Planche L.
Fig. III
Fig. II.
Fig. I.

CHAP. XII. rangs de poteaux accommodez comme il a esté dit, & bien affermis avec des liens au lieu A
qui aura esté choisi, & l'entre-deux sera remply de terre grasse blanche mise dans [1] *des sacs* faits
[2] d'herbes de marais, qu'on battra pour les bien affermir; & alors avec [3] des machines Hydrauliques faites en limaçon, & par des rouës, ou par des Tympans, on vuidera l'eau qui est entre ces deux digues; & dans cet espace aprés qu'il aura esté desseiché, on creusera les fondemens jusqu'au solide si c'est terre, & on les bastira de libages joints avec chaux & sable, les faisant plus larges que ne sera le mur qu'ils doivent soustenir. Si le lieu n'est pas ferme on y enfoncera des pilotis d'aune demy-brûlez, ou d'olivier, ou de chesne, dont les intervalles seront remplis de charbon, comme il a esté dit en parlant des fondemens des Theatres & des autres murailles. La dessus on élevera le mur de pierres de taille dont celles qu'on posera en boutisse seront les plus longues qu'il sera possible, afin que celles qui sont entre les boutisses, soient plus fermement liées; on remplira de mortier fait de chaux & de cailloux ou de maçonnerie ce qui sera en dedans du mur: cette masse aura assez de force pour soûtenir une B
tour si on la veut bâtir dessus.

Cela estant achevé il faudra prendre garde en bastissant les Arsenaux pour les navires, qu'ils soient tournez vers le Septentrion, car l'aspect du Midy à cause de la chaleur est sujet à engendrer & à entretenir les vers & les autres bestioles qui carient le bois. Il faut aussi se donner de garde de les couvrir de bois, de crainte du feu: leur grandeur ne sçauroit estre definie, mais elle doit estre capable de contenir au large les plus grands vaisseaux.

Aprés avoir écrit dans ce livre tout ce que j'ay jugé estre necessaire & utile aux Villes en ce qui regarde la perfection des Edifices publics, je me propose de traiter dans celuy qui suit, des utilitez & des proportions des bastimens qui se font pour les particuliers.

1. DES SACS FAITS D'HERBES DE MARAIS. On est bien empesché de sçavoir ce que c'est que *Mermes*. La chose dont Vitruve parle, est assez claire & assez entenduë pour faire juger que ce doivent estre des pacquets, & que le mot de *Mermes* doit estre corrompu. Citaranus, Caporali & Philander croyent qu'il faut lire *Perones*, qui signifient des bottes ou des chausses, comme si Vitruve entendoit que ces paquets doivent estre longs & etroits, de mesme qu'estoient les sacs dont Pline dit que Ctesiphon se servit pour poser les pierres enormes des architraves du Temple de Diane d'Ephese. J. Martin qui lit aussi *Perones*, a crû que ces bottes servoient aux ouvriers qui travailloient aux batardeaux. Cujas, Turnebus & Saumaise veulent qu'on lise *Hernes* qui signifient des mannequins. Ils se fondent sur Donatus qui dit que les Latins de son temps apelloient un mannequin *Hernemo*: Ce mot de sac signifie proprement en nostre langue, ce que *Perones*, *Mermes* & *Hernes* ne signifient que metaphoriquement en latin.

C
2. D'HERBES DE MARAIS. J'interprete ainsi le mot *Ulva*. C'est une herbe fort celebre dans Virgile qui en parle au 2 & au 6 de l'Eneide comme d'une plante aquatique, mais qui est demeurée inconnuë aux Botanistes, qui n'en disent presque rien autre chose, sinon qu'*Ulva* est dans les marais d'eau douce, ce qu'*Alga* est dans la mer: & ils ne disent point bien asseurement ce que c'est qu'*Alga*; ils croyent seulement qu'*Alga* est le *Phycos* des Grecs, quoy que Pline asseure qu'il n'y a point de mot Latin pour signifier le *Phycos*, parceque c'est un arbrisseau, & qu'*Alga* est une herbe. Anguillare dit que quelques-uns ont crû qu'*Ulva* est la *Typhe* de Dioscoride, sçavoir cette espece de jonc qui a des masses au sommet, mais il declare que ce n'est point son opinion. Je croy neanmoins qu'elle a quelque probabilité étant fondée sur le texte de Vitruve; car il se trouve que les Anciens se servoient des fueilles de ces joncs à masses pour faire des nattes & des matelats, & elles y sont fort propres si on les prend avant que le jonc ait jetté sa tige; de sorte que je croy que les *Perones*, *Mermes*, ou *Hernes*, soit qu'on les interprete des sacs, des mannequins, ou des cabats, étoient des pacquets de terre grasse envelopée de ces fueilles de joncs qui sont longues d'un pié & quelquefois de deux, larges d'un doit, dures & pliables: parceque ces fueilles negligemment entrelacées servoient à empescher que la craye ou terre grasse ne vint à se dissoudre trop D
promptement dans l'eau; & quand on pestrissoit ces paquets aprés que les batardeaux en étoient remplis, ces herbes qui se rompoient & se déлиoient, n'empeschoient pas que les paquets de craye ne se meslassent & ne se joignissent ensemble pour faire le courroy du batardeau.

3. DES MACHINES HYDRAULIQUES. Ces machines sont expliquées aux chapitres 9 & 11 du 10 livre.

A

LE SIXIEME LIVRE
DE VITRUVE.
PREFACE.

ON dit que le Philosophe Aristippe sectateur de Socrate s'estant sauvé d'un naufrage [1] en l'Isle de Rhodes, & ayant aperceu des figures Geometriques tracées sur le sable du rivage, dit en s'écriant à ceux qui estoient avec luy, ne craignons rien, je vois des vestiges d'hommes: & que de là s'en allant à la Ville, il entra dans les Echoles publiques, où ayant B disputé de la Philosophie, il se fit tellement estimer, que la Ville luy fit des presens capables de l'entretenir honnestement & ceux qui estoient de sa compagnie. Ces gens ayant envie de retourner en leur Païs, & s'estant enquis de ce qu'il vouloit mander à ses enfans, il les chargea de les avertir qu'ils songeassent de bonne heure à acquerir des biens qui fussent de telle nature, que s'il leur arrivoit quelque jour de faire naufrage, ces biens pûssent nager & venir à terre avec eux: parcequ'il avoit reconnu qu'on ne se devoit asseurer dans la vie que sur ce qui n'est point sujet aux changemens que la fortune, le renversement des Republiques, & les malheurs de la guerre peuvent apporter. Theophraste qui estoit aussi de cet avis conseilloit de se fier plus sur la doctrine, que sur les richesses, & disoit qu'entre tous les hommes il n'y a que ceux qui sont sçavans qui ne soient point étrangers hors de leur païs, qui aprés avoir perdu leurs amis, ne manquent point de personnes qui les aiment, C qui sont citoyens de toutes les Villes, & qui dans les dangers les plus terribles sont toujours sans mal & sans crainte: au lieu que celuy qui se fie sur le bon-heur de sa fortune, & croit estre à couvert de toute sorte d'accidens fascheux, reconnoist enfin, s'il est sans doctrine, que le cours de sa vie se fait dans un chemin peu ferme, & où il est impossible de ne pas tomber.

Epicure n'avoit pas d'autre sentiment quand il disoit que ce qu'on peut attendre de la fortune est peu de chose pour le Sage, qui ne doit fonder ses esperances que sur la grandeur & sur la force de son esprit. Cela a esté dit par cent autres Philosophes; les Poëtes mesmes, comme Eucrates, Chionides, Aristophane, ont fait dire tout cela sur leurs Theatres dans les anciennes Comedies; & entre autres Alexis dit que les Atheniens meritent beaucoup de loüange pour avoir corrigé cette Loy commune dans toute la Grece, qui oblige les enfans de nourrir leurs peres, en ordonnant que ceux-là seulement y seroient contraints, D dont les parens auroient eu soin de les faire instruire; car si la fortune nous fait quelque bien elle nous l'oste le plus souvent, au lieu que les sciences estant comme attachées à nos ames, leur possession nous est tellement asseurée que nous ne la sçaurions jamais perdre qu'avec la vie. C'est pourquoy je reconnois que j'ay beaucoup de graces à rendre à mes parens qui estant persuadez de la justice de cette Loy des Atheniens, m'ont fait estudier & sur tout en un Art qui demande beaucoup de connoissances, & qui comme en un cercle comprend tous les autres: car par le moyen des preceptes dont ils ont eu soin que je fusse instruit dans toutes les choses qui appartiennent aux belles lettres & aux Arts liberaux, & par le plaisir que j'ay pris dans la lecture des bons livres, j'ay enrichy mon esprit jusqu'au point d'estre parfaitement content, & de ne manquer de rien, ce qui est la veritable richesse.

Je sçay bien qu'une grande partie du monde estime que la principale sagesse est celle E qui nous rend capables d'amasser des richesses, & qu'il s'est trouvé des gens qui ont esté assez heureux pour acquerir des biens & de la reputation tout ensemble. Mais quant à moy je puis asseurer que les richesses ne sont point le but que je me suis proposé dans mes estudes, ayant toujours moins aimé l'argent que l'estime & la bonne reputation: & si je n'en ay eu que tres-peu jusqu'à present, j'espere que mes Livres me rendront assez considerable pour faire qu'il n'en soit pas de mesme dans la posterité. Car je ne m'étonne pas que mon nom soit aussi peu connu qu'il l'est. Les autres mettent tous leurs soins à briguer les grands emplois, & moy j'ay appris de mes Maistres qu'il faut qu'un Architecte attende qu'on le prie de prendre la conduite d'un Ouvrage; & qu'il ne peut sans rougir

1. En l'Isle de Rhodes. Galien raporte cette Histoire d'Aristippe, & dit que ce fut prés de Syracuse qu'il fit naufrage.

faire une demande qui le fait paroître interessé : puisqu'on sçait qu'on ne sollicite pas les A
gens pour leur faire du bien, mais pour en recevoir : Car que peut-on croire que pense celuy que l'on prie de donner son bien pour estre employé à une grande depense, sinon que celuy qui le demande espere y faire un grand profit, au prejudice de celuy à qui il le demande. C'est pourquoy on prenoit garde autre-fois avant que d'employer un Architecte, quelle estoit sa naissance, & s'il avoit esté honnestement élevé, & on se fioit davantage à celuy dans lequel on reconnoissoit de la modestie, qu'à ceux qui vouloient paroître fort capables. La coustume aussi de ce temps-là estoit que les Architectes n'instruisoient que leurs enfans & leurs parens, ou ceux qu'ils croyoient [1] capables des grandes connoissances qui sont requises en un Architecte, & de la fidelité desquels ils pouvoient répondre.

De sorte que quand je considere qu'une science si noble & si importante [2] est traitée par des gens si peu entendus qu'ils ignorent non seulement les regles de l'Architecture, mais B
encore mesme celles de la Maçonnerie, je trouve que c'est avec beaucoup de raison que ceux qui font bastir prennent le soin de conduire eux-mesmes les Ouvrages, & qu'ils aiment mieux, s'il faut qu'ils soient conduits par des ignorans, que du moins ils le soient selon leur fantaisie, puisque ce sont eux qui en font la dépense.

Aussi ne voit-on point que des personnes de condition s'amusent à avoir l'œil sur d'autres Ouvrages que sur des bastimens, parce qu'on se fie assez sur la capacité des ouvriers que l'on employe à faire des souliers, des draps de laine, ou de telles autres manufactures qui sont assez aisées : Mais on reconnoist tous les jours que ceux qui font profession de l'Architecture n'y entendent que fort peu de chose.

Ce sont ces raisons qui m'ont porté à composer un corps d'Architecture avec grande exa- C
ctitude ; & j'espere que le monde n'aura pas ce present desagreable. Ayant donc enseigné dans le cinquiéme livre les regles qu'il faut suivre dans la construction des Edifices publics, je vais expliquer dans cettuy-cy quelles doivent estre les proportions des maisons particulieres.

1. CAPABLES DES GRANDES CONNOISSANCES. Pour donner quelque sens au texte où il y a *quibus tantarum rerum fides pecuniæ sine dubitatione permitterentur*; j'ay crû qu'il falloit mettre *peritia* au lieu de *fides*, & lire : *quibus tantarum rerum peritia, pecuniæ sine dubitatione permitterentur* : parceque le mot de *permitterentur* semble rendre inutile celuy de *fides* qu'il suppose, & celuy de *peritia* est necessaire pour le sens.

2. EST TRAITÉE. Je ne sçay pour quelle raison tous les exemplaires ont *iactari* au lieu de *tractari*, si ce n'est que l'on ait jugé que cette correction n'estoit digne que d'un Correcteur d'Imprimerie.

Chap. I.

CHAPITRE I. D

De la differente maniere de disposer les maisons selon les differentes qualitez des regions & suivant les aspects du Ciel.

POUR bien disposer une maison il faut avoir égard à la region & [1] au climat où on la veut bastir : car elle le doit estre autrement en Egypte qu'en Espagne, & autrement au Royaume de Pont qu'à Rome, & ainsi diversement en differens lieux : Parce qu'il y en a qui sont proches du cours du Soleil, d'autres qui en sont éloignez, & d'autres qui sont au milieu de ces extremitez. De sorte que lorsque le Ciel est differemment tourné à l'égard de divers lieux à cause du rapport qu'ils ont au Zodiaque & au cours du Soleil, il faut differemment disposer les bastimens : car aux païs Septentrionaux ils doivent estre voutez avec peu d'ouvertures, & tournez vers les parties du monde où le chaud regne : au contraire E
il faut faire de grandes ouvertures & qui soient tournées vers le Septentrion aux regions chaudes & Meridionales ; afin que l'art & l'industrie puisse remedier à ce que la nature du lieu a d'incommode ; & qu'en chaque region par une exposition accommodée à la constitution qu'elle a [2] suivant l'élevation du Pole où elle est, on procure une temperature convenable.

1. AU CLIMAT. J'ay mis le mot de *Climat* pour *inclinationes mundi*, c'est-à-dire la chose au lieu de sa definition; car le mot *clima* qui vient du grec *clinein*, c'est-à-dire s'abaisser, a esté pris pour designer la difference qui est entre les païs du monde, suivant leur éloignement du Pole ou de l'Equinoctial, à cause de l'idée que la Sphere materielle donne de cet éloignement : car les païs qui sont éloignez du Pole ou de l'Equinoctial y sont inclinez, & descendent les uns plus, & les autres moins vers l'Equinoctial ou vers les Poles.

2. SUIVANT L'ELEVATION DU POLE. Je traduis ainsi

Pour

A Pour y parvenir il faut examiner la nature de chaque chose, & principalement des corps des hommes ; car aux lieux où le Soleil n'attire pas beaucoup de vapeurs, les corps sont assez temperez ; & à ceux qu'il brule par la proximité de son cours, il consume l'humeur qui entretient la bonne temperature ; au contraire dans les païs froids & eloignez du Midy il n'y a pas assez de chaleur pour epuiser l'humidité : mais l'air dans lequel beaucoup de vapeurs sont meslées remplit les corps d'humeur, les rend plus massifs, & grossit la voix. Cela fait aussi que vers le Septentrion les corps des hommes sont grands & puissans, que la peau est blanche, les cheveux plats & roux, les yeux bleus, & qu'ils ont beaucoup de sang à cause de l'abondance de l'humeur & de la froideur de l'air. Ceux qui approchent du Midy & du cours du Soleil sont de petite taille, ont la peau bazannée, les cheveux frisez, les yeux noirs, les jambes foibles & peu de sang dans les veines à cause de l'ardeur du Soleil : Ce qui fait qu'ils crai-
B gnent les blessures & supportent aisément la chaleur de l'air, & celle de la fievre, parce qu'ils y sont accoûtumez. Au lieu que ceux qui sont nés vers le Septentrion craignent les fievres & en sont affoiblis, & comme ils sont beaucoup de sang ils se mettent peu en peine de le perdre par des playes. Chap. I.

Le ton de la voix est differant aussi dans les pais selon la diverse inclinaison de cette separation qui fait le lever & le coucher du Soleil, qui partage la terre en partie superieure & inferieure, & que les Mathematiciens apellent *Horizon*. La certitude de cette verité se peut Tirement.
* faire concevoir [1] si l'on s'imagine que du bord de l'Horizon qui est vers le Septentrion, on tire une ligne vers l'autre endroit du mesme Horizon qui est au Midy, & que de cet endroit on tire obliquement une ligne qui s'eleve vers le Pole Septentrional ; car il n'y a point de doute que ces lignes formeront une figure triangulaire dans le monde, laquelle
* sera semblable à [2] l'instrument de Musique apellé Sambyce par les Grecs : De sorte que si
C dans l'espace qui est plus proche du Pole sousterrain, c'est-à-dire qui est aux regions Meridionales, les habitans à cause du peu d'élevation polaire ont le ton de la voix plus aigu ; de mesme que celuy des cordes qui dans l'instrument sont plus proches de l'angle ; & si aussi selon cette proportion les peuples qui habitent le milieu de la Grece ont la voix moins haute, & qu'enfin ceux qui habitent depuis ce milieu jusqu'à l'extremité du Septentrion, ont le ton de la voix naturellement plus bas & plus grave, c'est qu'il semble que tout le monde soit composé par une proportion de consonance selon la temperature que cause la differance hauteur du Soleil ; que les peuples qui sont entre les regions Meridionales & les Septentrionales ont le ton de la voix moyen, de mesme que dans la figure qui represente les differens tons de la Musique ; & qu'enfin ceux qui aprochent du Septentrion, parce qu'ils ont le Pole plus élevé, ont le ton de la voix bas, comme l'*Hypaté* ou le *Proslambanomenos*, à cause de l'humidité qui remplit les conduits de la voix, de mesme que par une semblable
D raison, la voix de ceux qui vont de la region moyenne vers le Midy, est aiguë & gresle de mesme que la *Paraneté*.

Cette verité, sçavoir que les lieux humides grossissent la voix, & que ceux qui sont chauds la
* rendent plus aiguë, se peut prouver par cette experience. [3] Que l'on prenne deux godets de

inclinationem mundi : Parceque l'élevation du Pole sur l'Horison, & l'inclinaison ou abbaissement du monde, ainsi que le texte porte, est la mesme chose, soit que cela signifie l'abbaissement de l'Horison sous le Pole, ou sous l'Equinoctial. Mais la maniere d'exprimer la chose en françois est plus intelligible & plus usitée par l'élevation du Pole que par l'inclinaison du monde.

1. SI ON S'IMAGINE. Jocundus & Barbaro se sont imaginez cette demonstration diversement : mais je trouve l'imagination de Jocundus la plus naturelle. Il fait que dans la ligne AC, qui est l'Horison, A, est la partie Septentrionale, & B, est celle qui est vers le Midy, d'où on tire une ligne obliquement vers le Pole D, ce qui compose le triangle ABD, dont est question. Mais de quelque maniere qu'on prenne cette imagination, elle a peu de solidité pour expliquer la raison de la difference de la voix des diverses nations.

E

2. L'INSTRUMENT DE MUSIQUE APELLÉ SAMBYCE. Quelques-uns croyent que ce mot qui signifie proprement une Harpe est originairement Syriaque ou Chaldée : Athenée dit que ce nom vient de son inventeur, & qu'autrement il est apellé *pectis, magadis & trigonus* ; metaphoriquement, c'est une machine de guerre que l'on abbat d'un navire sur un autre pour servir de pont, & qui est soûtenuë par des cordes qui represencent celles d'une Harpe. Il en est parlé au dernier chapitre du 10 livre.

3. QUE L'ON PRENNE DEUX GODETS. L'experience des godets de terre a quelque chose qui appartient davantage à ce dont il s'agit, que ne fait l'instrument Sambyce : car il est vray que les choses seches rendent un ton plus haut & plus aigu, que celles qui sont humectées, parceque la vitesse du fremissement des corps durs & secs quand ils sont frappez estant cause qu'ils frappent aussi l'air avec plus de vitesse, rend le ton plus aigu : & au contraire la lenteur du mouvement des corps que l'humidité a relachez, frappant l'air par des secousses moins entre-coupées rend un ton plus bas : C'est par cette raison que les rumes rendent la voix grosse & enroüée par l'humectation des membranes qui composent la glotte qui est l'organe de la voix : & c'est encore par cette mesme raison que les cordes composées de metail & de boyau, que l'on a inventées depuis peu pour les basses dans les instrumens de Musique, ont un son qui a tout ensemble & la force & la gravité.

CHAP. I. terre cuits en un mesme fourneau, de mesme poids, & qui ayent un mesme ton, & qu'apres A avoir plongé l'un des deux en l'eau, & l'avoir retiré, on les frappe tous deux; on trouvera une grande difference entre leurs tons, & ils ne se trouveront point de mesme poids. De la mesme façon bien que les corps des hommes soient formez de mesme maniere & composez des mesmes elemens, ils auront des differans tons de voix, les uns aigus [1] à cause de la chaleur, les autres graves à cause de l'humidité du climat. Par cette raison les peuples Meridionaux ont l'esprit plus prompt & sont plus prudens, à cause de la subtilité de l'air & de la chaleur qui regne en ces païs. Les Septentrionaux étouffez de l'espaisseur de l'air, sont plus stupides, comme estant embarassez de l'humidité & engourdis du froid qui les environne. Les serpens font voir cela clairement lorsque pendant le chaud qui épuise leur humidité froide, ils sont fort agiles, & deviennent dans l'Hyver mornes & assoupis: de sorte qu'il ne se faut pas estonner si la chaleur éguise l'esprit & si la froideur l'emousse. Mais comme les Nations B Meridionales qui ont l'esprit penetrant, fecond & inventif, demeurent sans vigueur quand il s'agit de faire quelque action de valeur; parceque le Soleil a comme consumé par son ardeur toute la force de leur courage: Ainsi ceux qui sont nez dans les païs froids sont plus propres aux armes & plus prompts à courir avec beaucoup d'asseurance à toute sorte de dangers: mais c'est avec une pesanteur d'esprit inconsiderée & sans aucune maturité de conseil.

Or la nature ayant ainsi partagé l'Univers en deux temperamens excessifs, qui rendent toutes les Nations differentes les unes des autres, les Dieux ont ordonné que les Romains fussent placez au milieu de ces deux differans espaces du monde; car generalement les peuples d'Italie sont également pourveus & des forces du corps & de celles de l'esprit qui font la valeur & le courage, de mesme que la Planete de Jupiter est temperée parce qu'elle est entre celle de Mars qui est tres-chaude, & celle de Saturne qui est tres-froide: & on peut dire que les Romains possedent tout ce qu'il y a de recommandable dans le Septentrion & C dans le Midy: car par leur prudence ils surmontent la force des Barbares, & par leur valeur l'addresse de l'esprit des Meridionnaux. Ainsi le Ciel a mis la ville du peuple Romain dans une region merveilleusement temperée afin qu'elle fût capable de commander à toute la terre.

Que si il est vray que la diversité des Regions qui depend de l'aspect du Ciel, cause des effets si differans que les peuples y naissent de differante nature, tant en ce qui regarde la figure du corps que ce qui appartient à la disposition de l'esprit: Il est sans difficulté que c'est une chose tres-importante que d'approprier les Edifices à la nature de chaque nation, ce qui n'est pas difficile aprés que l'on a connu quelle elle est. C'est pourquoy j'ay fait mon possible pour expliquer exactement les proprietez naturelles de chaque lieu, & de quelle maniere il faut disposer les Edifices suivant les aspects du Ciel & la nature des peuples, & je m'en vais décrire en détail quelles en doivent estre les proportions & les mesures le plus D distinctement & avec le moins de paroles qu'il me sera possible.

ce qui ne s'estoit point encore rencontré dans les instrumens, où on a toujours observé que les organes qui produisent un ton grave doivent estre grands pour avoir un son fort; & qu'une cloche, une corde, ou une trompette ne peuvent se faire entendre de loin si elles ne sont grandes: parceque la lenteur du battement & du fremissement qui fait le ton grave rend le son foible, si la grandeur de l'organe ne fait que son fremissement soit une agitation de parties assez grandes pour, en frappant beaucoup d'air, faire beaucoup de bruit. C'est pourquoy la septiéme d'un Tuorbe, quoy que plus basse que la sixiéme, a un son prés d'une fois aussi fort, parce qu'elle est une fois aussi longue; & la chanterelle d'une viole accordée à l'unisson avec le bourdon, a de la peine à se faire entendre; parce qu'elle est beaucoup plus menuë. Mais cette nouvelle matiere de corde, fait une fois autant de bruit qu'une autre qui est une fois aussi grande: Car cette corde estant composée d'une petite corde à boyau recouverte par l'entortillement d'un filet d'argent trait ou de leton en maniere de cannetille, elle rend un ton fort bas, parce qu'estant lasche & peu tenduë ses vibrations sont lentes & rares: mais elle rend aussi un son qui frappe fortement l'oreille; parce qu'ayant beaucoup de pesanteur jointe à beaucoup de flexibilité, elle frappe l'air avec beaucoup plus de vehemence; de mesme qu'un pendule qui est chargé frappe l'air avec plus de force qu'un autre, bien que cette charge ne rende pas ses vibrations plus frequentes.

1. A CAUSE DE LA CHALEUR. La chaleur ne produit point de soy la voix claire & aiguë, mais elle la rend grosse & forte, parce qu'elle dilate l'organe de la voix: & si elle a le pouvoir de rendre quelquefois la voix aiguë, c'est par accident & seulement E par le moyen de la secheresse qu'elle introduit par la consumption de l'humidité.

CHAPITRE II.

Des proportions & des mesures que les Edifices des particuliers doivent avoir.

Le plus grand soin qu'un Architecte doive avoir c'est de proportionner tout son Edifice avec toutes les parties qui le composent, & il n'y a rien qui fasse tant paroistre son esprit que lors que sans se departir des regles generales qui sont establies pour la proportion, il peut oster, ou ajoûter quelque chose selon que la necessité de l'usage & la nature du lieu le demandent, sans que l'on y puisse rien trouver à redire, ou que la veuë en soit offencée: car les objets paroissent autrement quand nous les pouvons toucher, que quand ils sont élevez en haut; & ce qui est dans un lieu enfermé à tout un autre effet, que quand il est à découvert. Or en ces choses il faut un grand jugement pour bien reüssir; d'autant que la veuë n'est pas toujours certaine, & que [1] son jugement nous trompe souvent comme on éprouve dans la peinture où des Colonnes, des Mutules & des Statuës paroissent saillantes & avancées hors le tableau que l'on sçait estre plat: tout de mesme les rames des navires quoyqu'elles soient droites paroissent rompuës dans l'eau; car la partie qui est hors de l'eau semble droite comme elle l'est en effet jusqu'à la superficie qu'elle touche; & celle qui est dessous passant jusqu'à la superficie de l'eau que [2] sa rareté rend diaphane, envoye son image en sorte qu'estant changée elle paroist rompuë. Or soit que nous voyons ces choses par l'emission que les objets font des images, ou par les rayons que nos yeux répandent sur les objets, comme les Physiciens estiment, il est toujours vray que les jugemens que nous faisons des choses sur le rapport de nos yeux, ne sont point veritables: De sorte que puisque ce qui est vray

1. SON JUGEMENT NOUS TROMPE SOUVENT. Il y a deux choses dans la vüe, sçavoir l'impression, ou plutost la reception de l'image de l'object dans l'organe, & la reflexion que l'animal fait sur cette image, ce qui se peut apeller le jugement. Or ce jugement est de deux especes; il y en a un par lequel on estime quelle est la bonté, la beauté, l'utilité & les autres qualitez qui se connoissent apres avoir esté examinées à loisir. Il y en a un autre par lequel on estime quelle est la grandeur, la figure, la couleur, la distance & les autres qualitez dont on juge dans l'instant mesme que les choses sont apperceuës, & ce jugement est apellé le jugement de la vüe, qui ne differe de l'autre que l'on attribue à tout l'animal, que par ceque cettuy-cy se fait toujours avec une reflexion expresse, & que celuy qui est propre à la vüe semble estre sans reflexion, à cause que la longue habitude a fait que ce qui demandoit dans le commencement des reflexions expresses, ne se fait plus qu'avec des reflexions tellement jointes à l'action de la vüe qu'on les fait sans s'en apercevoir. Car il y a apparence que les premieres fois qu'un animal voit, il a bien de la peine à juger de la grandeur des choses éloignées dont les images n'occupent dans son oeil que comme un point indivisible; & qu'il faut qu'apres avoir esté trompé beaucoup de fois, & ensuite detrompé par des experiences & par d'autres moyens de connoistre la grandeur des choses que par celuy de la vüe, il ait fait un grand nombre de reflexions expresses.

Mais pour entendre ce que Vitruve veut dire, il faut considerer que ce jugement de la vüe n'est point infaillible, & qu'il peut estre surpris, en sorte qu'il est quelquefois necessaire que l'autre jugement le secoure; c'est-à-dire que l'animal ait attention aux reflexions qu'il faut employer pour bien juger des images, comparant toutes les choses qui leur appartiennent, les unes aux autres, & faisant servir ce que l'on a de connu & d'assuré pour juger de ce qui ne l'est pas, se servant par exemple de la grandeur connüe pour faire juger de la distance, ou de la distance dont on est assuré, pour juger de la grandeur, & ainsi du reste. Cette matiere est encore traitée sur la fin de ce chapitre.

2. QUE SA RARETÉ REND DIAPHANE. Vitruve suppose que le passage des especes visuelles se fait par les pores qui sont au milieu diaphane, & que ce sont ces pores qui le rendent diaphane. Mais il est assez difficile de concevoir que cela se fasse ainsi; parce qu'il est impossible qu'il y ait assez [illegible] conduits dans un corps pour donner passage à toutes les especes qui le traversent de tous costez, & que ces conduits soient paralleles & obliques en cent mille façons ainsi qu'il est necessaire; parce qu'un corps diaphane l'est toujours également par tout. De plus on remarque que les corps transparens cessent de l'estre, lorsqu'ils sont rarefiez, c'est-à-dire lorsque leurs pores sont élargis, & qu'ils le deviennent derechef par la condensation, ce qui se voit dans la neige, dans l'écume & dans le broüillard qui sont de l'eau que la rarefaction rend opaque & impenetrable à la vüe.

La raison qui fait que la rarefaction d'un corps transparent le rend opaque, est que la veuë n'estant autre chose que l'impression que l'oeil reçoit de l'objet, par le moyen du milieu qui a receu une pareille impression, & qui la transmet à l'oeil telle qu'il l'a receuë; il est impossible que le milieu la transmette telle qu'il l'a receuë, s'il n'est Homogene: parceque s'il est composé de parties de differente nature, les impressions qu'il reçoit de l'objet seront alterées en passant d'une partie à une autre: & par consequent celle qu'il fera sur l'oeil sera differente de celle qu'il a receuë de l'objet. Or il est constant que la rarefaction du milieu le rend Heterogene, parcequ'elle ne se fait que par l'interposition d'un corps qui remplit les espaces de celuy dont les parties ont changé de situation par la rarefaction. C'est pourquoy on ne peut pas dire que l'air est un corps rare, puisque ses parties sont toutes d'une mesme nature, fort serrées & jointes immediatement les unes contre les autres; ce qui le rend aussi dense que le verre & le diamant qui sont des corps dans lesquels la densité ne s'opposant point au passage des rayons visuels, elle fait voir que c'est la seule homogeneïté qui les rend transparens, & que la dureté qui les fait si differans de l'air n'est pas fondée sur leur homogeneïté, mais sur l'inegalité & sur la grossiereté des parties dont ils sont composez, lesquelles ont la pluspart des faces plattes: Car cela fait que les faces des parties les plus grosses qui sont jointes immediatement, font beaucoup de peine à separer à cause de la resistance que la pesanteur de l'air y apporte & qu'il faut forcer pour faire qu'entre les deux parties qui doivent estre separées, il y ait un espace assez grand pour recevoir l'air ou quelqu'autre corps delié. Or l'air n'estant composé que de parties tres-menuës, elles n'ont point cette repugnance à se separer les unes des autres, de mesme que la pointe d'une éguille ne tient point à une surface d'acier parfaitement polie comme seroit un autre corps qui ayant une surface plus grande & aussi egale, y peut demeurer attaché, ainsi qu'il se voit par experience.

Cette maniere d'expliquer les causes de la dureté des corps est assez obscure pour meriter une dissertation un peu plus ample: mais il ne s'agit pas icy de cela, & ce que j'en dis en passant, n'est que pour prévenir en quelque façon la difficulté que l'on pou-

CHAP. II. paroist faux, & que ces choses semblent estre autrement qu'elles ne sont, [1] je ne crois pas que l'on doive douter qu'il ne soit necessaire d'ajoûter ou de diminuer en changeant les proportions, quand la nature des lieux le demande, pourveu que l'on ne touche point aux choses essentielles; Et c'est à cela que l'esprit & la doctrine sont fort necessaires.

Il faut donc en premier lieu establir une regle de la proportion afin de voir precisément de combien on s'en peut departir : ensuite il faut tracer un plan du bastiment que l'on entreprend, qui contienne les longueurs & les largeurs dont on prend toutes les proportions qui

vent trouver en ce que je dis, que l'air est dense comme le diamant; & pour avertir que l'on prenne garde que la densité & la dureté sont des choses differentes.

1. JE NE CROIS PAS QUE L'ON DOIVE DOUTER. Cette maxime de Vitruve est approuvée de la plus grande partie des Architectes & des Sculpteurs qui tiennent que la pratique judicieuse de ce changement de proportions, est une des choses des plus fines de leur art : car ils pretendent que par son moyen on remedie aux mauvais effets que les aspects desavantageux peuvent produire dans les Ouvrages, lorsqu'ils corrompent ou du moins empeschent d'en voir la veritable proportion, à cause du racourcissement qui arrive aux choses qui sont veuës obliquement. Ce remede est par exemple de donner moins de diminution aux colonnes qui sont fort grandes, qu'aux petites ainsi qu'il a esté enseigné au second chapitre du 3 livre; d'augmenter la hauteur des Architraves & des autres ornemens à proportion que les colonnes sont plus grandes, ainsi qu'il a esté dit au troisiéme chapitre du troisiéme livre; & d'incliner toutes les faces verticales des membres qui sont posez en haut, comme toutes les faces des Architraves, des Frises, des Corniches, des Tympans & des Acroteres, ainsi qu'il est dit au mesme lieu. On allonge aussi de mesme les Statuës qui sont placées en des lieux élevez & qui ne peuvent estre veuës que du pié de l'edifice sur lequel elles sont posées, afin que cet aspect ne les face pas paroistre trop courtes & entassées; & mesme pour cet effet on allonge & on grossit les parties selon qu'elles sont plus hautes, ensorte qu'en une figure qui estant posée en bas devroit avoir la teste d'une huitiéme partie de sa hauteur, on ne donnera qu'une septiéme, & on luy fera les jambes plus courtes & le corps plus long qu'il ne faudroit si elle estoit autrement située, parce qu'on pretend que si elle avoit sa veritable & ordinaire proportion elle ne paroistroit pas l'avoir.

Mais tous les Architectes & tous les Sculpteurs ne croyent pas qu'il faille avoir toujours égard à ces raisons, & il y en a quelques-uns qui estiment que ces précautions ne doivent estre employées que rarement. Leur raison est que la veuë n'est pas si sujette à se tromper que Vitruve pretend, non pas seulement parce qu'en effet la veuë de mesme que les autres sens exterieurs ne se trompe jamais, mais mesme parceque le jugement de la veuë qui est le seul à qui on puisse imputer les erreurs qu'elle commet, est pour l'ordinaire tres-seur & presque infaillible, quand une longue habitude & une experience aussi souvent reïterée qu'elle l'est à un âge parfait, a tant de fois corrigé les premieres erreurs, qu'on n'y retombe que rarement : car en effet il n'arrive gueres à personne d'avoir peur que le plancher d'une longue gallerie luy touche à la teste quand il sera au bout, où il le voit abbaissé jusqu'au droit de son front; & on n'est point en peine comment on pourra passer par une porte, que de loin on couvre toute entiere avec le bout du doit. Car la justesse de ce jugement est telle, que si les murailles d'une gallerie, qui estant paralleles, paroissent neanmoins s'approcher vers les extremitez, sont quelque peu élargies, on s'en aperçoit; ou si le pavé avoit une pente vers le bout, où il paroist ordinairement s'élever, quoyqu'il soit de niveau, il n'y a personne qui ne le reconnust.

On juge aussi assez bien si un visage est rond, ou s'il est long quoyqu'on le voye à une fenestre haute; & un corps gresle en cet endroit ne paroistra point trapu, ny celuy qui est d'une stature extraordinairement grande, ne sera jamais pris pour un nain. Mais ce qu'il y a de plus considerable est que la certitude de ce jugement est une chose que tout le monde a sans y penser, quoy qu'elle ne puisse s'acquerir que par plusieurs reflexions du sens commun, dont l'office est de se reflechir sur les actions des sens exterieurs : car c'est par le moyen de ces reflexions & du jugement du sens commun, que nous ne prenons pas une étincelle de feu pour une Etoile, ny une fueille de papier pour un grand mur blanc, ny une ovale pour un rond, ou une fenestre longue pour une quarrée, lorsque la distance & la situation de ces objets les dispose à paroistre autres qu'ils ne sont. La raison de cela est que le sens commun ajoûtant incontinent à l'image qui est dans l'œil, les circonstances des choses qu'il connoist, telles que sont l'eloignement & la situation de son objet, & la grandeur des choses ausquelles il le compare, empesche que ces images ne fassent prises l'une pour l'autre : car en effet les images d'une étincelle & d'une fueille de papier lorsque ces objets sont proches, sont fort peu differentes de celles d'une Etoile ou d'une muraille blanche quand l'une & l'autre de ces choses sont éloignées : tout de mesme qu'une ovale & un quarré oblong qui sont veus obliquement & de loing font le mesme effet dans nostre œil qu'un rond ou qu'un quarré parfait lorsqu'ils sont veus directement.

Il en est de mesme de l'ouïe que de la veuë : car elle a aussi un jugement qui nous fait discerner la parole de ceux qui parlent bas auprés de nous, d'avec la parole de ceux qui parlent haut & qui sont éloignez; quoyque le son de l'une & de l'autre soit affoibly presque d'une mesme maniere : car quoy qu'on puisse imiter cet affoiblissement que l'eloignement aporte, qui est tout le secret de ceux qu'on dit parler du ventre; il y a neanmoins cent remarques qui font connoistre la difference qu'il y a de la foiblesse de l'une à celle de l'autre, comme de ce que la foiblesse de la voix de ceux qui parlent auprés de nous, n'a point cette égalité & cette uniformité de foiblesse que l'eloignement a accoustumé de luy donner; de mesme que la peinture qui tasche d'affoiblir les teintes pour feindre l'éloignement des objets, ne le sçauroit faire assez également pour faire le mesme effet que la distance peut produire : parceque l'inegalité qui se rencontre necessairement à la surface d'un tableau où il y a des eminences & des creux dont les jours & les ombres ont actuellement la force des choses qui sont proches, nous avertit de l'imposture par l'entremise du sens commun qui veille incessamment à toutes ces choses sans que nous nous en apercevions, comme il a esté dit. Car cela arrive de la mesme maniere dans la veuë & dans l'ouïe que dans toutes les autres actions dans lesquelles l'usage & l'accoustumance nous donnent une habitude & une telle facilité que nous faisons cent choses qui sont necessaires pour les accomplir, sans songer que nous les faisons; comme il paroist lorsque l'on joüe sur le luth une piece que l'on a apprise : car alors sans songer à choisir les cordes que l'on pince, & sans penser aux differentes touches sur lesquelles les doits doivent estre posez, & bien souvent sans faire reflexion sur ce que l'on fait, on joüe fort correctement cette piece. Tout de mesme sans que nous songions aux regles de la perspective, & sans que nostre imagination examine expressément les raisons & les differens effets de l'éloignement, qui dependent de l'etressissement des angles que forment les lignes visuelles, & de l'affoiblissement des teintes des objets, le sens commun manque rarement à observer ces circonstances; & si il arrive lorsqu'il y manque quelquefois que la peinture où la perspective nous trompent, c'est une marque bien certaine qu'il n'y manque pas d'ordinaire.

De sorte que pour rendre necessaire la precaution que Vitruve veut que l'on apporte par le changement des proportions contre les tromperies que l'éloignement & l'obliquité des aspects pourroient causer, il faudroit supposer que tout ce qui appartient à la veuë depend de l'œil; ce qui n'est pas vray, parcequ'elle se sert toujours du jugement du sens commun qui la redresse; & il n'arrive gueres que ce jugement luy manque; autrement la perspective & la peinture tromperoient toujours: parcequ'il n'y a pas plus de raison de prendre un rond pour une ovale, quand il est veu obliquement, que de prendre une ovale pour un rond quand la figure est peinte pour paroistre ronde.

Ces raisons qui à la verité ne sont pas capables de détruire tout à fait celles que Vitruve a eües quand il a étably son precepte du changement des proportions, peuvent neanmoins estre considerables pour luy donner des restrictions & empescher que l'on n'en abuse en considerant ce que Vitruve luy-mesme reconnoist, sçavoir que pour en bien user il faut beaucoup d'esprit & de doctrine, & mon opinion est qu'il se rencontre peu de cas où cette

produisent

A produisent cette beauté d'aspect qui fait qu'en voyant un Edifice, on s'apperçoit aisément qu'on y a bien observé l'*Eurythmie* dont je pretens maintenant parler, enseignant par quel moyen on y peut parvenir. Je commence par les Cours des maisons, & j'explique comme elles doivent estre faites.

Chap. II *La belle proportion.*

regle de chargement & de proportion puisse avoir lieu : Car supposé que l'on vueille mettre une statuë fort haut, on peut bien luy donner une grandeur Colossale ; mais c'est afin qu'elle paroisse Colossale, & non pas pour empescher que l'éloignement ne la fasse paroistre trop petite : parce que quand il est necessaire qu'une chose soit petite, il faut aussi qu'elle paroisse petite. C'est pourquoy je ne croirois pas que la teste de cette statuë Colossale quelque B haut-élevée qu'elle puist estre, dust estre faite plus grande & avoir une autre proportion qu'elle auroit en une statuë que l'on verroit de plus prés ; Parce qu'il faut qu'une teste eloignée paroisse petite, autrement la statuë paroistroit difforme, sa teste paroissant avoir une proportion qu'elle ne doit pas avoir.

Je croy qu'il en est de mesme dans l'Architecture, & que l'œil accoustumé à ses proportions, de mesme qu'il l'est à celles du corps humain, ne doit point se plaire à les voir changées, & elles ne le sçauroient estre sans qu'il s'en apperçoive : mais quand mesme ce changement pourroit tromper le sens commun, & que l'on en useroit seulement pour faire paroistre les choses élevées aussi grandes que celles qui sont en bas, cela ne seroit point un bon effet ; parce qu'il ne faut pas que les parties qui sont au haut des Edifices paroissent aussi grandes que celles qui sont en bas, puisqu'elles ne le doivent pas estre en effet. De sorte que l'on peut dire que si l'on vouloit changer les proportions, ce devroit estre plustost en diminuant celles des choses qui sont placées en des lieux élevez qu'en les augmentant, puis qu'il est seant aux choses qui sont portées & soustenuës d'estre plus petites que celles qui les soutiennent. Enfin les anciens Architectes en ont toujours usé ainsi ; car quand Vitruve raporte quelles estoient les proportions qu'ils donnoient aux grands Edifices, dont on peut dire qu'il presente un modele dans les Scenes des Theatres, il fait voir que le grand exhaussement ne faisoit point changer les proportions ; le troisiéme ordre des Scenes qui estoit extremement haut & fort éloigné de la vüe, n'ayant point d'autres proportions que les autres, tant en ce qui regarde le rapport que les parties d'un ordre ont les unes aux autres, qu'en ce qui regarde la proportion d'un ordre entier à un autre.

CHAPITRE III.

Chap. III.

Des Cours des Maisons.

C * LES *Cours des maisons* sont de cinq especes ; on les apelle à cause de leur figure ou Toscanes, ou Corinthiennes, ou *Tetrastyles*, ou Découvertes, ou Voûtées. Les Toscanes * * sont celles où les poutres qui traversent [2] le long des murs de *la cour*, ont des [3] *potences* & * des [4] *coyers* qui vont rendre de l'angle que font les murs, aux angles que font les poutres ; &

Cava ædium. Quarre colonnes. Atrium. Interpensiva. Deliquiæ.

1. Les Cours des maisons. On ne sçait point bien certainement quelle partie des maisons des anciens est icy apellée *Cava ædium* par Vitruve, & *Cavædium* en un mot par Pline le jeune dans ses Epistres. Car *Cavædium*, *Atrium*, *Vestibulum* & *Aula* sont definis par les Grammairiens presque d'une mesme maniere, & ils n'en disent rien autre chose sinon que ces parties estoient à l'entrée des maisons & que de là on passoit dans les appartemens. Barbaro sur cet endroit de Vitruve & Palladio aprés luy croyent que *Cavædium* & *Atrium* sont deux especes de Vestibule en sorte que *Atrium* est un Vestibule couvert, & *Cavæ-* D *dium* un vestibule qui est quelquefois couvert & quelquefois découvert : Ce qui ne peut estre vray dans le sens de Vitruve qui aprés avoir parlé des cinq especes de *Cavædium* fait un chapitre à part pour l'*Atrium* dont la description est tout-à-fait differente de celle des *Cavædium* ; parcequ'à toutes les especes d'*Atrium*, il met deux rangs de colonnes qui forment deux ailes, c'est-à-dire trois allées, une large au milieu & deux étroites aux costez ; ce qui n'a aucun rapport avec les figures des cinq *Cavædium* qui sont décrits dans ce chapitre.

Les raisons qui m'ont fait croire que *Cava ædium* étoit chez les Anciens, ce que nous apellons la Cour dans nos maisons, sont premierement que le nom Latin exprime fort bien la chose, parce que supposé qu'il y ait plusieurs corps de logis qui enfermant un quarré ou quelque autre figure, composent une maison, il est vray de dire que le milieu qui est enfermé entre ces corps de lo- E gis qui tous ensemble forment la maison, est le creux, le cave ou le vuide de la maison ; ce qu'une salle ou un Vestibule couvert tels que sont ceux que Barbaro & Palladio donnent pour des *Cavædium*, ne sçauroient signifier : parce que la cavité de cette salle ou vestibule, n'est point la cavité de la maison plustost qu'une grande chambre, ou qu'une salle de bal : mais la cour qui est environnée de tous les corps de logis, & qui est découverte, est une cavité & un creux à l'égard des corps de logis qui s'élevent tout au tour.

En second lieu il faut considerer que les differences qui sont les cinq especes de *Cavædium* que Vitruve décrit, sont prises du *medium compluvium* ou chesneau qui dans le *Cavædium* Toscan est sur des poutres qui sont un auvent ; dans le *Cavædium* Corinthien, sur des poutres soûtenues par des rangs de colonnes ; dans le *Cavædium* Tetrastyle, sur des poutres soûtenues par quatre colonnes ; dans le *Cavædium* voute, sur le mur d'un appartement soûtenu sur des arcades ; & dans le *Cavædium* decouvert, sur le mur mesme qui fait la face interieure du *Cavædium*, lequel n'a point d'autre saillie que son entablement. Or il est evident que ce chesneau ne sçauroit estre dans un Vestibule couvert, tels que sont la plufpart des *Cavædium* selon Barbaro & Palladio, qui font entendre par leurs figures, que le *medium compluvium* étoit un grand reservoir posé sur le plancher du Vestibule.

2. Le long des murs de la Cour. Le mot *Atrium* est icy mis generalement pour tout le dedans des maisons, & il est aisé d'entendre à quelle partie de la maison il le faut particulierement appliquer : C'est pourquoy je n'ay point fait de difficulté d'expliquer *Atrium, la Cour*, quoy que particulierement & proprement il signifie autre chose, comme il sera dit cy-aprés. Virgile a pris ce terme dans la mesme signification que Vitruve quand il a écrit

Porticibus longis fugit & vacua atria lustrat

& en suitte

Apparet domus intus & atria longa patescunt.

Car il est aisé de voir que Virgile en cet endroit entend par *Atria* tout ce qui se peut voir au dedans d'une maison par la porte quand elle est ouverte, qui est la cour & les Vestibules.

3. Des potences. Il y a trois opinions sur la signification du mot *interpensiva* que j'ay traduit *potences*. Hermolaus Barbarus & Daniel Barbaro croyent que *interpensiva* sont les coyaux qui sont faits pour conduire & faire aller la couverture depuis les chevrons jusqu'à l'extremité de l'entablement. Philander & Jocundus veulent que ce soient les bouts des solives qui sortant hors du mur soûtiennent les poutres qui portent les entablemens ou auvents. L'opinion de Baldus est qu'y ayant quatre poutres le long des quatre faces de la cour, lesquelles soûtiennent l'extremité des auvents, il y en a deux par exemple à droit & à gauche sur lesquelles les deux autres qui sont le long des autres costez de la cour, sont posées. Mais le texte décrit si clairement ces pieces de bois qu'il me semble qu'il n'y a pas lieu de douter que ce ne soient des potences ou des esselieres : car il est dit qu'elles vont rendre des angles des murs aux angles que les poutres forment, ce qui ne peut estre dit ny des Coyaux d'Hermolaus, ny des Solives de Philander, ny des Poutres de Baldus.

4. Des Coyers. Les Charpentiers apellent ainsi les che-

Chap. III.

EXPLICATION DE LA PLANCHE LI.

Cette Planche represente les deux premieres especes de Cours que les Anciens faisoient dans leurs maisons. La premiere Figure represente la Cour Toscane qui estoit couverte tout alentour par des Auvents qui posoient sur quatre poutres soutenues par quatre potences posées dans les angles rentrans que faisoient les murs des bastimens qui estoient autour de la Cour. A A, sont les poutres qui traversent le long des murs de la cour. B, est une des Potences. C, est un des Coyers. D D, sont les Chevrons. E, est le Chesneau.

La seconde Figure represente la Cour Corinthienne qui est entourée d'un rang de colonnes Isolées & éloignées du mur pour soutenir l'entablement de la couverture, sur le-

quel il y a un [illegible] qu'à la cour Toscane. Cela [illegible] un corridor pour aller [illegible] long des murs. Je croy [illegible] niere licentieuse [illegible] les Anciens [illegible] modernes ont mise en usage, qui [illegible] de faire des demi colonnes [illegible] Pillastres qui soustiennent l'entablement & qui descendent [illegible] embas, comprenant plusieurs estages, est une representation [illegible] Corinthiennes des Anciens. J'appelle cette maniere licentieuse, parce qu'elle est contre le plus commun usage & contre la raison : car les Anciens ont tousjours donné un ordre à chaque estage ainsi qu'il se voit au dehors de leurs Theatres, & la raison veut que les colonnes estant faites pour porter les planchers, il y ait autant d'ordres de colonnes qu'il y a de planchers. Cette matiere est encore traitée sur la fin du chapitre qui suit.

[illegible] qui ont des *chevrons*, qui avancent & forment des *auvents* pour jetter l'eau dans un [1] *chesneau* qui tourne tout alentour. Les Cours Corinthiennes ont des poutres situées de mesme à l'égard du chesneau, mais ces poutres s'éloignent un peu plus des murs des bastimens qui sont au tour de la cour, & [2] elles sont posées sur des colonnes. Les Tetrastyles sont celles où il y a des colonnes seulement sous les angles que font les quatre poutres : ce qui soûtient suffisamment les poutres, & fortifie beaucoup [3] les murailles : parceque cela se fait

vrons qui sont en diagonale & qui soûtiennent les noües. Il est evident ce me semble que ce que Vitruve apelle icy *colliquias*, ne sçauroit estre autre chose ; parcequ'il est dit qu'elles vont aux angles que font les poutres, de mesme que les *interpensiva*. De plus *colliquiæ* sont dites *quasi simul liquorem fundentes*, qui est ce que font les angles des noües où l'eau s'assemble, de mesme que *deliquiæ* sont dites, *quasi in diversas partes liquorem fundentes*, qui est ce que font les angles ou des Faitieres du comble, ou des Arestiers des croupes, qui au lieu d'amasser l'eau comme les noües, la font couler deçà & de-là.

1. UN CHESNEAU. Il est certain que *compluvium* est un lieu qui reçoit & amasse les eaux de la pluye selon l'explication de Festus. Mais les Interpretes de Vitruve ne s'accordent point sur la signification que ce mot doit avoir icy. Barbaro entend que *medium compluvium*, ainsi qu'il a esté dit, est un reservoir placé sur le plancher qui couvre le *Cavædium*. Cæsarianus croit que c'est une cloaque ou Cisterne qui est sous la Cour, dans laquelle l'eau qui tombe des toits sur le pavé, s'écoule par un trou qui est au milieu de la Cour. Mais ce *medium compluvium* de la maniere dont Vitruve en parle, peut estre pris avec plus de vray-semblance pour un Chesneau, qui estant à l'extremité des toits, fait un quarré composé de quatre canaux ; de sorte que ce quarré de quatre Chesneaux, dans lequel toute l'eau de la pluye qui tombe sur les toits est receuë, peut estre apellé *medium compluvium*. De plus Vitruve parlant des toits de la cour découverte, dit que leurs *compluvia* estant élevez sur les murs, ne dérobent point le jour des fenestres comme aux autres cours qui ont des auvents, sur l'extremité desquels les *compluvia* sont placez. La difficulté qui reste est sur ce qu'il n'est point dit icy par où l'eau qui est amassée dans les chesneaux, tombe à bas. Il y a apparence que dans les encoignures au droit de chaque colonne, il y avoit une gouttiere qui jettoit l'eau dans la cour suivant la regle que Vitruve a établie cy-devant, qui est de percer les testes de lion, qui sont dans la corniche, au droit des colonnes : si ce n'est qu'on veuille percer les colonnes par le milieu de haut en bas pour recevoir une descente de plomb, qui conduise l'eau sous terre dans une cloaque.

Cette maniere d'enfermer les descentes dans le bastiment se pratique depuis peu à tous les grands Edifices que le Roy fait bâtir. Car à Versaille où il y a une grande terrasse qui couvre un portique qui est à la face qui regarde sur le jardin, toute l'eau de la pluye qui tombe sur la terrasse s'écoule par des descentes qui passent au travers de quelques-unes des colonnes du Portique. A l'Arc de triomphe qui se bastit hors la porte S. Antoine, les eaux descendent au travers du noyau des escaliers, ces noyaux ayant six piez de diametre. Au Louvre & à l'Observatoire on a pratiqué des vuides de quatre à cinq piez de large dans l'épaisseur des murs, ainsi que la figure du plan de l'Observatoire qui est au commencement de cet ouvrage, peut faire voir : Au milieu de ce vuide la descente est soûtenue par des barres de fer, qui forment un escalier, dont elle fait le noyau ; afin que s'il suinte quelque humidité par la descente, elle ne moüille point les murs ; & que par cet escalier de fer on puisse visiter & refaire ce qui manque à la descente.

Par ce moyen on évite deux inconveniens qui autrement se rencontrent aux grands Edifices : car l'eau qui tombe des gouttieres en grande abondance & de fort haut, estant poussée par le vent, apporte beaucoup d'incommodité ; ou si elle est renfermée dans des descentes à l'ordinaire, elle cause une grande difformité, en coupant les corniches, les impostes, & tous les ornemens qui servent de ceinture aux Bastimens.

2. ELLES SONT POSÉES SUR DES COLONNES. Le texte n'a point icy de sens si on n'y change quelque chose ; il y a *trabes circa columnas componuntur*. J'ay crû qu'il falloit lire *suprà columnas imponuntur*.

3. LES MURAILLES. Cet endroit est obscur & corrompu : pour luy donner quelque sens j'ay esté contraint d'ajoûter les mots *parietibus* & *hi*, qui semblent manquer au texte. Je lis donc, *Tetrastyla sunt, quæ subiectis sub trabibus angularibus columnis, & utilitatem trabibus, & (parietibus) firmitatem præstant, quod neque ipsæ magnum impetum coguntur habere, neque (hi) ab interpensivis onerantur*. Ce qui est dit pour distinguer les cours Tetrastyles des Toscanes, où les potences qui soûtenoient les poutres, portoient sur les murs.

lorsque

A lorſque les poutres [1] ne ſont pas fort grandes, & il arrive auſſi que les murs ne ſont point chargez par les potences. [2] Les Cours Decouvertes ſont celles [3] où les *Coyaux* ſoutiennent le *Cheſneau*, [4] & ne forment point d'Auvent. Cette maniere égaye beaucoup les appartemens d'hyver, parceque les Cheſneaux ainſi elevez, n'oſtent point la lumiere aux chambres : mais l'incommodité eſt qu'il y faut ſouvent travailler, parceque l'eau qui coule de deſſus les toits, eſt ramaſſée dans les *deſcentes*, qui eſtant le long des murs, & ne pouvant pas quelquefois laiſſer couler l'eau aſſez viſte, il arrive qu'elle regorge & gaſte la menuiſerie des croiſées, & les murailles de ces ſortes d'Edifices. Les Cours Voûtées ſe font lorſque l'on a peu de place : car par le moyen des voutes les étages qui ſont deſſus [5] ſont rendus plus ſpacieux.

1. NE SONT PAS FORT GRANDES. La maniere Corinthienne où il y avoit pluſieurs colonnes ſous chaque poutre, eſtoit pour les grandes cours : la Tetraſtyle eſtoit pour les plus petites, dans leſquelles les poutres n'avoient pas *magnum impetum*. *Impetus*, ainſi que Turnebe remarque, ſignifie ſouvent grandeur, etenduë, vaſteté, dans Lucrece, qui dit

Quantum cæli tegit impetus ingens.

On pourroit neanmoins interpreter *impetus*, *la pouſſée* ou *la charge*, & entendre que *quod neque ipſa magnum impetum coguntur habere*, ſignifie que lorſqu'il n'y a pas beaucoup de charge à porter, quatre colonnes peuvent ſuffire : & tout de meſme lorſqu'il eſt dit à la fin du chapitre, que les cours voûtées peuvent eſtre faites *Ubi non ſunt impetus magni*, cela ſignifie que lors qu'on ne craint point la trop grande pouſſée ou le trop grand ébranlement qui peut venir de pluſieurs cauſes differentes, on peut faire des cours voûtées.

2. LES COURS DECOUVERTES. Les Interpretes attribuent l'epithete *diſpluviatum* à *tectum*, & ils diſent que *tectum diſpluviatum* eſt celuy qui rejette la pluye des deux coſtez : mais il eſt plus vray-ſemblable que *diſpluviatum* appartient icy à *Cavædium*, & non pas à *tectum* ; & que *locus diſpluviatus* ſignifie un lieu où il pleut. La difficulté qu'il pourroit y avoir, ſeroit ſur ce que nous pretendons que les cinq eſpeces de cours ſont découvertes, & qu'il s'enſuivroit de là, qu'eſtre découverte ne ſeroit point une eſpece de cour : mais la réponſe eſt aiſée, en diſant que celle des cours qui n'a point d'auvents qui la couvrent tout alentour, eſt abſolument découverte, & que celles qui ont des auvents ne ſont découvertes qu'en partie, ſçavoir par le milieu.

3. OÙ LES COYAUX SOUTIENNENT LE CHESNEAU. Ce que Vitruve apelle *deliquiæ*, & que j'interprete les Coyaux, ſont de petits bouts de chevrons qui conduiſent la couverture juſqu'à l'extremité de l'entablement. Il y a grande apparence que Vitruve veut qu'on entende qu'icy au lieu de la couverture, ces coyaux ſoûtiennent le cheſneau qui eſt poſé directement ſur le mur, & qui n'eſt pas avancé juſqu'à l'extremité de quatre auvents, comme dans les autres cours. Philander dit qu'il y a des exemplaires qui ont *aquam* au lieu d'*arcam* : mais quand on laiſſeroit *arcam*, on peut dire qu'un cheſneau peut eſtre pris pour un coffre long & etroit.

4. NE FORMENT POINT D'AUVENT. Le mot *Stillicidium*, qui ſignifie proprement la chute de l'eau qui degoutte, n'eſt point entendu ainſi par Vitruve quand il en parle en pluſieurs endroits : car il fait connoiſtre qu'il entend par *ſtillicidium* la pente du toit qui eſt favorable à l'écoulement des eaux : au chapitre premier du ſecond livre, il apelle les toits des cabanes des premiers hommes *ſtillicidia* ; & au chapitre ſeptiéme du quatriéme livre, parlant de la forme que doit avoir le toit dans l'ordre Toſcan, il dit que *ſtillicidium tecti tertiario reſpondere debet*. Pline auſſi apelle *ſtillicidia* l'épaiſſeur du feuillage des arbres quand elle eſt capable de mettre à couvert de la pluye. De ſorte que ſuppoſé que *ſtillicidia* ſignifie des auvents, on a pû croire que *deliquiæ ſtillicidia rejiciunt*, c'eſt-à-dire *les coyaux rejettent & ne ſouffrent point d'auvents*, ſignifie, *ne forment point d'auvents*.

5. SONT RENDUS PLUS SPACIEUX. Cela eſt aiſé à entendre, parceque ces voutes ſoûtiennent la ſaillie que le ſecond étage fait ſur la cour, ce qui augmente cet appartement. J'ay encore interpreté *ubi non ſunt impetus magni* ſelon la remarque de Turnebe, qui explique *impetus*, grandeur, étenduë, comme je viens de dire.

CHAP. III.

EXPLICATION DE LA PLANCHE LII.

Cette Planche contient quatre Figures. La premiere represente la cour Tetrastyle, qui est ainsi apellée à cause qu'elle a quatre colonnes aux quatre coins qui soûtiennent la saillie de l'entablement sur lequel le chesneau A A, est posé.

La seconde Figure represente la Cour decouverte, & qui n'a point de saillie, son chesneau A A estant posé à plomb sur les murs.

La troisiéme Figure represente la cour voutée où les appartemens d'enhaut sont rendus plus spacieux

CHAP. III.

par le moyen d[illegible] qui les élargissent, ou [illegible] qui [illegible]ssent les appartemens d'embas.

La quatriéme Figure represente une de ces cours, veue par le dessus, afin de faire entendre pourquoy les cours estoient apellées Cava ædium. *BB, sont les festieres des combles des quatre corps de logis qui estoient au tour de la cour* C. *AAAA, est le chesneau qui tourne tout au tour de la cour, & qui est apellé* medium Compluvium, *parce qu'il est au milieu des quatre toits BBBB, d'où l'eau tombe de quatre costez dans le chesneau.*

CHAP. IV.

CHAPITRE IV.

Des Vestibules, & de leurs Ailes; des Cabinets, & de leurs mesures & proportions.

[1] IL y a de trois sortes de *Vestibules* selon la difference proportion de leur longueur & de *
leur largeur : La premiere espece est quand ayant divisé la longueur des Vestibules en cinq parties, on en donne trois à la largeur : la seconde, lorsque l'ayant divisée en trois, on en donne deux à la largeur : & la troisiéme lorsqu'ayant fait un quarré equilateral dont un costé fait la largeur du Vestibule, on prend la diagonale de ce quarré pour la longueur. La hauteur est moindre que la longueur de la quatriéme partie à prendre au dessous des poutres, & sans comprendre le reste de la hauteur qui vient de l'enfoncement B
des *Platfonds du plancher*, où il y a [2] *des cavitez* qui le font elever au dessus des poutres, la *
hauteur de cet enfoncement se peut faire à discretion.

Les Ailes que l'on fait à droit & à gauche doivent avoir [3] la troisiéme partie de la lon- *
gueur du Vestibule, s'il est de trente à quarante piez : mais si la longueur est de quarante à cinquante piez elle sera divisée en trois parties & demy, dont une sera pour les Ailes : ou si elle est de 50 à 60 les Ailes en auront la quatriéme partie : si elle est de 60 à 80, on la divisera en quatre & demy, & on en donnera une à la largeur des Ailes : Enfin si la longueur est de 80 à 100 piez sa cinquiéme partie sera justement la largeur des Ailes. [4] Les Architraves *
des Ailes doivent estre mis assez haut pour faire que les hauteurs soient égales aux largeurs.

1. Il y a de trois sortes de Vestibules. Entre les noms synonymes dont les Anciens apeloient les grandes pieces qui estoient à l'entrée de leurs maisons, comme *Vestibulum*, *Atrium*, *Cavadium*, *Fauces*, j'ay choisi celuy qui est en usage en françois, qui est *Vestibule*, que j'ay pris pour traduire le mot *Atrium* : Car nostre mot de *Vestibule* signifie quelque autre chose que le *Vestibulum* des Latins, & je croy que nos Vestibules sont proprement ce qu'estoit l'*Atrium* que Vitruve décrit icy.

Aulugelle dit que plusieurs personnes doctes de son temps estimoient que *Atrium* & *Vestibulum* estoient la mesme chose : que neanmoins Cæcilius Gallus qui a écrit *de significatione verborum* enseigne que *Vestibulum* n'estoit point une partie de la maison, mais seulement une place devant la maison à l'endroit de la grande porte où la maison se retirant en dedans, laissoit un quarré vuide. Ciceron dans une lettre à Atticus semble faire entendre que cela estoit ainsi, lors qu'il dit que passant par la ruë sacrée, il fut poursuivy par des assassins envoyez par P. Clodius, & que pour s'en deffendre il se rangea, *Secessit in Vestibulum M. Tetii Damionis*, afin que ses amis qui l'accompagnoient pussent empescher cette troupe de gens armez de se jetter sur luy. Leo Baptista Alberti croit que cette place qu'Aulugelle prend pour le *Vestibulum* des Anciens, & qu'il apelle *Sinus*, estoit leur *Atrium*; mais je croy qu'il se trompe. Scamozzi brouille encore davantage tout cela; car il ne distingue point les *Atrium* de Vitruve de les *Cavadium*, ensorte qu'il attribuë au *Cavedium* les proportions qui sont icy données à l'*Atrium*, sans dire sur quoy il se fonde.

Dans cette grande ignorance où nous sommes de toutes ces choses & de laquelle nous ne pouvons esperer de sortir, puis qu'Aulugelle, Servius & les autres Anciens Grammairiens n'ont pû s'en deffendre, quoy que ce fussent des Auteurs Latins & fort proches du temps où ces choses estoient familieres & usitées; j'ay crû pouvoir hazarder le mot de *Vestibule*, pour signifier celuy d'*Atrium*, en avertissant que je n'entends pas precisément par *Vestibule*, ce que les Anciens entendoient par *Vestibulum*; Mais seulement ce qu'il signifie en nostre langue. C

2. Des cavitez qui les font elever. C'est ainsi que j'interprete selon Philander & Baldus le mot d'*Area* qui en cet endroit est synonyme avec *Lacunar* : car en effet les cavitez & les enfoncemens qui sont dans les platfonds des planchers, representent aussi-bien des coffres que des lacs.

3. La troisiéme partie de sa longueur. Il est aisé à entendre que cette troisiéme partie de la longueur du Vestibule qui est attribuée à la largeur des ailes, est pour les deux ailes, de maniere que chaque aile n'a que la sixiéme partie de la longueur du Vestibule; & que la mesme chose doit estre entenduë de la proportion des autres Vestibules, sçavoir que la largeur que le texte attribuë aux ailes, doit estre entenduë des deux ailes prises ensemble.

4. Les Architraves des Ailes. Je traduis *trabes liminares*, les *Architraves*, parce que les Latins entendent generalement par *limen* tout ce qui est posé en travers, ce mot estant derivé du verbe *limo* c'est-à-dire *obliquo* : mais *limen* signifie plus particulierement ce qui traverse ou le haut ou le bas des portes; car on dit *superum limen & inferum limen*, ce que nous apellons *le seuil & le linteau*; & il paroist que les Latins ne faisoient pas cette distinction comme nous, par ce qui est dit à la fin du neufiéme chapitre de ce livre, où Vitruve parle du jour qui est empesché par le *limen* des fenestres, c'est-à-dire par leur linteau. Il faut donc entendre par *trabes liminares alarum*, les Architraves soûtenus par les colonnes qui estoient aux costez des Vestibules, & qui en faisoient les ailes. D

EXPLICATION DE LA PLANCHE LIII. E

Cette Planche est le plan des maisons des Romains. A, est la partie que les Anciens apelloient Vestibulum, *& que Vitruve apelle* Prothyrum *au 10 chapitre de ce livre. B, est la Cour apellée* Cava ædium ; *ce Plan est de celle des cinq especes qui est apellée Corinthienne. CDC, est le Vestibule que Vitruve apelle* Atrium. *CC, sont les Ailes du Vestibule. DD, est le vuide qui est au Vestibule par où le jour entre. E, est le Cabinet. F, est la Salle Egyptienne. G, est la grande Salle à manger, faite à la maniere des Grecs : elle est décrite au chapitre suivant. H, est le Peristyle. I, est la grande salle apellée* Occos, *dont il est fait mention dans ce chapitre. K, est le Cabinet de conversation apellé* Exedra.

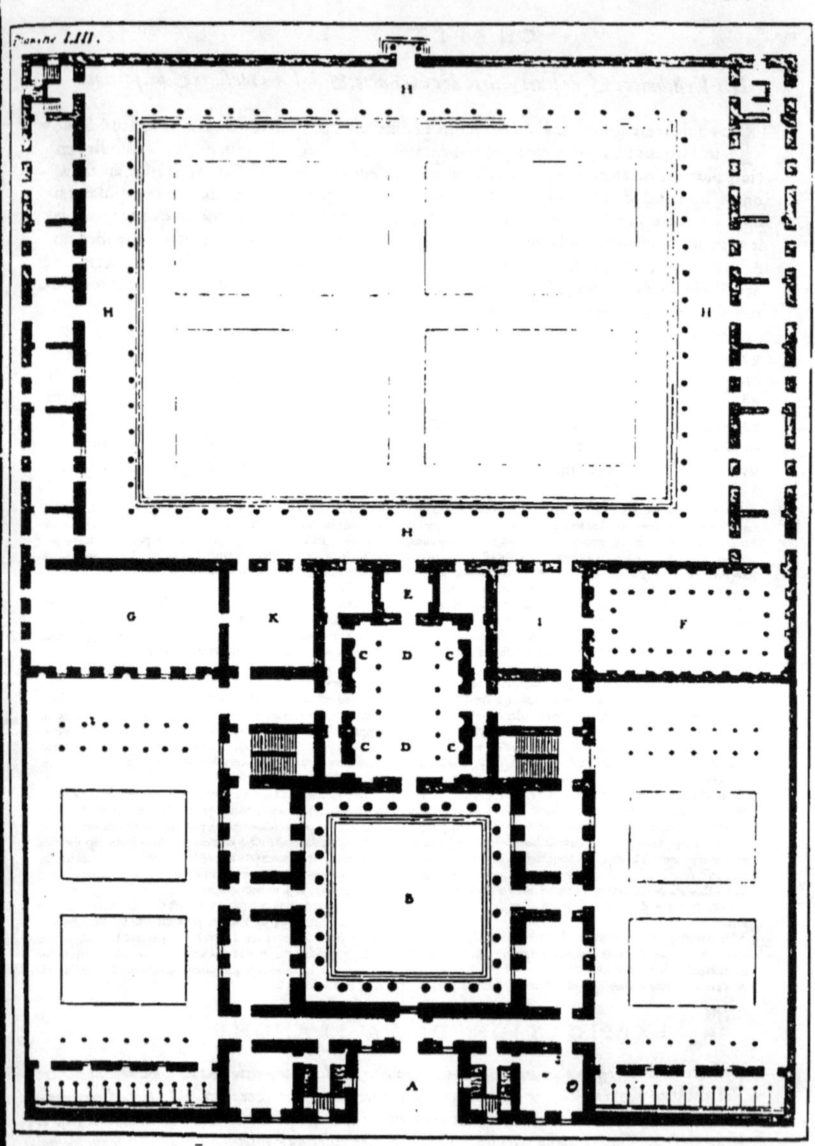
Planche LIII.
H
H
H
H
G
K
E
I
F
C
D
C
C
D
C
B
A
O

CHAP. IV. ¹ Il faut donner au *Cabinet* les deux tiers de la largeur du Vestibule s'il est de vingt piez, ·

Tablinum. que s'il est de trente à quarante on ne luy en donnera que la moitié, & s'il est de 40 à 50 A on divisera cette largeur en cinq dont on donnera deux au cabinet : car les petits Vestibules ne doivent pas fournir les mesmes proportions que les grands : parceque si on suivoit les proportions des grands Vestibules dans les petits, les Cabinets & les Ailes des Vestibules ne seroient d'aucun usage : & si au contraire on se servoit des proportions des petits Vestibules pour les grands, les Ailes & les Cabinets seroient trop vastes. ² C'est · pourquoy je crois qu'en general on doit regler les grandeurs des Bastimens par la commodité que leur usage demande, & parce que la vuë peut souffrir sans estre offencée.

La hauteur du Cabinet doit sous poutre estre pareille à sa largeur à laquelle on aura adjouté la huitiéme partie. L'enfoncement des plafonds du plancher doivent adjoûter à

Tertiam. cette hauteur ³ la sixiéme partie de la largeur. La *grande entrée* des plus petits Vestibules · sera des deux tiers de la largeur du Cabinet, & aux grands elle sera de la moitié. B

La hauteur ⁴ des Images avec leurs Ornemens sera proportionnée à la largeur des Ailes. · La largeur des portes sera proportionnée à leur hauteur selon les regles de l'ordre Dorique, si elles sont Doriques, ou selon la proportion de l'ordre Ionique, si elles sont Ioniques. La mesme proportion sera observée à l'égard de la menuiserie des portes, comme il a esté prescrit au quatriéme livre.

La largeur de l'ouverture du haut ne doit jamais estre moindre que du quart, ny plus grande que du tiers de la largeur du Vestibule : la longueur doit estre à proportion & suivant celle des Vestibules.

Les Peristyles doivent estre plus longs en travers de la troisiéme partie qu'ils ne sont en avant : leurs Colonnes seront aussi hautes que les Portiques sont larges : les entrecolonnemens n'auront pas moins que les diametres de trois colonnes, ny plus que les diametres C

1. Il faut donner au Cabinet. Le mot *Tablinum*, m'a semblé devoir estre interpreté *Cabinet* : parceque *Cabinet* comprend en general toutes les differentes significations que les Auteurs donnent à *Tablinum* ; car les uns disent que c'est un lieu orné de tableaux, les autres que c'est un lieu destiné à serrer des papiers ou titres que les Latins apellment *Tabulas*, les autres que c'est simplement un lieu lambrissé de menuiserie & de planches qu'ils apelloient aussi *Tabulas*, les autres le prennent pour une Salle. Mais le *Tablinum* à qui Vitruve ne donne quelquefois que 13 piez, seroit bien petit pour une Salle. On auroit pû l'apeller le *Tresor* suivant l'usage de quelques vieux Chasteaux de France où on apelle ainsi le lieu où on serre les titres de la Terre : mais le mot de Tresor en cette signification est trop peu connu, & ne seroit pas commun comme celuy de Cabinet aux deux usages que l'on luy attribue qui est de serrer des Tableaux ou des papiers.

2. C'est pourquoy je crois qu'en general. Cet avertissement peut donner lieu à une maxime qui me semble bien considerable dans l'Architecture, qui est que l'usage auquel chaque chose est destinée selon sa nature, doit estre une des principales raisons sur lesquelles la beauté de l'Edifice doit estre fondée; en sorte que la hauteur & la grandeur de l'ordre, qui en general fait la beauté & la majesté d'un grand Edifice, doit estre reputée vicieuse, si elle n'a quelque usage par tout, comme elle en a toujours naturellement dans les Temples, les Theatres, les Portiques, les Peristyles, les grands Escaliers, les Sallons, les Vestibules & les Chapelles des Palais, qui sont des parties dont l'usage demande ou du moins souffre un aussi grand exhaussement que l'on veut. Cette regle neanmoins est negligée par les Architectes modernes, qui pour donner de grands ordres à des bastimens qui de leur nature ne souffrent pas un grand exhaussement, comme sont ceux qui sont pour l'habitation, qui ne passent point 28 ou 30 piez; se sont avisez d'enfermer deux & trois étages dans un mesme ordre; ce qui à mon sens a quelque chose de chetif & de pauvre, comme representant quelque grand Palais demi ruiné & abandonné, dans lequel des particuliers se seroient voulus loger; & qui trouvant que de grands appartemens & beaucoup exhaussez ne leur sont pas commodes, ou qui voulant menager la place y auroient fait faire des entre-solles. Ce n'est pas que cela ne puisse estre permis quelquefois dans les grands Palais; mais il faut que l'Architecte ait l'addresse de trouver un pretexte à ce grand ordre, & qu'il paroisse qu'il y a esté obligé par la symmetrie qui demande qu'un grand ordre qui est necessaire à quelque partie considerable de l'Edifice, soit continué & regne tout au tour.

Cela a été pratiqué avec beaucoup de jugement en plusieurs Edifices, mais principalement dans le Palais du Louvre, lequel estant basty sur le bord d'un grand Fleuve, qui donne un espace & un éloignement fort vaste à son aspect, avoit besoin pour ne paroistre pas chetif, d'avoir un grand ordre. Celuy que l'on luy a donné qui comprend deux étages, & qui est posé sur l'étage Terrain qui luy sert comme de Piedestail, & qui est proprement le rempart du Chateau, est ainsi exhaussé à cause de deux grands & magnifiques Portiques qui regnent le long de la principale face à l'entrée du Palais, & qui estant comme pour servir de Vestibule à tous les apartemens de l'étage Noble, demandoit cette grandeur & cette hauteur extraordinaire que l'on a donnée à son ordre, qu'il a fallu poursuivre & faire regner ensuite tout au tour du reste de l'Edifice : ce qui authorise ou du moins excuse l'incongruité que l'on auroit pû objecter à l'Architecte, s'il avoit fait sans necessité une chose qui de soy est sans raison, sçavoir de ne donner pas à chaque étage qui est proprement un bastiment separé, son ordre propre & separé, & de faire servir une mesme colonne à porter deux planchers, supposant qu'elle en soûtient un par maniere de dire sur sa teste, & un autre comme pendu à sa ceinture. Car la longueur de l'aspec ne peut estre toute seule une raison suffisante d'élever un bastiment, qui de sa nature doit estre bas; non plus que la grandeur d'un Theatre n'oblige point à faire ses degrez & ses ballustrades & appuis avec plus de hauteur; comme Vitruve remarque au chapitre septiéme du cinquiéme livre. D

3. La sixiéme partie de la largeur. J'ay crû qu'il falloit corriger le texte, à cause du peu d'apparence qu'il y a que Vitruve donne à l'enfoncement des plafonds, une profondeur plus d'une fois plus grande qu'elle ne doit estre : Car cet enfoncement ne doit comprendre guères plus que la hauteur de l'Architrave & de la Frise, qui ne va ordinairement qu'à la septiéme partie de la colonne; joint qu'il est fort vray-semblable que le Copiste a pris le nombre VI pour trois, parce que ce nombre selon la maniere de l'ancienne écriture, qui se voit dans les medailles, estant mal formé ainsi V//, il a esté pris pour le nombre III. E

4. Les images. Quoyque Statuë ou figure soit le mot françois, qui signifie ordinairement le latin *imago*, j'ay crû qu'en cet endroit il n'auroit pas assez signifié, parceque chez les Anciens *imagines in atriis* n'estoient pas les Statuës que nous [illegible] dans nos Vestibules, mais des images de cire qui repre-

A de quatre; si ce n'est qu'on vueille faire ces colonnes des Peristyles d'ordre Dorique, auquel cas il faudra regler leurs proportions, & celle des Triglyphes sur ce que j'ay écrit au quatriéme livre. CHAP. IV.

sentoient les ancestres du maistre de la maison. Je croy que *les ornemens des images* se doivent entendre des Piedestaux qui les soûtiennent, de mesme que l'Architrave, Frise & Corniche qui sont posez sur les colonnes sont apellez les ornemens de la colonne, l'un estant dit aussi improprement que l'autre; car il n'y a ce me semble point de raison de donner le nom d'ornement à des choses qui sont aussi necessaires & aussi essentielles que les Architraves, les Corniches & les Piedestaux, les colonnes & les statues estant ordinairement des parties qui peuvent plustost passer pour des ornemens que pour des choses dont les Edifices ne se peuvent passer.

CHAPITRE V. CHAP. V.

B *Des Salles à manger, des grandes Salles, des Cabinets de conversation, des Cabinets de Tableaux & de leurs proportions.*

* [1] LEs *Salles à manger* doivent estre deux fois aussi longues que larges : à l'égard de la hauteur, c'est une regle que pour avoir celle de toutes sortes d'appartemens qui *Triclinia.*
* sont plus longs que larges [2] il faut assembler leur longueur & leur largeur & prendre la
** moitié de cette somme pour leur hauteur. Que si [3] les *grandes Salles* & les [4] *Cabinets de conversation*, sont quarrez, on adjoustera la moitié de la largeur pour avoir la hauteur. *Les Cabinets de Tableaux* de mesme que ceux de conversation, doivent estre amples. Les grandes Salles Corinthiennes & les *Tetrastyles*, & celles que l'on apelle Egyptiennes, doivent avoir pour leur longueur & largeur les proportions pareilles à celles qui ont esté prescrites *Oeci. Exedrae. Pinacothecae. A quatre colonnes.*
C pour les Salles à manger, mais il les faut faire tres-spacieuses à cause des colonnes.

Les grandes Salles Corinthiennes & les Egyptiennes sont differantes, en ce que les Corinthiennes n'ont qu'un ordre de colonnes posées sur un Piedestail, ou mesme en bas sur le
* pavé, [5] & ne soûtiennent que leur Architrave & leur Corniche de Menuiserie ou de Stuc,
* surquoy est le plancher [6] en voute surbaissée: mais les Salles Egyptiennes ont des Architra-
* ves sur les colonnes, & [7] sur les Architraves des planchers qui vont des colonnes jusques aux murs d'alentour. Ces planchers qui sont d'assemblage, sont pavez & font une terrasse dé-
* couverte qui tourne tout alentour. [8] Sur l'Architrave, à plomb des colonnes d'embas, on en

1. LES SALLES A MANGER. Servius croit que *Triclinium* n'estoit point la Salle où on mangeoit, mais la table avec ses trois lits. Vitruve dit aussi la mesme chose au chapitre 10 de ce livre, où
D parlant des grandes Salles à manger des Grecs, il ne les apelle point *Triclinia* mais *Oecus*, c'est-à-dire des maisons, à cause de leur grandeur : car il dit qu'elles estoient si grandes qu'elles pouvoient contenir *quatuor triclinia*. Neanmoins on ne peut pas douter que Vitruve n'ait entendu icy par *Triclinium* la Salle où on dressoit une table à trois lits, dont il y en avoit un à chaque costé, le quatriéme estant sans lit pour le service.

2. IL FAUT ASSEMBLER LEUR LONGUEUR ET LEUR LARGEUR. Cette regle generale a bien de la peine à subsister dans les grandes pieces comme sont les Salles & les Galleries : Car une Salle de douze toises sur six qui fait dixhuit toises, en auroit neuf de haut, & la Gallerie des Thuilleries qui a 243 toises sur 5 en devroit avoir 124 de haut. La regle qui est mise au chapitre suivant pour la hauteur des pieces qui ont une grande longueur, est plus sûre, qui est de prendre pour la hauteur la largeur & demie.

E 3. LES GRANDES SALLES. Le mot *Oecus* qui signifie maison, m'a fait adjouter le mot de grand à celuy de Salle que j'ay pris de Leo Bapt. Alberti & de Palladio, qui interpretent *Oecos*, *Salas*. La verité est que *Oeci* chez les Anciens estoient proprement les Salles à manger : mais il y a lieu de croire que Vitruve a pu se servir de ce mot pour distinguer les grandes Salles qui estoient pour d'autres usages, d'avec les Salles à manger, veu qu'il en a déja parlé & qu'il les a apellées *Triclinia*.

4. LES CABINETS DE CONVERSATION. L'explication du mot *Exedra*, estant dans l'onziéme chapitre du cinquiéme livre, où il est dit que c'est un lieu remply de sieges pour ceux qui s'assemblent à dessein de conferer des sciences, j'ay crû que je pouvois icy suppléer ce que Vitruve y a adjouté en ce lieu-là, & les apeller *des Cabinets de conversation*, parce qu'il s'agit icy des maisons des particuliers, & non pas des Academies des gens de Lettre, & cette explication estant conforme à celle que Caton donne à *Exedra* qu'il apelle *cellam ad colloquendum*.

5. NE SOÛTIENNENT QUE LEUR ARCHITRAVE ET LEUR CORNICHE. Vitruve joint icy l'Architrave à la Corniche sans parler de la Frise. Il y a apparence que ce qu'on apelle Corniche architravée a tiré son origine de cet endroit. On en voit d'ailleurs des exemples dans l'antique aux platfonds des Portiques, où les Architraves sont en dedans de mesme qu'en dehors, ayant une petite Corniche & une Frise encore plus petite, qui toutes deux ensemble n'occupent que l'espaisseur de la Frise de dehors.

6. EN VOUTE SURBAISSÉE. Le mot *delumbatum* qui en françois pourroit estre traduit à la lettre *Erenté* ou *Ereinté*, c'est-à-dire dont les reins sont affoiblis, a esté interpreté voute surbaissée, parce que ces sortes de voutes sont plus foibles que les autres. Si le mot *Ereinté* estoit en usage il seroit d'autant plus significatif qu'on est deja accoustumé à la metaphore des reins en fait de voutes, dont les parties qui s'élevent & qui posent sur les impostes, sont vulgairement apellées *les reins*.

7. SUR LES ARCHITRAVES DES PLANCHERS. Vitruve met icy les planchers immediatement sur les Architraves sans mettre la petite Corniche & la petite Frise dont il vient d'estre parlé & que l'on met au dedans des Portiques. Cela a aussi quelques exemples dans l'antique; mais ils sont plus rares que de l'autre maniere, qui a esté depuis peu pratiquée aux grands Portiques qui sont à la face du Louvre, où on n'a fait entrer dans les Portiques qui sont voutez de pierre à ceintre droit, que l'Architrave seulement, afin de diminuer la grande charge des plattebandes qui vont des colonnes au mur du Portique, qui sont de plus de douze pieds, & afin que les platfonds ne fussent point si enfoncez, les Architraves seuls ayant trois pieds d'épaisseur.

8. SUR L'ARCHITRAVE. Cette maniere de supprimer la Frise & la Corniche dans les dedans a déja esté enseignée au 1 chapitre du 5 livre dans la description de la Basilique de Fano,

Planche LIV.

EXPLICATION DE LA PLANCHE LIV.

Cette Planche represente la Salle Egyptienne, qui ressemble fort à ce que nous apellons une Chambre à l'Italienne. L'essentiel de ce Genre d'Edifice consiste à ne prendre du jour que par enhaut, & à avoir l'exhaussement de deux étages ; ce qui aporte trois commoditez considerables. La premiere est que cette sorte d'appartement peut estre dégagé des quatre costez, & répondre à quatre appartemens ; La seconde qu'il est frais en Esté ; La troisiéme que le jour qui vient des quatre costez & par enhaut n'éblouït point, & laisse tout autour aux Tableaux & aux autres ornemens dont on le veut parer, la place qui est ordinairement employée à des croisées.

met

A met d'autres plus petites du quart, sur lesquelles il y a d'autres Architraves avec les autres ornemens & les planchers en platfond. Entre les colonnes d'enhaut on place les fenestres, ce qui a la forme d'une Basilique, que les Salles Corinthiennes n'ont point.

& bien que l'on n'en voye que fort peu d'exemples, on peut dire neanmoins qu'elle est appuyée sur la raison qui veut que les preceptes d'Architecture soient fondez sur quelque usage. Or l'usage des Corniches estant de deffendre les murs & les colonnes des injures du temps, il est certain qu'elles sont inutiles aux lieux qui sont couverts, & qu'elles ne font que derober le jour des fenestres qui sont au dessus. Il y a un exemple [illegible] d'ornemens au [illegible] des Tutelles a Bordeaux [illegible] avoir esté basti peu de temps aprés Auguste [illegible] nes ne soutiennent qu'un Architrave sur le [illegible] ordre de colonnes, il y a des Cariatides.

CHAPITRE VI.

B

Des grandes Salles à la maniere des Grecs.

ON fait encore de *grandes Salles* d'autre maniere que celles que l'on voit en Italie, [1] apellées en Grec *Cyzicenes*. On les fait tournées au Septentrion, & en sorte qu'elles ont veuë le plus souvent sur les jardins, & que leurs portes sont dans le milieu. Ces Salles doivent estre assez larges pour contenir deux tables à trois lits opposées l'une à l'autre avec [2] la place qui est necessaire tout alentour pour le service. Elles ont à droit & à gauche des fenestres [3] qui s'ouvrent comme des portes, afin que [4] de dessus les lits on puisse voir dans les jardins. La hauteur de ces Salles est de la moitié de la largeur ajoûtée à cette mesme largeur.

Dans toutes ces sortes d'Edifices il faut s'accommoder à la situation du lieu, & sur C tout il faut prendre garde que la hauteur des murs voisins n'oste point le jour, car cela arrivant à cause du peu d'espace, ou pour quelque autre raison que ce soit, il faut augmenter ou diminuer avec tant d'adresse les proportions que nous avons prescrites, que ce que l'on fera semble n'avoir rien qui y soit contraire.

1. APELLEES EN GREC CYZICENES. La ville de Cyzique qui estoit en une Isle du mesme nom dans la mer de Proportide, est fort renommée pour la magnificence des Bastimens qui estoient tous de marbre jusqu'aux murailles de la Ville. Il y a apparence que le nom qu'on a donné aux grandes Salles dont Vitruve parle, a esté pris de là.

2. AVEC LA PLACE. J'ay usé de circonlocution pour expliquer le mot de *circuitiones*. Le texte porte que les Salles à manger doivent estre assez grandes pour avoir *duo triclinia cum circuitionibus*. Je traduits *deux tables a trois lits avec la place qui* D *leur est necessaire tout alentour pour le service*. Cette explication est prise du dixiéme chapitre de ce livre, où Vitruve parle encore de ces Salles à manger, il en fait concevoir la grandeur par le nombre des tables à trois lits qu'elles pouvoient contenir, outre la place qu'il falloit pour le service qu'il apelle *ministrantium locum*. J. Martin explique *circuitiones*; *leurs promenoirs environ*, & il croit que *Triclinia* étoient des Salles à manger qui faisoient une partie de l'Edifice qui est apellé *Oecus*. Mais la maniere dont Vitruve s'en explique au 10 chapitre, fait voir qu'en cet endroit *Triclinia* estoient les tables à trois lits sur lesquels on se couchoit pour manger.

3. QUI S'OUVRENT COMME DES PORTES. J'ay crû que *lumina fenestrarum valvata*, ne signifioit pas comme les Interpretes ont crû *des fenestres doubles*, mais *des fenestres qui n'ayant point d'appuy s'ouvrent jusqu'embas comme des portes*, & de la maniere que le Roy les a fait faire à Versailles dans tous les appartemens qui ont veüe sur les jardins de cette Maison enchantée : car il n'y auroit pas de sens à dire que les fenestres des lieux où l'on mange doivent estre doubles, afin que ceux qui sont à table, c'est-à-dire qui sont éloignez des fenestres, puissent voir dans les jardins; parce que des fenestres pour estre doubles ne sçauroient faire autre chose que de decouvrir à ceux qui en sont éloignez une plus grande partie du Ciel ; au lieu que lorsqu'elles sont ouvertes jusqu'embas, on decouvre non seulement la campagne qui est éloignée, mais mesme les lieux plus proches, tels que sont les jardins.

4. DE DESSUS LES LITS. J'ay suivy la correction de Philander, qui croit qu'il faut lire *de lectis* au lieu de *de tectis* qui se trouve dans tous les Exemplaires.

CHAPITRE VII.

CHA. VII.

E

A quel aspect du Ciel chaque genre de Bâtiment doit estre tourné pour faire que les Logemens soient commodes & sains.

IL faut maintenant expliquer quelles sont les choses qui doivent estre observées à l'égard des aspects du Ciel & des divers genres d'Edifice, pour faire ensorte que les Logemens soient commodes.

Les Salles à manger en hyver, & les Bains doivent regarder le couchant d'hyver, [1] parce-

1. PARCEQUE L'ON A PRINCIPALEMENT BESOIN DE LA CLARTE' DU SOIR. Il semble que Vitruve veüille dire que les lieux à manger ne servoient que le soir; & cela confirme l'opinion que l'on a que les Anciens ne mangeoient guere que le soir, & que s'ils disnoient ce n'estoit que fort legerement. Hipocrate parle de manger deux fois le jour comme d'une chose qui n'estoit pas ordinaire. Celse dit que ceux qui disnent doivent se contenter de peu de chose, sans manger de chair & mesme sans boire si c'est en Hyver; & je croy que le mot dont les Grecs & les Romains apelloient le repas du soir signifioit un

CHAP. VII. que l'on a principalement besoin de la clarté du soir, & que le Soleil couchant éclairant A
droit à l'opposite, répand une chaleur assez douce vers le soir dans les appartemens. Les Chambres & les Bibliotheques doivent estre tournées au Soleil levant, parceque leur usage demande la lumiere du matin ; outre que les livres ne se gastent pas tant dans ces Bibliotheques, que dans celles qui regardent le midy & le couchant, qui sont sujettes aux vers & à l'humidité ; parceque la mesme humidité des vents qui fait naistre, & qui nourrit les vers fait aussi moisir les livres.

Les Salles à manger dont on se sert au printemps & en automne, doivent estre tournées vers l'orient ; car par le moyen [1] des fenestres que l'on tient fermées, jusqu'à ce que le Soleil soit tourné vers le couchant, on fait que ces lieux sont temperez dans le temps que l'on a de coûtume de s'en servir. Les Salles qui sont pour l'été regarderont le Septentrion, parceque cet aspect rend les lieux toujours frais, sains & agreables, n'estant point exposé B
au cours du Soleil ; au contraire de celuy qui regarde le solstice d'été, dont la chaleur est insupportable. Cet aspect est aussi fort propre pour les Cabinets de Tableaux, & pour les
Plumariorum textrina. *Atteliers* [2] *des Brodeurs* & des Peintres ; parceque le jour qui y est égal à toute heure, entretient les couleurs toujours en un mesme estat.

repas commun, c'est-à-dire que plusieurs personnes sont ensemble, parce que chacun faisoit son disner en particulier & comme en passant.

1. Des fenestres que l'on tient fermées. Cet endroit est obscur & difficile, parceque l'on ne luy sçauroit donner de construction. Il y a *Cum enim prætentis luminibus, adversus solis impetus progrediens ad occidentem.* J'ay taché de trouver de la construction en lisant *adversâ* au lieu d'*adversus*, & presupposant que *cum* est une preposition & non pas un adverbe ainsi qu'il sembleroit estre à cause d'*enim* qui le suit. Je lis donc, *cum enim prætentâ*, c'est-à-dire *cum prætentâ enim* ou *enim cum prætentâ luminibus adversâ, solis impetus progrediens ad occidentem*, ce qui signifie *car le Soleil passant vers le couchant avec un rideau ou contrevent qui luy est opposé*, c'est-à-dire pendant qu'un rideau ou contrevent luy est opposé. Car *prætenta* ou *prætentura* qui est dit *à prætendendo*, signifie tout ce que l'on oppose & que l'on met devant pour se couvrir. Les Historiens se servent de ce mot pour signifier les retranchemens & les épaulemens que l'on oppose aux ennemis. Amm. Marcelin en use souvent en cette signification. *Itaque dextris aversis obsidentium agmina prætenturis*, &c. *Salubriter & caute castrametata, prætentura totis numeris ordinata*, &c.

2. Des Brodeurs. On ne sçait point bien precisement ce que c'estoit parmy les Anciens que *plumarium opus*. Quelques-uns croyent que c'estoit un ouvrage fait avec des plumes d'oyseaux : mais il y a plus d'apparence que c'estoit la broderie, qui est differente de la Tapisserie en ce que la Broderie n'est pas une estoffe continuë & tissuë, mais composée de pieces rapportées, ou de fils couchez sur une estoffe ou sur une toile, de la mesme maniere que les plumes des oyseaux le sont sur leur peau. C

CHA. VIII.

CHAPITRE VIII.

Des differentes parties qui sont dans les Logemens selon qu'ils sont Communs ou Particuliers, & qu'ils conviennent à des personnes de differentes conditions.

OUTRE l'aspect du Ciel il faut observer dans la disposition d'une maison particuliere, de quelle maniere il faut bastir les lieux qui sont seulement pour loger le maistre D
de la maison, & ceux qui doivent estre communs aux étrangers : car dans les appartemens particuliers, tels que sont les Chambres, les Salles à manger, les Bains & les autres lieux de cette nature, il n'entre que ceux qui y sont invitez : mais tout le monde a droit d'entrer sans estre mandé dans ceux qui sont publics, tels que sont les Vestibules, les Cours, les Peristyles, & les autres parties qui sont destinées à des usages communs. Or les gens qui ne sont pas d'une condition fort relevée, n'ont pas besoin de Vestibules, ny de Cabinets grands & spacieux, parcequ'ils vont ordinairement faire la cour aux autres, [1] & on ne la leur vient point faire chez eux. Ceux qui font trafic des fruits de la terre, doivent avoir à l'entrée de leur maison des Etables, des Boutiques, & au dedans des Caves, des Greniers, des Celliers, & d'autres commoditez qui soient plus pour serrer leur marchandise, que pour l'ornement & la beauté de leur maison. Les Gens d'affaires & les Partisans ont besoin d'apparte- E
mens un peu plus beaux & plus commodes, mais qui soient bien fermez, afin d'estre en seureté contre les voleurs. Les gens de Judicature, & les Avocats les veulent encore plus propres & plus spacieux, à cause de la multitude du monde qui a à faire à eux. Les personnes de plus haute condition qui sont dans les grandes Charges, & qui servent le public, doivent avoir des Vestibules magnifiques, de grandes Salles, des Peristyles spacieux, des Jar-

1. Et on ne la leur vient point faire chez eux. Cet endroit est obscur. Le sens me semble estre que les personnes de mediocre condition ne reçoivent pas tant de monde chez eux que les Grands à qui ils vont faire la cour avec tout le reste du monde. J'ay crû que ce sens se trouveroit dans le texte, si au lieu de *hi aliis officia præstant ambiundo, quæ ab aliis ambiuntur*, on lisoit *hi aliis officia præstant ambiundo, neque ab aliis ambiuntur*, mettant seulement *neque* au lieu de *quæ*.

A Jardins avec de longues allées d'arbres, & il faut que tout soit beau & majestueux. Ils doivent de plus avoir des Bibliotheques, des Cabinets ornez de Tableaux, & des Basiliques qui ayent la magnificence que l'on voit aux Edifices publics : parceque dans ces maisons il se fait des assemblées pour les affaires de l'Estat, & pour les jugemens & arbitrages par lesquels se terminent les differens des particuliers. CHAP. VIII.

Les Edifices estant ainsi disposez selon les differentes conditions des personnes, on peut dire que l'on aura satisfait à ce que demande la bienseance dont il a esté parlé dans le premier livre ; parceque chaque Edifice aura tout ce qui se peut desirer pour sa commodité & pour son accomplissement ; ce qui ne servira pas seulement pour disposer & ordonner les maisons de la ville, mais mesme celles de la campagne, qui ne sont differentes les unes des autres, qu'en ce qu'aux maisons de la ville, les Vestibules sont proches de la porte, &
B à celles de la campagne, *qui ne sont pas de simples metairies*, la partie qui est pour le logement du Maistre, a des Peristyles à l'abord, & en suite des Vestibules entourez de Portiques pavez, qui ont veuë sur les Palestres & sur les Jardins.

Aprés avoir enseigné sommairement & le mieux que j'ay pû, comme j'avois promis, de quelle maniere il faut disposer les maisons de la ville, [1] il me reste d'expliquer quelle doit estre la disposition qui peut donner à celles de la campagne la commodité que leurs usages demandent.

1. IL ME RESTE D'EXPLIQUER. Tous les Exemplaires commencent en cet endroit le neuviéme chapitre, mais mal-à-propos comme Philander a observé. Je m'estonne pourquoy cette remarque ayant esté aprouvée par tous ceux qui ont écrit sur Vitruve depuis Philander, personne n'a restitué à ce chapitre ce qui luy a esté osté sans raison, & je crois en avoir beaucoup de l'avoir fait.

C

CHAPITRE IX. CHAP. IX.

De la maniere de bâtir les Maisons de la campagne, avec la description & les usages des parties qui les composent.

POUR bien situer une Maison de campagne il faut en premier lieu considerer de mesme que quand il s'agit de bâtir les Murs d'une Ville, quelle exposition est la plus saine, & tourner la maison de ce costé-là. La grandeur d'une Maison de campagne doit estre proportionnée aux terres qu'elle a, & aux fruits que l'on y recueille : La grandeur de [1] ses Cours & leur nombre sera determiné par la quantité du bétail, & des charruës qui seront necessaires. La Cuisine sera dans le lieu le plus chaud de la Cour,
D prés de laquelle on bâtira l'Etable à Bœufs, qu'il faudra disposer en sorte, que des Creches on voye [2] la cheminée & le Soleil levant; d'autant que par ce moyen les Bœufs en voyant or-

1. LES COURS. Le mot latin *chors* signifioit la cour des Metairies seulement. M. Varro dit qu'il en faut deux dans les grandes Fermes, l'une entourée de bastimens pour loger le fermier, au milieu de laquelle il doit y avoir une mare ; l'autre pour mettre les pailles & les fumiers, qui doit estre entourée d'étables & de Bergeries. Il y a apparence que nostre mot de Cour, quoyqu'il s'étende à cette partie de toutes nos maisons qui est enfermée & découverte, de mesme que le *Cortile* des Italiens, a pris son origine de ce mot de *chors*.

2. LA CHEMINÉE. J'ay crû qu'il ne pouvoit pas y avoir de difficulté de traduire icy *Focum* la cheminée, parce qu'elle s'entend de celle de la cuisine, où il est certain que les Anciens avoient
E des cheminées : Car on doute s'il y en avoit dans leurs chambres, qu'on tient qu'ils échauffoient seulement ou par des conduits qui aportoient une vapeur chaude d'un feu qui étoit allumé dans une voute sous terre, ou par une espece de charbon de terre qui brûloit sans faire de fumée, & que Suetone apelle *Mesoni carbones* en la vie de Tibere. Mais on lit beaucoup de choses qui peuvent faire croire qu'ils avoient des cheminées dans leurs chambres. Suetone dit que la chambre de Vitellius fut brûlée, le feu ayant pris à la cheminée. Horace écrit à son amy de faire bon feu dans sa cheminée, *dissolve frigus ligna super foco largè reponens*. Ciceron dit la mesme chose à Atticus dans ses Epistres *incidendo camino ... conseo* : Et Vitruve mesme cy-aprés au 7 livre chapitre 3, parlant des corniches que l'on fait dans les chambres, avertit de les faire simples & sans Sculpture dans les lieux où l'on fait du feu ; Neanmoins il est croyable que si les Anciens avoient des cheminées faites comme les nostres, elles estoient fort rares ; autrement Vitruve en auroit parlé plus expressément, car leur disposition & leur situation est une chose assez considerable dans nostre Architecture.

Mais sur tout les precautions que l'on doit aporter pour empescher que les cheminées ne fument, sont dignes d'occuper les soins d'un Architecte. Je raporteray à ce propos un moyen assez commode pour cela. Il consiste à oster la principale & la plus ordinaire cause qui fait fumer, qui est le defaut du flus de l'air qui est necessaire pour aider à faire couler la fumée dans le tuyau de la cheminée : car il arrive rarement qu'une cheminée fume lorsque la porte ou les fenestres sont ouvertes. On enferme dans l'épaisseur du plancher un tuyau de 4 pouces de diametre, qui ayant une de ses ouvertures dehors & passant sous le foyer, va s'ouvrir à quelqu'un des coins de la chambre. Ce tuyau fournit l'air qui est necessaire à l'écoulement de la fumée ; & la chaleur du foyer qui se communique en passant à cét air, empesche qu'il ne refroidisse la chambre comme feroit celuy qui entreroit par la porte ou par les fenestres. Cette maniere me semble plus commode que celle que Phil. de l'Orme propose, qui est de se servir d'Æolipile, Car outre que l'Æolipile ne fournit qu'une tres-petite quantité d'air à comparaison de ce qui vient par le tuyau qui est enfermé dans le plancher, elle ne peut faire impulsion qu'en un des costez de la cheminée, ce qui est cause que la partie de la fumée qui sera poussée par le costé où l'Æolipile agit, retournera par l'autre costé pour reprendre sa place, faisant une circulation ; & quand mesme l'air que l'Æolipile peut fournir suffiroit au flus qui le

CHAP. IX. dinairement la fumiere & le feu [1] ne deviendront point herissez. C'est pourquoy les La- A
boureurs [2] qui ne sont pas ignorans des effets des differens aspects du Ciel, croyent qu'il
ne faut tourner les Etables des Bœufs que vers le Soleil levant. La largeur de ces Etables
ne doit pas estre moindre que de dix piez, ny plus grande que de quinze. La longueur
doit estre reglée sur cette supposition, sçavoir que chaque couple de Bœufs doit au moins
occuper sept piez.

Les Bains seront encore prés de la Cuisine, afin que l'on n'ait pas loin à aller pour le service qui est necessaire à des Bains de village. [3] Le Pressoir doit aussi n'estre pas éloigné de la Cuisine, parceque cela rendra le travail qui est requis pour la preparation des Olives, plus aisé. En suite du Pressoir, sera le Cellier, dont les fenestres doivent regarder le Septentrion, car si elles estoient exposées au Soleil, le vin se tourneroit & s'affoibliroit par la chaleur. Au contraire le lieu où l'on serre les Huiles doit estre tourné au Midy, parcequ'il n'est B
pas bon que l'Huile soit gelée, mais il faut que la chaleur douce du Soleil l'entretienne toujours coulante.

La grandeur des Celliers doit estre proportionnée aux fruits qui se recueillent, & au nombre de Tonneaux, qui peuvent occuper par le milieu quatre piez de place, s'ils sont [4] *de la grande iauge*. Si le Pressoir n'est point à Vis, mais à Arbre, il faut qu'il ait au moins quarante piez de longueur, & seize de largeur; ce qui suffira pour pouvoir y travailler à l'aise: que si l'on a besoin de deux Pressoirs, il faudra que le lieu ait vingt-quatre piez de largeur.

Culearia.

La grandeur des Bergeries & des Etables pour les Chevres doit estre telle que chaque beste n'ait pas moins de quatre piez & demy de place, ny plus de six. Les Greniers seront élevez & tournez au Septentrion, ou à la Bise, afin que la fraischeur du vent empesche les C
grains de s'échauffer, & les conserve plus long-temps: car les autres aspects les rendent sujets à engendrer des Chalans, & tels autres insectes qui gâtent le blé.

Les Ecuries doivent estre bâties prés la maison au lieu le plus chaud, pourveu qu'il ne regarde point vers la cheminée: car les Chevaux qui sont d'ordinaire proche du feu deviennent herissez. Il est bon aussi que les Creches des Bœufs qui sont éloignées de la Cuisine, ayent veuë vers l'Orient, parceque lorsque les Bœufs y sont menez pendant l'Hyver quand il fait beau temps, pour y manger le matin, ils deviennent plus beaux. [5] *Les Granges & les Greniers pour serrer le foin* [6] *& les pailles*, comme aussi les Moulins, doivent estre bâtis un peu loin de la maison, à cause du danger du feu.

Horrea fenilia. Farraria.

Si l'on veut faire quelque chose au bâtiment de la maison qui ait de l'ornement & de la delicatesse, il faudra suivre les proportions qui ont esté données cy-dessus pour les bâti- D
mens de la ville; pourveu que cela se puisse faire sans prejudice des commoditez que requiert le ménage des champs.

doit faire dans le tuyau de la cheminée, l'air qui demeureroit dans la chambre s'échaufferoit d'une maniere tout-à-fait insupportable à ceux qui y seroient, devenant ce que l'on apelle étouffé; c'est-à-dire mal propre aux usages de la respiration, à cause des vapeurs qui sortent incessamment de tous les corps tant vivans qu'inanimez, qui estant retenuës dans un lieu chaud acquierent une mauvaise qualité: au lieu que par la maniere que je propose, tout l'air de la chambre se renouvelle incessamment & demeure pur sans estre refroidy.

1. NE DEVIENDRONT POINT HERISSEZ. *Boves lumen & ignem spectando horridi non fiunt.* Columelle explique cela en disant, *boves nitidiores fiunt si focum proximum habeant, & ignis lumen intendant.*

2. QUI NE SONT PAS IGNORANS. Il y a dans la pluspart des Exemplaires, *agricolæ regionum imperiti.* Quelques-uns ont *periti*: cela m'a semblé estre de meilleur sens.

3. LE PRESSOIR DOIT AUSSI N'ESTRE PAS ELOIGNÉ. Marcus Cato dit qu'il faut que les huyles soient tenuës dans un lieu le plus chaud qu'il sera possible. Columelle fait entendre qu'il doit y avoir de l'eau chaude dans les pressoirs à huyle pour laver les olives quand elles sont sales, & pour échauffer les vaisseaux où l'huyle doit estre gardée. Il dit neanmoins qu'il faut éloigner le feu le plus que l'on peut des pressoirs à cause de la fumée qui est tellement nuisible à l'huyle dans le temps qu'on la fait qu'il ne doit jamais y avoir plus d'une lampe allumée dans chaque pressoir.

4. DE LA GRANDE JAUGE. J'explique ainsi le mot de *Culearia*, parceque *Culeus* qui contenoit 1600 pintes qui font prés de quatre de nos muids, étoit la plus grande mesure des choses liquides.

5. LES GRANGES. C'est ce me semble ce que doit signifier icy le mot de *Horrea*, bien qu'il s'entende ordinairement des greniers à serrer le blé quand il est battu, & que le mot de grange signifie un lieu à serrer les gerbes: mais parcequ'il s'agit icy du danger du feu, il y a apparence que Vitruve a entendu par *Horrea* nos granges: Car les Grammairiens tiennent que *Horreum* est dit *ab horrore spicarum*; or les épis ne sont qu'aux gerbes & E
non pas au grain quand il est battu; d'ailleurs le mot *horreum* s'étend encore plus loin que les greniers & que les granges, puisqu'il signifie mesme jusqu'aux caves & aux sellers dans Horace.

Nardi parvus onyx eliciet cadum
Qui nunc Sulpitiis accubat horreis.

6. ET LES PAILLES. Il sembleroit aussi que *farraria* qui est dit de *far*, qui signifie le grain du blé battu, devroit estre traduit *grenier à blé*: mais parce que le blé battu n'est pas sujet à prendre feu comme la paille & le foin, j'ay crû que Vitruve avoit pû prendre la licence de mettre *farraria* pour un grenier à serrer les pailles, & que de mesme que *far* qui signifie du blé battu est dit *a faciendo*; par la mesme raison, la paille pourroit aussi estre dite *far*; parceque la mesme action qui separe le grain de la paille, separe aussi la paille du grain. Le mot françois de *fuarre* ou *feurre*, qui signifie de la paille, vient peut-estre de ce mot *farraria*.

En

A En toutes sortes d'Edifices il faut prendre garde qu'ils soient bien eclairez [illegible] Ce[illegible] pas difficile à la campagne, où il n'y a point d'autres maisons [illegible] jour : mais cela arrive plus souvent dans la ville, où les maisons [illegible] & assez hautes pour causer de l'obscurité. Afin de connoistre si l'on [illegible] jour, & 1 d'où il le faut prendre, on tire une corde 2 du haut du mur qui peut oster le jour, jusqu'au lieu qui le doit recevoir, & si en regardant en haut le long de cette corde, le Ciel se voit à decouvert, on sera asseuré que ce lieu pourra avoir de la lumiere sans empeschement. Que si l'on voit que les poutres, ou le haut des fenestres, ou le haut des planchers, doivent oster le passage à la lumiere, il faudra faire des ouvertures plus grandes & plus elevées, & si bien disposer les choses que les fenestres soient faites aux endroits où le Ciel se voit à decouvert. Cela se doit principalement observer aux Salles à manger, aux Cham-
B bres, & sur tout aux Passages & aux Escaliers qui ont grand besoin d'estre eclairez, à cause qu'en ces lieux plusieurs personnes, & qui souvent sont chargées, ont accoutumé de se rencontrer l'un devant l'autre.

Je croy avoir expliqué assez intelligiblement la maniere que nous avons de distribuer nos Edifices en Italie, pour faire que ceux qui voudront bâtir n'y trouvent point d'obscurité. Il reste à dire sommairement de quelle façon les Grecs ordonnent leurs maisons, afin que l'on ne l'ignore pas.

1. ET DE QUEL COSTÉ IL LE FAUT PRENDRE. Joste un point qui separe en deux une periode & je lis, *itaque de ea re sic erit experiendum ex qua parte lumen oportet sumere*, au lieu de *itaque de ea re sic experiendum. Ex qua parte lumen oportet sumere, linea ducatur*.

C 2. DU HAUT DU MUR QUI PEUT OSTER LE JOUR. Cet endroit est difficile à entendre, parcequ'il n'est pas croyable que Vitruve ait voulu dire ce qu'il dit; sçavoir que pour voir si un mur empesche le jour, il faut tendre une corde depuis le haut du mur qui peut empescher le jour [illegible] Car il est evident que cela est [illegible] connoistre ce qu'on en est [illegible] De sorte qu'il semble que Vitruve a voulu dire que [illegible] à quelle hauteur on doit mettre le linteau [illegible] plancher d'un appartement, il ne tendre [illegible] à peu prés à l'endroit où l'on se propose d'elever le linteau ou le plancher, & regarder si entre cette corde & le mur on voit un espace considerable du Ciel.

CHAPITRE X. CHAP. X.

Des Edifices des Grecs, de la disposition des parties qui les composent, de leurs noms, & de leurs usages, qui sont fort differens de ceux des Edifices d'Italie.

LEs Grecs bâtissent autrement que nous; car ils n'ont point de *Vestibules*, mais de la
D premiere porte on entre dans un passage qui n'est pas fort large, où d'un costé il y a des Ecuries, de l'autre la loge du Portier. Au bout de ce passage que l'on apelle 1 *Thyrorion*, il y a une autre porte d'où l'on entre dans le Peristyle, qui a des Portiques de trois costez. Au costé qui regarde le Midy il y a deux Antes fort éloignées l'une de l'autre, 2 qui soûtiennent un Poitrail, & entre ces Antes il y a une ouverture pour entrer au dedans, qui est moins grande de la troisiéme partie que l'espace qui est entre les Antes. Ce lieu est apellé 3 par quelques-uns *Prostas*, & par d'autres *Parastas*.

Au dedans de ce lieu il y a de grandes Salles où les Meres de famille filent avec leurs servantes. Dans le passage qui s'apelle Prostas, il y a à droit & à gauche des chambres dont l'une est apellée *Thalamus*, l'autre 4 *Antithalamus*. Autour des Portiques il y a des Salles à manger, des Chambres, & 5 des *Garderobes* : & cette partie de la maison s'apelle *Gy-*
E *neconitis*.

Atria. *Ou* [illegible] *de la porte.* *Ce qui est proche.* *Ce qui est autour.* *La chambre.* *L'Antichambre.* *Salle familiaire.* *Appartement des femmes.*

1. THYRORION. Ce mot Grec est peu usité, mais ce qu'il signifie est assez aisé à entendre parceque le texte l'explique clairement, il vient de *Thyra* qui signifie la porte.

2. QUI SOUTIENNENT UN POITRAIL. Je lis *duas antas in quibus trabes invehitur* au lieu de *invehuntur*, qui a esté mis par un Copiste qui ne sçavoit pas que *trabes* se dit au singulier, & que deux piliers ou piedroits ne soûtiennent qu'un Poitrail.

3. PAR QUELQUES UNS *Prostas*. Les mots de *Prostas* & de *Parastas* signifient la mesme chose sçavoir des Antes, des Pilastres, des Piedroits : Il ne se trouve point qu'ils signifient un lieu & un passage ailleurs qu'en cet endroit. Il en est parlé au commencement du 2 chapitre du 4 livre.

4. ANTITHALAMUS. Les Exemplaires ont *Amphithalamus*. Je lis *Antithalamus*, selon la correction de Hermolaus. Il y a apparence que cette partie dont Vitruve parle est celle que Pline dans ses Epistres appelle *procœton*, qui est à dire un lieu qui est devant celuy où l'on couche qui est ce que nous apellons Antichambre. Où il est à remarquer que Pline dit dans une de ses Epistres que son Anti-chambre estoit jointe immediatement à sa Chambre, au lieu que nous voyons icy que l'*Antithalamus* des Grecs étoit separé du *Thalamus* par le Vestibule ou passage apellé *Prostas*; & c'est peut estre par cette raison-là que Pline dit que son Anti-chambre estoit jointe à sa Chambre, comme estant une chose qui n'estoit pas ordinaire.

5. DES GARDEROBES. Il n'est pas aisé de sçavoir certaine-

CHAP. X.

A cette partie est jointe une autre plus grande & plus ample qui à des Peristyles plus A larges, dont les quatre Portiques sont de pareille hauteur, si ce n'est que quelquefois les Colonnes sont plus hautes à celuy qui regarde le Midy, [1] qu'ils apellent Rhodien. Cette partie de la maison a de plus beaux Vestibules & des Portes plus magnifiques que l'autre. Les Portiques des Peristyles sont ornez de stuc, & lambrissez de menuiserie. Le long du Portique qui regarde le Septentrion, il y a des Salles à manger, que l'on apelle Cyzicenes, & des Cabinets de Tableaux; à ceux qui regardent l'Orient il y a des Bibliotheques; à ceux qui regardent le Couchant ce sont des Cabinets de conversation; & à ceux qui regardent le Midy, de grandes Salles quarrées si vastes & si spacieuses, qu'elles peuvent contenir sans estre embarassées, [2] quatre tables à trois sieges en forme de lits, avec la place qu'il faut pour le service, & pour ceux qui y joüent des jeux. C'est dans ces Salles que se font les festins des hommes; parceque ce n'est point la coûtume que les femmes se mettent à table avec les B hommes: Et c'est pour cela que ces Peristyles sont apellez *Andronitides*, parceque les hommes seuls y habitent [3] sans estre importunez par les femmes. A droit & à gauche de ces Bâtimens qui ont des Peristyles, il y a de petits appartemens degagez, qui ont des Portes particulieres & des Salles & des Chambres fort commodes, destinées pour recevoir les survenans qui ne logent point dans les appartemens des Peristyles. Car ceux qui estoient opulens & magnifiques parmy les Grecs avoient des appartemens de reserve avec toutes leurs commoditez, dans lesquels ils recevoient ceux qui estoient venus de loin pour loger chez eux. La coûtume estoit qu'aprés les avoir traitez le premier jour seulement, [4] ils leur envoyoient en suite chaque jour quelques presens des choses qui leur venoient de la campagne, comme des poulets, des œufs, des herbages, & des fruits. De là est venu que les Peintres qui ont representé ces choses que chacun envoyoit à ses C hostes, les ont apellées *Xenia*. Ainsi ceux qui voyageoient estoient logez comme chez eux, pouvant dans ces appartemens vivre en leur particulier en toute liberté.

Pour les hommes.

Choses envoyées aux estrangers.

Entre ces Peristyles dont nous avons parlé, & les appartemens des survenans, il y a des passages apellez *Mesaules*, comme qui diroit [5] *entre deux Palais*, à cause qu'ils sont entre deux Aules; nous les apellons *Andronas*: mais c'est une chose surprenante que ce mot ne signifie point en grec la chose qui est entenduë par les Latins: car les Grecs signifient par *Andronas* les

Palais appartenans aux hommes.

ment ce que Vitruve entend par *cellas familiaricas*. Les Anciens apelloient *Sellas familiares*, *sellas perforatas ad excipienda alvi excrementa accommodatas*: Mais *sella* qui signifie *une selle*, est autre chose que *cella* qui est *une petite chambre*. Il y a neanmoins apparence que Vitruve n'a pas mis le mot de *cella* au lieu de celuy de *sella* par megarde, parce qu'il s'agit icy des pieces dont les appartemens sont composez, & non pas des choses dont ils sont meublez: Et on peut croire aussi qu'il a ajoûté le mot *familiaricas* ou *familiares* pour designer l'usage de cette piece qui estoit destinée pour la commodité des necessitez ordinaires. Mais il faut entendre que ce qui est icy apellé *garderobbe* n'estoit qu'un lieu pour serrer la chaise & les autres meubles necessaires à la chambre, & non pas le lieu qui en françois est apellé *le privé*; parce qu'il ne se trouve point dans les écrits ny dans les bastimens qui nous restent des Anciens, qu'ils eussent dans leurs maisons des fosses à privez. Ce qu'ils apelloient *Latrinas* estoient des lieux publics où alloient ceux qui n'avoient pas des esclaves pour vuider & pour laver leurs bassins, qui estoient aussi apellez *Latrina à lavando*, suivant l'etymologie de M. Varro. Car Plaute parle de la servante *quæ latrinam lavat*; où *latrina* ne peut estre entendu en cet endroit de Plaute de la fosse qui chez les Romains estoit nettoyée par des conduits souterrains dans lesquels le Tybre passoit: & il est vray-semblable que Plaute s'est servy du mot de *Latrina* pour dire que *sella familiaris erat vebus latrina particularis*.

1. QU'ILS APPELLENT RHODIEN. On ne sçait pas bien pourquoy ce Portique s'appelle Rhodien, si ce n'est parce qu'estant tourné au Midy & ayant le Soleil tout le long du jour, il est semblable à l'Isle de Rhodes dans laquelle Pline dit que le Soleil est rarement caché par des nuées.

2. QUATRE TABLES A TROIS SIEGES EN FORME DE LITS. Je traduis ainsi *triclinium* qui à la lettre ne signifie qu'un triple lit. Au cinquiéme chapitre de ce livre *triclinium* est pris pour la salle où l'on mangeoit & dans laquelle estoient les tables avec leurs trois lits.

3. SANS ESTRE IMPORTUNEZ PAR LES FEMMES. Vitruve parle à la maniere des Romains qui n'estoient pas si galands que les Grecs: car le mot *interpellare* signifie en Latin quelque chose de plus que le mot françois d'interrompre, & il s'estend à tout ce qui incommode & qui vient mal-à-propos empescher de faire ce que l'on veut. D

4. ILS LEUR ENVOYOIENT. Les presens qui estoient apellez *Xenia* par les Anciens, n'estoient pas seulement donnez par les hostes qui recevoient des étrangers chez eux, ainsi que Vitruve le dit icy; mais ils se faisoient aussi par les étrangers à ceux qui les logeoient, comme il se voit dans Homere entre Glaucus & Diomede qui se font reciproquement des presens que le Poëte apelle *Xenia*.

5. ENTRE DEUX PALAIS. Le mot latin *Aula* signifie une grande salle, mais le mot grec *Aule* signifioit premierement une Cour ainsi qu'Athenée l'explique par le témoignage d'Homere, & il dit que la cour d'une maison est apellée *Aule* à cause qu'elle est exposée au vent, ensorte que le nom *Aule* vient du mot *ao* qui signifie souffler: qu'ensuite les Palais des Rois furent apellez *Aulæ*, parce qu'ils avoient des cours grandes & spacieuses, & par cette raison plus exposées au vent que les cours des maisons particulieres; & peut estre aussi parceque le vent y repaist les Courtisans: Je croy que nostre langue a suivy cette mesme Etymologie, car nous apellons la *Cour* le lieu où le Roy reside avec ses Princes & ses Officiers; si ce n'est que l'on veüille dire qu'elle est prise du mot latin *Curia*, qui selon Festus estoit dit *à Cura* comme estant le lieu où l'on traitoit les affaires publiques, *locus ubi magistratus publicas curas gerebant*. E

Je croirois neanmoins que *Mesaule* pourroit estre expliqué comme si ce mot estoit composé de *mesos* & de *aulos*, pour signifier un endroit *étroit au milieu* de deux edifices: ensorte que *Aule* dont *Mesaule* est composé ne signifieroit point les edifices qui sont aux costez des lieux apellez *Mesaule*; mais l'espace long & étroit comme une fluste, qui est au milieu de ces edifices: car *Aulos* ne signifie pas seulement une flute, mais generalement tout

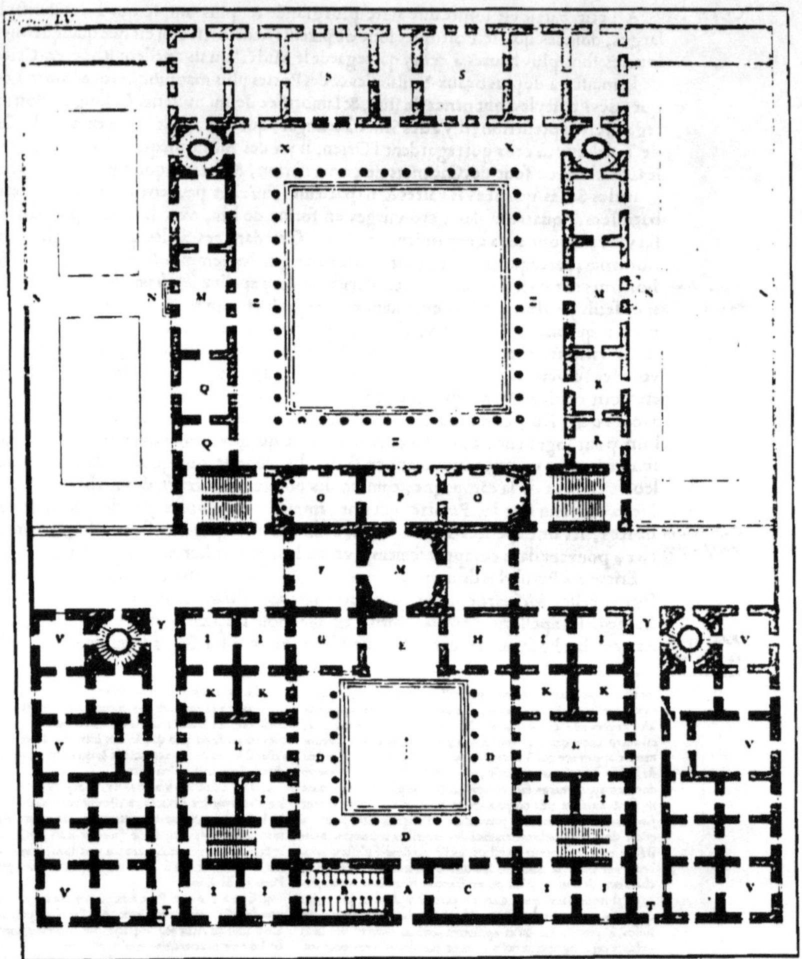

EXPLICATION DE LA PLANCHE LV.

Cette Planche est le Plan des maisons des Grecs. A, est le passage apellé Thyrorion. *B, sont les Ecuries. C, est la loge du Portier. DDD, sont les trois Portiques du Peristyle. E, est le lieu apellé* Prostas. *F F, sont les grandes Salles où les meres de famille filoient avec leurs servantes. G H, sont les chambres de parade apellées* Thalamus & Antithalamus. *II, sont les chambres de service. KK, sont les garderobes. LL, sont les salles à manger. MMM, sont les beaux Vestibules pour les appartemens des hommes. N N, sont les portes particulieres aux appartemens des hommes. O O, sont les salles apellées Cyzicenes. P, est le cabinet de Tableaux. QQ, sont les Bibliotheques. RR, sont les cabinets de conversation. SS, sont de grandes salles à manger. TY, sont les passages apellés Mesaules. VVV, sont les appartemens des survenans. X X, est le Portique Rhodien. ZZZ, sont les trois autres Portiques des appartemens des hommes.*

gnar les salles où les hommes ont accoustumé de faire leurs festins & où les femmes ne A
viennent point. Nous nous servons aussi de quantité de noms Grecs avec le mesme abus; comme de Xystus, de Prothyrum, de Telamones, & de plusieurs autres. Car *Xystos* en Grec est un large Portique où les Athletes s'exercent pendant l'Hyver, & nous autres nous apellons Xysta des allées découvertes pour se promener, que les Grecs nomment *Peridromidas*. De mesme les Grecs apellent *Prothyra* les Vestibules qui sont devant les portes, & Prothyra parmy nous sont ce que les Grecs apellent *Diathyra*. Nous apellons aussi [1] *Telamones* les figures d'hommes qui soûtiennent les mutules ou les corniches, mais ce nom ne se trouve avoir aucun fondement dans l'Histoire : Ces figures sont apellées des Atlas par les Grecs, parce qu'Atlas ayant esté le premier qui a enseigné le cours du Soleil & de la Lune, le lever & le coucher des Etoiles, & tous les mouvemens du Ciel, qu'il a découverts avec beaucoup d'esprit & de travail, les Peintres & les Sculpteurs en recon- B
noissance de cela l'ont representé soûtenant le Ciel sur ses épaules. C'est aussi pour cette raison que ses filles les Atlantides, qui sont apellées *Pleiades* par les Grecs & *Vergiliæ* par les Latins, ont esté mises entre les Etoiles. Mon dessein n'est pas toutefois de changer les noms que l'usage a establis, mais ce que j'en ay dit a esté pour faire sçavoir aux curieux la differente signification de ces mots.

Apres avoir traité des differentes manieres dont les Italiens & les Grecs font leurs Edifices, & de toutes les proportions des uns & des autres, il me reste à parler de la solidité de leur Structure & par quel moyen on les peut faire durer long-temps sans se gaster, parceque nous n'avons encore parlé que de ce qui regarde la beauté de leur disposition.

ce qui est long & etroit. Cette maniere d'exprimer une ligne longue & etroite par le mot de flûste est familiere à nostre langue.

1. TELAMONES. Baldus croit que le mot *Telamon* vient du Grec *Tlemon* qui signifie un miserable qui supporte le mal avec patience ; ce qui convient assez bien à ces figures qui portent les saillies des corniches : Servius neanmoins dit que ce que les Grecs apellent *Atlas*, les Latins le nomment *Telamon*, mais il y a apparence que ce Grammairien a pris cela dans Vitruve, parceque il ne se trouve point que les Auteurs Latins qui ont parlé de C
ce Roy de Mauritanie, qui pour avoir esté fort addonné aux Observations Astronomiques a donné lieu à la Fable, l'ayent apellé autrement qu'Atlas.

CHAP. XI.

CHAPITRE XI.

De la solidité & des Fondemens des Edifices.

LES Edifices qui se font sur le rez de chaussée, seront sans doute assez fermes, si l'on fait leurs fondemens comme nous avons enseigné cy-devant qu'ils doivent estre aux murs des Villes & aux Theatres. Mais s'ils ont des *Voûtes sous terre*, il faudra faire les fondemens plus épais qu'ils ne devroient estre pour les murs des Edifices qui ne se bastissent que hors de terre. Il faut aussi que les murailles, les piedroits & les colonnes soient bien à plomb, en D
sorte que celles de dessus soient justement au milieu de celles de dessous, & que le solide réponde toujours au solide : parceque s'il y a quelque partie du mur où quelque colonne qui porte à faux, il est impossible que l'ouvrage dure long-temps. [1] Il est encore bon de mettre des poteaux au dessus de chaque linteau au droit de l'un & de l'autre jambage, afin d'empescher que les linteaux ou les poitrails qui sont chargez du mur qu'ils soûtiennent, apres avoir plié à l'endroit du vuide ne causent la ruine du mur [2] en se rompant : mais ces poteaux étant

1. IL EST ENCORE BON. Vitruve enseigne icy la maniere d'affermir les murs aux endroits où ils ont des vuides, comme au droit des portes & des fenestres, dont les linteaux sont chargez du mur qui est au dessus. Il le fait par deux sortes de decharges. La premiere est par deux poteaux DD, qui estant posez sur le linteau A, au droit de chaque piedroit BC, se joignent en pointe comme deux chevrons pour soûtenir la charge du mur EE. L'autre décharge est par le moyen d'un arc de voûte FGH, qui empesche que la muraille L ne s'affaisse, parcequ'elle est déchargée d'une partie de son faix, sçavoir de la partie MN. E

2. EN SE ROMPANT. J'ay suivy la correction de Philander, qui au lieu de *sub Lysi* lit *suâ Lysi*. Car bien que *Lysis*, ainsi qu'il a esté remarqué au chapitre 2 du troisiéme livre, signifie la Cymaise, ou Talon mis

A mis dessous & bien arrestez empescheront que les poitrails ne s'enfoncent.

Il faut aussi faire en sorte que le poids des murs soit soulagé par des Decharges faites de pierres taillées en maniere de coin, & disposées en voûte : car les deux bouts de l'arcade de la Décharge estant posez sur les bouts du linteau ou du poitrail, le bois ne pliera point, parce qu'il sera déchargé d'une partie de son faix : & s'il luy arrivoit quelque defaut par la longueur du temps, on le pourroit rétablir sans qu'il fust besoin d'estayer. Mais dans les Edifices qui sont bastis sur des piles jointes par des arcades, il faut prendre garde que les piles des extremitez soient plus larges, afin qu'elles puissent resister à l'effort des pierres taillées en coin, qui se pressant l'une l'autre pour aller au centre à cause du poids des murs qui sont au dessus, pourroient pousser les *Impostes* : car ces piles étant fort larges vers les coins, l'Ouvrage en sera beaucoup plus ferme.

B Outre toutes ces choses qui doivent estre exactement observées, il faut encore prendre garde que la Maçonnerie soit bien à plomb, & que rien ne penche ny d'un costé ny d'autre ; & sur tout on doit avoir grand soin des Ouvrages qui se font sous le rez de chaussée, à cause de la terre qu'ils soustiennent, qui peut causer une infinité d'inconveniens. Car la terre n'est jamais en un mesme état, estant d'une autre façon en Esté qu'en Hyver, auquel temps elle s'enfle & devient plus pesante à cause des pluyes qui la penetrent ; ce qui fait qu'elle presse & qu'elle rompt la Maçonnerie. Pour remedier à cela il faut en premier lieu donner au mur une épaisseur proportionnée à la terre qu'il soûtient ; il faut de plus luy faire [1] en dehors [2] des *éperons & arcsboutans* qui doivent estre bastis en mesme temps que le mur : [3] ils seront distans les uns des autres par des espaces égaux à la largeur que l'on a donnée au mur qui soûtient la terre. Mais il faut qu'ils avancent dans terre par le pié, [4] autant que le mur mesme a de hauteur ; qu'ils aillent en diminuant par degrez depuis le bas ; & qu'ils ayent

C autant de saillie vers le haut que le mur a d'épaisseur. De plus il faudra faire en dedans des Dentelles en forme de scie qui soient jointes au mur, & opposées à la terre ; en sorte

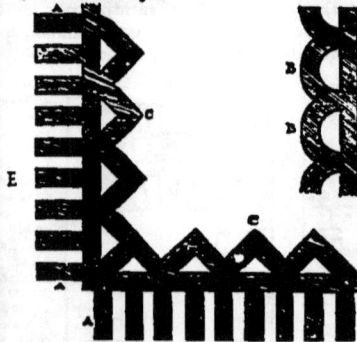

d'une corniche, il n'y a point d'apparence que Vitruve en entende parler, parcequ'en cet endroit-cy il ne s'agit point d'aucun membre d'Architecture en particulier ; desorte que *Lysis* se doit prendre selon sa signification Grecque à la lettre, c'est-à-dire pour la rupture d'un mur qui se fait par la separation des pierres dont il est composé. Neanmoins les Grammairiens croyent que Vitruve a voulu signifier par ce mot le vuide & l'ouverture d'une porte.

1. EN DEHORS. C'est-à-dire à la face du mur laquelle soûtient la terre. Le texte a *in frontibus* qui est opposé à *interioribus contra terrenum* : en sorte que je crois que Vitruve entend qu'il y a

D des éperons aux deux faces du mur, dont les uns sont droits & paralleles, sçavoir ceux qui sont en dehors & devers la terre, les autres font des angles qui sont *uti dentes serratim constructi*. Ainsi qu'il se voit en cette Figure.

E

2. DES EPERONS ET ARCSBOUTANS. Les mots Grecs *Anterides & Erismas* que Vitruve a mis icy, signifient des apuis ; ils viennent du Verbe *Eridin* appuyer, resister, & pousser contre. Nos mots françois d'Eperon & Arcsboutans sont metaphoriques & designent les deux especes d'appuis que l'on met aux murs : Car les uns marquez A, qui sont perpendiculaires au mur sont apellez Eperons, parcequ'ils sont attachez au mur, de mesme que l'Eperon l'est au Talon ; les autres marquez B, nommez Arcsboutans, sont courbez, & sont de la mesme espece que ceux que Vitruve dit ressembler à des dents de scie marquez C.

3. ILS SERONT DISTANS LES UNS DES AUTRES. Le texte Latin est si corrompu en cet endroit qu'il n'a point de sens, & celuy qu'il semble avoir, est contraire à la raison : car il semble que ce texte vueille dire qu'il faut que les eperons soient autant distans les uns des autres que le mur qu'ils soûtiennent a de hauteur, ce qui n'est point raisonnable : Car plus le mur que les éperons appuyent est haut, & plus les éperons doivent estre proches les uns des autres ; parceque plus ce mur est haut, & plus il a besoin d'un grand nombre d'eperons. De sorte que j'ay crû qu'il y avoit faute dans le texte par la transposition de deux lignes, & qu'au lieu de *deinde in frontibus anterides sive erismae sint, una struanturque inter se distent tanto spatio, quanta altitudo substructionis est futura, crassitudine eâdem quâ substructio. Procurrant autem ab imo quantum crassitudo constituta fuerit substructionis*. Il faut lire, remettant ces lignes à leur place. *Deinde in frontibus anterides sive erismae sint, una struantur, crassitudine eadem quâ substructio ; eaque inter se distent tanto spatio, quanta crassitudo constituta fuerit substructionis ; Procurrant autem ab imo quantum altitudo substructionis est futura.* Car cette grandeur de l'empatement des eperons qui croist à proportion que le mur qu'ils appuyent est plus haut, me semble plus raisonnable, que celle qui diminue leur nombre à proportion que le mur est plus haut. On pourroit dire neanmoins que la raison qui m'a porté à chercher quelque moyen de rétablir ce passage, est fondée sur une opinion & sur une pensée qui est contraire à celle de tous les Architectes, qui veulent, ainsi qu'il a esté remarqué sur le cinquiéme chapitre du premier livre, que les empatemens des murs soient proportionnez à leur largeur, & non pas à leur hauteur. Mais je crois que ceux, qui comme moy, ignorent les raisons que l'on a d'en user ainsi, s'en tiendront à celle que j'ay alleguée d'en user autrement, qui est ce me semble assez evidente.

4. AUTANT QUE LE MUR MESME A DE HAUTEUR. Il faut entendre que cecy est dit de la hauteur du mur qui soûtient la terre aux bastimens soûterrains, ainsi que le texte l'explique en suite.

CHAP. XI. que chaque Dentelure ait la mesme épaisseur que le mur, & qu'elle s'éloigne autant du mur A qu'il soûtient, que la terre qu'il soûtient est haute. Enfin vers l'extremité des Angles, aprés s'estre éloigné de l'Angle interieur d'un espace égal à la hauteur du mur qui soûtient la terre, on fera une marque de chaque costé, & de l'une de ces marques à l'autre on fera une muraille diagonale, du milieu de laquelle une autre partira qui ira joindre l'Angle du mur. Par ce moyen les Dantelles avec cette Diagonalle empescheront que la terre ne presse & ne pousse le mur avec tant de force.

J'ay donné ces avertissemens à ceux qui entreprennent des Bâtimens, afin qu'ils se donnent de garde des fautes que l'on peut commettre en bastissant: car pour ce qui est des precautions qui sont necessaires pour la Couverture & la Charpenterie, elles ne sont pas de si grande importance, parceque s'il arrive que ces choses soient gâtées, on en peut facilement remettre d'autres; & c'est là ce que j'avois à dire sur les moyens qu'il y a de rendre fermes & B stables des Edifices, qui semblent ne le pouvoir estre de leur nature.

Mais quant à ce qui regarde les choses qui sont necessaires pour l'execution de ce que j'ay prescrit, cela n'est pas du fait de l'Architecte: parceque, comme il a esté dit cy-devant, on ne trouve pas en tous lieux ce dont on a besoin, & il dépend de la volonté du maistre qui fait bâtir, d'employer la brique, le moilon, ou la pierre de taille. Car enfin on juge en trois manieres des ouvrages, sçavoir selon que l'on en considere ou le Travail, ou la Magnificence, ou la Disposition. Quand on voit un ouvrage où on a employé tout ce que la richesse d'une personne puissante peut fornir, on loüe la Dépense: si on remarque qu'il est bien finy & bien recherché, on estime l'Artisan qui y a travaillé: Mais quand il est recommandable par la beauté de sa proportion, c'est alors que l'on en admire l'Architecte. Il faut pourtant qu'il sçache que pour bien reussir il ne doit pas negliger les avis que les moindres C Artisans, & ceux mesmes qui ne sont point de sa profession luy peuvent donner: car ce ne sont pas les seuls Architectes, mais generalement tout le monde, qui doit juger des ouvrages. Il y a neanmoins cette difference que ceux qui ne sont pas Architectes ne peuvent juger de l'ouvrage qu'aprés qu'il est achevé; [1] Mais l'Architecte connoist la beauté d'un Bâtiment dont il a formé l'idée, avant mesme que d'avoir commencé à l'executer.

Ayant donné les regles qu'il faut suivre dans la construction des edifices Particuliers le plus clairement qu'il m'a esté possible, il me reste à parler des ornemens qui les peuvent embellir, & des choses qui les conservent long-temps & les empeschent de se gaster. C'est ce que je pretens faire dans le livre qui suit.

1. MAIS L'ARCHITECTE CONNOIST. Je ne sçay si cet endroit de Vitruve est cause de la vanité de la plufpart des Architectes qui veulent que l'on croye qu'ils n'ont que faire de modeles que pour faire comprendre à ceux pour qui ils bastissent & aux Ouvriers, quelle est leur pensée, & non pas pour la rectifier & pour la corriger: mais il est certain que la presomption que Vitruve veut icy qu'un Architecte ait de sa capacité, n'estoit point dans l'esprit d'un des plus celebres Architectes de nostre siecle, qui D non seulement n'estoit point asseuré des desseins qu'il avoit long-temps estudiez & meditez, mais qui apres en avoir fait faire des modeles, abattoit jusqu'à deux ou trois fois les bastimens lors qu'ils estoient achevez pour y corriger des defauts qu'il n'avoit pû prévoir auparavant.

A

LE SEPTIE'ME LIVRE
DE VITRUVE.

PREFACE.

IL faut avoüer que nos Anceſtres ne pouvoient rien faire de plus ſage ny de plus utile que de mettre par écrit leurs belles inventions. Car c'eſt ce qui nous en a conſervé la memoire: & il eſt arrivé que chaque ſiecle ayant ajoûté quelque choſe aux connoiſſances des ſiecles precedens, les Arts & les Sciences ont eſté portées à la perfection où nous les voyons
B maintenant. On ne ſçauroit donc avoir aſſez de reconnoiſſance pour ceux qui ne nous ont point envié par leur ſilence les belles connoiſſances qu'ils ont euës ; mais qui ont pris le ſoin de les communiquer à leurs deſcendans. Car on auroit eternellement ignoré ce qui s'eſt paſſé à Troye, & nous ne ſçaurions point quelles ont eſté les opinions de Thales, de Democrite, d'Anaxagore, de Xenophanes & de tous les autres Philoſophes touchant les choſes Naturelles, ny par quels preceptes Socrate, Platon, Ariſtote, Zenon, Epicure, & les aut..s ont reglé les Mœurs & toute la conduite de la vie; Enfin jamais nous n'aurions entendu parler des actions de Crœſus, d'Alexandre, de Darius, ny des autres Rois, ſi nos Anceſtres n'euſſent pris le ſoin d'ecrire des livres qui conſervaſſent la memoire de toutes ces choſes pour en faire part à toute la poſterité.

Mais ſi ces grands perſonnages meritent beaucoup de loüange, il faut avoüer que l'on
C ne peut aſſez blâmer ceux qui ont dérobé leurs écrits pour en paroiſtre les Auteurs, & que l'envie qui les a portez à vouloir ſupprimer les ouvrages d'autruy pour s'en faire honneur, demande quelque choſe de plus que le blâme, & merite une punition tres-ſevere. L'on voit des exemples d'une telle punition parmy les anciens, & je crois qu'il n'eſt pas hors de propos de rapporter icy quel a eſté le jugement qui fut autrefois rendu contre ceux qui ſe trouverent coupables d'un tel crime.

* [1] Les Rois Attaliques qui aimoient extremement les belles lettres, ayant dreſſé à Pergame une fort grande Bibliotheque, le Roy Ptolomée qui ne leur cedoit point en cette noble & excellente curioſité, prit auſſi le ſoin d'en faire une pareille à Alexandrie: & parcequ'il ne ſe contentoit pas des livres qu'il y avoit déja amaſſez en grand nombre, & qu'il la vouloit augmenter tous les jours autant qu'il luy eſtoit poſſible, en jettant, s'il faut
D ainſi dire, les ſemences d'une infinité de livres; il s'aviſa de fonder pour cet effet des Jeux en l'honneur des Muſes & d'Apollon, de meſme qu'on en avoit fondé pour les Athletes, & il propoſa des honneurs & des recompenſes à toutes ſortes d'Ecrivains qui y auroient emporté le prix. Or ces Jeux ayant eſté publiez, quand on vint à choiſir des Juges parmi les gens de lettre qui eſtoient dans la ville, il ne s'en trouva d'abord que ſix qui fuſſent eſtimez capables de cet employ, & le Roy en cherchant un ſeptiéme, & ayant demandé à ceux qui avoient ſoin de ſa Bibliotheque s'ils ne connoiſſoient point quelqu'un, ils luy propoſerent un certain Ariſtophane, qui eſtoit grandement attaché à lire inceſſamment les livres de la Bibliotheque. Ainſi les Juges eſtant placez au milieu des Jeux ſur leurs ſieges, Ariſtophane y fut apellé, & placé avec les autres. La diſpute commença par les Poëtes qui lûrent chacun leurs ouvrages, deſquels le peuple jugea incontinent, & fit comprendre ce qu'il en penſoit aux Juges,
* qui ayant eſté priez de dire leur avis, les ſix donnerent le premier prix à celuy, [2] en faveur

E

1. Les Rois Attaliques. Plutarque écrit que cette Bibliotheque des Rois de Pergame eſtoit de deux cent mille volumes. Celle des Rois d'Egypte en avoit juſqu'à ſept cent mille, au rapport d'Aulugelle. Et Galien dit que parmy les Rois d'Egypte la manie d'acroiſtre le nombre des livres de leur Bibliotheque eſtoit ſi grande, qu'ils achetoient bien cher tous ceux que l'on leur apportoit, & que cela a donné occaſion de ſuppoſer quantité de livres aux Auteurs celebres, ſous le nom deſquels on faiſoit paſſer des Traitez qu'ils n'avoient point compoſez, afin de les faire valoir davantage. Galien dit cela pour faire entendre qu'il y a des livres que l'on a mis entre les Oeuvres d'Hipocrate qui n'en ſont pas. Cette Bibliotheque fut bruſlée par les Romains dans la premiere guerre qu'ils firent en Egypte. Aulugelle dit que le feu y fut mis par mégarde, & par des ſoldats qui n'eſtoient pas Romains, mais des troupes auxiliaires; comme ayant de la peine à ſouffrir qu'une action ſi barbare puiſſe eſtre reprochée à ceux de ſa nation; vû que les Perſes tous Barbares qu'ils ſont, avoient épargné la Bibliotheque d'Athenes lorſque Xerxes prit la Ville & qu'il la fit bruſler.

2. En faveur duquel. Il y a dans le texte *quem maxime adverterunt multitudini placuiſſe*. Je croy qu'il faut *cui abrigerunt multitudini placuiſſe*, afin que cet endroit ait le ſens qu'il doit avoir: parceque les Juges ne ſuivirent pas l'avis du peuple par complaiſance; mais parce qu'en effet l'ouvrage que le peuple avoit aprouvé eſtoit le meilleur. Et Ariſtophane ne fut d'avis contraire au peuple & aux autres Juges, que parce qu'il ſçavoit que cet Ou-

duquel le peuple avoit prononcé, & le second à celuy qui le suivoit. Mais Aristophane A donna le premier prix à celuy qui avoit eu le moins d'approbation du peuple. Cela ayant causé quelque indignation au Roy & à toute l'assemblée; Aristophane se leva, & ayant demandé que l'on luy permist de parler, aprés que l'on eut fait silence, il declara que de tous ceux qui s'estoient presentez il n'y en avoit qu'un qui fust Poëte, que tous les autres n'avoient rien recité que ce qu'ils avoient dérobé, & qu'il avoit crû que des Juges estoient établis pour recompenser les auteurs, & non pas les voleurs des ouvrages. Pendant que le peuple admiroit cette réponse, & que le Roy ne sçavoit encore ce qu'il en devoit penser, Aristophane fit apporter de plusieurs armoires divers livres, dans lesquels il se souvenoit d'avoir lû ce qui venoit d'estre recité, & l'ayant monstré dans ces livres, il obligea ces Poëtes d'avoüer leurs larcins. Alors le Roy leur ayant fait faire leur procez comme à des voleurs, recompensa fort honnestement Aristophane, & luy donna la charge d'Intendant B de sa Bibliotheque.

Quelques années aprés Zoïle, qui se faisoit apeller le fleau d'Homere, vint de Macedoine en Alexandrie, & presenta au Roy les livres qu'il avoit composez contre l'Iliade & contre l'Odyssée. Ptolomée indigné que l'on attaquast si insolemment le Pere des Poëtes, & que l'on maltraitast celuy que tous les Sçavans reconnoissoient pour leur maistre, dont toute la terre admiroit les écrits, & qui n'estoit pas là present pour se défendre; ne fit point de réponse: cependant Zoïle ayant long-temps attendu, & estant pressé de la necessité, fit supplier le Roy de luy faire donner quelque chose, à quoy l'on dit qu'il fit cette réponse; que puisqu'Homere depuis mille ans qu'il y avoit qu'il estoit mort, avoit nourry plusieurs milliers de personnes, Zoïle devoit bien avoir l'industrie, non seulement de se nourrir, mais plusieurs autres encore, luy qui faisoit profession d'estre beaucoup plus sçavant. Sa C mort se raconte diversement, les uns disent que Ptolomée le fit crucifier, d'autres qu'il fut lapidé, & d'autres qu'il fut brulé tout vif à Smyrne, & tous disent qu'il fut puni comme parricide. Mais de quelque façon que ce soit, il est certain qu'il a bien merité cette punition, puisque l'on ne la peut pas meriter par un crime plus odieux qu'est celuy de [1] reprendre un écrivain qui n'est pas en estat de rendre raison de ce qu'il a écrit.

Quant à moy je ne tasche point en écrivant cet Ouvrage de cacher d'où j'ay pris ce que je produis sous mon nom, ny de blasmer les inventions d'autruy pour faire valoir les miennes; au contraire je fais profession d'estre infiniment obligé à tous les Ecrivains de ce qu'ils ont recüeilly comme je fais tout ce que les Auteurs plus anciens ont preparé & amassé chacun dans sa profession: car c'est de là que comme d'une source nous pouvons puiser abondamment & ensuite entreprendre avec asseurance de composer chacun suivant le D dessein qu'il a, de nouveaux & differans Traitez: & j'avouë ingenuëment que cela m'a donné une entrée & une facilité tres-grande pour l'execution de mon dessein pour lequel j'ay trouvé cent choses toutes prestes.

C'est ainsi qu'Agatharcus ayant esté instruit par Æschyle à Athenes de la maniere dont il faut faire les [2] decorations des Theatres pour la Tragedie, & en ayant le premier fait un livre, il apprit ensuite ce qu'il en sçavoit à Democrite & à Anaxagore, qui ont aussi écrit sur ce sujet; principalement par quel artifice on peut ayant mis un point en un certain lieu, imiter si bien la naturelle disposition des lignes qui sortent des yeux en s'eslargissant, que bien que cette disposition des lignes soit [3] une chose qui nous est inconnuë, on ne laisse pas de rencontrer à representer fort bien les Edifices dans les Perspectives que l'on fait aux decorations des Theatres; & on fait que ce qui est peint seulement sur une surface plate, E paroist avancer en des endroits, & se reculer en d'autres.

vrage n'avoit pas esté composé par celuy qui le presentoit, & qu'il s'agissoit de donner le prix aux Auteurs des meilleurs Ouvrages, & non pas aux porteurs ou voleurs des meilleurs Ouvrages.

1. De reprendre un Ecrivain. Par cette raison ce seroit un crime digne du feu que de reprendre quelque chose dans les écrits que Zoïle a faits contre Homere, si nous les avions à present. Cela fait voir jusqu'où a esté la licence de ceux qui ont gasté cet Ouvrage, lorsqu'en le transcrivant ils y ont changé ou ajoûté beaucoup de choses à leur fantaisie.

2. Les decorations des Theatres. Il est certain qu'il y a faute dans le texte, & qu'au lieu de *Tragœdiam scenam*, qui est presque dans tous les exemplaires, il faut *Tragicam*, comme Barbaro a corrigé.

3. Une chose qui nous est inconnue. Je crois que *de re incerta certas imagines repræsentare*, veut dire icy que bien que la raison de toutes les choses naturelles soit incertaine & presque inconnuë, & particulierement en ce qui regarde la maniere dont la representation des objets se fait dans nostre oeil, on ne laisse pas d'avoir des regles si certaines qu'on ne manque jamais à representer dans les fictions de la Perspective les vrais & ordinaires effets que les choses mesmes ont accoûtumé de produire dans l'oeil.

Aprés

A Apres ces Ecrivains [illegible] fit un livre des Proportions de l'ordre Dorique : Theodore écrivit du Temple de Junon qui est à Samos d'ordre Dorique ; Ctesiphon & Metagene de celuy de Diane qui est à Ephese d'ordre Ionique ; Phileos de celuy de Minerve qui est à Priene d'ordre Ionique aussi ; Ictinus & Carpion d'un autre Temple de Minerve d'ordre Ionique qui est à Athenes dans le Chasteau ; Theodorus Phoceen du *Thole* qui est à Delphes ; Philon des proportions des Temples, & de l'Arsenal qui estoit au port de Pyrée ; Hermogene du Temple de Diane qui est d'ordre Ionique en la Magnesie, où il a fait un Pseudodiptere, & de celuy de Bacchus qui est Monoptere en l'Isle de Teos ; Argelius des proportions de l'ordre Corinthien & du Temple d'Esculape qui est d'ordre Ionique, au païs des Tralliens & que l'on dit avoir esté fait de sa propre main ; & enfin Satyrus & Phyteus du Mausolée auquel ils ont travaillé avec tant de succés que cet Ouvrage a merité l'appro-
B bation de tous les siecles, qui ont loüé & admiré l'Art incomparable qu'ils y ont employé. Leochares, Briaxes, Scopas & Praxitele, & selon quelques-uns Timothée, ornerent cet Edifice à l'envy l'un de l'autre. Chacun d'eux entreprit une face, & leur Ouvrage fut trouvé si excellent que cet Edifice a esté mis au nombre des sept merveilles du monde. Il y a encore eu d'autres ouvriers que ceux-cy qui n'ont pas laissé d'écrire des proportions, sçavoir Nexaris, Theocides, Demophilos, Poclis, Leonides, Silanion, Melampus, Sar-
* nacus, Euphranor. Ceux qui ont écrit des Machines sont [1] Diades, Architas, Archimede, Ctesibius, Nymphodorus, Philon Bysantin, Diphilos, Charidas, Polyidos, Piros, Agesistrates.

Or j'ay pris dans les livres de tous ces Auteurs, ce que j'ay jugé me pouvoir servir, pour en faire un recueil : parceque j'ay remarqué que les Grecs ont composé beaucoup de
C livres sur ce sujet, & que nos Auteurs en ont fort peu écrit. Car Fussitius a esté le premier qui en a fait un excellent volume : Terentius Varro a aussi écrit neuf livres des sciences dont il y en a un qui est de l'Architecture. Publius Septimius en a écrit deux : mais nous n'avons point d'autres Ecrivains sur cette matiere, quoyque de tout temps il y ait eu des Citoyens Romains grands Architectes qui en auroient pû écrire fort pertinemment. Car les Architectes Antistates, Callæschros, Antimachides, & Perinos ayant commencé à Athenes les fondemens du Temple que Pisistrate faisoit bastir à Jupiter Olympien, & l'Ouvrage estant demeuré imparfait apres sa mort à cause des troubles qui survinrent dans la Republique ; deux cens ans apres le Roy Antiochus promit de faire la dépense qui estoit necessaire pour achever la Nef du Temple qui estoit fort grande & les colonnes du Portique qui devoit estre Diptere avec les Architraves & autres ornemens selon leur propor-
D tion : Ce que Cossutius citoyen Romain executa & y acquit beaucoup d'honneur ; cet Edifice n'ayant pas seulement l'approbation du vulgaire, mais estant estimé tel qu'il y en avoit peu qui en pûssent égaler la magnificence.

Car entre autres il y a quatre Temples dans la Grece qui sont bastis de marbre & enrichis de
* si beaux Ornemens [2] qu'ils ont donné le nom à ceux dont nous nous servons ; & les desseins
* de ces quatre Temples sont si bien inventez qu'ils ont mesme esté admirez [3] dans le conseil des Dieux. Le premier de ces Ouvrages est le Temple de Diane que Ctesiphon natif de Candie & son fils Metagenes commencerent à Ephese d'ordre Ionique, & que Demetrius serf de Diane & Peonius Ephesien acheverent. Le second est celuy que le mesme Peonius & Daphnis Milesien bastirent à Apollon dans la ville de Milet & qu'ils firent aussi selon les proportions de l'ordre Ionique. Le troisiéme est le Temple de Ceres & de Proserpine à
E Eleusis qu'Ictinus fit d'ordre Dorique, d'une grandeur extraordinaire, sans colonnes au

1. Diades. Tous les exemplaires ont *Cliades*. Il n'est pas difficile de voir que l'erreur du Copiste est venu de la ressemblance qu'il y a entre *cl*, & *d*, joint que le nom de Diades est fort celebre entre ceux qui ont écrit des Machines ; il en est parlé au neufiéme chapitre du dixiéme livre.

2. Qu'ils ont depuis donné le nom. C'est-là le sens que j'ay crû que l'on pouvoit tirer de ces paroles *ornata dispositiones è quibus propria de his nominationes clarissima fama nominantur*, c'est-à-dire, que les choses que les Architectes de ces Ouvrages ont premierement inventées pour les orner, ont paru si belles à ceux qui sont venus depuis, qu'en les imitant ils leur ont donné les noms des Ouvrages d'où ils les ont prises : Car nous voyons que la mesme chose se pratique parmy nos ouvriers qui donnent à leurs Ouvrages, par exemple, le nom de la Trompe d'Anet, de la vis de saint Gilles, & ainsi des autres pieces curieuses & hardies qui sont celebres dans certains Edifices, & à l'imitation desquelles ils travaillent.

3. Dans le conseil des Dieux. Cet endroit est difficile ; le mot *Sessimonium* ne se trouve point dans les Auteurs Latins. Les interpretes traduisent *Deorum sessimonium*, les uns *les sieges des Dieux*, les autres *les temples des Dieux*, comme si le sens estoit que les anciens Architectes avoient fait principalement paroistre leur industrie dans les ornemens qu'ils avoient fait aux Piedestaux des Statuës de leurs Dieux ou generalement dans l'Architecture de leurs Temples. Le sens que je donne à *Sessimonium* n'est gueres pire.

Chap. I. dehors pour laisser plus de place à l'usage des sacrifices, & que Philon ensuite au temps que Demetrius Phalereus commandoit à Athenes, fit Prostyle, mettant des colonnes sur le devant pour rendre cet Edifice plus majestueux, & pour donner aussi plus de place à [1] ceux qui n'estoient pas encore admis aux mysteres des sacrifices de ces Deesses. Le quatriéme enfin est, le Temple de Jupiter Olympien, que Cossutius comme nous avons dit entreprit de faire [2] à Athenes d'ordre Corinthien & d'une grandeur magnifique.

Cependant on ne trouve point que Cossutius ait rien écrit sur ce sujet; & ce ne sont pas ces écrits-là seulement qui nous manquent, mais nous n'en avons point de C. Mutius qui se trouva estre assez sçavant pour entreprendre les Temples de l'Honneur & de la Vertu que Marius fit bastir; & d'ordonner selon les preceptes de l'Art toutes les proportions des Colonnes & de leurs Architraves; & mesme ce Temple pourroit estre mis au nombre des plus excellens Ouvrages, s'il avoit esté bâty de marbre, & que la magnificence de la matiere eust répondu à la grandeur du dessein.

Voyant donc que parmy nos ancestres il s'est rencontré d'aussi grands Architectes que parmy les Grecs, & que nous en avons mesme veu de nostre temps un assez grand nombre, mais que tres-peu se trouvent avoir donné des preceptes de cet Art, j'ay crû que je ne devois pas me taire, & j'ay entrepris de traitter de chaque chose à part dans chacun de ces livres. C'est pourquoy apres avoir prescrit la maniere de bastir les Edifices particuliers dans le sixiéme livre, je vais dans celuy-cy qui est le septiéme, traiter des diverses façons d'enduits, par le moyen desquels les Edifices sont embellis & affermis tout ensemble.

1. Ceux qui n'estoient pas encore admis. Quelques interpretes comme J. Martin ont crû qu'il y avoit faute en cet endroit, & qu'il falloit lire *amplo vestibulo laxamentum initiantibus adjecit*, au lieu de *laxamentum initiantibus* qu'il y a dans le texte. Je n'ay point crû qu'il y eust rien à corriger parceque *initiantes* qui peut avoir esté mis au lieu de *initiati* signifie ceux qui n'estoient pas encore *initiati*; c'est-à-dire qui n'estoient pas admis aux sacrifices de Ceres qui estoient apellez *initia*.

2. A Athenes. Il y a *in Asty*. *Asty* signifie en grec une Ville. Les Atheniens apelloient leur ville simplement *la ville* par excellence. Les Romains les ont imitez en disant *urbs*, au lieu de *Roma*.

CHAPITRE I.

La maniere de bien faire la Ruderation.

JE commenceray par [1] la Ruderation qui est principalement necessaire pour faire de bons enduits : parce qu'il faut principalement avoir un grand soin qu'ils soient appliquez sur quelque chose de solide.

Lorsqu'on veut faire la Ruderation pour un plancher qui soit à rez de chaussée, il faut applanir la terre si le lieu est solide, & ensuite étendre la composition dont est faite la Ruderation, sur [2] une premiere couche. Mais si le lieu est entierement ou mesme en partie de terre aportée, il le faudra affermir avec un grand soin & le battre avec le belier dont on enfonce les pilotis.

Pour les Planchers des étages il faut bien prendre garde qu'il ne se rencontre point de murs au dessous tels que sont ceux qui ne vont point jusqu'au haut de l'Edifice, & si il s'en trouve quelqu'un, il faut qu'il soit un peu plus bas que le plancher qui ne luy doit pas toucher, de peur que s'il vient à s'affaisser, le mur demeurant ferme ne rompe le plancher qui baissera des deux costez : Il faut aussi prendre garde de ne pas mettre [3] des planches d'Escu-

1. La Ruderation. Nous n'avons point de nom en françois pour signifier celuy de *Ruderatio*. Nous avons seulement un verbe, qui est *Hourder* : c'est pourquoy j'ay retenu le mot Latin. Ruderation est une confection & application d'un mortier plus grossier & moins fin que celuy qui doit faire la superficie de l'enduit : on s'en sert pour affermir le dernier enduit, & pour empescher que l'enduit du mortier fin ne soit rendu inégal & plein de bosses par l'inégalité des pierres du mur qui doit estre enduit, & aussi pour donner aux planchers une épaisseur suffisante pour soutenir le pavé : c'est pourquoy Vitruve dit que *Ruderatio principia tenet expolitionum* : c'est-à-dire que sans elle les enduits ne peuvent estre polis, & les planchers ne peuvent estre bien unis. *Ruderatio* est dite ou *à ruderibus*, qui sont les ruines des Bâtimens, ou *à rudibus & impolitis lapidibus*, ou *à rudi seu vettonum [illegible]*.

2. Une premiere couche. Je traduis ainsi le mot de *statumen*, qui signifie tout ce qui est mis dessous pour soutenir & affermir quelque chose; *id quo res stare potest*, ainsi que Hermolaus sur Pline l'interprete. Quelques-uns croyent que le *statumen* se faisoit de la maniere que nous apellons *hourder*, & que les cailloux y estoient mis tous secs sans mortier & sans chaux. Cela sembleroit raisonnable si le texte n'y estoit point contraire sur la fin du chapitre, où il est dit que le *statumen* doit estre fait de cailloux, de chaux, & de ciment : *ruderi novo tertia pars testæ tusæ admisceatur, calcisque duæ partes. Statuminatione facta &c.* si ce n'est qu'on veuille dire que le gros mortier mis sur les cailloux & les pierres seches, sont un *statumen* à l'égard du mortier fin qui se met le dernier; de mesme que les cailloux seuls & les pierres seches le sont à l'égard du gros mortier qu'elles soutiennent.

3. Des planches d'Escule. Vitruve a voulu dire qu'il ne faut pas mesler des planches de Chesne avec celles d'*Esculus*, en

le avec celles de Chesne, parceque le Chesne, si-tost qu'il a receu l'humidité, se déjette & fait Ch... fendre le pavé. Toutefois si l'on n'avoit point d'Esculé & que l'on fust obligé de se servir de Chesne, il faudroit rendre les planches fort minces, afin qu'estant affoiblies on les pust arrester plus aisément avec des cloux.

On attachera donc les planches sur les solives avec des cloux de chaque costé afin d'empescher qu'en se tourmentant elles ne s'élevent par les bords. Car pour ce qui est de *Cerrus*, de [1] *Farnus* & de *Phagus*, ce sont des bois qui ne peuvent pas durer long-temps. Les Planches estant cloüées il les faudra couvrir de feugere si l'on en a, ou de paille, pour empescher que la chaux ne gaste le bois : là-dessus on mettra la premiere couche faite avec des cailloux qui ne seront pas moins gros que le poing, & pardessus on estendra la Ruderation, dans laquelle on mettra une partie de chaux pour trois de cailloux, si ces cailloux sont neufs : car s'ils sont pris de vieilles démolitions on mettra deux parties de chaux pour cinq parties de cailloux. La matiere de la Ruderation estant couchée, on la fera battre long-temps avec des leviers par des hommes disposez dix à dix, [2] en sorte qu'apres avoir esté suffisamment battu il n'ait pas moins de neuf pouces d'épaisseur ; là-dessus on fera le noyau qui n'aura point moins de six doits d'épaisseur ; il sera fait avec du Ciment auquel on meslera une partie de chaux pour deux de Ciment. Sur ce noyau on mettra le pavé bien dressé avec la regle, soit qu'il soit [3] de pieces rapportées, ou que ce soit seulement des carreaux. Quand le pavé sera posé, avec la pente qu'il doit avoir, on l'usera [4] avec le grez, en sorte que s'il est de petites pieces coupées [5] en quarré oblong, en triangle, en quarré, ou en [6] hexagone, elles ne fassent rien de raboteux, mais qu'elles soient si bien usées sur les bords, que tout soit égal & bien uny : tout de mesme s'il est de grandes pieces quarrées, on aura soin d'user si bien tous les angles, qu'ils soient parfaitement égaux. Il faudra aussi choisir les quarreaux de Tivoly que l'on dispose en forme d'épy de blé, & prendre garde qu'ils n'ayent point de creux ny de bosses, mais qu'ils soient dressez bien juste.

Lors qu'à force d'user les éminences les quarreaux seront bien unis & égaux, on sassera du marbre, & pardessus on couchera [7] une composition faite de chaux & de sable.

Mais pour les pavez qui sont à découvert il faut plus de precaution, à cause que la charpente qui soûtient le pavé se tourmentant par l'humidité qui l'enfle & par la secheresse qui la retressit, feroit bien-tost entr'ouvrir le pavé que la gelée & les broüines acheveroient aisément de gaster. De sorte que si l'on a besoin d'un bon pavé qui resiste encore mieux aux injures de l'air, il y faudra travailler en cette maniere. Ayant cloüé un rang d'aix, on en couchera un autre pardessus en travers que l'on arrestera aussi par des cloux : Dessus ce double plancher on mettra la premiere couche faite de cailloux neufs meslez avec une troisiéme

disant qu'il ne faut pas mesler celles d'*Esculé* avec celles de Chesne. Il a esté parlé de l'*Esculé*, du *Cerrus*, & du *Phagus*, dont il est fait mention dans ce chapitre, au second livre chapitre 9.

1. FARNUS. Philander dit que ce nom est demeuré en Italie à une espece de chesne ; le Dictionnaire de la Crusca n'en parle point ; mais il se trouve dans celuy d'Oudin que l'arbre que les Italiens apellent *Farnia* a les fueilles semblables à celles du Chesne, & qu'il a le bois extremement dur, ce qui ne s'accorde pas avec le texte de Vitruve, qui dit que le bois de *Farnus* ne peut durer long-temps.

2. EN SORTE QU'APRES AVOIR ESTÉ SUFFISAMMENT BATTU. Je traduis comme s'il y avoit *& ad pavitum & absolutum, non minus sit crassitudine dodrantis*, au lieu qu'il y a, *& id non minus pavitum absolutum crassitudine sit dodrantis*, ce qui n'a point de sens, à cause de la transposition des mots.

3. DE PIECES RAPPORTÉES. Philander entend par *pavimenta sectilia* la Mosaïque. Mais je n'ay pas crû que Vitruve l'entendist ainsi ; parcequ'il oppose *pavimentum sectile* à celuy qui a *tesseras*, c'est-à-dire dont la figure est cubique ; & il est certain que les pieces dont la Mosaïque estoit faite, devoient estre cubiques ou approchantes de la figure cubique, afin qu'elles se joignissent parfaitement l'une contre l'autre, & qu'elles pussent imiter toutes les figures & toutes les nuances de la peinture ; chaque petite pierre n'ayant qu'une couleur de mesme que les points de la tapisserie à l'éguille ; mais cela n'est pas à l'ouvrage de pieces rapportées, pour lequel on choisit des pierres qui ayent naturellement les nuances & les couleurs dont on a besoin, en sorte qu'une mesme pierre a tout ensemble & l'ombre & le jour ; ce qui fait qu'on les taille de differente figure suivant le dessein qu'on veut executer, & c'est en cela que consiste l'essence du *pavimentum sectile*.

4. AVEC LE GREZ. Le grez n'est pas dans le texte, mais je l'ay ajoûté pour parler à nostre mode. Les anciens polissoient les planchers avec une pierre à aguiser ; & il y a apparence qu'ils choisissoient pour cela la plus rude : or nous n'en avons point de plus rude que le grez.

5. EN QUARRÉ OBLONG. *Scutula* sont dites de *scutum* qui signifie un bouclier long, different de *clypeus* qui estoit un bouclier rond. Le mot de *scutula* est employé en une autre signification en plusieurs endroits du dixiéme livre.

6. EN HEXAGONE. J'interprete ainsi le mot *favi* qui signifie les gasteaux des mouches à miel, parceque les cellules des mouches dont ces gasteaux sont composez, sont hexagones : la verité est neanmoins que *favi* signifie une espece d'hexagone differente de celle des carreaux dont nous nous servons, qui est l'hexagone dont les six faces sont égales : car l'hexagone qui est semblable aux gasteaux des mouches à miel, a deux de ses costez plus grands que les quatre autres.

7. UNE COMPOSITION. Il n'y a, ce me semble, point d'apparence que cet endroit se doive entendre à la lettre, ainsi que Philander a pensé quand il a expliqué le mot de *Lorica*, comme si Vitruve vouloit dire qu'aprés que le pavé sera bien dressé & poly, on le couvrira d'un enduit de mortier ; car cela est sans raison, puisque cet enduit couvriroit & cacheroit la marqueterie, & toute autre sorte de pavé qu'il auroit esté inutile de polir avec tant de soin. De sorte qu'il est plus croyable qu'il veut que l'on passe & que l'on couche de ce mortier fin & subtil sur tout l'ouvrage, pour racler ensuite tout ce qui est sur les quarreaux, & ne laisser

Chap. I. partie de tuyleaux pilez, ajoûtant à cinq parties de cette mixtion deux parties de chaux : cette couche estant faite on mettra la matiere de la Ruderation, laquelle estant bien battuë aura encore au moins l'épaisseur d'un pié : Dessus cette Ruderation on fera le noyau comme il a esté dit, sur lequel on mettra de grands quarreaux épais de deux doits, & posez en sorte qu'ils soient elevez, par le milieu de deux doits pour six piez. Cet Ouvrage s'il est bien fait, & poly comme il faut, ne sera point sujet à se gaster : or afin d'empescher que la gelée penetrant par les joints des quarreaux ne pourrisse les planchers de bois, il sera bon tous les ans avant l'Hyver de faire boire au quarreau de la lie d'huile autant qu'il en pourra boire : Car cela empeschera que l'humidité ne penetre. Que si l'on veut encore mieux faire, il faudra mettre sur la Ruderation des quarreaux de deux piez qui auront tout autour des canaux creusez d'un doit, lesquels seront remplis de chaux detrempée avec huile, & les jointures seront fort serrées, ensorte que la chaux enfermée dans ces canaux venant à 3
durcir, empeschera que l'eau ny quelque autre humidité ne puisse passer par ces jointures. Sur ces grands quarreaux ainsi joints on fera le noyau sur lequel apres qu'il aura esté bien battu, on pavera comme il a esté dit, soit avec de grandes pierres quarrées, soit avec de petits quarreaux de Tivoli en forme d'epi, observant de tenir le pavé un peu elevé par le milieu : & l'on peut estre asseuré que cette besogne durera long-temps sans se gaster.

que ce qui est dans les jointures : comme font ordinairement les Pavems. La poudre de marbre qui est sassée sur tout l'ouvrage avant que d'y mettre la couche de mortier de chaux & de sable, est à mon avis pour faire que ce mortier ne tienne pas aux quarreaux, & qu'il s'attache seulement au mortier qui est déja dans les joints, parceque la poudre de marbre n'empeschera pas que le mortier qui est dans les joints ne s'unisse avec celuy de cette derniere couche, à cause de l'humidité qui est dans les deux mortiers qui doivent se joindre, laquelle ne se rencontre pas au carreau, qui par cette raison souffrira aisément que la couche de mortier qui est mise sur tout l'ouvrage, soit separée de sa superficie quand on le raclera.

Chap. II.

CHAPITRE II. C

Comment il faut preparer la Chaux pour le Stuc & pour les autres enduits.

APRES avoir recherché tout ce qui appartient au pavé, il faut expliquer ce qui est necessaire [1] pour faire le Stuc. En cela le principal est que les pierres de chaux soient éteintes depuis un long-temps, afin que s'il y a quelque morceau qui ait esté moins cuit que les autres dans le fourneau, il puisse estant ainsi esteint à loisir, se détremper aussi aisément que ceux qui ont esté parfaitement cuits. Car dans la chaux qui est employée en sortant du fourneau & devant qu'elle soit suffisamment éteinte, il reste quantité de petites pierres moins cuites, qui font sur l'ouvrage comme des pustules; parceque ces petites pierres [2] venant à s'éteindre plus tard que le reste de la chaux, elles rompent l'enduit & en gastent toute la polissure. Mais pour connoistre si la Chaux est bien éteinte & suffisamment detrempée, il la faut couper avec un coppeau comme on fait le bois avec une cognée : D
car si le coppeau rencontre de petites pierres, c'est une marque qu'elle n'est pas encore bien éteinte : de mesme si aprés y avoir fourré un couteau, on le retire net; cela signifiera qu'elle n'est pas assez abbreuvée : au lieu que si la chaux est si grasse & si gluante qu'elle s'y attache, on ne pourra plus douter qu'elle ne soit assez bien detrempée : alors il faudra aprester les instrumens qui sont necessaires pour faire les voutes des chambres dont les planchers [3] ne sont point en platfonds.

1. POUR FAIRE LE STUC. Il a esté déja dit & monstré sur le 2 chapitre du cinquiéme livre que *albarium opus* doit estre le Stuc, & non pas un simple blanchissement fait avec la chaux seule, comme tous les Interpretes croyent. Il est dit *albarium*, à cause de sa blancheur qui vient de la poudre de marbre dont il est composé, & qui est bien plus éclatante que la blancheur des autres enduits qui sont faits avec le sable ou avec le ciment, qui sont apellez *tectoria opera*, c'est-à-dire *enduits*. Car il faut entendre que *tectorium opus* est le genre qui signifie toute sorte d'enduit, soit qu'il soit fait avec le mortier de sable, ou avec celuy de ciment, ou avec celuy de marbre; ainsi qu'il se voit au sixiéme chapitre de ce livre, où le Stuc ou mortier de poudre de marbre est apellé *tectorium opus* du nom general.

2. VENANT A S'ETEINDRE PLUS TARD. Il n'est pas difficile d'entendre quel est le sens du texte, mais il a quelque chose d'obscur, peut-estre parcequ'il est corrompu : car je croy qu'il doit y avoir, *quæ cum calculi in opere uno tenore non permacerantur, dissolvunt & dissipant tectorii politiones*, au lieu de *qui calculi in opere uno tenore cum permacerantur*, &c. E

3. NE SONT POINT EN PLATFONDS. Il a déja esté dit que *Lacunar* signifie l'enfoncement qui est dans les planchers; & bien que ces enfoncemens eussent accoustumé d'estre faits dans les planchers en voute, de mesme qu'en ceux qui estoient plats, ainsi qu'il se voit en la voûte du Pantheon; neanmoins les Anciens apelloient ordinairement *Lacunaria* les planchers plats, & soûtenus par des solives. Vitruve oppose icy *Lacunaria* aux planchers voûtez, qu'il apelle *cameras*. Servius dit que le mot de *camera* vient de *camurus*, qui signifie courbé.

A
CHAPITRE III.

De la maniere de faire les planchers en voute, la Trullisation & les Enduits.

QUAND on voudra faire des planchers en voûte, il faudra espacer de deux piez en
deux piez des membrures qui soient de bois de Cyprez ; parceque celles de Sapin se
carient trop tost. Quand elles auront esté disposées en demy-cercle, on les attachera avec
* des clous de fer au plancher & au toit par des[1] liens mis d'espace en espace, & il faudra pour
ces liens choisir le bois qui n'est point sujet à se gaster par la vermoulure, ny par l'humidité
* tels que sont le Buis, le Genevrier, l'Olivier[2] le Robur, le Cyprés, & plusieurs autres,
B pourveu que ce ne soit point du Chesne ; parcequ'il se tourmente, & fait fendre les ouvrages où on l'employe. Les Lambourdes estant arrestées, on y attachera des Cannes Grecques battuës & écachées, afin qu'elles se puissent aisement plier selon la courbeure des
voûtes ; & elles seront liées avec des cordes faites de Genet d'Espagne. Pardessus on enduira avec du mortier de chaux & de sable, pour retenir l'eau qui pourroit tomber des planchers ou des toits. Si on n'a point de Cannes Grecques on prendra dans les étangs celles qui
* sont les plus menuës, & on en fera[3] des fagots d'une longueur convenable, & d'une grosseur la plus égale que l'on pourra, en les liant avec les mesmes cordes de Genet, en telle
sorte qu'il n'y ait pas plus de deux piez de distance entre les nœuds que ces cordes feront
sur les Lambourdes ; & ces nœuds seront faits sur des chevilles de bois fichées dans les Lambourdes : le reste se fera comme il a esté dit cy-dessus.

C Les planchers en voute estant ainsi preparez, il faudra enduire le dessous en le degros-
sissant premierement avec du plastre, & l'égalant aprés avec du mortier de chaux & de sa-
* ble, pour le polir ensuite[4] avec la craye ou le marbre. La voûte estant polie on fera les corniches, qui doivent estre fort petites ; car celles qui sont grosses & massives sont en danger de
tomber à cause de leur pesanteur. Il n'y faut point aussi de plastre, mais elles doivent estre
toutes pures de marbre mis en poudre, de peur que l'ouvrage ne se seche inégalement le
plastre venant à se prendre & à s'endurcir plustost que le marbre. C'est pourquoy il ne faut
* pas suivre la maniere des Anciens ; les corniches qui pendent[5] en leur platfonds estant dangereuses à cause de leur pesanteur.

Il y a deux sortes de corniches, les unes sont simples, les autres sont taillées de sculpture. Aux lieux où on fait du feu, & dans lesquels l'on allume beaucoup de lumiere, on les
D doit faire simples, afin que l'on puisse essuyer aisément la suye qui s'y attache ; mais dans les
appartemens d'Eté, où l'on s'assemble sans y rien faire qui produise de la fumée ou de la
suye, on les peut faire taillées. Car c'est une maxime que la blancheur de ces sortes d'ou-
* vrages[6] est une chose si delicate, que la moindre fumée, mesme des lieux d'alentour, qui
s'y attache, les gaste aisément.

1. DES LIENS. Ce que Vitruve nomme icy *Catenas* est ce que nos Charpentiers apellent des liens. Ce sont des morceaux de bois qui ont un tenon à chaque bout, & qui estant chevillez entretiennent la charpenterie en tirant ; de mesme que les esselieres & les jambettes entretiennent en resistant ; ils servent icy à attacher les membrures courbées aux solives du plancher, ou aux chevrons du toit.

E 2. LE ROBUR. Il y a plusieurs especes de chesne qui n'ont point d'autre nom en françois que celuy du Genre. J'ay traduit *robur* au neufiéme chapitre du second livre *Chesne*, parce qu'il ne s'agissoit que du Chesne en general : mais icy où *Robur* & *Quercus* sont comparez l'un avec l'autre, j'ay esté contraint de les distinguer, en donnant à l'un son nom françois, & à l'autre celuy qu'il a en latin : car le nom de *Rovre* qui est dans l'Histoire generale des Plantes, n'est point en usage en France. La difference qui est entre ces deux arbres, est que *Quercus* ou *Chesne* est plus grand, ses feüilles plus larges, ses glands plus courts, & son bois plus sujet à se gerser que celuy de *Robur*, qui est ferme & durable, noueux & tortu, tout l'arbre estant moins grand, les feüilles plus étroites, & les glands plus longs.

3. DES FAGOTS. Cet endroit est grandement corrompu. J'ay suivy la correction de Balde, qui lit *Sin autem arundinis græcæ copia non erit de paludibus tenues colligantur, & mataxata, tomice ad iustam longitudinem unâ crassitudine alligationibus temperentur* : au lieu de *Paludibus tenues colligantur & mataxa & tomice, &c.* Balde a fait cette correction aprés Budée qui croit que *mataxare* signifie amasser plusieurs choses ensemble, comme de la soye ou du fil quand on en fait des écheveaux. Il explique aussi *tomice* comme estant l'ablatif de *tomex tomicis* qui vient du Grec *thomix* qui signifie une petite corde ; en sorte que le sens du texte soit. *Arundines de paludibus tenues colligantur, & mataxata (hoc est in fasciculos efformata) tomice (seu funiculo) ad iustam longitudinem unâ crassitudine temperentur.*

4. AVEC LA CRAYE. Cette craye dont on polit les planchers est apellée par Cisaranus *creta tomentata*. C'est un mélange de craye & de bourre.

5. EN LEUR PLATFONDS. J'interprete ainsi *Planitia* qui est un mot particulier à Vitruve, qui ne peut signifier icy que le platfond ou soffite de la saillie de la corniche, ou bien tout le platfond du plancher : mais le sens veut qu'on l'entende seulement de la corniche, & que *planitia* ne soit point joint à *Camerarum*, mais à *Coronarum* : parceque *Camera*, qui signifie des voutes, n'ont rien de plat, & que le danger de tomber dont il s'agit n'est que pour les corniches, & non pas pour les voutes.

6. EST UNE CHOSE SI DELICATE. L'expression de Vitruve est hardie ; il apelle *superbiam* la delicatesse qui fait que la

CHAP. III. Aprés avoir achevé ces corniches il faudra enduire les murailles grossierement, & devant [A] que cet enduit soit tout-à-fait sec, on aura soin d'ébaucher [1] les moulures que l'on veut faire avec le mortier de chaux & de sable, en sorte que les membres qui traversent soient bien droits & à niveau, que ceux qui descendent soient à plomb, & que leurs angles se répondent à l'équerre : car cela estant ainsi, les quadres dans lesquels les peintures doivent estre faites, seront comme il faut. A mesure que cet ouvrage se sechera, il faudra mettre une seconde & une troisiéme couche de mortier : parceque plus il y aura de couches de mortier pour fonder la saillie des corniches, & plus elles seront fermes & moins sujettes à se rompre.

Lorsque sur le premier degrossissement les trois couches de mortier auront esté appliquées, on mettra celles qui sont faites de poudre de marbre, & dont le mortier sera tellement corroyé & pestri qu'il ne tienne point à [2] *la petite truelle*, mais que son fer s'en retire bien net. [Rutrum.] Sur la premiere couche de mortier de poudre de marbre à gros grain & avant qu'elle soit [B] seche, il en faut mettre une seconde de la mesme poudre un peu plus fine, & aprés qu'elle aura esté bien battuë & repoussée, on mettra la troisiéme de poussiere tres-fine. Les murs estant ainsi couverts de trois couches de mortier de sable, & d'autant de celuy de marbre, ils ne seront point sujets à se fendre ny à se gaster aucunement, mais pourveu que les couches ayent esté bien battuës & repoussées, le marbre donnera une blancheur & une dureté qui rendra les couleurs que l'on couchera dessus tres-vives & tres-éclatantes.

Or les couleurs appliquées sur le Stuc [3] avant qu'il soit sec, se conservent toujours, parceque la chaux qui a esté dans le fourneau épuisée de son humidité, & renduë rare & aride, boit avec avidité tout ce qui la touche, & ainsi elle se seche avec les couleurs, ensorte que [4] du mélange de l'un & de lautre, ainsi que de diverses semences & de principes differens, il naist un composé qui conserve les qualitez de ces principes : car le [C] mortier est revestu de la forme que la peinture luy donne, & la peinture reçoit la solidité, s'il faut ainsi dire, qui est propre au mortier. C'est pourquoy lorsque les enduits sont faits comme il faut, les couleurs ne se gastent point par le temps, & ne peuvent s'effacer quand on les lave, si ce n'est qu'elles ayent esté couchées sur le Stuc quand il est trop sec. Mais si on ne mettoit qu'une couche de mortier de sable & une de marbre, cet enduit seroit si mince qu'il se romproit aisément, & il ne pourroit jamais recevoir de polissure, à cause de son peu d'épaisseur, de mesme qu'un miroir fait d'une lame d'argent trop deliée, ne reluit que foiblement & incertainement au lieu que celuy qui est fort & solide, est clair, & represente les images plus distinctement, parcequ'il souffre mieux la polissure. Ainsi les enduits qui sont minces sont sujets à se gerser, & ils perdent incontinent tout leur lustre.

Mais les enduis que plusieurs couches de mortier de sable & de celuy de marbre, ont ren- [D] dus assez épais pour recevoir la polissure à force d'estre bien repoussez & battus, demeurent si luisans, que l'on s'y peut voir comme en un miroir. Les ouvriers qui travaillent en Grece à ces enduits, outre tout cela font encore battre avec des bastons & corroyer long-temps

blancheur ne peut souffrir rien de ce qui peut sallir, sans en estre offencée : il semble que nos Maçons ayent voulu imiter cette figure quand ils ont introduit la maniere d'expliquer par le mot de *fierté*, la dureté importune qui fait éclatter les pierres, lorsqu'elles sont posées sur quelque chose qui leur resiste avec trop de force.

1. LES MOULURES. Quoyque le mot *directiones* ne signifie pas proprement & particulierement *des moulures*, mais seulement en general des choses qui sont conduites en droite ligne, & pour parler comme nos Ouvriers qui sont poulilées ; on peut dire que ce qui est enoncé par ce mot, n'est point autre chose que des moulures. Vitruve s'est servy de ce mesme mot au troisiéme chapitre du quatriéme livre, lorsqu'il décrit les quadres qui sont dans les platfonds des corniches Doriques, dans lesquels on fait des foudres & on met dix-huit gouttes arangées trois à trois.

2. LA PETITE TRUELLE. *Rutrum* est dit *ab eruendo*. C'est la petite Truelle avec laquelle on travaille au Stuc.

3. AVANT QU'IL SOIT SEC. Ce que Vitruve dit *udo tectorio*, les Italiens disent *à fresco*, c'est-à-dire le mortier estant fraischement apliqué. Cette maniere de peindre sur le mortier avant qu'il soit sec, outre l'avantage que Vitruve luy attribuë de conserver eternellement les couleurs qui luy sont incorporées, & celuy dont Vitruve ne parle point & qui la fait principalement estimer par les Peintres, qui est de rendre la peinture vive sans estre luisante, est encore recommendable en ce qu'elle empesche que les couleurs que l'on applique ne se sechent trop tost : car cela donne bien de la peine dans toutes les autres manieres de Peinture à detrempe, dans lesquelles les couleurs changent tellement en sechant, que ce qui est brun estant fraichement apliqué devient fort clair en sechant : Ce qui fait qu'il est tres-difficile de sçavoir bien precisément ce que l'on fait, & que l'on est obligé en travaillant d'essayer les couleurs en les couchant sur des tuyles qui les sechent en un moment, & font [E] voir quelles elles deviendront en sechant sur l'Ouvrage. Mais il y a d'ailleurs une autre incommodité à cette peinture ainsi que Pline a remarqué, qui est de gaster la pluspart des couleurs qui ne peuvent resister au sel de la chaux, que Pline apelle son amertume, & qui corrompt toutes les couleurs qui sont faites avec les plantes, & une grande partie de celles qui sont faites avec les metaux ; ensorte qu'il ne reste presque que les terres qui puissent conserver leur couleur & la deffendre de la brûlure de la chaux ; mais ces mesmes terres affoiblissent la force de la chaux & rendent la superficie des enduits moins dure.

4. DU MELANGE DE L'UN ET DE L'AUTRE. Il a falu un peu paraphraser cet endroit qui est embroüillé pour en tirer quelque sens.

CHAP. III.

A par des dizaines d'hommes dans un grand mortier, le sable & la chaux meslez ensemble avant que de l'employer, ce qui fait un corps si ferme que l'on se sert des morceaux d'enduits que l'on arrache des vieilles murailles pour en faire des tables, & les pieces qui sont demeurées sur la muraille qui est fenduë representent [1] des pieces d'*Abaques* & de miroirs.

Si l'on veut faire des enduits contre [2] des cloisonages de bois, il faut prendre garde qu'il est presque impossible que les pieces montantes & les traversantes ne fassent fendre l'enduit, parceque quand on les couvre de terre grasse elles s'humectent, & qu'en se seichant elles se retirent : c'est pourquoy il faudra travailler en cette maniere. Quand la cloison sera couverte de terre grasse, on y attachera tout du long avec [3] des *cloux à teste*, des cannes sur lesquelles on mettra de la terre grasse, & puis encore un autre rang de cannes, qui se-
B ront droites, si les premieres ont esté mises en travers ; & ensuite on enduira comme il a esté dit avec le mortier de sable & celuy de marbre : car ainsi ce double rang de cannes posées au contraire les unes des autres & arrestées par tout, empeschera que l'ouvrage ne se rompe & ne se fende.

Clavi muscarii.

1. DES PIECES D'ABAQUES. Il a desja esté dit cy-devant, sçavoir au chapitre troisiéme du troisiéme livre, que les anciens apelloient *Abaques* de petites tables quarrées & polies, sur lesquelles ils traçoient des figures. Nous nous servons d'Ardoises pour cela, à cause que ces pierres se fendent naturellement en lames minces, solides & faciles à polir, & qu'elles ont cette proprieté qu'estant d'un bleu fort obscur, les lignes que l'on y trace aisément avec une pointe, paroissent blanches & s'effacent avec la mesme facilité en les mouillant. J'ay interpreté ailleurs *Abacum* par le mot de *Tailloir* ; mais c'est quand *Abacus* signifie la partie qui couvre les chapiteaux, parceque ce mot de tailloir est en usage
C pour cette signification qui est autre en cet endroit-cy.

2. DES CLOISONNAGES. Je traduis ainsi *craticii parietes*, parceque cette espece de muraille estoit anciennement employée aux cloisons, ainsi qu'elle l'est encore parmy nous : c'est pourquoy elle est nommée par Pline & par Festus *paries intergerinus*. On l'apelle autrement en françois *colombage* ou *pan de bois*. Je ne suis pas de l'avis de Philander qui croit que ces sortes de murs estoient de cannes entrelacées comme des claies, à cause que *crates* signifie une claie : car il est evident que les cannes que Vitruve a entrelacées sur ce mur ne sont point ce qui le fait estre *craticius* ; parce qu'elles n'y sont mises que pour faire tenir l'enduit, sans lequel le nom peut subsister & estre dit *craticius*, à cause qu'il estoit fait de poteaux qui estant posez droits, en avoient d'autres en travers qui les lioient & faisoient une forme de grille.

3. DES CLOUS A TESTE. On ne sçait point bien precisément ce que c'est icy que *Clavi muscarii* : on juge seulement que Vitruve a voulu signifier une espece de clous qui ont une teste large & platte, à cause que Pline dit que les plantes dont la graine est en ombelle faisant comme un bouquet plat au haut de la tige, ont leur graine *in muscario*.

CHAPITRE IV.

CHA. IV.

Des Enduis que l'on fait aux lieux qui sont humides.

D APRES avoir dit de quelle maniere les enduis doivent estre faits aux lieux secs, je vais enseigner comment dans les lieux humides on les peut faire en sorte qu'ils durent long-temps sans se gaster.

Les appartemens qui sont à rez de chaussée doivent estre enduis par le bas environ de la hauteur de trois piez avec du ciment, au lieu de mortier de chaux & de sable, pour defendre cette partie du mur contre l'humidité. [1] Mais si le lieu estoit tel que la muraille fust fort humide, il faudra bâtir un autre mur plus estroit en dedans, & distant du gros mur autant qu'il est besoin, laissant entre les deux murs un canal qui soit plus bas que le pavé de l'appartement & qui ait des ouvertures libres en un lieu découvert. Le petit mur estant elevé à hauteur doit avoir aussi des soûpiraux : Car si l'humidité ne s'écouloit point par les conduits d'embas, & ne se pouvoit evaporer par les soûpiraux d'enhaut, cette construction d'un nouveau mur ne rendroit pas l'enduit moins sujet à se gaster. Cela estant fait le petit
E mur sera enduit de ciment, dressé & recouvert de Stuc.

Que s'il arrivoit que le lieu [2] ne pust pas permettre de bastir ce petit mur, il faudra faire des canaux qui ayent leur ouverture comme il a esté dit en un lieu découvert, & poser en-

1. MAIS SI LE LIEU ESTOIT TEL QUE LA MURAILLE FUST FORT HUMIDE, &c. Il seroit necessaire de sçavoir de quelle humidité Vitruve parle pour bien entendre cet endroit : Car s'il s'agit de l'humidité que la terre communique au mur lorsqu'elle est plus haute que le plancher de l'appartement, il est aisé de comprendre que le petit mur ou le lambris de poterie, peuvent rendre le dedans des appartemens exempt de cette humidité, parce que l'eau s'écoule par le canal qui est entre les deux murs, & la vapeur humide qui y est enfermée s'exhale par les soûpiraux qui sont enhaut : mais s'il s'agit de la vapeur humide dont tous les lieux bas sont remplis & qui en rend les murs moites, lorsqu'ils condensent & font resoudre cette vapeur humide, il est constant que le petit mur ne sçauroit servir de rien, parceque la vapeur humide s'amassera aussi bien contre le petit mur & contre le lambris de poterie, que contre le gros mur : De sorte qu'il semble que la structure dont il est icy parlé, n'est que pour faire que l'eau qui penetre le gros mur s'écoule par le moyen du canal qui est entre les deux murs, & que la vapeur qui s'éleve de cette eau, sorte par les soûpiraux.

2. NE PUST PAS PERMETTRE DE BASTIR. Il y a ap-

CHAP. IV. suite [1] sur un des bords du Canal des quarreaux de deux piez en quarré ; & sur l'autre costé
bastir des piles avec de petites briques de huit pouces, sur lesquelles les angles de deux A
quarreaux puissent poser, de sorte que cela soit éloigné du mur tout au plus d'un palme :
Tegulis hamatis. ensuite pardessus & jusqu'au haut il faut attacher [2] des *quarreaux qui ont des rebords* & les
poisser fort exactement par dedans, afin qu'ils ne s'abbreuvent point d humidité : Il faudra
aussi que les soupiraux ayent leur ouverture au dessus de la voute. Apres cela on blanchira
tout cet Ouvrage avec [3] de la chaux détrempée seulement en eau, afin que le ciment s'y
puisse attacher : car la grande secheresse que les quarreaux ont contractée dans le fourneau,
empesche que le ciment ne puisse tenir, si la chaux qui est mise entre-deux ne les
attache l'un à l'autre. Aprés avoir fait l'enduit qui doit estre de ciment & non pas de mortier
de sable, le reste s'achevera suivant la methode qui a esté prescrite pour les enduis.

Les manieres particulieres de polir les enduis & de les orner, doivent estre differentes se- B
lon les lieux & les raisons que l'on a de les rendre plus somptueux & plus magnifiques : Car
dans les salles à manger pendant l'Hyver, il n'est pas à propos de faire des enduits de cette
composition, ny des Peintures de grande importance, ny de la Sculpture de festons & de
couronnes taillées avec beaucoup de delicatesse ; parceque la fumée du feu & la suye des lumieres qui y doivent estre presque incessamment allumées gastent tout. On peut seulement
faire au dessus des lambris qui sont à hauteur d'appuy, [4] quelques Tables d'attente avec un
mélange d'ancre que l'on polit, & diversifier les entre-deux par des triangles de [5] Sil & de
[6] Minium. Les voutes doivent estre aussi toutes simples & polies : & pour ce qui est du plancher il y en a à qui la façon dont les Grecs les font ne déplaist pas, parce qu'elle couste peu
& qu'elle a beaucoup de commoditez.

On creuse le plancher de deux piez de profondeur & la terre ayant esté affermie avec le
belier dont on bat les pilotis, on fait une couche de mortier ou de ciment, qui estant un C
peu élevé au milieu va en pente des deux costez vers des canaux où il y a des ouvertures. Là-

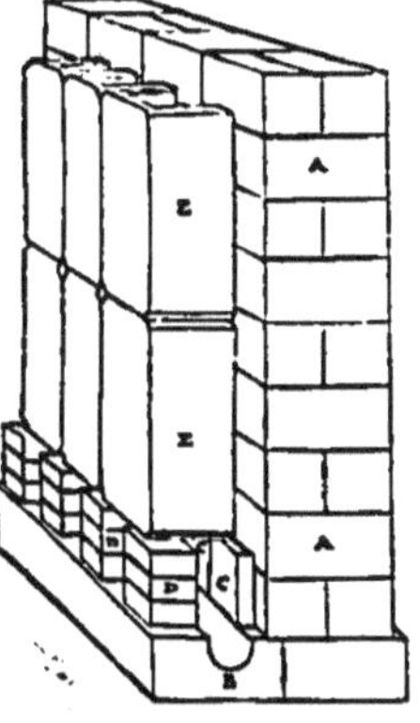

parence que le sens est que su posé que la place du dedans de l'appartement soit trop étroite pour bastir ce second mur, il faut au lieu d'un mur, se contenter d'une cloison ou lambris fait de tuyles creuses, dont l'épaisseur n'est pas la vingtiéme partie du petit mur. La Figure que j'ay faite suivant la pensée de Rusconi, explique assez bien le texte : Mais il est difficile de deviner à quoy servent les piles de briques D D ; & les carreaux C C ; car les tuyles creuses E E, pouvoient estre posées immediatement sur le canal B, qui est le long du gros mur A A.

1. SUR UN DES BORDS DU CANAL. Vitruve ne dit point sur lequel des deux bords du canal on doit poser les quarreaux : Les Interpretes n'en parlent point aussi, il n'y a que Rusconi qui dans son livre des Figures de Vitruve met ces quarreaux sur le bord du canal qui est pres du mur, & bastit les piles de brique sur l'autre bord.

2. DES QUARREAUX QUI ONT DES REBORDS. J'ay suivy les Interpretes qui expliquent ainsi *hamatas tegulas* ; & je croy que les tuiles ou quarreaux dont il est parlé au dixiéme chapitre du cinquiéme livre qui sont appellées *tegulæ sine marginibus* peuvent beaucoup servir à faire entendre quelles estoient celles qui sont icy apellées *hamatæ* ; parce qu'il paroist qu'il y en avoit *cum marginibus*, *qui avoient des rebords* telles que sont celles dont Rusconi a fait la figure : Car quoy que *hamatæ tegulæ* signifient proprement des tuiles qui ont un crochet comme sont celles dont on se sert à Paris & aux environs, on peut dire que ces rebords recourbez sont comme une espece de crochet. Laët dans son addition au Dictionaire de Baldus dit avoir veu dans deux vieux Exemplaires *ammatæ tegulæ* au lieu de *hamatæ*, & il dit avec beaucoup de vray-semblance que ce mot *ammatæ* signifie des tuiles qui sont en forme de canal *quasi antenna emittendo hoc est spiritus seu vapori exhalando aptæ*, de mesme que *olla ammatusa* signifie une marmitte dont le couvercle a un tuyau pour laisser sortir la fumée. Les tuiles en beaucoup d'endroits de la France sont faites ainsi en forme d'un demy-canal.

3. DE LA CHAUX DETREMPÉE EN EAU. Cet endroit fait voir evidemment que *albarium opus* dont il a déja esté parlé cy-devant, n'est point ce blanchissement dont Vi- D
truve fait icy mention, ainsi que tous les Interpretes ont estimé.

4. LES TABLES D'ATTENTE. On apelle Tables d'attente les Panneaux quarrez, ronds, ovales ou d'autre Figure qui s'élevent avec une legere saillie sur les murs ; parce qu'ils attendent que l'on y fasse quelque peinture ou quelque inscription. J'ay cru que je pouvois ainsi interpreter le mot *Abaci* que J. Martin traduit *Dressoirs*. *Abaci* ainsi qu'il a déja esté dit estoient ou des tables sur lesquelles on mettoit les verres, ou celles où on traçoit des figures. Il s'agit icy des ornemens dont les murailles sont revestuës : C'est pourquoy il m'a semblé que *Podia* qui signifient des appuis, pouvoient signifier les *lambris* qui sont au bas des murs, & que l'on fait ordinairement à hauteur d'appuy, & que *Abaci* estant mis ensuite devoit estre les *Quadres* & les *Tables d'attente* qui sont sur les murs au dessus des lambris.

5. SIL. On apelloit ainsi une couleur qui se trouvoit dans les E
mines d'argent. Les doctes ne sont pas bien certains quelle couleur c'estoit. Saumaise avec la plus grande partie des Critiques asseure que c'estoit du rouge, mais les témoignages qu'ils ont des Anciens pour cela, ne sont point si clairs que ceux qui se tirent de Vitruve pour faire croire que le *Sil* estoit du jaune, ainsi qu'il se verra dans la suite.

6. ET DE MINIUM. Je crois que *vel miniaceis*, est ici mis pour *& miniaceis*, parce qu'il n'y a point de raison d'entremesler des triangles s'ils ne sont differens en couleur, & qu'il y a plus de sens à dire que des triangles de *Sil* qui sont jaunes sont entremeslez avec des triangles de *Minium* qui sont rouges : Cela est dit plus clairement au chapitre suivant, où il y a *silaceorum miniaceorumque cuneorum inter se varias distributiones.* Cette sorte de peinture faite de triangles jaunes & rouges entremeslez, est encore fort commune en Turquie.

dessus

A dessus on met du charbon que l'on bat & entasse fortement & que l'on couvre d'un autre Chap. IV. enduit composé de chaux, de sable, & de cendre, de l'epaisseur de demy-pié, dressé à la regle & au niveau; & le dessus [1] ayant esté emporté avec la pierre à aiguiser, on a un plancher fort noir & qui est tres-commode, en ce que tout ce qui est repandu dessus, soit quand on rince les verres, ou quand on se lave la bouche [2] est incontinent seché, & ceux qui servent à table y peuvent marcher nuds piez sans estre beaucoup incommodez du froid.

1. Ayant esté emporté. Il y a *summo libramento despumato*. J'ay suivy Baldus qui corrige ce texte & lit *despumatum* au lieu de *despumato*; bienque Pline se serve du mesme mot en parlant de la maniere de polir les planchers. Jocundus retient *despumato*, comme estant un terme propre à signifier l'effet que la pierre à aiguiser fait, lorsqu'estant frottée sur quelque chose avec de l'eau elle fait de l'écume : mais cette écume n'est point un effet si particulier B à la chose dont il s'agit icy, que ce qui arrive lorsque l'escaille ou la crouste d'un enduit est emportée; car il est icy question de rendre un plancher capable de boire l'eau qui y est repandue, ce qu'il ne sçauroit faire si cette crouste n'est ostée apres que le mortier est parfaitement seché; car il luy arrive comme au pain, de former en dehors une crouste dure polie & sans pores, & d'estre spongieux en dedans.

2. Est incontinent seché. La description que Vitruve fait de la structure des planchers des Grecs, & de l'effet qu'ils avoient, qui estoit de secher & de boire les liqueurs qui estoient repanduës dessus, donne quelque lumiere pour deviner l'etymologie du nom que les Grecs donnoient aux planchers qu'ils appelloient *Asarota*, qui vray-semblablement estoient ceux dont Vitruve parle icy; car l'Etymologie que les Grammairiens en ont prise dans Pline, est bien bizarre. Cet Auteur dit que le premier plancher qui fut fait de cette espece par Sosus qui en fut l'inventeur, estoit composé d'une infinité de petites pieces de differentes couleurs en maniere de Mosaïque, qui representoient les ordures qui peuvent demeurer sur un plancher apres un festin, & qui le faisoient paroistre comme n'estant point balayé. Il est à ce me semble, plus croyable que ces planchers qui à cause de leur secheresse beuvoient tout ce qui estoit répandu dessus, devoient plustost estre apellez *Asarota*, parcequ'il ne les falloit point balayer ny essuyer avec des esponges comme les autres planchers, quand ils estoient mouillez, que parcequ'ils paroissoient n'estre pas balayez.

CHAPITRE V.

Comment il faut faire les Peintures dans les Edifices. Chap. V.

C Dans les Appartemens que l'on habite pendant le Printemps, l'Automne, ou l'Eté, & mesme dans les Vestibules, & dans les Peristyles, les anciens ont accoutumé de faire des Peintures avec de certaines couleurs, & d'une façon particuliere.

La Peinture est la representation des choses qui sont, ou qui peuvent estre, comme d'un homme, d'un Edifice, d'un navire, ou de quoy que ce soit dont on imite la forme & la figure. Les premieres choses que les anciens ont representées sur les enduits, sont les differentes bigarures du marbre. Ensuite ils ont fait des compartimens [1] de ronds & de triangles [2] jaunes & rouges. Aprés cela ils ont essayé de faire la figure des Edifices, de leurs Colonnes, & de leurs amortissemens élevez: & quand ils ont voulu peindre en des lieux spacieux, ils y ont fait des Perspectives, comme sont celles des faces des Theatres pour les Tragedies, pour les Comedies, & pour les Pastorales. Dans les longues Galleries, ils ont peint [3] des *Varietates topiorum.*
D *païsages*, selon la nature des lieux, où ils ont representé des Ports, des Promontoires, des Rivages, des Fleuves, des Fontaines, des Ruisseaux, des Temples, des Bocages; & en quelques endroits, [4] *l'Histoire*, qui est une sorte de Peinture, qui represente les Dieux ainsi qu'ils *Megalographia.* sont décrits dans les fables, ou d'autres choses, comme les guerres de Troye, & les voyages

1. De ronds. J'ay crû que Vitruve avoit eu intention icy de signifier par *coronas* des *ronds* ou des *cercles*, & par *cuneos* des *triangles*; n'y ayant point d'apparence qu'il entendist parler de couronnes & de coins à fendre, mais seulement des figures simples & regulieres dont on peut faire des compartimens: Car bien que la Peinture represente des couronnes de mesme que toute autre chose, il me semble que Vitruve parle du progrés que la Peinture a fait dans ses commencemens, & que le sens du texte est qu'on a d'abord commencé par les representations les plus aisées, telles que sont celles du marbre; qu'aprés cela on a passé aux com-
E partimens simples, & ensuite à la representation de l'Architecture, avant que de venir à celle des ornemens les plus delicats, tels que sont les couronnes, les festons, les feüillages & les fleurs.

2. Jaunes et rouges. Je n'ay pû estre de l'opinion de Baldus qui croit que *Silaceus color & miniaceus* est icy la mesme chose, apres avoir consideré que Vitruve dit qu'avec ces couleurs on faisoit des compartimens de triangles differens; car il n'y a point d'apparence que cette difference de Triangles, fust autre chose que celle de la couleur. Les Auteurs qui conviennent tous de la couleur du *Minium*, ne sont pas d'accord sur celle du *Sil*. Hermolaus Barbarus sur Pline, a dit d'abord que c'est du bleu, & ensuite il s'est dedit & a declaré que c'estoit du rouge. Cette derniere opinion a esté suivie de tous les doctes. Mais il paroist par cet endroit de Vitruve, & parcequ'il a encore écrit du *Sil* au septiéme chapitre; que l'Ocre & le *Sil* sont une mesme chose, & que le *Sil* n'estoit rouge que quand il estoit brûlé. Pline confirme cela quand il dit, suivant ce qui est écrit par Vitruve à la fin du chapitre onziéme de ce livre, que l'on peut imiter la Rubrique en brûlant le *Sil* & l'arrosant de vinaigre. Il dit aussi parlant des differens *Sils*, que les uns servent à embrunir, les autres à donner les jours, ce que l'Ocre fait selon qu'elle est brûlée ou non brûlée. Demontiosius croit que le *Sil* Attique estoit bleu. Son opinion est examinée sur le chapitre 14 de ce livre.

3. Des paisages. Les Interpretes entendent par *Topiorum varietates*, la representation qui se fait avec les arbrisseaux taillez en toute sorte de forme. Mais il est difficile de croire que ce soit l'intention de Vitruve, qui parle icy de Peinture. Et je croy qu'il faut entendre par *topiarium opus*, comme il a esté dit cy-devant au chapitre huictiéme du cinquiéme livre, les verdures & les autres representations des lieux qui sont faites dans les païsages, parceque cet ouvrage fait par des arbrisseaux taillez, est Sculpture & non pas Peinture: Et il n'y a aucune apparence que l'on puisse representer des Ports, des Promontoires, des Rivages & des Euripes avec des arbrisseaux taillez.

4. L'Histoire. *Megalographia* signifie une Peinture grande & importante. J'ay interpreté ce mot par celuy d'*Histoire*, parceque l'on apelle ainsi d'ordinaire la plus noble des trois especes de Peinture, qui sont *l'Architecture, le Païsage & l'Histoire* dont Vitruve parle en cet endroit.

CHAP. V. d'Ulysse, [1] où les Païsages regnent toujours. Mais en toute sorte de Peinture, ils ont repre- *
senté exactement chaque chose ainsi qu'elle est naturellement. A

Cependant par je ne sçay quel caprice on ne suit plus cette regle que les Anciens s'e-
stoient prescrite, de prendre toujours pour modele de leurs Peintures les choses comme
elles sont dans la verité : car on ne peint à present sur les murailles que des monstres ex-
travagans, au lieu de choses veritables & regulieres. On met pour colonnes des roseaux qui
Harpaginetulis. soûtiennent un [2] *entortillement* de tiges de plantes cannelées avec leurs fueillages refendus & *
tournez en maniere de volutes; on fait des chandeliers qui portent de petits chasteaux, desquels, comme si c'estoient des racines, il s'éleve quantité de branches delicates, sur lesquelles des figures sont assises; en d'autres endroits ces branches aboutissent à des fleurs
dont on fait sortir des demy-figures, les unes avec des visages d'hommes, les autres avec
des testes d'animaux; qui sont des choses qui ne sont point, & qui ne peuvent estre, comme B
elles n'ont jamais esté. Tellement que les nouvelles fantaisies prevalent de sorte [3] qu'il ne *
se trouve presque personne qui soit capable de découvrir ce qu'il y a de bon dans les arts, &
qui en puisse juger. Car quelle apparence y a-t'il que des roseaux soûtiennent un toit;
qu'un chandelier porte des châteaux, & que les foibles branches qui sortent du faiste de
ces chasteaux portent les figures qui y sont comme à cheval; enfin que de leurs racines,
de leurs tiges, & de leurs fleurs il puisse naistre des moitiez de figures? [4] Cependant per- *
sonne ne reprend ces impertinences, mais on s'y plaist, sans prendre garde si ce sont des
choses qui soient possibles ou non; tant les esprits sont peu capables de connoistre ce qui
merite de l'approbation dans les ouvrages.

Pour moy je crois que l'on ne doit point estimer la Peinture [5] si elle ne represente la veri- *
té, & que ce n'est pas assez que les choses soient bien peintes, mais qu'il faut aussi que le C
dessein soit raisonnable, & qu'il n'ait rien qui choque le bon sens.

Iota d'assimi-lit. Autrefois en la ville de Tralles dans un petit Theatre, qui est apellé parmy eux *Ecclesia-
sterium*, Apaturius Alabandin peignit une Scene, dans laquelle il representa au lieu de colonnes, des statuës & des Centaures qui soûtenoient les Architraves, des Toits en rond,
des Domes, [6] des Frontons avec de grandes saillies, des Corniches avec des testes de lion; qui *

1. OU LES PAÏSAGES REGNENT TOUJOURS. Je croy que *per topia* ne sçauroit signifier autre chose; le sens estant que quoy que l'Histoire & le Païsage soient deux especes de Peintures differentes, le Païsage neanmoins est toujours joint avec l'Histoire, ce qui n'est pas de mesme au Païsage, qui peut estre sans l'Histoire.

2. UN ENTORTILLEMENT DE TIGES. Je traduis ainsi le mot *Harpaginetulis* qui embarasse fort tous les Interpretes. Philander y renonce: Baldus corrige le mot & lit *Harpages & mituli*, c'est-à-dire des crochets & des coquilles: Cisaranus & J. Martin croyent que ce sont des Harpies: Turnebe a recours à de vieux exemplaires, dans lesquels il trouve *A pagine oculi*, qui me semble encore plus obscur que *Harpaginetuli*. Ce nom est un diminutif de *Harpagines*, qui signifie des crochets: ce qui m'a donné lieu de traduire *entortillement de tiges*, comme qui diroit des tiges accrochées ensemble.

3. QU'IL NE SE TROUVE PRESQUE PERSONNE. Cet endroit a si peu de sens qu'il a esté necessaire de le paraphraser un peu & de dire ce qu'il y a apparence que Vitruve a voulu dire, au lieu de ce qu'il a dit. J'ay ajoûté la particule *ad*: car *conniveant artium virtutes* n'a point de sens; *conniveant ad artium virtutes*, peut en avoir quelqu'un.

4. CEPENDANT PERSONNE NE REPREND CES IMPERTINENCES. Vitruve n'en a pas esté crû sur le jugement qu'il a fait des Grotesques, & bien loin de persuader à la posterité que ce qu'elles ont de ridicule les doit faire rejetter, mon opinion est que ce qu'il en dit icy, n'a servy qu'à en donner le modele, & que l'on n'auroit peut estre jamais eu la pensée de ces extravagances sans ce qu'il nous en a laissé par écrit; parceque toutes les particularitez de cette espece de Peinture sont icy si bien décrites, que la perte que les injures du temps nous avoient fait faire de tous les Tableaux que l'antiquité avoit faits de cette espece, est fort bien reparée: Et cet Auteur a bien mieux reüssy à instruire nos Peintres de l'estat de ces sortes d'ouvrages, qu'il n'a fait à les détourner de les imiter, avec le raisonnement par lequel il prouve qu'il est impossible que des Chasteaux soient fondez sur des roseaux, & que des moitiez d'animaux sortent du milieu des fleurs.

5. SI ELLE NE REPRESENTE LA VERITÉ. La Peinture a deux sortes de veritez, l'une est Historique & l'autre Naturelle. La verité Historique consiste dans l'arangement & dans l'assemblage des choses qui sont representées, ensorte que cette verité est blessée quand on joint des choses qui ne doivent & qui ne peuvent estre ensemble, comme Alexandre avec une barbe blanche, ainsi qu'il est peint dans nos cartes à joüer, & mesme D dans un fort beau tableau du Breugle; La verité Naturelle est dans la Peinture, quand elle represente les choses absolument telles que la nature les a faites; c'est-à-dire quand elle donne le relief, la saillie, l'enfoncement, le jour, l'obscurité, la force, la tendresse, le contour, la grace, la vivacité, la gradation, l'union qui est necessaire pour faire que les choses paroissent estre ce qu'elles seroient si elles estoient en effet. Cette derniere verité appartient plus proprement à la Peinture, que l'autre qui luy est estrangere: Car c'est assez de n'estre pas dépourveu du sens le plus commun pour estre hors du danger de pecher contre la verité Historique; mais il faut avoir un genie rare & extraordinaire, une estude consommée & un bon-heur particulier pour satisfaire à tout ce que requiert la verité Naturelle, c'est-à-dire pour ne point manquer à representer tous les effets que les objets font sur la veuë. Cependant dans les jugemens que l'on fait des Tableaux on ne les examine gueres que sur cette verité Historique, par- E ce qu'il y a peu de personnes capables de sçavoir ce qui fait qu'un Tableau a tout ce qui est necessaire à la verité Naturelle, quoy qu'il soit fort aisé de connoistre s'il l'a ou s'il ne l'a pas; & qu'il n'y a gueres de personnes qui ne remarquent aisément les defauts de la verité Historique, de mesme qu'il n'est pas si difficile de connoistre qu'une Bibliotheque n'est pas bien rangée quand les livres sont mis le haut en bas, que de sçavoir si les livres sont bons.

6. DES FRONTONS. Vitruve aporte icy plusieurs exemples de choses qui de son temps passoient pour ridicules en Architecture; cependant il y en a quelques-unes que l'usage & peut estre la raison n'ont pas laissé d'autoriser depuis. Il condamne entr'autres choses la maniere de mettre des Frontons aux premiers étages, ces Frontons n'estant point la face du toit de l'Edifice; on en voit neanmoins dans des Ouvrages approuvez. Les Chapelles

A sont toutes choses qui appartiennent à un toit. Cependant sur tout cela il peignit encore CHAP. V.
[1] un second ordre, où il y avoit d'autres Domes, des Porches, des Faistes que l'on ne voyoit [illegible]
qu'à demy, & toutes les autres choses qui sont aux toits des Edifices. Tout l'aspect de cette Scene paroissoit fort beau, à cause que le Peintre y avoit si bien ménagé les differen-
[2] tes teintes, qu'il sembloit que cette Architecture eust en effet [2] toutes ses saillies: & on estoit prest de luy donner une grande approbation, quand le Mathematicien Licinius se presenta, & dit, qu'à la verité les Alabandins estoient estimez fort grands politiques, mais qu'une petite indecence avoit fait grand tort à l'opinion que l'on avoit de leur jugement, en ce que les Statuës qui sont dans le lieu de leurs exercices representent des Avocats qui plaident des causes, & que celles qui sont dans l'Auditoire sont de personnes qui s'exercent à la course, & qui joüent au palet & à la paume. Que cette faute d'avoir ainsi mis les choses hors de
B leur place, avoit fait tort à la reputation de toute la ville. C'est pourquoy prenons gar-
[3] de, dit-il, que la Peinture d'Apaturius ne nous fasse passer [3] pour Alabandins, ou pour Abderitains : car qui est-ce qui a jamais veu que des maisons & des colonnes soient posées sur les toits & sur les tuiles d'autres maisons? Ne sçait-on pas que ces choses se mettent sur les planchers, & non pas sur les toits? Et ne voyez-vous pas que si nous approuvons une peinture qui represente une chose qui ne peut estre, nostre ville est en danger d'estre mise au nombre de celles dont les habitans, pour avoir commis de semblables fautes, ont esté reputez manquer tout-à-fait d'esprit & de jugement. Apaturius n'ayant rien à répondre à cela, fit oster son tableau, & y changea & corrigea ce qui estoit contre la verité & contre la raison.

Nous aurions grand besoin que Licinius pûst ressusciter pour nous reprendre d'un pareil
C abus, & abolir les erreurs qui se sont introduites dans la Peinture : mais il ne sera pas hors de propos de dire icy d'où vient que cette fausse maniere de peindre l'a emporté sur la bonne. La raison de cela est, à mon avis, que la beauté & le prix de la Peinture, que les Anciens croyoient dépendre de l'artifice & du travail, consiste à present dans le seul éclat des couleurs; & que ce que l'on cherchoit autrefois dans la seule science de l'ouvrier, est à present suppléé par la dépense de celuy qui le fait travailler : car on sçait que les Anciens épargnoient le Minium, comme estant une drogue fort rare, & qu'à present on en peint des murailles toutes entieres, & que l'on employe de mesme la Chrysocolle, la couleur de Pourpre, & celle d'Azur. Cependant les Peintures qui sont faites de ces couleurs, quoy que sans art, ne laissent pas de paroistre beaucoup; & c'est la cherté de ces couleurs qui a fait que les loix ont ordonné qu'elles ne seront point fournies par les Peintres, mais par ceux qui les font tra-
D vailler. J'ay voulu faire sçavoir cela, afin d'oster les abus qui sont en la Peinture.

Pour le present je vais parler des materiaux & comme il les faut preparer pour faire le Stuc; & parceque j'ay déja traité de la chaux, il reste à parler du marbre.

du dedans du Pantheon ont des frontons de cette espece : car ils ne couvrent que l'entablement qui porte sur deux colonnes : Et l'on peut dire que cela n'est pas tout à fait sans raison, puisque c'est suivant le principe general que Vitruve reconnoist estre dans l'Architecture, qui est de faire consister ses ornemens dans l'Imitation de la Figure, sans qu'il soit necessaire que les autres proprietez de la chose dont l'imitation a esté prise, s'y rencontrent : Par exemple on fait des modillons des quatre costez d'un Edifice, dont la couverture n'est point en croupe, bien qu'il soit impossible que les bouts des pannes qui sont representez par les modil-
E lons sortent des quatre costez; on fait les triglyphes qui representent les bouts des poutres, aussi étroits sur les colonnes angulaires que sur celles du milieu, bien que les poutres soient beaucoup plus larges en cet endroit qu'autre part; on met des testes de lyon dans les corniches au droit des entrecolonnemens, quoy qu'elles ne doivent point servir à jetter l'eau en cet endroit. Ainsi lorsque l'on couvre une porte avec un entablement soutenu par des colonnes qui sont aux costez de la porte, on y met aussi un Fronton quoy qu'il n'y ait point de toit en cet endroit; mais on le fait à cause que ces colonnes qui sont aux costez de la porte, estant l'imitation du porche d'un Temple, on imite aussi par le Fronton le devant du toit qui couvre la porte & le reste du Temple; & tout cela en vertu de l'Imitation qui est une chose de grande autorité dans l'Architecture.

1. UN SECOND ORDRE. *Episcenium* ainsi qu'il a déja esté dit, estoit le second ou le troisiéme ordre que l'on faisoit aux Scenes quand elles estoient fort grandes.

2. TOUTES SES SAILLIES. La maniere de parler est estrange, mais assez significative. Il est dit que la Peinture d'Apaturius estoit agreable à cause de son aspreté & inégalité *propter asperitatem*. C'est-à-dire que les reliefs & les enfoncemens y estoient si bien representez, que la toile du tableau sembloit n'estre pas égale & platte comme elle l'estoit en effet.

3. POUR ALABANDINS OU POUR ABDERITAINS. Ces deux peuples estoient décriez parmy les Grecs, à cause de leur stupidité. C'est pourquoy il faut entendre que c'est par raillerie que Licinius dit que les Alabandins passent pour grands politiques.

CHAP. VI.

CHAPITRE VI.

Du marbre, & comme on le doit preparer pour faire le Stuc.

A

LE Marbre est different en divers lieux. Il y a des endroits où on le trouve par morceaux, dans lesquels il y a de petits grains luisans comme du sel. Ce marbre estant pilé & broyé est bon pour les enduits, & pour [1] les ornemens de Corniches & de Festons. En d'autres païs on se sert [2] des éclats que ceux qui travaillent en marbre, font tomber, lesquels estant pilez & sassez, font trois sortes de poudre. La plus grosse sert à faire comme il a esté dit la premiere couche que l'on met sur le mortier de chaux & de sable; la moyenne se met ensuite; & la plus deliée, la derniere. Ces couches estant bien frottées & bien repoussées, sont en estat de recevoir les couleurs, ausquelles on donne le lustre par la preparation dont on use selon leur differente nature, comme il s'ensuit. B

1. LES ORNEMENS DE CORNICHES ET DE FESTONS. Je suis l'interpretation de Philander, qui croit que *Coronariorum operum* signifie & les corniches dont on couronne, s'il faut ainsi dire, les planchers, & les festons & les bouquets que Pline apelle *Coronariorum opus*, & que l'on represente avec le Stuc.

2. DES ECLATS. Je traduis ainsi *Cæmenta marmorea*, supposant que *Cæmentum*, ainsi qu'il a esté remarqué sur le premier livre, est dit à *cædendo*. De sorte que Vitruve met deux especes de marbre dont on fait le Stuc: Car il y en a qui se trouve par morceaux & qui est semé de points luisans, qui est le meilleur pour le Stuc, parcequ'il est bien plus dur que l'autre qui se prend des éclats des blocs de marbre quand on les taille. On trouve du marbre de la premiere espece dans les Pyrenées proche de Bayonne, qui n'est pas si blanc que celuy de Genes, mais qui est beaucoup plus dur.

CHA. VII.

CHAPITRE VII.

Des Couleurs, & premierement de l'Ocre.

C

IL y a des couleurs qui se trouvent dans la terre qu'on tire de certains lieux: il y en a d'autres qui se font par artifice de la composition de plusieurs choses, qui estant mêlées ensemble, font dans les ouvrages le mesme effet que les couleurs simples & naturelles. De celles qui se tirent de la terre, celle que les Grecs apellent *Ochra*, est la premiere dont nous avons à parler. On la trouve en plusieurs endroits, & mesme en Italie. Mais la meilleure Ocre, qui estoit l'Attique, ne se trouve plus: parceque pendant qu'il y avoit [1] une grande quantité d'hommes qui travailloient aux mines d'Argent qui sont à Athenes, on creusoit des puits bien avant dans terre pour chercher l'Argent; & quand on trouvoit des veines d'Ocre, on les foüilloit de mesme que si c'eust esté de l'argent. C'est pourquoy ceux de ce temps-là avoient une grande quantité [2] de bon Sil, dont ils faisoient de fort beaux ouvrages. D

Jaune pasle.

La Rubrique se tire en abondance de plusieurs lieux; mais il s'en trouve peu dans les endroits où elle est bonne, comme à Sinope au Royaume de Pont, en Egypte, à Majorque & à Minorque proche d'Espagne, & aussi en l'Isle de Lemnos dont les revenus ont esté laissez aux Atheniens par le Senat & le Peuple Romain. [3] La couleur Paratonienne a pris son nom du lieu où elle se trouve. [4] La Meline aussi est apellée de ce nom, parcequ'il se trouve une grande quantité de ce mineral en l'Isle de Melo, qui est l'une des Cyclades.

[5] La Terre verte naist aussi en plusieurs lieux, mais la meilleure vient de Smyrne. Les

1. UNE GRANDE QUANTITE' D'HOMMES. J'ay crû devoir interpreter ainsi *familias* que J. Martin tourne des familles assez mal à mon avis, parceque la difference qu'il y a entre *familia* & *famille* est que famille en françois signifie proprement le pere, la mere & les enfans: & *familia* parmy les Romains signifioit principalement *les esclaves*: car ainsi que Festus remarque *famel* en vieux langage signifioit un Esclave.

2. DE BON SIL. Il paroist evidemment que le *Sil* & l'Ocre estoient la mesme chose, parcequ'il est dit qu'au temps que l'on foüilloit les mines où on trouvoit l'Ocre, on avoit quantité de bon *Sil*, le *Sil* estant en Latin ce que *Ocra* est en Grec: Et l'on peut croire que le *Sil* estoit une espece d'Ocre plus belle & plus rare que l'Ocre commune, qui estoit ainsi apellée à cause qu'elle estoit plus pasle que le *Sil*; Car la beauté de l'Ocre consiste dans la hauteur de sa couleur. Les Peintres qui travaillent aux païsages sont fort curieux de se fournir des belles Ocres hautes en couleur, qui sont meilleures que les terres de Naples & que les Massicots.

3. LA COULEUR PARÆTONIENNE. Ce nom vient du lieu où on la trouvoit. Ce lieu estoit en Ægypte. La couleur estoit blanche à ce que dit Pline, elle rendoit les enduits plus durs. E

4. LA MELINE. Vitruve dit que la couleur *Meline* estoit un métail, suivant l'usage des Anciens, qui apelloient indifferemment metail tout ce qui se tiroit de la terre; car il est constant, & c'est l'opinion de G. Agricola que *Melinum* est une terre. Aussi Dioscoride dit que c'est une terre alumineuse. Les Auteurs ne s'accordent point sur la couleur de cette terre. Pline la fait blanche; Servius croit qu'elle est fauve; Dioscoride la met jaune. La couleur que les Peintres apellent Ocre de Rut, approche fort de la description que Dioscoride fait de la terre Meline.

5. LA TERRE VERTE. Philander croit que *creta viridis* de Vitruve est la couleur que l'on apelle terre verte. Barbaro dit que c'est le vert de montagne.

Grecs

Grecs l'apellent Theodotion, à cause qu'elle fut premierement trouvée dans un lieu qui apartenoit à Theodotus. CHAP. VII.

L'Orpin qui en grec est apelié [1] *Arsenicon*, se tire au Royaume de Pont. [2] La Sandaraque se trouve en plusieurs lieux, mais la meilleure est celle de Pont, dont les mines sont auprés du fleuve Hypanis. Il y a d'autres endroits, comme aux confins de Magnesie & d'Ephese, où on la trouve toute preste à estre mise en œuvre, en sorte qu'il n'est point besoin de la broyer ny de la passer, estant aussi fine que celle qui a esté long-temps broyée.

1. ARSENICON. Nostre Arsenic n'est pas l'*Arsenicon* des Anciens, qui est un mineral naturel, d'un jaune doré; au lieu que nostre Arsenic est artificiel estant fait de l'Orpin ou Arsenic naturel cuit avec du sel & reduit en crystal.

2. LA SANDARAQUE. Voyez les remarques sur le chapitre troisiéme du huictiéme livre.

CHAPITRE VIII. CHA. VIII.

De ce qui appartient au Minium.

JE vais maintenant parler de ce qui appartient au [1] *Minium*. On tient qu'il a esté premierement trouvé au païs des Cilbians prés d'Ephese : la maniere de le tirer & de le preparer a quelque chose de curieux. On trouve par mottes une espece de terre qui est apellée *Antrax* avant que l'on l'ait fait devenir Minium en la preparant. La veine de ce mineral est de couleur de fer un peu roussastre, & elle est couverte d'une poussiere rouge. Lorsque l'on foüille le Minium, les coups de pic font sortir quantité de gouttes de vif argent que les ouvriers recueillent. Ces mottes de terre sont amassées & jettées dans le fourneau, afin C d'en faire sortir l'humeur dont elles sont pleines, car la chaleur du feu fait élever une fumée, qui retombant sur l'aire du fourneau se change en vif argent. Quand on tire ces mottes du fourneau, les gouttes de vif argent qui sont éparses dans la fournaise, & que l'on ne sçauroit ramasser à cause de leur petitesse, sont balayées dans un vaisseau plein d'eau, où elles se joignent & se confondent ensemble. De ces gouttes ainsi amassées la mesure de quatre septiers pese cent livres ; & si on en emplit quelque vaisseau, une pierre du poids de cent livres nagera dessus, sans qu'elle puisse par sa pesanteur presser assez cette liqueur pour la separer & s'y enfoncer. Que si au lieu de la pierre on met seulement un scrupule d'or il ira au fonds. Ce qui fait voir que la pesanteur des choses ne se doit pas mesurer par l'abondance de la matiere pesante dont elles sont composées, [2] mais par leur propre nature. Le Vif argent sert à beaucoup de choses, car on ne peut pas bien D dorer ny l'argent ny le cuivre sans luy. Lorsque les étoffes tissuës d'or sont usées, pour en amasser l'or on les brûle dans des creusets, & la cendre estant jettée dans l'eau, on y ajoûte du Vif argent, auquel toutes les petites pieces de l'or s'attachent. L'eau estant jettée on met le Vif argent dans un linge, qui estant pressé avec les mains, laisse passer le Vif argent, parcequ'il est liquide, & retient l'or, qui [3] se trouve tout pur dans le linge, dans lequel il demeure nonobstant la compression.

1. LE MINIUM. Cette couleur si estimée des Anciens est un mineral en forme de pierre rouge que l'on apelle *Cinnabre mineral* : on le pile, on le passe, & on le lave pour l'avoir pur & separé des pierres. Nostre vermillon qui est fait de souffre & de vif argent, & que les Auteurs apellent *Cinnabre artificiel*, tient à present lieu de *Minium* aux Peintres, & on estime que le Minium des Anciens E n'estoit pas si beau. Nous avons une autre couleur rouge que Serapion apelle *Minium*, & les Droguistes *mine de plomb* : elle est faite avec la Ceruse brûlée. Les Anciens l'apelloient *ustam*, selon Pline, quoy qu'*usta* fust aussi le nom de l'Ocre brûlée, ainsi qu'il sera dit cy-aprés sur le chapitre onziéme. La couleur est un rouge orangé fort vif.

2. MAIS PAR LEUR PROPRE NATURE. C'est-à-dire par la proportion qui est entre la grandeur de leur Volume & la quantité de la matiere pesante qui les compose : Car un morceau de bois qui nage sur l'eau a plus de matiere pesante que la cendre que l'on en tire, & qui cependant va au fonds, parce qu'elle a un moindre volume que le bois, qui ne nage sur l'eau, que parce qu'il n'y sçauroit enfoncer qu'il n'en fasse élever une quantité égale à son volume; & il ne le sçauroit faire, parce que l'eau dans ce volume a plus de matiere pesante que le bois n'en a : & c'est par cette raison que les Batteaux de cuivre dans lesquels le Roy a fait passer le Rhin à son armée cette année 1672, se sont trouvez être plus commodes que les batteaux de bois, parce qu'ils estoient plus legers que n'auroient esté des batteaux de bois de pareille grandeur.

3. SE TROUVE TOUT PUR. Il n'est point vray qu'il n'y ait que le vif argent qui passe au travers du linge, ny que l'or qui demeure dans le linge soit pur : car il est impossible que les plus petites parties de l'or estant amalgamées avec le vif argent ne passent avec luy au travers du linge; & que les plus grossieres qui demeurent dans le linge, ne retiennent beaucoup de vif argent que l'on n'en separe qu'à peine par le moyen du feu, qui fait aller le vif argent en fumée.

CHAPITRE IX.

Comment il faut preparer le Minium.

POUR revenir à la preparation du Minium. On pile dans des mortiers de fer ses mottes desseichées, & on leur fait venir la couleur par plusieurs coctions & lotions : cette couleur tient quelque chose de la nature du Vif argent, ce qui fait qu'elle est sujette à se gaster assez aisément, si ce n'est qu'elle soit employée dans des lieux enfermez & couverts : car dans ceux qui sont découverts, comme dans des Peristyles, dans [1] *des Galleries en forme de loges*, & dans tous les lieux où la lumiere du Soleil & de la Lune frappe & donne à plein, elle perd aisément sa force & se noircit; ce que plusieurs ont éprouvé, & entr'autres le Scribe Faberius, qui ayant voulu que sa maison du mont Aventin fust ornée de belles Peintures, fit peindre tous les murs des Peristyles avec le Minium, qui ne put durer trente jours sans se gaster en plusieurs endroits, ce qui le contraignit de les faire peindre une seconde fois avec d'autres couleurs. Ceux qui sont plus exacts & plus curieux, pour conserver cette belle couleur, aprés qu'elle a esté couchée bien également & bien sechée, la couvrent de [2] cire Punique fonduë avec un peu d'huyle, & ayant étendu cette composition avec une brosse, ils échauffent & la muraille aussi avec un rechaud où il y a du charbon allumé, & fondent la cire & l'égalent par tout en la polissant avec une bougie & des linges bien nets, [3] comme quand on cire les statuës de marbre. Cela s'apelle *causis* en grec. [4] Cette crouste de cire empesche que la lumiere du Soleil & de la Lune ne mange la couleur.

La preparation du Minium qui se faisoit autrefois à Ephese, a esté transferée à Rome, parcequ'on a trouvé en Espagne des mines de ce mineral, qui s'apporte plus aisément en cette ville, où la fabrique s'en fait par ceux qui en ont pris le party, & qui ont leur boutique entre le Temple de Flore & celuy de Quirinus. On sophistique le Minium avec de la chaux, ce que l'on reconnoist en le mettant sur une lame de fer que l'on fait chauffer jusqu'à ce qu'elle rougisse, & que le Minium paroisse noircy : car si estant refroidy il reprend sa premiere couleur, on est asseuré qu'il n'est point sophistiqué. Voila tout ce que j'ay pû rechercher touchant le Minium.

On apporte la [5] Chrysocolle de Macedoine, & on la tire des lieux qui sont proches des

1. DES GALLERIES EN FORMES DE LOGES. On apelle ainsi les galleries qui sont ouvertes d'un costé où elles n'ont que des arcades ou des colonnes. C'est ce que le mot *Exedra* signifie en cet endroit, & cette signification est celle que luy donne Alex. ab Alexandro, mais il en a ordinairement un autre ainsi qu'il est remarqué sur le chapitre 11 du 5 livre.

2. CIRE PUNIQUE. C'est la Cire blanche qui se blanchissoit en la fondant plusieurs fois dans de l'eau marine, & en la tenant long-temps au Soleil sur l'herbe au Printemps, afin qu'elle fust souvent mouillée de la rosée, au defaut de laquelle il la falloit incessamment arroser. Tout cela se fait pour purifier la Cire en ostant le miel qui y est meslé & qui la jaunit : car par la mesme force avec laquelle la rosée & le Soleil ont produit le miel sur les plantes au Printemps, faisant sortir sur leur superficie la matiere succrée que les mouches y prennent, cette mesme matiere est attirée hors la cire, en sorte qu'il n'y a qu'à la dissoudre & à la laver pour rendre la cire pure & blanche. Car quoy que la matiere de la cire ait esté attirée par le Soleil aussi bien que celle du miel, il ne s'ensuit pas qu'il doive dissiper & consumer la cire de mesme qu'il consume le miel ; parceque les mouches ayant amassé la matiere du miel & de la cire qui est le suc qu'elles ont pris sur les fleurs, elles ont mis à part la partie la plus terrestre & la plus pesante dont elles ont fait la cire, & la plus subtile & la plus legere dont elles ont fait le miel, & ont ainsi rendu la cire un corps fixe, & le miel un corps volatile & capable d'estre aisément enlevé par les rayons du Soleil.

4. QUAND ON CIRE LES STATUES DE MARBRE. Cet endroit est obscur, & Pline qui dans son 33 livre chapitre septiéme raporte tout ce qui est dit icy n'explique point plus clairement cette comparaison qui est faite entre le lustre de la peinture & celuy du marbre. Car au lieu que Vitruve dit, *uti signa marmorea curantur*. Pline met *sicut & marmora nitescunt*. L'interprete françois de Pline a entendu que les murailles cirées devenoient polies comme du marbre, ce qu'il fait en joignant *sicut* avec *marmora* : mais il y a plus d'aparence qu'il doit estre joint à *nitescunt*, & que Pline à entendu par ces mots, *ut nitescunt marmora, de mesme que les marbres sont rendus lusans*. Parce qu'autrement il devroit y avoir quelque nom au pluriel, comme *muri* ou *colores*, à qui *nitescunt* pût se raporter. Ce qui n'est point dans le texte de Pline, non plus que dans celuy de Vitruve : Car Pline dit, *Parieti sicco cera inducatur, postea candelis subigatur, ac deinde linteis puris, sicut & marmora nitescunt*. Tout de mesme Vitruve met, *Si quis voluerit expolitionem miniaceam suum colorem retinere, &c. candelâ linteisque puris subigat uti signa marmorea curantur*. C'est pourquoy j'ay crû que le vray sens de ces Auteurs estoit que l'on pouvoit rendre les murs polis par le moyen de la cire, de mesme que l'on faisoit reluire les Statuës de marbre en les cirant. Et cette explication pourroit donner quelque lumiere à la periphrase dont Juvenal se sert pour signifier les prieres que l'on fait aux Dieux quand il dit *genua incerare Deorum* que Turnebe entend des ecriteaux dans lesquels les vœux estoient gravez sur de la cire, & qu'il dit que l'on attachoit aux statuës des Dieux. Car on peut croire que c'estoit une espece de culte des Idoles de les nettoyer, & d'essuyer la suye du feu des sacrifices qui s'y estoit attachée, ce qui ne pouvoit estre fait sans que la ponce ou la peau de chien de mer dont on se servoit pour cela, n'emportast un certain lustre & une couleur jaune que le temps & la vieillesse donne aux statuës de marbre, & qu'on leur rendoit avec de la cire.

4. CETTE CROUSTE DE CIRE. Les vernis qui ont esté depuis peu inventez pour donner lustre aux couleurs, & pour les conserver, sont bien meilleurs pour cela que n'estoit la cire dont les Anciens usoient, & que l'on n'employe plus à present qu'aux planchers. La perfection du vernix consiste en deux choses, il seche parfaitement, & il est fort transparent, & la cire a une opacité qui ternit les couleurs & une onctuosité qui fait que la poussiere s'y attache.

5. LA CHRYSOCOLLE. Elle est apellée *Baurac* ou *Borax*. C'est un mineral qui se trouve dans les mines d'or, d'argent, de cuivre ou de plomb. Il est ordinairement blanchastre, jaune, vert

[illegible] mines de cuivre. Ce Minium & l'Indicum font connoistre [illegible] par leurs noms le pays d'où ils CHAP. X.
A viennent.

[illegible] cuivre. Il est apellé *Chrysocolla* à cause qu'il sert à souder l'or, [illegible] l'argent & le cuivre. On en fait d'artificiel [illegible] de [illegible] & du salpestre. [illegible] PAR [illegible] NOMS. [illegible] *Hrcum* [illegible]

CHAPITRE X.

Des Couleurs artificielles.

IL faut maintenant traiter des couleurs que l'on fait de diverses choses, qui perdent leur qualité naturelle pour en prendre une nouvelle, afin que l'on ait connoissance par quel
B artifice se fait la preparation de toutes ces choses. En premier lieu il faut parler du Noir, qui est d'un grand usage, & tres-necessaire en quantité d'ouvrages.

1 On fait un petit edifice [1] en forme d'*Etuve*, que l'on enduit par dedans avec du Stuc, que l'on rend fort poly. Au devant de cette Etuve, on bastit un petit fourneau qui a un conduit qui entre dans l'Etuve. Il faut que la porte du cendrier se puisse fermer exactement, afin que par cet endroit la flame ne puisse sortir du fourneau, dans lequel on met bruler de la resine : car la fumée estant poussée par la force du feu dans l'Etuve, y laisse sa suye, qui s'attache aux parois & à la voute. Cette suye estant amassée, on la détrempe avec de la gomme,
2 pour faire l'encre à écrire. [2] Ceux qui peignent les murailles s'en servent avec de la colle.

Si on n'a pas ce qui est necessaire pour faire ce noir, & que l'on ait besoin d'une telle couleur, on pourra, de peur que l'ouvrage ne demeure, en faire d'autre en cette maniere.
3 Il faut allumer du serment, ou [3] des coppeaux de pin resineux ; & quand ils seront en char-
C bon, les éteindre. Ce charbon broyé avec de la colle, est un noir assez beau pour la peinture des murailles. La lie de vin desséchée, & puis brulée dans un fourneau, fait aussi, estant broyée avec de la colle, un fort beau noir, principalement si la lie est de bon vin : car on
4 en peut faire un noir qui approche de la couleur de [4] l'Inde.

1. EN FORME D'ETUVE. J'explique ainsi, *Un Lacunicum*. & il se faut ressouvenir qu'il a esté dit cy-devant, que *Laconicum* estoit une partie des bains, propre à faire suer, faite en forme de tour ronde, & voûtée en cul de four.

2. CEUX QUI PEIGNENT LES MURAILLES. *Tectores* estoient generalement les ouvriers qui travailloient tant à faire les enduits des murailles qu'à les peindre.

3. DES COPEAUX DE PIN RESINEUX. C'est ainsi que
D j'interprete *Teda* qui est une maladie de tous les arbres resineux, lorsque le bois s'emplit trop de resine, & cela arrive plus souvent au Pin qu'aux autres.

4. L'INDE. L'Inde des Anciens estoit une excellente couleur, qui se faisoit de l'écume qui sortoit de certains roseaux des Indes. Il y en avoit une autre espece faite de l'écume qui se prenoit sur les chaudieres où bouilloit la teinture de pourpre. A present la couleur de bleu brun qui est apellée Inde, se fait avec le suc de la plante apellée *Guesde*, dont on fait le *Pastel*, ou de l'herbe apellée *Indigo*, qui croist en la Province de *Guatimala*.

CHAPITRE XI. CHAP. XI.

De la preparation du Bleu.

LA preparation du bleu a esté premierement inventée en Alexandrie ; & Vestorius en a
1 depuis étably la fabrique à Pouzzole. [1] L'invention en est admirable, vû les choses dont cette couleur est composée. On broye du sable avec de la fleur de nitre, aussi menu que de la farine ; on les mesle avec de la limaille de cuivre de Cypre qui est faite avec de grosses limes, & l'on arrose le tout d'un peu d'eau pour en faire une paste, dont on forme plusieurs boules avec les mains, que l'on laisse secher : ensuite de quoy on en emplit un pot
E de terre que l'on met dans la fournaise, où le cuivre & le sable estant échauffez & dessechez par le feu, se communiquent reciproquement ce qui se liquefie de l'un & de l'autre ; & quittant chacun leur propre nature, se changent en une couleur bleuë.

1. L'INVENTION EN EST ADMIRABLE. Vitruve veut dire que c'est une belle chose que l'art puisse aussi heureusement imiter les Ouvrages de la nature qu'il le fait dans l'azur artificiel qui est fait des matieres dont on juge que l'azur naturel est composé. Car l'azur naturel croissant dans les mines de cuivre, l'on suppose qu'il se fait lorsqu'une vapeur chaude qui s'esleve du fond de la terre, fond, dissout, & mesle ensemble les mineraux qui sont prests à se former en cuivre, c'est-à-dire une terre qui n'est ny cuivre ny terre, mais qui tient de l'un & de l'autre ; ce que la limure de cuivre meslée avec le sable pilé semble suppléer, de mesme que la vapeur chaude est suppleée par le nitre échauffé dans le fourneau, qui produit la fusion & le mélange de ces matieres.

La maniere de preparer l'azur naturel apellé Lapis, dont on fait la couleur d'Outremer, est une chose qui n'est guere moins ingenieuse que la preparation du bleu artificiel des Anciens ; & la couleur en est sans comparaison plus belle ; parceque le bleu des Anciens tant le naturel que l'artificiel, estant fait de cuivre qui est un métail fort sujet à la rouille, il est impossible que la couleur

CHAP. XI. Pour ce qui est de [1] l'*Usta*, qui est fort propre aux ouvrages de Peinture, on la prepare en cette maniere. On fait rougir au feu un morceau de bon Sil, & on l'éteint dans du vinaigre, A ce qui luy donne couleur de pourpre.

qui en est faite ne change. & en effet elle devient bien-tost verte & noirâtre : au lieu que le Lapis dont on fait l'Outremer, est une pierre precieuse qui ne change point sa couleur naturelle & comme il est tiré des mines d'or, il tient de la nature de ce métail qui n'est point sujet à la rouille. L'artifice dont on se sert pour le preparer consiste en deux choses. La premiere est de reduire la pierre en une poudre impalpable, ce qui se fait en faisant rougir le Lapis & l'esteignant dans le vinaigre. L'autre est de separer la partie de la pierre qui fait le bleu pur, d'avec une partie blanchâtre & quelquefois jaunâtre qui gaste la belle couleur si on l'y laisse. Pour cela on mesle la poudre de Lapis brûlé & bien broyé sur le Porphyre avec une composition de poix, d'encens & d'huyle de lin fondue ensemble, dont on fait une paste, qui estant à demy refroidie est jettée dans de l'eau froide, & maniée & paistrie avec les mains, qui font sortir tout ce qu'il y a de Lapis pur; la paste retenant tout le reste, sçavoir tant les parties du Lapis qui sont une terre imparfaite, que tout ce qui y est meslé des racleures des mortiers, des marbres & des Porphyres dont on s'est servi pour reduire le Lapis en poudre subtile.

1. L'USTA. Cette couleur selon Pline est de deux sortes. La premiere est faite avec la Ceruse brûlée qui est une couleur orangée que nous apellons *Mine de plomb*, & dont cet Auteur attribue l'invention à un incendie qui brûla la Ceruse du fard des Dames dans leurs pots. Vitruve l'apelle *Sandaracha* au chapitre suivant. La seconde espece est celle dont Vitruve parle, qui est faite de l'Ocre brûlée que Pline dit estre fort necessaire aux Peintres pour faire les ombres. Je n'ay pas crû devoir traduire le mot *Usta* comme J. Martin qui a traduit *le brûlé*. Mais j'aurois mis la Ceruse brûlée ou l'Ocre brûlée si *Usta* n'avoit signifié la brûlure de l'une ou de l'autre de ces matieres. B

CHAP. XII.

CHAPITRE XII.

De la maniere de faire la Ceruse, le Vert de gris, & la Sandaraque.

IL n'est pas hors de propos de dire icy de quelle maniere on fait la Ceruse & le Vert de gris, que nous apellons [1] *Æruca*. Les Rhodiens mettent du serment dans des tonneaux, au fond desquels ils versent du vinaigre, & aprés avoir arangé des lames de plomb sur le serment, ils couvrent les tonneaux & bouchent bien toutes les ouvertures, & aprés un certain temps ils ouvrent les tonneaux, & trouvent le plomb changé en Ceruse. Le Vert de C gris se fait en la mesme maniere, mettant des lames de cuivre au lieu de celles de plomb.

[2] La Sandaraque se fait en brulant dans une fournaise la Ceruse, dont la couleur est changée par la force du feu, ce qui a esté trouvé par hazard dans les incendies; & on a experimenté qu'elle est meilleure que celle que l'on tire des mines, & qui est naturelle.

1. ÆRUCA. Je lis ainsi au lieu de *Eruca* qui est dans tous les exemplaires suivant Philander, & qui signifie une chenille : Mais je ne sçay pas s'il n'auroit point mieux valu lire *æruga*.

2. LA SANDARAQUE. Cette Sandaraque n'est pas celle dont il a esté parlé cy-devant au chapitre septiéme, ny celle dont il est fait mention au troisiéme chapitre du huictiéme livre, qui sont l'une & l'autre un mineral de couleur d'or & du mesme genre que l'Orpin. Celle-cy est d'un rouge orangé que l'on fait avec de la Ceruse brûlée, qui est la meilleure & qui est la premiere espece d'*Usta* de Pline. Elle est encore differente du *Sandarax* des Arabes, qui est la gomme du Genevrier qui n'est point une couleur, mais qui sert à faire le vernis pour donner lustre aux Tableaux. D

CHA. XIII.

CHAPITRE XIII.

De la maniere dont on fait la Pourpre, qui est la meilleure de toutes les couleurs artificielles.

Ostrum. IL faut premierement parler de la teinture de [1] *Pourpre*, qui est de toutes les couleurs la plus chere & la plus agreable à la veuë. On tire d'un limaçon de mer cette teinture, qui n'a pas esté jugée des moins admirables par ceux qui considerent les merveilles de la nature : parceque cette couleur est differente en divers lieux selon la diversité des climats où elle naist. Celle qui se prend au Royame de Pont & en la Gaule, est fort obscure, parceque ces regions approchent du Septentrion; celle qui vient aux païs qui sont entre le Couchant E & le Septentrion, est livide; mais vers l'Orient & l'Occident Equinoctial elle tire sur le violet; elle est tout-à-fait rouge [2] vers le Midy, comme à Rhodes, & aux autres païs qui sont plus proches du cours du Soleil.

Quand on a amassé un grand nombre de ces limaçons, on les cerne avec un coûteau pour en faire distiller une humeur pourprée, que l'on acheve d'exprimer en les pilant dans des *Huistre.* mortiers. Cette teinture à cause de cela s'apelle *Ostrum*, parcequ'on la fait sortir des lima-

1. POURPRE. Cette couleur est apellée *Ostrum*, qui signifie une huistre, parce qu'elle est faite avec une humeur colorée qui se prend dans certaines huistres, ainsi qu'il est dit à la fin du chapitre.

2. VERS LE MIDY COMME RHODES. Cet endroit est difficile à entendre, car Rhodes qui est 36 degrez en deça de la ligne Equinoctiale, n'est pas si proche du Midy que les païs qui sont à l'Orient ou à l'Occident Equinoctial qui sont proprement ceux qui sont sous la ligne, & que Vitruve neanmoins semble faire entendre devoir estre en deça de Rhodes.

çons

* çons de mer. Mais elle est sujette à se desseicher à cause de la salure, [1] si on ne la garde dans CH. XIII.
A du miel.

1. Si on ne la garde dans du miel. Plutarque rapporte dans la vie d'Alexandre qu'à la prise de Suse, il se trouva parmy le butin le poids de cinq mille talens de pourpre, qui ayant esté faite 190 ans auparavant, avoit conservé la beauté de sa couleur, parce, dit-il, que la rouge estoit faite avec du miel, & la blanche avec de l'huyle. On est bien empesché de sçavoir ce que c'est que cette pourpre rouge & cette pourpre blanche, & quelle est cette conservation qui en est faite par le moyen du miel & de l'huyle. Mercurial dans ses diverses leçons pour demesler cela, dit que les Anciens gardoient l'humeur pourprée en deux manieres. La premiere estoit en mettant dans le miel la chair pilée avec son suc qui faisoit une masse rouge. La seconde en separant de la chair une veine blanche dans laquelle l'humeur pourprée est contenuë, & c'est ce que Plutarque apelle la pourpre blanche, qui estant plongée dans l'huyle s'y conservoit de mesme que l'autre dans le miel. Il semble neanmoins que Vitruve entende que c'estoit le suc seul exprimé des huistres qu'on mettoit dans le miel pour y estre conservé.

CHAPITRE XIV. CHA. XIV.

B *Des Couleurs Pourprées.*

* ON fait des Couleurs pourprées lorsque l'on teint la Craye avec la Garence & le [1] *Hysginum*, de mesme qu'avec [2] le suc de plusieurs fleurs on peut faire d'autres couleurs.
* C'est pourquoy lorsque les Teinturiers veulent imiter [3] le Sil Attique ils font boüillir des Violettes seiches dans de l'eau, & quand elle est teinte ils la passent dans un linge, & l'expriment avec les mains dans un mortier, où ils la meslent avec de [4] la Craye Eretrienne, & en font une couleur pareille au Sil Attique.

De la mesme maniere ils font une couleur de pourpre fort belle, meslant du lait avec la teinture qu'ils ont tirée du [5] Vaccinium : & ceux qui ne veulent pas employer la Chrysocolle, à cause qu'elle est trop chere, teignent les draps bleus avec l'herbe apellée [6] *Luteum*, & font un fort beau Vert : & tout cela s'apelle teinture. Aussi quand on n'a pas de l'Inde on peut l'imiter en teignant [7] la Craye Selinusienne ou l'Annulaire, ou le Verre que les Grecs
C apellent *Hyalon*. Voila tout ce que j'ay pû apprendre des couleurs & de leurs proprietez,

1. Le Hysginum. On ne sçait pas precisément ce que c'est que le *Hysginum*. Tous les Auteurs conviennent que c'est une plante qui sert à teindre, & que Pausanias dit s'apeller *Hysgé*. Mais ils ne sont point d'accord quelle elle est, ny mesme quelle est la couleur qu'elle fait. Les uns croyent que c'est la pourprée, les autres la jaune, les autres la bleüe, les autres la rouge. Il y a neanmoins beaucoup d'apparence que c'est la bleüe : car Vitruve dit que l'on imite la pourpre, qui est le violet, avec la garence qui est rouge, & le *Hysginum* ; & l'on sçait que le mélange du rouge avec le bleu fait le violet. Pline dit aussi que le *Hysginum* se cultive dans la Gaule, ce qui peut faire croire que c'est l'herbe *Isatis* des Grecs, & le *Glastum* des Latins qui est apellée *Guesde* en
D France où elle croit en abondance & meilleure qu'en nul autre païs, pour teindre en bleu, principalement en Languedoc ; car celle de Normandie apellée *Vouede*, a bien moins de force : On fait de l'une & de l'autre ce que l'on apelle Pastel, qui est une paste faite de l'herbe pilée & sechée avec son suc.

2. Le suc de plusieurs fleurs. On dit que les belles couleurs dont on peint les toilles de coton & les satins à la Chine sont des sucs d'herbes & de fleurs, sans meslange d'aucune autre chose. Le suc des fleurs & des autres parties des plantes qui croissent en nos quartiers, ne fait point de belles couleurs, principalement pour ce qui regarde les rouges, si on n'y mesle des lessives qui chargent & qui enfoncent les couleurs, & des aluns qui les rendent vives & éclatantes ; mais par ce moyen les couleurs qui se prennent des plantes, comme de la garance & de la graine de vermillon, ou des animaux, comme de la cochenille, deviennent beaucoup plus belles qu'elles ne sont naturellement sans cela : & il
E n'y a point dans les œillets ny dans les fleurs de grenade un rouge aussi vif qu'en celuy des écarlattes de Venise & de Holande.

3. Le Sil attique. Demontiosius, ainsi qu'il a esté dit, pretend que le Sil attique estoit bleu, & il se fonde sur cet endroit de Vitruve, supposant que la violette avec laquelle Vitruve dit que l'on imite le *Sil*, fait une couleur bleuë. Philander est dans la mesme opinion à l'égard de la couleur de la violette à cause d'un endroit de Pline où cet Auteur ayant parlé du *Sil* & de la poudre d'Azur, il dit ; *fraus viola arida decocta in aquam succoque per linteum expresso in cretam Eretriam*. Mais il est incertain de quelle sophistication Pline entend parler, & on ne sçauroit dire si c'est le *Sil* ou l'Azur que l'on imite avec les violettes ; de mesme qu'il n'est point constant par le texte de Vitruve quelle est la couleur que l'on imite avec les violettes. Ce qui a trompé Montiosius & Philander, est que de toutes les especes de violettes on n'apelle *violette* en France que celle qui tire sur le bleu, d'où la couleur Violette a pris son nom : mais cet usage est contraire à celuy des Anciens qui joignent toujours *nigra* ou *purpurea* avec *viola* quand ils veulent signifier la violette qui tire sur le bleu, & qui n'entendent par *viola* simplement prise, que la violette jaune apellée autrement *Leucoïon*, à cause de la blancheur des feüilles de sa tige ; comme il se voit dans Horace, quand il dit *tinctus viola pallor amantium*.

Pour ce qui est de la couleur du *Sil* Attique, il n'y a gueres d'apparence qu'elle fût autre que le jaune si on en croit Pline quand il dit que les Anciens se servoient du *Sil* Attique pour donner les jours, & du *Sil* Lydien pour faire les ombres ; Car la verité est que des quatre principales couleurs qui sont la rouge, la bleuë, la verte & la jaune, la plus claire est la jaune avec laquelle on peut rehausser toutes les autres, & qu'il n'y a point de jaune brun, de mesme qu'il y a du rouge brun, du verd brun, & du bleu brun ; parceque le jaune brun n'est pas proprement du jaune.

4. La craye Eretrienne. Elle est de deux especes, il y en a une qui est blanche, & l'autre est grisastre selon Pline.

5. Du Vaccinium. La signification de ce mot est une chose fort controversée. Tous les Auteurs demeurent d'accord que c'est une couleur bleuë fort obscure : Mais la difficulté est de sçavoir quelle estoit sa composition. Il y a trois opinions là-dessus. Les uns croyent qu'elle estoit faite avec la fleur d'hyacinthe, parceque Dioscoride dit que les Romains apellent l'hyacinthe *Vaccinium*. La seconde opinion est qu'il estoit fait de l'herbe *Isatis* dont nous venons de parler ; parce que Pline dit que le *Vaccinium* croist en Gaule où l'on sçait que l'*Isatis* est la meilleure. La troisiéme est que c'est le fruit du *Ligustrum* ou Troësne, à cause que Virgile dit

Alba ligustra cadunt, vaccinia nigra leguntur.

Mais la verité est que la fleur d'hyacinthe n'est point propre à faire de la teinture, & que le fruit du Troësne ne teint point en bleu, mais en rouge obscur ; de sorte qu'il faut dire que l'hyacinthe & le fruit de Troësne sont dits *Vaccinia* par metaphore, à cause de leur couleur obscure & à cause de la ressemblance qu'ils ont avec le vray *Vaccinium* qui est l'*Isatis* ou Pastel : de mesme que quand on parle de la pourpre des violettes ou des Iris, on n'entend point la veritable pourpre qui est le sang d'un limaçon.

6. Luteum. Cette herbe est apellée *Luteum* par Virgile & *Lutea* par Pline. C'est celle que nous apellons *Gaude* en françois. On s'en sert pour teindre en jaune.

7. La craye Selinusienne. Pline dit qu'elle est de

CH. XIV. & par quel moyen on les peut rendre belles & durables pour la Peinture. A

J'ay ramassé dans les sept livres precedens tout ce qui peut contribuer à la perfection des Edifices, & à les rendre commodes. Je vais expliquer dans le huitiéme tout ce qui appartient aux eaux, & comment on en peut trouver dans les lieux qui en manquent, comment il la faut conduire, & par quels signes on peut connoistre si elle est bonne.

couleur de lait, qu'elle se fond aisement dans l'eau, & qu'elle sert à polir plutost que l'Inde. Il parle aussi de la couleur apellée *Cerussa annulare* qui est propre à donner de l'eclat aux peintures de la carnation des femmes. Mais il ne dit point, comme Vitruve, que ce soit une espece de craye, il dit seulement que l'*Annulare candidum* est fait avec la craye & les anneaux de verre du peuple.

LE HUITIÉME LIVRE DE VITRUVE. B

PREFACE.

THALES Milesien l'un des sept Sages estimoit que l'eau estoit le Principe de toutes choses; Heraclite disoit que c'estoit le feu; les Prestres Mages admettoient deux Principes le Feu & l'Eau; Euripide qui avoit esté disciple d'Anaxagore, & que les Atheniens apelloient le Philosophe du Theatre, s'imaginoit que l'Air & la Terre rendus feconds par les pluyes qui tombent du Ciel, avoient engendré & les hommes & tous les animaux qui sont au monde, & que tout ce qui a esté ainsi procreé, retourne & se change en ces mesmes principes, lorsque le temps les contraint de se dissoudre; en sorte que ce qui a esté engendré de l'air, retourne [1] dans l'air; que rien ne perit, mais change seulement ses proprietez dans la dissolution, & qu'il les reprend en suite pour estre ce qu'il estoit auparavant.

Pythagore, Empedocle, Epicharmus, & les autres Philosophes Physiciens, ont étably quatre Principes; sçavoir, l'Air, le Feu, l'Eau & la Terre, desquels toutes les qualitez sont produites, aprés qu'ils ont esté liez & meslez ensemble par le moyen de la figure particuliere qu'ils ont chacun selon leur differente nature. C En effet il se voit que non seulement tout ce qui naist a esté engendré de ces choses, mais que ce sont elles qui ont la vertu de nourrir, d'augmenter, & de conserver tout: car les animaux seroient étouffez [2] par les vapeurs retenuës au dedans, sans la respiration, par laquelle l'air entrant dans le corps, dilate les conduits, qui se resserrent ensuite par un mouvement reciproque. Ainsi [3] les esprits qui sont les principaux instrumens de l'ame ne pourroient s'engendrer; & ne seroient pas capables de soûtenir le corps, & d'entretenir sa vigueur, ny de cuire les alimens, & leur donner la vertu de nourrir, s'il n'y avoit en nous une chaleur que la justesse du temperament nous rend propre & convenable. D Tout de mesme sans la nourriture terrestre qui entretient les parties de nostre corps, il ne pourroit pas subsister, estant destitué du plus solide de ses principes; & tous les animaux seroient secs & privez de sang, s'ils n'avoient point d'humidité.

C'est pourquoy la Providence divine n'a pas voulu que ces principes qui sont absolument necessaires à tous les hommes, fussent des choses rares & difficiles à avoir, comme sont les perles, l'or, l'argent & toutes les autres choses dont nostre corps & nostre nature n'a que faire: mais elle a répandu par tout l'univers & mis en la puissance de tout le monde, les choses dont on ne se peut passer dans la vie: car si le corps manque d'esprits, [4] l'air qui E

1. DANS L'AIR. Je traduits ainsi, *Cæli regiones*: Parceque comme il a déja esté remarqué, Vitruve entend d'ordinaire l'air par *Cælum*.

2. PAR LES VAPEURS RETENUËS AU DEDANS. Le texte en cet endroit est different dans les Exemplaires, quelques-uns ont *namque corpora sine spiritu redundans non possunt habere vitam*, les autres ont *namque corpora sine spiritu redundantia*. J'ay suivy la seconde maniere en ostant *sine*, & lisant *namque corpora spiritu redundantia, non possunt habere vitam*, pour signifier que les vapeurs du sang dont le poumon s'emplit, doivent estre vuidées par la respiration.

3. LES ESPRITS QUI SONT LES PRINCIPAUX INSTRUMENS DE L'AME. Je traduits ainsi *spiritus animales*. n'y ayant point d'apparence que Vitruve entende parler des esprits Animaux comme estant differens des esprits Vitaux, parceque cette distinction d'esprits n'a esté faite parmy les Medecins que long-temps depuis Vitruve, Hippocrate & Aristote n'ayant connu qu'un esprit: car cette substance subtile, penetrante & mobile qui est le principal & le plus commode instrument dont l'ame se serve dans les fonctions de la vie, n'est icy apellée esprit animal que pour la distinguer de l'esprit subtil ou substance aërienne qui est dans les choses inanimées.

4. L'AIR QUI EST DESTINÉ POUR LEUR REPARATION. Cette pensée toute mal fondée qu'elle est, n'a pas laissé d'estre soûtenuë par de grands Philosophes, & qu'il seroit plus difficile d'excuser que Vitruve: car pour luy, comme il ne s'est pas expliqué si distinctement qu'eux, sur ce qu'il entend par le terme d'air, on peut croire que son opinion est que l'air n'est rien autre chose

A est destiné pour les reparer, est toujours prest, de mesme que la chaleur du Soleil & du feu, ne manque jamais de secourir & d'aider celle qui nous est naturelle, & qui entretient nostre vie. Les fruits de la terre, sont la matiere de la nourriture qui repare * incessamment dans les corps [1] ce qu'ils perdent par les evacuations insensibles. Pour ce qui est de l'eau, outre la boisson elle sert encore à cent usages, qui la rendent d'autant plus agreable, qu'elle est la chose qui couste le moins.

Les Prestres Egyptiens pour faire entendre que toutes choses ne subsistent que par la vertu de cet element, couvrent & ornent un vase à mettre de l'eau, qu'ils considerent comme un Temple dans lequel leur Dieu reside; & se prosternant à terre les mains élevées au Ciel, ils rendent grace à la bonté divine de ses admirables inventions.

B qui la plus subtile portion de quelque corps que ce soit, ce qui se peut entendre du sang & mesme des veritables parties de l'animal, au lieu que les autres entendent par l'air qu'ils disent estre la nourriture des esprits, l'eau que l'on respire.

1. Ce qu'ils perdent. Il y a deux mots dans le texte en cet endroit qui semblent estre tout à fait superflus, si on ne les entend suivant l'explication que je leur ay donnée. Il y a *terrenus fructibus escarum praestant copias, supervacuis desiderationibus alit & nutrit ac omnia palcendo continentur.* Je trouve que *supervacuis desiderationibus*, ne sert de rien si ce n'est qu'on lise, *escarum praestant copias et animae desiderationibus*, car *praestare copias et animae desiderationibus*, peut signifier dans le style de Vitruve, *fournir ce qui manque aux corps, & ce qu'ils ont perdu par la dissipation de leur substance qu'ils souffrent continuellement.*

CHAPITRE I.

Des moyens de trouver de l'Eau.

Puisque les Physiciens, les Philosophes & les Prestres ont estimé que tout subsiste par la vertu de l'eau, j'ay crû qu'aprés avoir expliqué dans mes sept premiers livres tout C ce qui appartient à la structure des Edifices, je devois dans celuy-cy traiter des moyens de trouver les eaux, & dire quelle est la proprieté de chacune selon les differens lieux, ce qu'il faut faire pour la bien conduire, & comment on peut éprouver & connoistre les qualitez d'une chose qui est si necessaire, si agreable, & si utile.

Quand on a une source toute trouvée & dont il coule quantité d'eau, c'est beaucoup de peine épargnée, mais si l'on n'en a point il la faut aller chercher dans terre & la ramasser. Pour connoistre les lieux où il y a de l'eau, il faut un peu avant le lever du Soleil, se coucher sur le ventre, ayant le menton appuyé sur la terre où l'on cherche de l'eau, & regarder le * long de la campagne: [1] car le menton estant ainsi affermy la veuë ne s'élevera point plus haut qu'il est necessaire, mais asseurement elle s'étendra au niveau: & si l'on voit en quelque * endroit une vapeur humide s'élever en ondoyant, il y faudra foüiller, [2] car cela n'arrive D point aux lieux qui sont sans eau.

De plus quand on cherche de l'eau il faut examiner la qualité de la terre parcequ'il y a cretains lieux où elle se trouve en plus grande abondance: car l'eau que l'on trouve parmy la craye n'est jamais abondante ny de bon goust; parmy le sable mouvant elle est en petite quantité, & mesme bourbeuse & desagreable si on la trouve aprés avoir foüillé profondement; dans la terre noire elle est meilleure quand elle s'y amasse des pluyes qui tombent pendant l'Hyver, & qui ayant traversé la terre, s'arrestent aux lieux solides & non spongieux. Celle qui naist dans une terre sablonneuse, pareille à celle qui est au bord des rivieres, est aussi fort bonne: mais la quantité en est mediocre, & les veines n'en sont pas certaines. Elles * sont plus certaines & assez bonnes [3] dans le sablon masle, dans le gravier & dans le carboncle. Dans la pierre rouge elles sont bonnes aussi & abondantes, pourveu qu'elles ne s'échappent E point par les jointures des pierres. Au pié des montagnes parmy les rochers & les cailloux elles sont plus abondantes, plus froides & plus saines. Dans les vallées elles sont sallées,

1. Car le menton. Cette situation sert à mieux voir les vapeurs qui sortent de la terre, parce qu'estant regardées debout, elles n'auroient point cette epaisseur qui les rend visibles lorsqu'on les regarde estant couché contre terre, & que l'on voit dans une mesme ligne droite toutes ces vapeurs à la sortie de la terre, où elles sont plus épaisses; car lorsqu'elles en sont plus éloignées, elles sont moins visibles. Cassiodore dans une Epistre de Theodoric, où il raporte une grande partie des signes que Vitruve donne icy pour trouver des sources, ajoûte que la hauteur à laquelle ces vapeurs s'élevent, monstre combien les eaux sont avant sous terre. Il ajoûte encore un autre signe qu'il dit estre tenu pour infaillible par les Fonteniers, qui est lorsque le matin on voit comme des nuées de petites mouches qui volent contre terre toujours à un certain endroit.

2. Cela n'arrive point. Palladius qui raporte cette maniere de découvrir les lieux où il y a des sources, ajoûte qu'il faut prendre garde que le lieu d'où l'on voit élever la vapeur ne soit pas humide en sa superficie, afin que cette vapeur ne puisse estre attribuée qu'à l'eau de source qui coule sous terre.

3. Dans le sablon masle. Il a esté expliqué dans le second livre ce que c'est que sablon masle, carboncle, & gravier.

CHAP. I. pesantes, tiedes & peu agreables, si ce n'est qu'elles viennent des montagnes & qu'elles A soient conduites sous terre jusques dans ces lieux, ou que l'ombre des arbres leur donne la douceur agreable que l'on remarque en celles qui sortent du pié des montagnes.

Outre ce qui a esté dit, il y a d'autres marques pour connoistre les lieux où l'on peut trouver des eaux, sçavoir lorsqu'il y a de petits Jones, [1] des Saules qui sont venus d'eux-mesmes, des Aunes, [2] du Vitex, des Roseaux, du Lierre & de toutes les autres plantes qui ne naissent & ne se nourrissent qu'aux lieux où il y a de l'eau. Il ne faut pas pourtant se fier à ces plantes si on les voit dans les marais qui estant des lieux plus bas que le reste de la campagne, reçoivent & amassent les eaux de la pluye qui tombe dans les champs d'alentour pendant l'Hyver, & la conservent assez long-temps : mais si dans les lieux qui ne sont point des marais, ces plantes se trouvent naturellement, & sans y avoir esté mises, on peut y chercher de l'eau.

Que si ces marques défaillent, on pourra faire cette épreuve. B Ayant creusé la terre de la largeur de trois piez & de la profondeur de cinq au moins, on posera au fond lorsque le Soleil se couche, un vase d'airain ou de plomb, ou un bassin, car il n'importe : ce vase estant frotté d'huyle par dedans & renversé, on couvrira la fosse avec des cannes & des feuilles, & ensuite avec de la terre : Si le lendemain on trouve des gouttes d'eau attachées au dedans du vase, cela signifie que ce lieu a de l'eau. Ou bien on mettra un vase de terre non cuite dans cette mesme fosse, que l'on couvrira comme il a esté dit : lorsqu'on la découvrira s'il y a de l'eau en ce lieu, le vase sera moite & detrempé par l'humidité. Si on laisse aussi dans cette mesme fosse de la laine, & que le lendemain lorsqu'on l'exprimera il en coule de l'eau, ce sera une marque que ce lieu en a beaucoup : comme aussi si l'on enferme une lampe pleine d'huyle & allumée, & que le lendemain on ne la trouve pas tout à fait C épuisée & que l'huyle & la meche ne soient pas entierement consumées, ou mesme que la lampe soit moüillée; cela signifiera qu'il y a de l'eau sous ce lieu, parceque la chaleur douce attire à soy l'humidité. On peut aussi faire une autre épreuve en allumant du feu en ce lieu : car si apres avoir beaucoup échauffé la terre il s'esleve une vapeur épaisse, c'est signe qu'il y a de l'eau.

Quand on aura fait toutes ces épreuves & que les signes que nous venons de dire se rencontreront en quelque lieu, il le faudra creuser en maniere de puits : Si l'on y trouve une source, il faudra faire plusieurs autres puits tout au tour, & les joindre ensemble par des conduits sous terre : mais il faut sçavoir que c'est principalement à la pante des montagnes qui regardent le Septentrion, qu'il faut chercher les eaux, & que c'est-là qu'elles se trouvent & meilleures & plus saines & plus abondantes; parce que ces lieux-là ne sont pas exposez au D Soleil, estant couverts d'arbres fort épais, & la descente de la montagne se faisant ombre à elle-mesme; ce qui fait que les rayons du Soleil qu'elle ne reçoit qu'obliquement, ne sont pas capables de dessecher la terre. C'est aussi dans les lieux creux qui sont au haut des montagnes, que l'eau des pluyes s'amasse, & que les arbres qui y croissent en grand nombre, y conservent la nege fort long-temps, laquelle se fondant peu à peu, s'écoule insensiblement par les veines de la terre : & c'est cette eau qui estant parvenuë au pié des montagnes, y produit des fontaines. Mais celles qui sortent du fond des vallées ne peuvent pas avoir beaucoup d'eau, & quand mesme il y en auroit en abondance, elle ne sçauroit estre bonne; parce que le Soleil qui échauffe les plaines sans qu'aucun ombrage l'en empesche, consume & épuise toute l'humeur; ou du moins il en tire ce qui est de plus leger, de plus pur, & de plus salubre, qui se dissipe dans la vaste estenduë de l'air, & ne laisse que les parties les plus E pesantes, les plus crües & les plus desagreables, pour les Fontaines des campagnes.

1. DES SAULES QUI SONT VENUS D'EUX-MESMES. J. Martin a traduit *Salix erratica*, Saule sauvage : mais on ne distingue point les saules en sauvages & cultivez. On ne trouve point dans les Botanistes parmy plus de cent especes qu'il y a de Saules, celle de *Salix erratica*, qui doit signifier un Saule qui est né de luy-mesme, ce que le mot d'*erratica* semble signifier; parceque ceux que l'on plante, sont ordinairement à la ligne. De sorte que le sens de Vitruve est que les Saules qui ont esté plantez en un lieu, ne signifient point qu'il y ait des sources d'eau, comme sont ceux qui y sont venus d'eux-mesmes.

2. VITEX. J. Martin interprete mal *Vitex* par ozier, prenant *Vitex* pour *Vimen* qui n'est point le nom d'une plante, mais qui signifie toutes celles avec lesquelles on peut faire des liens, à quoy l'ozier n'est pas seul propre. On a explique ce que c'est que *Vitex* sur le neufiéme chapitre du second livre.

CHAP.

CHAPITRE II.

De l'eau de pluye & de ses qualitez.

IL n'y a point de meilleure eau que celle de la pluye, par ce qu'elle est composée des parties les plus legeres & les plus subtiles qui ont esté extraites de toutes les autres eaux, & que l'air a long-temps purifiées par son agitation, jusqu'à ce que dans les orages elles se liquefient pour tomber sur la terre. Or les pluyes ne tombent pas si souvent dans les plaines que sur les montagnes; parce que les vapeurs que le Soleil attire au matin, en s'élevant poussent l'air vers le costé où elles sont attirées, & elles attirent aussi à elles celuy qui en ondoyant les suit, afin de ne laisser point de vuide: & cet air tout de mesme en suivant la vapeur qui
B l'attire, en augmente le mouvement & l'impetuosité; [1] ce qui produit les bouffées des vents, qui amassant & amoncelant ces vapeurs que la tiedeur du Soleil a tirées de l'eau des Fontaines, des Fleuves, des Etangs & de la Mer, forment les nuées, lesquelles estant ainsi portées par l'air, [2] si elles rencontrent celuy qui est sur les montagnes, elles sont repoussées & pressées par son epaisseur & par sa pesanteur, en sorte qu'elles se liquefient & produisent les orages qui tombent sur la terre.

Ce n'est pas sans raison qu'on croit que les vapeurs, les nuées & les humiditez sortent de la terre; car il est constant qu'elle a en elle-mesme quelque chaleur, qu'elle a beaucoup d'esprits & de la froideur aussi: mais sur tout qu'elle est remplie d'une grande quantité d'eau; que de toutes ces choses, lorsque la terre est refroidie par l'absence du Soleil, il s'engendre des vents pendant la nuit, que les nuées s'élevent des lieux humides, & que ce sont les
C rayons du Soleil qui frappant la terre au matin font monter l'humidité qui produit la rosée. Les Bains peuvent faire comprendre de quelle façon cela se fait. Car quoy qu'il n'y ait point d'eau sur les planchers voutez des Etuves, il en tombe pourtant quelquefois des gouttes sur la teste de ceux qui se baignent; parceque [3] l'air qui est en ce lieu, estant echauffé par le feu qui est dans les fourneaux, attire à soy l'eau qui a esté répanduë sur le pavé, & l'eleve pour la porter jusqu'à la concavité de la voûte; parceque la vapeur chaude se pousse toujours en haut, & quoy que d'abord les gouttes demeurent-là sans s'ecouler, à cause qu'elles sont trop petites; à la fin pourtant elles tombent lorsqu'estant amassées, elles sont devenuës pesantes. Par la mesme raison l'air que les rayons du Soleil ont échauffé, attire de toutes parts l'humidité qu'il amasse pour faire des nuées: Car la terre estant echauffée pousse l'humidité hors de soy, de la mesme façon que nos corps
D jettent la sueur, quand ils sont échauffez. Cela se prouve aussi par les Vents entre lesquels ceux qui viennent des regions froides, comme l'Aquilon & le vent apellé Septentrion, dessеichent & épuisent tout par leur haleine: le vent Auster & tous les autres qui viennent de devers le Midy, sont tres-humides & donnent toujours de la pluye; parce qu'estant échauffez par l'ardeur des regions par lesquelles ils passent, aprés avoir amassé l'humidité qu'ils ostent à la terre, ils la vont répandre vers le Septentrion: Ce qui est confirmé par

1. CE QUI PRODUIT LES BOUFFEES DES VENTS. Ce raisonnement sur la maniere dont les vents s'engendrent a déja esté fait au chapitre sixiéme du premier livre. Les causes que Vitruve aporte, sont assez probables, la rarefaction que la chaleur du Soleil produit dans l'air chargé de beaucoup d'humidité, estant capable de faire que l'air qu'elle élargit, pousse celuy d'alentour
E qui n'est point rarefié, & le fasse couler; mais cette attraction que Vitruve attribuë à la rarefaction de l'air est une chose mal-aisée à concevoir. Il y auroit plus d'apparence de dire que la rarefaction produisant de soy une impulsion égale de tous les costez, l'air est determiné à courir vers un costé plûtost que vers un autre, lorsqu'il arrive qu'en quelque endroit il se fait une condensation de quelque partie de l'air, qui attire vers ce costé-là, tout l'air qui est entre celuy qui est condensé, & celuy qui est rarefié, & qui fait que toute l'impulsion de l'air rarefié agit vers l'endroit où la condensation se fait; parceque l'espace que l'air occupoit avant que d'estre condensé, devenant moins remply par la condensation, donne place à celuy qui est poussé par l'air rarefié, ce qui fait une apparence d'attraction, quoy qu'en effet cela ne fasse que determiner le lieu vers lequel l'impulsion se fait.

2. SI ELLES RENCONTRENT CELUY QUI EST SUR LES MONTAGNES. S'il est vray que la pluye tombe plus souvent sur les montagnes que dans les vallées, il faut ajoûter un mot au texte Latin pour luy donner quelque sens & lire *propter plenitatem & gravitatem aëris*, adjoûtant *aëris*. Car selon cette correction le sens est que les nuées qui sont portées par la moyenne region où l'air est leger & subtil, se condensent en pluye, lorsqu'elles rencontrent l'air épais & grossier de la premiere region de celuy qui est sur les montagnes; parceque l'air qui est sur les montagnes prés de terre, est à peu prés à la mesme hauteur que celuy de la moyenne region des vallées. Mais le sens du texte comme il est dans les Exemplaires sans le mot *aëris*, est que les nuées, qui sont un air propre à estre condensé & changé en eau, apres avoir passé sur les vallées, & s'estant épaissy par la rencontre des montagnes contre lesquelles il va frapper, tombe sur le haut des montagnes: mais cela ne peut estre, parce que cet air propre à estre condensé ne pourroit tomber que sur le penchant de la montagne contre lequel il va frapper, & non sur le haut de la montagne.

3. L'AIR QUI EST EN CE LIEU. C'est ainsi que j'ay crû qu'il falloit interpreter *caldus quod est ibi*. J. Martin entend par *caldum* la concavité des voûtes, mais elle est déja exprimée par ces mots *in camerarum curvaturas*. D'ailleurs dans la reduction de la comparaison, un peu aprés, il est dit *calestis aër*.

CHAP. II. l'observation que l'on fait [1] que les sources des grands fleuves qui sont marquez dans les
cartes Geographiques, se trouvent la pluspart venir du Septentrion: Comme dans les Indes, A
le Gange & l'Inde qui descendent du Mont Caucase; [2] dans l'Assyrie, le Tygre & l'Eufrate;
en Asie & au Royaume de Pont le Boristene, l'Hipanis & le Tanaïs; à Cholcos le fleuve
Phasis; en la Gaule le Rhosne; en la Gaule Belgique le Rhin; deçà les Alpes le Timavus &
le Po; en Italie [3] le Tibre; en Maurusie, que nous apellons Mauritanie, [4] le fleuve Dyris,
qui descendant du Mont Atlas, va du Septentrion par l'Occident dans le Lac Heptabole,
& aiant changé de nom est apellé Nigir; puis sortant du Lac Heptabole, apres avoir passé
sous des montagnes desertes, il coule par les Regions Meridionales dans le Marais Celoë
qui environne l'Isle de Meroë, qui est l'Ethiopie Meridionale; & apres estre sorty de ces
marais il fait plusieurs détours, & s'estant divisé en deux bras nommez Astasobam & Astaboram,
& encore en quelques autres, il vient entre des montagnes à la cataracte, & de là B
courant vers le Septentrion, il passe à l'Isle Elephantine & à Siene & par les campagnes de
la Thebaïde en Egypte, où il prend le nom de Nil. Or on juge que la source du Nil est
en Mauritanie, de ce qu'en la partie opposée du Mont Atlas, on voit les sources de beaucoup
d'autres fleuves [5] qui se déchargent dans l'Ocean Occidental à l'endroit où naissent
les Icneumons, les Crocodiles & plusieurs autres genres d'animaux & de poissons outre les
Hippopotames.

Puis qu'on voit donc dans la description du monde, que les plus grands fleuves semblent
tous venir du Septentrion & que les campagnes d'Afrique qui sont dans les regions Meridionales
fort proches du cours du Soleil, ne paroissent point avoir d'humidité, & n'ont
en effet que fort peu de fontaines & de rivieres; il est certain que les meilleures sources des
fontaines sont celles qui coulent vers le Septentrion, si ce n'est qu'elles passent par des lieux C
Sulphurez, Alumineux ou Bitumineux, qui changent leur qualité & qui les rendent
chaudes: ou qui sans les échauffer leur communiquent une mauvaise odeur ou quelque
goust des-agreable. Car il ne faut pas croire qu'il y ait aucune eau qui soit chaude de sa
nature propre, mais c'est qu'elle s'échauffe en passant par un lieu brûlant; ce qui se connoist
en ce qu'estant sortie boüillante des veines de la terre, elle ne peut demeurer long-temps
chaude, mais elle se refroidit bien-tost: car si elle estoit naturellement chaude, elle ne
perdroit pas sa chaleur. Il n'en est pas de mesme de l'odeur & de la couleur dont elle conserve
mieux les qualitez, parce que l'eau se mesle fort exactement à cause de sa subtilité avec les
matieres qui les peuvent produire.

1. LES SOURCES DES GRANDS FLEUVES. L'argument que Vitruve tire de l'exposition de la source des grands fleuves au Midy, pour prouver l'attraction que le Soleil fait de l'humidité, n'est pas fort à proportion que les fleuves dont il parle sont grands, parceque la grandeur des fleuves ne dépend pas de leurs sources qui sont bien souvent de petites fontaines. Il y a encore icy une contradiction avec ce qui a esté dit au chapitre precedent, sçavoir que les sources qui sont sur la pente des montagnes tournées vers le Septentrion sont plus abondantes, & que la foiblesse des rayons du Soleil est une des principales causes des sources des fontaines, comme si le Soleil n'ayant pû attirer en l'air & consumer l'humidité qui est dans la terre, faisoit qu'elle s'y amasse en si grande quantité qu'elle est contrainte d'en sortir en coulant par sa pesanteur; & icy ce sont les rayons du Soleil qui attirent les eaux & les font couler vers le Midy.

2. DANS L'ASSYRIE. Je crois qu'il faut lire *Assyria*, au lieu de *Syria*. Car le fleuve Tygris est assez loing de la Syrie, & D
il passe au milieu de l'Assyrie.

3. LE TIBRE. Il est bien vray que la source du Tibre coule vers le Midy, mais le Tibre n'est point un grand fleuve.

4. LE FLEUVE DYRIS. Strabon dit que le mont Atlas est apellé Dyris, sans dire qu'il y ait aucun fleuve en Afrique qui porte ce nom. Au reste cette description du cours du Nil est si eloignée de la verité, qu'il semble que par le fleuve Dyris on doive entendre le Nubia, qui du mont Atlas va vers le Midy, & retourne entrer dans le Nil qui va vers le Septentrion.

5. QUI SE DECHARGENT DANS L'OCEAN OCCIDENTAL. Les Geographes n'ont point remarqué ces fleuves, & & il n'y a que le Niger qui se décharge dans l'Ocean Occidental; mais il ne vient point du Mont Atlas.

CHAP. III.

CHAPITRE III. E

Des Eaux chaudes, & quelles sont les qualitez que leur communiquent [1] les Mineraux dont elles viennent, & de la nature de plusieurs Fontaines, Fleuves & Lacs.

IL y a des fontaines chaudes [2] dont l'eau paroist si bonne à boire, que celle qui se puise à
la fontaine des Camœnes, ou celle qui se prend au jet de la Martienne n'est pas meilleu-

1. LES MINERAUX. Le texte porte *Metalla*, parce que les Anciens ne distinguoient point les metaux des mineraux, & ils apelloient *Metalla* tout ce qui se tire de la terre, comme l'Ocre, les pierres, le sel & les autres choses qui depuis ont esté apellées *Mineralia* & *Fossilia*. Mais il est constant que Vitruve n'a point entendu parler des vrais metaux dans ce chapitre; parceque ce ne sont point tant les metaux que les mineraux qui donnent aux eaux minerales les qualitez qu'elles ont.

2. DONT L'EAU PAROIST SI BONNE A BOIRE. Vitruve ne dit point que ces eaux soient bonnes & salutaires, mais

re. Or [1] la chaleur se communique aux eaux en cette maniere.

Lorsque [2] le feu s'allume dans l'Alun, le Bitume, ou le Souffre sous la terre, celle qui est
A au tour s'échauffe tellement qu'elle envoye en haut une vapeur tres-brûlante, en sorte
que les fontaines d'eau douce qui sont au dessus, s'échauffent dans leurs conduits souster-
rains sans que leur goust soit aucunement changé. Il y a des eaux froides dont l'odeur & le
goust sont desagreables, parcequ'ayant passé sous terre par quelques-uns de ces lieux brû-
lans, elles coulent encore long-temps cachées, & ne sortent point de terre qu'elles n'ayent
perdu toute leur chaleur; mais leur goust, leur odeur & leur couleur retiennent ce qu'elles
ont contracté de mauvais, comme on voit [3] dans les eaux apellées *Albulæ*, qui sont auprés
de Tivoli, dans la fontaine qui est auprés d'Ardée, & en d'autres lieux semblables où les
eaux froides ont l'odeur sulphurée.

B Mais ces eaux froides boüillonnent comme si elles estoient chaudes, parceque lorsqu'elles passent bien avant sous terre en un lieu brûlant, le combat qui se fait à la rencontre du feu & de l'eau, cause [4] un fracas, dont il s'éleve avec beaucoup d'impetuosité quantité de vents, qui aprés avoir esté retenus, sortent enfin à plusieurs reprises & causent un
boüillonnement : ce qui fait que les eaux resserrées dans les espaces qui sont entre les rochers ou dans quelques autres conduits étroits, & qui sont poussées par la violence de ces
vents s'élevent souvent jusqu'au plus haut de quelques tertres, & que ceux qui ont cru que
la premiere source de ces fontaines est aussi haute que ces tertres, connoissent qu'ils se sont
trompez lorsqu'ils élargissent les conduits, & qu'ils leur donnent air. Car tout ainsi que lorsqu'on met le feu contre un pot qui n'est pas plein jusqu'au bord, mais seulement jusqu'aux
deux tiers, si on le ferme de son couvercle, l'eau qui est naturellement capable de rarefa-
C ction, s'enflera en s'échauffant, & s'élevera non seulement jusqu'à emplir le vase, mais mesme sera portée [5] par les esprits jusqu'à passer par dessus le couvercle; & que si l'on oste le couvercle, l'eau retournera à sa premiere hauteur, parceque ce qui causoit cette enflure dans
l'eau, se perd dans l'air lorsqu'une grande ouverture luy en donne la liberté. Tout de mesme
les fontaines estant resserrées se poussent jusqu'au haut par le boüillonnement que cause le
vent enfermé dans l'eau; & si-tost que les conduits sont élargis, ces vents s'échappant par
les porositez qui sont dans toutes les choses liquides, les laisse affaisser & reprendre leur
equilibre naturel.

Or [6] toutes les fontaines chaudes ont une vertu medicinale, parcequ'aprés avoir esté
échauffées & comme cuites dans les mineraux par lesquels elles passent, elles ont une nouvelle force & tout un autre usage que l'eau commune. Car les Sulphurées sont bonnes aux
D maladies des nerfs qu'elles fortifient en les échauffant & consumant les mauvaises humeurs;
les Alumineuses guerissent les corps affoiblis par la Paralysie, ou par quelqu'autre pareille

seulement que leur goust n'est point different de celuy des meilleures eaux : Car la verité est que les eaux medicinales telles que sont toutes celles qui sont naturellement chaudes, ainsi qu'il est dit cy-aprés, ne sont point propres pour la boisson ordinaire, quoy qu'elles n'ayent point de mauvais goust, & elles ne peuvent avoir d'usage que pour la guerison de quelques maladies, où il est besoin de dessecher & d'échauffer. C'est pourquoy Galien dit que ny l'air ny l'eau ne sçauroient estre sains quand ils ont une qualité medicinale, parce que leur usage est necessairement continuel, & les facultez medicinales ne doivent estre employées qu'en certaines rencontres : Et la verité est si l'on en croit Hippocrate, que toutes les eaux minerales sont de leur nature absolument contraires à la vie, suivant cette regle generale qu'il establit, que tout ce
E qui échauffe & ne nourrit point, épuise l'humidité naturelle des parties : Or il est certain que toutes les eaux minerales, ou du moins la plus grande partie, ont la vertu d'échauffer.

1. LA CHALEUR SE COMMUNIQUE AUX EAUX. Il a esté parlé des causes de cette chaleur sur le sixiéme chapitre du 2 livre.

2. LE FEU S'ALLUME DANS L'ALUN. Entre toutes les especes d'Alun il ne s'en trouve point dans lequel le feu s'allume, & il y en a mesme qui est moins combustible que les pierres & que les metaux.

3. DANS LES EAUX APPELLÉES ALBULÆ. Il y a dans le texte *Uti in viâ Tiburtinâ flumen Albula.* Je croy que cet endroit est corrompu. *Via Tiburtina* est prise par les Interpretes pour une ruë de Rome qui estoit autrefois ainsi apellée; & ils entendent par *Flumen Albula* le Tybre qui estoit aussi apellé de ce nom avant la fondation de Rome. Mais parce qu'il n'y a point de raison de dire que le Tybre a de mauvaises qualitez dans la ruë Tiburtine, j'ay pensé que dans l'original il y avoit *Fluens* au lieu de *Flumen*, & qu'il faut lire *in viâ Tiburtinâ fluens Albula*, que *via Tiburtina* signifie le chemin de Tivoli, & que *Albula* signifie une fontaine minerale.

4. UN FRACAS. Il y a dans le texte *Fragor* qui signifie seulement le bruit qu'une chose fait quand on la rompt & dont il ne s'agit point icy, mais du combat de l'eau & du feu qui cause le bruit. Le mot *Fracas* signifie en françois tout ensemble & le choc & le bruit que le choc fait. J'ay crû qu'il pourroit estre souffert, quoy qu'ordinairement on ne s'en serve que metaphoriquement.

5. PAR LES ESPRITS. C'est-à-dire à cause de l'augmentation du volume de l'eau qui arrive par l'introduction d'une substance plus subtile que n'est celle de l'eau, dont les parties ne sçauroient s'éloigner les unes des autres pour faire la rarefaction, que cette substance subtile n'occupe les intervalles des parties qui s'éloignent; de sorte que j'estime que cette substance qui est un corps etherien meslé dans tous les autres, & toujours prest à remplir leurs espaces quand ils sont élargis par les causes de la rarefaction, est ce que Vitruve apelle les esprits.

6. TOUTES LES FONTAINES CHAUDES. Hippocrate dit que toutes les eaux minerales sont engendrées par une chaleur violente : Aristote est aussi de la mesme opinion, & il tient que tous les mineraux sont faits de la brûlure de la terre : Cardan croit aussi que les eaux froides qui ont une vertu medicinale sont chaudes dans leur origine, & qu'elles se sont refroidies dans la longueur du chemin.

CHAP. III. maladie [1] en combattant l'intemperie froide des parties, par une chaleur qui les remet en *
leur estat naturel en les fomentant continuellement aprés s'estre insinuées dans les veines A
qu'elles ont ouvertes. Les Bitumineuses estant beuës, chassent [2] par la purgation les mala- *
dies des parties internes.

Il y a des eaux froides qui sont Nitreuses, comme auprés de Penna au païs des Vestins,
& dans celuy des Cutisiens, & ailleurs, que l'on boit pour purger par embas, & pour
fondre les écroüelles. Il y a quantité de sources qui sortent des mines d'Or, d'Argent,
de Fer, de Cuivre, de Plomb, & d'autres semblables Metaux; mais elles sont fort mauvaises, & elles ont des qualitez opposées à celles qui sont dans les eaux chaudes qui viennent des lieux où il y a du Souffre, de l'Alun, ou du Bitume: car lorsqu'estant beuës elles passent par les veines dans le corps, elles endurcissent les nerfs & les enflent, ce qui cause aux
piez & aux mains une grande foiblesse, en sorte que les parties dont les nerfs sont ainsi enflez B
& racourcis deviennent sujetes à la goutte & aux autres maladies des parties nerveuses, parceque les porositez du corps sont abbreuvées par des humeurs cruës, épaisses & froides.

Il y a une autre eau, qui outre qu'elle n'est pas fort claire, a de plus comme une écume
ou fleur qui nage dessus, de couleur de verre rouge. On en voit de cette sorte principalement
auprés d'Athenes: cette eau est conduite [3] dans la ville mesme, & prés du port de Pyrée, où elle *
fait des jets d'eau dont on ne boit point, mais on s'en sert pour laver, & pour quelques autres usages; mesme par la crainte que l'on a qu'elle ne nuise, on ne boit que de l'eau de
puits. Les Tresleniens n'en peuvent pas faire de mesme, car ils n'ont point d'autre eau que
celle de Cybdele, & à cause de cela ils ont presque tous la goutte aux piez. Au contraire le
fleuve Cydnus, qui passe dans la ville de Tarse dans la Cilicie, a cette proprieté, que ceux
qui s'y lavent les jambes, sont soulagez de la douleur des gouttes. C

Il se trouve encore plusieurs autres especes d'eaux qui ont de differentes proprietez,
comme le fleuve Himere en Sicile, lequel aprés estre sorty de sa source se divise en deux
bras, dont l'un qui descend vers le Mont Ætna, est bon à boire, parcequ'il passe sur
une terre douce, l'autre qui coule sur une terre d'où l'on tire du sel, a son eau fort sal-
lée. De mesme dans les champs Paratoniens par où l'on va au Temple de Jupiter Am-
mon, & dans les Cassiens prés du chemin d'Egypte, on rencontre des lacs marécageux qui
sont si salez, que le sel y nage dessus congelé. Il y a encore en beaucoup d'autres lieux
des Fontaines, des Fleuves, & des Lacs, qui sont ainsi salez à cause des mines de sel par lesquelles ils passent. D'autres qui coulent par des veines de terres onctueuses, paroissent estre
meslées d'huyle: tel est le fleuve Liparis qui passe à Soli ville de Cilicie, dans lequel ceux
qui nagent ou qui se baignent, sortent de l'eau tout huylez. Il y a un Lac en Æthiopie qui D
fait la mesme chose; & dans les Indes il s'en voit un autre qui jette une grande abondance d'huyle quand le ciel est serain. A Carthage on voit une Fontaine sur laquelle il nage
aussi de l'huyle qui a l'odeur de la raclure d'un citron, & dont on a accoustumé d'oindre le
bestail. A Zacynthe & prés de Dyrrachium & d'Apollonie il y a des sources qui jettent
parmy l'eau une grande quantité de poix. A Babylone il se trouve un tres-grand Lac apel-
Lac bitumineux. lé *Limné asphaltis*, sur lequel il nage un Bitume liquide, duquel Semiramis fit joindre les
briques dont elle bastit les murailles de la ville. Il y a aussi en Syrie prés de Joppe, & en la
partie de [4] l'Arabie qui est proche de l'Afrique, des Lacs fort larges qui jettent de grandes *
pieces de Bitume que les habitans d'alentour attirent au bord; cela vient de ce qu'il se trouve
proche de là quantité de carrieres dont on tire du Bitume dur, & que l'eau arrache en passant

1. EN COMBATTANT L'INTEMPERIE FROIDE. Il est constant que la plusspart des eaux minerales échauffent: mais les alumineuses échauffent moins que les sulphurées, que les bitumineuses, que les salées & que les nitreuses. Leur faculté particuliere est l'astriction: C'est pourquoy on les employe aux crachemens & aux autres pertes de sang, aux vomissemens & aux relaschemens des pores & des conduits qui demandent d'estre étressis. C'est donc sans raison que l'on attribuë icy aux eaux alumineuses la vertu d'ouvrir les veines. Cardan dit qu'elles sont singulierement propres à la guerison des varices qui sont la dilatation des veines.

2. PAR LA PURGATION. La purgation n'est point aussi l'effet de la vertu des eaux bitumineuses: car on les boit principalement pour amollir les duretez des parties internes par le moyen d'une chaleur qu'elles ont jointe avec moins de secheresse que n'en ont les autres eaux minerales: cette chaleur emolliente E prepare seulement les humeurs à la purgation, qui demande une acreté dissolvante & detersive qui ne se trouve souverainement que dans les eaux salées & dans les nitreuses.

3. DANS LA VILLE-MESME. Il a déja esté remarqué que *Asty* signifie en Grec une Ville, & que les Atheniens apelloient leur Ville simplement *La Ville* par excellence. Il y a apparence que Vitruve qui ne sçavoit la langue Grecque que mediocrement, a ignoré cela.

4. L'ARABIE QUI EST PROCHE DE L'AFRIQUE. *Arabia Numidarum*, doit ce me semble estre ainsi interpretée. La Numidie estant assez éloignée de toutes les Arabies pour faire qu'elle ne puisse signifier icy autre chose que l'Afrique, qui estoit anciennement nommée du nom de quelqu'une de ses Provinces comme de la Lybie & des autres.

le

A le Bitume & le pousse dans le lac. Il y a encore en Cappadoce proche du chemin qui est entre Mazaca & Tuana un tres-grand lac, dans lequel si on met tremper une canne ou quelqu'autre chose, on la trouve le lendemain quand on la tire, petrifiée par la partie qui a esté dans l'eau, celle qui estoit dehors estant demeurée en son naturel. On voit aussi auprés de Hieropolis en Phrygie une grosse fontaine boüillante, qui dans les fossez qui sont autour des jardins & des vignes où elle coule, engendre une croute de pierre de chaque costé du fossé, que l'on en tire tous les ans, & dont on se sert pour faire les separations des terres.

Cela se fait par une raison naturelle qui est qu'en ces lieux la terre d'où ces eaux sortent a en soy [1] une substance qui a la force d'endurcir & de coaguler ; de maniere que lorsqu'une B grande [2] quantité de cette substance se trouve estre meslée avec l'eau de ces Fontaines qui l'emportent dehors, elle est ramassée & épaissie par la chaleur du Soleil & de l'air, comme on voit qu'il arrive aux marais où on fait le sel.

Il y a aussi des Fontaines que le suc de la terre dont elles sortent rend tres-ameres, tel qu'est le fleuve Hypanis au Royaume de Pont, qui depuis sa source par l'espace d'environ quarante milles est doux, mais quand il est parvenu à un lieu distant de cent soixante milles de son embouchure dans la mer, une petite fontaine qu'il reçoit rend amere toute son eau, quoy qu'il soit un tres-grand fleuve. Cette amertume vient d'une mine de Sandaraque qui se trouve prés de la source de cette Fontaine qui la fait devenir ainsi amere.

Or il est à croire que les diverses proprietez de la terre sont aussi-bien la cause des differents gousts dans les eaux, que dans les fruits : car si les racines des arbres & des vignes, & les semences des plantes ne prenoient pas chacun pour la production de leurs fruits un suc qui tint de la nature de la terre, les mesmes fruits auroient en tous lieux un mesme goust. C Cependant on sçait que le vin nommé [3] Potyron croist dans l'Isle de Lesbos, celuy qui est appellé *Catakekaumenos* en la Mæonie, le Meliton en Lydie, le Mamertin en Sicile, le Falerne en la terre de Labeur, le Cæcube à Terracine & à Fundi ; & que les autres vins que l'on recueille en divers lieux sont de nature differente : or cela peut arriver ainsi, parceque l'humeur qui est dans la terre communique sa proprieté aux racines [4] des arbres, qui la reçoi-

Brûlé

1. UNE SUBSTANCE. Le texte en cet endroit n'a aucun sens ny aucune construction raisonnable. Il y a *in his locis & in ea terra quibus ei nascitur succus, subest coaguli natura similis.* J'ay traduit comme s'il y avoit *in his locis & in ea terra quibus fons nascitur, succus subest coaguli natura similis* : parce que *fons* a pû estre facilement changé en *is*, la lettre *f*, la lettre *o*, & la premiere jambe de la lettre *n*, ayant esté effacée.

2. QUANTITÉ. C'est ainsi que j'ay crû qu'il falloit interpreter le mot *vis* & non pas proprieté comme a fait J. Martin. Car il n'est point vray qu'une proprieté, une force, ou une D puissance soit coagulée ou congelée, mais bien qu'elle coagule & qu'elle gele : & il est aussi fort raisonnable de dire en parlant de la substance coagulable qui est dans l'eau des fontaines, que lorsqu'elle est abondante elle est aisément coagulée par la chaleur de l'air. Car Vitruve attribuë icy toute la vertu coagulative à la chaleur de l'air & du Soleil qui agissant sur les parties aqueuses qui estoient mélées à la substance coagulable, & les épuisant, produit la pierre ou le sel qui s'engendrent dans l'eau par la jonction des parties coagulables, laquelle se fait par l'évaporation des parties aqueuses dont l'interposition empeschoit cette jonction.

E Et en effet on peut dire ce me semble avec quelque probabilité que cette raison de la coagulation des corps peut suffire pour expliquer toutes les especes de concretions, sans mesme excepter celles que l'on estime estre faites par transmutation, telle qu'est la concretion de l'eau quand elle se gele, & celle de toutes les autres substances où tout le corps est coagulé, sans qu'il paroisse qu'il y soit arrivé aucune diminution, par l'expression des parties subtiles dont l'interposition facilitoit le mouvement qui estoit dans toutes les parties du corps fluide, avant la concretion. Car il semble que les differences des causes des dissolutions ne dépendent que de la diversité des puissances qui introduisent un corps liquide entre les parties du corps solide & endurcy par la jonction immediate de ses parties coagulables. J'appelle parties coagulables celles qui sont figurées de telle sorte qu'elles ont des faces plattes qui font que deux corps qui sont joints immediatement par ces faces ont de la peine à se separer, jusqu'à ce qu'elles le soient assez pour laisser entrer dans l'espace qu'elles forment en se separant, la substance liquide, qui empeschant la jonction immediate de ces faces plattes rend tout le corps fluide : Et cette substance liquide est un corps plus ou moins subtil & de differente nature dans de differens sujets. Car il y a quelque raison de croire que ce sont les corpuscules subtils & mobiles du feu qui rendent les metaux fluides, que c'est la serosité qui empesche que le lait ne se caille, que ce sont les parties plus liquides & presque ætherées de l'eau qui rendent le plastre coulant avant qu'il soit pris, & que ce sont ces mesmes parties volatiles de l'eau qui estant exprimées par le froid sont cause que l'eau se gele : De sorte que soit que la chaleur du Soleil & de l'air consume les parties de l'eau qui sont interposées entre ses parties coagulables pour faire la pierre, ainsi que Vitruve dit, soit que les parties plus subtiles de l'eau soient exprimées par le froid pour faire la glace, ainsi qu'Hippocrate l'a jugé, aprés avoir veu par experience que l'eau diminuë & devient plus legere en se gelant ; il semble que l'on peut dire que la separation & l'évacuation des parties les plus subtiles des corps, est generalement la cause de leur concretion

3. PROTYRON. La pluspart des exemplaires ont *Protyron*, que Philander & Barbaro corrigent pour mettre *Protropon*, qui signifie la mere goutte : mais j'ay crû qu'il estoit plus à propos de laisser *Protyron*, parce que Vitruve apporte cet exemple pour prouver que les differens lieux donnent des gousts differens aux fruits de la terre ; & la difference du goust qui se trouve entre les vins de mere goutte & ceux de pressurage ne fait rien à l'intention de Vitruve : car il s'agit d'apporter icy des exemples des vins dont le nom soit pris du lieu où ils croissent, & non pas d'aucune autre qualité qu'ils puissent avoir. De sorte que la raison qu'il pourroit y avoir de mettre *Protropon* au lieu de *Protyron*, ne devoit point estre à mon avis à cause que *Protropon* signifie la mere goutte, mais parce que c'est le nom d'un peuple selon Pline, qui dit que *Abellinates* peuples de l'Apoüille sont apellez *Protropi* : Mais cette raison ne peut estre receuë ; parce que le vin dont il s'agit est de l'Isle de Lesbos. Quoy qu'il en soit il n'y a aucun inconvenient, que du temps de Vitruve il y ait eu un vin appellé *Protyron*, à cause du lieu où il croissoit, & qu'il ne nous soit point resté d'Historiens ny de Geographes qui fassent mention de ce lieu

4. DES ARBRES. Il y a dans tous les exemplaires *Terrenus*

vent pour la faire passer dans le bois, qui la porte jusqu'au sommet des branches, où elle A
CHAP. III. donne aux fruits un goust suivant la qualité particuliere de la terre. Car si la terre n'estoit remplie de sucs differents, la Syrie & l'Arabie ne seroient pas les seules qui auroient tant d'odeurs dans leurs roseaux, dans leurs joncs & dans toutes leurs plantes, & elles ne produiroient pas les arbres qui jettent l'encens, les plantes qui portent le poivre, ny les arbres qui donnent la myrrhe; enfin le païs Cyrenaïque n'auroit pas la plante ferulacée du Laser, mais en toutes sortes de regions on verroit indifferemment croistre toutes choses.

Or chaque païs a ces differentes qualitez à cause de l'inclinaison du monde, c'est-à-dire selon que chaque climat s'approche ou s'éloigne plus du lieu où se fait le cours du Soleil: & cela n'a pas seulement la force de rendre les sucs de terre differens, mais il en naist une diversité d'humeurs qui se remarque mesme dans les animaux; & cette diversité ne se trouveroit point telle, si les proprietez des terroirs estoient semblables, nonobstant leur differen- B
te situation à l'égard du Soleil: car l'experience fait voir que le fleuve Cephisus & le Meles en Beotie, le Crathis en Lucanie, le Xanthus à Troyes, & plusieurs fontaines & rivieres dans les terres d'autour de Clasomene, d'Erythrée & de Laodicée, ont cette vertu que les animaux que l'on envoye boire de leurs eaux en certains temps de l'année ausquels ils ont accoustumé de concevoir, quoy qu'ils soient tout-à-fait blancs, font des petits, dont les uns en quelques lieux sont de couleur grise, en d'autres de couleur plus brune, & en d'autres tout-à-fait noirs: tant la proprieté de chaque humeur a de force pour communiquer suivant sa nature une couleur particuliere à chaque chose qui est engendrée: c'est pour cette raison que les Troyens ont appellé la riviere qui passe prés de leur ville, *Xanthus*, parce que les vaches qui naissent le long de leur rivage sont rousses, & les moutons ¹ d'un roussastre tirant sur le rouge brun.

Jaune.

Leucophaea.

Il se trouve aussi des eaux dont l'usage est pernicieux & mortel à cause du suc venimeux C
de la terre sur laquelle elles coulent, telle qu'estoit à ce que l'on dit cette fontaine à Terracine qui estoit appellée Neptunienne, de laquelle ceux qui beuvoient par mégarde, mouroient incontinent; ce qui fut cause qu'on la combla; tel estoit aussi un lac proche des Cyderes en la Thrace, duquel on ne pouvoit non seulement boire, mais mesme se laver sans mourir. Il y a encore une fontaine en Thessalie, qui est à l'ombre d'un arbre dont les fleurs sont de couleur de pourpre, de l'eau de laquelle ny les troupeaux ne veulent point boire, ny aucun genre d'animaux n'ose approcher. Tout de mesme en Macedoine prés le tombeau d'Euripide deux ruisseaux se joignent aprés l'avoir costoyé à droit & à gauche, l'un desquels a une si bonne eau, que les passans s'y arrestent pour repaistre: mais l'eau qui coule de l'autre costé a la reputation d'estre si pernicieuse que personne n'en approche. En la D
partie de l'Arcadie qui est appellé Nonacris, il distille de certaines montagnes une eau tres-froide, que les Grecs appellent *Stygos hydor*, qui ne peut estre reçuë dans aucun vaisseau, ny d'argent, ny de cuivre, ny de fer, qu'elle ne rompe, & il n'y a que la seule corne du pié d'un mulet où on la puisse garder. On dit qu'Antipater fit porter de cette eau par son fils Iolas dans la province où estoit Alexandre, & qu'elle fut le poison qui fit mourir ce Roy. Il y a encore une autre eau dans les Alpes au Royaume de Cottus, qui fait tomber subitement ceux qui en boivent. Au païs des Falisques prés du chemin qui va à Naples, dans un bocage qui est au milieu d'un champ apellé Corneus il sort une fontaine dans laquelle on trouve des os de serpens, de Lezards & d'autres bestes venimeuses.

Eau de tristesse.

Il y a encore des fontaines dont l'eau est aigre, comme est celle de Lyncestе, celle de ² Velino

humor saporum in radicibus infusus, mais le sens demande *Arborum in radicibus* comme j'ay corrigé: car bien que le mot de *Arborum* ne soit partout à fait necessaire, *Humor infusus radicibus*, rendant le sens assez entier; il est encore plus certain que le mot *Saporum* auroit esté tout à fait superflu, estant repeté à la fin de la periode, où il est dit que *Humor terrenus profundat ibei & generis sui fructus saporem*.

1. D'UN ROUSSASTRE TIRANT SUR LE ROUGE BRUN. J'ay suivi l'opinion d'Alciat, qui croit que *Leucophaeus color* est le roux qui tire sur le rouge-brun. Il se fonde sur Pline, qui dit que du mélange de la Rubrique, du Sil jaune, & du Melin, dont on composoit l'assiete qui se couchoit sur le bois pour le dorer, on fait le *Leucophaeum*. Hermolaus qui croit de mesme que Philander que *Leucophaeum* signifie le gris, a corrigé le texte de Pline, & a mis *Leucophorum*, au lieu de *Leucophaeum*. Mais il ne se trouve point que *Leucophaeum* signifie le gris. La difficulté est dans la signification du mot grec *phaos*, que les Grammairiens expliquent par le mot Latin *Fuscus*; & ils disent que *Fuscus*, *est color subniger*, c'est à dire *brun*, sans specifier quel brun ils entendent; Mais les Auteurs Latins se sont mieux expliquez quand ils ont dit que la couleur des visages halez, & celles des vins qui ne sont ny tout à fait blancs, ny tout à fait rouges, est le *Fuscus color*; car c'est en ce sens qu'Ovide dit *Fuscantur corpora Campo*, & que *Falernum* est apellé *Fuscum* par Martial. Or la couleur des vins que l'on apelle *generosa* tel qu'estoit le *Falernum*, ny celle des visages halez n'est point grise mais fauve, qui est un roussastre tirant sur le rouge brun. E

2. VELINO. J'ay suivy la correction de Budée qui lit *in Italica Velino, campana Teano*, au lieu de *in Italica Verona*; y ayant grande apparence que Vitruve a joint ces deux Villes, sçavoir

A en Italie, & celle de Theano en la Terre de Labeur, & en plusieurs autres lieux, qui ont la vertu de dissoudre les pierres de la vessie quand on en boit ; Ce qui se fait parce qu'il y a dans la terre un suc acre & acide qui donne comme une teinture de cette qualité à l'eau qui passe dans la terre, desorte que lorsque ces eaux sont receuës dans le corps, elles dissipent ce qui est amassé & endurcy¹ par la residence des eaux. Mais pour comprendre comment les choses aigres peuvent dissoudre ce qui est endurcy, il n'y a qu'à laisser quelque-temps trempet un œuf dans du vinaigre, car on verra sa coquille s'amollir & se fondre. Tout de mesme le plomb qui ne s'éclate pas aisément & qui est tres-pesant, estant mis avec du vinaigre dans un vaisseau & bouché bien exactement, se dissout & se change en Ceruse. Le cuivre qui est encore plus dur, se dissout par la mesme operation & devient vert de gris: Les perles & mesme les cailloux que le fer ny le feu ne peuvent rompre, se cassent & tombent en éclats B si apres avoir esté échauffez on les arrose de vinaigre. Ce qui fait aisément juger que de mesme que les acides agissent sur ces choses, ils pourront aussi produire un mesme effet pour la guerison de ceux qui sont malades de la pierre.

Il se trouve de plus des fontaines où il semble que l'on ait meslé du vin, telle qu'est celle qui est en Paphlagonie, de laquelle on peut s'enyvrer sans que l'on y ait mis du vin.

Dans la ville d'Equicoli qui est en Italie & au païs des Medulliens dans les Alpes, il y a des eaux qui font enfler la gorge à ceux qui en boivent.

En Arcadie il y a une ville assez connuë appellée Clitor auprés de laquelle est une caverne d'où sort une fontaine qui fait haïr le vin à ceux qui ont bû de son eau. Sur cette fontaine il se lit une Epigramme écrite en vers Grecs, qui porte qu'elle n'est pas propre à se laver, & qu'elle est ennemie de la vigne, parce que c'est dans cette fontaine que Me- C lampus apres avoir sacrifié, purifia les filles de Pretus pour les guerir de leur folie, & ausquelles en effet il remit l'esprit en son premier état. Le sens de l'Epigramme est tel.

Prés des antres obscurs d'où coule ce ruisseau
Si la chaleur t'invite à mener ton troupeau
Berger tu peux y boire, & dans leurs promenades
Suivre parmy ces prez les errantes Naïades,
Mais ne t'y baigne pas ; ces eaux par un poison
Qui fait haïr le vin, corrompent la raison.
Fuy donc cette liqueur si contraire à la vigne.
Où Melampe purgea l'humeur noire & maligne
Qui des filles de Prete avoit troublé le sens,
D *Lorsqu'il passa d'Argos en ces lieux mal plaisans.*

Il se trouve de mesme en l'Isle de Chio une fontaine qui fait perdre l'esprit à ceux qui en boivent sans y penser. On a mis une Epigramme qui avertit que son eau qui est fort agreable à boire rend l'esprit dur comme une pierre. Le sens des vers est tel.

Cette eau par sa fraicheur & par son doux murmure.
Charme tous les sens à l'abord,
Mais elle rend l'ame plus dure
Que le rocher dont elle sort.

A Suse qui est la capitale du Royaume de Perse, il y a une petite fontaine qui fait tomber les dents. On y lit aussi une Epigramme dont le sens est que cette fontaine est fort E propre à se laver, mais qu'elle fait tomber les dents de ceux qui en boivent. Voicy le sens des vers de cette Epigramme.

Passant, l'eau que tu vois est une eau qu'il faut craindre ;
Tu peux bien pourtant sans danger
T'en rafraichir les mains & mesme t'y plonger ;
Mais si dans son Crystal ta soif se veut éteindre,
En la touchant un des levres seulement
Elle fera tomber tes dents en un moment.

Italicam Velinam, & Campanam Teanum, puisque leurs eaux au rapport de Pline ont une mesme proprieté, qui est de rompre la pierre dans le corps par leur acidité.

1. PAR LA RESIDENCE DES EAUX. Vitruve suppose

CHAP. IV.

une chose qui n'est point vraye, sçavoir que la pierre s'engendre dans les corps des animaux, de la mesme maniere que dans les canaux des fontaines, où ce qu'il y a de terrestre dans l'eau s'amasse par residence & par la pesanteur qui se trouve dans cette partie grossiere, qui la rendant moins mobile que le reste de l'eau, la fait attacher aux conduits sur lesquels elle se coagule. Les raisons qu'il y a de n'estre pas de l'opinion de Vitruve qui est celle de la pluspart des Medecins, sont apportées cy-aprés dans les Notes sur le chapitre cinquiéme de ce livre.

CHAPITRE IV.

Des qualitez particulieres de certains lieux & de certaines eaux.

IL y a des païs où il se trouve des fontaines qui rendent la voix [1] de ceux qui y naissent, admirablement belle, comme à Tarse, en Magnesie & en d'autres lieux. Non loin de Zama ville d'Afrique, que le Roy Juba fit enfermer d'une double muraille, & où il fit bastir son Palais, il y a environ vingt mille par-de là, un bourg appellé Ismuc, autour duquel s'estend une Campagne d'une grandeur incroyable, dans laquelle, quoyque l'Afrique produise & nourrisse un grand nombre d'animaux dangereux, & principalement des serpens, il ne s'y en trouve point du tout, & si l'on y en aporte quelqu'un, il meurt incontinent: ce qui n'arrive pas seulement sur le lieu, mais la terre transportée autre-part fait la mesme chose. On dit que la terre de Majorque est de cette nature: mais la terre dont je vais parler, a une vertu encore bien plus merveilleuse.

Au temps que C. Julius fils de Massinissa, à qui apartenoient toutes les terres qui sont autour de ce Bourg, estoit dans l'armée que commandoit l'Empereur Cæsar vostre pere, il passa par chez moy & y demeura quelque temps; & comme nous nous entretenions chaque jour & conferions des belles lettres, une fois que nous vinsmes à parler de la nature des eaux & de leurs vertus, il m'asseura qu'il y avoit dans les terres dont j'ay parlé, plusieurs de ces fontaines qui rendoient fort belle la voix de ceux qui y naissoient: c'est pourquoy les habitans du païs avoient accoûtumé d'acheter des esclaves de l'un & de l'autre sexe les plus beaux & les mieux faits qu'ils pouvoient trouver, afin que ceux qui naistroient d'eux en ce païs eussent tout ensemble la beauté du corps & celle de la voix.

Or puisque la nature a mis une si grande diversité de proprietez dans des choses differentes, & que le corps humain qui est remply de plusieurs sortes d'humeurs comme sont le sang, le lait, l'urine, la sueur, les larmes, n'a qu'une petite portion de terre, & que neanmoins il contient en soy une si grande diversité de choses [2] dont les qualitez sont differentes, il ne faut pas s'estonner si dans toute la terre, il se trouve une diversité innombrable de sucs, dans les veines desquels les eaux venant à passer en prennent comme la teinture & la communiquent aux sources des fontaines, qui sont redevables des differances particulieres qu'elles ont, aux proprietez de la terre qui sont dissemblables dans chaque païs.

De toutes ces choses il y en a quelques-unes que j'ay verifiées par mes experiences, j'ay lû le reste dans les Auteurs Grecs, qui sont Theophraste, Timée, Possidonius, Hegesias, Herodote, Aristides & Metrodorus, qui ont écrit avec un grand soin ce qu'ils ont appris des proprietez de chaque lieu, & des vertus des eaux qu'il attribuënt à la situation differente des païs à l'égard du Ciel, ce qui contribuë aussi à la varieté de leur nature. J'ay tasché de suivre & d'imiter ces Auteurs en composant ce livre dans lequel j'ay écrit suffisamment de la diversité des eaux, afin que chacun puisse plus facilement choisir les fontaines qui pourront estre plus utiles aux Villes dans lesquelles on les veut conduire. Car il n'y a rien dont l'usage soit si necessaire que l'eau, parce que les animaux se peuvent passer de blé, des fruits des arbres, de la chair & du poisson, & il leur suffit d'avoir quelqu'une de toutes ces choses dont on se nourrit ordinairement: mais sans l'eau le corps des animaux ny ce qui est propre pour leur nourriture ne peut pas mesme naistre ny se conserver. C'est

1. De ceux qui y naissent. La Sandaraque, à ce que dit Dioscoride, prise avec de l'Hydromel, rend la voix claire: Si cela est, il y auroit lieu de croire que les fontaines dont Vitruve parle icy seroient imbuës des qualitez de quelque veine de Sandaraque prés de laquelle elles passent. Mais il peut y avoir d'autres causes dans les dispositions particulieres d'un païs pour rendre la voix des habitans fort agreable, que l'eau des fontaines, dont on sçait que les Musiciens ne boivent gueres: Et en effet Vitruve dans les deux endroits de ce chapitre où il parle de la beauté de la voix des habitans des païs où ces fontaines sont, ne dit point que ceux qui boivent de l'eau de ces fontaines ayent la voix belle, il dit seulement que ce sont ceux qui naissent dans le païs. On remarque que la pluspart des Musiciens de France qui sont recommendables par la beauté de leur voix, sont nez dans le Languedoc.

2. Dont les qualitez. Il y a *Sapores* dans le texte, mais on sçait que le mot de *sapor* & de *sapere* qui signifie *goust* ou *gouster*, est assez souvent mis pour connoistre simplement toute sorte de

pourquoy

A pourquoy il faut apporter un grand soin pour choisir des fontaines qui soient capables CHAP. V.
d'entretenir les hommes dans une parfaite santé.

qualitez : Et il est encore evident que Vitruve n'entend pas parler du goust qui est different dans les diverses humeurs, mais de toutes leurs qualitez, & qu'il a voulu exprimer tout le genre par une de ses especes.

CHAPITRE V.

Comment on pourra connoistre la qualité des Eaux.

ON pourra par plusieurs observations connoistre quelle est la qualité des eaux. Car
si elles coulent à découvert sur la terre, avant que de les enfermer pour les conduire,
[1] il faudra considerer quelle est l'habitude du corps des habitans du lieu. S'ils sont robustes
& de bonne couleur & qu'ils ne soient sujets ny [2] aux maux de jambe, ny aux fluxions sur
B les yeux, on sera assuré de la bonté des eaux. Comme aussi lorsqu'une fontaine estant
nouvellement découverte si des gouttes de son eau [3] estant jettées sur du cuivre de Corin-

1. Il faudra considerer. Cette consideration est la plus importante & la plus seure ; les autres signes de la qualité des eaux sont plus équivoques : ce n'est pas que la santé de ceux qui en usent ne soit aussi en quelque façon un signe équivoque, parceque les bonnes ou les mauvaises qualitez des eaux peuvent estre recompensées par celles de l'air & des fruits de la terre, & par toutes les autres qualitez qui sont d'ailleurs dans le lieu, ausquelles seules la santé ou les maladies des habitans peuvent estre attri-
C buées : Mais tous les autres signes sont absolument incertains sans l'experience, ou du moins sans un examen bien exact & bien particulier des causes qui peuvent rendre les eaux bonnes ou mauvaises, telles que sont les qualitez des terres par où elles passent, & le mélange des differens sels qu'elles en reçoivent. Car il paroist par l'histoire des eaux qui a esté faite dans le chapitre precedent, que ny la limpidité ny le bon goust, ny la bonne odeur de l'eau ne sont point des marques certaines de la bonté, puisqu'il s'en trouve dont la boisson est mortelle avec tous ces signes de bonté : Et qu'au contraire l'experience & la raison, font voir qu'il y a des eaux troubles, limonneuses, pierreuses, d'odeur & de goust des-agreable, qui ne sont point dangereuses à boire ; parceque le mélange qui leur donne ces qualitez, est de choses qui n'ont rien qui soit fort contraire à la santé.

L'eau du Nil qui est trouble & limonneuse, est mise au rang des bonnes eaux ; & il est certain que lorsqu'elle est éclaircie par
D la residence de son limon, elle n'est point purgée de ce qu'elle peut avoir de contraire à la santé, qui est le Nitre qu'elle a : parceque ce sel que l'eau a dissous, y est retenu, quoyqu'elle laisse tomber la terre dont elle l'a tiré. Et c'est par cette raison que les eaux qui sont troubles par le mélange d'une terre qui n'a que peu de ce sel qui se rencontre dans la bonne terre, n'ont point d'autre mauvaise qualité que de passer dans le corps moins promptement que les autres en retardant la distribution qui ne s'en peut faire qu'apres que le limon a esté separé dans les intestins, dont les tuniques filtrent ce qu'il y a de pur & de limpide dans les eaux : ce qui n'arrive pas aux sels dont la tenuité penetre les tuniques les plus solides, & porte jusqu'au fond des entrailles des qualitez pernicieuses, qui ne se reconnoissent dans l'eau ny par la veuë, ny par le goust, ny par l'odeur.

Il y a aussi des eaux qui engendrent de la pierre dans les canaux par où elles passent, qui ne laissent pas d'estre fort
E bonnes, parceque la matiere dont cette pierre est engendrée, n'est qu'un limon grossier & incapable de passer au travers des tuniques des intestins, & non point un sel contraire & pernicieux : Car bien que ces eaux paroissent fort limpides, ce limon ne laisse pas d'estre grossier & terrestre ; mais il est en assez petite quantité pour faire que l'eau n'en paroisse pas trouble, & il y en a aussi assez pour former cette pierre par une longue succession de temps : Et cette concretion qui arrive à ces eaux plûtost qu'à d'autres, ne signifie point autre chose, sinon que leur limon est d'une nature glutineuse, & propre à s'attacher aux canaux des fontaines, mais incapable de penetrer les tuniques des intestins.

Ceux qui ne distinguent pas les differentes causes de la concretion des veritables pierres qui s'engendrent dans l'eau, & de la concretion des matieres qui s'endurcissent dans les corps en forme de pierre, croyent que les eaux qui sont sujettes à attacher de la pierre à leurs canaux sont propres à former ce que l'on apelle la pierre des reins & de la vessie : Cependant il est vray que ces deux concretions n'ont rien de commun ny dans leur matiere ny dans les autres causes qui les produisent : & que les dispositions qui sont propres pour l'une, sont tout-à-fait contraires à l'autre. Car la matiere qui se rencontre propre à engendrer des pierres dans l'eau, est terrestre, grossiere & pesante ; & celle qui fait la pierre des reins & de la vessie, est subtile, legere, sulphurée, combustible, prise des vegetaux & des animaux qui ont servy de nourriture, & dont la substance est semblable à celle des corps qui en sont nourris, en sorte que cette matiere ne s'endurcit que par une chaleur excessive, qui ne fait rien à la concretion des pierres qui s'engendrent dans les fontaines, qui est une matiere minerale inutile à la nourriture, & qui par cette raison n'est jamais admise dans les entrailles, estant incapable d'estre filtrée au travers des intestins qui rejettent autant qu'ils peuvent tout ce qui par sa nature indomptable & indissoluble n'est point propre à nourrir : car quoyque cette matiere de la pierre qui s'engendre dans les fontaines, se coagule par quelque sorte de chaleur, ainsi qu'il a esté dit ; elle s'amasse & s'epaissit neanmoins principalement par la residence, ensorte qu'une grande chaleur ne seroit pas capable de la faire coaguler & endurcir plus promptement ; & la chaleur des intestins en l'épaississant ne fait que la rendre plus propre à s'attacher aux autres restes de la nourriture, qui à cause de leur grossiereté & inutilité n'ont pû estre filtrez au travers des tuniques des intestins. C'est pourquoy c'est sans raison que l'on pretend que la maladie de la pierre est plus commune à Paris, qu'aux autres lieux, sur ce que quelques-unes des fontaines de cette Ville forment de la pierre dans leurs canaux : Car il y a peu de personnes qui boivent de l'eau de ces fontaines, & on n'a point remarqué que la maladie de la pierre soit moins frequente dans les quartiers où l'on boit d'autres eaux.

Il n'est point encore vray que l'odeur & le goust des-agreable qui est dans une eau, soit une marque infaillible d'une qualité fort dangereuse, si ce n'est que ce goust & cette odeur proviennent de quelque mineral pernicieux ; Car les eaux de la Seine dont on boit au dessous de Paris, ne sont point dangereuses à proportion de la mauvaise odeur qu'elles ont quelquefois ; & celles de Nonacris & du Styx qui n'ont ny couleur, ny odeur, ny goust étranger, ne laissent pas d'estre mortelles, à cause du mélange de quelque substance minerale qui ne se connoist que par ses pernicieux effets.

2. Aux maux de jambe. L'experience a fait voir que l'usage des mauvaises eaux affoiblit principalement les jambes. On observe qu'aux lieux où les eaux ne sont pas fort bonnes à boire, les playes des jambes sont difficiles à guerir, & que le Scorbut, dont un des plus ordinaires symptomes est la foiblesse des jambes, est le plus souvent causé par les mauvaises eaux.

3. Estant jettées sur du cuivre de Corinthe. Les eaux qui tachent les metaux qui ne se roüillent pas aisément d'ailleurs, doivent avoir un sel corrosif qui est capable de nuire estant pris dans le corps ; de mesme qu'il peut corrompre les metaux qui en sont moüillez. Ciceron a remarqué que le cuivre de Corinthe se roüille difficilement. Pline met trois espéces de cuivre de Corinthe, sçavoir le blanc, le rouge, & celuy qui est de moyenne couleur : ces differences viennent de la proportion des trois metaux dont il est composé, qui sont l'or, l'argent & le

CHAP. V. the, ou sur d'autre bon cuivre n'y font point de tache ; c'est une marque que l'eau est tres- A
bonne. Cela se connoistra encore si [4] l'eau aprés avoir esté boüillie ne laisse au fond du vase aucun sable ou limon : & si l'on remarque que les legumes boüillis dans cette eau se cuisent promptement. Enfin on connoistra qu'elle est legere & extremement bonne, si estant claire & belle dans sa source, elle ne gaste point les lieux ou elle passe, en y engendrant de la mousse, des jones ou d'autres saletez.

cuivre qui, suivant le rapport de Pline & de F[illegible]rus, furent meslez ensemble, lorsque la Ville de Corinthe ayant esté brûlée, plusieurs Statuës & plusieurs vases de ces trois metaux furent fondus.

4. L'EAU APRES AVOIR ESTÉ BOÜILLIE. Les parties terrestres qui sont dans l'eau s'aprochent & se joignent ensemble par l'agitation qui se fait dans l'ebullition, à peu prés de la mesme façon que les parties les plus tenaces du lait se joignent & forment la masse du beurre, lorsque la creme a esté long-temps battuë : Et il y a apparence que c'est par cette raison que l'eau bouillie est plus legere que la cruë. Car quand l'ebullition seroit capable de dissiper quelque chose de la portion la plus legere de l'eau, ce que l'on peut revoquer en doute, il est certain qu'elle est cause d'une precipitation des parties grossieres & terrestres, qui rend le reste de l'eau plus pure & plus legere. B

CHAP. VI.

CHAPITRE VI.

De la conduite des Eaux, & des instrumens pour niveler

IL faut maintenant expliquer les moyens qu'il y a de bien conduire l'eau aux bourgs & au dedans des villes. Le principal est d'en bien prendre le niveau; ce qui se fait [1] ou avec des *Dioptres* ou avec [2] les balances dont on se sert ordinairement pour niveler les eaux, ou avec le *Chorobate*, qui est plus seur, [3] parceque l'on peut se tromper avec les Dioptres, & avec les balances.

Instrumens pour niveler.
Qui parcourt les [illegible].

Le Chorobate est composé d'une regle longue environ de vingt piez, & de deux autres bouts de regle joints à l'équerre avec les extremitez de la regle en forme de coude, & de C
deux autres tringles qui sont [4] entre la regle & les extremitez des pieces coudées, sur lesquelles on marque des lignes perpendiculaires, & sur ces lignes pendent des plombs attachez de chaque costé à la regle. L'usage du Chorobate est que lorsque l'instrument sera placé, si les plombs touchent également les lignes qui sont marquées sur les tringles tra-

1. AVEC LES DIOPTRES. Il n'y a point de mot françois pour expliquer celuy de *Dioptra*. Il signifie generalement toute sorte d'instrumens où il y a des pinnules comme sont l'Astrolabe, le quarré Geometrique, le baston de Jacob, &c.

2. LES BALANCES DONT ON SE SERT ORDINAIREMENT. On pourroit douter si *Libra aquaria* ne signifie point icy un niveau fait avec l'eau, s'il n'en estoit point parlé dans la suite comme d'un instrument different de celuy qui est apellé icy *Libra aquaria*.

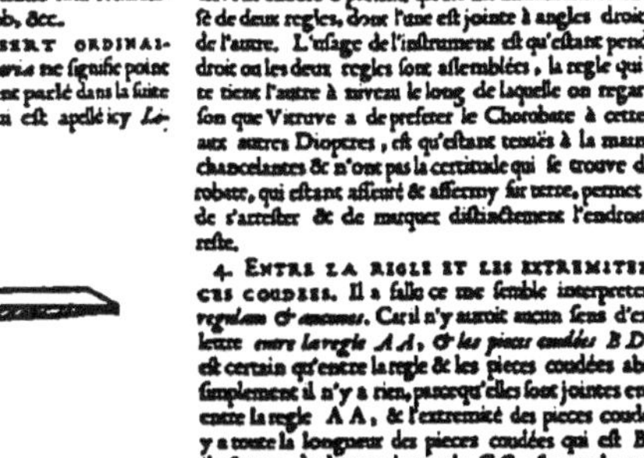

3. PARCEQUE L'ON SE PEUT TROMPER. Il y a apparence que cette balance est le niveau dont les Fonteniers se servent encore à present, qui est un instrument de cuivre, composé de deux regles, dont l'une est jointe à angles droits au milieu de l'autre. L'usage de l'instrument est qu'estant pendu par l'endroit ou les deux regles sont assemblées, la regle qui est pendante tient l'autre à niveau le long de laquelle on regarde. La raison que Vitruve a de preferer le Chorobate à cette balance & aux autres Dioptres, est qu'estant tenuës à la main, elles sont D
chancelantes & n'ont pas la certitude qui se trouve dans le Chorobate, qui estant affermi & affermy sur terre, permet à son plomb de s'arrester & de marquer distinctement l'endroit où il s'arreste.

4. ENTRE LA REGLE ET LES EXTREMITEZ DES PIECES COUDÉES. Il a fallu ce me semble interpreter ainsi *inter regulam & ancones*. Car il n'y auroit aucun sens d'expliquer à la lettre *entre la regle A A, & les pieces coudées B D*, Parcequ'il est certain qu'entre la regle & les pieces coudées absolument & simplement il n'y a rien, parcequ'elles sont jointes ensemble; mais entre la regle A A, & l'extremité des pieces coudées DD, il y a toute la longueur des pieces coudées qui est BD; & ainsi il est vray de dire que la tringle CC, est entre la regle A A, & l'extremité D, des pieces coudées B D. Elles sont apellées *Ancones*, que j'interprete *pieces coudées*, parceque la petite regle BD E
fait un angle ou coude avec la grande regle A A. Le canal qui est creusé dans la Chorobate pour le mettre à niveau, lorsque le vent empesche que l'on ne puisse se servir des Plombs, est marqué EE.

A versantes, ils feront voir que la machine est à niveau: Que si l'on craint que le vent empesche les plombs de s'arrester pour faire connoistre s'ils tombent sur la ligne perpendiculaire, il faudra creuser sur le haut de la regle un canal de la longueur de cinq piez, large d'un doit, & creux d'un doit & demy, & y verser de l'eau : si l'eau touche également [1] le haut des bords du canal, on ne pourra douter que le Chorobate ne soit à niveau : & par ce moyen [2] on pourra estre asseuré de la hauteur que l'eau a, & quelle sera sa pente. CHAP. VI.

Quelqu'un qui aura lû Archimede pourra dire que l'eau n'est point propre à niveler juste, parceque cet Auteur estime que l'eau n'a point cette ligne droite qui est necessaire pour bien niveler, d'autant qu'elle conserve toujours une rondeur dans sa superficie, qui fait une portion de cercle dont le centre est celuy de la terre. Mais soit que l'eau soit droite, soit qu'elle soit courbée dans sa superficie, il est toujours vray que les deux bouts du canal
B qui est dans la regle, soûtiennent l'eau également, & que si le canal est penché d'un costé, l'eau qui sera à l'autre bout qui est plus élevé ne touchera plus le haut du bord du canal. Car quoy que l'eau quelque part que l'on la mette s'éleve toujours dans le milieu où elle fait une courbure, il est impossible que les deux extremitez ne soient parfaitement à niveau. [3] La figure du Chorobate se trouvera à la fin du livre.

Si l'eau est bien élevée & qu'elle ait beaucoup de pente, elle sera plus aisée à conduire : & s'il arrive que le lieu par où elle doit passer, ait des creux & des fondrieres, il faudra les emplir & égaler avec de la maçonnerie.

1. LE HAUT DES BORDS DU CANAL. Jocundus corrige fort bien la faute qui est dans tous les exemplaires, & qui n'est pas mesme corrigée dans Laët, où il y a *Summa libra* pour *Summa labra*.

C 2. ON POURRA ESTRE ASSURÉ. Il y a bien à dire que le Chorobate soit un instrument auquel on doive se fier pour avoir le niveau au juste, soit qu'on s'en serve avec les plombs, soit qu'on s'en serve avec l'eau. Car il est tres-difficile de connoistre si le dessus de l'eau correspond en toute sa longueur à la ligne A A, le long de laquelle on regarde, à cause de la petite concavité que l'eau fait vers ses bords quand le bois du canal E E, qu'elle touche est humecté ; ce qui empéche la juste position de ce niveau : de plus le bois se peut étressir davantage à une de ses extremitez qu'à l'autre, ce qui peut changer le parallelisme du rayon visuel avec la ligne de la superficie de l'eau : & enfin l'œil regardant par des trous ou par des fentes ne peut pas bien determiner le vray point qui doit estre dans le rayon visuel ; ensorte que voulant niveler, par exemple à un arbre éloigné de deux ou trois mille pas, on ne peut estre asseuré si c'est le haut, ou le bas ou le milieu de l'arbre qui doit estre pris pour le vray point de niveau.

D Pour perfectionner le Chorobate, Monsieur l'Abbé Mariotte de l'Academie Royale des Sciences, a trouvé depuis peu qu'il suffisoit que l'instrument eust trois ou quatre piez de longueur ; qu'il n'estoit point necessaire qu'il eust des pinnules, ny mesme qu'il y eust de ligne droite & parallele à la superficie de l'eau le long de laquelle il fallust regarder ; mais qu'il faut seulement que dans le canal qui doit estre large, l'eau soit la plus élevée qu'il est possible, ce qui se fait en la retenant par les deux bouts avec un rebord de cire, au dessus duquel l'eau s'esleve quelque peu, à cause que l'eau fuit la cire qui est grasse. Car il ne faut que regarder dans l'eau l'image d'un signe que l'on fait tenir au lieu où l'on juge à peu prés que le Niveau est pointé en faisant hausser ou baisser le signe par quelqu'un jusqu'à ce qu'il soit mis au niveau de la surface de l'eau ; ce qui se fait en cette maniere. Il faut que ce signe soit un ais de deux piez ou environ, qui estant noircy ait une bande blanche en travers à chacun de ses bouts. Lorsque l'image de la bande superieure paroistra dans l'eau autant distante de la bande inferieure du signe que cette bande inferieure le paroist de la superieure, il est certain que le milieu de la bande inferieure du signe, laquelle paroistra au milieu de deux autres, sera au niveau de la superficie de l'eau. Cela se prouve par les regles de la Catoptrique, & par une chose qui est fort connuë, sçavoir que les images des objets paroissent autant enfoncées dans l'eau, que les objets sont élevez au dessus.

3. LA FIGURE DU CHOROBATE. Cette figure est perduë de mesme que les autres que Vitruve avoit mises dans son livre ; celle qui est marquée A B C D E, dans la page precedente, est prise des commentaires de Barbaro.

CHAPITRE VII. CHAP. VII.

De plusieurs manieres de conduire les Eaux.

ON peut conduire les eaux en trois manieres, sçavoir, ou par un canal couvert de maçonnerie, ou par des tuyaux de plomb, ou par des tuyaux de poterie. Mais il faut observer que si l'on fait des canaux de maçonnerie, elle doit estre fort solide ; qu'il faut [1] qu'il y ait assez de pente, c'est-à-dire pour le moins demi pié sur cent piez ; qu'il est neces-
E saire que ces grands aqueducs soient couverts par des voutes, afin que le Soleil ne donne point sur l'eau ; & que lorsque l'eau sera arrivée proche des murailles de la ville, il faut construire un *regard*, & proche de ce regard trois reservoirs, & faire qu'il y ait trois tuyaux *Castellum.* qui distribuent l'eau également aux reservoirs, qui seront disposez de telle maniere, que lorsqu'il y aura beaucoup d'eau, le reservoir du milieu recevra celle qui sera de reste dans les deux autres, & par des tuyaux l'envoyera à tous les lavoirs & aux fontaines jalissantes. Mais l'eau de l'un des autres reservoirs ira aux Bains, d'où la ville tirera du revenu

1. QU'IL Y AIT ASSEZ DE PENTE. J'ay ainsi paraphrasé le texte *Solumque rivi libramenta habeat fastigiata*, ce qui veut dire à la lettre, que la terre sur laquelle l'eau coule, doit estre en pente de mesme que le toit d'une maison : Car il ne m'a point semblé qu'il fust necessaire de parler de la terre, parce que l'eau ne coule point dans les aqueducs sur la terre, mais dans un canal de pierre ou de ciment.

CHAP. VII. tous les ans. L'eau[1] du troisiéme reservoir sera envoyée aux maisons des Particuliers, & A
ainsi le public aura ce qui luy est necessaire par cette distribution.[2] qui empeschera que
l'eau qui est destinée aux necessitez publiques, ne soit détournée, parcequ'elle viendra du
regard par des conduits particuliers. Et il y a encore une autre raison de cette distribution,
qui est que les particuliers, aux maisons desquels on aura accordé de l'eau, payeront aux
receveurs des imposts, dequoy aider à entretenir les aqueducs publics.

S'il se rencontre des montagnes entre la source de la fontaine & la ville, il les faudra
percer, conservant toujours la pente necessaire comme il a esté dit; & si l'on trouve du tuf
ou de la pierre, on y taillera l'aqueduc : que si c'est de la terre ou du sable, on bâtira dans ce
qui aura esté creusé, deux murailles, qui porteront une voute, pour continuer la conduite,
Albus II. en laquelle[3] il faudra faire des puits de telle sorte, qu'entre deux puits il y ait *quarante toises*.

Si l'on conduit l'eau dans des tuyaux de plomb, on fera sur la source un regard, & depuis B
ce regard jusqu'à l'autre qui est à l'entrée de la ville on posera les tuyaux dont les lames auront une épaisseur proportionnée à la quantité de l'eau. Les tuyaux seront fondus de la longueur de dix piez du moins, & chaque tuyau pesera douze cent livres[4] s'il est de cent doits; s'il est de quatre-vingt doits, il pesera neuf cent soixante livres; s'il est de cinquante, il pesera six cent livres; s'il est de quarante, il pesera quatre cent quatre-vingt livres; s'il est de trente, il pesera trois cent soixante; s'il est de vingt, il pesera deux cent quarante livres; s'il est de quinze, il pesera cent quatre-vingt livres; s'il est de dix il pesera six-vingt livres; s'il est de huit, il pesera quatre-vingt seize livres; s'il est de cinq, il pesera quarante livres. Or ces tuyaux sont ainsi apellez de cent ou de cinquante doits, à cause de la largeur qu'ont les lames dont ils sont faits avant que d'estre courbez.[5] Et c'est ainsi que les tuyaux de plomb doivent
estre faits pour la conduite des eaux. C

Que s'il arrive que depuis la source de la fontaine jusqu'à la ville il y ait une pente convenable, & que les montagnes qui se rencontrent en chemin ne l'interrompent point par leur hauteur, il faudra remplir de maçonnerie les intervalles qui sont entre les montagnes, comme il a esté dit qu'ils le doivent estre pour les aqueducs; & s'il se rencontre de hautes montagnes, il faudra que la conduite des tuyaux se fasse en tournant autour de la montagne,

1. DU TROISIÉME RESERVOIR. Il y a *ex quibus tertio*, J'ay osté *quibus* pour lire *ex tertio* : autrement je ne croy pas que l'on puisse trouver du sens dans ce texte, qui à cela prés est assez clair, le sens estant que le Regard ABC, doit avoir trois tuyaux A, B, & C, qui distribuent son eau également à trois reservoirs DE, HI, & FG; que le premier DE, envoye l'eau aux Bains par le tuyau K; que le troisiéme FG, l'envoye aux maisons des particuliers par le tuyau M; & que celuy du milieu HI, l'envoye aux lavoirs & aux fontaines jallissantes par le tuyau L; que lors qu'il vient de l'eau dans le Regard ABC, beaucoup plus qu'à l'ordinaire, elle hausse dans les reservoirs DE, & FG; & que le premier DE, & le troisiéme FG, ayent des tuyaux E & F, au dessus de ceux qui vont aux Bains & aux maisons particulieres, en sorte que lorsque l'eau monte elle passe par ces tuyaux dans le reservoir du milieu & se joigne à l'eau qu'il reçoit, de mesme que les autres du regard ABC.

2. QUI EMPESCHERA QUE L'EAU QUI EST DESTINÉE. Je me suis donné la liberté de paraphraser cet endroit qui est fort obscur. Je croy que Vitruve veut dire que l'eau qui est destinée pour les necessitez publiques ne pourra estre détournée & mal employée aux fontaines jallissantes, parce qu'elle sera prise dans le Chasteau ou Regard par des conduits particuliers, l'un sortant du Reservoir DE, pour les bains, & l'autre du Reservoir FG, pour les maisons des particuliers : ce qui empeschera que les fontaines jallissantes n'ayent d'autre eau que celle qui sera de reste dans les temps de l'année où les eaux sont abondantes. Le texte porte, *Non enim poterunt avertere cum habuerint à capitibus proprias ductiones* : c'est-à-dire qu'ils ne pourront prendre que ce qui leur vient de leur reservoir par une conduite particuliere. D

3. IL FAUDRA FAIRE DES PUITS. Barbaro & Baldus entendent par *puteos* des soûpiraux qui doivent estre faits d'espace en espace dans les Aqueducs; mais ils n'ont point remarqué que l'espace de 120 piez que contenoit l'*Actus*, est moins que 20 de nos toises, & qu'il est un peu bien court, parce que de là il s'ensuivroit qu'il faudroit 100 puits en chaque lieuë d'Aqueduc. De sorte qu'il y a apparence qu'aprés le mot d'*Actus* il y avoit le nombre, & qu'il faut lire *Ut inter duos*, (*scilicet puteos*) *sint Actus II.* C'est-à-dire qu'entre chaque puits il y ait quarante toises, ou bien il faut lire, *Inter duos sit actus* mettant *sit* au lieu de *sint*, c'est-à-dire, qu'entre deux puits, il y ait un *Actus*, qui fait 120 piez. E

4. S'IL EST DE CENT DOITS. C'est-à-dire si la lame dont on doit faire le tuyau, a cent doits de large, c'est-à-dire environ deux piez de diametre sur dix piez de long, elle devra peser 1200 livres, & ainsi les autres à proportion.

5. ET C'EST AINSI. *Ea autem ductio*, &c. Cecy n'est point le commencement d'une nouvelle matiere, ainsi qu'il semble; mais la conclusion de celle qui a esté traitée, sçavoir des proportions que les tuyaux de plomb doivent avoir : Car ce qui est dit ensuite, appartient generalement à la conduitte de toutes sortes de tuyaux, soit qu'ils soient de plomb, soit qu'ils soient de poterie.

pourveu

A pourveu que le détour ne soit pas grand. Mais si les vallées sont fort longues on y conduira les tuyaux en descendant selon la pente du costeau, sans les soûtenir par de la maçonnerie; & alors il arrivera qu'ils iront fort loin dans le fond de la vallée selon son niveau, qui est ce que l'on apelle ventre, dit *Koilia* par les Grecs. Par ce moyen lorsque les tuyaux seront parvenus au costau opposé, ils contraindront l'eau qu'ils resserrent de remonter assez doucement à cause de la longueur de ce ventre: car s'ils n'avoient esté conduits par ce long espace qui est à niveau le long de la vallée, ils feroient en remontant tout court, un coude [1] qui forceroit l'eau à faire un effort capable de rompre toutes les jointures des tuyaux. Dans cet espace qui s'apelle Ventre, il faudra faire [2] des *Ventouses*, par lesquelles les vents qui seront enfermez, puissent sortir. C'est ainsi que resserrant l'eau dans des tuyaux de plomb, on pourra fort commodement la conduire, soit en droite ligne, ou par des detours, soit en montant B ou en descendant. Il sera encore fort à propos, y ayant une pente raisonnable depuis la source jusqu'aux murailles de la ville, de bâtir *des regards*, distants l'un de l'autre de la longueur de *vingt-quatre mille piez*, afin que s'il y a quelque chose à refaire aux tuyaux, on ne soit point obligé de foüiller tout le long de la conduite, mais que l'on trouve plus aisement l'endroit où est le mal. Ces regards ne doivent point estre faits sur les pentes, ny dans les enfoncemens que nous avons apellez ventres, ny aux endroits où l'eau est forcée de remonter, ny dans les vallées, mais seulement dans les lieux où les tuyaux auront [3] une longue & égale suite.

CHAP. VII. — Columnaria. — Castella. — Actus cc.

Si l'on veut conduire l'eau avec moins de dépense, on employera des tuyaux de poterie qui doivent estre épais pour le moins de deux doits, & plus étroits par un bout afin qu'ils puissent s'emboiter l'un dans l'autre. Leurs extremitez seront jointes avec de la chaux C detrempée avec de l'huyle. Aux endroits où ils descendent pour faire le ventre on mettra à l'endroit où se fait le coude un morceau de rocher rouge, qui sera percé, afin de recevoir le dernier des tuyaux qui descendent, & le premier de ceux qui doivent aller à niveau pour faire le ventre; & tout de mesme le dernier de ces tuyaux qui font le ventre entrera dans une autre pierre dans laquelle le premier des tuyaux qui remontent, sera aussi emboité de la mesme maniere.

La conduite de l'eau estant ainsi reglée, tant pour ce qui regarde celle qui se fait par des lieux plats, que celle qui oblige l'eau à descendre pour remonter, les tuyaux ne seront point sujets à estre éclatez par la violence de l'eau: car il arrive souvent qu'il s'enferme des vents dans les conduits des eaux & que ces vents ont assez de force pour rompre mesme les pierres, si l'on ne prend garde de la faire entrer peu à peu par la premiere embouchure, & de D renforcer par de bons liens, ou par la pesanteur du sable les endroits où les tuyaux font des coudes & des détours. En tout le reste il n'y a point d'autres precautions à prendre pour les

1. QUI FORCEROIT L'EAU. Cela n'est point vray: car l'eau pour remonter tout court, n'en est point plus forcée; & plus la conduite est longue dans la vallée, & plus il y a de danger que les jointures ne se rompent; parce qu'il y a davantage de jointures.

2. DES VENTOUSES. Les Interpretes sont en peine sur le mot de *Columnaria*. Quelques-uns, comme Beroaldus dans Suetone, & Jocundus, le corrigent pour mettre *Colluviaria*, c'est-à-dire des égouts, ou Cloaques. D'autres, comme Laët, lisent *Columbaria*, qui signifie des trous de Boulins où les pigeons font leurs nids, & ils croyent que Vitruve a entendu par là les trous des E Robinets, par lesquels on doit donner air aux tuyaux & les décharger quand il est besoin: D'autres comme Baldus & Philander, retiennent *Columnaria*, parce qu'ils croyent que Vitruve entend par là qu'il faut enter des bouts de tuyaux qui s'élevent comme des colonnes sur ceux qui sont dans les lieux bas pour leur donner de l'air. Ces trois opinions sont probables, parce que des Robinets & des tuyaux élevez sont propres à donner de l'air aux tuyaux, & des cloaques sont necessaires aussi en cet endroit pour faire écouler l'eau que l'on est contraint de laisser sortir lorsque l'on donne de l'air aux tuyaux: Cela a fait que je me suis servy du mot de ventouse, qui comprend & suppose toutes les trois opinions, & qui est un mot usité parmy les Fonteniers.

3. UNE LONGUE ET EGALE SUITE. J'ay interpreté à la lettre le texte qui a *in perpetua aequalitate*, & qui auroit eu besoin d'estre expliqué par une paraphrase: car cette *longue & égale suite* n'exprime pas tout ce que Vitruve veut dire, qui est que les regards, par exemple A B C D, ne doivent estre faits qu'aux endroits où les tuyaux sont à peu prés au niveau de la source, & du lieu où l'eau doit estre conduite; c'est-à-dire aux endroits où l'eau n'est pas beaucoup serrée dans les tuyaux, & non aux autres endroits où l'eau est au dessous de ce niveau; quoyque les tuyaux soient là d'une *longue & égale suite*, soit que ce soient ceux qui sont dans la descente H E, soit que ce soient ceux qui sont dans la montée F L, soit que ce soient ceux qui sont dans la vallée E G F, où est le ventre.

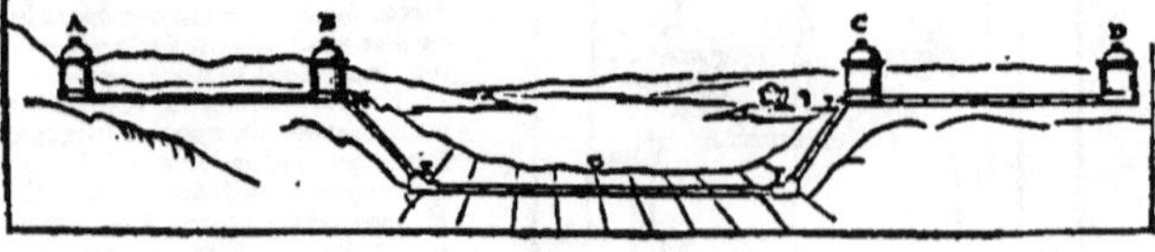

CHAP. VII. tuyaux de poterie que pour ceux de plomb. Mais avant que de mettre l'eau dans les tuyaux, A il faudra y jetter de la cendre fort menuë, afin qu'elle puisse remplir les petites fentes qui se pourroient rencontrer aux jointures.

Les tuyaux de poterie ont cet avantage qu'il est fort aisé de les raccommoder quand ils en ont besoin, & que l'eau y est beaucoup meilleure que dans des tuyaux de plomb, dans lesquels [1] il s'engendre de la ceruse, que l'on estime estre fort dangereuse & fort contraire à nos corps: & en effet il y a apparence que le plomb ne doit pas estre reputé bon pour la santé, si ce qui s'engendre de ce metail est dangereux. [2] Cela se prouve par l'exemple des plombiers que l'on voit d'ordinaire estre palles, à cause de la vapeur qui s'éleve du plomb quand on le fond, & qui penetrant dans le corps, brûle les parties & corromp le sang: de sorte que l'on peut dire que pour avoir de bonne eau il ne la faut pas faire venir dans des B tuyaux de plomb; & mesme elle est plus agreable à boire quand elle a esté conduite par de la poterie: aussi voit-on que ceux qui ont des buffets garnis de quantité de vases d'argent, trouvent l'eau meilleure quand ils la boivent dans de la terre.

Dans les lieux où l'on ne pourra avoir de fontaines, il faudra necessairement faire des puits; mais pour les creuser il ne faut pas negliger la consideration de plusieurs choses qui dependent de la nature: car la terre qui ainsi que toutes les autres choses est composée des quatre premiers principes, contient plusieurs & differentes substances, ayant outre sa partie terrestre, l'humidité des fontaines, & n'estant pas mesme sans chaleur: de là naissent le Souphre, l'Alun, le Bitume & quantité de vapeurs tres-fortes & tres-insupportables, qui passent par les veines de la terre dans le fond des puits, & nuisent grandement aux ouvriers, en leur bouchant les conduits de l'esprit animal lorsqu'elles leur entrent par le nez; en sorte C que ceux qui ne se retirent pas promptement, sont étouffez. Pour se donner de garde de cet accident on descend une lampe allumée au fond du puits, dans lequel si elle demeure sans s'éteindre, on peut descendre sans danger: mais si la force de la vapeur l'éteint [3] il faudra creuser aux deux costez du puits, & faire des soupiraux, par lesquels les vapeurs puissent sortir. Cela estant ainsi fait, & la foüille estant conduite jusqu'à l'eau, il faudra bâtir les murs du puits de telle sorte que le passage soit laissé libre aux sources.

Enfin si le lieu est si dur que l'on ne puisse creuser de puits, ou que l'on ne trouve point de source dans le fond, il faudra amasser l'eau [4] qui tombe des toits ou des autres lieux élevez dans des reservoirs faits de l'ouvrage apellé *Signinum*, qui se doit preparer de cette sorte. Il faut avoir de bon sable fort net & fort aspre, des cailloux cassez de telle grosseur qu'ils ne pesent pas plus d'une livre chacun, & de la plus forte chaux que l'on pourra trouver, dont

1. IL S'ENGENDRE DE LA CERUSE. Il n'y a aucune apparence que l'eau puisse changer le plomb en Ceruse, puisque mesme elle n'altere en aucune façon le cuivre qui est bien plus aisé à roüiller: Car on ne voit point que les Robinets des fontaines soient rongez par l'eau apres avoir servi cent ans.

2. CELA SE PROUVE PAR LES PLOMBIERS. Ce qui arrive aux Plombiers ne prouve rien de ce que Vitruve pretend, parceque si l'eau n'est pas capable de changer le plomb en Ceruse, elle l'est encore moins de le fondre & d'en faire sortir les vapeurs malignes qui brûlent les parties nobles, & corrompent le sang aux Plombiers: Enfin l'argument tiré des choses corrompuës ne fait rien conclure à l'égard de ces mesmes choses tant qu'elles demeurent exemptes de corruption.

3. IL FAUDRA CREUSER AUX DEUX COSTEZ. Tout cecy est difficile à comprendre, sçavoir qu'apres avoir creusé un puits on ait besoin d'y descendre une lampe pour voir si l'on y peut descendre seurement; & de plus, que si la lampe en s'éteignant fait connoistre que les vapeurs sont dangereuses, on puisse esperer de trouver de bonne eau en ce lieu; & que pour la rendre bonne, le remede soit de creuser deux autres puits pour faire exhaler les vapeurs du puits qui est déja fait. Car les deux nouveaux puits auront aussi leurs vapeurs dangereuses; & pour concevoir que ces nouveaux puits diminuent les vapeurs du premier, il faudroit supposer qu'il n'y avoit qu'une certaine quantité de vapeurs dans la terre, qui sortoient toutes par le premier puits, & qui estant partagées aux deux autres que l'on creuse à costé, doivent diminuer la quantité des vapeurs de celuy du milieu; ce qui est difficile à croire. De sorte que je pense que l'expedient que Vitruve aporte, de creuser deux nouveaux puits, se doit entendre, qu'au cas que l'on trouve un puits dont l'ouverture soit étroitte & le fond bien large, il faut avant que d'y descendre, faire l'experience de la lampe, afin que si elle s'éteint par la quantité des va- D peurs qui sont retenuës au fond par le retressissement de l'ouverture d'enhaut, on fasse d'autres ouvertures pour donner une issuë plus libre aux vapeurs.

4. L'EAU QUI TOMBE DES TOITS. Je trouve que Philander qui lit *ex tectis* a plus de raison que ceux qui suivant Baldus corrigent le texte & lisent *ex testis*: Car Vitruve a déja dit la mesme chose en parlant de l'amas que l'on fait des eaux de la pluye dans les cisternes, c'est au cinquiéme livre chapitre 9. où il dit que *Aqua de Cælo repentinis tempestatibus ex tegulis recipiuntur*. Et l'expression de Vitruve ne doit pas sembler superfluë, quand il dit qu'il faut recevoir dans les cisternes l'eau qui tombe sur les toits ou sur d'autres lieux élevez; car il veut dire que si l'eau qui tombe sur les toits, qui est la plus nette, ne suffit pas, il faudra aussi recevoir celle qui tombe dans les Cours qui sont plus élevées que le haut de la Cisterne. D'ailleurs il n'est point E vray que le *Signinum* dont il veut que les Cisternes soient basties, se fasse *ex testis, avec des tuyleaux*; car il ne le fait que de mortier de chaux & de sable: En sorte qu'il y a lieu de croire que l'essence de l'*opus Signinum* ne consistoit pas dans la matiere dont il estoit fait, bien que ce fust le plus souvent de tuyleaux cassez ainsi que Pline le témoigne, mais qu'il estoit ainsi nommé à cause que les peuples apellez Signins estoient en reputation de faire de bon mortier, & qu'ils le faisoient tel, à cause du soin qu'ils prenoient de le battre long-temps pour le rendre solide; car il est dit au quatriéme chapitre du second livre que le mortier de sable de riviere fait un corps bien solide si on le corroye & si on le bat avec des bastons comme le *Signinum*. *Fluviatica propter macritatem uti signinum bacillorum subactionibus in tectorio recipit soliditatem.*

5. PARMY CE MORTIER. Il y en a qui croyent que mor-

* on meslera deux parties dans un mortier avec cinq de sable. ² Parmy ce mortier de chaux & CHAP. VII.
A de sable on meslera les cailloux, & de tout cela jetté dans une tranchée qui sera de la profondeur que doit avoir la cisterne, & battu avec de gros leviers ferrez par le bout, on fera les quatre murailles : Ensuite on vuidera la terre qui est au milieu jusqu'au bas des murailles ; & le fond estant bien applany, on mettra du mesme mortier que l'on battra aussi pour faire le fond, qui aura une épaisseur convenable.

Que si l'on fait deux ou trois de ces reservoirs, en sorte que l'eau puisse aller de l'un dans l'autre pour y estre purifiée, elle sera renduë bien meilleure, parceque le limon demeurant dans l'un des reservoirs, l'eau sera gardée dans l'autre bien plus claire, & elle y conservera son goust & son odeur naturelle : sinon l'on y ajoûtera du sel qui la rendra plus subtile.

J'ay écrit dans ce livre tout ce que j'ay pû trouver touchant les vertus des eaux, de leurs
B differences & de leurs utilitez dans l'usage ordinaire, comme aussi comment il les faut conduire, & examiner leurs qualitez ; je traitteray dans celuy qui suit, de la Gnomonique, & de la maniere de faire les Cadrans au Soleil.

[illegible] signifie dans Vitruve, non seulement le vaisseau où l'on gasche & où l'on corroye la chaux, le sable, le ciment, la poudre de marbre, & toutes les sortes de composition dont on se sert pour joindre les pierres ; mais qu'il se prend aussi pour la composition mesme, ainsi que l'usage l'a presentement établi parmy nous. Neantmoins cela ne se trouve ny dans Vitruve, ny dans Pline, ny dans Columelle, ny dans les autres Auteurs anciens qui ont écrit de ces choses.

LE NEUVIE'ME LIVRE DE VITRUVE.

C

PREFACE.

LES anciens Grecs ayant accordé de si grands honneurs à ceux qui avoient remporté le prix aux Jeux Olympiques, Pythiens, Isthmiques, & Neméens, qu'ils ne se sont pas contentez de leur donner des loüanges dans les assemblées publiques où ils paroissoient avec des palmes & des couronnes, mais qu'ils ont encore voulu qu'ils retournassent en leurs païs dans des chars de triomphe, & que la Republique leur assignast des pensions pour
* tout le reste de leur vie ; ¹ il y a lieu de s'étonner que l'on n'ait pas rendu les mesmes honneurs & encore de plus grands à ceux qui par leurs écrits servent & profitent infiniment à tous les siecles & à toutes les nations. Car il est certain que cela auroit esté plus juste puisque
D les exercices des Athletes ne servent à autre chose qu'à rendre leurs corps plus forts & plus robustes, au lieu que le travail de ceux qui ont fait des livres, en perfectionnant leur esprit, dispose celuy des autres à aprendre les sciences. En effet quel bien Milon Crotoniate a-t-il fait aux hommes, pour n'avoir jamais esté vaincu ; & qu'ont fait autre chose tous ceux qui ont remporté de ces sortes de victoires, que d'avoir acquis durant le cours de leur vie beaucoup de gloire & de reputation parmy leurs concitoyens ? Au lieu que les enseignemens de Pythagore, de Democrite, de Platon, d'Aristote & des autres grands personnages, estant lûs & mis en pratique, font un fruit utile non seulement à leurs concitoyens, mais à tous les peuples de quelque nation qu'ils soient : Parceque plusieurs estant imbus de ces bonnes doctrines dés leur jeunesse, deviennent capables de regir les villes par de bonnes loix, sans lesquelles il est impossible que les Estats puissent subsister. Que si les grands per-
E sonnages procurent tant de bien à tous les hommes par les ouvrages qu'ils publient, j'estime qu'ils ne meritent pas seulement d'estre honorez par des palmes & par des couronnes, mais qu'il faut leur decerner des triomphes, & les mettre au rang des Dieux.

1. IL Y A LIEU DE S'ESTONNER. Aristote apporte deux raisons de ce que les Anciens Grecs ne proposoient point de prix à ceux qui excelloient dans les actions de l'esprit, mais seulement à ceux qui surpassoient les autres dans la force & dans l'adresse du corps. La premiere est que l'on estime & que l'on admire les choses qui sont faites par la puissance humaine, & non pas celles que la puissance humaine trouve faites. Or il dit que la victoire d'un Athlete est comme l'ouvrage de la force & de l'adresse de son corps, au lieu que toute la subtilité d'un Philosophe ou d'un Mathematicien, ne va qu'à trouver ce qui est déja sans elle, puisque les plus belles speculations ne sont que de choses existentes avant la speculation, & que par exemple les trois angles de toutes sortes de triangles n'auroient pas laissé d'être égaux à deux droits, quand personne n'y auroit jamais pensé.

La seconde raison est que pour donner le prix à ceux qui excellent dans les productions de l'esprit il faut estre capable d'en juger, & que cette capacité ne se rencontre qu'en ceux qui surpassent en esprit ceux dont ils sont les juges. Ce qui n'est pas toujours necessaire dans les autres jugemens : car il n'y a personne quelque foible & pesant qu'il puisse estre qui ne soit capable de voir qui est celuy qui surpasse les autres à la course à la luitte & dans les autres exercices du corps.

CHAP. I. Je me suis proposé de rapporter quelques exemples des choses tres-utiles pour la vie & A pour la societé des hommes, que les auteurs de l'antiquité ont trouvées & laissées par écrit, que l'on avoüera estre dignes de grands honneurs, & meriter beaucoup de reconnoissance. Je commenceray par l'explication d'une invention dont Platon est auteur, ainsi que de plusieurs autres.

CHAPITRE I.

La maniere que Platon a inventée pour mesurer une terre.

[1] SI l'on veut doubler la grandeur d'une piece de terre qui soit quarrée, en sorte que * ce double soit aussi un quarré ; il faudra se servir de lignes, parceque cela ne se peut B faire par la multiplication des nombres. Cela se demonstre ainsi. Si l'on veut que cette surface quarrée qui a par exemple dix piez de long & autant de large, & qui fait par consequent cent piez de surface, soit doublée, & qu'elle contienne deux cent piez en conservant toujours la figure quarrée ; il faudra tascher de faire en sorte que les costez soient assez grands pour faire que la multiplication de ces costez produise les deux cent piez que la surface doit avoir, ce qu'il est impossible de trouver par les nombres. Car si l'on fait les costez de 14 piez, leur multiplication fera 196 ; si l'on les fait de 15, ils produiront 225. De sorte que cela ne pouvant estre expliqué par les nombres, il faut dans ce quarré qui est long & large de dix piez, tirer une ligne diagonale, d'un des angles à l'autre, pour le diviser en deux triangles égaux, qui ayent chacun 50 piez de surface, & selon la longueur de cette diagonale décrire un quarré : car il se trouvera que le grand quarré aura quatre triangles égaux & C pareils en grandeur & en nombre de piez, aux deux petits triangles de 50 piez chacun, qui ont pour base la diagonale du petit quarré. C'est ainsi que Platon a expliqué la maniere de doubler le quarré en se servant de lignes, comme la figure fait clairement voir.

1. SI L'ON VEUT DOUBLER. Il est évident que ce premier chapitre de mesme que le second & le troisiéme ne sont que la continuation de la preface ; & que ce que Vitruve aporte de la mesure de Platon, de l'Equerre de Pythagore & de l'invention d'Archimede ne sont que des exemples qu'il propose pour confirmer ce qu'il a avancé à l'avantage de la Philosophie, & pour faire voir que tout ce que les plus valeureux Athletes peuvent faire, n'a rien de merveilleux ny d'utile en comparaison des inventions des Philosophes & des Mathematiciens.

D

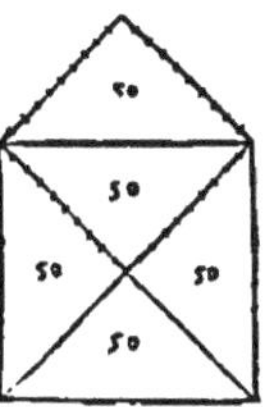

CHAP. II.

CHAPITRE II.

De l'Equerre qui est une invention de Pythagore : & qu'il a tirée du Triangle rectangle. E

AINSI Pythagore a inventé la maniere de tracer un angle droit sans avoir besoin de l'Equerre dont les artisans se servent, & nous tenons de luy la raison & la methode que nous avons de faire avec justesse & certitude cette équerre que les ouvriers ont bien de la peine à fabriquer de maniere qu'elle ne soit point fausse. [1] La methode est de prendre * trois regles dont l'une soit de trois piez, l'autre de quatre & l'autre de cinq. Car étant jointes par les extremitez elles composeront un triangle, qui fera une Equerre juste. Que si l'on fait trois quarrez qui ayent chacun les costez de la longueur de chacune

1. LA METHODE EST. La Figure explique clairement tout ce qui est dit icy des proprietez & des usages des trois triangles de,

CHAP. II.

A de ces trois regles, celuy dont le costé sera de trois piez, aura son aire de neuf; celuy dont le ¹ costé en aura quatre, sera de 16; & celuy dont le costé en aura cinq, sera de 25; & de plus ¹ le nombre des piez qui seront dans les aires des deux quarrez, dont l'un a trois & l'autre quatre piez en chacun de ses costez, sera égalé par celuy qui se trouvera dans l'aire du quarré qui a cinq piez dans chacun de ses costez.

On dit que cela ayant ainsi esté trouvé par Pythagore, il en rendit graces aux Muses, & ² qu'il leur fit un sacrifice; parcequ'il ne douta point que cette invention ne luy eust esté inspirée par ces Deesses.

Or cette invention qui est utile à beaucoup de choses, mais principalement pour mesurer, a aussi un grand usage dans les Edifices pour regler les hauteurs des degrez des Escaliers: car si l'espace qui est depuis le rez de chaussée jusqu'au premier étage, est divisé en trois parties, il en faudra donner cinq à ³ l'*Echiffre des degrez* pour faire qu'elle ait une longueur convenable: car à proportion de la grandeur des trois parties qui sont depuis ⁴ *le* Scapi scalarum.
B *plancher du premier étage* jusqu'au rez de chaussée, les quatre qui vont depuis la perpendiculaire en se retirant, marqueront l'endroit où doit estre posé le *pié des Echiffres*; ⁵ & par ce moyen les degrez & toutes les choses qui appartiennent aux Escaliers se trouveront estre comme il faut. ⁶ De tout cela on verra cy-aprés la description dans la figure. Summa coaxatio. Scaia scaporum.

de Pythagore, & le texte mesme sans la figure est assez clair.

C

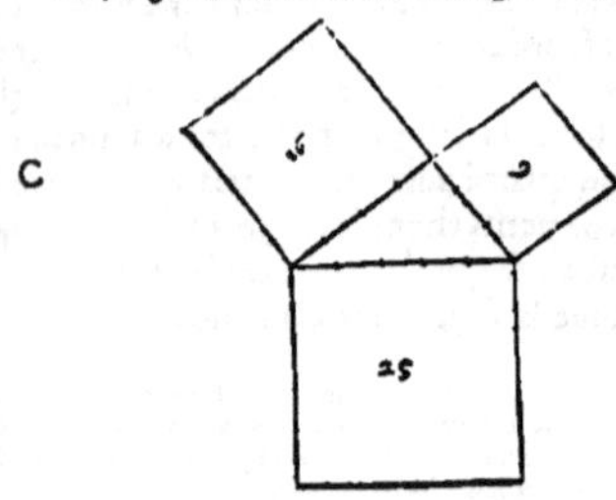

1. LE NOMBRE DES PIEZ QUI SERONT DANS LES AIRES. La 47 proposition du premier livre d'Euclide est que le carré fait sur celuy des costez d'un triangle rectangle qui est sous l'angle droit, est égal aux deux autres carrez qui sont faits sur les deux autres costez: Et cela est vray de tous les triangles re-
D ctangles. Celuy de Pythagore a cela de particulier qu'il est le premier de ceux dont les costez sont comme nombre à nombre.

2. QU'IL LEUR FIT UN SACRIFICE. Ciceron dit que Pythagore avoit de coustume d'immoler un bœuf toutes les fois qu'il trouvoit quelque nouvelle invention de Geometrie; Mais Athenée raporte qu'il en immola cent pour l'invention de la proposition dont il s'agit.

3. L'ECHIFFRE DES DEGREZ. Les degrez des Escaliers ronds sont appuyez en dedans sur un poteau qui est mis droit à plomb & que l'on apelle le noyau: Les degrez des Escaliers qui sont quarrez oblongs & qui ont des rampes droites sont appuyez sur des poteaux inclinez suivant la pente des rampes: Les Charpentiers apellent ces poteaux *les Echiffres*. J'ay cru que Vitruve les a voulu signifier par *Scapi scalarum*: Car je crois avoir
E eu raison de corriger cet endroit en mettant *Scapi scalarum*, au lieu de *Scaia scaporum* qui est dans tous les exemplaires sans aucune raison, parce qu'il est vray de dire que les Escaliers ont des poteaux, & non pas que les poteaux ont des Escaliers.

4. LE PLANCHER DU PREMIER ETAGE. Je traduis ainsi *Summa coaxatio*: On sçait que *Coaxatio* signifie *Axium commissio* & que *Axes* signifient les planches ou ais dont les planchers sont faits. Or *Summa coaxatio* estant opposée icy à *Libramentum imum*, devroit signifier à la lettre le *plus haut plancher*; & pour traduire suivant le sens le plus naturel, au lieu du *plancher du premier etage*, il auroit fallu mettre le premier pallier, parcequ'un Escalier ne conduit pas ordinairement par une seule rampe depuis le rez de chaussée jusqu'à un étage sans estre interrompu par un palier de repos. Mais parcequ'il ne s'agit icy que de la proportion de la hauteur des marches à leur largeur, il est indifferent de prendre la hauteur d'un ou de plusieurs étages, parceque la proportion d'une marche estant establie, elle donne celle de toutes les rampes, n'y ayant point d'autre proportion de la longueur d'une rampe à sa hauteur, que celle de la largeur d'une marche à sa hauteur. J'ay donc interpreté, *A summa coaxatione ad imum libramentum*; *depuis le plancher du premier étage jusqu'au rez de chaussée*, supposant que Vitruve fait son Escalier avec une seule rampe, ce qui ne se peut faire depuis le plus haut plancher jusqu'au rez de chaussée.

5. ET PAR CE MOYEN LES DEGREZ. La proportion des degrez prise sur celle du triangle de Pythagore n'est pas suivie par tout; Nous trouvons en France qu'elle rend les Escaliers trop roides & nous voulons que ce que Vitruve apelle le pié des Echiffres A B, ait du moins le double de ce qu'il apelle la perpendiculaire B C.

6. DE TOUT CELA ON VERRA CY-APRES LA DESCRIPTION DANS LA FIGURE. Bien que le texte soit icy fort obscur, il devient assez clair par le moyen de la figure, car si *l'espace B C, qui est depuis le rez de chaussée B, jusqu'au premier étage C, est divisé en trois parties, il en faudra donner cinq à l'Echiffre*

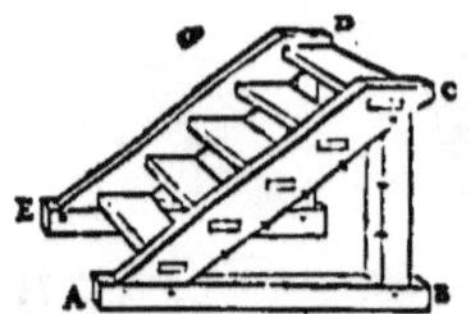

A C, ou D E, pour faire qu'elle ait une longueur convenable: car à proportion de la grandeur des trois parties qui sont depuis le plancher du premier étage C D, jusqu'au rez de chaussée A B E, les quatre qui vont depuis la perpendiculaire C B, en se retirant (vers A) marqueront l'endroit où doit estre posé le pié A B, des echiffres A C, & D E. Ce sont les propres termes du texte.

CHAPITRE III. A

Par quel moyen on peut connoistre certainement s'il y a de l'argent mesle avec de l'or dans un ouvrage.

ENTRE les inventions merveilleuses d'Archimede qui sont en grand nombre, celle dont je vay parler me semble marquer une subtilité d'esprit presqu'incroyable. Lorsqu'Hieron regnoit à Syracuse, ce Prince estant heureusement sorty de quelque affaire d'importance, & ayant à offrir dans un certain Temple une Couronne d'or qu'il avoit voüée aux Dieux, il convint avec un ouvrier d'une grande somme d'argent pour la façon, & luy donna l'or au poids. Cet artisan livra sa besogne au jour qu'il avoit promis au Roy, qui B
la trouva fort bien faite, & la Couronne ayant esté pesée parut estre du poids de l'or qui *
avoit esté donné, [1] mais lorsqu'on éprouva l'or par la pierre de touche, on reconnut que l'ouvrier avoit osté une partie de l'or pour y mettre autant d'argent en la place. Le Roy estant offencé de cette tromperie, & ne pouvant trouver de moyen pour convaincre l'ouvrier du vol qu'il avoit fait, pria Archimede d'en chercher quelqu'un dans son esprit. Un jour qu'Archimede se mettant au bain révoit à cette affaire, il s'apperçut par hazard qu'à mesure qu'il s'enfonçoit dans le bain, l'eau s'en alloit pardessus les bords. Cela luy ayant découvert la raison qu'il cherchoit, sans tarder davantage, la joye le fit promptement sortir du bain, de sorte qu'il s'en alla tout nu courant en sa maison, & se mit à crier qu'il avoit

Je l'ay trouvé.

trouvé ce qu'il cherchoit, disant en Grec *eureca, eureca*. Et l'on raconte qu'en consequence de cette premiere découverte il fit faire deux masses du mesme poids qu'estoit la couronne, C
l'une d'or & l'autre d'argent: qu'il plongea dans un vaisseau plein d'eau la masse d'argent, laquelle à mesure qu'elle s'enfonçoit faisoit sortir autant d'eau qu'elle estoit grande: qu'ensuite l'ayant ostée il remit dans le vaisseau autant d'eau qu'il en estoit sorty, le remplissant jusqu'aux bords comme devant, & qu'ayant mesuré l'eau qui estoit sortie, il connut quelle quantité d'eau répond à une masse d'argent d'un certain poids: qu'aprés cette experience il plongea de mesme la masse d'or dans le vaisseau plein d'eau, & que l'ayant retirée il mesura l'eau comme devant, & trouva que la masse d'or n'avoit pas tant fait sortir d'eau, & que sa quantité estoit d'autant moindre que l'or a moins de volume que l'argent qui est de mesme poids: qu'ensuite il remplit encore le vase & y plongea la Couronne, qui fit sortir plus d'eau que la masse d'or qui estoit de mesme poids n'en avoit fait sortir, & raisonnant sur la quantité de l'eau que la Couronne avoit fait sortir qui estoit plus grande que celle que la D
masse d'or avoit aussi fait sortir, [2] il connut combien il y avoit d'argent meslé parmy l'or, & *
fit voir clairement ce que l'ouvrier en avoit dérobé.

Si nous faisons reflexion sur les pensées ingenieuses d'Architas de Tarente & d'Eratosthenes Cirenéen, nous trouverons qu'ils ont aussi découvert dans les Mathematiques beaucoup de belles choses: or quoy que tout ce qu'ils ont trouvé donne beaucoup de plaisir, c'est neanmoins dans les differentes voyes qu'ils ont tenuës pour resoudre celles-cy qu'ils sont principalement admirables, j'entens parler de l'explication qu'ils ont donnée à l'Oracle qu'Apollon rendit en Delos, lorsqu'il demanda, afin que les habitans de l'isle fussent quittes envers les Dieux, qu'on luy fist un nouvel Autel qui eust une fois autant de piez cubiques que l'ancien en avoit: car Architas le fit par le moyen des *Hemicylindres*, & Eratosthenes par l'invention d'une machine apellée *Mesolabe*. E

Colonnes coupées par la moitié. Qui sert à prendre deux moyennes proportionnelles.

Toutes ces choses n'ayant pû estre découvertes que par des personnes qui avoient de

1. LORSQU'ON EPROUVE L'OR PAR LA PIERRE DE TOUCHE. Je traduis ainsi suivant Philander ces mots, *Postquam indicium est factum*: Car bien que *indicium* signifie simplement la connoissance que l'on a par quelque signe que ce soit, il y a grande aparence que Vitruve entend icy la connoissence que l'on a de la pureté de l'or par la pierre de touche qui à cause de cela est apellée *Index*.

2. IL CONNUT COMBIEN IL Y AVOIT D'ARGENT MESLÉ. Il semble que le texte dise simplement qu'Archimede connut qu'il y avoit de l'argent meslé parmy l'or, *deprehendit argenti in auro mixtionem & manifestum furtum redemptoris*. Mais il est si clair que Vitruve ne sçauroit avoir eu intention que l'on l'entendist ainsi, que je n'ay point fait de difficulté de donner à ma traduction le vray sens du texte. Car il est constant qu'Archimede n'estoit pas en peine de sçavoir s'il y avoit de l'argent meslé avec l'or dans la couronne, puisque la pierre de touche l'avoit déja fait connoistre, & que pour en estre encore plus asseuré, il n'y eust eu qu'à faire voir que l'eau que la Couronne faisoit sortir, estoit en plus grande quantité que celle qu'une masse d'or d'un mesme poids en faisoit aussi sortir, n'estant point necessaire de faire les autres épreuves dont il est icy parlé, comme d'avoir une masse d'argent du poids de la Couronne, s'il ne s'agissoit pas de connoistre precisément quelle quantité d'argent estoit meslée avec l'or.

A tres belles lumieres, & nostre esprit estant naturellement touché quand il considere les ef- CHAP. III.
fets de chaque chose, je ne puis m'empescher d'admirer entre tous les livres, ceux que Democrite a écrits de la Nature, & principalement celuy qu'il a intitulé *Cheirotoneton*, dans lequel il a marqué & cacheté avec son anneau & de la cire rouge toutes les choses qu'il avoit experimentées. Car les ouvrages de ces grands hommes demeurent & seront utiles à jamais non seulement pour la Morale, mais aussi pour plusieurs autres choses d'importance: Au lieu que ce qui peut rendre les Athletes illustres perit en peu de temps avec la force de leur corps, & on peut dire que ny ce qu'ils peuvent faire par eux-mesmes pendant qu'ils sont dans leur plus grande force, ou par ceux qu'ils laissent aprés eux, ny les preceptes qu'ils ont donné de leur art, ne sont point capables d'apporter jamais aucun profit aux hommes, qui soit comparable à celuy que l'on reçoit des inventions des Sçavans.

B Cependant quoy qu'il n'y ait point de coustume ny de loix qui decernent de grands honneurs aux excellens Ecrivains, ils ne laissent pas de s'élever eux-mesmes, & se servant de ce qu'ils se souviennent d'avoir appris des autres, comme de degrez, ils montent, s'il faut ainsi dire, jusque dans le ciel, d'où ils voyent les choses les plus relevées, & les font sçavoir à la posterité par les écrits & par les figures qu'ils en laissent. Car qui est-ce de ceux qui ont quelque teinture des belles lettres qui n'ait l'image d'Ennius gravée dans l'ame, comme si c'estoit celle d'un Dieu? Ceux qui goustent la douceur des vers d'Accius, n'ont-ils pas l'imagination remplie de son portrait que ses écrits y ont depeinte? Et ne pouvons nous pas croire que ceux qui viendront aprés nous prendront un grand plaisir à s'entretenir avec Lucrece des secrets de la Nature comme s'il estoit present, & avec Ciceron de la Rhetorique, ou avec Varron des Proprietez de la langue Latine? Combien y en a-t-il entre les amateurs des
C belles lettres qui confereront avec les Sages de Grece, comme s'ils leur communiquoient leurs plus secrettes pensées, & qui trouveront plus de plaisir & de solidité dans leur conseil & dans les avis qu'ils prendront de ces anciens Philosophes, quoy qu'absens, que s'ils conferoient avec tous ceux de leur temps.

C'est pourquoy, ô Cæsar, me sentant appuyé de l'autorité de ces grands hommes, & estant conduit par leur conseil, j'ay écrit mes sept premiers livres qui sont des Edifices, & le huitiéme qui traite des eaux; dans celuy-cy j'explique ce qui appartient à la Gnomonique, & comment tout cela a esté trouvé par l'ombre que le Gnomon fait au Soleil, & en suite comment il faut élargir & resserrer les lignes que ces ombres doivent décrire.

CHAPITRE IV. CHAP. IV.

D *Des choses qui appartiennent à la Gnomonique lesquelles ont esté trouvées par les rayons du Soleil, & de la description du monde & des Planettes.*

IL y a des choses dans la Gnomonique qui semblent avoir esté inventées par un esprit divin, tant elles paroissent admirables à ceux qui les considerent avec attention, comme de voir que l'ombre [1] d'un Gnomon pendant l'Equinoxe est de differante grandeur à Athenes, en Alexandrie, à Rome, à Plaisance, & en d'autres lieux de la terre, & que par cette raison les Cadrans sont differans quand on change de lieu. Car c'est suivant la grandeur des ombres Equinoctiales que l'on décrit [2] les Analemmes, & ce sont eux qui reglent les heures selon les lieux & l'ombre des Gnomons.

Analemme n'est autre chose qu'une pratique aquise par experience, pour bien tracer le cours du Soleil, [3] selon l'accourcissement qui arrive aux ombres, depuis le Solstice d'Hyver,
E & par laquelle aussi à l'aide du compas conduit avec artifice, l'on décrit tous les effets que cet Astre fait dans le monde.

1. GNOMON. Ce mot signifie *connoisseur* ou *qui fait connoistre*. Il y a deux sortes de *Gnomon*, l'un est le Geometrique, qui est l'Equerre; l'autre est l'Astronomique, qui n'est rien autre chose qu'un style planté perpendiculairement sur un plan.

2. LES ANALEMMES. Ces manieres de Cadrans ne monstroient que la hauteur que le Soleil avoit tous les jours à midy, par la grandeur des ombres du Gnomon, & ils n'estoient pas proprement des horloges, parcequ'ils ne marquoient point les heures, mais seulement les mois & les Signes. Depuis on les joignit aux horloges qui marquoient ensemble & les mois par longueur des ombres, & les heures par leur declinaison.

3. SELON L'ACCOURCISSEMENT QUI ARRIVE AUX OMBRES. Saumaise qui a corrigé ce passage en mettant à *Bruma* au lieu de *à Brumæ* ne l'a corrigé qu'à demy, car il faut aussi au lieu de *crescentis* mettre *decrescentis*, puisqu'il n'est pas vray que les ombres des Gnomons commencent à croistre aprés le Solstice d'Hyver, parce qu'au contraire, c'est le temps où elles commencent à diminuer jusqu'au Solstice d'Esté où elles sont les plus courtes.

CHAP. IV. On entend par le monde tout ce que comprend la nature & mesme le Ciel & les Etoiles. A
Le Ciel est ce qui tourne incessamment au tour de la terre & de la mer sur un Essieu, dont
les extremitez sont comme deux pivots qui le soûtiennent : car en ces deux endroits la
puissance qui gouverne la Nature, a fabriqué & mis ces deux pivots comme deux centres,
dont l'un va de la terre & de la mer rendre au haut du monde auprés des Etoiles du Septentrion, l'autre est à l'opposite sous terre vers le Midy; & au tour de ces pivots comme au tour
de deux centres elle a mis ce que l'on apelle en grec *Poli*, c'est-à-dire [1] de petits moyeux pa- *
reils à ceux d'une roüe, ou de mesme qu'à un tour, sur lesquels le Ciel tourne continuelle- (Essieux.)
ment. D'ailleurs la terre & la mer sont naturellement au milieu pour servir de centre, & ces
choses sont disposées par la nature de telle sorte, que le Pole le plus élevé est vers la
region Septentrionale, & l'autre du costé du Midy est caché sous la terre. De plus entre ces
deux Poles il y a comme une ceinture qui traverse obliquement vers le Midy, & qui est com- B
posée de douze Signes qui sont naturellement representez par la disposition des Etoiles divisées en douze parties égales. Ces Etoiles avec le reste des autres qui luisent au monde, tournant au tour de la terre & de la mer, font leur cours suivant la rondeur du Ciel. Or toutes
ces Etoiles sont necessairement en certain temps tantost visibles, tantost invisibles, parcequ'il y a toujours six des Signes qui tournent dans le Ciel sur l'Horison, & six autres qui
estant sous la terre ne se voyent point. La raison pour laquelle il y a toujours six de ces Signes sur l'Horizon, est qu'autant qu'il y a de caché du dernier Signe qui s'abbaisse sous
la terre par le tournoyement du Ciel qui l'emporte necessairement, il y en a autant à l'opposite, que la mesme necessité du tournoyement fait sortir des lieux où il estoit caché, pour
paroistre à nos yeux.

Les douze Signes qui occupent chacun la douziéme partie du Ciel, ont leur cours perpe- C
tuellement d'Orient en Occident & au dessous d'eux par un contraire mouvement la Lune, Mercure, Venus & le Soleil mesme, ainsi que Mars, Jupiter & Saturne, vont comme s'ils montoient par des degrez du couchant au levant, chacun par un cours particulier
& differant en durée. Car la Lune fait le sien en 28 jours & un peu plus d'une heure,
& fait le tour du Ciel, à prendre du point d'un Signe jusqu'au mesme point, ce qui est
le mois Lunaire. Le Soleil en l'espace d'un mois parcourt un Signe qui est la douziéme
partie du Ciel, & ainsi passant en douze mois par l'intervalle de douze Signes, lorsqu'il est
revenu au point du Signe d'où il estoit party, il a accomply une année : & il ne fait qu'une
fois en douze mois le circuit que la Lune fait treize fois. L'Etoile de Mercure & celle de Venus allant au tour du Soleil qui leur sert de centre, retardent quelquefois, & quelquefois
demeurent en arriere, faisant comme des Stations à cause du tour particulier qu'elles font : D
Ce qui se voit manifestement lorsque l'Etoile de Venus, suivant le Soleil, paroist encore apres
son coucher fort luisante, & est apelée *Vesperugo*; ou lorsqu'elle le precede & se leve de- (l'Etoile du soir.)
vant le jour, auquel cas on la nomme *Lucifer*. De là vient aussi que ces deux Planettes demeu- (l'Etoile du matin.)
rent quelquefois plusieurs jours à parcourir un Signe ; d'autrefois elles passent plus promptement en un autre, & quoyque le temps qu'elles mettent à passer dans chaque Signe, soit
inégal, elles font pourtant toujours leur cours égal, parce qu'autant qu'elles se sont arrestées au commencement en quelques Signes, autant s'avancent-elles apres en d'autres, lorsqu'elles sont délivrées de ce qui les arrestoit. Le cours de l'Etoile de Mercure est tel qu'en
360 jours passant par tous les Signes, elle parvient jusqu'au point d'où elle estoit partie pour
commencer sa course, faisant un égal chemin, de sorte qu'elle est environ trente jours
dans chaque Signe. E

L'Etoile de Venus parcourt l'espace d'un Signe en [2] 30 jours, lorsqu'elle n'est point empé- *
chée par les rayons du Soleil. Que si elle y demeure pendant 40 en s'y arrestant, elle regaigne
ce nombre de jours qu'elle a tardé dans un Signe, & accomplit son cours, retournant au
mesme Signe d'où elle a commencé son chemin, en 485 jours.

Celle de Mars fait son cours en 683 jours ou environ, passant dans tous les Signes & revenant à celuy d'où elle est premierement partie, elle accomplit toujours ce mesme nombre de

1. DE PETITS MOYEUX. Aulugelle dit que outre les cinq cercles ordinaires, sçavoir l'Equinoctial, les deux Tropiques & les deux Polaires, M. Varro en mettoit encore deux autres plus petits qui touchent immediatement l'axe qui les traverse.

2. EN XXX. JOURS. Vitruve a dû entendre plus de 40 jours, parce que le chemin que Venus fait dans les douze Signes n'iroit qu'à 400 jours, supposé que n'estant point empéchée elle ne demeurast que 40 jours dans chaque Signe.

jours,

A jours, parceque si elle a esté plus viste en certains Signes, elle s'arreste en d'autres.

Jupiter va plus lentement par un cours opposé au mouvement commun du Ciel & parcourt chaque Signe en 365 jours ou environ. Il est onze ans & 363 jours, à revenir au Signe dans lequel il estoit douze ans auparavant.

* [1] Saturne est trente & un mois & quelques jours à parcourir un Signe, & se retrouve apres 29 ans & 160 jours au mesme Signe où il estoit trente ans auparavant; le mouvement de cette Planette estant d'autant plus tardif qu'elle est plus proche de l'extremité du Ciel & qu'elle décrit un plus grand cercle.

Quand les Planetes qui font leurs cours au dessus du Soleil font un trine aspect avec luy, elles n'avancent plus, mais elles s'arrestent, ou mesme reculent en arriere jusqu'à ce que le Soleil changeant cet aspect passe en un autre Signe. Il y en a qui croyent que cela se fait, parce
* qu'alors le Soleil estant fort éloigné de ces Planetes, [2] il ne leur communique que peu de lu-
B miere, ce qui fait que n'en ayant pas assez, s'il faut ainsi dire, pour se conduire dans leur chemin qui est fort obscur, elles s'arrestent. Mais je ne puis estre de cette opinion, parce que la lumiere du Soleil s'estend trop visiblement par tout le Ciel, pour laisser croire qu'elle soit
* affoiblie & comme obscurcie par l'éloignement, [3] puisque nous ne laissons pas de la voir, lorsque ces Etoiles sont dans ces retardemens: Car si nostre veuë est assez bonne pour voir la lumiere du Soleil qui est si éloigné; pourra-t'on croire que ces Planetes qui sont des Estres
* divins demeurent dans l'obscurité faute de pouvoir appercevoir cette lumiere? [4] C'est pourquoy j'aimerois mieux dire que la chaleur attire à soy toutes choses; & comme l'on voit que les fruits sont élevez de la terre par la force de la chaleur, & que les vapeurs montent des fontaines jusqu'aux nuées quand il se fait un Arc-en-Ciel, qu'ainsi l'ardeur puissante que le Soleil a lors que ses rayons sont envoyez en triangle, attire à soy les Etoiles qui le sui-
C vent, & arreste celles qui le devancent, & moderant leur course les empesche de s'avancer, en les contraignant de retourner pour rentrer dans le Signe d'un autre triangle. On pourroit demander pourquoy le Soleil par sa chaleur retient plûtost les Planetes qui sont éloignées, comme quand elles sont dans le quatriéme Signe, que celles qui sont dans le second ou dans le troisiéme. Ce que j'ay à dire là-dessus, est qu'il faut supposer que les rayons pour faire la figure d'un triangle Equilateral dans le Ciel, ne peuvent estre ny plus
* ny moins estendus que [5] jusqu'au quatriéme Signe, & que si ces rayons, pour faire leur effet, se répandoient en rond par tout le monde, & qu'il ne fust pas necessaire qu'ils s'estendissent en droite ligne pour former un triangle, il est certain que les corps seroient plus échauffez à mesure qu'ils seroient plus proches du Soleil: ce qu'Euripide Poëte Grec a bien
* remarqué lorsqu'il dit dans la Fable de Phaëton [6] que ce qui est éloigné du Soleil est beau-
D coup plus échauffé, & que ce qui en est proche n'a qu'une chaleur moderée

1. SATURNE EST XXXI MOIS. Si comme Vitruve dit, & comme il est vray, Saturne acheve son cours en 29 ans & 160 jours, il faut qu'il soit dans chaque Signe 29 mois & 26 jours donnant 30 jours à chaque mois; car ce temps qui fait 896 jours multiplié par douze, fait 10752 jours, qui sont le nombre des jours de 29 ans 160 jours. Il faut donc lire XXIX mois & quelques jours, au lieu de XXXI mois; parce qu'il est vraisemblable qu'un copiste à mis l'I apres les trois X, au lieu de le mettre avant le dernier.

2. IL NE LEUR COMMUNIQUE QUE PEU DE LUMIERE. Barbaro examine serieusement ce raisonnement, & témoigne n'estre pas entierement persuadé que la raison qui fait que les Planetes retardent leur cours quand elles sont retrogrades, se doive prendre de l'incertitude où elles sont du chemin qu'elles doivent tenir à cause de l'obscurité de l'endroit par où elles pas-
E sent lorsqu'elles sont éloignées du Soleil: Mais il ne s'explique point sur les raisons qu'il a de ne demeurer pas d'accord de cette Theorie, & il ne dit point si ce qui le fait douter, est le peu d'apparence qu'il y a que les Planetes les plus éloignées comme Saturne & Jupiter ne soient pas suffisamment éclairées dans leur chemin, par la raison que ces Astres estant des estres divins doivent avoir la veuë pour le moins aussi bonne que nous qui sommes suffisamment eclairez en nostre chemin par la lumiere du Soleil quelque éloigné qu'il soit de nous.

3. PUISQUE NOUS NE LAISSONS PAS DE LA VOIR. Je lis *ut etiam nobis appareat*, au lieu de *ut etiam nobis apparet*, ainsi qu'il y a dans tous les Exemplaires.

4. C'EST POURQUOY J'AIMEROIS MIEUX DIRE. Cette opinion de Vitruve sur la station ou retrogradation des Planetes est raportée par Pline qui en parle comme en estant le premier Auteur, & il l'explique ainsi. *Stellæ solis radio percussæ inhibentur rectum agere cursum, & ignea vi levantur in sublime.*

5. JUSQU'AU QUATRIE'ME SIGNE. J'ay crû qu'il falloit lire jusqu'au quatriéme, bien qu'il y ait *ad quintum* dans le texte: Ma raison est que dans la doctrine des aspects des Planetes le Sextil est par l'éloignement de deux Signes, le Quadrat par celuy de trois, & le Trine par celuy de quatre, de mesme que l'opposition est par celuy de six: Et il y a apparence que dans le premier Exemplaire le nombre quatre estoit marqué I V, & que le caractere I, ayant esté effacé, on a écrit *ad quintum* au lieu de *ad IV* qu'il y avoit dans l'original. Et on ne peut pas dire que parce que le point qui termine le quatriéme Signe est le commencement du cinquiéme, Vitruve a entendu que le Soleil est au cinquiéme Signe quand il a achevé le quatriéme: Car ce qui est dit icy du cinquiéme Signe est pour répondre à ce qui a esté demandé un peu devant; sçavoir pourquoy le Soleil par sa chaleur retient plustost les Planetes qui sont dans le Signe dont il s'agit que celles qui sont dans le second ou dans le troisiéme: Car il est évident que le second & le troisiéme Signe qui sont comparez à celuy dont il s'agit, sont apellez comme les Signes où se font les autres aspects: Or ayant esté dit que l'aspect trine se fait au cinquiéme Signe, parce que le Soleil l'a atteint, il faudroit dire aussi que les autres aspects sont faits au troisiéme & au quatriéme Signe, & non au second & au troisiéme.

6. QUE CE QUI EST ESLOIGNE' DU SOLEIL EN EST BEAUCOUP PLUS ECHAUFFE'. L'opinion que l'on peut avoir que le Soleil échauffe d'avantage les corps qui sont éloi-

De loin sa chaleur est brûlante
De prés elle est moins violente, A

De sorte que la raison, confirmée par le témoignage de cet ancien Poëte, semble devoir faire juger que la chose est telle que je l'ay expliquee cy-dessus.

La Planete de Jupiter, qui fait son cours entre Mars & Saturne, le fait plus grand que Mars & moins grand que Saturne : & ainsi generalement les autres Etoiles, plus elles sont éloignées du dernier Ciel & proches de la terre, moins elles semblent employer de temps à achever leur cours : parce que celles qui font leur cours dans un plus petit cercle, devancent & passent par plusieurs fois dessous celles qui sont plus hautes. Car de mesme que si sur une roüe de Potier il y avoit sept fourmis dans autant de Canaux creusez autour du centre de la roüe, & tous plus grands l'un que l'autre, en sorte que les fourmis fussent contraintes de marcher en rond, pendant que la roüe va d'un mouvement contraire à B celuy des fourmis, il est certain qu'elles ne laisseroient pas nonobstant le mouvement contraire de la roüe, de poursuivre leur chemin, & que celle qui marcheroit le plus prés du centre de la roüe, auroit bien plustost achevé son tour que celle qui va dans le dernier canal, quoy que l'une marchast aussi viste que l'autre ; parceque l'une a un bien plus grand cercle à parcourir que l'autre: Tout de mesme les Astres qui vont contre le cours universel du Ciel, font chacun leur circuit particulier, mais ce cours universel qui s'acheve en un jour, les raporte inégalement vers le lieu d'où ils viennent.

Or il y a des Etoiles temperées, d'autres sont chaudes, d'autres froides, & cela vient de ce que tout feu pousse sa flame en haut. [1] C'est par cette raison que le Soleil enflame & brûle par ses rayons tout cet espace apellé *Æther* qu'il a au dessus de soy, & que l'Etoile de Mars qui passe par là, est fort ardente ; au lieu que celle de Saturne qui est plus éloignée C & qui touche les extremitez du Ciel qui sont gelées, est extremement froide, & que Jupiter qui marche entre l'un & l'autre, estant également éloigné de ces deux causes de la chaleur & du froid, ne produit que des effets mediocres.

Apres avoir icy exposé tout ce qui m'a esté enseigné par mes Maistres touchant le cercle des douze Signes, les sept Planettes, la diversité de leur puissance & de leur mouvement, & par quelles raisons & selon quels nombres en passant d'un Signe en un autre, elles achevent leurs cours; je diray maintenant comment la lumiere de la Lune croist & decroist ainsi que je l'ay appris des anciens.

Berose qui est venu du païs des Chaldéens en Asie & qui y a enseigné cette Science, dit que la Lune est une boule dont une moitié est éclatante de lumiere, & l'autre est de couleur bleuë: Que cela luy arrive lorsque faisant son cours elle se rencontre sous le Globe du So- D leil, parcequ'alors elle s'enflamme par l'ardeur de ses rayons & devient éclatante par la proprieté qu'elle a de concevoir de la lumiere par une autre lumiere : Qu'estant attirée au droit du Soleil, cette partie éclatante est tournée vers le haut, & l'autre qui ne l'est pas, n'est point visible, parcequ'elle est semblable à l'air, & ainsi estant perpendiculairement sous le Soleil, toute la lumiere est retenuë au dessus; & qu'en cet état elle est apellée premiere *Lune*: Que lorsque passant plus outre vers l'Orient, elle n'est plus si fortement attirée par le Soleil, l'extremité de sa partie éclatante se laisse voir à la terre comme une petite ligne de lumiere, auquel temps elle est apellée seconde Lune; & que quelques jours aprés estant plus éloignée, elle est apellée troisiéme & enfin quatriéme Lune: Qu'au septiéme jour le Soleil estant vers l'Occident, & la Lune entre l'Orient & l'Occident, c'est-à-dire au milieu du Ciel, elle tourne vers la terre la moitié de sa partie éclatante, parcequ'elle est éloi- E gnée du Soleil de la moitié du Ciel: mais que lorsqu'il y a entre le Soleil & la Lune tout le plus grand espace du Ciel; & qu'elle a passé à l'Occident lorsque le Soleil regarde l'Orient; alors à cause qu'elle est éloignée du Soleil autant qu'elle le peut estre, elle fait voir sa partie brûlante toute entiere, ce qui arrive le quatorziéme jour ; & qu'ensuite dimi-

grez, est fondée sur ce que la moyenne region de l'air qui est plus proche du Soleil, nous paroist plus froide que la basse qui en est plus éloignée: mais la consequence que l'on tire de cette experience, est fausse, parce que la moyenne region n'est pas froide, à cause de la foiblesse de la chaleur du Soleil, mais parce que les corps qui sont en cet endroit, sont moins capables de recevoir l'impression de ses rayons faute de l'opacité qui est necessaire pour cela, & qui arrestant les rayons du Soleil, est cause de la chaleur que le Soleil ne produit point dans les corps transparens où ses rayons ne sont point arrestez.

1. ET C'EST PAR CETTE RAISON QUE LE SOLEIL ENFLAME. Cette raison s'accorde mal avec ce qui a esté dit cy-devant, sçavoir, que le Soleil échauffe davantage les corps qui sont éloignez de luy.

A nuant de jour en jour, elle accomplit le mois Lunaire en s'approchant & se reculant du Soleil. CHAP. IV.

Le Mathematicien Aristarque qui estoit natif de Samos a une autre opinion qu'il fonde sur des raisons tres-fortes tirées de la connoissance qu'il avoit de plusieurs sciences ; & voicy quel est son sentiment. Il tient que c'est une chose evidente que la Lune n'a point de lumiere d'elle mesme, mais qu'elle est comme un miroir qui reçoit celle du Soleil : car la Lune qui est celle des sept Planettes qui fait son cours plus pres de la terre & en moins de temps, passant chaque mois sous le Soleil, il arrive que le premier jour avant qu'elle s'en soit separée elle paroist obscurcie, & parcequ'elle est conjointe au Soleil, [1] il n'y a que la partie qui regarde le Soleil qui soit éclairée : en cet état elle est apellée nouvelle. Le jour d'aprés, qui est le second, passant plus avant, & s'éloignant un peu du Soleil, elle laisse voir une petite partie de B l'extremité de sa rondeur. Le troisiéme jour qu'elle s'éloigne un peu davantage, cette lumiere commence à croistre, & ainsi s'éloignant tous les jours, lorsqu'au septiéme, quand le Soleil se couche, elle en est éloignée environ de la moitié du Ciel, elle ne fait voir que la moitié de sa partie éclairée. Le quatorziéme lorsqu'elle luy est diametralement opposée, elle est pleine, & elle se leve lorsque le Soleil se couche, parceque tout l'espace du Ciel est entre-deux, [2] & qu'elle renvoye toute la splendeur qu'elle reçoit du Soleil. Le dix-septiéme lorsque le Soleil se leve elle est proche du couchant. Le vingt & uniéme le Soleil estant levé, la Lune est environ au milieu du Ciel, & la partie qui regarde le Soleil est illuminée, le reste ne paroissant point : & ainsi continuant sa course elle se trouve le vingt-huitiéme sous le Soleil, & alors elle acheve le mois.

Il me reste à expliquer comment le Soleil passant chaque mois dans un Signe augmente C ou diminuë & les jours & les heures.

1. IL N'Y A QUE LA PARTIE QUI REGARDE LE SOLEIL. J'ay remis icy en sa place une ligne que je croy avoir esté transposée : Car il y a dans tous les Exemplaires. *Itaque quot mensibus*, (c'est-à-dire, *singulis mensibus*) *sub rotam solis radiosque primo die antequam praeterit latens obscuratur, & quoniam est cum Sole, nova vocatur, &c. Quotidie verò discedens cum pervenit ad diem septimum, distans à Sole occidente, circiter medias cœli regiones dimidia lucet, & ejus quae ad solem pars spectat ea est illuminata.* Or ces mots *& ejus quae ad Solem pars spectat ea est illuminata*, ne sont point en leur place & ne signifient rien : C'est pourquoy je les ay mis ainsi en leur ordre. *Itaque quot mensibus sub rotam radiosque primo die antequam praeterit latens obscuratur, & ejus quae ad Solem pars spectat, ea (tantum) est illuminata ; & quoniam est* D *cum Sole, &c.*

2. ET QU'ELLE RENVOYE TOUTE LA SPLENDEUR. Ce texte n'a point de sens dans tous les Exemplaires où il y a que quand la Lune est pleine, *totius orbis Solis in se recipit splendorem* : Car il est toujours vray qu'en quelque estat que soit la Lune, elle reçoit toujours la lumiere du Soleil d'une mesme maniere : mais elle ne renvoye vers la terre toute la lumiere qu'elle reçoit du Soleil, que lorsqu'elle est pleine. C'est pourquoy j'ay crû qu'il faut lire, *totius orbis à se rejicit splendorem* : Car bien qu'en tout temps la Lune rejette absolument toute la lumiere du Soleil, de mesme qu'elle la reçoit toujours toute entiere ; il est pourtant vray qu'il ne s'agit icy que de ce que la Lune fait à l'égard de la terre, sur laquelle elle renvoye tantost plus tantost moins de cette lumiere, quoy qu'elle la reçoive toujours également.

CHAPITRE V. CHAP. V.

Du cours que le Soleil fait dans les douze Signes du Zodiaque.

LORSQUE le Soleil a passé jusqu'à [1] la huitiéme partie du Signe du Belier, il fait l'Equinoxe du Printemps : & alors [2] passant la queuë du Taureau, & ensuite s'avançant vers les Pleïades, au delà desquelles paroist la moitié de devant du Taureau, il s'avance jusqu'au delà de [3] la moitié du Ciel en tirant vers le Septentrion. Sortant du Taureau pour entrer aux Gemeaux au lever des Pleïades [4] il s'éleve davantage sur la terre, & les jours croissent E de plus en plus. Alors s'avançant encore depuis les Gemeaux jusqu'à l'Ecrevisse, qui est celuy des Signes qui occupe le moins d'espace, lorsqu'il est parvenu à sa huitiéme partie, il marque le Solstice d'Esté, & continuant son cours il va jusqu'à la teste & jusqu'à la poi-

1. JUSQU'A LA HUITIESME PARTIE DU SIGNE DU BELIER. Columelle aporte la raison pour laquelle les Solstices & les Equinoxes parmy les anciens n'estoient pas au commencement des Signes, mais à leur huitiéme partie, sçavoir que cela se faisoit ainsi, parce que l'on suivoit les Festes qui avoient esté mises vers ce temps-là de l'année où Eudoxus, Meton & les autres anciens Astronomes avoient crû qu'estoient les points des Equinoxes & des Solstices ; quoy que dans la verité ils soient au commencement des Signes ainsi qu'Hipparchus l'a enseigné depuis.

2. PASSANT LA QUEUË DU TAUREAU. Pline met les Pleïades dans la queüe du Taureau, ce qui est contre l'usage des Astronomes qui n'attribuent les Etoiles de la constellation du Taureau qu'à la moitié de devant : car quand mesme on entendroit par la queüe du Taureau l'extremité de la constellation, il n'est point vray que les Pleïades soient dans cette extremité : mais entre cette extremité & la teste, ainsi que Vitruve le dit.

3. LA MOITIE' DU CIEL. C'est-à-dire le Cercle Equinoctial qui divise le Ciel en deux parties égales.

4. IL S'ELEVE DAVANTAGE SUR LA TERRE. C'est-à-dire qu'à midy il est plus éloigné de l'Horizon.

CHAP. V. trine du Lion, qui sont des parties attribuées à l'Ecrevisse. Depuis la poitrine du Lion & les extremitez de l'Ecrevisse achevant de passer le Lion, il diminuë les jours en diminuant les arcs qu'il fait sur l'Horison, & revient à faire les jours égaux à ceux qu'il faisoit dans les Gemeaux. Ensuite passant du Lion dans la Vierge, & s'avançant jusqu'au reply qui pend de son vestement, il rend encore les arcs qu'il fait sur l'Horison plus petits, & les jours sont pareils à ceux qu'il faisoit estant dans le Taureau. De là passant par le reply du vestement de la Vierge qui occupe le commencement des Balances, & arrivant au huitiéme degré de la Balance, il marque l'Equinoxe d'Automne, faisant des arcs égaux à ceux qu'il faisoit estant dans le signe du Belier. Aprés cela entrant dans le Scorpion lorsque les Pleïades se couchent, il diminuë les jours en s'approchant des parties Meridionales, & il les rend encore plus petits quand sortant du Scorpion il touche aux cuisses du Sagittaire : Mais lorsqu'ayant commencé aux cuisses du Sagittaire, qui est une partie du Ciel qui appartient aussi au Capricorne, il occupe sa huitiéme partie, il parcourt l'espace du Ciel qui est le plus petit. Et c'est de cette brieveté des jours que *Bruma* est apellée. Apres estre passé du Capricorne dans le Verseau, il fait croistre les jours, les rendant égaux à ceux du Sagittaire. Du Verseau entrant aux Poissons, qui est au temps que le vent Favonius souffle, il égale les jours à ceux du Scorpion.

Ainsi le Soleil allonge ou accourcit les jours & les heures en passant par les signes en des temps differens. Il reste à parler des autres constellations qui sont à droit & à gauche du Zodiaque, & qui sont placées & representées aux regions Meridionales ou Septentrionales du Ciel.

CHAP. VI.

CHAPITRE VI.

Des [1] Constellations qui sont au costé du Zodiaque qui est vers le Septentrion.

Ourse. Tournoyante. LA Constellation apellée des Grecs *Arctos & Helice*, qui est située au Septentrion, a son Gardien prés de soy, non loin duquel est la Vierge, qui a en son épaule droite une *Qui devance les vendanges.* étoille fort luisante, que les Latins apellent *Provindemiam*, & les anciens Grecs *Protrygeton* : [2] mais celle qui est dans l'Epi est encore plus éclatante. Il y a à l'opposite une Etoile *La queuë de l'Ourse.* qui est au milieu des genoux du Gardien de l'Ourse apellé [3] *Arcturus*; & non loin de là, au droit de la teste de l'Ourse, le long des piez des Gemeaux, est le Chartier, dont les piez sont au dessus de la corne gauche du Taureau. Cette constellation a une Etoile que l'on nomme la main du Chartier : les Chevreaux & la Chevre sont en son épaule gauche. Au dessus des signes du Belier & du Taureau est scituée la constellation de Persée, dont les étoiles qui sont à droit passent au dessus des Pleïades, & celles qui sont à gauche, au dessus de la teste du Belier. Persée s'appuye de sa main droite sur Cassiopée, tenant de la gauche, qui est au dessus du Chartier, la teste de Gorgone par le sommet, & la posant sous les piez d'Andromede. Les Poissons sont prés d'Andromede, le long de son ventre & du dos du Cheval, au ventre duquel il y a vers l'extremité une étoile fort luisante, qui est aussi l'extremité de la teste d'Andromede. La main droite d'Andromede est au dessus de la constellation de Cassiopée, & la gauche sur le Poisson Septentrional. Le Verseau est au dessous de la teste du Cheval, [4] dont les piez touchent les ailes du Cygne. [5] Cassiopée est au milieu; & le Capricorne a dessus soy l'Aigle & le Daufin, qui leur sont dediez : le long de ces constellations

1. DES CONSTELLATIONS. Je traduis *Sydus* une Constellation, qui est l'amas de plusieurs Etoiles, suivant l'etymologie de *Synodreın* qui signifie marcher ensemble. Les Anciens selon Suidas faisoient cette mesme distinction entre *Aster* qui signifioit une seule Etoile, & *Astron* qui signifioit un signe composé de plusieurs Etoiles.

2. MAIS CELLE QUI EST DANS L'EPI. Je corrige cet endroit apres Philander en lisant *Spica* au lieu de *Species*. Il y a une infinité d'autres fautes dans la description de toutes ces constellations, qu'il faut suppleer par la connoissance que l'on a de la chose qui est claire & certaine de soy.

3. ARCTURUS. Je croy qu'il faut lire *Arctophylax* au lieu d'*Arcturus*; parcequ'*Arcturus* est une Etoille de la constellation apellée *Arctophylax*, qui est proprement le Gardien de l'Ourse apellé autrement *Bootes*. Or l'Etoile *Arcturus* qui signifie la queuë de l'Ourse, est ainsi apellée à cause qu'elle est fort proche de la queuë de l'Ourse.

4. DONT LES PIEZ TOUCHENT LES AILES DU CYGNE. Il y auroit contradiction au texte si l'on ne le corrigeoit, & si au lieu de *Equi ungula attingunt Aquarii genua*, on ne lisoit *Equi ungula attingunt Avis pennas* : Car il est dit ensuite que les piez du cheval sont sous la queüe du Cygne. Cette correction est encore de Philander.

5. CASSIOPEE EST AU MILIEU. Pour traduire le texte en l'estat qu'il est, il faudroit dire que l'Etoile du milieu de Cassiopée est dediée au Capricorne, ce qui n'est point vray car le Capricorne est fort éloigné de Cassiopée : C'est pourquoy j'ay crû qu'il falloit changer la ponctuation, & au lieu de *Cassiopea media, est dedicata Capricorno, supra in altitudine Aquila & Delphinus*, j'ay pensé qu'il faut lire *Cassiopea media est: (scilicet Cephei & Andromeda) dedicata (sup. est) Capricorno supra in altitudine Aquila, (sicut) & Delphinus*, parce que l'Aigle & le Daufin sont au dessus du Capricorne.

la fleche

A la fleche est étenduë, prés de laquelle le Cygne est placé, dont l'aile droite touche la main & le sceptre de Cephée; l'aigle gauche s'étend sur Cassiopée & sous sa queuë les piez du Cheval sont cachez. Le Serpent est au dessus du Sagittaire, du Scorpion & des Balances; & il touche du bout de sa teste à la Couronne. Le Serpentaire tient en ses mains le Serpent par le milieu, & pose le pié gauche sur la teste du Scorpion. Non loin de la teste du Serpentaire, * est celuy que l'on apelle [1] l'Agenoüillé; & il est fort aisé de connoistre les deux sommets des testes de ces signes, parce que les étoilles qui les forment ne sont pas obscures. Le pié de l'A- * genoüillé s'appuye sur la teste du Serpent qui est entre les Ourses que l'on apelle [2] *Septen-* * *triones*. Le Dauphin se courbe [3] au droit de la teste du petit Cheval; la Lyre est posée contre * le bec du Cygne; & [4] la Couronne est placée entre l'épaule du Gardien de l'Ourse, & celle de l'Agenoüillé.

Sept trions.

B Les deux Ourses sont placées dans le cercle Arctique, en sorte qu'elles se touchent par le dos, ayant le ventre tourné, l'une d'un costé & l'autre de l'autre. La petite est apellée par les Grecs *Cynosura*, & la grande *Helice*. Leurs testes sont opposées, & leurs queuës s'éloignent aussi: car chaque teste passant outre de chaque costé est au droit de chaque queuë.

Queuë de chien tournoyante.

Parmy les étoilles du Serpent, qui s'étend fort loin, il y en a une nommée Polaire, qui est * celle que l'on voit fort lumineuse auprés de [5] la teste de la grande Ourse: car une partie du Serpent, qui est proche le Dragon, tourne au tour de sa teste; & une autre autour de celle de la petite Ourse, & s'étend encore le long de ses piez, & ses replis se reflechissent depuis la teste de la petite Ourse jusqu'à la grande, proche de son museau & de sa temple droite. Les piez de Cephée sont au dessus de la queuë de la petite Ourse, & non loin de là, au dessus du Belier, se voyent les étoilles qui composent un triangle qui a deux costez égaux. Il C y a de plus beaucoup d'étoilles de la petite Ourse & de Cassiopée qui sont meslées confusément ensemble.

Aprés avoir parlé des Etoiles qui sont en la partie droite de l'Orient entre le Zodiaque & les Etoiles Septentrionales, il me reste à traitter de celles qui sont à la partie gauche de l'Orient, & aux regions Meridionales.

1. L'AGENOÜILLÉ. Higynus dit qu'Hercule est appuyé sur le genou droit, & qu'il a le pié gauche sur la teste du serpent.

2. SEPTENTRIONES. Selon Varron *Triones* signifie des bœufs, *quasi teriones à terendo*: mais on n'en compte que trois, parce que les quatre autres Etoiles font le Chariot. D'autres entendent par *Triones* des triangles: mais ce n'est point une chose particuliere aux Etoiles de la grande Ourse de pouvoir faire des triangles.

3. AU DROIT DE LA TESTE DU PETIT CHEVAL. *Parvò per eus flectitur Delphinus*. Philander lit. *Parvi Equi per os flectitur Delphinus*.

4. LA COURONNE EST PLACÉE ENTRE L'EPAULE. Tous les Exemplaires ont *Inter humeros custodis & geniculati corona est ornata*, je lis *ordinata*.

5. LA TESTE DE LA GRANDE OURSE. Je traduis ainsi *caput majoris Septentrionis*.

D

CHAPITRE VII.

Des Constellations qui sont à costé du Zodiaque vers le Midy.

PREMIEREMENT le Poisson Meridional est posé sous le Capricorne, & la queuë est * tournée [1] vers le Sagittaire: Delà il y a un lieu vuide jusqu'au Sagittaire. L'Autel où l'on brûle l'encens est au dessous de l'éguillon du Scorpion. Proche la Balance & le Scor- * pion se voyent les parties anterieures du Centaure [2] qui tient en ses mains cette constellation que les Astronomes apellent la Beste. Proche de la Vierge, du Lyon & de l'Ecrevisse, le Serpent étend une bande d'étoiles, & par les replis qu'il fait il entoure la region de l'Ecrevisse, E & éleve sa teste vers le Lion, soûtenant la Tasse sur le milieu de son corps, & étendant sous la main de la Vierge sa queuë sur laquelle est le Corbeau. [3] Les Etoiles qui sont sur ses épaules * sont également luisantes. Le Centaure est placé au droit de la courbure du ventre du Serpent;

1. VERS LE SAGITTAIRE. Il y a dans le texte, *Caudâ prospiciens Cepheam*. Philander lit *Cetum* au lieu de *Cepheam*, parce que Céphée est trop loin du poisson Meridional: mais il n'est point vray non plus que la queuë du poisson Meridional soit tournée vers la Balene, car c'est sa teste, & la queuë est tournée vers le Sagittaire, qui est le Centaure Chiron: C'est pourquoy puisqu'il s'agit de mettre un mot au lieu de *Cepheam*, j'ay mieux aimé lire *Centaurum* que *Cetum*.

2. QUI TIENT EN SES MAINS. Je corrige cet endroit qui n'a aucun sens, & au lieu de *Centauri priores partes proxima sunt libra & Scorpionem tenent in manibus Simulachrum id &c.* Je lis *Centauri priores partes proxima sunt libra & Scorpioni, tenent (scilicet priores hæ Centauri partes) in manibus Simulachrum id &c.* Il faut remarquer qu'il y a deux Centaures dans le Ciel, sçavoir le Sagittaire dont il vient d'estre parlé, & l'autre Centaure qui porte le Loup.

3. LES ETOILES QUI SONT SUR SES EPAULES. Il n'est pas aisé de deviner quelles sont les épaules dont Vitruve entend parler, car il n'y a point d'étoiles luisantes aux épaules de la Vierge, qui semblent neanmoins devoir estre celles dont il s'agit dans le texte.

Yyy

CHAP. VII. & au dessus de sa queuë auprés de la Tasse & du Lion, est le Navire nommé Argo, dont la prouë est obscure, mais le mas & les parties qui sont vers le Gouvernail sont plus apparentes. Le Chien est joint par le bout de sa queuë avec le Navire. Le petit Chien qui suit les Gemeaux, est auprés de la teste du Serpent; & le grand Chien suit le petit. Orion est en travers [1] sous le Taureau qui le foule d'un pié. Il tient en sa main gauche une massuë, [2] qu'il leve vers les Gemeaux: [3] il a sous luy comme pour base [4] le Lievre, qui est suivy de prés par le Chien. La Baleine est sous le Belier & sous les Poissons. Il sort de sa creste une suite d'Etoiles rangées par ordre, laquelle est apellée en Grec [5] *Hermedone*; & aprés s'estre étenduë assez loin, elle vient depuis [6] les Poissons se serrer en un nœud au haut de la creste de la Baleine. L'Eridan est comme un flux d'Etoiles, qui a sa source sous le pié gauche d'Orion. L'Eau qui est versée par Aquarius, passe entre la teste du Poisson Meridional & la queuë de la Baleine.

Les delices de Mercure.

J'ay parlé icy des Constellations dont les figures ont esté formées dans le Ciel par l'esprit Divin qui est auteur de la Nature, ainsi que le Philosophe Democrite les a dessignées: j'entens seulement celles qui se levent & se couchent en nostre Horison. Car tout de mesme que celles qui sont au Septentrion, & qui faisant leur cours au tour du Pole septentrional, ne se couchent point, & ne passent jamais sous la terre: ainsi il y en a d'autres sous la terre, qui tournent aussi autour du Pole Meridional, demeurans toujours cachées sans se lever sur la terre; ce qui fait que l'on ne sçait point quelle est leur figure; comme il se prouve par l'Etoile apellée *Canopus*, que nous ne connoissons que par le rapport des marchans qui ont voyagé dans les extremitez de l'Egypte, & jusqu'aux terres qui sont au bout du monde.

Nom du Pilote de Menelaus.

J'ay enseigné exactement quel est le cours des Astres autour de la terre, & quels sont les douze signes du Zodiaque, avec la disposition des Etoiles qui sont vers le Septentrion & vers le Midy, parce que la construction des Analemmes dépend de ce tournoyement du monde, du cours que le Soleil fait dans les Signes du Zodiaque par un mouvement contraire, & des ombres Equinoctiales des Gnomons. Car pour ce qui est du reste, sçavoir quelle est la puissance des douze signes, quelle est celle du Soleil, de la Lune, & des cinq autres Planettes sur la vie des hommes, il s'en faut rapporter à l'Astrologie & aux Chaldéens, qui possedent particulierement cette science *Genethliologique*, qui rend raison pourquoy l'on peut sçavoir par les astres le passé & l'avenir: car les inventions qu'ils nous ont laissées par écrit, font voir quel a esté le sçavoir & l'esprit des grands personnages qui sont sortis de cette nation des Chaldéens; entre lesquels Berose a esté le premier, qui estant venu en l'Isle de Co y enseigna cette science, en laquelle Antipater & ensuite Achinapolus ayant étudié, ont montré que la Genethliologie doit estre fondée plustost sur la conception que sur la naissance.

Qui raisonne sur les naissances.

A l'égard de la connoissance des choses naturelles, des puissances qui gouvernent la Nature, & des causes qui produisent tous les effets qui se voyent au monde, Thales Milesien, Anaxagore Clazomenien, Pythagore Samien, Xenophante Colophonien, & Democrite Abderitain ont laissé par écrit tout ce qu'ils ont inventé: Et suivant leurs opinions Eudoxus, [7] Euchæmon, Calippus, Meto, Philippus, Hipparchus, Aratus, & les autres Astrologues, à l'aide de [8] *la Parapegmatique* ont fait des observations plus exactes qu'ils ont laissées

L'usage des instrumens qui servent aux observations Astronomiques.

1. Sous le Taureau. J'ay suivi la correction de Philander, qui lit *pressus ungula Tauri*, au lieu de *Centauri*, parce que le Centaure est bien loin de là.

2. Qu'il leve vers les Gemeaux. Je corrige le texte & je lis, *& eam ad Geminos tollens*, au lieu de *Alteram ad Geminos tollens*, parce que la verité est qu'Orion leve vers les Gemeaux sa massuë qu'il tient de sa main gauche & non pas de l'autre main.

3. Il a sous luy. J'ay suivy la correction de Philander qui au lieu de *caput ejus basim, &c. Lepus*, lit *apud ejus basim, &c. Lepus*, c'est à dire, *le Lievre est à l'endroit de sa base*, pour dire *le Lievre luy sert de base*.

4. Le Lievre qui est suivy de prés par le chien. Il faut entendre que Vitruve veut dire le contraire de ce qu'il dit, car il dit que le chien sert de base à Orion; ce qui n'est point vray, parce que c'est le lievre & non pas le chien qui est sous les piez d'Orion; De sorte qu'au lieu de *canis parvo intervallo insequens leporem*; je croirois qu'il faudroit lire, *cani parvo intervallo assidens lepus*, parce qu'outre que le chien n'est point sous Orion, il n'a aussi jamais esté representé dans les Globes comme suivant le lievre, mais assis auprés du lievre.

5. Hermedone. C'est avec raison que Philander dit que ce mot qui signifie les delices de Mercure n'appartient point au sujet. Baldus croit qu'il faut lire *Harmodone*, c'est à dire un nœud, qui est la jonction & l'assemblage des liens qui attachent les poissons.

6. Les poissons. Il y a *Serpentium* dans le texte au lieu de *Piscium*, que Philander a corrigé.

7. Euchæmon. Turnebe corrige cet endroit, & au lieu de *Eudæmon*, *Callistus*, *Meto* qui sont dans les exemplaires imprimez, il dit *Euchæmon*, *Calippus*, *Meto* qui sont les noms des illustres Astronomes dont Ptolomée fait mention.

8. La Parapegmatique. J'ay traduit à la marge *Parapegmata*, *l'usage des instrumens qui servent aux observations Astronomiques*, suivant l'opinion commune & contre le sentiment de Saumaise qui croit que *Parapegma* en cet endroit signifie une table d'ai- [illegible] laquelle estoit gravée la figure du Ciel, le lever & le cou-

A à la posterité sur le lever & sur le coucher des Etoiles, & sur les saisons de l'année. Ces sciences à la verité meritent d'estre admirées dans les écrits de ces grands personnages, qui ont CHAP. VII.
1 tellement travaille, que [1] les predictions qu'ils ont faites des changemens du temps ont paru venir d'une connoissance plus qu'humaine. Et c'est pourquoy il est raisonnable de s'en rapporter à eux aprés la peine & le soin qu'ils ont pris à examiner toutes ces choses.

cher des Etoiles, & les saisons de l'année. De sorte que *Parapegma* selon Saumaise est l'effet & la production de la science mesme qui a esté trouvée par les moyens qui sont apellez *Parapegmata* par ceux qui suivent l'opinion vulgaire. Mais cette opinion vulgaire me semble estre plus conforme au texte, parce qu'il est dit que les Astronomes ont trouvé la science des Astres par la Parapegmatique, *Siderum occasus & ortus parapegmatum disciplina*
B *invenerunt*. Or *Parapegma* est un mot grec qui signifie en general une chose cloüée & fichée quelque part, comme sont les lames d'atain dans lesquelles les loix, les declarations des Princes, & les bornes des heritages estoient gravées, & que la langue Françoise exprime par le mot d'affiche. Mais il signifie aussi l'assemblage de plusieurs pieces; ce qui convient bien aux instrumens de Mathematique, qui servent aux Observations Astronomiques.

1. LES PREDICTIONS QU'ILS ONT FAITES. L'Argument de Vitruve est bon quant à la forme, mais la principale des propositions est fausse, qui est que les Astrologues predisent le changement des Saisons, & l'on peut par le mesme raisonnement conclure fort bien que les predictions que les Astrologues font du changement du temps, estant fausses, comme elles sont, celles qu'ils font de la fortune des hommes le doivent estre encore davantage; parce que la raison du peu de succez de leurs predictions en ce qui regarde la fortune des hommes qui est la liberté de leur volonté, manque à l'égard des Elemens qui n'ayant rien qui resiste aux impressions des Astres, ne devroient jamais manquer de faire paroistre les effets de ces impressions conformes aux predictions des Astrologues, si ces Philosophes avoient la connoissance des causes de ces impressions.

CHAPITRE VIII. CHA. VIII.

De la maniere de faire les Cadrans au Soleil, & des ombres des Gnomons au temps des Equinoxes à Rome & en d'autres lieux.

1 NOus nous contenterons d'expliquer la maniere de décrire les Cadrans, & de connoistre quelle est la grandeur des jours en chaque Signe, & qu'elle est [1] la proportion
C de l'ombre Equinoxiale à son Gnomon au point du Midy. Car le Soleil étant au temps de l'Equinoxe dans le Belier ou dans les Balances, si la longueur du Gnomon est divisée en neuf parties, l'ombre en a huit à l'élevation du Pole de Rome; Comme aussi à Athenes, si le Gnomon a quatre parties, l'ombre en a trois; A Rhodes s'il est long de sept, l'ombre est de neuf; A Tarente s'il l'est de douze, l'ombre l'est de 9; A Alexandrie s'il a cinq parties, l'ombre en a trois: & ainsi en differens lieux les ombres Equinoxiales des Gnomons se trouvent naturellement differentes.

C'est pourquoy lorsque l'on voudra faire des Cadrans en quelque lieu, il faut premierement sçavoir quelle est l'ombre Equinoctiale de ce lieu-là: car si elle est de huit parties le Gnomon en ayant neuf, comme à Rome, il faudra tirer une ligne sur un plan, au milieu de laquelle on en élevera un autre à angles droits, & à l'equerre; cette ligne qui est appellée
D Gnomon, sera divisée avec le compas en neuf parties, à commencer depuis cette premiere ligne qui a esté tirée sur le plan; puis au lieu où est la marque de la neuviéme partie, on mettra le centre marqué A, & ayant ouvert le compas de la grandeur qu'il y a depuis ce centre jusqu'à la ligne du plan où l'on mettra la lettre B, on fera avec le compas un cercle apellé le Meridien. Aprés cela dans les neuf parties qui sont depuis la ligne du plan jus-
2 qu'au centre [2] qui est l'extremité du Gnomon, on prendra la grandeur de huit parties que l'on marquera sur la ligne du plan au droit où sera la lettre C; ce qui est l'ombre Equinoctiale du Gnomon. De ce point C, par le centre où est la lettre A, on tirera une ligne qui est le Rayon du Soleil lors qu'il est à l'Equinoxe. Cela estant fait on ouvrira le compas pour prendre l'espace qu'il y a depuis la ligne du plan jusqu'au centre, & l'on fera deux marques égales sur les extremitez du cercle, l'une à gauche vers E, & l'autre à droit vers I:
E Puis on tirera par le centre une ligne qui separera le cercle en deux, & qui est apellée Ho-

1. LA PROPORTION DE L'OMBRE EQUINOXIALE. Je traduis ainsi *dierum depalationes* supposant que *depalatio* vient de *Palus, un pieu*, qui signifie le Gnomon qui estant fiché droit comme un pieu, fait des ombres à midy qui sont differentes chaque jour. *Depalatio* est differemment interpreté par Turnebe & par Baldus, qui confessent l'un & l'autre ne sçavoir pas bien precisément ce que Vitruve a voulu exprimer par ce mot quel'on ne trouve point dans les autres auteurs Latins. Turnebe croit que Vitruve entend par *Depalatio*, qui est *quasi pali remotio*, cette maniere d'allonger & d'accourcir les jours dont il sera parlé cy-aprés, & qui se faisoit dans les Clepsydres par le moyen d'un coin de bois qui estant tiré ou poussé faisoit lever ou baisser un cone qui fermant plus ou moins un entonnoir, en laissoit tomber plus ou moins d'eau, ce qui servoit à allonger ou à accourcir les heures. Baldus qui ne trouve pas à propos de transferer aux Cadrans au Soleil ce qui appartient aux Clepsydres, croit que *Depalatio* qu'il fait venir du Verbe *Palor*, qui signifie errer & courir çà & là, denote l'inegalité des ombres qui s'augmentant & se diminuant, semblent courir tantost d'un costé tantost d'un autre. Mais ces deux interpretes conviennent, en ce qu'ils entendent que *Depalatio* est pour les changemens qui arrivent à la grandeur des jours, & ils ne sont differens qu'en l'Etymologie. Je crois avoir exprimé ce sens dans ma traduction.

2. QUI EST L'EXTREMITÉ DU GNOMON. Il y a manifestement faute au texte: car il faut ou *Gnomonis extremum*, ou *circuli centrum*; parce que *Gnomonis centrum* n'a point de sens.

CHA. VIII.

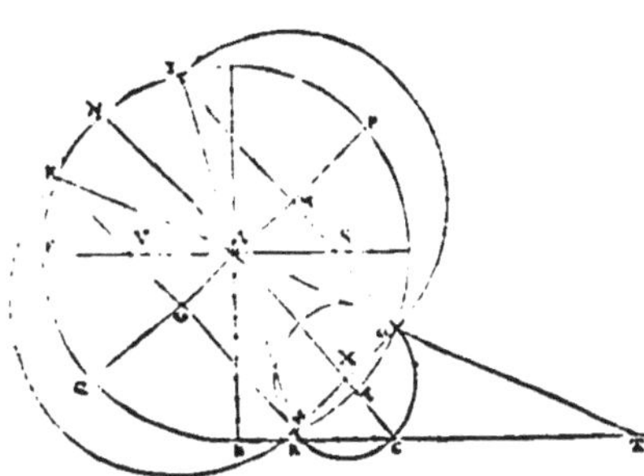

rizon par les Mathematiciens. En- A
suite on ouvrira le compas [1] de la
quinziéme partie de tout le cercle:
& on en mettra une branche sur l'intersection qui est faite par le cercle
& par la ligne du rayon Equinoctial
où est la lettre F, & avec l'autre branche on fera des marques à droit & à
gauche aux endroits où sont G, & H.
Aprés cela on tirera deux lignes par
ces points & par le centre jusques sur
la ligne du plan, où on mettra les B
lettres T, & R; ce qui representera
le rayon que le Soleil fait en Hyver
& celuy qu'il fait en Esté.

Or il faut que la lettre I soit à l'opposite de la lettre E, au point où la ligne passant par
le centre, coupe le cercle en deux; & que les lettres K & L soient à l'opposite de G & d'H,
& qu'ainsi la lettre N, soit à l'opposite de C, & d'F, & d'A: cela estant on tirera deux lignes
diametrales, l'une depuis G jusqu'à L, & l'autre depuis H jusqu'à K, [2] celle de dessus sera
pour l'Eté, & celle de dessous pour l'Hyver. Ces lignes diametrales, seront divisées par le
milieu aux points M & O, par lesquels & par le centre A, on tirera une ligne qui ira d'une
extremité du cercle à l'autre, où l'on mettra les lettres P & Q. Cette ligne qui est apellée
Essieu. *Axon* par les Mathematiciens, sera perpendiculaire à l'Equinoxiale. En suite mettant un C
pié du compas sur chaque centre, & étendant l'autre à l'extremité des lignes diametrales, on décrira deux demy cercles, dont l'un sera pour l'Eté, & l'autre pour l'Hyver: puis
aux points où les Parallelles coupent la ligne de l'Horison, on mettra la lettre S à droit
& la lettre V à gauche: ensuite on tirera une ligne parallele à celle qui est apellée A-
xon, depuis l'extremité du demy-cercle où est la lettre G, jusqu'à l'autre demy-cercle où
Coupure. est la lettre H: cette ligne parallele est appellée [3] *Lacotomus.* Enfin on mettra encore une
branche du compas sur la section que cette ligne fait avec l'Equinoctial marqué X, &
l'autre à l'endroit où le rayon d'Esté coupe le cercle au droit de la lettre H; & sur ce
centre qui est en la ligne Equinoctiale, commençant à cet intervalle du rayon d'Esté,
Pour les mois. on tracera un cercle pour les mois, qui est appellé [4] *Manachus.* Cela estant fait on aura
la figure de l'Analemme.

On pourra décrire par cet artifice toutes sortes de Cadrans au Soleil en quelque plan que D

1. DE LA QUINZIÉME PARTIE. Vitruve suppose que la plus grande declinaison du Soleil est de 24 degrez, ce qui n'est pas précisément vray, parce qu'elle n'est que de 23 degrez & ½ mais cette precision n'est pas necessaire dans la confection des Cadrans au Soleil.

2. CELLE DE DESSUS. Il n'est pas difficile de voir qu'il y a faute au texte, & qu'il faut lire, *Qua erit superior partis erit æstiva, inferior Hyberna*, au lieu qu'il y a, *qua erit inferior partis erit æstiva, superior Hyberna.*

3. LACOTOMUS. Les Grammairiens ne sont point asseurez de la signification de ce mot qui paroist Grec & qui ne se trouve point dans le traité que Ptolomée a fait de l'Analemme. L'opinion la plus commune est qu'il vient du mot Grec *Lakis*, qui signifie une rogure de drap, & du verbe *temno*, qui signifie couper: car cette ligne apellée *Lacotomus* coupe une piece du Meridien.

4. MANACUS. La plusparte des Exemplaires ont *Monacus*, sans raison. Jocundus lit *Menæus*, qui signifie appartenant aux mois. L'Etymologie se prend du Grec *Men*, qui selon la prononciation commune signifie le mois. Scaliger croit que le mot *Almanach* vient de ce mot *Manacus*. Ce cercle represente la ligne Ecliptique qui est divisée en douze pour les douze signes qui sont les douze mois, & il sert pour marquer sur la ligne du plan BT, les huit signes qui restent outre les quatre qui sont designez dans la figure de l'Analemme de Vitruve, sçavoir aux Solstices P & B, & ceux des Equinoxes C, ce qui se fait en divisant le cercle *Manacus* HSGC, en douze parties, & en tirant de l'intersection que ces lignes font avec la ligne HG, qui est apellée *Lacotomus*, la ligne AI, pour les Gemeaux & pour le Lyon; la ligne AO, pour le Taureau & pour la Vierge; la ligne AL, pour les Poissons & pour le Scorpion, & la ligne AN, pour le Verseau & pour le Sagittaire.

E

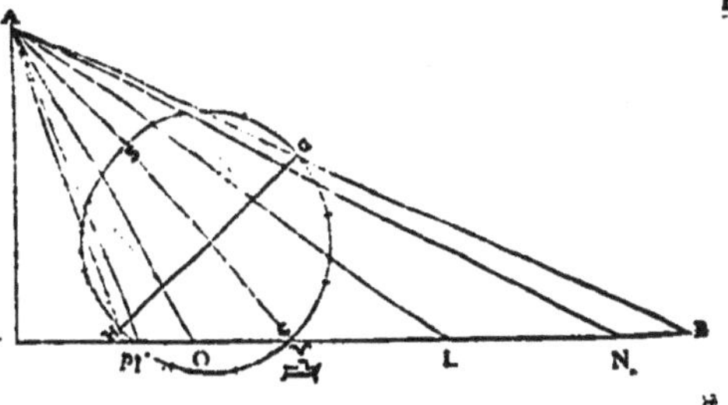

A ce puisse estre sur les divisions des lignes des deux Tropiques & de l'Equinoxial, ou mesme des autres Signes, par le moyen de l'Analemme: pourvû qu'en toutes les descriptions on divise les jours de l'Equinoxe & ceux des deux Tropiques en douze parties egales. Que si je n'ay pas expliqué tout cela par le menu, ce n'est pas tant pour n'en avoir pas voulu prendre la peine, que par la crainte d'estre trop long & ennuyeux, & par l'envie que j'ay de dire quels sont les inventeurs de chaque espece de Cadran. Je ne suis point capable d'en inventer de nouveaux, & il ne seroit pas raisonnable que je m'attribuasse les inventions d'autruy: C'est pourquoy je vais exposer quels sont les inventeurs des Cadrans. CH. VIII.

CHAPITRE IX.

CHAP. IX.

De la construction & de l'usage des [1] *Horloges, & comment, & par qui elles ont esté inventees.*

B L'*Hemicycle* creusé dans un quarré, & coupé en sorte qu'il soit [2] incliné comme l'Equinoctial est à ce qu'on dit de l'invention de Berose Caldéen. [3] Le *Navire* ou *Hemisphere* est d'Aristarchus Samien, comme aussi [4] le Disque posé sur un plan: l'Astrologue Eudoxus a trouvé [5] l'Araignée. Quelques-uns disent qu'Apollonius a inventé [6] le Plinthe, ou Quarreau, qui mesme a esté posé dans le Cirque de Flaminius. Scopas Syracusain a fait celuy que l'on apelle [7] *Prostahistoroumena*; Parmenion, le *Prospanclima*; Theodose & Andreas Patrocles, [8] le *Pelecinon*; Dionysiodorus, le Cone; Apollonius, le Carquois.

Demi-cercle. Scaphé. Demi-globe. Pour les lieux dont il est fait mention dans les Histoires. Pour tous les climats. Universelle.

Outre tous ces Auteurs plusieurs autres en ont encore inventé de differentes sortes, comme [9] le *Gonarque*, l'*Engonate*, & l'*Antiborée*. Il y en a eu aussi quelques-uns qui ont fait pour ceux qui voyagent des cadrans portatifs, qu'ils ont décrits dans leurs livres, où chacun peut prendre des modeles pour en faire, pourveu que l'on sçache la description de l'Analemme. Ces mesmes Auteurs ont encore donné la maniere de faire des Horloges avec l'eau, entre lesquels Ctesibius natif d'Alexandrie est le premier qui a découvert la force que le vent a naturellement pour la *Pneumatique*, & je crois que les curieux seront bien aises de sçavoir comment ces choses ont esté trouvées.

Angulaire. Fait en Genouil. Opposé au Septentrion. Qui se fait par le moyen du vent.

Ctesibius natif d'Alexandrie fut fils d'un Barbier: il nasquit avec un esprit tellement in-

1. HORLOGES. Le mot d'horloge en François ne signifie ordinairement que celles qui sont à contrepoids & qui sonnent, celles qui sont à ressort & portatives s'apellent Montres, celles qui sont pour le Soleil s'apellent Cadrans. Neanmoins le nom d'horloge peut passer pour general, & je l'ay employé en cette signification, parce qu'elle est icy necessaire pour comprendre les D deux especes de machine à marquer les heures dont il est parlé dans ce chapitre, qui sont les Cadrans au Soleil & les Clepsydres.

2. INCLINE' COMME L'EQUINOCTIAL. Il y a dans le texte, *ad enclyma succisum. Enclyma* signifie inclinaison ou pente. Il y a apparence que le Cadran de Berose estoit un Plinthe incliné comme l'Equinoctial, & que ce Plinthe étoit coupé en Hemicycle ou demicercle concave au bout d'enhaut qui regarde le Septentrion, & qu'il y avoit un style sortant du milieu de l'Hemicycle dont la pointe répondant au centre de l'Hemicycle representoit le centre de la terre, & son ombre tombant sur la concavité de l'Hemicycle, qui representoit l'espace qu'il y a d'un Tropique à l'autre, marquoit non seulement les declinaisons du Soleil, c'est-à-dire les jours des mois, mais aussi les heures de chaque jour: Car cela se pouvoit faire en divisant la ligne de chaque jour en douze parties égales, ce qui se doit entendre des jours qui sont depuis l'Equinoxe d'Automne jusqu'à celuy du Printemps, estant necessaire E d'augmenter l'Hemicycle au droit des autres jours qui ont plus de douze heures Equinoctiales.

3. LE NAVIRE OU HEMISPHERE. Les deux mots de *Scaphé & d'Hemisphærium* dont Vitruve se sert pour expliquer le Cadran d'Aristarchus, sont à mon avis joints ensemble pour faire entendre que l'Hemisphere etoit spherique concave, & non point comme quelques Interpretes veulent, pour signifier que ce Cadran étoit en ovale. Martianus Capella dit que les Cadrans apellez *Scaphia* étoient creusez en rond, ayant un Style élevé au milieu; & il y a raison de croire que l'extremité du Style répondant au centre de l'Hemisphere concave faisoit dans ce Cadran le mesme effet que dans l'Hemicycle.

4. LE DISQUE. *Discus* en Grec, signifie un plat. Mon opinion est que le Disque d'Aristarchus étoit un Cadran horizontal dont les bords étoient un peu relevez pour remedier à l'inconvenient qui a été cy-devant remarqué dans les Cadrans dont le Style est droit & élevé perpendiculairement sur l'horizon; car ces bords ainsi relevez empeschent que les ombres ne s'étendent trop loin.

5. L'ARAIGNEE. Si cette Araignée est celle qui est aux Astrolabes, ainsi qu'il y a grande apparence, elle est décrite cy-aprés dans ce mesme chapitre sous le nom d'horloge Anaphorique.

6. LE PLINTHE OU QUARREAU. Je corrige cet endroit suivant le conseil de Baldus, qui veut qu'on lise *Plinthum sive laterem*, au lieu de *Plinthum sive lacunar*; car *Plinthus* en Grec & *later* en Latin signifient la mesme chose, sçavoir une brique ou quarreau; & *lacunar* signifie une chose dont la figure est tout-à-fait contraire à celle d'une brique, *lacunar* estant une chose creuse, & *Plinthus & later* une chose pleine & relevée.

7. PROSTAHISTOROUMENA. Les Interpretes ont des opinions differentes sur l'explication de ce Cadran. Baldus croit qu'il est opposé à celuy qui est apellé *Prospanclima*, c'est-à-dire, qui peut servir à tous les climats de la terre, au lieu que celuy-cy n'est que pour les lieux dont les Historiens & les Geographes ont parlé. Cisaranus croit que ce nom luy a été donné, parceque les figures des Signes y étoient peintes, suivant ce qui est rapporté dans les fables: mais cela n'est point de l'essence d'un Cadran.

8. LE PELECINON. Les Cadrans faits en hache sont probablement les Cadrans où les lignes transversales, qui marquant les signes & les mois, sont serrées vers le milieu & élargies vers les costez, ce qui leur donne la forme d'une hache à deux costez qui est nostre hallebarde.

Les Cadrans en Cone & en Carquois sont apparemment les Verticaux qui regardent l'Orient ou l'Occident, qui étant longs & situez obliquement representent un Carquois.

9. LE GONARQUE, L'ENGONATE ET L'ANTIBOREE. On ne trouve point ces mots dans les autres Auteurs ny Grecs, ny Latins. Le Gonarque & l'Engonate semblent estre derivez du Grec, & signifier des Cadrans faits sur des superficies differentes, dont les unes étant horizontales, les autres verticales, les autres obliques, font plusieurs angles; ce qui fait apeller ces Cadrans angulaires & pliez à-cause que *Gony* signifie un angle & un

CHAP. IX. ventif, qu'il excelloit entre tous aux [1] Mechaniques, pour lesquelles il avoit une forte incli- *
nation. Un jour ayant envie de pendre un miroir en la boutique de son pere, en telle sor- A
te qu'on peust aisément le hausser & le baisser, par le moyen d'une corde cachée, il executa ainsi cette machine.

Il mit un canal de bois sous la poutre où il avoit attaché des poulies sur lesquelles la corde passoit & faisoit un angle pour descendre dans ce bois qu'il avoit creusé, afin qu'une boule de plomb y peust couler: or il arriva que lorsque cette boule allant & venant dans ce canal etroit, faisoit sortir par la violence de son mouvement l'air enfermé & épaissi par la compression, & le poussoit contre l'air de dehors, cette rencontre & ce choc rendoit un son
assez clair. S'estant donc apperceu que l'air resserré & poussé avec vehemence rendoit un
son pareil à la voix, il fut le premier qui sur ce principe inventa les machines *Hydrauli-*
ques, comme aussi tous les *Automates* qui se font par l'impulsion des eaux renfermées, les B
machines qui sont fondées [2] sur la force du *Cercle*, ou sur celle *du Levier*, & plusieurs autres *
belles & agreables inventions, mais principalement [3] les horloges qui se font par le moyen *
de l'eau.

[illegible]. [illegible]. [illegible]. [illegible].

Pour faire reüssir ces machines il perça une lame d'or ou une pierre precieuse, & il choisit
ces matieres, parcequ'elles ne sont pas capables d'estre usées par le passage continuel de l'eau,
ny sujettes à engendrer des ordures qui puissent boucher l'ouverture. Cela estant ainsi, l'eau
qui coule également par ce petit trou, fait élever *un morceau de liege*, [4] ou un vaisseau renversé, *
que les ouvriers apellent *Tympanum*, sur lequel est [5] une regle & des roües dentelées egale- *
ment, en sorte que par le moyen de ces dents dont l'une pousse l'autre, ces roües tournent
fort lentement. Il se fait encore d'autres regles & d'autres roües dentelées de la mesme maniere qui par un seul mouvement en tournant produisent plusieurs effets, & font remuer C
diversement de petites figures à l'entour de quelques Pyramides, jettent [6] des pierres en *
forme d'œufs, font sonner des Trompettes & de telles autres choses qui ne sont point de
l'essence de l'horloge.

Phellos. Tambour.

On en fait aussi en marquant sur des colonnes ou sur des Pilastres, les heures qu'une petite figure montre avec une baguette pendant tout le jour, à mesure qu'elle s'éleve de bas en haut : Or afin que la grandeur des heures, qui est inégale & qui change tous les mois, & mesme tous les jours, soit exactement marquée, l'on ajoûte, ou on oste des coins qui arrestent

genou. Pour ce qui est de l'Antiborée, Baldus dit que c'est un Cadran Equinoctial tourné vers le Septentrion; mais la verité est qu'un Cadran Equinoctial n'est pas plus vers le Septentrion que vers le Midy. La partie qui regarde le Septentrion n'estant que pour servir depuis l'Equinoxe du Printemps jusqu'à celuy de l'Automne, & la partie qui regarde le Midy est pour l'autre semestre.

1. AUX MECHANIQUES. Le mot des mechaniques qui est fort usité en François, contient ce me semble la veritable signification de ces mots *rebus artificiosis*, qui sont dans le texte, & j'ay crû que *aux choses artificielles* auroit esté trop vague.

2. LA FORCE DU CERCLE ET CELLE DU LEVIER. Il est parlé amplement de ces deux principes des mechaniques, au neuviéme chapitre du dixiéme livre.

3. LES HORLOGES QUI SE FONT PAR LE MOYEN DE L'EAU. Il y a sujet de s'étonner que Vitruve qui affecte tant d'apporter des noms Grecs pour signifier des choses qui en ont de Latins, employe icy une circonlocution Latine, au lieu de se servir du mot Grec de Clepsydre, dont l'usage estoit fort commun parmy les Romains. Ces horloges dont il y avoit plusieurs especes, ainsi qu'il se voit en ce chapitre, avoient toutes cela de commun, que l'eau tomboit insensiblement par un petit trou d'un vaisseau dans un autre, dans lequel en s'élevant peu à peu, elle élevoit un morceau de liege qui faisoit connoistre les heures en differentes manieres. Elles estoient aussi toutes sujetes à deux inconveniens. Le premier qui est remarqué par Plutarque, est que l'eau s'écouloit avec plus ou avec moins de difficulté selon que l'air estoit plus ou moins épais, ou plus froid ou plus chaud: car cela empeschoit que les heures ne fussent justes. L'autre est que l'eau s'écouloit plus promptement au commencement lorsque le vaisseau d'où l'eau tomboit estoit plein, que vers la fin, à cause que la pesanteur de l'eau estoit plus grande au commencement qu'à la fin : Et c'est pour remedier à cet inconvenient qu'Oronce a inventé sa Clepsydre, qui est un petit navire qui nage sur l'eau, & qui le vuide par un Siphon qui est au milieu du navire; car le navire se baisse à mesure que l'eau est vuidée par le Siphon qui la fait sortir toujours d'une même force, parce qu'il prend toujours l'eau proche de sa superficie. Nous avons substitué aux Clepsydres des anciens nos horloges de sable.

4. UN VAISSEAU RENVERSÉ. J'ay interpreté *Scaphium* un vaisseau; & il y a apparence que celuy dont on se servoit aux Clepsydres estoit fait pour enfermer de l'air étant renversé sur l'eau afin que cet air le soûtint, ce qui faisoit le mesme effet que le Liege qui par sa legereté nage aisément sur l'eau : mais j'ay crû qu'il y a faute au texte & qu'au lieu de *aqua sublevat Scaphium inversum quod ab artificibus Phellos sive Tympanum dicitur*. Il faut lire, *Aqua sublevat Phellon aut Scaphium inversum quod ab artificibus Tympanum dicitur*, n'y ayant point d'apparence qu'un vaisseau renversé puisse estre apellé un liege, mais bien un Tambour ; parceque le vaisseau renversé & le tambour nagent sur l'eau par une mesme raison qui est celle de leur figure capable d'enfermer beaucoup d'air qui les souleve ; mais ce qui fait nager le liege, est seulement la legereté de sa matiere.

5. UNE REGLE ET DES ROÜES DENTELÉES. Cette machine n'est point representée dans nos figures des Clepsydres, parce qu'elle n'a pas besoin de figure pour estre entendüe. Ceux qui ont veu la machine apellée cric, qui est assez commune, n'auront pas de peine à comprendre qu'y ayant une regle dentelée posée sur le liege ou Phellos, il faut que l'eau qui fait monter le Phellos fasse aussi monter la regle, & que cette regle poussant les dents d'une roüe dans lesquelles les siennes sont engagées, fasse tourner la roüe, n'y ayant point d'autre difference entre cette Clepsydre & le Cric, sinon qu'au cric le Pignon qui est une espece de roüe fait aller la regle, & dans la Clepsydre la regle fait aller la roüe; ce qui ne change point la nature de la machine.

6. DES PIERRES EN FORME D'OEUFS. Presque tous les exemplaires ont *ama* au lieu d'*Ova*, que Cisaranus a corrigé & Barbaro apres luy. On peut douter si ces pierres que ces horloges jettent ne sont point pour marquer les heures en tombant dans un bassin d'airain, & si elles ne tiennent point lieu de la sonnerie

A l'eau & empeschent qu'elle ne coule viste. Pour cela on fait deux cônes dont l'un est creux & l'autre solide, tous deux arondis si juste, qu'entrant l'un dans l'autre ils se joignent parfaitement ; desorte que [1] par une mesme regle en les serrant, ou en les laschant, on peut donner plus ou moins de force au cours de l'eau. Et c'est par de semblables artifices que l'on fait des horloges avec de l'eau [2] pour le temps de l'Hyver.

Que si l'on trouve que l'accourcissement ou l'augmentation des jours ne se peut pas faire commodement par le moyen de ces coins, parce qu'il y peut arriver plusieurs inconveniens, on pourra faire autrement. [3] On marquera [4] par le moyen de l'Analemme sur une petite colonne les differences des heures par des lignes, qui traverseront celles qui marquent les mois, & cette colonne qui sera mobile [5] tournant incessamment fera que le bout de la baguette de la petite figure, qui en s'élevant montre les heures, s'adressera sur des
B heures plus grandes ou plus petites, selon qu'elles le sont en chaque mois.

Il se fait encore d'autres horloges d'Hyver, que l'on apelle [6] *Anaphoriques*, en cette ma- *Montans.*

de nos horloges. Ce que Vitruve dit au chapitre 14 du 10 livre des Machines que les anciens faisoient pour mesurer le chemin que l'on faisoit en carrosse, donne lieu à cette pensée.

1. Par une mesme regle. Cette regle est apellée cuneus un peu devant. Elle est representée dans la Planche LVII. Figure I, lettre C, étant plus étroitte à un bout qu'à l'autre, afin qu'estant poussée ou tirée elle fasse haussér ou baisser le Cone solide qui est au bout d'une autre regle, à travers laquelle elle passe. Elle a aussi des degrez marquez à un de ses bouts qui font voir combien il faut pousser ou tirer la regle chaque jour.

2. Pour le temps de l'Hyver. Les Clepsydres estoient les horloges d'hyver, à cause que les Cadrans au Soleil ne sont pas d'usage en cette saison. Outre les horloges d'hyver qui sont les
C Clepsydres, & celles d'Eté qui sont les Cadrans au Soleil, les Anciens en avoient une troisieme espece que l'on apelloit des horloges de nuit. Il en est parlé sur le quatorziéme chapitre du dixiéme livre. Mais il faut remarquer que les horloges des Anciens estoient bien plus difficiles que les nostres où les heures sont toujours egales : car les heures changeoient tous les jours parmy eux, parce qu'ils partageoient toujours le jour, c'est-à-dire le temps qu'il y a depuis le lever du Soleil jusqu'à son coucher, & la nuit de mesme, en douze heures égales. Il faut encore remarquer qu'ils se servoient de deux moyens pour faire marquer à leurs Clepsydres ces heures differentes. Le premier estoit de changer de Cadran tous les jours & faire par ce moyen que bien que le mouvement de l'Index fust toujours égal, les heures ne laissassent pas d'être inégales, leurs espaces estant tantost plus grands tantost plus petits. Vitruve apporte deux exemples de cette sorte de Clepsydre,
D sçavoir la Clepsydre de Ctesibius, qui est representée dans la Planche LVI, & la Clepsydre Anaphorique qui est representée par la seconde figure de la Planche LVII.

La seconde espece de Clepsydre estoit celle où sans changer de Cadran les heures estoient tantost grandes tantost petites par l'inégalité du mouvement de l'Index qui dependoit du temperament que l'on donnoit à l'eau, pour parler comme Vitruve. Ce temperament se faisoit en agrandissant ou appetissant le trou par lequel l'eau sortoit : car cela faisoit qu'aux longs jours où les heures estoient plus grandes, le trou estant apetissé il tomboit peu d'eau en beaucoup de temps, ce qui faisoit que l'eau montoit lentement & faisoit descendre lentement le contrepoids qui faisoit tourner le pivot auquel l'Index estoit attaché. Vitruve donne aussi deux exemples de cette espece de Clepsydre, sçavoir la Clepsydre des deux cones, qui est representée par la premiere figure de la Planche LVII ; & la Clepsydre a deux tympans, qui est la troi-
E siéme figure de la mesme Planche.

3. On marquera. La figure explique assez clairement cette machine qui est fort ingenieuse, & qui fait une chose assez difficile qui est de marquer des heures differentes chaque jour par la progression d'un mouvement qui est égal tous les jours, tel qu'est celuy de l'eau qui tombe toujours egalement. Or cela se fait par le tournoyement d'une colonne sur laquelle les heures sont marquées, ensorte qu'elles font rencontrer tous les jours des heures diversement disposées, & les presentent à un Index qui est la baguette que la figure d'un enfant tient, & cette figure estant soulevée par l'eau monte insensiblement depuis le bas de la colonne jusqu'au haut, dans l'espace d'un jour & d'une nuit. Pour cet effet la circonference de la colonne est partagée de haut en bas en 12 parties égales qui sont pour les douze mois, la ligne A B, & la ligne C D, qui sont pour les jours des Equinoxes, sont parta-

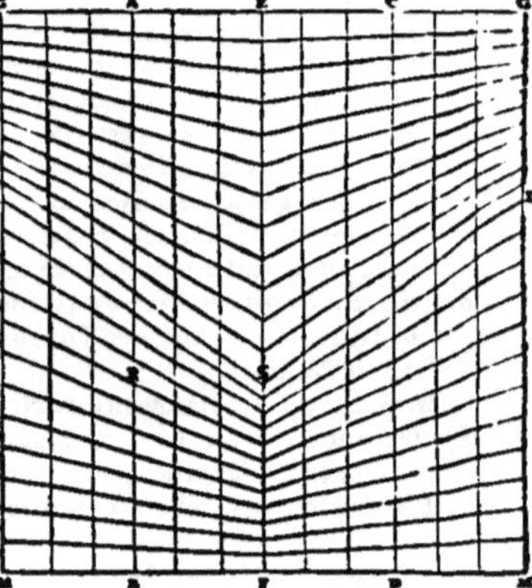

gées en 24 parties égales pour les heures Equinoxiales, dont on prend le nombre des heures que le plus grand jour a, au lieu où le Cadran doit estre posé. Par exemple, pour Paris on prend environ 16 heures Equinoctiales depuis A jusqu'à R. & suivant cette mesure on partage les jours des Solstices G H, & E F, en deux parties inegales, & on donne l'espace de 16 heures Equinoctiales I H, au jour du Solstice d'Eté, & celuy des huit autres heures I G, à la nuit, & tout de mesme on donne l'espace des 8 heures Equinoctiales S F, au jour du Solstice d'Hyver E F, & l'espace des 16 heures E S, à la nuit. Cela estant fait on partage tous ces jours & toutes ces nuits chacun en douze parties egales, & par ces divisions on tire des lignes qui reglent toutes les heures dans tous les jours.

4. Par le moyen de l'Analemme. Il faut chercher par l'Analemme combien le plus long jour a d'heures Equinoctiales au païs où cette Clepsydre doit servir ainsi qu'il a esté dit.

5. Tournant incessamment. On a supplée dans la figure ce qui manque au texte de Vitruve qui est la maniere de faire tourner incessamment la colonne : Mais il faut remarquer que l'incessamment ne doit pas estre entendu à la lettre, parceque la colonne ne tourne pas incessamment comme la baguette qui monte incessamment : mais incessamment signifie *tous les jours*, ainsi qu'il est expliqué dans la figure.

6. Anaphorique. Ce mot Grec signifie une chose qui s'éleve & qui monte en haut. Il semble que ce nom devroit mieux convenir à l'horloge dont il vient d'estre fait mention, dans laquelle une figure s'éleve insensiblement pour marquer les heures. Baldus croit qu'elle est ainsi apellée à cause des signes qui y sont representez qui s'élevent incessamment sur un horizon les uns apres les autres. Et en effet cette horloge ainsi qu'il est décrit est semblable à l'Aragne d'un Astrolabe sur laquelle le Zodiaque est representé avec les lignes par un cercle excentrique à la circonference de la roüe qui represente l'Aragne. Cette roüe est marquée B G E, dans

CHAP. IX. mere. On place les heures sur des filets de cuivre [4] selon la description de l'Analemme tout autour d'un centre, qui est aussi entouré de cercles disposez selon les mois ; derriere ces filets A est une roue sur laquelle le Ciel est peint, & le Zodiaque avec les douze Signes selon leurs espaces inegaux, qui sont definis par des lignes qui partent du centre. Cette roue est attachée par derriere à son essieu, à qui une petite chaisne de cuivre est entortillée, à laquelle pend d'un costé le liege ou tympan, qui est soûtenu par l'eau, & de l'autre un sac plein de sable du mesme poids que le liege : cela fait qu'à mesure que l'eau leve le liege, le sac que son poids tire en bas, fait tourner l'essieu, & par consequent la roüe ; ce qui est cause que tantost [5] une plus grande partie du Zodiaque, tantost une moindre, marque en passant les differences des heures selon les temps. Car dans le Signe de chaque mois on fait justement autant de trous qu'il y a de jours, & dans l'un de ces trous on met comme un clou à teste qui represente le Soleil, & qui marque les heures. Ce clou estant changé d'un trou dans un autre, fait le B

la II. figure de la Planche LVII. où le Zodiaque est un cercle proche marqué I G, où il y a une teste de clou marqué G, qui represente le Soleil. Cette roue est mobile de mesme que l'Aragne de l'Astrolabe, mais elle est dessous les filets de cuivre qui sont immobiles & qui representent la Table ou Tympan qui dans l'Astrolabe est sous l'Aragne.

4. SELON LA DESCRIPTION DE L'ANALEMME. C'est à dire suivant la latitude ou l'élevation du Pole du lieu où cette Clepsydre doit servir, & qui se prend par le moyen de l'Analemme : car cette disposition de filets de cuivre qui est dite devoir estre faite selon la description de l'Analemme, est differente selon l'élevation du Pole qui determine l'horizon, qui est la ligne CSI, par le moyen de laquelle toutes les autres qui marquent les heures sont reglées. Car cette ligne coupant le tropique du Cancer qui est RSTQ, & l'Equinoctial DOBH, & le Tropique du Capricorne GFEA, laisse douze heures au dessus pour le jour, & autant au dessous pour la nuit.

5. UNE PLUS GRANDE PARTIE DU ZODIAQUE. Le Zodiaque ainsi qu'il a esté dit est divisé en parties inegales dans l'Astrolabe & dans les Cadrans Anaphoriques ; Mais ce que Vitruve veut dire icy est à mon avis que selon que le Soleil est en differens endroits du Zodiaque, il fait les heures differentes : Car lorsqu'il est au Tropique du Cancer, & qu'il decrit le cercle QRST, les douze heures du jour qui sont dans la portion du cercle RQT, sont fort grandes, & celles de la nuit fort petites, sçavoir celles qui sont dans la portion RST. De mesme lorsqu'il est au Capricorne, & qu'il decrit le cercle ACGFEI, les douze heures du jour qui sont dans la portion CAI, sont fort petites, & celles de la nuit sont fort grandes, sçavoir celles qui sont dans la portion CFI : & lorsqu'il est dans l'Equinoxe, & qu'il decrit le cercle DOBH, les heures du jour & celles de la nuit sont égales. C

La Structure de cet horloge Anaphorique est representée dans la Planche LVII. figure II. & elle est telle que selon que le Soleil marqué G, est differemment placé dans la ligne Ecliptique du Zodiaque qui est ponctuée, il decrit ou le cercle Equinoctial, ou ceux des Tropiques, ou tous ceux qui peuvent estre faits entre ces trois cercles pour tous les mois & pour tous les jours de l'année ; & en décrivant ces cercles il passe au droit des filets de cuivre, disposez selon l'Analemme, ainsi qu'il a esté dit, & y marque les heures. Car il faut entendre que la roüe BEG, de la I Figure de la Planche LVII, est tournée par le moyen du sac D, qui fait tourner l'essieu C, auquel la roüe est attachée ; & que le volet A, qui est percé en rond, & rempli en cet endroit des filets de cuivre, & qui est representé ouvert dans la Figure, doit estre fermé sur la roüe BEG. Il faut encore entendre que D

EXPLICATION DE LA PLANCHE LVI.

Cette Planche represente la Clepsydre de Ctesibius. La premiere Figure fait voir la machine entiere qui consiste en une colonne qui tourne sur son piedestal faisant son tour en un an. Sur cette colonne il y a des lignes à plomb qui marquent les mois, & des lignes horizontales qui marquent les heures. A un des costez de la colonne on a mis la Figure d'un enfant qui laisse couler goutte à goutte l'eau de la Clepsydre : cette eau estant tombée au dedans de la machine dans un conduit long & étroit, monte insensiblement dans le conduit à mesure qu'elle l'emplit ; & par le moyen d'un morceau de liege qui nage sur l'eau, une autre petite figure est élevée, qui tient une baguette, avec laquelle à mesure qu'elle monte, elle montre les heures qui sont marquées sur la colonne. E

La seconde Figure fait voir le dedans de la machine. A, est le tuyau par où l'eau monte dans la figure de l'enfant, qui la laisse tomber de ses yeux dans le quarré M, d'où elle passe par le trou qui est auprés d'M, pour aller vers B, tomber dans le conduit quarré long & étroit marqué BCD. Dans ce conduit est le morceau de liege D, qui nageant sur l'eau, & se haussant à mesure qu'elle monte, leve la petite colonne CD, qui hausse insensiblement l'autre enfant qu'elle soûtient, & qui montre les heures avec une baguette. Lorsque pendant vingt-quatre heures l'eau a rempli le conduit long & étroit, & qu'en montant elle a aussi remply le tuyau FB, qui fait une partie du Siphon FBE, elle se vuide par la partie BE, & tombe sur le moulin K, qui estant composé de six quaisses, fait son tour en six jours. Le pignon N, qui luy est attaché & qui a six dents, fait remuer la roüe I, qui en a soixante, à laquelle aussi le pignon H, est attaché, qui a dix dents, pour remuer la roüe GO, qui en a soixante & une, & qui

EXPLICATION DE LA PLANCHE LVI.

& qui fait par consequent son tour en trois cent soixante-six jours. Or cette derniere rouë G O, par le moyen de son pivot O L, fait tourner la colonne L, sur laquelle les Signes, les mois, & les heures sont marquez; en sorte que la colonne faisant tous les jours une trois cent soixante & sixiéme partie de son tour, elle met au droit du bout de la baguette de la petite figure, une des lignes perpendiculaires qui est divisée en vingt-quatre parties, par des lignes horizontales, suivant les proportions que les heures du jour & de la nuit avoient anciennement les unes à l'égard des autres; ainsi qu'il a esté expliqué dans les Notes.

CHAP. IX. cours d'un mois : & de mesme que le Soleil en parcourant les espaces des Signes, fait les A
jours plus grands ou plus petits ; ainsi le clou dans ces horloges allant de trou en trou par une progression contraire à celle de la roüe, lorsqu'il est changé tous les jours, passe en certain temps par des espaces plus larges, & en d'autres par de plus étroits, & represente fort bien la longueur differente que les heures & les jours ont en divers mois.

Mais si l'on veut que l'eau tombe par une proportion convenable, [1] pour marquer cette * inégalité de jours & d heures, on le pourra faire en cette maniere. Derriere la plaque qui est au devant de l'horloge, il faut placer en dedans un vase qui serve de reservoir, dans lequel l'eau tombe par un tuyau. Ce vase a par le bas un conduit, au bout duquel est soudé [2] un tambour * de cuivre qui est aussi percé, en sorte que l'eau du château peut couler par ce trou. Ce tambour en enferme un autre plus petit, & l'un & l'autre sont joints ensemble comme un essieu l'est au moyeu d'une roüe. Ces deux parties sont apellées masle & femelle, & sont ajustées en sor- B
te que le petit tambour tourne dans le grand fort juste & fort doucement, de mesme que fait un robinet. Sur le bord du grand tambour tout autour on marque 365 points également distans, & le petit tambour en un endroit de sa circonference a une petite pointe qui sert à l'adresser au droit de chacun des points du grand tambour. De plus il y a au petit tambour [3] une *

les heures sont écrites au droit des filets de cuivre, & au tour du rond qui est percé au volet A. & qu'elles sont écrites de l'autre costé, qui est le seul qui soit visible quand il est fermé.

1. POUR MARQUER CETTE INEGALITÉ. Ces mots ne sont point dans le texte expressément, mais j'ay crû qu'ils étoient en puissance dans ces mots *ad rationem*. Car le sens est que l'on peut faire que les heures inégales soient marquées par l'inegalité du cours de l'eau, de mesme que la differente disposition du clou produit cet effet dans l'horloge Anaphorique, ou par la differente situation de la colonne dans l'horloge où les heures sont indiquées par le bout d'une baguette.

2. UN TAMBOUR DE CUIVRE. Le mot de *Tympanum* signifie beaucoup de choses differentes, car c'est quelquefois le dedans d'un fronton, quelquefois une roüe d'horloge, quelquefois une roüe creuse qui sert à élever de l'eau ; cy-devant dans les Clepsydres de Ctesibius, c'est un vase renversé qui nage sur l'eau : Icy c'est un cercle de cuivre large & semblable à un Tambour de Biscaye, & ce tambour est de deux especes, l'un plus grand que l'on nomme femelle, marqué M, dans la III figure de la Planche LVII, l'autre est plus petit qui s'emboite dans le grand, & qui est C
apellé masle. Il est marqué LDO.

3. UNE OUVERTURE TELLEMENT AJUSTÉE. L'ajustement de cette ouverture est que le petit Tympan qui entre dans le grand comme la clef d'un Robinet a tout à l'entour une rainure qui est

EXPLICATION DE LA PLANCHE LVII.

Cette Planche contient trois Figures, qui representent trois especes de Clepsydres, ou horloges à eau. La premiere est la Clepsydre à deux cones, qui est la premiere espece de celles qui temperent l'eau. A, est le cone creux, dans lequel il faut concevoir qu'il tombe de l'eau suffisamment pour en fournir la quantité qui est necessaire, lorsque le trou qui est à la pointe du cone en laisse plus sortir, & concevoir encore que ce qui est de reste lorsque le mesme trou en laisse moins sortir, s'écoule par un conduit qui empesche qu'elle ne tombe au mesme endroit où tombe celle qui sort par la pointe du cone : ce conduit, non plus D
que celuy qui apporte l'eau, ne sont point representez, parcequ'ils ne sont point particuliers à cette Clepsydre. B, est le cone solide qui emplit toute la cavité du cone creux quand il est baissé tout-à-fait, & qui laisse couler plus ou moins d'eau à proportion qu'il est plus ou moins levé. C, est la regle en maniere de coin, qui leve plus ou moins le cone solide, selon qu'elle est plus ou moins poussée selon les marques qu'elle a pour chaque jour.

La seconde Figure represente la seconde espece de Clepsydre, apellée Anaphorique, où l'eau n'est point temperée, & dans laquelle l'inégalité des heures dépend du Cadran. A, est le volet percé en rond, dans lequel sont les filets de cuivre qui marquent les heures. B G E, est la roüe sur laquelle la projection de la sphere celeste est gravée. G E, represente la ligne Ecliptique. Elle est ponctuée, & chaque point est un trou dont la roüe est percée. B, represente le Soleil : il est comme un clou dont on met tous les jours la pointe dans l'un des trous qui sont dans l'Ecliptique. C, est l'axe qui fait tourner la E
roüe B G E. D, est le contrepoids attaché à un des bouts d'une chaisne, qui à son autre bout a un liege d'égale pesanteur avec le contrepoids, & qui estant soûlevé fait tourner l'axe C.

La troisiéme Figure represente la Clepsydre à Tambour ou Tympan, qui est de la premiere espece de celles qui temperent l'eau. A, est le chasteau ou reservoir où l'eau tombe, & au haut duquel il faut concevoir qu'il y a un conduit qui fait écouler l'eau qui est de reste, ainsi qu'il a esté dit qu'il en faut supposer un en la Clepsydre à cones. B, est le tuyau par lequel l'eau passe du chasteau dans le grand Tympan. C N M, est le grand Tympan, qui a vers le haut un trou par lequel l'eau qui vient du tuyau B, entre dans le petit Tympan. O D L, est le petit Tympan tiré hors du grand pour laisser voir la rainure qu'il a, & qui lorsqu'il est emboité dans le grand Tympan fait comme un canal qui tourne tout autour, & qui estant d'inégale largeur reçoit plus ou moins de l'eau qui luy vient par le trou du grand Tympan,

EXPLICATION DE LA PLANCHE LVII.

selon que l'étroit ou le large de la rainure est adressé au droit du trou. F, est le tuyau qui reçoit l'eau qui est entrée par la rainure, & qui la porte par le trou G, pour estre versée dans le receptacle H, dans lequel l'eau montant éleve le vase renversé marqué I, auquel est attachée la chaine qui suspend le contre-poids K, par le moyen duquel l'axe qui fait tourner l'éguille est remué. N, represente la ligne Ecliptique : les points qu'elle a sont pour y addresser tous les jours les pointes O, & L. La pointe L, est pour le jour, & la pointe O, est pour la nuit.

CHAP. IX. ouverture tellement ajustée, qu'elle ne laisse sortir l'eau que par une mesure proportionnée ; A ce qui se fait ainsi. Aprés avoir marqué autour du grand tambour qui est immobile, les Signes du Zodiaque, en sorte que celuy de l'Ecrevisse soit au haut, ayant au bas le Capricorne opposé a plomb, à droit les Balances, & à gauche le Belier, & ainsi les autres Signes comme ils sont dans le Ciel; [5] lorsque le Soleil est au Signe du Capricorne, on place la pointe du petit tambour au droit du Capricorne qui est marqué sur le grand, & ainsi chaque jour on l'addresse à chacun des points de ce Signe ; ce qui estant de cette sorte, il arrive que l'eau pressant à plomb sur l'ouverture du petit tambour passe plus viste dans le vaisseau qui la reçoit, lequel estant remply en moins de temps, accourcit les heures & les jours. Et ensuite [6] lorsque continuant à faire tourner le petit tambour, on adresse sa pointe au droit du Verseau, sa plus grande ouverture, qui n'est plus au droit de la ligne à plomb, estant un peu descenduë, ne laisse plus sortir une si grande quantité d'eau, & ainsi le vaisseau en recevant moins rend les heures plus longues. B De mesme lorsque l'on continuë à faire monter la pointe comme par degrez le long des points qui sont au Verseau, & aux Poissons, & que l'on est au droit de la huitiéme partie de l'Ecrevisse, [7] l'ouverture du petit tambour, qui par ce moyen poursuit son cours, est encore plus retressie, & l'eau sortant en moindre quantité & plus lentement, rend les heures telles qu'elles sont dans l'Ecrevisse au solstice d'Eté. Enfin descendant de l'Ecrevisse & passant par le Lion & par la Vierge, jusqu'à la huitiéme partie des Balances les espaces des heures diminuent par degrez, jusqu'à ce qu'estant au droit des Balances, elles deviennent telles qu'elles doivent estre à l'Equinoxe. De mesme lorsque l'on fait encore descendre davantage la pointe par le Scorpion & par le Sagittaire pour parvenir à la huitiéme partie du Capricorne dont on estoit premierement party, alors par la grande abondance de l'eau qui sort, les heures reviennent à la petitesse qu'elles ont [8] au Solstice d'Hyver. C

inegale, estant large vers E F, ou vers M, & étroitte vers G H, ou vers N. Au dedans de cette rainure il y a des trous A, BD, C, par lesquels l'eau qui est dans la rainure, entre dans le tuyau I. La maniere dont cela se fait est que le grand Tympan enfermant le petit de mesme qu'un Robinet enferme sa Clef, il fait que cette rainure du petit devient un canal fermé tout à-l'entour, dans lequel l'eau entre par le trou L, qui est au grand Tympan ; & que l'eau qui vient du tuyau K, & qui passe par le trou L, se répand dans tout le canal de la rainure, & entre par les trous A, BD, C, dans le tuyau I, & tombe dans le receptacle qui contient l'eau sur laquelle le liege nage ; Car il arrive qu'à mesure que l'on tourne le petit tympan, la rainure, qui au droit où elle est plus large, laissoit l'ouverture du trou L, toute libre, & donnoit passage à beaucoup d'eau, n'en laisse passer que fort peu, lorsqu'en tournant le petit tympan, la rainure devient plus étroite, & bouchant une grande partie du trou comme en N, ne laisse sortir qu'une petite quantité d'eau. Cela étant il tombe en 24 heures soit que le jour soit grand, soit qu'il soit petit, une mesme quantité d'eau, qui fait élever le liege toujours à une mesme hauteur quand le jour finit, & par consequent fait faire à l'aiguille deux tours entiers de Cadran, qui sont de douze heures chacun: mais cette mesme quantité d'eau est long-temps à tomber aux grands jours ; & elle tombe

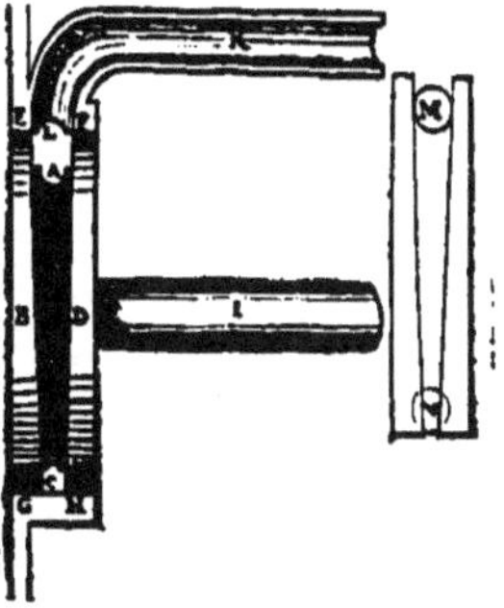

plus promptement aux courts, à cause que par le moyen de l'Index G, de la III figure de la Planche LVII, que l'on met chaque jour sur le degré du Signe, on fait que la partie la plus large de la rainure se rencontre au droit du trou du tuyau K, aux courts jours comme on voit en M, & que la partie étroite s'y rencontre aux longs, ainsi que l'on voit en N : Et ainsi de mesme à proportion que les jours croissent ou diminuent, la rainure qui va en croissant ou en diminuant, laisse passer plus ou moins d'eau, & rend les jours differens suivant la grandeur ou la petitesse qu'elle a.

5. LORSQUE LE SOLEIL EST AU SIGNE DU CAPRICORNE. Tous les exemplaires ont constamment cette periode, *Cum Sol fuerit in Capricorno orbiculo, singula in majoris Tympano parte & Capricorni, quotidie singula puncta tangens, ad perpendiculum habet aquæ currentis vehementi pondus, celeriter per orbiculi foramen id extrudit ad vas, &c.* mais parcequ'elle n'a point de sens, & que l'on peut luy en donner en changeant peu de chose. J'ay interpreté comme s'il y avoit. *Cum Sol fuerit in Capricorno, orbiculi (hoc est minoris tympani) singula in majoris tympani parte, quæ est Capricorni, quotidie singula puncta tangens, ad perpendiculum habet aquæ currentis vehementis pondus & celeriter per orbiculi foramen, id (hoc est aquæ vehementis pondus) extrudit ad vas, &c.* D

6. LORSQUE CONTINUANT DE FAIRE TOURNER LE PETIT TAMBOUR. J'ay suivy la correction de Barbaro qui met *minoris Tympani*, au lieu de *majoris* & *descendit non foramen à perpendiculo*, au lieu de *cuncta descendunt foramina perpendiculo*.

7. L'OUVERTURE DU PETIT TAMBOUR EST RESSERRÉE. Il a fallu se servir de cette periphrase pour expliquer *Orbiculi foramen aquæ temperata salienti præstat æquinoctiales horas*: E Car cela signifie que la grande ouverture de la rainure du petit Tambour telle qu'elle est au droit d'M, n'étant plus au droit du trou L, qui apporte l'eau ; mais y en ayant une plus petite comme au droit d'N, il est vray de dire que l'impetuosité de l'eau qui vient par le grand Tambour est temperée & arrestée par le restrecissement de la rainure du petit Tambour.

8. AU SOLSTICE D'HYVER. Il manque à cette horloge de monstrer les heures de la nuit, ce qu'il est aisé de suppléer, en mettant au petit Tambour à l'opposite de la pointe qui se doit addresser au droit des points des signes, & qui est marquée G, à la III figure de la Planche LVII, une autre pointe qui sera pour la nuit, & qui est marquée O. Car par ce moyen quand les heures du jour seront grandes, celles de la nuit seront courtes, & ainsi toujours de mesme au contraire.

J'ay

A J'ay traité le mieux qu'il m'a esté possible de la maniere avec laquelle on peut construire des horloges & j'ay tasché d'en faciliter l'usage. Il me reste de raisonner sur les machines & sur leurs principes, pour achever le corps entier de l'Architecture. C'est ce que je vais faire dans le livre qui suit.

LE DIXIE'ME LIVRE DE VITRUVE.

PREFACE.

B ON dit qu'à Ephese, qui est une des plus grandes & des plus celebres villes de la Grece, il y avoit autrefois une loy tres-severe, mais tres-juste, par laquelle les Architectes qui entreprenoient un ouvrage public estoient tenus de declarer ce qu'il devoit couster, de le faire pour le prix qu'ils avoient demandé, & d'y obliger tous leurs biens. Quand l'ouvrage estoit achevé, ils estoient recompensez & honorez publiquement, si la dépense estoit telle qu'ils avoient dit : si elle n'excedoit que du quart ce qui estoit porté par le marché, le surplus estoit fourny des deniers publics : mais quand elle passoit le quart, l'excedant estoit fourny par les Architectes.

Il seroit à souhaitter que les Romains eussent un semblable reglement pour leurs bâtimens tant publics que particuliers : cela empescheroit qu'une infinité d'ignorans ne se C meslassent impunément de l'Architecture, & il n'y auroit que d'habiles gens qui en feroient profession ; les particuliers ne se ruineroient pas comme ils font par des dépenses excessives, & la crainte de la peine introduite par la loy porteroit les Architectes à ne pas dissimuler la dépense qu'ils prevoyent estre necessaire ; & par ce moyen on feroit faire les bâtimens pour le prix que l'on se seroit proposé, ou du moins à peu de chose prés. Car celuy qui veut dépenser quatre cens écus à son bâtiment, pourra bien y ajoûter encore cent écus, pour avoir le plaisir de voir achever son ouvrage : mais quand on est trompé de la moitié dans la dépense à laquelle on s'estoit resolu, on perd courage, & bien souvent on est contraint d'abandonner ce que l'on a entrepris.

Et ce n'est pas seulement dans les bâtimens que l'on est trompé de la sorte, la mesme surprise se fait dans les Jeux publics, soit de Gladiateurs, soit de Comediens, que les Magistrats D donnent au peuple : car ces choses ne souffrent point de retardement, & il y a un temps prefix * dans lequel on doit avoir mis en estat [1] les Amphitheatres, les voiles que l'on y étend, les decorations des Theatres & toutes les machines qui se font pour les spectacles, où il est besoin d'une grande conduite & de beaucoup d'application d'esprit ; parceque cela ne se fait que par des inventions nouvelles & recherchées. Il seroit donc de la derniere importance d'ordonner qu'avant que d'entreprende ces sortes d'ouvrages, on examinast soigneusement tous les moyens que l'on a de les executer. Mais comme il n'y a ny loy, ny ordonnance qui oblige d'en user de la sorte, & que tous les ans les Preteurs & les Ediles sont obligez de preparer des machines pour les Jeux & pour les Spectacles publics, j'ay crû, Seigneur, que je ne ferois pas une chose inutile, aprés avoir écrit des Bâtimens dans mes premiers livres, d'expliquer dans le dernier les principes de toutes sortes de machines, & E la maniere de les construire.

1. LES AMPHITHEATRES. Je traduis ainsi *Sedes spectaculorum* : Car quoy qu'il soit constant que les veritables Amphitheatres n'étoient point encore en usage du temps de Vitruve, & qu'il y a faute dans Pline, où on lit *Pompei Amphitheatri*, au lieu de *Pompeiani Theatri* selon la remarque de Lipse ; neanmoins le mot d'Amphitheatre est si commun en François, & la signification est si precise pour signifier, les sieges qui servent aux Spectacles que je n'ay pas fait de difficulté de me servir de ce mot. Il me reste neanmoins un scrupule à cause de la pensée que j'ay que les anciens avoient de trois sortes de Theatres, dont les uns estoient entierement de bois, les autres tout de pierre, & les autres moitié pierre & moitié bois, tel qu'est celuy de Bordeaux, où les sieges qui n'estoient que de bois estoient soûtenus sur des murs tournez en rond. Car cela estant *Sedes spectaculorum* signifieroit icy seulement la charpenterie dont les sieges estoient formez, & qui se posoit sur la maçonnerie, lors que l'on devoit donner les Spectacles. Cela paroist avoir quelque vrai-semblance, parceque Vitruve met *Sedes spectaculorum* avec *velorum inductiones*, & que l'on sçait que les voiles ne se mettoient aux Theatres que dans le temps des Spectacles. Or ces voiles estoient de deux sortes, car les unes servoient à couvrir tout le Theatre, pour empescher que les spectateurs ne fussent incommodez du Soleil, les autres se tiroient devant la Scene pendant que l'on travailloit aux changemens du Theatre, cette derniere sorte de voiles s'appelloit *Siparium*.

CHAPITRE I. A

Des Machines, sçavoir ce que c'est, comment elles different des Organes, de leur origine, & de leur necessité.

[1] MACHINE est un assemblage de bois bien joint, par le moyen duquel on peut remuer de tres-lourds fardeaux. [2] L'effet de la Machine dépend de l'Art, [3] & il est fondé sur le mouvement circulaire que les Grecs apellent *Cycliken kinecin*. [4] Le premier genre de Machine est pour monter, les Grecs l'apellent *Acrobaticon*. Le second genre qu'ils nomment *Pneumaticon* est pour le vent: le troisiéme est pour tirer, qu'ils apellent *Banauson*.

La Machine pour monter est celle qui est disposée en sorte, que par le moyen de deux B pieces de bois d'une certaine hauteur, & jointes par plusieurs pieces traversantes, on peut monter [5] sans danger pour voir & reconnoistre les travaux des ennemis. La Pneumatique est celle qui [6] par l'impulsion de l'air imite [7] le son des instrumens que l'on touche, & mesme la voix humaine. La Machine faite pour tirer est celle qui transporte ou qui éleve de grands fardeaux.

1. MACHINE EST UN ASSEMBLAGE DE BOIS. La definition que Vitruve apporte icy de ce qu'on apelle machine, & la division qu'il en fait en trois especes, ne sont pas fort justes: Mais sur tout il me semble que le mot de *materia* qu'il fait entrer dans sa definition n'y devroit point estre: car s'il signifie en general quelque matiere que ce soit, il repugne à la notion de la machine, qui consiste davantage dans la forme & dans l'art, que dans la matiere: mais si *materia* signifie particulierement *du bois*, ainsi qu'il semble que Vitruve l'entend, cela est encore sans raison, les metaux, les cordages, la graisse, & plusieurs autres choses estant la matiere des Machines aussi bien que le bois.

2. L'EFFET DE LA MACHINE DEPEND DE L'ART. C'est ainsi que je traduis *movetur ex arte*: car quoy qu'on puisse dire en quelque maniere que la machine est remuée par art, la verité est que c'est le poids qui est remué par l'art, & non la machine qui est proprement remuée par quelque puissance naturelle telle qu'est ou le poids qui emporte les balances, ou le bras qui presse le levier, bien entendu que cette puissance naturelle est employée & conduite par l'Art. C'est pourquoy Aristote dit fort bien que la Mechanique est composée de la Physique & des Mathematiques.

3. IL EST FONDÉ SUR LE MOUVEMENT CIRCULAIRE. Aristote dit que toute la Mechanique est fondée sur le levier, que le levier depend de la balance, & que l'effet de la balance doit estre attribuée à la vertu du cercle. On entend par la vertu du cercle la faculté qu'il donne au fardeau que l'on veut remuer, & à la puissance mouvante, de s'égaler l'un à l'autre, ou de se surmonter l'un l'autre quand ils agissent à l'opposite l'un de l'autre: car cela se fait par la necessité dans laquelle ces deux puissances sont de faire décrire des cercles aux differentes parties de l'instrument sur lequel ils agissent, lorsque du lieu ou le poids pese, à celuy sur lequel la puissante mouvante agit, il y a une ligne dont une partie demeure immobile, pendant que toutes les autres sont en mouvement; car par cette necessité de faire des cercles qui sont plus grands, ou plus petits, selon que les puissances agissent ou plus pres ou plus loin du point immobile de la ligne droite; il arrive que si les cercles sont inegaux, à cause de la distance differente dans laquelle les puissances sont du point immobile de la ligne droite, le mouvement le sera aussi, & ainsi selon la proportion qui est entre les cercles qui sont faits par la puissance mouvante, & ceux qui sont faits par la puissance du poids, la puissance mouvante egalera ou surmontera la puissance du poids. Car si la puissance mouvante qui agit au point D, est egale au poids qui agit au point E, elle n'aura point d'effet, parceque les cercles que l'une & l'autre font décrire, sont egaux: mais si elle agit au point C, elle emportera le poids E, parceque le cercle CF, qu'elle fait decrire, est plus grand que le cercle AE, que le poids fait decrire; & ainsi le mouvement qu'elle fait dans la portion CF de son cercle sera, plus grand que celuy que le poids fait dans la portion AE, du sien.

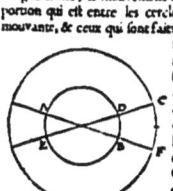

Cette demonstration est fort claire, mais son principe ne l'est pas de mesme, & il n'est pas aisé de faire entendre pourquoy la longueur de l'espace dans lequel le mouvement se fait augmente la force de ce qui le cause: Car tout ce que l'on peut dire est que la force d'une puissance mouvante depend de la proportion qui est entre son degré de force & celuy de la resistance du corps qu'elle doit remuer; & que de mesme que cette resistance vient de deux choses, sçavoir de la repugnance que le corps a en luy mesme au mouvement, & de l'espace par lequel il doit estre remué, y ayant plus de difficulté à porter loin une chose pesante qu'à la remuer simplement; on peut dire aussi que la puissance de remuer qui est opposée à la puissance de resister au mouvement, consiste en deux choses, dont l'une est la puissance qu'elle a absolument & simplement de surmonter la resistance, l'autre est la puissance qu'elle a de faire cette action par un long espace; de sorte que l'on peut dire qu'elle a un moyen de surmonter une des parties de la resistance quand elle peut agir par un espace beaucoup plus grand que n'est celuy dans lequel la force resistante peut resister: Car supposé que deux poids égaux soient sur un levier à une égale distance de l'appuy, l'un n'emportera point l'autre, parceque tout y est égal, sçavoir la puissance de mouvoir est egale à la puissance de resister au mouvement, & la puissance de mouvoir par certain espace est egalée par une puissance de resister au mouvement par un pareil espace: mais si l'un des poids est plus eloigné de l'appuy que l'autre, alors comme ce poids est en estat de décrire un plus grand cercle que l'autre, la puissance de resister au mouvement devra estre moindre que la puissance qui peut mouvoir; parce que l'une ne peut resister que par un petit espace pendant le mesme temps que l'autre peut agir par un espace beaucoup plus grand.

4. LE PREMIER GENRE DE MACHINE. La definition de machine en general selon Vitruve ne convient point à ces especes: Car ny les echelles ny les machines à vent ne sont point faites pour lever de lourds fardeaux par la vertu du mouvement.

5. SANS DANGER. Il est difficile de deviner pourquoy la seureté est mise dans la definition de cette machine vû que le contraire est un peu apres, lors qu'il est dit qu'elle est principalement remarquable par la hardiesse de ceux qui s'en servent. De plus la fin & l'usage de cette machine est restraint assez mal à propos à une seule chose, car outre qu'une echelle est une machine qui peut servir à autre chose qu'à la guerre, elle peut aussi dans la guerre mesme servir à autre chose qu'à decouvrir ce que font les ennemis.

6. PAR L'IMPULSION DE L'AIR. Je lis *Spiritus impulsu, & plaga vocesque organicos exprimuntur*, au lieu de *Spiritus expressionibus impulsus & plaga vocesque organicos exprimuntur*; cela n'ayant point de sens, parceque le mot *expressionibus* est manifestement inutile, & que l's, tout de mesme est superflu dans *impulsus*.

7. LE SON DES INSTRUMENS QUE L'ON TOUCHE. J'interprete ainsi le mot *plaga*, qui à la lettre signifie *les coups ou les battemens*; c'est-à-dire les coups d'archet, les coups des doigts qui pincent

A Pour monter à des lieux élevés on n'a pas tant besoin d'artifice que de hardiesse. Tout l'artifice consiste à assembler des montans & des échelons, en sorte que l'on en compose une machine pliante dont une partie sert de soûtien à l'autre. L'art de faire agir les Machines par le moyen de l'air est tres-ingenieux, & produit des effets merveilleux. Pour ce qui est de l'art de tirer de grands fardeaux, il est tres-utile pour quantité de choses, mais particulierement pour faire de grands & magnifiques ouvrages quand on s'en sert avec prudence & discretion. Toutes ces machines se remuent ou Mechaniquement ou Organiquement : car il semble qu'il y a quelque difference entre Machine & Organe, & que Machine est ce qui fait son effet avec plus d'appareil, & qui a besoin de la force de plusieurs hommes, comme les Ballistes & les Pressoirs : au lieu que les Organes font le leur par un seul homme qui les conduit avec adresse : [1] les *Arbalestes*, & [2] les *Anisocycles* sont de ce genre. Mais les Machines & les Organes ont cela de commun, que l'on ne s'en peut com-
B modement passer pour les choses ausquelles on les employe. CHAP. I

Scorpiones. Instrumens composez de cercles inegaux.

Or toute la Mechanique est fondée ou sur la nature des choses, ou sur l'étude que l'on a faite des mouvemens circulaires du monde. Car si nous considerons le Soleil & la Lune & les cinq autres Planettes, nous remarquerons que leur mouvement qui nous apporte la lumiere & fait meurir les fruits, est causé par une Machine qui les fait tourner. Et c'est sur ces modeles, que les anciens ont inventé des Machines si utiles & si necessaires à la vie, & qu'ils ont rendu des ouvrages aisez à faire par le moyen des Machines & des Organes qu'ils ont perfectionnez de plus en plus par leur étude & par leur industrie, lorsqu'ils en ont reconnu la necessité.

Ce qui est le plus necessaire, & qui a dû estre inventé avant toutes les autres choses, est
C le vestement : pour l'inventer il a fallu à l'aide de plusieurs instrumens, trouver moyen d'entrelacer la chaisne avec la treme, & cet entrelacement a produit une chose qui n'est pas seulement necessaire pour couvrir le corps, mais qui luy sert d'un grand ornement. Nous n'aurions aussi jamais eu l'abondance des fruits dont nous sommes nourris, si l'on n'avoit trouvé l'invention de se servir de bœufs & de charruës : & sans les moulinets & & les leviers qui servent aux pressoirs, on ne pourroit faire des huiles claires & des vins agrea-

les cordes ou les coups de marteau qui font sonner les timbres ; ce qui comprend tous les instrumens de Musique qui ne sont point à vent. Car toute la Musique estant divisée en Vocale & en Instrumentale, & l'Instrumentale en Pneumatique, c'est-à-dire qui depend du vent, & en Plastique, c'est-à-dire qui consiste en frappement ; la Plastique est de deux especes, sçavoir celle qui frappe
D les timbres laquelle est presentement en grande vogue dans les villes des Païs-bas, & celle qui frappe les cordes, qui est aussi de deux especes : l'une qui frappe les cordes en les frottant, ainsi qu'il se fait aux Violons avec un archet, aux Vielles avec une rouë, aux Archiviolles avec une ceinture de crin ; l'autre qui frappe les cordes sans les frotter, ce qui se fait encore en deux façons, car ou la corde est poussée sans que ce qui la pousse la quitte comme il se fait aux Manicordions, ou ce qui pousse la corde la quitte, qui est ce que l'on apelle pincer, & ce pincement se fait en deux façons, sçavoir ou avec le doigt comme aux Harpes, aux Luts & aux Guittares, ou avec des sautereaux comme aux Epinettes.

Or ce n'est pas sans raison que Vitruve dit que par le moyen de la Machine Pneumatique, qui est ce que nous apellons les Orgues, on imite tout ce que la voix & les instrumens que l'on touche ou que l'on frappe peuvent faire : Car les flutes bouchées jointes aux
E Regales enfermées dans des tuyaux mediocrement longs, imitent la voix humaine ; les Regales enfermées dans des tuyaux plus longs que l'on apelle Cromornes, imitent les Violons ; les petites Flustes qui composent ce que l'on apelle la Fourniture, & celles qui composent les Cymbales jointes aux autres jeux, qui toutes ensemble font le plein jeu, imitent le son des cloches & des timbres, à cause de ce tintement aigu qu'elles representent, qui est inseparable & comme le vray caractere du son des cloches, & qui, parce qu'il se rencontre aussi aigu dans les plus grosses cloches que dans les plus petites, est imité par des tuyaux qui sont presque aussi petits aux plus basses touches qu'aux plus hautes ; n'ayant que l'estenduë d'une octave pour tout le clavier qui comprend ordinairement quatre octaves.

1. LES ARBALESTES. Vegece dit que de son temps *Scorpiones* que je traduis *Arbalestes* estoient apellez *Manuballistæ* pour les distinguer des grandes Ballistes ou Catapultes qui n'estoient pas portatives, de mesme que nos Arquebuses & Pistollets sont distinguez du Canon. Ces petites Machines étoient apellées Scorpions à cause de leur effet, qui étoit de blesser avec de petites fleches, de mesme que le Scorpion blesse avec un petit aguillon ; & à cause de la figure de leur arc qui representoit deux bras recourbez comme les piez d'un Scorpion.

2. LES ANISOCYCLES. On ne sçait point certainement quel est cet instrument. Budée & Turnebe ne sçavent que la signification literale de son nom qui signifie des *Cercles inegaux*. Barbaro dit que les cheveux bouclez sont les Anisocycles, ce qui est vray, supposé que les boucles soient inégales comme elles seroient si elles étoient formées par un fer chaud fait en cone. Baldus croit que cette machine qui jette des fleches par le moyen d'un fil d'acier tourné en vis A B, & enfermé dans un canal, est l'Anisocycle : mais les cercles de ce fil qui est tortillé comme de la cannetille ne sont point inegaux. Il y auroit plus d'apparence que l'Anisocycle seroit cette sorte de ressort qui est fait d'une lame ou d'un fil d'acier CDEF, qui est tourné non en vis, mais en ligne spirale sur un mesme plan comme est le ressort des montres portatives ou les cercles du milieu sont plus petits que ceux qui sont vers la derniere circonference.

Chap. I. bles comme nous les avons : & tous ces biens ne pourroient estre portez d'un lieu en un A autre, si l'on n'avoit inventé les charrettes, les haquets & les batteaux pour le transporter sur la terre & sur l'eau. Les balances & les trebuchets ont aussi esté trouvez, afin de faire sçavoir quel est le poids de chaque chose, & pour empescher les tromperies qui se font contre les loix.

Il y a une infinité d'autres Machines, dont il n'est point necessaire de parler presentement, parcequ'elles sont assez connuës, comme sont les roües, les soufflets des ouvriers, Cisia. les carrosses, [1] *les chaises roulantes*, le tour, & les autres instrumens dont on use d'ordinaire. Mais il faut commencer à parler des Machines qui sont plus rares, & à les expliquer, afin qu'on entende quelle est leur fabrique.

1. Les chaises roulantes. Les Anciens avoient des carrosses à deux *roües* qu'ils apelloient *Cisia*, dont ils se servoient pour aller commodement & en grande diligence. Ciceron les apelle *chaises volantes* : aujourd'huy nous les apellons *chaises roulantes*. B

Chap. II.

CHAPITRE II.

Des Machines qui sont faites pour tirer, & dont on se sert aux Temples & aux Ouvrages publics.

Nous traiterons en premier lieu des Machines qui sont necessaires pour la construction des Temples & pour les autres ouvrages publics : elles se font en cette sorte. On dresse trois pieces de bois proportionnées à la pesanteur des fardeaux que l'on veut élever : elles C sont jointes par enhaut avec une cheville & écartées par embas. Le haut qui est attaché & retenu des deux costez par des écharpes, soûtient [1] une mousle, apellée par quelques-uns [2] *rechamus*, dans laquelle on met deux poulies, qui tournent sur leurs goujons. Le cable qui doit tirer, ayant esté passé sur la poulie d'enhaut, on le fait passer ensuite sur une autre poulie, qui est dans la mousle inferieure ; en suite on le fait revenir passer sur la poulie qui est au bas de la mousle superieure ; & on fait encore descendre la corde pour en attacher le bout au trou qui est en la mousle inferieure. L'autre bout de la corde descend embas vers l'endroit où les grandes pieces de bois équarries se retirent en arriere en s'écartant, & ausquelles sont attachées les amarres qui reçoivent les deux bouts du Moulinet afin qu'ils y puissent tourner aisément. Le Moulinet vers chacun de ses bouts a deux trous disposez en sorte que l'on y puisse passer des leviers. On attache à la partie inferieure de la mousle [3] des tenailles de fer dont les

1. Une mousle. Le mot *Trochlea* est icy ce que nos ouvriers apellent une Mousle. Ce nom tant en Latin qu'en François est donné à toute la Machine à cause de l'une de ses parties : Car *Trochlea* en Latin ou *Trochalia* en Grec signifie proprement une poulie qui est apellée dans le texte de Vitruve *orbiculus*. Or le nom d'*Orbiculus* aussi-bien que celuy de *Trochlea* qui signifie une rouë, convient mieux à une poulie qu'à la mousle qui est quarrée & qui enferme les poulies dans des mortaises. Le mot de *mousle* aussi selon son etymologie Françoise, ne convient qu'aux poulies dont la mousle est composée, & qui sont apellées mousles à cause de la ressemblance qu'elles ont à la bouche quand les levres sont beaucoup relevées & avancées en dehors, ce que l'on apelle vulgairement en François *mousle* ou *moué*.

2. Rechamus. Ce mot qui signifie la mesme chose que *Trochlea* ne se trouve que dans Vitruve : c'est une des deux parties de la mousle qui est divisée en superieure & inferieure. Ces mousles sont des morceaux de bois dans lesquels il y a des mortaises où les poulies sont enchassées. L'effet de cette machine est que l'une des mousles étant attachée au haut de l'engin, & l'autre au fardeau, la corde qui le doit lever est liée à la mousle d'embas, & va passer sur la poulie inferieure de la mousle d'enhaut & retourne passer sous la poulie de la mousle d'embas, & de la retourne encore passer sur la poulie superieure de la mousle d'enhaut pour descendre au Moulinet, qui tirant cette corde, fait aprocher les mousles l'une de l'autre, & par consequent fait monter le fardeau. Cette machine est representée par la premiere figure de la Planche LIX.

3. Des tenailles de fer. Je lis avec Philander *Forcipes* qui signifie des tenailles, au lieu de *Forfices* qui signifie des ciseaux. Ces tenailles de fer dont Vitruve parle icy sont D ce que nos ouvriers apellent *Louve*, qui est un instrument de fer avec lequel on accroche les pierres pour les enlever avec les engins ou avec les grués. Je trouve trois especes de Louve, sçavoir celle des Anciens, celle dont Philander dit qu'on se servoit à Rome de son temps, & celle dont nous nous servons à present en France : celle des anciens étoit composée de deux pieces de fer AD, BC, jointes par un clou au milieu comme des ciseaux ou des tenailles. Ces pieces étoient E un peu recourbées par embas pour serrer la pierre, & elles avoient chacune un anneau par enhaut comme des ciseaux, afin que la corde E, étant passée dans ces anneaux fist approcher en tirant les deux branches d'enhaut & serrer par consequent les deux branches d'embas. Philander croit que ces deux branches d'embas embrassoient toute la pierre, mais le texte de Vitruve qui a *Forcipes*, que

crochets

A crochets s'accommodent aux trous que l'on fait pour cela dans les pierres. L'effet de toute la Machine pour élever & poser en haut les fardeaux, est que l'on attache le bout de la corde au Moulinet, qui estant tourné par les leviers, bande la corde qui est entortillée à l'entour. CHAP. II.

rum dentes in saxa forata accommodantur, fait entendre qu'il y avoit deux trous C D, sur le lit de dessus dans lesquels on mettoit les bouts de la Louve, qui estant tirée par les anneaux serroit seulement la partie de la pierre qui estoit entre les deux trous. On voit ces deux trous en chaque pierre dans les anciennes ruines & entr'autres aux Tuteles à Bordeaux, où chaque tambour dont les colonnes sont composées a trois trous, sçavoir un au milieu pour une barre de fer qui enfile plusieurs tambours, & deux autres distans de celuy du milieu chacun d'environ six pouces. Il est vray que l'on voit aussi des pierres en plusieurs autres ruines tres-
B anciennes qui n'ont qu'un trou pour la Louve : & il semble qu'il étoit fait pour quelqu'autre sorte de Louve pareille à celle dont parle Philander.

La seconde espece de Louve dont Philander parle est plus seure que la premiere qui peut laisser tomber la pierre, pour peu que les branches, qui doivent estre longues : & par consequent foibles, viennent à s'écarter en pliant, ou que le cable qui est passé dans les anneaux des branches s'allonge & s'étende : car cela peut arriver lorsque le poids du fardeau est extraordinaire. Cette autre espece de Louve se met dans un seul trou qui doit estre creusé dans la pierre, de sorte qu'il soit plus large par le fond qu'à l'entrée. On met dans
C ce trou les deux coins A B, dont la partie la plus large est vers le bas. Au milieu de ces coins on en met un troisiéme C, qui n'est pas plus large en bas qu'en haut, mais qui est fait pour écarter les deux autres, & les serrer contre les costez du trou. Ces trois coins sont percez par en haut & enfilez avec l'anse I D L, par la cheville I L, qui a une teste L, & une pointe I, arrestée avec une clavette. Ces trois coins ainsi joints ensemble forment une queüe d'irondelle qu'il est impossible de faire sortir de la pierre qu'en ostant le coin C, qui est au milieu.

La troisiéme espece de Louve, qui est celle dont nous nous servons, est encore plus commode que la seconde ; car au lieu des six pieces de fer dont la seconde est composée, celle-cy n'en a que trois qui sont un fer à queüe d'irondelle A, garny d'un anneau B, qui tient lieu de l'Anse, & deux coins C D, qui sont egaux & aussi larges à un bout qu'à l'autre. Pour se servir de cette Louve on fait un trou de mesme que pour la seconde, lequel a par le haut la largeur du bas de la queüe d'Irondelle A, & qui par embas, outre cette largeur du bas de la queüe d'Irondelle a encore la largeur des deux coins. La queüe d'Irondelle estant enfoncée, on y met aussi les deux coins l'un d'un costé & l'autre de l'autre, qui font le mesme effet que si la queüe d'Irondelle étoit élargie comme elle l'est dans la seconde Louve par le coin du milieu : Mais ces deux coins rendent la Machine plus simple & plus commode.

CHAPITRE III. CHAP. III.

Des differens noms de quelques Machines, & comment on les dresse.

LA Machine dont nous venons de parler, qui est faite de trois poulies, s'apelle *trispastos*; quand il y en a deux en la partie inferieure & trois en la superieure, on l'apelle *pentaspastos*. Que si l'on veut avoir des Machines capables de lever de plus grands fardeaux, il faudra avoir des pieces de bois plus longues & plus grosses, & augmenter à proportion la force des chevilles & des autres liens qui sont en haut, & des moulinets qui sont embas. *Tirant par trois.* *Tirant par cinq.*

* Ces choses estant ainsi preparées [1] les *cables qui sont en la partie de devant de la machine*, se-
D ront laissez lâches & sans estre tendus, & l'on attachera assez loin de là *les écharpes* qui tiennent *au haut de la machine* : en suite l'on fichera *des pieux de travers* en terre & on les y enfoncera bien avant avec des maillets, s'il n'y a point d'autre chose où l'on puisse attacher fermement une corde. Aprés cela il faut lier la partie superieure de la mousle au haut de toute la machine, & de ce mesme endroit faire conduire un cable vers un pieu auquel la partie inferieure sera attachée, & l'ayant passé par dessus la poulie de cette partie inferieure le faire retourner à la partie superieure, & de là le faire descendre vers le moulinet qui est embas, & l'y attacher. Le moulinet estant bandé par les leviers, la machine s'élevera elle mesme sans aucun danger, à cause que par le moyen des écharpes qui seront disposées deçà & delà, & attachées à des pieux, la Machine sera fortement arrestée : & alors on se pourra servir de la
E mousle & du cable, comme il a esté dit cy-dessus. *Antarii funes.* *Retinacula.* *Scapula machinae. Pali resupinati.*

1. LES CABLES QUI SONT EN LA PARTIE DE DEVANT. Je traduis ainsi *Antarii funes*, parceque ce sont des cordes qui appuyent la Machine quand elle est dressée, & qui la tiennent, comme les aubans affermissent le mas d'un navire. Ils sont peut estre apellez *Antarii*, parce qu'ils servent d'arcboutans apellez cy-devant *Anta & Anterides* par Vitruve ; ou parce qu'ils sont en la partie de devant, pour les distinguer de ceux qui sont derriere & qui sont apellez *Retinacula*. Ils doivent estre tenus lâches, parce qu'ils ne servent à la Machine que quand elle est levée, & il s'agit icy de la lever. Philander croit neantmoins que *Antarii funes* sont les cables qui sont passez dans les mousles pour lever les fardeaux ; Et Baldus veut que ce soient ces cordes que nos Ouvriers apellent *vintaines*, qui servent à conduire la pierre & à la tirer vers l'endroit où on la veut poser.

CHAPITRE IV.

D'une autre machine semblable à la precedente par le moyen de laquelle on peut avec plus de seureté elever des fardeaux d'une grandeur & d'un poids extraordinaire, le moulinet estant changé en tympan.

S'IL se rencontre dans un ouvrage des fardeaux d'une grandeur & d'un poids énorme, on ne se doit pas fier à un moulinet, mais il faudra passer un essieu dans les amarres, dans lesquelles les deux bouts du moulinet tournent, lequel essieu aura en son milieu un grand Tympan, que quelques-uns apellent roüe, les Grecs *Amphireusin*, ou *Peritrochon*. Il faudra aussi que les mousles soient d'une autre façon; car la superieure de mesme que l'inferieure doivent avoir deux rangs de poulies, & il faut que le cable soit passé dans le trou de la mousle inferieure, en sorte que ses deux bouts soient égaux, quand il sera étendu; & que par son milieu qui est dans le trou de la mousle inferieure, il y soit si bien attaché avec une petite corde, qu'il ne puisse glisser ny d'un costé ny d'autre: cela estant ainsi il faut passer les deux bouts du cable dans la mousle superieure par la partie exterieure, & sur les poulies basses pour redescendre & repasser sous les poulies de la mousle inferieure par sa partie interieure, & ensuite retourner encore à droit & à gauche pour passer sur les poulies qui sont au haut de la mousle superieure, où estant passez par sa partie superieure, ils descendent des deux costez du Tympan s'attacher à son essieu: outre ce cable il y en a un autre, qui du Tympan, autour duquel il est entortillé, va à un *vindas* qui estant bandé & faisant tourner le Tympan, tire également les cables qui sont autour de son essieu, & ainsi leve insensiblement les fardeaux sans danger. Cela se fera encore plus aisément si l'on veut faire le Tympan fort grand, car sans se servir de Vindas on le pourra tourner ou [1] en faisant marcher des hommes dedans au droit du milieu, ou en les faisant agir vers l'une des extremitez.

Ergata.

1. EN FAISANT MARCHER DES HOMMES. Pour traduire *Calcantes homines aut in medio, aut in una parte extrema*, il a fallu exprimer que les roües qui se mettent au lieu des moulinets pour lever des fardeaux, sont remuées en deux manieres. La premiere est que l'on met des hommes dedans qui marchent au milieu du plancher de la roüe. L'autre est que l'on fait remüer à bras la roüe en la tirant ou poussant par les extremitez des ais qui font le plancher, & par les rayons de la roüe qui sont des extremitez à l'égard du milieu du plancher sur lequel les hommes marchent.

EXPLICATION DE LA PLANCHE LVIII.

Cette Planche a deux Figures, La premiere represente la premiere espece de machine à élever les fardeaux, estans en estat d'estre élevée de terre par elle-mesme. A, est le pieu fiché de travers en terre pour lever la Machine. B, est la mousle d'embas. C, est la mousle d'enhaut. DD, sont les cables apellez antarii funes *que l'on laissoit lasches & sans estre tendus, jusqu'à ce que la machine fust élevée, & alors on les attachoit aux pieux EE, pour tenir la machine ferme & arrestée. EE, sont les écharpes qui estant deçà & delà attachées à des pieux, empeschent que la machine ne recule vers le pieu A, lorsqu'elle est tirée par le cable qui passe dans la mousle B. F, est l'écharpe apellée* retinaculum *qui est liée au haut de la machine. Cette machine est décrite au chapitre troisiéme.*

La seconde Figure represente la machine apellée Polyspaste, qui est décrite au cinquiéme chapitre. F, est la longue piece de bois arrestée des quatre costez avec des cables. GGGG, sont les quatre cables qui arrestent la longue piece de bois. H, est la mousle superieure qui a trois rangs de poulies & trois poulies à chaque rang. I, est la mousle inferieure pareille à la superieure. K, est une des amarres qui sont au haut de la longue piece de bois, l'autre estant cachée. L, est la regle qui soûtient la mousle superieure. M, est la Louve selon la troisiéme maniere. N, est la troisiéme mousle apellée Artemon *&* Epagon.

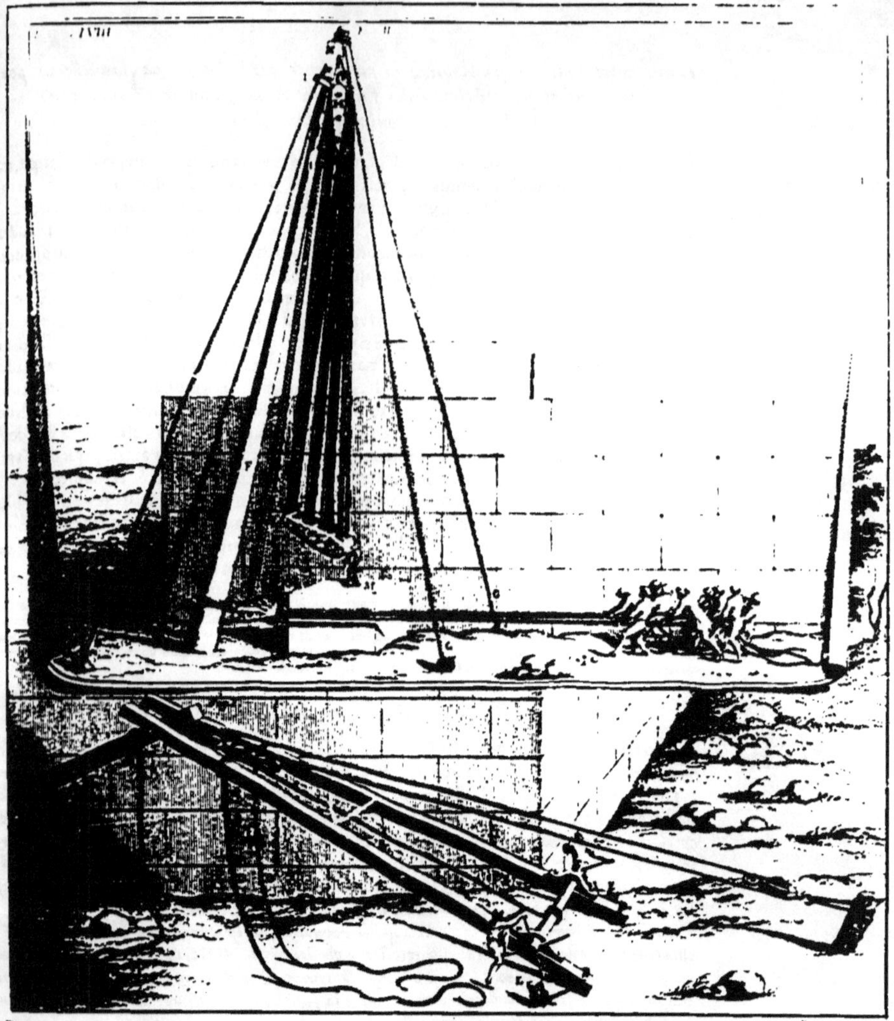

CHAP. V.

A

CHAPITRE V.

D'un autre genre de machine pour élever les fardeaux.

IL y a une autre machine assez artificieuse & qui est fort commode pour lever les fardeaux en peu de temps; mais il faut estre bien adroit pour s'en servir. On a une longue piece de bois qui est levée & arrestée des quatre costez avec des cordes. Au haut de cette piece de bois un peu au dessous de l'endroit où ces cordes sont attachées, on cloue deux amarres ausquelles [1] on attache la mousle avec des cordes. On appuye la mousle par une regle longue environ de deux piez, large de six doits & épaisse de quatre. Les mousles ont chacune B selon leur largeur trois rangs de poulies, en sorte qu'il y a trois cables qui estant attachez au haut de la machine, viennent passer du dedans au dehors sous les trois poulies qui sont au haut de la mousle inferieure, & retournant à la mousle superieure passent de dehors en dedans sur les poulies qu'elle a embas: de là descendant à la mousle inferieure, ces cables passent encore de dedans en dehors sous les poulies qui sont au second rang, & retournent à la mousle superieure, pour passer sur les poulies qui sont au second rang, & ensuite retourner à la mousle inferieure, & enfin encore à la superieure; où ayant passé sur les poulies qui sont en haut ils descendent au bas de la machine, à une troisiéme mousle que les Grecs apellent *Epagon* & nous [2] *Artemon*. Cette mousle qui est attachée au pié de la machine, a trois poulies, sur lesquelles passent les trois cables qni sont tirez par des hommes. Ainsi trois rangs d'hommes peuvent tirer, & élever promptement les fardeaux sans vindas.

Qui tire à soy.
Qui est ajouté.

Cette espece de machine est apellée [3] *Polyspastos*, à cause que par le moyen d'un grand C

1. ON ATTACHE LA MOUSLE. Au lieu de *Supra chelonia religatur*, j'ay crû devoir lire *suprà, cheloniis religatur*, faisant *supra* adverbe, & non pas preposition: parcequ'il n'y a point de sens de dire que la mousle doit estre attachée au dessus des Amarres, puisque les Amarres ne servent qu'à soutenir la mousle que le poids tire en bas.

2. ARTEMON. Ce mot, à ce que l'on croit, est grec de mesme qu'*Epagon*: mais il exprime mieux la chose qu'il doit signifier, car *Epagon* qui signifie *tirant à soy*, ne convient point à cette mousle qui est attachée au pié de la Machine, vû qu'elle ne tire rien, & n'a point d'autre action que les autres mousles. C'est là-dessus qu'est fondée l'erreur d'Hermolaus qui croit qu'*Artemon* est l'*Ergata* ou Vindas. Et il auroit raison si la chose de soy n'étoit si claire qu'il est impossible de douter qu'*Artemon* ne soit icy une troisiéme mousle, qui est ainsi apellée, à cause qu'en cette machine elle est ajoûtée, aux deux autres mousles qui sont ordinairement aux autres machines: Cela se doit entendre, supposé qu'*Artemon* vienne du Grec *Artema* qui signifie une chose ajoûtée. Quelques-uns par cette raison veulent que la voile de figure triangulaire, qui dans les mers de Levant se met au derriere du vaisseau, & que les Levantins apellent la Mesane, soit communement apellée *Artemon*, parce qu'elle est ajoûtée aux autres, estant d'une autre espece.

3. POLYSPASTOS. Plutarque apelle ainsi la machine avec laquelle il dit qu'Archimede traisna luy seul sans peine un grand navire chargé de tout ce qu'il peut porter estant sur mer. Si Vitruve n'avoit point décrit cette machine assez clairement pour en avoir donné une parfaite connoissance, on croiroit que c'est autre

D

EXPLICATION DE LA PLANCHE LIX.

Cette Planche contient trois Figures. La premiere represente la premiere espece de machine à élever les fardeaux qui est en place & en estat de travailler. A, est la mousle superieure apellée Rechamus. *B, est la mousle inferieure. C, est la poulie d'enhaut de la mousle superieure. E, est la poulie qui est au bas de la mousle superieure. G, est le trou ou anneau de la mousle inferieure auquel le cable est attaché. H, est la partie inferieure de la mousle inferieure à laquelle on accroche la tenaille ou Louve. III, sont les trois pieces de bois proportionnées aux fardeaux. K, est la cheville qui joint les trois pieces de bois par enhaut. LLL, sont les écharpes qui arrestent les pieces de bois. OO, sont les amarres qui reçoivent les deux bouts du moulinet. Cette machine qui est apellée* Trispastos *est expliquée au second chapitre.* E

La seconde Figure represente la machine qui est expliquée au quatriéme chapitre, & que l'on peut apeller Trispaste double à petit Tympan, à cause que les poulies sont doubles à chacun des trois rangs, & qu'au lieu d'un moulinet elle a un petit Tympan. AA, est l'essieu qui est à la place du moulinet. BB, est le Tympan apellé Peritrochos. *CC, est la mousle superieure qui a quatre poulies, deux à chaque rang. DD, est la mousle inferieure qui a deux poulies de rang. EE, est le trou de la mousle inferieure dans lequel le cable est passé & lié d'une petite corde. FF, est le cable qui est autour du Tympan, & qui est tiré par le vindas. GG, est le vindas.*

La troisiéme Figure represente la machine qui est expliquée à la fin du quatriéme chapitre, qui peut estre apellée Trispaste double à grand Tympan. HH, est le grand Tympan, dans lequel on fait marcher des hommes. N, est la Louve de Philander. P, est la Louve de Vitruve.

nombre

Planche LIX.

CHAP. V. nombre de poulies, elle tire avec beaucoup de facilité & de promptitude. Elle a encore A
Qui tire par plusieurs poulies. une grande commodité, en ce que n'y ayant qu'une seule piece de bois élevée [1] on peut la faire pancher en devant ou à costé, à droit & à gauche, afin de poser les fardeaux où l'on veut.

chose: car on sçait que ce que le Polyspaste peut faire, est tout à fait éloigné des effets que Plutarque luy attribuë. Cela fait voir quelle opinion l'on peut avoir des autres miracles que cet Historien conte des machines d'Archimede; & ce seul exemple peut faire croire que ce qu'il en dit n'est fondé que sur les relations des Romains, lesquels estant peu versez dans les Arts avant le temps de Marcellus, ainsi qu'il remarque luy mesme, pouvoient avoir beaucoup exaggeré des choses que leur ignorance leur faisoit paroistre miraculeuses, & qu'ils avoient aussi peut-estre interest de faire passer pour telles. Car de croire avec Plutarque que la grande Geometrie d'Archimede luy fit faire avec un Polyspaste ce qui n'a pû estre fait depuis par ceux qui n'estoient pas si sçavans que luy dans les speculations des proprietez des Nombres & des Figures, cela est bien difficile, quand on considere que les esprits qui s'appliquent aux Mechaniques, à la Musique & aux autres Arts qui sont estimez dependre des Mathematiques, n'y réüssissent point à proportion qu'ils sont profonds dans la connoissance de la Geometrie & de l'Arithmetique; & que ces nobles sciences que Platon estime estre deshonorées quand on les attache à la matiere, sont semblables aux plantes dont les fleurs les plus belles & les plus doubles, ne produisent que rarement du fruit.

1. ON PEUT LA FAIRE PANCHER. Les machines à élever les fardeaux dont il a esté parlé cy-devant, n'estoient faites que pour les elever à plomb sur le lieu où ils avoient esté pris, parce qu'elles estoient appuyées sur trois pieces de bois comme sur trois piez. Le Polyspaste qui n'est appuyé que sur un, pouvoit estre incliné de tous les costez, & par ce moyen poser les fardeaux aux endroits vers lesquels on l'inclinoit; mais il estoit tres difficile à manier, ainsi que Vitruve avertit au commencement du chapitre: car pour faire pancher & tourner à droit & à gauche la poutre qui soûtenoit le fardeau, il falloit lascher ou bander les aubans qui la retenoient des quatre costez, & d'ailleurs ces aubans embarassoient beaucoup: Car enfin pour faire agir ces aubans il estoit necessaire de tirer encore avec plus de force que pour élever le fardeau mesme, parce qu'il falloit lever & le fardeau & la machine: de sorte qu'il auroit esté besoin pour tirer chaque auban d'y mettre des mouffles pareilles à celles qui sont à la poutre pour elever le fardeau.

Nostre gruë est bien plus commode: car apres avoir elevé le fardeau par le moyen du treüil E, autour duquel le cable s'entortille lorsque l'on fait marcher les hommes qui sont dans la roüe F, on le peut aisément poser où l'on veut par le tournoyement de toute la machine BCDEF, soûtenuë sur un seul pivot qui est au haut de la colonne A A. Cette machine tournante est composée d'un long arbre CBD, qui est posé obliquement sur la colonne A A, & affermy par les écharpes que des moises lient & assemblent. Ces moises sont jointes par des boullons & des clavettes de fer, ainsi qu'il se voit dans la moise B B, qui est jointe par quatre boullons à la moise H H, l'une & l'autre moise estant entaillée en plusieurs endroits, tantost en rond, pour former le trou G, qui embrasse le haut de la colonne, tantost en quarré & obliquement pour embrasser le grand arbre & la grande écharpe.

A l'imitation de la gruë on a depuis peu inventé une nouvelle machine pour élever les fardeaux par le moyen de celuy de tous les organes qui est reputé le plus avantageux dans la Mecanique, parce qu'il est exemt de l'inconvenient qui se trouve dans tous les autres; qui est ce que nous apellons le frottement des parties de la machine, qui rendent son mouvement plus difficile. Cet organe est le Rouleau qu'Aristote prefere à tous les autres organes, parce que tous les autres comme les roües, les moulinets & les poulies frottent necessairement par quelque endroit. Mais la difficulté estoit d'apliquer le rouleau à une machine qui eleve des fardeaux, son usage n'ayant esté jusqu'à present que pour les faire rouler sur un plan à niveau. La machine que je propose a une base A A B, à peu pres comme la gruë: Cette base a par enhaut des moises B, qui embrassent un arbre C O, qui est posé droit sur son pivot O, sur lequel on fait tourner la machine, de mesme que la Gruë quand on veut poser le fardeau. Cet arbre soûtient par C enhaut un travers D D, auquel sont attachez les cables E E, qui s'entortillent au tour du Treüil ou rouleau F, qui a un autre cable G, qui est aussi entortillé à un de ses bouts: ce dernier cable est celuy qui éleve le fardeau. A l'autre bout du Treüil il y a une grande roüe de bois, en forme de Poulie H H, à l'entour de laquelle une longue corde N, est entortillée.

Pour faire agir la machine on tire la longue corde N, qui faisant tourner la grande Poulie, fait aussi tourner le Treüil F, qui y est attaché. Ce Treüil en tournant fait que les cables E E, s'entortillent; & cet entortillement fait que le Treüil & la grande Poulie, montent, & qu'en mesme temps le cable G, auquel le fardeau est attaché, s'entortille aussi d'un autre sens sur le Treüil, & ce double entortillement fait monter le fardeau en mesme temps D que le treüil monte. Or il est evident que toute cette élevation se fait sans que rien frotte, & que par consequent toute la puissance qui tire le cable N, est emploïée sans empeschement; ce qui n'est point aux autres Machines. On peut objecter que la puissance qui agit en N, E doit outre le fardeau lever aussi le Treüil de la grande poulie, & que leur pesanteur est de ces obstacles qu'Aristote dit se rencontrer dans toutes les machines, & qu'il vaut bien le frottement qui est dans les autres machines. Mais la réponse est que le frottement est un obstacle inévitable dans toutes les autres machines & qu'il est aisé d'apporter remede aux obstacles qui sont dans celle-cy: ce qui se fait par le moyen du poids M, que l'on rend égal à la pesanteur du Treüil & de la grande Poulie, qui sont élevez & soûte-

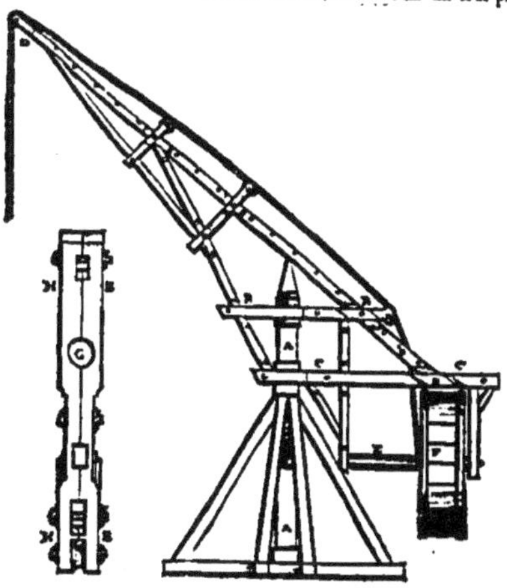

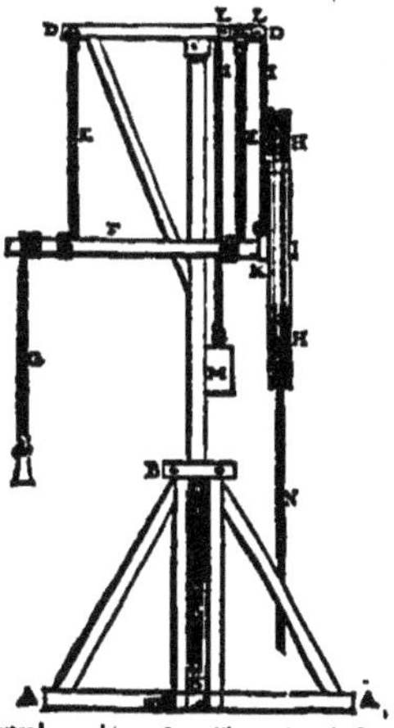

A Toutes ces machines qui ont esté décrites icy, sont utiles non seulement à ce que nous avons dit, mais mesme à charger ou décharger les navires, & pour s'en servir on les peut dresser, ou les coucher sur des pieces de bois, sur lesquelles on les peut faire glisser, afin de les tourner de tous les costez qu'il sera besoin. On peut aussi sans élever cette piece de bois dont il a esté parlé, tirer les navires hors de l'eau en se servant seulement des cables passez dans les moufles. CHAP. V.

nus par la corde H, laquelle passant sur les Poulies L L, est attachée à l'anneau K, qui embrasse le Treuil F. Car le Treuil & la grande poulie estant contrepesez par ce poids, la puissance qui agit en tirant la longue corde N, n'agit plus que pour l'elevation du fardeau. Il y a un modele de cette machine dans le Cabinet de la Bibliotheque du Roy.

B

CHAPITRE VI. CHAP. VI.

De la maniere ingenieuse que Ctesiphon inventa pour remuer de pesants fardeaux.

IL ne sera pas hors de propos de rapporter l'invention ingenieuse dont Ctesiphon se servit pour transporter les colonnes qui devoient servir au Temple de Diane. Cet Architecte ayant à amener les fusts de ces colonnes depuis les carrieres où on les prenoit, jusqu'à Ephese, & n'osant pas se fier à des charrettes, parcequ'il prevoyoit que les chemins estant peu fermes la pesanteur des fardeaux qu'il avoit à conduire, feroit enfoncer les roües, il assembla quatre pieces de bois de quatre pouces en quarré dont il y en avoit deux qui estoient jointes en travers avec les deux autres qui estoient plus longues & égales au fust
* de chaque colonne. Il ficha aux deux bouts de chaque colonne des boulons de fer [1] faits
C à queuë d'irondelle, & les y scella avec du plomb, ayant mis dans les pieces de bois traversantes des anneaux de fer dans lesquels les boulons entroient. De plus il attacha aux deux bouts de la machine des bastons de chesne; en sorte que lorsque les bœufs la tiroient par ces bastons, les boulons qui estoient dans les anneaux de fer y pouvoient tourner assez librement pour faire que les fusts des colonnes roulassent aisément sur la terre: & ainsi il fit amener tous les fusts des colonnes. Sur le modele de cette machine Metagenes fils
* de Ctesiphon en fit une autre pour amener les Architraves. Il fit [2] des roües de douze piez ou environ, & il enferma les deux bouts des architraves dans le milieu des roües: il y mit aussi des boulons & des anneaux de fer, en sorte que lorsque les bœufs tiroient la machine, les boulons mis dans les anneaux de fer faisoient tourner les roües: & ainsi les ar-
* chitraves qui estoient enfermez dans les roües [3] comme des essieux, furent traisnez & amenez
D sur le lieu, de mesme que les fusts des colonnes.

1. FAITS A QUEÜE D'IRONDELLE. Il faut entendre que ces boulons n'étoient à queüe d'Irondelle que par un bout, parce qu'ils devoient estre ronds par le bout qui sortoit hors la colonne afin de pouvoir tourner dans l'anneau de fer. Mais ils étoient à queüe d'Irondelle par le bout qui étoit scellé dans la colonne afin de l'y faire mieux tenir: Car supposé que les trous dans lesquels on scelloit ces boulons fussent plus larges au fond qu'à l'entrée, il est evident que le plomb fondu remplissant cette cavité devoit bien affermir ces boulons dans le marbre, & c'est-là la maniere ordinaire de sceller les crampons.

2. DES ROÜES DE DOUZE PIEZ. Les Interpretes entendent que pour transporter les grands Architraves que l'on avoit
E taillez dans la carriere pour le Temple d'Ephese, ces roüës de douze piez soûtenoient les boulons de fer de mesme que les roües des charrettes ordinaires soûtiennent les essieux: mais il me semble que le texte ne dit point cela, & mesme qu'il ne le doit pas dire; parcequ'il n'est pas possible que l'excessive pesanteur de ces grandes pierres pust estre soûtenuë sur deux boulons de fer scellez aux bouts de la pierre, c'est-à-dire sur un essieu, s'il faut ainsi dire, fait de trois pieces soudées avec du plomb bout à bout l'une de l'autre: car selon cette interpretation la pierre & les deux boulons ne faisoient que comme un essieu. Il est aussi assez evident que le texte dit autre chose que cela; car il y a que Metagenes employa pour transporter les Architraves, le mesme moyen dont son pere Ctesiphon s'estoit servy pour transporter les colonnes, qui estoit tel, que le fardeau n'étoit point soûtenu sur des essieux, & que les boulons de fer & les anneaux ne servoient que pour tirer & non pas pour porter. Or cette maniere particuliere de transporter des colonnes & des Architraves, que Vitruve compare à la maniere de traisner les Cylindres avec lesquels on applanit les Palestres, estoit que l'on faisoit rouler ces grandes pierres, & qu'elles servoient elles-mesmes de roües: Car on peut aisément entendre que les Architraves qui ne pouvoient pas rouler comme les colonnes à cause de leur forme quarrée, avoient esté arondis avec de la Charpenterie que l'on avoit appliquée vers les deux bouts, qui est ce que Vitruve apelle des roües de douze piez. Rusconi dans ses figures de Vitruve a été dans la mesme opinion touchant cette forme & cet usage des roüës de Metagenes.

3. COMME DES ESSIEUX. Les essieux sont enfermez dans les roüës en plusieurs manieres: Car ou ils sont enfermez dans les moyeux des roüës pour y tourner à l'ordinaire; ou pour y estre seulement passez, sans y tourner, comme aux brolictes où l'essieu qui traverse la roüë ne tourne point. Si l'on explique le texte suivant la premiere maniere qui à la verité est la plus commune & la plus naturelle, on peut croire que Vitruve a entendu que les Architraves de Metagenes estoient portez sur les boulons qui servoient d'essieux: car il y a *Epistylia inclusa uti axes in rotis*. Mais la suite & le reste du texte doit faire croire que Vitruve l'a entendu suivant la seconde maniere qui est plus probable & plus commode pourveu que les pierres fussent ajustées en sorte que leur centre de gravité fust exactement au centre des roüës.

CHAP. VI. L'invention de cette machine est prise des Cylindres avec lesquels on applanit les allées A
des Palæstres, & il ne fut pas difficile de la faire reussir à cause du peu de distance qu'il y
avoit depuis les carrieres jusqu'au Temple, joint que cette distance n'estant que de huit mille pas; la disposition du lieu estoit favorable, parceque c'est une campagne égale, où il n'y
a ny à monter, ny à descendre.

Il est arrivé de nostre temps que dans le temple d'Apollon la base de la statuë colossale de ce Dieu s'estant trouvée rompuë & gastée par le temps, dans la crainte qu'on eut que
la statuë ne tombast & ne fust brisée, on fit marché avec Paconius pour tailler dans la carriere une autre base. Elle estoit longue de douze piez, large de huit, & épaisse de six. Paconius s'estant picqué de l'honneur de la faire apporter, [1] il ne s'y prit pas comme Meta- *
genes, il imita bien en quelque chose la maniere dont il s'estoit servy, mais ce fut par un
autre genre de machine. Il fit deux roües environ de quinze piez, & enchassa les bouts de B
la pierre dans les roües, ensuite il fit passer des fuseaux de bois de la grosseur de deux pouces d'une roüe à l'autre, en sorte qu'estant disposez en rond & distans l'un de l'autre seulement d'un pié, ils enfermoient la pierre. Au-tour de tous ces fuseaux il entortilla un
cable qu'il fit tirer par des bœufs, qui en devidant le cable faisoient tourner les roües,
mais la difficulté estoit de faire marcher cette machine par un chemin droit: car elle se dé-
tournoit toujours ou à droit ou à gauche, ce qui faisoit qu'il failoit retourner. Cela fut
cause que Paconius [2] fut si long-temps à tourner & à retourner sa machine, qu'il ne put *
fournir à la dépense qui estoit necessaire pour cela.

1. IL NE S'Y PRIT PAS COMME METAGENES. La maniere dont Paconius voulut transporter la base de la Statuë d'Apollon étoit semblable à celle dont Metagenes s'estoit ser : Car il est dit de Metagenes que *Fecit rotas circiter pedum duodenum & Epistyliorum capita in medias rotas inclusit*, & de Paconius que *rotas circiter pedum quindecim fecit, & his rotis capita lapidum inclusit*. De sorte que la machine de Paconius n'étoit differente de celle de Metagenes qu'en ce qu'il ne tiroit pas sa machine par les deux bouts avec les boulons & les anneaux de fer, mais à l'aide d'une seule corde entortillée sur les fuseaux, ce qui tiroit avec beaucoup plus de force, mais moins droit que celle de Metagenes.

2. FUT SI LONG-TEMPS A TOURNER ET A RETOURNER LA MACHINE. Il est bien difficile de comprendre que Paconius eust eu assez d'esprit pour inventer sa machine, & qu'il ne pust trouver d'expedient pour empescher qu'elle ne tournast & retournast, ainsi que Vitruve dit qu'elle faisoit. S'il eust mis deux cables, au lieu d'un sa machine auroit reussi comme celle de Metagenes avoit fait pour les Architraves de Diane : Car elle n'estoit differante de celle de Metagenes qu'en ce qu'elle estoit tirée inegalement, & tantost par un costé, tantost par un autre selon qu'il arrivoit que le cable en se devidant se trouvoit estre entortillé sur des endroits plus proches ou plus éloignez du milieu. Au lieu que la machine de Metagenes estoit toujours tirée également de chaque costé. Mais la machine de Paconius avoit cet avantage sur celle de Metagenes qu'elle estoit plus facile à remuer: C Parce que le cable tirant vers le haut de la machine au droit de K, a bien plus de force pour surmonter la resistance qu'elle a au mouvement que lorsque l'on tire par le milieu comme à la machine de Metagenes qui est tirée au droit de F: car la resistance que ces sortes de machines font au mouvement, ne venant que des inégalitez qui se rencontrent au Plan sur lequel elles doivent estre remuées, & qu'elles doivent surmonter en s'elevant sur cette eminence; il est certain que la puissance doit avoir plus de force, plus l'endroit où elle agit est éloigné de ces eminences; parce qu'elles sont comme l'appuy ou Hypomochlion sur lequel tout le poids de la machine doit estre elevé; & que l'endroit ou le cable tire, estant comme le bout du levier, ce levier a plus de puissance plus son bout est eloigné de l'appuy. Il y a encore une raison qui rend la machine de Paconius plus puissance que celle de D Metagenes, qui est que les bœufs qui la traisnoient faisant beaucoup plus de chemin que la machine, il s'ensuit qu'ils la remuoient avec plus de facilité que ceux qui traisnoient celle de Metagenes, laquelle avançoit autant que les bœufs.

EXPLICATION DE LA PLANCHE LX.

Les trois Figures qui sont dans cette Planche expliquent les moyens que les anciens inventerent pour transporter les pierres qui ne pouvoient estre portées sur des charrettes ny sur des binars. La premiere Figure represente la machine dont Ctesiphon se servit pour transporter le fust des grosses colonnes qui estoient taillées grossierement dans la carriere. A A A, sont les pieces de bois de quatre pouces en quarré qui formoient un chassis. B, est un des boulons de fer qui servoient d'essieu, & qui estoient dans des anneaux de fer qui servoient de moyeux. C C, est le fust de la colonne qui rouloit sur terre E
comme le Cylindre dont on applanit les allées.

La seconde Figure represente la maniere que Metagenes inventa pour transporter les grandes pierres qui devoient servir d'Architrave au mesme Temple. D D, sont les roües de douze piez, dans le milieu desquelles les bouts des Architraves sont enfermez. E, est la pierre qui devoit servir d'Architrave. F, est un des boulons de fer avec son anneau. Φ Φ, sont les bastons de chesne attachez au chassis pour tirer la machine.

La troisiéme Figure represente la machine que Paconius fit pour transporter la grosse pierre qui devoit servir de base à la statuë Colossalle d'Apollon. C, est un des bouts de la pierre. H H, sont les deux roües de quinze piez dans lesquels les bouts de la pierre sont engagez. I I, sont les fuseaux qui vont d'une roüe à l'autre. K, est le cable entortillé sur les fuseaux & tiré par les bœufs.

CHAP.

Planche LX.

CHAP. VII. A

CHAPITRE VII.

Comment la Carriere des pierres dont on a construit le Temple de Diane d'Ephese a esté trouvée.

JE ne puis m'empescher de faire icy une petite digression pour dire comment les Carrieres d'Ephese ont esté trouvées. Il y avoit un Berger nommé Pixodorus qui menoit souvent ses troupeaux aux environs d'Ephese, dans le temps que les Ephesiens se proposoient de faire venir de Paros, de Proconese, d'Heraclée, ou de Thasus, les marbres dont ils vouloient construire le Temple de Diane. Un jour qu'il estoit avec son troupeau en ce mesme lieu, il arriva que deux Beliers qui couroient pour se choquer, passerent l'un d'un costé & B
l'autre de l'autre sans se toucher, de sorte que l'un alla donner de ses cornes contre un rocher dont il rompit un éclat qui luy parut d'une blancheur si vive, qu'à l'heure-mesme laissant ses moutons dans la montagne, il courut porter cet éclat à Ephese, où l'on étoit en grande peine pour le transport des marbres; & l'on dit qu'à l'instant on luy decerna de grans honneurs: car son nom de Pixodorus fut changé en celuy d'*Evangelus*, & à present encore le Magistrat de la Ville va tous les mois sur le lieu pour luy sacrifier, & s'il y manque [1] on le condamne à l'amende. 1

Porteur de bonnes nouvelles.

1. ON LE CONDAMNE A L'AMENDE. Cette particularité est, ce me semble, remarquable pour faire voir quelle estime les Anciens avoient pour les choses qui appartiennent aux beaux Arts, & principalement à l'Architecture, comme ils s'en faisoient une affaire d'importance, & jusqu'où pouvoient aller les recompenses qu'ils donnoient aux excellens Architectes; du moins si l'on peut juger de la reconnoissance qu'ils pouvoient avoir pour le travail & pour l'industrie des gens d'esprit, par l'honneur qu'ils ont fait à un Berger pour avoir par hazard découvert une Carriere. Cela doit aussi faire connoistre que si les Ouvrages de nostre siecle surpassent en beauté tout ce qui a esté fait jusqu'à present, ceux qui les produisent sont beaucoup inferieurs aux Auteurs des Ouvrages de l'antiquité, en ce qui regarde le desir & la passion que l'on a de faire quelque chose d'excellent, & de n'épargner pour cela ny soin, ny travail, ny temps, ny dépense: Car l'impatience que nous avons de voir les Ouvrages achevez, C
& le peu de soin que nous avons accoûtumé d'apporter pour les rendre durables fait que nous ne croyons qu'à peine ce que les Historiens rapportent de la patience & de l'exactitude des Anciens, quand nous lisons que le Temple d'Ephese a esté quatre cens ans à bastir, que l'on y a employé les richesses de toute l'Asie, & que l'on a esté quatre ans à laisser secher la colle dont les pieces de bois des portes du Temple estoient jointes ensemble.

CH. VIII.

CHAPITRE VIII.

De la force que la ligne droite & la circulaire ont dans les machines pour lever des fardeaux.

D

J'Ay écrit en peu de mots ce que j'ay crû estre necessaire pour l'intelligence des machines qui sont faites pour tirer, dans lesquelles il faut considerer deux mouvemens ou puissances, qui sont des choses differentes & dissemblables, mais qui conviennent & qui concourent à estre les principes [1] de deux actions: l'une de ces puissances est la force de la ligne 1
droite apellée *Eutheia* par les Grecs, l'autre la force de la ligne circulaire apellée *Cyclotes*. Neanmoins la verité est que le droit n'agit point sans le circulaire, ny le circulaire sans le droit dans l'elevation des fardeaux qui se fait en tournant les machines.

Pour entendre cela il faut se figurer que dans les moufles les poulies ont des pivots qui les traversent comme des centres, & que la corde qui passe sur les poulies & [2] qui va droit 2
au moulinet, fait que les fardeaux sont élevez lorsque l'on bande avec les leviers; que les deux bouts du moulinet qui est étendu d'une amarre à l'autre, sont aussi comme des cen- E
tres dans les trous des amarres, & que les extremitez des leviers décrivent un cercle, lors-

1. DE DEUX ACTIONS. Tous les Exemplaires ont *ad duas perfectus*, il m'a semblé qu'il n'estoit pas difficile de voir qu'il faut lire *ad duos effectus*.

2. QUI VA DROIT AU MOULINET. L'exemple qui est icy apporté pour confirmer ce qui a été dit, sçavoir que toute la Mechanique est fondée sur le droit & sur le courbe, est fort bon; mais le texte ne l'explique pas bien, lorsqu'il semble faire entendre que le pivot de la poulie estant le centre du cercle dont la vertu agit dans les effets des moufles, la corde qui va de la poulie au moulinet est le droit qui avec le circulaire de la circonferance de la poulie, concourt à l'effet de la machine: car la corde ne tient lieu que d'une puissance externe dont il n'est point question icy, où il s'agit seulement des dispositions internes de la machine qui consistent dans la ligne qui va du centre de la poulie à sa circonference & cette ligne est proprement le droit dont il s'agit, de mesme que la ligne courbe est celle que l'extremité de la ligne droite décrit lorsque la poulie tourne; ces deux lignes ayant toujours une relation & une proportion pareille, & la grandeur de l'une dependant de la grandeur de l'autre; parceque l'effet de la machine est necessairement proportioné à ces deux lignes. Cela est mieux expliqué dans la reduction de la comparaison du moulinet.

A que le moulinet tourne en levant les fardeaux. Ainsi un seul homme par le moyen d'une pince peut lever un fardeau que plusieurs hommes ne sçauroient remuer, si lorsqu'il * appuye sur le manche de la pince, [1] elle est posée comme sur un centre que les Grecs * * apellent [2] *Hypomochlion*, son [3] *bec* estant sous le fardeau. La raison de cela est que la partie de la pince qui est depuis le centre qu'elle presse, jusqu'au fardeau qu'elle leve, est la * moindre, & que la plus grande partie étant depuis le centre jusqu'à l'autre bout, [4] lorsqu'on la fait aller par cet espace, on peut par la vertu du mouvement circulaire en pres* sant d'une seule main [5] rendre la force de cette main égale à la pesanteur d'un tres-grand fardeau. Mais si l'on met le bec de la pince sous le fardeau, & qu'au lieu de poser sur son autre bout, au contraire on le leve; le bec appuyant sur la terre, agira contre la terre comme il faisoit auparavant contre le fardeau, & la pince pressera l'angle du far* deau qu'elle leve, de mesme qu'elle pressoit l'Hypomochlion; [6] & bien qu'elle ne leve B pas si aisément le fardeau, elle ne laissera pas pour tant d'avoir beaucoup de force pour surmonter sa pesanteur. Aussi lorsque la Pince estant posée sur l'Hypomochlion, il arrive que son bec passe si avant sous le fardeau, que l'autre endroit, sur lequel on presse, se trouve estre trop proche du centre sur lequel la pince appuye, elle ne pourra lever le fardeau; si ce n'est, comme il a été dit, qu'appuyant sur l'extremité du manche & non pas prés du fardeau, on ait rencontré cette égalité qui doit estre entre la pesanteur du fardeau & la puissance qui le leve.

Cela se peut aisément voir en cette sorte de balance que l'on apelle Statere: car l'ance * qui est [7] comme le centre du fleau, étant attachée, comme elle est, proche de l'extremité à laquelle le bassin est pendu, plus le poids qui coule le long de l'autre extremité du fleau est C poussé avant sur les points qui y sont marquez, plus il aura la force d'égaler une grande pesanteur, selon que le poids estant éloigné du centre, aura mis le fleau en equilibre: & ainsi le poids qui estoit foible, lorsqu'il estoit trop prés du centre, peut acquerir en un moment une grande force, & élever en haut sans beaucoup de peine un tres-lourd fardeau.

Par cette mesme raison de la force qui agit loin du centre, les vaisseaux chargez de mar* chandise sont remuez en un moment par la main du pilote qui tient [8] la barre du gouvernail que les Grecs apellent *Oiax*: & c'est pour cela aussi que les voiles qui ne sont haussées que jusqu'à la moitié du mas, ne font pas aller le vaisseau si viste, que lorsque l'on a élevé les antennes jusqu'au haut: parceque les voiles n'estant pas prés du pié du mas, qui est comme le centre, mais en estant éloignées, elles sont poussées par le vent avec plus de force: Car de mesme que si l'on appuye sur le milieu d'un levier on a beaucoup de peine à remuer le D fardeau qu'il leve, & que cela se fait sans peine lorsqu'on le prend par l'extremité du manche: aussi lorsque les voiles sont attachées au milieu du mas, elles ont beaucoup moins de force, que quand elles sont en haut, parcequ'estant plus éloignées du centre, quoyque le * vent ne soit pas plus fort, [9] l'impulsion qui se fait au sommet, force le vaisseau à aller plus

1. Elle est posée comme sur un centre. Il y a *Supposita uti centro*, dans tous les Exemplaires, mais le sens veut qu'il y ait *imposita*: Car il est evident que c'est le bec de la pince apellé *lingula*, qui est *subdita* ou *supposita*, comme il est dit incontinent apres, & que le centre, qui est l'*Hypomochlion*, soûtient la pince quand on presse dessus.

2. Hypomochlion. Ce que les Grecs apellent *Hypomochlion* est apellé en François *appuy*.

3. Son Bec. Vitruve designe deux parties dans l'organe que l'on appelle *Pince* en François, l'une est apellée *caput* qui est le E manche, & l'autre *lingula* que j'interprete *le bec*, quoy qu'à parler proprement *lingula* soit la partie du levier que l'on apelle *La pince*. Mais pour eviter l'ambiguité s'agissant de donner le nom de *pince* à *ferreus vectis* ou à *lingula*; j'ay crû qu'il falloit suivre plûtost l'usage vulgaire qui apelle *la pince* tout l'organe entier qui est apellé par Vitruve *ferreus vectis*, que de suivre un usage peu connu qui auroit obligé d'apeller *levier de fer*, l'instrument que tout le monde apelle *pince*, ce qui auroit causé de la confusion & de l'ambiguité.

4. Lorsqu'on le fait aller par cet espace. Pour donner du sens à cet endroit qui est fort corrompu, je mets *spatium* au lieu de *faciundo*, & j'oste la virgule qui est aprés *ducitur* pour la mettre devant *motus*, & je lis *caput vectis per id cum ducitur spatium, motus circinationis cogit pressionibus examinare paucis manibus oneris maximi pondus*, au lieu de *caput vectis per id cum ducitur, faciundo motus circinationis*, &c.

5. Rendre sa force egale. J'ay crû devoir ainsi interpreter *examinare pondus*, qui signifie mettre en equilibre; parceque *examen* en Latin signifie la partie de la balance qui fait connoitre l'égalité des poids & que l'on apelle *la languette* en François.

6. Quoy qu'elle ne leve pas si aisement. Ce n'est point par une raison mechanique que l'on a plus de force en appuyant sur un levier, que lorsqu'on le leve, mais par une raison physique, qui est que la pesanteur du corps fait une grande partie de l'effet de la compression; au lieu que dans l'elevation, toute la force se prend dans l'action des muscles qui levent les bras, & qui affermissent le reste du corps.

7. Comme le centre du fleau. C'est-à-dire le centre du mouvement du fleau qui est proprement ce qui est apellé l'*Hypomochlion* ou *l'appuy*.

8. La barre du gouvernail. On apelle ainsi le manche du gouvernail, & *le gouvernail* est proprement la partie large & mince qui est dans l'eau, que l'on apelle en Grec *Pteryx*, à cause qu'elle ressemble à l'aisle d'un oiseau.

9. L'impulsion qui se fait au sommet. Quoyque cecy soit conforme à ce que dit Aristote, il n'y a guere d'apparence que la hauteur du mas puisse servir à faire aller le vaisseau plus viste, par une autre raison que parceque le vent est plus fort en haut qu'embas; car on ne demeure pas d'accord que le mas remuë le vaisseau comme un levier remuë le fardeau qu'il leve,

CH. VIII. viste. Par la mesme raison les rames qui sont attachées à leurs chevilles avec des cordes, lorsqu'elles sont plongées & ramenees à force de bras poussent le vaisseau avec beaucoup d'impetuosité, & luy font fendre les vagues plus aisément, [1] si leur extremité s'avance bien loin depuis le centre [2] qui est au droit de la cheville, jusqu'à la mer. A

Phalangarii hexaphori, tetraphori.

Lorsque les [3] *Portefaix six à six, ou quatre à quatre* veulent soûlever de lourds fardeaux, ils mesurent les bastons dont ils se servent pour cela, & font en sorte que le centre qui doit porter, soit au milieu, afin de partager la charge également sur les épaules de chacun. Pour cet effet il y a des chevilles de fer au milieu de leurs bastons, pour empescher que les courroyes qui portent le fardeau ne glissent d'un costé ou d'autre. Or quand le fardeau s'éloigne du centre, il pese sur celuy des porteurs vers lequel il a coulé, de mesme que lorsque l'on fait aller le poids & [4] l'anneau d'une Romaine vers son extremité. Ainsi [5] les bœufs ont également à tirer, si la courroye qui soûtient le timon pend justement du milieu de leur joug : mais s'il arrive que les bœufs n'estant pas d'égale force, l'un fasse trop travailler l'autre l'on passe d'ordinaire la courroye, en sorte qu'il y ait un des costez du joug plus long que l'autre, afin de soulager le bœuf qui est le plus foible. Il en est de mesme des bastons à porter, que des jougs, lorsque les courroyes ne sont pas au milieu, & qu'il y a une partie du baston plus longue & une autre plus courte, sçavoir celle vers laquelle la courroye a coulé : car cela estant ainsi, si l'on fait tourner le baston sur l'endroit où est la courroye qui est le centre, la partie la plus longue decrira par son extremité un plus grand cercle, & la plus courte un plus petit : & ainsi de mesme que [6] les petites roües ont plus de peine à rouler, les bastons & les jougs pesent davantage du costé où est l'intervalle le plus court depuis le centre jusqu'à l'extremité, & au contraire ils soulagent d'autant ceux qui les portent, qu'il y a un plus long espace depuis le centre jusqu'à l'extremité. B C

Ces exemples font voir que c'est par la mesme raison de la distance du centre & du mouvement circulaire, que toutes choses sont remuées, & que les charrettes, les carosses, les pignons, les roües, les vis, les arballestes, les ballistes, les presses, & toutes les autres

estant vray que dans l'action du vent sur le navire par l'entremise du Mas, il n'y a point de centre ou point immobile, sur lequel on fasse tourner les deux cercles inegaux dans lesquels consiste, ainsi qu'il a été dit, la force du levier. Car toutes les parties du Mas & le vaisseau mesme, se remuent d'un pareil mouvement ; qui sont des choses contraires à ce qui arrive au levier dont les parties sont remuées de mouvemens differens & inegaux : De sorte que si l'on considere les effets que le Mas ou plus court ou plus long peut faire comme tel, & non comme estant poussé par un vent plus ou moins fort, il se trouvera que la hauteur du mas nuit plus qu'elle ne sert à la vitesse du mouvement du vaisseau, par la raison que plus il est haut, & plus il a de force à faire plonger la proüe, ce qui luy fait rencontrer une plus grande quantité d'eau qui luy resiste. C'est pourquoy on est contraint de mettre au devant une, voile apellée la Civadiere qui sert à empescher que la proüe ne plonge trop dans la mer : & les vaisseaux qui se tirent dans les rivieres avec un cable attaché au haut du Mas, ont au lieu de Civadiere une corde qui soûtient la proüe, & qui l'empesche de plonger : & lorsque les batteaux sont engravez par la proüe, on ne les tire pas par la corde qui est attachée au haut du Mas, mais seulement par celle qui est à la proüe.

1. SI LEUR EXTREMITÉ S'AVANCE Bien que les rames à l'égard de la Galere qu'elles font remuer, soient en quelque façon un levier renversé à qui la mer sert comme d'appuy ; il n'est pas vray neanmoins que la longueur que les rames ont depuis la cheville où elles sont attachées jusqu'à la mer, serve à les faire agir avec plus de force par la raison du levier : car par la raison du levier le contraire devroit arriver ; parceque plus la partie du levier qui est depuis l'appuy jusqu'à la puissance qui remuë, est longue, & plus elle a de force. Aristote rend la veritable raison de l'effet de cette longueur de la rame, sçavoir que cette longueur est necessaire afin que l'eau étant frappée avec plus de vitesse, comme elle l'est plus la rame est longue, l'eau resiste davantage : car si l'eau n'obeïssoit point, il est certain que plus la rame seroit courte depuis la cheville jusqu'à la mer, & plus les rameurs auroient de force pour remuer le vaisseau, & en ce cas il seroit meilleur, pour remuer le vaisseau avec plus de puissance, que la plus grande longueur de la rame fust depuis les chevilles jusqu'à la main du rameur. C'est pourquoy Aristote dit que les rameurs qui sont au milieu du Navire, ont plus de force que ceux qui sont aux extremitez ; parce que le vaisseau qui est courbé, & qui forme un ventre par le milieu fait qu'il y a en cet endroit une plus grande portion de la rame depuis le bord jusqu'aux rameurs.

2. QUI EST AU DROIT DE LA CHEVILLE. J'ay corrigé le texte qui a dans l'edition de Jocundus, *à centro parmus*, & dans toutes les autres *à centro palmis*, & je lis *à centro scalmo* ; parceque *scalmus* signifie la cheville à laquelle chaque rame est attachée : & il est vray que cette cheville est le centre des cercles que la rame décrit par son bout dans la mer quand on la fait agir. D

3. LES PORTEFAIX. Le mot *Phalangarii* signifie ceux qui portoient les fardeaux sur leurs épaules avec des bastons apellez *Phalanges*. Le mot Grec *Phalanx* signifie proprement un rouleau de bois, par metaphore c'estoit une compagnie de gens de pié parmy les Macedoniens, peut-estre parcequ'elle avoit la figure d'un rouleau de bois, estant plus longue que large. Il y a aussi apparence que c'est par la mesme raison de cette figure que les os des doits sont apellez *Phalanges* par Galien, & longtemps avant luy par Aristophane au rapport de Pollux.

4. L'ANNEAU D'UNE ROMAINE. Bien qu'*examen* soit proprement la languette de la balance ; je ne crois pas qu'il y ait rien à la Romaine qui puisse estre apellé *examen* que l'anneau auquel le poids est attaché ; parce que le fleau se leve ou se panche selon que cet anneau s'avance ou se recule, de mesme que la languette suit toujours l'inclinaison du fleau des balances. C'est pourquoy j'ay crû que je devois traduire *examen, l'anneau*. E

5. LES BOEUFS. *Iumentum* signifie toutes sortes d'animaux de service, je l'explique par le bœuf, parceque nous n'avons point de coûtume de mettre des jougs aux chevaux, ou si l'on s'en sert comme aux charretes apellées Fourgons, ils ne sont point mis sur la teste des chevaux, mais ils pendent à leur col selon la maniere que les Anciens avoient d'atteler les chevaux à leurs chariots.

6. LES PETITES ROÜES ONT PLUS DE PEINE A ROULER. La resistance que les roües apportent au roulement vient de deux choses : la premiere est l'inégalité du plan, qui fait que pour rouler dessus, il faut que la puissance qui les fait rouler, les éleve sur chacune des eminences qui font cette inégalité. L'autre chose qui fait cette resistance est le frottement que l'essieu & le moyeu de la roüe font l'un contre l'autre. A l'égard de la premiere re-

machines

A machines font les effets pour lesquels elles sont faites, par la force de la ligne droite, du centre & de la ligne circulaire. CHA. VIII.

sistance, il est vray qu'elle est plus aisement surmontée, plus la roüe est grande ; parceque pour s'élever sur les eminences du plan, elle agit par un levier qui décrit une plus grande portion de cercle, le bout du manche du levier estant reputé estre à l'endroit où l'essieu touche au moyeu de la roüe, & l'hypomochlion estant reputé estre à l'endroit où l'eminence du plan touche à la circonference de la roüe. Mais pour ce qui est de la seconde resistance, il n'est point vray qu'une petite roüe la surmonte plus difficilement qu'une grande, si ce n'est que son essieu fust aussi gros que celuy d'une grande : Car si la proportion de la grosseur de l'essieu à la grandeur de la roüe, est pareille dans la grande & dans la petite roüe, la petite roulera avec autant de facilité que la grande. La
B raison de cela est qu'il faut concevoir, que le centre de l'essieu estant celuy de la roüe, il doit estre pris pour l'hypomochlion, que la ligne qui va de ce centre à la circonferance de la roüe qui est son demi-diametre, est la partie du levier qui est la plus grande, & que celle qui va de ce même centre à l'endroit où l'essieu touche au moyeu lorsque le frottement se fait, laquelle est aussi le demi-diametre de l'essieu, est la plus petite partie du levier ; & que l'endroit où le frottement se fait, est celuy où le bec du levier agit pour remuer le fardeau. Or cela estant il s'ensuit que le demi-diametre d'une petite roüe, doit avoir autant de force pour surmonter la resistance du demi-diametre d'un petit essieu, que le demi-diametre d'une grande roüe en a pour surmonter la resistance du demi-diametre d'un grand essieu ; de mesme qu'un petit levier a autant de force pour remuer un fardeau qui est prés de son hypomochlion, qu'un grand levier en a pour le lever quand il est loin de son hypomochlion, supposé que la proportion soit pareille.

CHAPITRE IX.

CHAP. IX.

De diverses machines pour élever l'eau, & en premier lieu du Tympan.

Il faut parler maintenant des machines qui ont esté inventées pour tirer l'eau : Je commence par le [1] Tympan. Cette machine n'éleve pas l'eau fort haut, mais elle en éleve une grande quantité en peu de temps. On fait un essieu arondy au tour ou au compas, & ferré par les deux bouts, qui traverse un Tympan fait avec des ais joints ensem-
C ble : & le tout est posé sur deux pieux qui ont des lames de fer aux bouts, pour soûtenir les extremités de l'essieu. Dans la cavité du Tympan on met huit planches en travers, depuis la circonference jusqu'à l'essieu, lesquelles divisent le Tympan en espaces égaux : on ferme le devant avec d'autres ais, ausquels on fait des ouvertures de demy-pié pour laisser entrer l'eau dedans. De plus le long de l'essieu on creuse [2] des canaux au droit de chaque espace, qui vont le long d'un des costez de l'essieu. Tout cela ayant esté poissé de mesme que le sont les navires, on fait tourner la machine par des hommes [3] qui la font aller avec les piez, & alors elle puise l'eau par les ouvertures qui sont à l'extremité du Tympan, & la rend par les conduits des canaux qui sont le long de l'essieu. L'eau qui est reçuë dans un auge de bois, coule en grande quantité par un tuyau qui luy est joint, & est conduite dans les jardins que l'on veut arroser, ou dans les salines où l'on fait le sel. *Columbaria.*

D Si l'on veut élever l'eau plus haut que l'essieu du Tympan, il y a peu de chose à changer à la machine : il faut faire autour de l'essieu une rouë assez grande pour atteindre à la hauteur où l'on veut élever l'eau, & au tour de la circonference de la rouë attacher [4] des quaisses de bois enduites de poix & de cire, afin que quand la roüe tournera, les quaisses qui seront emplies & ensuite élevées, puissent verser d'elles-mesmes en retournant en bas dans un reservoir, ce qu'elles auront porté en haut.

1. LE TYMPAN. Il a été dit que *Tympanum* signifie un Tambour, & que ce mot s'applique à plusieurs choses, comme au dedans d'un fronton, à des roües dentelées, à des rouës en maniere de Robinet pour une espece de Clepsydre, & à des rouës dont on se sert aux gruës dans lesquelles on fait marcher
E des hommes : mais il n'y a pas une de toutes ces choses qui ressemble si bien à un tambour que la machine qui est icy expliquée : car elle est ronde tout autour & elle a deux fonds l'un d'un costé & l'autre de l'autre, de mesme que les tambours y ont des peaux.

2. DES CANAUX. Je traduis ainsi *columbaria*. Vitruve s'est déja servy de ce mot pour signifier les trous qui demeurent dans les murailles aprés que l'on en a osté les boulins ou solives qui servent aux échafauts des maçons. Car il faut concevoir que ces trous forment comme un canal qui traverse le mur d'un costé à l'autre. Le mot Latin vient de *columba*, à cause que les pigeons font leurs nids dans de semblables trous. Il y a apparence que Cælius Rhodiginus qui a cru qu'il venoit du Grec *colymban*, qui signifie plonger dans l'eau, ne se souvenoit pas que Vitruve s'est servy de ce mot en d'autres endroits où il ne s'agissoit pas comme en ce chapitre, de plonger dans l'eau. Saumaise y a regardé de plus prés ; il dit, *tignorum cubilia Latinis columbaria dicuntur teste Vitruvio.*

3. QUI LA FONT ALLER AVEC LES PIEZ. J. Martin traduit, *hominibus calcantibus versatur*, *Par le mouvement d'aucuns hommes qui cheminent dedans*. Mais cette interpretation ne sçauroit convenir à la chose, si l'on ne l'explique autrement, parceque ce *dedans* s'entend du Tympan qui puise l'eau, dans lequel des hommes ne sçauroient cheminer ; & ainsi il faut supposer qu'il y a une autre roüe jointe au Tympan, dans laquelle des hommes marchent comme dans celle d'une gruë, ainsi qu'il est representé dans la premiere figure de la Planche LXI.

4. DES QUAISSES DE BOIS. Le mot de *modiolus* n'est pas moins ambigu que celuy de *Tympanum* : car il signifie des corps de pompe dans la machine hydraulique & dans la pompe de Ctesibius, des barillets dans le chapiteau de la catapulte, & icy ce sont de petits coffres ou de petites quaisses. On pourroit leur donner un nom qui conviendroit à tous ces usages en les apellant des boistes, comme a fait Heron, qui apelle *Pyxidas*, les corps de pompe. Le mot *Quadrati* que Vitruve a ajoûté à *modioli*, m'a determiné à leur donner le nom de *quaisse*, qui dans le plus commun usage est une espece de coffre quarré, quoy que quelquefois la quaisse soit ronde comme dans les Tambours de guerre.

CHAP. IX. Que si l'on a besoin d'élever l'eau encore plus haut, [1] il n'y a qu'à mettre [2] sur l'essieu d'une roue une chaine de fer qui descende jusque dans l'eau & attacher à cette chaine *des vases de cuivre* [3] *d'environ cinq pintes* : car lorsque la roue tournera, la chaine qui est sur l'essieu élevera les vases de cuivre, lesquels en passant sur cet essieu, seront contraints de se renverser, & de jetter dans le reservoir l'eau qu'ils ont portée en haut. A

1. IL N'Y A QU'A METTRE SUR L'ESSIEU D'UNE ROUE. Il n'est point vray qu'un chapelet mis sur l'essieu d'une roue, éleve l'eau plus haut que les quaisses qui sont au tour de la circonference de la roüe : de sorte qu'il faut entendre que ce chapelet est sur l'essieu d'une roüe élevée fort haut, & que l'on fait aller à bras, ainsi qu'il est representé dans la troisiéme figure de la Planche LXI. ou avec un cheval, & non pas avec le courant de l'eau.

2. SUR L'ESSIEU D'UNE ROUE. Pour traduire à la lettre, il auroit fallu dire *qu'il faut sur l'essieu une double chaisne qui y soit entortillée*, ce qui n'auroit point eu de sens : parceque cela auroit signifié que cette chaine doit estre entortillée de mesme que la corde l'est autour du moulinet ; & la verité est que cette chaine n'est point entortillée, mais seulement posée sur l'essieu ainsi que la corde l'est sur la poulie d'un puits : il faut seulement remarquer qu'il est necessaire que cet essieu soit à pans, afin que la chaisne ne puisse glisser, & qu'elle suive toujours le mouvement de l'essieu, car cela fait le mesme effet que si elle estoit entortillée.

3. D'ENVIRON CINQ PINTES. Je traduis ainsi le mot de *congialis*, parceque le *congius* des anciens estoit une mesure qui contenoit six septiers, le septier deux hemines, & l'hemine neuf onces, ce qui faisoit un peu moins de cinq pintes, parcequ'il faut six vingts onces pour cinq pintes, & que le *congius* n'en avoit que cent huit. B

CHAP. X.

CHAPITRE X.

Des roües & des Tympans qui servent à moudre la farine.

LEs roües dont nous venons de parler servent aussi à élever l'eau des rivieres. On attache à la circonference de la roüe, des ailerons, qui estant poussez par le cours de l'eau font tourner la roüe, en sorte que sans qu'il soit besoin d'hommes pour faire aller la machine, les quaisses puisent l'eau & la portent en haut.

Hydraule. [1] *Les moulins à eau* sont presque faits de la mesme maniere. Il y a cette difference que l'une des extremitez de l'essieu [2] passe au travers d'une roüe à dents, qui est posée à plomb & en coûteau, & qui tourne avec la grande roüe. Joignant cette roüe en coûteau, il y en a une autre plus petite, [3] dentelée aussi & située horizontalement, dont l'essieu en C

1. LES MOULINS A EAU. J'y corrigé cet endroit selon Turnebe & Saumaise, qui lisent *Hydromyla*, qui signifie des meules que l'eau fait aller, au lieu de *hydraula*, qui signifie simplement des machines faites avec des tuyaux qui conduisent l'eau.

2. PASSE AU TRAVERS D'UNE ROUE. Il y a au texte, *Axis habens tympanum inclusum*, pour dire *Tympanum habens axem inclusum*. La chose est trop claire pour pouvoir douter qu'il ne faille ainsi traduire cet endroit.

3. DENTELEE AUSSI. La roüe de nos moulins qui est située horizontalement, & que l'on apelle la lanterne, n'est point den-

EXPLICATION DE LA PLANCHE LXI.

Cette Planche contient quatre Figures. La premiere est celle du Tympan pour élever l'eau en grande quantité & peu haut. A E, est l'essieu dont les extremitez sont ferrées. B B, est le Tympan fait d'ais joints ensemble, qui a huit separations en dedans. C C, sont les pieux avec les lames de fer qui soûtiennent l'essieu. D D, sont les ouvertures de demy-pié pour laisser entrer l'eau dans le Tympan. E, sont les ouvertures des canaux qui sont creusez dans l'essieu. F, est l'auge de bois qui reçoit l'eau. G, est le canal qui porte l'eau dans les jardins. D

La seconde Figure represente une roüe qui éleve l'eau plus haut. A A, sont les quaisses de bois qui sont autour de la circonference de la grande roüe. Il faut supposer que chaque quaisse a une ouverture au costé qui regarde le reservoir B ; que par cette ouverture l'eau entre dans la quaisse, lorsqu'estant au bas de la roüe elle plonge, & que par la mesme ouverture elle verse l'eau dans le reservoir B, lorsqu'estant élevée au haut de la roüe, elle se renverse. B, est le reservoir où les quaisses versent l'eau. E

La troisiéme Figure represente une autre machine qui éleve l'eau encore plus haut. A est l'essieu sur lequel les chaines de fer sont posées. On l'a fait plus large & à pans à l'endroit où les chaisnes sont posées, afin qu'elles ne puissent glisser. BB, sont les vases de cuivre qui sont attachez à la chaisne. On leur a donné la forme qui est la plus commode pour porter l'eau en haut, & pour la verser dans l'auge sans rien répandre, qui est de les faire larges par le bas, & de mettre leur ouverture à costé avec un col. C, est le reservoir dans lequel l'eau est versée.

La quatriéme Figure represente un Moulin à blé, qui n'est en rien different de nos Moulins à eau. A, est la roüe dentelée que l'on apelle herisson. Elle est posée verticalement & en coûteau, & elle tourne avec la grande roüe B B ; l'une & l'autre estant dans un mesme essieu. C, est l'autre roüe plus petite située horizontalement, apellée vulgairement la lanterne. D, est la tremie.

Fig. III.
Fig. II.7
Fig. II.

CHAP. X. son extremité d'enhaut a un fer ' en forme de hache, qui l'affermit dans la meule : cela
estant ainsi, les dents de cette roüe traversée par l'essieu de la grande qui est dans l'eau, en A
poussant les dents de l'autre roüe qui est située horizontalement, fait tourner la meule sur
laquelle est penduë la tremie, qui fournit le grain aux meules dont le tournoyement broye
& fait la farine.

telée, mais composée de fuseaux qui joignent ensemble deux madriers que l'arbre de fer qui soûtient la meule traverse aussi par le milieu : mais il faut supposer que Vitruve a décrit ces roües un peu negligemment en ne distinguant pas la roüe à dents apellée herisson d'avec le pignon ou lanterne, & comprenant sous le nom de dent tout ce qui acroche comme les veritables dents, ou qui est acroché comme les fuseaux des lanternes ou des pignons : il est aisé de comprendre que cela ne peut estre precisément & à la lettre, ainsi que Vitruve le dit, parceque des roües dentelées, ne se peuvent faire tourner l'une l'autre commodement. Il n'y a pas d'apparence non plus que cette seconde roüe ou lanterne soit plus grande que celle qui la fait aller : car si cela estoit la meule tourneroit plus lentement que la roüe qui est en l'eau, ce qui ne doit pas estre. C'est pourquoy il y a apparence qu'il faut lire *[illegible]* au lieu de *[illegible]*.

4. EN FORME DE HACHE. Il faut entendre une hache à deux tranchans. C'est ainsi que j'apelle *subscudem ferream*. Il est amplement parlé des tenons en forme de hache sur le chapitre 7 B
du 4 livre.

CHAP. XI.

CHAPITRE XI.

De la Limace avec laquelle on peut élever beaucoup d'eau, mais non pas bien haut.

IL y a ' une maniere de Limace qui puise beaucoup d'eau, mais qui ne l'éleve pas si haut
que la roüe : Elle se fait ainsi. On prend une piece de bois ' qui a autant de doits d'épaisseur qu'elle a de pieds de long. Aprés l'avoir bien arondie on divise le cercle qui est à chaque bout, en quatre parties égales ou en huit, & par ces divisions on trace autant de li- C
gnes, en sorte que la piece de bois estant levée debout, les extremitez de toutes les lignes
se répondent à plomb. De ces extremitez on tire tout le long de la piece de bois, d'autres
lignes distantes l'une de l'autre de la huitiéme partie de la circonference de la piece de bois.
Aprés cela on marque tout le long de l'une de ces lignes des espaces égaux à ceux de leur
distance l'une de l'autre, & ayant tiré par les extremitez de ces espaces des lignes qui traversent toutes celles qui sont selon la longueur, on marque des points aux endroits où les lignes
s'entrecroisent. Cela estant ainsi fait avec exactitude, on prend une petite tringle de bois de
saule ou ' d'ozier, laquelle estant frottée de poix liquide est appliquée sur le premier point, &
ensuite allant obliquement, est conduite sur tous les autres points que les lignes traversantes marquent dans celles qui sont selon la longueur ; & ainsi en tournant, aprés avoir traversé les huit distances & passé par les huit points qui sont selon la longueur, on va jusqu'à D
la mesme ligne par laquelle on avoit commencé. ' De la mesme maniere on attache d'autres
tringles obliquement, sur toutes les autres intersections qui sont faites en suite jusqu'au
bout par les lignes droites & traversantes, & suivant la division qui a esté faite en huit
parties, on forme des canaux entortillez & ' tout-à fait semblables à ceux que l'on voit
dans les coquilles des limaçons. Sur les premieres tringles qui servent comme de fondement, on en aplique d'autres frottées aussi de poix liquide, jusqu'à ce qu'estant assises les unes

1. UNE MANIERE DE LIMACE. Ce que Vitruve nomme icy *Cochlea* s'apelle vulgairement *la vis d'Archimede*. Il paroist qu'elle n'estoit pas encore attribuée à Archimede du temps de Vitruve, bien que Diodore Sicilien, qui a écrit presqu'en mesme temps que Vitruve, l'en fasse l'inventeur : mais l'usage celebre que cet Auteur donne à cette machine dans son histoire, qui est d'avoir servy à rendre l'Egypte habitable, en épuisant les eaux dont elle estoit autrefois inondée, peut faire douter qu'elle ne fust beaucoup plus ancienne qu'Archimede.

2. QUI A AUTANT DE DOITS D'EPAISSEUR. C'est-à-dire qui a de long seize fois son épaisseur, parceque le pié des anciens avoit seize doits.

3. D'OSIER. *Vitex*, ainsi qu'il a déja esté remarqué, n'est pas proprement l'osier ; mais on apelle osier en François une plante semblable au saule, dont les rameaux flexibles sont propres à lier ; & *vitex* n'a point de nom propre en François.

4. DE LA MESME MANIERE. On se sert encore à present de la vis d'Archimede aux bâtimens qui se font dans l'eau ; mais la maniere dont on fait les separations du dedans, est bien plus facile que n'est ce collement de tringles d'osier avec de la poix : on se sert bien d'ozier & de poix, mais c'est autrement. On perce la piece de bois arondie, de trous fort prés à prés, & suivant les lignes spirales qui y ont esté marquées par la methode que Vitruve prescrit, & dans ces trous on fiche des bastons qui ont la longueur que l'on veut donner au dedans de la coquille. Dans ces bastons on entrelasse de l'ozier, comme pour faire un panier, ou plustost une hotte à vin, en battant & serrant les oziers les uns contre les autres. Aprés cela on poisse ces planchers d'ozier dessus & dessous, & on couche des ais tout le long par dessus comme des douves de tonneau, que l'on bande de cercles de fer. Il y a encore une autre maniere de faire cette vis, qui est de ne la point couvrir d'ais, mais de faire seulement un canal en demi-rond avec ces ais qui demeure immobile & sciené selon la pente que l'on veut donner à la vis : car cette vis tournant dans le canal auquel sa rondeur est ajustée, pousse l'eau en haut de mesme que la vis d'Archimede, quoy qu'il s'en échappe quelque peu par les jointures entre la vis & le canal : mais elle est plus aisée à remuer, & plus facile à construire. E

5. TOUT-A-FAIT SEMBLABLES A CEUX QUE L'ON VOIT DANS LES COQUILLES DES LIMAÇONS. Le texte

sur les

A sur les autres, elles fassent que la grosseur de la limace soit tout au plus la huitieme partie de sa longueur. Au tour des circonvolutions des tringles, on attache des ais que l'on frotte encore de poix liquide, & que l'on bande aussi avec du fer, afin que la pesanteur de l'eau ne rompe rien. Les deux bouts de la piece de bois sont ferrez avec des viroles qui y sont cloüées, où l'on fiche des boulons. Ensuite à droit & à gauche de chacun des bouts de la machine on plante des pieux qui sont liez ensemble par d'autres pieux mis en travers, où il y a des viroles de fer enchassées, dans lesquelles les boulons entrent: là dessus la limace tourne, quand des hommes la font aller en la foulant avec les piez. Chap. XI.

La mesure de l'élevation suivant laquelle la limace doit estre inclinée, se prend sur la description du triangle rectangle de Pythagore, qui se fait en divisant la longueur de la limace en cinq parties, dont on donne trois à l'élevation d'un des bouts, en sorte qu'il y en ait quatre depuis les ouvertures qui sont au bas jusqu'à la ligne perpendiculaire de l'é-
B levation.

La figure qui est à la fin du livre, fait aisément entendre comme il faut que cela soit fait. J'ay aussi dessiné le plus nettement qu'il m'a esté possible les machines qui se font avec du bois, pour élever les eaux; & j'ay tasché de faire comprendre toutes les manieres par lesquelles les roües peuvent en tournant donner des commoditez presqu'infinies.

faciunt justam cochleæ naturalemque imitationem: mais ces canaux ne sont semblables à ceux des coquilles des limaçons qu'en ce qu'ils sont en vis; & ils en sont differens, en ce qu'il y en a plusieurs, sçavoir jusqu'à huit dans la vis que Vitruve décrit, au lieu que le canal des limaçons est unique. Quelques-uns estiment que la vis d'Archimede ne doit avoir en effet qu'un canal.
C Cardan veut qu'elle en ait trois; chacune de ces manieres a ses avantages: la vis de Vitruve qui a huit canaux est pour elever une grande quantité d'eau; mais elle ne sçauroit l'elever si haut que celle qui n'en a qu'un; parceque cette derniere peut avoir son canal replie si prés-à-prés, que son obliquité permet d'elever la vis beaucoup plus haut, que lorsque la multitude des canaux rend leur position plus droite.

CHAPITRE XII. Ch. XII.

De la machine de Ctesibius qui éleve l'eau tres-haut.

IL faut maintenant parler de la machine de Ctesibius qui éleve l'eau fort haut. On
* met [1] deux *Barillets* de cuivre assez prés l'un de l'autre, au bas de la machine. De ces Ba- *Modiolis.*
rillets sortent des tuyaux qui font une fourche en se joignant pour entrer dans *un petit bassin* *Catinus.*
* placé au milieu, dans lequel on met [2] *des soupapes* apliquées bien juste sur le haut de l'ouver- *Axes.*
* ture de tuyaux, pour empescher que ce qui a esté poussé à force dans le bassin [3] par le moyen
* de l'air, ne retourne. Sur le bassin il y a une [4] *chappe* en maniere d'entonnoir renversé, qui *Penula.*
D

1. Deux barillets. J'apelle toujours ainsi ce que Vitruve nomme *modiolus*, & qui est proprement icy ce que l'on apelle *corps de pompe*; mais parceque *modiolus* est plus general & qu'il comprend ce qui tient lieu de soufflets dans la machine hydraulique, & les canaux d'airain qui sont dans le chapiteau de la catapulte, j'ay crû devoir me servir d'un mot general tel qu'est celuy de *barillet*, afin qu'il pust convenir de mesme que *modiolus*, à toutes les choses differentes qu'il signifie.

2. Des soupapes. Selon Festus *axes* sont *tabulæ sectiles*: & A. Gelle dit que les loix de Solon estoient écrites sur de petits ais, *axibus ligneis incisæ*. Vitruve dans le chapitre qui suit parlant des soupapes qui sont aux machines hydrauliques des orgues, y
E met des soupapes qu'il apelle *axes ex torno subactos*, donnant à ce mot une signification bien differente. Mais je croy que quand on dit simplement *axes*, ou que l'on se sert du mot François *soupape*, on doit entendre celle qui est platte comme un ais, apellée *claper*, & non celles qui sont rondes & convexes, telles que sont les soupapes qui sont presentement le plus en usage dans les pompes; ou celles qui sont rondes & en pointe, comme un fosset ou cone, comme sont celles dont il sera parlé cy-aprés dans la machine hydraulique, & qui ne sont apellées *axes*, que parcequ'elles font le mesme effet que les veritables soupapes qui sont plates comme un ais.

3. Par le moyen de l'air. Tout ce que Vitruve dit icy pour expliquer les effets de la pompe de Ctesibius, est fort obscur, & il y a apparence que cet endroit est corrompu, soit par la faute des copistes, soit par celle de l'auteur mesme, qui peut-estre n'a pas bien entendu la Philosophie de Ctesibius. Car il paroist que le texte de Vitruve veut faire entendre une chose qui est tout-à-fait sans raison, sçavoir que l'eau monte dans le petit bassin G H, de la seconde figure de la Planche LXII, y estant poussée par l'air, comme s'il estoit necessaire qu'il y eust de l'air entre le piston qui presse, & l'eau qui est pressée; & comme si le piston ne poussoit pas l'eau immediatement. Cette absurdité m'a fait penser que Ctesibius peut avoir entendu la chose autrement, & que la compression que l'air fait sur l'eau pour la faire monter dans sa machine, se doit entendre de la compression que l'air fait par sa pesanteur sur la surface de toute l'eau qui est dans tout le monde, & qui l'oblige de monter dans les espaces qui sont rendus vuides par quelque moyen que ce soit; en sorte que de mesme que l'air qui entre dans un soufflet, lorsqu'on l'ouvre, y entre parce qu'il y est poussé par la pesanteur de l'autre air qui le presse; l'eau entre aussi dans le corps d'une pompe, à cause de la pesanteur de l'air qui l'y pousse & qui l'y fait entrer, lorsque le piston qui occupoit l'espace du bas de la pompe, quitte ce lieu estant tiré en en-haut. C'est pourquoy j'ay traduit, *id quod spiritu in catinum fuerit expressum*, *ce qui a esté poussé dans le petit bassin à l'aide de l'air*, pour faire entendre que l'air a contribué seulement quelque chose à cette expression, sçavoir d'avoir fait entrer l'eau dans le barillet, où estant enfermée elle est exprimée par le piston, & non pas que l'air soit la cause immediate de cette expression; & j'ay crû que cela se pouvoit entendre de la mesme maniere que l'on pourroit dire que l'eau est exprimée *à l'aide de la soupape* qui est au fond du barillet, & non pas que cette soupape exprime l'eau, parceque c'est le piston qui l'exprime, & que la soupape empeschant l'eau de descendre, elle l'oblige seulement de monter.

4. Une chape. Parmy les Romains *penula* estoit proprement *un just'aucorps*: Car les robes des Romains, qui estoient amples & larges, ne suffisant pas à les deffendre du froid lorsqu'ils estoient au Theatre, on inventa cette sorte de vestement, qui

Ch. XII.

Cunei. Fibulæ. est jointe fort juste & attachée avec des *clavettes*, qui passent dans des *pitons*, de crainte A
qu'elle ne soit enlevée par la force de l'eau lorsqu'elle est puissamment poussée. Au dessus
Tuba. on soude avec la chappe, un autre tuyau qui est dressé à plomb & que l'on nomme la *trompe*.

Au dessous de l'entrée des tuyaux qui sont au bas des barillets, il y a des soupapes, qui ferment les trous que les barillets ont en leur fond. De plus on fait entrer par le haut
Embolis masculi. des Barillets [1] des *pistons* polis au tour & frottez d'huyle, lesquels estant ainsi enfermez dans * les barillets, & estant haussez & baissez par un mouvement frequent, à l'aide des barres & des leviers, pressent tantost l'air qui est à l'entour, [2] tantost l'eau qui est enfermée par les * soupapes qui bouchent les ouvertures par lesquelles elle est entrée dans les barillets, & ainsi par leur compression ils forcent l'eau d'aller dans le petit bassin par les tuyaux qui y abou- B
tissent, où estant rencontrée par la chape [3] qui est dessus, elle est exprimée & envoyée en

estoit plus étroit & plus serré sur le corps, comme remarque Bartholus Bartholinus dans son traité *de penula*. Ce mot est mis icy generalement pour signifier une couverture. Les Distillateurs se servent de la mesme metaphore, quand ils apellent *chappe* le dessus de l'Alambic, qui est tout-à-fait semblable à cette partie de la machine de Ctesibius, que Vitruve apelle *penula*.

1. Des pistons. On apelle ainsi en François la partie des pompes ou seringues qui entre dans le tuyau ou corps de pompe, & qui estant levée ou poussée, attire ou pousse l'eau ou l'air. Ils sont apellez *emboli masculi*, par la mesme raison que dans une des Clepsydres qui sont décrites au 9 chapitre du 9 livre, le petit Tympan qui entre dans le grand est apellé *Tympanum masculum*. Les Pistons sont apellez au chapitre qui suit *fundulis ambulatiles*.

2. Tantost l'eau. En consequence de l'explication qui a esté donnée au texte, & suivant la supposition que l'on fait que Vitruve & Ctesibius entendent que la compression de l'air dont il est icy parlé, est celle que l'air fait par sa pesanteur, il a fallu corriger quelque chose au texte pour luy donner un sens raisonnable : car au lieu de *Emboli qui ultrò citroque frequenti motu prementes aërem qui erit ibi cum aquâ axibus obturantibus foramina, cogunt & extrudunt inflando pressionibus per fistularum nares aquam in catinum*. Il faut lire, *Emboli, qui ultrò citroque frequenti motu prementes aërem qui erit ibi, tum aquam* (au lieu de *cum aqua*) *axibus obturantibus foramina, cogunt & extrudunt*, &c. Car la verité est que lorsque les pistons sont haussez dans les corps de pompe, ils pressent l'air qui est à l'entour en s'élevant, & que lorsqu'ils sont haussez ils pressent l'eau qui est entrée par la force de la compression de l'air causée tant par sa propre pesanteur, que par la compression que les pistons font sur l'air en se haussant.

3. Qui est au dessus. Je corrige encore cet endroit qui n'a point de sens, & au lieu de *è quo recipiens penula spiritus exprimit*, &c. Je lis *quam* (*scilicet aquam*) *recipiens penula superposita* (au lieu de *spiritus*) *exprimit*, &c. Si cette explication & cette correction ne plaisent pas, il est libre au lecteur de retenir le texte qui, traduit à la lettre, est tel, *De plus par le haut des barillets on fait entrer des pistons polis au tour & frottez d'huyle, lesquels estant ainsi enfermez dans les barillets sont haussez & baissez par un mouvement frequent à l'aide des barres & des leviers, qui pressant l'air qui est là avec l'eau, & les ouvertures estant bouchées par les soupapes, l'eau est contrainte par la compression & forcée d'entrer par les tuyaux dans le petit bassin, d'où la force de l'air qui la pousse contre la chappe, l'exprime, & la fait passer en haut par la trompe*. L'explication que Barbaro donne à cet endroit, a beaucoup servy à me faire croire que Vitruve a mal entendu Ctesibius: car cet interprete voyant que Vitruve veut que l'air serve à quelque chose dans cette machine, il ne luy attribuë point de compression, parcequ'il ignoroit que l'air en pust faire par sa pesanteur, & il parle seulement de l'attraction qu'il croit que l'air produit, lorsque suivant le piston par la necessité d'empescher le vuide, l'eau suit aussi l'air par la mesme necessité : mais cela n'a aucun fondement dans le texte, & il n'est point necessaire de mettre de l'air entre le piston & l'eau pour faire que l'eau suive le piston lorsqu'il est levé. De sorte que voyant que ny Barbaro, ny la raison ne veulent point que l'air enfermé dans la machine de Ctesibius serve à comprimer l'eau qu'elle fait monter; il m'a semblé que les mots de *compressio* & d'*air* estant dans le texte il y avoit apparence que Ctesibius a entendu que cette compression de l'air estoit celle qu'il fait par sa pesanteur sur l'eau, & que cette compression de l'eau est la cause qui la fait entrer dans le corps de pompe; neanmoins si l'on ne veut rien changer au texte on peut entendre que la machine de Ctesibius estoit pareille à celle dont on se sert à lancer de l'eau fort haut pour éteindre les embrasemens : car dans cette machine l'eau est poussée d'un corps de pompe A, par un piston B, dans un *catinus* ou pot FG, dans lequel l'air qui remplit sa cavité ne peut avoir d'issuë pour peu qu'il y ait d'eau; parceque le tuyau apellé *tuba* EF, descend jusqu'au fond du pot; & il arrive que l'eau qui est poussée par le tuyau D, du corps de pompe A, tombant au fond ferme le bas de la trompe marqué F, & empesche que l'air n'y passe : de sorte que lorsque le piston pousse de nouvelle eau dans le pot avec violence, cette eau qui le trouve plein, moitié d'eau par le bas, & moitié d'air par le haut, fait effort sur l'un & sur l'autre de ces elemens, C
& il arrive que l'eau ne pouvant sortir par la trompe avec autant de vitesse qu'elle est poussée par le tuyau du corps de pompe, parceque l'extremité E de la trompe qui lance l'eau en dehors, est percée d'un trou beaucoup plus étroit que n'est celuy par lequel le tuyau D du corps de pompe la reçoit; cette eau pour trouver place dans le pot, comprime l'air, qui pour retourner ensuite à son premier état presse l'eau à son tour, & fait que pendant que le piston est haussé pour faire entrer l'eau dans le corps de pompe, auquel temps il ne pousse point d'eau dans le pot, l'eau ne laisse pas de jallir par le petit bout de la trompe à cause de l'action de l'air comprimé qui la pousse. Mais pour faire que cette maniere de lancer l'eau se trouve dans le texte de Vitruve, il faut lire *spiritu* au lieu de *spiritus*, en sorte qu'au lieu de lire, *extrudunt aquam in catinum, è quo recipiens penula spiritus, exprimit per fistulas in altitudinem*, on lise, *è quo recipiens penula* (*scilicet aquam*) *spiritu* (*eam*) *exprimit per fistulas in altitudinem*. Car il n'y a point de raison de dire ny que *penula spiritus recipit è catino*, ny que *penula spiritus exprimit*; mais bien que *penula spiritu* D
exprimit. Neanmoins il y a apparence qu'il ne s'agit point de tout cela dans la machine de Ctesibius; dans laquelle il n'est point necessaire d'enfermer de l'air, parceque l'effet de l'air enfermé dans la machine des incendies, n'est que pour donner un cours continu à l'eau, qui n'est point necessaire dans la machine de Ctesibius, laquelle amasse l'eau dans un reservoir d'où elle peut couler d'un cours continu où l'on veut.

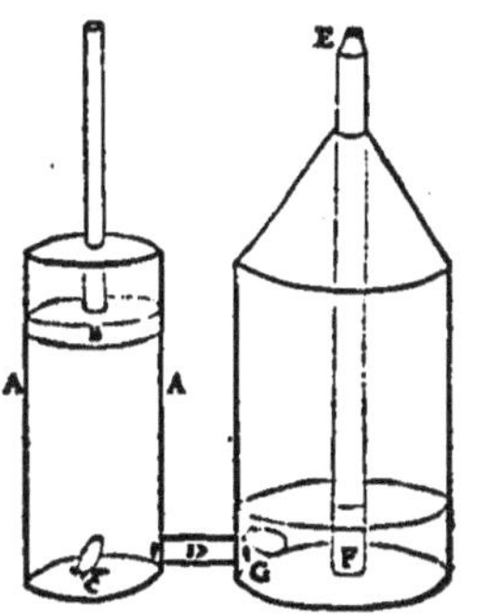

E

Aprés avoir expliqué ce que Vitruve rapporte des machines

A haut par la trompe : & par ce moyen une eau qui est basse peut estre élevée dans un re- CH. XII
servoir, d'où elle peut faire des jets.

Mais cette machine n'est pas la seule que Ctesibius a inventée : Il y en a beaucoup d'autres de differentes sortes, qui font voir que les liqueurs estant pressées font beaucoup d'effets par le moyen de l'air, tels que sont les chants des oiseaux que l'on imite [*] par ces sortes de mouvemens, & [1] *les petites figures* que l'on fait courir dans des vases de verre, [2] par le moyen de l'eau que ces vases ont receuë ; & plusieurs autres machines qui sont faites pour le plaisir de la veüe & de l'ouye. De toutes ces machines j'ay choisi celles qui peuvent estre de quelque utilité, & j'en ay parlé dans le livre precedent, lorsque j'ay traité des horloges ; de mesme qu'en cettuy-cy j'ay décrit celles qui se font par l'impulsion de l'eau. Ceux qui seront curieux des machines qui ne sont pas tant
B pour l'utilité que pour le plaisir, les pourront trouver dans les livres que Ctesibius en a écrits.

dont les anciens se servoient pour élever l'eau, j'ay crû qu'il ne seroit pas hors de propos d'en ajoûter une qui fait elle seule tous les effets qui ne se trouvent que separement dans celles dont Vitruve parle : car si ces machines élevent beaucoup d'eau comme le Tympan & la Limace, elles ne l'elevent gueres haut, ou si elles l'élevent aussi haut que l'on veut, comme on le peut faire par le moyen des chaisnes ou chapelets, elles ont besoin d'une puissance exterieure pour les faire agir, qui soit proportionnée à la quantité de l'eau, & à la hauteur à laquelle on la veut faire monter, ensorte qu'il y faut employer ou le courant d'une eau fort rapide & fort abondante, ou les forces de plusieurs animaux. Mais celle-cy
C peut élever fort haut & incessamment une grande quantité d'eau, sans qu'il soit necessaire d'employer aucune force exterieure.

Ce probleme qui paroist si surprenant estant ainsi proposé en general, n'a rien qui puisse faire douter de sa verité, aprés que l'on a veu le détail de la construction de la machine, qui mesme est tres-simple & aisée à executer, ainsi que l'on l'a experimenté dans le Jardin de la Bibliotheque du Roy à Paris, où M. Franchini Gentilhomme François, originaire de Florence, qui en est l'inventeur, l'a fait construire il y a environ deux ans : car depuis ce temps elle fait jallir une fontaine dont l'eau n'est que la decharge d'une autre fontaine qui se perdoit dans un puits.

Cette machine consiste en deux chapelets ou chaisnes posées sur un mesme tambour, qui fait que les deux chapelets se remuent ensemble, & la forme & la disposition des godets qui sont differens dans ces deux chapelets, fait que l'un remuë la machine, & l'autre porte l'eau en haut. Le chapelet qui fait le mouvement est
D composé de godets de cuivre plus larges par le haut que par le fonds. Celuy qui éleve l'eau, est composé de godets aussi de cuivre, qui sont, au contraire des autres, larges par le fonds & plus étroits vers le goulet qui est détourné à costé & vers l'endroit où ils doivent verser l'eau, lorsqu'estant parvenus en haut ils se renversent en tournant sur le Tambour. Le chapelet qui fait le mouvement est plus long & descend plus bas que l'autre, qui ne va que jusques dans une cuvette qui est un peu au dessous du rez de chaussée, afin que l'eau courante y puisse entrer, & de là estre en partie élevée par le petit chapelet, & en partie se répandre par un tuyau dans l'autre chapelet, pour faire mouvoir toute la machine.

L'ordre que cette eau tient pour ces effets est tel : elle est premierement conduite par un tuyau dans le bassin dans lequel on a intention de faire jallir l'eau qui aura esté élevée par la machine, & de ce bassin elle est conduite dans la cuvette, dans laquelle le plus petit chapelet trempe par embas. Cette cuvette estant pleine se
E dégorge par un tuyau dans celuy des godets du grand chapelet qui est à sa hauteur, & qui estant remply s'en va par dessus, & laisse tomber l'eau qu'il a de reste dans le godet qu'il a dessous soy ; celuy-là estant emply de cette eau qui est de reste, il la laisse tout de mesme couler dans celuy qui est sous luy, & ainsi jusqu'au bas, & autant qu'il est necessaire pour faire que cette eau dont les godets s'emplissent les uns aprés les autres, ait assez de pesanteur pour faire remuer la machine en tirant le chapelet embas. Or ce chapelet à mesure qu'il descend presente toujours des godets vuides au tuyau qui verse l'eau de la cuvette, & ces godets s'emplissant ainsi successivement, entretiennent le mouvement de la machine, par le moyen duquel le second chapelet qui puise dans la cuvette où ses godets s'emplissent, porte l'eau en haut dans une autre cuvette, & de là l'eau est portée par un tuyau dans le bassin où elle jallit, & où estant meslée avec l'eau courante, elle est rapportée dans la cuvette d'embas pour fournir au tuyau qui emplit les godets du grand chapelet qui fait le mouvement, & à ceux du petit qui portent l'eau en haut. De sorte que par le moyen de cette circulation, une petite quantité d'eau courante éleve incessamment beaucoup d'eau & fort haut, selon la proportion qu'il y a entre les chapelets ; car si le chapelet qui remuë la machine, est bien grand & descend bien bas au dessous de la cuvette d'embas, il pourra élever par sa pesanteur une grande quantité d'eau, & il l'elevera aussi haut que le puys dans lequel le grand chapelet doit descendre, sera creux : & cette mesme quantité d'eau qui aura esté une fois elevée, revenant toujours au mesme lieu où elle a esté prise, sera incessamment elevée, & entretiendra en cet estat un cours perpetuel.

1. LES PETITES FIGURES. J'ay interpreté *Angibata* des vases. Quelques Interpretes tournent autrement ce mot, estimant qu'il soit derivé d'*Engys*, qui en Grec signifie *prés*, comme si ces figures estoient si petites qu'il les fallust regarder de prés. D'autres croyent qu'il vient d'*Engeion* qui signifie fait de terre. Mais cela m'a semblé mal fondé, & j'ay mieux aimé suivre Baldus qui lit *Angibata*, & le fait venir d'*Angeion*, qui signifie un vase ; sa conjecture est prise du livre des Pneumatiques de Heron, où cet Auteur décrit une machine qui est un vase transparent, dans lequel de petites figures se remuent ; & ce vase, ce me semble, est pareil à ceux qui se font par les émailleurs, où de petites figures d'émail sont enfermées avec de l'eau, & soûtenuës sur l'eau par de petites bouteilles de verre ; ces vases estant scellez hermetiquement.

Mais cet effet surprenant du mouvement que l'on fait avoir à de petites figures d'émail qui nagent dans l'eau se voit encore mieux dans l'Argibate qui a esté inventé depuis peu, dans lequel une petite figure monte, descend, tourne, & s'arreste comme l'on veut. Cela se fait en serrant & comprimant l'eau plus ou moins avec le pouce dont on appuye sur le bout d'un long tuyau de verre remply d'eau. L'artifice est que la petite figure d'émail qui est creuse a une pesanteur tellement proportionnée à son volume qu'elle nage sur l'eau, en sorte neanmoins que pour peu que l'on ajoûte quelque chose à sa pesanteur, elle descend au fond, ce qui se fait en pressant fortement sur l'eau ; car l'eau estant incapable comme elle est de compression, elle entre dans le vuide de la petite figure par un petit trou qu'elle a, & diminuë ce vuide en comprimant l'air, dont ce vuide est remply. Or ce vuide estant ainsi diminué la petite figure devient plus pesante & descend au fond de l'eau, d'où elle remonte aussi-tost que le pouce cessant de presser l'eau, celle qui estoit entrée par le petit trou, en sort estant poussée dehors par l'air qui avoit esté resserré au dedans, & qui retourne à son premier estat lorsque l'eau n'est plus pressée par le pouce.

2. PAR LE MOYEN DE L'EAU QU'ILS ONT RECEÜE. Il y a des Interpretes qui entendent que les petites figures boivent, mais le texte porte expressement que ce sont les Angibates, qui boivent, & ils y sont distinguez des petites figures ; aussi il est dit que les Angibates aprés avoir bû, c'est-à-dire reçu l'eau, font remuer les figures. On pourroit croire que la machine est un vaisseau rond, dans lequel l'eau entrant obliquement par un endroit & sortant à l'opposite par un autre, fait tourner & courir les unes aprés les autres de petites figures qui nagent sur l'eau.

EXPLICATION DE LA PLANCHE LXII.

A

Cette Planche contient trois Figures. La premiere represente ce qui appartient à la vis d'Archimede, & elle explique premierement par un simple trait, la maniere de tracer sur une piece de bois arondie, dont on fait le noyau de la Limace, les lignes spirales qui doivent servir de fondement aux planchers qui font le dedans de la vis. A A, est le cercle du bout de la piece arondie, divisé en quatre. B B, est le cercle divisé en huit. C C, sont les lignes tirées en long sur la piece de bois, lesquelles répondent aux divisions des bouts. D D, sont les lignes traversantes. D E, sont les lignes obliques tirées sur les intersections qui se font par les droites & par les traversantes. Cette mesme Figure fait encore voir la vis entiere & parfaite. E E, sont les aix qui couvrent & enferment les circonvolutions de la Limace, & qui sont bandez de fer. G G, sont les pieux fichez à droit & à gauche, & liez par un traversant dans lequel est la virole de fer qui reçoit le bout du boulon. Il faut entendre qu'il y a une virole ou crapaudine à l'autre bout qui soutient le boulon qui y est, & que cette virole est cachée sous l'eau. B

La seconde Figure est pour la pompe de Ctesibius, elle en explique la structure par le simple trait & par une figure ombrée. A A, sont les deux barillets. B, est un piston levé pour laisser entrer l'eau dans le barillet. C, est l'autre piston baissé pour pousser l'eau dans le Catinus. *D, est l'ouverture qui est au fond des barillets. E, est la soupape qui est faite pour boucher l'ouverture du fond des barillets, & qui est levée pour laisser entrer l'eau. F, est l'autre soupape qui est baissée. G H, est le petit bassin apellé* Catinus. *G, est une des soupapes du petit bassin qui est baissée. H, est l'autre soupape qui est levée. I I, sont les deux tuyaux qui sortent du fond des barillets, & qui se joignent pour entrer dans le petit bassin. K, est la chappe en maniere d'entonnoir renversé. L, est la trompe. La Figure ombrée est pour faire entendre que le treüil N, en tournant avec la roüe fait baisser le bout des leviers qui font enfoncer les pistons dans le barillets, lorsque les pallettes M, levent les bouts qui sont opposez à ceux qui enfoncent les pistons, & que ces bouts aprés avoir esté levez par les pallettes retombent d'eux-mesmes, à cause de la pesanteur du poids dont ils sont chargez, & qu'en tombant ils levent les pistons.* C

La troisiéme Figure represente la machine qui éleve l'eau qui fait le jet de la fontaine du jardin de la Bibliotheque du Roy. A, est le bassin dans lequel l'eau courante est premierement receuë. B, est la cuvette de dessous, dans laquelle l'eau du bassin A, se décharge de ce qu'il a de reste quand il est plein. C, est le bout du tuyau par lequel l'eau du bassin A se décharge dans la cuvette B. DD, sont les godets du petit chapelet qui montent. EE, sont les mesmes godets qui versent l'eau dans la cuvette de dessus. F F, sont les godets du mesme chapelet qui descendent. G, est le tuyau par lequel la cuvette de dessous se décharge dans le godet H, qui est à sa hauteur. H, est le godet, qui estant plein s'en va par dessus, & se décharge dans le godet qui est au droit d'I, & de celuy-cy dans tous les autres qui ne se voyent point, & qu'il faut supposer descendre jusqu'en bas. K K sont les godets du grand chapelet qui montent vuides & renversez. L L, sont les godets du grand chapelet qui descendent & qui sont vuides aussi jusqu'à H. M, est la cuvette de dessus. N, est le tuyau qui porte l'eau de la cuvette de dessus dans le bassin A, pour y faire le jet. O, est un delay composé d'une roüe, d'un pignon & d'un balancier, qui servent à entretenir toute la machine dans un mouvement égal. PP, est le tambour qui porte les deux chapelets. D

CHAP.

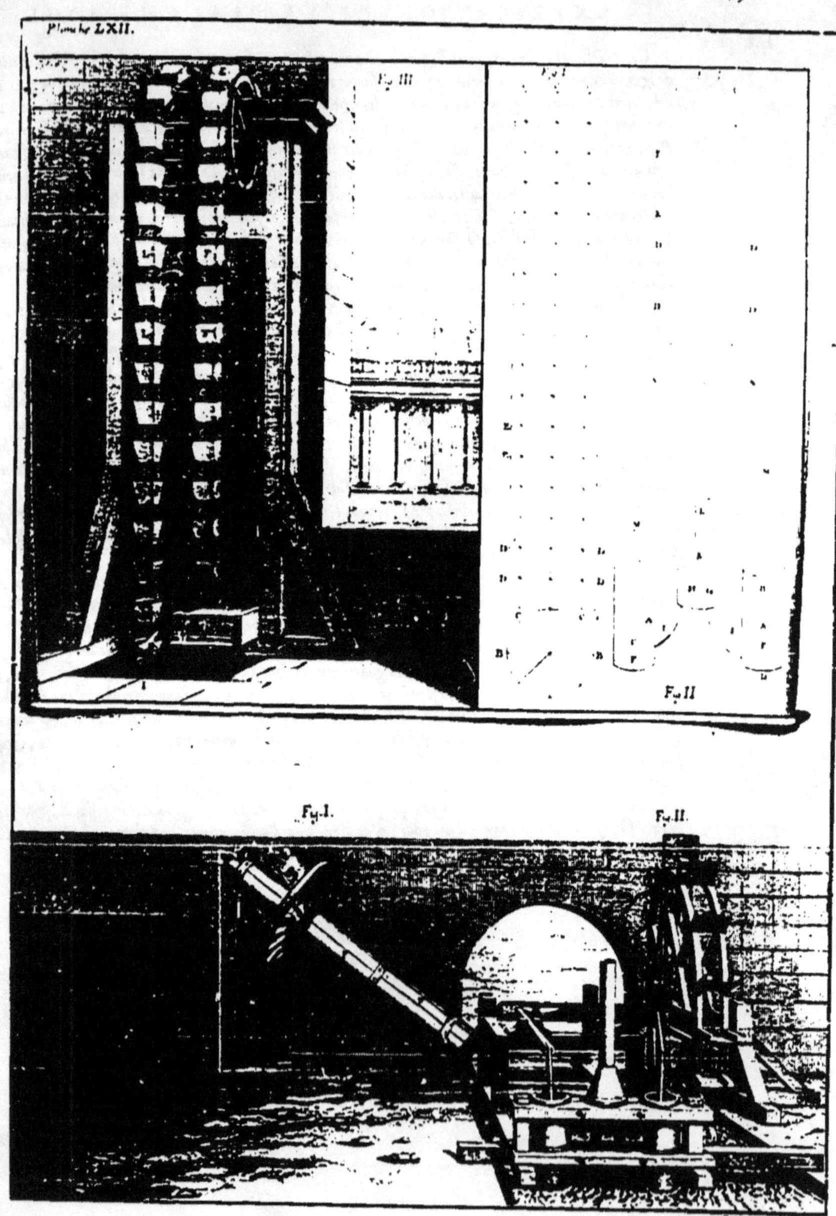
Planche LXII.
Fig. III
Fig. II
Fig. I.
Fig. II.

CH. XIII. A

CHAPITRE XIII.

Des machines hydrauliques qui font joüer des Orgues.

Fundulis ambulatiles.
Ferrei ancones.
Verticuli.
Summa platea.

JE ne veux pas obmettre d'expliquer icy avec le moins de paroles & le mieux qu'il me sera possible, par quel artifice on fait des Orgues[1] qui joüent par le moyen de l'eau. On met un * coffre de cuivre sur une base faite avec du bois, & on éleve sur cette base deux regles à droit, & deux à gauche, qui sont jointes ensemble en forme d'echelle : entre ces regles on enferme des Barillets de cuivre avec[2] *de petits fonds qui se haussent & qui se baissent* étant parfaitement * bien arondis au tour & attachez à[3] *des barres de fer coudées* par *des charnieres* qui les joignent à des * leviers[4] enveloppez de peaux qui ont encore leur laine. Il y a des trous de la largeur d'envi- * B ron trois doits à *la plaque qui couvre le haut des Barillets*, aupres desquels sont[5] des Daufins d'ai- * rain attachez aussi avec des charnieres ; & ces Daufins soûtiennent par des chaisnes[6] des Cym- *

1. QUI JOÜENT PAR LE MOYEN DE L'EAU. J'ay crû devoir interpreter ainsi le mot de *hydraulica*, qui en Grec est composé de deux autres qui signifient *eau* & *canal* ou *flusste* ; car il faut entendre que ce qu'on apelle Machine Hydraulique, dans une signification generale & moins propre, comprend toutes les machines qui ont mouvement par le moyen de l'eau, comme sont les moulins, & dans une signification plus propre ne se prend que pour celles qui conduisent & élevent l'eau par des tuyaux, ou dans lesquelles l'eau fait joüer des flustes : en sorte que les Orgues dont nous parlons, sont la Machine qui comprend en soy toute l'essence de l'hydraulique : parcequ'il y a & des *Canaux* & des *flustes* dans lesquelles *l'eau* fait les effets dont la machine est capable. Athenée dit que Ctesibius a esté l'inventeur de cette machine, ou du moins qu'il l'a perfectionnée, parceque la premiere invention en est deuë à Platon, qui inventa l'*Horloge nocturne*, c'est-à-dire une Clepsydre qui faisoit joüer des flustes, pour faire entendre les heures au temps où on ne les peut voir.

2. DE PETITS FONDS. Ce que Vitruve apelle icy *fundali ambulatiles* sont, à ce que j'ay pû juger, les pistons qui sont apellez *emboli masculi* au chapitre precedent : il apelle aussi en ce mesme chapitre *penulam*, ce qui est apellé icy *pnigeus* qui est un entonnoir renversé.

3. DES BARRES DE FER COUDÉES PAR DES CHARNIERES. C'est ainsi que j'ay crû qu'il falloit entendre *ferreis ancones in verticulas cum vectibus conjuncti* : car *ancon* signifie en Grec une chose pliée en maniere de coude : mais cette figure auroit été mal propre à faire enfoncer & à retirer les petits fonds, qui servent de pistons aux barillets, si ces coudes de fer n'avoient esté pliables par des charnieres à l'endroit où ils sont coudez : de sorte qu'il faut entendre que ce fer plié avec des charnieres est soudé par un bout perpendiculairement sur le petit fond, & que l'autre bout est emmanché d'un levier, qui balançant sur un pivot qui le traverse, fait hausser & baisser le petit fond quand on le hausse & quand on le baisse, comme il sera expliqué dans la suite. Il faut encore entendre, comme il se voit dans la figure, que ce n'est pas sans raison qu'il y a *in verticulis*, c'est-à dire par plusieurs charnieres : car si la barre de fer qui est jointe avec les petits fonds, n'avoit esté brisée en son milieu par le moyen d'une autre charniere, il seroit impossible de lever, ny de baisser les petits fonds, à cause du cercle que le bout du levier doit décrire, ce qu'il n'auroit pû faire si la barre de fer du petit fond n'avoit esté pliable par le milieu.

4. ENVELOPPEZ DE PEAUX QUI ONT ENCORE LEUR LAINE. Il est difficile de débroüiller cet endroit. Car il faut deviner à quoy servent ces peaux avec la laine dont il faut envelopper les *ancones*, c'est-à-dire les barres de fer qui font le manche des pistons, comme il y a grande apparence. Barbaro qui ne s'est point mis en peine de la construction du texte, croit que ces peaux faisoient le mesme effet aux pistons que les étoupes font à nos seringues : le Pere Kircher qui a eu plus d'égard à la construction, mais qui n'a pas tant pris garde au sens, étant de la mesme opinion que Barbaro sur l'usage de la laine, a cru que *ferrei ancones* étoient les pistons, à cause qu'il est dit que *ferrei ancones pellibus lanatis sunt involuti*.

5. DES DAUFINS D'AIRAIN. L'usage de ces Daufins, & les Daufins mesmes, sont des choses aussi peu connuës l'une que l'autre ; ce qui rend cet endroit un des plus difficiles de tout ce Chapitre : Car on ne peut pas esperer icy que, comme il arrive assez souvent, la connoissance que l'on a de la chose dont on entend parler, fasse deviner la signification des termes inconnus. La machine Hydraulique n'a jamais été décrite si exactement que par Vitruve : mais le peu de soin qu'il a eu d'expliquer le mot de *Delphinus*, a bien donné à penser aux Interpretes qui ne trouvent dans l'antiquité, qu'une chose qu'il signifie metaphoriquement, encore ne voit-on pas bien le fondement de cette metaphore. On trouve que les anciens ont parlé d'un navire porte-dauphin, & on croit que ce Daufin étoit une masse de plomb ainsi apellée, à cause que le Daufin est le plus massif de C tous les poissons : cette masse étoit attachée à l'antenne, & on la laissoit tomber dans les navires des ennemis pour les enfoncer. De là par une autre metaphore on apelloit Daufins tout ce qui servoit de contrepoids. Mais le sens du reste du discours de Vitruve, demande que le Daufin soit autre chose qu'un contrepoids. Barbaro croit avec plus de raison qu'il doit signifier quelque chose de courbé, parce qu'anciennement on peignoit toujours un Daufin en cette figure. Mais il n'a pas bien expliqué l'usage de cet airain recourbé, quand il le fait servir à soutenir & à pendre les leviers qui haussent & qui baissent les petits fonds ou pistons. Cela se prouve clairement parcequ'il est dit que ces Daufins tiennent les cymbales penduës à des chaisnes, & Barbaro pend les leviers à ces chaisnes. Il est encore dit que quand on hausse les leviers les petits fonds s'abaissent ; ce qui ne se peut faire dans la disposition que Barbaro donne à ces Daufins, dont la teste étant levée leve les leviers qui levent aussi les petits fonds. De plus les leviers D comme Barbaro les entend ne sont point proprement des leviers, mais des tringles qui ne font point l'office de leviers comme ceux qui sont representez dans la figure, qui étant posez sur un appuy élevent les pistons par un de leurs bouts, lorsque l'on appuye sur l'autre. Le texte dit encore que ces Daufins ont des charnieres & couplets, & ceux de Barbaro n'en peuvent avoir qu'un pour les deux : Enfin Vitruve met les Daufins tout auprés des trous qui sont dessus les Barillets, & selon Barbaro ils en sont éloignez de toute la longueur de ses leviers, & de celle des chaisnes des Daufins. De sorte qu'il me semble qu'il y a plus de vrai-semblance que ces Daufins qui sont dits suspendre les cymbales, sont des especes de balances qui portent par un de leurs bouts les soupapes des Barillets qui sont faites en cone, car ils ont la forme recourbée du Daufin, & ils servent en quelque façon de contrepoids, lorsqu'ils aident à faire remonter les cymbales apres que l'impulsion de l'air qui les avoit E poussées embas en entrant dans les Barillets, a cessé.

6. DES CYMBALES. De mesme que j'ay crû pouvoir prendre le Daufin pour quelque chose qui avoit ressemblance à la figure que les anciens donnoient à cet animal, je prens aussi la liberté d'expliquer le mot de Cymbale, en le prenant pour un Cone qui a la base embas, & qui est pendu par un anneau attaché à sa pointe, d'autant que cela ressemble à l'instrument de Musique apellé Cymbale. Ma pensée est que ces cones servoient de soupapes pour boucher les trous qui étoient au haut des Barillets, dans lesquels lorsque l'air étoit contraint d'entrer par la descente des petits fonds ou pistons, ces cones qui étoient suspendus presqu'en equilibre aux chaisnes des Daufins, estoient poussez en dedans par l'air qui entroit, & ainsi ils luy donnoient passage : Et qu'au contraire quand les petits fonds étoient retirez en haut, l'air faisoit elever les Cymbales ou cones qui bouchoient les trous in-

A * bales penduës à leur gueule. ¹ Un peu plus bas sont les trous par lesquels les Barillets CH. XIII.
* * ² ont communication avec le coffre de cuivre ³ dans lequel l'eau est suspenduë.

* Dans ce coffre on met le ⁴ *Pnigeus* qui est comme une maniere d'entonnoir renversé, sous [illegible]
lequel sont des billots de l'épaisseur d'environ trois doits, qui soûtiennent son bord d'embas à une égale distance du fond du coffre. Le haut qui va en s'étressissant & qui fait comme un col, est joint à un petit coffre qui soûtient la partie superieure de toute la machine : cette
* partie s'apelle *Canon musicos*, & elle a des canaux creusez tout du long ⁵ au nombre de qua- *Regle musicale.*

continant & exactement, n'y ayant rien qui par sa figure soit si propre à boucher un trou rond qu'un cone.

1. UN PEU PLUS BAS SONT LES TROUS. Je traduis le mot *infra* comme étant un adverbe : je mets un point apres *Cym-*
B *bala ex ore*, & je lis *pendentia habent catenis cymbala*, au lieu de *habentes*; pour faire entendre qu'outre les trous qui sont au fond d'enhaut du Barillet pour donner entrée à l'air quand on abaisse les petits fonds, il y en a un autre un peu plus bas dans le haut du corps du Barillet, par lequel quand on releve le petit fond, l'air est poussé par un tuyau dans le col du *Pnigeus*, comme il est dit apres dans le texte. Je lis donc, *in summâ planitia (sunt) foramina circiter digitorum ternûm, quibus foraminibus proximè in verticulis collocati aeres Delphini, pendentia habent catenis cymbala ex ore. Infra, foramina (sunt) modiolorum chalata intra arcam, quò loci aqua sustinetur*, suppleant les deux *sunt* qui sont enfermez dans les parentheses.

2. ONT COMMUNICATION AVEC LE COFFRE DE CUIVRE. Le mot *Chalata* n'est ny Grec ny Latin, mais derivé du Grec *Chalao*, qui signifie l'action par laquelle les choses sont
C coulées & descendues d'un lieu en un autre, d'où il y a apparence que le mot de *caler* la voile est venu : De sorte que pour donner quelque sens à cet endroit, il a fallu faire entendre que le texte attribue aux trous, ce qui n'appartient qu'aux tuyaux qui reçoivent l'air par ces trous : De maniere que n'y ayant point d'apparence de dire, que les trous des Barillets descendent dans le coffre, parcequ'ils en sont éloignez, & qu'ils ne le sont que par le moyen des tuyaux qui vont du Barillet au col du *Pnigeus* au travers du coffre; j'ay cru que l'on pouvoit dire, *les trous par lesquels les Barillets ont communication avec le coffre*. Dans la figure les tuyaux qui vont de ces trous au col du *Pnigeus* ne paroissent point traverser le coffre, parce qu'il n'est pas representé dans toute sa hauteur, & que ses bords sont abaissez afin de faire voir ce qui est dedans : Mais il faut entendre que dans la machine le coffre s'eleve jusqu'au *canon musicos*, & qu'ainsi il est vray de dire que les Barillets ont communication avec le coffre par les trous qui sont le commencement des tuyaux qui le traversent.

D 3. DANS LEQUEL L'EAU EST SUSPENDUE. C'est une chose assez étrange qu'il n'y ayt que le seul mot de *sustinetur* dans toute la description d'une machine hydraulique, qui puisse faire deviner à quoy l'eau y sert; car le vent attiré dans les Barillets, & de là poussé dans le coffre, semble estre suffisant pour faire agir la machine, sans qu'il soit besoin d'eau : mais il est certain que l'impulsion violente & interrompue que l'air reçoit par l'action des pistons ou petits fonds, feroit un fort mauvais effet sans l'eau : parceque le son que cette impulsion d'air produiroit dans les flustes, seroit inegal & interrompu ; Et en effet le Pere Kirker n'a point compris que l'eau servist à autre chose dans la Machine hydraulique, qu'à faire ce que le tremblant fait dans nos Orgues. Cependant il se trouve que c'est tout le contraire, & que l'usage de l'eau dans cette espece d'orgue, n'est point autre que d'em-
E pescher que l'impulsion des deux pistons n'ait un effet inegal & interrompu comme le tremblant. De sorte qu'il faut concevoir qu'il étoit necessaire qu'il y eust quelque chose qui obeissant à cette impulsion quand elle est trop forte & trop soudaine, ou suppleant à son defaut quand elle cesse, entretint une impulsion avec la continuité & l'égalité qui est necessaire au son que l'instrument doit rendre ; ce que l'eau est capable de faire, étant comme il est dit, *suspendue* : Car ayant supposé que dans un coffre decouvert & à moitié plein d'eau, il y en a un autre moindre apellé *Pnigeus* qui est renversé, & dont les bords d'embas ne touchent pas au fond du grand, parcequ'ils sont soutenus par des billots ; il est certain que lorsque l'on fait entrer avec violence dans le coffre renversé, plus d'air qu'il n'en peut contenir, il pousse l'eau qui cede en s'élevant dans le grand coffre, où étant suspendue, elle sert à suppléer par son poids, au defaut qui arrive dans l'interruption des impulsions, & à en moderer aussi la violence, en cedant & en s'élevant à proportion que la force qui la pousse agit avec plus de puissance.

4. LE PNIGEUS. Il y a faute dans tous les exemplaires qui ont *inest in id genus uti infundibulum inversum*, au lieu de *inest Pnigeus*. La faute n'estoit pas difficile à découvrir parce qu'une ligne apres il est parlé de ce *Pnigeus* : il est vray qu'il est encore mal écrit dans tous les exemplaires où il y a *Phigeus*, au lieu de *Pnigeus*. Or ce mot vient du Grec *Pnix*, qui signifie suffocation, & c'est proprement un instrument fait pour éteindre le feu ou un flambeau en l'étouffant, tel qu'est celuy avec lequel on éteint les cierges : il signifie aussi une cheminée. L'Instrument dont il s'agit, est ainsi apellé à cause qu'il étouffe & empesche l'air de s'evaporer. Sa figure aussi qui va en étressissant ressemble à la hotte d'une cheminée, & à ces chapiteaux dont on éteint les cierges. Cette figure luy est necessaire pour rendre plus egale la pesanteur dont l'eau suspendue dans le coffre, presse l'air qui est dans le *Pnigeus* : Car la pesanteur de l'eau qui monte hors du *Pnigeus* dans l'espace B B, ou dans l'espace C C. lorsque l'air qui est envoyé des Barillets dans le *Pnigeus* A, ou dans le *Pnigeus* D, l'y pousse, est plus grande plus elle monte haut ; & il est certain qu'elle monteroit plus haut, si l'espace de dehors du *Pnigeus* estoit egal, ainsi qu'il l'est en C C, que s'il alloit en s'élargissant ainsi qu'il fait en B B.

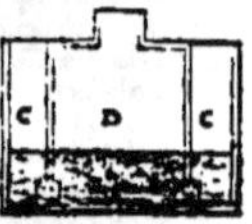

Ces precautions neanmoins ne rendent point l'impulsion de l'air si egalle qu'elle l'est par le moyen des soufflets des orgues qui se font à present : car bienque le poids qui charge un soufflet pese davantage vers la fin lorsqu'il baisse, qu'au commencement lorsqu'il est levé ; l'effet de la pesanteur ne laisse pas d'estre toujours pareil, parce que la quantité d'air dont le soufflet est plein quand il est levé, rendant l'air capable d'estre plus fortement comprimé & resserré en luy-mesme, rend aussi son impulsion plus forte, en sorte qu'à mesure que cette disposition diminuë par l'abbaissement du souflet, le poids croissant à proportion il se fait une compensation qui rend l'effet toujours égal.

5. AU NOMBRE DE QUATRE. Le Pere Kirker s'est encore trompé icy à mon avis, lorsqu'il a estimé que Vitruve apelle la Machine hydraulique, tetrachorde, hexachorde, ou octochorde, parcequ'elle avoit ou quatre, ou six, ou huit tuyaux & autant de marches : & il faut pour concevoir cette pensée avoir eu bien peu d'attention au texte de Vitruve, qui fait entendre si clairement que le nombre des cordes, qui sont mises icy pour les tuyaux, ne signifie point le nombre des tuyaux qui répondent à pareil nombre de marches, mais le nombre des differentes rangées dont chacune répond à toutes les marches, qui est ce que nous apellons les differens jeux : car il est dit que ces canaux qui étant au nombre de quatre, de six ou de huit, font apeller l'Orgue tetrachorde, hexachorde ou octochorde, sont en long *in longitudine*, & il est certain que les marches sont en travers *ordinata in transverso foramina*. Il est dit que le vent entre dans ces canaux par des Robinets qui font l'office de ce que l'on apelle les Registres dans nos Orgues, & le vent entre dans les tuyaux, lorsque des regles qui répondent à chaque marche, & qui sont percées chacune d'autant de trous qu'il y a de canaux, sont poussées par les marches quand on les abaisse pour faire que leurs trous se rencontrent au droit de ceux qui sont aux canaux, & de ceux qui sont à la table qui porte les tuyaux : car lorsque la marche en se relevant laisse revenir la regle, ses trous n'étant plus au droit de ceux des canaux, & de ceux de la table des tuyaux, le chemin est bouché au vent. Mais s'il estoit vray que les anciens se fussent servis de registres dans leurs Orgues pour diversifier les jeux & les rendre diffe-

CH. XIII. tre, si l'instrument est *à quatre jeux*; ou de six, s'il est *à six*; ou de huit, s'il est *à huit*. Chacun de ces canaux a un robinet, dont la clef est de fer; par le moyen de cette clef, lorsqu'on la tourne, on ouvre chaque conduit par où l'air qui est dans le coffre passe dans les canaux; le long de ces conduits il y a une rangée de trous qui répondent à d'autres qui sont à la table qui est dessus, apellée en Grec *Pinax*. Entre cette Table & le *Canon* on met des regles [1] percées ensemble, qui sont huylées, afin qu'elles soient aisément poussées, & qu'elles puissent aussi facilement revenir; on les apelle *Pleuritides*, & elles sont faites pour boucher & pour ouvrir les trous qui sont le long des canaux lorsqu'elles vont & qu'elles viennent. Il y a [2] des *ressorts* de fer qui sont clouëz à ces regles & qui sont joints aussi avec *les marches*, lesquelles estant touchées font remuer les regles. Sur la Table il y a des trous qui répondent à ceux des canaux pour la sortie du vent, & il y a encore [3] d'autres regles qui ont des trous qui tiennent *les piez de tous les tuyaux*.

Tetrachordos, Hexachordos, Octochordos. — Tabula. — Costæ. — Choragia. — Pinna. — [illegible]

Il y a [4] des conduits depuis les Barillets [5] jusqu'au col du *Pnigeus* [6] qui vont si avant qu'ils B

tent par le mélange des uns avec les autres, comment est-il possible que cela n'ait point esté pratiqué dans des Orgues qui ont esté faites long-temps depuis? car nous avons encore des Orgues qui sont faites il n'y a guéres plus de 200 ans, comme celle de Nostre-Dame de Paris, & de Nostre Dame de Reims, qui n'ont qu'un jeu composé de vingt tuyaux sur chaque marche sans aucuns registres. Cela doit faire croire que les Orgues ont été inventées en ces païs-cy par des Ouvriers qui n'avoient point de connoissance de celles qui sont décrites par Heron, par Vitruve & par les autres auteurs de l'antiquité.

1. PERCÉES ENSEMBLE. Je traduis ainsi *ad eundem modum forata* pour signifier que les regles & le *canon* sont percez au droit l'un de l'autre; afin que quand les regles sont poussées par les marches, leurs trous se rencontrent avec ceux du *canon*; de mesme que dans nos Orgues les trous des regles qui font les Registres, se rencontrent au droit des trous qui sont à la seconde chappe du sommier qui porte les tuyaux.

2. DES RESSORTS DE FER. Je n'ay pû suivre l'opinion de Turnebe & de Baldus, qui au lieu de *Choragia* lisent *Cnodaxa* qui sont des boulons de fer, parceque des boulons de fer ne sont point propres, estant attachez aux regles, à faire ce qui est necessaire au jeu de ces regles, qui ont besoin d'un ressort qui les fasse revenir quand elles ont été poussées par les marches du clavier: car cela me semble pouvoir estre fait assez commodement par du fil de fer servant de ressort. Heron dans ses Pneumatiques dit qu'on se servoit de cordes à boyau pour faire relever les marches apres qu'elles avoient été baissées: Mais l'action des ressorts de fer de Vitruve est bien exprimée par le mot de *Choragmum* qui est mis pour *Choragus* qui signifie celuy qui fait danser; parceque ce ressort fait sauter les marches du clavier, lorsqu'il fait revenir promptement les regles apres qu'elles ont été poussées par ces marches. Ce mot de *Choragia* pour *Choragi* a été mis de mesme qu'icy au 9 chapitre du cinquiéme livre, où il est parlé de ceux qui ont la conduite des Balets.

3. D'AUTRES REGLES; Je lis *regulis aliis sunt annuli*, ajoûtant *aliis* que le sens du discours demande: car il n'y a point d'apparence que les regles qui sont entre les canaux du sommier & le *canon*, puissent avoir des trous dans lesquels les bouts des tuyaux soient mis, parceque ces regles ont un mouvement continuel, & que les tuyaux doivent estre immobiles. C'est pourquoy je croy qu'il y avoit d'autres regles qui faisoient l'office de ce que dans nos Orgues on apelle le faux sommier, qui est un ais percé de mesme que la chappe du sommier, mais dont les trous sont de la grosseur du corps du tuyau, au lieu que ceux de la chappe ne sont que de la grosseur de l'embouchure du tuyau. Car il est dit que ces regles ont des anneaux, c'est-à-dire des trous, qui tiennent & affermissent les piez de tous les tuyaux, les embrassant par le haut, un peu au dessous de la bouche du tuyau. On apelle embouchure aux tuyaux des Orgues la partie par laquelle ils reçoivent le vent; & la bouche, celle par laquelle ils sonnent.

4. DES CONDUITS. J'ay cru ne devoir pas traduire en cet C endroit le mot *fistula* par celuy de *tuyaux*, à cause de l'equivoque qu'il y auroit eu, par la raison que l'on apelle ordinairement *tuyaux*, les organes qui sonnent, & non pas ceux qui portent le vent qui fait sonner, & que pour cette raison les ouvriers apellent *porte-vents*. Je n'ay pas cru aussi devoir employer le mot de *porte-vent*, parce qu'il est trop particulier, pour pouvoir rendre celuy de *fistula*, qui est tres-general: C'est pourquoy j'ay choisi le terme de *conduit*.

5. JUSQU'AU COL DU PNIGEUS. Il est, ce me semble, evident qu'il y a faute dans tous les Exemplaires, où on lit *ligneis cervicibus*; ce qui n'a point de sens, parce qu'il n'a point été parlé d'aucun col de bois. C'est pourquoy je lis *Pnigei cervicibus*.

6. QUI VONT SI AVANT QU'ILS ONT LEUR OUVERTURE DANS LE PETIT COFFRE. Il faut entendre que les conduits qui portent l'air des Barillets dans le col du *Pnigeus* se recourbent en haut aussi-tôt qu'ils y sont entrez, & que cela D les fait monter dans le petit coffre. La raison de cette courbure est la facilité qu'elle donne à l'action des soupapes en maniere de focets ou cones, qui étant mis dans les bouts de ces tuyaux ainsi recourbez, y demeurent par leur pesanteur qui n'empesche point que l'air ne les leve pour entrer, lorsqu'il est poussé par les pistons des barillets: mais cette pesanteur aide à les faire joindre aux ouvertures pour les boucher, lorsque les barillets cessant de pousser de l'air, l'eau qui a été elevée dans le coffre, presse l'air qui y est enfermé, & qui pousse les soupapes en focets dans leurs trous. Ces soupapes en focets font le mesme effet que les cymbales aux barillets; mais c'est d'une façon contraire; car les cymbales

EXPLICATION DE LA PLANCHE LXIII.

Cette Planche represente la machine Hydraulique qui estoit l'Orgue des anciens. A, est le coffre de E *cuivre qui est sur la base B. CC, sont les regles élevées à droit & à gauche qui sont jointes ensemble en forme d'échelle. EE, sont les Barillets de cuivre enfermez entre les regles. FF, sont les petits fonds qui se haussent & qui se baissent par le moyen des barres de fer GG, qui sont coudées par des charnieres & jointes à des leviers HH. II, sont les plaques qui couvrent le haut des Barillets: ces plaques sont percées par des trous, auprés desquels sont les Daufins KK, qui soûtiennent par des chaisnes les Cymbales ou soupapes en forme de cone marquées LL. Au droit d'MN, sont les trous par lesquels les Barillets ont communication avec le coffre de cuivre. N, est le* Pnigeus. *O, est le petit coffre qui soûtient le* Canon musicos *a a QQ. P, est une des clefs des Robinets qui laissent entrer le vent dans le* Canon musicos, *& qui servent de Registres aux differens jeux. QQ, sont les trous des Robinets. RR, est la table apellée* Pinax, *que les facteurs d'Orgues apellent* Sommier. *S, est*

EXPLICATION DE LA PLANCHE LXIII.

est une des Regles apellées Pleuritides *qui sont entre le* Canon musicos *& le* Pinax, *& qui sont percées d'autant de trous qu'il y a de tuyaux sur chaque marche. T, est un des ressorts apellez* Choragia, *qui font revenir les Regles aprés qu'elles ont esté poussées par les marches. V, est une des marches, qui estant abbatuë pousse la Regle en dedans, par le moyen de l'équerre X. TT, sont les conduits qui vont des Barillets, au col du Pnigeus.*

CH. XIII. ont leur ouverture dans le petit coffre : en cet endroit ces conduits ont des [1] focets faits au tour qui servent pour boucher leur extremité, & empescher que le vent qui est entré dans A le petit coffre ne puisse plus ressortir par là. De sorte que [2] lorsqu'on leve le bout des leviers, les barres de fer coudées font descendre les petits fonds jusqu'au bas des Barillets ; [3] ce qui fait que les Daufins qui se remuent par des charnieres, laissant descendre les cymbales qui pendent à leur gueule, donnent entrée à l'air dans la cavité des Barillets. Ensuite lorsque les barres de fer, par leurs mouvemens reiterez font remonter les petits fonds, ces Daufins font que [4] les trous qui sont au dessus des Cymbales en sont bouchez, & que l'air qui est enfermé dans les Barillets est pressé par le petit fond, & forcé d'entrer dans [5] les conduits qui le portent [6] au Pnigeus, & de là par son col dans le petit coffre. De sorte que l'air estant ainsi pressé par les frequentes impulsions, entre par les ouvertures des Robinets & emplit les canaux. B

Lors donc qu'en touchant les marches on pousse les regles qui reviennent incontinent, en sorte que les trous sont tantost ouverts & tantost fermez ; si celuy qui touche sçait joüer de cette sorte d'instrument, il se forme un chant par la varieté des sons que l'instrument produit.

J'ay fait ce que j'ay pû pour expliquer clairement une chose qui de soy est assez obscure & ne peut estre aisement entenduë que par ceux qui s'y estant appliquez en ont la connoissance : mais je suis assuré que ceux à qui ce que j'en ay écrit n'aura pû faire comprendre l'artifice de cette machine, seront contraints d'admirer la curieuse subtilité avec laquelle tout y est fait, [7] lorsqu'ils la verront executée.

ont la base du cone vers le bas, & en s'élevant ferment le trou qu'elles doivent boucher ; & les focets au contraire ont leur pointe en embas : C'est pourquoy ils n'ont point eu besoin de chaisnes ny de Daufins pour les suspendre, estant soûtenus par le tuyau mesme qu'ils bouchent.

1. Des focets. Je traduis ainsi *axes extorno subacti*. C'est-à-dire, *des morceaux de bois arondis au tour*, qui sont proprement des focets. Or ces focets, ainsi qu'il a été dit, font le mesme effet à l'extremité des tuyaux qui portent l'air des Barillets au col du *Pnigeus*, que les cymbales font aux trous qui sont au fond d'enhaut des Barillets, qui est de laisser entrer l'air & de l'empescher de sortir. L'invention des soupapes qui sont à present en usage dans les pompes, a été prise sur le modele de ces focets. Elles sont faites d'une portion de globe qui a une queuë qui sort perpendiculairement du milieu de sa convexité, afin que cette queuë par sa pesanteur tienne toujours la convexité en état de boucher un trou rond par lequel l'eau entre, lorsque le piston estant levé elle pousse la soupape : & cette queuë fait le mesme effet que les chaisnes des cymbales des Barillets lesquelles tirent les cymbales en haut, de mesme que cette queuë tire les soupapes des pompes en bas.

2. Lorsqu'on leve le bout des leviers. Cela prouve bien la verité de la maniere dont nous avons dit que les leviers sont attachez aux petits fonds des Barillets, contre le sentiment de Barbaro.

3. Ce qui fait que les Daufins. Vitruve attribuë icy aux Daufins ce qui dépend aussi des cymbales qui sont les soupapes en cone que ces Daufins soûtiennent par des chaisnes. Car quand on leve le bout par lequel on prend les leviers, l'autre bout descend & pousse les petits fonds en bas. Cela fait que l'air entrant dans les Barillets par les trous qui sont en la plaque du dessus, pousse en bas les cymbales, lesquelles en descendant tirent ces Dauphins, qui ensuite par leur pesanteur retirent les cymbales & ferment les trous par où l'air est entré, & le contraignent en mesme-temps de passer dans le *Pnigeus*.

4. Les trous qui sont au dessus des cymbales. Les trous qui sont au fond d'enhaut des Barillets, sont dits estre au dessus des cymbales, c'est-à-dire au dessus de la partie des cymbales qui est dedans le Barillet. Car les cymbales sont moitié dedans & moitié dehors le Barillet, ainsi qu'il est representé dans la Planche LXIII. C

5. Les conduits qui le portent au Pnigeus. Il semble que cela soit contraire à ce qui a été dit cy-devant, sçavoir que les tuyaux des Barillets aboutissent au col du *Pnigeus* ; au lieu qu'il est dit icy que le vent est porté dans le corps du *Pnigeus*. Mais cela est dit ainsi pour faire entendre que l'air qui est poussé avec violence, descend sur l'eau qui est au fond du *Pnigeus*, apres estre entré par son col.

6. Au Pnigeus. Je corrige encore cet endroit, & au lieu de *in lignea* je lis *in pnigea* par la mesme raison que j'ay lû cy-devant *pnigeis cervicibus* au lieu de *ligneis cervicibus*, & *Pnigeus* au lieu de *in id genus*. Il n'est pas étrange que le mot de *Pnigeus* estant aussi peu usité qu'il est, ait donné lieu aux copistes de faire des fautes dans le texte, toutes les fois qu'ils l'y ont rencontré. D

7. Lorsqu'ils la verront executée. J'ay cru qu'outre les raisons que j'ay apportées de la vray-semblance que je trouve dans les interpretations que j'ay données au texte de Vitruve, je pourrois bien ajouter, comme luy, la preuve de l'experience qui en a été faite en l'execution de la machine qui a été mise dans la Bibliotheque du Roy avec les autres modeles qui y sont de toutes les machines tant anciennes que modernes. Celle-cy est une des plus curieuses, non pas tant à cause de la reputation que l'amour que Neron avoit pour elle, luy a donnée, qu'à cause qu'elle sert à faire voir quelle estoit la Musique des anciens en comparaison de la nostre. La machine que j'ay fait executer exactement comme elle est decrite dans ma traduction & dans la figure qui en est icy, a 16 marches pour les 16 Phtonges, & il y a quatre tuyaux sur chaque marche pour representer une hydraulique tetrachorde, c'est-à-dire à quatre jeux. E Trois de ces jeux sont accordez selon les trois genres de chant, qui sont le Diatonique, le Chromatique, & l'Enarmonique.

A
CHAPITRE XIV.

Par quel moyen on peut sçavoir allant en carrosse ou dans un batteau combien on a fait de chemin.

PASSONS maintenant à une autre matiere qui peut estre de quelque utilité, & qui est
une des choses des plus ingenieuses que nous tenions des anciens. C'est un moyen de
sçavoir combien on a fait de milles estant en carrosse, ou allant sur l'eau.
* Les roües du carrosse doivent avoir de diametre [1] quatre piez, afin qu'ayant marqué un
endroit à la roüe par lequel elle commence à rouler sur la terre, on soit asseuré qu'elle aura
* fait un certain espace qui est environ [2] de douze piez & demy, quand en continuant à rouler
B elle sera revenuë à cette mesme marque, par laquelle elle a commencé. Au moyeu de la roüe
* il faut attacher fermement [3] un Tympan qui ait une petite dent qui excede sa circonference; & placer dans le corps du carrosse, une boite qui soit aussi fermement arrestée,
ayant un autre Tympan, mais qui soit mobile & placé en couteau & traversé d'un essieu.
* Ce Tympan doit estre egalement divisé [4] en quatre cent dents, qui se rapportent à la
petite dent du premier Tympan. Il faut de plus que ce second Tympan ait une petite
dent à costé qui s'avance au delà de celles qu'il a à sa circonference. Il faut encore un
troisieme Tympan placé sur le champ, & divisé en autant de dents que le second, & enfermé
dans une autre boite, en sorte que ses dents se raportent à la petite dent qui est à costé du second Tympan. Dans ce troisiéme Tympan on fera autant de trous à peu pres que le car-
C rosse peut faire de milles par jour, & on mettra dans chaque trou un petit caillou rond qui
pourra tomber, lorsqu'il sera arrivé au droit d'un autre trou qui sera à la boite dans laquelle
ce dernier Tympan sera enfermé comme dans un etuy; & ce caillou coulera par un canal dans un vaisseau d'airain qui sera au fond du carrosse. Cela estant ainsi, lorsque la roüe
du carrosse emportera avec soy le premier Tympan dont la petite dent pousse à chaque tour
une dent du second, il arrivera que 400 tours du premier Tympan feront faire un tour au
second, & que la petite dent qu'il a à costé ne fera avancer le troisiéme Tympan que d'une
dent, & ainsi le premier Tympan en 400 tours n'en faisant faire qu'un au second, on aura
* fait 5000 piez, qui sont mille pas, quand le second Tympan [5] aura achevé son tour; & par
le bruit que chaque caillou fera en tombant, on sera averty que l'on a fait un mille, & chaque jour l'on sçaura par le nombre des caillous qui se trouveront au fond du vase combien
D on aura fait de milles.
* En changeant peu de chose on pourra faire le mesme [6] en allant sur l'eau. On fait traver-

1. QUATRE PIEZ. Il n'est pas difficile de decouvrir la faute qui est dans le texte qui porte que la roüe est large *pedum quaternum & sextantis*, c'est-à-dire de quatre piez deux pouces, afin qu'en achevant son tour elle fasse l'espace de 12 piez: Car pour cela elle ne doit avoir que 47 pouces & huit onziémes, & il est certain qu'elle en sera plus de treize, si elle est de la grandeur que Vitruve luy donne. Il n'est pas vray aussi qu'il soit necessaire que cette roüe n'avance que de douze piez en achevant son tour: parcequ'il est dit ensuitte que 400 tours de cette roüe font 5000 piez, & il est certain que 400 tours d'une roüe de 12 piez ne font que 4800 piez; & par consequent il est evident qu'il faut oster *& sextantis*, & lire seulement *pedum quaternum*: & qu'aux douze piez que le tour d'une roüe de quatre piez fait faire, il faut ajou-
E ter un demy, afin que les 400 tours fassent les 5000 piez. Outre cela la verité est, qu'une roüe de quatre piez de diametre a de tour environ douze piez & demy. Barbaro a passé assez legerement sur cet endroit dont il n'a corrigé que la moitié, laissant les deux pouces avec les quatre piez au diametre de la roüe, qui doit avoir douze piez & demy de tour.

2. DE DOUZE PIEZ. Je lis, *pedum duodenum*, & j'ajoûte *cum semisse*, pour les raisons qui viennent d'estre alleguées.

3. UN TYMPAN. Bienque *Tympanum* ainsi qu'il doit estre entendu icy s'apelle en François une roüe, j'ay cru que je ne devois pas luy donner ce nom à cause de l'Equivoque qu'il y auroit eu entre les roües du carrosse & les roües dentelées de la machine, & j'ay cru qu'avec cet avertissement le discours seroit plus clair & moins embroüillé.

4. EN 400 DENTS. Cette machine qui est tres-ingenieuse ne sçauroit estre executée de la maniere que Vitruve la propose: Car une roüe qui a 400 dents, doit avoir pour le moins deux piez de diametre, pour faire que chaque dent ait une ligne de largeur, qui est le moins qu'elle puisse avoir. Or les dents d'une roüe de deux piez de diametre ne sçauroient donner prise de la sixiéme partie d'une ligne, à une autre dent, qui tourne ainsi que Vitruve l'entend. La machine que nous apellons *Conte-pas*, qui n'est rien autre chose que celle que Vitruve decrit icy renouvellée & perfectionnée, fait par des moyens differens le mesme effet, marquant les distances par le nombre des tours des roües d'un carrosse: Mais il n'y a point de Conte-pas où les roües de la machine ayent un si grand nombre de dents.

5. AURA ACHEVÉ SON TOUR. C'est ainsi que j'ay cru devoir interpreter *progressum Tympani superioris*, quoyque le mot de *progressus* ne signifie que le cours simplement, & non pas le cours entier d'une revolution. Mais la notorieté de la chose m'a semblé pouvoir autoriser cette licence, qui estoit absolument necessaire pour rendre le discours intelligible.

6. EN ALLANT SUR L'EAU. Cela n'est pas vray, parceque les roües qui vont par l'impulsion de l'eau tournent plus viste à proportion, quand le vaisseau va viste, que quand il va lentement, puisqu'il est vray que le vaisseau pourroit aller si lentement que les roües ne seroient point du tout remuées: parceque pour peu que la machine apportast de resistance, le mouvement du vaisseau ne seroit pas capable de la surmonter; d'autant que l'eau obeiroit & cederoit à cette resistance: Ce qui n'est pas de mesme sur terre où les roües estant poussées par le poids du carrosse, font toujours leurs revolutions d'une mes-

CH. XIV. ser le navire d'un costé à l'autre par un essieu dont les deux bouts sortent dehors, ausquels A sont attachées des roües qui ont quatre piez de diametre & des ailerons tout autour qui touchent à l'eau. Cet essieu vers le milieu du navire traverse un Tympan qui a une petite dent qui excede un peu sa circonference: en cet endroit on place une boite, dans laquelle il y a un second Tympan divisé également en quatre cent dents proportionnées à la petite dent du premier Tympan que l'essieu traverse, & qui a aussi une petite dent qui avance par delà sa circonference. Ensuite on joint une autre boëte qui enferme un Tympan posé sur le champ & dentelé comme l'autre, en sorte que la petite dent qui est à costé du Tympan posé en coûteau fasse tourner le Tympan qui est posé sur le champ, en poussant à chaque tour une de ses dents. De plus ce Tympan sur le champ a aussi des trous où sont des cailloux ronds; & la boëte ou étuy qui l'enferme, a une ouverture & un canal par lequel le caillou n'estant plus arresté par l'etuy qui le retenoit, tombe & fait sonner le vase d'airain. B
Ainsi lorsque le navire sera poussé par l'agitation du vent ou des rames, il arrivera que les roües du vaisseau tourneront, parceque l'eau rencontrant les ailerons les poussera en arriere avec beaucoup de force. De telle sorte que les roües venant à tourner, l'essieu qui tournera, fera aussi tourner le Tympan, dont la petite dent à chaque tour poussant une dent du second Tympan, le fera tourner mediocrement viste: & aprés que les ailerons auront fait faire quatre cent tours aux roües du vaisseau, ils n'auront fait faire qu'un tour [1] au Tympan qui est en coûteau par l'impulsion de la dent qui est au premier Tympan. Cependant à mesure que le Tympan qui est sur le champ, fera son tour, & qu'il amenera les cailloux au droit du trou qui est à son étuy, ils tomberont par le conduit & [2] feront entendre par le son qu'ils rendront, le nombre des milles que l'on aura faits sur l'eau.

Il me semble que par cette description il est assez aisé de comprendre la structure de cette machine, qui certainement peut estre de quelque utilité, & apporter beaucoup de plaisir C lorsque les affaires & le beau temps le permettent.

me maniere, soit que le carrosse aille viste, soit qu'il aille lentement.

1. Au Tympan qui est en couteau. Je corrige encore cet endroit où il y a sans doute une faute: car ou il faut lire *centies & sexagies millies* au lieu de *quater centies*, c'est-à-dire 160000, au lieu de 400, ou au lieu de *Tympanum planum*, lire *Tympanum in cultro* ainsi que j'ay fait. J'ay choisi cette derniere maniere de correction, parce qu'elle rend le texte conforme à ce qui a esté dit cy-dessus en parlant de la maniere de mesurer le chemin que l'on fait sur terre, sçavoir que le Tympan en couteau, fait un tour pendant que les roües du carrosse en font 400.

2. Et feront entendre par le son qu'ils rendront. Pancirole dans son livre des anciennes & des nouvelles inventions, dit que l'invention de nos horloges est prise sur cette machine; & en effet les roües & les pignons qui sont dans l'une & dans l'autre de ces machines font les mesmes effets, qui sont de mesurer le chemin dans les unes & le temps dans les autres, par la proportion des progressions que les roües & les pignons ont les unes aux autres, & qui est toujours certaine à cause de l'engagement que les dents d'une roüe ont dans celles d'un pignon: car cet engagement fait, par exemple, qu'un pignon qui a dix dents fait necessairement faire cinq tours à la roüe, au pivot de laquelle il est attaché, quand il est remué par une roüe qui a 50 dents. Il est encore vray que cette roüe qui a des trous pour mettre de petites pierres, est le modele sur lequel a esté prise l'invention de la roüe de conte des horloges sonnantes; & il y a apparence que les anciens auroient appliqué aux horloges ces inventions dont ils ne se servoient que pour mesurer le chemin, si leurs heures avoient esté egales comme les nostres. Car l'inegalité de leurs heures dans les horloges dependoit d'une disposition particuliere du Cadran, laquelle il falloit avoir soin de changer tous les jours pour faire que les heures fussent inegales, quoy que le mouvement de l'horloge fust toujours egal, ainsi qu'il a esté expliqué cy-devant dans les Clepsydres; & il auroit falu changer aussi tous les jours la disposition de la roüe de conte, qui contient les cailloux; ce qui auroit esté fort difficile. Il y a neanmoins sujet de croire que les anciens avoient quelque chose dans leurs horloges qui donnoit moyen à l'oreille aussi bien qu'à l'œil de connoistre l'heure, tant D par ce qui a esté dit cy-devant au neuviéme chapitre du neuviéme livre, sçavoir que leurs horloges jettoient des cailloux pour faire du bruit en tombant dans un bassin d'airain; que de ce qui est remarqué par Athenée, que Platon inventa une *horloge pour la nuit*: car il semble que ce n'estoit rien autre chose qu'une horloge qui faisoit connoistre à l'oreille ce que l'obscurité de la nuit ne permet pas d'estre connu des yeux. Et il est dit au mesme endroit que cette machine estoit composée de plusieurs flustes.

Eginard parle d'une horloge à peu prés de cette maniere, qui fut envoyée à Charlemagne par le Roy de Perse: il dit que c'estoit une Clepsydre qui faisant tomber de temps en temps des boules de cuivre dans un bassin du mesme metail, sonnoit les heures; mais le nombre des heures n'estoit point marqué par cette sonnerie, comme dans nos horloges sonnantes: car il est dit que les boules de cuivre n'estoient qu'au nombre de douze, & il faut 78 coups pour sonner douze heures.

CHAP.

A

CHAPITRE XV.

Des Catapultes & des Scorpions.

IL faut maintenant traiter des proportions qu'il est necessaire d'observer pour la constru-*ction des machines de guerre, & dont on a besoin pour se defendre, sçavoir [1] des *Scorpions, [2] des Catapultes & des Ballistes. Et en premier lieu des Catapultes & des Scorpions.

La regle de la proportion de ces machines se prend sur la longueur du dard qui est jetté, dont on prend la neuviéme partie pour determiner la grandeur des trous de la Catapulte B par lesquels on bande les cordes faites de boyau qui attachent les bras des Catapultes. Or afin que les chapiteaux où sont les trous, ayent une largeur & une epaisseur convenable, on les fait en cette maniere.

Les pieces de bois que l'on apelle paralleles, & qui composent le haut & le bas du chapiteau, doivent avoir d'épaisseur le diametre d'un des trous ; leur largeur doit estre d'un diametre, & de trois quarts d'un diametre, en sorte que vers l'extremité elles n'ayent que * la largeur [3] d'un diametre & demy. Les poteaux qui sont à droit & à gauche doivent, outre les tenons, avoir la hauteur de quatre diametres & la largeur de cinq, les tenons doivent estre de trois quarts de diametre ; & de mesme depuis le trou jusqu'au poteau du milieu il doit y avoir trois quarts de diametre. La largeur du poteau du milieu doit estre d'un diametre & d'un quart de diametre ; & son épaisseur, d'un diametre. L'intervalle qui est dans C le poteau du milieu, au droit duquel on place le javelot, doit estre de la quatriéme partie d'un diametre. Il faut que les quatre angles qui sont tant aux costez qu'au devant, soient garnis de bandes de fer attachées avec des clous de cuivre ou de fer. La longueur du petit canal qui est apellé *Syrinx* en Grec, doit estre de dix-neuf diametres. (*Canal.*) Les tringles apellées par quelques-uns *bucculæ*, (*Les levres.*) qui sont attachées à droit & à gauche pour former le petit canal, doivent aussi estre longues de dixneuf diametres, & il faut que leur épaisseur & * leur largeur soit de la grandeur d'un diametre. On ajoûte en cet endroit [4] deux regles dans lesquelles est passé un moulinet long de trois diametres & gros de la moitié d'un dia-* *metre. L'épaisseur du [5] buccula qui s'y attache, est apellée [6] *Scamillum* (*Petit banc.*) par quelques-uns & *loculamentum* (*Etuy.*) par d'autres. Ce bucula est joint par des tenons à queuë d'irondelle longs de la grandeur d'un diametre, & larges d'un demidiametre. La longueur du mouli-

D 1. DES SCORPIONS. Il a esté dit sur le premier chapitre de ce livre, quelle machine c'est que le Scorpion, pourquoy il est ainsi apellé, & en quoy il differe de la Catapulte, qui selon la plus commune opinion est un grand Scorpion, de mesme que le Scorpion est une petite catapulte. C'est pourquoy bien que ce chapitre soit intitulé des Catapultes & des Scorpions, il ne traite que des Catapultes, à cause que ces deux machines estoient peu differentes l'une de l'autre. De la maniere qu'Ammian Marcellin décrit le Scorpion il le fait ressembler à une Balliste plustost qu'à une Catapulte : car il dit que le Scorpion estoit fait pour jetter des pierres par le moyen d'un morceau de bois qu'il apelle style, & qui estoit engagé dans des cordes attachées à deux branches de bois courbées comme elles sont à une scie, en sorte que le style estant tiré par quatre hommes & ensuitte lasché, il jettoit la pierre qui estoit dans une fronde attachée au bout du style. Mais il faut considerer que les machines des anciens, quoy que de mesme nom & E de mesme genre, n'estoient pas toujours de mesme structure, & qu'en differens temps elles ont esté fort differentes.

2. LES CATAPULTES. *Peltè* qui communement signifie en Grec un petit bouclier rond, signifie quelquefois un javelot, au rapport d'Hesychius d'où il y a apparence que la Catapulte qui lance des javelots a pris son nom.

3. D'UN DIAMETRE ET DEMY. Dans ce chapitre & dans ceux qui suivent, je traduis *foramen*, *diametre*, parceque la largeur d'un trou & son diametre sont la mesme chose. Or les caracteres qui sont dans le texte Latin, & qui signifient les nombres de la mesure des parties des machines sont la pluspart diversement expliquez par Jocundus & par Meibomius, j'ay suivy l'opinion tantost de l'un, tantost de l'autre, selon qu'elle m'a paru plus probable, ne faisant pas grand scrupule de me mettre au hazard de me tromper dans le chois que je ferois, non seulement parce qu'on ne sçauroit guere faillir en suivant de si grands personnages, qu'à cause du peu de secours que je croy que le Lecteur recevroit pour l'intelligence de ces machines, quand mesme toutes les proportions & les mesures de leurs parties seroient données bien au juste, leur figure & leur usage estant d'ailleurs si mal expliqués.

4. DEUX REGLES. Il y a apparence que ces deux regles sont les mesmes pieces de bois dont il est parlé au chapitre 18, & ausquelles il est dit que le Chapiteau & le Moulinet sont attachez. Icy il n'est fait mention que du Moulinet.

5. LE BUCCULA. Parcequ'il est difficile de trouver un mot François pour *Buccula*, j'ay laissé le mot Latin, ce qui se fait assez souvent pour les mots des Arts. *Bucca & Buccula*, signifient proprement la partie des jouës qui s'enfle lorsque l'on souffle. Ce mot signifie quelquefois la bouche, d'où nostre mot François est derivé. Les anciens appelloient aussi *Buccula* ce qui pendoit aux costez de leurs casques pour couvrir les jouës. Je l'ay interpreté *la levre* à la marge, à cause que les tringles qui composent le *Buccula* tenoient le javelot comme entre deux levres.

6. SCAMILLUM. Baldus corrige le mot de *Camillum* qui est dans tous les Exemplaires ; parcequ'il ne signifioit autre chose parmy les anciens que ce que nous apellons *un Enfant de cœur*, ce qui n'a aucun rapport avec la chose dont il s'agit : mais le mot de *Catillum* qu'il met à la place, ne convient gueres mieux ; & il me semble que *Scamillum* qui est un petit banc est fort bien representé par cette tringle qui a esté apellée *Buccula*, de laquelle sortent des clefs de bois à queuë d'irondelle, qui sont comme les piez du banc, ainsi qu'il se voit par la figure.

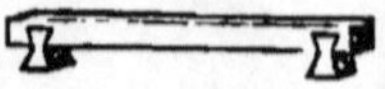

CHA. XV. net est de neuf diametres & de la neuviéme partie d'un diametre. [1] Le gros rouleau est de
neuf diametres. La longueur de l'*Epitoxis* est d'un demidiametre & d'un huitiéme, & son A
épaisseur d'un huitiéme de diametre. Le *chelo* qui s'apelle aussi [2] *manucla* est long de trois diametres. Son épaisseur est d'un demidiametre & d'un huitiéme. La longueur du canal qui est
embas, est de seize diametres. L'épaisseur est de la neuviéme partie d'un diametre & la largeur
d'un demidiametre & d'un huitiéme. La petite colonne avec sa base qui est prés de terre, à
huit diametres: & au droit du Plinthe qui est sur la petite colonne, elle a un demidiametre &
un huitiéme. L'épaisseur est d'un douziéme & d'un huitiéme de diametre. La longueur de la
petite colonne jusqu'au tenon a douze neuviémes de diametre: la largeur est d'un demidiametre, & d'un huitiéme. L'épaisseur est du tiers de cette largeur; les trois liens de la petite colonne ont de longueur neuf diametres, de largeur un demidiametre & un neuviéme, & d'é-
paisseur un huitiéme. Le tenon est long de la neuviéme partie d'un diametre. La longueur B
de la teste de la petite colonne est d'un diametre & demi & d'un quart de diametre. La largeur
de la piece de bois qui est plantée devant, est d'un diametre & demy & de la neuviéme partie
d'un diametre y joignant un neuviéme de neuviéme: l'épaisseur est d'un diametre. La plus pe-
Arcboutant. tite colonne qui est derriere, & qui est apellée en Grec *Antibasis*, a huit diametres: sa largeur est
d'un diametre & demy, son épaisseur d'un douziéme & d'un huitiéme de diametre. Le che-
valet a douze diametres de largeur; son épaisseur est égale à la grosseur de la plus petite co-
Tortue. lonne. [3] Le *Chelonium* ou oreiller qui est au dessus de la plus petite colonne, a deux diametres
& demy & un neuviéme de long, & autant de haut; sa largeur est d'un demidiametre & d'u-
ne huitiéme partie. [4] Les mortaises du moulinet ont deux diametres & demy & un neuviéme. Leur profondeur est de deux diametres & demy & d'un neuviéme: la largeur, d'un
diametre & demy. Les traversans avec les tenons ont dix diametres & un neuviéme de C
long, un diametre & demy & un neuviéme de large, & dix d'épais. La longueur des bras
est de huit diametres & demy, leur épaisseur [5] vers le bas est d'une douziéme partie de diametre & d'une huitiéme; vers le haut [6] d'une troisiéme partie de diametre & d'une huitiéme. [7] Leur courbure est de huit diametres. Il faut ainsi proportionner ces bras, & faire en-

1. LE GROS ROULEAU. Saumaise avertit que *scamula* en cet endroit n'est pas dit *a scari figura* comme Turnebe a estimé, mais du mot Grec *scytale* qui signifie entr'autres choses un baston rond; d'où vient qu'on apelle *scamulas* les rouleaux que l'on met sous les navires pour les faire aller en mer. C'est pourquoy j'ay interpreté *scamula* le gros Rouleau, dont il sera parlé dans la suite.

2. MANUCLA. Ce mot est mis pour *Manicula*, qui peut signifier une petite main. Quelques Interpretes veulent qu'elle soit comme la noix de l'Arbaleste. L'usage qui luy est donné dans la description qui est cy-aprés, a quelque rapport à celuy de la noix de l'Arbaleste, qui est de servir à la detente.

3. LE CHELONIUM OU OREILLER. Ammian Marcellin dans la machine qu'il apelle *Onager*, met *ingens cilicium paleis consarcitum*: ce qui servoit pour arrester le coup & amortir la force des arbres ou bras, aprés qu'ils avoient poussé le javelot. Les mots de *Chelonium* & de *Pulvinus* qui sont dans le texte, s'expliquent l'un l'autre, parce qu'un oreiller bien plein & bien garny ressemble à une tortuë.

4. LES MORTAISES. Presque tous les Exemplaires ont *Carchebi*, qui est un mot barbare qui ne se trouve nulle part. Barbaro met *Tracheli*, qui signifie les cous, & il entend que ce sont les bouts du moulinet qui tournent dans les amarres: Laët met *Carchesia* qui signifie des gobelets, & il les prend pour les mortaises où l'on passe les leviers: j'entens que ces mortaises sont non seulement celles dans lesquelles on passe les leviers du Moulinet, mais aussi la mortaise du gros Rouleau d'embas, dans laquelle on passe le levier qui sert à egaler la tension des deux arbres. Au reste je croy qu'il faut entendre que la mesure qui est donnée simplement pour ces mortaises, doit appartenir à leur longueur, parce que leurs deux autres dimensions, sçavoir la largeur & la profondeur sont specifiées.

Je ne fais point d'excuse au Lecteur de ce que j'abuse de sa patience en m'arrestant à éplucher avec un si grand loisir toutes ces choses; parceque je ne croy pas qu'il se rencontre personne à qui j'aye besoin de me justifier là-dessus; estant asseuré que ceux qui ne sont point touchez de cet amour de la connoissance de l'antiquité qui ne fait jamais trouver trop scrupuleuse & trop exacte la recherche des choses de cette nature, n'en viendront jamais jusqu'à lire cet endroit.

5. VERS LE BAS. C'est ainsi que j'explique *in radice*, de mesme que je mets vers le haut pour *in summo*. Et c'est sur cet endroit que je fonde la conjecture que j'ay que les arbres ou bras de la Catapulte & de la Baliste estoient joints l'un contre l'autre & dressez debout, afin d'aller frapper ensemble le bout du javelot; parceque ces mots de *in radice & in summo* ne sçauroient signifier autre chose, & ne peuvent convenir à des bras tendus à droit & à gauche ainsi que tous les Interpretes l'ont entendu. Joint que la longueur de 14 piez que Vitruve leur donne, n'oblige point à faire l'arbre de deux pieces, puisqu'il est plus facile de recouvrer un arbre de 28 piez dont cet arc auroit esté fait, que de faire que des arbres tendus avec la force que ceux-cy doivent avoir ne rompissent point la corde de l'arc par le grand effort qu'ils devoient faire en leur detente. Il n'y a pas non plus d'apparence que Vitruve qui a donné icy les mesures de quantité de choses qui ne sçauroient estre que de peu d'importance, eust oublié de parler de la grosseur de la corde de cet arc, duquel mesme il ne fait aucune mention. La verité neanmoins est que le mot de bras semble designer une situation dans ces arbres qui a quelque rapport à un arc; parceque les deux parties de l'arc d'une Arbaleste sont comme les bras estendus. Mais on peut dire que ces parties qui estoient apellées avec raison bras dans les Arbalestes, ont retenu le mesme nom dans les Catapultes qui ont peut estre esté inventées depuis les Arbalestes ou Scorpions, & que ce nom n'a point esté changé à cause que ces parties ont le mesme usage que les bras des Arbalestes, car elles poussent le javelot de mesme que les Arbalestes, bien que leur situation & leur disposition soit differente. Je fonde encore cette conjecture sur Athenée qui apelle la Catapulte *Euthytonos*, c'est-à-dire à mon avis, *qua erectis tenditur*, ou *brachiis erectis*, & non pas *brachiis rectis*, parceque cela n'auroit point de sens, les bras d'un arc n'estant jamais droits, mais toujours courbez.

6. VERS LE HAUT D'UNE TROISIE'ME PARTIE. Cette proportion de la grosseur des bras fait beaucoup pour confirmer l'opinion que j'ay que les arbres frappoient le javelot par leur bout d'enhaut: car cette grosseur du bout d'enhaut qui est presque double de celle du bout d'embas, la faisoit estre comme une massue dont le coup estoit fort, non seulement à proportion de la tension & de la roideur de l'arbre, mais aussi à proportion de la pesanteur du bout qui frappoit.

7. LEUR COURBURE. J'entens par la courbure des bras,

A • forte, que si le chapiteau ¹ est plus haut que la longueur des bras ne requiert, ce qui le fait CH. XV
• apeller ² *Anatonum*, on les accourcisse, afin que cette elevation ou hauteur du chapiteau, qui est cause que les bras sont moins tendus, estant recompensée par l'accourcissement des bras, la machine puisse frapper avec assez de force; & au contraire si le chapiteau est moins haussé, ce qui le fait apeller *Catatonum*, les bras doivent estre plus tendus, c'est pourquoy on les allonge, afin qu'ils puissent estre courbez aisément jusqu'où il faut. Car de mesme
• qu'un levier qui estant de quatre piez est suffisant pour faire ³ que quatre hommes puissent remuer un fardeau, sera que le mesme fardeau sera remué par deux, s'il est long de huit piez:
• ⁴ ainsi plus les bras de la catapulte seront longs, & plus il y aura de facilité à les bander, de mesme qu'il y aura plus de difficulté, plus ils seront courts.

B l'espace qui est depuis le chapiteau A, ou B, jusqu'à l'endroit C C, où estoit l'oreiller sur lequel je suppose que les bras détendoient & venoient frapper lorsqu'ils estoient detendus, & d'où on les tiroit pour les faire approcher du chapiteau en les courbant.

1. EST PLUS HAUT QUE LA LONGUEUR DES BRAS NE REQUIERT. Bien que je ne me sois pas proposé de trouver du sens dans tout ce qui est dit icy pour l'explication de la Catapulte, il y a neanmoins quelques endroits où il semble que l'on y en entrevoit. Cet endroit peut devenir un des plus raisonnables, pourveu que l'on y corrige peu de chose. Il y a, *nam si capitula altiora quam erit latitudo, facta fuerint*; Ce qui n'a point de sens, car on ne peut deviner à quoy se rapporte *latitudo*. Je croy qu'il faut lire, *nam si capitula altiora quam fert longitudo (brachiorum) facta fuerint*. Ce qui me fait faire cette correction, est qu'il s'agit de la longueur des bras, & non pas de leur largeur.

C 2. ANATONUM. C'est icy à mon avis l'endroit de tout le chapitre qui est le plus intelligible, & qui donne lieu à entrevoir quelque chose dans le texte: les interpretes ne l'ont pourtant point expliqué, ils estiment tous que *Anatona* & *Catatona* signifient le ton haut ou bas que les cordes plus ou moins tenduës rendent quand on les touche, fondez sur l'endroit du premier chapitre du premier livre, où il est dit que les cordes qui tendent les bras des catapultes doivent estre *homotona*, c'est-à dire, tenduës si egalement qu'elles ayent un mesme ton quand on les fait sonner. Mais il est evident que l'auteur entend icy autre chose; & que le *haut* ou le *bas* qui est signifié par *ano* & *cato* qui composent les mots dont il s'agit, ne doivent point estre interpretez du haut ou du bas ton, mais de la plus haute ou de la plus basse situation du chapiteau, qui est dit haut quand il est plus eloigné du moulinet & plus proche des arbres, ou bas quand il est au contraire; ce qui fait que les arbres souffrent une plus grande, ou
D une moindre tension, comme il se peut voir dans la figure qui explique assez clairement le raisonnement que Vitruve fait sur la proportion des arbres, à la hauteur du chapiteau, laquelle ne se peut entendre de la difference du ton; parceque soit que le chapiteau soit *Catatonum*, c'est-à-dire abaissé comme en A, ou

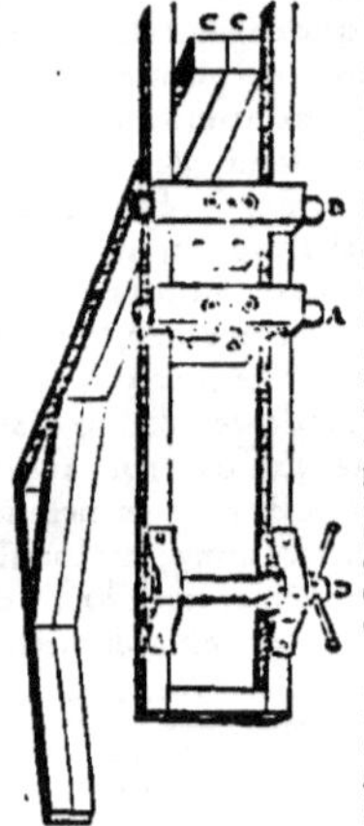

anatonum, c'est-à-dire elevé comme en B, & cela à l'egard des arbres C C; il donnera toujours un mesme ton aux cordes; parceque l'auteur veut que par cette proportion qu'il prescrit, la longueur des bras qui les rend plus flexibles, recompense l'abaissement du chapiteau qui fait une plus grande tension, et que leur accourcissement supplée à ce qui manque à la tension que les chapiteaux donnent quand ils sont situez plus haut; & qu'ainsi la machine ait toujours une pareille force pour frapper, & que l'on trouve aussi une mesme facilité à la bander; ce qui fera necessairement un mesme ton dans les cordes.

3. QUE QUATRE HOMMES PUISSENT REMUER UN FARDEAU. J'ay crû qu'il y avoit faute au texte, qu'un copiste a mis un point de trop, & que ce mauvais exemplaire, sur lequel ceux que nous avons ont esté copiez, a fait écrire, *onus quod à quinque hominibus extollitur*, au lieu de *quod a quatuor*; car il n'y a point d'apparence que Vitruve ignorast que le doublement de la longueur du levier depuis l'hypomochlion ou appuy, double aussi la force, & par consequent que ce que quatre hommes font avec un levier de quatre piez, est fait par deux hommes avec un levier de huit piez.

4. AINSI. Ce qui apartient à la structure & à l'usage des Catapultes est plus amplement expliqué dans les deux chapitres qui suivent.

CHAPITRE XVI. CH. XVI.

Des Ballistes.

• ¹ J'AY traité des parties dont la Catapulte est composée & de leurs proportions. Pour ce
E qui est des Ballistes elles se font de diverses manieres, qui ne sont toutefois que pour un

1. J'AY TRAITÉ. La description de la Catapulte n'a esté entenduë de personne, quoyque quantité de grands personnages s'y soient employez avec beaucoup de soin, comme Lipse remarque. Les descriptions qu'Athenée, Ammian Marcellin, Vegece, Jocundus & Robertus Valturius en ont données, les deux figures qui sont dans le livre anonyme, intitulé *Notitia imperii*, celle que Guil. du Choul dit avoir tirée d'un ancien marbre, celle que Lipse a veüe dans l'Arsenal de Bruxelles, ny celles qui sont representées dans la colonne Trajane, n'ont aucun rapport avec la description de Vitruve; Cæsar Cisaranus qui est le premier qui apres Jocundus a fait les figures de Vitruve avec beaucoup d'exactitude, n'en a point fait de la Catapulte, non plus que Barbaro; & mesme apres avoir traduit & commenté Vitruve jusqu'à cet endroit, il abandonna l'ouvrage qui fut achevé par Benedetto Jovio, & par Bono Mauro. Jocundus declare en proposant sa figure, que ce n'est point pour expliquer le texte de Vitruve auquel elle ne convient point, & il avoüe qu'il ne comprend rien ny à sa figure ny au texte de Vitruve. Mais il ne faut pas trouver étrange qu'une machine dont il est fort difficile de faire comprendre la structure par écrit, particulierement lorsque l'on n'en donne point la figure, ne soit point entenduë quand la description en est aussi negligée qu'est celle qui nous est donnée par Vitruve, qui ne s'est arresté qu'aux proportions des parties qui la composent, sans décrire ny la figure ny les usages de ces parties.

Ce que l'on sçait en general des Catapultes est qu'elles estoient faites pour jetter des javelots, de mesme que les Ballistes servoient à jetter des pierres, quoy que cette distinction n'ait pas été faite par les derniers Auteurs Latins, qui ont toujours expri-

CH. XVI. mesme effet. Il y en a que l'on bande avec des moulinets & des leviers, d'autres avec des mouflles, d'autres avec des vindas, & d'autres avec des roües à dents. Mais la grandeur de toutes A

[illegible] l'une & l'autre machine par le mot de Balliste. Que les Catapultes lançoient leurs fleches avec une si grande force qu'elles perçoient plusieurs hommes les uns aprés les autres au rapport de Lucain, qu'elles portoient d'un bord du Danube à l'autre selon

EXPLICATION DE LA PLANCHE LXIV.

Cette Planche represente la Catapulte entiere dans le lointain, & demontée dans le proche. Pour comprendre l'usage de cette machine, il faut se figurer qu'elle roule sur quatre roües, dont les deux de derriere tiennent à un assemblage de bois qui soutient le reste de la Catapulte, & que cet assemblage porte pardevant sur l'essieu des deux roües de devant auquel est joint un timon, qui est attaché à l'assemblage par une cheville ouvriere, afin que la machine puisse estre traisnée où l'on veut comme un chariot. Le reste de la machine qui est posé sur l'assemblage, y est attaché au milieu seulement par une autre cheville ouvriere, afin que l'on puisse tourner & braquer la Catapulte à l'aide d'un autre timon qui B *est manié dans la Figure par trois soldats, & qui peuvent faire aller la machine seulement à droit & à gauche. Elle est haussée ou baissée lorsque ceux qui sont sur l'échaffaut la font mouvoir sur les pivots ΩΩ.*

Pour expliquer le reste des particularitez, on a mis tout au long tant en Latin qu'en François les endroits du texte, qui ont quelque chose d'intelligible.

A A, Tabulæ in summo & in imo capitulo. B B, Parastatæ dextra ac sinistra. C C, Anguli quatuor qui sunt circa in lateribus & frontibus, laminis ferreis & clavis confixi.

D D, Canaliculus, Syrinx dicta.

E E, Regulæ duæ in quas inditur sucula. Elles sont apellées au chapitre 18 *tigna longitudine amplissima.*

F F, Chelonia quæ supra tigna figuntur, & in quibus includuntur suculæ. cap. 18. G, Bucula, Scamillum vocata, securiclis cardinibus fixa. H, Scutula. I, Epitoxis.

K, Chelo, sive manucla. L, Canalis fundi. M, Columella & basis in solo. N, Subjectio, Eschara dicta, cap. 17.

[illegible] chelonium, sive pulvinus, quod est supra minorem columnam [illegible] antibasis dicitur. 6, Subjectio, crassitudinis ejusdem cujus [illegible] columna.

†, [illegible] minor columna, quæ Græcè antibasis dicitur, supra quam chelonium, sive pulvinus.

P, Foramina quæ per media spatia tignorum insectorum inciduntur, in quibus excisionibus includuntur capitula catapultarum, cap. 18.

Q, Sucula. R, Brachii radix. S, Brachii summum.

T T, Modioli ænei qui in capitula includuntur, cap. 18.

V V, Cuneoli ferrei Epischides dicti cap. 18. X, Ansa rudentis quæ inditur per foramen capituli & in alteram partem trajicitur, deinde in suculam conjicitur, involviturque vectibus uti per eam extentus rudens cùm manibus tactus fuerit, æqualem sonitûs habeat responsum. Tum autem cuneo V, ad foramen concluditur, & ita trajectus in alteram partem, eâdem ratione vectibus per suculam extenditur, donec æqualiter sonent. cap. 18.

5. Carchesia.

A A, les pieces de bois qui sont au haut & au bas du chapiteau. B B, les poteaux qui sont à droit & à gauche. C C, les quatre angles qui sont à l'entour, tant aux costez qu'au devant, & qui sont garnis de bandes de fer. D D, le petit canal qui est apellé *Syrinx.* E E, les deux regles dans lesquelles un moulinet est passé. *Elles sont apellées au chapitre* 18 de longues pieces de bois. F F, les amarres que l'on attache sur les longues pieces de bois, & dans lesquelles on passe des moulinets. chap. 18. G, la levre apellée *Scamillum* jointe par des tenons à queüe d'ironde. H, le gros rouleau. I, l'Epitoxis. K, le *chelo* ou *manucla*. L, le canal qui est embas. M, la petite colonne & sa base qui est proche de la terre. N, le chevalet apellé la grille. chap. 17. O, le *chelonium* ou oreiller qui est au dessus de la petite colonne apellée *antibasis* en Grec. 6, le chevalet dont l'épaisseur est egale à celle de la plus petite colonne. †, la plus petite colonne qui est derriere apellée *antibasis* en Grec : elle soustient le *chelonium*, ou oreiller. *Il faut estre averty que cette petite colonne ne se voit point dans la figure, & que la marque † designe seulement l'endroit où elle est, estant cachée par la piece de bois sur laquelle la marque est gravée.* P, les entailles qui sont faites au milieu de chaque piece de bois; dans lesquelles entailles on enferme le chapiteau de la Catapulte, chap. 18. Q, le moulinet. R, le bas de l'arbre. S, le haut de l'arbre. T T, les Barillets de cuivre que l'on enchasse dans le chapiteau. C V V, les chevilles de fer apellées *Epischides*, chap. 18. X, le bout D du cable que l'on passe par le trou du chapiteau & que l'on attache au moulinet, au tour duquel il s'entortille, lorsque l'on le fait tourner avec les leviers, & on le bande jusqu'à ce qu'en le frappant avec la main, on connoisse qu'il est au mesme ton : car alors on fait l'arrest au trou du chapiteau avec la cheville V, afin que rien ne lasche. Et de la mesme maniere le cable ayant esté passé à l'autre costé on le bande avec les leviers & le moulinet, jusqu'à ce qu'il soit au mesme ton que l'autre. chap. 18. 5, les mortaises.

Outre toutes ces parties qui sont dans le texte de Vitruve, j'ay esté obligé d'en suppléer quelques autres, & d'expliquer celles qui sont dans le texte, par des conjectures probables, & par rapport avec les Catapultes qui sont décrites par d'autres auteurs, en sorte neanmoins qu'elles n'ayent rien qui repugne au texte. Γ Ξ, est un piton de fer qui est attaché au haut de l'arbre, & qui y peut joüer dans une mortaise, dans laquelle il est arresté par un bout avec une cheville au droit d'Y. Ce piton par E *l'autre bout a un double anneau dont l'un est necessaire pour attacher le cable à l'arbre qu'il faut tirer, l'autre pour arrester l'arbre dans le barillet T, par le moyen de la cheville* Epischis *V. Θ, est le marteau par le moyen duquel se faisoit la detente, ainsi qu'il est décrit dans Ammian Marcellin. ΩΩ, sont des pivots sur lesquels une partie de la Catapulte se pouvoit hausser & baisser pour tirer en haut ou en bas, comme il est rapporté dans le livre intitulé* Notitia imperii. *Λ, est une piece eccentrique par le moyen de laquelle le gros rouleau, lorsqu'il est tourné, fait hausser ou baisser le bout d'embas de l'arbre marqué Φ Δ, pour le lacher ou le bander quand il en est besoin : car je compose les arbres ou bras de la Catapulte chacun de deux pieces, sçavoir de la piece SR, & de la piece ΔΦ; me fondant sur ce que Heron dit, que les anciens les apelloient* ancones, *ce qui signifie qu'ils estoient coudez, & à mon avis composez de deux pieces qui faisoient un angle en o, auquel endroit ils estoient fermement attachez ensemble*

EXPLICATION DE LA PLANCHE LXIV.

semble, & encore affermis par une esseliere RΔ.

Par le moyen de cette construction, la partie RS, & la partie ΔΦ, ne faisoient que comme un arc, & il arrivoit que l'angle de chaque bras estant fermement attaché au bas de la Catapulte vers l'endroit o, lorsque le bout S estoit tiré vers le chapiteau par le moyen du cable, le bout Φ estant appuyé sur le gros rouleau H, il se faisoit une flexion commune des deux bras, en sorte que lorsque le bout Φ estoit levé ou baissé par le moyen de la piece excentrique Λ, qui est au gros rouleau, la tension de l'arbre estoit augmentée ou diminuée. Le gros rouleau H, estoit tourné par le moyen du levier ξH. J'ay mis des roües au chevalet N, bien qu'il n'en soit point parlé dans le texte, & que mesme il soit constant qu'il y avoit des Catapultes sans roües, telles qu'estoient celles que l'on mettoit dans les tours de bois dont il est parlé cy aprés. Mais les Catapultes anciennes, dont nous avons des figures, en ont toutes. Dans le Cabinet des machines qui est à la Bibliotheque du Roy, il y a un modele de cette machine, qui fait mieux comprendre l'effet de toutes ces differentes parties que la figure ny l'explication ne peuvent faire.

CH. XVI. doit estre proportionnée à la pesanteur de la pierre qu'elles jettent : & il n'est pas aisé de A concevoir quelles doivent estre ces proportions, si l'on n'est bien exercé dans l'Arithmetique, & principalement dans la multiplication.

On fait au chapiteau de la Baliste des trous par où l'on passe des cables faits de cheveux de femme, ou de boyau; ces cables doivent estre gros à proportion de la pesanteur de la pierre que la Baliste jette, de mesme que dans les Catapultes les proportions se prennent de la grandeur des javelots.

[1] Or afin que ceux qui ne sçavent pas les regles de la Geometrie & de l'Arithmetique, * se puissent instruire de ces choses, & que dans les perils de la guerre ils ne soient pas en peine de s'en embarasser l'esprit; je veux mettre icy par écrit ce que j'en ay apris tant de mes maistres, que par ma propre experience, à quoy j'ajoûteray le calcul que j'ay fait pour reduire à nos poids, ceux qui sont en usage parmy les Grecs. B

l'auteur du livre intitulé *Notitia imperii* ; Et enfin qu'il y en avoit qui poussoient des javelots de la grandeur de nos chevrons. Athenée en decrit qui avoient douze coudées, & ce qui est de plus incroyable il dit qu'Agesistratus & Palintonus firent des catapultes, qui n'ayant que quatre coudées, portoient jusqu'à quatre stades, c'est à dire environ 400. toises.

La description de Vitruve fait seulement entendre que la Catapulte avoit deux bras ou arbres, c'est-à-dire des pieces de bois que l'on faisoit plier en les attirant avec des cordes qui se bandoient par des moulinets : mais personne n'a expliqué comment ces bras frappoient le javelot, comment ils estoient arrestez avant la detente, & comment la detente se faisoit, ny à quoy servoit cette egalité de tension qui se connoissoit par l'égalité des tons que les cordes rendoient ; on ne sçait point non plus quel estoit le mystere de toutes ces proportions qui se prenoient sur les trous, par lesquels les cables estoient passez.

La Catapulte d'Ammian Marcellin & celle de Guillaume du Choul n'avoient qu'un bras élevé droit de haut en bas, qui frappoit le javelot : celle de Jocundus qu'il a prise dans Athenée où elle est fort mal dessinée, & celle de Lipse, à ce que l'on peut comprendre, frappoient le javelot avec une corde tenduë en maniere d'arc, mais de telle sorte, que ce n'estoient point les bras, qui estant pliez & contraints fissent effort pour se remettre en leur estat naturel, comme il arrive ordinairement aux arcs ; mais ces bras estoient des leviers, qui sans plier, forçoient des cordages dans lesquels ils estoient engagez, de s'allonger, & ces mesmes cordages en se remettant en leur estat naturel, forçoient à leur tour les leviers qui tiroient la corde de l'arc, & produisoient l'effet de la machine, qui estoit semblable à celuy d'une Arbaleste ; ce qui n'est pas aisé à comprendre.

Il y a apparence, quoy qu'en disent tous les interpretes, que la Catapulte de Vitruve agissoit selon la premiere maniere, & que la grande force avec laquelle elle frappoit, auroit rompu les cables si elle avoit esté tenduë comme un arc : & pour dire hardiment ce que je me suis imaginé de cette machine, puisque sa description est tellement gastée que tous les sçavans l'ont abandonnée comme incurable ; je croy que les deux bras de la Catapulte estoient deux arbres joints & mis coste à coste, plantez debout, & arrestez au bas de la machine comme le mas d'un vaisseau, afin que les bouts d'enhaut qui se rapportoient aux trous du Chapiteau, quand ils estoient tirez par les cables que l'on passoit par ces trous, allassent ensemble en se detendant frapper d'un mesme coup le javelot. On mettoit deux arbres, afin que la machine eust plus d'effet, & qu'on les pust bander aisément l'un aprés l'autre. L'observation du ton de la corde, servoit à faire connoistre que les deux arbres estoient tendus également, ce qui estoit absolument necessaire, autrement le bras qui auroit esté le moins tendu, n'auroit servy de rien, parceque l'autre auroit déja poussé le javelot avant qu'il le pust toucher. Or voicy comment je conçois que ce bandage se faisoit. Il y avoit au haut de chaque arbre, un piton de fer qui estoit percé de deux trous ou anneaux : on accrochoit le cable au dernier trou marqué x, dans la Planche LXIV, aprés l'avoir passé dans le chapiteau TT, AA, par un des trous qui y sont pour passer les cables, & l'on bandoit ce cable avec le moulinet, jusqu'à ce que le premier trou du piton marqué r, fust au droit du trou du Barillet de cuivre T, qui traversoit le chapiteau. Alors le maistre de la Catapulte faisoit sonner la corde, & ayant retenu le ton, il passoit la cheville de fer V, dans le barillet, laquelle traversant le premier anneau r, tenoit l'arbre en arrest; ensuite ayant passé le mesme cable dans l'autre trou, il accrochoit l'autre arbre & le bandoit de mesme que le premier ; & quand le premier anneau du piton estoit au droit du trou de l'autre barillet, il sonnoit la corde, & si elle rendoit le mesme ton qu'elle avoit eu en bandant le premier arbre, il mettoit l'autre cheville de fer dans le Barillet pour l'arrester. Mais si le ton estoit different ; sçavoir lorsqu'il se rencontroit que l'un des arbres estoit plus fort que l'autre, il faisoit tourner le gros rouleau H, afin que par son moyen il augmentât ou diminuât la C tension de ce dernier arbre, selon qu'il en estoit besoin. L'usage du gros rouleau estoit de hausser ou baisser la queuë de l'arbre, marquée Φ par le moyen de la piece excentrique A, selon que l'on tournoit ce rouleau en avant ou en arriere par le moyen du levier ξ ; ce qui augmentoit ou diminuoit la tension.

Quand les deux chevilles de fer VV, avoient arresté les deux arbres, on passoit la cheville de fer 3, au travers des anneaux des chevilles VV, & du *manicle* K, qui estoit au milieu, & dont le bout 4, passoit & sortoit au dessous du chapiteau. Pour faire la detente, le maistre donnoit un coup de marteau au bout 4 du *manicle*, qui par le moyen de la cheville 3, enlevoit les deux chevilles VV, par lesquelles les arbres estoient arrestez, en sorte qu'ils alloient ensemble pousser le javelot.

1. OR AFIN QUE CEUX QUI NE SÇAVENT PAS. Vitruve auroit obligé davantage la posterité, si au lieu de ces proportions il eust expliqué & décrit assez exactement quelle estoit la D figure & quels estoient les usages des parties dont il donne les proportions ; il auroit esté plus aisé de suppléer ces proportions, que de deviner le reste. Car on ne sçait rien autre chose de cette machine, sinon que des cables d'une grosseur prodigieuse passoient par des trous taillez suivant un trait fort particulier; mais il n'est point dit ce que ces cables tiroient, ny quelle estoit la partie qui poussoit la pierre : il n'y a rien aussi qui puisse faire comprendre comment des cables de plus de huit pouces de diametre & faits de cheveux, rendoient un son qui eust des tons que l'on pust distinguer. Neanmoins si l'on s'en rapporte à ce qui est dit cy-aprés au 18 chapitre, il semble que les Balistes & les Catapultes n'estoient differentes qu'en ce que les unes jettoient des pierres, & les autres des javelots; comme si de mesme qu'il y avoit des bras ou arbres, qui dans la Catapulte frappoient le javelot posé dans le canal qui le conduisoit, il y eust eu aussi des bras dans la E Baliste qui lançoient de grosses pierres qui leur estoient attachées; & que cela se faisoit à peu prés de la mesme maniere qu'aux Arbalestes, dont il y en a qui ont rapport aux catapultes, parcequ'elles lancent des fleches, & d'autres qui sont semblables aux Balistes, parcequ'elles jettent des balles, les unes n'estant d'ailleurs differentes des autres qu'en ce que celles qui lancent les fleches n'ont qu'une corde simple qui pousse la fleche, au lieu que les autres ont deux cordes qui forment au milieu comme le reseau d'une fronde, dans lequel on met la balle.

A

CHAPITRE XVII.

De la proportion des pierres avec les trous de la Baliste qui les jette.

LA Baliste qui jette une pierre de deux livres, doit avoir le trou de son chapiteau de la largeur de cinq doits : si la pierre est de quatre livres, il doit estre de six à sept doits : si elle est de dix livres, il sera de huit doits : si elle est de vingt livres, il sera de dix doits : si elle est de quarante livres, [1] il sera de douze doits & trois quarts. Si elle est de soixante livres, il sera de treize doits & d'une huitiéme partie : si elle est de quatre-vingt livres, il sera de quinze doits : si elle est de six vingt livres, il sera d'un pié & demy & d'un demy doit : si elle est de cent soixante livres, il sera de deux piez : si elle est de cent quatre-vingt livres, il sera de deux piez & cinq doits : si elle est de deux cent livres, il sera de deux piez & six doits : si elle est de deux cent dix livres, il sera de deux piez & sept doigts. Si elle est de deux cent cinquante livres, il sera de deux piez & onze doits & demy.

Aprés avoir reglé la grandeur de ce trou, qui est apellé en Grec [2] *peritretos*, il faut chercher les proportions du *gros rouleau*. Sa longueur doit estre de deux diametres du trou avec une douziéme & une huitiéme partie de ce diametre ; sa largeur, de deux diametres & un sixiéme : [3] mais il faut diviser la moitié de la ligne qui a esté décrite, & aprés cela resserrer son extremité en telle sorte qu'estant tournée obliquement, elle ait de longueur une sixiéme partie & un quart de largeur vers l'endroit où elle commence à tourner, & un sixiéme à l'endroit où est la plus grande courbure, qui est où les points des angles se rencontrent, & où les trous & le retressissement de la largeur tendent. Ce trou doit estre un peu plus long que large, & proportionné à l'épaisseur de l'*Epizygis* : aprés en avoir tracé la circonference [4] il en faut polir l'extremité en la courbant doucement : son épaisseur est [5] d'un diametre & un sixiéme. Il faut que les barillets ayent onze huitiémes de diametre : leur largeur doit estre d'un diametre & trois quarts ; leur épaisseur, d'un demidiametre, sans ce qui se met dans le trou ; & leur largeur par l'extremité doit estre d'un diametre & un sixiéme. Les poteaux auront de longueur cinq diametres & demy & un seiziéme ; de tour, un demidiametre ; d'épaisseur, un tiers & un neuviéme de diametre. Il faut ajoûter à la moitié de leur largeur autant que l'on a fait auprés du trou, lorsque l'on en a tracé la largeur & l'épaisseur, sçavoir cinq diametres, & leur donner un quart de diametre de hauteur.

Percé tout à l'entour. Scutula.

Qui est sur le ioug.

1. IL SERA DE DOUZE DOITS ET TROIS QUARTS. Dans le peu d'esperance que les sçavans ont de pouvoir restituer ce qui manque dans les descriptions des Catapultes, & principalement des Balistes, Buteo s'est travaillé à corriger ce qui s'est rencontré de manifestement faux dans les proportions du trou de la Baliste avec le poids de la pierre ; ce qu'il a fait avec l'exactitude Geometrique & Arithmetique que Vitruve dit estre necessaire, & qu'il semble n'avoir pas suivie : mais parceque ces corrections chargent beaucoup le texte, sans éclaircir autrement la chose ; je n'ay pas jugé qu'il fust à propos de les suivre ; j'ay traduit seulement le texte tel qu'il est à la lettre. Et il faut remarquer en passant, que Buteo, qui pour prouver que Vitruve s'est trompé lorsqu'il a pretendu qu'il falloit augmenter le trou à proportion de l'augmentation du poids de la pierre en doublant le diametre du trou lorsque le poids est doublé, apporte l'absurdité de la grosseur de la corde, qui deviendroit enorme dans les grandes Balistes, tombe luy-mesme dans une pareille absurdité, à cause de la fausse supposition qu'il fait que les cordes estoient de la grosseur du trou : car de là il s'ensuit que pour bander une Baliste qui jette une pierre de dix livres qui est un poids assez mediocre, il falloit un cable de dix doits de diametre, c'est à dire environ de six pouces de Roy, & selon sa supputation il y auroit eu des Balistes dont les cables auroient eu plus de trois piez de diametre, car il y en avoit qui jettoient des pierres encore bien plus pesantes que ne sont celles que jettoient les Balistes dont il est parlé dans ce chapitre, qui ne vont qu'à deux cent cinquante livres ; celles dont il est fait mention au dernier chapitre de ce livre, allant jusqu'à trois cent soixante. Or il n'est pas concevable qu'un cable de trois piez de diametre puisse servir à une Baliste, parceque ce cable doit estre entortillé autour d'un moulinet.

2. PERITRETOS. Il a esté parlé de *Peritretos* au 2 chapitre du premier livre, auquel lieu ce mot est mis pour le trou de la Baliste : icy c'est la partie apellée *scutula* en Latin. Philander croit qu'il faut suivre la premiere explication que Vitruve a faite de ce mot, & qu'il doit estre pris pour le trou de la Baliste, c'est pourquoy il corrige cet endroit en lisant, *cum ergo foraminis, quod Græcè peritreton apellatur, magnitudo fuerit instituta, describatur scutula, &c.* J'ay suivy son opinion, parcequ'il m'a semblé qu'il n'y avoit point de raison que *scutula*, qui est une chose si connuë, fust apellée *peritretos*, c'est à-dire, percée tout à l'entour ; & qu'il y a quelque apparence que le trou de la Baliste peut estre apellé ainsi : car le mot *peritretos* se peut prendre en deux façons, & signifier ou une chose qui est percée de plusieurs trous tout à l'entour, ou qui a un trou que l'on a agrandy tout à l'entour par plusieurs coups de ciseau, en sorte que ce trou va en s'élargissant, par exemple, comme un entonnoir, ou comme le pavillon d'une trompette. Or cette derniere maniere peut fort bien convenir au trou de la Baliste, qui doit estre elargy & adoucy par les bords, afin de ne pas user le cable qui y doit passer, ainsi qu'il est dit cy-aprés.

3. MAIS IL FAUT DIVISER. J'ay traduit tout cet endroit mot à mot à la lettre sans y rien comprendre autre chose, sinon que je croy qu'il contient la description de la ligne qui trace le trou apellé *peritretos*.

4. IL EN FAUT POLIR L'EXTREMITE'. Je lis avec Turnebe, *foramen cum deformatum fuerit, circum levigentur extrema*, au lieu de *circino dividatur extremum* ; le sens estant qu'il faut adoucir l'entrée de ce trou, en abatant la carne qu'il a tout à-l'entour, laquelle sans cela couperoit ou écorcheroit le cable : & cet adoucissement fait à coups de ciseau & avec la rape, est à mon avis ce qui fait apeller ce trou, *peritretos*, ainsi qu'il a esté dit.

5. D'UN DIAMETRE. Je continuë à traduire *foramen, diametre* pour les raisons qui ont esté dites cy-devant sur le quinziéme chapitre.

CH. XVII. La regle qui est à la table doit avoir huit diametres de long; sa largeur & son épaisseur doit estre d'un demidiametre; l'épaisseur du tenon de deux diametres & un huitiéme; la courbure de la regle d'un seizieme & cinq quarts de seiziéme: la largeur & l'épaisseur de la regle exterieure doit estre pareille. La longueur que donnera sa courbure, avec la largeur du poteau & sa courbure, sera d'un quart de diametre. Mais il faudra que les regles superieures soient égales aux inferieures. Les travers de la table seront de deux tiers & un *Pes n Tabulæ.* douziéme de diametre. Le fust du *Climakis* doit estre long de treize neuviémes de diametre, & épais de trois quarts. L'intervalle du milieu doit estre large d'un diametre & un quart, & épais d'un huitiéme & un quart de huitiéme. Toute la longueur de la partie du Klimakis superieur, laquelle est proche des bras, & jointe à la table, se doit diviser en *Tortue.* cinq parties, dont deux seront données à la partie apellée *Chelone*, qui sera large d'un quart de diametre, épaisse d'un seiziéme & longue de trois diametres & demy & un huitiéme; les parties qui s'avancent hors du *Chelo*, auront un demidiametre; la saillie du *Aile.* [1] *Pterigoma* sera de la douziéme partie d'un diametre & d'un [2] sicilique. Mais ce qui est vers *La face qui traverse.* l'essieu qui est apellé *frons transversarius*, doit estre long de trois diametres & un neuviéme, & les regles de dedans doivent estre longues d'un neuviéme, & épaisses d'un douzié- *Peplum.* me & un quart de douziéme. [3] Le rebord du Chelo qui sert de couverture à la queuë d'irondelle, doit estre long d'un quart de diametre; la largeur des montans du Climakis doit estre d'un huitiéme, & la grosseur d'un douziéme & un quart de douziéme. L'épaisseur du carré qui est au Climakis doit estre, d'un douziéme & d'une huitiéme partie de douziéme, & vers l'extremité, d'un quart de douziéme: mais le diametre de l'essieu rond sera égal au Chelo, & vers les clavicules il sera plus petit de la moitié & d'une seiziéme partie. La *Anterides.* longueur des *Arcboutans* sera d'une douziéme partie & de trois quarts de douziéme. La largeur en bas, d'une treziéme partie de diametre; l'épaisseur au haut, d'un huitiéme & d'un *Grille.* quart de huitiéme. La base qui est apellée *Eschara* aura de longueur une neuviéme partie *Antibasis.* de diametre. *La piece qui est au devant de la base* aura quatre diametres & un neuviéme de diametre. L'épaisseur & la largeur de l'une & de l'autre sera d'une neuviéme de diametre. La demy colonne aura de hauteur un quart de diametre, & de largeur & d'épaisseur un demidiametre: pour ce qui est de sa hauteur, il n'est point necessaire qu'elle soit proportionnée au diametre, mais à l'usage auquel elle est destinée; sa longueur sera de six neuviémes de diametre; son épaisseur, vers le bas, d'un demidiametre, & à son extremité du douziéme d'un diametre.

Aprés avoir donné les proportions des Balistes & des Catapultes que j'ay jugées les plus convenables, je veux expliquer le plus clairement que je pourray comment il faut regler leur bandage, qui se fait avec des cordes de boyau ou de cheveux.

1. PTERIGOMA. Ce mot se trouve bien diversement écrit dans les exemplaires. Les uns mettent *Plintigonatus*. Les autres *Plintigonmatus*. Baldus & Turnebe ont plus de raison de choisir *Pterigomatus*, parceque toute cette machine est apellée par Ctesibius *Pteryx* qui signifie une aile, parcequ'elle s'avance en forme d'aile.

2. SICILIQUE. *Sicilicus* est icy pris par Jocundus pour la quatriéme partie du tout precedent. Communement il signifie deux dracmes, qui font le quart de l'once.

3. LE REBORD. Le mot de *replum* qui est en plusieurs endroits de Vitruve, n'est pas expliqué d'une mesme façon par les Interpretes. Turnebe confesse qu'il ne l'entend point, & croit qu'il le faut corriger pour mettre *Peplum*. Baldus estime qu'il est dit à *replendo*, parcequ'il occupe dans la menuiserie l'espace qui est entre deux panneaux, suivant la conjecture qu'il tire du sixiéme chapitre du 4. livre, où il est parlé de la menuiserie des portes. Saumaise pense qu'il est dit au lieu de *replicatum*, comme *duplum* au lieu de *duplicatum*. Suivant cette opinion j'ay mis icy *rebord*, à cause qu'il est dit ensuite qu'il sert de couverture, & c'est par cette raison que Turnebe a cru qu'il falloit lire *peplum* qui signifie un manteau.

CHAP.

A

CHAPITRE XVIII. C. XVIII.

De la maniere de bander les Catapultes & les Balistes, avec la justesse qui est necessaire.

IL faut avoir deux longues pieces de bois sur lesquelles on attache des amarres pour passer des moulinets. Au milieu de chacune de ces pieces de bois on fait une entaille, où * l'on met le [1] chapiteau de la Catapulte, qui y est affermy avec des chevilles, afin que l'effort du bandage ne le puisse arracher. Aprés cela on enchasse dans ce chapiteau des * *Barillets* de cuivre, dans lesquels on met [2] des chevilles de fer, que les Grecs apellent *Epischedas*. (Modiol.) B En suite on passe par l'un des trous qui sont au travers du chapiteau, le bout du cable, que l'on attache au moulinet, autour duquel il s'entortille lorsqu'on le fait tourner avec les leviers, & on le bande jusqu'à ce qu'estant frappé avec la main, on connoisse qu'il sonne le ton * qu'il doit avoir. Alors [3] on met la cheville au trou du chapiteau pour servir d'arrest, & empescher que rien ne lasche : & ayant passé le cable à l'autre costé de la mesme maniere, on le bande avec les leviers & le moulinet, jusqu'à ce qu'il sonne le mesme ton que l'autre : & c'est par cet arrest fait avec des chevilles de fer, que l'on tend la Catapulte avec la justesse necessaire, observant le ton que sonnent les cables.

1. LE CHAPITEAU DE LA CATAPULTE. Quoy que le Latin ait *capitula* au plurier, j'ay crû que je pouvois l'interpreter C au singulier, parce que la Catapulte n'avoit qu'un chapiteau, comme il se voit au chapitre 15, & qu'il y a apparence que Vitruve a dit les chapiteaux des *Catapultes*, comme il auroit dit les testes des hommes, & comme il dit aussi en ce mesme chapitre les moulinets, bien que chaque Catapulte n'eust qu'un moulinet. J'ay pris la mesme liberté dans le reste du chapitre de rendre les pluriers par les singuliers, parceque la chose est ainsi plus clairement expliquée. On a déja esté obligé d'en user ainsi en plusieurs endroits.

2. DES CHEVILLES. J'ay interpreté le mot Latin *cuneolus*, & le Grec *epischedas*, une *cheville*, & non pas un *petit coin à fendre*. Quoy que cette explication fust absolument plus propre, j'ay crû qu'il m'estoit permis de donner la signification qui est la plus convenable à mon sujet, & qu'un coin à fendre, qui est fait pour diviser, ne sçauroit convenir en cet endroit, puisqu'il s'agit de lier & d'arrester. Aussi les Latins employoient le nom de *cuneus* pour signifier non seulement ce qui sert à diviser, mais encore ce qui sert à arrester & à joindre : car ils disent *cuneare*, pour *cuneis firmare*, c'est-à-dire arrester avec des chevilles ou clavettes.

3. ON MET LA CHEVILLE. Il est evident qu'il manque quelque chose au texte, & qu'aprés *cuneos ad foramina concluduntur*, il faut ajoûter, *brachia catapultarum*, parceque ce ne sont pas les cables qui sont arrestez, mais les bras ou arbres. C'est pourquoy j'ay interpreté *concluduntur*, simplement *on fait l'arrest*, ne pouvant trouver dans le texte quelle est la chose qui est arrestée & affermie, quoy qu'il n'y ait point de doute que ce sont les bras de la Catapulte.

D

CHAPITRE XIX. CH. XIX.

De ce qui sert à battre ou à défendre une place, & en premier lieu de l'invention du Belier, & en quoy consiste cette machine.

APRES avoir traité de ces choses le mieux qu'il m'a esté possible, il me reste à expliquer par quelles machines on peut prendre ou défendre une ville. Le Belier, à ce que l'on dit, fut premierement inventé en cette maniere.

Lorsque les Carthaginois mirent le siege devant Gades, il jugerent à propos de démolir promptement un chasteau qui avoit esté pris : mais n'ayant point d'outils propres pour cela, ils se servirent d'une poutre, que plusieurs hommes soûtenoient de leurs mains, & du bout de cette poutre frappant le haut de la muraille par des coups redoublez, ils faisoient E tomber les pierres qui estoient aux rangs d'enhaut : ainsi allant d'assise en assise, ils abatirent toutes les fortifications. Aprés cela un Charpentier de la ville de Tyr, nommé Pephasmenos, instruit par cette premiere experience, planta un mas, auquel il en pendit un autre comme une balance, avec lequel par la force des grands coups que le mas donnoit allant & venant, il abatit le mur de la ville de Gades.

* [1] Cetras Chalcedonien fut le premier qui fit une base de Charpenterie portée sur des

1. CETRAS CHALCEDONIEN. Athenée dans son livre des machines, dit que l'inventeur de la base de cette machine estoit Geras Carthaginois. Il dit aussi que cet Architecte ne fit pas son Belier suspendu, comme Vitruve l'explique, mais qu'il estoit porté par plusieurs hommes qui le poussoient. Il dit encore que quelques autres le faisoient couler sur des rouleaux. Au reste j'estime que Turnebe a raison de croire que Vitruve a pris d'Athenée la plus grande partie de ce qu'il rapporte icy des machines de guerre ; quoy que Casaubon tienne qu'Athenée a vécu longtemps depuis Vitruve, se fondant sur ce que Trebellius Pollio rapporte que l'Empereur Gallien fit fortifier plusieurs villes par deux Architectes Bysantins, dont l'un s'apelloit Cleodamus & l'autre Athenée. Vossius suit l'opinion de Turnebe, parceque le livre d'Athenée est dedié à Marcellus, qui vivoit avant Vitruve.

roues. Sur cette base il éleva [1] un assemblage de *montans* & de *traversans* dont il fit [2] une *hutte*, A
dans laquelle il suspendit un Belier, & il le couvrit de peaux de bœuf, afin de mettre en seureté ceux qui travailloient à battre la muraille. Depuis ce temps-là on apella cette hutte une Tortuë à Belier, [3] à cause qu'elle n'avançoit que [4] fort lentement. Ces sortes de machines ayant eu ainsi leurs premiers commencemens, Polydus Thessalien leur donna la derniere perfection, au siege que le Roy Philippe fils d'Amyntas mit devant Bisance, & il en inventa de plusieurs autres sortes dont on se servoit avec beaucoup de facilité. Il eut pour disciples Diades & Chereas qui servirent sous le grand Alexandre. Diades a laissé quelques écrits dans lesquels il pretend estre l'inventeur des tours roulantes & il dit qu'il les faisoit porter démontées quand l'armée marchoit. Il ajoûte que c'est luy qui a aussi inventé la Tariere & une machine Montante par le moyen de laquelle on passoit de plain pié sur la muraille, comme aussi [5] le Corbeau demolisseur, que l'on apelle aussi Gruë. Il se servoit du Belier posé sur des roues, dont il a expliqué la structure.

B

Il dit que la plus petite tour qui se fasse, ne doit pas avoir moins de soixante coudées de hauteur, & dix-sept de largeur; & qu'il faut qu'elle aille en étressissant, de sorte que le haut n'ait de largeur que la cinquiéme partie de l'empatement. Il veut que les montans

1. Un assemblage de montans et de traversans. Ce que Vitruve apelle *Arrectarea*, Athenée l'apelle *Scheie*, c'est-à-dire *Lambes*. Il y a apparence que le mot *Scala* est derivé de ce mot Grec, parceque l'echelle est composée de deux montans comme de deux jambes, & de plusieurs échelons en travers.

2. Une hutte. Je tourne ainsi le mot *vara*, suivant l'opinion de Baldus, qui croit que *vara* vient de *varus* qui signifie courbé: & Saumaise dit que c'est de là qu'est derivé le mot François *se garer*, comme qui diroit *guarare* au lieu de *varare*; ainsi que *Guespe* est dit du Latin *vespa*. C'est pourquoy il m'a semblé qu'une couverture courbée sous laquelle on se garre, pouvoit estre apellée une hutte.

3. A cause qu'elle n'avançoit sa besogne. Vitruve a pris la raison du nom de la Tortuë dans Athenée. Vegece en donne une autre, qui est la ressemblance que cette machine a avec l'animal dont elle porte le nom, qui avance la teste hors de son ecaille, & qui la retire dedans de mesme que le bout du Belier s'avance & se retire hors de la machine. On peut dire aussi que son usage luy a fait donner ce nom, parcequ'elle sert de couverture & de deffense tres-forte & tres-puissante contre ce qui peut tomber d'en haut, & qu'elle met en seureté ceux qui sont dedans, de mesme que la Tortuë l'est dans son ecaille.

4. Fort lentement. Plutarque dit que l'Helepole de Demetrius estoit un mois à faire un stade, c'est-à-dire prés de deux ans à faire une lieuë.

5. Le Corbeau demolisseur qui l'on apelle aussi Gruë. Il ne paroist point par les descriptions que nous trouvons dans les anciens de la machine apellée Corbeau, qu'elle pust servir à démolir. J. Pollux & Polybe parlent d'une machine qui l'on apelle Gruë, & d'une autre que l'on apelle Corbeau, dont la structure & les usages en general semblent estre pareils, l'une & l'autre estant faite pour accrocher, attirer, & enlever: car la Gruë de Pollux servoit aux Theatres pour faire les enlevemens, & c'estoit avec cette machine, par exemple, que l'Aurore enlevoit Tithon. Le Corbeau de Polybe, estoit pour accrocher les navires des ennemis. La description que cet Historien en fait, est assez obscure, & ce que l'on y peut entendre, est qu'il y avoit une colonne sur laquelle une échelle tournoit, & qu'au bout de l'echelle estoit une poulie qui soutenoit une corde, à laquelle estoit attaché un crochet de fer tres-pesant, & que l'on laissoit tomber dans le navire ennemy. Il est dit que la machine se pouvoit

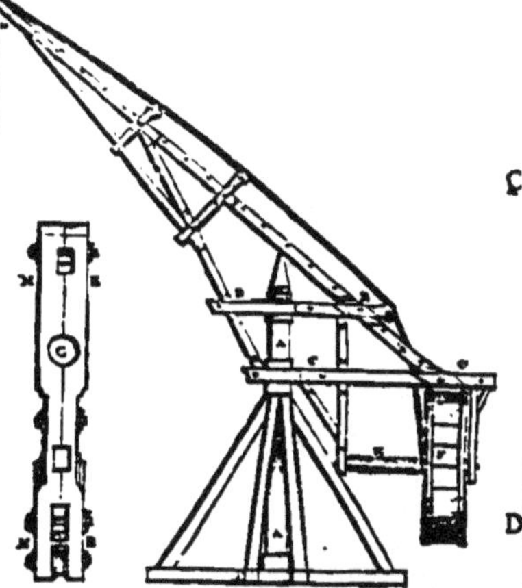

C

D

tourner aisement de tous les costez sur la colonne, que des moises embrassoient par le milieu, à ce que l'on peut juger, pour l'empescher de vaciller. La Gruë dont on se sert en France pour enlever les fardeaux & les poser aisement où l'on veut, & qui a esté decrite cy-devant au chapitre cinquiéme de ce livre, semble estre quelque chose de semblable à cette machine: car il y a au milieu une colonne A A, sur laquelle est une maniere d'échelle C B D, qui est faite pour porter un cable à la poulie qui est au haut de la machine. Cette échelle est aussi affermie par des moises B B, C C, qui embrassent la colonne par le milieu, estant échanchrées comme il se voit au droit de G, & jointes ensemble par des boullons & des clavettes. E

EXPLICATION DE LA PLANCHE LXV.

La I. Figure represente la grande Tour de bois à vingt étages, ayant son Escalier au milieu.

La II. represente la Tortuë dans laquelle estoit le Belier ou la Tariere, dont on ne voit que les deux bouts.

La III. represente la Tariere estant encore sur la terre comme pour essayer si elle va bien, avant que de la placer dans la Tortuë. A A, sont les montans. B B, est le canal pareil à celuy des Catapultes. C, est le moulinet mis au travers du canal. DD, sont les poulies par le moyen desquelles on faisoit remuer la poutre ferrée par le bout marquée EE.

CH. XIX. ayent par embas les trois quarts d'un pié, & [1] demi-pié par le haut. Il luy donne dix étages *
* qui ont tous des fenestres. Il fait la plus grande tour de six-vingt coudées de haut, & de [3] vingt A
trois coudées & demy de large : le retrecissement du haut est aussi de la cinquiéme partie : *
les montans sont de la grosseur d'un pié par embas & de demy pié par enhaut. Il faisoit à *
Circutiones. cette grande tour vingt étages qui avoient chacun * leurs *parapets* de trois coudées, & il la
couvroit de peaux nouvellement écorchées, pour la défendre de toute sorte de coups.

Il bâtissoit la Tortue à Belier, à peu prés de la mesme maniere. Elle estoit [5] large de *
trente coudées, & haute de quinze, sans le toit qui en avoit sept depuis * la platte-forme jus- *
qu'au haut : Outre cette hauteur elle avoit encore une petite tour qui s'élevoit sur le milieu de son toit : cette petite tour estoit large pour le moins de douze coudées, & elle comprenoit quatre étages, dans le dernier desquels on plaçoit les Scorpions & les Catapultes,
& dans les étages d'embas on amassoit grande quantité d'eau pour éteindre le feu qui pou- B
voit estre jetté. On plaçoit dans cette Tortuë la machine à Belier, qui est apellée en Grec

1. DEMI-PIÉ PAR LE HAUT. Le demi-pié des anciens avoit huit doits. Athenée ne donne que six ou sept doits au haut du montant.

2. QUI ONT TOUS DES FENESTRES. Athenée ne parle point de fenestres, mais il dit que chaque étage doit estre Peripetre, c'est à-dire que ce doit estre une galerie EF, FG, GH, HE, qui tourne tout à-l'entour : & il y a apparence que le milieu estoit pour un escalier par lequel on montoit dans les galleries, dans lesquelles les soldats estoient logez. Saumaise dans son commentaire sur Solin ne peut comprendre pourquoy Vitruve a expliqué le *Peripteron* d'Athenée par *fenestratum* : Je croy qu'Athenée a entendu que chaque étage qui estoit soûtenu sur six poteaux A A, à chaque face, representoit un Peripetre, c'est-à-dire un lieu entouré de colonnes ; & que Vitruve a trouvé que les intervalles d'entre ces poteaux estant garnis par embas du Parapet BB, CC, les intervalles DD, du haut, estoient comme des fenestres, dont le parapet faisoit les appuis.

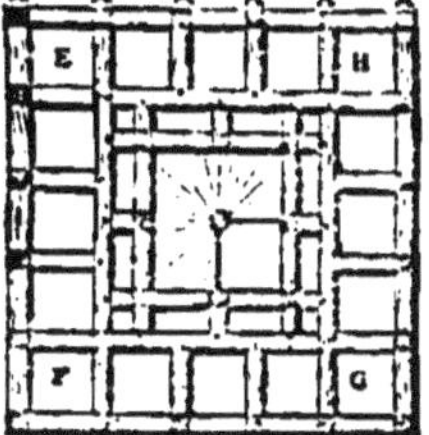

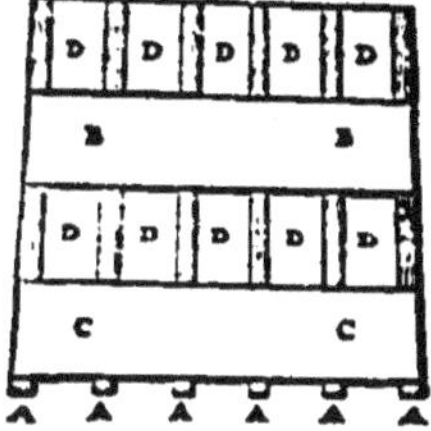

3. DE VINGT-TROIS COUDÉES ET DEMY. Cette largeur du bas de la grande tour est pareille dans tous les exemplaires tant de Vitruve que d'Athenée ; il semble neanmoins que 23 coudées & demy d'empatement, qui ne font pas six toises, sont bien peu de chose pour la hauteur de 120 coudées qui font trente toises ; & il n'y a point de raison d'avoir donné à la petite tour un plus grand empatement à proportion qu'à la grande, si ce n'est que la grande auroit esté trop pesante pour pouvoir estre remuée, si elle avoit eu la mesme proportion que la petite ; & qu'on luy ait retranché quelque chose de sa largeur, parceque l'on avoit besoin de sa hauteur pour égaler celle des murs des villes qui alloient quelquefois jusqu'à trente-cinq toises, si ce que Pline dit des murs de Babylone est croyable : car c'est une chose bien étrange qu'une ville fust enfermée & comme étouffée par des murs aussi hauts que des montagnes ; ce qui avoit obligé, au rapport de Q. Curse, de laisser un grand espace entre les murs & les maisons. Mais la hauteur de ces tours de bois n'est guere moins étonnante, & il n'est pas aisé de comprendre comment ayant un si petit empatement, elles n'estoient point renversées par le vent ; comment on les pouvoit faire marcher ; & quel devoit estre le soin qu'il falloit apporter pour aplanir les lieux où elles devoient passer. Ces raisons peuvent faire douter qu'il n'y ait faute au texte, veu que dans la suite il est parlé d'une tour que Demetrius Poliorcetes fit faire au siege de Rhodes, qui avoit un empatement bien plus grand que celles dont Athenée & Vitruve ont donné les proportions : Plutarque dit qu'elle avoit 48 coudées de large sur 66 de haut.

4. LEURS PARAPETS. Ce que Vitruve apelle *circuitionem*, est nommé *peridromé* par Athenée. Stevechius fait entendre par la figure qu'il a mise dans son Commentaire sur Vegece, qu'il croit que ce *peridromé* estoit un Corridor saillant à chaque étage en maniere de Machecoulis : mais Philander estime que *circuitio* n'est rien autre chose que ce que les anciens apelloient *Peribolon* & *Lorica*, qui est interpreté *Parapet* par d'Ablancour dans Cæsar. J'ay suivy cette interpretation, parceque les Corridors de Stevechius qui sont en maniere de Machecoulis, me semblent inutiles ; ces Machecoulis n'estant bons qu'à empescher que l'on n'approche du pié d'un mur, qui est une chose dont il ne s'agit point icy : joint que le mot *Peridromé* dont Athenée s'est servy, ne signifie point particulierement un Corridor hors d'œuvre, mais seulement quelque chose qui tourne tout à-l'entour & qui fait une enceinte, ainsi que l'explique Pollux, qui dit que *Peridromé* est l'appuy des platteformes qui sont sur le haut des maisons. Car quand Athenée dit que ce *Peridromé* devoit avoir trois coudées pour empescher le feu, cela fait voir, ce me semble, qu'il devoit servir de parapet & de mantelet, parcequ'il couvroit plus de la moitié de chaque étage ; & que ces trois coudées ne sont point pour la saillie des Corridors, laquelle n'auroit rien fait contre les incendies, & auroit rendu l'assiette & l'empatement de la tour moindre du quart que le corps mesme de la tour, qui par le moyen de ces saillies auroit esté de six coudées plus large que l'empatement.

En cet endroit Athenée met la hauteur de tous les étages que Vitruve a obmise, & il donne sept coudées & demy au premier, cinq au second, au 3e, 4e, & 5e, & quatre & demy au sixiéme, 7e, 8e, 9e, 10e, 11e, 12e, 13e, 14e, 15e, 16e, 17e, 18e, 19e, & 20e : mais je croy qu'il y a faute au texte Grec, car toutes ces hauteurs d'étages ne font que 95 coudées, si ce n'est qu'Athenée n'ait pas compris l'epaisseur des planchers ; mais elle auroit esté trop grande, estant à chacun d'une coudée & d'un quart, c'est-à-dire vingt-deux pouces, qui est la moitié plus qu'il ne faut pour un plancher de bois.

5. LARGE DE TRENTE COUDÉES. Vitruve n'a point suivy icy les mesures qu'Athenée donne à la Tortuë à Belier ; il est vray qu'il parle d'une grande & d'une petite Tortuë, & qu'il ne donne les mesures que de la grande, qu'il fait longue de cinquante coudées, large de quarante, & haute de treze & demy, sans le toit qui en avoit seize. La petite Tour qui s'élevoit au dessus du toit, avoit trois étages. Il faut croire que les mesures que Vitruve donne, sont de la petite tortuë ; mais les proportions des parties ne se rapportent point avec celles de la grande d'Athenée.

6. LA PLATTE-FORME. J'ay crû devoir interpreter ainsi le mot *fractum*. Car la Platte-forme en termes de Charpenterie est un assemblage de deux sablieres posées sur les extremitez du mur, sur lesquelles les chevrons qui font le toit, sont posez, sçavoir, le bout du maistre chevron, sur la sabliere qui est en dehors ; & le bout du petit chevron ou jambette, sur l'autre sabliere qui est en dedans.

Criodoké,

Criodoché, dans laquelle on mettoit un rouleau arondy parfaitement au tour, sur lequel le Belier estant posé il alloit & venoit estant tiré par des cables, & faisoit de tres-grands effets. Le Belier estoit couvert de cuirs fraischement écorchez de mesme que la tour.

Pour ce qui est de la Tarriere voicy comme il l'a decrite. Elle estoit en plusieurs choses semblable à la Tortuë. Il y avoit au milieu de la machine sur des *montans*, un canal pareil à celuy des Catapultes & des Balistes qui avoit cinquante coudées de long & une coudée de large; au travers de ce canal on mettoit un moulinet: en devant à droit & à gauche il y avoit des poulies, par le moyen desquelles on faisoit remuer une poutre ferrée par le bout, laquelle estoit passée dans le canal & sous cette poutre il y avoit des rouleaux, qui servoient à faire qu'elle fust poussée avec beaucoup de force & de promptitude. Au dessus de la poutre on faisoit comme une voute qui la couvroit, qui soutenoit les peaux fraischement écorchées B dont la machine estoit couverte. A l'égard du *Corbeau* il n'a pas crû en devoir rien écrire, parcequ'il avoit reconnu que cette machine n'avoit pas grand effet. Il avoit promis d'expliquer la structure de *la machine montante*, qui est apellée *Epibathra*, & des machines navales avec lesquelles on peut entrer dans les navires: mais j'apprens avec regret qu'il n'a pas executé sa promesse. *Corax.* *Accensus. Montante.*

Aprés avoir parlé de la structure des machines dont Diades à écrit, il me reste à dire ce que j'en ay appris de mes maistres, & à quoy elles peuvent estre utiles.

1. Criodoché. Dans tous les exemplaires de Vitruve ce mot Grec est écrit avec un ο. & les Interpretes qui croyent qu'il est composé de *crios* qui signifie un Belier, & de *docos* qui signifie une poutre, l'ont interpreté *trabem arietariam*: mais je croy qu'il doit estre écrit avec un χ, ainsi qu'il l'est dans Athenée, qu'il n'est point composé du nom *docos*, mais du verbe *dechomai*. & qu'il signifie *la machine qui reçoit & qui enferme le Belier*: car cela est suivant le texte, où il y a *arietaria machina quæ Græcè criodoche dicitur*. La raison de cela est que la poutre qui sert de Belier, & la machine à Belier sont deux choses differentes, ainsi que le texte fait voir clairement.
C

2. Sur lequel le Belier. Ce Belier est different de celuy qui est décrit cy-aprés au chapitre 21. & qui estoit pendu à des cordes: car celuy-cy roule dans un canal, son mouvement estant pareil à celuy de la Tarriere qui est decrite cy-aprés. Il est encore different de ceuy de Cetras, qui estoit porté sur les bras de plusieurs hommes: d'où il resulte qu'il y avoit trois sortes de Beliers, les uns estant suspendus à des cordes, les autres coulant sur des rouleaux, & les autres estant soûtenus sur les bras.

D 3. Des Catapultes et des Balistes. Il faut qu'en cet endroit les noms de Catapulte & de Baliste soient mis comme synonymes par un abus que l'usage commençoit déja du temps de Vitruve à introduire dans la langue Latine, comme il se voit dans les Commentaires de Cesar, où il est parlé des javelots qui estoient lancez par les Balistes; car il n'y a aucune apparence que des Balistes, qui proprement sont faites pour jetter des pierres, eussent un canal comme les Catapultes; parceque ce canal n'estoit propre qu'à conduire le javelot qui estoit droit & égal, & non pas pour conduire une pierre qui ne pouvoit pas estre assez ronde pour couler dans un canal de bois.

4. Un moulinet. Il n'est pas aisé de deviner à quoy servoit ce moulinet, si ce n'est pour tirer la poutre en arriere, aprés qu'elle avoit esté tirée en devant, pour frapper son coup à l'aide des cordages qui estoient passés sur des poulies, en sorte qu'aprés E que les hommes qui travailloient à faire agir cette machine avoient tiré les cables pour faire couler la poutre sur des rouleaux en avant, il y en avoit d'autres qui la retiroient en arriere avec un moulinet; ce qui se faisoit ainsi, parceque l'effet d'un moulinet est de tirer avec force mais lentement, ce qui pouvoit suffire à ce retour de la poutre, qui pouvoit quelquefois engager son fer pointu entre les pierres, ou mesme dans celles qu'elles perçoient: & il n'estoit pas necessaire que ce retour fust si soudain que le mouvement qui se faisoit en avant pour frapper. Or pour achever de deviner les usages de la Tarriere, je diray que je croy qu'elle servoit à commencer la breche; parceque le Belier auroit esté trop long-temps à rompre une pierre avec sa teste grosse & ronde; ce que la Tarriere qui estoit un Belier pointu, faisoit aisément; & lorsqu'il y avoit une pierre ostée par le moyen de la Tarriere qui la coupoit en pieces, le Belier emportoit aisément les autres, en les poussant vers l'endroit qui estoit vuide, & où il n'y avoit rien qui soûtint la pierre qui y estoit poussée.

5. Il y avoit des rouleaux. J'ay crû qu'il falloit corriger cet endroit, suivant Athenée, qui dit qu'il y avoit des cylindres dans le canal sous la poutre à Tarriere, qui servoient à la faire couler avec plus de facilité. C'est pourquoy au lieu de *in eo canali capite ferrato tignum, sub eo autem ipso canali inclusi tori*. Je lis *sub eo autem ipso (supple tigno) in canali, inclusi tori*; & je traduis *tori*, *des rouleaux*, parcequ'il a esté parlé cy-devant d'un rouleau qui est apellé *torus perfectus torno*. Cette remarque est de Laët.

6. Cette machine n'avoit pas grand effet. Elle fut cause neanmoins de la premiere victoire que les Romains remporterent sur les Carthaginois en une bataille navalle selon Polybe. Et les grands effets que l'on raconte des machines d'Archimede pour la defense de Syracuse, sont attribuez par Plutarque principalement à ce Corbeau. Polybe & Jul. Frontinus disent que le Consul C. Duellius qui commandoit l'armée navale des Romains, fut l'inventeur de cette machine; quoy que Quinte-Curse en attribuë l'invention aux Tyriens lorsque leur ville fut assiegée par Alexandre; car l'autorité de ce dernier Historien, ne le doit pas emporter sur les deux autres.

7. Il avoit promis. Athenée fait la mesme plainte contre Diades, ce qui peut faire croire, ainsi qu'il a esté dit, que Vitruve a traduit d'Athenée ce qu'il rapporte de Diades, & qu'il n'a point lû le livre de Diades.

8. La machine montante. Je corrige le mot *accessus* que je croy avoir esté mis au lieu d'*ascensus*; y ayant apparence que cette machine est la mesme que Vitruve a apellée au commencement de ce chapitre *ascendentem machinam*.

9. Des machines navales. Il y a apparence que ces machines sont celles là mesmes dont Polybe a fait la description.

CHAPITRE XX. Ch. XX.

Comme se fait la Tortuë par le moyen de laquelle on comble les fossez.

La Tortuë dont on se sert pour remplir les fossez & pour approcher des murailles à couvert, se bastit en cette maniere. On fait une base quarrée apellée en Grec *Eschara*, *Grille.*

1. Chaque costé. J'entens que ces costez sont quatre poutres A A B B, qui font un chassis quarré; que les quatre traversains sont B B B B; que les deux autres traversains sont C C; & que cela compose la premiere base qui est un double chassis; que la poutre qui est mise de chaque costé sur la premiere base est la poutre D, qui a six piez de saillie, & que les deux autres qui sont

CH. XX. dont [1] chaque costé est de vingt-cinq piez : ces costez sont joints par quatre traversans qui *
sont arrestez par deux autres epais d'une dix-huitiéme partie de leur longueur, & larges de A
la moitié de leur épaisseur : ces traversans doivent estre distans l'un de l'autre environ d'un
pié & demy, & [2] dans chaque intervalle, il faut mettre par dessous [3] de petits arbres apellez **
Piez de chariot. en Grec *amaxapodes*, dans lesquels tournent les essieux des roües qui sont affermis avec
des lames de fer. Les petits arbres sont ajustez en sorte, que par le moyen de leur pivot
& des trous dans lesquels sont passez des leviers, on adresse les roües au droit du chemin
que l'on veut tenir, soit qu'il faille aller à droit, ou à gauche, ou de travers. De plus on
pose sur la base une poutre de chaque costé, [4] qui a six piez de saillie, & sur cette saillie au *
devant & au derriere, on met deux autres poutres qui ont sept piez de saillie, & qui sont de
Postes compactiles. l'épaisseur & de la largeur du bois dont la base est faite. Sur cet assemblage on éleve [5] *des poteaux assemblez*, qui ont neuf piez sans les tenons, & qui en tout sens sont épais d'un pié & B *
Trabes intercardinatae. d'un palme, & distans l'un de l'autre d'un pié & demy ; ils sont joints en haut par [6] des *sablieres* *

mises sur ces premieres avec sept piez de saillie, sont E E, qui jointes avec les poutres I F, sont une seconde base ou chassis sur lequel les poteaux sont elevez. Cela est fait ainsi, afin que les roües apellées Amaxapodes soient couvertes par la saillie du grand chassis E E, FF, qui est la seconde base de la Tortuë, posée sur le double chassis, ou premiere base A A, B B, C C, dans les coins duquel sont les Amaxapodes.

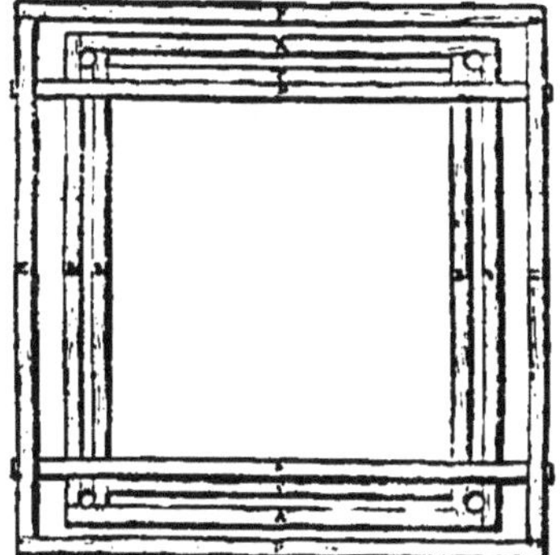

2. DANS CHAQUE INTERVALLE IL FAUT METTRE PAR DESSOUS. Cela signifie, ce me semble, que chaque petit arbre A B, soûtient deux traversans C D ; que le petit arbre par le haut A, a une grosseur pareille à la distance des traversans C D ; & qu'il est plus large par le bas B, afin de soûtenir les traversans, & de pouvoir embrasser les roües & la lame de fer E F, qui revest en dedans la mortaise du petit arbre à l'endroit où il embrasse la roüe, pour fortifier cette mortaise.

3. DES PETITS ARBRES. J'entens que ces petits arbres estoient des pieces de bois cylindriques A B, dont la moitié d'en haut, A, estoit plus menuë pour former un pivot qui traversoit les quatre coins de la premiere base A A, B B, C C ; que le gros bout B, qui estoit celuy d'embas, estoit fendu par une mortaise dans laquelle la roüe estoit avec son essieu ; & que pour plus grande seureté cette mortaise estoit revestuë de lames de fer E F. Ces petits arbres sont apellez *Amaxapodes*, c'est-à-dire piez de chariot. C

4. QUI A SIX PIEZ DE SAILLIE. Je crois que cette saillie estoit pour faire que les roües fussent à couvert & hors du danger d'estre endommagées par les Balistes des ennemis. Au siege d'Ostende un Ingenieur fit construire une machine à l'imitation de la Tortuë des anciens, qui faute d'une telle precaution fut d'abord renduë inutile par un coup de canon qui en rompit une roüe.

5. DES POTEAUX ASSEMBLEZ. J'interprete ainsi *Postes compactiles*. Et j'entens que cela signifie que ces poteaux A A, sont assemblez par en haut avec une sabliere B B, de mesme qu'ils le sont par embas avec les poutres E E, F F, qui font le second chassis posé sur le premier D D.

6. DES SABLIERES QUI ONT DES TENONS. Rusconi fait entendre par sa figure que ces sablieres sont entaillées à queuë d'aronde pour recevoir les bouts des poteaux : mais je ne voy pas quelle est la necessité de ces queües d'aronde : car l'assemblage par D
mortaise & par tenons à l'ordinaire est plus naturel, & le mot *intercardinata* que j'ay interpreté, *qui ont des tenons*, signifie autant l'un que l'autre. Rusconi fait encore entendre que ces sablieres sont les sablieres B B, qui assemblent tous les poteaux d'un costé, & qui répondent à la poutre F F, sur laquelle les poteaux sont

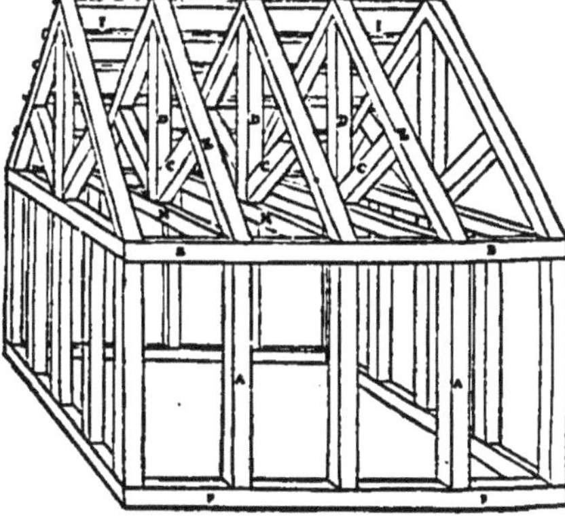

E

A *qui ont des tenons* : ſur ces ſablieres ſont placées *les contrefiches*, [1] qui ſont attachées l'une à l'autre par des tenons, & qui s'élevent de neuf piez. Sur chaque contrefiche il doit y avoir une piece de bois quarrée avec laquelle elle ſoit aſſemblée : elles doivent encore eſtre arreſtées par [2] des *chevrons en travers* qu'il faut cheviller ſur les pieces de bois quarrées & recouvrir d'ais de bois de palmier, ou de quelqu'autre bois fort, tel que l'on voudra, pourveu que ce ne ſoit ny pin, ny aune, parceque ces bois ſont aſſez à rompre & à brûler. Il faut couvrir [3] les coſtez de clayes faites d'oſier vert entrelacé & fort ſerré, & recouvrir de peaux fraichement écorchées que l'on doublera d'autres peaux ſemblables, mettant entre de l'*herbe marine* ou de la paille trempée dans du vinaigre, afin que cette couverture ſoit à l'épreuve des Baliſtes & du feu.

Capreoli. *Lateraria.* *Alga.*

poſez : mais cela ne peut eſtre ; & il faut, ſelon mon ſens, ſuppoſer que les poteaux ſont déja aſſemblez, ainſi qu'il a eſté dit, par
B la ſabliere BB, qui les fait eſtre *compactiles* ; que la ſabliere dont il s'agit, marquée HH, qui eſt apellée *intercardinata*, c'eſt à dire qui a des tenons, va de chacun des poteaux qui ſont à un des coſtez, à l'autre poteau qui luy eſt oppoſé de l'autre coſté de la machine ; que chaque ſabliere qui a des tenons, ſert d'entrait, ſur lequel ſont poſées les contrefiches CC, qui ſoutiennent les forces EE, apellées *ligna quadrata*, & que ces forces portent les pieces II, apellées *Lateraria*, qui ſont ſituées comme les pannes : car il ne faut point trouver étrange qu'il y ait autant de forces que de poteaux, qui avec les contrefiches ſont autant de Fermes, parcequ'il faut ſe ſouvenir que tout l'uſage de la Tortuë conſiſtoit dans la force de ſa couverture, cette machine eſtant faite pour ſoûtenir le coup des groſſes pierres que l'on jettoit du haut des murailles, & non pas pour la couvrir de la pluye, ainſi que dit celuy qui a
C fait l'explication des figures de Ruſconi.

1. QUI SONT ATTACHÉES L'UNE A L'AUTRE PAR DES TENONS. Il eſt difficile de concevoir comment des contrefiches tiennent enſemble autrement que par le moyen du poinçon auquel elles ſont attachées. Cet endroit eſt obſcur & eſt peut eſtre corrompu, ſi ce n'eſt que l'on entende qu'il y a un poinçon DD, ſur chaque entrait HH, auquel les contrefiches CC, ſont attachées, une de chaque coſté, ainſi qu'il a eſté dit.

2. DES CHEVRONS EN TRAVERS. Le mot *lateraria* qui ne ſe trouve en aucun autre auteur, m'a ſemblé ne pouvoir eſtre interpreté que par conjecture, les commentateurs de Vitruve n'en ayant rien dit ; & j'ay crû que les pannes qui ſont miſes en travers ſur les forces pourroient eſtre ces pieces apellées *Lateraria* ; veu que dans le chapitre ſuivant, où il eſt encore parlé de ces *Lateraria*, il eſt dit qu'ils ſont *in transverſo*. Cette conjecture m'a eſté confirmée par un ancien exemplaire de Jocundus, où dans les notes qui ſont écrites à la marge il y a que *Lateraria* ſont la meſme choſe que *templa* qui ſont les pannes. Neanmoins je croy qu'il faut entendre que ces pannes ne ſont point de la groſſeur des pannes ordinaires qui ſont faites pour porter les chevrons, mais qu'elles ne peuvent eſtre apellées pannes qu'à cauſe de leur ſituation, qui eſt d'eſtre en travers ſur les forces, en ſorte que les pieces que Vitruve apelle icy *Lateraria*, eſtoient des chevrons poſez en travers immediatement ſur les forces, de meſme que les pannes ont accouſtumé d'eſtre, & qui eſtant fort prés à prés, ainſi qu'il a eſté dit, n'avoient point beſoin de pannes qui ſoûtinſſent des chevrons ; mais que poſant les chevrons en travers ſur les forces, les clayes qui eſtoient miſes ſur ces chevrons tenoient lieu de chevrons ordinaires qui vont droit de haut en bas.

3. LES COSTEZ. J'interprete ainſi *tabulata* qui eſt icy employé improprement, parceque *tabulata* qui ſignifie pluſieurs planchers, ne convient point à une Tortuë, qui n'en avoit point du tout ; car il y a apparence que les hommes qui eſtoient ſous la Tortuë, marchoient ſur terre, afin de la pouſſer par dedans pour la faire aller. De ſorte qu'il faut croire que quand Vitruve dit qu'il faut couvrir la Tortuë au tour des planchers, il parle de la Tortuë comme il auroit fait d'une tour de bois qui avoit pluſieurs planchers & differens étages ; & qu'*autour des planchers* ne ſignifie point autre choſe qu'*aux coſtez de la machine*.

CHAPITRE XXI. CH. XXI.

D

D'autres ſortes de Tortuës.

IL y a une eſpece de Tortuë qui a toutes les parties qui ſont en celle qui vient d'eſtre décrite, à la reſerve des contrefiches ; mais elle a de plus *un parapet* tout alentour, & des *creneaux* faits avec des ais, & pardeſſus des *auvents* qui pendent de la couverture, laquelle eſt faite de planches & de cuirs attachez fermement enſemble : on met de l'argile paitrie avec du crin ſur cette couverture, & l'on fait cet enduit ſi épais que le feu ne puiſſe endommager la machine. Ces Tortuës peuvent eſtre ſoûtenuës ſur huit roües, ſelon que la diſpoſition du lieu le demande.

Pluteus. *Pinna.* *Subgrunda.*

Celles qui ſervent à couvrir les pionniers qui travaillent aux mines, s'apellent [1] *Oryges* en Grec, & ne ſont en rien differentes de celles qui viennent d'eſtre décrites : on les fait en
E triangle pardevant, afin que ce qui eſt jetté de deſſus la muraille, ne les frappe pas à plain, mais que recevant les coups par le coſté, elles couvrent plus ſeurement les pionniers qui travaillent deſſous.

Pionniers.

Il me ſemble qu'il ne ſera pas hors de propos de parler des proportions de la Tortuë qui fut faite par Agetor Biſantin. Sa baſe avoit ſoixante piez de long [2] & dix-huit de large. Les quatre montans qui eſtoient poſez ſur l'aſſemblage, eſtoient faits chacun de deux poutres de trente-ſix piez de hauteur, ſur un pié & un palme d'épaiſſeur, & un pié & demy de largeur.

1. ORYGES. Oryx en Grec eſt un pic, une hoüe & toutes ſortes d'outils à labourer la terre.

2. ET DIX-HUIT DE LARGE. Cette grande diſproportion qui fait que cette Tortuë eſtoit trois fois plus longue que large, n'eſtoit pas ſans raiſon, parceque la machine eſtant faite pour un belier, qui eſt une poutre fort longue, cette forme longue & étroite eſtoit propre à couvrir le Belier & les hommes qui travailloient à le remuer en le tirant par les gros cables qui luy eſtoient attachez ſelon ſa longueur, ainſi qu'il eſt expliqué à la fin du chapitre.

CH. XXI. Cette base rouloit sur huit roües hautes de cinq piez & trois quarts, & épaisses de trois piez, A
qui estoient faites de trois pieces de bois jointes ensemble par des tenons à queuë d'aronde & bandées de fer battu à froid. Elles estoient aussi enchassées dans ces pivots apellez amaxapodes sur lesquels elles tournoient. Il y avoit encore sur l'assemblage de poutres qui estoit sur la base, des montans élevez qui avoient dix-huit piez & un quart de longueur, trois quarts de pié de largeur, & un douziéme avec un huitiéme d'épaisseur, & qui estoient distants l'un de l'autre d'un pié & demy, & d'un neuviéme. Sur ces montans il y avoit d'autres poutres qui leur estoient jointes, & qui affermissoient tout cet assemblage; elles estoient larges d'un pié & d'un neuvieme, & épaisses d'un demy-pié & d'un neuviéme. Au dessus de cela s'élevoient les contrefiches de la hauteur de douze piez; & elles avoient au dessus une piece de bois avec laquelle elles estoient jointes. Il y avoit aussi des *chevrons* en travers qui estoient chevillez; & pardessus, un plancher tout alentour, qui couvroit le bas. Il y avoit B
encore au milieu un autre plancher posé sur des soliveaux, sur lequel estoient des Scorpions & des Catapultes.

[1] Outre tout cela on élevoit [2] deux forts montans longs de trente-cinq piez, épais d'un pié & demy, larges de deux piez, liez en haut par une piece traversante qui avoit des tenons, & par une autre piece qui lioit encore les montans ensemble par le moyen des tenons; le tout bandé de lames de fer. Entre ces montans & [3] le traversant il y avoit deçà & delà [4] des dosses attachées fermement avec [5] *des équerres* & percées [6] de deux rangs de trous alternativement pour servir d'*amarres*. Dans ces dosses il y avoit deux chevilles faites au tour, ausquelles s'attachoient les cordes qui tenoient le Belier suspendu.

Ancones. Chelonia.

1. OUTRE TOUT CELA ON ELEVOIT. Ce qui sert de la description du Belier n'est pas moins obscur que ce qui a esté dit des tours des Tortuës & de la Tarriere, & je continuë à prendre la liberté de dire mes pensées sur l'explication que je crois que l'on peut donner à toutes ces choses; parceque personne que je sçache, ne les ayant expliquées, j'ay lieu de croire qu'il n'y a rien jusqu'à present de meilleur sur ce sujet. Je devine donc que les deux montans A B, estoient pour soutenir le Belier qui estoit pendu par des cables BB, aux chevilles de bois, C; que ces chevilles estoient mises dans les trous des dosses DCB, pour hausser plus ou moins le Belier; & que cela se faisoit en changeant les chevilles d'un trou à l'autre.

2. DEUX FORTS MONTANS. Je croy que le mot *compactis* ne signifie point icy autre chose que la force & la fermeté de la matiere.

3. LE TRAVERSANT. Je croy qu'il y a faute, & qu'au lieu de *inter scapos & transversarium*, il faut lire *inter scapos & transversaria*; parceque autrement il n'y a point de sens: car supposé que les montans A B, & les traversans G F, fissent un chassis, comme il y a grande apparence qu'ils le doivent faire, il n'est pas possible de rien mettre entre les montans & un traversant, & il faut necessairement que ce qui y est, soit entre les montans & les traversans.

4. DES DOSSES. J'interprete ainsi le mot *materies* qui ne signifie generalement que du bois, mais qui semble icy estre autre chose que du bois de poutres, de tablieres ou de solives, sçavoir du bois refendu, large, & assez épais pour estre propre à estre percé *alternis chelonuss*, ainsi qu'il sera expliqué cy-aprés. C

5. DES EQUERRES. J'entens que *ancones* qui sont des fers pliez & coudez, estoient icy pour attacher les dosses DCBBL, contre les montans A & B: les equerres sont marquez D en haut, & L embas.

6. DE DEUX RANGS DE TROUS ALTERNATIVEMENT. Je crois que les dosses estoient ainsi percées, afin que les degrez de hauteur à laquelle on vouloit élever le Belier, fussent plus petits. Cela se pratique dans les mestiers des Brodeurs, où les tringles qui passent dans les rouleaux, ausquels la besogne est attachée, sont percées de deux ou trois rangs de trous, afin que les chevilles qui estant passées dans l'un de ces trous arrestent les D
rouleaux, & tiennent la besogne tenduë, le puissent faire tant & si peu, qu'il est necessaire par le moyen de la disposition de ces trous, qui seroient trop prés les uns des autres pour faire cet effet s'ils estoient tous d'un rang, & s'ils n'estoient disposez alternativement, c'est à-dire en maniere d'Echiquier.

Mais il n'est pas aisé de deviner quel estoit l'usage de ces trous, & pourquoy il falloit que le Belier frappast tantost haut, tantost bas. Appian Alexandrin dit que ceux d'Utique empeschoient l'effet des Beliers dont Scipion faisoit battre leurs murs, en descendant des poutres penduës à des cordes, & en les mettant en travers pour soutenir les coups des Beliers. On peut dire que par le moyen des chevilles que l'on mettoit dans les trous dont il s'agit, on pouvoit faire que le Belier frappast plus haut ou plus bas; si au moment qu'il estoit retiré en arriere, on mettoit deux chevilles dans les trous qui estoient derriere & au dessous des chevilles qui suspendoient le Belier: parceque lorsque le Belier estant poussé pour frapper retournoit en avant, les cables rencontrant ces chevilles, faisoient un angle qui les rendoit plus courts, ce qui estoit cause que le Belier frappoit plus haut. E

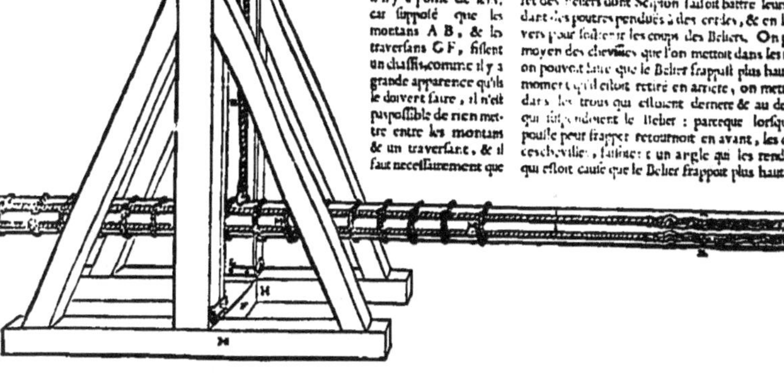

Il

A Il y avoit au dessus de ceux qui travailloient au Belier, une *guerite* en forme de Tourelle, CH. XXI.
où deux soldats estoient logez à couvert, pour decouvrir & faire sçavoir tout ce que les ennemis entreprenoient.

Le Belier estoit long de cent six piez, gros d'un pié & d'un palme, & épais d'un pié par le
bas. Il alloit en étressissant depuis la teste jusqu'à un pié sur sa largeur, & jusqu'à un de
my-pié & un neuviéme sur son épaisseur. Sa teste estoit armée de fer comme le sont les
* longs vaisseaux, & de cette teste partoient quatre bandes de fer longues [1] environ de quatre
piez, par lesquelles elle estoit attachée au bois. Depuis la teste jusqu'à l'autre bout de la poutre il y avoit quatre cables étendus, de la grosseur de huit doits, qui y estoient attachez de
* mesme que le mas d'un navire l'est [2] à la poupe & à la proüe, & ces cables estoient serrez con-
* tre le Belier par [3] des cordes mises en travers comme des ceintures, distantes l'une de l'autre
* d'un pié & d'un palme. Tout le Belier estoit couvert de peaux fraischement écorchées. [4] A
* l'endroit où la teste du Belier estoit attachée aux cables, il y avoit quatre chaisnes de fer [5] re-
B couvertes aussi de peaux fraischement écorchées. Il y avoit de plus sur la saillie de la machine, un coffre lié de grosses cordes bien tenduës, afin que leur aspreté fist que l'on pust
marcher dessus sans danger de glisser, quand on vouloit aller jusqu'à la muraille.

* [6] Cette machine se remuoit en trois façons, sçavoir ou en la faisant avancer en ligne droite, ou en la faisant détourner à droit ou à gauche, ou en la faisant hausser ou baisser. On l'é-
* levoit pour battre la muraille, jusqu'à prés [7] de cent piez, & de mesme à droit & à gauche
elle ne s'avançoit pas moins de cent piez. Elle estoit gouvernée par cent hommes, & elle
pesoit quatre mille talens, c'est-à-dire quatre cent quatre-vingt mille livres.

1. ENVIRON DE QUATRE PIEZ. Le texte porte *quatuor*
C *circiter pedum XV*. Il est, ce me semble, évident que le nombre XV est mal ajoûté; parcequ'il ne peut signifier que les quinze parties d'un pié, & qu'il seroit superflu de dire environ quatre piez & la quinziéme partie d'un pié, d'autant que quatre piez & la quinziéme partie d'un pié sont la mesme chose que environ quatre piez. De sorte que j'ay crû qu'il falloit s'arrester comme j'ay fait à l'une ou à l'autre de ces expressions.

2. A LA POUPPE ET A LA PROÜE. Toutes ces machines sont expliquées si obscurement, qu'il semble estre inutile de se donner la peine d'y vouloir rien comprendre: mais ce qui en doit principalement faire perdre l'esperance, est le soupçon que l'on a sujet d'avoir, que Vitruve mesme n'a pas bien compris les choses qu'il décrivoit, lorsqu'elles ne luy estoient connuës que par les livres, telles qu'estoient la pluspart de celles qu'il décrit icy; car il y a apparence que les Beliers qui estoient en usage de son
D temps estoient differens de ceux qu'il décrit. De sorte que mon opinion est, à l'égard de la comparaison qu'il fait des cables qui attachoient le Belier dont il parle, avec ceux du mas d'un navire, qu'elle est mal expliquée; parceque cette explication contient des choses qui se contredisent; estant impossible que les cables qui vont le long du Belier, soient serrez contre le Belier par des cordes mises en travers, ainsi qu'il est dit, & qu'ils l'arrestent de la mesme façon qu'un mas est attaché à la proüe & à la pouppe; car les cables qui attachent ainsi un mas, en sont fort éloignez, au contraire des aubans qui l'attachent aux deux bords voisins, & qui representent assez bien les cables qui attachoient le Belier d'Agetor, à cause des cordes qu'il avoit en travers pour servir comme d'anses que l'on prenoit pour le remuer; de mesme qu'il y en a aussi au travers des aubans qui servent pour monter à la hune.
E C'est pourquoy ma pensée est que Vitruve s'est mépris quand il a voulu specifier les cables dont Agetor n'a parlé qu'en general, en disant seulement que le Belier avoit des cables tendus comme ceux qui arrestent le mas d'un vaisseau, auquel Josephe compare aussi le Belier qu'il décrit.

3. DES CORDES MISES EN TRAVERS. Ces cordes MM. ne servoient pas seulement à attacher les gros cables II. mais elles faisoient comme des anses par le moyen desquelles on manioit le Belier; & estant entortillées & passées sous les gros cables, elles empeschoient qu'ils ne fussent collez au Belier, & donnoient lieu de les empoigner.

4. A L'ENDROIT OÙ LA TESTE DU BELIER ESTOIT ATTACHEE. Les termes Latins du texte sont, *Ex quibus autem funibus pendebant eorum capita, fuerunt ex ferro quadruplices catenæ*, ce qui est fort equivoque: car il semble que ces cables & ces chaisnes soient celles qui suspendent le Belier, à cause du mot *pendebant*; & il vient aisément dans l'esprit que ces cables estoient ainsi alongez par des chaisnes, afin de n'estre pas en danger d'estre coupez par les assiegez. Mais ma pensée est que ces quatre cables II. alongez par des chaisnes KK. sont les quatre cables dont il a desja esté parlé, qui alloient d'un bout du Belier à l'autre, & qui servoient à le manier, à le tirer, & à le pousser; parcequ'ils estoient plus en danger d'estre coupez, que ceux qui suspendoient le Belier, qui ne sortoient jamais de dessous la Tortuë, quelque loin que l'on pust pousser le Belier: car pour ce qui est du mot, *pendebant*, il ne signifie rien autre chose que *continebant*, *alligabant*; & les mots de *eorum capita*, font voir clairement que ces cables ne suspendoient point le Belier; parcequ'il n'estoit point suspendu par le bout, mais par le milieu.

5. RECOUVERTES DE PEAUX. Il faut entendre que les peaux qui estoient sur les bouts estoient pour couvrir absolument & simplement les bouts du Belier qui sortoient hors de la Tortuë, & non pas pour couvrir les chaisnes qui n'estoient point en danger d'estre endommagées par le feu.

6. CETTE MACHINE. Il est difficile de sçavoir certainement ce que Vitruve entend icy par *machina*, sçavoir si c'est la poutre Beliere, ou toute la machine, c'est-à-dire la Tortuë avec la poutre Beliere qu'elle porte. Il semble que ce ne doit pas estre toute la machine, parcequ'elle ne peut avoir les mouvemens qui luy sont icy attribuez, n'estant pas possible, ny mesme necessaire, qu'elle soit élevée en haut & en bas, ces mouvemens estant particuliers à la poutre. Mais il y a une autre difficulté qui empéche de croire que ce qui est dit de la machine se puisse entendre de la poutre seulement; parceque le texte porte *ea machina sex modis movebatur*, c'est-à dire en avant, en arriere, à droit, à gauche, en haut & en bas; & il est certain que la poutre ne frappoit point en arriere. Cette raison m'a fait croire qu'il faut corriger le texte & lire *III modis movebatur*, au lieu de *VI modis*. Il a esté aisé à un Copiste de prendre ces chiffres les uns pour les autres, ainsi qu'il a esté remarqué cy-devant.

7. DE CENT PIEZ. Je ne puis croire qu'il n'y ait encore faute en cet endroit, la hauteur de cent piez, estant exorbitante, non seulement parceque la Tortuë sous laquelle le Belier estoit, n'avoit pas de hauteur le tiers de cette mesure, mais parceque quand mesme le Belier auroit pû frapper cent piez loin, le coup n'auroit eu aucune force à cause de son obliquité, ainsi qu'il est remarqué dans le chapitre suivant, où il est dit que les habitans de Marseille estant assiegez rendirent les Beliers des assiegeans inutiles, ayant trouvé moyen d'attirer la teste des Beliers en haut avec des cordes qu'ils descendirent: mais d'ailleurs il n'est point necessaire de frapper au haut d'une muraille pour y faire breche, & cette hauteur de cent piez toute exorbitante qu'elle est, n'auroit pas encore esté suffisante pour atteindre au haut de la plus-part des murs des anciennes villes, qui avoient accoustumé d'estre si hauts, que ceux de Babylone, au rapport de Pline avoient deux cent piez Babyloniens, qui faisoient plus de trente-cinq toises.

CHAPITRE XXII.

Conclusion de tout l'Ouvrage.

J'Ay rapporté tout ce qui meritoit d'estre sçu touchant les Scorpions, les Catapultes, les Balistes, les Tortües & les Tours ; j'ay dit quels ont esté les inventeurs de ces machines, & comment elles doivent estre faites. Pour ce qui est des échelles & [1] des *guindages*, je n'ay pas jugé qu'il fust necessaire d'en rien écrire, parceque tout cela est fort aisé, & se fait ordinairement par les soldats mesmes : outre que ces sortes de choses ne seroient pas propres en tous lieux, si elles estoient toutes d'une mesme maniere. La diversité qui se rencontre dans les fortifications & dans le courage des peuples differens, fait que l'on doit avoir d'autres machines pour attaquer ceux qui sont hardis & temeraires, d'autres pour ceux qui sont vigilans, & d'autres pour ceux qui sont timides. Mais je crois que si l'on suit les preceptes que j'ay donnez, & que l'on sçache bien choisir ce qui est propre parmy la diversité des choses dont j'ay traitté, on ne manquera jamais de trouver les expediens dont on pourra avoir besoin selon la nature des lieux pour toutes les choses que l'on voudra entreprendre.

Carchesia.

Quant à ce qui appartient aux moyens que les assiegez peuvent avoir pour se défendre, cela ne se peut pas écrire, parceque les ennemis ne suivront peut-estre pas nos écrits quand ils entreprendront quelques travaux pour un siege ; & il est arivé assez souvent que les machines des ennemis ont esté renversées sans machines, par des moyens que la presence d'esprit des Ingenieurs ont trouvez sur le champ, ainsi qu'il arriva autrefois aux Rhodiens. On dit qu'il y avoit un Architecte Rhodien nommé Diognetus, à qui la Republique faisoit tous les ans une pension fort honorable à cause de son merite : un autre Architecte nommé Callias estant venu d'Arado à Rhodes, & ayant demandé au peuple d'estre entendu, proposa un modele où estoit un rempart, sur lequel il avoit posé une machine, qui estoit ce Guindage qui se tourne aisément, avec quoy il prit & enleva une *Helepole* qu'il avoit fait approcher de la muraille, & la transporta au dedans du rempart. Les Rhodiens voyant l'effet de ce modele avec admiration, osterent à Diognetus la pension qui luy avoit esté accordée, & la donnerent à Callias. Quelque temps aprés le Roy Demetrius, qui fut apellé *Poliorcetes* à cause de [2] l'opiniatreté avec laquelle il avoit accoustumé de s'attacher à tout ce qu'il entreprenoit, declara la guerre aux Rhodiens. Ce Roy avoit en son armée un excellent Architecte Athenien nommé Epimachus, à qui il fit bastir une Helepole avec une dépense & un travail tout-à-fait extraordinaire : car elle avoit cent vingt-cinq piez de haut & [3] soixante de large, elle estoit couverte de tissus de poil & de cuirs nouvellement écorchez, de maniere qu'elle estoit à l'épreuve d'une Baliste qui eust jetté une pierre de trois cent soixante livres, & la machine pesoit trois cent soixante mille. Les Rhodiens ayant demandé à Callias qu'il mist sa machine en œuvre, & qu'il enlevast l'Helepole & la transportast au delà du rempart, comme il avoit promis de faire,

Qui ruine des villes.

Preneur de villes.

1. Des guindages. J'ay forgé ce nom qui n'est point en usage, mais qui vient de *guinder*, c'est-à-dire élever en haut par le moyen d'une machine. *Carchesium*, que je traduis *guindage*, signifie en Grec le haut d'un mas ; il se prend, aussi comme il a esté dit au quinziéme chapitre, pour des mortaises ; parcequ'il y avoit au haut des mas, des mortaises pour passer des cables. Cette machine est differente de celle dont le nom est aussi derivé du mot de *guinder*, & que l'on apelle *Guindaule* dans quelques ports de France, & en Hollande *Geranes*, du mot Grec *geranos* qui signifie une Grüe, parcequ'elle sert à enlever les marchandises qui sont dans les vaisseaux pour les poser sur terre : car le *carchesium* estoit une machine composée d'un mas planté en terre, au haut duquel il y avoit comme une antenne qui estoit penduë en forme de balance : On s'en servoit pour élever des soldats jusque sur les murailles des places que l'on assiegeoit. Vegece les apelle *Tollenones*.

2. L'opiniastreté avec laquelle. Le nom de *Poliorcetes* qui fut donné à Demetrius Roy de Macedoine, ne signifie point l'opiniastreté ; & ce n'estoit point aussi par une longue perseverance qu'il prenoit les villes ; car les Historiens remarquent qu'il prit la plus grande partie des plus fortes & des plus puissantes villes de la Grece, comme Athenes, Megare, Sicyone, Heraclée, Corinthe, & Salamine, le mesme jour quelles avoient esté assiegées. *Poliorcetes* signifie celuy qui prend & ruine des villes.

3. Soixante de large. La proportion de cette tour est bien differente de celle qu'avoient les tours de bois qu'Athenée & Vitruve ont décrites cy-devant, & elles me semblent les unes & les autres mal proportionnées, celles d'Athenée & de Vitruve estant trop étroites, & n'ayant pas assez d'empatement pour leur hauteur, & celle-cy estant trop large. Cela me fait croire qu'il y a faute au texte, & qu'au lieu de *Latitudo pedum sexaginta*, il faut lire icy *quadraginta pedum*, & que cela vient de la transposition qui a esté faite des deux characteres qui composent ces nombres, le Copiste ayant mis LX au lieu de XL. Il faut aussi supposer qu'il y a faute dans Plutarque, qui fait l'Helepole de Demetrius trop large pour sa hauteur, luy donnant quarante-huit coudées de large sur soixante-six de haut : car il y a apparence qu'il faut lire vingt-trois coudées au lieu de quarante-huit, & que l'on a pris dans le Grec le chifre μη, au lieu de κγ : car par ce moyen l'Helepole de Demetrius, sera d'une mesme proportion selon Plutarque & selon Vitruve, la largeur de l'une & de l'autre estant à peu prés le tiers de leur hauteur.

A il leur declara qu'il ne le pouvoit, d'autant que toutes choses ne se font pas d'une mesme maniere, & qu'il y a des machines qui reussissent aussi-bien en grand qu'elles ont fait en petit, d'autres qui sont de nature à ne pouvoir estre representées par des modeles, mais qui se comprennent mieux d'elles-mesmes, & d'autres qui semblent devoir avoir un fort bel effet en modele, mais qui ne reüssissent pas quand on les veut executer en grand. Il est aisé d'estre convaincu de cette verité, si l'on considere qu'on fait assez aisément avec une tarriere un trou de la grandeur d'un demy-doit, d'un doit, ou d'un doit & demy; mais qu'il n'en est pas de mesme si l'on en vouloit faire un d'un palme; & qu'enfin d'en percer un d'un demy pié ou davantage, cela ne se peut pas mesme imaginer; qu'ainsi quoy que ce qui a esté fait en petit semble pouvoir estre executé en un mediocre volume, il n'y a pourtant aucune apparence que la mesme chose puisse reussir en grand. CH. XXII.

B Les Rhodiens s'appercevant que faute d'avoir pensé à ces raisons, ils avoient mal-à-propos offencé Diognetus; & voyant cependant l'ennemy s'opiniâtrer à la prise de la place par le moyen de cette machine, ils craignirent d'estre reduits en captivité, & de voir bien-tost ruiner leur ville, & la peur les contraignit de venir prier Diognetus de vouloir secourir sa patrie: il les refusa d'abord; mais lorsqu'il vit que les Prestres & les enfans des plus nobles de la ville, le vinrent prier, il leur promit de faire ce qu'ils demandoient, à condition que la machine seroit à luy s'il la pouvoit prendre. Cela luy ayant esté accordé, il fit percer le mur de la ville au droit du lieu où la machine s'avançoit, & ordonna que chacun apportast en cet endroit ce qu'il pourroit d'eau, de fumiers, & de boües, pour les faire couler par des canaux au travers de cette ouverture, & les répandre au devant du mur. Cela ayant esté executé la nuit, il arriva que le lendemain lorsque l'on voulut faire avancer l'Hel-
C lepole, avant qu'elle fust approchée de la muraille, elle s'enfonça dans la terre qui avoit esté abbreuvée, en sorte qu'il fut impossible de la faire aller plus avant, ny de la faire reculer; & Demetrius se voyant frustré de son esperance par la sagesse de Diognetus, leva le siege & remonta sur ses vaisseaux. Alors les Rhodiens delivrez par l'industrie de Diognetus assemblerent la ville pour le remercier, & luy accorderent tous les privileges & tous les honneurs par lesquels ils pouvoient témoigner leur reconnoissance: & Diognetus fit entrer l'Helepole dans la ville, & la mit en la place publique avec cette inscription: DIOGNETUS A FAIT CE PRESENT AU PEUPLE, DE LA DEPOÜILLE DES ENNEMIS. Ainsi il paroist que pour la défense des places, l'esprit & l'industrie peut autant que les machines.

La mesme chose arriva aux habitans de la ville de Chio, lorsqu'on les vint assieger avec
* des machines apellées [1] Sambuques, posées sur des vaisseaux: car ceux de la ville ayant jetté
D pendant la nuit quantité de terre, de sable, & de pierres dans la mer qui battoit leurs murailles, lorsque les ennemis penserent approcher le lendemain, leurs navires échoüerent sur ces bancs & s'y engraverent tellement qu'il leur fut impossible d'aller plus avant, ny de se re-
* tirer, en sorte que les assiegez ayant attaché [2] *des brulots* à ces machines ils les consumerent & mirent en cendre. *Malleoli.*

La ville d'Apollonie estant ainsi assiegée, & les ennemis ayant creusé une mine à dessein d'entrer dans la ville sans qu'on s'en apperceust, les assiegez qui furent avertis de ce dessein, furent fort épouvantez ne sçachant ny en quel temps ny par quel endroit les ennemis devoient entrer dans leur ville. Cette incertitude leur faisoit perdre courage, lorsque Tryphon Architecte Alexandrin, qui estoit avec eux, s'avisa de faire plusieurs contremi-
E nes, qui passoient par dessous les rempars environ la longueur d'un trait d'arc, & de pendre des vases d'airain dans tous ces conduits soûterrains. Il arriva que dans le conduit

1. SAMBUQUES. Cette machine est ainsi apellée d'un mot Grec qui signifie un instrument de musique triangulaire en forme d'une harpe, ce triangle estant composé des cordes qui font un de ses costez, & du corps de l'instrument qui fait les deux autres. La machine de guerre de ce nom estoit ce que nous apellons un pont-levis: ce pont de la Sambuque s'abattoit estant soustenu avec des cordes, & servoit aux assiegeans pour passer de leurs tours de bois sur les murs des assiegez. Il falloit que l'on trouvast que ces cordes, qui faisoient un triangle avec le pont & les poteaux qui soûtenoient les cordes, avoient quelque ressemblance avec leur instrument de musique. Il en est parlé au 1 chapitre du 6 livre.

2. DES BRULOTS. J'explique ainsi *Malleolos*, qui estoient selon Nonius & Vegece, des instrumens enflammez par une composition combustible dont ils estoient entourez, & qui estant ferrez par le bout, selon la description d'Amm. Marcellin, se lançoient avec un arc, afin qu'estant par ce moyen attachez aux machines de guerre, ou aux navires, ils les pussent mettre en feu. Cesar dans ses Commentaires dit que les Gaulois mirent le feu au camp de Q. Ciceron, en y jettant avec des frondes des boulets de terre que l'on avoit enflammez.

CH. XXII. qui estoit le plus proche de celuy où les ennemis travailloient, les vases fremissoient à chaque coup de pic que l'on donnoit ; & par là on connut quel estoit l'endroit vers lequel les pionniers s'avançoient pour percer jusqu'au dedans de la ville : ce qui ayant esté precisément marqué, Tryphon fit apprester de grandes chaudieres pleines d'eau boüillante & de poix, avec du sable rougi au feu, au dessus de l'endroit où les ennemis travailloient ; & ayant fait la nuit plusieurs ouvertures dans leur mine, il y fit jetter tout d'un coup toutes ces choses, dont ceux qui travailloient furent tuez. A

Au siege de Marseille les habitans éstant avertis qu'il y avoit plus de trente conduits que les ennemis foüilloient, resolurent de creuser tout autour de la place, si avant que toutes ces mines fussent ouvertes dans leur fossé ; & au droit des lieux qu'ils ne purent creuser, ils firent en dedans un grand fossé en maniere de vivier, qu'ils emplirent des eaux qu'ils tirerent des puits & du port, en sorte que cette eau venant à entrer tout à coup dans les mines, en abatit les étayes, & étouffa tous ceux qui s'y rencontrerent, tant par la quantité de l'eau, que par la chûte des terres. De plus les assiegeans ayant élevé comme un autre rempart au droit de la muraille avec plusieurs arbres coupez & entassez les uns sur les autres, les habitans brûlerent tout ce travail en y jettant avec des Balistes plusieurs barres de fer rougies : Lorsque la Tortuë s'approcha pour battre la muraille, ils descendirent une corde avec un nœud coulant, dans lequel ils prirent le Belier, & luy leverent la teste si haut par le moyen d'une roüe appliquée à un engin, qu'ils empescherent qu'il ne pût frapper la muraille : & enfin à coups de Brulots & de Balistes ils ruinerent toute la machine. Ainsi l'on voit comme ces villes se defendirent puissamment, bien moins avec des machines, que par l'adresse que les Architectes eurent à rendre les machines inutiles. B

Voila ce que j'avois à dire dans ce livre de toutes les machines qui peuvent estre necessaires tant en paix qu'en guerre, aprés avoir parlé dans les neuf autres livres precedens, des choses qui appartiennent en particulier à mon sujet ; de maniere que j'ay compris en dix livres tous les membres qui composent le corps entier de l'Architecture. C

AVERTISSEMENT.

Avant que de marquer les fautes d'impression les plus importantes, & dont le Lecteur ne pourroit pas s'apercevoir si aisément que de plusieurs autres qu'il luy sera facile de suppléer ; on restituë à quelques endroits des Notes, les choses que l'Imprimeur avoit obmises, & d'autres mesme que l'Auteur a jugé à propos d'ajoûter.

Page 22. l. C. aprés (qui signifie une coudée) il faut ajoûter.

Mais il faut remarquer que l'affectation de mettre des mots Grecs dont Vitruve use ordinairement, rend icy le sens embroüillé, & que le discours auroit esté plus clair s'il estoit seulement dit que l'on juge de la grandeur d'une Galere par celle de l'intervalle qu'il y a d'une rame à l'autre : car le nom Grec qui est donné à cet intervalle rend l'exemple mal propre à confirmer la chose pour laquelle il est apporté ; parceque ce nom signifie deux coudées, qui est une mesure certaine, & il s'agit d'une mesure qui puisse estre differente. De sorte qu'il ne falloit point parler de ce nom Grec, ou il falloit dire que quoy que cet intervalle soit apellé par les Grecs d'un nom qui signifie une mesure certaine, il ne le faut pas entendre à la derniere rigueur, mais supposer que cette grandeur qu'il designe peut estre moindre ou plus grande, parceque l'on en use quelquefois ainsi ; comme dans la Tactique d'Elien, où le *Pentacosiarches*, qui selon le nom ne devroit commander qu'un corps de 500 hommes, en commande un de 512 ; & où la *chiliarchia* qui suivant la rigueur du nom ne devroit estre que de 1000 hommes, est de 1024.

Pag. 37. p. B. aprés (joint si fermement les pierres) il faut ajoûter.

Le texte porte *genus pulveris quod mixtum cum calce & caemento*, &c. je traduis *caementum*, *les pierres*, suivant sa veritable signification, ainsi qu'il est remarqué sur la fin du 5 chapitre du premier livre. J. Martin s'est trompé, &c.

Pag. 39. p. D. aprés (& le lieu d'où on la tire) il faut ajoûter.

Car il y a plusieurs lieux de ce nom, comme *Rubra saxa* dans la Toscane, & le village *Rubra* dans l'Isle de Corse.

Pag. 44. à la fin de la page aprés (d'une structure fort admirable) il faut ajoûter.

Strabon parle du mont Pentelique, d'où il se tire de beaux marbres.

Pag. 93. l. E. aprés (afin que la symmetrie soit observée) il faut ajoûter.

Car pour ce qui appartient à la proportion que les Architraves doivent avoir suivant la difference grandeur des colonnes, qui est proprement ce qui est signifié par le mot Latin *Symmetria*, Vitruve l'explique icy par le mot *ratio*, en disant *Epistyliorum ratio sic est habenda*.

Or cette proportion des Architraves, de la maniere que Vitruve la donne icy, qui est de diminuer leur hauteur, & par consequent celle de tout le reste de l'entablement, à proportion que les colonnes sont petites, ne se trouve point avoir esté pratiquée dans les restes que nous avons de l'antiquité, où quelquefois les petites colonnes comme au Temple de Trevi, ont leur architrave bien plus grand que les plus grandes ; au lieu que selon Vitruve, ainsi que l'on peut voir dans la Planche XXII, l'Architrave d'une petite colonne est si petit, que son entablement ne va qu'à la sixiéme partie de la colonne. Il est vray que l'on a affecté dans cette Figure de faire l'entablement le plus petit qu'il peut estre suivant le texte de Vitruve ; la Frise n'ayant point de sculpture, ce qui luy oste le quart de sa hauteur ; & on l'a fait ainsi, afin de faire voir jusqu'où peut aller cette diminution des Architraves & des Entablemens.

Pag. 94. B. aprés (qui s'apelle par les Grecs) il faut ajoûter une étoille devant *Metoche* pour renvoyer à une note qui a esté obmise, & ajoûter aprés ces mots de la note 5 (cela fait qu'on l'apelle quelquefois *bande*.)

* METOCHE. Ce mot que Vitruve a écrit en Grec ne se trouve point ailleurs que dans son livre avec la signification qu'il luy

donne

A dinne sçavoir de *la coupure* du Denticule : car *metoché* signifie seulement *participation*. Laet trouve dans un manuscript au lieu de *metoche*, *metatomé* qui signifie coupure.

Pag. 100. B. aprés, (Priene, Samos) il faut ajoûter, Teos, Colophon, Chios, Erythrée, Phocée, Clazomene.

A la fin de la page 105. aprés (entre deux Forces) il faut ajoûter.

Il faut neanmoins considerer que toutes ces difficultez ne sont fondées que sur la disposition des toits des anciens, qui estoit differente de la disposition des nostres, & qui fait que les Forces, les Pannes & les Chevrons y pouvoient faire des effets qu'ils ne peuvent faire dans nos Edifices : car les toits des anciens estant bas & n'ayant pas une pente droite comme les nostres, les Forces estoient couchées en sorte qu'appuyant presque egalement sur le Poinçon & sur l'Entablement, & non pas principalement sur l'Entablement, comme en nos toits, elles pouvoient sortir hors l'Entable- B ment sans estre en danger de glisser embas, pour peu qu'elles fussent attachées au Poinçon ; & ainsi elles pouvoient faire le mesme effet que les chevrons, & produire les Mutules dans l'ordre Dorique, & les Modillons dans le Corinthien, de mesme que les bouts des Chevrons produisoient les Denticules dans l'Ordre Ionique.

Faute d'avoir fait cette reflexion sur la difference disposition de nos toits & de ceux des anciens, quelques-uns ont pretendu qu'il falloit que *Cantherii* parmy les anciens fussent les chevrons, & *Templa* les Lattes ; & que *Asseres* fussent des ais posez entre les Lattes & les Tuyles. Mais il n'y a rien de si clair que *Asseres* doivent estre les Chevrons & non pas les Lattes, puisque les Lattes que les anciens apelloient *Ambrices*, estoient posées entre les Membrures qu'ils apelloient *Asseres* & les Tuyles. Festus Pompeius definit ainsi les Lattes : *Ambrices sunt regulæ quæ transversa asseribus & tegulis interponuntur*. Que si l'on trouve qu'en quel- C ques endroits de cet ouvrage il soit dit que les Mutules & les Modillons representent les bouts des Chevrons, il faut entendre que cela est dit conformement à l'idée que l'on a de nos toits, dans lesquels les Chevrons seuls sont capables de sortir de l'Entablement.

Pour ce qui est de l'objection que l'on peut faire, sçavoir que les modillons sont trop prés-à-prés pour representer les pannes qui sont beaucoup plus loin-à-loin que les chevrons ; la réponse est qu'il ne s'agit pas de cette proportion, mais d'attribuër aux parties, qui comme les Modillons & les Denticules font des saillies dans les Corniches, les pieces de bois qui peuvent faire ces saillies en descendant de la couverture. Or n'y ayant que les Forces & les Chevrons qui puissent faire ces sortes de saillies, il est certain que les Forces comparées aux Chevrons ne peuvent representer autre chose que les Modillons ; & que les Denticules par la mesme raison ne doivent estre pris que pour les bouts des Che- D vrons. Car pour ce qui est du peu de rapport qu'il y a entre la frequence des Modillons & la rareté des Forces, le mesme inconvenient se trouveroit aux Triglyphes, qui ne laissent pas de representer les bouts des Poutres, quoy qu'ils soient bien plus prés-à-prés que les poutres qui ne portent que sur les Colonnes, y ayant deux & quelquefois trois Triglyphes entre chaque colonne : de sorte qu'il faut concevoir que les Modillons qui sont au droit des Colonnes, sont les seuls qui representent les bouts des Forces & que ceux qui sont entre-deux y sont ajoûtez pour la bien-seance de mesme que les Triglyphes.

Pag. 151. p. C. aprés (la *Trité Synemmenon* & la *Paramesé*.)

Psellus dans son abregé de Musique dit que les flustes des anciens estoient ou Tetracordes, ou Pentacordes, & Octocordes, ou Heccædecacordes, c'est-à-dire à quatre, à cinq, à huit, ou E à seize cordes ou sons, & que l'instrument qui avoit seize sons, contenoit les deux Octaves : or il est évident qu'il entend qu'outre les quinze cordes ou sons qui suffisent pour les deux Octaves, le seiziéme son n'estoit ajoûté que pour estre quelquefois employé, sçavoir en qualité de *Trité Synemmenon* dans le Tetracorde *Synemmenon*, & quelquefois obmis, lorsque du Tetracorde *Meson* on passoit au *Diezeugmenon*, en commençant par la *Paramesé*.

Pag. 159. p. B. aprés (1. L'HYPERBOLÆON DU CHROMATIQUE.) il faut ajoûter. Par l'*Hyperbolæon*, le *Diezeugmenon*, le *Synemmenon*, &c. du Chromatique, il faut entendre les cordes de ces Tetracordes qui sont affectées au Chromatique. J'aurois pû traduire le Chromatique de l'*Hyperbolæon*, du *Diezeugmenon*, &c. supposant que *Hyperbolæon* soit un genitif plurier Grec, & non pas un accusatif singulier, ce qui n'auroit point changé le sens ; mais il m'a semblé que le sens que j'ay choisi est plus naturel, à cause qu'il ne s'agit que de designer les differens sons qui appartiennent au Chromatique, & qu'aprés avoir dit que le second rang des vases appartient au genre Chromatique, l'ordre du discours qui demande que l'on specifie les differentes parties dont ce genre est composé, veut que l'on commence par les Tetracordes qui divisent le genre Chromatique, & que l'on dise plûtost l'*Hyperbolæon* du Chromatique, que le Chromatique de l'*Hyperbolæon*. Pour entendre plus distinctement ce dont il s'agit je ramasse & je mets en ordre ce que Vitruve a écrit sur ce sujet, & ce que l'on en peut inferer. Il est dit que, &c.

Pag. 170. premiere colonne D. aprés (ces sortes de decorations de Theatre) il faut ajoûter.

J'entens icy par *Scene satyrique*, une Scene où l'on introduit des Satyres. Il est vray que le terme de *Satyrique* se prend ordinairement en une autre signification ; sçavoir lorsqu'estant joint avec le mot de *Style* ou de *Poësie*, il signifie une invective contre la corruption des mœurs. Mais comme il ne s'agit pas icy de style ny de poëme, mais seulement de decorations de Theatre, je n'ay pas crû que le mot de *Satyrique* pust causer d'equivoque estant joint avec Scene. J'aurois pû traduire *Scenam satyricam*, *la Scene Pastorale* ; & vray-semblablement c'est celle dont Vitruve entend icy parler. Mais j'ay jugé plus à propos de retenir le terme de *Satyrique*, parceque nous ne sommes pas asseurez si ce genre est precisément celuy que nous apellons Pastoral. Car il ne nous est rien resté des ouvrages que les anciens ont composez en ce genre, & il y a lieu de douter s'ils y introduisoient d'autres personnages que des Satyres ; puisque Pollux dans le denombrement qu'il a fait des masques dont les personnages de toutes les pieces se servoient, ne nomme pour les pieces Satyriques que ceux des Satyres & des Silenes, les uns plus ou moins vieux, les autres plus ou moins sauvages ; & l'on ne peut pas dire ce me semble, que bien que Pollux n'ait mis dans le denombrement des masques dont on se servoit pour les pieces Satyriques, que ceux qui representoient des Satyres & des Silenes, il se pouvoit faire qu'il y eust dans ces pieces d'autres personnages qui n'estoient point masquez, dont Pollux a oublié les masques : car dans les pieces où l'on se servoit de masques qui estoient apellées *personatæ fabulæ*, tous les Comediens estoient masquez, tant ceux qui representoient des viellards, que ceux qui representoient de jeunes filles, parceque ces masques estoient faits principalement pour fortifier la voix, d'où vient qu'ils estoient apellez *personæ à personando*, & il estoit necessaire que tous les personages se fissent entendre également : Et il n'y a pas d'apparence que Pollux qui a décrit les differens masques avec tant d'exactitude qu'il en rapporte jusqu'au nombre de vingt-deux especes seulement pour les filles, sçavoir sept pour la Tragedie & quinze pour la Comedie, eust oublié les masques des Bergeres, s'il y en avoit eu dans les pieces Satyriques.

Pag. 164. lig. 4. p. C. il faut lire. La partie qui regarde le Septentrion n'estant que pour servir depuis l'Equinoxe d'Automne jusqu'à la fin du Printemps, & la partie qui regarde le Midy estant pour l'autre Semestre.

Je n'ay point voulu m'étendre à expliquer plus au long la ma-

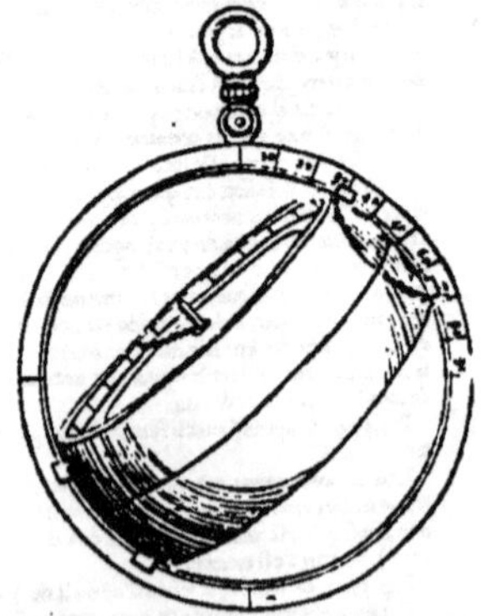

niere de faire les Cadrans au Soleil ; il faudroit un traité exprés pour cela : je me contenteray d'en décrire seulement un qui est de mon invention, parce qu'il est nouveau & qu'il est fort commode, estant portatif, universel, & sans aiguille aimantée. C'est une espece d'anneau Astronomique. Il est composé d'une Boëte, d'un Style qui la traverse, & d'un Cercle qui la suspend.

La Boëte a la forme d'un Globe celeste, dont on a coupé de chaque costé tout ce qu'il y a depuis le plan des Tropiques jusqu'aux Poles, ce qui fait que cette Boëte a deux faces planes & paralleles. Sur l'une de ces faces est le Cadran pour les heures, sur l'autre il y a un Calendrier où sont marquez les jours des signes & des mois.

Le Style qui traverse la Boëte, & qui represente l'Axe du monde, est mobile, afin que sa pointe, dont l'ombre doit marquer les heures, se puisse lever ou abaisser sur le plan du Cadran des heures, selon les differentes hauteurs que le Soleil a tous les jours à midy. Cela se fait en adressant le degré du Signe qui est marqué dans le Calendrier, au droit d'un Index qui est en travers sur le Calendrier, & qui est immobile estant attaché aux bords de la Boëte, & le Calendrier estant marqué sur une plaque ronde & mobile : car cette plaque ayant un cercle par derriere & en dedans de la Boëte, qui est coupé en sorte qu'il a une épaisseur differente selon les hauteurs que le Soleil a chaque jour, il arrive qu'à mesure que l'on tourne la plaque du Calendrier ce cercle fait lever ou laisse baisser le Style, parceque le Style a une branche en equerre qui appuye sur le cercle, y estant poussée par un ressort.

Le cercle qui suspend la Boëte represente le Meridien, & son quart est divisé en 90 degrez : la Boëte a deux mouvemens dans ce cercle : l'un est pour l'y faire tourner lorsque l'on veut incliner le Cadran selon l'élevation du Pole ; l'autre est pour faire que le cercle & la Boëte soient en un mesme plan, lorsque l'on veut mettre la machine dans son estuy.

Pour voir l'heure qu'il est, il faut mettre le cercle Meridien en l'estat qu'il est dans la figure & sur le degré de la latitude du lieu, ce qui se fait en adressant la ligne Equinoctiale au degré de l'élevation du Pole, en commençant à compter depuis le Zenith, qui est l'endroit par lequel le Cadran est pendu : ensuite aprés avoir mis le degré du Signe au droit de l'Index, il faut tourner la machine jusqu'à ce que l'ombre du Style frappe le limbe de la Boëte, en sorte que la pointe de l'ombre soit à l'extremité du bord de la Boëte. Car cela estant, le cercle sera dans le Meridien du lieu & l'ombre sera sur l'heure. Mais il faut à chaque Semestre changer la face où est le Cadran, la tenant tournée en haut & vers le Midy depuis l'Equinoxe du Printemps jusqu'à celuy de l'Automne, & la tournant embas & vers le Septentrion pendant l'autre Semestre.

A A, est la face de la Boëte sur laquelle les heures sont marquées. Les heures sont dans deux cercles, les unes sont pour l'Hyver, & les autres pour l'Esté. B G, est l'autre face de la Boëte qui a en dehors le Calendrier gravé, & en dedans le cercle D D, dont la partie la plus haute H, fait allonger le Style aux Solstices, & la plus basse G, le fait baisser aux Equinoxes. E H, est la branche qui fait une Equerre avec le Style C C, sur laquelle un ressort presse, & la fait baisser, lorsqu'en tournant la plaque du Calendrier, on fait approcher la partie G, vers la branche.

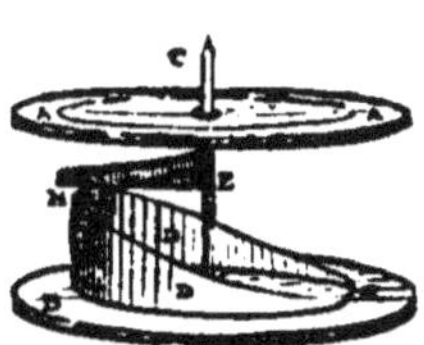

Les deux faces de la Boëte sont icy representées separées de la Boëte qui est entiere dans la figure de la page precedente qui represente la machine entiere & montée.

Pag. 273. p. D. aprés (comme aux Epinettes.) La Pneumatique selon Psellus est de deux especes ; car les instrumens à vent font des tons differens, ou par l'allongement ou l'accourcissement de l'organe, ou par le renforcement ou le relaschement de l'effort qui se fait en poussant le vent : il semble que par cette seconde espece il signifie les cors & les trompettes ; mais il est constant que ce n'est pas la seule difference de la force du vent qui fait les differens tons dans le jeu des trompettes : car cela ne vient que de la plus grande ou de la moindre compression des levres de celuy qui sonne. J'ay un instrument de musique dont les Sauvages de la Gadaloupe ont accoutumé de joüer, qui represente assez bien l'effet dont Psellus parle ; ce sont deux flutes faites, à ce que l'on peut juger, de la tige d'une ronce vuidée de sa moëlle. Elles sont de la longueur de dix-huit pouces, & grosses en dedans seulement de quatre lignes ; elles sont jointes l'une contre l'autre & accordées à l'Unisson. Or les tons de ces flutes sont A
differens selon que l'on souffle plus ou moins fort ; en sorte que du plus bas ton on passe immediatement à la Quinte, & de là à l'Octave, & ensuite à la Dixiéme, puis à la Douziéme, Treiziéme, Quatorziéme, Quinziéme, &c. comme dans les trompettes.

Pag. 280. p. B. aprés (ne produisent que rarement du fruit ;) il faut ajoûter.

Et en effet on ne remarque point que ceux qui ont inventé ou perfectionné les Arts ayent jamais excellé en autre chose qu'en la fecondité du Genie, qui peut rendre, par exemple un Musicien capable de composer les plus beaux chants, & la plus agreable harmonie, par l'arrangement & par le melange des sons differens en nombres & en intervalles, sans avoir cette parfaite connoissance de toutes les proprietez des nombres, des grandeurs & des figures, qui fait les grands Mathematiciens.

Pag. 281. f. A. aprés (il y a un modele de cette machine dans B
la Bibliotheque du Roy) il faut ajoûter, où l'on voit encore celuy d'une autre nouvelle machine qui peut aussi sans aucun frottement & sans cordages lever les fardeaux avec une grande facilité.

Cette machine, qui de mesme que l'autre est de mon invention, a deux montans A A, distans l'un de l'autre de 4 ou 5 piez. Ces montans ont chacun deux rainures B B depuis le haut jusqu'en bas à 4 pouces l'une de l'autre : entre ces deux rainures il y a de chaque costé une cremaillere de fer C D C. Ces cremailleres sont attachées le long des montans par des boulons C C, avec des clavettes. C
Les rainures sont faites pour recevoir deux essieux de fer, dont on n'a representé icy que les bouts marquez E L : car il faut supposer que le reste de l'essieu est coupé. Ces essieux sont aussi engagez dans les rainures, par chaque bout, afin qu'ils y passent couler en montant & en descendant sans vaciller : ils ont vers chaque bout des arcboutans E D, L D, qui empeschent les essieux de descendre, ces arcboutans estant toujours contraints d'entrer dans les dents de la cremaillere à mesure que les essieux sont haussez, à cause des contrepoids G G, qui les font engrener dans les dents de la cremaillere, lorsque l'essieu est levé de la hauteur d'une dent. On pose sur les essieux un poulain N H, sur lequel est le fardeau I.

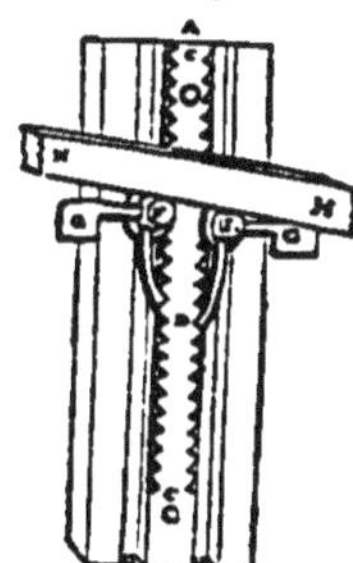

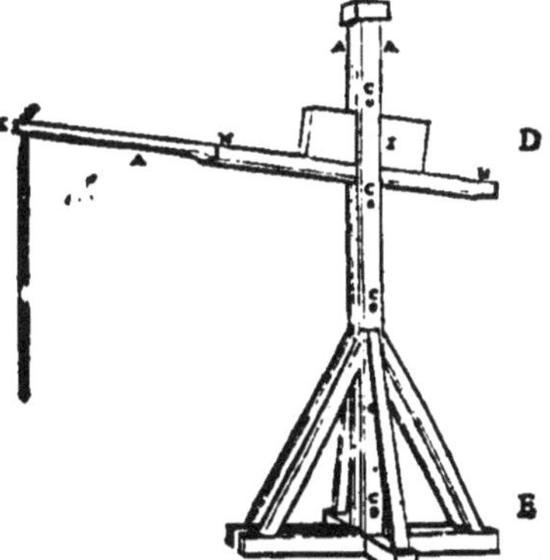

Pour faire agir la machine on tire la corde qui est attachée au timon K N, & alors le poulain appuyant sur l'essieu E, & balançant, éleve l'autre essieu L, par le moyen de deux anneaux qui l'attachent au poulain & qui embrassent l'essieu par dessous : cet essieu estant élevé de la hauteur d'une dent, l'arcboutant s'y ac-

A croche pour l'affermir, en sorte que la corde estant laschee, le fardeau, qui doit estre mis sur le poulain un peu plus devers H que devers N, fait balancer le poulain pour faire relever le timon K, & en mesme temps l'essieu E, qui estant aussi accroché par son arboutant à une dent plus haute, sert encore d'appuy à son tour: & ainsi le poulain balançant tantost sur un essieu, tantost sur l'autre, s'eleve avec le fardeau qu'il porte, jusqu'au haut de la machine.

Il n'est pas difficile de concevoir l'avantage que cette machine a sur les autres, où les leviers ne peuvent agir que par le moyen des Treuils, des Moulinets, des Poulies, des Roües dentelées, des Pignons, des Vis sans fin, des Crics, &c. qui sont des Organes qui ont necessairement un frottement qui resiste beaucoup à la puissance qui les remuë, & qui consume inutilement une partie des forces: car cet inconvenient ne se trouve point en cette machine, qui est un levier qui ne touche son appuy qu'en un point;
B d'où il s'ensuit que toute son action n'estant que de balancer sur ce point, il n'y a rien qui resiste à cette action que le poids du fardeau. Et c'est la seule chose que l'on doive chercher pour la perfection d'une machine, tout le reste que l'on peut attendre de la mechanique estant borné & reduit à la necessité de recompenser la disproportion qui est entre une petite force mouvante & un grand fardeau, par la longueur de l'espace par lequel la force mouvante doit agir, pour faire faire au fardeau peu de chemin, & mettre qu'un homme qui ne pourroit faire un pas estant chargé de dix mille livres pesant, puisse en porter une livre par l'espace de dix mille pas, ou dix mille fois par l'espace d'un pas, & enfin tout ce que la Mechanique peut avancer, n'est que de choisir un chemin qui n'ait point d'obstacles qui augmentent sans necessité la difficulté du transport du fardeau. Le remede ordinaire est de rendre les parties des Organes qui se frottent, plus mobiles & plus glissantes par de l'huyle & de la graisse; mais ce moyen estant Physique & non pas Mechanique, il n'oste point l'imperfection de la machine.

Cette machine a encore l'avantage de n'estre pas sujette à s'user comme les autres, dans lesquelles le frottement est plus fort, plus les fardeaux sont pesants: car toute son action ne consiste que dans l'appuy qui se fait sur les arcboutans lorsqu'ils sont arrestez; & le frottement qui s'y rencontre n'est que le frottement du bout des arcboutans sur les dents de la scie; or ce frottement n'appartient point à l'action que la machine fait pour elever le fardeau, mais seulement à l'action qui se fait pour élever la machine: en sorte que quelque pesanteur que le fardeau puisse avoir, elle n'augmente point le frottement des arcboutans qui n'est causé que par les contrepoids des essieux dont la pesanteur est toujours la mesme.

TABLE

TABLE
DE CE QUI EST CONTENU DANS LE TEXTE ET DANS LES NOTES.

La lettre p. signifie la premiere colonne des Notes. La lettre s. signifie la seconde.

A

ABACUS, Tailloir. Page 88. P. 224. A

Abaton, Edifice basti à Rhodes par la Reine Artemise, 45. D.

Abies, espece de Sapin, 34. s. E.

Academie, 182. p. C.

Acanthe. Cette plante ayant esté vûe sur le tombeau d'une jeune fille Corinthien-ne, donna occasion à l'invention du Chapiteau Corinthien, 101. C. Acanthe est de deux especes, sçavoir celle qui n'est point epineuse employée dans les ornemens d'Architecture par les Grecs, & celle qui est épineuse employée par les Gots, 102. s. c. Depuis Vitruve l'Acanthe a esté appropriée à l'Ordre Composite, s. D.

Accord, voyez Consonance. Comment on accorde les Orgues, 157. s. D.

les choses Acides peuvent dissoudre ce qui est le plus endurcy, 241. A.

Accoudoir, *Podium*, 82. A.

Acoustmatice. 12. B. L'Acoustmatice est un des principaux fondemens du goust de l'Architecture, 102 p. E.

Acrobatique, genre de Machine 272. A.

Acrobates, Colosse en la ville d'Halicarnasse, 44. D.

Acrotere, 97. A.

Actus, espace de 120 piez, 246. B.

Æolipyle pour souffler le feu, 21 E. Pour chasser la fumée, 209. s. E.

Æreole, sixiéme partie de l'obole, 56. s. D.

Æruca, espece de couleur, 234. B.

Ærugo, vert de gris, *ibidem* p. C.

Æther, la partie la plus subtile de l'air, 256. C.

Aggerare, corroyer de la terre grasse, 33. s. D.

Agnus castus, plante, 40 A.

Ailes dans les Temples, 64. A. 132. s. A. 136. s. E. Ailes dans les Vestibules, 202. A.

l'Air par son épaisseur empesche de juger de la grandeur des choses. 94. B. Sa pesanteur est cause de la dureté des corps, 193. s. E. & de l'élevation de l'eau par les pompes, 291. s. D. le grand Air, selon Vitruve, mange les colonnes & les fait paroistre plus menuës, 77. B.

Ais, 104. C.

Alabandites lapides, 229. s. E.

Albarium opus, Stuc, 147. C. 179. s. D. 222. p. E. 223. s. D.

Albula, eaux minerales prés de Tivoli, 257. p. E.

Alga, herbe de marais. 188. p. D. 317. A.

Almanach, 262. E.

Alveus, canal, 179. p. E.

les eaux Alumineuses guerissent la paralysie, 257. D.

Amaxapodes, piez de chariot, ou de la machine apellée Tortuë, 316 A.

Ambrices, les lattes, 325 p. C.

l'Amertume qui est dans le Cedre empesche qu'il ne se corrompe, 50. A.

Amphiprostyle, 62. A. Cette maniere de Temple estoit particuliere aux Payens, *ibid.*

Amphireuses, la rouë d'une Gruë, 276. A.

Amphitheatre, 271. D.

Amussium, table à niveau, 24. A.

Analemme pour avoir les hauteurs du Soleil, 253. p. E. Pour faire des Clepsydres, 264. s. B. 266. p. B.

Analogie, ou comparaison. 51. C.

horloge Anaphorique, 265. B.

Anatonum & Catatonum, quelle est la signification de ces mots dans la Catapulte, 304. p. C.

Ancones, les centres des quartiers de la volute Ionique, 24. s. B. *Ancones* signifie quelquefois les branches qui font un coude par leur rencontre, 97. s. D. quelquefois des Corbeaux, 123. s. E.

Andrones, les appartemens des hommes chez les Grecs, 211. C.

Angibata, petite figure d'email qui nage dans l'eau, 293. s. C.

selon les Angles differens des lignes visuelles, les choses paroissent plus grandes ou plus petites, 97. p. E.

aux Angles des portiques il faut grossir les Colonnes, 77. B.

Annulata tegula, des tuyles rondes ou creuses, 216. s. C.

Anisocycle, 273. A.

Anneau Astronomique d'une nouvelle invention, 314. s. E.

craye Annulaire, 231. B.

Antarii funes, les écharpes qui sont au devant d'une machine pour l'arrester, 275 D.

Antæ, Pillastres, 104. p. B.

Antechlanides, des lieux resonans, 172. A.

Antepagmentum, Chambranle, 120. B. 130. s. C.

Anterides, Arcboutans. 215. B. partie de la Catapulte, 310 C.

Antes d'où sont dites, 58. p. A. Temple à Antes, *ibid.* A. les Antes doivent estre de la largeur des colonnes, 118 s. A. quand il y a des Antes & des Colonnes sur une mesme ligne, l'Architrave qui porte sur les unes & sur les autres doit porter à faux sur les colonnes, 118. p. C.

Anthracite, espece de sable, 251. D.

Antibasis, Arcboutant dans la Catapulte, 310. C.

Antiborée, espece de Cadran au Soleil, 265. B.

Antichambre, 212. D.

Antithalamus, antichambre, *ibid.*

l'Apennin, 51. B.

Apodyterium, l'endroit des bains où l'on se deshabilloit, 184. p. D.

Apophygis, congé, 103. p. E. 128. B.

Apothesis, congé, 103. p. E.

Apotomé, portion de ton, 152. p. D.

Appartemens pour les Estrangers dans les maisons des Grecs, 212. B.

Aqueducs & leur pente, 245. D. Ils doivent quelquefois percer les montagnes, 246. A. & estre soûtenus sur de la maçonnerie, 246. C. Ils doivent avoir des puits qui leur servent de soupiraux, 240. s. D.

Arabia Nomen durum, l'Arabie qui est la plus proche de l'Afrique, 228 s. E.

Aræostyle, 72. A. Il ne souffre point d'Architrave de pierre, 74 A.

Aræosystyle, troisiéme maniere de disposition de colonnes, 75. s. D.

Araignée, espece de Cadran au Soleil, 265. B.

Arbaleste, 274. A.

les Arbres ont de deux sortes d'humidité, qui sont cause de la bonté & des vices du bois, 46. p. E. Ce qu'il faut faire avant que de les couper, 47. E. En quel temps de la Lune il faut les abattre, 47. p. C. La force des Arbres ne s'estime pas par leur grandeur, 51. s. E.

Arca, & ses differentes significations, 184. s. C. 199. A. 202. B.

Arboutans, 215. B.

Arcades servant de decharges dans les fondemens, 81. A.

Archimede decouvre combien il y avoit d'argent meslé avec de l'or dont on avoit fait une couronne, 252. A. Vis d'Archimede, 290. C. On doute qu'Archimede soit l'inventeur de cette machine, 290. p. F.

Architas inventeur de l'Hemicylindre pour prendre une moyenne proportionelle, 252. E.

l'Architecte doit estre ingenieux & laborieux, & estre instruit dans tous les Arts, 2. D. 3. A. Il ne doit point estre interessé, 5. C. Les Architectes n'instruisoient autrefois que leurs enfans, 191. A. l'Architecte doit prendre avis de tout le monde, 216. C. les Architectes estoient obligez de dire ce que devoit couster un edifice, & de payer le surplus quand ils s'estoient trompez, 271. B.

l'Architecture est une science qui en demande beaucoup d'autres, 2. B. elle est l'intendante & la maistresse des autres Arts, 2. p. E. elle consiste en cinq choses, 9. A.

Architrave, son etymologie, 4. p. D. on peut recouper l'Architrave au droit de chaque colonne quand les piedestaux sont recoupez en maniere d'escabeaux, 93. A. la hauteur des Architraves doit estre differente selon la differente grandeur des colonnes, *ibid.* la longueur des Architraves tant par le haut que par le bas dans l'ordre Ionique, 94. A. l'Architrave dans l'ordre Corinthien antique avoit des gouttes, 99. s. E. proportions de l'Architrave dans l'ordre Dorique, 110. A. dans l'ordre Toscan, 130. A. Architrave seul pour les trois ornemens, 147. A. 201. C.

Arctophylax, gardien de l'Ourse, 258 p. E.

Arctos, l'Ourse, 258. C.

Arcturus, la queuë de l'Ourse, 258. C.

forest Arcine, 136. B.

B

C

TABLE.

Canal de la volute Ionique, 92. A. sa profondeur, 92. E.
les Piedestaux qui forment un Canal, 84. A.
Cannelures, 97. A. elles representent les plis de la robe d'une femme, 97. A. 102. A. elles doivent estre au nombre de 24. en la colonne Ionique, *ibid.* on n'en fait que vingt en l'ordre Dorique, 114. A. elles ont une forme particuliere & differente de celles qui se font en l'ordre Ionique, *ibid.* on les fait aussi quelquefois seulement à pans, *ibid.* la multitude des cannelures fait paroistre les colonnes plus grosses, 118. A. 119. A.
Cannes Grecques, 225 A.
Canon musicus, le coffre de l'Orgue, 297. A
la proportion Canonique, 8 A. 150. A.
Canopus, estoille, 260 B.
Canterii, les Forces, 120. A. 105 A 141. A. ce ne sont point les Chevrons, ainsi que quelques-uns des Interpretes estiment, 125 p. C.
Capitole ou maison de ville. Il y en avoit presque dans toutes les villes d'Italie, 74. f. C.
Capreoli, contrefiches, 105 A. 147 A.
Carbones mufsei, espece de charbon de terre qui ne fait point de fumée, 209 p. E.
Carboncle, espece de sable. 34 E. 59 A.
Carchesia, guindage, machine pour élever, 320 A.
Cardinales scapi, les montans où sont les gonds, 124. A.
Cariatides, leur histoire, 3. B. Cariatides du Pantheon, 3. f. E. des Tutele de Bordeaux, *ibid.* de la Salle des Gardes du Louvre, 4. A.
Carquois, espece de Cadran au Soleil, 263. B.
les Carrieres de Marbre dont le Temple d'Ephese a esté basty furent trouvées par hazard, 284. A.
Castellum, regard de fontaine, 245. E. 247. B
Catakekaumeni, nom des collines de Mysie où se trouvent des pierres ponces, 58. A.
Catapulte, machine de guerre, 303. A. est une espece d'Arbaleste, 304 f. D. la Catapulte est differemment décrite par les auteurs, 305. p E. ses effets presque incroyables, 306. A. le chapiteau de la Catapulte, 303. B. ses deux bras, 304. f. D. 308. p. D. l'observation du ton que rendoient les cables qui tendoient les Catapultes, 31 B. 308. p. E. la maniere de bender & de détendre la Catapulte, 308 f. B. 321. A.
Catatecnos, surnom du Sculpteur Callimachus, 102. C.
Catatonum & *Anatonum*, quelle est la signification de ces mots dans la Catapulte, 305 p C.
Catena, des liens, 223. p D.
Catechoades, lieux resonans, 172. A.
Cathete, 89. A.
Cava adium, les cours des maisons, 175. C.
les Caves, 214. C.
Cavet ou simaise Dorique, 5. f. B.
les Caulicoles, 103. B.
Causidica, lieu dans les Basiliques, 142. p. A.
Causis, espece de marqueterie, 232. B.
Cedre, 50 A.
Cedrelate, grand Cedre, 50. p. E.
Cella, la nef du Temple, 58. p D. 116. A. 122 f B.
Cella familiarica, la garderobe, 211. E
Cellier, 210 B.
Ceroma, composition pour les lutteurs, 184. p E
Ceroshaca, espece de marqueterie, 126. B.
Cerrus, arbre, 49 A. 221 A.
Ceruse, 214 C
Cestrota, des compartimens marquez sur le bois avec un fer chaud, 226. f. B.
Ceterach, herbe qui consume la ratte, 17. f. E.
Chaises roulantes, 274. A.
Chalcidica, lieu dans les Basiliques, 141. f. E.
Chalcidiques, lieu dans les Basiliques, 141 C.
la Chaleur extreme affoiblit les corps, 16. B. la dissipation de la Chaleur interne est cause de la corruption, 16 p E. la Chaleur attire toutes choses, 255. B. la Chaleur du Soleil est moindre proche de son corps, 256 A
Chalque, sixiéme partie de l'obole, 56. f. B.
Chambranle, 120 B. Chambranle Dorique, 122. A. Chambranle Ionique, 123. A. Chambranle Atticurge, 126 A.
les Chambres, 213 D. les petites Chambres pour les vases du Theatre, 158. A.
Chapelet, 4. p. C.
Chapiteau Ionique, 88. B. Chapiteau à oreiller, 88. p E. les proportions du Chapiteau Ionique selon la differente grandeur des colonnes, 93. A. proportion du Chapiteau Corinthien, 99. A. les Chapiteaux du Temple de Salomon selon Villalpande, 99. f. B. les gousses du Chapiteau Ionique, 102. A. invention du Chapiteau Corinthien, 102. B. le Chapiteau Corinthien a quitté l'Acanthe pour prendre l'Olivier, 102. f. D. proportion de toutes les parties du Chapiteau Corinthien, 103. A. ses caulicoles, 103. B ses volutes & sa rose, *ib.* Chapiteau Syracusain, 104. p. D. le Chapiteau Dorique, 108 E. le Chapiteau du Triglyphe, 100. B. le Chapiteau Toscan, 128 C.
Chapiteau de la Catapulte, 303. B. de la Baliste, 308. A.
Charbon entre les pilotis, 81. A.
Charme, arbre, 49 C.
la Charpenterie est le premier modele de tous les membres d'Architecture, 104 p. D. 105 A
la Chaux, de quelle pierre elle doit estre faite, 55. E. la cause de l'endurcissement de la Chaux dans le mortier, 56. A. il faut moins de Chaux dans le mortier des fondemens, 42 f. D. la Chaux pour les enduits doit estre éteinte depuis long temps, 222. D. quand la Chaux n'est pas bien éteinte elle fait éclater les enduits, *ibid.* maniere de connoistre si la Chaux est bien éteinte. *ibid.* la Chaux gaste les couleurs dont on peint à Fresque, 224. f. E.
Cheirocmeton, livres de Democrite, 255. A.
Cheminée, 209. p. D. sçavoir si les anciens en avoient dans leurs chambres, *ibid.* precaution pour empescher que les Cheminées ne fument, 209. f. E.
les Chemins qui vont aux portes des villes doivent estre tournez à gauche, 20. A.
Chele, piece de la Catapulte, 304 A.
Chela, piece de la Baliste, [illegible] A.
Chelonia, les attaches qui soûtenoient le Belier, [illegible] B.
Chesneau, [illegible] p B
Chesne grand & petit, 48. C. le Chesne est sujet à se tourmenter, 221. A. 226. A.
Chevrons, 105 A les bouts des Chevrons sont representez par les Denticules dans l'ordre Ionique, [illegible] p. B
les Chœurs des pieces Dramatiques estoient composez d'un certain nombre d'acteurs qui marchoient comme rangez en bataille, 169 f. F.
Choragia, ressorts de fer qui servent à faire relever les marches des Orgues, 258. A
Chorobate, espece de niveau, 244. p. C.
Chors, le cœur, 209. p D.
Chrysocolle, couleur verte, 229. C.
le genre Chromatique, 151 B.
Ciment, 22. p. B. 35. B. 50. p. D. 222. A. 225 D.
Cinnabre, 232. p. D.
Crepido, parapet, 114. A.
Cercones, Paliers des Theatres, 207 p. D.
mouvement Circulaire est le premier principe de la Mechanique, 272. A p. D.
Circulation de la nourriture des plantes, 47. f. E.
Cire Punique, 231. B. maniere de blanchir la cire, 231. p. D.
les anciensCiroient leurs peintures au lieu de les vernir, 232. B. ils ciroient aussi les statuës de marbre, *ibid.* f. D.
Cisia, espece de chaise roulante, 274. A.
les Cisternes se font avec du mortier appellé *Signinum*, 248. C. la maniere de faire les Cisternes, 249. A.
Clavettes, 292. A.
Clavier de la machine Hydraulique, 153. p. D.
Clavi muscarii, Clous à teste, 225. A.
Clepsydres de Ctesibius, 264. B. les differentes manieres des Clepsydres en general, 264 D. 265. p C. leurs inconveniens, *ibid.* la Clepsydre d'Oronce, *ibid.* Clepsydre à Cone, 265. A. Clepsydre Anaphorique, *ibid.* B Clepsydre à Colonne, 265. A. 266. A 267 A. Clepsydre à Tympan, 268. B. Clepsydre sonante envoyée à Charlemagne par le Roy de Perse, 302. f. D.
Climakis, petite échelle dans la Baliste, 310 A.
Climat, 190. D.
Cloisonage de bois, 225 A.
Cloisons aux porches des Temples, 116. B.
comment se fait la Coagulation, 239. p. D. 243 p. D.
Coaxatio, assemblage de bois, 251. p. E
Coelum, mis pour l'air, 215. f. E.
Coilia, lieu entre que les tuyaux de fontaines font dans une vallée, 247. A.
Colliquia, Chesneau, 198. p. B.
Colliviaria, des égouts, 247. p. D.
Colombage, 225. f. B.
Colonnes sont dites de *Columen*, 104. C. Colonnes hors de leur plomb, 88. A. Colonnes Corinthiennes ne different des Ioniques que par le chapiteau, 99. A. la Colonne Corinthienne paroist plus deliée que l'Ionique, parce qu'elle est plus haute, 99. A. la hauteur de la Colonne Ionique est de huit diametres & demy, & la Corinthienne de neuf &

d'une sixiéme, *ibid.* la premiere proportion des Colonnes a esté prise sur la mesure du pied de l'homme, 100. C. le modele de la Colonne Ionique est pris sur le corps d'une femme, elle est la premiere qui a eu une base, 212. A La proportion de la Colonne Dorique est prise sur le corps d'un homme *ibid.* la Colonne Corinthienne a la delicatesse du corps d'une fille, 102. B La Colonne Toscane, 128 B La Colonne Trajane est d'ordre Toscan, 128 p. D les Colonnes des Temples ronds estoient les plus delicates de toutes, 146 A. les Colonnes du second etage doivent estre plus petites du quart que celles du premier, 140 C 166 A les Colonnes de la Basilique de Vitruve avoient dix fois leur diametre, 145 A Colonnes faites de plusieurs assises ou Tambours, 145. p. D.

Columbaria, des canaux creusez dans l'essieu de la machine hydraulique apellée Tympan, 287 C.

Columbaria, trous de boulins, 106. D.

Congius, vaisseau contenant environ cinq pintes, 258 f B.

Colossicotera opera, des ouvrages d'une grandeur enorme, 94 p. C.

Communaria, des ventouses aux aqueducs des fontaines, 247. A.

Columen, le poinçon, 130. A. 104 C.

la Scene Comique, 170. A.

Commodulatio, convenance de mesure, 55 C.

Compluvium, Chesneau, 198 A.

Compositio, ordonnance, 53 p. D.

le premier ordre Composite est le Corinthien, 103. A l'ordre Composite s'est approprié les fueilles d'Acanthe qui appartiennent au Corinthien antique, 102 f. D. l'ordre Composite inconnu avant Vitruve, 10,. f. D. le Corinthien moderne est un ordre composé, 104 p. B.

ordre Composé & composite sont deux choses differentes, 104 p. B.

Concha, espece de voute, 241 p. C.

premiere Conchoïde, 80. p C.

Conduplicabiles fores, des portes brisées, 126. p. A.

Cone, espece de Cadran au Soleil, 263. B. Cone servant aux Clepsydres, 265. A.

Congé, 103. B. 128 B.

Concretion, 239. D. 241 p. D.

Conduite des eaux & quelle doit estre leur pente, 249. E.

Conisterium, lieu où l'on gardoit la poussiere pour les lutteurs, 182. B.

Corioles, 123. f E

Consonances sont au nombre de six, 156 A par quelle raison elles se font, 157 f C.

les proprietez des Consonances & des dissonances pour la composition estoient inconnuës aux anciens, 152 f C.

Constellation, 278 p. E.

la Construction d'un Edifice demande trois choses, la solidité, la commodité & la beauté, 25 B.

Contepas, machine qui sert à connoistre combien on a fait de chemin, 301. f. D.

Contractura, diminution de la Colonne, 77 f. E.

Contraste, 10. f D.

Contrefiches, 105 A.

Contremine, 321. E.

Contremur, 221. D.

Corbeaux, mutules, & modillons, 3 p. B.

Corbeau demolisseur, machine de guerre, 311. A.

Corbeau, machine pour accrocher les vaisseaux, 312. p D.

Cordes pour les instrumens composées de metal & de boyau, 161 f. E.

Coria, des assises, 42 p. D. 41 f C. *Coria erecta*, des assises espaisses, 40. f C. 41 f E.

Coriceum, jeu de paume & de balon, 18 . B.

airain de Corinthe, 141 B.

l'Ordre Corinthien n'est different de l'Ionique que par le chapiteau, 59 A. il est composé du Dorique & de l'Ionique, 100 A le Corinthien ancien a des gouttes dans son Architrave, 99. f. E. son denticule est sans recoupure, *ibid.* invention de son chapiteau, 102. B. ses proportions & sa figure, 103 A. l'Ordre Corinthien moderne est une espece de composite, 104. p B. ordre Corinthien des portiques de derriere le Theatre. 174. A.

Corps de pompe, 291. C. 195. A.

Corniche, 3. f. C. 82. A. 94. f. D. Corniche Ionique, 94. B 96. B. Corniche Dorique 112 A. 114. A. Corniche Architravée, 109. f. D. Corniche simple, Corniche taillée, 223 C.

Coronarium opus, festons, 230 p. B.

Corona, larmier, 3. f. C. 82. A. 94. f. D. 1.0. f. C.

Corona Lata, Corniche de la porte Dorique, 120. f D.

la force & l'adresse du Corps plus admirée & mieux recompensée par les anciens que la beauté & l'excellence de l'esprit, 249 C.

Corridor, 179. f. E. 180. A.

Corroyer de la terre, 35. f D.

Corsa, face d'un chambranle ou d'un Architrave, 123 B.

la Coudée est de trois especes, 57. p C.

Couleurs naturelles comme l'Ocre, le Sil, la Rubrique, la Couleur Paretonienne, la Meline, la terre Verte, 230 D le Minium, 232. A. la Chrysocolle, 232 C. la Sandarache, l'Orpin. 231. A l'Azur naturel ou Lapis. 233. f E. la Pourpre, 234. D. la Garence, 235 B. le *Hysginum*, les violettes seches, le *Vaccinium*, ibid. la Gaude, 235 f E.

Couleurs artificielles, 233. A le noir de fumée, de charbon, de lie brûlée, *ibid.* l'Inde, *ibid.* f. C. l'Azur artificiel, *ibid.* D. l'Outremer, *ibid.* la mine de plomb. 234. f. A la Ceruse, le Vert de gris, 234. C. La pourpre artificielle, 235 B.

la Coupe ou Dome du Temple rond, 156. A.

la Couppe des pierres en forme de coin pour les voutes, 225. A.

Couronne platte sur la porte Dorique, 123. p. D.

Couronnement, 3. f. D. 166 f D.

la Cour d'un Prince, 212. f. E.

la Cour d'une maison. 195. C. 209. p. D.

Coyaux, 199 A.

Coyer, 195 C.

Craticii parietes, Cloisonnage de bois entrelacé, 225. p. C.

Craye à polir les planchers, 223. C. Craye Selinusienne ou annulaire, 235 B.

Crodochil, machine à Belier, 315 A.

Creta viridis, terre verte, 230 f E.

Creta tementata, craye meslée avec de la bourre, 223. f. E.

Toit en Croupe, 9. f. E.

Ctesibius fort ingenieux pour inventer des machines, 263. C. ses machines hydrauliques, automates, & celles qui sont pour lever des fardeaux, 264. A.

Ctesiphon Architecte du Temple d'Ephese, 69. sa machine pour transporter les colonnes, 261 B

le nombre Cubique de 216 choisi par Pythagore pour y reduire ses preceptes 139. C la figure Cubique est cause que les corps demeurent en repos, 119 p. E.

Cuivre de Corinthe de trois especes, 243. f. E.

Culearia vasa des tonneaux de la grande jauge, 210. B.

Culmen, faistage, 104. f. D. 130. f C.

Cunei spectaculorum, les amas des degrez des Theatres, 161. f. C.

Cunei, des Clavettes, 292. A.

Cuneolus, une Cheville, 311. p. C.

Curia, lieu pour les assemblées publiques, 147. C 212. f E.

Cymaise, 3. f. B. 166. f. B. Cymaise Dorique, 112. p. D 123. A. Cymaise Lesbienne, 112. p. D. 121. A. 123. A.

Cyprés, 49. C. 125. A.

Cycinos, la force de la ligne circulaire dans la Mechanique, 284. D.

Cylindres pour faire couler la tariere & le Belier, 315. f. C. pour aplanir les allées, 282. A.

Cymbale, espece de soupape, 296. B.

D

DAUFINS d'airain dans la machine hydraulique des Orgues, 296. B.

Decastyle, 70. A.

Decharges de deux sortes, 224 D 225. A.

Decharges par des Arcades dans les fondemens, 81. A.

la plus grande Declinaison du soleil selon Vitruve est de 24. degrez, 262. p. D.

Decor, la bienseance dans les edifices, 9. A.

les Decorations des theatres, 168. A. elles estoient de deux sortes, 68 f A. le Poëte Æschile en a esté l'inventeur, 218 D.

Decussis, a plusieurs significations pour les nombres, 57 A.

les Degagemens & le grand jour sont recherchez en France dans les bastimens, 76. f. B.

les Degrez des temples doivent estre en nombre impair, 81. B. leur epaisseur, 82 A. ils estoient de deux manieres, 8 . p. D les Degrez des theatres, 161. B. leur hauteur & leur largeur, 162. A. proportion de la hauteur des degrez des escaliers prise du Triangle rectangle de Pythagore, 252. A.

Deliquia, les toits qui rejettent l'eau des deux costez, 195. C.

Delumbata lacunaria, des planchers en voute surbaissée, 205 f. D.

Demetrius Poliorcetes, 310. C.

Demi metope, 110 B.

Democrite a écrit un livre de Physique, 253. A. il mettoit les atomes pour principe de toutes choses, 32. D.

Demoiselle, machine à battre le pavé, 81. p. D.

Denier composé de dix asses, 57. A.

Denticule, 3. f C. dans l'ordre Dorique du theatre de Marcellus, 14. p. D. la hauteur du Denticule de la corniche Ionique

Ionique, 94. B. la proportion de sa coupure *ibid.* il est quelquefois sans coupure comme dans l'ordre Corinthien, 99. f. E. les Denticules representent les bouts des chevrons, 106. B. 322. p. B. ils ne doivent point estre mis sous les modillons, c'est-à-dire qu'ils ne doivent point estre taillez, *ibid.*

Depalam, situation du gnomon, 261. p. E.

les Descentes des gouttieres doivent estre enfermees dans les murs des grands edifices, 198. f. B.

Deunx, *Dextans*, *Dodrans*, portion de l'asse, 56. p. D.

Diametre en general defini par Aristote & par Macrobe, 162. f. D.

Diane d'Ephese, quel estoit son temple, 69. A temple de Diane Magnesienne, 66 B.

Diapason, octave, 156. B.

Diapente, quinte, 156. B.

Diaphane, 193 B.

Diastyle 72. A.

Diatessaron, quarte, 156. B.

Diathyron, barriere, 214 A.

Diatonique, genre de chant, 151. B.

Diaulon, course redoublée, 182. A.

Diazomata, les palliers des degrez des theatres, 167. A.

Dichalca, petite piece de monnoye, 56. C.

Diclides fores, des portes qui s'ouvrent avec deux clefs, 126. p. A.

Dicrotum, petite barque, 33. C.

Dieze, 152. A.

Diezeugmenon, tetracorde disjoint, 154. A 156. A.

Diminution des colonnes differente à proportion de leur hauteur, 74. E. 77. B. 322. f. D. raison de cette difference Diminution, 78. A. differente maniere pour tracer la Diminution des colonnes, 80. p. A. Diminution des colonnes à l'égard l'une de l'autre lorsqu'elles sont mises l'une sur l'autre, 14. C.

Dimoeron, portion de l'Asse, 56. B.

Dinocrates Architecte d'Alexandre, 27. A. bastit la ville d'Alexandrie, *ibid.*

Diognetus Architecte mal-traité par les Rhodiens, & bien vangé en suite, 320. C.

Dioptre, 244. p. C.

Dipechiaios, double coudée, 2. A.

Diplasion, portion de l'Asse, 56 B.

Diptere, 68. A.

Disdiapason, double octave, 156. B.

Displuviatum, lieu où il pleut, 199. p. C.

la Disposition d'un bastiment, 9. B. elle se represente en quatre manieres, 9. f. D. la Disposition des colonnes est de cinq especes selon Vitruve, 72 p. C. on peut ajoûter une sixiéme, 76. f. B. la Disposition d'un bastiment doit estre differente selon les climats, 190. D.

Disque espece de cadran au Soleil, 263. B.

par quelle raison se font les Dissonances. 157. f. C.

la Distribution d'un bastiment consiste en deux choses, 14. B. C. la Distribution du dedans des Temples, 126. A.

Ditonum, tierce majeure, 152. A.

Dixaines d'hommes employées à corroyer le mortier, 229. A.

Dome en coupe des Temples ronds, 136. p. D.

origine de l'Ordre Dorique, 107. B. la colonne Dorique n'eut au commencement que six diametres de hauteur, [illegible] C. on luy en donna en suite sept, [illegible] B. cet ordre est embarrassant à cause des Triglyphes, 117. C. il ne peut estre employé que dans le genre Pycnostyle ou dans l'Araeostyle, 77. p. E. l'ordre Dorique pour les Temples est plus grossier que celuy qui est pour les portiques de derriere les Theatres, 107. p. D. proportion des membres de la colonne Dorique, 108. E. la corniche Dorique, 113. A. les cannelures, 114. A. la petite Dorique, 120 B.

des Dosses de bois, 218 f. C.

Doucine, 3 f. C.

la maniere de Doubler le carré. 250 C.

ce qui fait la Dureté des corps, 103. f. E. 195 f. D.

E

EAu principe de toutes choses selon Tales, 32 C. 226. B. il n'y a rien de plus necessaire, 242. E. elle est adorée par les Egyptiens, 227. A.

l'Eau de pluye est la meilleure, 235. A. comment on peut connoistre la qualité des Eaux, 243. A la bonne eau est celle dans laquelle les legumes se cuisent aisement, 244. A pourquoy l'Eau boüillie est plus legere que la cruë, 244. f. A. l'Eau du Nil est bonne quoy que trouble, 241. p. D. les Eaux qui font de la pierre dans leurs canaux ne sont point cause de la generation des pierres qui se trouvent dans les reins & dans la vessie, 247. p. E. les Eaux de la Seine ne rendent point les corps sujets à la pierre, 243. f. D. les mauvaises eaux causent les maladies des yeux & des jambes, 241. A. elles engendrent le scorbut, 243. f. E. celles qui passent par des lieux Alumineux, Sulphurez & Bitumineux ne valent rien pour la boisson ordinaire, 236. C. & generalement toutes les Eaux minerales, 237. p. D. qui échauffent toutes & sont absolument contraires à la vie, *ibid.* les Eaux Sulphurées sont bonnes aux maladies des nerfs, les Alumineuses guerissent la paralysie, 237. D. les Bitumineuses & les Nitreuses purgent, 238. A.

les Eaux qui viennent des mines d'Or, d'Argent, de Fer, de Cuivre, de Plomb, & des autres metaux sont dangereuses à boire, 238. A. elles causent les gouttes, *ibid.* l'Eau du fleuve Cidnus les guerit, *ibid.*

il y a des Eaux qui ont une écume semblable à du verre rouge; d'autres sont salées & produisent du sel; d'autres sont huileuses; d'autres ont une graisse qui leur surnage qui a l'odeur de citron; d'autres jettent de la poix, du bitume liquide & du bitume endurcy, 238. B. C. D. d'autres petrifient ce qu'on y jette, 239. A. d'autres sont ameres, *ibid.* d'autres rendent le poil des animaux fauve, 240. B. d'autres sont venimeuses; d'autres sont pleines d'os de serpens, *ibid.* d'autres ont une aigreur qui leur fait rompre les pierres de la vessie, 241. A. d'autres enyvrent; d'autres font haïr le vin; d'autres font enfler la gorge; d'autres endurcissent l'esprit; d'autres font tomber les dents, [illegible] d'autres rendent [illegible] 242. A.

les Eaux ne [illegible] 226. C. [illegible] ont une vertu medicinale [illegible] 237. C.

les moyens de [illegible] 240. A.

Echapes qui [illegible] les machines, [illegible] D.

Echeia, vases d'airain pour les Theatres, 6. f. E. 158. f. D.

Echiffres des escaliers, 213. A.

Echine ou quart de rond, 7. f. C. 92. p. C. 108. f. C. proportion de l'Echine du chapiteau Dorique, 108. f. D.

Ecphora, saillie des bases, 87. A.

Ecuries, 210. C.

Elaeothesium, lieu où l'on gardoit l'huile pour les Athletes, 184. A.

les Elemens de toutes choses, 16. C. 32. C. les quatre Elemens inventez par Pythagore, 12 D.

l'Elevation geometrale & l'Elevation perspective, 9. f. E.

les lieux Elevez sont les plus sains, 15. E.

Embates, module, ou particule servant de mesure, 12. p. D. 108. A.

Embols masculs, des pistons pour les pompes, 292. A.

Empatement, 215. f. E.

Emplecton, espece de maçonnerie, 40. f. C. 43. B.

Enarmonique, Genre de chant, 151. B.

Encarpi, goussés du chapiteau Ionique, 102. A.

Enclyma, élevation du Pole, 267. p. D.

les Encognures doivent estre fortifiées, ou en grossissant les colonnes, ou en élargissant les tremeaux, 77. f. E.

Encyclopedie, 7. B.

les Enduits doivent estre faits avec de la chaux éteinte depuis long-temps, 221. A. 222. A. ils doivent estre de plusieurs couches afin d'estre polis, 224 C. Enduits des lieux humides, 229. D.

Engonate, espece de cadran au Soleil, 261. p. D.

Entablement, 109. A. l'Entablement doit estre de la cinquiéme partie de la colonne, 165. A. f. D. Vitruve ne luy donne quelquefois que la sixiéme, 321. f. E.

Entasis, renflement de la colonne, 80. A.

Entrait, 105. A.

Entrecolonnement, ils sont tous égaux dans tous les genres à la reserve de l'Eustyle, 77. p. D. les Entrecolonnemens étroits font paroistre les colonnes plus grosses selon Vitruve & selon Pline, 77. f. D. les Entrecolonnemens serrez plaisoient aux anciens, 76. p. E.

Epagon, moufle qui tire à soy, 278. B.

Eperons, 215. B.

Ephebeum, l'Ecole des jeunes hommes, 182. D.

Epicthon, *Epidimoeron*, *Epipentamoeron*, *Epitritos*, parties de l'Asse, 56. B.

Epibathra, machine montante, 315. B.

Episcenium, le second estage de la face de la scene des Theatres, 167. p. D. 219. A.

Epistyle, 5. p. D.

Epitithedes, les grandes Simaises, 96. B.

Epitoxis, piece de la Catapulte, 304. A.

Epizygides, chevilles de fer dans le chapiteau de la Catapulte, 311. B.

Epizyges, une des parties de la Baliste, 309. C.

Equerre, la maniere de la faire juste inventée par Pythagore, 249. E.

les Equinoxes & les Solstices estoient marquez par les anciens à la huitiéme partie des Signes, 257. p. E.

Eratostene a mesuré le tour de la terre, 23. C. a inventé le Mesolabe, 251. E.

Ergata, vindas, 6. f. E. 276. C.

Erysima, arcboutans, éperons, 215. B.

ne fellai à Escabeaux, 84. A.

les Escaliers des anciens estoient bien plus rudes à monter que les nostres, 252. D. leur proportion estoit prise du triangle rectangle de Pythagore, 252. A. proportion de ceux qui estoient aux degrez des Theatres, 167. A. 171. A.

Eschara, grille servant de base à la machine apellée Tortuë, 315. E.

Esprits, ils sont les auteurs de toutes les fonctions, 256. C. Vitruve croit qu'ils sont reparez par l'air que l'on respire, 256. f. E. les Esprits sont cause de la putrefaction, 247. C. *ibid.* f. E.

la beauté & l'excellence de l'Esprit moins estimée par les anciens que la force & l'adresse du corps, 249. C. pourquoy, 249. p. E.

Estables à boeufs, 210. A.

les Etoiles ont des temperamens differens, 256. B.

Estuves des bains, 179. A. 180. A.

Evergenea trabes, des poutres fortes, 147. A.

Eurythmie, 10. A. 194. A.

Eustyle, 72. A. Il est de la plus belle ordonnance, 74. B. les Temples de l'ordonnance Eustyle sont moins longs que les autres, 84. f. E. les Entrecolonnemens du milieu sont plus larges que les autres, 77. p. C.

Euthygra, la vertu de la ligne droite dans la Mechanique, 284. D.

Euthytonus, espece de Catapulte, 304. f. E.

Examen, la languette d'une balance, 285. f. D.

Exedra, Cabinet de conversation, Gallerie, Balcon, Terrasse, 182. B. 205. B. 231. A.

Exposition commode des appartemens, 14. B. 16. A.

Extrema subgrundatio, l'entablement, 105. A.

F

FAces des Architraves, 94. B.

Faistage, 130. A.

Farnus, arbre, 211. A.

Farraria, greniers, 210. C.

Fascia, face des Chambranles & des Architraves, 94. B.

Fastigium, fronton, 74. p. D. 114. A.

Fauces, passage etroit à l'entrée des maisons, 204. B.

Favi, carreaux hexagones longs, 221. f. E.

porter à Faux, 214. D.

les Femmes ne se mettoient point à table avec les hommes chez les Grecs, 211. B.

Femur, regle dans les Triglyphes, 110. B.

Fer à moulin, 290. A.

il y avoit des Festes aux Solstices & aux Equinoxes parmy les anciens. 257. p. E.

Festons, 103. p. E. 240. p. B.

le Feu a esté la premiere occasion de la societé des hommes, 28. B. c'est le principe de toutes choses selon Heraclite, 32. D.

Fibula, des pitons, 192. A.

Filet, espece de moulure, 5. f. B. 86. f. E.

Fistucatio, pilotis, 81. A.

Fistula, les descentes des goutieres, 199. A.

Fleuron au haut du Temple Periptere rond, 136. A.

les sources des grands fleuves viennent du costé du Septentrion, 246. A.

Fleurs, roses du chapiteau Corinthien, 103. B.

Flos, le fleuron du haut des Temples Peripteres ronds, 136. A.

Flute de la Gadaloupe, 314. p. E.

Fœnilia, grenier au foin, 210. C.

les Fondemens, comme ils doivent estre faits, 18. C. quel doit estre l'empatement & la largeur des Fondemens, 18. f. D. 80. D. 215. f. E.

le Fondement est la partie la plus importante des Edifices, 215. A.

les bastimens sont mieux Fondez sur les montagnes que dans les lieux bas, 248. C.

les Fontaines boüillantes, 57. B. d'où vient leur chaleur, 57. p. E. 237. A. il y a des Fontaines d'eau froide qui boüillonnent comme si elles estoient sur le feu, *ibid.* les vents enfermez sous terre font monter quelquefois l'Eau des Fontaines plus haut que leur source, 237. B. toutes les Fontaines chaudes ont une vertu Medicinale, 237. C. les meilleures Fontaines sont celles qui coulent vers le Septentrion, 246. C.

les Forces, 105. A. 130. A.

les Forces des toits des anciens pouvoient representer les modillons par leur saillie hors du mur, 321. p. B.

Fores, les portes de menuiserie, 124. p. B. *Fores quadrifores*, à deux battans brisez; *conduplicabiles*, simplement brisées; *dicides*, coupées en travers; *bifores*, à deux battans simplement; *Valvata*, qui n'ont qu'un battant, 126. A. p. B. f. C.

Fornix, voute, 145. p. C.

Fortifications des anciens, 18. C.

Forum, la place publique, 25. E. 140. B. 147. B.

Foudres taillez dans la corniche Dorique, 112. A.

le Fourneau des Estuves & des Bains, 179. A.

le Foye des animaux fait connoistre si les lieux sont sains ou non, 17. B.

Fresne, arbre, 49. B.

Fresque, maniere de peindre, 224.

Frigidarium, lieu dans les bains pour se rafraichir, 184. p. D.

Frise, 94. B. son Etymologie, 94. f. C.

les païs Froids sont plus sains que les païs chauds, 16. B.

les maladies causées par le Froid sont difficiles à guerir, 21. A.

Frontispice, 114. f. D.

Fronton est le *fastigium* des anciens, 74. p. D. il fut premierement nommé *plasta*, 74. f. C. sa proportion selon Vitruve, 96. f. D. selon Serlio, *ibid.* les anciens ne mettoient dans les Frontons ny modillons ny denticules, 106. B. sçavoir si les modillons dans les Frontons doivent estre perpendiculaires à l'horison, 105. f. E. Fronton dans l'ordre Toscan. 130. A. Frontons qui ne soutiennent point le toit, 228. f. E.

le Frottement est un obstacle au mouvement de toutes les machines selon Aristote, 280. f. B. l'auteur en a inventé deux qui sont exemptes de Frottement, dont l'une agit par le moyen du rouleau, *ibid.* l'autre par le moyen du levier, 324. f. B.

dans les lieux où il Fume il ne faut point d'ornement de sculpture, 223. D. ny de belles peintures, 226. E.

moyens pour empescher qu'il ne Fume, 209. f. E.

Fundulus ambulatiles, des pistons, 296. B.

Fuscus color, fauve, 240. f. E.

Fusca vox, la voix qui n'est pas claire & éclatante, 151. f. C.

le Fust de la colonne, 82. A.

Fusterna, le haut du tronc du sapin, 48. C.

G

GAlleries ou loges, 140. p. D.

Garderobe, 211. D. 212. p. D.

Genet d'Espagne, plante, 223. B.

la science Genethliologique, 260. C.

le Genie fait plus dans les Arts que la doctrine, 324. f. A.

Genres de chant, Harmonique, Chromatique & Diatonique, 151. D.

Gerane, machine pour décharger les navires, 320. p. E.

Glarea, gravier, 55. p. D.

Glastum, pastel, teinture, 245. C.

Gnomonique, 8. B. elle fait voir des choses admirables, 253. D.

Gnomon, style de cadran au Soleil, 23. A. il y a de deux sortes de Gnomon, 265. p. E. la grandeur de l'ombre du Gnomon au jour de l'Equinoxe est le fondement de la diversité des Cadrans dans les lieux differens, 261. D.

Gonarque, espece de Cadran au soleil, 265. B.

Gorge de la colonne, 76. B. 96. A. la Gorge du chapiteau, 108. E.

les Architectes Gothiques ont employé l'Acanthe épineuse dans leurs ornemens, 102. f. C.

Gouttes dans le chapiteau Ionique, 102. A.

Gouttes dans l'Architrave Dorique, 110. A. leur origine 110. p. C. leur forme est quelquefois differente dans l'Architrave & dans la Corniche, D. les Gouttes de la Corniche Dorique, 112. A. Il y en avoit dans l'Architrave Corinthien, 99. f. E.

le Goust de l'Architecture est en partie fondé sur l'accoutumance, 101. p. E.

Grain, quatriéme partie de la silique, 56. f. D.

les Granges, 210. C.

Gravier, 55. p. D.

Gravitudo, enchifrenement, 22. A.

les femmes grosses sont reputées estre malades, 47. A.

Grotesques, 228. p. E.

TABLE.

Gruë, machine pour élever les fardeaux, 280 p. D. 312. f. D. pour demolir les murailles, 322. A pour faire les enlevements aux Theatres, 322. p. D.
Guerre, 319. A.
Guindage, machine de guerre, 320. A.
Guindoule, machine pour décharger les vaisseaux, 320 p. E.
Guesde, teinture, 232. f. C. 235. p. C.
Gynæconitis, appartement des femmes chez les Grecs, 221. E.

H

HAbitation des premiers hommes dans les bois & les cavernes, 28. B.
Hamata tegula, des tuyles qui ont des crochets ou des rebords, 226. A.
la Musique Harmonique, 150. C. elle a sept parties, 151. p. D.
Harmodone, le nœud qui joint les deux poissons dans le Zodiaque, 260 A.
Harpaginetuli, des entortillemens dans les grotesques, 228 A.
la Hauteur trompe, 78. A. mais elle ne trompe pas tant que plusieurs se l'imaginent, 78 p. D 194. p. D.
Helepole, machine qui ruine des villes, 320 C.
Helices, petites volutes au milieu de chaque face du chapiteau Corinthien, 105 B.
Helice, l'Ourse, 258 C. 259 B.
Hemeris, espece de chesne, 48. f. D.
Hemiolios, la moitié jointe au tout; une des partitions de l'Asie, 56. B.
Hemicycle, espece de Cadran au Soleil, 263 B.
Hemicylindre d'Archicas pour trouver une moyenne proportionnelle, 151. E.
Hemisphere espece de Cadran au Soleil, 263. B.
Hermodone, les delices de Mercure, 260. A.
Hermogene Architecte auteur du Pseudodiptere, 66 A. & des meilleurs preceptes de l'Architecture, 76 B.
Hermes, des sacs pleins de terre grasse dont on emplit les batardeaux, 188. p. C.
Hestre, arbre, 49 A.
Hexastyle, 64. C.
les Heures des anciens ne répondoient pas aux nostres, 23. f. E. 268. p. C.
les Hommes sont seuls capables de connoistre la beauté de l'univers, 28. C.
les corps Homogenes sont transparens, 295. f. D.
Homotonorum foramina, les trous du chapiteau de la catapulte, 6. A.
Horloge, 263 p. C. Horloge d'hyver, 265. B. Horloge de nuit, 263. p. C. 296. p. C. l'artifice des Horloges à roües & à pignons a esté connu des anciens, 302. p. D.
l'Hostel de ville, 147. C.
Horrea, des granges, 210. C.
Hourder, 220. p. E.
chaux détrempée en Huyle pour joindre les pavez des terrasses, 222. B.
Humeri pronai, les costez du porche, 136. f. E.
par quel moyen on desseche l'Humidité des allées des jardins, 174. C.
Hune, 322. A.
Hoys, 224. p. B, voyez *Fores*.
machine Hydraulique qui fait joüer des Orgues, 296. A. son clavier, 333. p. D. elle a esté executée & mise dans le cabinet des machines qui est en la Bibliotheque du Roy, 300. f. D.
Hydraula, moulins à eau, 288. A.
Hypæthre, 70. A.
Hypate Hypaton, la premiere corde du premier tetracorde, 151. A.
Hyperbolæon, tetracorde extrême, 156 A.
musique Hypocritique, 1.7 p D.
Hypertyron, la frise qui est au dessus du chambranle, 122 A.
Hypocaustum, lieu chaud pour faire suer, 178. p. D.
Hypogæa, des caves, 214 C.
Hypomochlium, l'appuy du levier, 285. B.
Hypothyron, le dessous de la porte, 120. f. D.
Hypotrachelium, la gorge de la colonne, 77. B. 96. A. la gorge du chapiteau Corinthien, 108 E.
Hysginum, couleur bleuë, 235 B.

I

IAmbette qui soûtient les chevrons, 314. f. E.
les maux de Jambes sont souvent causez par les mauvaises eaux, 241 A.
l'Ichnographie dessein du plan d'un edifice, 9. B.
les Images que les anciens mettoient dans leurs vestibules apellez *Atria*, 204 B.
Imbricata structura, maçonnerie en cloison, 40 B.
Imitation de la nature est un des principes de l'Architecture, 105. A. 229 p. D.
Impages, traversant, 124. A.
Impetus, grandeur, 199. p. B.
Imposte, 215. A.
Inclinaison des membres d'Architecture, 97. A.
Incumba, des impostes, 215. A.
Inde, couleur, 233 f. C.
Index, pierre de touche, 252. p. E.
Insertum, maçonnerie en liaison, 40. B.
Interpensiva, des potences, 195. C.
Interscalmium, l'intervalle qu'il y a d'une rame à l'autre, 32. A 322. p. C.
Intertignia, les espaces qui sont d'une poutre à l'autre, 105. A.
Intervalle composé & incomposé dans la Musique des anciens, 152. p. E.
Investitum opus, ouvrage de Menuiserie, 147 C.
l'Invention, 10. A.
pour empescher que les Joints n'éclattent, 42. f. C.
Ordre Ionique, 85. Base de la colonne Ionique, 86. B. elle est rarement mise en usage, 86. f. E. elle est la plus ancienne, 102. A. la proportion de la colonne Ionique est prise sur celle du corps d'une femme, 102. A. volute Ionique, 88. f. C. 89 f. E. 90. f. B. porte Ionique, 123. A. Ordre Ionique pour les portiques des Theatres, 174. A.
le Jour des anciens estoit partagé en douze heures depuis le lever jusqu'au coucher du Soleil, 23. f. E.
le Jour doit estre recherché sur toutes choses dans les edifices, 107. C. mais principalement aux escaliers & aux passages, 221. B.
Isatis, guesde, herbe pour teindre en bleu, 235. p. C.
queuë d'Irondelle, 110. A. 281. C.
Isodomum, maçonnerie où les assises sont égales, 40. f. B. 43. B.
Jubé, 1.. p. E.
Iuga, des pieces de bois en travers, 314 f. E
le Jugement de la veuë, 101 B. 194 p. D
le Jugement de l'ouïe, 194. f. B.
Iugumentare, faire qu'une piece de bois porte sur plusieurs autres, 29. p. B.
Jupiter fait son cours en onze ans trois cent soixante & trois jours, 216. A.
la Jurisprudence est necessaire à un Architecte, 6 C.

L.

LAbrum, le bassin ou cuve où l'on se baigne, 179 f. E.
Laconicum, l'etuve à faire suer, 170. A.
Lacotomus, ligne pour marquer les signes dans l'Analemme, 262. C. 264. C.
Lacunaria, les lambris des planchers, 107. C. 120 f. D. 202. B. 222. f. E.
Lacus, l'enfoncement qui est dans les lambris, 122. p. B.
Lait de chaux n'est point l'*Albarium opus* des anciens, 147. f. D.
Lambris, 226 f. D.
Lames de cuivre ou de corne sur lesquelles les anciens marquoient les intervalles des Dieses, 190 A.
une Lampe allumée estant descenduë dans un puits, s'éteint quand il exhale des vapeurs minerales, 248 C.
la Lanterne d'un dome, 136 p D.
Lapis, azur naturel, 243. f. E.
Laqueare, plancher, 122 p. B.
Larix, arbre, 50. A. histoire de l'incombustibilité du Larix, *ibid.* C.
Larmier, 5. f B 121. f. D. 120 f. D.
Laser, plante ferulacée du païs Cyrenaïque, 240. A.
Lateraria, des chevrons ou autres pieces de bois mises en travers, 317 A.
Latrina, privé, 21 .p. D.
les Lattes des couvertures, 223. p. C.
Lentilles au nombre de cent huit dans la dracme, 56. f D.
Lepta, la plus petite partie de l'asse, 56. f. D.
Lepturgia, menuiserie, 147. p. E.
Leucophæa, couleur fauve, 240 B.
Levier, 264. B. 285 A.
Leucoïon, espece de violette, 235. p. C.
maçonnerie en Liaison, 42 B.
Libages, 21 f B.
Libella, niveau, 84 p. C.
Libra aquaria, niveau pour les Fonteniers, 244. p D.
Lichanos, intervalle des tons de Musique, 155. A.
Liege, arbre, 49 A.
Lien, piece de charpenterie, 223. A.
Lieuë de France, 24 f. D.
les Lieux sains ou qui ne le sont pas, 21. D. 191. A.
Ligustrum, troësne, 235. f. D.
Limace ou vis d'Archimede, 290 C.
Limen superum, le linteau, *Limen inferum*, le seuil, 202 f. D.
Linteau, 165. A 201. f. D.
Listeau, espece de moulure, 89. p. D.
Lits des pierres, 41. f. E.
les Lits où les anciens couchoient estoient contre la muraille sans ruelle, 216. f. C.
Loculamentum, piece de la Catapulte, 303. C.
Logeion, le lieu où l'on recitoit dans les Theatres, 170 C.
Loggie, galleries ouvertes d'un costé,

140. p. D

Logoi optices, proportions des rayons visuels, 8. A.

Lorica, enduit, parapet, &c. 221 f. E. 314. f. B.

Lavacrum, bassin ou cuve où l'on se baigne, 184. A.

Louve, instrument pour lever les grosses pierres, 274. f. D. il y en a de trois especes. *ibid.*

le Louvre a par dehors un grand ordre qui comprend deux etages, 204. f. D.

Lucifer, l'estoile du matin, 254. D.

Lumen hypetrum, l'ouverture de la porte, 120. f. D.

temps du cours de la Lune, 254. C. differentes opinions des anciens sur les raisons des diverses apparences de la Lune, 256. D. elle est comme un miroir, 257. A.

Luteum & Lutea, Gaude, couleur jaune, 245. f. E.

Lysis, espece de Cymaise, 82. f. D. 166. f. C.

M

MAchecoulis, 314. f. C.

Machine, que c'est, 272. A. il y en a de trois genres, sçavoir l'Acrobatique, la Pneumatique, & la Banausique, *ibid.*

Machine & organe en quoy different, 273. A.

Machine pour élever les fardeaux, 274. B.

Machine qui éleve les fardeaux sans frottement par le moyen du rouleau, 280. f. B. autre Machine qui fait le mesme effet par le moyen du levier, 324. f. B.

Machine inventée par Ctesibius pour pendre un miroir, 264. A. autres Machines de l'invention de Ctesibius, 294. A.

Machine pour sçavoir combien on a fait de chemin, 301. A.

plusieurs Machines pour élever l'eau, sçavoir le Tympan, 287. C. la roüe à quaisses, *ibid.* D. la roüe à chapelet, 288. A. la Vis d'Archimede, 290. C. la pompe de Ctesibius, 291. C. la Machine à deux chapelets par le moyen de laquelle l'eau s'éleve elle-mesme, 293. p. B.

Machine hydraulique qui fait joüer des orgues, 296. A.

Machine montante, 312. A. elle est apellée *Epibathra*, 315 f. E.

Machines de guerre, sçavoir les Scorpions, les Catapultes, 303. A. l'*Onager*, 304. p. D. la Baliste, 305 E.

Il y a des Machines qui ne reussissent pas en grand comme en petit, 322. A.

Maçonnerie & ses especes, 40. B. Maçonnerie ou structure des Grecs, 40. p. D. la Maillée, la structure en Liaison, 40. f. D.

Magadis, instrument de Musique, 191. f. D.

les premieres Maisons ont esté prises sur le modele du nid des hirondelles, 28. C. les Maisons doivent estre differemment disposées selon les differentes qualitez de ceux qui les doivent habiter, 208. D. les Maisons de campagne, 209. C. les Maisons des Grecs & des Latins, 211 D.

Malleoli, des Brulots, 322. D.

Manacus, ligne pour les mois dans l'Analemme, 262. D.

Manubalista, petites Balistes, 303. p. E.

Manucula, piece dans la Catapulte, 304. A.

Marches des degrez des escaliers des anciens estoient beaucoup plus hautes que nous ne les faisons à present, 82. p. B.

Marches des Orgues des anciens, 298. A.

les lieux Marescageux sont mal sains, 15. L. principalement si les Marais sont des eaux dormantes n'estant point joints à des rivieres, 17. D. les Marais qui sont proches de la mer & tournez au Septentrion à l'egard de la ville ne sont pas si mal sains, 17. C. la ville des Salapiens fut transportée en un autre lieu à cause des Marais qui la rendoient mal saine, 18. A.

Marqueterie, 226. A.

Marbre bon à faire le stuc, 230. A.

Marmoratum, Stuc, 147. f. D.

Mars fait son cours en 683. jours, 254. E.

Masques des Acteurs des Comedies des anciens, 323. f. C.

Massare, amasser plusieurs choses ensemble, 225. f. D.

Mausole fait bastir son palais de brique, 44. D.

Mausolée, 44 D. 219. B.

les Mechaniques, 264. p. D. le mouvement circulaire est le premier principe de la Mechanique, 272. f. E.

Mediana columna, les colonnes du milieu, 88. A.

Megalographia, histoire, genre de peinture, 227. D.

Meleze, arbre, 50. f. E.

Melinum, couleur Meline, 230. D.

Meniana, des Balcons, 140. B.

Mentum, le larmier d'une corniche, 3. f. C. 111. A.

Menuiserie, 147. C.

Mercure & Venus tournent autour du Soleil, 254. C. Mercure fait son cours en 360 jours, 254. D.

trouver la ligne Meridienne, 23. A.

Merones, des sacs pleins de terre grasse pour emplir les bastardeaux, 188. A.

Meros, cuisse, partie du Triglyphe, 110. B.

Mesaule, petite cour longue entre deux corps de logis, 211. C.

Mese, une des Phtonges de la Musique des anciens, 153. A.

Mesolabe inventé par Eratosthene pour prendre une moyenne proportionnelle, 252. E.

Meson, le tetracorde du milieu, 156. A.

Metaux & mineraux n'estoient pas distinguez par les anciens, 236. p. E.

Mesotriglyphium, l'entre-deux des Triglyphes, 112. f. E.

Metagenes, inventeur d'une machine pour amener les Architraves du Temple d'Ephese, 8. C.

Metatomé, coupure du Denticule, 313. p. A.

musique Metrique, 150 p. D.

Metelin, ville mal exposée à l'égard des vents, 21. D.

Metochê, coupure du Denticule, 94. B. 322 f. E.

Metope, 106. A. les Metopes doivent estre aussi longues que larges, 107. les demy-metopes, 110 B.

Mine de plomb, 234. f. A.

Mine pour prendre les villes, 321. D.

Mineraux & metaux n'estoient pas distinguez par les anciens, 236. p. E.

Minium, vermillon, 231. B.

les Modeles pour les Edifices sont une espece de Scenographie, 10 p. C. les Modeles sont inutiles aux grands & parfaits Architectes, 316 p. E.

Modillons, Mutules & Corbeaux signifient la mesme chose : on les attribue quelquefois particulierement à l'ordre Ionique, au Corinthien ou au Composite, 3. p. B. Modillons de l'ordre Corinthien, 99. f. E. les Modillons semblent devoir avoir esté pris sur le modelle du bout des chevrons plustost que sur celuy des forces, 105. f. E. raison de cette fausse opinion, 322. p. B. on ne doit point mettre de Modillons au dessus des Denticules. Les anciens n'en mettoient point aux frontons, 106. B. sçavoir si les Modillons dans les frontons doivent estre perpendiculaires à l'horison, 106. f. E.

Modioli quadrati, les quaisses de la roüe qui éleve l'eau, 287. f. E.

Modiolus, corps de pompe dans la machine de Ctesibius, 291. C.

Module, ce que c'est, 74 f. D. ils sont differens dans les trois ordres anciens, 72. E. la colonne Dorique a son Diametre de deux Modules, 108. E. Module est apellé *Embates*, 108. A. pour quelle raison, 108. p. C.

Moilons, ce sont les *Cæmenta* des Latins, 21. p. B.

Mole pour couvrir les ports, 185. B. trois manieres de bastir les Moles, 186. 187.

Monochrome, genre de peinture, 132. f. A.

Monocorde instrument de Musique, 150. f. B.

Monogramme, genre de peinture, 132. f. A.

Monoptere rond, 132. A.

Monotriglyphe, 112. A.

Mortarium, vaisseau dans lequel on fait le Mortier, 249 f. B.

Mortier, par quelle raison il s'endurcit, 46. p. C. D. E. Mortier de chaux & d'huyle, 222. B. de chaux, de sable & de cendre, 227. A.

Mosaïque, 221. p. E.

Mouchette, membre des corniches, 3. f. B.

Mouffle pour les machines, 274. C.

Moulinet servant aux machines, 274. C.

Moulins à blé, 288. C.

Moulures, 224. p. D.

Mouton, machine pour enfoncer les pilotis, 81 p. D.

les Murs des villes, leur largeur, 20. A. ils doivent faire une enceinte; ils doivent estre fortifiez par des pieces de bois mises en travers, 20. B. largeur des Murs des Temples, 119. A. les Murs qui sont bastis de petites pierres sont plus forts, 119. B. Murs à Bossages, *ibid.* construction des Murs qui soûtiennent des terres, 224. C. dans les Murs rien ne doit porter à faux, *ibid.*

la Musique, 150. C. elle est necessaire à l'Architecte, 6. A. la Musique est de six especes,

especes, 150. p. D. la Musique des anciens n'estoit point à plusieurs parties, 156. s. E. la Musique à plusieurs parties plaist à peu de personnes, 157. p. B. la Musique est ou vocale, ou instrumentale, l'instrumentale est ou Pneumatique ou Praitique, 173. p. D.
Musique harmonique. 150. C.
Mutules, ils sont particulierement attribuez à l'ordre Dorique, de mesme que les modillons appartiennent à l'ordre Corinthien, 3. p. B. leur origine, 105. B. les anciens les faisoient en panchant, 126. A. Mutule dans l'ordre Toscan, 130. s. B.

N

NAissance ou congé, 128. p. D.
Naos en parastacis, Temple à Antes, 58. A.
Naufrage d'Aristippe. 189. A.
Nethrum, filet du congé, 103. s. C.
Nete, la corde qui sonne le ton le plus aigu, 153. A.
Nicomede inventeur d'un instrument dont on se sert pour tracer la ligne de diminution des colonnes, 80. p. C.
Nil, description fabuleuse de son cours, 236. B. son eau est bonne à boire quoy qu'elle soit trouble, 243. p. D.
eaux Nitreuses purgent & fondent les écroüelles, 238. A.
plusieurs manieres de Niveler, 244. B. par le Chorobate, le Niveau des Fonteniers, celuy de Monsieur Mariotte, 245. p. D.
Noir de charbon, de fumée, de lie de vin bruslée, &c. 233. B.
la division des Nombres par dizaines a esté prise du nombre de nos doits, 56. A. le Nombre le plus parfait est le six, 56. B. le nombre Cubique deux cents seize fut choisi par Pythagore pour y reduire ses preceptes, 139. C.
Noyau des planchers fait avec du ciment, 221. B.
Nummus, toute sorte de monnoye, 57. p. C.

O

OBole est la sixiéme partie de la dracme, 56. C.
Observatoire pour l'Astronomie & pour la Physique basty par le Roy à Paris, 10. E.
Ocre, couleur, 2.7. s. D. Ocre Attique est le Sil, 240. p. E.
Octave, 156. s. C.
Octostyle, 66. B.
Odeum, petit Theatre, 172. E.
Oeci, les grandes salles, 205. B. 207. B.
Oeconomia, une des parties de l'Architecture, 9. A. 17. A. 77. A.
Oeil de la volute Ionique, 89. A. selon Phil. de l'Orme, 89. s. E. selon Goldmannus, 89. p. C. selon Alberti & Serlio, 90. s. C. selon nostre explication, 90. s. B.
Oiax, la barre ou le manche du gouvernail, 285. C.
les Oiseaux ont peu d'humidité selon Vitruve, 17. A. 77. A.
l'Olivier n'est point sujet à la vermoulure, 223. A. on mettoit des bastons d'Olivier en travers dans les murs de villes, 20. A.
Onglet, 123. s. C.
Onyscos, moulinet, 6. s. C.
Opes, cavernes, c'est à-dire les trous de boulins qui sont laissez dans les murs, 105. A.
Opisthodomos, la porte de derriere d'un Temple, 58. p. D.
les regles de l'Optique estimées très-importantes par les Architectes modernes pour determiner les proportions. 16?. p. C.
Orbiculus, poulie, 27?. p. D.
Orchestre, le milieu du bas du Theatre, 161. A.
Ordinaria structura, maçonnerie par assises, 41. A.
Ordonnance des bastimens, 9. A. 31. C.
Ordonnance des colonnes, 72. s. D.
Ordre d'Architecture, 26. p. C. sa definition, 98. p. D. il est different d'ordonnance, 26. s. C. selon les Ordres differens, la disposition des colonnes doit estre differente, 72. E. l'Ordre Corinthien & l'Ionique ne sont differens que par le chapiteau, 99. A. les grands Ordres qui comprennent plusieurs étages sont le plus souvent fort abusifs, 104. p. E. cela neanmoins se peut suivre comme l'on a fait au Louvre, 104. s. C.
chapiteaux à Oreiller, 88. A.
Organe & machine, quelle est leur difference, 273. A.
musique Organique, 150 p. D.
Orgues, espece de machine hydraulique, 153. p. C. 296. A. maniere d'accorder les Orgues. 157. s. D.
Orlet, membre de moulure, 3. s. B.
Orme, arbre, 49. B.
Ornamenta, ce qui est sur les colonnes, sçavoir l'Architrave, la Frise & la Corniche, 3. s. D. 80. D. 104. C.
Orpin, mineral, 231. A.
Orthographie, élevation, espece de dessein, 9. B.
Orthostatæ, piedroits. 43. p. C. 325. A.
Oryges, des Tortuës pour couvrir les pionniers, 317. D.
Osier, arbrisseau, 238. s. E. 290. p. E.
Ostrum, pourpre, 234. D.
Ove, membre de moulure, 3. s. C. 92. p. C.
l'Ourse, constellation, 258. C.
Outremer, bleu artificiel, 234. p. A.
Oxycedrus Lycia, arbre, 50. p. E.

P

PAconius Architecte reüssit mal dans l'invention d'une machine avec laquelle il avoit entrepris d'amener la base de la statuë d'Apollon, 282. A.
Pagmentum, assemblage de menuiserie, 124. s. D.
les Païs froids sont plus sains que les Païs chauds, 16. B. les Païs meridionaux & les septentrionaux rendent les corps diversement temperez, 191. A. & les esprits differens, 192. A.
les Païsages des tapisseries, 170. p. E. Païsage, genre de peinture, 227. D.
Palestre, lieu d'exercices, 182. A.
Pali refistpmati, les pieux que l'on fiche de travers, & ausquels on attache les écharpes qui arrestent les machines, 275. D.
Pali, des pilotis, 81. A.
les Palliers de repos, 81. A. les Palliers des Theatres, 148. C.
le Palme est de deux sortes, 57. p. D.
Pannes, pieces de bois dans les couvertures, 105. A.
Panneaux de la menuiserie des portes, 124 A.
couleur Paratonienne, 2?? D.
Paramese, *Paranete*, noms des cordes des instrumens de musique, 1?4. A.
Parapegmatique, construction de machine, 2?? D.
Parascenium, le derriere du Theatre, 1?? p. C. les retours aux deux costez de la Scene, 1?? s. A.
Parastatæ, Antes, piliers quarrez, 104. C. 145. A.
Parastas, arcboutant, 211. D
Parypate, nom d'une corde des instrumens de musique, 151. A.
le Parloir aux theatres des Grecs, 17?. C.
Pastel, teinture, 235. s. D. 221. p. C.
Pavé, 21?. p. E.
jeu de Paume, 182. B.
nos Pastorales sont differentes des pieces de Theatre que les anciens apeloient Satyriques. 3?? s. B.
Pectinatum tectum, toit posé sur deux pignons, 24. s. E.
Pectis, instrument de musique, 19?. s. C.
Peinture, ce que c'est, 21?. C. elle est de trois especes, sçavoir le Paisage, l'Architecture & l'Histoire, *ibid.* les Grotesques peuvent faire un quatriéme genre, 228 p. E. la Peinture ne doit representer que les choses qui peuvent estre, 228. B. Peinture monogramme, monochrome, 132. s. A. Peinture à Fresque, 224. p. E.
Pelecinon, espece de cadran au Soleil, 263. B.
Pentadoron, grande brique, 33 C.
Pentamoerion, la cinquiéme partie d'un tout, 56 B.
Perce pour la conduite des eaux, 245. B.
Penthelensis murus, une muraille à Athenes, 44. p. E. 322. s. C.
Penula, chappe, ou façon d'entonnoir renversé, 291. C.
Periactos, les machines qui font les changemens de Scene aux Theatres, 168 A.
Peribolon, parapet. 314. B.
Pericles grand amateur de l'Architecture, 52. p. E. l'estime qu'il avoit pour Phidias, *ibid.* il fait bastir l'edifice apellé *Odeum*, ??? p. C.
Peridromé, corridor, 314. A.
Peridromus, corridor, 184. B. 214. A.
Periecboundes, les lieux qui resonnent tout à l'entour, 172. A.
Periptere, espece de Temple, 64. A. la proportion des Peripteres se prend du nombre des colonnes, 81. B. Periptere rond, 132. A. 116. A. les Tours de bois dont on se servoit à la guerre estoient apellées Peripteres, 314. p. C.
Peristyle, 70. A. 182. A. ses proportions, 204. C. Peristyle des maisons des Grecs. 211. D.
Peritretos, le trou du chapiteau de la Baliste, 12. A. 309. B.
Peritrochus, la roüe d'une gruë. 276. A.
les Perles se fondent dans le vinaigre, 241. A.
Perones, des sacs qui servoient à empaqueter de la terre grasse pour les batardeaux, 188 p. C.
Statuës de Perses en maniere de Cariatides, 5. B.
Personata fabula, des pieces de Theatres, où tous les Acteurs estoient masquez

225. f. C.

Perspective, 10. p. B. 218. f. E. 227. C.

la Pesanteur des choses depend de toute leur nature. 231. C.

comment la Petrification se fait, 239. A.

Peuplier, Arbre, 49. A.

Phegos, Arbre, 221. A.

Phalangarii, des Portefaix. 286. A.

Phinagus, Arbre, 48. f. D.

Phelios, L ge servant aux Clepsydres. 264. B.

Phtonges, sons en general qui comprennent les tons, demi tons, &c. 152. B. ils sont ou mobiles, ou immobiles. 153. A.

Phycus, herbe de marais, 188. f. C.

la Philosophie est necessaire à un Architecte, 5. C.

le Pié Romain antique, le Pié Grec, le Pié de Roy, 54. E. 57. p. D.

Piedestail, 80. f. E. 166. A. Piedestail en maniere d'escabeaux 84. A. le Piedestail des Temples monopteres ronds, 135. A.

Piedroit, 104. C.

Pierres, leurs especes, 39. B. elles doivent estre tirees de la carriere en Eté. 40. A.

Pierre de touche. 251. p. E.

la Pierre s'engendre autrement dans les corps que dans les conduits des Fontaines, 242. p. A 245. p. E.

Pilastre, 104. C. Pilastres joints à des colonnes, 145. p. D.

Pilotis, 81. Pilotis d'aunes, 49. B. d'olivier & de chesne. 81. A.

Pinax, le sommier des Orgues des Anciens, 298. A.

Pince, levier de fer, 285. p. E.

Pinna, les marches des Orgues des Anciens, 298. A.

Pinnæ, les creneaux, 317. D.

Pin, Arbre, 49. C.

Pinacotheca, les cabinets de tableaux, 205. D.

la Place publique, 140. B. 147. C.

le Plan ou Ichnographie. 9. f. E.

les Planchers en voute, 225. C.

les Planchers qui boivent l'eau, 227. A. les Planchers ne doivent porter que sur deux murs, 220. D.

les Planetes ont leur mouvement propre d'Occident en Orient, 254. C les Planetes s'arrestent quand elles sont éloignées du Soleil, parce qu'elles ne voyent pas assez clair dans leur chemin. 255. B. le cours des Planetes expliqué par la comparaison des fourmis, qui marchent sur la rouë d'un Potier, 256. A.

Planitia, platfond, 225. f. E.

la nourriture des Plantes se circule de mesme que celle des animaux, 47. f. E.

Plasta, premier nom qui a esté donné au fronton, 74. f. C.

Platane, Arbre, 184. B.

Platon inventeur de la maniere de doubler le quarré, 250. C.

Platfond des corniches, 107. C. de la corniche Dorique, 111. A.

Platebande, 4. f. B. Platebande de l'Architrave Dorique, 110. A. du Chambranle Dorique, 122. B du Chambranle Ionique, 123. A. du Chambranle Attique, 126. A.

Platteforme en terme de Charpenterie 54. f. E.

Platyphyllos, espece de chesne, 48. f. D.

les Pleiades, 214. B. elles sont dans la queuë du taureau, 257. D.

Pleuritides, les regles qui servoient à boucher & à donner le vent aux tuyaux des Orgues des anciens, 298. A.

Pilton de la pompe de Ctesibius, 292. A. de la machine hydraulique des Orgues, 296. A.

Piton, 292. A.

Plinthe, 72. p. D le tailloir du chapiteau de l'ordre Toscan est appellé Plinthe. 88. f. C.

Plinthe des bases, 85. A. de la base Toscane, 128. B.

Plinthe espece de cadran au Soleil, 263. B.

Plinthus, brique ou quarreau, 54. p. B.

Plis des vestemens des femmes ont donné lieu à l'invention des cannelures des colonnes, 97. f. E.

sceler avec du Plomb, 43. A. 181. C.

le Plomb rend l'eau dangereuse, quand elle est conduite par des tuyaux de ce metail, 248. A.

Pluyes, comment elles se forment, 235. A. elles tombent plus souvent sur les montagnes que dans les plaines, 235. A.

Plumariorum textrina, les ateliers des Brodeurs, 208. B.

Pluteus, cloison, 144. p. A.

Pluteus, appuy, 116. B 143. f. C.

Pluteus, Piedestail, 166. A. p. D. 167. A.

Pluteus, guerite, 319. A.

Pneumatique, 263. C. 272. A. la Pneumatique musicale, 324. p. E.

Pnigeus, une maniere d'entonnoir dans la machine hydraulique des Orgues, 297. A.

Podium, ballustrade, 82. A. 116. f. D. 135. f. B. 166. A.

musique Poëtique. 150. p. D.

Poinçon, piece de Charpenterie, 104. C.

le Pole, 254. A.

l'étoille Polaire, 259. B.

Poliorcetes, preneur de villes, nom du Roy Demetrius, 320. C.

les Poissons ont peu d'humidité. 17. A.

Poitrail, piece de Charpenterie. 5. p. E. 104. C.

Polir avec le grez ou avec la pierre à aiguiser, 121. f. D.

Polyspaste, machine qui a un grand nombre de poulies, 278. D. Polyspaste d'Archimede, 180. p. A.

Pompe de Ctesibius, 291. C. 292. A.

Porches des Temples, 58. p. D. 116. A. Porches des Temples Toscans, 128. A. 136. C.

les Portes des villes doivent avoir leur chemin à gauche. 20. A. Portes des Temples sont de trois sortes, 120. B. Porte Dorique, *ibid.* Porte Ionique, 123. A. ses consoles, 123. f. E. la menuiserie des portes Doriques, 124. A. Portes à quatre battans, 126. Portes Atticurges, 126. A. Voyez *Fores.*

Porrectum, la force de la ligne droite, 264. D.

les Portiques des Basiliques, 143. A. les Portiques de derriere le Theatre, 172. E. le Portique Rhodien, 212. A. les Portiques des Peristyles des maisons des Grecs, *ibid.* Portique de Pompée, 173. p. D.

Postes compactiles, des poteaux assemblez, 316. B.

Postscenium, le derriere du Theatre, 161. p. D.

Posticum, porte de derriere, 58. p. D.

les Ports de mer sont incommodes par les rivieres, 185. B.

Porphyre. Statuës, 74. A. tuyaux, 247. B.

Pourpre. 234. D. Pourpre rouge & Pourpre blanche, 235. p. A.

la Poussée de la terre est plus grande en Hyver qu'en Esté, 225. D.

la Pozzolane fait un mortier qui durcit dans l'eau, 57. B. par quelle raison, 31. f. D. elle est propre à bastir les moles pour les Ports de mer, 185. p. E.

Pratique sans theorie ne sçauroit faire un Architecte, 2. C.

Præcinctiones, les palliers des theatres, 147. C.

Præfurnium, fourneau des bains, 184. p. E.

Pressoir, 210. A.

Prætenta, des contrevents, 208. p. C.

les Principes de toutes choses, 32. C. 236. B.

les Prisons, 147. C.

les Privez, 212. P. D.

Prodomus, le Porche d'un Temple, 58. p. D.

Promenoirs, 214. A.

Pronaos, le Porche d'un Temple, 58. p. D. 116. A. 136. E.

Proportion, 10. A. 53. C. il faut changer les Proportions selon la distance à laquelle les choses sont élevées. 95. B. cela se doit faire avec beaucoup de discretion. 194. A. 194. p. C. f. D. les Proportions ne doivent point estre changées en certaines choses, telles que sont les degrez, les ballustrades, &c. 167. A. Proportion generale qui doit estre observée dans la longueur, la largeur & la hauteur des pieces, 205. p. D. la Proportion du corps humain, 54. A. le Pié est la sixiéme partie de toute sa hauteur. 100. C. sçavoir si les Proportions des membres d'Architecture sont naturels ou arbitraires, 100. p. D. 102. p. D.

Proscenium, le devant de la scene du Theatre, 161. A. 170. B.

Proslambanomenos, le premier ton du systeme de la Musique des Anciens, 153. A.

Prospanclyma, espece de cadran au Soleil, 263. B.

Propylæa, le porche, 58. p. D.

Propnigeum, l'avant-fourneau, 184. A.

Prosta historumena, espece de cadran au Soleil, 263. B.

Prostas, jambe de force, 211. D.

Protbyrides, consoles, 123. f. E.

Prostyle, genre de Temple, 60. A.

Prothyrum, vestibule, 214. A.

Protrygetes, qui devance les vendanges, 258. C.

Protyrum, espece de vin, 239. f. D.

Provindemia, étoile qui devance les vendanges, 258. C.

Pseudisodomum, espece de maçonnerie, 40. f. B.

Pseudodiptere, un genre de temple, 66. A. il est de l'invention d'Hermogene, & il a plusieurs avantages sur les autres genres de temples. 76. A. Pseudodiptere double, 174. E.

Pseudosystyle, sixiéme maniere de disposition des colonnes ajoustée aux cinq dispositions des anciens, 76. f. D.

Pseudo-urbanæ ædes, les maisons de campagne qui n'ont rien de rustique. 209. B.

TABLE.

Pseudo-periptere, 118 A.
Peritreton, aisle, partie de la Baliste. 310. B.
Pteromata, ailes ou costez d'un Temple. 116. f. E.
Puits servants de soupiraux aux aqueducs. 246. f. D.
Precautions qu'il faut prendre en creusant les Puits, 248. C.
Pulpitum, l'endroit du Theatre sur lequel les Acteurs viennent reciter. 160 p. E.
la Purgation se fait par l'acreté dissolvante & detersive qui est dans les remedes Purgatifs, 238. f. E.
Pulvinata capitula les chapiteaux Ioniques. 88 p. E.
Pulvinus, un massif, 186. A.
Pycnostyle, 72. A.
Pycnon, intervalle, serré dans le tetracorde, 151. f. D.
Pyramide des Temples Periperes ronds. 136. A. p. E.
Pythagore inventeur de l'equerre qui se fait par le moyen du triangle rectangle. 230. E. il avoit choisi le nombre cubique de deux cens seize, auquel il avoit reduit ses preceptes, 139. C.
musique des Pythagoriciens, 150 p. E.
Pyxodorus, nom d'un Berger qui trouva la carriere de marbre dont le Temple d'Ephese fut basti, 284. A.

Q

QVadra, un Zocle, 82. A. 89. p. D.
Quadrans, la troisiéme partie de l'Asse, 56. p. D.
Quadres, ou bordures. 226 f. D.
Quadrifores valvae, une porte à deux battans brisez, 126. p. A.
Quart de rond, voyez Echine.
Quadrifluviata abies, le bas du tronc du sapin, 48. f. D.
Quarreaux de Tivoli, 222. C. Quarreaux creusez par les bords pour faire un bon joint, 222. A.
Quercus, Arbre, 48. f. D.
Queuë d'irondelles, 130. A. 281. C.
Quincunx, les cinq douziémes de l'Asse, 56. p. D.
Quintarius, les cinq sixiémes de l'Asse. 56. B.

R

une RAme paroist rompuë dans l'eau. 193. B. les Rames ont plus de force, plus elles avancent loin hors de la galere, 285. A.
Rapport signifiant proportion, 53. C. f. D.
la Rarefaction des nuées produit le vent, 235. p. E. la Rarefaction se fait par le mélange d'une substance plus subtile que n'est le corps rarefié, 337. f. E.
le Recit a une inflexion de voix particuliere, 151. p. C.
Rechamus, poulie, 274. C.
Regards des Fontaines, 245. E. 247. B.
Registres des Orgues, 297. f. E.
la moyenne Region de l'air est plus froide que la basse. par quelle raison, 256. p. E.
Regle appellée *femur* dans les triglyphes, 110. B.
Regula, tringle sous les triglyphes, 110. A.
Renflement des colonnes, 78. f. C. il est desaprouvé par la plus grande partie des Architectes, *ibid.* Villalpande veut qu'il soit fondé dans la sainte Escriture, *ibid.* Vitruve le met au milieu de la colonne, 85. f. C. sa grandeur se prend sur la largeur de l'entre-deux des cannelures, 77. B.
Replum, le chassis d'un panneau, 124. B.
Replum, un rebord, 117. B.
la Representation des choses naturelles est le fondement de l'Architecture, 107. A.
Ressauts ou avant-corps des Architraves, 94. f. C. 118. p. D.
Reservoirs au nombre de trois aux fontaines publiques des anciens, 246. A.
la Respiration & ses usages, 215. C.
Ressorts de fer pour lever les marches des Orgues, 298. A.
Retinacula, les écharpes qui arrestent les machines, 275. D.
Reticulatum, espece de maçonnerie, 40. B.
Retractiones graduum, les palliers de repos, 82. A.
Retrogradation des Planetes, 255 p. E.
Revinctum, espece de maçonnerie, 40. f. C.
les Rhodiens vaincus par un stratagéme de la Reine Artemise, 45. C. Portique Rhodien, 212 A.
musique Rhythmique, 150. p. D.
Rhythmus, cadence, 8. p. D.
Robur, arbre, 48 f. D. 123 A.
Romaine ou Statere espece de balance, 285. B.
Rome est placée en un climat temperé, selon Vitruve, afin que son peuple fust capable de commander à tout l'Univers, 192. C.
les Romains ont écrit de l'Architecture avant Vitruve, 219. C.
la Rosée s'engendre des vapeurs que le Soleil fait sortir de la terre, 235. C.
Rotundatio. la force du Cercle dans la mechanique, 264. B.
les petites roües ne roulent pas si aisément que les grandes, 286 B.
Rouleau, organe qui agit sans frottement, 280. B.
Rubra Saxa, ville de la Toscane, 322. p. E.
Rubrique sinopique espece de couleur, 230. D.
Ruderatio, espece de maçonnerie, 220 D.
les Ruës doivent estre alignées de telle sorte que les vents ne les enfilent point. 21. D.
les lits des anciens n'avoient point de Ruelles, 126. f. C.
Ruinure, ou Rainure, 185. p. E.
Rutrum, espece de truelle, 224. A.

S

SAble de cave ou terrain, 114. f. E. ses especes, 34. F. le Sable de la mer empesche le mortier de se secher, 35. A. celuy de riviere est bon pour les enduits, 35. B. Sable masle propre à faire les briques, 33. B.
Sabliere, piece de Charpenterie, 5. p. E.
la ville des Salapiens fut transportée en un autre lieu à cause des marais qui la rendoient mal saine, 18. A.
les Saillies doivent estre égales à la hauteur des membres saillans, 96. A.
Salix erratica, Arbre, 238 p. E.
Salles à manger, 205. B. Salles Corinthiennes, C. Salles Egyptiennes, *ibid.* Salles Cyzicenes, 207. B. Salles à manger d'une grandeur extraordinaire, 211. A. Salles où les meres de famille filoient avec leurs servantes, 211. D.
Salmacis fontaine, 44 D.
Sambuca, instrument de musique, 191. C.
Sambuque machine de guerre, 321 C.
Sandaraque, mineral, 231. A. 234. [illegible] el le rend la voix belle, 247 p. E.
Sandarax, gomme, 234. f. C.
Saturne, le temps de son cours 255 p. D.
la Scene Satyrique, 170. A. nostre Scene Pastorale n'est point la Satyrique des anciens, 111. f. B.
Sapin, Arbre, 48 B. le *supernas* & l'*infernas*, 51. C.
Saule, Arbre, 49. A.
Scalmus, la cheville à laquelle on attache les rames, 12. p. E. 286. f. C.
Scamilli impares, maniere de piedestaux, 84. A. 174. A.
Scamillum, tringle attachée avec des queuës d'irondelle dans la Catapulte, 303. C.
Scaphé, espece de cadran au Soleil, 263. B.
Scaphium inversum, instrument faisant partie des Clepsydres, 264. f. D.
Scapi cardinales, les montans des portes ausquels les gonds sont attachez, 124. A.
Scapi scalarum, les echiffres des escaliers, 251. p. D.
Scapus, tige de la colonne, 88. 4.
Sceller avec du plomp, 43 A. 281. C.
la Scene des Theatres, 167. B. elle est de trois sortes, 170. A. elle se changeoit en deux façons, 168. f. A.
Scena versatilis, une machine qui en tournant change la face du Theatre, 168. f. A.
Scena ductilis, une machine qui en coulant change la face du Theatre, 168. f. A.
Scenographie, le dessein du plan d'un edifice, 10. A.
Sciographie, le dessein du profil, 10. p. C.
Schola, un lieu dans les bains, 179. f. E.
Scorbut, maladie, elle vient des mauvaises eaux, 243. f. E.
Scorpion, machine de guerre, 273. A. 303. A
Scotie, partie de la base d'une colonne, 86. A.
Scotinus, nom donné à Heraclite à cause de l'obscurité de ses écrits, 32 D.
la Sculpture est essentielle à quelques membres d'Architecture, 112. f. C. il y a des endroits où l'on n'en doit point faire, 223. D.
Scutula, quarré oblong, 221. f. D.
Scutula, gros rouleau dans la catapulte 304. p. C. dans la baliste, 309. B.
Secos, la nef ou dedans du Temple, 58. p. D.
Securicla, des queuës d'irondelle, 150. A.
Sella familiarica, la garderobe, 212. p. C.
les Sels de la chaux, ceux du sable & des pierres sont la cause de l'endurcissement du mortier, 36. p. E. on mesle du Sel dans l'eau des cisternes pour la rendre plus subtile, 249. A.
Semiton majeur & mineur, 152. p. D.
Semisse, la moitié de l'Asse, 56 B.
Septentriones, les étoiles de la grande Ourse, 159. A.
le vent de Septentrion guerit la fievre & la toux, 21. D.
Sesquialtera, le demy joint au tout, 56 p. E.

Sestertius, deux & demy, 18. B. c'est la quatrième partie du denier, 57. A.
Sextans, la sixième partie, 56. B.
Sicilique, espece de mesure ou de poids, 31. p. D.
les Sieges des Theatres, 161. B.
les Signes du Zodiaque ont un mouvement contraire à celuy des Planetes, 254. C.
Signinum, espece de ciment, 15. p. D. il signifie quelquefois du mortier de chaux & de sable quand il est bien battu & corroyé long temps, 248. f. F.
Sil, ocre jaune, 226. f. E. 227. p. E. 230. C. 235. p. E.
Silique, troisième partie de l'obole, 56. f. D.
Simaise, espece de moulure differente de celle qui est apellée cymaise, 5. f. B. 96. A. elle est quelquefois apellée derniere Simaise, 95. p. C. celles qui sont au haut des grandes corniches sont apellées *Epaitithedes*, elles ne doivent couvrir que les costez du fronton qui sont en pente, 96. B. leur grandeur, *ibid.* l'ordre Dorique a une Simaise particuliere. 11.. f. D.
Sima, grande Simaise, 5. f. B. 96. A.
Siparium, voile qui couvroit la Scene pendant que l'on la changeoit, 171. f. E.
Six est le nombre le plus parfait, 56. B.
Soffite, le dessous de ce qui est suspendu, 107. p. D.
le Soleil par sa chaleur attire les planetes & les arreste, 255. B. le temps de son cours, 254. C.
le Soleil échauffe davantage les corps qui sont les plus éloignez, 255. D.
les Solstices & les Equinoxes estoient marquez parmy les anciens à la huitième partie des signes, 257. p. E.
Solive, 104. C.
le Son, de quelle maniere il se fait, 149. p. C.
Sonnerie aux horloges des anciens, 264. f. E.
les Soufflets des orgues modernes ont un meilleur effet que ceux des orgues des anciens, 297. f. D.
Soupape à clapet, Soupape ronde, Soupape en cone, 291. p. E. Soupape apellée cymbale, 296. B. Soupape en forme de foret, 300. A. Soupape à queuë, 300. p. C.
Soupiraux aux costez des puits pour faire evaporer les mauvaises exhalaisons, 248. C.
les Sources des grands fleuves viennent du costé du Septentrion, 236. A.
les lieux Sourds, 172. f. C.
Spira, la base d'une colonne, 72. f. C. 82. A.
Stade, 284. A.
Statere, espece de balance apellée autrement Romaine, 285. B.
Station des planetes, 255. p. E.
Statumen, fondement, 220. f. E.
Sterrobate, massif de maçonnerie servant de fondement, ou de premier Zocle, 80. f. E.
Stillicidium, ce qui reçoit l'eau & la fait écouler, 198. A. 199. f. C.
Stylobate ou piedestail continu, 80. f. E.
Styx, eau de tristesse, 240. D.
Strategeum, Arsenal, 171. A.
Stratum, platteforme en termes de charpenterie, 314. f. E.
Stuc, espece d'enduit, 147. C. 179. f. D. il doit estre fait avec de la chaux éteinte depuis long temps, 222. C. il y faut plusieurs couches, 224. B. choix du marbre pour le faire, 210. A.
Subgrunda, des auvents, 317. D.
Subscudes, tenons ou clefs de bois, 130. A.
les eaux Sulphurées sont bonnes aux maladies des nerfs, 247. D.
Supercilium, membre saillant, 111. A.
voute Surbaissée, 205. f D.
Sydus, constellation, 258. p. E.
Synechoudes, lieux qui resonnent, 172. A.
Synemmenon, le tetracorde conjoint, 154. A. 156. A.
chapiteau Syracusain, 104. p. D.
le Systeme de la Musique des anciens n'avoit que quinze au plus ou seize sons, 152. f. D. nostre Systeme est plus parfait, 153. f. D. le Systeme d'Aristoxene, 154.

T

Table d'attente, 216. f D.
Tablinum, espece de cabinet dans les appartemens des anciens, 204. A.
les cabinets de Tableaux doivent estre exposez au Septentrion, 14. B.
Tenia, plattebande, 110. A.
Tailloir, 83 B. apellé plinthe dans l'ordre Toscan, 88. f. C. Tailloir du chapiteau Corinthien, 103. A. il estoit quelquefois aigu & non recoupé par les angles, 103. p. D.
Talon ou cymaise, 5. f. B. 86. f. D. 111. f. D.
Tapisserie, 170. p. E.
Tarriere, espece de Belier, 312. A. sa description, 315. A. sa maniere d'agir, 315. p. E.
Tecta commoda, toits sans exhaussement, 104. p. E.
Tectorium, enduit, 222. p. E.
Tectores, les ouvriers qui travailloient aux enduits & aux peintures des murailles, 213. p. C.
Tectum displuviatum, *pectinatum*, &c. diverses especes de toits, 19 f. E.
Teda, bois de pin plein de resine, 233. p. D.
Tegula, des tuyles, 98. p. A. *Tegula hamata*, des tuyles qui ont des crochets, 226. A. *animata*, qui sont en demy canal, 226. f. E.
Telamones, espece de Termes, 214. A.
le Temperament fait le caractere de chaque animal, 16. C.
Templa, les pannes, 105. A. 130. A. quelques-uns des interpretes de Vitruve croyent que ce sont les lattes, 123. p. C.
Temple, quelles sont les parties des Temples, 58. p. D. f. B. quelles sont leurs especes, 116. p. C.
Temple à Antes, 58. E. Temple Prostyle, 60. C. Temple Amphiprostyle, 62. B. Temple Periptere, 64. D. Temple Pseudodiptere, 66. B. Temple Diptere, 69. A. Temple Hypethre, 70. B. Temple Pseudoperiptere, 138. A. Temple à la maniere Toscane, 128. A. Temples Monopteres ronds, & Peripteres ronds, 132. A. les Temples où les colonnes sont de grosseur inégale, 118. A.
la distribution du dedans des Temples, 116. A. le porche des Temples, 58. p. D. 116. A. la proportion des Temples Peripteres se prend du nombre de leurs colonnes, 81. D.
comme les Temples doivent estre tournez, 119 E. les portes des Temples de trois sortes, 120. B.
Temple de Ceres Eleusine, 60. C. Temple de la Vertu & de l'Honneur, 64. D. 220. A. Temple de Diane Magnesienne basty par Ctesiphon, 66 B. Temple de Diane Ephesienne, 68. Temple de Jupiter Olympien, 70. B. Temple de J. Cesar, 72. A. Temple de Venus, 72 B. Temple de la Fortune Equestre, 72. B. Temple d'Hercule proche le grand Cirque, 74. A. Temple de Bacchus 76. A 174. E. Temple de Thesée à Athenes, 118 f E. Temple de Castor, 126 B. Temple de Vejovis, Temple de Diane dans la forest Aricine, *ibid.* Temple d'Auguste, 145. B. Temple d'Esculape, 229. A. Temple de Flore, Temple de Quirinus, 232. C. les quatre principaux Temples de la Grece, 219 D.
les Dieux tutelaires doivent avoir leur Temple au lieu le plus haut de la ville, 15. E. les Temples de Venus & ceux de Mars & de Vulcain doivent estre hors de la ville, 16. A. les Temples des Dieux que l'on invoque pour la guerison des maladies, doivent estre bastis en lieu sain, 14. A.
Tenailles de fer pour élever les pierres, 274. C.
la Terre a 250000 stades selon Eratosthene, 23. C. les Mathematiciens de l'Academie Royale des Sciences ont fait cette mesure depuis peu avec beaucoup d'exactitude, 24. p. E.
la Terre a quelque chaleur, 235. B. 248. B.
il y a des Terres sur lesquelles les serpens ne peuvent vivre, 242. B.
Terre verte, couleur pour peindre, 230. D.
les animaux Terrestres ont peu de Terrestre, cela fait qu'ils ne peuvent vivre dans l'eau, 17. A.
les Terrasses doivent estre pavées avec un grand soin, 221. C.
Ternarium, espece de Triangle, 56. p. E. 130. A. f. D.
Testes de lions dans les simaises, 97. B.
Testudo, espece de voute, 145. p. C. *trab: Testudinis*, l'Architrave sur lequel la voute est posée, 147 A.
Tetartemoria, espece de diese, 152 p. D.
Tetracorde, suite de quatre sons, 151. p. D. il y en a cinq especes, 156. A. nostre Tetracorde est composé de six cordes, 157. f. B.
Tetradoron, brique moyenne, 55. C.
Tetrans, la quatrième partie d'une chose; c'est aussi l'endroit où deux lignes se croisent, 92. p. E. 106. C.
Tetrantorum ancones, les angles des quartiers dont la volute Ionique est composée, 89. f. C.
Tetras, une chose partagée en quatre, 106. C.
Tetrastyle, 62 B.
Thalamus, chambre, 211. D.
Thales mettoit l'eau pour principe de toutes choses, 31. C.
les Theatres n'estoient anciennement que de bois, 72. f. D. 160. B. le Theatre doit estre basty en un lieu sain, 148. A. proportion des degrez du Theatre, 143. p. E. les vases des Theatres, 158. A. trois

rangs

rangs de cellules pour les vases dans les grands Theatres, 159. A. le plan du Theatre des Romains se traçoit par quatre triangles, 160. D. celuy des Grecs par trois quarrez, 170. B. les voiles des Theatres, 272. f. E.

Theorie sert peu sans pratique, 2. B.

Thermatismus, estat de chaque chose, 12. A.

Tholus, *Tholus*, la coupe d'un dome, 136. A. 219 A.

Thorus prior, *Thorus posterior*, le devant & la ruelle du lit, 226. f. C.

Thymele, tribune en maniere d'Autel dans le Theatre des Grecs, 160. f. E. 170. f. D.

Thyrorion, passage d'une porte à une autre. 211. D.

Tierce majeure & mineure, 152. E. cette consonance estoit inconnuë aux anciens, 156. f. D.

Tigna, pieces de charpenterie, 104 C.

Tilleu, 49. A.

Toit en croupe, 29 f. E. Toit avec exhaussement sur l'entablement, ou sans exhaussement, 104. p. E. les Toits des anciens estoient moins exhaussez que les nostres, 31. A.

Tollenones, des machines avec lesquelles on élevoit des soldats sur les murs, 320. p. E.

Tomice, ce qui est lié en un paquet, 223. f. C.

Topiarium opus, tapisserie, 170. p. E. 227. C.

Tore dans les Bases des colonnes, 86. A.

Tortuë à Belier, 312. A. ses proportions, 314. A. elle est apellée *Crioodochi*, 315. p. B. la Tortuë à Belier d'Agetor, 317. D. Tortuë pour combler les fossez, 315. E. Tortuë à huit roües, 317. D. Tortuë pour couvrir les pionniers, *ibid.*

Torus, rouleau, 315. f. C.

Torulus, aubour, 47. f. D.

ordre Toscan, 128. B. Temples à la maniere Toscane, 128. A.

Touches aux manches des instrumens de musique, 150. f. A.

les Tours des fortifications des anciens, 18. C.

la Tour d'Andronic Cyrrhestes pour les vents, 22. B.

Tours roulantes pour les sieges des villes, 312. A. proportion de la plus petite de ces Tours, 312. B. proportion de la plus grande, 314. A. la plus grande apellée Helepole ne s'avançoit que de quatre piez en un jour, estant un mois à faire un stade, 312. p. D.

Trabs, poutre, poitrail, 104. C.

Trabes intercardinatae, des sablieres jointes par des tenons, 316 B.

la scene Tragique, 170. A.

les corps Transparens sont homogenes, 193. f. D.

Transtra, les entraits, 103. A. 147. A.

Travée, 5. f. D.

Tresor, 104. p. C. le Tresor public, 147. C.

Triangle rectangle de Pythagore, 250. E. 291. A.

Tribunal dans les Temples monopteres, 13 4. A. le Tribunal du Temple d'Auguste, 145. B.

Triemitonium, tierce mineure, 158. p. E.

Triglyphe, son etymologie, 10. f. E. son origine, 105. B. il ne represente point une fenestre, 106. A. les Triglyphes doivent estre au droit des colonnes, 107. C. hauteur & largeur des Triglyphes, 110. A. le chapiteau du Triglyphe, 110. B. son epaisseur, 112. p. C.

Trichalca, petites pieces de monnoye, 56.

Triclinium, salle à manger, 205. p. C.

Triens, quatre parties des douze qui composent l'Asse, 56 p. D.

Triones, les étoiles de la grande Ourse, 259. p. C.

Trispastos, machine qui tire par trois poulies, 275 B.

Tritemoria, espece de diese, 152 p. D.

Trochilus, scotie ou nacelle dans la base de la colonne, 85 A.

Trochlea, mousle, instrument pour remuer les fardeaux, 274. p. D.

Truelle à travailler au stuc, 214. B.

Trullisation, enduit, 224. A.

Truncus, le dé ou quarré d'un piedestail, 82. A.

Tuyaux de plomb pour les fontaines, & leurs proportions, 246. B. l'eau qui a passé dans des Tuyaux de plomb est dangereuse, 248. A. les Tuyaux de poterie, 247. B. la maniere de les joindre ensemble, *ibid.* precaution en mettant l'eau dans les Tuyaux, 248 A l'eau est meilleure dans les Tuyaux de poterie que dans ceux de plomb, *ibid.*

Tuyaux des orgues, 298 f. C.

Tuyleaux pilez pour faire le ciment, 212. A.

Tympan & sa signification generale, 96. f. C. la hauteur du Tympan d'un fronton, 96. A.

Tympanum, panneau de menuiserie, 124. A. *Tympanum*, le dedans d'un fronton, 96. A. il signifie quelquefois le fronton entier, 130. A. quelquefois un vaisseau renversé pour les clepsydres, 264. B. 268. p. C. quelquefois une roüe creuse pour élever de l'eau, 287. B. quelquefois une roüe en forme de robinet pour une espece de clepsydre, 268. p. C. quelquefois les roües dentelées telles que sont celles d'un horloge, 287. p. E.

Typha, herbe de marais, 188. D.

V

VAccinium, couleur brune, 235. B.

Valvae, les portes, 126. f. C.

Valvata fenestra, des portes fenestres, 207. f. C.

Valvata fores, une porte qui n'a qu'un battant, 126. f. C.

il s'éleve des Vapeurs du fond de la terre, 235. B.

Vara, une barre, 312. A.

les Vases d'airain des theatres, 158. A. il y en avoit trois ranges dans les grands theatres, 159. p. C. leur accord, f. D. ils n'estoient quelquefois que de poterie, 160. C.

les Vases des bains où les eaux sont reservées, 178. B.

les Veines portent au dedans du corps les qualitez des choses qui les touchent en dehors, 16 B.

Vejovis, Dieu malfaisant, 135. f. D.

Vent, ce que c'est, 21. D. celuy de Midy est fievreux; celuy du Septentrion guerit la fievre & la toux, 21. D. les qualitez des vents dépendent des lieux par lesquels ils passent, 21 f. E. 23. D. le nombre des vents, 21. B. leurs noms, 21. C. cadran pour les Vents dans le jardin de la Bibliotheque du Roy, 12. f. E. les cartes des Vents, 111 B.

Ventouses aux tuyaux des fontaines, 247. A.

ceux qui parlent de Vertie, 174 f. B.

Venus & Mercure tournent autour du Soleil, 254 C l'estoile de Venus apellée *Vesperugo* le soir & *Lucifer* le matin, *ibid.* son cours, *ibid.*

le Verd aiguise la vuë, 174 B.

Verd de gris, 214. C.

Vergiliae, constellation, 214. B.

Vervecula, des charnieres, 296. A.

Vernix, 232. f. E.

Versura, les retours de costez d'un temple, 60 f. A. les retours des costez de la scene. 169. p. A.

Vesperugo, la planete de Venus quand elle paroist le soir, 254. D.

Vestibule, 195. p. C. proportion des Vestibules, 221. A.

Viarum directiones, des canaux creusez dans la corniche Dorique, 112. A.

Vif-argent, 321 C.

Vimen, bois pliant propre à lier, 238. f. E.

Vinaigre, il dissout les perles, 241 B.

Vindas, machine pour tirer, 6. f. D. 276. C.

Vintaine, corde qui sert à conduire la pierre quand on la leve avec les engins, 275. f. E.

Violettes en François signifie les pourprées; *Viola* en Latin signifie les jaunes, 235. f. C.

Vis d'Archimede, 290. C.

Vitex pris pour l'osier, 290 p. E.

Vitex, arbrisseau, 49. p. E. 238. f. E.

Vitruve intendant des machines de guerre dans les armées de J. Cesar & d'Auguste, 2. A. mauvais Grammairien, 8. C. homme de peu d'apparence, 27. E. peu estimé de son vivant, 43. A. il a composé son livre de ce qu'il a recueilly des Grecs qui ont écrit de l'Architecture, 219. B.

Ulva, herbe de marais, 188. p D.

Uncia, once, 56. p. D.

Vouede, herbe pour teindre en bleu, 235. p. D.

Voiles de theatres, 271. f. E.

la Voix, ce que c'est, 148. D. elle fait des cercles en l'air de mesme que l'eau quand elle est frappée, 149. A. elle a deux mouvemens, 150. D. les peuples meridionaux ont la Voix aiguë, les septentrionaux l'ont plus grosse, 191. C. la secheresse & l'humidité font la Voix aiguë ou basse, plustost que la chaleur ou la froideur, 192. f. E.

Volute, 88. f. C la maniere de tracer la Volute Ionique selon differens Architectes, 89. 90. l'oeil de la Volute, 83. A. le canal de la Volute, sa profondeur, 92. f. E. 92. A. sa ceinture, son axe, *ibid.* son balustre, 92. p. E. la Volute Ionique represente la coiffure d'une femme, 102. A. ou un oreiller, 83. p. E.

Voutes de trois especes, 145. p. C. Voute double, 179. B. Voute surbaussée, 205. C.

l'Usage est une des principales choses qu'il faut considerer dans un edifice, 1. B. l'Usage & la fin pour laquelle chaque partie d'un edifice est faite est la principale regle de ses proportions, 167. f. C. 204. p. D.

TABLE.

FAUTES A CORRIGER.

PAge 1. B. Ovale, lisez Ove.
[illegible] B. Scheographie, lisez Scenographie.
12. A. la largeur d'une palestre, lisez la grandeur.
1[illegible] C. (à la marge.) [illegible], lisez [illegible].
[illegible] ligne [illegible], lisez [illegible].
[illegible] (à la marge.) [illegible], lisez [illegible].
34. (à la fin du texte.) [illegible], lisez la posterité.
51. (dans la Figure.) au pié Romain 1200 lisez 1306. au pié Grec le nombre de ses parties a esté obmis, qui est de 1338. il faut aussi lire du bas, au lieu de de bas.
[illegible] B. Hyparre, lisez Hypaetre.
[illegible] p. C. par la Figure de la Planche XII. lisez de la Planche XIII.
[illegible] C. E. que lorsqu'elles portent, lisez qu'un portent.
[illegible] B. (à la marge.) Hypotrachelium, lisez Hypotrachelium.
8[illegible] C. B. le Pole F, lisez le Pole Q.
80. D. avec la solidité possible, lisez toute la solidité possible.
82. A. (à la marge.) Lysis, lisez Lysis.
88. C. B. au Dessous, lisez au Dessus.
[illegible] C. B. mais leur Volute n'est pas si bien arondie, &c. lisez, mais leur Volute n'est pas si bien arondie que celle de Vitruve, ainsi qu'il se voit en la Planche XXI. car elle est un peu comprimée entre Q, & K. Ils la partagent, &c.
[illegible] (à la marge.) Balthrus, lisez Balteus.
[illegible] B. & p. E. Temple de Fortune virile, lisez, de la Fortune virile.
[illegible] A. ils seroient enormes, lisez, ils seroient d'une grandeur enorme.
[illegible] B. Epotheides, lisez, Epotoiides.
[illegible] (à la marge.) [illegible], lisez [illegible].
1[illegible] dans la Figure il faut changer quelques caracteres dans l'élevation du Temple laquelle est marquée N I M, I H H I, K K: car au lieu d'I I, dont les Antes sont marquées il faut mettre F F, & au lieu d'H H, dont les colonnes sont marquées il faut mettre I I.
121 dans la Figure le Graveur a obmis les caracteres L L, qui doivent estre mis entre les caracteres E, & I, il faut mettre le caractere F plus haut qu'il n'est, & vis-à-vis du chiffre 18.
160. p. A. des rangs qu'ils apelloient Strichous, lisez des files qu'ils appelloient Strichous. (à la ligne suivante où il y a) des files qu'ils apelloient Zygons, lisez des rangs qu'ils apelloient Zygous.
161. (à la fin de la derniere Note) que la lettre la closion, lisez que de la closion.
165. C. disposition, lisez disproportion.
166. p. D. la sixiesme partie (5 6) au diametre (6 D) de l'Orchestre, lisez la sixiesme partie du diametre de l'Orchestre (qui se prend depuis le point 6, jusqu'à la ligne D D.)
168. (dans l'Explication de la Figure E.) dans l'Orchestre S C D. lisez dans l'Orchestre D C D. (plus bas à la ligne penultiéme.) S 6 est cette mesme sixiéme, lisez 6 est cette mesme sixiéme.
173. p. C. Jupiter Semnocephalus, lisez Schoenocephalus. deux lignes aprés, apellé Semnes, lisez Schoenus.
180. C. B. dans la Planche LXVIII. lisez dans la Planche XLVIII.
184. C. C. le jeu apellé [illegible], lisez le lieu apellé, &c.
186. (dans l'Explication de la Figure sur la fin au lieu de) F F est l'amas de sable, lisez G G est l'amas de sable. (au lieu de) G G est le petit mur que l'on fait, lisez F F est le petit mur que le fait. (au lieu de) I K, est le talus du bord de la mer, lisez K K est le talus du bord de la mer.
220. C. C. sont [illegible], lisez sont en [illegible].
264. p. D. du Printemps jusqu'à celuy de l'Automne, lisez de l'Automne jusqu'à celuy du Printemps.
281. D. au milieu du mats, lisez du mats.
310. p. E. [illegible], lisez [illegible].
317. (à la marge.) pommiers, lisez pommerer.

PRIVILEGE DU ROY.

LOUIS PAR LA GRACE DE DIEU ROY DE FRANCE ET DE NAVARRE: A nos amez & feaux Conseillers les gens tenans nos Cours de Parlement, les Maistres des Requestes ordinaires de nostre Hostel, Baillifs, Seneschaux, Prevosts, leurs Lieutenans & tous autres nos Justiciers & Officiers qu'il appartiendra, SALUT. Nostre cher & bien-amé CLAUDE PERRAULT nous a tres-humblement remonstré qu'il a travaillé à la Correction & à la Traduction des livres d'Architecture de Vitruve, qu'il y a ajouté les Notes & les Figures qui sont necessaires à l'intelligence de cet Auteur, lesquels livres il desireroit faire imprimer, s'il Nous plaisoit luy accorder nos lettres de permission sur ce necessaires. A CES CAUSES voulant favorablement traiter ledit sieur Perrault, luy avons permis & accordé, permettons & accordons de faire imprimer, vendre & debiter par tel Libraire & Imprimeur qu'il voudra choisir, le livre intitulé, *Les dix livres d'Architecture de Vitruve, corrigez & traduits en François, avec des Notes & des Figures, & mesme sans Figures; & aussi l'Abregé des mesmes livres de Vitruve avec Figures & sans Figures*, en tel volume & characte-re, & autant de fois que bon luy semblera, en tous lieux de nostre obeïssance, durant le temps de dix ans, à compter du jour qu'il sera achevé d'imprimer pour la premiere fois. En vertu des presentes faisons tres-expresses inhibitions & deffenses à tous Libraires Imprimeurs & autres de l'imprimer, ou faire imprimer, vendre ny debiter, sous pretexte d'augmentation, correction, changement de titre, fausse marque ou autrement, & en quelque sorte & maniere que ce soit; ny d'en faire des extraits ou abregez; & à tous Marchands Estrangers, Libraires & autres, d'en apporter en ce Royaume d'autre impression que de celles qui auront été faites du consentement dudit exposant, ou de ceux qui auront droit de luy, à peine de trois mil livres d'amende paiables sans déport par chacun des contrevenans, & appliquables un tiers à Nous, un tiers à l'Hostel-Dieu de Paris, & l'autre tiers audit exposant, de confiscation des exemplaires qui seront trouvez contrefaits en France ou ailleurs, & de tous despens dommages & interests; à condition qu'il sera mis deux exemplaires dudit livre en nostre Bibliotheque publique, & un en celle de nostre Chasteau du Louvre, avant que de l'exposer en vente, à peine de nullité des presentes, lesquelles seront registrées gratuitement & sans frais dans les Registres de la Communauté des Marchands Libraires de nostre bonne ville de Paris. SI VOUS MANDONS que du contenu des presentes, vous fassiez joüir & user pleinement & paisiblement ledit exposant, & ceux qui auront droit de luy, cessant & faisant cesser tous troubles & empeschemens à ce contraires. VOULONS aussi qu'en mettant au commencement ou à la fin desdits exemplaires autant des presentes ou extrait d'icelles, elles soient tenuës pour deuëment signifiées, & que foy y soit ajoûtée & aux coppies collationnées par un de nos amez & feaux Conseillers & Secretaires comme à l'Original. MANDONS au premier nostre Huissier ou Sergent sur ce requis, de faire pour l'execution d'icelles tous exploits necessaires, sans demander autre permission, nonobstant clameur de Haro, Chartre Normande & autres lettres à ce contraires: CAR TEL EST NOSTRE PLAISIR. Donné à Versailles le 4. jour d'Avril l'an de grace mil six cens soixante douze, & de nostre regne le vingt-neuviéme. Par le Roy en son Conseil, PEPIN.

Registré sur le livre de la Communauté des Marchands Libraires & Imprimeurs de Paris, le 24. Mars 1673. suivant l'Arrest du 8. Avril 1653. & celuy du Conseil Privé du Roy 1665.

THIERRY, Syndic.

Achevé d'imprimer pour la premiere fois le 12. jour de Juin 1673.

Les Exemplaires ont esté fournis.

A PARIS,

De l'Imprimerie de JEAN BAPTISTE COIGNARD,
ruë ſaint Jacques, à la Bible d'or.

M. DC. LXXIII.

www.ingramcontent.com/pod-product-compliance
Lightning Source LLC
Chambersburg PA
CBHW070844170426
43202CB00012B/1936

9782012575141